D1618586

Rolf-Günther Nolden, Ernst Bizer, Peter Körner

Management im Industriebetrieb

– Geschäftsprozesse

3. Auflage (Bisheriger Titel: Spezielle Wirtschaftslehre Industrie)

Bestellnummer 1559

Bildungsverlag EINS – Stam

www.bildungsverlag1.de

Gehlen, Kieser und Stam sind unter dem Dach
des Bildungsverlages EINS zusammengeführt.

Bildungsverlag EINS
Sieglarer Straße 2, 53842 Troisdorf

ISBN 3-8237-**1559**-3

Informationen zu diesem Buch

Dieses Lehrbuch ist eine grundlegende Neubearbeitung des bisherigen Titels *Spezielle Wirtschaftslehre Industrie* **auf der Basis des Rahmenlehrplans 2002 für** den Ausbildungsberuf Industriekaufmann/-frau. Es ermöglicht jedoch auch weiterhin den Unterricht nach dem Rahmenlehrplan von 1995. Die Reform des Schuldrechts wurde berücksichtigt.

Das Buch orientiert sich an den grundlegenden **Geschäftsprozessen** im Industriebetrieb. Es deckt folgende Lernfelder ab: LF 2 (Marktorientierte Geschäftsprozesse), LF 5 (Leistungserstellungsprozesse), LF 6 (Beschaffungsprozesse), LF 7 (Personalwirtschaftliche Aufgaben), LF 10 (Absatzprozesse), LF 11 (Investitions- und Finanzierungsprozesse). Für die Behandlung von LF 1 (Orientierung in Ausbildung und Beruf), LF 9 (gesamt- und weltwirtschaftlicher Zusammenhang) und LF 12 (Unternehmensstrategien, -projekte) ist ein zweiter Band mit dem Titel *Sozial- und Wirtschaftsprozesse* in Vorbereitung.

In den umfangreichen Aufgabenteil haben wir eine Vielzahl neuer **fallorientierter Aufgaben** aufgenommen. Dabei haben wir großen Wert auf die Einbeziehung **moderner Arbeits-, Kommunikations- und Präsentationsmethoden** und des **Internets als Rechercheinstrument** gelegt. Die Aufgaben berücksichtigen **IT-Aspekte** und sind deshalb vielfach für EDV-basierte **Lösungen (MS-Office)** formuliert.

Aufgrund seiner Konzeption gestattet das Buch einen vielfältigen **Einsatz: als Sachbuch** für den Unterricht oder für das **Selbststudium;** als **Übungsbuch** für Klausuren und Prüfungsvorbereitung; als **Nachschlagewerk** (aufgrund des umfangreichen Sachwortverzeichnisses); als **Arbeitsbuch für den handlungsorientierten Unterricht.** Zu diesem Zweck wurde der Aufgabenteil so konzipiert, dass die Lernenden den Lehrstoff anhand der zahlreichen Fälle und Handlungssituationen unter Lehranleitung oder völlig selbstständig erarbeiten können.

Als **Begleitmaterial für Lehrer und Ausbilder** erscheinen ein ausführliches *Lösungsbuch* sowie ein *Handbuch für Lehrer und Ausbilder* auf CD-ROM. Die CD enthält die vollständigen Lösungen, die Darstellung der im Aufgabenteil angesprochenen Methoden, komplexe Lernsituationen, den Lehrplan sowie Prüfungshinweise.

Wir wünschen Ihnen eine erfolgreiche Arbeit mit diesem Buch.

Autoren und Verlag

Inhaltsverzeichnis

Rahmenlehrplan: Lernfeld 6
Beschaffungsprozesse planen, steuern und kontrollieren

Dritter Abschnitt
Materialmanagement

Intro: Geschäftsprozesse im
Personalmanagement

Rahmenlehrplan: Lernfeld 10
Absatzprozesse planen, steuern und kontrollieren

Fünfter Abschnitt

Absatzmanagement

Intro: Geschäftsprozesse im Absatz

Rahmenlehrplan: Lernfeld 11
Investitions- und Finanzierungsprozesse planen

Sechster Abschnitt
Finanzmanagement

Intro: Geschäftsprozesse im Finanzmanagement

Erster Abschnitt
Betriebliche Leistungsprozesse

1 Zielsystem des Industriebetriebs

Ausschnitt aus einem Interview der Zeitschrift Industriekurier mit R. Altmann,
Geschäftsführer der *Motoren- und Getriebebau GmbH (MGG)*

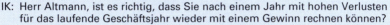

IK: Herr Altmann, ist es richtig, dass Sie nach einem Jahr mit hohen Verlusten für das laufende Geschäftsjahr wieder mit einem Gewinn rechnen können?

A: Ja, das stimmt. Wir rechnen damit, dass wir nicht nur unsere Kosten decken können, sondern dass noch ein ausreichender Gewinn bleibt für dringend nötige Investitionen und eine angemessene Kapitalverzinsung.

IK: Worauf führen Sie diese positive Entwicklung zurück?

A: Nun, im Rahmen der Formalziele haben wir eine Kostensenkung um 5 % angestrebt und durch systematische Rationalisierung auch erreicht. Wir arbeiten jetzt viel produktiver und wirtschaftlicher als noch vor drei Jahren. Auch an den Sachzielen haben wir gearbeitet: Unsere neu entwickelten Motoren bieten 20 % mehr Leistung, benötigen aber ein Drittel weniger Energie und sind fast emissionsfrei. Die Wartungsintervalle unserer Motoren und Getriebe konnten wir verdoppeln. Unsere Kunden haben das honoriert: Wir konnten unseren Marktanteilverlust von 20 % wieder völlig wettmachen. Nicht zu vergessen: Unsere an Spitzenleistung und fairem Wettbewerb orientierte Unternehmensphilosophie. Unsere Mitarbeiter haben sie wirklich verinnerlicht und arbeiten äußerst motiviert.

IK: Sicherlich hat sich dies alles auf Ihre Liquidität und auf die Sicherung der Arbeitsplätze positiv ausgewirkt.

A: Das kann ich ohne jede Einschränkung bejahen.

1.1 Ziele als Orientierungsgrößen

Die MGG ist eine Unternehmung (oder: Unternehmen). So heißen die Träger der Güterproduktion in einer Marktwirtschaft. Eine Unternehmung ist eine rechtlich selbstständige Einheit. Die Geschäftsleitung entscheidet über ihre Aktivitäten. Die Produktionsstätten in der Unternehmung, die Betriebe, sind rechtlich unselbstständig. Allerdings sagt man – auch in der Fachsprache – oft *Betrieb und meint Unternehmung*[1]. Die Wissenschaft von der Unternehmensführung heißt ja sogar **Betriebs**wirtschaftslehre!

Unternehmen benötigen Ziele.

Ziele beschreiben künftige, von den Entscheidungsträgern angestrebte Zustände. Sie stellen **Orientierungsgrößen** dar, die alle Entscheidungen maßgeblich bestimmen. Alle Handlungen sind auf die Ziele auszurichten (**Koordinierungsfunktion**) und an ihnen zu messen (**Bewertungsfunktion**).

Der Orientierungsrahmen ist durch Zeiträume abgesteckt. Dementsprechend unterscheidet man mehrere Zielebenen:

Ziele müssen ...
- einen bestimmten **Zielinhalt** haben (z. B. Umsatz),
- ein angestrebtes **Ausmaß** haben (z. B. Umsatzsteigerung um 10 %),
- sich auf einen bestimmten **Zeitraum** beziehen (z. B. 1 Jahr),
- für den Adressaten **verständlich** sein,
- vom Adressaten **erreichbar** sein,
- **steuerbar** sein,
- aufeinander **abgestimmt** sein,
- **aktuell** sein,
- **akzeptiert** werden,
- **überprüfbar** sein.

---

[1] So auch in diesem Buch.

- **Grundziele** (Leitideen, über Jahrzehnte gültig),
- **strategische Ziele** (längerfristig: 5 bis 10 Jahre),
- **operative Ziele** (Periodenziele 1 bis 2 Jahre).

Die jeweils obere Ebene ist die Basis für die Zielentwicklung der folgenden Ebene.

An mehreren Stellen in diesem Buch ist von **Unternehmensstrategien** die Rede. Dies sind strategische Ziele, bei denen die Wege zur Zielerreichung schon festgelegt sind.

1.2 Einflussgrößen

1.2.1 Einfluss der Beteiligten

Unternehmen werden als sozio-technische Systeme bezeichnet: Sie verbinden in sich technische Elemente (Anlagen) und soziale Elemente (Menschen). Die beteiligten Menschen sind Eigentümer, Geschäftsführung, Arbeitnehmer; von außen treten Marktpartner hinzu. Alle beeinflussen die Unternehmensziele direkt oder indirekt. Sie unterstützen sie, konkurrieren teils miteinander oder richten sich sogar gegen die Unternehmensziele.

- Schon die **Eigentümer** können unterschiedliche Interessen verfolgen, z. B. kurzfristig hohe Gewinne, um davon ihren privaten Lebensunterhalt zu bestreiten, oder langfristige Existenzsicherung des Unternehmens unter Verzicht auf Gewinnentnahmen.
- **Angestellte Geschäftsführer** betonen evtl. mehr Umsatzziele als Gewinnziele, weil dies ihnen Anerkennung und Ansehen bei Marktpartnern und Konkurrenten verschafft.
- **Arbeitnehmer** streben nach sicheren Arbeitsplätzen, hoher Entlohnung; wichtig ist ihnen auch, dass sie sich am Arbeitsplatz wohlfühlen.
- Die wichtigsten **Marktpartner** sind die Kunden. Sie erwarten v. a. optimale Bedürfnisbefriedigung durch qualitativ hochwertige Produkte zu günstigen Preisen.

1.2.2 Einfluss der Unternehmenskultur

Jede andauernde menschliche Gemeinschaft entwickelt eine Kultur. Darunter versteht man ein System gemeinsamer Wertvorstellungen, entsprechende Verhaltensregeln und Erkennungszeichen. Auch Unternehmen haben eine Kultur. Moderne Unternehmen formulieren ganz bewusst eine zeitgemäße „**Unternehmensphilosophie**" (angestrebte Unternehmenskultur) und halten ihre Grundsätze in einem **Unternehmensleitbild** fest. So dokumentieren sie ihr Selbstverständnis und wollen sie sich eine unverwechselbare **Unternehmensidentität** geben. Die Unternehmensphilosophie ist selbstverständlich Grundlage für die Formulierung aller Unternehmensziele. Diese müssen glaubwürdig und überzeugend abgeleitet werden. Andernfalls würde sich die Unternehmenskultur schnell als unecht entlarven – mit unabsehbaren Schäden für das Image der Unternehmung, ihr Erscheinungsbild nach außen.

Wichtiger Hinweis:
Einzelheiten über Unternehmensidentität, -kultur, -philosophie und -leitbild finden Sie auf Seite 381 ff. Lesen Sie jetzt schon diese Seiten und informieren Sie sich genau!

1.2.3 Einfluss von Öffentlichkeit und Unternehmensethik

Die Marktwirtschaft hat eine ethische[1] Basis: Sie gründet auf dem Gedanken, dass der Mensch sein Eigeninteresse verfolgen soll. Im Wettbewerb setzt sich die beste Leistung durch und erfolgt die bestmögliche Versorgung der Gesellschaft. Allerdings hat das unternehmerische Handeln stets Auswirkungen auf Wirtschaft, Sozialgefüge

---

[1] Die Ethik ist Lehre vom sittlichen Handeln.

und Umwelt. Deshalb erfordert es ein hohes Verantwortungsbewusstsein. Die Öffentlichkeit wird zunehmend kritsch und verlangt auch von den Unternehmen die Berücksichtigung ethischer Grundsätze bei der Festlegung ihrer Leitsätze und Ziele.

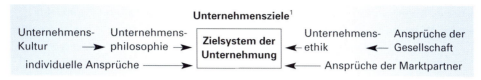

1.3 Prozesss der Zielplanung

Der Zielplanungsprozess wird von der Geschäftsführung in Gang gesetzt und begleitet.

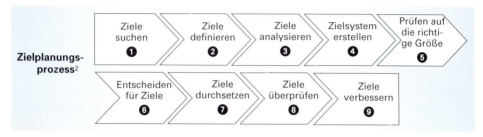

❶ Die „richtigen" Ziele finden! Dafür zuerst alle denkbaren Ziele suchen!

❷ Die denkbaren Ziele präzise formulieren: Zielinhalt, Zielausmaß, Zielzeitraum, verfügbare Ressourcen.

❸ Beziehungen zwischen den Zielen untersuchen! Haupt- und Nebenziele unterscheiden!

❹ Ziele den Managementebenen zuordnen! Dabei unterscheidet man Gesamtziele, Bereichsziele (Funktionen oder Produkte), Geschäftsprozessziele und Stellenziele.

❺ Prüfen, ob die Ziele realistisch (weder zu hoch noch zu niedrig) gesetzt wurden. Beachten, dass die Ziele Herausforderung für den Mitarbeiter sein müssen.

❻ Bei alternativen Zielsystementwürfen: Entscheidung für **ein** Zielsystem!

❼ Zielsystem vorgeben! Vorteilhaft: Diskussion mit den Mitarbeitern. Zweck: Identifikation der Mitarbeiter mit „ihren" Zielen.

❽ Überprüfung der Ziele im Zeitablauf hinsichtlich Korrekturbedarf!

❾ Anpassungen/Korrekturen vornehmen! Wichtig: Anstöße von Mitarbeitern.

1.4 Formalziele

Die Betriebe erstellen Leistungen. Beim Verkauf erzielen sie **Erlöse (Umsätze)**. Bei der Leistungserstellung entstehen **Kosten** für den Einsatz von Material, Maschinen und Arbeit. Um auf längere Sicht zu bestehen, braucht der Betrieb unbedingt einen **Gewinn**.

> **Gewinn = Erlöse (oder Umsatz) – Kosten.**

Ein möglichst hoher Gewinn ist langfristig das oberste Betriebsziel. (Man spricht auch vom Ziel der Gewinnmaximierung.)

Das Gewinnziel ist ein *Formalziel*. Formalziele sind allgemeine Grundsätze, nach denen sich das unternehmerische Handeln richtet.

---

[1] Quelle: Schneider/Böcker, Wie funktioniert die Industrie? München 1995
[2] Quelle: H. Scheienbeck; Grundzüge der Betriebswirtschaftslehre, München, Wien 2000

Dem **Oberziel** Gewinn sind **Unterziele** zugeordnet: **Kostenminimierung** (möglichst niedrige Kosten!) und **Erlös-(Umsatz-) Maximierung** (möglichst hohe Erlöse!)

Weitere wichtige Unterziele des Gewinnziels:

- **hohe Produktivität** (mengenmäßige Ergiebigkeit) von Arbeits- und Kapitaleinsatz;
- **hohe Wirtschaftlichkeit:** Handeln nach dem sog. *ökonomischen Prinzip;* das heißt:
  - mit gegebenem Werteinsatz eine größtmögliche Leistung erzielen! *(Maximalprinzip)*, oder:
  - eine vorgegebene Leistung mit geringstmöglichem Werteinsatz erzielen! (*Minimalprinzip*)

> **Beispiele:**
> 1. **Produktivität:** In 10 Arbeitsstunden wurden mit einer alten Maschine 80, mit einer neuen 100 Formteile erstellt. Die neue Maschine arbeitet produktiver.
> 2. **Maximalprinzip:** Aufgrund einer Rationalisierungsmaßnahme erstellt die MGG mit einer vorgegebenen Kostensumme von 100 000,00 EUR Leistungen von 200 000,00 EUR statt 170 000,00 EUR.
> 3. **Minimalprinzip:** Aufgrund einer Rationalisierungsmaßnahme erstellt die MGG vorgegebene Leistungen von 500 000,00 EUR mit Kosten von 270 000,00 EUR statt 300 000,00 EUR.

Ein weiteres wichtiges Formalziel ist die ständige Liquidität (Zahlungsfähigkeit). Nur wer liquide ist, kann die fälligen Schulden begleichen. Nachhaltige Zahlungsunfähigkeit bedroht die Existenz des Betriebs.

Zwischen Gewinn- und Liquiditätsziel besteht ein **Zielkonflikt:** Das Gewinnstreben verlangt die produktive Investition (Anlage) flüssiger Mittel. Angelegte Mittel können aber nicht mehr für fällige Zahlungen verwendet werden. Das Gleiche gilt auch umgekehrt.

Die aufgeführten Ziele sind **ökonomische Ziele.** Sie sind unmittelbar auf den wirtschaftlichen Erfolg ausgerichtet. Weitere ökonomische Ziele betreffen z. B. Qualität („Wir wollen qualitativ das führende Unternehmen sein...") und Marktanteil („Wir wollen mit Produkt X 20 % Anteil am Gesamtmarkt erreichen...").

Die Betriebe verfolgen i. d. R. weitere Ziele, die sie als bedeutsam für ihren Erfolg erkannt haben. Auch sie stehen oft in einem gewissen Konflikt zum Gewinnziel.

Beispiele für andere Formalziele:

- **Identitätsziele**
  Handeln nach einem allseits akzeptierten Leitbild (Eigenbild der Unternehmung)
- **Imageziele**
  Entwicklung/Pflege eines positiven Erscheinungsbildes nach außen (Fremdbild der Unternehmung)
- **Sicherheitsziele**
  Sicherung von Vermögen (Unternehmenssubstanz) und Liquidität (siehe oben)
- **Machtziele**
  Einflussnahme auf Menschen (Kunden, Lieferer, Politiker)

- **ökologische Ziele**
  Treffen umweltbewusster Entscheidungen; umweltschonendes Handeln
- **soziale Ziele**
  Sicherung der Arbeitsplätze, Schaffung eines positives Betriebsklimas; gerechte Entlohnung; Gewinnbeteiligung der Mitarbeiter; Mitbestimmung der Mitarbeiter

Bei Zielkonflikten ist stets darauf zu achten, dass auf längere Sicht ein ausreichender Gewinn erzielt wird!

1.5 Sachziele

1.5.1 Einteilung der Betriebe nach dem Sachziel

Sachziele betreffen die Leistungen des Betriebes. Oberstes Sachziel ist die Erstellung nachfragewirksamer Leistungen. Nur sie ermöglicht Gewinnzielung.

Betriebsarten nach dem Sachziel	
Sachleistungsbetriebe	**Dienstleistungsbetriebe**
■ Ihr Ziel ist die **Erstellung von Sachgütern** (körperliche Güter aus festen, flüssigen oder gasförmigen Stoffen) ■ **Industriebetriebe:** fabrikmäßige Produktion (Fabrik: Betrieb mit Maschinenausstattung, starker Arbeitsteilung, hohem Kapitaleinsatz und Trennung von Produktion und Verwaltung) ■ **Andere:** Land-, Forstwirtschafts-, Fischereibetriebe (teils ebenfalls mit industriellen Fertigungsmethoden: Großfarmen, Fabrikschiffe); Handwerksbetriebe (Be- und Verarbeitungs-, Reparaturbetriebe. Im Gegensatz zum Industriebetrieb geringe Größe, individuelle Arbeit für bekannte Auftraggeber und manuelle Fertigung)	■ Ihr Ziel ist die **Erstellung von Dienstleistungen** (Handlungen, durch die ein nicht körperlicher Wert oder Nutzen entsteht) ■ **Handelsbetriebe** übernehmen den Absatz von Produkten zum Verbraucher/ Verwender ■ **Banken** vermitteln den Zahlungsverkehr, nehmen Einlagen an und geben Kredite ■ **Versicherungen** übernehmen Risiken ■ **Verkehrsbetriebe** übernehmenTransporte ■ **Kommunikationsbetriebe** (Rundfunk, Fernsehen, Verlage, Post u. a.) beschaffen Informationen, ermöglichen Verbindungen (durch Brief, Telefon, Telefax u. a.) ■ **zahlreiche andere**, z. B. Hotel-, Beratungs-, Bildungs-, Gesundheits-, Touristik-, Kultur-, Reinigungs-, Pflege-, Werbebetriebe

Sachziele der Industriebetriebe
Gewinnungsbetriebe Ziel: Abbau der Naturschätze: Öl Gas, Kohle, Erze, Salze u. a. m. **Verarbeitungsbetriebe** Ziel: Umwandlung eingekaufter Werkstoffe in Produkte. Diese können ge- und verbrauchsfertige Waren für die Haushalte sein. Es kann sich aber auch um Maschinen und Werkzeuge handeln sowie um Güter, die in einer folgenden Produktionsstufe wiederum als Werkstoffe weiterverarbeitet werden. Werkstoffe können also nicht oder nur wenig bearbeitet sein (Grundstoffe), sie können auch bereits eine erhebliche Stoffumwandlung erfahren haben (Halbwaren) oder sie stehen als fertige Produkte für den Einbau in andere Erzeugnisse zur Verfügung (fertige Einbauteile). **Veredelungsbetriebe** Veredelungsbetriebe sind Verarbeitungsbetriebe. Ihr Ziel ist jedoch nicht die Stoffumwandlung, sondern eine technische Veränderung (Form- und/oder Qualitätsverbesserung), die für eine zweckmäßigere Weiterverarbeitung oder – bei Fertigerzeugnissen – für einen individuell verfeinerten Geschmack wirtschaftlich bedeutungsvoll sind[1]. Es gibt z. B. Betriebe für Papier-, Glas-, Textil-, Kunststoff-, Kraftstoff-, Stahl- und Holzveredelung.

1.5.2 Arten von Industriebetrieben nach der Industriestatistik

Die amtliche Industriestatistik verwendet eine Einteilung der Industriebetriebe, die eine verfeinerte Stufung des gesamtwirtschaftlichen Produktionsprozesses berücksichtigt. Zugleich lässt sie die wichtigsten Industriebranchen (Industriezweige mit ähnlichen Sachzielen und Leistungen) erkennen.

---

[1] Fachlich nicht haltbar und Anlass für Missverständnisse ist die in der Literatur bisweilen anzutreffende Ansicht, Veredelung sei jede Aufbereitung eines Urprodukts zu einem Zwischenprodukt.

13

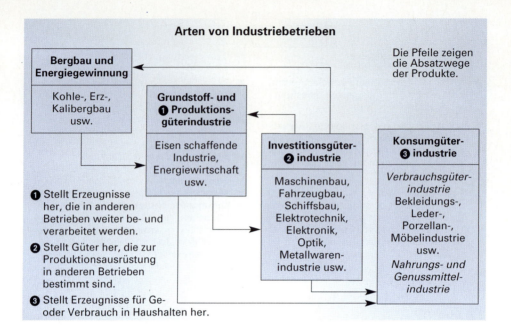

Arten von Industriebetrieben

Die Pfeile zeigen die Absatzwege der Produkte.

Bergbau und Energiegewinnung

Kohle-, Erz-, Kalibergbau usw.

Grundstoff- und ❶ Produktions-güterindustrie

Eisen schaffende Industrie, Energiewirtschaft usw.

Investitionsgüter-❷ industrie

Maschinenbau, Fahrzeugbau, Schiffsbau, Elektrotechnik, Elektronik, Optik, Metallwaren-industrie usw.

Konsumgüter-❸ industrie

Verbrauchsgüter-industrie Bekleidungs-, Leder-, Porzellan-, Möbelindustrie usw. *Nahrungs- und Genussmittel-industrie*

❶ Stellt Erzeugnisse her, die in anderen Betrieben weiter be- und verarbeitet werden.

❷ Stellt Güter her, die zur Produktionsausrüstung in anderen Betrieben bestimmt sind.

❸ Stellt Erzeugnisse für Ge- oder Verbrauch in Haushalten her.

1.5.3 Unterziele

Das oberste Sachziel der in dem Interview am Kapitalbeginn genannten Motoren- und Getriebebau GmbH ist der Bau von Motoren und Getrieben für Maschinen und elektromechanische Geräte. Auch dieses Ziel muss in Unterzielen konkretisiert werden. So besteht schon seit langem das Unterziel „Bau von Wälzgleit-Getrieben für die Ventilsteuerung bei Verbrennungs-Kraftmaschinen". In diesem Bereich ist das Unternehmen Zulieferer eines Automobilherstellers. Aufgrund eines neu entwickelten Motors musste im letzten Jahr auch ein neues Getriebe für die Ventilsteuerung konstruiert werden. Dessen Herstellung ist zur Zeit das konkrete Unterziel für die Fertigungsabteilung. Auch die Fertigungsmenge, die Produktqualität und das Fertigungsverfahren müssen der Fertigungsabteilung als Ziele vorgegeben werden. Sachziel der Abteilung Materialwirtschaft ist die ordnungsgemäße Bereitstellung aller Materialien für die Fertigung, Sachziel der Absatzabteilung ordnungsgemäßer Verkauf und Lieferung.

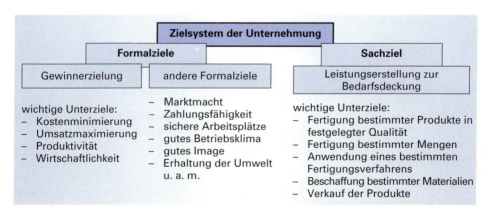

Zielsystem der Unternehmung

Formalziele

Sachziel

Gewinnerzielung

andere Formalziele

Leistungserstellung zur Bedarfsdeckung

wichtige Unterziele:
– Kostenminimierung
– Umsatzmaximierung
– Produktivität
– Wirtschaftlichkeit

– Marktmacht
– Zahlungsfähigkeit
– sichere Arbeitsplätze
– gutes Betriebsklima
– gutes Image
– Erhaltung der Umwelt
  u. a. m.

wichtige Unterziele:
– Fertigung bestimmter Produkte in festgelegter Qualität
– Fertigung bestimmter Mengen
– Anwendung eines bestimmten Fertigungsverfahrens
– Beschaffung bestimmter Materialien
– Verkauf der Produkte

1. Zielplanung beim Autobauer Ford

Ergebnisse des Vorjahres (Produkte, Kosten, Vertrieb, Kundenzufriedenheit):
- Die neuen **Modelle** entwickelten sich plangemäß: Der Mondeo wurde zum „Auto des Jahres", der Transit zum „Van of the Year" gewählt, der Focus erzielte Rekordverkäufe. Der Produktentwicklungsplan sieht 45 neue Produkte in den nächsten fünf Jahren vor.
- Die **Kosten** je Einheit wurden deutlich reduziert, die Einkaufspreise enorm gesenkt.
- Im **Vertrieb** wurden die Auftragsbearbeitungszeiten um 10 Tage verkürzt. Bei der Einhaltung der Lieferfristen besteht noch Optimierungsbedarf.
- Die **Kundenzufriedenheit** wurde gesteigert: Messungen zeigen höhere Fahrzeugqualität und niedrigere Fehlerquoten an; Focus: Nr. 1 in der TÜV-Zuverlässigkeitsstatistik!

Ziele für das nächste Jahr (abgeleitet aus der Analyse des Vorjahres):
- Imageverbesserung der einzelnen Ford-Marken
- Gewinnsteigerung (4 % gegenüber Vorjahr)
- Kostensenkung (5 % gegenüber Vorjahr)
- Verbesserung der Kostenkontrolle
- Einhaltung der Liefertermine
- Aufbau eines Kundenbeziehungsmanagements (CRM, vgl. Seite 420)

Zielplanungsprozess: Umsetzung der allgemeinen Ziele in konkrete Ziele
In diesem Prozess werden die Geschäftsziele kommuniziert, Hintergrund, Ausrichtung, Vorteile verdeutlicht. Schritte: 1. Entwicklung eines Punkteplans (Scorecard) für das Führungsteam. 2. Daraus Ableitung weiterer Punktepläne für die einzelnen Funktionen und Produkte. 3. Weitere Ableitungen, bis die Punktepläne alle Mitarbeiter erreicht haben.

a) Unternehmensziele sind Orientierungsgrößen. Erläutern Sie dies anhand der oben formulierten Ziele des Automobilherstellers Ford.
b) Ziele lassen sich nach vielen Gesichtspunkten einteilen. So unterscheidet man z. B.: (1) Grundziele, strategische Ziele, operative Ziele; (2) Formziele, Sachziele; (3) ökonomische Ziele, Identitätsziele, Imageziele, Sicherheitsziele, Machtziele, ökologische Ziele, soziale Ziele; (4) Oberziele, Unterziele. Welche dieser Zielarten lassen sich bei Ford erkennen?
c) Oberziele sind nicht „operabel", d. h. sie sind nicht so beschaffen, dass man sie unmittelbar in zielgerichtete Handlungen umsetzen kann. Deshalb müssen aus ihnen Unterziele abgeleitet werden, aus diesen weitere Unterziele usw., bis man operable Ziele erhält.
- Wo lässt sich dieses Vorgehen auch bei Ford erkennen?
- Informieren Sie sich, wie dieser Zielplanungsprozess in ihrem Ausbildungsbetrieb abläuft, und berichten Sie darüber.
- Leiten Sie eine „Zielhierachie" (Rangordnung) aus den bei Ford genannten Zielen „Kostensenkung" und „Einhaltung" ab, an deren Ende operable Ziele stehen.

2. Bis aus den Rohstoffen der Natur ein PKW wird, der in die Hand seines Benutzers gelangt, müssen viele Sachleistungsbetriebe zusammenarbeiten.
Beschreiben Sie diese Zusammenarbeit und geben Sie auch jeweils die Produktionsstufen an, zu denen die betreffenden Betriebe gehören.

2 Leistungsfaktoren

IK: Herr Altmann, jeder BWL-Anfänger lernt zunächst, dass man unter Produktion die Kombination der betrieblichen Leistungsfaktoren versteht. Bekanntlich nennt man sie auch die betriebswirtschaftlichen Produktionsfaktoren. Welcher Leistungsfaktor ist für Sie der wichtigste?

A: Um produzieren zu können, benötigen wir grundsätzlich Materialien, Betriebsmittel und Arbeitskräfte. Ihr Einsatz verursacht Kosten. Die Materialpreise steigen langsam, aber stetig. Wir können das kaum beeinflussen. Die Kosten für unsere Arbeitskräfte konnten wir in den letzten Jahren durch Rationalisierungsmaßnahmen – vor allem Automatisierung – stabil halten. Automatisierung führt dazu, dass der Leistungsfaktor Betriebsmittel immer mehr an Gewicht gewinnt und auch höhere feste Kosten verursacht. Wir müssen deshalb Sorge tragen, dass die

Um Leistungen erstellen zu können, benötigt der Industriebetrieb grundlegende Einsatzmittel: Betriebsmittel, Materialien, ausführende und leitende Arbeitskräfte. Man bezeichnet diese Wirkkräfte als die betrieblichen Leistungsfaktoren oder die betriebswirtschaftlichen Produktionsfaktoren.

Leistungsfaktoren (Betriebswirtschaftliche Produktionsfaktoren)

Betriebsmittel

Die Gegenstände, mit deren Hilfe Leistungen erstellt werden: Grundstücke, Gebäude, Maschinen, Vorrichtungen, Werkzeuge.

Materialien

Die Gegenstände, die verarbeitet, bearbeitet oder eingearbeitet werden oder für das Funktionieren der Betriebsmittel eingesetzt werden.

Ausführende Arbeitskräfte

Die Beschäftigten, die mit Hilfe von Betriebsmitteln aus Werkstoffen Leistungen erstellen. Sie planen nicht die Tätigkeit anderer Mitarbeiter und geben keine Anweisungen.

Leitende Arbeitskräfte

Leitende Arbeitskräfte – an ihrer Spitze die Geschäftsleitung – kombinieren die anderen Produktionsfaktoren miteinander und ermöglichen so erst die betriebliche Leistungserstellung. Sie planen, entscheiden, ordnen an, kontrollieren und organisieren. Man bezeichnet sie auch als „dispositiven (leitenden) Produktionsfaktor".

Betriebsarten nach dem Anteil der Faktorkosten an den Gesamtkosten

Betriebsarten	Faktor mit höchstem Kostenanteil	Beispiele	Wichtige Aufgaben
anlagenintensive Betriebe	Betriebsmittel	Zement-, Hütten-, Energie-Industrie; alle Betriebe mit fortgeschrittener Automation	Planung und Kontrolle der Kapazitätsauslastung
lohnintensive Betriebe	Arbeitskräfte	feinmechanische und optische Industrie	gute Organisation der Arbeitsvorbereitung
materialintensive Betriebe	Materialien	Metallhütten; Textil- und Schmuckindustrie	kostengünstige Beschaffung und Lagerung der Materialien
Sonderfall: energieintensive Betriebe	Betriebsstoffe	Aluminiumwerke	Findung kostengünstiger Standorte (z. B. Kraftwerksnähe)

Arbeitsauftrag

Betrachten Sie Ihren Ausbildungsbetrieb.

a) Welche Materialien werden dort benötigt?

b) Welche Betriebsmittel werden eingesetzt?

c) Handelt es sich nach Ihrer Ansicht um einen anlage-, arbeits-, material- oder energieintensiven Betrieb? Begründen Sie Ihre Antwort.

3 Management-Prozesse

3.1 Entscheidungsprozess

- Die Top-Dress GmbH beliefert Modeboutiquen mit einem ausgewählten Sortiment an Damen- oberbekleidung. Diese Spezialisierung beinhaltet ein großes Risiko, da in der Modebranche die Zahl der Boutiquen groß ist, die durch Geschäftsaufgabe ausscheiden. Die Geschäftslei- tung entscheidet deshalb, die Produktion auf Standardbekleidung auszudehnen.

- Die Preise der Top-Dress GmbH sind Nettopreise, zahlbar binnen 30 Tagen. Dem Verkaufs- leiter gelingt es, ein Kaufhaus für die Produkte der Firma zu interessieren, das ständig größe- re Mengen abnehmen könnte. Er trifft die Entscheidung, dass dieser Kunde einen Rabatt von 20% und ein Zahlungsziel von 90 Tagen erhält.

- In der Näherei der Top-Dress GmbH ist eine Maschine ausgefallen. Der Meister entscheidet, dass die Näherin während der Reparatur an der Maschine einer erkrankten Kollegin arbeitet.

Bei der Verfolgung seiner Ziele wird der Betrieb ständig vor Probleme gestellt:

Beispiele:
- Der für Produkt Y erzielbare Preis deckt die Kosten nicht.
- Betriebliche Fertigungsverfahren veralten.
- Neue Wirtschafts-, Arbeits- und Umweltgesetze werden erlassen.
- Zulieferungen erfolgen verspätet.

Merken Sie sich den Be- griff Mana- gement!

Immer wenn eine Problemsituation eintritt, müssen Entscheidungen getroffen werden.

Die Geschäftsleitung (das Top-Management) fällt die wichtigsten, die Gesamtunterneh- mung betreffenden Entscheidungen. Andere Entscheidungen werden an die höheren, mitt- leren und unteren Führungsebenen delegiert (übertragen). Jede Führungskraft muss Sorge tragen, dass die getroffenen Entscheidungen von ihren Mitarbeitern umgesetzt werden.

Management = Unternehmensführung in doppelter Bedeutung:

1. **Führungspersonal** (Top-, Upper-, Middle-, Lower-Management = oberste, obere, mittlere, untere Führungsebene)

2. alle **Aufgaben der Führung** des Unter- nehmens (siehe unten) und wichtiger Teilbereiche (z. B. Produkt-, Personal- Qualitäts-, Zeit-, Umweltmanagement).

Damit wird der Prozess der Entscheidungsfindung und -umsetzung zugleich ein Füh- rungsprozess. Die Führungskräfte müssen dabei bestimmte Führungsaufgaben wahrnehmen.

Entscheidungsprozess als Führungsprozess		
Phasen des Entscheidungsprozesses	**Führungsaufgaben**	
■ Anregungsphase	↔ ■ Probleme aufdecken	⎤ Das bedeutet:
■ Suchphase		⎥ die Initiative
– Zielformulierungsphase	↔ ■ Ziele setzen	⎥ ergreifen
– Planungsphase	↔ ■ planen	⎦
■ Entscheidungsphase	↔ ■ Entscheidungen treffen	
■ Durchsetzungs-(Anordnungs-)Phase	↔ ■ Anordnungen treffen	
■ Kontrollphase	↔ ■ kontrollieren	

Initiativaufgabe

Initiativ **tätig sein bedeutet: Prozesse in Gang setzen.**

Es ist die Aufgabe der Unternehmensleitung, die notwendigen Betriebsprozesse in Gang zu setzen und in Gang zu halten. Sie legt z. B. jährlich das Gewinnziel fest. Dar- aus ergeben sich alle Unterziele wie kostengünstiger Einkauf, knappe, aber ausrei- chende Lagerhaltung, möglichst hoher Umsatz, ausreichende Geldmittelbeschaf- fung. Alle Ziele sind möglichst genau zahlenmäßig festzulegen.

Auf den Zielsetzungen baut die betriebliche Planung auf.

***Planung* ist vorausschauendes gedankliches Handeln. Sie legt späteres tatsächliches Handeln zweckmäßig fest.**

Alle betrieblichen Teilaufgaben sind zu planen[1].

Allerdings muss/kann bei Zeitmangel, Informationsmangel und Routineentscheidungen oft improvisiert werden.

Entscheidungsaufgabe

***Entscheiden* bedeutet: Zwischen mehreren alternativen Möglichkeiten (z. B. Planvorschlägen) auswählen.**

In ihrem abgegrenzten Verantwortungsbereich ist jede Führungsperson berechtigt, die notwendigen Entscheidungen zu treffen.

Durchsetzungsaufgabe (Anordnungsaufgabe)

***Durchsetzen* bedeutet: Die Mitarbeiter veranlassen, die getroffenen Entscheidungen auszuführen.**

Die Durchsetzung erfolgt auf den in der Unternehmensorganisation festgelegten **Befehlswegen.** Eine reibungslos funktionierende Organisation ist deshalb sehr wichtig und der Führende muss sich ihrer problemlos bedienen können. Er muss außerdem Fähigkeiten zur **Motivation** (Ansporngebung), zur **Delegation** (Übertragung untergeordneter Entscheidungen) und **Koordination** (Ausrichtung auf das Ziel) haben.

Kontrollaufgabe

***Kontrollieren* bedeutet: Sollwerte und Istwerte vergleichen.**

Wer anordnet, muss auch die Ergebnisse kontrollieren. Dazu benötigt er **Rückmeldungen** seiner Mitarbeiter. Auch die **Meldewege** sind weitgehend durch die Organisation festgelegt. Die Kontrolle ermittelt, ob und in welchem Ausmaß die Zielsetzungen – **Sollwerte** – bei der Durchführung – **Istwerte** – erreicht wurden. Die festgestellten Werte lösen neue Entscheidungsprozesse aus: Entweder bestätigen sie das bisherige Vorgehen oder sie sind die Basis für Korrekturen.

3.2   Informationsprozess
3.2.1   Information

> Frau Gärtner ist Einkaufsleiterin bei der Top-Dress GmbH. Wie jeden Abend, so sieht sie auch heute im Fernsehen die Tagesschau: Raketenabsturz in Florida, Moskaureise des Außenministers, Tarifabschluss im öffentlichen Dienst... Zum Schluss kommt noch eine Nachricht über den Modetrend. Mehrere Pariser Modeschöpfer stellen ihre Modelle für den Sommer vor: träumerisch verspielt und wadenlang. Diese Meldung ist für Frau Gärtner von besonderem Interesse: Ihre Einkaufsplanung muss schon morgen auf diese wichtige Information abgestimmt werden.

Wer Entscheidungen treffen muss, benötigt Informationen.

Die Gesamtmenge der **Nachrichten** (= Mitteilungen von Neuigkeiten) enthält für Frau Gärtner nur eine einzige **Information.**

Eine *Information* ist eine Nachricht, die wichtiges, zweckbestimmtes Wissen für den Empfänger enthält.

---

[1] Vgl. S. 27

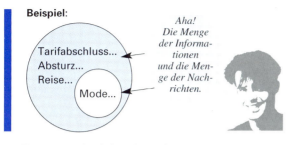

Beispiel:

Tarifabschluss...
Absturz...
Reise...
Mode...

Aha! Die Menge der Informationen und die Menge der Nachrichten.

Der Prozess der Informationsgewinnung ist zugleich ein Lernprozess.

Insofern sind Informationen von enormer Bedeutung für jede Entscheidungsfindung. Je schneller verlässliche Informationen vorliegen (z. B. über Technik, Märkte, Trends) und mit bereits bekannten Informationen verknüpft werden können, umso schneller kann man reagieren und ggf. Vorteile gegenüber den Konkurrenten erzielen.

3.2.2 Entscheidungsprozess als Informationsprozess

Im Entscheidungsprozess werden Entscheidungen vorbereitet, getroffen, umgesetzt sowie Ergebnisse kontrolliert. Hinter jeder dieser Phasen verbirgt sich zugleich eine Phase des Informationsprozesses (siehe Übersicht auf Seite 20). Die Informationen in diesem Prozess betreffen

- **Güter** (Sachgüter und Dienstleistungen)

  Beispiele:
  geplante und realisierte Produkte, Produktions- und Absatzmengen, Materialarten und -mengen, eingesetzte Arbeitsstunden

- **Werte**

  Beispiele:
  geplante und realisierte Kosten, Erlöse und Gewinne

Die geplanten Größen (Sollgrößen) steuern alle betrieblichen Arbeitsprozesse. Die realisierten Größen (Istgrößen) werden an die Geschäftsleitung zurückgemeldet und lösen ggf. Plankorrekturen, neue Entscheidungsprozesse aus. Güter, Werte und Informationen sind folglich wichtige Steuerungsgrößen im Betrieb.

3.2.3 Controlling

Planung, Kontrolle und die damit verbundenen Informationsprozesse müssen reibungslos funktionieren. Deshalb sieht die Organisation größerer Betriebe Koordinationsstellen – meist Stabsstellen – für diese Aufgaben vor. Die Stelleninhaber heißen Controller, ihre Tätigkeit heißt Controlling.

Controller tragen die Verantwortung dafür, dass systematisch geplant und kontrolliert wird. Weiterhin treffen und koordinieren sie häufig alle Vorkehrungen, die der wirksamen Durchführung von Planungen und Kontrollen dienen.

Controller müssen dafür Sorge tragen,

- dass alle Ziele ausführlich und messbar festgelegt werden,
- dass für alle Bereiche alternative Planvorschläge (mit den erwarteten Ergebnissen) entwickelt und ausgewählt werden,
- dass die Einhaltung der Planung im laufenden Betrieb überwacht wird,
- dass bei Abweichungen Maßnahmen zur Gegensteuerung oder Plankorrektur getroffen werden.

Der Controller muss auch die Suche und Auswahl **optimaler Alternativen** sichern. Er muss deshalb Machtmissbrauch, Gruppenegoismus, Informationszurückhaltung, das Unterlaufen und Manipulieren von Plänen verhindern. Deshalb befassen sich viele Controller in der Praxis intensiv mit dem betrieblichen Rechnungswesen und mit Management-Informationssystemen.

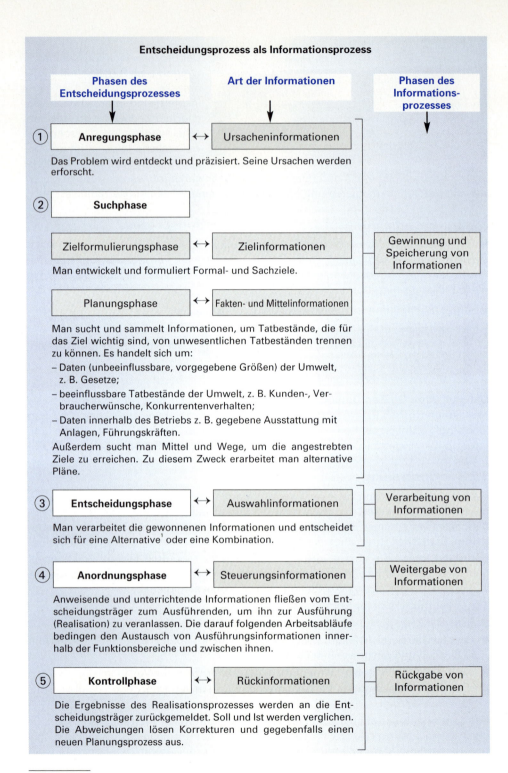

Entscheidungsprozess als Informationsprozess

Phasen des Entscheidungsprozesses   **Art der Informationen**   **Phasen des Informationsprozesses**

① **Anregungsphase** ↔ Ursacheninformationen

Das Problem wird entdeckt und präzisiert. Seine Ursachen werden erforscht.

② **Suchphase**

Zielformulierungsphase ↔ Zielinformationen

Man entwickelt und formuliert Formal- und Sachziele.

Planungsphase ↔ Fakten- und Mittelinformationen

Man sucht und sammelt Informationen, um Tatbestände, die für das Ziel wichtig sind, von unwesentlichen Tatbeständen trennen zu können. Es handelt sich um:
– Daten (unbeeinflussbare, vorgegebene Größen) der Umwelt, z. B. Gesetze;
– beeinflussbare Tatbestände der Umwelt, z. B. Kunden-, Verbraucherwünsche, Konkurrentenverhalten;
– Daten innerhalb des Betriebs z. B. gegebene Ausstattung mit Anlagen, Führungskräften.
Außerdem sucht man Mittel und Wege, um die angestrebten Ziele zu erreichen. Zu diesem Zweck erarbeitet man alternative Pläne.

Gewinnung und Speicherung von Informationen

③ **Entscheidungsphase** ↔ Auswahlinformationen

Man verarbeitet die gewonnenen Informationen und entscheidet sich für eine Alternative[1] oder eine Kombination.

Verarbeitung von Informationen

④ **Anordnungsphase** ↔ Steuerungsinformationen

Anweisende und unterrichtende Informationen fließen vom Entscheidungsträger zum Ausführenden, um ihn zur Ausführung (Realisation) zu veranlassen. Die darauf folgenden Arbeitsabläufe bedingen den Austausch von Ausführungsinformationen innerhalb der Funktionsbereiche und zwischen ihnen.

Weitergabe von Informationen

⑤ **Kontrollphase** ↔ Rückinformationen

Die Ergebnisse des Realisationsprozesses werden an die Entscheidungsträger zurückgemeldet. Soll und Ist werden verglichen. Die Abweichungen lösen Korrekturen und gegebenfalls einen neuen Planungsprozess aus.

Rückgabe von Informationen

---

[1] Wahlmöglichkeit

3.2.4 Management-(Führungs-)Informationssystem

Rudolf Hertle freut sich heute schon auf den Tag, an dem in seinem Unternehmen das gesamte Betriebsgeschehen in einer Computerwelt abgebildet sein wird... Dann kann das Management in einem integrierten System Daten beliebig verknüpfen, um ... die Fragen zu beantworten, die für die Unternehmenssteuerung interessant sind...

Um den Geschäftsprozess zu beschleunigen, wurde ein ...System entwickelt, das jeden Arbeitsschritt von der Kundenakquisition[1] über die Auftragsabwicklung bis hin zur zeitnahen Auslieferung und Abrechnung der Waren unterstützt. Das System erfasst die Aufträge und führt automatisch die Preisprüfung durch, prüft den Bestand und gibt bei Bedarf online eine Bestellung an die Fertigung weiter...

Bis hin zur Kommissionierung[2] und Versandvorbereitung werden alle Geschäftsabläufe ... unterstützt. Doch am wichtigsten ist für Rudolf Hertle, dass die auf mehrere Systeme verteilte Datenbank ihm exakte Informationen über Auftragsstand und Vertrieb liefert. „Ich erkenne jetzt sofort, wenn der Forecast[3] über- oder unterschritten wird, und kann auf Veränderungen schnell reagieren." ...

Die Einführung der Anwendungsmodule für die Materialwirtschaft, für die Lagerlogistik[4] ... sowie für die Fertigungssteuerung mit der Überwachung der Herstellaufträge war ein weiterer Meilenstein auf dem Weg zu einer strikt vertriebsorientierten Auftragsabwicklung. Jeder Auftragseingang führt heute automatisch zu einer Bestandsprüfung und -ermittlung. Rohstoffe ... werden nur noch für die Ware bestellt, die man auch wirklich verkauft ...

Wenn demnächst auch das Rechnungswesen in den DV-Verbund integriert ist, will er (Hertle) ein allgemeines Informations- und Planungssystem sowie die detaillierte Prozesskostenrechnung einführen. Jeder Kundenauftrag soll in Euro und Cent darstellbar sein. „Wir können nur wettbewerbsfähig sein, wenn jeder Mitarbeiter begreift und nachvollziehen kann, dass auch seine Arbeit Ertrag bringen muss."

Quelle: Geschäftswelt (hrsg. vom Deutschen Sparkassenverlag, Stuttgart)

Jeder betriebliche Aufgaben- und Entscheidungsträger muss optimal mit Informationen versorgt werden **(Aufgabe des Informationsmanagements)**. Sonst besteht die Gefahr, dass Entscheidungen falsch getroffen und Aufgaben falsch erfüllt werden.

Mit Hilfe der modernen Computertechnik können viele benötigte Informationen heute bequem bereitgestellt werden.

Beispiel:
- Bei jedem Kundenauftrag fallen in der Absatzabteilung Daten an
  - über den Kunden: Kundennummer, Firma, Adresse, eingeräumte Preisnachlässe, Umsatzhöhe,...
  - über die Artikel: Artikelnummer, Bezeichnung, Mengeneinheit, Preis, Lagerbestand,...
  - über den Kundenauftrag: Auftragsnummer, Kundennummer, Artikelnummer, Bestellmenge, Bestelldatum,...
- Bei einem Materialeinkauf fallen in der Beschaffungsabteilung entsprechende Daten über den Lieferer, das Material, den Lieferantenauftrag an.

- Die Daten werden vom Mitarbeiter eingegeben und in **Datenbanken** – großen Informationsspeichern – gespeichert.

- Die Daten können von dort durch unterschiedliche Programme erfasst und für unterschiedliche Zwecke verarbeitet werden.

- Die Datenbanken stehen allen berechtigten Benutzern zur Verfügung. So entstehen Informationssysteme für die einzelnen Betriebsbereiche.

Beispiel:
- Die bei den Kundenaufträgen anfallenden Daten können mit entsprechenden Programmen verarbeitet werden,
  - um die Aufträge zu buchen,

---

[1] Kundengewinnung   [2] Zusammenstellung der Artikel nach Aufträgen   [3] Vorhersage   [4] vgl. S.289 ff.

- um Rechnungen und Mahnungen zu erstellen,
- um Absatz- und Umsatzstatistiken zu drucken...
■ Die Mitarbeiter können diese Daten benutzen,
  - um Erkenntnisse zu gewinnen:
    ob ein Artikel sich gut oder schlecht verkauft,
    ob es sich um einen bedeutenden Kunden handelt,
    ob der Kunde kreditwürdig ist,
    ob ein Vertreter ausreichenden Umsatz bringt...
  - um Entscheidungen zu treffen:
    ob ein Fertigungsauftrag an die Produktionsabteilung ergehen soll,
    ob ein Artikel aus dem Sortiment genommen werden soll,
    ob eine Werbemaßnahme angebracht ist,
    ob Preiszugeständnisse nötig sind...

Die Daten aus allen Informationssystemen können wiederum ausgewertet und verknüpft werden. Damit entsteht ein umfassendes **Management-Informationssystem.** Dieses kann von der Unternehmensleitung für die Gesamtplanung und die Vorbereitung ihrer Entscheidungen benutzt werden. Das Management-Informationssystem umfasst folglich ein Informationsnetz, welches die durchgängige Nutzung von einmal gewonnenen Datenbeständen ohne erneute Erfassung zulässt. Man spricht hier von **vernetzten Lösungen** (oder: verketteten Lösungen).

Marketing-Informationssystem	**Personal-Informationssystem**	Finanz- und Rechnungswesen-Informationssystem
Produktions-Informationssystem	**Management-Informationssystem**	Materialwirtschafts-informationssystem
	Umwelt-Informationssystem	

3.2.5 Bedeutung von Internet und Intranet

Die zentrale Datenbank befindet sich auf einem Server. Mit diesem sind alle Mitarbeiter-PCs (Clients) verbunden, und über ihn sind sie auch untereinander verbunden. So entsteht ein firmeninternes Netzwerk, in dem jeder Mitarbeiter auf benötigte Daten zugreifen kann.

Server: Computer, der Dienste bereitstellt
Client: Computer, der diese Dienste nutzt.

Wenn das Unternehmen eine Internetadresse besitzt, sind auch Zugriffe von außen möglich, und zwar weltweit von jedem beliebigen Computer aus. Umgekehrt kann das Unternehmen weltweit auf fremde Computer und Netzwerke zugreifen. Der jeweilige Internetnutzer gibt auf seinem Rechner die gewünschte Internetadresse ein. Die Startseite (Homepage) des Adressaten erscheint auf dem Bildschirm. Über das Anklicken von Verweisen (Links) öffnen sich weitere Dokumente mit Informationen. Natürlich ist der Zugriff nur auf freie Datenbestände möglich. Wer als interner oder externer Nutzer auf geschützte Daten zugreifen will, muss sich mittels Passwort ausweisen.

Internet-Technologie

Sog. **Protokolle** ermöglichen die Kommunikation der im Internet zusammengeschlossenen Netzwerke. Sie regeln Codierung und Versand von Zeichen: **TCP** (Transmission Control Protocol) teilt eine Versandnachricht in kleine Paketeinheiten, **IP** (Internet Protocol) besorgt den Versand zum Zielort. **Router** (Verknüpfungsrechner) bestimmen den schnellsten Weg. Typische Nachrichten sind E-Mails oder Aufträge zum Stöbern im Netz.

Die firmeninternen Netzwerke sind heute vielfach als **Intranets** ausgestattet. So nennt man Netze, die ihrerseits die Internet-Technologie anwenden. Diese Anwendung hat weit reichende Folgen: Jeder an das Intranet angeschlossene Computer wird unmittelbar auch von außen ansprechbar. Die Kommunikation wird schneller, weil Umcodierungen entfallen. Der Übergang zum Internet wird fließend. Sicherungssysteme („Firewalls") wehren unautorisierte Angriffe von außen auf das Intranet ab.

Ein Intranet verbindet nicht nur die Computer eines Betriebes, sondern vernetzt alle Betriebe, Filialen, Mitarbeiter eines Unternehmens, und dies ggf. weltweit.

Inter- und Intranet werden kombiniert eingesetzt. Die Vorteile sind enorm:

- Schnellerer Zugriff, mehr Flexibilität

  Beispiel: Lieferketten-Datenbank

  Problem: Jeden Tag braucht DaimlerChrysler in Sindelfingen für bestimmte Autotüren 2 000 Lederverkleidungen. Früher übermittelte der Werksleiter die Bestellung per Fax an den Lieferanten. Dieser faxte wiederum Bestelldaten an seinen Unterlieferanten usw. Nach sechs Wochen war die Bestellliste endlich beim zuständigen Ledergerber. Zu spät für ein Unternehmen wie Daimler!

  Lösung: 1999 entwickelte Daimler eine Online-Lieferketten-Datenbank. Alle Lieferanten geben täglich ihre Bestände, Kapazitäten und ihren Bedarf darin ein. Bei dieser Übertragung fließen die Daten aus den Intranets der Lieferer über das Internet in das Intranet bei Daimler und dort in die Lieferketten-Datenbank.

  Vorteil: Alle Beteiligten können viel schneller auf Bedarfsänderungen reagieren. Lieferschwierigkeiten werden online angezeigt. Die Folge: Reduzierung der Lagerbestände.

- Breitere Informationsbasis

  Die Mitarbeiter können z. B. in Online-Katalogen von Anbietern blättern und Internet-Suchmaschinen nutzen. So entsteht eine breitere Basis für Entscheidungen.

- Zeit- und Kostenersparnis

  Beispiel: Rohstoff-Auktion im Internet

  Daimler veranstaltete eine Internet-Auktion für Rohstoffeinkäufe (eine Versteigerung der Aufträge an den günstigsten Bieter). Auf diesem Weg wurden binnen 4 Tagen die Bestellungen für sämtliche Rohstoffe für zwei komplette Fahrzeugreihen vergeben. Gesamtwert: 3,5 Mrd. EUR. Traditionelle Bestellungen hätten erfahrungsgemäß etwa drei Monate gedauert. Ersparnis: mehrere Millionen Euro.

- Neue Kooperationsformen

  Beispiele:
  - Austausch von Informationen über **E-Mails** innerhalb und außerhalb der Unternehmung
  - Gemeinsame Entwicklung eines neuen Bauteils in **virtuellen Räumen** durch Ingenieure des Käufers und des Verkäufers
  - Austausch von Wissen im Rahmen von **Diskussionsforen oder Videokonferenzen**.

Arbeitsaufträge

1. **Ein Entscheidungsprozess bei der Top-Dress GmbH**

   Bei der Top-Dress GmbH werden monatlich die Zahlen der Buchführung statistisch ausgewertet. Dabei stellt sich heraus, dass der Gewinn im laufenden Jahr um etwa 40 % hinter den Erwartungen zurückzubleiben droht.

   Eine genauere Untersuchung des Sachverhalts ergibt, dass der Gewinnrückgang auf die Geschäftsaufgabe einer größeren Anzahl von Boutiquen zurückzuführen ist, die nun als Kunden ausfallen. Trotz guter Kundenpflege und Bemühungen um neue Kunden kann dieser Ausfall nicht wettgemacht werden.

   In einer Direktionsbesprechung wird folgendes Ziel formuliert:
   „Maßnahmen ergreifen, um den Gewinn um 50 % zu steigern."

Die Planungsabteilung wird beauftragt, entsprechende Pläne auszuarbeiten und vorzulegen. Sie sammelt Informationen über Kunden, Konkurrenten, die Aufnahmefähigkeit des Marktes, Produktions-, Einkaufs- und Finanzierungsmöglichkeiten und arbeitet zwei alternative Pläne aus. Sie zeigt auch Konsequenzen und Grenzen dieser Pläne auf.

Alternative 1:

Preiserhöhung und verstärkte Sicherung des Zahlungseingangs durch veränderte Zahlungsbedingungen.

Diese Maßnahmen würden kurzfristig greifen. Sie würden keine zusätzlichen Ausgaben und Kosten verursachen. Der Erfolg ist andererseits verhältnismäßig ungewiss, da Kunden abspringen können und die Gewinnung neuer Kunden erschwert wird.

Alternative 2:

Ausweitung der Produktion auf Standardbekleidung. Dies bedeutet ein Vordringen auf einen neuen Markt mit entsprechenden Absatzmöglichkeiten. Andererseits ist ein Erfolg erst längerfristig zu erwarten, da zusätzliche Ausgaben und Kosten durch die notwendige Vergrößerung der Produktionsflächen und die Beschaffung neuer Maschinen entstehen.

Die Geschäftsleitung studiert Inhalt und Auswirkungen der beiden Pläne. Sie entscheidet sich schließlich zu Gunsten von Alternative 2. Die leitenden Mitarbeiter in der Finanzierung, Beschaffung und Produktion werden angewiesen, die notwendigen Maßnahmen hinsichtlich Mittelbeschaffung, Einkauf und Produktionssicherung vorzunehmen. Nach Ausführung der einzelnen Schritte werden die Ergebnisse sofort an die Geschäftsleitung zurückgemeldet. Diese mitlaufende Kontrolle ermöglicht es, die tatsächlichen Werte (Ist-werte) mit den geplanten Werten (Sollwerten) zu vergleichen und bei Abweichungen Korrekturmaßnahmen einzuleiten.

Erläutern Sie den beschriebenen Entscheidungsprozess

a) als Führungsprozess,

b) als Informationsprozess.

2. **Die Walzwerke AG hat einen Großauftrag für den Bau von Walzwerken erhalten.**

Erläutern Sie die Führungs- und Entscheidungsprozesse, die sich aus dieser Problemstellung ergeben.

3. **Aus der Kybernetik[1] stammt das Modell des Regelkreises. Dessen wesentliche Elemente sind der Regler und die Regelstrecke. Der Regler soll das Handeln der Regelstrecke in Richtung auf ein vorgegebenes Ziel (Sollwert) steuern. Er berechnet dazu geeignete Maßnahmen und gibt die nötigen Informationen an die Regelstrecke weiter, welche dementsprechend handelt. Störgrößen können bewirken, dass das Ergebnis (Istwert) vom Sollwert abweicht. Istwerte und Abweichungen werden deshalb an den Regler zurückgemeldet (sog. Rückkopplung), damit der Regler neue Maßnahmen berechnen kann. Aus Steuerung und Rückkopplung zusammen ergibt sich ein Prozess, der als Regelung bezeichnet wird.**

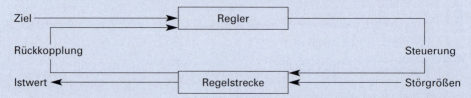

a) Erläutern Sie den Regelkreis am Beispiel einer Heizung. (Thermostat = Regler, Brenner = Regelstrecke)

b) Erklären Sie den betrieblichen Entscheidungs- und Führungsprozess als Regelkreis.

c) Regelkreise sind auf allen Führungsebenen, von der Geschäftsleitung bis hinab zum Meister und Gruppenleiter, zu finden. Versuchen Sie, ein Beispiel aus ihrem eigenen Erfahrungsbereich zu formulieren.

---

[1] Das griechische Wort bedeutet eigentlich „Steuermannskunst". Heute bezeichnet es die Wissenschaft, die modellhaft die Steuerung und Regelung von natürlichen und künstlichen Systemen (z. B. Organismen und Organisationen) untersucht.

4. So funktioniert (vereinfacht dargestellt) ein Management-Informationssystem

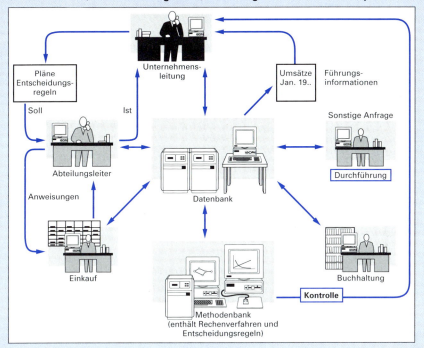

Erläutern Sie, was die Grafik aussagen will.

5. Ein Staubsaugerhersteller will durch geeignete Maßnahmen mit einem neuen Gerät einen Marktanteil von 10 % erzielen.
Nennen Sie hierfür benötigte Informationen; beschreiben Sie zwangsläufige Informationsmängel; zeigen Sie die möglichen Konsequenzen auf.

3.3 Marktorientierung

Die Gabor AG war bis in die siebziger Jahre ein bedeutender Hersteller von Registrierkassen, bis sie Konkurs anmelden musste. Schuld war eine Falscheinschätzung der Marktlage. Man hatte bereits jahrzehntelang mit großem Erfolg mechanische Registrierkassen gebaut. Zuletzt hatte man einen Magnetbandspeicher eingebaut, der eine anschließende Weiterverarbeitung der Rechnungsbeträge durch die EDV ermöglichte. Die Konkurrenz war jedoch einen Schritt weiter: Sie brachte auf rein elektronischer Basis arbeitende Geräte heraus. Vorteile: 1. Die Kassen arbeiteten fast geräuschlos; 2. Neben der Eingabe über die Tastatur war eine Datenabtastung durch Scanner möglich. Von diesem Augenblick an ging die Nachfrage nach Gabor-Kassen schlagartig um 90 % zurück. Man hatte einfach den Markt verschlafen.

3.3.1 Verhalten auf Käufermärkten

Jeder Betrieb bietet bestimmte Leistungen an. Wer Bedarf hat, fragt davon nach.

Das Zusammentreffen von Angebot und Nachfrage nach einem bestimmten Gut nennt man Markt. Jedes Gut braucht seinen Markt, um Absatz zu finden. Aus der Sicht des Betriebes unterscheidet man zwei Marktgruppen: Beschaffungsmärkte und Absatzmärkte.

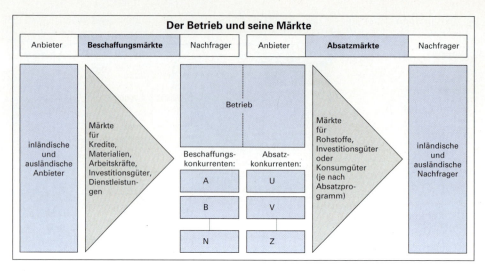

Der Betrieb und seine Märkte

Anbieter	**Beschaffungsmärkte**	Nachfrager	Anbieter	**Absatzmärkte**	Nachfrager

inländische und ausländische Anbieter

Märkte für Kredite, Materialien, Arbeitskräfte, Investitionsgüter, Dienstleistungen

Betrieb

Beschaffungskonkurrenten:
A
B
N

Absatzkonkurrenten:
U
V
Z

Märkte für Rohstoffe, Investitionsgüter oder Konsumgüter (je nach Absatzprogramm)

inländische und ausländische Nachfrager

Auf den **Beschaffungsmärkten** versorgt sich der Industriebetrieb mit Produktionsfaktoren. Alle Mengenänderungen (z. B. Rohstoffverknappung, Preis- und Qualitätsänderungen sowie der Ausfall und das Hinzutreten von Lieferern) haben Auswirkungen auf seine eigene Leistungserstellung.

Auf den **Absatzmärkten** bietet der Betrieb seine Leistungen an. Dabei muss er erkennen, dass sich die Situation in den letzten Jahrzehnten stark zu seinen Ungunsten verändert hat.

In der Zeit des Wirtschaftsaufschwungs in den Nachkriegsjahren hatte der Anbieter wegen des großen Gütermangels eine starke Stellung gegenüber dem Kunden und brauchte sich auch bei ungünstigem Preis, geringer Qualität und schlechtem Service oft keine Absatzsorgen zu machen. Es lagen so genannte **Verkäufermärkte** vor.

Heutzutage stehen die Anbieter einem gesättigten, mit einer Fülle von Gütern aller Art versehenen Verbraucher gegenüber. Der Verbraucher ist meist sehr qualitäts- und preisbewusst, er verlangt hohe Lieferbereitschaft und zugleich eine große Auswahlmöglichkeit aus einem variantenreichen, aktuellen Produktionsprogramm. Dabei unterliegt die Nachfrage einem raschen Wandel.

Die Märkte von heute sind KÄUFER-MÄRKTE.

Es ist deshalb nötig, den **Betrieb vom Absatzmarkt her zu steuern**: Man muss systematisch Absatzmöglichkeiten aufspüren und dann Produktion, Beschaffung, Personalplanung, Finanzierung und Organisation konsequent auf die bestmögliche Befriedigung der Kundenbedürfnisse ausrichten.

Die **grundlegende Fragestellung** in diesem Zusammenhang lautet: „Wie kann der Betrieb sich unentbehrlich machen und den Kunden an sich binden?"

Die **Antwort** lautet: „Der Betrieb muss das Leben des Kunden ‚mitleben', d.h. er muss sich in die Lage des Kunden versetzen, seine Probleme erkennen und Lösungen für die Probleme anbieten."

Gegenüber seinen Lieferern ist der Betrieb selbst Kunde. Um den genannten Qualitätsanforderungen entsprechen zu können, erwartet er auch von ihnen höchste Qualität, bewertet sie, erarbeitet mit ihnen gemeinsam Lösungen für die Belieferung, veranlasst sie zu optimaler Anpassung an seine Ansprüche. Er arbeitet nur mit den besten Lieferern zusammen und geht mit ihnen aus Gründen der Sicherheit ggf. langfristige Bindungen ein.

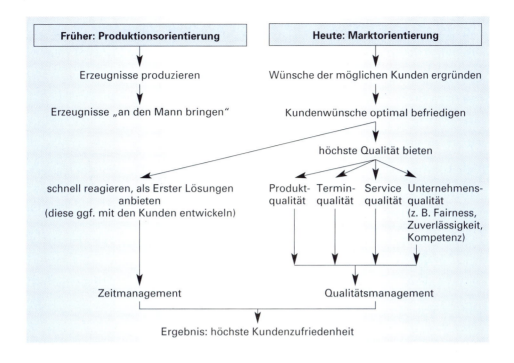

Früher: Produktionsorientierung	Heute: Marktorientierung

Erzeugnisse produzieren → Erzeugnisse „an den Mann bringen"

Wünsche der möglichen Kunden ergründen → Kundenwünsche optimal befriedigen → höchste Qualität bieten

schnell reagieren, als Erster Lösungen anbieten (diese ggf. mit den Kunden entwickeln)

Produkt- qualität / Termin- qualität / Service qualität / Unternehmens- qualität (z. B. Fairness, Zuverlässigkeit, Kompetenz)

Zeitmanagement

Qualitätsmanagement

Ergebnis: höchste Kundenzufriedenheit

3.3.2 Marktabhängigkeit der betrieblichen Planung

Alle betrieblichen Aufgaben müssen gründlich geplant werden.

Der Betrieb kann nur Güter produzieren, die am Markt Absatz finden. Systematische Marktforschung soll verheißungsvolle Marktlücken, aber auch Schwachstellen der Konkurrenz aufdecken. Auf der Marktforschung baut ein langfristiger Absatzplan auf, der die geplanten Absatzmengen und Umsätze festhält. Alle anderen Teilpläne hängen vom Absatzplan ab:

Wissen Sie es noch?
1. Planung ist vorausschauendes gedankliches Handeln.
2. Planung legt späteres tatsächliches Handeln fest.

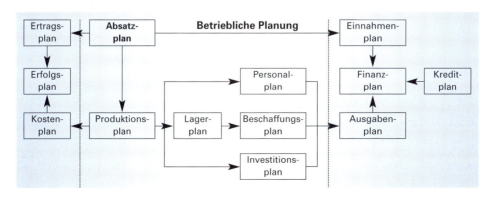

Allerdings können Engpässe auftreten: Die besten Absatzchancen nützen nichts, wenn die Einkaufspreise zu hoch sind, die Bezugsquellen nicht gesichert sind, das notwendige Personal oder die nötigen Finanzmittel nicht beschafft werden können. Kurzfristig muss sich die Absatzplanung deshalb nach bestehenden Engpässen richten. Diese bestimmen die Gesamtplanung.
Langfristig sollen Engpässe beseitigt und der Umgebung angeglichen werden.

Arbeitsaufträge

1. **Veränderungen auf einem Markt ziehen stets Veränderungen auf anderen Märkten nach sich.**
   Beschreiben Sie, welche Auswirkungen eine nachhaltige Verknappung des Rohöls auf verschiedene Gütermärkte haben könnte.

2. **Vergegenwärtigen Sie sich den Markt für Personenkraftwagen.**
   Welche Auswirkungen haben die Güter-, Nachfrage- und Konkurrenzverhältnisse auf den Absatzmärkten der Pkw-Hersteller auf die Planung, das Marktverhalten und die Produktionsverhältnisse der Pkw-Hersteller?

4 Traditionelle Betriebsorganisation

Man stelle sich einmal vor, den etwa tausend Beschäftigten der MGG würde eines Morgens mitgeteilt, alle Abteilungen seien aufgelöst, jeder Mitarbeiter könne sich die Arbeit aussuchen, die ihm am meisten zusage und Anweisungen brauche niemand mehr entgegenzunehmen. Vielmehr solle jeder nach bestem Können und in freiwilliger Abstimmung mit den anderen Betriebsangehörigen seine Kräfte kreativ für die Betriebsziele einsetzen ...
Das absolute Chaos wäre dann wohl vorprogrammiert. Ohne eine fest gefügte Ordnung wäre die MGG einem in seine Einzelteile zerlegten menschlichen Körper vergleichbar, bei dem kein Organ mehr erkennen kann, welche Aufgabe ihm zugedacht ist.

Im Betrieb arbeiten Menschen und Betriebsmittel zur Erfüllung der Ziele zusammen. Dazu muss jedes Element genau bestimmte Teilaufgaben erfüllen. Ohne eine zielgerechte Ordnung ist dies nicht möglich.

■ **Organisation (oder Organisieren) ist ein planvolles, auf Dauer gerichtetes Zusammenfügen von Teilen zu einem zielorientiert geordneten Ganzen.**

■ **Auch das so entstandene fertige Gefüge heißt *Organisation*.**

■ **Die Betriebsorganisation besteht aus**

  – Aufbauorganisation (zielorientierte Ordnung der Aufgabenträger),

  – Ablauforganisation (zielorientierte Ordnung der Arbeitsprozesse).

4.1 Aufbauorganisation
4.1.1 Betriebliche Aufgaben (Funktionen)

Ein Modell ist ein vereinfachtes Abbild eines Originals. In den für die Untersuchung wesentlichen Strukturen muss es mit dem Original übereinstimmen.

Das folgende Modell zeigt die grundlegenden betrieblichen Aufgaben (Funktionen):

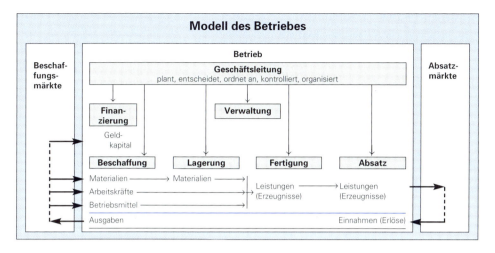

Modell des Betriebes

Betrieb

Beschaf-
fungs-
märkte

Geschäftsleitung
plant, entscheidet, ordnet an, kontrolliert, organisiert

Absatz-
märkte

**Finan-
zierung**

Verwaltung

Geld-
kapital

Beschaffung   **Lagerung**   **Fertigung**   **Absatz**

Materialien ⟶ Materialien ⟶
Arbeitskräfte ⟶
Betriebsmittel ⟶

Leistungen ⟶ Leistungen
(Erzeugnisse)   (Erzeugnisse)

Ausgaben   Einnahmen (Erlöse)

Das Modell zeigt u. a. einen **Güterstrom,** der vom Beschaffungsmarkt durch den Betrieb zum Absatzmarkt fließt: Der Betrieb beschafft sich Arbeitskräfte, Betriebsmittel, Materialien und Geldkapital, er lagert die Materialien und verarbeitet sie zu Erzeugnissen. Die Erzeugnisse verkauft er am Absatzmarkt.

In die entgegengesetzte Richtung fließt ein **Geldstrom,** denn beim Absatz der Erzeugnisse fließen Einnahmen in den Betrieb, bei der Beschaffung werden Ausgaben nötig.

Güter- und Geldstrom zusammen ergeben einen **Wertekreislauf,** der durch Ein- und Verkäufe ständig in Gang gehalten wird.

Betriebliche Aufgaben (Funktionen)

Leitung

Es ist die Aufgabe der Geschäftsleitung, die Betriebsprozesse in Gang zu setzen und zu halten. Die Geschäftsleitung hat die Anordnungs-, Entscheidungs- und Kontrollbefugnis **(Führungsfunktion);** ihr obliegt die Gesamtplanung **(Planungsfunktion);** sie gibt der Unternehmung eine dauerhafte Struktur **(Organisationsfunktion).**

Unabdingbare Aufgaben der Geschäftsleitung (die Gesamtunternehmung betreffend):

- Festlegung der Unternehmensziele und der Unternehmenspolitik,
- Koordinierung der großen betrieblichen Teilbereiche,
- Beseitigung außergewöhnlicher Störungen im laufenden Betriebsprozess,
- Maßnahmen von großer Bedeutung (z. B. Beteiligung an anderen Unternehmungen, Stillegungen),
- Besetzung der obersten Führungsstellen.

Beschaffung

Arbeitskräfte, Betriebsmittel, Materialien und Geldmaterial müssen beschafft werden. Im engeren Sinn bezeichnet man mit *Beschaffung* die Versorgung mit Materialien.

Lagerung

Die beschafften Materialien können oft nicht sofort verarbeitet, sondern müssen erst gelagert werden; ebenso müssen halbfertige Produkte zwischengelagert und fertige Produkte vor dem Verkauf gelagert werden.

Fertigung

In der Fertigung wirken beim Sachleistungsbetrieb Arbeitskräfte, Betriebsmittel und Materialien zusammen, um die Materialien zu Erzeugnissen zu verarbeiten.

Absatz

Die erstellten Leistungen müssen verkauft werden. Vom Absatz lebt der Betrieb: Nur er bringt die Mittel herein, von denen die Ausgaben bestritten werden können.

Verwaltung

Verwaltungstätigkeiten sollen die Funktionsfähigkeit des Betriebes sichern. Dazu gehören z. B. die rechnerische Erfassung des Betriebsgeschehens (Rechnungswesen), die Aufbewahrung des Schriftguts, die Personalbetreuung, die technische Instandhaltung der Gebäude.

Finanzierung

Beschaffung, Lagerung, Fertigung, Absatz, Geschäftsleitung und Verwaltung verursachen Kosten und Ausgaben. Die Beschaffung des notwendigen Kapitals heißt Finanzierung. Kapital fließt durch Einlagen der Eigentümer, Kredite der Banken und Geschäftsfreunde und durch den Verkauf der Betriebsleistungen (Erlöse) in den Betrieb.

4.1.2 Bildung von Stellen und Abteilungen

Die betrieblichen Aufgaben werden Aufgabenträgern (Menschen, Maschinen) in zwei Schritten zugeordnet: Aufgabenanalyse und Aufgabensynthese.

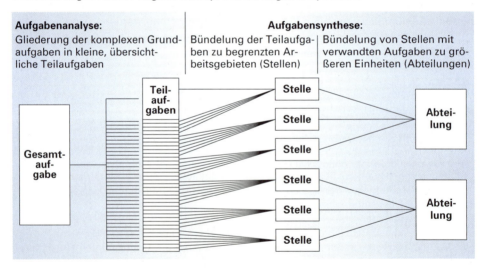

Aufgabenanalyse:
Gliederung der komplexen Grundaufgaben in kleine, übersichtliche Teilaufgaben

Aufgabensynthese:
Bündelung der Teilaufgaben zu begrenzten Arbeitsgebieten (Stellen)

Bündelung von Stellen mit verwandten Aufgaben zu größeren Einheiten (Abteilungen)

Die Leitungsstelle in einer Abteilung heißt Instanz.

Der Umfang einer Stelle soll **dem durchschnittlichen Leistungsvermögen eines gedachten Aufgabenträgers** entsprechen. Eine Stelle ist – mit Ausnahmen – also nicht auf eine bestimmte existierende Person zugeschnitten.

Die Stelleninhaber wechseln, die Stelle bleibt!

▌ Beispiel:
Stelle eines Einkäufers für Fertigteile

Aufgabenträger können Menschen oder Maschinen sein. Man unterscheidet: Einpersonenstellen, Mehrpersonenstellen, Mensch-Maschinen-Stellen, Maschinenstellen.

Arten von Stellen im Abteilungsgefüge

Je nach der Stellung im Abteilungsgefüge sind zu unterscheiden:

Vergleichen Sie hierzu das Organigramm auf Seite 32.

- **Linienstellen:** Linienstellen erhalten Anweisungen von vorgesetzten Stellen und geben ihrerseits Anweisungen an nachgeordnete Stellen. Es existiert sozusagen eine feste Weisungslinie von oben nach unten.

- **Stabsstellen:** Stabsstellen sind einer Linieninstanz zugeordnet. Sie sollen die Instanz durch informierende, planende, beratende Tätigkeit entlasten. Sie haben ihrerseits kein Entscheidungs- und Weisungsrecht.

- **Fachinstanzen (Zentralstellen):** Diese Stellen bearbeiten Fragen, die alle Linienabteilungen gemeinsam betreffen. Sie sind der Geschäftsleitung zugeordnet und haben oft ein begrenztes Weisungsrecht gegenüber der Linie. Typisch sind Stellen wie Gesamtplanung, Organisation, Personalwesen.

4.1.3   Organisationsmodelle

Organisationsmodelle spiegeln die Kriterien wider, nach denen in der Unternehmung Verantwortungsbereiche direkt unter der Geschäftsleitung gebildet werden.

- Man spricht von einer **Funktionsorganisation,** wenn unmittelbar unterhalb der Geschäftsleitung Bereiche (oberste Abteilungen) nach den Grundfunktionen des Betriebes, also nach Verrichtungen, gebildet werden.

Die Funktionsorganisation ist bei kleineren und mittleren Unternehmen sowie bei Unternehmen mit einem einheitlichen Produktionsprogramm vorherrschend.

- Man spricht von einer **Spartenorganisation,** wenn unmittelbar unterhalb der Geschäftsleitung Bereiche nach Produktgruppen (Sparten), also nach Objekten, gebildet werden.

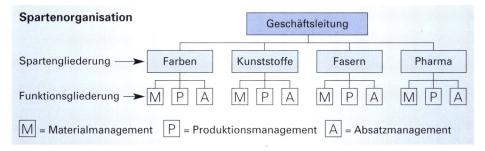

Die Spartenorganisation ist für Unternehmen mit unterschiedlichen Produktgruppen vorteilhaft. Verantwortungs- und Entscheidungsbefugnisse für die Produktgruppen können in hohem Maße auf die Spartenleiter übertragen werden. Die Sparten werden so zu relativ selbständigen Einheiten, die Spartenleiter planen ihre Geschäfte innerhalb eines vorgegebenen Handlungsspielraums selbst. Gegebenenfalls wird für jede Sparte sogar ein eigener Gewinn ermittelt und für die Beurteilung und Steuerung der Sparte herangezogen. Dann spricht man von einem **Profit-Center**.

4.1.4   Organisationsschaubild (Organigramm)

Das Organisations-Schaubild hält den organisatorischen Aufbau des Betriebes fest.

Hier sehen Sie das Organigramm der Motoren- und Getriebebau GmbH.

Beispiel:

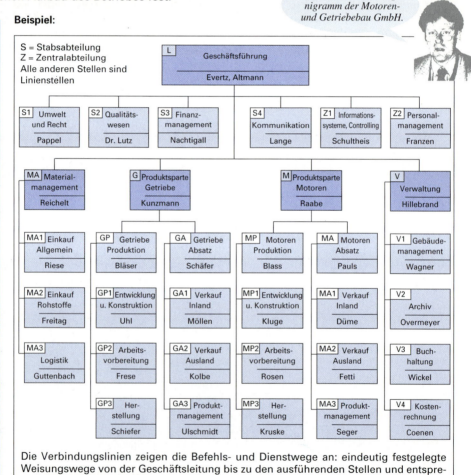

Die Verbindungslinien zeigen die Befehls- und Dienstwege an: eindeutig festgelegte Weisungswege von der Geschäftsleitung bis zu den ausführenden Stellen und entsprechende Meldewege zurück.

Das Organigramm zeigt:
- die Betriebsbereiche und Betriebsabteilungen,
- die Stellen innerhalb der Abteilungen,
- die Instanzen,
- die Rangordnung der Stellen,
- die Befehls- und Dienstwege.

1. **Durch aufmerksame Betrachtung dieses Schaubildes erhält man bereits einen gewissen Einblick in den Aufbau der Unternehmung und ihre Aufgabenerfüllung.**

   a) Welche Grundfunktionen müssen in dieser Unternehmung erledigt werden, um bedarfsgerechte Güter an die Abnehmer liefern zu können?

   b) Geben Sie an, welche Stellen und Abteilungen für die Durchführung dieser Aufgaben jeweils verantwortlich sind.

   c) Welche Stellen sind mit Leitungsaufgaben befasst? Geben Sie eine detailliertere Beschreibung dieser Aufgaben.

   d) Welche Stellen befassen sich mit material-, produktions-, absatz-, personal-, finanzwirtschaftlichen Aufgaben?

   e) Erläutern Sie, ob es sich um eine Funktions- oder eine Spartenorganisation handelt.

   f) Welche Stellen würden Sie als Linienstellen, welche als Stabsstellen bzw. Fachinstanzen bezeichnen?

2. **Die Müller Küchen GmbH produziert Bad- und Küchenmöbel. Ihr Organigramm zeigt folgendes Bild:**

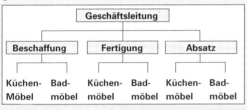

   a) Erläutern Sie die Begriffe Funktionsorganisation und Spartenorganisation.

   b) Nennen Sie jeweils mindestens drei Vorteile der Funktionsorganisation und der Spartenorganisation.

   c) Die Unternehmensberatung Kienspan ist der Ansicht, dass die dargestellte Funktionsorganisation für die Müller Küchen GmbH nicht vorteilhaft ist. Begründen Sie diese Behauptung und entwickeln Sie aus dem obigen Organigramm ein Organigramm der Spartenorganisation.

   d) Kienspan würde das neue Aufbaukonzept als Profit-Center-System anlegen. Welche Gründe könnte sie dafür anführen?

3. **Die Aufbauorganisation legt u. a. die Über- und Unterordnung der Stellen fest. Dabei kann festgelegt werden, dass Linienstellen Anweisungen von nur einer übergeordneten Stelle empfangen (sog. Einliniensystem) oder von mehr als einer Stelle (sog. Mehrliniensystem).**

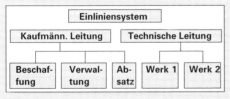
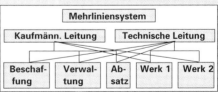

   a) Nennen Sie je drei Vorteile der beiden Weisungssysteme.

   b) In der Praxis hat sich das Mehrliniensystem nicht durchsetzen können. Versuchen Sie dies zu begründen.

4.2 Ablauforganisation

4.2.1 Ziele der Ablauforganisation

Die *Ablauforganisation* ordnet die Ablauf- und Bewegungsprozesse in Raum und Zeit im Sinne der Betriebsziele.

Ziele der Ablauforganisation sind

- die optimale Auslastung der Arbeitskräfte und Betriebsmittel;
- die optimale Durchlaufzeit für die Bearbeitungsobjekte.

Die Ablauforganisation vollzieht sich in den Schritten Arbeitsanalyse (Arbeitsgliederung) und Arbeitssynthese (Arbeitsverbindung).

4.2.2 Arbeitsanalyse

Die Arbeitsanalyse gliedert Teilaufgaben in Vorgänge, Teilvorgänge, Vorgangsstufen und Vorgangselemente[1] und ordnet sie den Bearbeitungsobjekten zu. Das Ergebnis ist ein sog. **Arbeitskatalog.**

Beispiel: Arbeitskatalog

Teilaufgabe: Gehäusemontage

Objekte	Verrichtungen	Objekte	Verrichtungen
Gehäusewand	– aufsetzen – ausrichten – anpressen	Bodendichtung	– auflegen – andrücken – einpressen
Gehäuseboden	– planlegen – festspannen – verschrauben	Deckeldichtung	– auflegen – andrücken – einpressen
Gehäusedeckel	– auflegen – ausrichten – anpressen – verschrauben	Gehäuse	– ausspannen – abheben – einlagern

4.2.3 Arbeitssynthese

Die Arbeitssynthese organisiert den Prozess der Aufgabenerfüllung.

Merke:	Der Prozess der Aufgaben-erfüllung wird vollzogen:	Die Arbeitssynthese legt folglich fest:	Dieser Bereich der Arbeitssynthese heißt:
Wann?	in der Zeit	■ Zeitfolge ■ Zeitdauer ■ Zeitabgleich	Arbeitsvereinigung (zeitliche Synthese)
Wer?	von Arbeitssubjekten	■ Zuordnung zu einem Einzelnen ■ Gruppenzuordnung	Arbeitsverteilung (personale Synthese)
Wo?	im Raum	■ Anordnung d. Arbeitsplätze ■ Bestimmung der Arbeits-wege ■ zweckmäßige Ausstattung mit Arbeitsmitteln	Raumgestaltung (räumliche Synthese)

---

[1] Vgl. S. 199

34

Beispiel: Gehäusemontage
Arbeitsvereinigung:

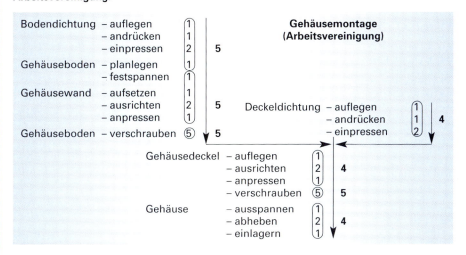

Die Arbeitsverrichtungen werden in ihrer zeitlichen Reihenfolge angeordnet (Festlegung der Zeitfolge). Die Dauer der einzelnen Verrichtungen wird festgelegt (z. B. Gehäuseboden verschrauben = 5). Nun folgt der Zeitabgleich:

Es soll angenommen werden, die tägliche Arbeitszeit betrage 8 Stunden (= 480 Minuten) und pro Tag sollen 96 Gehäuse hergestellt werden. Dann wird alle 5 Minuten eine Einheit fertig gestellt. Dieser Zeitraum ist die sogenannte **Taktzeit**. Sie umfasst Bearbeitungszeit und Wartezeit. Wartezeiten verursachen Kosten, bringen aber keinen Ertrag. Deshalb wird man Verrichtungen so miteinander kombinieren, dass die Summe der kombinierten Zeiten in keinem Fall die Taktzeit überschreitet, aber die Wartezeiten minimiert werden. Die Einkreisungen im obigen Schema geben die Zeiten der kombinierten Arbeitsgänge wieder, die fetten Zahlen ihre Summen.

Arbeitsverteilung

Die eingetragenen Zeiten sind so errechnet, dass ein Arbeiter die entsprechende Verrichtung bei normalem Leistungsvermögen bewältigen kann, ohne überfordert zu werden.

Die kombinierten Arbeitsgangfolgen sollen jeweils einem Arbeiter zugeordnet werden. Bei 7 Folgen sind also 7 Arbeiter notwendig. Sie sollen eine Arbeitsgruppe bilden, die ihre Arbeitsverteilung autonom organisiert. Sie kann selbst bestimmen, wer zu welcher Zeit welche Arbeiten übernimmt. Die Arbeitsplätze werden untereinander ausgetauscht, um Monotonie zu vermeiden. Gegenseitiges Aushelfen ist erwünscht und möglich, da drei Arbeitsgangfolgen die Taktzeit nicht ausfüllen.

Die Arbeitsverteilung soll auf diese Weise die optimale Auslastung der Arbeitskräfte und Betriebsmittel gewährleisten.

Raumgestaltung

Die Raumgestaltung versucht die Arbeitsplätze so anzuordnen, zu gestalten und mit Arbeitsmitteln auszustatten, dass die Durchlaufwege und Durchlaufzeiten minimiert werden.

In unserem Beispiel werden die Arbeitsplätze zu diesem Zweck nach dem Prinzip der Gruppenfertigung[1] organisiert:

Die 7 Arbeitsplätze werden mit den notwendigen Hilfsmitteln und Maschinen in einer räumlich zusammenhängenden Fertigungsgruppe zusammengefasst. Ein Transportband befördert die Arbeitsobjekte von einem Arbeitsplatz zum nächsten. Jeder Arbeitsplatz verfügt über ein Lager der dort benötigten Teile.

---

[1] Vgl. S. 134 f.

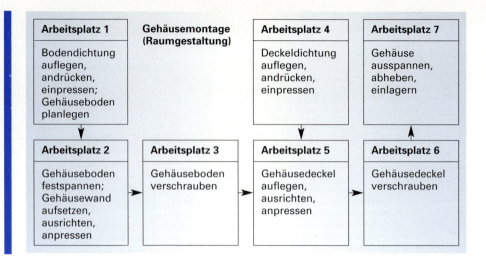

Arbeitsplatz 1	Gehäusemontage (Raumgestaltung)	Arbeitsplatz 4	Arbeitsplatz 7
Bodendichtung auflegen, andrücken, einpressen; Gehäuseboden planlegen		Deckeldichtung auflegen, andrücken, einpressen	Gehäuse ausspannen, abheben, einlagern

Arbeitsplatz 2	Arbeitsplatz 3	Arbeitsplatz 5	Arbeitsplatz 6
Gehäuseboden festspannen; Gehäusewand aufsetzen, ausrichten, anpressen	Gehäuseboden verschrauben	Gehäusedeckel auflegen, ausrichten, anpressen	Gehäusedeckel verschrauben

Die Arbeitssynthese kann in der Praxis zu ganz unterschiedlichen Lösungen führen. Dies hängt davon ab, ob die Arbeitsabläufe sich ständig gleichförmig wiederholen oder größere Unterschiede aufweisen. **Arbeitsablaufbeschreibungen** oder unterschiedliche grafische Darstellungen halten die Ergebnisse fest. **Arbeitsanweisungen** legen verbindlich fest, **wer was wann wie wo** bearbeitet.

Arbeitsaufträge

1. **„Die Ablauforganisation setzt dort an, wo die Aufbauorganisation aufhört."**
   Erläutern Sie anhand dieses Satzes den Unterschied zwischen Aufbau- und Ablauforganisation.

2. **Bei einem Materialeinkauf sind im Wesentlichen die folgenden Vorgänge zu erledigen (nicht geordnet!).**
   - **Prüfen der Eingangsrechnung**
   - **Annahme des eingehenden Materials**
   - **Prüfen der Verpackung**
   - **Überprüfung des Lagerbestands**
   - **Überweisung des Rechnungsbetrags**
   - **Feststellung des Materialbedarfs**
   - **Buchung der Eingangsrechnung**
   - **Erstellung einer Bedarfsanforderung**
   - **Einlagerung des Materials**
   - **Prüfung der Bedarfsanforderung**
   - **Materialprüfung**
   - **Eingabe der Bestelldaten**
   - **Vergleich des eingegangenen Materials mit der Bestellung**
   - **Drucken der Bestellung**

   Diese Vorgänge werden in folgenden Abteilungen erledigt:
   Lager, Einkauf, Warenannahme, Materialprüfung, Rechnungsprüfung, Buchhaltung.
   a) Erstellen Sie ein Schema nach dem unten stehenden Muster.
   b) Legen Sie die richtige Zeitfolge für die genannten Tätigkeiten fest.
   c) Nehmen Sie die Arbeitsverteilung (Zuordnung zu einer Abteilung) durch Eintragung von Kreuzen vor.
   Hinweis: Benutzen Sie für die Lösung ggf. die Ausführungen auf den Seiten 180 ff. des Lehrbuchs.

Abteilungen / Arbeitsablauf	A	B	C	D	E *z. B. Lager*	F	G	H
1. z. B. *Einlagerung des Materials*					x			
2.								

5 Geschäftsprozessorientierte Organisation

5.1 Notwendigkeit der Geschäftsprozessorientierung

Die MGG erhält eine Anfrage über die Lieferung von 200 Schieberäder-Getrieben. Dies setzt einen **Prozess der Auftragsgewinnung** in Gang (Beginn: Anfrage; Ende: Kundenauftrag).

Der Auftrag des Kunden löst einen **Prozess der Auftragsabwicklung** aus (Beginn: Kundenauftrag; Ende: Zahlungseingang).

Die folgende Vorgangskette gibt einen groben Überblick über die Tätigkeiten, die im Rahmen dieser beiden Geschäftsprozesse erledigt werden.

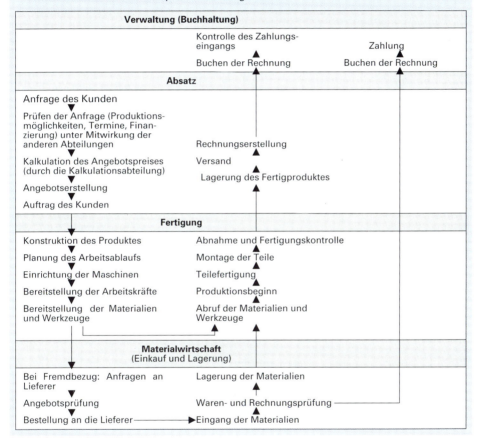

Eine markt- und kundenorientierte Leistungserstellung erfordert ein reibungsloses Funktionieren der Arbeitsabläufe. Dafür müssen alle Tätigkeiten in den Geschäftsprozessen verzögerungsfrei verkettet werden.

Ein Geschäftsprozess ist eine logische Folge zusammengehörender, wiederholbarer Tätigkeiten. Er beschreibt den Weg, auf dem ein gestecktes Ziel erreicht werden soll.

Die Betriebsbereiche bestehen – insbesondere in Großbetrieben – ggf. aus einer Vielzahl von Abteilungen (Haupt- und Unterabteilungen). Die starre Struktur einer solchen Aufbauorganisation ist einer zügigen Abwicklung der Geschäftsprozesse allerdings eher hinderlich:

Bis in die jüngste Vergangenheit war es üblich, dass jeder Stelleninhaber einen eigenen, fest abgegrenzten Arbeits- und Verantwortungsbereich hatte. Er erledigte nur kleine Teilvorgänge entsprechend dem Umfang seines Arbeitsbereichs, und über den Tellerrand seiner Stelle konnte er oft nicht blicken. Für Entscheidungen mussten außerdem häufig die vorgesetzten Abteilungsleiter eingeschaltet werden.

Natürlich suchte man die Arbeitsabläufe zu optimieren, aber dies beschränkte sich im Wesentlichen auf die Abläufe innerhalb der Stelle oder Abteilung. Folglich ging der Gesamtzusammenhang der Geschäftsprozesse in unerwünschtem Ausmaß verloren, die Produktivität litt, es kam zu nachteiligen Zeitverlusten.

Man orientiert sich deshalb bei der Abwicklung der Geschäftsprozesse heute nicht mehr so sehr an den abgegrenzten Arbeitsgebieten und Kompetenzen in den Abteilungen. Vorrangiges **Ziel** ist vielmehr die **Optimierung der Geschäftsprozesse** über Stellen- und Abteilungsgrenzen hinweg. Abteilungen und Stellen haben sich den Geschäftsprozessen unterzuordnen. Dies führt auch dazu, dass man den Abteilungsleitern Verantwortlichkeiten wegnimmt und auf **Prozessverantwortliche** überträgt. Für komplexere Geschäftsprozesse, die nicht von einer Person bewältigt werden können, werden **Prozessteams** unter verantwortlicher Leitung gebildet. Sie bestehen aus Fachleuten aller beteiligten Bereiche. Diese Teams führen die betreffenden Prozesse selbstständig durch. Durch diese **geschäftsprozessorientierte Organisation** wird das langwierige Weiterreichen von Abteilung zu Abteilung, von Mitarbeiter zu Mitarbeiter stark reduziert.

Vorteile der Geschäftsprozess-orientierung

- bereichsübergreifende Betrachtung
- absolute Zielorientierung
- Betonung der Teamarbeit
- ausgeprägtes Kosten-Nutzendenken
- Ausrichtung der Prozesse am Kunden

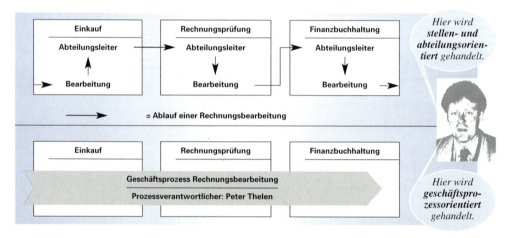

Hier wird *stellen- und abteilungsorientiert gehandelt.*

= Ablauf einer Rechnungsbearbeitung

Geschäftsprozess Rechnungsbearbeitung
Prozessverantwortlicher: Peter Thelen

Hier wird *geschäftsprozessorientiert gehandelt.*

Die Notwendigkeit der Geschäftsprozessorientierung ist v. a. in den Marktentwicklungen der beiden letzten Jahrzehnte begründet. Diese sind gekennzeichnet durch

- steigende Kundenansprüche auf gesättigten Käufermärkten,
- beschleunigten Technologiewandel und kürzere Produktlebenszeiten,
- zunehmenden Wettbewerb auf globalisierten Märkten.

Die Märkte sind heute kaum noch räumlich begrenzt, sondern weltweit ausgedehnt (Globalisierung). Ursachen sind der Abbau von Handelshindernissen (Liberalisierung), schnellere Transportsysteme (Flugzeuge) und verbesserte Kommunikations-

38

techniken (Satelliten, Internet). Die Unternehmen können deshalb heute weltweit agieren und in Konkurrenz treten. Wer schnell und flexibel reagieren kann (Zeitmanagement) und zugleich höchste Qualität bietet (Qualitätsmanagement), erzielt Wettbewerbsvorteile[1]. Ein optimales Geschäftsprozessmanagement ist für beides die beste Voraussetzung.

Um dem zunehmenden Druck zu begegenen, untersuchen Unternehmen heutzutage alle ihre Bereiche und Abläufe auf Schwachstellen. Nicht um sie zu reparieren, zu verbessern , sondern um sie von Grund auf geschäftsprozessorientiert neu zu gestalten (sog. **Business Process Reengineering**). Ziel ist stets die optimale Befriedigung der Kundenwünsche.

5.2 Geschäftsprozesse im Industriebetrieb

5.2.1 Wertschöpfungsprozess

Die detaillierte Kalkulation finden Sie auf Seite 148.

Aufgrund der Kundenanfrage über 200 Schieberäder-Getriebe führte die MGG eine Vorkalkulation (Angebotskalkulation) durch. Sie hatte – stark vereinfacht – folgendes Ergebnis:

Bezogene Materialien	20000,00 EUR
+ Kosten für Beschaffung, Fertigung, Absatz, Verwaltung	67978,00 EUR
+ Gewinnzuschlag	8798,00 EUR
= Verkaufspreis	96776,00 EUR

Verkaufserlös	96776,00 EUR
– Vorleistungen	– 20000,00 EUR
= **Wertschöpfung**	= **76776,00 EUR**

Der Industriebetrieb erzielt Verkaufserlöse für erstellte Leistungen und zahlt selbst für bezogene Vorleistungen anderer Betriebe. Die Differenz aus Verkaufserlösen und Vorleistungen heißt Mehrwert oder Wertschöpfung des Betriebes.

Der Prozess der Leistungserstellung ist folglich ein **Wertschöpfungsprozess**, der sich über die Funktionen Beschaffung, Fertigung und Absatz erstreckt: Sachgüter werden beschafft (Materialien), erstellt (Produkte) und abgesetzt (Waren). Aufgabe des betrieblichen Rechnungswesens ist es, alle Vorgänge in diesem Prozess und damit die Wertschöpfung selbst zahlenmäßig aufzuzeichnen.

■ **Der Wertschöpfungsprozess ist kostenorientiert:**

Für die Produkterstellung werden die Produktionsfaktoren Material, Arbeitsleistungen und Betriebsmittel eingesetzt und verbraucht bzw. abgenutzt. Die so verzehrten Werte werden als Kosten[2] bezeichnet. Die Höhe der aufgewendeten Kosten kennzeichnet zugleich den erzielten Mehrwert auf jeder Stufe der Leistungserstellung.

■ **Der Wertschöpfungsprozess ist kundenorientiert und nutzenorientiert:**

Die aufgewendeten Kosten ergeben nur Sinn, wenn das erstellte Produkt dem Kunden einen Nutzen bringt. Dieser Nutzen veranlasst ihn, einen Preis zu zahlen. Der Kunde ist deshalb der zentrale Bezugspunkt des Prozesses: Der Kundenwunsch löst den Prozess aus; die Erfüllung des Kundenwunsches beendet ihn. Produktqualität, Termineinhaltung, Service, Kompetenz müssen auf Käufermärkten exakt und flexibel am Wunsch möglichst jedes einzelnen Kunden ausgerichtet

---

[1] Vgl. die Übersicht auf S. 27
[2] Einzelheiten siehe S. 102 ff.

werden. Um diese Ausrichtung zu gewährleisten, richten moderne Betriebe ein Kundenbeziehungs-Management (Customer Relationship Management[1]) ein; denn nur wenn der Kundenwunsch erfüllt wird, erzielt der Betrieb einen Preis, der die Kosten übersteigt, und damit einen Gewinn. Der Gewinn kennzeichnet den letzten Mehrwert, die letzte Stufe der Wertschöpfung.

Sie erinnern sich:
Gewinn = Erlöse
– Kosten

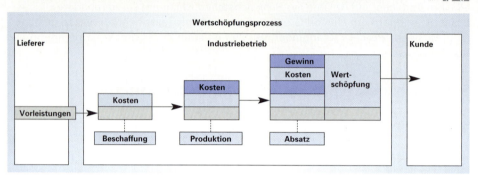

5.2.2 Arten von Geschäftsprozessen

Der Wertschöpfung vollzieht sich durch die Abwicklung der Geschäftsprozesse.

Prozesse, mit denen die Hauptleistung, die Wertschöpfung erbracht wird, heißen Kernprozesse.

Grundlegende Kernprozesse

- **Innovationsprozess** → Ideenfindung für Innovationen (Neuerungen, neue Produkte)
- **Produktentwicklungsprozess** → Festmachen von Kundenanforderungen, -wünschen, -erwartungen und Entwicklung der Produkte
- **Vertriebsprozess** → Vermarktung der Produkte
- **Auftragsbearbeitungsprozess** → Fertigung, Lieferung und Bezahlung der Produkte
- **Kundenserviceprozess** → Dienstleistungen für Kunden

Die Kernprozesse werden durch Supportprozesse (Hilfsprozesse) unterstützt.

Grundlegende Supportprozesse

- **Prozesse der Unternehmensplanung** → Geschäftsfelder, Unternehmensziele, Strategien
- **Prozesse des Personalmanagements** → Personalplanung, -beschaffung, -entwicklung
- **Prozesse des Ressourcenmanagements** → Bereitstellung von Material und Betriebsmittel
- **Informations-/Kommunikationsprozesse** → Bereitstellung von Informationen
- **Prozesse des Finanzmanagements** → Bereitstellung von Finanzmitteln

Alle grundlegenden Prozesse bestehen aus **Subprozessen (Teilprozessen).**

Der Wertschöpfungsprozess des Industriebetriebs ist ein Sachgüterprozess. Er kann nur optimal ablaufen, wenn er **durch Informationsprozesse zielgerecht gesteuert** wird. Hier liegt die Aufgabe des Prozessmanagements. Datenverarbeitung und Management-Informationssysteme bieten die Grundlage für die Prozesssteuerung.

---

[1] Einzelheiten siehe S. 420

Das Prozessmanagement ist die zielorientierte Steuerung der Prozesse entlang des Wertschöpfungsprozesses.

Auch der Wertschöpfungsprozess des Industriebetriebs ist ein Teilprozess in einer **Wertschöpfungskette**, an der noch Vor- und Nachproduzenten sowie Groß- und Einzelhandelsbetriebe beteiligt sind/sein können. Kennzeichnend ist, dass jeder Betrieb den folgenden mit seinen Leistungen beliefert (versorgt). Unter dem Aspekt des Güterflusses liegt also eine **Versorgungskette (Supply Chain)** vor. Die Gestaltung dieser Versorgungskette aus betrieblicher Sicht mit dem Ziel einer optimalen Versorgung der Kettenglieder ist eine Aufgabe, die man als **Supply Chain Management** bezeichnet.

Beispiel: Typische Lebensmittel-Supply-Chain

Rohprodukte aus der Landwirtschaft → Fertigung von Lebensmitteln im Industriebetrieb → Großhandelsvertrieb → Einzelhandelsvertrieb → Konsument

5.3 Gestaltung und Darstellung von Geschäftsprozessen

Die Gestaltung von Geschäftsprozessen sollte sich in folgenden Schritten vollziehen:

Beispiel: Subprozess *Budgetüberprüfung anlässlich einer Bestellanforderung*

Alle Betriebsabteilungen verfügen über ein Budget. Das ist ein zugeteilter Betrag, der für Einkäufe für die Abteilung verwendet werden darf.

Folgender Fall liege vor: Die Abteilung Rechnungswesen benötigt einen Ersatz-PC. Der Abteilungsleiter richtet eine Bestellanforderung an den Einkauf. Der Einkaufssachbearbeiter prüft anhand des Budgetplans, ob das Budget der Abteilung Rechnungswesen noch ausreicht. Reicht es nicht aus, so ist eine spezielle Genehmigung des Kaufs bei der Finanzabteilung einzuholen.

Prozessgestaltung:

1. Anfangsereignis   Bestellanforderung liegt vor

2. Endereignis   Bestellanforderung genehmigt

3. Prozessziel   Sicherung der Liquidität

4. prozessbeeinflussende Faktoren   – Existenz einer Finanzdatenbank
                                     – Möglichkeit des direkten Zugriffs auf die Datenbank

5. Funktionen   – Budgetprüfung
                                     – ggf. Beantragung einer Budgeterhöhung
                                     – Mitteilung des Prüfergebnisses

6. kritische Vorgänge   keine

7. Prozessverantwortlicher   Einkaufssachbearbeiter Klages

Bei der Analyse und Darstellung des Geschäftsprozesses ist es vorteilhaft, die Abläufe aus vier sog. „Sichten" zu betrachten.

■ **Organisationssicht**

Sie untersucht, welche Stellen/Abteilungen an den betrachteten Abläufen beteiligt sind.

■ **Funktionssicht**

Sie untersucht, welche Vorgänge im Prozess vorkommen und wie sie zusammenhängen.

■ **Datensicht**

Sie untersucht, welche Informationen bei den Vorgängen benötigt und durch sie erzeugt werden.

■ **Steuerungssicht**

> **Beispiel Organisationssicht:**
> Am Subprozess *Budgetüberwachung* sind beteiligt:
> Einkaufsabteilung, Finanzabteilung, anfordernde Stelle (hier: Rechnungswesen).
>
> **Beispiel Funktionssicht:**
> Anfallende Vorgänge:
> Budgetprüfung,
> Erhöhungsantrag bei unzureichendem Budget,
> Mitteilung an die anfordernde Stelle.
>
> **Beispiel Datensicht:**
> Benötigte Informationen:
> Bestellanforderung, Budgetplan.
> Erzeugte Informationen:
> Anforderung an Finanzabteilung,
> Mitteilung an anfordernde Stelle.

Sie untersucht die Beziehungen zwischen den Funktionen, Organisationseinheiten und Daten. Fragestellungen:

– Welche Ereignisse lösen welche Funktionen aus?
– Welche Ereignisse werden durch welche Funktionen erzeugt?
– Welche Daten werden bei welchen Funktionen verarbeitet?
– Ggf.: Welche Funktionen werden von welchem Mitarbeiter ausgeführt?
– Ggf.: Welche Mitarbeiter gehören zu welchen organisatorischen Einheiten?

Für die Darstellung der Steuerungssicht benutzt man vorzugsweise grafische Darstellungen. Dabei haben sich v. a. ereignisgesteuerte Prozesskettendiagramme und Vorgangsketten-Diagramme durchgesetzt.

Ereignisgesteuerte Prozesskettendiagramme (EPK)

Die wichtigsten Elemente sind Ereignisse und Funktionen. Ereignisse lösen Funktionen aus und Funktionen führen wieder zu Ereignissen.

Beispiel:

Subprozess Budgetüberprüfung anlässlich einer Bestellanforderung

Symbole:

1 **Ereignis** = Zustand; löst eine Funktion aus oder ist Ergebnis einer Funktion.
2 **Funktion** = Handlung, Aktivität
3 **Organisationseinheit** = ausführende Stelle(n), Person(en)
4 **Informationsobjekt** = Datenträger
5 **Operator**. Mögliche Operatoren sind:
  − ∧-**Operator** = Und-Verknüpfung; wird für Verzweigungen benötigt: alle Äste der Verzweigung werden durchlaufen.
  − ∨-**Operator** = Oder-Verknüpfung; entweder ein bestimmter Ast oder alle Äste werden durchlaufen
  − **XOR-Operator** = Von 2 Ästen wird der eine oder der andere durchlaufen
--------▶ = zeitlich-logische Abhängigkeit zwischen Ereignissen und Funktionen
────▶ = Informationsfluss oder Materialfluss
──── = Zuordnung von Organisationseinheiten zu Funktionen oder Ereignissen
Weiteres mögliches Symbol: ▭ = schriftliches Dokument

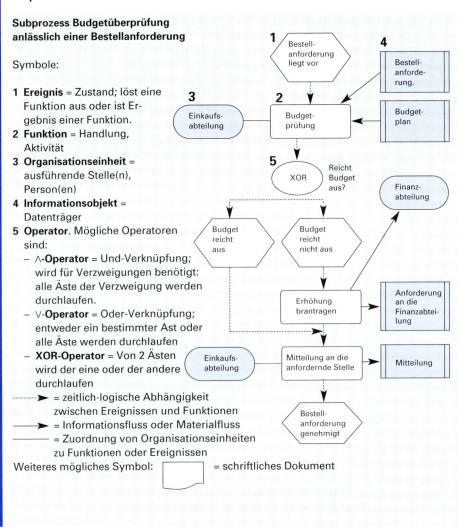

Vorgangsketten-Diagramme

Sie zeigen ebenfalls die Ablaufstruktur von Geschäftsprozessen mit den gleichen Symbolen. Sie enthalten Spalten

■ für die beteiligten Organisationseinheiten,
■ für Ereignisse und Funktionen,
■ für die verwendeten Datenträger.

Weitere Spalten sind möglich.

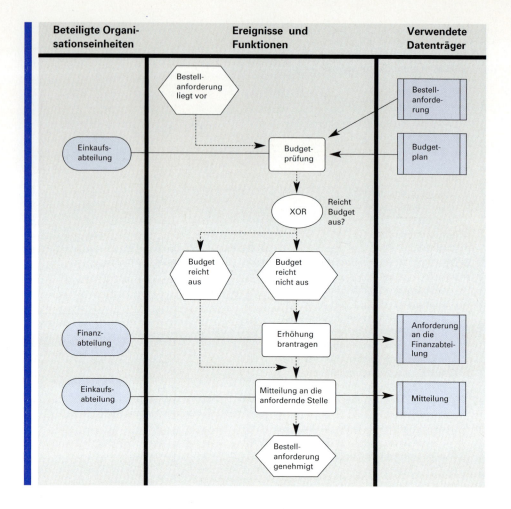

| Beteiligte Organi-sationseinheiten | Ereignisse und Funktionen | Verwendete Datenträger |

5.4 Geschäftsprozessoptimierung

Die Geschäftsprozesse müssen permanent kontrolliert werden, um Verbesserungs-ansätze zu finden. Wichtige Untersuchungsgegenstände sind z. B. Kapazitätsengpäs-se, Kundenzufriedenheit, Qualitätsmängel, zeitliche Engpässe und die Höhe der Pro-zesskosten. Erforderliche Verbesserungsmaßnahmen können z. B. sein:

- Entfernung unbedeutender Teil-prozesse,
- Zusammenfassung von Teilpro-zessen,
- Aufspaltung komplexer Prozesse in Teilprozesse,
- Übertragung von Teilprozessen auf andere Untenehmen (Prozes-sauslagerung),
- Einführung von Selbstkontrollen durch die Prozessverantwortlichen,

Methoden der Prozessanalyse

- **Benchmarking:** Siehe nächstes Kapitel.
- **Workflowanalyse:** (Workflow = arbeitsteiliger Teilprozess). Der Prozessablauf wird auf oft auf-tretende Fehler hin untersucht, um diese dann abzustellen (Bsp.: Doppelarbeit, überflüssige Tätigkeiten). Grundlegende Fragestellung: Wa-rum erledigen wir bestimmte Funktionen auf diese Weise ?
- **Schwachstellenanalyse:** Aufgrund vorliegender Mängel werden Prozesse auf ihre Schwachstel-len untersucht. Bsp.: Zu lange Bearbeitungszeit von Beschwerden.

- Verbesserung der Arbeitsbedingungen im Prozess,
- Optimierung der Betriebsmittelausstattung für einen Geschäftsprozess,
- Minimierung der Durchlaufzeiten.

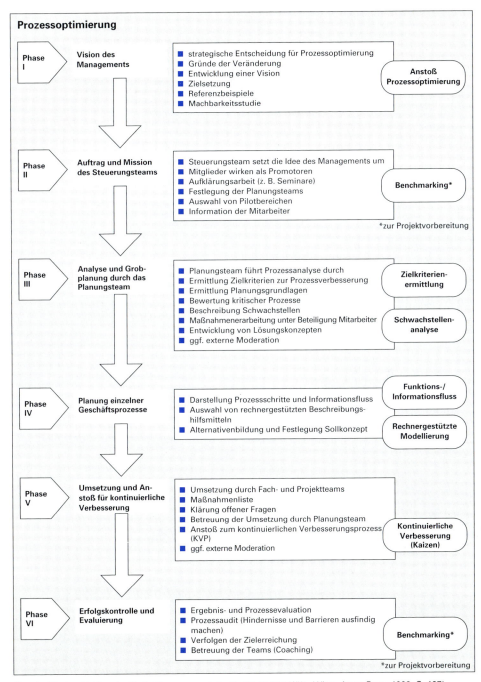

(Quelle: Thaler, K.: Supply Chain Management. Fortis FH-Verlag Köln, Wien, Arau, Bern. 1999, S. 197)

1. Die Walzwerke AG hat einen Großauftrag für die Lieferung eines Walzwerkes (Auftragswert: 300 Mio. EUR) erhalten.

   Nennen Sie die wichtigsten Arbeitsabläufe, die durch die Erledigung dieses Auftrags in Gang gesetzt werden können.

2. „top (time optimized prozesses[1]), so heißt das Optimierungsprogramm bei Siemens. Alle Abläufe werden fortlaufend mit dem Ziel verbessert, schneller als bisher mit wettbewerbsfähigen Produkten auf dem Markt zu sein. Ganz oben steht in diesem Konzept die Zufriedenheit der Kunden. Ihre Wünsche sollen schneller, besser und kostengünstiger als bei jedem anderen Anbieter erfüllt werden.“

   (Aus Schneider/Böcker, Wie funktioniert die Industrie? München 1995)

   a) Noch vor wenigen Jahrzehnten dachte in den Betrieben niemand an Optimierungsprogramme wie bei Siemens. Was hat sich in der Wirtschaft geändert, so dass sie lebensnotwendig wurden?

   b) Andere Großunternehmen haben ähnliche Programme entwickelt – unter anderem Namen, aber mit ähnlichen Inhalten. Erläutern Sie die Grundgedanken derartiger Programme genauer.

3. Im Einkauf einer Unternehmung liegt eine Bestellanforderung vor. Nach allen Prüfungen dieser Bestellanforderung werden Anfragen an mehrere Unternehmen geschrieben. Bisherige Lieferer erhalten die Anfrage als E-Mail, neue Lieferer erhalten eine förmliche Anfrage. Für die eingegangenen Angebote wird ein Angebotsvergleich erstellt, um das günstigste Angebot zu ermitteln. Anschließend erteilt der Einkaufssachbearbeiter eine briefliche Bestellung.

   a) Erklären Sie die Begriffe Geschäftsprozess, Prozessverantwortlicher und Prozessmanagement anhand dieses Falles.

   b) Erstellen Sie ein Vorgangskettendiagramm und ein ereignisgesteuertes Prozesskettendiagramm, die den Geschäftsprozess von der Freigabe der Bestellanforderung bis zum Versand des Bestellschreibens abbilden.

   c) Begründen Sie die permanente Kontrolle eines Geschäftsprozesses.

4. Voraussetzung für funktionierende Geschäftsprozesse ist ein wirksames Geschäftsprozessmanagement. „Business Process Reengineering“ ist ein Konzept, das dem Management Grundlagen für die Beurteilung von Geschäftsprozessen liefert.

   Erklären Sie den Begriff Business Process Reengineering und die Aufgaben dieses Konzeptes. Recherchieren Sie hierfür im Internet über bekannte Suchmaschinen.

5. Der Subprozess „Einstellung eines Auszubildenden“ unterscheidet sich von Ausbildungsbetrieb zu Ausbildungsbetrieb ein wenig.

   Erstellen Sie wahlweise ein entsprechendes Vorgangskettendiagramm oder ein ereignisgesteuertes Prozesskettendiagramm für Ihren Ausbildungsbetrieb. Anfangsereignis: Stellenanzeige in der Zeitung; Endereignis: Ausbildungsvertrag.

5.5 Benchmarking – eine Methode der Geschäftsprozessoptimierung

Bei der ABZO Chemie AG beschweren sich zunehmend Kunden, weil ihre Reklamationen nicht zügig bearbeitet werden. Die Controlling-Abteilung stellt fest: Die Bearbeitung dauert in der Tat bis zu 10 Wochen. Der errechnete Durchschnitt: 5 Wochen. Von diesem Ergebnis aufgeschreckt, gibt die Geschäftsleitung eine Benchmarking-Analyse für den Geschäftsprozess *Reklamationsbearbeitung* in Auftrag. Das Motto von Benchmarking ist: „Test the Best“. Damit ist gemeint: Vergleiche dich selbst mit dem besten Konkurrenten!

---

[1] (engl.) zeitoptimierte Prozesse

5.5.1 Begriff und Arten des Benchmarking

Unternehmen, die im globalen Wettbewerb überleben wollen, müssen ständig besser werden. Bessere Geschäftsprozesse und Produkte sind gefragt. Wie aber kommt man zu diesem Ziel? Ein Weg, der heutzutage häufig gewählt wird, ist Benchmarking.

Benchmarking ist ein methodischer Vergleich mit Vergleichspartnern, die man anhand von Benchmarks als die besten erkannt hat.
Verglichen werden Prozesse (Prozess-Benchmarking) oder Produkte (Produkt-Benchmarking).

Ein **Benchmark** ist ein Leistungswert, an dem andere gemessen werden können.

Beispiele: Benchmarks
- für die Produktqualität: die Reklamationsquote
- für den Prozess der Reklamationsbearbeitung: die Bearbeitungsdauer
- für die Qualität eines Bestückungsprozesses: die Ausschussrate[1]

Vier Wege, um besser zu werden
- **Benchmarking:** siehe links!
- **Kaizen:** ständiges Nachdenken über das Verbessern von Prozessen in kleinen Schritten, wozu alle Mitarbeiter aufgerufen sind.
- **Total Quality Management:** ein Führungssystem, das Kundenzufriedenheit durch höchste Qualität von Unternehmen, Produkten und Tätigkeiten anstrebt.
- **Business Process Reengineering:**

„Genaueres hierzu erfahren Sie auf den Seiten 202 ff.“

Ziel von Benchmarking: Unterschiede und ihre Ursachen finden, analysieren und Verbesserungen entwickeln; so Schwachstellen beseitigen!

Benchmarking-Arten	
Internes Benchmarking	**Externes Benchmarking**
■ **unternehmensbezogen:** Vergleich innerhalb der eigenen Unternehmung (z. B. Vergleich der Arbeitsprozesse von Abteilungen) ■ **konzernbezogen:** Vergleich zwischen Betrieben/Unternehmen innerhalb des Konzerns[2]	■ **konkurrenzbezogen:** Vergleich mit direkten Konkurrenzunternehmen ■ **branchenbezogen:** Vergleich mit anderen Unternehmen aus der gleichen Branche[3] ■ **branchenunabhängig:** Vergleich mit Unternehmen anderer Branchen

Beim **unternehmensbezogenen** Benchmarking sind Datenzugriff und Durchführung einfach. Andererseits sind die Verbesserungserfolge meist gering, da die zusammengehörenden Einheiten tendenziell gleich organisiert sind. Das **konzernbezogene** Benchmarking kann erfolgversprechender sein, insbesondere nach Firmenkäufen und -zusammenschlüssen.

Für das **konkurrenzbezogene** Benchmarking ist es oft schwierig, Vergleichspartner zu finden: An Konkurrenten rückt man ungern Informationen heraus. Findet man Partner, kann man als Ergebnis höchstens mit ihnen gleichziehen. In der Zwischenzeit entwickelt sich der Konkurrent aber schon weiter. Die Grenzen zum **branchenbezogenen** Benchmarking sind fließend. Letzteres liefert oft gute Ergebnisse beim Prozessvergleich. **Branchenunabhängiges** Benchmarking birgt die größten Innovationspotenziale. Die Unternehmen sind eher zu einem offenen Informationsaustausch bereit. Immer ist es jedoch nötig, die Übertragungsmöglichkeiten gründlich herauszuarbeiten.

---

[1] Ausschuss sind fehlerhafte Produkte, die nicht nachbearbeitet werden können.
[2] Zusammenschluss rechtlich selbständiger, aber wirtschaftlich unselbständiger Unternehmen unter einheitlicher Leitung
[3] Sammelbegriff für alle Unternehmen, die eine gleiche Gattung Leistungen herstellen

5.5.2 Prozess eines Benchmarking-Projekts

Phase 1
Zielsetzungsphase

- Informationsermittlung (Konkurrenz-situation; Prozessstärken und –schwächen; Finanzmittel für Benchmarking)
- Auswahl des Benchmarking-Objekts
- Projektorganisation (Arbeitsplan, Team ...)

Hohe Kosten! Darum ein Objekt auswählen, dessen Verbesserung möglichst gute Ergebnisse für das Unternehmen liefert!

Phase 2
Interne Analyse

- Analyse des Benchmarking-Objekts
- Reduktion auf die leistungsbestimmenden Bestandteile
- Ausarbeitung der Messgrößen
- Definition der Vergleichskriterien (zur Auswahl geeigneter Partner)
- Erstellung eines Fragebogens zum Informationsaustausch

Phase 3
Vergleich

- Auswahl geeigneter Benchmarking-Partner
- Kontaktaufnahme und Abstimmung mit den Partnern
- Durchführung des Vergleichs (Partnerbesuch; Abarbeiten des Fragenkatalogs; Erfragen von Hintergrundinformationen)
- Auswertung der gewonnenen Informationen

Phase 4
Maßnahmen

- Entwicklung und Bewertung der Maßnahmen
- endgültiger Maßnahmenkatalog

Phase 5
Umsetzung

- Umsetzungsplanung (Zeiten, Kosten, einzusetzende Mittel)
- Umsetzung (Beginn von Verbesserungsprojekten)
- Überprüfung der Zielerreichung und Projektabschluss

Beispiel: Branchenunabhängiges Benchmarking[1] in Lebensmittel- und Elektronikbranche

Ausgangslage: Beim Bestückungsprozess eines Pralinenherstellers wurden Probleme festgestellt:
- zu hohe Rüstzeiten (Zeiten für das Umrüsten der Maschinen auf andere Produkte),
- zu hohe Ausschussraten durch Beschädigung der Pralinen,
- fehlerhafte Bestückung durch falsche Kommissionierung (Zusammenstellung),
- hoher Anteil manueller Nachbearbeitung

Zielsetzung: Verbesserung des Bestückungsprozesses

Vorgehen: Auswahl eines geeigneten Benchmarking-Partners durch klassifizierendes Benchmarking: Die vorhandenen Unternehmensmerkmale in der Unternehmensdatenbank des Deutschen Benchmarking-Zentrums ermöglichten die Auswahl geeigneter Benchmarking-Partner. Auf der Basis dieser Daten wurde untersucht, ob die Prozesse in den ausgewählten Unternehmen ähnlich und besser als die eigenen waren. Dazu bildete man Geschäftsprozess-profile anhand klassifizierender Merkmale. So stellte man übereinstimmende Merkmale mit der Bestückung von Leiterplatten in der Elektroindustrie fest:

Pralinenhersteller		Leiterplattenhersteller
kleine, empfindliche Teile	↔	kleine, empfindliche Teile
Hygienebestimmungen	↔	Reinheitsbestimmungen
automatische Bestückung	↔	automatische Bestückung
große Stückzahlen	↔	große Stückzahlen

Die ähnlichen Prozesse wurden anhand der Benchmarking-Zielsetzung, Kennzahlen und anderen Informationen verglichen und bewertet. Ergebnis: eine Rangliste bewerteter Geschäftsprozesse mit ihren entscheidenden Größen.

So wurden in der Elektronikbranche Lösungen für den Pralinenhersteller gefunden und übertragen.

---

[1] Quelle: Siebert/Kempf. Benchmarking. Leitfaden für die Praxis. München 1998

Umgesetzte Maßnahmen:

- Feste Rüstung für ein bestimmtes Produktionsprogramm.
  Resultate: Vermeidung von Bestückungsfehlern aufgrund falscher Kommissionierung. Starke Senkung der Rüstzeiten für das Produktionsprogramm.
- Anwendung von Software-Programmen der Wegoptimierung.
  Resultat: Verbesserung der Bestückungszeiten.
- Einführung eines neuen Handhabungsverfarens.
  Resultat: Keine Beschädigung der Produkte.

Arbeitsaufträge

1. **Unternehmen stehen ständig unter Druck, sich verbessern zu müssen. Moderne Instrumente hierfür sind z. B. Benchmarking, Kaizen, Total Quality Management und Business Process Reengineering.**
   a) Informieren Sie sich genauer über die vier Instrumente.
   b) Beschreiben Sie die Instrumente (Ziele, Anwendungsgebiete, Vorgehensweise)

2. **Im Einführungsbeispiel auf Seite 46 beabsichtigt die Geschäftsleitung, eine Benchmarking-Analyse durchzuführen.**
   a) Handelt es sich hier um Produkt-Benchmarking oder Prozess-Benchmarking?
   a) Die Geschäftsleitung muss entscheiden, ob ein internes oder externes Benchmarking durchgeführt werden soll. Erstellen Sie einen Vorschlag an die Geschäftsleitung. Berücksichtigen Sie u. a. dabei die anfallenden Kosten.
   b) Formulieren Sie Ziele für das Projekt.
   c) Erstellen Sie einen Ablaufplan für das Projekt.
   d) Welche Teilphasen dieses Projekts werden im eigenen Betrieb ausgeführt?
   e) Ist es sinnvoll, in der Zielsetzungsphase nach einem Benchmarking-Partner zu suchen?

6   Management von Querschnittsaufgaben

Die Papierfabrik Strepp GmbH fertigt und vertreibt Papier für Windeln. Zur Verbesserung der Wettbewerbsposition will die Geschäftsführung die Umsetzung des Umweltschutzgedankens im Betrieb fördern. Dazu gehören: Ersatz des Rohstoffs Holz durch Altpapier; Einsatz umweltfreundlicher Fertigungsverfahren; Durchführung von Marketingkampagnen; Verankerung des Umweltschutzes in der Betriebsorganisation durch Einstellung eines Umweltmanagers. Letzterer soll den Umweltschutz in allen Unternehmensbereichen verantwortlich durchsetzen.

Das Umweltmanagement gehört zu den typischen Querschnittsaufgaben. Dies sind Aufgaben, deren Umfang sich über **alle** Funktionen im Wertschöpfungsprozess (Beschaffung, Fertigung, Absatz) erstreckt.

Wichtige Querschnittsaufgaben sind: Logistik, Produktmanagement, Qualitätsmanagement und Umweltmanagement.

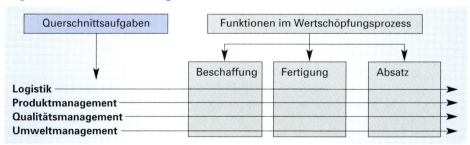

Logistik und Produktmanagement sind selbst prozessorientierte Aufgaben.

Qualitäts- und Umweltmanagement sind wichtige Führungsaufgaben, die in hohem Maße durch ein optimales Geschäftsprozessmanagement unterstützt werden.

6.1 Logistik

Unternehmen müssen immer neue Wege der Kostenersparnis finden. So berichtete die Zeitschrift „Der Spediteur", dass ein asiatischer Fahrzeughersteller überlegt, ob er den Montagevorgang von der Fabrik in das zum Transport bestimmte Schiff verlegen soll. Positive Folgen wären: Einsparung eines Montagebetriebs, Verkürzung der Lieferzeit, Einsparung von Lagerkosten, schnellere Erzielung von Verkaufserlösen, also flüssigen Mitteln für neuen, Gewinn versprechenden Einsatz ...

Jeder Industriebetrieb muss einen ständigen Güterfluss bewältigen:

- vom Lieferer zum Betrieb bei der Material-, Werkzeug-, Betriebsmittelbeschaffung,
- zwischen Lägern und Produktionsstätten bei der Fertigung,
- vom Betrieb zum Händler und Endabnehmer beim Absatz der Produkte.

Früher waren Güterbewegungen – und damit verbundene Tätigkeiten wie Kommissionieren[1], Verpacken, Verladen usw. – wenig beachtete Hilfsvorgänge. Erst seit den siebziger Jahren hat man erkannt, dass sie, günstig gestaltet, riesige Sparmöglichkeiten bieten. Diese Erkenntnis begünstigte die Entwicklung der betriebswirtschaftlichen Logistik.

Die betriebswirtschaftliche Logistik befasst sich mit allen Güterbewegungen und den damit verbundenen Informationsströmen im Betrieb sowie zwischen Betrieb und Außenwelt. Sie soll diese Flüsse nach den Gesichtspunkten höchster Leistung und Wirtschaftlichkeit gestalten und entwickeln.

Das Wort Logistik[2] stammt aus der Militärsprache. Es bezeichnete dort ursprünglich die systematische Versorgung der Front mit allem, was sie braucht.

Nach den Güterflussphasen unterscheidet man:

- **Versorgungslogistik** (Beschaffungs-, Produktions-, Absatz-, Distributions-Logistik)
- **Entsorgungslogistik** (Redistributions-, Recyclings-, Wiedereinsatzlogistik).

Güterflüsse und Logistik

← Informationen ← Informationen ← ← Informationen ← ← Informationen

Materialmanagement   Produktionsmanagement   Absatzmanagement

Lieferer   Eingangslager   Fertigung   Zwischenlager   Fertigung   Absatzlager   Kunde

Material →   → Halberzeugnisse →   → Fertigerzeugnisse →

Handelswaren

| **Beschaffungslogistik** soll die Versorgung der Fertigung optimieren | **Produktionslogistik** soll den Güterfluss im Fertigungsbereich optimieren | **Absatzlogistik** soll den Güterfluss zum Kunden optimieren |

→ Versorgungslogistik →

← Entsorgungslogistik ←

| **Wiedereinsatzlogistik** optimiert den Fluss recycelter Güter zu den Kunden | **Recyclingslogistik** optimiert den Fluss der Verwertung von Altprodukten und Material | **Redistributionslogistik** optimiert den Rückfluss von Altprodukten |

---

[1] Zusammenstellen von Lieferungen   [2] von frz. loger = unterbringen

Diese Aufteilung darf jedoch nicht den Blick dafür verstellen, dass die Logistik eine Querschnittsaufgabe ist, die den **gesamten** Güter- und Informationsfluss optimieren muss. Im Zentrum steht die logistische Kette „Zulieferer – Produzent – Abnehmer" (Supply chain).

Der Industriebetrieb geht mit qualifizierten Spediteuren als Logistikdienstleistern feste vertragliche Logistikpartnerschaften ein, denn der Speditionsbetrieb als Verkehrsspezialist kann den außerbetrieblichen Güterfluss besser optimieren als der Industriebetrieb.

Integrierte Logistiksysteme sollen die Gesamtoptimierung der Güterflüsse bewirken. Notwendige Voraussetzungen sind:

- gründliche Planung sämtlicher Güterbewegungsprozesse und ihrer Hilfstätigkeiten,
- Bindung an feste Partner (Lieferer, Logistikdienstleister, evtl. auch Kunden),
- vernetzte Informationssysteme (Online-Verbindungen: innerbetrieblich funktionsübergreifend, mit den Partnern betriebsübergreifend).

Die Systeme sind kundenorientiert. Sie nehmen die Kundeninformationen auf, leiten sie innerbetrieblich ohne Verzögerung weiter, lösen die notwendigen Fertigungs- und Einkaufsplanungen aus, veranlassen – durch Abstimmung mit Lieferer und Logistikdienstleister – die terminlich und örtlich richtige Bereitstellung des Materials, sorgen für den reibungslosen Material-, Produkt- und Entsorgungsfluss (von Materialrückständen, Verpackungen, Altprodukten) im Betrieb und – durch Abstimmung mit Logistikdienstleister und Kunden – die reibungslose Versorgung des Kunden.

Wesentliche Ziele des integrierten Logistiksystems sind:

- **genaue Ausrichtung auf den Kunden und die Nachfrage,**
- **Flexibilität und Zuverlässigkeit bei Kundenbelieferung, Fertigung, Materialversorgung,**
- **Kostensenkung bei Fertigung, Lagerung, Logistiktätigkeiten.**

6.2 Produktmanagement

Die Musikproduktionsfirma Sony stellt neben anderen Produkten der Unterhaltungsindustrie Musik-CDs her. Das bedeutet: komponieren, texten, im Studio aufnehmen, in CD-Werken pressen, promoten und verkaufen. Und das jedes Jahr für mehrere tausend CDs und hunderte deutsche und ausländische Künstler. Wer kümmert sich in diesem Wirrwarr speziell um die CD „Tribute to Rock'n Roll" von Johnny B? Wer koordiniert alle Tätigkeiten von der Produktidee bis zum Auslieferung?

In großen Industriebetrieben werden viele verschiedene Produkte nebeneinander produziert. Jede Abteilung ist mit der Gesamtheit der durchlaufenden Objekte befasst und außerdem auf ihre speziellen Verrichtungen konzentriert: Der Einkauf versucht z. B. die Beschaffungskosten für alle Rohstoffe zu minimieren; die Fertigung strebt möglichst kurze Durchlaufzeiten für alle Erzeugnisse an; der Verkauf will den Gesamtumsatz maximieren. So läuft man Gefahr, dass die Belange des einzelnen Produkts, seine Eigentümlichkeiten bei Beschaffung, Fertigung und Absatz nicht optimal berücksichtigt werden. Viele Betriebe versuchen, dieses Dilemma durch den Einsatz von Produktmanagern zu lösen. Sie sind für die Belange eines einzelnen Produkts zuständig.

Der Produktmanager koordiniert alle Prozesse, die sein Produkt durchläuft. Seine Tätigkeit ist weit gespannt: Sie kann gegebenenfalls schon bei der Produktidee beginnen und erst mit seiner Entsorgung enden.

Die folgende Aufstellung gibt einen Überblick über Prozesse, bei denen der Produktmanager für sein Produkt tätig werden kann:

- Marktforschung (z. B.: Was wünscht sich der Absatzmarkt?)
- Produktfindung (z. B.: Wie lautet die Produktidee?)
- Kostenplanung (z. B.: Wie teuer darf das Produkt sein?)
- Produktentwicklung und Design (z. B.: Wie soll das neue Produkt aussehen?)
- Werkstoffauswahl (z. B.: Welche Rohstoffe sollen verwendet werden?)
- Fertigungstechnik (z. B.: Welche Fertigungsverfahren sollen angewendet werden?)
- Qualitätssicherung (z. B.: Werden die festgelegten Qualitätsanforderungen erfüllt?
- Technische Dokumentation (z. B.: Ist die Gebrauchsanweisung verständlich?)
- Werbung (z. B.: Welche Werbemedien sind für das Produkt geeignet?
- Vertrieb (z. B.: Welcher Absatzweg ist geeignet?)
- Verkaufspsychologie (z. B.: Welcher Preis wird vom Kunden akzeptiert?)
- Service (z. B.: Soll das Produkt beim Kunden installiert werden?)
- Ersatzteilversorgung (z. B.: Wie lange sollen Ersatzteile bereitgehalten werden?)
- Entsorgung und Recycling (z. B.: Ist eine Rückgabegarantie sinnvoll?)

Diese Aufzählung ist nicht vollständig! Je nach Betrieb und Produkt kann die Tätigkeit des Produktmanagers mehr oder weniger umfangreich sein. Sie kann gegebenenfalls auch mehrere Produkte oder eine Produktgruppe umfassen.

6.3 Qualitätsmanagement (QM)

Bei einer Ausbildungsmaßnahme der Thomas Josef Heimbach GmbH, Düren. Es wurde die Frage gestellt: **Sind 99 % Qualität viel?** Die spontane Antwort: 99 % Qualität sind ein hoher Qualitätsstandard. Umso mehr überraschte die folgende Aufstellung: **99 % Qualität heißt:**
- 4 Tage im Jahr keine Zeitung ■ 7 Stunden im Monat kein Wasser
- ¼ Stunde am Tag kein Strom ■ Jedes hundertste Baby im Krankenhaus wird fallengelassen

Das Deutsche Institut für Normung definiert Qualität als „die Gesamtheit von Merkmalen einer Einheit bezüglich ihrer Eignung, festgelegte und vorausgesetzte Erfordernisse zu erfüllen". Früher meinte man damit die Funktionstüchtigkeit der Produkte. Mit dem Wandel von Verkäufermärkten zu Käufermärkten änderte sich auch der Qualitätsbegriff:

- Qualität wird heute kundenorientiert verstanden: Leistungen haben die richtige Qualität, wenn sie genau die vom Kunden gewünschten Eigenschaften aufweisen und in höchstem Maße gebrauchstauglich sind.
- Qualität wird umfassend verstanden: Der Kunde verlangt außer Produktqualität auch Terminqualität, Beratungsqualität, Servicequalität sowie – alles in allem – Unternehmensqualität (Fairness, Zuverlässigkeit, Kompetenz, ...).

Beispiel:
Jede Stelle, jede Abteilung im Betrieb nimmt direkt oder indirekt Einfluss auf die Kundenzufriedenheit. So beeinflusst ein Call-Center die Kundenzufriedenheit durch geschickte Informationsaufnahme und -weitergabe ebenso wie die Geschäftsleitung durch entsprechende qualitätsorientierte Unternehmensstrategien.

- Qualität verlangt ständiges Bemühen um Verbesserung: Heute besser sein als gestern, morgen besser als heute!

Qualität in diesem Sinn ist als Führungsaufgabe - **Qualitätsmanagement (QM)** – zu verstehen.

*Das QM erfasst **alle** Bereiche des Betriebes: wieder eine typische Querschnittsaufgabe!*

Ein gutes Qualitätsmanagement leistet vor allem:

- Formulierung einer Qualitätspolitik (Absichten und Verpflichtung zur Qualität)
- Vorgabe von Qualitätszielen
- Einrichtung und Erhaltung des Systems der Qualitätssicherung[1]
- Bereitstellen von Arbeitsmitteln zur Qualitätssicherung
- Festlegung der Verantwortlichkeiten
- Einbezug der wichtigsten Partner des Betriebes (Lieferant, Mitarbeiter und Kunde)
- Gesamtdokumentation in einem Managementhandbuch

Die Norm[2] DIN EN ISO 9000 bis 9004 beschreibt den Aufbau eines Qualitätsmanagements. Über dessen Einrichtung können die Betriebe durch ein **Qualitätsaudit** (Betriebsprüfung) ein Qualitätszertifikat erwerben. Der Andrang zum Audit ist groß, denn mehr und mehr Kunden fordern von ihren Lieferern den Qualitätsnachweis. Außerdem verspricht man sich von dem Zertifikat:

Werbewirkung und Wettbewerbsvorteile; Verbesserung der Produktqualität; Absicherung gegen Haftungsrisiken.

Das Qualitätsaudit

- ist eine systematische Prüfung durch einen amtlich bestellten neutralen Auditor (z. B. vom TÜV);
- bewertet das Qualitätsmanagement auf seine Wirksamkeit und Wirtschaftlichkeit;
- wird durchgeführt in Form von
  - Beobachtung der Umsetzung des QM-Systems vor Ort,
  - Interviews mit den Prozessverantwortlichen;
- kann sein: Systemaudit (Prüfung der Organisation), Verfahrensaudit, Produktaudit, Prozessaudit, Projektaudit.

Als höchste Stufe eines kundenorientierten Qualitätsmanagements gilt heute das sog. **Total Quality Management**[3].

Arbeitsaufträge

1. **Die Logistik gewinnt in den Unternehmen immer mehr an Bedeutung. Um diesen Trend erfolgreich fortzusetzen, sollten nach Meinung vieler Experten folgende Strategien eingesetzt werden:**
   - **Prozessorientierung in der Wertschöpfungskette,**
   - **Fusionen sowie Kooperation in Netzwerken,**
   - **Einsatz spezieller Logistikdienstleister (z. B. Spediteure).**
   a) Versuchen Sie genauer zu erläutern, was mit diesen Strategien gemeint ist.
   b) Nehmen Sie zu der Expertenmeinung kritisch Stellung.

2. **Die betriebliche Logistik befasst sich mit Transport-, Lager- und Informationsvorgängen. Diese Vorgänge verursachen Kosten von zum Teil beträchtlicher Höhe.**
   a) Nennen Sie die wesentlichen in der Wertschöpfungskette anfallenden Transport-, Lager- und Informationsvorgänge.
   b) Welche Kosten fallen bei diesen Vorgängen an?
   c) Nennen Sie das Oberziel der Logistik. Leiten Sie daraus Unterziele ab. Ein Teil dieser Unterziele soll auf die von Ihnen genannten Kosten Bezug nehmen.

---

[1] Einzelheiten siehe S. 187 f.
[2] Vgl. S. 92 und 196 f.
[3] Einzelheiten siehe S. 205 f.

3. „Ein Unternehmen soll sich auf seine Kernkompetenzen konzentrieren!" Diese Forderung gibt die heute in Fachkreisen vorherrschende Meinung wieder. Eine Konsequenz ist, dass viele Betriebe Prozesse, die nicht Kernprozesse sind, ausgliedern und von anderen Betrieben ausführen lassen. Im Fachjargon der Logistik spricht man von „Outsourcing".

   a) Welche Vorteile könnte man sich von Outsourcing versprechen?
   b) Zum Logistikbereich eines Betriebes gehört auch der Fahrdienst für das Management. Er muss ständig verfügbar sein – eine teure Angelegenheit! Wie lassen sich hier durch Outsourcing die Kosten senken?

4. Aus einer Stellenanzeige:

> **Wir suchen mehrere Produktmanager** als Moderatoren an den Schnittstellen zwischen den einzelnen Abteilungen des Unternehmens und dem durch Kundenanforderungen, Entwicklungstrends und Zukunftsperspektiven getriebenen hoch innovativen Markt. Sie zeichnen dafür verantwortlich, dass in ihrem Produktbereich zum richtigen Zeitpunkt die richtigen Produkte entwickelt werden.
> Ihre Erfahrungen liegen in einem der nachfolgenden Bereiche:
> **Steuergeräte-Entwicklung** einschließlich der zugehörigen Prozesse und Technologien,
> **Hardware** (Messtechnik, analog und digitale Signalverarbeitung),
> **Software** (PC-basierte Programme für Messe- und Versuchstechnik und digitale Signalverarbeitung).

   Herr Schneidewind bewirbt sich als Produktmanager für Software. Nennen Sie wichtige Prozesse, für die er zukünftig zuständig sein wird.

5. Das Qualitätsmanagement wird heute als eine grundlegende Führungsaufgabe jeder Unternehmung gesehen. Es ist durch folgende Merkmale gekennzeichnet:
   Qualitätspolitik – Qualitätsziele – Qualitätssicherung – Qualitätspartnerschaft – organisatorische Eingliederung – Qualitätsmanagementhandbuch.

   a) Erklären Sie diese Merkmale.
   b) In aller Regel enthält bereits das Leitbild einer Unternehmung[1] Aussagen über die Qualitätspolitik. Welche diesbezüglichen Aussagen macht das Leitbild Ihres Ausbildungsbetriebes?
   c) Erläutern Sie Zusammenhänge zwischen „Kundenzufriedenheit", „kontinuierlichem Qualitätsverbesserungsprozess" und Qualitätspolitik.
   d) Das Qualitätsmanagement sollte in der Organisation verankert sein. Machen Sie hierzu zwei Vorschläge.

6. Das Qualitätsmanagement der Firma ABZO Chemie AG dokumentiert das gesamte Qualitätswesen der Unternehmung.
   Welche der folgenden Themenbereiche gehören in das Handbuch, welche nicht?
   Messung, Analyse und Verbesserung – Lohnpolitik – Produkt- und Dienstleistungsrealisierung – Einkaufsprozess – Qualitätspolitik – Überblick über die Geschäftsprozesse – Organisation und Verantwortung – Geschäftsprozessmanagementsystem – Finanzplan – Qualitätsmanagementsystem – Verantwortung der Leitung – Management von Ressourcen – Umfeld der Unternehmung.

---

[1] Vgl. S. 383

6.4 Umweltmanagement
6.4.1 Umweltprobleme durch Industriebetriebe

Industriebetriebe sind in hohem Maße verantwortlich für die Umweltbelastungen, die zwangsläufig in allen Phasen von Produktion und Konsum auftreten:

■ bei der Gewinnung der Rohstoffe und Bodenschätze (z. B. Abbau nicht erneuerbarer Rohstoffe; Absenkung des Grundwasserspiegels durch Braunkohletagebau; Meeresverschmutzung durch Rohölgewinnung aus dem Meer);

■ beim Transport (Luftverschmutzung; Energieverbrauch; Aufheizung der Atmosphäre);

■ bei der Lagerung (z. B. Wassergefährdung durch Lagerung gefährlicher Stoffe);

■ bei der Produktion (z. B. hoher Energie- und Wasserverbrauch, Schadstoffausstoß, Produktionsabfälle);

■ beim Ge- und Verbrauch der produzierten Güter (z. B. Freisetzung gesundheitsschädlicher Stoffe wie Formaldehyd, Lösungsmittel, Abfälle);

■ bei der Entsorgung (z. B. Grundwassergefährdung bei Deponielagerung, Luftverschmutzung durch Müllverbrennung).

6.4.2 Interne und externe Kosten

Für das Umweltverhalten von Industriebetrieben sind weitgehend Kostengesichtspunkte maßgebend.

Kosten unter Umweltgesichtspunkten

Interne Kosten

Man erhält heutzutage kaum etwas umsonst. Das ist so, weil die meisten Güter nicht unbegrenzt vorhanden sind. (Der Volkswirt spricht von „knappen Gütern".) Wer Güter abgeben soll, verlangt einen Preis. Das gilt auch für die Produktionsfaktoren Arbeitskräfte, Betriebsmittel und Materialien. Der Betrieb muss sie einkaufen und die Kosten für ihre Nutzung tragen. Kosten, die vom verursachenden Betrieb zu tragen sind, nennt man interne Kosten. Das Ziel der Gewinnmaximierung bedingt, diese Kosten genau zu erfassen – die Aufgabe der Kostenrechnung – und zu minimieren.

Externe Kosten

Einige wenige Güter – man denke an die Umweltgüter Luft, Grundwasser, Meer, fließende Gewässer – können nicht aufgeteilt werden. Kein Einzelner kann sie besitzen, jedermann kann sie nutzen ohne einen Preis zahlen zu müssen. Sie sind „freie Güter". Die Industriebetriebe nutzen die Umweltgüter durch die Emission von Schadstoffen. Sie nehmen sie sozusagen unentgeltlich als Lagerraum für ihre Abfälle in Anspruch. Die Schadstoffe zerfressen Gebäude und Material, vergiften Lebewesen, Wasser und Luft. Die Kosten für Schadensbegrenzung und -beseitigung treffen nicht unmittelbar die verursachenden Betriebe. Sie sind für die Betriebe externe Kosten. Sie belasten entweder die Geschädigten oder aber die Gemeinschaft, den Staat.

Jeder Betrieb steht in Wettbewerb mit seinen Konkurrenten. Kein Betrieb kann es sich leisten, seinen Gewinn zu gefährden. Deshalb wird grundsätzlich kein Betrieb freiwillig externe Kosten auf sich nehmen. Er wird auch keine Aufwendungen machen, um Umweltbelastungen von vornherein zu vermeiden. Es entstehen Umweltkonflikte.

Besser wär's ja, Rauchfilter einzubauen, aber dann müssen wir die Preise erhöhen.

Betriebliche Umweltkonflikte treten auf, wenn ein ökologisch sinnvolles Verhalten mit Nachteilen für den Betrieb verbunden ist.

Die Betriebe sind mit der Lösung solcher Konflikte zu Gunsten der Umwelt überfordert. Deshalb muss der Staat mit zweckdienlichen Maßnahmen eingreifen.

Arbeitsaufträge

1. **Ökologie beginnt z. B. am Arbeitsplatz...**
   a) Überprüfen Sie Ihren persönlichen Arbeitsplatz auf umweltverträgliche Arbeitsmittel.
   b) Überlegen Sie, ob ökologisch ratsame Änderungen zu Konflikten mit der Ökonomie führen können.
2. **Von Ihrem Abteilungsleiter hören Sie folgende Aussagen:**
   a) Umweltverträgliche Güter sind oft teurer. Als Rohstoffe erhöhen sie die Kosten der Unternehmung, als Fertigprodukte erbringen sie unbefriedigenden Umsatz.
   b) Umweltverträgliche Güter genügen oft den Qualitätsansprüchen nicht (z. B. Recyclingpapier).
   c) Die Umstellung auf umweltverträgliche Fertigungsverfahren erfordert oft einen hohen Kapitaleinsatz und verursacht hohe Kosten, die den Gewinn schmälern.
   d) Höhere Produktionsmengen senken die Kosten pro Stück, führen aber zu höheren Schadstoffemissionen.
   Nehmen Sie Stellung zu den angesprochenen Konflikten.

6.4.3 Industriebezogene Zielsetzungen staatlicher Umweltpolitik

Die staatliche Umweltpolitik verfolgt einerseits ganz allgemein, speziell aber auch im Hinblick auf die industrielle Fertigung folgende Zielsetzungen:

■ **Allgemein: Handeln nach dem *Vorsorgeprinzip* und nach dem *Verursacherprinzip***

Das **Vorsorgeprinzip** verlangt, durch vorsorgendes Verhalten Umweltschäden von vornherein zu vermeiden, anstatt entstandene Schäden mit hohen Kosten zu beseitigen (vorbeugender Umweltschutz).

Beispiel:
– Vorbeugender Gewässerschutz durch betriebliche Kläranlagen
– Rücknahme gebrauchter Produkte und Recycling der Rohstoffe

Das **Verursacherprinzip** besagt, dass der Verursacher von Umweltbelastungen (Hersteller/Vertreiber von Produkten; Betreiber von Anlagen; Erzeuger/Besitzer von Abfällen) die Kosten für Vermeidung, Beseitigung, Wiedergutmachung von Schäden zu tragen hat.

Beispiel:
Wer Abwässer in Gewässer einleitet, muss Abwassergebühren bezahlen. Die Höhe der Gebühren hängt vom Ausmaß der Verschmutzung ab.

Nur wenn das Verursacherprinzip nicht anwendbar ist, soll die Allgemeinheit auf dem Wege der Besteuerung die Kosten tragen (**Gemeinlastprinzip**).

Beispiel:
Errichtung von Lärmschutzwällen an der Autobahn

■ **Schonende Nutzung der Umweltressourcen (sog. „sustainable development" = dauerhafte, nachhaltige Entwicklung)**
  – Erneuerbare Rohstoffe (z. B. Holz) sollen nur in dem Umfang verbraucht werden, wie sie nachwachsen.
  – Nicht erneuerbare Rohstoffe (z. B. Rohöl, Erze) sollen nur abgebaut werden, wenn sichergestellt ist, dass für nachfolgende Generationen kein Mangel entsteht.
  – Durch konsequentes Recycling[1] von Materialrückständen, ausgedienten Produkten und Verpackungen soll ein Rohstoffkreislauf, eine **Kreislaufwirtschaft**, entstehen. Formen des Recycling sind:

Wiederverwendung (Upcycling):	Güter werden in ihrer ursprünglichen Form mehrfach verwendet. ⟶	z. B. Pfandflaschen, Nachfüllflaschen
Weiterverwendung (Downcycling):	Güter werden nach ihrer Verwendung in anderer Weise genutzt. ⟶	z. B. Senfglas als Trinkglas
Wiederverwertung:	Güter/Materialien werden aufbereitet. Sie werden zum Roh- oder Hilfsstoff ⟶ für ein neues Produkt.	z. B. Kupfergewinnung aus Kupferspulen
Weiterverwertung:	Nicht mehr benötigte Materialien werden für andere Zwecke verwertet. ⟶	z. B. Herstellung von Karton aus Altpapier

■ **Erstellung umweltfreundlicher Produkte**
  – An Stelle umweltgefährlicher Roh-, Hilfs- und Betriebsstoffe sind umweltunschädliche Stoffe zu verwenden (z. B. chlorfrei gebleichtes Papier).
  – Die Produkte sind so zu erstellen, dass sie bei Transport, Lagerung, Gebrauch, Verbrauch und Entsorgung keine bzw. nur unvermeidbare Schäden für Mensch und Umwelt verursachen.

■ **Anwendung umweltfreundlicher („sanfter") Produktionstechniken**
  Die Produktionsverfahren sollen so beschaffen sein, dass von vornherein möglichst wenig Schadstoffe an die Umwelt abgegeben werden (z. B. durch Brauchwasserrückführungsanlagen), möglichst wenig Rohstoffe und Energien verbraucht und Recyclingmöglichkeiten eröffnet werden.

■ **umweltfreundliche Entsorgung unvermeidbarer Abfälle**
  – zur Reinhaltung des Bodens und Wassers: z. B. Sonderabfallentsorgung (Altöle, Emulsionen, Lösungsmittel, sonstige Chemikalien und Konzentrate), Kläranlagen (zur Entgiftung, Entschlammung);
  – zur Reinhaltung der Luft: z. B. Absaug-, Filter-, Entschwefelungsanlagen (gegen Staub, Dämpfe, Gase und andere Schadstoffe), Lärmschutzvorrichtungen.

■ **umweltfreundliche Dienstleistungsgestaltung**
  Dienstleistungen sollen unter Berücksichtigung des vorbeugenden Umweltschutzes ausgeführt werden (z. B. bei Transporten: Energie-, Abgas-, Lärmreduzierung; grundsätzlich verlangt dies die Verlagerung der Transporte von Straße und Luft auf Schiene und Wasser).

---

[1] engl.: wörtlich: In-den-Kreislauf-Zurückführen

6.4.4 Staatliche Umweltmaßnahmen; Umweltrecht

Überblick

Der Staat wendet zum Schutz der Umwelt vor allem folgende Maßnahmen an:

Staatliche Umweltmaßnahmen

Appelle, Verhandlungen

Durch Appelle zu umweltbewusstem Verhalten soll Einfluss auf die öffentliche Meinung genommen werden. Verhandlungen mit Unternehmen sollen freiwillige Selbstverpflichtungen der Unternehmen bewirken.

Subventionen

Unternehmen erhalten Subventionen für Maßnahmen, die die Umweltlage verbessern und Belastungsfaktoren verringern.

Rechtsvorschriften

Umweltverwaltungsrecht: Gesetze, Rechtsverordnungen, Verwaltungsanordnungen, Satzungen, technische Regelwerke[1] schreiben zwingend ein umweltfreundliches Verhalten vor. Sie betreffen die Bereiche Naturschutz und Landschaftspflege, Immissionsschutz (Luftreinhaltung, Lärmbekämpfung), Abfallvermeidung, -recycling und -entsorgung, Gewässerschutz, Energieeinsparung, Strahlenschutz, Schutz vor gefährlichen Stoffen, Gentechnik.

Umweltprivatrecht: Haftungsregelungen für Umweltschäden

Umweltstrafrecht: Strafen für Umweltdelikte

Umweltverträglichkeitsprüfungen

Produktionsanlagen sollen vor Erteilung der Betriebsgenehmigung auf ihre Umweltverträglichkeit geprüft werden.

Steuern und Abgaben

Die Verursacher hoher Umweltbelastungen sollen durch Steuern (Öko-, Energiesteuern) und Abgaben zu einer Verringerung der Belastungen veranlasst werden.

Wussten Sie, dass es in Deutschland 2001 etwa 11 000 Rechtsvorschriften zum Umweltschutz gab und dass große Unternehmen, z. B. Siemens, bis zu 400 Vorschriften zu beachten haben?

Beispiele: Rechtsvorschriften aus dem Umweltverwaltungsrecht

- **Immissionsschutzgesetze von Bund und Ländern; Technische Anleitung zur Reinhaltung der Luft:** Personen und ihre Grundstücke sollen vor rechtswidrigen Einwirkungen durch Luftverunreinigung, Geräusche und Erschütterungen bewahrt werden.

- **Schallschutz-Verordnung; Fluglärm-Schutzgesetz; Technische Anleitungsverordnung Lärm:** Sie legen Grenzwerte und Maßnahmen zur Verhinderung oder Verminderung von Lärmemissionen fest.

- **Abwasserabgabengesetz; Wasserhaushaltsgesetz:** Bestimmung der Schädlichkeit der Restverschmutzung von Wasser. Benutzung und Schutz der oberirdischen Gewässer, des Grundwassers und der Küstengewässer.

- **Kreislaufwirtschaftsgesetz:** Bestimmungen zur Minderung und Beseitigung von Abfällen. Abfälle sind in erster Linie zu vermeiden; nicht vermeidbare Abfälle sind vorrangig zu recyceln; nur Restabfälle sind ordnungsgemäß zu entsorgen.

---

[1] **Gesetze** = allgemein verbindliche, von der Volksvertretung erlassene Regelungen; **Rechtsverordnungen** = allgemein verbindliche Regierungsanordnungen auf Grund einer Ermächtigung im Gesetz. Sie dienen der detaillierten Ausgestaltung des Gesetzes; **Verwaltungsanordnungen (z. B. Erlasse)** = Rechtsvorschriften, die sich nur an die Behörden richten; **Satzungen** = allgemein verbindliche Vorschriften von Gemeinden und Kreisen; **Technische Regelwerke** = Richtlinien von Fachbehörden oder -verbänden, z. B. über den Stand der Technik.

- **Verpackungsverordnung:** Verpflichtung des Herstellers/Vertreibers zur kostenlosen Rücknahme von Verpackungen.

- **Waschmittelgesetz; Benzinbleigesetz:** Zulässige Zusammensetzung und Anwendung der Waschmittel. Höchstzulässiger Gehalt an Bleiverbindungen und anderen Metallen in Benzin und Diesel.

Genehmigungspflicht von Anlagen

Für neue Produktionsanlagen ist vor der Erteilung der Betriebsgenehmigung eine **Umweltverträglichkeitsprüfung** vorgeschrieben (Gesetz über die Umweltverträglich-keitsprüfung, dient der Durchsetzung des Vorsorgeprinzips). Sie soll sicherstellen, dass alle Rechtsvorschriften eingehalten werden. Der Behörde sind Unterlagen zur Erörterung der zu erwartenden Umweltbelastungen und der geplanten Umwelt-schutzmaßnahmen einzureichen. Die Öffentlichkeit wird über das Projekt informiert. Bestimmte Interessenvertreter können versuchen, die Genehmigung zu verhindern. Andererseits können sachliche Argumente zu Verbesserungen führen.

Nach erteilter Genehmigung ist die Einhaltung aller behördlichen Auflagen sicherzustellen. Widrigenfalls droht der Entzug der Genehmigung. Damit ist ggf. die Existenz des Betriebes gefährdet.

Bei negativem Prüfungsergeb-nis können Millionenbeträge für die Entwicklung neuer Produkte in den Sand gesetzt sein!

Haftungs- und Strafbestimmungen

Jeder Betrieb haftet laut § 823 **BGB** für Schäden, die er nachweislich verschuldet (sog. Verschuldenshaftung). Er ist zum Schadensersatz verpflichtet. Es gelingt dem Geschädigten aber oft nicht, Schadensursache und Verschulden zu beweisen. Bei Verstößen gegen das **Wasserhaushaltsgesetz** muss er nur die Ursache, nicht das Verschulden beweisen (sog. Gefährdungshaftung). Für bestimmte, im **Umwelthaftungsgesetz** genannte Anlagen wird die Beweislast sogar umgekehrt: Es wird ge-setzlich vermutet, dass eingetretene Schäden durch die Anlagen entstanden sind. Der Betreiber müsste beweisen, dass sie vorschriftsgemäß betrieben und kontrolliert wurden. Beweist der Geschädigte wiederum, dass der Schaden trotz ordnungsge-mäßem Betrieb entstand, haftet der Betreiber trotzdem ohne Verschulden.

Verstöße gegen Umweltschutzvorschriften werden als Ordnungswidrigkeiten mit Geldbußen geahndet. „Straftaten gegen die Umwelt" werden mit höheren Geldstra-fen und Freiheitsstrafen bestraft (StGB §§ 324–330d). Strafbar ist bereits Handeln oder Unterlassen, das zu Umweltschäden führen kann (Gefährdungsdelikte). Treten tatsächlich Schäden ein (Erfolgsdelikte), so ist die Strafe höher. Das strafrechtliche Risiko tragen vor allem die Geschäftsführer. Sie müssen ihren Betrieb so organisie-ren, dass keine Schäden entstehen können (Auswahl der Mitarbeiter, Arbeitsanwei-sungen, Kontrollen, keine Duldung von Schwachstellen ...). Solche Maßnahmen sind Bestandteile eines umfassenden **„Risiko-Managements"**.

1. „Das deutsche Ordnungsrecht …, das zunächst wichtige Anstöße für den betrieblichen Umweltschutz gab …, stößt heute … an seine Grenzen. Viele Vorschriften erweisen sich als innovationsfeindlich und investitionshemmend[1]. Sie favorisierten den Einsatz kostenträchtiger End-of-Pipe-Techniken, die nicht selten lediglich Problemverschiebungen zwischen den Umweltmedien Luft, Wasser und Boden bewirkten, statt die Umwelt als Ganzes zu entlasten. Das Verhältnis zwischen Aufwand und Ergebnis könnte sich jedoch verbessern, wenn verstärkt neue Technologien und Produkte entwickelt würden, die Umweltbelastungen von vornherein vermeiden. Man kann sich daher leicht vorstellen, mit geringerem finanziellem Aufwand ehrgeizigere umweltpolitische Ziele zu erreichen, sofern die unternehmerische Eigeninitiative größeren Raum bekommt."

(Art. „Dynamischer Umweltschutz durch Öko-Audit", in StromTHEMEN, 11. Jg. Nr. 11, Frankfurt/M. 1994)

   a) Inwiefern liefert das Ordnungsrecht Anstöße für den betrieblichen Umweltschutz?
   b) Inwiefern können Ordnungsvorschriften innovations- und investitionshemmend wirken?
   c) Was könnte nach Ihrer Ansicht mit End-of-Pipe-Techniken gemeint sein?
   d) Unternehmer treffen ihre Entscheidungen grundsätzlich nach Kosten-Nutzen-Gesichtspunkten. Sind nach Ihrer Ansicht staatliche Maßnahmen wie Subventionen, Umweltabgaben, Energiesteuern, Einführung der Gefährdungshaftung geeignet, die Unternehmerentscheidungen zu Gunsten des Umweltschutzes zu steuern?

2. **Stellungnahme zum Kreislaufwirtschafts- und Abfallgesetz**

Hersteller in der Pflicht. Das Kreislaufwirtschafts- und Abfallgesetz von 1996 leitet eine neue Epoche in der Abfallwirtschaft ein. Wer Güter produziert und vertreibt, ist für Abfallvermeidung, Verwertung und umweltverträgliche Beseitigung selbst verantwortlich und muss die Kosten dafür tragen. Damit wird die alte Rollenverteilung abgelöst, nach der die Wirtschaft produziert und die Kommunen auf Kosten der Allgemeinheit die entstehenden Abfälle zu entsorgen haben.

Abfallvermeidung hat Priorität. Das Gesetz setzt auf die Vermeidung von Abfällen. Die Industrie soll langlebige, mehrfach verwendbare, reparaturfreundliche Produkte herstellen. Sie hat auch in Produktionsverfahren anfallende Abfälle durch Maßnahmen wie Kreislaufrückführung und Rückgewinnung von Einsatzstoffen (etwa Ölen und Lösemitteln) zu verringern.

Ökologie und Ökonomie bestimmen die Verwertung. Nicht vermeidbare Abfälle müssen umweltverträglich verwertet werden (Stoff-Recycling, hochwertige energetische Verwertung). Dies muss umweltverträglich erfolgen, darf nicht zum gefährlichen Ausschleusen von Schadstoffen führen. Das Gesetz verlangt keine Verwertung um der Verwertung willen und um jeden Preis: Die Erfüllung der hohen Umweltanforderungen soll technisch möglich und wirtschaftlich zumutbar sein. Nur verbleibende Restabfälle dürfen umweltverträglich beseitigt werden.

Neue Chancen… Das Gesetz eröffnet Expansionsmöglichkeiten für kleine und mittelständische Unternehmen, vermittelt dem Beratungsmarkt wichtige Impulse und führt in den Unternehmen zu einer grundlegenden ökologischen Umorientierung. Für die Umwelttechnikbranche ergeben sich beträchtliche Entwicklungschancen.

…und Probleme. Gerade für kleine und mittlere Unternehmen bringen das Gesetz und die nachgeordneten umfangreichen Regelungen viele neue, schwer überschaubare Anforderungen. Hier hätten sich viele statt mehr Bürokratie eine Deregulierung erhofft. Zum Teil geht das Gesetz über die EU-Vorgaben hinaus, so bei 18 zusätzlich aufgenommenen „besonders überwachungsbedürftigen" Abfallarten. Auch befürchtet man, das Gesetz werde die Konzentration in der Entsorgungsbranche beschleunigen und letztlich zu höheren Entsorgungskosten führen.

Nach http//www.baumev.de

   a) Welche Umweltprinzipien und –ziele kommen in diesen Vorschriften zum Ausdruck?
   b) Nennen Sie entsprechende Beispiele der Abfallbehandlung aus Ihrem Ausbildungsbetrieb.
   c) Erläutern Sie Probleme, die Ihr Ausbildungsbetrieb mit dem Kreislaufwirtschaftsgesetz hat.

---

[1] Innovation = Neuerung; Investition = Anlage von Geldkapital im Betrieb

3. **Fortschrittliche Unternehmen tun gut daran, dynamischen Umweltschutz zu betreiben.**
   a) Was ist unter dynamischem Umweltschutz zu verstehen?
   b) Welche ökonomische Bedeutung hat in diesem Zusammenhang das Umweltmanagement für die Unternehmung?

4. **Auf einem bislang unbebauten Grundstück neben dem Einfamilienhaus von Studienrätin A errichtet Möbelfabrikant B ebenfalls ein Einfamilienhaus, das er ausschließlich mit Holzresten aus seiner Fabrik beheizt. Kurze Zeit darauf erkrankt Frau A so schwer, dass sie in den Ruhestand versetzt werden muss. Sie führt ihre Erkrankung darauf zurück, dass das von Herrn A verbrannte Holz mit Chemikalien verunreinigt ist. Sie will Schadensersatz erstreiten.**
   a) Auf welche Rechtsbestimmung kann Frau A sich berufen?
   b) Beurteilen Sie die Chancen von Frau A, tatsächlich Schadensersatz zu erhalten.

5. **Eine chemische Fabrik liegt an einem Fluss. Eines Tages versagt – unbemerkt von dem zuständigen Mitarbeiter – ein Gerät, sodass Lauge über einen vergessenen Schacht in den Fluss gelangt. 200 Meter flussabwärts betreibt die Gemeinde ein Wasserwerk. Nach Anzeige durch einen Anwohner lässt sie am nächsten Tag Wasserproben durch ein Institut untersuchen. Die Analyse ergibt eine erhöhte Konzentration von Chloriden und Phosphaten. Die Gemeinde will Ersatz für die Kosten des Gutachtens in Höhe von 3.000,00 EUR.**
   a) Welche Beweislasten muss die Gemeinde tragen, welche nicht?
   b) In welchem Umfang haften der Geschäftsführer und der zuständige Mitarbeiter des Betriebes?

6. **Kurze Zeit nach Inbetriebnahme einer neuen Anlage durch ein Unternehmen treten an den Gebäuden in der Nachbarschaft Schäden auf. Die Anlage gehört zu jenen Anlagen, die im Anhang 1 zu § 1 Umwelthaftungsgesetz aufgezählt sind. Der Geschädigte verlangt Schadensersatz.**
   a) Beurteilen Sie die Beweislast in diesem Fall.
   b) Kann der Geschädigte auch dann Schadensersatz beanspruchen, wenn sich herausstellt, dass die Anlage völlig ordnungsgemäß betrieben wurde?

6.4.5 Umweltmanagement unter wirtschaftlichem Aspekt

Wir schreiben das Jahr 2005

Sie konnten Ihre Vorteile als mittelständischer Unternehmer in den letzten zehn Jahren gezielt nutzen: Flexibilität, Marktnähe und schnelle Reaktionen auf die sich rasch wandelnden Märkte und Umfelder. Beispiel: das EG-Öko-Audit. Unmittelbar nach In-Kraft-Treten der EG-Verordnung über die „freiwillige Beteiligung gewerblicher Unternehmen an einem Gemeinschaftssystem für das Umweltmanagement und die Umweltbetriebsprüfung" im Jahre 1995 haben Sie die darin liegenden Chancen erkannt und gezielt genutzt.

Erfolgsbilanz Ihres Öko-Audits

Heute – im Jahre 2005 – haben Sie die Position Ihres Unternehmens entscheidend verbessert, denn Sie haben Ihre Umwelt entlastet. Daher ...

- präferieren Ihre Kunden und Endverbraucher Ihre Waren und Dienstleistungen,
- sind Ihr Ansehen und Ihre Glaubwürdigkeit bei Politik und Behörden, in der Öffentlichkeit und in der Nachbarschaft gestiegen,
- ist Ihre Wettbewerbsposition besser gesichert,
- können Genehmigungsverfahren leichter abgewickelt werden.

Heute – im Jahr 2005 – haben Sie Ihre Kosten gesenkt, weil Sie...

- ein funktionierendes Umweltmanagement installiert haben,
- Ihre Ressourcen effizienter einsetzen,
- bei geringeren Emissionen auch weniger Steuern und Abgaben bezahlen,
- Ihre Bonität[1] bei Finanzierungsentscheidungen verbessert haben,
- Haftungsrisiken kalkulierbar gemacht haben – und somit günstigere Versicherungsprämien zahlen.

Quelle: Das Öko-Audit..., Mittelstandbroschüre 15, hrsg. von der Deutschen Bank, Frankfurt/M. 1995

---

[1] Ausdruck für makellosen Ruf, Zahlungsfähigkeit und -willigkeit

Wirksamer Umweltschutz bedeutet: Haushalte und Unternehmen müssen von sich aus immer neu die größtmöglichen Anstrengungen zur Vermeidung von Umweltschäden unternehmen.

Rechtsvorschriften sind dann nur Minimalanforderungen. Sie schaffen den notwendigen Ordnungsrahmen, motivieren aber nicht zum „Bessermachen". Sie können ja nur Grenzwerte festlegen, die nicht überschritten werden dürfen.

Tue ich als Unternehmer mehr als verlangt, habe ich aber höhere Kosten als die Konkurrenz. Das bedeutet Wettbewerbsnachteile und Gewinnminderung.

Im Gegenteil: Wer nicht die größtmöglichen Anstrengungen unternimmt, wird unter kaufmännischen Aspekten bald das Nachsehen haben.

- Die Umweltschutzvorschriften werden zunehmend schärfer.
- Die Abgaben für umweltschädliches Verhalten (z. B. Abwassergebühren) und die Kosten für die Vermeidung/Beseitigung von Umweltschäden steigen. Aus externen Kosten werden also zunehmend interne Kosten.
- Staatliche Subventionen für umweltfreundliche Investitionen verschaffen Kostenvorteile.
- Schärfere Haftungsvorschriften (Gefährdungshaftung) vergrößern das Kostenrisiko in der Folge von Störfällen und chronischen Belastungen.
- Die Endverbraucher achten zunehmend auf umweltfreundliche Produkte. Die Umweltfreundlichkeit eines Produktes ist heute ein gängiges Verkaufsargument, bald wird sie unverzichtbare Voraussetzung für den Marktzugang sein.
- Gewerbliche Käufer verlangen von ihren Zulieferern umweltfreundliche Materialien und Fertigungsverfahren.
- Betriebe, die keine umweltfreundlichen Produkte und Verfahren entwickeln, koppeln sich vom technischen Fortschritt ab. Sie entziehen sich auf längere Sicht selbst die Lebensgrundlage. Sie können nicht gegen die wachsamere Konkurrenz bestehen.

6.4.6   Umweltorientierte Unternehmensführung

Fortschrittliche Unternehmen haben erkannt: Betrieblicher Umweltschutz muss dynamisch sein. Sie ersetzen staatliche Gängelung mittels Rechtsvorschriften durch eigenverantwortliches maximales Handeln. Sie machen das ökologische Prinzip zum Bestandteil einer umweltorientierten Unternehmensführung (Umweltmanagement).

Umweltorientierte Unternehmensführung

- richtet eine Umweltdatenbank und ein Umweltinformationssystem ein,
- berücksichtigt den Umweltschutz bei allen Betriebsprozessen und bei allen betrieblichen Funktionen,
- verankert den Umweltschutz auch in der Organisation des Betriebes und legt alle Kompetenzen, Aufgaben und Tätigkeiten in einem Umweltschutzhandbuch fest,
- dokumentiert ihre Umweltschutzbemühungen auch gegenüber der Öffentlichkeit, z. B. durch die Erstellung und Veröffentlichung von Ökobilanzen[1]) und durch die Teilnahme am Öko-Audit[1] der Europäischen Union.

---

[1] Der Sachverhalt wird in den folgenden Teilkapiteln näher erläutert.

Informationsbeschaffung

- Zusammenarbeit mit Öko-Instituten und Öko-Verbänden
- Anschluss an eine Öko-Datenbank oder Errichtung einer solchen
- Erstellung von Öko-Bilanzen

Beschaffung

- Beschaffung umweltfreundlicher und reichlich vorhandener Rohstoffe
- Nutzung von Recycling-Möglichkeiten
- Umweltbewusste Auswahl der Lieferer
- Nutzung umweltschonender Verkehrskonzepte

Produktion

- Durchführung ökologischer Produktanalysen
- Einstellung der Produktion umweltschädlicher Erzeugnisse
- Entwicklung umweltfreundlicher Erzeugnisse/recyclingfähiger Erzeugnisse
- Einführung umweltfreundlicher Produktionsverfahren
- umweltfreundliche Entsorgung von umweltschädlichen Abfällen und Stoffen

Absatz

- umweltbezogene Aktionen in der Öffentlichkeit
- umweltbezogene Verkäufer-, Händler- und Verbraucherinformationen
- umweltbezogene Preissetzungen
- Verwendung von Umweltzeichen („Blauer Engel" für umweltfreundliche Produkte, „grüner Punkt" für recyclingfähige Produkte und Verpackungen)
- Nutzung umweltschonender Verkehrskonzepte

Finanzierung und Investition

- Nutzung von Subventionen zur Finanzierung umweltfreundlicher Investitionen

Organisation

- Einrichtung von Stellen für betriebliche Umweltschutz-Beauftragte
- Einrichtung von Umweltschutz-Projektgruppen
- Einrichtung eines Umweltschutz-Ausschusses
- Einrichtung einer Sammelstelle für Umweltschutz-Vorschläge

6.4.7   Umweltschutzbeauftragte

Betriebe, deren Produktion die Umwelt beeinflussen kann, müssen Beauftragte für besondere Belange des Umweltschutzes bestellen.

In Deutschland nehmen zur Zeit etwa 4 000 Personen solche Funktionen wahr.

Das Umweltrecht fordert die Betriebsbeauftragten für Abfall, für Gewässerschutz und Immissionsschutz sowie den Störfall-, den Gefahrgut- und den Tierschutzbeauftragten. Nach dem Gentechnik-Gesetz muss bei Vorliegen bestimmter Voraussetzungen auch ein Beauftragter für biologische Sicherheit bestellt werden.

Die Beauftragten üben ihre Aufgaben vielfach nebenamtlich aus. Häufig sind es Betriebsleiter, die alle technischen Details vor Ort kennen. Sie haben i.d.R. keine öffentlich-rechtlichen Befugnisse, sondern sind Element der innerbetrieblichen Eigenüberwachung.

Aufgaben der Umweltschutz-Beauftragten

Kontrollfunktion

Der Beauftragte muss darauf achten, dass die umweltrechtlichen Bestimmungen im Betrieb eingehalten werden.

Initiativfunktion

Der Beauftragte hat in seinem jeweiligen Fachgebiet darauf hinzuwirken, dass umweltschonende Verfahren und Produkte eingesetzt werden.

Anhörungsrecht

Der Beauftragte muss vor Investitionsentscheidungen von der Unternehmensleitung gehört werden.

Informationsfunktion

Der Beauftragte soll die Betriebsangehörigen über die betriebliche Umweltsituation informieren.

Betriebsfunktion

Der Beauftragte hat einen Jahresbericht zu erstellen.

In vielen Unternehmen werden unabhängig von gesetzlichen Verpflichtungen Umweltschutz-Beauftragte bestellt – Ausdruck der Philosophie, den Umweltschutz von vornherein in die unternehmerische Strategie einzubinden. In den größeren Unternehmen rankt sich um die gesetzlichen Umweltschutz Beauftragten oft ein Netz von Spezialisten, die für das Umweltschutz-Know-how[1] der Unternehmen stehen.

Beispiel:

Die Immissionsschutz-, Abwasser- und Abfallbeauftragten tragen Verantwortung für Einzelanlagen. Sie berichten dem Betriebsbeauftragten für Umweltschutz auf der Werks- oder Betriebsebene, der die Geschäftsführung informiert. Auf der Konzernebene gibt es sogar zentrale Referate für Umweltschutz und technische Sicherheit.

6.4.8 Ökobilanz (Umweltbilanz)

Die Ökobilanz ist eine Übersicht über möglichst alle Stoff- und Energiemengen, die im Laufe eines Jahres in den Betrieb eingehen (Input[2]) und den Betrieb verlassen (Output[3]). Sie liefert grundlegende Informationen über die Auswirkungen der betrieblichen Tätigkeiten auf die Umwelt und damit für Entscheidungen hinsichtlich Beschaffung, Produktion und Absatz.

Dieses Vorgehen wird vom Umweltbundesamt vorgeschlagen.

4-Stufen-Methode für Ökobilanzen

(1) Bilanzierungsziel

Entscheidung, welche Größen für einen Produktionsprozess und welche Lebenszyklen eines Produktes berücksichtigt werden sollen. Energie- und Verkehrsdaten sind einzubeziehen.

(2) Sachbilanz (vgl. unten stehendes Beispiel)

Umfasst alle Elemente des Produktionsprozesses und des Produkt-Lebenszyklus, von der Gewinnung der Rohstoffe über den Gebrauch des Produkts bis hin zur Abfallbehandlung und Abfallentsorgung.

(3) Wirkungsbilanz

Die Daten der Sachbilanz werden auf ihre möglichen Umweltwirkungen, z. B. Klimaveränderungen, Abbau der Ozonschicht, Belastungen der Gewässer hin überprüft.

(4) Bilanzbewertung

Die Ergebnisse von Sach- und Wirkungsbilanz werden zu einer Gesamtbewertung zusammengefasst. Diese komplexe Aufgabe kann laut Umweltbundesamt zur Zeit noch nicht geleistet werden.

---

[1] Know-how (engl.) = „wissen, wie"; bezeichnet geistig-technische Spezialkenntnisse und Erfahrungen (z. B. über Fertigungsverfahren), die nicht rechtlich geschützt werden können und deshalb oft strenger Geheimhaltung unterliegen.

[2] (engl.) Eingang(sleistung), Zufuhr, Eingabe

[3] (engl.) Ausgang(sleistung), Abgabe

Beispiel: Ökobilanz eines Unternehmens der Textilbranche

Input	2001	Output	2001
1. Rohstoffe (kg)	2 992 575	**1. Produkte (kg)**	
2. Halb- und Fertigwaren (kg)	1 954 433	Beinbekleidung	4 432 403
3. Hilfsstoffe (kg)		Oberbekleidung	339 823
Farbstoffe	60 310	**2. Verpackungen (kg)**	
Chemikalien	1 071 012	Transportverpackung	735 196
Produktverpackungen	1 824 532	Produktverpackung	1 806 171
Produktzutaten	85 553	**3. Abfälle (kg)**	
4. Betriebsstoffe (kg)	1 325 893	Sonderabfälle	83 687
5. Energie (kWh)		Wertstoffe	1 472 895
Gas	13 870 996	Restmüll	171 040
Strom	26 663 766	**4. Energieabgabe**	101 635 998
Heizöl	36 214 053	**5. Abwasser**	
Fernwärme	8 102 143	Menge (cbm)	284 662
Treibstoff	14 585 040	Schwermetall (kg)	30
6. Wasser (cbm)		**6. Abluft**	
Stadtwasser	237 996	Menge (cbm)	23 715 924
Rohwasser (Brunnen/See)	135 622	Belastung (kg)	120 042 786
Luft (cbm)	84 556 546		

Bestand:

Boden (qm)		Anlagen (Stück)	
versiegelt	56 329	Produktionsmaschinen	3 974
überbaut	118 611	Büro-/Kommunikations-	
grün	412 613	maschinen	3 399
Gebäude (qm)	158 058	Fuhrpark	279
		technische Anlagen	302

6.4.9 Öko-Audit (Umweltbetriebsprüfung)

Die Europäische Gemeinschaft[1] (EG) hat 1993 die Verordnung (EWG) Nr. 1836/93 „über die freiwillige Beteiligung gewerblicher Unternehmen an einem Gemeinschaftssystem für das Umweltmanagement und die Umweltbetriebsprüfung" erlassen (kurz: **Öko-Audit-Verordnung**). Sie will die Unternehmen über den Markt dazu drängen, sich selbst konkrete umweltpolitische Ziele zu setzen, die über das gesetzlich Geforderte hinausgehen, Maßnahmen zu ihrer Verwirklichung zu treffen und ein Umweltmanagement zu schaffen. Interne Betriebsprüfungen (Audits) und amtlich bestellte unabhängige Umweltgutachter sollen die Umsetzung prüfen. Die Teilnahme ist freiwillig. Die Ergebnisse sollen den zuständigen Behörden und der Öffentlichkeit mitgeteilt werden. Die erfolgreiche Teilnahme an dem Gemeinschaftssystem berechtigt dazu, ein **EU-Ökozeichen** zu führen.

---

[1] Jetzt: Europäische Union (EU)

„Wenn Sie am Gemeinschaftssystem erfolgreich teilnehmen, sind Sie berechtigt, dieses Teilnahmezeichen zu führen. Dann stehen Sie beispielsweise bei Ihren Kunden und bei Ihren Anliegern, bei den Umweltbehörden, bei Banken und Versicherungen – und sicherlich auch bei Ihrer eigenen Belegschaft – besser da.

Dieses Ökozeichen kann verwendet werden

■ auf den Umwelterklärungen des Unternehmens,
■ auf den Broschüren, Berichten, Informationsdokumenten des Unternehmens,
■ auf dem Briefkopf des Unternehmens,
■ für die Werbung des Unternehmens, sofern diese sich nicht auf spezielle Produkte oder Dienstleistungen bezieht.

Mit anderen Worten: Die Teilnahmeerklärung darf weder in der Produktwerbung benutzt noch auf den Erzeugnissen selbst oder auf ihrer Verpackung angegeben werden."

(Quelle: Das Öko-Audit ... a.a.O.)

EG-SYSTEM FÜR DAS
UMWELTMANAGEMENT
UND DIE
UMWELTBETRIEBS-
PRÜFUNG

Der Verfahrensablauf

1. Nach der EU-Verordnung beginnt das Öko-Audit auf der Grundlage vorformulierter Ziele betrieblicher Umweltpolitik mit einer ersten umfassenden Untersuchung der Umweltauswirkungen eines Betriebsstandortes.

2. Die dabei gewonnenen Erkenntnisse dienen der Aufstellung eines konkreten Umweltprogramms und dem Aufbau eines Umweltmanagementsystems.

3. Darauf aufbauend, führen Betriebsangehörige oder externe Einzelpersonen oder Beratungsunternehmen eine interne Umweltbetriebsprüfung durch.

4. Deren Resultat ist die standortbezogene Umwelterklärung, in der die Öffentlichkeit nicht nur über die Umweltschutzerfolge des Betriebes,

```
Unternehmen: Umweltpolitik festlegen
            ↓
Standort: erste Umweltprüfung durchführen (Ökobilanz)
            ↓
Umweltprogramm erstellen
            ↓
Umweltmanagementsystem aufbauen
            ↓
Umwelterklärung erstellen

Umwelt-                    Umweltmanagement-
gutachter                  system anpassen
            ↓                      ↑
Umwelterklärung prüfen

zuständige                 Audit durchführen
Stelle                            ↑

Standort registrieren      mindestens
            ↓               alle 3 Jahre
Teilnahmeerklärung verwenden
```

sondern auch über Unzulänglichkeiten und Verbesserungsmöglichkeiten informiert wird.

5. Ein offiziell zugelassener unabhängiger Umweltgutachter überprüft, ob die Betriebsprüfungsverfahren und die Umwelterklärung den Vorgaben der EU-Verordnung entsprechen.

6. Die (evtl. nachgebesserte) Umwelterklärung wird in ein Verzeichnis eingetragen. Dieses veröffentlicht die Europäische Kommission im Amtsblatt der EU.

7. Die Unternehmen dürfen die erfolgreiche Teilnahme am Öko-Audit-System (ausgewiesen durch das EU-Logo) für ihre Imagewerbung, nicht aber für die Produktwerbung verwenden.

1. **Eine bundesweite Unternehmerbefragung zum Umweltschutz brachte folgende Erkenntnisse:**

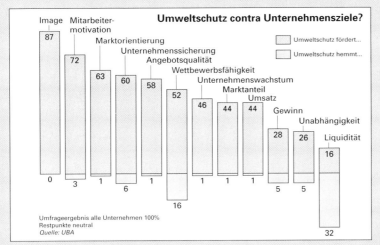

a) Lassen sich die Unternehmensziele nach Meinung der Befragten mit der Schonung der Umwelt vereinbaren? Erläutern Sie die Aussagen der Grafik zu dieser Frage.

b) Die beiden wichtigsten Unternehmensziele sind Gewinn und Liquidität.
   ■ Erläutern Sie speziell das Ergebnis der Befragung zu diesen Zielen.
   ■ Versuchen Sie Gründe für die Zielkonflikte hinsichtlich des Zieles Liquidität anzugeben.

2. **Die Teilnahme am Öko-Audit der Europäischen Union führt zu hohen Kosten für den Betrieb: Honorare für externe Berater, Gebühren für die zugelassenen Gutachter, Gebühren für die Teilnahmeerklärung, Kosten für neu einzustellende Audit-Mitarbeiter, für die Schulung und Weiterbildung der Mitarbeiter, für die Öffentlichkeitsarbeit[1]). Unter diesem Aspekt ergibt sich die Frage, ob sich die Teilnahme lohnt. Man sieht diese Frage heute auch vielfach in Verbindung mit dem Problem von Öko-Risiken.**

a) Nennen Sie möglichst viele Öko-Risiken.

b) Inwiefern ist das Öko-Audit geeignet, Öko-Risiken zu bewältigen?

c) Welche zusätzlichen Vorteile kann das Öko-Audit bewirken?

3. **Erklärung der Ford AG zum Öko-Audit vom 31.3.1999:**

> „Die Umweltschutzleitlinien (Umweltpolitik), das Umweltprogramm, das Umweltmanagementsystem und die Umwelt-Betriebsprüfungsverfahren der Ford Werke Aktiengesellschaft, Werk Saarlouis, entsprechen den Anforderungen der Verordnung (EWG) Nr.1836/93 „Öko-Auditsystem" und der Norm DIN EN ISO 14001 „Umweltmanagementsysteme". Die Daten und Angaben dieser Umwelterklärung geben ein angemessenes und richtiges Bild der Umweltrelevanz aller Tätigkeiten am Standort wieder. Daher wird diese Umwelterklärung für gültig erklärt."

a) Welchen Inhalt hat die Norm DIN EN ISO 14001? Informieren Sie sich hierüber im Internet.

b) Hat Ihr Ausbildungsbetrieb ebenfalls eine Erklärung zum Öko-Audit abgegeben? Wenn ja, wie lautet sie?

c) Berichten Sie darüber, welche Inhalte der Norm DIN EN ISO 14001 Ihr Ausbildungsbetrieb erfüllt.

---

[1] Zum Begriff Öffentlichkeitsarbeit vgl. Sachwortverzeichnis.

Automobilfirmen müssen sich ständig verbessern. Ford z. B. hat in Deutschland große Anstrengungen unternommen, um den Fertigungsprozess zu optimieren. So wurde bei Saarlouis ein Industriepark nach dem Prinzip der „schlanken Produktion" (Lean Production) gebaut. Er setzt sich aus dem Hauptwerk und zahlreichen Zulieferbetrieben zusammen.

Das Hauptwerk

Das Hauptwerk besteht aus vier Komponenten: Press-, Karosserie-, Lackier- und Montagewerk.

■ Das Presswerk

Rund 230 000 Tonnen Metallband werden jährlich verarbeitet, aus 1 000 Tonnen Stahlblech täglich 300 000 Teile gefertigt. Bis zu seiner endgültigen Form durchläuft das Blech in mehreren Arbeitsschritten 17 vollautomatische und zwei Handpressen. Es wird gezogen, gelocht, gestanzt oder abgekantet. Zum Einsatz kommen ein- oder mehrarmige Roboter. Präzision wird groß geschrieben. Vor der Weitergabe an die Karosseriefertigung wird jedes fertig gepresste Teil strengsten Qualitätskontrollen unterzogen.
Blechabfälle werden recycelt: Sie werden zur Wiedereinschmelzung in Stahlwerke transportiert.

■ Das Karosseriewerk

Hier sind 98 % der Fertigung automatisiert. 479 Roboter verschweißen die geformten Bleche zu Rohkarossen. Das garantiert höchste Qualität, kurze Fertigungszeiten und höchste Fahrsicherheit. Ein FOCUS-Pkw besteht aus zirka 500 Blechteilen. Ein Ultraschall-Prüfverfahren kontrolliert die Schweißqualität. Die Fertigung der Rohkarossen umfasst fünf wesentliche Segmente:

Fertigung der Bodengruppe. Die Teile der Bodengruppe (Vorderwagen, vorderes und hinteres Bodenblech) werden in einer Geometriestation genau gespannt, anschließend präzise verschweißt und in der Messmaschine vermessen.
Fertigung der Seitenwände auf die gleiche Weise.
Zusammenbau der Basiselemente zu einer vollständigen Rohkarosse. Dazu werden die Teile geklammert, mittels Lasertechnik vermessen und dann verschweißt.
Fertigung der Anbauteile. Türen, Heckklappe, Kotflügel, Motorhaube werden halbautomatisch mit der Karosserie verschraubt. Die Maßhaltigkeit wird durch spezielle Software garantiert.
Versiegelung der Kanten. Die Bördelkanten an Türen, Heckklappe usw. werden zum Schutz vor Korrosion vollautomarisch versiegelt. Auch hier erfolgt eine Qualitätskontrolle.
Teile, die nicht im eigenen Presswerk gefertigt werden, werden im Rundverkehr über einen Transporttunnel direkt an den Bedarfsort geliefert.

■ Das Lackierwerk

Spülbad. Die Rohkarosserie wird von Fetten und Metallspänen befreit. Die anschließende Phosphatierung sorgt für optimale Lackhaftung und zusätzlichen Korrosionsschutz. Dann wird in einem dreiminütigen Elektrotauchbad die erste Lackschicht aufgetragen.
Blechüberlappungen, Verbindungsflansche usw. werden zusätzlich versiegelt. Gegen Rost werden Steinschlagschutz-Materialen aufgetragen. Dämmmaterial dient zur Geräuschreduzierung.
Eigentliche Lackierung. Der Staub wird abgeblasen. Deck- und Klarlacke werden durch Spritzlackierer und Spritzautomaten aufgetragen. Ein Wachsautomat beschichtet alle Hohlräume mit umweltverträglichem Wachs.

■ Das Montagewerk – die visuelle Fabrik

Das Montagewerk wirkt aufgeräumt und klar organisiert. Hier wird nach Bedarf gefertigt. An den Fertigungslinien stehen Materialien für wenige Stunden. Eine Reihe von Teilen wird vormontiert von den Zulieferfirmen des Industrieparks auf einem vollautomatischen Transportsystem direkt am Verbauort angeliefert. Lichttafeln (Control-Boards) unterrichten die Mitarbeiter kontinuierlich. Über Tastatur kann der Mitarbeiter von seiner Arbeitsstation auf seine Probleme aufmerksam machen. Anhand von Qualitätsprozessblättern werden der Arbeitsablauf und die benötigten Werkzeuge beschrieben. Die Arbeitsgruppen tauschen ihre Arbeitsstellen nach dem Rotationsprinzip. Rund 3 000 Teile werden nach und nach einmontiert. Erste Station ist der **Sequenzstapel**. Die Türen werden ausgehängt; sie gehen auf eine „Extra-Reise", die Türenstraße.

Innen- und Außenausstattung der Karosse. Arbeitsschritte: Verkabelung des Autos; Einbau der Dachverkleidung, Heizung, Teppiche, Scheinwerfer; Verklebung der Scheiben; Einbau der Sitze; Einbau der Türen

Integration von Motor und Fahrwerk. Der Einbau der Teile erfolgt von unten. Der Pkw erhält die nötigen Betriebsstoffe. Kein Fahrzeug verlässt die Montagehalle ohne gründlichen Check.

Die Zulieferbetriebe – ein innovatives Logistikkonzept

Das Hauptwerk – das Herz des Industrieparks – wird um den Lieferpark ergänzt. Auf einer Fläche von 200 000 m² arbeiten zahlreiche Zulieferbetriebe an Fertigung und Vormontage von Komponenten für das Hauptwerk: ACÜ, Benteler, Grupo Antolin, Lear Cooperation, LMS, Losito, Michels, RESA, SEKURIT, TENNECO Automobile VISTEON. Schweißuntergruppen, Dachverkleidungen, Kabelstränge, Instrumententafel, Teppiche, Kühl- Module, Tür und Seitenverkleidungen, Motor, Getriebe , Achsen usw. kommen „von nebenan". Die Schweißuntergruppen werden per Trailor durch einen Transporttunnel direkt ins Karosseriewerk geliefert. Die anderen Teile kommen mittels Elektrohängebahn über eine Verbindungsbrücke an. Alle werden just in time in richtiger Reihenfolge („in sequence") an 16 Liftstationen geliefert. Sechs Tage im Voraus erhalten die Lieferanten des Parks die geplanten Fertigungszahlen. Sie sind dazu über ein Datennetz verbunden. Der Feinabruf für die Komponenten des Tages erfolgt, sobald ein Fahrzeug aus der Lackiererei in das Montagewerk einläuft. Die direkte Verbindung zwischen Hauptwerk und Zulieferbetrieben eröffnet zahlreiche Chancen:

- gemeinsame Planung und Entwicklung
- optimale Organisation der Fertigungsprozesse
- geringere Fertigungskosten
- geringerer Verpackungsaufwand
- kürzere Transportwege

- Wegfall innerbetrieblicher Lagerhaltung
- Entlastung der Umwelt
- kein Qualitätsverlust durch lange Transportwege – bessere Qualität
- schnellere Reaktionszeiten
- bessere Kommunikation zwischen Hauptwerk und Zulieferer

Intro ➤ # Geschäftsprozesse in der Produktion

Die Entstehung eines Produktes umfasst zwei grundsätzliche Prozesse:

- den **Produktenstehungsprozess** mit den Problemkreisen der Produktinnovation (Finden von Produktideen), der Produktentwicklung und ggf. der Konstruktion.
- den **Fertigungsprozess** mit den Problemkreisen der Fertigungsplanung und Fertigungssteuerung.

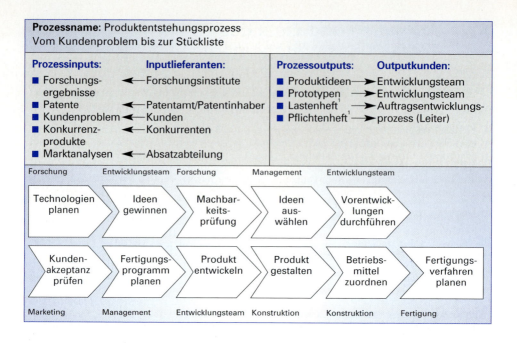

Prozessname: Produktentstehungsprozess
Vom Kundenproblem bis zur Stückliste

Prozessinputs: | **Inputlieferanten:**
- Forschungs- ← Forschungsinstitute
  ergebnisse
- Patente ← Patentamt/Patentinhaber
- Kundenproblem ← Kunden
- Konkurrenz- ← Konkurrenten
  produkte
- Marktanalysen ← Absatzabteilung

Prozessoutputs: | **Outputkunden:**
- Produktideen → Entwicklungsteam
- Prototypen → Entwicklungsteam
- Lastenheft[1] → Auftragsentwicklungs-
- Pflichtenheft[1] → prozess (Leiter)

Forschung — Entwicklungsteam — Forschung — Management — Entwicklungsteam

Technologien planen > Ideen gewinnen > Machbar-keits-prüfung > Ideen aus-wählen > Vorentwick-lungen durchführen

Kunden-akzeptanz prüfen > Fertigungs-programm planen > Produkt entwickeln > Produkt gestalten > Betriebs-mittel zuordnen > Fertigungs-verfahren planen

Marketing — Management — Entwicklungsteam — Konstruktion — Konstruktion — Fertigung

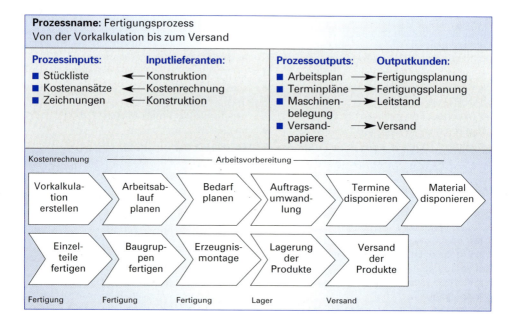

Prozessname: Fertigungsprozess
Von der Vorkalkulation bis zum Versand

Prozessinputs: | **Inputlieferanten:**
- Stückliste ← Konstruktion
- Kostenansätze ← Kostenrechnung
- Zeichnungen ← Konstruktion

Prozessoutputs: | **Outputkunden:**
- Arbeitsplan → Fertigungsplanung
- Terminpläne → Fertigungsplanung
- Maschinen- → Leitstand
  belegung
- Versand- → Versand
  papiere

Kostenrechnung ———————— Arbeitsvorbereitung ————————

Vorkalkula-tion erstellen > Arbeitsab-lauf planen > Bedarf planen > Auftrags-umwand-lung > Termine disponieren > Material disponieren

Einzel-teile fertigen > Baugrup-pen fertigen > Erzeugnis-montage > Lagerung der Produkte > Versand der Produkte

Fertigung — Fertigung — Fertigung — Lager — Versand

Weitere typische Geschäftsprozese betreffen z. B. die Außenmontage, die Ersatzteil-versorgung und die Wartung der Betriebsmittel.

---

[1] Vgl. S. 88

1 Aufgaben und Ziele des Produktionsmanagements

Das Produktionsmanagement ist der betriebliche Führungsbereich, der mit der Produktion (Fertigung) der Erzeugnisse (Leistungen) befasst ist.

Die Aufgabe der Produktion ist die Herstellung bedarfsgerechter Produkte

- **in der benötigten Art und Qualität,**
- **in der benötigten Menge,**
- **zum Zeitpunkt des Bedarfs.**

Wie jedes wichtige betriebliche Geschehen ist die Produktion genau zu planen, dann durchzuführen und schließlich zu kontrollieren. In jeder dieser Phasen sind bestimmte Teilaufgaben zu erfüllen:

Sachziele

Teilaufgaben des Produktionsmanagements		
Produktionsplanung	**Produktionsdurchführung**	**Produktionskontrolle**
– Produktionsprogramm (Art und Menge der Erzeugnisse) – Fertigungsanlagen und -verfahren – Fertigungsplanung (Vollzugsplanung)	– Fertigungssteuerung (unmittelbare Vorbereitung, Steuerung und Überwachung der Fertigung) – Be- und Verarbeitung der Werkstoffe	– technische Kontrolle (Qualitätskontrolle) – betriebswirtschaftliche Kontrolle (Nachkalkulation, Kostenrechnung)

Formalziele

Die Hauptziele im Bereich des Produktionsmanagements sind:

- **Minimierung der Kosten für den Einsatz von Arbeitskräften, Materialien und Betriebsmitteln,**
- **Maximierung der Produktivität[1] der eingesetzten Leistungsfaktoren,**
- **Maximierung der Wirtschaftlichkeit[1] der Produktion.**

Wichtige Führungs-(Management-)aufgaben sind:

■ Produktionsprogramm-Management	→ Festlegung des Produktionsprogramms
■ Produktentstehungsmanagement	→ Produktforschung, -entwicklung, -gestaltung
■ Verfahrensmanagement	→ Anlagenplanung und Fertigungsverfahren
■ Fertigungsprozessmanagement	→ Planung und Steuerung der Fertigung
■ Kostenmanagement	→ Kostenrechnung, -planung, -kontrolle, -analyse

Mit dem Produktionsmanagement verzahnt sind auch die Querschnittsaufgaben **Qualitätsmanagement** (Einhaltung von Produkt-, Mengen-, Terminqualität) und **Umweltmanagement** (Umweltfreundlichkeit von Materialien, Produkten, Fertigungsverfahren).

---

[1] Siehe Sachwortverzeichnis

2 Produktionsprogramm-Management

2.1 Absatz- und Produktionsprogramm

Das Produktionsprogramm umfasst die Art und Menge der Produkte, die in einem bestimmten Zeitraum gefertigt werden.

Ständige Absatzmarktforschung einerseits und naturwissenschaftlich-technische Forschung andererseits sind erforderlich, um absatzträchtige Produkte zu entwickeln.

Das Produktionsprogramm wird aus dem Absatzprogramm abgeleitet, ist aber nicht damit identisch: Zum Absatzprogramm gehören auch nicht selbst produzierte Handelswaren (z. B. Zubehör) und zum Produktionsprogramm gehören eventuell Werkzeuge und Vorrichtungen für den Einsatz im eigenen Betrieb (sog. Eigenleistungen).

Produktions- und Absatzprogramm		
Produktionsprogramm		
selbst erstellte Anlagen und Werkzeuge (Eigenleistung)	für den Absatz gefertigte Erzeugnisse	Handelswaren
	Absatzprogramm	

2.2 Bestimmungsgrößen des Produktionsprogramms

Das Produktionsprogramm muss immer wieder neu geplant und den Marktverhältnissen angepasst werden. Viele Größen üben dabei ihren Einfluss aus.

Wichtige Bestimmungsgrößen des Produktionsprogramms
Produktfelder Produktfelder sind Bereiche, in denen eine Unternehmung tätig sein will (z. B. Elektroindustrie, Fahrzeugbau, Maschinenbau). Sie werden vor der Betriebsgründung abgesteckt und langfristig angepasst.
Marktchancen Der Betrieb wird nur Produkte in sein Programm aufnehmen, von denen er sich auf Grund von Marktforschungen einen ausreichenden Umsatz (Erlös) verspricht.
Kosten Der Betrieb wird nur Produkte in sein Programm aufnehmen, die mit vertretbaren Kosten gefertigt werden können.
Materialien Können nicht alle Materialien in der benötigten Menge beschafft werden, so ist die Fertigung bestimmter Erzeugnisse nicht möglich.
Finanzierungsmöglichkeiten Viele Produkte benötigen teure Anlagen und/oder eine kostspielige Forschung und Entwicklung. Sie können nur ins Programm aufgenommen werden, wenn das nötige Eigen- und Fremdkapital aufgebracht werden kann. Oft ist dies nur Großbetrieben möglich.
Stand der Technik Die fortschreitende Technik führt zum Veralten bestehender und zur Entwicklung neuer Produkte. Auf Grund des fast überall gegebenen harten Wettbewerbs wird der Betrieb bestrebt sein, die jeweils modernsten Produkte zu fertigen.

Eigene Forschung, Know-how

Der Betrieb wird bestrebt sein, eigene Produktforschung zu betreiben und ein umfangreiches Produktwissen zu erwerben. Sein Ziel ist die Fertigung möglichst exklusiver Produkte, die geringer Konkurrenz ausgesetzt sind und hohe Nachfrage und Umsätze erzielen.

Gesetzliche und soziale Einflüsse

Der Gesetzgeber verbietet die Fertigung von Produkten, die Mensch und Umwelt schädigen, oder knüpft sie an bestimmte Auflagen. Auch die Nachfrager werden gegenüber derartigen Produkten zunehmend sensibel.

Vertretbarkeit der Güter

Vertretbare Güter sind solche, die nach allgemeiner Auffassung durch gleichartige Güter ersetzbar sind (z. B. DVDs, PCs, Konserven, ...). Bei solchen Gütern ermittelt man sorgfältig die Marktchancen und produziert dann oft – nicht immer! – ohne konkret vorliegende Kundenaufträge die Produkte auf Lager (Lagerfertigung). Bei nicht vertretbaren Gütern (z. B. Spezialmaschinen, Schiffe) hingegen produziert man i. d. R. nur auf Bestellung (Auftragsfertigung). Das momentane Fertigungsprogramm entspricht dann der Summe der Kundenaufträge.

2.3 Programmbreite und -tiefe

Jedes Produktionsprogramm hat eine bestimmte Breite und Tiefe.

■ **Die Programmbreite ist durch die Zahl der Produktarten bestimmt.**

■ **Die Programmtiefe ist durch die Zahl der Varianten der Produktarten bestimmt.**

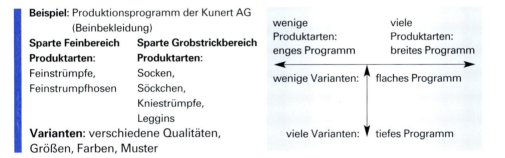

Beispiel: Produktionsprogramm der Kunert AG
    (Beinbekleidung)

Sparte Feinbereich	**Sparte Grobstrickbereich**
Produktarten:	**Produktarten:**
Feinstrümpfe,	Socken,
Feinstrumpfhosen	Söckchen,
	Kniestrümpfe,
	Leggins

Varianten: verschiedene Qualitäten, Größen, Farben, Muster

wenige Produktarten: enges Programm → viele Produktarten: breites Programm

wenige Varianten: flaches Programm

viele Varianten: tiefes Programm

Die Anzahl der Produktarten und Varianten kennzeichnet den Programmumfang.

Der Programmumfang wird bestimmt von		
Absatzüberlegungen	**Kostenüberlegungen**	**technischen Gegebenheiten**
Ein umfangreiches Programm	*Ein umfangreiches Programm*	*Ein breites Programm kann bewirkt werden durch*
■ verringert die Abhängigkeit von einem einzelnen Produkt ■ genießt die Vorliebe der Kunden ■ kann bewirken, dass sich die einzelnen Produkte ergänzen (Komplementärgüter) oder behindern (Substitutionsgüter) ❶	■ verhindert tendenziell Spezialisierungsvorteile ❷ ■ erhöht die Kosten für die Umrüstung von Maschinen ■ hemmt oft eine optimale Materialausnutzung	■ die zwangsläufige Miterzeugung von Kuppelprodukten ❸ ■ die Verwendung von Rückständen ■ die Möglichkeit der Nutzung brachliegender Kapazitäten

- ❶ **Komplementärgüter** sind z. B. Auto und Benzin, Messer und Gabel, Tisch und Stuhl. Wer das eine Produkt absetzt, hat auch gute Chancen für den Absatz des andern. **Substitutionsgüter** dagegen können sich gegenseitig ersetzen (z. B. Butter und Margarine, Glas und Kunststoff). Sie nehmen sich deswegen oft gegenseitig Absatz weg.
- ❷ **Produktspezialisierung** bedeutet Konzentration auf bestimmte Produkte. Sie bewirkt ein enges Produktionsprogramm, bringt aber häufig Kostenvorteile durch geringere Entwicklungskosten, größere Produktserien, evtl. Massenproduktion, kleinere Materialläger, Ausnutzung optimaler Bestellmengen, weniger häufige Umrüstung von Maschinen.
- ❸ **Kuppelprodukte** fallen im selben Produktionsprozess zwangsläufig nebeneinander an (z. B. bei der Rohölverarbeitung u. a.: Gas, Rohbenzin, Rohpetroleum, Dieselöl, Schmieröl). Der Gesamterlös muss dann die Produktionskosten decken.

In der Praxis hat sich eine intelligente Begrenzung des Programmumfangs als günstig und gewinnsteigernd erwiesen: Produktspezialisierung bringt Kostenvorteile; die Anwendung von Typung und Baukastensystemen bewirkt zugleich die Befriedigung individueller Kundenbedürfnisse.

Einzelheiten hierzu finden Sie auf Seite 196 ff.

2.4 Fertigungstiefe – „make or buy"[1]

> Oft wird noch daran festgehalten, Produkte, Leistungen und Entwicklungsarbeit von A bis Z im eigenen Betrieb entstehen zu lassen. Dafür werden eine Unmenge neuer Systeme entworfen, Spezialmaschinen und -werkzeuge beschafft und bestehende Strukturen und Ausrüstungen geändert. Entsprechend hoch ist die finanzielle Belastung. Dabei haben externe Spezialanbieter oft mehr Know-how, bieten gezielte Problemlösungen an, sind besser, präziser und schneller und auf dem neuesten technischen Stand. Wer sie in Anspruch nimmt, erzielt ggf. noch weitere Vorteile: niedrigere Stückkosten, weniger Entwicklungs- und Lagerhaltungskosten, keine Kapitalbindung durch zusätzliche Investitionen, weniger Zinskosten für investiertes Kapital, bessere Maschinenauslastung, Just-in-Time-Lieferung, weniger Risiko bei Entwicklungsfehlschlägen oder Produktionsrückgang, weniger Personalkosten, weniger Raumkosten.
> *Nach: Ute Hirschberger, Art. Selbermachen oder Einkaufen. In: Geschäftswelt, hrsg. von Deutscher Sparkassenverlag, Stuttgart*

Immer mehr Industriebetriebe stellen benötigte Teile und Halberzeugnisse nicht selbst her („make"), sondern kaufen sie von Zulieferern ein („buy"). Sie betreiben Outsourcing (Fremdvergabe). Die sog. Fertigungstiefe zeigt abnehmende Tendenz.

$$\text{Fertigungstiefe} = \frac{\text{eigene Wertschöpfung}}{\text{Produktionswert}} \cdot 100$$

Beispiel:
Grundsätzlich könnten die Automobilhersteller eigene Erzbergwerke, Hütten-, Stahl- und Walzwerke besitzen, um ihre Rohstoffe und Bleche zu produzieren. Entsprechend könnten sie auch Reifen, Sitze, Scheinwerfer, Tacho, Lichtmaschine usw. selbst erzeugen. In der Praxis aber beziehen sie zunehmend Teile von ihren Zulieferbetrieben, die i. d. R. zu Systemlieferanten geworden sind. Die Fertigungstiefe beträgt in modernen Werken nur noch 20 %.

Die Autohersteller wandeln sich immer mehr zu reinen Montagebetrieben.

---
[1] (engl.) selbst machen oder einkaufen

Die Reduzierung der Fertigungstiefe macht eine kompromisslose Sicherung der Lieferqualität (Produktqualität, Termintreue) durch langfristige Bindungen an feste Lieferer und Rahmenverträge erforderlich.

Outsourcing eignet sich vor allem für

- komplette Einbauteile,
- Hilfsstoffe,
- Handelswaren zur Ergänzung der eigenen Produkte,
- Energien, Betriebsmittel, Werkzeuge[1].

2.5 Programmplanung

2.5.1 Stufen des Planungsprozesses

Das Produktionsprogramm ist nach Art und Menge der Produkte zu planen und festzulegen.

Nach dem Planungszeitraum unterscheidet man lang-, mittel- und kurzfristige Planung.

Stufen der Produktionsprogrammplanung

Langfristige (strategische) Planung
Die langfristige Planung ist eine Perspektivplanung, die je nach Art des Betriebes bis zu zehn Jahre in die Zukunft reichen kann. Sie legt vor allem Produktfelder fest und bestimmt Produktvorstellungen, die langfristig entwickelt werden sollen.

Mittelfristige (strukturelle) Planung
In der mittelfristigen Planung werden konkrete Produkte entwickelt. Die wahrscheinliche Fertigungsmenge auf der Basis von erwarteten Kundenaufträgen oder (bei Fertigung für den anonymen Markt) von Absatzprognosen wird ermittelt. Sie ergibt den voraussichtlichen Primärbedarf. Die notwendigen Kapazitäten werden bereitgestellt.

Kurzfristige (operative) Planung
Die kurzfristige Planung legt das aktuelle Fertigungsprogramm nach Art und Menge für die nächste Planperiode (i. d. R. bis zu maximal drei Monaten) fest. Dabei wird davon ausgegangen, dass der Bestand an Betriebsmitteln und Arbeitskräften fest vorgegeben ist.

2.5.2 Fertigungsmenge

Bei **Auftragsfertigung** wird nur auf Grund von vorliegenden Kundenbestellungen produziert. Damit ist der Umfang der Fertigung, aber auch ihr Gegenstand bereits festgelegt. Eine eigentliche Mengenplanung existiert deshalb nicht. Es kommt vielmehr darauf an, die Aufträge so einzuordnen, dass die betriebliche Kapazität bestmöglich ausgelastet wird, die Durchlaufzeit der Aufträge möglichst kurz gehalten wird und die zugesagten Lieferfristen eingehalten werden.

Bei **Lagerfertigung** ist die zu erwartende Absatzmenge durch Marktforschung so genau wie möglich zu ermitteln. Danach richtet sich die Fertigungsmenge. Ein Problem ist, wie die **Anpassung an Absatzschwankungen** durchgeführt werden soll.

---

[1] Für Spezialwerkzeuge, die nicht auf dem Markt erhältlich sind, unterhalten die Betriebe eigene Werkzeugmachereien.

1. Möglichkeit: Fertigung synchron zum Absatz

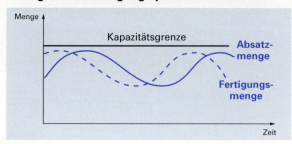

Vorteil:
Kosten der Lagerhaltung für die Fertigprodukte relativ gering, da die produzierten Erzeugnisse sofort abgesetzt werden.

Nachteil:
Die Kapazität ist starken Schwankungen in der Auslastung unterworfen. Kann sie nicht schnell genug ausgebaut werden, so werden nicht genügend Erzeugnisse produziert; kann sie nicht schnell genug abgebaut werden, so entstehen hohe Fixkosten für die überschüssige Kapazität.

Das Logistiksystem Just-in-time rückt die Fertigung synchron zum Absatz stark in den Vordergrund[1].

2. Möglichkeit: Gleichmäßige Kapazitätsauslastung

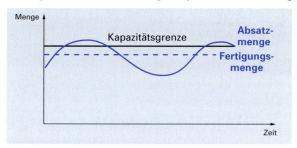

Vorteil:
Geringe Fixkosten für überschüssige Kapazität, Produktionsmengen ausreichend.

Nachteil:
Lagerkosten der Fertigerzeugnisse höher.

3. Möglichkeit: Stufenweise Anpassung

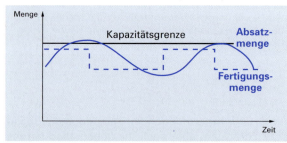

Unter der Voraussetzung, dass die Fertigung stufenweise auf- und abgebaut werden kann, sucht dieses Verfahren die genannten Vorteile zu nutzen und die Nachteile zu vermeiden.

Können mehrere Produkte auf denselben Anlagen gefertigt werden, ergibt sich die Frage, welche Produkte ins Fertigungsprogramm aufgenommen werden sollen.

- Bei ausreichender Kapazität wird man alle das Betriebsergebnis verbessernden Produkte in der Menge fertigen, die der Markt aufnimmt.

- Bei nicht ausreichender Kapazität und/oder begrenzter Aufnahmefähigkeit des Marktes wird man zuerst die Produkte aufnehmen, die das Betriebsergebnis am meisten verbessern.

---

[1] Vgl. S. 237

1. **Die Planung des Produktionsprogramms ist eine wichtige Teilaufgabe der Produktionswirtschaft.**
   a) Lässt sich das Produktionsprogramm mit dem Absatzprogramm gleichsetzen?
   b) Stellen Sie die Teilaufgaben der Produktionswirtschaft in ihrem zeitlichen Ablauf als Prozess dar und berücksichtigen Sie dabei die gestufte Planung des Produktionsprogramms.
   c) Bedeuten Fertigungsprogrammtiefe und Fertigungstiefe das Gleiche?
   d) Nimmt die Fertigungstiefe in der Industrie heutzutage eher zu oder ab? Erläutern Sie die Gründe und die sich ergebenden Notwendigkeiten.

2. **Die folgende Aufzählung nennt eine Reihe betrieblicher Ziele:**
   - **Minimierung der Beschaffungskosten**
   - **Minimierung der Fertigungskosten**
   - **Minimierung der Durchlaufzeiten**
   - **Maximierung des Umsatzes**
   - **Minimierung der Lagerkosten**
   - **Sicherung der Liquidität (Zahlungsfähigkeit)**
   - **Maximierung der Kapazitätsauslastung**
   - **Optimierung der Arbeitsbedingungen**
   - **Minimierung der Rüstkosten**
   - **Maximierung der Ausbringungsmenge**
   - **Minimierung der Lieferfristen**
   - **Maximierung der Absatzmengen**

   a) Ordnen Sie diese Ziele den Betriebsbereichen Materialwirtschaft, Produktionswirtschaft, Absatzwirtschaft, Personalwirtschaft und Finanzwirtschaft zu.
   b) Geben Sie an, welche Ziele aus dem Bereich Produktionswirtschaft miteinander und/oder mit anderen Zielen in Konflikt stehen.

3 Materialien für die Fertigung

3.1 Materialarten

Materialien sind Gegenstände, die verarbeitet, bearbeitet oder eingebaut werden oder die für das Funktionieren der Betriebsmittel eingesetzt werden.

Man teilt die Materialien üblicherweise danach ein, in welchem Umfang sie Bestandteil des Fertigerzeugnisses werden:

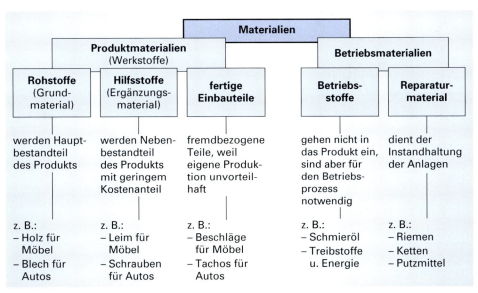

Rohstoffe (Grundmaterial)

Rohstoffe bestimmen als Hauptbestandteile den materiellen Grundcharakter des Produktes. Sie können unmittelbar der Natur entnommen sein (z. B. Schafwolle, Zuckerrüben, Eisenerz) oder als Halberzeugnisse (z. B. Profilstahl, Garn, Tuch) von Vorleistungsbetrieben stammen. (Insofern ist die Bezeichnung *Grundmaterial* zweckmäßiger.) Meist können sie für die Fertigung verschiedener Produkte verwendet werden.

Für die Kalkulation[1] des Fertigerzeugnisses ist wichtig: Ihre Verbrauchsmenge kann meist für jeden einzelnen Auftrag genau vorherbestimmt und vorgegeben, ihre Entnahme aus dem Lager durch Materialentnahmescheine gesteuert und überwacht werden. Ihr Verbrauchswert stellt deshalb sog. Materialeinzelkosten dar[2].

Hilfsstoffe (Ergänzungsmaterial)

Als Nebenbestandteile des Produktes haben sie lediglich ergänzenden Charakter. Ihre Verbrauchsmenge wird nicht auftragsweise vergeben, sondern nach Bedarf aus dem Lager entnommen. Ihr Verbrauchswert stellt in der Kalkulation sog. Materialgemeinkosten[2] dar. Er wird lediglich durch einen prozentualen Zuschlag (Erfahrungswert) auf die Einzelkosten erfasst. Dieses Vorgehen beeinträchtigt die Genauigkeit der Kostenrechnung und Kalkulation. Es bewirkt auch leicht Verschwendung. Deshalb sollte man auch „nebensächliches" Material, wann immer möglich, auftragsweise vorgeben.

Fertige Einbauteile

Soweit diese Teile durch Montage in das Erzeugnis eingehen, sind sie eigentlich Grund- oder Ergänzungsmaterial, das nicht be- oder verarbeitet, sondern „eingearbeitet" wird. Häufig sind es Normteile (z. B. Schrauben, Muttern, Beilagscheiben, Stifte, Bolzen, Schmiergefäße). Oder es sind Spezialteile aus Zulieferbetrieben (z. B. Vergaser, elektrische/elektronische Ausrüstung und Servo-Teile in der Kfz-Industrie), deren Herstellung im eigenen Betrieb technisch nicht möglich oder deren Fremdbezug wirtschaftlicher ist. Auch Handelswaren sind fremdbezogene Teile. Zwar werden sie nicht eingebaut, dienen aber doch der Erstellung marktfähiger Leistungen (z. B. als Zubehör).

Betriebsstoffe und Reparaturmaterial

Diese Stoffe dienen der Durchführung der Erzeugung einschließlich der Krafterzeugung. Sie werden nicht Bestandteil der Erzeugnisse und stehen nicht in Beziehung zu einem bestimmten Erzeugnis. Insofern wird ihr Wert in der Kostenrechnung/Kalkulation als Materialgemeinkosten durch prozentuale Zuschläge auf die Einzelkosten erfasst. Maßgebend ist stets der Verbrauchszweck, niemals die Stoffeigenschaft. So kann z. B. Schmieröl außer Betriebsstoff (zum Ölen der Maschinen) sein: Ergänzungsmaterial (Ölfüllung im Produkt Motor), Grundmaterial (bei auftragsweiser Zurechnung) oder auch Handelsware.

3.2 Gefahrstoffe

Chemiebetriebe, Munitionsfabriken, Betriebe der Atomindustrie, Gaswerke, aber auch unzählige andere Betriebe haben mit Gefahrstoffen zu tun.

Gefahrstoffe (gefährliche Stoffe) können Leben, Gesundheit oder Umwelt gefährden.

§ 3a (1) Gefährliche Stoffe oder gefährliche Zubereitungen sind Stoffe oder Zubereitungen, die

1. explosionsgefährlich, 2. brandfördernd, 3. hochentzündlich, 4. leichtentzündlich, 5. entzündlich, 6. sehr giftig, 7. giftig, 8. gesundheitsschädlich, 9. ätzend, 10. reizend, 11. sensibilisierend, 12. krebserzeugend, 13. fortpflanzungsgefährdend, 14. erbgutverändernd oder 15. umweltgefährlich sind; ...

So definiert das **Chemikaliengesetz** *Gefahrstoffe.*

---

[1] Preisberechnung
[2] Vgl. Sachwortverzeichnis

Wer Gefahrstoffe herstellt, lagert oder in den Verkehr bringt, ist an die diesbezüglichen Rechtsvorschriften gebunden. Die wichtigsten Bestimmungen für den Umgang mit Gefahrstoffen sind in der **Gefahrstoffverordnung** enthalten:

Wichtige Rechtsvorschriften
- Chemikaliengesetz
- Gefahrstoffverordnung
- Gefahrgutgesetz
- Gefahrgutverordnungen (für Gefahrguttransporte)
- Atomgesetz
- Sprengstoffgesetz
- Arzneimittelgesetz
- Kriegswaffenkontrollgesetz
- Gefahrgutbeauftragten-Verordnung
- verschiedene Umweltgesetze (siehe Seite 58 f.)

■ Wer Gefahrstoffe in den Verkehr bringt (Hersteller, Importeur), muss sie vorschriftsgemäß einstufen, verpacken und kennzeichnen.

■ Er muss den Abnehmern ein Sicherheitsdatenblatt übergeben.

■ Für eine genannte Anzahl von Stoffen bestehen Herstellungs- und Anwendungsverbote (z. B. Asbest).

■ Arbeitnehmer dürfen gefährlichen krebserzeugenden Stoffen nicht ausgesetzt werden.

■ Der Arbeitgeber muss alle vorgeschriebenen Maßnahmen zum Schutz des menschlichen Lebens, der Gesundheit und der Umwelt und zur Gefahrenabwehr treffen und Schutzausrüstungen stellen.

■ Es sind Luftmessungen durchzuführen und vorgeschriebene Grenzwerte einzuhalten.

■ Der Arbeitgeber muss in einer Betriebsanweisung auf die Gefahren durch den Umgang mit Gefahrstoffen hinweisen und die Arbeitnehmer unterweisen.

■ Gefahrstoffe sind so aufzubewahren und zu lagern, dass die menschliche Gesundheit und die Umwelt nicht gefährdet werden.

■ Für die mit Gefahrstoffen Beschäftigten sind Vorsorgeuntersuchungen vorgeschrieben.

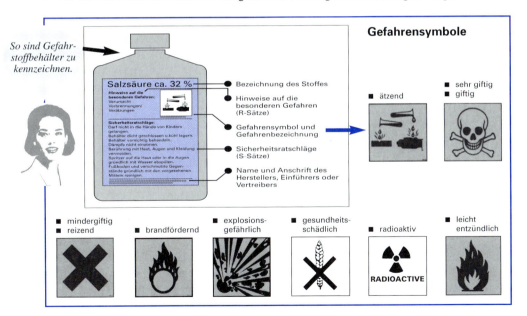

So sind Gefahrstoffbehälter zu kennzeichnen.

Gefahrensymbole

Salzsäure ca. 32 %

Hinweis auf die besonderen Gefahren: Verursacht Verbrennungen/Verätzungen

Sicherheitsratschläge: Darf nicht in die Hände von Kindern gelangen. Behälter dicht geschlossen u. kühl lagern. Behälter vorsichtig behandeln. Dämpfe nicht einatmen. Berührung mit Haut, Augen und Kleidung vermeiden. Spritzer auf die Haut oder in die Augen gründlich mit Wasser abspülen. Fußboden und verschmutzte Gegenstände gründlich mit den vorgesehenen Mitteln reinigen.

- Bezeichnung des Stoffes
- Hinweise auf die besonderen Gefahren (R-Sätze)
- Gefahrensymbol und Gefahrenbezeichnung
- Sicherheitsratschläge (S-Sätze)
- Name und Anschrift des Herstellers, Einführers oder Vertreibers

■ ätzend

■ sehr giftig
■ giftig

■ mindergiftig
■ reizend

■ brandfördernd

■ explosionsgefährlich

■ gesundheitsschädlich

■ radioaktiv   RADIOACTIVE

■ leicht entzündlich

Darüber hinaus schreibt die **Gefahrgutbeauftragten-Verordnung** vor:

Alle Unternehmen, die gefährliche Güter versenden, verpacken, befördern oder zur Beförderung übergeben, müssen einen Gefahrgutbeauftragten (entweder der Unternehmer selbst oder ein Angestellter) bestellen, wenn vorhersehbar oder abschätzbar ist, dass innerhalb eines Jahres mehr als 50 t gefährlicher Güter umgeschlagen werden. Der Beauftragte soll den ordnungsgemäßen Umgang mit Gefahrgütern überwachen. Seine Sachkunde erwirbt er durch eine spezielle Schulung bei der IHK. Nach jeweils fünf Jahren muss er einen Fortbildungskurs besuchen.

Arbeitsaufträge

1. **Zufällig beobachtet ein Meister, wie der Arbeiter Eilrich eine Flüssigkeit aus einem Topf in eine Limonadenflasche füllt und sie oben auf ein Regal stellt. Auf die Frage des Meisters, was die Flasche enthalte, antwortet Eilrich nur: „Schwefelsäure".**
   a) Gegen welche Bestimmung hat Eilrich verstoßen?
   b) In welche Art von Behälter darf die Säure nur abgefüllt werden?
   c) Wie muss der Behälter gekennzeichnet sein?

2. **Sie finden einen Behälter, auf dem eine schwarz-gelbe Flamme abgebildet ist.**
   Was bedeutet dieses Symbol?

3. **Der Gefahrgutbeauftragte soll**
   - **schriftliche Aufzeichnungen führen,**
   - **genaue Angaben machen über Zeitpunkte der Überwachung, überwachte Personen und überwachte Geschäftsvorgänge,**
   - **die Namen der beauftragten Personen auflisten und Auskunft erteilen über deren Schulung,**
   - **Mängel unverzüglich anzeigen,**
   - **innerhalb eines halben Jahres nach Ablauf des Geschäftsjahres einen Jahresbericht vorlegen (Angaben über Art und Menge der Gefahrgüter, Beförderungsart, verwendete Verpackungen, Fahrzeuge, eingesetztes Personal, Anlagen und Einrichtungen zum Gefahrgutumschlag, Schulungen und besondere Ereignisse (Unfälle)).**
   a) Warum schreibt der Staat Gefahrgutbeauftragte vor?
   b) Benötigt jeder Betrieb einen Gefahrgutbeauftragten?
   c) Kann jeder Arbeitnehmer ohne weiteres als Gefahrgutbeauftragter eingesetzt werden?
   d) Wie erwirbt der Gefahrgutbeauftragte die notwendigen Kenntnisse?

4 Umweltmanagement in der Produktion

Strategische Partnerschaft im Papierrecycling

Kunden des Neusser Unternehmens Xerox können ihre Papierabfälle kostenlos entsorgen lassen. Der Xerox-Geschäftsbereich Papier & Zubehör hat mit der Trienekens Rohstoff GmbH & Co. KG, Grevenbroich, eine Partnerschaft im Papierrecycling vereinbart. Die bei Xerox-Kunden anfallenden Fehldrucke, Fehlkopien und Schnittreste werden in separat aufgestellten Papiercontainern nach Sorten getrennt. Trienekens liefert das gebrauchte Papier dann an Papierfabriken. Hier wird es wieder aufbereitet und in den Stoffkreislauf zurückgeführt.

Xerox und Trienekens bieten den Kunden umfangreiche Beschaffungs- und Entsorgungskonzepte, die individuell auf die verwendeten Papiere abgestimmt sind. Angefangen von unterschiedlichen Sammelbehältern bis hin zur Abholung des Papiers bietet Trienekens dabei einen vielfältigen Service. Das Konzept dient nicht zuletzt dem Umweltschutz: Recyclingpapier schont in erheblichem Umfang natürliche Ressourcen wie Holz, Energie und Wasser.

Trienekens-Rohstoff lieferte der Papierindustrie im letzten Geschäftsjahr rund 826 000 Tonnen sortiertes Altpapier unterschiedlicher Qualitäten. Die Mengen stammten zum großen Teil aus den Sortieranlagen der Trienekens-Gruppe. Dort werden Materialien aus kommunalen Sammlungen, aus dem Dualen System sowie aus Gewerbe und Industrie verarbeitet.

Der eigenständige Geschäftsbereich Xerox Papier & Zubehör des weltweit operierenden Xerox-Konzerns vermarktet Papiere und Zubehör speziell ausgerichtet auf die Bedürfnisse digitaler Dokumentenerstellung. Zur Produktpalette zählen neben gestrichenen, ungestrichenen und selbstdurchschreibenden Papieren unter anderem auch Inkjet-Tintenpatronen und Laser-Toner-Cartridges.

Quelle: www.trienekens.de

Der Absatzmarkt verlangt umweltfreundliche Produkte. Die Fertigung muss deshalb solche Produkte konstruieren und bauen. Dies setzt auch die Verwendung umweltfreundlicher Materialien und die Anwendung umweltfreundlicher Fertigungsverfahren voraus.

4.1 Umweltfreundliche Materialien

An die im Betrieb verwendeten Materialien sind insbesondere folgende Anforderungen zu stellen:

Umweltverträglichkeit der Materialien

Nachhaltigkeit

- Alle Materialien sollen möglichst so eingesetzt werden, dass die anfallenden Materialrückstände und die entstehenden Produkte recyclebar sind.
- Für die Fertigung sollen möglichst Materialien eingesetzt werden, die durch Recycling gewonnen wurden.
- Ansonsten sollen als Materialien möglichst erneuerbare Primärrohstoffe verwendet werden. Sie sollen nur in dem Umfang verbraucht werden, wie sie nachwachsen.
- Nicht erneuerbare Primärrohstoffe sollen im Sinne des „sustainable development" sparsam verwendet werden.

Merke:
__Primärrohstoffe__ sind der Natur entnommen. __Sekundärrohstoffe__ entstehen durch Recycling.

Umweltfreundlichkeit bei Prozessen

Es sollen Materialien verwendet werden, die bei ihrer Gewinnung und Verarbeitung, bei Transport und Lagerung, bei Gebrauch und Entsorgung der daraus entstandenen Produkte die Umwelt nicht belasten.

Umweltfreundliche Verpackung

Die Verpackung der Materialien soll auf das Notwendige reduziert werden. Im Übrigen gelten für sie die gleichen Anforderungen wie für die Materialien selbst.

4.2 Verantwortung für Rückstände

In Betrieb und Haushalt fallen Rückstände an:
- **Produktionsrückstände** sind unerwünschte, unvermeidbare Abfallprodukte, die neben den beabsichtigten Produkten anfallen (z. B. Materialreste, Ausschussprodukte, Stäube, verunreinigtes Wasser, Emissionen: Abgase, Abwärme, Abstrahlungen, Erschütterungen). Auch ausgemusterte Maschinen, Geräte und Werkzeuge sind Rückstände.
- **Konsumrückstände** sind ausgemusterte Produkte und Verpackungen, Emissionen und die durch den Güterverbrauch entstehenden Abfälle.

Rückstände können verwertbar (Werkstoffe, Sekundärrohstoffe) oder nicht verwertbar (Abfälle) sein.

Das Kreislaufwirtschafts- und Abfallgesetz schreibt vor: Wer Güter produziert, vermarktet oder konsumiert, ist für die Vermeidung, Verwertung und umweltverträgliche Beseitigung der Rückstände grundsätzlich selbst verantwortlich. Dabei gilt die folgende Rangordnung:

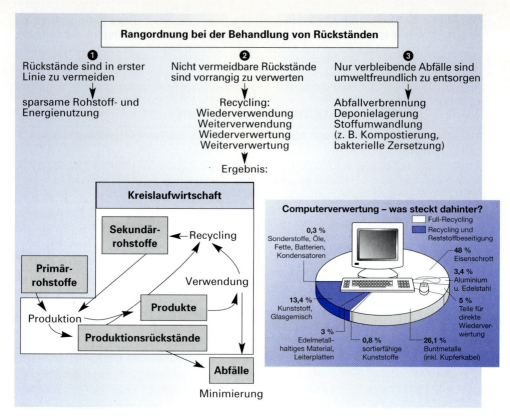

Rangordnung bei der Behandlung von Rückständen

❶ Rückstände sind in erster Linie zu vermeiden

sparsame Rohstoff- und Energienutzung

❷ Nicht vermeidbare Rückstände sind vorrangig zu verwerten

Recycling:
Wiederverwendung
Weiterverwendung
Wiederverwertung
Weiterverwertung

Ergebnis:

❸ Nur verbleibende Abfälle sind umweltfreundlich zu entsorgen

Abfallverbrennung
Deponielagerung
Stoffumwandlung
(z. B. Kompostierung,
bakterielle Zersetzung)

Kreislaufwirtschaft

Sekundär-rohstoffe → Recycling

Primär-rohstoffe

Verwendung

Produktion

Produkte

Produktionsrückstände

Abfälle

Minimierung

Computerverwertung – was steckt dahinter?

☐ Full-Recycling
☐ Recycling und Reststoffbeseitigung

0,3 %
Sonderstoffe, Öle,
Fette, Batterien,
Kondensatoren

48 %
Eisenschrott

3,4 %
Aluminium
u. Edelstahl

5 %
Teile für
direkte
Wiederver-
wertung

13,4 %
Kunststoff,
Glasgemisch

3 %
Edelmetall-
haltiges Material,
Leiterplatten

0,8 %
sortierfähige
Kunststoffe

26,1 %
Buntmetalle
(inkl. Kupferkabel)

Recycling soll bewirken:

■ langfristige Sicherung der Versorgung mit Primärrohstoffen,

■ Energieeinsparnis durch Sekundärrohstoffe,

■ Entlastung der Umwelt von Abfällen.

Beispiele: Recycling

■ **Wiederverwendung:** Tonerauffangbehälter für Kopiergeräte werden bei den Kunden eingesammelt und an den Tonerhersteller zur erneuten Befüllung zurückgegeben.

■ **Wiederverwertung:** Aus Altglas wird einschmelzbares Granulat hergestellt. Je sortenreiner das Glas aufbereitet ist und je sorgfältiger die Störstoffe entfernt sind, desto besser lässt sich das Material wieder für die Neuglasproduktion nutzen.

■ **Wiederverwertung:** Kunststoffe erhalten eine zweite Chance: Aus Kunststoff wird wieder Kunststoff. Folien, Becher, Eimer oder sonstige Kunststoffgebinde werden vorbehandelt, aufgeschmolzen und regranuliert. Das Regranulat wird wie Neumaterial zur Herstellung von Kunststoffprodukten eingesetzt.

■ **Weiterverwertung:** Teppichboden wird zu Fäden versponnen. Hauptbestandteil des neuen Fadens ist Polyamid. Er ist in Textilfasern wiederzufinden.

■ **Wieder- und Weiterverwertung:** Alt-PCs werden von den Industrieunternehmen in Sammelbehältern zur Verfügung gestellt. Noch nutzbare Bauteile werden gezielt demontiert, Kunststoffteile werden einer stofflichen Verwertung zugeführt, Bildschirmglas wird der Glasindustrie übergeben usw.

Problematisch wird Recycling allerdings, wenn Energieverbrauch und Umweltbelastung beim Sammeln (Zunahme des Verkehrs!), Sortieren und Wiederaufbereiten der Stoffe höher sind als bei der Gewinnung der Primärrohstoffe. Ökobilanzen zur Klärung dieser Frage liegen noch nicht vor.

Die Zeit ist abzusehen, dass Herstellerbetriebe gebrauchte Produkte zurücknehmen müssen. Das **Kreislaufwirtschaftsgesetz**, die **Verpackungsverordnung**, die **Altautoverordnung** und die **Elektroschrottverordnung** enthalten bereits zwingende Vorschriften.

> **Beispiel:** Altautoverordnung:
>
> Wer sein altes Fahrzeug endgültig stilllegen möchte, muss seiner Zulassungstelle einen Verwertungsnachweis vorlegen. Dieser sagt aus, dass das Auto nach dem Stand der Technik recycelt und verwendet wird. Der Fahrzeughalter kann wählen, ob er sein Altauto bei einem Kfz-Betrieb oder einem Verwerterbetrieb abgibt. Die Kosten für die umweltgerechte Demontage und Entsorgung werden auf 250 bis 350 EURO pro Fahrzeug geschätzt.

Die Aussicht auf eine Rücknahmeverpflichtung zeigt schon allgemeine Wirkung: Die Hersteller beginnen ihre Produkte von Anbeginn an so zu konzipieren, das sie möglichst vollständig wiederverwertet werden können.

> **Beispiele:**
>
> - In Deutschland werden jährlich zwischen 1,3 und 1,5 Millionen Pkws verschrottet. Allerdings wurden schon 1998 75 % aller Autobestandteile recycelt. Die Autoindustrie hat sich freiwillig verpflichtet, die Recyclingquote bis 2002 auf 85 % und bis 2015 auf 95 % zu erhöhen.
> - Elektrogeräte führen in Deutschland jährlich zu 1,5 Millionen Tonnen Schrott. Der Abfallanteil beträgt 30 %. Die Industrie will ihn bis 2015 auf 5 % reduzieren.

4.3 Umweltqualität der Produkte

Umweltfreundliche Produkte werden von Anfang an geplant. Deshalb müssen die Gesichtspunkte der Umweltqualität für alle Lebensphasen des Produktes schon bei der Produktentwicklung und der Konstruktion sorgfältig berücksichtigt werden.

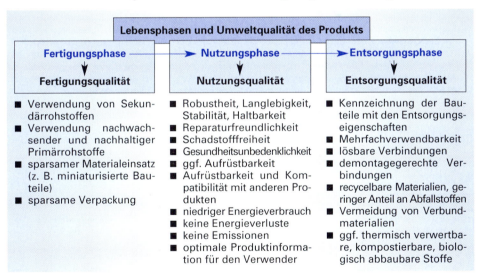

Ein gutes Design kann die Umweltqualität des Produkts wesentlich unterstützen, ohne dass das Produkt blass oder langweilig wirken muss.

In der Praxis existieren zahlreiche Konzepte und Richtlinien zur umweltfreundlichen Produktgestaltung, z. B. ein Prüfschema des Umweltbundesamtes und die VDI-Richtlinie[1] 2243 *(Konstruieren recyclinggerechter Produkte)*.

---

[1] VDI = Verein Deutscher Ingenieure

4.4 Umweltqualität der Fertigungsverfahren

„Sanfte" Fertigungsverfahren sind in dreifacher Weise umweltfreundlich. Sie sind

- **Material sparend** ➔ minimale Materialrückstände, keine Ausschussproduktion
- **Energie sparend** ➔ minimaler Verbrauch an Strom, Wasser, Gas, Benzin
- **emissionsarm** ➔ minimale Belastung von Boden, Wasser, Luft durch Emissionen (z. B. Absaug-, Filter-, Klär-, Brauchwasserrückführungs-, Entschwefelungs-, Filter-, Lärmschutzanlagen)

Die einschlägigen Rechtsvorschriften (z. B. Bundesimmissionsschutzgesetz, Umwelthaftungsgesetz) sind zu beachten. Durch Herausgabe von Ökobilanzen und Teilnahme an EU-Öko-Audits kann die Unternehmung vorbildliches Umweltverhalten nachweisen.

Arbeitsaufträge

1. Die Papierindustrie lebt von dem regenerativen Rohstoff Holz. Die schwedische SCA-Gruppe (Svenska Cellulosa-Aktiebolaget) ist der größte Papierkonzern Europas. Eine Tochtergesellschaft, die SCA Laakirchen (Österreich), verwendet als einziger SC-Papier-Produzent ausschließlich total chlorfrei gebleichten Zellstoff zur Herstellung von absolut chlorfrei gebleichtem Papier (SC = super kalandriert; Naturpapier ohne zusätzliche Beschichtung. Chlor ist ein giftiges Gas, das die Atmungsorgane angreift. Es verseucht vor allem das Wasser bei der Altpapieraufbereitung.) Speziell für die Materialwirtschaft ist von Bedeutung: Die SCA Laakirchen setzt immer mehr Altpapier ein und verwendet immer mehr inländisches Holz – überwiegend aus einen Umkreis von 200 km (Oberösterreich, Waldviertel und angrenzendes Bayern). Wo immer möglich, wird mit der Bahn angeliefert. Das für die Papiererzeugung benötigte Faser- und Schleifholz – ohnehin minderwertiges Holz – soll vornehmlich aus Durchforstungen kommen. Es wird auch Schwachholz aus der Sägeindustrie, das nicht für die Bau- und Möbelproduktion geeignet ist, eingesetzt. Die Unternehmung, die selbst keinen Wald besitzt, legt Wert auf Lieferer, die Holz aus nachhaltiger Waldbewirtschaftung liefern. Sie lehnt artenarme Monokulturen ab. Das Holz darf nicht aus geschützten, wertvollen Biotopen und nicht aus übel zugerichteten Urwäldern stammen. Beim Einkauf wird darauf geachtet, dass die geforderten Umweltschutzmaßnahmen eingehalten werden. Im Gebirge wird Seilkrantechnik eingesetzt, im Flachland sind es Traktoren und wendige Kleinschlepper mit Niederdruckreifen.
   a) Was versteht man unter regenerativen Rohstoffen?
   b) Nennen Sie alle Umweltprobleme, die in dem obigen Text hinsichtlich der Nutzung des regenerativen Rohstoffes Holz angesprochen werden.
   c) Erläutern Sie möglichst eingehend die Maßnahmen, die die SCA Laakirchen zur Lösung dieser Probleme ergreift.

2. Das Einführungsbeispiel auf Seite 80 beschreibt eine „strategische Partnerschaft im Papierrecycling".
   a) Wer sind die „strategischen Partner"?
   b) ■ Welche Art Rückstände fallen an?
      ■ Wer trägt laut Kreislaufwirtschaftsgesetz die Verantwortung für die Rückstände?
      ■ Welche Art Recycling findet statt?
   c) Erläutern Sie, worin die **strategische** Eigenschaft der Partnerschaft besteht und warum gerade diese Form der Kooperation für den Rückstandsverantwortlichen notwendig ist.

3. Es ist anzunehmen, dass auch Ihr Ausbildungsbetrieb eine maximale Umweltqualität von Produkten und Fertigungsverfahren anstrebt.
   Wählen Sie ein Produkt aus dem Fertigungsprogramm Ihres Betriebs aus. Untersuchen Sie das Produkt hinsichtlich der Aspekte Fertigungs-, Nutzungs- und Entsorgungsqualität. Arbeiten Sie bereits erzielte Erfolge heraus und zeigen Sie Möglichkeiten für weitere Verbesserungen auf.
   In einem zweiten Schritt untersuchen Sie die Fertigungsverfahren für das ausgewählte Produkt auf ihre Umweltfreundlichkeit hin. (Holen Sie sich ggf. Unterstützung bei den Mitgliedern des Umweltschutzmanagements und verwenden Sie Unterlagen wie Umweltbericht und Umweltbilanz.) Erstellen Sie einen schriftlichen Bericht und erstellen Sie eine computergestützte Präsentation der Ergebnisse.

5   Produktentstehungsmanagement

Der Verkaufsdirektor der ELME Elektronische Medien GmbH äußerte sich in einem Zeitungsinterview:

„80 % unseres Umsatzes erzielen wir mit Erzeugnissen, die vor fünf Jahren noch gar nicht auf dem Markt waren."

„Werden diese Produkte auch nach weiteren fünf Jahren noch den Löwenanteil Ihres Umsatzes ausmachen?"

„Auf gar keinen Fall. Unsere Konkurrenz schläft nicht. Wenn wir nicht in spätestens zwei Jahren mit wesentlichen Innovationen aufwarten können, wird sie unweigerlich an uns vorbeiziehen. Aber wir sind zuversichtlich: Wir arbeiten zur Zeit an acht innovativen Neuentwicklungen – u. a. an neuen Nutzungsmöglichkeiten für die CD. Diese werden uns mit Sicherheit neue Marktchancen eröffnen."

5.1   Produktlebenszyklus

Alle Produkte haben nur eine begrenzte Lebensdauer. Der Produktlebenszyklus[1] zeigt die Phasen im Leben eines Produkts.

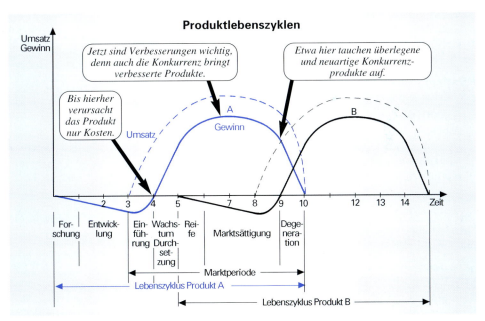

Produktlebenszyklen

- In der **Forschungs- und Entwicklungsphase** verursacht das Produkt noch keine Umsätze, sondern nur Kosten und damit Verluste.

- Auch in der **Phase der Markteinführung** werden meist noch Verluste erzielt, da die Kosten für Werbung und Absatzförderung hoch sind, aber die verkaufte Menge noch klein ist.

- Die **Wachstumsphase** beginnt, wenn es der Unternehmung gelingt, die Marktwiderstände nach der Produkteinführung zu überwinden. Der Umsatz steigt stark an.

---

[1] griech.-lat.: Zyklus = Kreislauf

- Die **Reifephase** ist durch eine weitere, aber weniger starke Marktausdehnung gekennzeichnet. Die Zahl der Neukunden wird kleiner.

- In der **Phase der Marktsättigung** tauchen verbesserte Konkurrenzprodukte auf, die Käufer abziehen. Durch eigene Produktverbesserungen versucht die Unternehmung gegenzusteuern. Der Umsatz stagniert.

- In der **Degenerationsphase**[1] tauchen überlegene, neuartige Konkurrenzprodukte auf. Die Käufer wandern nun in starkem Umfang ab. Sonderangebote können kurzfristig den Umsatz noch einmal steigern. Dann muss das Produkt aufgegeben werden.

5.2 Notwendigkeit von Forschung und Entwicklung (F&E)

Die begrenzte Lebensdauer der Produkte zwingt zu einem ständigen Bemühen um **Produktinnovationen**. Damit verbunden sind **Verfahrensinnovationen**, denn neue Produkte verlangen oft auch neue Fertigungsverfahren. Die Erlangung des notwendigen Know-hows setzt i. d. R. erhebliche Forschungs- und Entwicklungsanstrengungen voraus. Der Produktlebenszyklus zeigt, dass diese Tätigkeiten nur Kosten, keine Umsätze bewirken. Sie müssen deshalb frühzeitig einsetzen, damit die Kosten noch aus den Gewinnen der bestehenden Erzeugnisse bestritten werden können.

Innovationen sind die Neuerungen, die mit dem technischen, sozialen und wirtschaftlichen Wandel einhergehen.

Forschung bedeutet wissenschaftliche Anstrengungen zum Erwerb neuer Erkenntnisse.

- **Grundlagenforschung** dient der Vermehrung des Grundwissens. Sie ist noch nicht auf einen Verwertungszweck gerichtet. Nur Großunternehmen haben – neben Hochschulen und wissenschaftlichen Institutionen – hierfür die finanziellen Mittel.

- **Angewandte Forschung** ist auf konkrete Anwendungsmöglichkeiten bezogen. Sie ist typisch für Unternehmen.

Entwicklung ist die erstmalige Umsetzung von Erkenntnissen mit dem Zweck der Findung von Produkten und Verfahren.

Forschung und Entwicklung (F&E) ist kostspielig. Deshalb gehen viele Unternehmen eine vertraglich geregelte **F&E-Kooperation** mit anderen Unternehmen ein. Selbst Konkurrenten arbeiten heutzutage zusammen (Beispiel VW und Ford). Neben der Kosteneinsparung bietet die Kooperation z. B. folgende Vorteile: Doppelentwicklungen werden vermieden; die Forschungskapazität wird größer; fremde Spezialkenntnisse werden genutzt.

SPITZENPLATZ:

Bestnoten für Bayer-Forschung

ASTHMA-FORSCHUNG in Stoke Court in Großbritannien: Dort suchen Bayer-Wissenschaftler nach neuen Wirkstoffen, die Asthma-Patienten Erleichterung bringen sollen.

Die Produktentstehung vollzieht sich in der Regel in folgenden Teilprozessen:

1. **Produktplanung**
   - **Ideenfindung**
   - **Produktentwicklung**
2. **Konstruktion**

Ideenfindung → Produktentwicklung → Konstruktion

---

[1] lat. degeneratio = Entartung, Verfall

5.3 Prozess der Produktplanung

5.3.1 Ideenfindung

Im Zeitablauf vermehrt sich das naturwissenschaftlich-technische Wissen und es ändern sich die Bedürfnisse der Menschen und der Gesellschaft. Neue technische Möglichkeiten einerseits und unbefriedigte Wünsche andererseits bilden den Nährboden für Innovationsideen. Unternehmen betreiben eine systematische Ideensuche und -sammlung. Sie bedienen sich dabei interner und externer Quellen.

Mögliche Quellen für Innovationsideen	
Betriebsinterne Quellen	**Betriebsexterne Quellen**
■ Tätigkeit der F&S-Abteilung ■ Mitarbeiterteams zur Ideenfindung ■ Vorschläge aus der Belegschaft (sollten durch die Organisation eines betrieblichen Vorschlagswesens gefördert werden) ■ Kundendienstberichte ■ Kundenanfragen ■ Befragung von Außendienstmitarbeitern ■ Anregungen der Werbeabteilung ■ Anregungen der Marktforschungsabteilung	■ Kundenbefragungen ■ Absatzmittlerbefragungen ■ wissenschaftliche Veröffentlichungen ■ Verbandsmitteilungen ■ Patente, Lizenzen ■ Tendenz des Konkurrenzangebots (Beobachtung auf Messen und Ausstellungen)

Bei der systematischen Ideensuche ist die Arbeit in Gruppen vorteilhaft. Sie gibt der unterschiedlichen Denkfähigkeit und Kreativität der Mitglieder Raum.

Wichtige Methoden systematischer Ideensuche

Funktionsanalyse

Man untersucht die vom Verwender auszuführenden Tätigkeiten und zerlegt sie in einzelne Tätigkeitsschritte (Funktionen). Dann sollen Produktlösungen entwickelt werden, die die Erfüllung dieser Funktionen optimal gestalten.

Morphologischer Kasten[1]

Auch hier stellt man zunächst alle erforderlichen Funktionen dar. Dann zeigt man für jede Funktion alle denkbaren Lösungen in Form einer Matrix (= „morphologischer Kasten") auf. Man bewertet jede Lösung nach einer Wertskala. Kriterien für die Bewertung können z. B. sein: technische Qualität, stoffliche Eigenschaften, Materialkosten, Fertigungskosten, Umweltfreundlichkeit u. a. m. So kann jeweils die günstigste Teillösung gefunden und weiterverfolgt werden.

Funktion	Morphologischer Kasten (Gartengrill)				
Fleisch-auflage P 1	Auflage auf Rost L 11	Auflage auf Draht L 12	Spieß L 13	Aufhängen an L 14	.... L 15
Fleisch zuführen P 2	von Hand L 21	kontinuier-lich L 22	Halterung mit Fleisch aus-wechseln L 23	.... L 24	.... L 25
Hitze erzeugen P 3	Kohle L 31	Heizkohle L 32	Strom L 33	Benzin L 34	Sonnen-energie L 35
Regulierung der Hitze P 4	wechselhafte Brennstoff-zufuhr L 41	Verstellung der Fleischhal-terung L 42	Abschirmung durch Zwischen-blech L 43	Kühlmittel-zugabe L 44	.... L 45
Grillgestell P 5	feste Mauerung L 51	verankertes Gestell L 52	Rollgestell fest L 53	Zusammen-klappgestell L 54	.... L 55

---
[1] morphologisch = die äußere Gestalt betreffend, der Form nach

Brainstorming[1]

Die Mitglieder einer Gruppe – Fachleute und Nichtfachleute – (ca. 5–15 Personen) – sollen spontan und unbefangen ihre Einfälle zu einem Problem äußern. Das Problem soll seit längerem genau bekannt sein. Jegliche Kritik selbst an schrulligen und unsinnig erscheinenden Vorschlägen muss unterbleiben. Zweck: möglichst viele Vorschläge ohne Rücksicht auf Zweckmäßigkeit und Durchführbarkeit („Ideenwirbel"; Quantität vor Qualität!). Denn: Auch absurd anmutende Ideen können bei späterer Auswertung wertvolle Denkanstöße geben oder Entsprechungen aufzeigen.

Unerlaubte Kritik: z. B. „Killer-phrasen" wie: „Das widerspricht aber unserer Erfahrung."

Synektik

Es wird wie bei Brainstorming eine Gruppe gebildet. Sie wird über das Problem informiert und soll Analogien[2] in völlig anderen Bereichen aufzeigen (z. B. Gartengrill; Analogien: Vulkan, Schmiede, Flammenwerfer, ...). Bestimmte Analogien werden herausgegriffen, verdichtet und schließlich zum Problem in Beziehung gebracht. Dann sollen spontan Lösungsvorschläge gemacht werden (auch wenn sie absurd und unrealisierbar erscheinen). Diese Vorschläge werden von Fachleuten auf ihre Realisierbarkeit hin überprüft.

Je nach Branche braucht man bis zu 200 Ideen für ein erfolgreiches Produkt. Deshalb müssen Innovationsideen bewertet werden. Wichtige Kriterien: technologische Machbarkeit, Marktchancen, Gewinnchancen, Finanzierbarkeit, rechtliche Zulässigkeit. Auf der Grundlage der Ideenbewertung gelangt man zur **Ideenauswahl**.

5.3.2 Produktentwicklung

Angewandte Forschung und systematische Entwicklungsarbeit (i.d.R. im Team) führen zu einer **Lösungskonzeption** (einem gedanklichen Entwurf).

Wichtig ist die genaue Formulierung der Anforderungen an das Produkt (technische, wirtschaftliche, gesellschaftliche, ökologische Anforderungen):

Lastenheft ↓	enthält alle Produktanforderungen des tatsächlichen oder gedachten Auftraggebers
Pflichtenheft ↓	enthält eine Beschreibung zur Realisierung der Anforderungen des Lastenhefts
Anforderungsliste	enthält die Einzelanforderungen (Konkretisierung des Pflichtenhefts)

Auf die Produktentwicklung folgen: Konstruktion, Entwicklung von Produktionsverfahren, Bau funktionsfähiger Prototypen, Prototypentests (hinsichtlich aller gestellten Anforderungen), Fertigungsvorbereitung.

---

[1] engl.-am. brainstorm = Geistesblitz   [2] (griech.) Entsprechung

1. | **Forschung und Entwicklung im Siemens-Konzern**

   Um innovative Produkte und Systeme auf dem Weltmarkt wettbewerbsfähig anbieten zu können, müssen wir rechtzeitig über die Schlüsselkomponenten verfügen und deren Fertigungstechnik beherrschen. Insgesamt 3,58 Mrd. EUR (i.V. 3,53) wendeten wir für Forschung und Entwicklung als Investition in die Zukunft auf; rund 43 000 (i.V. 41 000) Mitarbeiter) sind weltweit mit dieser Aufgabe befasst...

   Eine Analyse unserer rund 300 Geschäftsfelder ergab, dass ihre technische Weiterentwicklung im Wesentlichen durch den Fortschritt in 30 Technologien bestimmt ist. Diese „Kerntechnologien" werden meist von mehreren Geschäftsfeldern und Bereichen gebraucht und sind untereinander vielfältig verknüpft. Sie werden mindestens für das nächste Jahrzehnt die wichtigste Quelle für Innovationen im Unternehmen bleiben. Folgerichtig konzentrieren wir auf diese Themen heute 95 % unserer in Forschung und Entwicklung aufgewandten Mittel...

   Im Spannungsfeld des „technology push" und „market pull" sind die Kerntechnologien in Anpassung an das Geschäft einer ständigen Überprüfung unterworfen. Der Einsatz für die Kerntechnologien wird vom „Ausschuss für Forschung und Entwicklung" aktualisiert, was je nach Markt- und Technologieentwicklung auch zur Neueinrichtung oder zur Beendigung einer Kerntechnologie führen kann.

   (Aus: Schneider/Böcker, Wie funktioniert die Industrie? Hrsg. von der Siemens AG, 2. Aufl. 1995)

   a) Aus welchen Gründen wird bei Siemens Forschungs- und Entwicklungsarbeit betrieben?
   b) Ist die Tendenz zu Forschung und Entwicklung eher zunehmend oder abnehmend?
   c) Versuchen Sie zu erläutern, was unter „technology push" und „market pull" zu verstehen ist und welche Bedeutung sie für die Siemens-Forschung haben.
   d) Sowohl der Staat (Universitäten, Forschungsinstitute) als auch Großunternehmen betreiben Grundlagenforschung. Staatliche Forschung will ganz allgemein das menschliche Wissen erweitern. Gilt dies auch für die industrielle Grundlagenforschung bei Siemens?

2. Bei der Firma Systemmöbel GmbH wurde auf Grund von Marktuntersuchungen und Berichten des Außendienstes ein Bedarf an wirbelsäulenschonenden Gesundheitsstühlen (Kniestühlen) für Bürotätigkeiten festgestellt. Für qualitativ hochwertige Stühle erscheint bei einer Preisobergrenze von 250,00 EUR ein jährlicher Absatz von 2 500 Stück möglich.

   Das Bauprinzip der Stühle ist bekannt (siehe Skizze), und Systemmöbel liegt auch eine Reihe gesicherter Forschungsergebnisse hinsichtlich der Vorteile für die Körperhaltung vor. Die Geschäftsleitung beschließt deshalb die Entwicklung und Produktion unter Berücksichtigung innovativer Aspekte.

   a) Organisieren Sie eine Brainstorming-Gruppe und versuchen Sie möglichst viele Vorschläge zur Gestaltung der Stühle zu sammeln.
   b) Nennen Sie die vier grundlegenden Anforderungsbereiche, die bei der Produktentwicklung und -planung zu berücksichtigen sind.
   c) Ordnen Sie jedem der vier Bereiche konkrete Anforderungen an das Produkt zu, die Ihrer Meinung nach bei der Entwicklung und Gestaltung des Produktes zu erfüllen sind, um dem Produkt zum Markterfolg zu verhelfen.

5.4 Prozess der Konstruktion und Stücklistenerstellung

5.4.1 Aufgaben der Konstruktion

Konstruktion ist die fertigungsgerechte und funktionsfähige Gestaltung der Produkte.

Die Konstruktionsaufgaben umfassen:

- Ermittlung der Hauptdimensionen des Erzeugnisses,
- Ermittlung der einzelnen Funktionsabläufe und der beteiligten Elemente,
- konstruktive Gestaltung der Baugruppen und Einzelteile (fremdbezogene Teile sind zu berücksichtigen),
- Werkstoffauswahl,
- Bestimmung von Toleranzen (so groß wie möglich – so klein wie nötig),
- Formgebung (zweckmäßig, einfach, leicht herstellbar, geschmackvoll),
- Erstellung von Fertigungsunterlagen (Stücklisten, Fertigungspläne, Steuerprogramme),
- Herausgabe von Bau- und Betriebsvorschriften,
- Erstellung von Bedienungsanleitungen.

Dimensionen sind Abmessungen; Toleranzen sind zulässige Abweichungen.

Phasen des Konstruktionsprozesses		
Konzeptphase	**Gestaltungsphase**	**Detaillierungsphase**
■ Untersuchung der Aufgabenstellung ■ Erarbeitung alternativer Lösungen ■ Bewertung der Lösungen	■ konkrete Ausarbeitung des Lösungskonzepts ■ maßstäblicher Entwurf, ggf. Modell ■ Bewertung der Lösung	■ Ausarbeitung und Darstellung der Einzelteile ■ Erstellung von Fertigungsunterlagen (Zeichnungen, Stücklisten, Fertigungspläne, Steuerprogramme)

In **Chemiebetrieben** findet keine Konstruktion statt, sondern es werden **Rezepturen** für die chemischen Produkte erstellt. Zuständig ist das **Betriebslabor**.

5.4.2 Computer Aided Design (CAD)

Computer Aided Design bedeutet computergestütztes Konstruieren.

Die Konstruktionsaufgabe wird dabei am Bildschirm gelöst, den man insofern als eine Art elektronisches Zeichenbrett bezeichnen kann.

CAD-Systeme werden vorwiegend für die **Detaillierungsphase** herangezogen. Dabei ist es möglich, in einer Datenbank bereits gespeicherte Grundelemente (z. B. Linien, Flächen, Körper) und Teilkonstruktionen abzurufen, zu variieren und zu neuen Konstruktionen zusammenzusetzen. Dies ist u.a. dann vorteilhaft, wenn auf Grund von Kundenaufträgen nur bestimmte Änderungen an bestehenden Produkten notwendig werden.

Die **Dateneingabe** erfolgt über Bildschirmtastatur und andere Geräte: Digitalisiertablett, Steuerknüppel, Maus, Rollkugel, Wertgeber.

Die **Datenausgabe** erfolgt über Bildschirm, Drucker, Plotter (elektronisches Zeichengerät) und Hardcopy (Ausdruck des Bildschirminhalts).

Mit CAD können heute nicht nur Konstruktionszeichnungen erstellt werden. Die im CAD-Rechner vorhandenen Informationen über die Gestalt von Werkstücken werden vielmehr auch dazu verwendet, Steuerprogramme für numerisch gesteuerte Maschinen zu erstellen.

Beispiel: Programmieren und Fertigen eines Frästeils

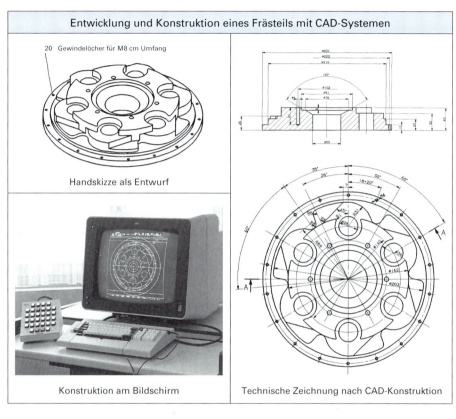

Entwicklung und Konstruktion eines Frästeils mit CAD-Systemen

Handskizze als Entwurf

Konstruktion am Bildschirm

Technische Zeichnung nach CAD-Konstruktion

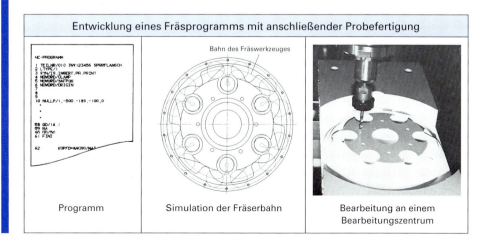

Entwicklung eines Fräsprogramms mit anschließender Probefertigung

Bahn des Fräswerkzeuges

Programm

Simulation der Fräserbahn

Bearbeitung an einem Bearbeitungszentrum

5.4.3   Konstruktionszeichnungen

Zeichnungen des Produktes sind wichtige Ergebnisse der Konstruktionsarbeit.

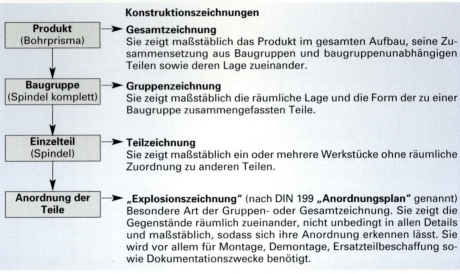

Konstruktionszeichnungen

Produkt
(Bohrprisma) → **Gesamtzeichnung**
Sie zeigt maßstäblich das Produkt im gesamten Aufbau, seine Zusammensetzung aus Baugruppen und baugruppenunabhängigen Teilen sowie deren Lage zueinander.

Baugruppe
(Spindel komplett) → **Gruppenzeichnung**
Sie zeigt maßstäblich die räumliche Lage und die Form der zu einer Baugruppe zusammengefassten Teile.

Einzelteil
(Spindel) → **Teilzeichnung**
Sie zeigt maßstäblich ein oder mehrere Werkstücke ohne räumliche Zuordnung zu anderen Teilen.

Anordnung der Teile → **„Explosionszeichnung"** (nach DIN 199 **„Anordnungsplan"** genannt)
Besondere Art der Gruppen- oder Gesamtzeichnung. Sie zeigt die Gegenstände räumlich zueinander, nicht unbedingt in allen Details und maßstäblich, sodass sich ihre Anordnung erkennen lässt. Sie wird vor allem für Montage, Demontage, Ersatzteilbeschaffung sowie Dokumentationszwecke benötigt.

Beispiel: Konstruktionszeichnungen

(1) Gesamtzeichnung

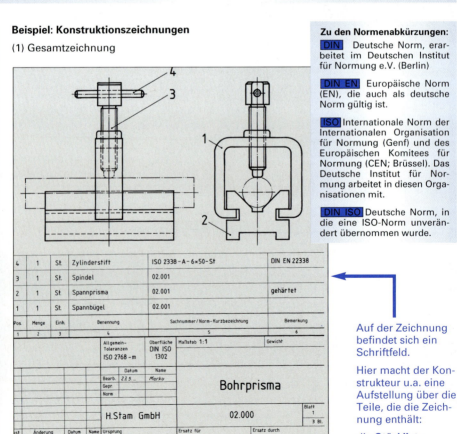

Zu den Normenabkürzungen:

DIN Deutsche Norm, erarbeitet im Deutschen Institut für Normung e.V. (Berlin)

DIN EN Europäische Norm (EN), die auch als deutsche Norm gültig ist.

ISO Internationale Norm der Internationalen Organisation für Normung (Genf) und des Europäischen Komitees für Normung (CEN; Brüssel). Das Deutsche Institut für Normung arbeitet in diesen Organisationen mit.

DIN ISO Deutsche Norm, in die eine ISO-Norm unverändert übernommen wurde.

Auf der Zeichnung befindet sich ein Schriftfeld.

Hier macht der Konstrukteur u.a. eine Aufstellung über die Teile, die die Zeichnung enthält:

die **Stückliste.**

(2) Gruppenzeichnung

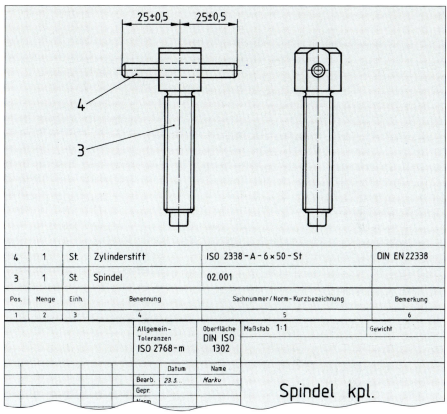

4	1	St.	Zylinderstift	ISO 2338-A-6×50-St		DIN EN 22338
3	1	St.	Spindel	02.001		
Pos.	Menge	Einh.	Benennung	Sachnummer / Norm-Kurzbezeichnung		Bemerkung
1	2	3	4	5		6

Allgemein-Toleranzen ISO 2768-m	Oberfläche DIN ISO 1302	Maßstab 1:1		Gewicht
		Datum	Name	
	Bearb.	23.5.	Marku	**Spindel kpl.**
	Gepr.			
	Norm			

(3) Teilzeichnung

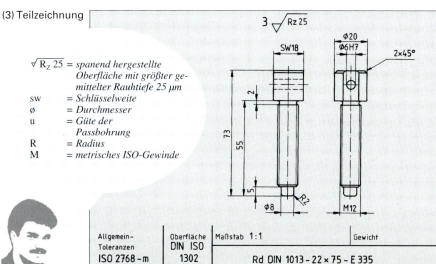

$\sqrt{R_z\,25}$ = *spanend hergestellte Oberfläche mit größter gemittelter Rauhtiefe 25 µm*
sw = *Schlüsselweite*
ø = *Durchmesser*
u = *Güte der Passbohrung*
R = *Radius*
M = *metrisches ISO-Gewinde*

$3 \sqrt{R_z\,25}$

Allgemein-Toleranzen ISO 2768-m	Oberfläche DIN ISO 1302	Maßstab 1:1	Gewicht
		Rd DIN 1013-22×75-E 335	
	Datum	Name	
Bearb.	23.5.	Marku	**Spindel**
Gepr.			
Norm			

93

(4) Explosionszeichnung

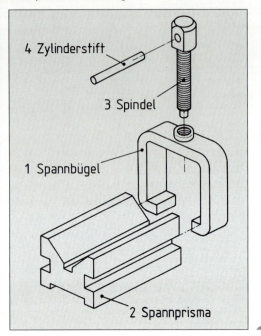

4 Zylinderstift

3 Spindel

1 Spannbügel

2 Spannprisma

Explosionszeichnungen lassen sich besonders rationell mit CAD erstellen. Die Gegenstände werden dreidimensional in den Computer eingegeben und gespeichert. Sie können dann in jedem beliebigen Maßstab auf dem Bildschirm gezeigt, dort zueinander verschoben, evtl. gedreht und aus jeder Perspektive betrachtet werden. Vergleichen Sie dazu das Foto auf S. 90.

5.4.4   Stücklisten

Auf der Zeichnung erstellt der Konstrukteur eine Stückliste[1] der Teile, die die Zeichnung enthält. Diese Aufstellungen werden für das Gesamtprodukt zusammengezogen zur Konstruktionsstückliste.

Die *Konstruktionsstückliste* ist eine Zusammenstellung aller Baugruppen, Einzelteile und Werkstoffe eines Produktes.

Auf den Seiten 97 und 153 finden Sie Konstruktionsstücklisten.

Mit Hilfe von Standardprogrammen des PPS-Systems werden aus der Konstruktionsstückliste verschiedene andere Stücklistentypen für unterschiedliche Zwecke abgeleitet und anschließend gespeichert.

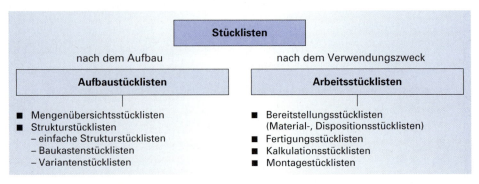

Stücklisten	
nach dem Aufbau	nach dem Verwendungszweck
Aufbaustücklisten	**Arbeitsstücklisten**

■ Mengenübersichtsstücklisten
■ Strukturstücklisten
  – einfache Strukturstücklisten
  – Baukastenstücklisten
  – Variantenstücklisten
	■ Bereitstellungsstücklisten
	  (Material-, Dispositionsstücklisten)
	■ Fertigungsstücklisten
	■ Kalkulationsstücklisten
	■ Montagestücklisten

---

[1] In Chemiebetrieben findet man statt der Stücklisten Rezepturen.

Vergleichen Sie hierzu S. 166 f.!

■ Aufbaustücklisten

Mengenübersichtsstücklisten zeigen alle Baugruppen und Einzelteile, die direkt oder indirekt in das Erzeugnis eingehen. Sie reichen für die Ermittlung des Bruttobedarfs für das Produkt aus.

Bruttobedarf = Teilpositionsmengen · Produktmenge

Mengenübersichtsstücklisten zeigen jedoch nicht, welche Teile auf welcher Fertigungsstufe in welche Baugruppe eingehen. Sie ermöglichen es deshalb nicht, die für die einzelnen Fertigungsstufen erforderlichen Produktionsaufträge stufenweise separat zu planen.

Strukturstücklisten zeigen die Aufgliederung von Erzeugnissen nach konstruktiv zusammengehörenden Baugruppen:

- **einfache Strukturstücklisten** enthalten sämtliche Baugruppen und Teile des Erzeugnisses in ihrem fertigungstechnischen Zusammenhang.

- **Baukastenstücklisten** stellen den Aufbau immer nur bis zur nächstniederen Stufe dar. Der Gesamtaufbau ist deshalb nur durch das Zusammenfügen aller Baukastenstücklisten zu erkennen. Vorteil von Baukastenstücklisten: Die Zusammensetzung von mehrfach verwendeten Baugruppen muss nur einmal dargestellt werden.

- **Variantenstücklisten** werden für Enderzeugnisse mit Varianten aufgestellt. Solche Erzeugnisse haben einen hohen Anteil an gleichen Bauteilen in allen Varianten. Für sie wird eine Gleichteilestückliste (auch Rumpfstückliste genannt) erstellt. Hinzu kommen individuelle Variantenstücklisten für die restlichen Teile.

Beispiel 1: Mengenübersichts-, einfache Struktur-, Baukastenstückliste

Ein Produkt habe die folgende Erzeugnisstruktur (Fertigungsstufen 4 bis 0; Buchstaben = Baugruppen; Zahlen = Einzelteile).

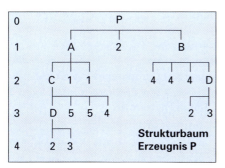

Strukturbaum Erzeugnis P

Mengenübersichtsstückliste:

Teile-Nr.	Stückzahl
A	1
B	1
C	1
D	2
1	2
2	3
3	2
4	4
5	2

einfache Strukturstückliste:

Fertigungsstufe	Teile-Nr.	Stückzahl
1	A	1
2	C	1
3	D	1
4	2	1
4	3	1
3	5	2
3	4	1
2	1	2
1	B	1
2	D	1
3	2	1
3	3	1
2	4	3
1	2	1

Baukastenstücklisten:

P	Teile-Nr.	Stückzahl
	A	1
	B	1
	2	1

A	Teile-Nr.	Stückzahl
	C	1
	1	2

B	Teile-Nr.	Stück-zahl		C	Teile-Nr.	Stück-zahl		D	Teile-Nr.	Stück-zahl
	D	1			D	1			2	1
	4	3			5	2			3	1
					4	1				

Beispiel 2: Variantenstücklisten

Die Produktvarianten A und B haben die folgende Erzeugnisstruktur:

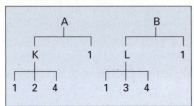

Mengenfachstückliste:

Teile-Nr.	Stückzahl	
	Variante A	Variante B
K	1	–
L	–	1
1	2	2
2	1	–
3	–	1
4	1	1

Gleichteile-stückliste A–B

Teile-Nr.	Stück-zahl
1	2
4	1

Varianten-stückliste A

Teile-Nr.	Stück-zahl
K	1
2	1

Varianten-stückliste B

Teile-Nr.	Stück-zahl
L	1
3	1

■ **Arbeitsstücklisten**

Bereitstellungs- (Material-, Dispositions-)Stücklisten dienen der Ermittlung des Materialbedarfs. Für den Bruttobedarf reichen Mengenübersichtsstücklisten, für den Nettobedarf sind Strukturstücklisten nötig.

Fertigungsstücklisten werden für die Fertigungteile aufgestellt. Sie sind nach dem Fertigungs- und Materialfluss aufgebaut und enthalten notwendige Angaben für die Fertigung (z. B. Auftragsnummer, Produktmenge, Anfangs- und Endtermin).

Kalkulationsstücklisten sind Fertigungsstücklisten mit besonderen Feldern für Vor- und Nachkalkulation (z. B. Preise, Zeiten).

Montagestücklisten enthalten besondere Felder für die Kostenstellen der Montage.

5.4.5 Teileverwendungsnachweis

Stücklisten sind so dargestellt, dass sie für ein Produkt alle Gruppen und Einzelteile evtl. bis hinunter zum Rohmaterial enthalten. Für Änderungen, Disposition und Normung will man ggf. auch wissen, in welchen Baugruppen und Enderzeugnissen ein bestimmtes Teil enthalten ist. Hier hilft der Teileverwendungsnachweis weiter.

Die Stückliste fragt: „Woraus besteht ein Erzeugnis?"
Der Teileverwendungsnachweis fragt: „Wo ist ein Teil enthalten?"

Im Teileverwendungsnachweis sind für jedes Teil die Enderzeugnisse oder Baugruppen aufgeführt, in denen das jeweilige Teil enthalten ist.

Verwendungsnachweise sind Stücklisten mit umgekehrtem Aufbau.

Zusammenfassung der Aufgaben der Stückliste

1. **Arbeitsvorbereitung:** zusammen mit den Zeichnungen Unterlage für die Ablaufplanung (Arbeitsgänge und Montageablauf) und Fertigungssteuerung (Prüfung der Verfügbarkeit von Rohmaterialien, Einzelteilen und Gruppen)
2. **Lager:** Stückliste als Information zur Bereitstellung der Rohmaterialien und Teile
3. **Montage:** Stückliste als Montageanleitung
4. **Einkauf:** Stückliste als Grundlage zur Material- und Teilebeschaffung
5. **Rechnungswesen:** Stückliste als Grundlage für Vor- und Nachkalkulation
6. **Kundendienst:** Stückliste als Ersatzteilliste

---

1. **Ihr Chef hat eine Idee. Er beabsichtigt eine Haushaltsmaschine auf den Markt zu bringen, die Kartoffeln wäscht, schält, zerteilt und frittiert. Er beauftragt den Leiter der Konstruktionsabteilung, sich entsprechende Gedanken über Konzeption, Gestaltung und Detaillierung einer solchen Maschine zu machen.**

   a) Erläutern Sie die Punkte, die in den einzelnen Phasen bedacht werden müssen.

   b In welcher Weise kann der Computer bei der Konstruktion herangezogen werden?

   c) Welcher Hilfsmittel bedarf es, um Daten ein- und auszugeben?

   d) Inwiefern sind CAD-Programme auch als Hilfsmittel für die anschließende Fertigung geeignet?

   e) Mit welchen anderen Abteilungen muss die Konstruktionsabteilung stets eng zusammenarbeiten? Begründen Sie Ihre Aussage.

   f) Im Rahmen der Konstruktion gewinnt das Internet als großer Datenpool an Bedeutung. Welche Aufgaben könnte das Internet erfüllen?.

2. **Die Konstruktionsabteilung hat das folgende Erzeugnis konstruiert.**

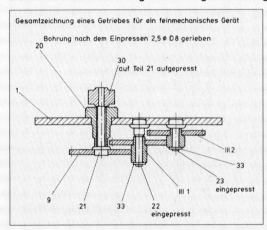

Gesamtzeichnung eines Getriebes für ein feinmechanisches Gerät

Bohrung nach dem Einpressen 2,5 ⌀ D8 gerieben

a) Welche Einzelaufgaben gehören zu der konstruktiven Gestaltung dieses Erzeugnisses?

b) Welche Arten von Zeichnungen müssen erstellt werden?

c) Zu dem Getriebe gehört folgende Konstruktionsstückliste:

Konstruktionsstückliste

Lfd. Nr.	Stück	Benennung	Teilenummer	Material	Fertigungshinweise
1	1	Große Platine	456051001000	Ms 58-2,0	
9	1	Zahnrad	091062002002	Ms 58-1,2	55 Zähne, m = 0,3 Ev.
20	1	Lagerbuchse	456014002000	Ms 58-8,0∞	
21	1	Lagerwelle	456022004000	NR-5,0∞	
22	1	Lagerbolzen	456022005000	NR-5,0∞	
23	1	Lagerbolzen	456022006000	NR-5,0∞	
30	1	Ritzel	456009003001	Ns-7,0∞	20 Zähne, m = 0,3 Ev.
33	2	Sicherungsscheiben	1,5 DIN 6799	F.-St.	

   – Welche anderen Stücklisten werden üblicherweise aus der Konstruktionsstückliste entwickelt?

   – Wodurch unterscheiden sich diese Stücklisten von der Konstruktionsstückliste?

   d) Für welche Arbeiten wird die Stückliste als Unterlage benutzt?

3. Ein Produkt hat folgende Erzeugnisstruktur (Strukturbaum)

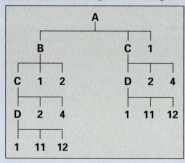

Erstellen Sie
a) die Mengenübersichtsstückliste,
b) die einfache Strukturstückliste,
c) die Baukastenstücklisten.

4. „Autos, Staubsauger und Rasierapparate müssen nicht nur gut aussehen, sie müssen auch den richtigen Sound liefern: Und dabei kommt es keineswegs immer auf geringe Lautstärke an: Ein zu leiser Motor würde keinen Porschefahrer beglücken, ein lautloser Staubsauger keine Hausfrau in Sicherheit wähnen, und ein Rasierapparat, der nicht pratzelt, lässt kein angenehmes „So gründlich so glatt"-Gefühl aufkommen. Akustikdesign nennt sich ein Berufszweig....."
(Nach www.swr.de)
a) Welche Einzelaufgaben hat der Akustikdesigner bei der Konstruktion?
b) Nennen Sie weitere Einsatzgebiete (Beispiele) für einen Akustikdesigner.
c) Warum spielen Geräusche gerade bei der Produktentwicklung eine immer wichtigere Rolle?

5.5   Gewerbliche Schutzrechte

Firmeninhaber Hansen entwickelt eine besondere Fräsmaschine. Sowohl in das Produktdesign[1] als auch in die Entwicklung des Fräsmechanismus hat er viel Geld investiert. Er stellt sein Produkt erstmals während einer Fachmesse vor. Die Maschine findet dort großen Anklang. Ein halbes Jahr später eröffnet ihm aber ein Abnehmer, dass ihm eine gleichartige Maschine zu einem wesentlich günstigeren Preis angeboten wurde. All der Aufwand, den Hansen in das neue Produkt investiert hat, erscheint umsonst. An die Anmeldung von Schutzrechten hat nicht gedacht.

Erzeugnisse, Formen und Marken können durch **Eintragung beim Deutschen Patent- und Markenamt** in **München** unter Androhung von Freiheits- oder Geldstrafen vor unbefugter Verwendung geschützt werden.

5.5.1   Patent

Patentgesetz § 1 (1): Patente werden für Erfindungen erteilt, die neu sind, auf einer erfinderischen Tätigkeit beruhen und gewerblich anwendbar sind.

§ 9: Das Patent hat die Wirkung, dass allein der Patentinhaber befugt ist, die patentierte Erfindung zu benutzen.

§ 16 (1): Das Patent dauert zwanzig Jahre, die mit dem Tag beginnen, der auf die Anmeldung der Erfindung folgt.

Patentfähige Erfindungen können **Erzeugnisse** oder **Verfahren** sein.

---

[1] Festlegung der Erscheinungsform eines Erzeugnisses in Qualität, Form, Verpackung und Markierung, abhängig von der Produktart

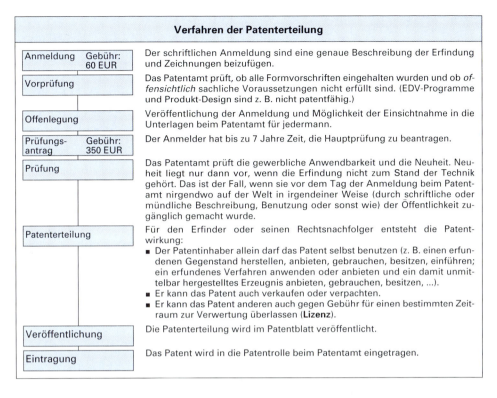

Verfahren der Patenterteilung

Anmeldung — Gebühr: 60 EUR	Der schriftlichen Anmeldung sind eine genaue Beschreibung der Erfindung und Zeichnungen beizufügen.
Vorprüfung	Das Patentamt prüft, ob alle Formvorschriften eingehalten wurden und ob *offensichtlich* sachliche Voraussetzungen nicht erfüllt sind. (EDV-Programme und Produkt-Design sind z. B. nicht patentfähig.)
Offenlegung	Veröffentlichung der Anmeldung und Möglichkeit der Einsichtnahme in die Unterlagen beim Patentamt für jedermann.
Prüfungs-antrag — Gebühr: 350 EUR	Der Anmelder hat bis zu 7 Jahre Zeit, die Hauptprüfung zu beantragen.
Prüfung	Das Patentamt prüft die gewerbliche Anwendbarkeit und die Neuheit. Neuheit liegt nur dann vor, wenn die Erfindung nicht zum Stand der Technik gehört. Das ist der Fall, wenn sie vor dem Tag der Anmeldung beim Patentamt nirgendwo auf der Welt in irgendeiner Weise (durch schriftliche oder mündliche Beschreibung, Benutzung oder sonst wie) der Öffentlichkeit zugänglich gemacht wurde.
Patenterteilung	Für den Erfinder oder seinen Rechtsnachfolger entsteht die Patentwirkung: ■ Der Patentinhaber allein darf das Patent selbst benutzen (z. B. einen erfundenen Gegenstand herstellen, anbieten, gebrauchen, besitzen, einführen; ein erfundenes Verfahren anwenden oder anbieten und ein damit unmittelbar hergestelltes Erzeugnis anbieten, gebrauchen, besitzen, ...). ■ Er kann das Patent auch verkaufen oder verpachten. ■ Er kann das Patent anderen auch gegen Gebühr für einen bestimmten Zeitraum zur Verwertung überlassen (**Lizenz**).
Veröffentlichung	Die Patenterteilung wird im Patentblatt veröffentlicht.
Eintragung	Das Patent wird in die Patentrolle beim Patentamt eingetragen.

Für das Patent sind Gebühren zu zahlen: Anmeldegebühr, Prüfungsantragsgebühr und ab dem 3. Jahr (70 EUR) jährlich steigende Jahresgebühren (20. Jahr: 1940 EUR).

Das deutsche Patent hat nur nationale Wirkung. Schutzrechte für andere Staaten müssen bei deren Patentbehörden beantragt werden. Ein Europa-Patent für zurzeit 20 Vertragsstaaten und sechs sog. Erstreckungsstaaten kann beim **Europäischen Patentamt (EPA),** ebenfalls mit Sitz in München, beantragt werden[1]. Die Gebühren sind beträchtlich höher. Sie hängen u. a. von der Zahl der Staaten ab, für die das Patent erteilt werden soll. Für mehr als drei Staaten kommt das Verfahren nach einer Faustregel des EPA billiger als Einzelpatente.

Die meisten Erfindungen werden in den Betrieben von den mit Forschung und Entwicklung befassten Beschäftigten getätigt. Sie unterliegen den Vorschriften des Gesetzes über Arbeitnehmererfindungen:

■ **Diensterfindungen** entstehen aus der Tätigkeit des Arbeitnehmers im Betrieb oder beruhen maßgeblich auf Erfahrungen oder Arbeiten des Betriebs. Sie können vom Arbeitgeber in Anspruch genommen werden. Dem Arbeitnehmer steht eine angemessene Vergütung zu.

■ **Freie Erfindungen** sind alle anderen Arbeitnehmererfindungen während der Dauer des Arbeitsverhältnisses. Fallen sie in den Arbeitsbereich des Betriebs, sind sie dem Arbeitgeber zunächst zu angemessenen Bedingungen anzubieten.

---

[1] **Vertragsstaaten:** Belgien, Dänemark, Deutschland, Finnland, Frankreich, Griechenland, Großbritannien, Irland, Italien, Liechtenstein, Luxemburg, Monaco, Niederlande, Österreich, Portugal, Schweden, Schweiz, Spanien, Zypern; **Erstreckungsstaaten:** Albanien, Lettland, Litauen, Mazedonien, Rumänien, Slowenien (Stand Frühjahr 2002)

5.5.2 Gebrauchsmuster

Gebrauchsmustergesetz § 1 (1): Als Gebrauchsmuster werden Erfindungen geschützt, die neu sind, auf einem erfinderischen Schritt beruhen und gewerblich anwendbar sind.

Das Gebrauchsmuster ist dem Patent sehr ähnlich. Es betrifft im Wesentlichen die gleichen Objekte, allerdings keine Verfahren. Es eignet sich grundsätzlich mehr für geringere Erfindungswerte.

Wegen der Ähnlichkeit nennt man das Gebrauchsmuster oft „das kleine Patent".

Beispiele:

■ Faltschachtel   ■ Schreibgeräte   ■ Archivkassetten

Die Anmeldung und die Schutzwirkung entsprechen denen des Patents. Die Schutzdauer beträgt aber nur 3 Jahre. Sie kann gegen Gebührenzahlung um 3, dann zweimal um 2 Jahre auf maximal 10 Jahre verlängert werden. Es besteht kein Europa-Gebrauchsmusterschutz.

Hinsichtlich der Neuheit wird nur verlangt, dass die Erfindung noch nicht schriftlich beschrieben oder **im Inland** öffentlich benutzt wurde. Die Neuheit wird auch nicht sachlich geprüft, sondern es erfolgt nur eine Registrierung! Eine Prüfung erfolgt erst, wenn jemand einen Löschungsantrag gegen ein eingetragenes Gebrauchsmuster stellt oder es zu einem Gerichtsverfahren wegen Verletzung des Gebrauchsmusterschutzes kommt. Gebrauchsmuster werden vom Patentamt in die Rolle für Gebrauchsmuster eingetragen.

5.5.3 Geschmacksmuster

Geschmacksmustergesetz § 1 (1): Das Recht, ein gewerbliches Muster oder Modell ganz oder teilweise nachzubilden, steht dem Urheber desselben ausschließlich zu.

Das Geschmacksmuster schützt das Design, die ästhetische Formgebung, wenn das betreffende Muster oder Modell gewerblich verwertbar ist.

Beispiele:

■ Stoffmuster
■ Tapetenmuster
■ Formgebung von Verpackungen, Flaschen, Gläsern, Maschinen

Das Geschmacksmuster schützt keinen Geschmack. Die Bezeichnung Geschmacksmuster ist insofern missverständlich!

Der Schutz erfordert die Anmeldung beim Patentamt und die Eintragung in das Musterregister. Eine grafische Darstellung oder Fotografie des Musters/Modells müssen hinterlegt werden.

Auch beim Geschmacksmuster prüft das Patentamt nicht die Schutzwürdigkeit. Die Schutzdauer beträgt 5 Jahre. Sie kann bis auf höchstens 20 Jahre verlängert werden.

Dritte dürfen

■ einzelne Motive des geschützten Musters zur Herstellung eines neuen Musters frei benutzen,
■ Muster in einzelnen Stücken nachbilden, wenn keine gewerbliche Verbreitung oder Verwertung erfolgt,
■ geschützte Flächenmuster in plastische Erzeugnisse umbilden und umgekehrt,
■ Nachbildungen einzelner Muster in Schriftwerke aufnehmen.

5.5.4 Geschützte Marken

Unter einer Marke versteht man bestimmte Elemente, die zur Identifikation eines Produkts/einer Dienstleistung und zur Abhebung von Konkurrenten dienen: Markenname, Markenzeichen, Markensymbol oder eine Kombination davon. Grundsätzlich kann alles als Marke dienen, was sich grafisch darstellen lässt. Vielfach wird auch das Firmenzeichen (Logo) zur Kennzeichnung der Marke benutzt.

Solche Marken sind allgemein bekannt. Der Abnehmer verbindet damit eine bestimmte Qualität. Dem Betrieb verschafft sie ein bestimmtes Image. Die Marke ist deshalb in der Lage, mehrere Funktionen zu erfüllen:

Das Image ist das Bild, welches ein Betrieb nach außen bietet.

Funktionen der Marke
Herkunfts- und Unterscheidungsfunktion
Die Marke zeigt die Herkunft der Ware aus einem bestimmten Geschäftsbetrieb und unterscheidet sie von anderen Marken.
Gewährfunktion
Die Marke verbürgt eine gleich bleibende Qualität.
Werbefunktion
Bekanntheit der Marke und damit verbundene Qualitätsvorstellungen machen die Marke zu einem wichtigen Werbeelement.
Wertfunktion
Aus den genannten Gründen stellt die Marke für die Unternehmung einen schutzbedürftigen Wert dar. Das alleinige Recht, die Marke zu führen, steigert den Wert.

Markengesetz § 1: Nach diesem Gesetz werden geschützt:
1. Marken, ...

Nur der Inhaber einer Marke darf diese benutzen. Dritte dürfen auch kein identisches oder ähnliches Zeichen benutzen.

Grundsätzlich wird der Markenschutz durch Anmeldung beim Patentamt und Registereintragung erworben. Die Schutzdauer beginnt mit dem Tag der Anmeldung und läuft 10 Jahre. Sie kann stets wieder um jeweils 10 Jahre verlängert werden.

Schutz genießt aber auch ein Zeichen, das

1. im geschäftlichen Verkehr benutzt wird und innerhalb der beteiligten Verkehrskreise als Marke Verkehrsgeltung erworben hat,

2. als Marke offenkundig und allseitig bekannt ist.

Allerdings müssten in diesen beiden Fällen Beweise geführt werden. Der Schutz einer eingetragenen Marke hingegen ist eindeutig.

1. **Das Recht an Erzeugnissen kann gegen die unbefugte Verwendung durch Dritte geschützt werden.**
   a) Der Mediziner Dr. Schmelzer hat eine faustgroße künstliche Niere erfunden, die in den Körper eingepflanzt werden kann.
   b) Die Firma Herbert Pfiff hat ein Bohrergewinde für Steinbohrer entwickelt, welches die herkömmliche Bohrgeschwindigkeit verdoppelt.
   c) Die Getränkefirma Edith Durst GmbH hat für ihre Saftflaschen eine neue Form entwickeln lassen, die an eine Karaffe erinnert.
   Welche Möglichkeiten haben die genannten Unternehmen bzw. Personen, die unbefugte Verwertung ihrer Arbeitsergebnisse durch Dritte zu verhindern?

2. **In dem Eingangsbeispiel auf Seite 98 wird die Entwicklung einer neuen Fräsmaschine angesprochen.**
   a) Welche Schutzrechte hätte Unternehmer Müller erwerben können?
   b) Durch welche Rechtsvorschriften wird dieser Schutz begründet?
   c) Worin hätte der Schutz bestanden?
   d) Wie lange hätte der Schutz bestanden? Hätte er verlängert werden können?
   e) Erläutern Sie, wie Müller hätte vorgehen müssen, um den Schutz zu erzielen?
   f) Auf welchen geografischen Raum erstreckt sich jeweils der Schutz?

3. **NIVEA ist eine seit vielen Jahrzehnten bekannte Marke.**
   a) Erläutern Sie den Begriff der Marke.
   b) Beschreiben Sie die Elemente der Marke NIVEA.
   c) Warum ist die Herstellerfirma an einem Schutz der Marke interessiert?
   d) Wie kann die Herstellerfirma den Schutz der Marke erwirken?
   e) Nennen Sie mindestens 5 Beispiele dafür, wie ein Konkurrent gegen den Markenschutz verstoßen könnte.
   f) Inwiefern ist es möglich, dass der Markenschutz für NIVEA schon seit vielen Jahrzehnten besteht?

6 Kostenmanagement

6.1 Kostenbegriff

Die Möbelfabrik Kaufmanns KG fertigt Schränke, Tische und Stühle und verkauft sie. Wie jeder andere Betrieb muss sie dafür Arbeitskräfte, Betriebsmittel (vor allem Maschinen) und verschiedene Materialien einsetzen. Außerdem benötigt sie Dienstleistungen anderer Betriebe: Banken (für Zahlungsverkehr und Kreditaufnahme), Spediteure und Transportbetriebe (für den Transport von Material und Fertigprodukten), Versicherungen (zur Abdeckung von Risiken) und andere mehr.

Den Wert aller in einer Abrechnungsperiode für die Erstellung der betrieblichen Leistungen eingesetzten Sachgüter und Dienstleistungen bezeichnet man als *Kosten*.

Die Leistungen müssen die Kosten tragen. Sie tun dies in einem zufrieden stellenden Ausmaß, wenn ihr Verkauf zum angestrebten Gewinn führt. Deshalb werden sie auch als **Kostenträger** bezeichnet.

Ich habe schon oft die Begriffe Aufwendungen und Ausgaben gehört. Bedeuten sie das Gleiche wie Kosten?

Ausgaben und Aufwendungen (Aufwand) sind Begriffe aus der Geschäftsbuchführung.

- *Ausgaben* **entstehen, wenn der Betrieb Zahlungen tätigt oder Verbindlichkeiten (Geldschulden) eingeht.**
- *Aufwendungen* **sind alle Werte, die in einem Geschäftsjahr eingesetzt und verbraucht werden (auch wenn dies nicht für die Erstellung von Leistungen geschieht) und mit Minderungen des Eigenkapitals verbunden sind.**

Kosten sind ein Begriff aus der Betriebsbuchführung:

- *Kosten* **sind nur diejenigen Werte, die in einem Geschäftsjahr zur Erstellung von Leistungen eingesetzt und verbraucht werden. Eine Minderung des Eigenkapitals muss nicht damit verbunden sein.**

Arbeitsauftrag

In der Maschinenfabrik Wilhelm Willemsen GmbH, Kempen, ist die Auszubildende Agnes Horsten im Rechnungswesen eingesetzt. Der Buchhalter gibt ihr verschiedene Belege, die zu bearbeiten sind.

(1) Spende des Betriebes an das Rote Kreuz, 1 000,00 EUR

(2) Rohstoffe werden in der Fertigung verbraucht, 2 500,00 EUR

(3) Barverkauf eines Pkw für 2 000,00 EUR, der noch einen Wert von 3 000,00 EUR hat.

(4) Überweisung von Gewerbesteuer, 4 000,00 EUR

a) Helfen Sie der Auszubildenden, indem Sie feststellen, in welcher Höhe Aufwendungen, Ausgaben und Kosten anfallen.

b) Erläutern Sie ihr die Begriffe.

c) Bilden Sie je ein Beispiel für
- Ausgaben, die weder Aufwand noch Kosten sind;
- Ausgaben, die zugleich Aufwendungen und Kosten sind;
- Ausgaben, die zugleich Aufwendungen, aber keine Kosten sind.

6.2 Kostenarten

6.2.1 Kostenarten nach den eingesetzten Gütern

Kosten entstehen durch den Einsatz von Gütern. Bei der Erfassung betrieblicher Kosten setzt man deshalb zunächst bei diesen Gütern an und unterscheidet folgende Kostenarten:

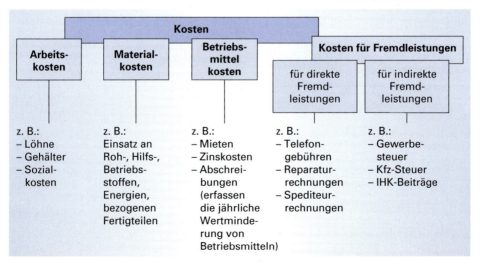

Bei der Kostenerfassung ist in folgenden Schritten vorzugehen:

1. Schritt	Ermittlung der eingesetzten Menge	z. B.	Zahl der geleisteten Arbeitsstunden; m² Weißblech; kg Schruppstahl; Telefoneinheiten
2. Schritt	Bewertung	z. B.	Tarifstundenlohn; Preis pro m² (kg); Preis pro Gebühreneinheit

Beispiel:

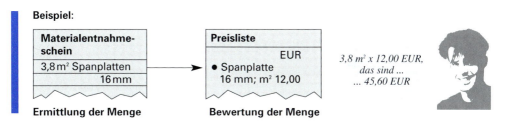

Ermittlung der Menge   Bewertung der Menge

Für die Erfassung sollten möglichst Belege herangezogen werden. Dazu gehören z. B. Lohnscheine, Gehaltslisten, Materialentnahmescheine, Zähleranzeigen, Einkaufs- und Reparaturrechnungen.

Wenn beim Material die Einkaufspreise häufig schwanken, ist es zweckmäßig, sog. Verrechnungspreise zu benutzen. Das sind Durchschnittswerte, die aus der Erfahrung abgeleitet werden und die die künftige Preisentwicklung mit berücksichtigen.

6.2.2   Kostenarten nach dem Umfang der Zurechnungsgröße

Die Kosten für die gesamte Ausbringungsmenge einer Leistungsart in einem Abrechnungszeitraum werden als **Gesamtkosten** bezeichnet. Neben den Gesamtkosten sind die **Stückkosten** von Interesse. Sie geben an, wie viel eine Einheit der Ausbringungsmenge durchschnittlich kostet. Sie heißen deshalb auch **Durchschnittskosten**.

$$\text{Stückkosten} = \frac{\text{Gesamtkosten}}{\text{Ausbringungsmenge}}$$

Beispiel:

Für die Erstellung von 100 000 Gummimanschetten für Pkws wurden in einem Jahr eingesetzt:

50 000 kg Kautschuk zu	6,00 EUR/kg	300 000,00 EUR
3 000 Arbeitsstunden zu	10,00 EUR/Std.	30 000,00 EUR
3 000 Maschinenstunden zu	30,00 EUR/Std.	90 000,00 EUR

Für Maschinenreparaturen und Wartungen
wurden bezahlt: .... 2 500,00 EUR

Die Gesamtkosten für 100 000 Manschetten betrugen: .... 422 500,00 EUR

Die Stückkosten für 1 Manschette betrugen: .... 4,23 EUR

Aus verschiedenen Belegen sind für den Monat März folgende Angaben zu entnehmen:

a) Strom: Verbrauch laut Zähler 12 450 kWh à 0,15 EUR

b) Fertigungslöhne laut Lohnscheinen: 450 Stunden, Stundenlohn 13,70 EUR; 450 Stunden, Stundenlohn 14,10 EUR

c) Gehälter laut Gehaltsliste: 18 250,00 EUR

d) Sozialversicherung, Arbeitgeberanteil: 8 028,36 EUR

e) vermögenswirksame Arbeitgeberleistungen: 572,00 EUR

f) 14 500 kg Schnellstahl, Verrechnungspreis 22,50 EUR/kg

g) 420 m² Zinkblech, Verrechnungspreis 14,40 EUR/m²

h) 34 l Schmieröl à 5,30 EUR/l

i) 68 m³ Wasser à 0,60 EUR/m³

j) 700 Elektronik-Bauteile à 250,00 EUR

k) Lagermiete 2 450,00 EUR

l) Telefongebühren: 1 310 Gebühreneinheiten à 0,23 EUR

m) Reparaturrechnungen 440,00 EUR

- Berechnen Sie die Gesamtkosten für den Monat März.
- Wie viel EUR fallen für Arbeitskosten, für Materialkosten, für Betriebsmittelkosten, für Kosten für Fremdleistungen an?
- Berechnen Sie die Stückkosten bei 700 gefertigten Produkten.

6.2.3 Kostenarten nach der Zurechenbarkeit auf die Betriebsleistungen

Alle Kosten müssen **verursachungsgerecht** auf die Kostenträger verteilt werden. Dies ist leicht, wenn der Betrieb nur eine Produktart herstellt. Dann sind ja alle Kosten durch diese Produktart verursacht. Bei mehreren Produktarten wird die Zuordnung schwieriger.

Kein Produkt darf mit Kosten belastet werden, die es nicht verursacht hat!

Beispiel: Kosten im Monat Juli

- Fertigungsmaterialkosten auf Grund von Materialentnahmescheinen: 26 875,00 EUR; davon 14 000,00 EUR für Schränke, 6 200,00 EUR für Tische, 6 675,00 EUR für Stühle;
- Fertigungslöhne auf Grund von Lohnscheinen: 23 600,00 EUR; davon 11 000,00 EUR für Schränke, 7 000,00 EUR für Tische, 5 600,00 EUR für Stühle;
- Restliche Kosten: 61 000,00 EUR, davon Angestelltengehälter auf Grund von Gehaltslisten: 17 000,00 EUR.

Fertigungsmaterialkosten und **Fertigungslöhne** lassen sich den einzelnen Kostenträgern belegbar verursachungsgerecht zuordnen. Sie heißen deshalb **Einzelkosten**.

Anders die Gehälter: Das Gehalt eines Meisters betrifft alle Kostenträger seiner Werkstatt, das eines Buchhalters ggf. sogar alle Kostenträger gemeinsam. Diese Kostenträger müssen derartige Kosten darum auch gemeinsam tragen. Sie heißen deshalb **Gemeinkosten**.

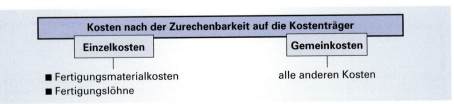

Kosten nach der Zurechenbarkeit auf die Kostenträger	
Einzelkosten	**Gemeinkosten**
■ Fertigungsmaterialkosten ■ Fertigungslöhne	alle anderen Kosten

Man könnte die Gemeinkosten jedem Kostenträger durch einen einheitlichen Prozentzuschlag auf die Einzelkosten zurechnen.

Beispiel: (Beträge in EUR)

	gesamt	Schränke	Tische	Stühle
Einzelkosten	50 475,00	25 000,00	13 200,00	12 275,00
Gemeinkosten	61 000,00 $\triangleq$ 120,85 % der Einzelkosten $\Rightarrow$	30 312,50	15 952,20	14 834,34

Dieses Vorgehen ist aber zu ungenau: Jeder Kostenträger nimmt die Orte der Kostenentstehung, die sog. **Kostenstellen** (Abteilungen, Arbeitsplätze), unterschiedlich in Anspruch. Konkret: Wenn Schränke die Drechslerei nicht durchlaufen, dürfen sie auch nicht mit deren Gemeinkosten belastet werden. Deshalb verteilt man die Gemeinkosten mit Hilfe einer Verteilungsrechnung, des sog. **Betriebsabrechnungsbogens** (BAB), auf die Kostenstellen. Die Gemeinkosten einer Kostenstelle werden den Kostenträgern dann in dem Maß belastet, in dem sie die Kostenstelle in Anspruch genommen haben. Als Maß der Beanspruchung werden die Einzelkosten gewählt.

Man bildet, entsprechend den betrieblichen Funktionen, zumindest die **Kostenstellen Material (Einkauf, Lager), Fertigung, Verwaltung, Vertrieb.** Folglich unterscheidet man Material-, Fertigungs-, Verwaltungs- und Vertriebsgemeinkosten. (In der Praxis bildet oft jede einzelne Maschine/Anlage eine eigene Kostenstelle.)

Beispiel: BAB Juli 20..

Gemeinkosten	EUR	Verteilungs-grundlage	Material EUR	Fertigung EUR	Verwaltung EUR	Vertrieb EUR
Hilfsstoffe	13 000,00	Entnahmescheine	0,00	10 300,00	0,00	2 700,00
Energie	3 000,00	Zähler (kWh)	600,00	2 000,00	200,00	200,00
Reparaturen	5 000,00	Rechnungen	600,00	3 200,00	800,00	400,00
Gehälter	17 000,00	Gehaltslisten	1 000,00	5 000,00	8 000,00	3 000,00
Sozialabgaben (Gehaltsbereich)	3 000,00	Gehaltslisten	200,00	1 000,00	1 500,00	300,00
Abschreibungen	17 000,00	Anlagendatei	1 500,00	6 000,00	7 000,00	2 500,00
Raumkosten	3 000,00	Anlagendatei	400,00	2 000,00	200,00	400,00
Summe Gemeinkosten	**61 000,00**		① **4 300,00**	② **29 500,00**	**17 700,00**	**9 500,00**

Fertigungsmaterial ③ 26 875,00

Fertigungslöhne ④ 23 600,00

Herstellkosten (Summe ① bis ④)   84 275,00

Nun werden folgende Gemeinkostenzuschlagssätze berechnet:

Materialgemeinkostenzuschlagsatz (in %) $= \dfrac{\text{Materialgemeinkosten}}{\text{Fertigungsmaterialkosten}}$ x 100; $\dfrac{4\,300}{26\,875} \cdot 100 = 16\,\%$

Fertigungsgemeinkostenzuschlagsatz (in %) $= \dfrac{\text{Fertigungsgemeinkosten}}{\text{Fertigungslöhne}}$ x 100; $\dfrac{29\,500}{23\,600} \cdot 100 = 125\,\%$

Verwaltungsgemeinkostenzuschlagsatz (in %) $= \dfrac{\text{Verwaltungsgemeinkosten}}{\text{Herstellkosten}}$ x 100; $\dfrac{17\,700}{84\,275} \cdot 100 = 21\,\%$

Vertriebsgemeinkostenzuschlagsatz (in %)[1] $= \dfrac{\text{Vertriebsgemeinkosten}}{\text{Herstellkosten}}$ x 100; $\dfrac{9\,500}{84\,275} \cdot 100 = 11,27\,\%$

---

[1] Eigentlich müssen die Vertriebsgemeinkosten auf die Herstellkosten der umgesetzten, nicht der produzierten Erzeugnisse bezogen werden. Zur Vereinfachung wird hier angenommen, dass genau alle produzierten Erzeugnisse umgesetzt wurden.

Auf einem **Kostenträgerzeitblatt** werden alle Kosten addiert. Dann werden die Gemeinkosten auf die Kostenträger verteilt. Dazu verwendet man für die Kostenträger die gleichen Zuschlagssätze wie für die unverteilten Kosten.

Beispiel: Kostenträgerzeitblatt

Kostenträgerzeitblatt Juli 20..					
Kostenbezeichnung	EUR	Zuschlag	Kostenträger		
			Schränke	Tische	Stühle
Fertigungsmaterial	26 875,00	$\triangleq$ 16,00 % ➤	14 000,00	6 200,00	6 675,00
+ Materialgemeinkosten	4 300,00		2 240,00	992,00	1 068,00
Materialkosten (1)	31 175,00		16 240,00	7 192,00	7 743,00
Fertigungslöhne	23 600,00	$\triangleq$ 125,00 % ➤	11 000,00	7 000,00	5 600,00
+ Fertigungsgemeinkosten	29 500,00		13 750,00	8 750,00	7 000,00
Fertigungskosten (2)	53 100,00		24 750,00	15 750,00	12 600,00
Herstellkosten (1) + (2)	84 275,00		40 990,00	22 942,00	20 343,00
+ Verwaltungsgemeinkosten	17 700,00	$\triangleq$ 21,00 %	8 609,00	4 818,43	4 272,57
+ Vertriebsgemeinkosten	9 500,00	$\triangleq$ 11,27 % ➤	4 620,65	2 586,16	2 293,19
Selbstkosten	111 475,00		54 219,65	30 346,59	26 908,76

Wesentliche Fehler können entstehen, wenn in Wirklichkeit
- die Höhe der Material- und Fertigungsgemeinkosten nicht von der Höhe der entsprechenden Einzelkosten abhängt,
- die Höhe der Verwaltungs- und Vertriebsgemeinkosten nicht von der Höhe der Herstellkosten abhängt,
- diese Abhängigkeiten nicht bei allen Kostenträgern zumindest ungefähr im gleichen Verhältnis gegeben sind.

 Die Zuschläge liegen oft weit über 1000 %!

So ist z. B. bei automatischen Anlagen der Anteil der Fertigungslöhne an den gesamten Fertigungskosten sehr niedrig. Dies führt zu überhöhten Fertigungsgemeinkostenzuschlägen – mit hohem Fehlerrisiko! Denn: Viele Gemeinkosten (Abschreibungen, Zinsen, Raum-, Werkzeug-, Energie- und Reparaturkosten) sind vom Maschineneinsatz, nicht von den Fertigungslöhnen abhängig. Deshalb spaltet man für entsprechende Anlagen die Gemeinkosten auf und geht dann unterschiedlich vor:

maschinenabhängige Fertigungsgemeinkosten	Restfertigungsgemeinkosten (fertigungslohnabhängig)
■ Abschreibungen ■ Raumkosten ■ Zinskosten ■ Energiekosten ■ Wartungs-, Reinigungs-, Reparaturkosten ■ Werkzeugkosten	■ Hilfslöhne (nicht produktbezogen) ■ Gehälter ■ soziale Aufwendungen ■ Heizungskosten ■ andere Fertigungsgemeinkosten
▼	▼
Berechnung der Maschinenkosten pro Stunde Laufzeit: Maschinenstundensatz (MSS) $MSS = \dfrac{\text{maschinenabhängige Fertigungsgemeinkosten}}{\text{Laufstunden der Maschinen}}$	**Berechnung eines (Rest-) Fertigungsgemeinkostenzuschlagssatzes (RKZ):** $RKZ = \dfrac{\text{Restfertigungsgemeinkosten}}{\text{Fertigungslöhne}} \cdot 100$

Beispiel:

Juli 20..: Fertigungsgemeinkosten 29 500,00 EUR, davon maschinenabhängig 20 000,00 EUR, Rest 9 500,00 EUR; 178 Maschinenlaufstunden, davon 50 für Schränke, 70 für Tische, 58 für Stühle; Fertigungslöhne 23 600,00 EUR

Berechnung des Maschinenstundensatzes:

$$MSS = \frac{20\,000\ EUR}{178\ Std.} = 112,36\ EUR/Std.$$

Berechnung des Restgemeinkostenzuschlagssatzes:

$$RKZ = \frac{9\,500\ EUR}{23\,600\ EUR} \cdot 100 = 40,2542\ \%$$

Kostenträgerzeitblatt Juli 20..					
Kostenbezeichnung	EUR	Zuschlag/ Stundensatz	Kostenträger		
			Schränke	Tische	Stühle
Fertigungsmaterial	26 875,00		14 000,00	6 200,00	6 675,00
+ Materialgemeinkosten	4 300,00 ≙	116,00 % ➤	2 240,00	992,00	1 068,00
Materialkosten (1)	31 175,00		16 240,00	7 192,00	7 743,00
Maschinenkosten	20 000,00	112,36 EUR ➤	5 617,98	7 865,17	6 516,86
+ Fertigungslöhne	23 600,00		11 000,00	7 000,00	5 600,00
+ Fertigungsgemeinkosten	9 500,00 ≙	40,2542 % ➤	4 427,96	2 817,79	2 254,24
Fertigungskosten (2)	53 100,00		21 045,94	17 682,96	14 371,10
Herstellkosten (1) + (2)	84 275,00		37 285,94	24 874,96	22 114,10
+ Verwaltungsgemeinkosten	17 700,00 ≙	21,00 % ➤	7 831,04	5 224,41	4 644,55
+ Vertriebsgemeinkosten	9 500,00 ≙	11,27 % ➤	4 203,10	2 804,06	2 492,84
Selbstkosten	111 475,00		49 320,08	32 903,43	29 251,49

Arbeitsaufträge

1. **Bei der Handmaschinenfabrik Skerath GmbH ergeben sich für September folgende Kosten:**
   Fertigungsmaterial: 390 000,00 EUR
   Hilfsstoffe: 72 000,00 EUR
   davon laut Entnahmescheinen: Material 2 000,00 EUR, Fertigung 70 000,00 EUR
   Strom: 17 220,00 EUR für 137 760 kWh, davon laut Zählerablesung: Material 39 360 kWh
   Fertigung: 59 040 kWh, Verwaltung 19 600 kWh, Vertrieb 19 760 kWh
   Reparaturen: 7 600,00 EUR
   davon laut Rechnungen: Material 400,00 EUR, Fertigung 5 000,00 EUR,
   Verwaltung 1 000,00 EUR, Vertrieb 1 200,00 EUR
   Fertigungslöhne einschließlich Sozialkosten: 247 000,00 EUR
   Gehälter und Sozialkosten: 236 000,00 EUR, davon laut Gehaltslisten: Material 20 000,00 EUR,
   Fertigung 31 000,00 EUR, Verwaltung 105 000,00 EUR, Vertrieb 80 000,00 EUR
   Versicherungsprämien: 10 200,00 EUR davon laut Anlagendatei: Material 1 200,00 EUR,
   Fertigung 6 000,00 EUR, Verwaltung 2 400,00 EUR, Vertrieb 600,00 EUR
   Abschreibungen: 54 000,00 EUR, laut Anlagendatei zu verteilen im Verhältnis 2:4:2:2

   a) Ermitteln Sie die Einzel- und Gemeinkosten.
   b) Erläutern Sie, wie die Gemeinkosten sinnvoll auf die Kostenträger verteilt werden können.
   c) Welche Probleme treten bei dieser Verteilung auf?
   d) Erstellen Sie den BAB mit Hilfe eines Tabellenkalkulationsprogramms.

2. **Aus einem BAB der Handmaschinenfabrik Skerat GmbH ergeben sich folgende Summen:**
   Gemeinkosten: Material 60 000,00 EUR, Fertigung 348 000,00 EUR (davon maschinenabhängig: 200 000,00 EUR), Verwaltung 144 000,00 EUR, Vertrieb 96 000,00 EUR.

Einzelkosten	Stichsägen	Kreissägen	Bohrmaschinen
Fertigungsmaterial	350 000,00 EUR	370 000,00 EUR	480 000,00 EUR
Fertigungslöhne	50 000,00 EUR	55 000,00 EUR	87 000,00 EUR
Maschinenstunden:	50	60	70

Erstellen Sie ein Kostenträgerzeitblatt mit Hilfe eines Tabellenkalkulationsprogramms.

3. **Die Selbstkosten der Kostenträger weichen in den beiden Kostenträgerzeitblättern auf Seite 107 und Seite 108 erheblich voneinander ab.**
Begründen Sie die Abweichungen.

6.2.4   Kostenarten nach der Abhängigkeit vom Beschäftigungsgrad

Ausbringungsmenge und Kapazität

Das Ergebnis eines Produktionsprozesses in einem bestimmten Zeitabschnitt ist die **Ausbringungsmenge** oder der **Produktionsertrag**, d. h. eine bestimmte Menge von Erzeugnissen.

Die Ausbringungsmenge, die in einem Zeitabschnitt maximal gefertigt werden kann, ist die _quantitative Kapazität_[1].

Man sagt auch: Die quantitative Kapazität ist das mengenmäßige Leistungsvermögen einer Anlage in einer bestimmten Zeitspanne, z. B. in einer Stunde.

Bei einer verfeinerten Betrachtung unterscheidet man folgende Arten der **quantitativen Kapazität:**

technische Kapazität _z. B. 1100 Stück_	oberstes Leistungsvermögen einer Anlage bei Höchstbelastung (Spitzengeschwindigkeit, längstmögliche Beanspruchung, keine Pausen)
Maximalkapazität (Kannleistung) _z. B. 1000 Stück_	Leistungsvermögen unter Berücksichtigung aller begrenzenden Einflüsse (z. B. Rüstzeiten, Unterbrechungszeiten, Nichteinsatzzeiten)
Optimalkapazität _(wirtschaftliche Kapazität, Betriebsoptimum)_ _z. B. 900 Stück_	Ausbringungsmenge mit den niedrigsten Kosten pro Stück (z. B. wegen Einhaltung der optimalen Geschwindigkeit und der optimalen Beanspruchungszeit)
genutzte Kapazität **(Beschäftigung, Kapazitätsausnutzung)** _(z. B. 800 Stück)_	tatsächliche Ausbringungsmenge in einer gegebenen Zeitspanne (Istproduktion, Istertrag, Istleistung)
Mindestkapazität _z. B. 300 Stück_	Manche Maschinen und Anlagen (z. B. Hochofen) haben eine Mindestkapazität. Dies ist z. B. der Fall, wenn aus technischen Gründen eine Mindestdrehzahl nicht unterschritten werden kann.

---

1 Davon zu unterscheiden ist die qualitative Kapazität. Sie ist der Leistungsfächer einer Anlage, d.h. ihre Fähigkeit, Leistungen einer bestimmten Art zu erbringen.
Ein Präzisionsbohrwerk erzielt bedeutend bessere, genauere Leistungen als eine Bohrmaschine einfacher Bauart. Es hat eine höhere qualitative Kapazität. Allerdings sind auch die Kosten einer solchen Maschine bedeutend höher. Dies bedingt, dass sie nur für die Präzisionsarbeiten eingesetzt werden soll, für die sie konstruiert worden ist und die von den Käufern der betrieblichen Leistungen mit einem entsprechenden Preis honoriert werden. Ein anderer Einsatz würde nur unnötigen Verschleiß des teuren Geräts sowie gegebenenfalls Terminschwierigkeiten und damit vermeidbare Kosten bewirken.

Bitte denken Sie nach:
Die Produktion ist bei Erreichung der Optimalkapazität
zwar am kostengünstigsten, muss aber nicht unbedingt
gewinnmaximal sein!

Die Gesamtkapazität eines Betriebes hängt von den Einzelkapazitäten seiner Anlagen ab. Erstellt ein Betrieb nur eine einzige Leistungsart (sog. Einproduktbetrieb) in Stufen auf verschiedenen Anlagen, so wird die Gesamtkapazität durch die Anlage mit der kleinsten Kapazität (Minimumsektor, Engpass) bestimmt.

Bei Mehrproduktbetrieben ist eine allgemein gültige Aussage über die Gesamtkapazität schwieriger. Werden die verschiedenen Leistungsarten in getrennten Prozessen auf gesonderten Anlagen erstellt, so lassen sich für jeden Bereich voneinander unabhängige Teilkapazitäten angeben. Ist dies nicht der Fall, so sind – z. B. in Betrieben mit Einzelfertigung – die verschiedensten Kombinationen von Betriebsmitteln möglich. Die Gesamtkapazität lässt sich nicht eindeutig ermitteln.

Beschäftigungsgrad und Kosten

Die Ausbringungsmenge kann in Mengeneinheiten (Stück, Kilogramm, Liter usw.) angegeben werden. Für Zwecke der Arbeitsüberwachung und Kostenkontrolle ist es jedoch zweckmäßiger, sie prozentual auf die Maximalkapazität zu beziehen.

Das prozentuale Verhältnis aus Ausbringungsmenge (Kapazitätsausnutzung, Beschäftigung) und Maximalkapazität heißt *Beschäftigungsgrad* oder *Kapazitätsausnutzungsgrad*. Es gibt an, in welchem Umfang eine Anlage mengenmäßig ausgelastet ist.

$$\text{Beschäftigungsgrad} = \frac{\text{Ausbringungsmenge}}{\text{Maximalkapazität}} \cdot 100$$

Beispiel:

Die Unternehmung Michael Block kann täglich 20 Anhängerkupplungen für Wohnwagen herstellen. Entsprechend der vorhandenen Kundennachfrage werden tatsächlich täglich 15 Kupplungen gefertigt.

$$\text{Beschäftigungsgrad} = \frac{15}{20} \cdot 100 = 75 \ (\%)$$

Die vorhandene Maximalkapazität wird nur zu 75 % oder ³/₄ ausgenutzt.

Ändert sich die Ausbringungsmenge (bzw. der Beschäftigungsgrad), so kann sich dies in den Gesamtkosten der betreffenden Menge unterschiedlich niederschlagen.

Fixe Kosten

Ein Teil der Gesamtkosten ändert sich nicht mit der Ausbringungsmenge (bzw. dem Beschäftigungsgrad). Diese Kosten heißen *fixe Kosten*.

Den fixen Gesamtkosten entsprechen degressiv[1] fallende Stückkosten.

---

[1] degressiv (lat.) = in abnehmendem Maße

Beispiel:

fixe Gesamtkosten (EUR)	Ausbringungsmenge		degressiv fallende Stückkosten (EUR)
	in Stück	in %	
1 000,00	50	25	20,00
1 000,00	100	50	10,00
1 000,00	150	75	6,67
1 000,00	200	100	5,00

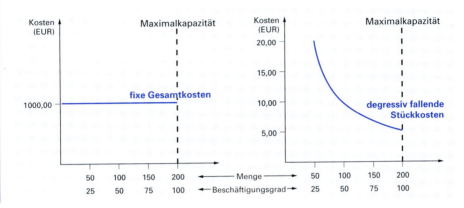

Der Verlauf der fixen Gesamtkosten ist konstant. Die fixen Stückkosten dagegen verlaufen degressiv fallend. Dies rührt daher, dass der gleich bleibend hohe Fixkostenbetrag auf die Ausbringungsmenge bezogen wird. Je größer die Ausbringungsmenge wird, desto niedriger werden die Kosten pro Stück.

Fixkostenarten

Kosten der Betriebsbereitschaft

Anlagen, die nicht ausgelastet sind, verursachen Kosten in Form von Mieten, Versicherungen, Zinsen, Abschreibungen, Wartung. Wird die überschüssige Kapazität trotz Minderauslastung vorgehalten, so geschieht dies in der Regel mit dem Ziel, sich möglichst schnell Absatzerhöhungen anpassen zu können.

Kosten auf Grund befristeter rechtlicher Bindungen

Durch Arbeitsverträge und Kündigungsfristen liegen die Personalkosten immer für die Dauer der Kündigungsfrist fest. Auch für andere Verträge (z. B. Mietverträge) existieren solche Fristen.

Kosten auf Grund der Unteilbarkeit von Produktionsfaktoren

Benötigt beispielsweise ein Betrieb für die Produktion von 2 000 Produkteinheiten 2 Maschinen und sinkt die Nachfrage auf 1 500 Einheiten, so werden rechnerisch nur 1 1/2 Maschinen benötigt. Es ist jedoch nicht möglich, eine Maschine zu halbieren.

Merke: Fixe Kosten bestehen immer nur für einen bestimmten Zeitraum.

Langfristig können alle Kosten abgebaut werden, und sei es durch Auflösung der Unternehmung.

Variable Kosten

Ein Teil der Gesamtkosten ändert sich mit der Ausbringungsmenge (bzw. dem Beschäftigungsgrad). Diese Kosten heißen *variable Kosten*.

Die variablen Kosten können sich im gleichen Verhältnis wie die Ausbringungsmenge ändern, aber auch stärker oder schwächer. Dementsprechend unterscheidet man:

- **■ variable Gesamtkosten**
  - proportionale variable Kosten
  - überproportionale variable Kosten
  - unterproportionale variable Kosten

- **■ variable Stückkosten**
  - → konstante Stückkosten
  - → progressiv steigende Stückkosten
  - → degressiv fallende Stückkosten

Beispiel:

Ausbringungsmenge in Stück	in %	proportionale variable Kosten (EUR)	konstante variable Stückkosten (EUR)	überproportionale variable Kosten (EUR)	progressive variable Stückkosten (EUR)	unterproportionale variable Kosten (EUR)	degressive variable Stückkosten (EUR)
100	25	500,00	5,00	500,00	5,00	500,00	5,00
200	50	1 000,00	5,00	1 050,00	5,25	800,00	4,00
300	75	1 500,00	5,00	1 800,00	6,00	1 000,00	3,33
400	100	2 000,00	5,00	2 800,00	7,00	1 100,00	2,75

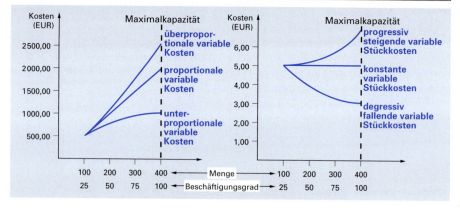

Gesetz der Massenproduktion und Optimalkapazität

In der Praxis haben jeder Betrieb und auch jede Anlage sowohl fixe als auch variable Kosten. Es gibt also:

> **Gesamtkosten = fixe Kosten + variable Kosten**

Die **Gesamtkosten** für eine bestimmte Ausbringungsmenge, aber auch die **Stückkosten** hängen von der Stückzahl ab.

■ Gesamtkostenverlauf mit proportionalen variablen Kosten

Beispiel:

Auf einer Anlage werden Anhängerkupplungen gefertigt. Die Anlage hat fixe Kosten von 25 300,00 EUR jährlich. Die Kupplungen haben pro Stück einen Materialwert von 50,00 EUR und verursachen Arbeitslöhne von 40,00 EUR; also entstehen variable Kosten von 90,00 EUR pro Stück. Die Maximalkapazität liegt bei 1 000 Stück pro Jahr.

produzierte Menge pro Jahr (in Stück)	fixe Kosten (EUR)	variable Kosten (EUR)	Gesamtkosten (EUR)	Stückkosten (EUR)
1	25 300,00	90,00	25 390,00	25 390,00
10	25 300,00	900,00	26 200,00	2 620,00
100	25 300,00	9 000,00	34 300,00	343,00
230	25 300,00	20 700,00	46 000,00	200,00
1 000	25 300,00	90 000,00	115 300,00	115,30

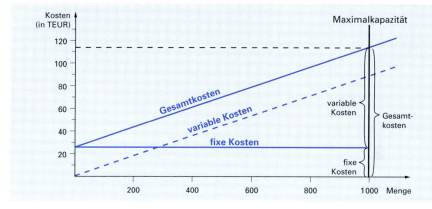

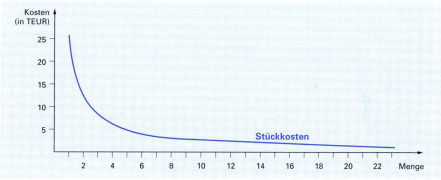

Das Gesetz der Massenproduktion lässt sich auch als Formel ausrücken: Enthalten die Gesamtkosten proportionale variable Kosten, so sinken mit wachsender Ausbringungsmenge die Stückkosten enorm ab, weil die variablen Stückkosten konstant sind und die fixen Kosten sich auf eine größere Stückzahl verteilen (Fixkostendegression). Man nennt diesen Sachverhalt das Gesetz der Massenproduktion.

$$\text{Stückkosten} = \frac{\text{fixe Kosten}}{\text{Ausbringungsmenge}} + \text{variable Stückkosten}$$

Beispiel:
Bei einer Jahresproduktion von 2 500 Kupplungen folgt:

$$\text{Stückkosten} = \frac{25\ 300,00\ \text{EUR}}{2\ 500\ \text{Stück}} + 90,00\ \text{EUR} = 100,12\ \text{EUR}$$

Hinsichtlich der Optimalkapazität ergibt sich:

Bei linearer Gesamtkostenkurve liegt die Optimalkapazität bei einem Beschäftigungsgrad von 100 %. Sie entspricht der Maximalkapazität.

113

■ **Gesamtkostenverlauf mit unterproportionalen variablen Kosten**

Bei unterproportionalen variablen Gesamtkosten tritt zu der Fixkostendegression noch die Degression der variablen Stückkosten hinzu. Die gesamten Stückkosten sinken bis zur Maximalkapazität noch stärker ab als bei linearen Gesamtkosten. Die **Optimalkapazität** entspricht deshalb ebenfalls der **Maximalkapazität**.

Beispiel:

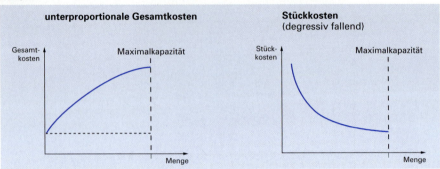

■ **Gesamtkostenverlauf mit und überproportionalen variablen Kosten**

sind 2 Phasen zu unterscheiden:

Phase 1	Die variablen Stückkosten steigen, aber die Fixkostendegression überwiegt. Die Stückkosten sinken.
Phase 2	Die Progression der variablen Stückkosten überwiegt die Fixkostendegression. Die Stückkosten steigen.

Beispiel:

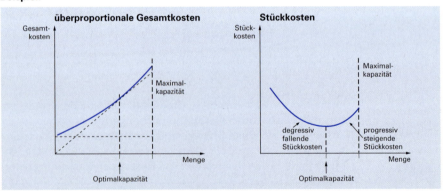

Hinsichtlich der Optimalkapazität (des Betriebsoptimum) ergibt sich:

Bei progressiv steigendes Gesamtkostenkurve liegt die Optimalkapazität bei einem Beschäftigungsgrad unter 100 %.

Abhängigkeit der Kosten von der Anlagengröße

Der Zwang zur Modernisierung der Betriebsmittel führt zu Veränderungen der Kostenstruktur. Größere und leistungsfähigere Anlagen verursachen in der Regel höhere Fixkosten, während die variablen Kosten einen weniger starken Anstieg aufweisen. Im Schnittpunkt der Gesamtkostenkurve zweier Anlagen liegt die sog. **„kritische Menge"**. Von dieser Ausbringungsmenge an lohnt sich der Einsatz der größeren Anlage.

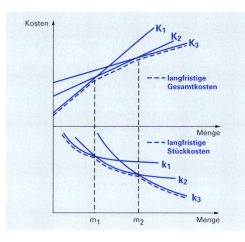

Auf längere Sicht bewirkt das ständige Ersetzen durch größere Anlagen

1. ein im Verhältnis zur Ausbringungs-menge unterproportionales Anstei-gen der Gesamtkosten:
   K_1 = Gesamtkosten bei Anlage 1
   K_2 = Gesamtkosten bei Anlage 2
   K_3 = Gesamtkosten bei Anlage 3

2. ein verstärktes Absinken der Stück-kosten:
   k_1 = Stückkosten bei Anlage 1
   k_2 = Stückkosten bei Anlage 2
   k_3 = Stückkosten bei Anlage 3

Arbeitsaufträge

1. „Kosten sind bewerteter leistungsverbundener Gütereinsatz".
   Erläutern Sie diesen Satz.

2. Die Kostenrechnung unterscheidet Einzelkosten und Gemeinkosten.
   Handelt es sich dabei um fixe oder um variable Kosten?

3. Eine Anlage hat folgende quantitative Kapazitäten:
   technische Kapazität 18 000 Stück/Std., Maximalkapazität 17 500 Stück/Std., Optimalkapa-zität 16 000 Stück/Std., Minimalkapazität 5 000 Stück/Std.
   a) Wodurch unterscheidet sich die quantitative Kapazität von der qualitativen Kapazität?
   b) Wie viel Prozent beträgt der Beschäftigungsgrad bei einer Ausbringungsmenge von 14 875 Stück?
   c) Ist die Anlage optimal ausgelastet?
   d) Welcher Gesamtkostenverlauf (proportional, progressiv, degressiv steigend) könnte den obigen Angaben zu Grunde liegen?
   e) Bei welchen Kostenverläufen ist die Optimalkapazität gleich der Maximalkapazität?

4. In einem Betrieb fallen unter anderem folgende Kosten an:
   Zinskosten für Anlagen, Materialkosten für bezogene Fertigteile, Löhne für Akkordarbeiter, Raummiete, Versicherungsgebühren, Grundsteuer, Abschreibungen, Verpackungskosten für die hergestellten Produkte, Gehälter der Werkstattmeister, Sozialversicherungskosten.
   Welche dieser Kosten rechnen Sie zu den variablen Kosten, welche bleiben über einen ge-wissen Zeitraum hinweg fix?

5. Der Wirtschaftswissenschaftler Karl Bücher hat das sog. „Gesetz der Massenproduktion" formuliert. Dieses besagt, dass bei steigender Produktionsmenge die Stückkosten abneh-men. Formelmäßig ausgedrückt lautet das Gesetz:

$$\text{Stückkosten} = \frac{\text{fixe Kosten}}{\text{Produktionsmenge}} + \text{variable Kosten je Stück; } k = \frac{K_f}{m} + k_v$$

   Erläutern Sie diese Formel und die ihr zu Grunde liegenden Kostenbedingungen.

6. Ein Fotokopierautomat kostet 600,00 EUR Monatsmiete. 100 000 Blatt kosten 1 500,00 EUR. Für jede Kopie sind 0,03 EUR zu zahlen. Das Gerät wird von einer Mitarbeiterin bedient, die ein Monatsgehalt von 1 300,00 EUR erhält und Lohnnebenkosten (Arbeitgeberanteil zur So-zialversicherung, vermögenswirksame Leistung, Gratifikationen, Urlaubsgeld usw.) von 700,00 EUR verursacht.

Wie hoch sind die Kosten für eine Kopie, wenn monatlich 20 000, 50 000, 100 000, 200 000 Kopien erstellt werden?

7. **Ein Betrieb, der Plastikgefäße herstellt, hat die Wahl zwischen zwei Produktionsanlagen (I und II):**

   I: **Fixe Kosten monatlich 5 000,00 EUR, variable Kosten pro Stück 0,50 EUR.**

   II: **Fixe Kosten monatlich 10 000,00 EUR, variable Kosten pro Stück 0,30 EUR.**

   a) Zeichnen Sie die Kostenkurven für beide Maschinen in ein gemeinsames Koordinatensystem.

   b) Stellen Sie fest, bei welcher Produktionsmenge der Einsatz der Anlage II kostengünstiger wird.

   c) Welche Anlage würden Sie beschaffen, wenn Sie mit einem monatlichen Absatz von zunächst 20 000 Stück Plastikgefäßen (Absatzpreis maximal 0,55 EUR) rechnen, der auf längere Sicht auf 40 000 Stück gesteigert werden kann, wenn man gleichzeitig den Preis auf 0,40 EUR senkt?

8. **In einem Industriebetrieb entwickelten sich die variablen Kosten wie folgt:**

Fertigungsmenge in Stück	Variable Kosten in EUR
100	3 981,07
200	9 802,55
300	16 605,72
400	24 136,71
500	32 259,75

Zeichnen Sie die Kurve der variablen Kosten mit Hilfe eines Tabellenkalkulationsprogramms. Welcher Kostenverlauf liegt vor?

9. **Eine Möbelfabrik kann die Basisschränke für ihre Küchenserien in Polen beschaffen oder selbst fertigen. Eigenfertigung: fixe Kosten/Jahr: 2 000 000,00 EUR; variable Kosten je Basiselement: 100,00 EUR; Fremdbezug: Basiselement 220,00 EUR**

   a) Ermitteln Sie die kritische Menge.

   b) Nennen Sie weitere Gesichtspunkte, die auch für die Entscheidung wichtig sind.

6.3 Zusammenhang von Kosten und Erlösen: Deckungsbeitrag

Lesen Sie noch einmal das Beispiel auf S. 112 durch.

Die Anhängerkupplungen werden (vom Hersteller) bisher für 200,00 EUR pro Stück verkauft. Nach einem halben Jahr sind 230 Kupplungen verkauft und die Nachfrage steigt ständig. Man hofft, bis zum Ende des Geschäftsjahres 500 bis 550 Stück absetzen zu können. Doch schon macht sich Konkurrenz bemerkbar. Andere Anbieter bringen Anhängerkupplungen für 160,00 EUR auf den Markt. Man bemerkt sofort einen Umsatzrückgang. Wenn man seine Kunden nicht verlieren will, muss man ebenfalls den Preis senken. Wie weit kann man maximal heruntergehen?

Die folgende Tabelle zeigt die Erlös- und Kostensituation bei steigender Verkaufsmenge:

Verkaufs-menge (Stück)	1	2	10	100	230	231	das letzte Stück zu 160,00 EUR 231
Verkaufserlöse (EUR)	200,00	400,00	2 000,00	20 000,00	46 000,00	46 200,00	46 160,00
variable Kosten (EUR)	90,00	180,00	900,00	9 000,00	20 700,00	20 790,00	20 790,00
gedeckte Fixkosten (EUR)	110,00	220,00	1 100,00	11 000,00	25 300,00	25 410,00	25 370,00
gesamte Fixkosten (EUR)	25 300,00	25 300,00	25 300,00	25 300,00	25 300,00	25 300,00	25 300,00
noch zu deckende Fixkosten/Verlust (EUR)	25 190,00	25 080,00	24 200,00	14 300,00	0,00		
Gewinn (EUR)					0,00	110,00	70,00

Die Differenz zwischen den Verkaufserlösen und den variablen Kosten trägt zur Abdeckung der fixen Kosten bei. Diese Differenz heißt daher *Deckungsbeitrag*. Man unterscheidet den *Deckungsbeitrag je Stück* und den *Gesamtdeckungsbeitrag*.

Gesamtdeckungsbeitrag	= Gesamterlös – gesamte variable Kosten
Deckungsbeitrag je Stück	= Stückerlös – variable Stückkosten

Beispiel:

Stückerlös:	200,00 EUR	Verkaufsmenge: 100 Stück	
variable Stückkosten:	90,00 EUR	Gesamterlös:	20 000,00 EUR
		Gesamte variable Kosten:	9 000,00 EUR
Deckungsbeitrag je Stück:	110,00 EUR	Gesamtdeckungsbeitrag:	11 000,00 EUR

So lange der Stückerlös größer als die variablen Stückkosten ist, entsteht ein positiver Deckungsbeitrag je Stück. Mit steigender Absatzmenge trägt er in wachsendem Umfang zur Deckung der fixen Kosten bei und garantiert von einer Kosten deckenden Absatzmenge an – der **Gewinnschwelle** (Break-even-Point[1]) – einen Stückgewinn in Höhe des Deckungsbeitrages je Stück. Ziel der Unternehmung ist deshalb ein hoher Deckungsbeitrag je Stück, um schnell die Gewinnschwelle zu erreichen.

Die Überlegungen zum Deckungsbeitrag zeigen:

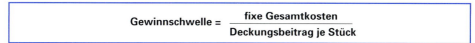

$$\text{Gewinnschwelle} = \frac{\text{fixe Gesamtkosten}}{\text{Deckungsbeitrag je Stück}}$$

Das **Beispiel** der Anhängerkupplungen zeigt:

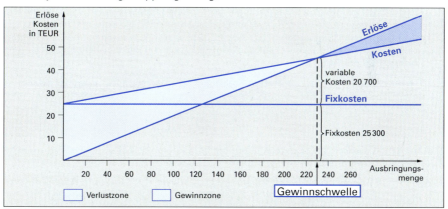

■ Der Anbieter kann bei einer bereits abgesetzten Menge von 230 Stück auf einen Preis von 160,00 EUR zurückgehen, da die fixen Kosten bereits voll abgedeckt sind. Bei diesem Preis erzielt jedes Stück einen Deckungsbeitrag von 70,00 EUR, der zugleich Gewinn ist.

	vor der Preissenkung	nach der Preissenkung
Erlös/Stück	200,00 EUR	160,00 EUR
– variable Kosten/Stück	90,00 EUR	90,00 EUR
Deckungsbeitrag/Stück	110,00 EUR	70,00 EUR

■ Von der Gewinnschwelle an hat der Gewinn je Stück stets die Höhe des positiven Stück-Deckungsbeitrages. Der Gesamtgewinn steigt bei steigender Ausbringungsmenge immer mehr an. Der maximale Gewinn wird bei Erreichen der Kapazitätsgrenze erzielt.

---

[1] engl. to break = brechen; even = Gleichgewicht. Der Break-even-Point ist also der Punkt, an dem das Gleichgewicht zwischen Kosten und Erlösen durchbrochen wird.

- Für unser Beispiel bedeutet dies: Der Anbieter könnte mit dem Preis im Konkurrenzkampf bis auf die Höhe der variablen Stückkosten hinuntergehen ohne einen Verlust hinnehmen zu müssen.
- Kann der Anbieter im nächsten Jahr nur einen durchschnittlichen Preis von 160,00 EUR erzielen, so wären seine fixen Kosten bei einer Absatzmenge von 230 Stück nur zu einem geringen Anteil gedeckt. Ein Gewinn wäre nur möglich, wenn es ihm gelänge,
  - entweder die Absatzmenge beträchtlich zu steigern
  - oder die variablen Kosten zu senken (Rationalisierung, günstigerer Einkauf)
  - oder die fixen Kosten zu senken (Rationalisierung).

  Die variablen Kosten können deshalb nur kurzfristig die Preisuntergrenze sein[1].

Aufgabe: Berechnen Sie die Gewinnschwelle!

---

1. **kurzfristige Preisuntergrenze** = variable Stückkosten
2. **langfristige Preisuntergrenze** = gesamte Stückkosten (Selbstkosten)

Die Deckungsbeitragsrechnung wird heute als Lösungsansatz für zahlreiche kurzfristige Probleme benutzt.

Beispiele:

Annahme zusätzlicher Aufträge

Der Hersteller kann Lieferant eines Betriebes werden, welcher 200 Kupplungen pro Jahr zum Preis von 140,00 EUR abnehmen würde. Man stellt bisher 500 Stück im Jahr her, die Kapazität ist jedoch auf 1 000 Stück ausgelegt. Bei Annahme des Zusatzauftrags entstehen keine zusätzlichen Fixkosten, wohl aber wird die Kapazität besser ausgelastet. Der Auftrag bringt einen zusätzlichen Deckungsbeitrag von 50,00 EUR (140,00 EUR minus 90,00 EUR) je Stück, also insgesamt einen Zusatzgewinn von 10 000,00 EUR.

Kurzfristige Fertigungsprogramm- (oder Sortiments-) Planung (oder Maschinenbelegung)

In einem Unternehmen werden 3 Produktgruppen geführt. Die Kapazität ist auf 1 000 Stück ausgelegt. Vom Markt werden aber nur 900 Stück aufgenommen, wobei die Stückzahlen pro Produkt zwischen 200 und 400 schwanken können. In welcher Reihenfolge sind die Erzeugnisse zu produzieren?

Produktgruppe	Erlös je Stück (EUR)	variable Kosten je Stück (EUR)	Deckungsbeitrag (EUR)
I	200,00	100,00	100,00
II	300,00	150,00	150,00
III	150,00	80,00	70,00

Auf Grund der Deckungsbeiträge lautet die Reihenfolge: II, I, III, d.h. von II ist zunächst die gesamte Nachfrage zu befriedigen, dann von I und schließlich von III.

In der Praxis liegen meist Produktionsengpässe vor, d.h. einzelne Abteilungen sind voll ausgelastet. Die Fertigungsaufträge konkurrieren um die Kapazitäten. In diesem Fall ist anhand von **relativen Deckungsbeiträgen** zu entscheiden.

Beispiel: Relativer Deckungsbeitrag

Es werden 3 Produktgruppen geführt. Engpass: Montageabteilung

Produktgruppe	Erlös je Stück (EUR)	variable Kosten je Stück (EUR)	Deckungsbeitrag je Stück (EUR)	Montagezeit je Stück (Min.)	montierte Einheiten je Std.	relativer Deckungsbeitrag (EUR)
I	200,00	100,00	100,00	30	2	200,00
II	300,00	150,00	150,00	60	1	150,00
III	150,00	80,00	70,00	20	3	210,00

---

[1] Vgl. S. 441

> Der relative Deckungsbeitrag ist der auf eine Stunde umgerechnete Deckungsbeitrag. Die Produkte sind in der Reihenfolge III, I, II zu fertigen. Wie viel von den letzten Gruppen gefertigt werden kann, hängt von den freien Kapazitäten in der Montageabteilung ab.

Wenn mehrere Produktionsengpässe bestehen, löst man das Problem anhand der linearen Optimierung, einer mathematischen Methode der modernen Verfahrensplanung (Operations-Research).

Arbeitsaufträge

1. **Auf einer Anlage können in der Stunde maximal 120 Stück gefertigt werden. Zur Zeit werden im Durchschnitt 100 Stück produziert. Die Anlage läuft 320 Stunden im Monat. Die fixen Kosten der Anlage betragen im Monat 10 000,00 EUR. Der Materialverbrauch beträgt pro Stück 1,00 EUR, der Arbeitslohn pro Stück 0,30 EUR. Das Stück wird zu 1,90 EUR verkauft.**
   a) Wie viel Prozent beträgt der Beschäftigungsgrad?
   b) Liegen unterpropotionale, proportionale oder überproportionale variable Kosten vor?
   c) Wie viel EUR betragen die variablen Kosten einer Monatsproduktion?
   d) Wie viel EUR betragen die Gesamtkosten einer Monatsproduktion?
   e) Wie viel EUR betragen die Stückkosten?
   f) Wie viel EUR betragen die Stückkosten bei einem Beschäftigungsgrad von 70 % (100 %)?
   g) Erläutern Sie anhand dieser Aufgabe die Fixkostendegression (Gesetz der Massenproduktion).
   h) Ermitteln Sie die Gewinnschwelle zeichnerisch und rechnerisch. Setzen Sie ein Tabellenkalkulationsprogramm ein.
   i) Wie viel EUR beträgt der Monatsgewinn bei einer Stundenproduktion von 100 Stück?
   j) Wie viel EUR betragen die kurzfristige und die langfristige Preisuntergrenze bei den drei genannten Beschäftigungsgraden?
   k) Kann ein Zusatzauftrag über 3 000 Stück zum Stückpreis von 1,40 EUR angenommen werden?
   Um wie viel EUR verändert er das Monatsergebnis?

2. **Ein Industrieunternehmen kann auf einer Anlage alternativ die Produkte I, II, III, IV fertigen. Jedes Produkt benötigt die gleiche Fertigungszeit. Die Kapazität beträgt 2 000 Stück insgesamt.**

Produkt	Stückerlös (EUR)	variable Stückkosten (EUR)	maximal absetzbare Menge (Stück)
I	180,00	100,00	2 000
II	300,00	160,00	1 000
III	350,00	170,00	500
IV	250,00	140,00	1 000

In welcher Reihenfolge und Stückzahl sollten die Produkte gefertigt werden?

3. **Vier Erzeugnisse durchlaufen bei ihrer Fertigung eine Abteilung, deren Kapazität einen Engpass darstellt. Ein fünftes Produkt durchläuft diese Abteilung nicht.**

Erzeugnis	A	B	C	D	E
Stückerlös (EUR)	100,00	200,00	300,00	150,00	250,00
variable Stückkosten (EUR)	50,00	110,00	160,00	90,00	100,00
Fertigungszeit im Engpassbereich (Min.)	30	40	20	10	0

In welcher Reihenfolge sind die Produkte zu fertigen, wenn als vordringliches Ziel die Maximierung des Deckungsbeitrages angesehen wird?

4. **Die ABZO AG bietet vier chemische Produkte P1, P2, P3 und P4 in jeweils drei Preisgruppen an. Die Kunden werden nach ihrem Vorjahresumsatz einer Preisgruppe zugeordnet.**

Produkt	Preisgruppe 1		Preisgruppe 2		Preisgruppe 3	
	Verkaufs-preis (EUR)	geschätzte Absatzmenge (Stück)	Verkaufs-preis (EUR)	geschätzte Absatzmenge (Stück)	Verkaufs-preis (EUR)	geschätzte Absatzmenge (Stück)
P1	33,00	300	44,00	260	49,00	200
P2	110,00	250	120,00	220	128,00	180
P3	125,00	220	155,00	200	188,00	150
P4	67,00	120	78,00	100	93,00	90

Alle Produkte durchlaufen zwei Maschinen.

Produkt	variable Kosten (EUR)	Bearbeitungszeit Maschine 1 (Min.)	Bearbeitungszeit Maschine 2 (Min.)
P1	20,00	7	3
P2	85,00	9	6
P3	87,00	20	10
P4	34,00	12	8

Die fixen Kosten belaufen sich auf 20 000,00 EUR.

Berechnen Sie unter Verwendung eines Tabellenkalkulationsprogramms
a) die geschätzten Gesamtumsätze für jedes Produkt und jede Preisgruppe,
b) die absoluten Deckungsbeiträge für alle Produkte und Preisgruppen,
c) den Gesamtgewinn.
d) Der Vorstand trifft die Entscheidung, in Zukunft alle vier Produkte nur noch zu den Preisen der Preisgruppe 3 zu verkaufen. Man rechnet dann mit folgenden Absatzmengen: P1: 350; P2: 300; P3: 270; P4: 150 Stück. Als Fertigungskapazitäten werden zur Verfügung gestellt: Maschine 1: 10000 Min., Maschine 2: 7000 Min. Bei welcher Maschine besteht ein Engpass?
e) Bestimmen Sie die Fertigungsreihenfolge der vier Produkte auf der Basis der relativen Deckungsbeiträge und die Fertigungsmengen.
f) Ermitteln Sie vorhandene Restkapazitäten.
g) Berechnen Sie den Gewinn.
h) Nennen Sie Maßnahmen, durch die Engpasssituationen generell verhindert werden können.

6.4 Zusammenhang von Kosten und Fertigungslosen: optimale Losgröße

Eine Schraubenfabrik produziert 10 Sorten Maschinenschrauben. Der Jahresabsatz beträgt 100 000 Stück. Die Kunden bestellen unregelmäßig. Die Schrauben werden auf denselben Maschinen gefertigt, die jedoch bei Sortenwechsel umgerüstet und neu eingerichtet werden müssen. Pro Sortenwechsel entstehen auf diese Weise Kosten von 100,00 EUR. Andererseits verursacht die Lagerung von je 1 000 Schrauben 200,00 EUR Zins- und Lagerkosten pro Jahr. Wie hoch ist die optimale Losgröße?

Ein *Los (Auflage, Serie)* ist die Menge, die ohne Umrüsten der Anlage produziert wird.

Das dargestellte Problem lässt sich wie folgt charakterisieren:

■ Auf Grund der Kundennachfrage muss der Betrieb mehrere Sorten eines Produktes[1] anbieten.

■ Eine Produktion im Kundenauftrag wäre zu teuer. Man müsste bei den meisten Bestellungen jedes Mal die Maschinen umrüsten, was Kosten verursacht (Lohn-, Transport-, Einarbeitungskosten). Da die Rüstkosten pro Los bzw. Auflage festliegen, nennt man sie auch **auflagenfixe Kosten**. Um sie niedrig zu halten, bietet es sich an, so selten wie möglich umzurüsten. (Das bedeutet bei 10 Sorten mindestens 10-mal.)

---

[1] Zum Begriff der Sorte siehe S. 126

- Dies wiederum bedeutet die Produktion großer Serien, die erst nach und nach verkauft werden können. Das in den Produkten gebundene Kapital verursacht Zinskosten, die Lagerung bewirkt Lagerkosten. Da diese Kosten sich mit der Auflagengröße verändern, nennt man sie **auflagenvariable Kosten**. Größere Lose erhöhen die Kosten.
- Rüstkosten einerseits und Zins- und Lagerkosten andererseits sind gegenläufig. Gesucht ist die optimale Losgröße, bei der die Summe aus beiden Kostenarten minimiert wird.

Das Problem der Losgröße stellt sich auch, wenn der Betrieb seine Produkte im Kundenauftrag fertigt. Häufig kommen nämlich gleiche Teile in ansonsten unterschiedlichen Kundenaufträgen vor. Die Fertigung dieser Teile versucht man dann in optimalen Losgrößen zusammenzufassen, um Rüstkosten zu sparen[1].

Beispiel: Optimale Losgröße für 10 Sorten Maschinenschrauben

Lose	Losgröße	Rüstkosten (EUR)	Lagermenge (Stück)	Lagerkosten (EUR)	Gesamtkosten (EUR)
	$\dfrac{\text{Jahresabsatz}}{\text{Lose}}$	Lose x 100	$\dfrac{\text{Losgröße}}{2} \times \dfrac{\text{Zahl der}}{\text{Produkte}}$	Lagermenge x $\dfrac{200}{1000}$	
10	10 000	1 000,00	50 000	10 000,00	11 000,00
20	5 000	2 000,00	25 000	5 000,00	7 000,00
30	3 333	3 000,00	16 665	3 333,00	6 333,00
31	3 226	3 100,00	16 130	3 226,00	6 326,00
32	3 125	3 200,00	15 625	3 125,00	6 325,00
33	3 030	3 300,00	15 150	3 030,00	6 330,00
35	2 857	3 500,00	14 285	2 857,00	6 357,00
40	2 500	4 000,00	12 500	2 500,00	6 500,00
50	2 000	5 000,00	10 000	2 000,00	7 000,00

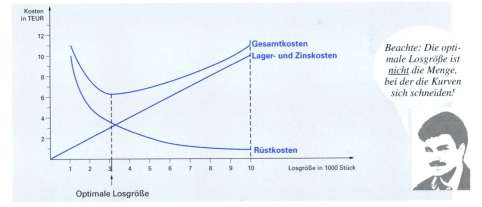

Beachte: Die optimale Losgröße ist <u>nicht</u> die Menge, bei der die Kurven sich schneiden!

In diesem Beispiel liegt die optimale Losgröße bei 3 125 Stück. Dies entspricht einer 32-maligen Umrüstung der Maschinen im Jahr.

Die optimale Losgröße ist diejenige Fertigungsmenge, bei der sich unter Berücksichtigung der auflagefixen und der auflagevariablen Kosten ein Minimum an Kosten je Stück ergibt.

In der Praxis ist es nicht möglich immer die optimale Losgröße zu fertigen. Es spielen dabei zu viele Unbekannte mit. So ist der Jahresbedarf immer nur geschätzt oder aus vergangenen Jahren übertragen. Auch schwankt der Marktzins während eines Jahres und erlaubt damit nicht den Ansatz eines entsprechenden Lagerzinses.

---

[1] Vgl. auch S. 163

Durch die Fertigung der optimalen Losgröße würden sich auch häufig Engpässe bei der Lagerung der Erzeugnisse ergeben, denn die Lagergröße spielt bei den Berechnungen der optimalen Losgröße keine Rolle.

Viele Unternehmen verzichten daher bewusst auf die Fertigung der optimalen Losgröße und beschränken sich darauf, von vornherein nur den Bedarf für einen erfahrungsgemäß günstigen Zeitraum, z. B. einen Monat, in die Fertigung zu geben.

7 Verfahrensmanagement

7.1 Bestimmungsgrößen der Fertigungsverfahren

Fertigungsverfahren stellen jeweils eine bestimmte Art der Güterherstellung dar.

Bestimmungsgrößen der Fertigungsverfahren
Werkstoff
Jeder Werkstoff erfordert ein adäquates Verarbeitungsverfahren. (Rohkäse wird anders als Metall verarbeitet.)
Fertigprodukt
Jedes Produkt verlangt ein adäquates Herstellungsverfahren. (Weichkäse wird anders als eine Karusselldrehbank gefertigt.)
Nachfrage
Weichkäse wird von allen Haushalten in kleinen Portionen nachgefragt. Dies führt zu Lagerfertigung in großen Mengen am Fließband. Karusselldrehbänke werden einzeln im Kundenauftrag in Werkstätten gefertigt.
Betriebsgröße
Großbetriebe sind anders mit Personal und Betriebsmitteln ausgestattet als Kleinbetriebe. Sie organisieren deshalb auch die Fertigung anders.
Faktorpreise
Ändern sich die Produktionsfaktorpreise, sucht der Betrieb die Minimalkostenkombination (kostengünstigste Faktorkombination). So wird bei steigenden Löhnen Arbeit durch Maschinen ersetzt.
Technischer Fortschritt
Der technische Fortschritt führt zu fortschreitender Automation.
Soziale Einflüsse
Kostengünstige Verfahren (z. B. Fließband) können schädlich für den Menschen sein (Monotonie, einseitige Belastung). Man sucht deshalb humanere Verfahren. Auch der Umweltschutz macht neue, umweltschonende Verfahren erforderlich.

Die genannten Bestimmungsgrößen führen zu
- *unterschiedlichen technischen Verfahren,*
- *unterschiedlich häufiger Wiederholung des Fertigungsvorgangs,*
- *unterschiedlicher Anordnung der Betriebsmittel,*
- *unterschiedlicher Beteiligung menschlicher Arbeitskraft.*

7.2 Technische Fertigungsverfahren

Die technischen Fertigungsverfahren beschreiben die Art und Weise, wie die Rohstoffe be- oder verarbeitet werden. Ihre Einteilung ist vom Deutschen Institut für Normung in der Norm 8580 festgelegt. Je nachdem, wie der Zusammenhalt der Stoffteilchen verändert wird, unterscheidet man sechs **Hauptgruppen** der Fertigungsverfahren:

Hauptgruppen der Fertigungsverfahren nach DIN 8580			
Zusammenhalt schaffen	Zusammenhalt beibehalten	Zusammenhalt vermindern	Zusammenhalt vermehren
	Form ändern		
1 Urformen	2 Umformen	3 Trennen	4 Fügen / 5 Beschichten
Form schaffen	6 Stoffeigenschaft ändern		
	Umlagern von Stoffteilchen	Aussondern von Stoffteilchen	Einbringen von Stoffteilchen

Die Hauptgruppen werden in **Gruppen** untergliedert:

Einteilung der Fertigungsverfahren nach DIN 8580					
Hauptgruppe 1 Urformen	Hauptgruppe 2 Umformen	Hauptgruppe 3 Trennen	Hauptgruppe 4 Fügen	Hauptgruppe 5 Beschichten	Hauptgruppe 6 Stoffeigenschaft ändern
Gruppe 1.1 Urformen aus dem flüssigen Zustand, z. B. Schwerkraftgießen	Gruppe 2.1 Druckumformen z. B. Gesenkformen	Gruppe 3.1 Zerteilen z. B. Scherschneiden	Gruppe 4.1 Zusammensetzen z. B. Einlegen einer Passfeder	Gruppe 5.1 Beschichten aus dem flüssigen Zustand	Gruppe 6.1 Verfestigen durch Umformen z. B. Schmieden
Gruppe 1.2 Urformen aus dem plastischen Zustand z. B. Spritzgießen	Gruppe 2.2 Zugdruckumformen z. B. Tiefziehen	Gruppe 3.2 Spanen mit geometrisch bestimmter Schneide, z. B. Bohren	Gruppe 4.2 Füllen	Gruppe 5.2 Beschichten aus dem plastischen Zustand	Gruppe 6.2 Wärmebehandeln z. B. Härten
Gruppe 1.3 Urformen aus dem breiigen Zustand	Gruppe 2.3 Zugumformen	Gruppe 3.3 Spanen mit geometrisch unbestimmter Schneide z. B. Schleifen	Gruppe 4.3 Anpressen und Einpressen z. B. Schrauben	Gruppe 5.3 Beschichten aus dem breiigen Zustand	Gruppe 6.3 Thermo-mechanisches Behandeln
Gruppe 1.4 Urformen aus dem körnigen oder pulverförmigen Zustand, z. B. Pressen beim Sintern	Gruppe 2.4 Biegeumformen z. B. Schwenkbiegen	Gruppe 3.4 Abtragen	Gruppe 4.4 Fügen durch Urformen	Gruppe 5.4 Beschichten aus dem körnigen oder pulverförmigen Zustand	Gruppe 6.4 Sintern und Brennen z. B. Sintern
Gruppe 1.5 Urformen aus dem span- oder faserförmigen Zustand	Gruppe 2.5 Schubumformen	Gruppe 3.5 Zerlegen z. B. Lösen von Verbindungen	Gruppe 4.5 Fügen durch Umformen z. B. Nieten	Gruppe 5.6 Beschichten durch Schweißen	Gruppe 6.5 Magnetisieren
Gruppe 1.8 Urformen aus dem gas- oder dampfförmigen Zustand		Gruppe 3.6 Reinigen z. B. Reinigen der Lötstelle	Gruppe 4.6 Fügen durch Schweißen, z. B. Schmelzschweißen	Gruppe 5.7 Beschichten durch Löten	Gruppe 6.6 Bestrahlen
Gruppe 1.9 Urformen aus dem ionisierten Zustand			Gruppe 4.7 Fügen durch Löten z. B. Weichlöten	Gruppe 5.8 Beschichten aus dem gas- oder dampfförmigen Zustand	Gruppe 6.7 Fotochemische Verfahren
			Gruppe 4.8 Kleben z. B. Kleben von Kunststoff	Gruppe 5.9 Beschichten aus dem ionisierten Zustand	

Die Fertigungsverfahren selbst werden durch **Untergruppen** gekennzeichnet.

Beispiel (Fertigungsverfahren innerhalb der Gruppe 3.1 Zerteilen):

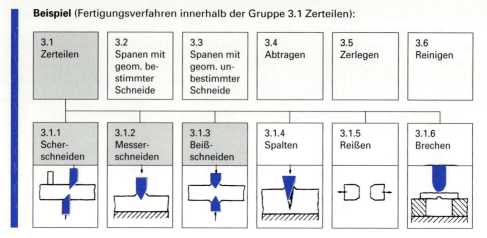

Bei der Fertigung eines Produkts kommen in der Regel mehrere Fertigungsverfahren zur Anwendung.

Beispiel (Fertigungsverfahren bei der Herstellung eines Schraubstocks):

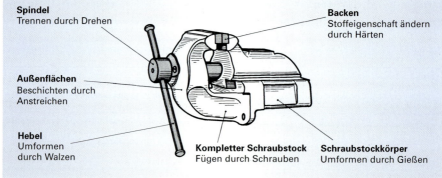

7.3 Fertigungsverfahren nach der Wiederholung des Fertigungsvorgangs (Fertigungstypen)

Produkte können auf einer Anlage einzeln oder wiederholt gefertigt werden. Dem entsprechend erhält man unterschiedliche Fertigungstypen[1]. (Übersicht: folgende Seite)

7.3.1 Einzelfertigung

Die Artikel werden meist (nicht immer) *auf besonderen Kundenauftrag hin* und nach den individuellen Wünschen des Kunden gefertigt (Auftragsfertigung).

---

[1] In diesem und den folgenden Abschnitten wird eine Reihe von Fachausdrücken genannt, die erst an späterer Stelle erläutert werden können. Es wird empfohlen, diese Stellen an Hand des Sachwortverzeichnisses aufzusuchen.

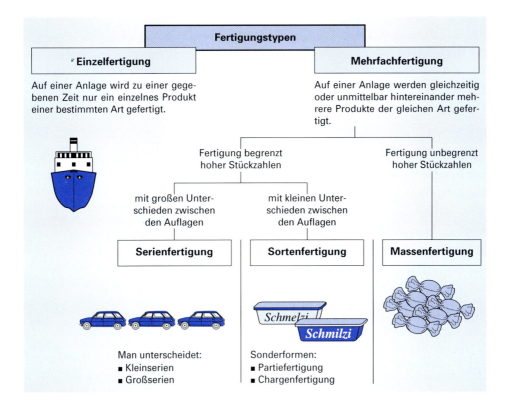

Fertigungstypen		
Einzelfertigung	**Mehrfachfertigung**	

Auf einer Anlage wird zu einer gegebenen Zeit nur ein einzelnes Produkt einer bestimmten Art gefertigt.

Auf einer Anlage werden gleichzeitig oder unmittelbar hintereinander mehrere Produkte der gleichen Art gefertigt.

Fertigung begrenzt hoher Stückzahlen

Fertigung unbegrenzt hoher Stückzahlen

mit großen Unterschieden zwischen den Auflagen

mit kleinen Unterschieden zwischen den Auflagen

Serienfertigung

Sortenfertigung

Massenfertigung

Man unterscheidet:
- Kleinserien
- Großserien

Sonderformen:
- Partiefertigung
- Chargenfertigung

Beispiele: Schiffe, Spezial- und Schwermaschinen, Gebäude, Brücken.
Meist werden mehrere Aufträge gleichzeitig bearbeitet. Eine intensive Kundenbearbeitung ist nötig. Die Kosten pro Stück sind verhältnismäßig hoch, die Preiskalkulation ist aufwendig. Aber die Betriebe können sich relativ flexibel auf stets neue Aufträge umstellen.

Die Produktion ist als Werkstättenfertigung, teilweise auch als Baustellenfertigung organisiert. Wenn möglich, wendet man folgende **Rationalisierungsmaßnahmen** an:

- Einsatz automatischer Maschinen,
- Verwendung genormter Teile, Fertigung im Baukastensystem,
- Teilefamilienfertigung,
- Zusammenfassung gleicher Vorgänge zu Losen (Auflagen, Serien).

7.3.2 Serienfertigung

Eine *begrenzt hohe Stückzahl (Serie)* wird auf einer Anlage gleichzeitig oder unmittelbar nacheinander erstellt.

Die Produkte zweier Serien unterscheiden sich stark. Die Anlage muss deshalb für eine neue Serie mit hohen Kosten und großem Zeitaufwand umgerüstet werden. Man unterscheidet Klein- und Großserien. Eine zahlenmäßige Abgrenzung ist produktabhängig. Viele technische Produkte (Fahrzeuge, Büromaschinen, elektronische Geräte usw.) werden in Großserien gefertigt. In der Vergangenheit war die Produktion auf Lager (Lagerfertigung) die Regel. Mit dem Vordringen von Logistik und Management-Informationssystemen ist aber bei vielen Betrieben eine stärkere Bindung der Fertigung an die tatsächlichen Auftragseingänge möglich geworden.

Großserienfertigung ist in der Regel als Fließ- oder Gruppenfertigung organisiert; Kleinserienfertigung oft als Werkstättenfertigung (wie Einzelfertigung).

Bei Großserien bewirken die großen Stückzahlen niedrige Stückkosten. Aber die Betriebe können sich während der Laufzeit einer Serie kaum umstellen. Die teuren Anlagen erfordern eine stets hohe Auslastung.

7.3.3   Sortenfertigung

Sortenartikel **sind Varianten des gleichen Grundproduktes. Sie unterscheiden sich nur bezüglich einzelner Merkmale.**

Merkmale können sein:

■ Maße (Schuhe verschiedener Größen aus gleichem Leder),

■ Material (Kleidung gleichen Schnitts aus verschiedenen Stoffen),

■ Materialzusätze (z. B. bei Bier- und Käsesorten).

Die Umstellung von einer Serie (Auflage, Los) auf die nächste erfordert bei Serienfertigung umfangreiche Umrüstungen. Die entsprechende Umstellung bei Sortenfertigung bedingt nur geringfügige Umrüstungen. Für den Zeitpunkt der Umrüstung ist bei Sortenfertigung die optimale Losgröße entscheidend.

Beispiel: Bei der Schmelzkäseproduktion ist als Umrüstungsmaßnahme die Kesselreinigung erforderlich.

Für die Sortenfertigung eignen sich ebenfalls Fließ- und Gruppenfertigung. Viele Werkzeuge, Schreibgeräte, Bleche, Schrauben, Kleidungsstücke, Drähte, Ziegel, konservierte Nahrungsmittel werden z. B. in Sortenfertigung hergestellt. Meist ist Lagerfertigung gegeben.

Partie- und Chargenfertigung sind Sonderformen der Sortenfertigung. Die Produktvarianten entstehen hier aber ungewollt durch den Produktionsprozess:

■ Eine **Partie** ist eine in sich einheitliche Rohstoffmenge, die sich von jeder anderen Partie in ihren Eigenschaften unterscheidet. So hat amerikanische Baumwolle eine andere Faserlänge und Reißfestigkeit als ägyptische. Folglich unterscheiden sich auch die Produkte.

■ Eine **Charge** ist die Füllmenge für einen Produktionsvorgang (z. B. die Beschickungsmenge eines Hochofens, eines Backofens, eines Töpferbrennofens, einer Branntweindestillieranlage). Die Bedingungen des Produktionsprozesses werden in solchen Fällen nicht vollständig beherrscht. Dies führt zu verschiedenen Produktausfällen, wie hellem oder dunklerem Brot.

7.3.4   Massenfertigung

Bei der *Massenfertigung* **werden unbegrenzt hohe Stückzahlen von so genannten Massenartikeln – vollkommen gleichartigen Produkten – produziert.**

In Massenfertigung werden z. B. Zigaretten, Dragees, Elektrizität erstellt. Die Produktion ist weitgehend automatisiert, erfordert keine Produktionsumstellungen und erfolgt meist als Lagerfertigung.

1. **Die industrielle Fertigung kennt unterschiedliche Fertigungstypen.**

   Welcher Fertigungstyp liegt vor bei

   a) einer Maschinenfabrik, die Großwalzwerke produziert,   e) einer Zigarettenfabrik,

   b) einem Automobilwerk,   f) einer Brauerei,

   c) einer Schuhfabrik,   g) einem Hochofen?

   d) einer Brotfabrik,

   Stellen Sie jeweils fest, ob die Produktion auf Lager oder in Kundenauftrag durchgeführt wird. Geben Sie auch an, in welchen Fällen der Vorteil der Massenproduktion, also Kostensenkung durch große Stückzahlen, zum Tragen kommt.

2. **Der technische Fortschritt führt dazu, dass unter anderem die Grenzen herkömmlicher Verfahren allmählich verwischt werden. Ein typisches Beispiel: Mass Customization, meist übersetzt mit „individualisierte Massenfertigung". Zutreffender wäre wohl: individualisierte Serien- oder Sortenfertigung. Die folgende Abbildung zeigt die Grundmerkmale:**

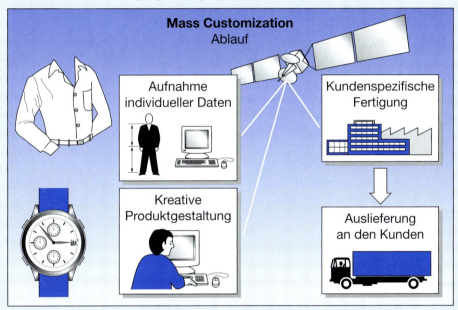

a) Versuchen Sie, die Idee vom Mass Customization anhand der Abbildung zu erklären. Wenn nötig, suchen Sie im Internet nach genaueren Informationen.

b) Bilden Sie mehrere Arbeitsgruppen. Jede Gruppe wählt ein Produkt, das ihr für Mass Customization geeignet erscheint, erarbeitet die Grundzüge der Auftragsabwicklung, Fertigung, Beschaffungs- und Absatzlogistik und präsentiert die Ergebnisse. Dabei sollen auch die Vorteile von Mass Customization herausgestellt werden.

7.4 Fertigungsverfahren nach der Anordnung der Betriebsmittel (Fertigungsorganisation)

Je nach dem Layout (der räumlichen Anordnung) der Betriebsmittel und Arbeitsplätze und nach der Gestaltung der Wege von Material und Halberzeugnissen durch den Fertigungsprozess unterscheidet man verschiedene **Organisationstypen der Fertigung**:

Organisationstypen der Fertigung				
bei beweglichen Produkten				bei unbeweglichen Produkten
Werkstatt- fertigung	**Werkstätten- fertigung**	**Reihen- und Fließfertigung**	**Gruppen- fertigung**	**Baustellen- fertigung**
Fertigung am Einzelarbeitsplatz in einer Werkstatt. Üblich im Handwerk, nicht in der Industrie	räumliche Zusammenfassung artgleicher Arbeitsplätze und Betriebsmittel zu Werkstätten	Anordnung der Arbeitsplätze und Betriebsmittel nach dem Fertigungsablauf der Erzeugnisse	vollständige Fertigung oder Montage von Teilen oder Produkten auf räumlich zusammengefassten Betriebsmitteln	Fertigung auf einer ortsgebundenen Baustelle, zu der Arbeitskräfte, Betriebsmittel und Material gebracht werden

7.4.1 Werkstättenfertigung

Herr M. ist Dreher bei der Schürmann GmbH, einer Werkzeugmaschinenfabrik, die Spitzen-, Plan-, Karussell-, Revolverdrehbänke und Bohrmaschinen auf Bestellung produziert. Kaum eine Maschine gleicht der anderen, jede muss eigens nach den Wünschen des Kunden konstruiert werden. Die Einzelteile werden in verschiedenen Werkstätten (Dreherei, Fräserei, Bohrerei, Schlosserei, Stanzerei, Schleiferei usw.) gefertigt und in den Montagehallen zusammengebaut. In der Dreherei befinden sich 12 Drehbänke. Die hier bearbeiteten Werkstücke werden anschließend in einer anderen Abteilung (Bohrerei oder Schleiferei) weiter bearbeitet.

Verrichtungszentralisation

Eine *Werkstatt im industriellen Sinn* ist ein Ort, an dem Betriebsmittel mit gleichartigen *Verrichtungen* zu einer Gruppe zusammengefasst werden *(Verrichtungszentralisation)*.

An unterschiedlichen Objekten (Werkstücken) werden stets gleichartige Verrichtungen durchgeführt (z. B. Bohrungen). Die Werkstücke werden von einer Werkstatt zur nächsten transportiert. Werkstättenfertigung findet sich bei Einzel- und Kleinserienfertigung.

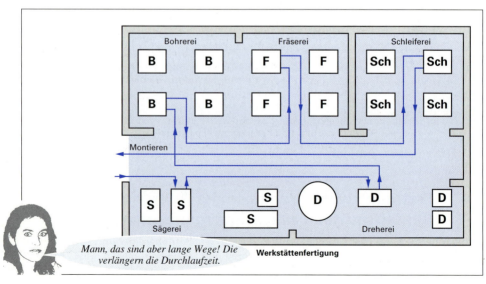

Mann, das sind aber lange Wege! Die verlängern die Durchlaufzeit.

Werkstättenfertigung

Werkstättenfertigung ist angebracht, wenn der Betrieb auf stets andersartige Kundenaufträge abgestellt ist. Die entsprechenden Betriebe bearbeiten meist eine Vielzahl von Kundenaufträgen gleichzeitig. Die Maschinen sind von vornherein für verschiedenartige Bearbeitungen konstruiert (Universalmaschinen). Die Arbeitskräfte sind für diese Arbeiten gründlich ausgebildet (Facharbeiter).

Problem der Maschinenbelegung

Die Maschinenbelegung ist das Hauptproblem der kurzfristigen Terminplanung bei Werkstättenfertigung. Sie beinhaltet die Festlegung, welche Aufträge endgültig auf welcher Maschine bearbeitet werden sollen.

Beispiel[1]:

Auf 3 Maschinen (M) müssen täglich 4 verschiedene Arbeiten ausgeführt werden:

Einzelheiten zum Thema Maschinenbelegung finden Sie auf Seite 175 ff.

Arbeit 1: 2 Std. M 1 → 2,5 Std. M 3 → 1,5 Std. M 2
Arbeit 2: 4 Std. M 1 → 1 Std. M 3
Arbeit 3: 2 Std. M 2 → 0,5 Std. M 3
Arbeit 4: 3 Std. M 2 → 1 Std. M 1 → 1 Std. M 3

1. Lösungsansatz:

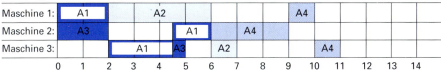

Der Plan weist lange Durchlaufzeiten auf. Die Durchlaufzeit ist die Zeitspanne zwischen dem Beginn des ersten und dem Abschluss des letzten Bearbeitungsvorganges. Durch Wartezeiten entstehen unfreiwillige Läger (sog. „organisatorische" Läger). Die Maschinenbelegung lässt sich wesentlich verbessern, indem man Arbeit 3 und 4 nach vorn schiebt:

2. Lösungsansatz:

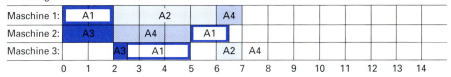

Ziele optimaler Maschinenbelegung			
Einhaltung der Termine	Minimierung der Durchlaufzeiten	Bestmögliche Kapazitätsauslastung	Minimierung der Bearbeitungs- und Rüstkosten
	Verringerung der Zins- und Lagerkosten der Werkstücke	Verringerung der Brachzeiten der Maschinen	wenn die Kosten auf den einzelnen Maschinen verschieden hoch ausfallen

Bei Werkstättenfertigung wirft eine optimale Maschinenbelegung Probleme auf:

■ Maschinen bleiben längere Zeit ungenutzt, weil der Produktionsfluss sie nicht rechtzeitig mit Aufträgen versorgt (siehe obiges Beispiel, Maschine 3). Es treten Maschinenleerkosten auf.

---

[1] In Anlehnung an: Rudolf Hambusch (Hrsg.): Organisationslehre, Darmstadt, S. 37.

- Maschinen können von mehreren Aufträgen gleichzeitig beansprucht und so längere Zeit blockiert werden. Dann entstehen Stauzeiten und Kosten für die Werkstücke, die noch nicht bearbeitet werden können. (Siehe obiges Beispiel; Arbeit 4 kann nach Maschine 2 nicht sofort auf Maschine 1 weiter bearbeitet werden. Dies verlängert die Durchlaufzeit dieses Werkstückes.)

Man hat noch keinen Weg gefunden, dieses **„Dilemma der Ablaufplanung"** allgemein gültig zu lösen. In der Praxis konzentriert man sich auf die Engpässe, die ja die Durchlaufzeit wesentlich beeinflussen. **Entscheidungsgrundlagen** können sein:

- **Dringlichkeit der Aufträge:** Die eiligsten Aufträge werden zuerst bearbeitet.

- **Minimierung der Rüstkosten:** Serienteile, Familienteile laufen zuerst durch.

- **Maximierung des Deckungsbeitrages**[1]

Vor- und Nachteile der Werkstättenfertigung

- Eignung der Arbeitskräfte für unterschiedliche Bearbeitungen
- Eignung der Maschinen für unterschiedliche Bearbeitungen
- Maschinenschäden und Erkrankungen wirken sich nur begrenzt aus
- niedrigere Investitionskosten für Universalmaschinen (im Gegensatz zur Fließfertigung mit vielen einzelnen Spezialmaschinen)
- hohe Anpassungsfähigkeit an Marktveränderungen und neuartige Aufträge (Marktflexibilität)

Vorteile der Werkstättenfertigung

Andererseits fallen bei der Werkstättenfertigung sofort die langen Transportwege auf. Sie verlängern die Durchlaufzeiten, machen teure Transporteinrichtungen erforderlich (z. B. Kräne, Elektrokarren, Hubroller, Gabelstapler) und erschweren die Aufgabe der Produktionslogistik[1].

- lange Transportwege, teure Transportmittel
- ständig teure Umrüstungen der Maschinen
- lange Materialliegezeiten
- lange Durchlaufzeiten wegen langer Transportwege und ständiger Umrüstungen
- keine Eignung für kostensparende Großserien
- Jeder Auftrag erfordert eine aufwendige Preiskalkulation
- Jeder Auftrag erfordert eine gut durchdachte Fertigungssteuerung
- hohe Lohnkosten für Facharbeiter
- Überblick über die Gesamtheit der Fertigungsabläufe schwierig; zahlreiches, teures Führungspersonal (Meister, Vorarbeiter) für dezentralisierte Entscheidungen nötig
- Probleme in der Auslastung der Werkstätten:
  – Die Maschinen können von mehreren Aufträgen gleichzeitig beansprucht werden.
  – Die Maschinen können mit Aufträgen unversorgt bleiben.

Nachteile der Werkstättenfertigung

---

[1] Vgl. Beispiel „Relativer Deckungsbeitrag", S. 118 f.

7.4.2 Reihen- und Fließfertigung

Der Amerikaner Frederick Winslow Taylor (1856–1915) gilt als der Vater des Rationalisierungsgedankens. Indem er Arbeitsgänge in ihre Bestandteile zerlegte, fand er schnell die vorteilhafteste Bewegungs- und Grifffolge heraus.

Eine „außergewöhnliche Zeitersparnis und die damit verbundene Steigerung der Produktion lasse sich dann erreichen, wenn alle unnötigen Bewegungen ausgeschaltet, langsame Bewegungen durch schnelle und unökonomische durch ökonomische Handgriffe ersetzt werden," fand Taylor[1].

Als Prototyp der arbeitszerlegten Produktion gilt das Fließband. 1873 wurde es in den Schlachthäusern von Chicago und Cincinnati eingeführt. 40 Jahre später stellte Henry Ford (1863–1947) die Produktion seiner Autos in Detroit auf Fließbandfertigung um. Effekt: Die Montagezeit verringerte sich je Auto von zwölf auf eineinhalb Stunden."

(Quelle: iwd)

Die Nachteile der Werkstättenfertigung lassen sich vermeiden, wenn man die Maschinen in der Reihenfolge der Arbeitsgänge anordnen kann.

Objektzentralisation und Arbeitszerlegung

Wenn die Betriebsmittel und Arbeitsplätze in der Reihenfolge der auszuführenden Arbeiten angeordnet sind, liegt *Fertigung nach dem Flussprinzip* vor. An jedem Arbeitsplatz nimmt man eine andere Verrichtung am gleichen Bearbeitungsprojekt vor *(Objektzentralisation)*.

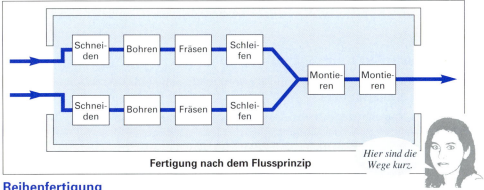

Fertigung nach dem Flussprinzip

Hier sind die Wege kurz.

Reihenfertigung

Bei Reihenfertigung sind die anfallenden Arbeitsverrichtungen zeitlich nicht genau aufeinander abgestimmt (z. B. wegen großer Produktvariation, häufigem Typenwechsel, unvertretbar hohen Investitionskosten). Zum Ausgleich sind zwischen den Arbeitsplätzen Teileläger (sog. Zwischenpuffer) erforderlich.

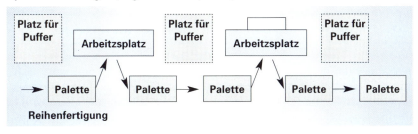

Reihenfertigung

---

[1] Die Umsetzung dieser Erkenntnisse in die Praxis wird als Taylorismus oder wissenschaftliche Betriebsführung bezeichnet. Die Arbeit wird in kleinste Einheiten geteilt. Zu ihrer Bewältigung sind keine oder nur ganz geringe Denkvorgänge zu leisten. Auf Grund des geringen Umfangs bzw. Arbeitsinhalts können sie immer wieder schnell wiederholt werden. Das Ziel ist die Steigerung der Produktivität.

Fließfertigung

Bei Fließfertigung ist eine exakte zeitliche Abstimmung erreicht: Die Werkstücke gleiten in einer für alle Arbeitsverrichtungen gleichen Taktzeit gleichmäßig oder auch ruckweise an den einzelnen Arbeitsplätzen vorbei.

Die Fertigung ist in eine große Anzahl von kleinen, unselbstständigen Verrichtungen zerlegt (Arbeitszerlegung[1]).

Beispiel: Arbeitszerlegung

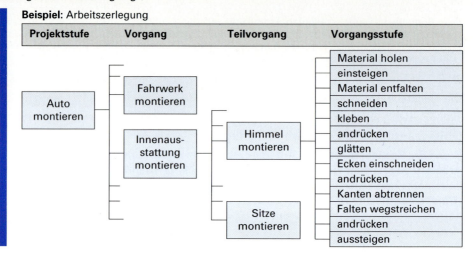

Projektstufe	Vorgang	Teilvorgang	Vorgangsstufe

Taktzeit und Fließbandabgleich

Ein gleichmäßiger Materialdurchfluss erfordert eine einheitliche Taktzeit für den gesamten Fertigungsprozess.

Die Taktzeit ist diejenige Zeit, in der jeweils eine Mengeneinheit fertiggestellt wird (REFA). Sie hängt von der geplanten Ausbringungsmenge ab.

Die Taktzeit ist zugleich die Zeitspanne vom Beginn eines Arbeitsganges bis zum Beginn des folgenden gleichartigen Arbeitsganges.

Beispiel:

Arbeitszeit pro Tag: 8 Std. = 480 Minuten

Sollmenge pro Tag: 48 Stück

Die Taktzeit beträgt 10 Minuten pro Stück.

$$\text{Taktzeit} = \frac{480}{48} = 10$$

> **Taktzeit = Bearbeitungszeit + Wartezeit des Arbeiters**

Durch Wartezeiten entstehen organisatorische Läger, die Kosten verursachen. Die Arbeiter sind nicht beschäftigt, müssen aber bezahlt werden. Man wird versuchen, das Fertigungssoll mit möglichst wenigen Arbeitern zu erreichen. Man wird deshalb die Arbeitsvorgänge so miteinander kombinieren, dass die Summe der kombinierten Zeiten bei keinem Arbeiter die Taktzeit überschreitet, aber die Wartezeiten minimiert werden. Damit wird die Arbeiterzahl ebenfalls minimiert.

---

[1] Vgl. S. 199 und S. 387

Beispiel:

Auf einer Fertigungsstraße soll ein bestimmtes Produkt hergestellt werden. Dabei sind 9 Arbeitsgänge zu vollziehen (die Vorgänge A bis I). Die Arbeitsgangfolgen sind wie folgt festgelegt:

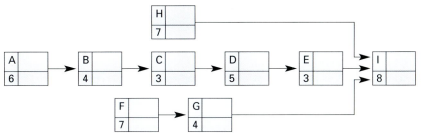

Wie kann ein möglichst gleichmäßiger Materialdurchfluss mit minimalen Wartezeiten und minimalem Personaleinsatz erreicht werden?

Dies ist das Problem des **optimalen Fließbandabgleichs**. Optimale Lösung:

Zusammenfassung	Bearbeitungszeit (Min.)	Wartezeit (Min.)	Zahl der Arbeiter
A und B	6 + 4 = 10	0	1
C und F	3 + 7 = 10	0	1
D und G	5 + 4 = 9	1	1
E und H	3 + 7 = 10	0	1
I	8	2	1
	47	3	5

Durchlaufzeit: 50 Min., minimale Wartezeit: 3 Min., minimale Arbeiterzahl: 5

Wichtig für eine funktionierende Fließfertigung ist ein Arbeitsplan, der Art und Reihenfolge der Verrichtungen, Stückzeiten und Taktzeiten umfasst (sog. Fließarbeitsplan).

Vor- und Nachteile der Fließfertigung

Die Anordnung der Maschinen nach der Reihenfolge der Arbeitsgänge ist nur bei der Großserien- und Massenproduktion angebracht. Es müssen also stets gleichartige Werkstücke durchlaufen. Varianten des gleichen Grundproduktes sind mit der Fließfertigung verträglich. Sie erfordern nur geringfügige Umrüstungen der Maschinen.

Liegen diese Voraussetzungen vor, so kann die Fließfertigung große Vorteile bringen:

- Es können schnelle Spezialmaschinen eingesetzt werden, vielfach sogar Automaten.
- Es können billige, angelernte Arbeitskräfte eingesetzt werden. Sie führen nur wenige Verrichtungen aus, sind darauf spezialisiert und arbeiten folglich schnell und fehlerfrei.

  Vorteile der Fließfertigung

- Der Produktionsausstoß ist groß; das Gesetz der Massenproduktion wird voll wirksam; die Stückkosten sind niedrig, folglich auch die Absatzpreise.
- Eine intensive Fertigungsplanung wird nur einmal vor Beginn der Serie notwendig. Die Fertigungssteuerung beschränkt sich auf die rechtzeitige Materialbereitstellung und auf Störungen des Arbeitsablaufs.
- Da gleichartige Produkte erstellt werden, entfällt die aufwendige Preiskalkulation für jede einzelne Kundenbestellung.

Natürlich kennt die Fließfertigung aber auch schwer wiegende Nachteile:

- Die Arbeit ist monoton, die geistige Beanspruchung gering, die körperliche Beanspruchung einseitig. Arbeitsunlust, „Krankfeiern", bisweilen Sabotage, körperliche und seelische Erkrankungen sind häufig, ebenso Kündigungen der Arbeitnehmer. Hohe Kosten sind die Folge. Man hat deshalb versucht, die Arbeitsprozesse weitgehend zu automatisieren[1]. Wo dies nicht möglich war, wurde die Fließbandarbeit durch eine Reihe von Maßnahmen humanisiert oder durch die Arbeit in Gruppen ersetzt[2].

  Nachteile der Fließfertigung

- Bei Ausfall einzelner Maschinen oder Arbeitskräfte steht ggf. der gesamte Produktionsprozess still. Teure Reparaturkolonnen und „Springer", die jede Arbeit übernehmen können, müssen stets bereitstehen. Heutzutage werden die Arbeitskräfte auch intensiv geschult, damit sie Störungen schnell selbst beheben können.

- Die gesamte Fertigungsanlage besteht aus teuren Spezialmaschinen, die sich nicht für die Fertigung gänzlich anderer Produkte eignen. Durch Nachfrageänderungen können die getätigten Investitionen deshalb schnell zu Fehlinvestitionen werden.

7.4.3 Gruppenfertigung

Die Gruppenfertigung ist eine Organisationsform, die Elemente der Werkstättenfertigung und der Fließfertigung kombiniert:

Vergleichen Sie hierzu das Beispiel auf S. 35 f., Teil „Raumgestaltung"!

- Für eine festgelegte Anzahl von Fertigungsvorgängen sind bestimmte Maschinen notwendig.

- Diese Maschinen werden in einer räumlich zusammenhängenden Fertigungsgruppe zusammengefasst.

- Die Maschinen werden nach dem Fließprinzip geordnet.

Die Gruppenfertigung kombiniert Teilabläufe nach dem Fließprinzip. Dadurch entstehen sog. Fertigungsinseln oder Fließinseln.

Man will so die Vorteile der Fließfertigung für diese Teilabläufe ausnutzen.

Viele Betriebe haben z. B. ein umfangreiches Produktionsprogramm und verhältnismäßig kleine Serien. Dabei werden weiterhin bestimmte Einzelteile für alle oder für viele Teile des Produktionsprogramms benötigt. Unter diesen Umständen ist eine Fließfertigung für den gesamten Fertigungsprozess nicht möglich, aber für die genannten Einzelteile lohnt sich die Einrichtung von Fließinseln. Andere Verrichtungen hingegen werden in getrennten Werkstätten vorgenommen. Ggf. gelingt es sogar, aus gleichen Bestandteilen (Bausteinen) unterschiedliche Produkte zusammenzubauen (Baukastensystem[3]) oder erst von einem bestimmten Fertigungsstadium an eine gesonderte Bearbeitung in einzelnen Werkstätten durchzuführen.

---

[1] Vgl. S. 139 ff.
[2] Vgl. S. 201, 203 und 393
[3] Vgl. S. 197 f.

Vorteile der Gruppenfertigung	
gegenüber der Werkstättenfertigung	**gegenüber der Fließ- und Reihenfertigung**
– kürzere Transportwege – schnellerer Fertigungsdurchlauf – geringere Kosten für Zwischenläger – größere Übersichtlichkeit des Produktions- prozesses	– größere Anpassungsfähigkeit – vielseitigere Beschäftigung der Arbeitskräf- te (weniger Monotonie, besserer Kontakt, eventuell sogar Austausch von Arbeitern) – geringere Störanfälligkeit

Die Fertigungsinseln bieten die Möglichkeit für Rationalisierungsmaßnahmen, die mit Bemühungen um eine „Humanisierung der Arbeit" verbunden sind: Arbeitserweiterung, Arbeitsplatzwechsel, Arbeitsanreicherung und Gruppenarbeit (Teamarbeit)[1].

Sie können auch mit automatischen Maschinen bestückt sein (CNC-Maschinen, Robotern, Bearbeitungszentren[2]). Auf diese Weise entstehen flexible Fertigungsinseln.

Flexible Fertigungsinseln werden in der Mittel- und Großserienfertigung zur automatischen Komplettbearbeitung mehrerer Einzelteile für eine Baugruppe eingesetzt. Sie bestehen aus

- **Bearbeitungsmaschinen,**
- **einem Werkstücktransportsystem,**
- **einem Werkzeugtransportsystem,**
- **der Systemsteuerung.**

Beispiel für eine flexible Fertigungsinsel:

Die flexible Fertigungsinsel besteht aus

- 6 Bearbeitungszentren,
- einer automatischen Werkstückversorgung,
- einer Waschmaschine,
- einer Messmaschine,
- einer Entgratmaschine,
- einer Systemsteuerung.
- einer rechnergeführten Werkzeugversorgung

Die Fertigungsinsel wird zur Fertigung 20 unterschiedlicher Motorenteile eingesetzt. Es sind 180 verschiedene Werkzeuge erforderlich.

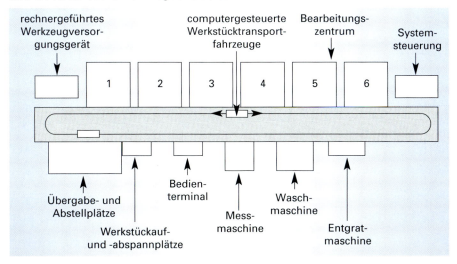

[1] Vgl. S. 201   [2] Vgl. S. 142

7.4.4 Baustellenfertigung

Bei der *Baustellenfertigung* wird das Produkt an einer Baustelle produziert. Es ist ortsgebunden, unbeweglich; Arbeitskräfte, Betriebsmittel und Werkstoffe müssen zur Baustelle transportiert werden (Raumzentralisation).

Baustellenfertigung betrifft in erster Linie die Erstellung von Großprojekten im Hoch- und Tiefbau, von Brücken und Schiffen. Der Arbeitsablauf lässt sich nur in zeitlicher Hinsicht organisieren. Dazu werden Bauablaufpläne erstellt.

Für die Einrichtung der Baustelle und den Transport der Produktionsfaktoren entstehen hohe Kosten. Man bemüht sich deshalb, die Fertigung der Teile in Fabriken zu verlegen (Fertigteil-Bauweise, Normteile), sodass die Arbeit auf der Baustelle sich möglichst auf die Montage reduziert. Dabei spielt handwerkliches Können vielfach noch eine größere Rolle als bei den anderen Organisationsformen.

Wenn möglich, versucht man auch hier die Vorteile der Serienfertigung zu nutzen (z. B. Erstellung gleichartiger Häuser in größeren Bauabschnitten).

Sonderfall: die Fertigung nach dem Wanderprinzip. Der Arbeitsgegenstand ist auch ortsgebunden, doch muss die Baustelle mit dem Arbeitsfortschritt abschnittsweise verlegt werden (Straßen-, Kanal- und Gleisbau, Kabelverlegungen, Bau von Pipelines).

Arbeitsaufträge

1. **Es seien folgende Fertigungen gegeben:**
   1) Bau von Überseefrachtschiffen auf der Werft   3) Herstellung von Herrenkonfektion
   2) Abfüllen von Getränkeflaschen   4) Montage von Fernsehgeräten

   Bilden Sie vier Arbeitsgruppen, eine für jede Fertigung. Jede Arbeitsgruppe soll die Fertigungsorganisation festlegen, die für ihren Fall am besten geeignet ist, ihre Entscheidung begründen und die wichtigsten Fertigungsvorgänge beschreiben. Die Ergebnisse der Gruppenarbeit sind in geeigneter Form zu präsentieren.

2. **In einer Industrieunternehmung durchläuft ein Werkstück vier Werkstätten W1 bis W4. In W1 stehen drei Fräsmaschinen F1 bis F3, in W2 drei Spitzendrehmaschinen S1 bis S3, in W3 eine Gewindeschneidemaschine G1 und in W4 drei Bohrmaschinen B1 bis B3.**
   Der folgende (vereinfachte) Arbeitsplan zeigt die Arbeitsvorgänge, ihre Reihenfolge und ihre Zuordnung zu den Maschinen:

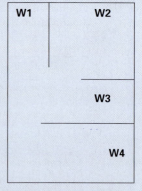

Nr.	Vorgang	Maschine
1	fräsen	Fräsmaschine (F2)
2	drehen	Spitzendrehmaschine (S3)
3	fräsen	Fräsmaschine (F3)
4	bohren	Bohrmaschine (B1)
5	reiben	Bohrmaschine(B2)
6	Gewinde schneiden	Gewindeschneidmaschine (G1)

   a) Platzieren Sie die Maschinen in die Werkstätten und zeichnen Sie den Fluss des Werkstücks durch die Werkstätten.

   b) Organisieren Sie die Arbeitsvorgänge nach dem Flussprinzip und fertigen Sie auch hierfür eine Zeichnung an.

3. **Ein Fertigungsbetrieb (Einzelfertigung) arbeitet in der 5-Tage-Woche mit 8 Stunden pro Tag. Überstunden sind möglich, wenn auch nicht erwünscht, weil sie erhöhte Kosten verursachen (25 % Lohnzuschlag). Es stehen die Maschinen M1, M2, M3, M4, M5 zur Verfügung.**

136

In der 36. Woche müssen aus Termingründen folgende Arbeitsvorgänge unbedingt ausgeführt werden (Zeitangaben in Stunden):

Auftrag 1: 20 M2 → 5 M4 → 3 M5 → 7 M1   Auftrag 4: 10 M5 → 10 M1 → 5 M4
Auftrag 2: 15 M1 → 2 M3 → 3 M5   Auftrag 5: 20 M1 → 4 M2 → 2 M3 → 17 M4
Auftrag 3: 15 M3 → 5 M2   Auftrag 6: 15 M4 → 5 M5 → 5 M3 → 11 M2

a) Nehmen Sie eine möglichst optimale Maschinenbelegung vor.
b) Welche Möglichkeiten bleiben, wenn die Reihenfolge der Arbeiten es unmöglich machen sollte, dass alle Aufträge in der Woche ausgeführt werden können?
c) Erläutern Sie die Probleme, die hier im Hinblick auf die Durchlaufzeiten und die Maschinenauslastung zu Tage treten, und ihre wirtschaftlichen Auswirkungen.
d) Je nach der gewählten Bearbeitungsreihenfolge entstehen für bestimmte Aufträge offensichtlich immer Wartezeiten. Nennen Sie Gründe, die es rechtfertigen bestimmte Aufträge vorzuziehen.
e) Für welche Fertigungsorganisation sind die beschriebenen Probleme typisch und bei welcher sind sie optimal gelöst? Welche Nachteile hat dafür die letztgenannte Organisationsform?

4. **Das Fließband ist zum einen durch eine konsequente Arbeitszerlegung, zum anderen durch eine einheitliche Taktzeit gekennzeichnet.**
   a) Was versteht man unter Arbeitszerlegung und Taktzeit?
   b) An einem 8-Stunden-Tag sollen an einem Fließband 96 Einheiten produziert werden. Berechnen Sie die Taktzeit.
   c) Die einheitliche Austaktung eines Fließbandes ist in der Praxis recht schwierig. Begründen Sie dies und erläutern Sie, inwiefern die Arbeitszerlegung hier eine bedeutsame Hilfestellung leistet.
   d) Welche wirtschaftlichen Vorteile bewirken Arbeitszerlegung und einheitliche Taktzeit? Welche negativen Auswirkungen haben sie andererseits für den arbeitenden Menschen?

5. **Auf einer Fertigungsstraße sollen folgende Arbeitsgänge vollzogen werden (Zeitangaben in Minuten):**

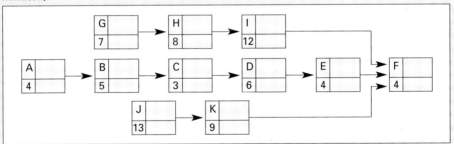

Die Arbeitszeit pro Tag beträgt 8 Stunden. Es sollen 37 Teile pro Tag fertiggestellt werden.
Stellen Sie einen optimalen Fließbandabgleich her.

6. **Eine Industrieunternehmung fertigt ihre Produkte in Fließfertigung. Diese hat folgende Struktur:**

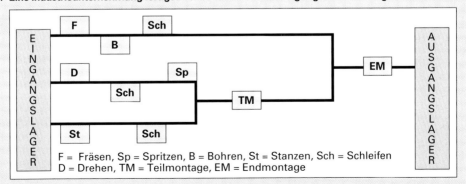

F = Fräsen, Sp = Spritzen, B = Bohren, St = Stanzen, Sch = Schleifen
D = Drehen, TM = Teilmontage, EM = Endmontage

Im Rahmen von Rationalisierungsmaßnahmen soll die Fließfertigung durch Gruppenfertigung ersetzt werden. Zeichnen Sie Ihren Vorschlag für die neue Fertigungsorganisation.

7.5 Fertigungsverfahren nach dem Grad der Beteiligung menschlicher Arbeitskraft

In einer Keksfabrik werden einer Teigknetmaschine die Zutaten (Mehl, Fett, Milch, Gewürze u. a.) zugeführt. Der Teig läuft durch Ausstechwalzen, die Teigreste werden erneut zum Ausstechen ausgerollt. Die Plätzchen wandern durch den Backofen, kühlen aus, werden glasiert (Zuckerguss, Schokolade), in Tüten gefüllt, auf einer Waage wird das Gewicht kontrolliert. Sie fügt bei zu geringem Gewicht Plätzchen hinzu. Dann werden die Tüten verschlossen und in Kartons gelegt. Diese werden zugeklebt und von einer Maschine mit Aufschrift versehen. Erst dann wird das Gebäck von Menschenhand zum Weitertransport in Empfang genommen.

7.5.1 Substitution von Arbeit durch Kapital

Wenn grundsätzlich die Möglichkeit besteht, Arbeitsvorgänge auf verschiedene Art zu organisieren, so wird der Unternehmer unter der Voraussetzung gleicher Leistungsfähigkeit eine möglichst kostengünstige Kombination der Produktionsfaktoren anstreben: die **Minimalkostenkombination.** In der Praxis bedeutet dies: Arbeitskräfte werden durch Maschinen ersetzt.

Diese „Substitution von Arbeit durch Kapital" hat sich in Stufen vollzogen.

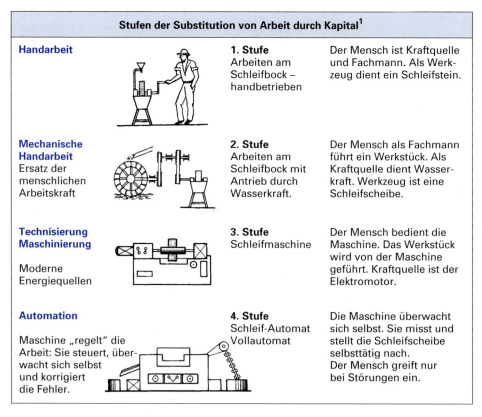

Stufen der Substitution von Arbeit durch Kapital[1]

Handarbeit		**1. Stufe** Arbeiten am Schleifbock – handbetrieben	Der Mensch ist Kraftquelle und Fachmann. Als Werkzeug dient ein Schleifstein.
Mechanische Handarbeit Ersatz der menschlichen Arbeitskraft		**2. Stufe** Arbeiten am Schleifbock mit Antrieb durch Wasserkraft.	Der Mensch als Fachmann führt ein Werkstück. Als Kraftquelle dient Wasserkraft. Werkzeug ist eine Schleifscheibe.
Technisierung Maschinierung Moderne Energiequellen		**3. Stufe** Schleifmaschine	Der Mensch bedient die Maschine. Das Werkstück wird von der Maschine geführt. Kraftquelle ist der Elektromotor.
Automation Maschine „regelt" die Arbeit: Sie steuert, überwacht sich selbst und korrigiert die Fehler.		**4. Stufe** Schleif-Automat Vollautomat	Die Maschine überwacht sich selbst. Sie misst und stellt die Schleifscheibe selbsttätig nach. Der Mensch greift nur bei Störungen ein.

Auch heute unterscheidet man noch manuelle, maschinelle und automatische Fertigung.

---

[1] Quelle: Baumann u.a., Wirtschafts- und Betriebslehre, Köln

Manuelle Fertigung

Handarbeit findet man heute überwiegend im Handwerk. Allerdings erfolgt sie unter Einsatz moderner Handmaschinen (Bohrmaschine, Schwingschleifer, Stichsäge usw.). In der industriellen Fertigung findet man sie z. B. bei Montagearbeiten und Präzisionsarbeiten. Allerdings werden hier immer mehr Roboter eingesetzt.

Die manuelle Fertigung kann sich leicht auf andere Arbeitsgänge umstellen. Der Arbeiter erlebt die Entstehung seines Produktes mit, er wird zur Leistung motiviert.

Andererseits ist Handarbeit relativ wenig rationalisierbar. Folglich ist die Produktivität relativ gering. Betriebe mit Handarbeit sind lohnintensiv.

Maschinelle Fertigung

Die maschinelle Fertigung ist in der Einzel-, Serien- und Sortenfertigung anzutreffen. Sie ist weniger anpassungsfähig als die manuelle Fertigung, aber bedeutend produktiver: Die Arbeitskraft kann in der gleichen Zeit mehr Leistungen erstellen. Folglich treten mit zunehmender Maschinisierung die Lohnkosten hinter die Anlagekosten zurück. Der Betrieb wird anlagenintensiver. Auch die maschinelle Fertigung wird immer mehr durch automatische Fertigungsverfahren ersetzt.

Automatische Fertigung

Die Automation findet sich sowohl in der Einzelfertigung (Anfertigung von Einzelteilen auf automatischen Maschinen) als auch in der Serien-, Sorten- und (vor allen Dingen) Massenfertigung. Sie führt zur höchsten Arbeitsproduktivität. Automatisierte Betriebe weisen die typischen Merkmale anlagenintensiver Betriebe auf.

Automaten übernehmen ganze Arbeitsprozesse (z. B. vollautomatische Walzstraßen, Flaschenabfüllanlagen, EDV-Anlagen). Sie ersetzen vor allem repetitive (wiederholbare, routinemäßige) Tätigkeiten.

Was bleibt denn da noch für den Menschen übrig?

Nun, vor allem:
- *kreative Tätigkeiten,*
- *verantwortliche Entscheidungen,*
- *Arbeiten im Dienstleistungsbereich.*

7.5.2   Computer Aided Manufacturing (CAM)

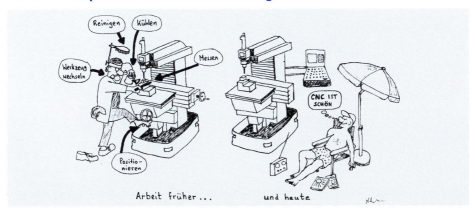

Aufgaben von CAM

Der gegenwärtige Stand der Fertigungsautomation ist durch eine zunehmende Steuerung der Fertigung durch Computer gekennzeichnet.

Computer Aided Manufacturing (CAM) **bedeutet computergestützte Fertigung durch numerisch[1] gesteuerte Maschinen.**

Numerische Steuerungen finden heute im Fertigungsbereich vielfältige Anwendung:

■ Sie werden eingesetzt zur Steuerung von spanenden, abtragenden, umformenden und trennenden Werkzeugmaschinen.

■ Sie steuern Kunststoff bearbeitende Maschinen, Industrieroboter, Montagemaschinen, Prüf- und Messmaschinen sowie ganze Anlagen (z. B. Montagestraßen in der Automobilindustrie).

Bei CAM werden für die Ermittlung und Speicherung der für die Fertigung notwendigen Daten Computer eingesetzt. Es werden Daten benötigt über

■ die Konstruktionsmerkmale,

■ den Bedarf an Material, Betriebsmitteln und Personal,

■ den Arbeitsablauf,

■ die Termine,

■ die Maschinenbelegung,

■ die Fertigungsmenge.

Die Basis für diese Daten liefert die Konstruktion, die ihrerseits mit Hilfe von Computern erfolgt[2]. Die Konstruktionsdaten werden außerdem für die Steuerung der eingesetzten CNC-Maschinen und Roboter benötigt.

CNC-Maschinen

CNC-Maschinen verfügen über einen Computer, der vom Bediener frei programmiert werden kann (CNC = Computer Numerical Control). Programmspeicherung, Pro-

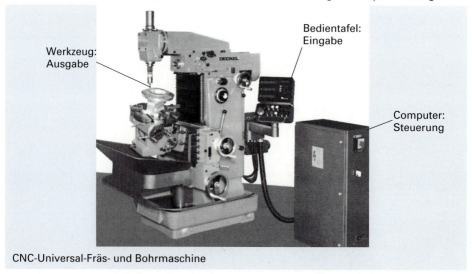

Werkzeug: Ausgabe

Bedientafel: Eingabe

Computer: Steuerung

CNC-Universal-Fräs- und Bohrmaschine

---

[1] numerisch = sich nur aus Ziffern zusammensetzend. Die genannten Maschinen werden durch Programme gesteuert, deren Daten – wie bei allen Computerprogrammen – letztlich nur aus den Ziffern 0 und 1 bestehen.
[2] Vgl. S. 90.

grammänderung und Programmoptimierung an der Maschine sind heute selbstverständlich. Der Bediener übernimmt die Konstruktionsdaten und gibt die Arbeitsplandaten ein (z. B. Vorfahrwege, Vorschub, Spindeldrehzahl, Werkzeug, Kühlmittel u. a. m.). Vor der Abarbeitung des Programms sind **Testläufe** nötig, um Maschinen- und Werkstoffschäden zu vermeiden.

Die numerische Steuerung ermöglicht es, einen ausgeführten Bearbeitungsgang zu speichern und immer wieder abzurufen. Folglich entfällt die Bedienung der Maschine durch den Menschen. Die Maschine übernimmt die Bedienung selbst. Dies bedeutet eine große körperliche Entlastung.

DNC-Systeme

In Betrieben mit vielen CNC-Maschinen hat man die Steuerungen an einen größeren **zentralen Rechner** gekoppelt. Man hat so die Verwaltung und Verteilung der Steuerprogramme zentralisiert und vereinfacht. Solche DNC-Systeme (Direct Numerical Control) übernehmen darüber hinaus auch die Informationen über den Zustand von Maschinen und den Arbeitsfortschritt. Sie sind außerdem in der Lage, gemeinsame Transportvorrichtungen zu steuern.

Industrieroboter

Industrieroboter sind universell einsetzbare Automaten, die in erster Linie für die Fertigung großer Stückzahlen eingesetzt werden. Der Arbeitsprozess ist in sinnvolle Arbeitsschritte aufgeteilt, an jedem Arbeitsplatz müssen nur bestimmte Aufgaben gelöst werden. Der Arbeiter muss oft in kurzer Zeit Bewegungen ausführen, die sich immer wiederholen. Soll ein Roboter diese Aufgaben übernehmen, so muss er die Fähigkeiten des Menschen imitieren können. Meist wird die Funktion eines menschlichen Armes imitiert: Auf- und Ab-, Links- und Rechts-, Raus- und Rein-, Schwenk- und Drehbewegungen.

Das Wort Roboter stammt aus dem Slawischen und bedeutet dort: harte Arbeit.

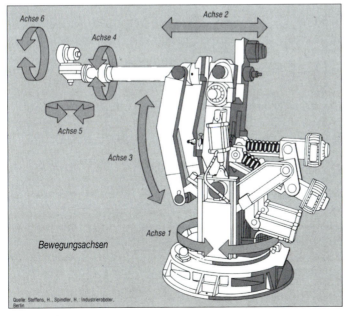

Bewegungsachsen

Achse 6
Achse 4
Achse 2
Achse 5
Achse 3
Achse 1

Quelle: Steffens, H., Spindler, H.: Industrieroboter, Berlin

- Die Bewegungen werden durch Bewegungsachsen ermöglicht und als Freiheitsgrade bezeichnet.
  Achse 1 erlaubt eine Drehung des gesamten Roboters, Achse 2 erlaubt das Längsfahren des Armes, Achse 3 erlaubt das Schwenken des Armes, Achsen 4, 5 und 6 erlauben Drehungen des Greifers.
- Die Bewegungen sind hinsichtlich Bewegungsfolgen, -wegen und -winkeln frei programmierbar (d.h. ohne mechanische Eingriffe veränderbar).
- Die Programmierung erfolgt, indem der Roboter oder ein Programmiergestell von Hand geführt werden. Der Roboter zeichnet die Bewegung auf und kann sie dann automatisch ausführen.
- Für Ihre Arbeit sind die Roboter mit Greifern, Werkzeugen, Messgeräten oder anderen Fertigungsmitteln ausgestattet.
- Die Steuerung erfolgt elektronisch durch einen Mikroprozessor.

Viele Roboter können heute schon sehen, fühlen und hören. Dies erfolgt mittels Sensoren (Messwertaufnehmer): Kameras ersetzen die Augen, Ultraschall das Ohr und Flächensensoren die Fingerspitzen.

Beispiel:

Roboter ohne Sensoren greifen ins Leere, wenn ein Werkstück nicht so liegt, wie das Programm es vorsieht. Sensoren können die Abweichungen erfassen und messen. Dementsprechend veranlassen sie die Steuerung, die notwendige Roboterbewegung zu korrigieren.

Bearbeitungszentren

In Bearbeitungszentren sind CNC-Maschinen und Industrieroboter miteinander verbunden. Dabei werden das Herstellungsverfahren, die Werkzeugwahl, der Werkzeugwechsel sowie der Fertigungsablauf durch ein Werkstückprogramm gesteuert. Das Bearbeitungszentrum kann unterschiedliche Tätigkeiten wie Bohren und Fräsen durchführen.

Flexible Fertigungssysteme

In einem flexiblen Fertigungssystem sind mehrere Bearbeitungszentren miteinander verzahnt[1].

- Die Verbindung erfolgt durch ein automatisches, elektronisch gesteuertes Transport- und Beschickungssystem. Dieses befördert die Werkzeuge und Werkstücke zu den einzelnen Maschinen.
- Ein zentrales Informations- und Steuerungssystem steuert alle Transportvorgänge und Bearbeitungen.
- Sämtliche Arbeiten – mit Ausnahme der Überwachung, Wartung und Fehlerbeseitigung – laufen automatisch ab.
- Unterschiedliche Werkstücke können in beliebiger Reihenfolge eingeplant werden.
- Die Werkstücke können durch ein Wechseln unterschiedlicher Werkzeuge unterschiedlich bearbeitet werden.

Je nach dem Grad der Flexibilität können mit flexiblen Fertigungssystemen verschiedene Varianten des gleichen Produkttyps, verschiedene Typen ähnlicher Produkte oder sogar verschiedene Produkte hergestellt werden.

Flexible Fertigungssysteme sind die Vorstufe zur vollautomatischen „menschenleeren Fabrik". Sie verbessern u. a. die Arbeitsbedingungen, da gefährliche, monotone und körperlich schwere Tätigkeiten von Maschinen erledigt werden.

---

[1] vgl. Seite 135

Vorteile von CAM	– Erfassung und schnelle Verarbeitung großer Datenmengen, fehlerfreie Weiterverwendung einmal eingegebener Daten; – Automatisierung der Einzel- und Kleinserienfertigung; – flexible Fertigung, hohe Anpassungsfähigkeit an Nachfrageänderungen (z. B. Voraussetzung für Just-in-Time); – exakte Terminplanung (ebenfalls Voraussetzung für Just-in-Time); – fehlerfreie Fertigung durch mitlaufende Fertigungskontrolle.

7.5.3 Computer Integrated Manufacturing (CIM)

Die technologische und organisatorische Spitzenstellung von heute entscheidet über die Marktmacht von morgen. Wer im Wettbewerb bestehen will, muss das Innovationstempo mitbestimmen und Wettbewerbsvorteile durch verkürzte Entwicklungs- und Produktionszeiten bei gleichzeitig hoher Produktqualität sichern. Die Kunden wollen kurze, exakt eingehaltene Lieferzeiten, gesicherte Qualität und ein vielfältiges, flexibles Sortiment.

Auf diese Herausforderungen reagierte man sehr lange mit einer voneinander isolierten Automation in einzelnen Teilbereichen. Die Insellösungen brachten jedoch nicht den gewünschten Erfolg, da sämtliche Unternehmensabläufe von der Kundenanfrage bis zum Versand des Produktes nicht material- und informationstechnisch zu einem integrierten Gesamtsystem verknüpft waren.

Deshalb musste man nach umfassenderen Lösungen suchen. Die Antwort lag im ... „Computer Integrated Manufacturing"...

(pc-profi Mai 1993, hrsg. vom Deutschen Sparkassenverlag, Stuttgart)

Computer Integrated Manufacturing (CIM) bedeutet computerintegrierte Fertigung. In dieser höchsten Automationsstufe sind alle Fertigungs- und Materialbereiche untereinander sowie mit der Verwaltung durch ein einheitliches Computersystem verbunden, dem ein zentrales Datenbanksystem angeschlossen ist. Jeder berechtigte Benutzer kann die von ihm benötigten Daten aus dem System abrufen und verwerten.

Der computerintegrierten Fertigung liegt folglich ein **vernetztes Informationssystem** zu Grunde. Dieses ermöglicht die durchgängige Nutzung von einmal gewonnenen Datenbeständen ohne erneute Erfassung. Es ist Bestandteil des umfassenden Management-Informationssystems.

Vergleichen Sie die Ausführungen auf Seite 21 f.

Bei CIM werden mit Hilfe eines komplexen Computerprogramms alle betrieblichen Prozesse vom Kundenauftrag über die Konstruktion, Materialbeschaffung, Planung, Steuerung und Kontrolle der Fertigung bis zur Auslieferung, Fakturierung und ggf. Mahnung geplant, gesteuert und überwacht.

Vernetzte Lösungen werden die traditionellen isolierten Lösungen ersetzen. Sie eröffnen folgende Möglichkeiten:

Stärkung der Marktstellung	Senkung der Kosten
• durch bessere Berücksichtigung von Kundenwünschen auf Grund flexibler Produktion • durch größere Termintreue • durch prompte Bereitstellung von Serviceleistungen • durch höhere Produktqualität	• durch kürzere Rüstzeiten der Anlagen • durch kürzere Durchlaufzeiten der Produkte • durch bessere Kapazitätsauslastung • durch geringere Kapitalbindung (z. B. auf Grund niedrigerer Lagerbestände) • durch fehlerfreie Fertigungsunterlagen • durch Senkung von Ausschuss und Nacharbeit

CIM beinhaltet eine Reihe von Einzelbausteinen. Sie sind isoliert funktionsfähig, aber erst ihre Integration in einer vernetzten Lösung lässt CIM entstehen:

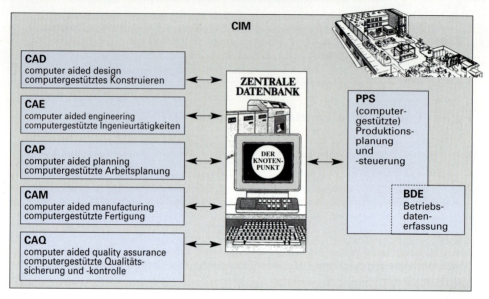

CAD

CAD ist ein computergestütztes Verfahren, das es erlaubt, direkt am Bildschirm zu entwerfen, zu konstruieren und zu ändern.

Einzelheiten zu CAD finden Sie auf Seite 90 ff.

CAE

CAE ist eng mit CAD verbunden. Es kann auf dem Computer den Fertigungsvorgang in allen Einzelheiten simulieren und Verschleiß- und Produktionsfehler ermitteln, die bei der Fertigung auftreten können. So werden am Bildschirm Festigkeits-, Wärme-, Zähigkeits- und Strömungsuntersuchungen, Wege- und Verteilungsanalysen durchgeführt.

Beispiel:

Im Kunststoffbau lässt sich die Fließdynamik beim Spritzvorgang simulieren, die entscheidend für die Festigkeitseigenschaften eines Kunststoffbauteils ist. Dadurch werden unerwünschte Lufteinschlüsse, Überhitzungen oder vorzeitige Erstarrungen frühzeitig erkannt.

CAP

Mit CAP werden am Computer Arbeitsvorgaben erstellt, insbesondere Arbeitsgänge und Arbeitspläne.

Vergleichen Sie hierzu Seite 154.

CAM

CAM als computergestützte Fertigung mit numerisch gesteuerten Maschinen wurde bereits ausführlich erläutert.

CAQ

CAQ umfasst alle Verfahren zur computergestützten Qualitätssicherung und Qualitätskontrolle. Dazu gehören die Erstellung von Prüfplänen und die Durchführung rechnergesteuerter Mess- und Prüfverfahren. Gegenstand von CAQ sind Mengen-, Termin- und Qualitätsprüfungen. Das System stützt sich dabei im Wesentlichen auf die Daten, die im Rahmen von CAD und CAM ohnehin anfallen. Sie werden vom Betriebsdatenerfassungs-System erfasst. Wichtig ist die Integration von Sensoren in die Fertigungsmaschinen. Sie führt zur ständigen Messung und Überwachung des Fertigungsgeschehens (sog. Prozess-Controlling, Prozessüberwachung) und ermöglicht eine frühzeitige Entdeckung und Korrektur von Fehlern.

PPS

PPS steht für Produktionsplanung und -steuerung.

Ein PPS-System ist ein Software-System (ein Paket von Computer-Anwenderprogrammen), das eine optimale Planung und Steuerung des konkreten Produktionsgeschehens ermöglichen soll.

Das System enthält eine Datenbank, in die die zuständigen Mitarbeiter alle Daten über Fertigungsaufträge und Produkte eingeben. Die Daten werden durch das System verwaltet, ausgewertet und für die Planung und Überwachung der Aufträge und der zugehörigen Materialien verarbeitet.

Bestandteile eines PPS-Systems

Grunddatenverwaltung
Die wichtigsten Daten sind:

- **Materialstammdaten (Teilestammdaten)**
  Alle Materialien/Teile sind in einer besonderen Tabelle (Material-/Teilestammtabelle) gespeichert. Diese enthält für jede Material-/Teileart einen Datensatz: den Material-/Teilestammsatz. Er enthält z. B.: Materialnummer, -bezeichnung, -gruppe; Mengeneinheit, Gewicht/Volumen; Lieferanten- und Bestellnummer, Einkaufspreis; Verbrauchsmenge und -wert; Lagerbestand

Beachte: In der Praxis überträgt man zunehmend die Datenverwaltung dem universellen Datenbank-System. Vorteil: Die PPS-Daten stehen auch anderen betrieblichen Software-Systemen zur Verfügung, und das PPS kann seinerseits auf Daten aus anderen Bereichen zugreifen. Dies dient der Verwirklichung von CIM.

- **Erzeugnisstrukturdaten**
  Daten über die konstruktive Zusammensetzung der Produkte aus Baugruppen, Einzelteilen und Werkstoffen entsprechend dem Strukturbaum.

- **Auftragsdaten (Bewegungsdaten)**
  Daten über Zugänge, Änderungen und Lösungen von Aufträgen und über den Materialbedarf.

- **Arbeitsplandaten**
  Daten über Arbeitsgänge, Zeitvorgaben und Arbeitswerte, die für die Erzeugung der Arbeitspläne benötigt werden.

- **Betriebsmitteldaten**
  Kapazitäts-, Rechnungswesen-, Instandhaltungsdaten und technische Daten der Fertigungsanlagen

Bedarfsermittlung
Ermittlung des Materialbedarfs: Brutto- und Nettobedarf

Lagerbestandsführung
Ermittlung des verfügbaren Lagerbestands

Bestellwesen
Lieferantenauswahl, Bestellerfassung und -verwaltung, Bestellüberwachung, Wareneingangsprüfung, Rechnungsprüfung

Vorkalkulation

Berechnung des Angebotspreises

Durchlaufterminierung

Zeitliche Aneinanderreihung der Arbeitsgänge für die einzelnen Fertigungsaufträge zum Zweck der Terminermittlung

Kapazitätsplanung

Ermittlung der bestehenden Kapazitätsauslastung und der noch freien Kapazitäten

Verfügbarkeitsprüfung und Auftragsfreigabe

Überprüfung, ob Werkzeuge und Materialien für die anstehenden Aufträge verfügbar sind. Freigabe der Aufträge zur Fertigung, z. B. durch Ausdruck von Auftragspapieren

Maschinenbelegung (Feinterminierung)

Festlegung der Bearbeitungsreihenfolge auf den Betriebsmitteln

Auftragsfortschrittskontrolle

Erstellung von Informationen über den Stand und Fortschritt der Bearbeitung während des Fertigungsgeschehens

BDE

Das Betriebsdatenerfassungs-System erfasst Daten, die beim Fertigungsprozess anfallen (Maschinen-, Auftrags-, Lager-, Personaldaten), und leitet sie an das PPS-System weiter. Auch die Daten zur Auftragsfortschrittskontrolle gehören dazu. Bei numerisch gesteuerten Maschinen können die Daten weitgehend automatisch erfasst werden. BDE macht den Stand der Fertigung durchsichtig und ermöglicht schnelle Korrekturen.

Arbeitsaufträge

1. **Sowohl Werkstattfertigung als auch Fließfertigung haben sich zunehmend in folgenden Stufen einwickelt:**

| Mechanisierung | → | Technisierung | → | Automatisierung |

   a) Welche Auswirkungen hat diese Form der Rationalisierung (= zweckmäßige Gestaltung von Arbeitsgängen) auf den Einsatz des Produktionsfaktors Arbeit?
   b) Wie wird die Kostensituation des Betriebes beeinflusst?

2. **Auf Seite 139 finden Sie eine Kariktur, die – überspitzt – die Arbeit an einer manuell bedienten Maschine und einer CNC-Maschine zeigt.**
   a) Erläutern Sie die Aussage der Karikatur.
   b) Die Arbeit an einer CNC-Maschine besteht natürlich nicht in Untätigkeit. Welche Tätigkeiten und Fähigkeiten sind erforderlich?
   c) Erläutern Sie die numerische Steuerung als wesentlichen Bestandteil von CAM.

3. **Die „Fabrik der Zukunft"**

   Die Produktivität, Produktionsgeschwindigkeit, Flexibilität, Qualität und Zuverlässigkeit der nächsten Generation unserer Fabriken wird ein Niveau erreichen, das auf der Grundlage konventioneller Produktionsstrukturen nicht realisierbar wäre.

   Die Fabrik der Zukunft ist rechnerintegriert und flexibel automatisiert. Sie ist weitgehend frei von geschriebener Informationsübermittlung, verfügt über einen kontinuierlichen Fertigungsablauf und ist materialtechnisch und informationstechnisch verknüpft. Eine große Vielfalt von Produkten wird in kleinen Losen oder in beliebiger Reihenfolge wirtschaftlicher als heute hergestellt werden können. Die Vorbereitungszeiten für die Einführung neuer Produkte werden stark verkleinert. Zwischenlagerbestände verschwinden fast vollständig, eine Endlagerung von Fertigprodukten zur Anpassung an schwankende Marktnachfrage ist kaum noch erforderlich...

In der Fabrik der Zukunft werden die Rahmenbedingungen wirtschaftlicher Produktion weitgehend verändert. Der Kapitalbedarf für Investitionen steigt erheblich und erhöht die fixen Kosten. Es werden hohe Investitionen in Softwareentwicklung, Rechnerprogrammierung, Instandhaltung sowie die Fähigkeit zu schnellen Reparaturen erforderlich. Die benötigten Summen können höher sein als die Investitionskosten der Maschinen. Der Anteil der variablen Kosten an den Gesamtkosten wird gegenüber den festen Kosten kleiner. Den höheren Investitionskosten ... steht eine Steigerung der Produktivität, eine merkbare Verbesserung der Qualität, eine Erhöhung der Umstellfähigkeit, eine Verminderung der Lohnanteile, der Kosten für in Material, in Halbfertig- und Fertigprodukten gebundenes Kapital, eine Minderung von Ausschuss und Nacharbeit, eine schnellere Reaktionsmöglichkeit gegenüber. Die höhere Gesamtinvestition wird eine Umlage auf eine größere Zahl herzustellender Produkte erfordern. Die Flexibilität der Fertigungsmittel macht die Erfüllung dieser Bedingungen durch die Fertigung eines breiten Produktionsspektrums leichter als in der konventionellen Fertigungslinie.

Bei flexibler Automatisierung sind die Kosten pro Stück eines Produkts zukünftig nicht mehr abhängig von der produzierten Stückzahl, sondern von der Bearbeitungszeit eines Teiles oder Produktes im Fertigungssystem. Die Kosten der Einzel- und Kleinserienfertigung ... nähern sich den bei Massenherstellung erreichten Durchschnittswerten. Die Fabrik der Zukunft wird daher in die Lage versetzt, die Zahl der hergestellten Produkte und Produktvarianten ohne Mehrkosten zu erweitern.

Lebenszyklen von Produkten werden verkürzt und Neukonstruktionen häufiger. Der Verbraucher wird auf der Basis dieser Herstellungsbedingungen zunehmend hohe Qualität und individuelle Gestaltung des Industrieproduktes fordern.

Quelle: D. Specht, Fabrik der Zukunft, in: Informationen zur politischen Bildung, Nr. 218, 1. Quartal 1988.

a) Die moderne Fabrik ist rechnerintegriert. Erläutern Sie, was dies bedeutet, und nehmen Sie dazu das Schaubild auf Seite 144 zu Hilfe.
b) Die moderne Fabrik ist flexibel automatisiert. Was bedeutet dies?
c) Erläutern Sie das Verhältnis von fixen und variablen Kosten in der modernen Fabrik. Begründen Sie diesen Zusammenhang.
d) Es wird behauptet, dass die moderne Fabrik große Fertigungsmengen benötigt, dass aber trotzdem Einzel- und Kleinserienfertigung vorliegen wird. Klären Sie diesen „Widerspruch" auf.

4. Das PPS-System ist mit anderen Elementen des CIM-Systems verbunden.

a) Erstellen Sie eine Grafik, die die Beziehungen zwischen den CIM-Elementen CAD, CAE, CAP, CAM, CAQ, PPS und BDE aufzeigt.
b) Welche Aufgaben erfüllt ein PPS-System?
c) Erfassen Sie die Grunddaten eines PPS-Systems in einer Mindmap.

(Hinweis: Zumindest bei a) und c) wird Gruppenarbeit empfohlen.)

8 Fertigungsprozessmanagement – Auftrags-bearbeitungsprozesse in der Fertigung

8.1 Vorkalkulation und Auftragswesen

Die Motoren- und Getriebebau GmbH (MGG) hat eine Anfrage bezüglich Lieferung von 200 Schieberäder-Getrieben erhalten. Die Überprüfung der gewünschten Lieferfristen, der Lagerbestände, der freien Produktionskapazität und der Finanzierung ergibt, dass ein eventueller Auftrag ausgeführt werden kann. Es wird eine Vorkalkulation erstellt und ein Angebot abgegeben.

8.1.1 Vorkalkulation

In der Vorkalkulation wird der Angebotspreis errechnet. Zunächst ermittelt man die Selbstkosten des Produkts. Dabei geht man nach dem Schema der Gesamtkostenkalkulation des Kostenträgerzeitblattes vor[1]. Anschließend kalkuliert man den notwendigen Gewinn. Weiterhin sind Skonto und Rabatt für den Kunden in die Rechnung einzubeziehen.

Beispiel: Angebotskalkulation für 200 Schieberäder-Getriebe

- Materialeinzelkosten (Verbrauch an Fertigungsmaterial; ergibt sich aus der Stückliste): 20 000,00 EUR.
- Fertigungseinzelkosten (Fertigungslöhne gemäß Zeitangaben in den Arbeitsplänen[2] und Lohnsätzen der Arbeiter: 11 000,00 EUR.
- Maschinenkosten entsprechend errechneter Maschinenstundensätze und Maschinenlaufzeiten: 31 000,00 EUR.
- Es wird ein Gewinnzuschlag von 10 % auf die Selbstkosten verrechnet.
- Die Kunden erhalten bei Barzahlung 3 % Skonto.
- Bei einer Abnahmemenge von 200 Stück werden dem Kunden 15 % Rabatt eingeräumt.

(1)	Fertigungsmaterial	100 %	20 000,00 EUR		
(2)	+ Materialgemeinkosten	20 %	4 000,00 EUR		
(3)	= Materialkosten	120 %	24 000,00 EUR		24 000,00 EUR
(4)	+ Maschinenkosten			31 000,00 EUR	
(5)	+ Fertigungslöhne	100 %	11 000,00 EUR		
(6)	+ Fertigungsgemeinkosten	45 %	4 950,00 EUR		
(7)	= Fertigungskosten	145 %	15 950,00 EUR	15 950,00 EUR	
(8)				46 950,00 EUR	46 950,00 EUR
(9)	= Herstellkosten	100 %			70 950,00 EUR
(10)	+ Verwaltungsgemeinkosten	15 %			10 642,50 EUR
	+ Vertriebsgemeinkosten	9 %			6 385,00 EUR
(11)					
(12)	= Selbstkosten	124 %	100 %		87 978,00 EUR
	+ Gewinnzuschlag		10 %		8 797,80 EUR
(13)	= Barverkaufspreis	97 %	110 %		96 775,80 EUR
(14)	+ Kundenskonto	3 %			2 993,07 EUR
(15)	= Zielverkaufspreis	100 %	85 %		99 768,87 EUR
(16)	+ Kundenrabatt		15 %		17 606,27 EUR
(17)	= Listenverkaufspreis		100 %		117 375,14 EUR

Alle Gemeinkostenzuschläge entstammen dem Kostenträgerzeitblatt der MGG.

Erläuterungen zu (13) bis (16)

Der Rabatt wird vom Listenverkaufspreis (Preis laut Preisliste; Angebotspreis ohne Nachlässe) gewährt. Letzterer ist rechnerisch der Grundwert (100 %). Nach Abzug des Rabatts verbleibt der Zielverkaufspreis. Er gilt für Lieferungen mit Zahlungsziel. Bei vorzeitiger Zahlung erhält der Kunde Skonto vom Zielpreis. Letzterer ist also bei diesem Rechenschritt der Grundwert (100 %). Es verbleibt der Barverkaufspreis. Bei der Kalkulation in Richtung Listenverkaufspreis (Vorwärtskalkulation) ist folglich zuerst der Skonto auf den Barverkaufspreis, dann der Rabatt auf den Zielverkaufspreis aufzuschlagen. Die Rechnung ist dabei jeweils eine Im-Hundert-Rechnung vom verminderten Grundwert.

Die Vorkalkulation kann heutzutage mit Hilfe des PPS-Systems erfolgen. Die notwendigen Daten bezieht das System aus dem zentralen Datenbanksystem.

---

[1] Vgl. S. 108   [2] Vgl. S. 154

Bei Einzelfertigung, insbesondere bei Großaufträgen und kompletten Neukonstruktionen, ist die Vorkalkulation schwierig und risikoreich. Häufig lässt sie sich nur auf Grund früherer ähnlicher Aufträge durchführen. Bei Serien- und Sortenfertigung (oft weniger komplizierte Produkte) und Varianten bestehender Produkte kann man leicht auf bekannte Werte zurückgreifen. Man muss dann meist nur noch mengenmäßige Veränderungen (z. B. bei Neukonstruktion von Teilen) und Preisänderungen berücksichtigen (z. B. Erhöhung der Stundenlöhne).

Nach der Fertigstellung der Produkte nimmt man eine **Nachkalkulation** vor. Dazu werden die tatsächlich angefallenen Verbrauchswerte an Material, Löhnen und Maschinenstunden ermittelt und zusammen mit den entsprechenden Gemeinkostenzuschlägen in das Kalkulationsschema eingesetzt. So erhält man die tatsächlichen Selbstkosten. Die Differenz zwischen dem erzielten Barverkaufspreis und den Selbstkosten stellt den tatsächlichen Gewinn dar.

8.1.2 Betriebliches Auftragswesen

Durch die Kundenbestellung wird das Angebot angenommen. Aus der Kundenbestellung geht nun der **Kundenauftrag** hervor.

Ein *Auftrag* ist die innerbetriebliche Aufforderung einer dazu befugten Stelle an andere Stellen eine bestimmte Aufgabe durchzuführen.

Der Kundenauftrag zieht weitere innerbetriebliche Aufträge nach sich:

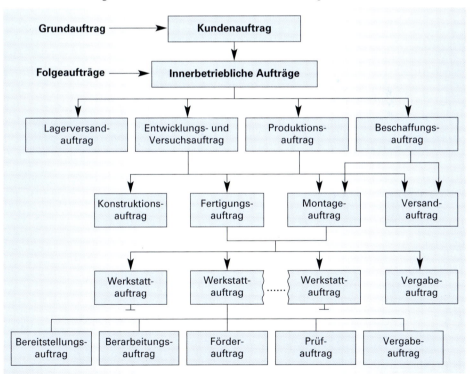

Bei Betrieben mit Lagerfertigung steht der Kundenauftrag nicht am Anfang, sondern eher am Schluss: Beschaffungs- und Fertigungsauftrag kommen von innen, von der Geschäftsleitung her; sie sind **Innenaufträge**. Auf Grund der Marktforschungsergebnisse entschließt sich die Geschäftsleitung, Produkte zu entwickeln, zu konstruieren und zu fertigen, Produktionsfaktoren zu beschaffen, eventuell notwendige Anlagen selbst zu bauen und für ihre Instandhaltung zu sorgen. Der Kundenauftrag löst dann oft nur noch die Lieferung vom Lager aus (Lagerversandauftrag).

Um den Kundenauftrag sachgerecht bearbeiten zu können, wird im Verkauf eine Auftragsvorbereitung vorgenommen. Hierzu gehören außer den oben bereits erwähnten Tätigkeiten vor allem[1]:

- Überprüfung der Bestellung auf Vollständigkeit und Fehler anhand einer Prüfliste,
- Vergabe einer Auftragsnummer,
- Ergänzung des Auftrags durch betriebseigene Bezeichnungen und Nummern (z. B. Standardbezeichnungen und Nummern, die keine Verwechslungen aufkommen lassen),
- Anlegen einer Kundenauftragsmappe.

Arbeitsaufträge

1. **Die Möbelfabrik Kaumanns KG erhält eine Anfrage über 150 Packtische. Der Verkauf will dem Kunden ein Angebot mit 20 % Rabatt und 3 % Skonto machen. Es werden verrechnet:**

Materialgemeinkostenzuschlag	20 %	Vertriebsgemeinkostenzuschlag	10 %
Fertigungsgemeinkostenzuschlag	55 %	Gewinnzuschlag	12 %
Verwaltungsgemeinkostenzuschlag	15 %		

Die Einzelkosten und Maschinenkosten ergeben sich auf Grund folgender Angaben:

Materialliste (gemäß Stückliste)

Bezeichnung	Menge	Abmessung in cm	Einzelpreis in EUR	Gesamtpreis in EUR
Tischbein	4	78	2,40/m	?
Querverbindung	2	100	2,40/m	?
Längsverbindung	2	200	2,40/m	?
Tischplatte	1	200 x 100 x 3	35,00/m^2	?
Schraube	8	3 x 0,5	0,10/Stück	?

Arbeitsgänge laut Arbeitsplan

Arbeits-folge	Arbeits-platz	Arbeitsgang	Rüst-zeit in Min.	Zeit je Einheit in Min.	Stückzahl	Vorgabe-zeit in Min.	Lohnsatz je 60 Min. in EUR
10	21	Tischbein zuschneiden	7	2,0	?	?	21,00
20	21	Längsverbindung zuschneiden	7	2,1	?	?	21,00
30	21	Querverbindung zuschneiden	7	2,1	?	?	21,00
40	26	Gestell schweißen	9	9,5	?	?	22,00
50	30	Gestell grundieren	3	2,2	?	?	21,00
60	40	Gestell lackieren	3	4,2	?	?	21,00
70	50	Montage	6	3,2	?	?	21,00

Maschinenkosten

Arbeitsplatz	Arbeitsgang	Belegungszeit in Min.	Maschinenstundensatz in EUR
21	10, 20, 30	?	110,00
26	40	?	160,00
30	50	?	70,00
40	60	?	70,00
50	70	?	90,00

---
[1] Vgl. S. 487

Lösen Sie die Arbeitsaufträge a) bis e) mit Hilfe eines Tabellenkalkulationsprogramms.

a) Ermitteln Sie die Materialeinzelkosten für den Auftrag.
b) Ermitteln Sie die Fertigungseinzelkosten für den Auftrag.
c) Ermitteln Sie die Maschinenkosten.
d) Ermitteln Sie den Bar-, Ziel- und Listenpreis für das Angebot.
e) Es könnte sein, dass der Kunde seine Bestellung von weiteren Preiszugeständnissen abhängig macht. Wären solche Preiszugeständnisse vertretbar? (Gehen Sie bei Ihren Überlegungen davon aus, dass von den Gemeinkosten 60% fixe Kosten und 40% variable Kosten sind.)
f) Ergibt sich der Fertigungsauftrag im vorliegenden Fall als Außen- oder als Innenauftrag?

2. **Die Maschinenfabrik Wilhelm Willemsen KG in Kempen soll in einer Vorkalkulation die Selbstkosten für ein Spezialwerkzeug berechnen. Aus dem Rechnungswesen werden folgende Daten geliefert: Fertigungsmaterial 100,00 EUR, Fertigungslöhne Dreherei 50,00 EUR, Fertigungslöhne Schleiferei 40,00 EUR. Es gelten folgende Zuschlagssätze:**

Materialgemeinkostenzuschlag...............................	**30%**
Fertigungsgemeinkostenzuschlag Dreherei	**100%**
Fertigungsgemeinkostenzuschlag Schleiferei	**120%**
Verwaltungsgemeinkostenzuschlag......................	**8%**
Vertriebsgemeinkostenzuschlag	**8%**

a) Wie erhält man die Zuschlagssätze für die Vorkalkulation?
b) Berechnen Sie den Selbstkostenpreis des Werkzeugs.
c) Für ein Angebot an einen Kunden werden 12% Gewinnzuschlag kalkuliert. Auf welchen Betrag lautet der Angebotspreis bei sofortiger Zahlung?

Benutzen Sie für b) und c) ein Tabellenkalkulationsprogramm.

8.2 Prozesse der Fertigungsplanung

Die Fertigung der bestellten Schieberäder-Getriebe ist für die MGG keine neue Aufgabe. Die Getriebe befinden sich schon seit drei Jahren im Produktionsprogramm. Sie werden nicht ständig produziert, sondern in bestimmten Zeitabständen wird eine Serie von 500 Stück aufgelegt. Ab und zu bestellt ein Kunde eine größere Menge. Auch in diesem Fall wird ein Fertigungsauftrag erteilt. Als die Getriebe in das Produktionsprogramm aufgenommen wurden, musste der Fertigungsablauf genau geplant werden. Er umfasste vor allem die Ermittlung der Arbeitsgänge und Arbeitsgangfolgen sowie der Durchlaufzeit und des Bedarfs an Personal, Betriebsmitteln und Material.

8.2.1 Aufgaben der Fertigungsplanung

Eine rationale Fertigung verlangt eine gründliche Planung. Diese betrifft:

■ die Planung des Arbeitsablaufs (Arbeitsvorgänge und Zeiten),
■ die Planung des Bedarfs an Betriebsmitteln, Personal und Material,
■ die Dokumentation der Planungsergebnisse.

8.2.2 Abgrenzung von Fertigungsplanung und Fertigungssteuerung

Die Fertigungsplanung legt auf der Grundlage der Konstruktionsunterlagen Regelungen fest, die vor der Erteilung der innerbetrieblichen Fertigungsaufträge getroffen werden.

Diese Regelungen betreffen den Fertigungsablauf und den Bedarf an Betriebsmitteln, Personal und Material. Sie sind jedoch noch nicht auf bestimmte Kundenaufträge und Termine bezogen! Genau hier setzt die Fertigungssteuerung an:

Die Fertigungssteuerung bezieht sich unmittelbar auf den Ablauf des Fertigungsprozesses. Sie bereitet ihn für konkrete Fertigungsaufträge vor, lenkt und überwacht ihn.

Dabei ist die Fertigungssteuerung einerseits auf den einzelnen Auftrag bzw. die einzelne Position des Fertigungsprogramms, andererseits zugleich auf die Steuerung aller Aufträge durch den gesamten Fertigungsfluss abgestellt.

Je nachdem, ob Kundenfertigung oder Lagerfertigung vorliegt, haben Fertigungsplanung und Fertigungssteuerung ein unterschiedliches Gewicht:

Schwerpunkte von Fertigungsplanung und Fertigungssteuerrung	
bei Lagerfertigung:	**bei Kundenfertigung:**
■ Großserien- und Massenfertigung, teilweise in Sorten ■ Aufträge von innen, meist ähnlich oder gleich	■ Einzel- und Kleinserienfertigung ■ Kundenaufträge, im Extremfall immer verschieden (andere konstruktive, bearbeitungsmäßige, materialmäßige Schwerpunkte)
■ Die **Fertigungsplanung** plant eingehend und detailliert den Produktionsablauf und versucht ihn dem Flussprinzip anzunähern. Ein Fließarbeitsplan hält alle Verrichtungen in der richtigen Reihenfolge fest. Die Zeiten der Arbeitsgänge werden berechnet, die Taktzeiten festgelegt und aufeinander abgestimmt. ■ Die **Fertigungssteuerung** konzentriert sich auf rechtzeitige Materialbereitstellung, personelle Besetzung der Arbeitsplätze, Überwachung der Bestände an Material und Erzeugnissen sowie auf Störungen des Ablaufes.	■ Die **Fertigungsplanung** kann nur den organisatorischen Rahmen unter Verzicht auf detaillierte Planungsunterlagen schaffen. ■ Die **Fertigungssteuerung** muss immer neu die Probleme der Materialdisposition, Termindisposition, Auftragsumwandlung, Maschinenbelegung, Bereitstellungsdisposition, Arbeitsverteilung und Arbeitsüberwachung lösen.

Eine eindeutige Abgrenzung von Fertigungsplanung und -steuerung ist nicht möglich. Darum ist in der Praxis meist eine besondere Abteilung, die **Arbeitsvorbereitung**, mit den Aufgaben sowohl der Fertigungsplanung als auch der Fertigungssteuerung betraut. Sie bedient sich für die Erfüllung dieser Aufgabe heutzutage des computergestützten PPS-Systems.

8.2.3 Ablaufplanung

Fertigungsplanung

Aus Zeichnungen und Stückliste wird der Fertigungsplan entwickelt. Er enthält die Baugruppen des Produkts mit den zu fertigenden Teilen.

Beispiel:

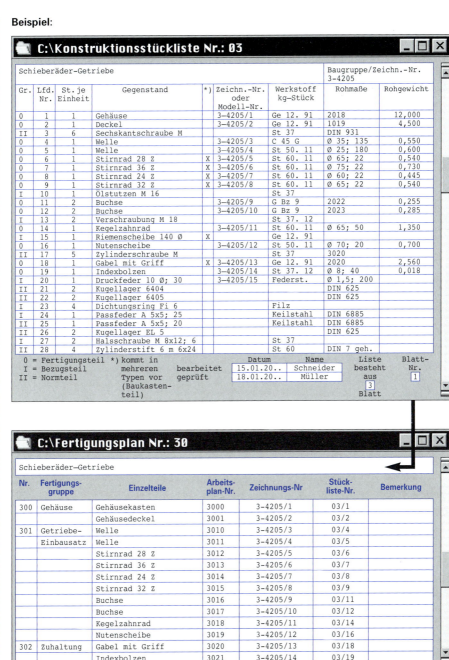

C:\Konstruktionsstückliste Nr.: 03

Schieberäder-Getriebe — Baugruppe/Zeichn.-Nr. 3-4205

Gr.	Lfd. Nr.	St. je Einheit	Gegenstand	*)	Zeichn.-Nr. oder Modell-Nr.	Werkstoff kg–Stück	Rohmaße	Rohgewicht
0	1	1	Gehäuse		3–4205/1	Ge 12. 91	2018	12,000
0	2	1	Deckel		3–4205/2	Ge 12. 91	1019	4,500
II	3	6	Sechskantschraube M			St 37	DIN 931	
0	4	1	Welle		3–4205/3	C 45 G	Ø 35; 135	0,550
0	5	1	Welle		3–4205/4	St 50. 11	Ø 25; 180	0,600
0	6	1	Stirnrad 28 Z	X	3–4205/5	St 60. 11	Ø 65; 22	0,540
0	7	1	Stirnrad 36 Z	X	3–4205/6	St 60. 11	Ø 75; 22	0,730
0	8	1	Stirnrad 24 Z	X	3–4205/7	St 60. 11	Ø 60; 22	0,445
0	9	1	Stirnrad 32 Z	X	3–4205/8	St 60. 11	Ø 65; 22	0,540
I	10	1	Ölstutzen M 16			St 37		
0	11	2	Buchse		3–4205/9	G Bz 9	2022	0,255
0	12	2	Buchse		3–4205/10	G Bz 9	2023	0,285
I	13	2	Verschraubung M 18			St 37. 12		
0	14	1	Kegelzahnrad		3–4205/11	St 60. 11	Ø 65; 50	1,350
I	15	1	Riemenscheibe 140 Ø	X		Ge 12. 91		
0	16	1	Nutenscheibe		3–4205/12	St 50. 11	Ø 70; 20	0,700
II	17	5	Zylinderschraube M			St 37	3020	
0	18	1	Gabel mit Griff	X	3–4205/13	Ge 12. 91	2020	2,560
0	19	1	Indexbolzen		3–4205/14	St 37. 12	Ø 8; 40	0,018
I	20	1	Druckfeder 10 Ø; 30		3–4205/15	Federst.	Ø 1,5; 200	
II	21	2	Kugellager 6404				DIN 625	
II	22	2	Kugellager 6405				DIN 625	
I	23	4	Dichtungsring Fi 6			Filz		
I	24	1	Passfeder A 5x5; 25			Keilstahl	DIN 6885	
II	25	1	Passfeder A 5x5; 20			Keilstahl	DIN 6885	
II	26	2	Kugellager EL 5				DIN 625	
I	27	2	Halsschraube M 8x12; 6			St 37		
II	28	4	Zylinderstift 6 m 6x24			St 60	DIN 7 geh.	

0 = Fertigungsteil *) kommt in
I = Bezugsteil   mehreren
II = Normteil   Typen vor
                     (Baukasten-
                     teil)

	Datum	Name
bearbeitet	15.01.20..	Schneider
geprüft	18.01.20..	Müller

Liste besteht aus 3 Blatt

Blatt-Nr. 1

C:\Fertigungsplan Nr.: 30

Schieberäder–Getriebe

Nr.	Fertigungs-gruppe	Einzelteile	Arbeits-plan-Nr.	Zeichnungs-Nr	Stück-liste-Nr.	Bemerkung
300	Gehäuse	Gehäusekasten	3000	3–4205/1	03/1	
		Gehäusedeckel	3001	3–4205/2	03/2	
301	Getriebe-	Welle	3010	3–4205/3	03/4	
	Einbausatz	Welle	3011	3–4205/4	03/5	
		Stirnrad 28 Z	3012	3–4205/5	03/6	
		Stirnrad 36 Z	3013	3–4205/6	03/7	
		Stirnrad 24 Z	3014	3–4205/7	03/8	
		Stirnrad 32 Z	3015	3–4205/8	03/9	
		Buchse	3016	3–4205/9	03/11	
		Buchse	3017	3–4205/10	03/12	
		Kegelzahnrad	3018	3–4205/11	03/14	
		Nutenscheibe	3019	3–4205/12	03/16	
302	Zuhaltung	Gabel mit Griff	3020	3–4205/13	03/18	
		Indexbolzen	3021	3–4205/14	03/19	

Erstellung des Arbeitsplans

Für jedes Teil, jede Baugruppe und das Produkt hält man nun in einem gesonderten Arbeitsplan das technische Fertigungsverfahren (Fertigungsablauf) genau fest.

Der Arbeitsplan enthält die Folge der Arbeitsvorgänge für ein Erzeugnis, eine Baugruppe oder ein Einzelteil. Er enthält auch die nötigen Informationen über:

- das Werkstück,
- das Ausgangsmaterial,
- die Betriebsmittel (Kostenstellen),
- die Vorrichtungen und Werkzeuge,
- die Lohngruppen,
- die Rüstzeiten und Vorgabezeiten je Einheit.

Dies ist der Arbeitsplan für den Gehäusekasten des Schieberäder-Getriebes.

Beispiel:

C:\Arbeitsplan Nr.: 3000

Gegenstand				Auftrags-(Kommissions-)Nr.		Arbeitsplan Nr.	
Gehäusekasten 03/1						3000	

Zeichnungs-Nr.	Baumuster-Type	Teil-Nr.			Los-Nr.	Losgröße	
4-420571	6045-006.039	3000					

Menge	Einh.	Werkstoff	Abmessung oder Modell-Nr.				
1	Stück	Ge 12.91	2018				

Betriebs-mittel, Kosten-stelle	Arb.-folge	Arbeitsgang	Unter-weisungs-karte Nr.	Vorrichtung, Werkzeug	Lohn-gruppe	Zeitvorgabe t_r	t_e
1130	010	richten	30000		04	8,00	1,00
0310	020	Auflagefläche winklig fräsen	30001	Fräsvorr. 3	06	10,00	1,20
0260	030	bohren Ø 5,8	30002	Bohrvorr. 7	05	8,00	0,50
0260	040	bohren 4 x Ø 4,8; 2 x Ø 2,8; 2 x Ø 3,8; 9 x Ø 2,5; Ø 4	30003	Bohrvorr. 9	05	8,00	8,10
0260	050	reiben 2 x Ø 4; 2 x Ø 3	30004		06	8,00	1,90
0280	060	Gewinde schneiden 10 x M3	30005	Gew. vorr. 7	06	8,00	4,40
0260	070	reiben 4 x Ø 5	30006	Reibvorr. 17	06	8,00	2,20
0310	080	Fläche winklig fräsen	30007	Fräsvorr. 12	06	10,00	1,50
1130	090	entgraten	30008		03	5,00	1,20

t_r = Rüstzeit, t_e = Zeit je Einheit (in Minuten)

Der Inhalt des Arbeitsplans im Einzelnen:

- **Allgemeine Angaben:** Sie kennzeichnen den Arbeitsplan und das Werkstück.
- **Arbeitsvorgänge:** Es sollen die Bezeichnungen verwendet werden, die vom Deutschen Institut für Normung in der Norm DIN 8580 (Einteilung der Fertigungsverfahren) festgelegt worden sind[1].
- **Material:** Das Material wird hinsichtlich Werkstoff, Form und Rohabmessung endgültig vom Arbeitsplaner festgelegt. Hilfsmittel hierfür sind die Zeichnungen und Stücklisten. Den Materialstammdaten des PPS-Systems können außerdem technische Hinweise sowie Hinweise auf Lagerbestände, Lagerabmessungen und Materialkosten entnommen werden.
- **Betriebsmittel:** Jedem Arbeitsvorgang wird das entsprechende Betriebsmittel zugeordnet. Die Betriebsmitteldaten werden ebenfalls dem PPS-System entnommen: fertigungstechnische Daten (z. B. Arbeitsbereich, Leistung) und wirtschaftliche Daten (Maschinenstundenkosten bei Normalauslastung). Die kostengünstigste

---

[1] Vgl. S. 123

Maschine ist auszuwählen. Dabei muss eventuell die geplante Ausbringungsmenge beachtet werden. Eine kleine Menge kann wahrscheinlich auf einer einfachen Maschine wirtschaftlicher gefertigt werden, eine große Serie auf einem Automaten. Nicht vorhandene Maschinen müssen beschafft werden. Es besteht aber auch die Möglichkeit, Lohnaufträge an andere Betriebe zu vergeben, wenn die eigene Kapazität qualitativ oder quantitativ nicht ausreicht.

- **Fertigungshilfsmittel**[1]: Werkzeuge, Vorrichtungen, Lehren und Förderzeuge sollen so ausgesucht werden, dass die Kosten des Produktionsprozesses minimiert werden. Universalvorrichtungen lohnen sich bei Einzel- und Kleinserienfertigung, weil sie für unterschiedliche Probleme immer wieder verwendet werden können. Spezialvorrichtungen sind auf ganz bestimmte Arbeitsgänge zugeschnitten und lohnen sich folglich nur bei größeren Serien.

- **Arbeitswerte**: Die Arbeitswerte sind Ausdruck der Anforderungen, die der Arbeitsvorgang an den Ausführenden stellt. Gemäß diesen Anforderungen ist der Arbeitsvorgang im PPS-System fest einer Lohngruppe zugeordnet. Somit ist der Arbeitswert eine bestimmende Größe für die Höhe des Entgelts. Grundlage für die Einteilung sind so genannte Arbeitswertstudien[2].

- **Die Zeitdaten**: Das PPS-System enthält die Vorgabezeit je Einheit sowie die Rüstzeiten für bekannte Tätigkeiten. Man erhält die Werte durch Arbeitszeitstudien[3].

Die genannten Daten werden den Arbeitsgängen teils automatisch durch das PPS-System zugeordnet (z. B. die Arbeitswerte), teils wählt der Arbeitsplaner sie über Dialogfenster, die das PPS-System anbietet, am Bildschirm aus.

Bei numerisch gesteuerten Maschinen kann der Arbeitsplan ggf. durch ein CAD-erstelltes Steuerprogramm ersetzt werden, das alle Schalt-, Weg- und Werkzeuginformationen sowie die technologischen Angaben, Vorschub-, Drehzahlwerte usw. als Maschinenbefehle enthält.

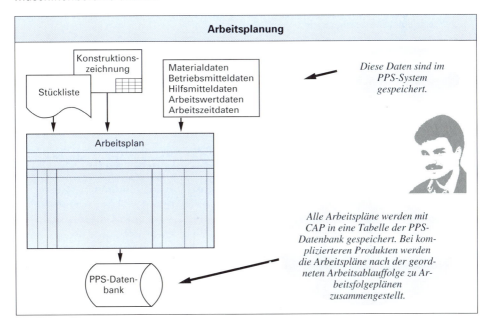

[1] Vgl. S. 160   [2] Vgl. S. 397 ff.   [3] Vgl. S. 389 ff.

1. **Im Produktentstehungsprozess stellt die Arbeitsvorbereitung das Bindeglied zwischen Konstruktion und Fertigung dar. Hier werden die notwendigen Planungsaufgaben durchgeführt, die sich aus der Komplexität der Produkte und Prozesse für Fertigung und Montage ergeben.**

   a) Erläutern Sie den Begriff *Arbeitsvorbereitung* genauer.

   b) Welche Einzelaufgaben erfüllt die Arbeitsvorbereitung?

   c) Erläutern Sie den Zusammenhang zwischen Konstruktion und Arbeitsvorbereitung.

2. **Auf den vorausgehenden Seiten sind abgedruckt: eine Konstruktionsstückliste (Seite 153), ein Fertigungsplan (Seite 153), ein Arbeitsplan (Seite 154).**
   Bilden Sie mehrere Gruppen, die die folgenden Aufgaben lösen.

   a) Erläutern Sie den Zweck und den Aufbau des Fertigungsplans.

   b) Erläutern Sie, wie der Fertigungsplan aus der Stückliste abgeleitet wurde.

   c) Erläutern Sie den Zweck und den Aufbau des Arbeitsplans.

   d) Erstellen Sie ein ereignisgesteuertes Prozesskettendiagramm, das aufzeigt, wie der Arbeitsplan aus Stückliste und Fertigungsplan abgeleitet wurde.

   e) Der Arbeitsplan enthält Informationen über den Werkstoff, die benötigten Maschinen, Werkzeuge und Vorrichtungen sowie über die Lohngruppe der Arbeitnehmer und die Zeitvorgaben. Woher entnimmt der Arbeitsplaner diese Informationen?

   f) Der Arbeitsplan berücksichtigt auch die benötigten Fertigungshilfsmittel.
   - Welche Arten von Hilfsmitteln sind zu unterscheiden?
   - Wann lohnt sich der Einsatz von Universal- bzw. Spezialvorrichtungen?

3. **Arbeitspläne sehen in den einzelnen Betrieben vom Aufbau des Formulars her unterschiedlich aus.**

   a) Beschaffen Sie sich einen Arbeitsplan aus Ihrem Ausbildungsbetrieb und untersuchen Sie ihn auf eventuelle zusätzliche oder andere Angaben.

   b) Erläutern Sie, wie dieser Arbeitsplan aus Stückliste und Fertigungsplan abgeleitet wurde.

4. **Der Arbeitsplaner stellt fest, dass ein Arbeitsvorgang auf den Maschinen 8261, 8270 oder 8271 durchgeführt werden kann:**

Maschinen-Nummer	Rüstkosten (EUR)	Fertigungskosten pro Stück (ohne Rüstkosten) (EUR)
8261	200,00	0,25
8270	60,00	0,30
8271	10,00	0,40

   a) Auf welcher Maschine sollte ein Auftrag über 100 Stück gefertigt werden?

   b) Auf welcher Maschine sollte ein Auftrag über 1000 Stück gefertigt werden?

   c) Bei welcher Auftragsmenge sind die Gesamtkosten für die Maschinen 8261 und 8270 gleich?

Erstellung der Zeitpläne (Fristenpläne)

Die Planung des Arbeitsablaufs erfordert auch:

- die **Ermittlung des Zeitaufwands** für jeden Arbeitsabschnitt,
- die **Ermittlung der Durchlaufzeit** der Erzeugnisteile und des gesamten Erzeugnisses.

Für die Zeitplanung gilt:

- Die benötigten Zeitvorgaben werden durch Arbeitszeitstudien[1] ermittelt. Sie werden im PPS-System gespeichert und teilweise (Rüstzeit, Ausführungszeit je Einheit) auch im Arbeitsplan festgehalten.

- Die ermittelten Zeiten beziehen sich **nicht** auf konkrete Aufträge und die damit verbundenen Termine. Sie geben lediglich eine Übersicht über die Zeitvorgaben jeder Fertigungsstufe und ihrer Lage zueinander. Sie berücksichtigen nicht die Dringlichkeit von Aufträgen sowie die Belegung und Vorbelastung von Betriebsmitteln und Werkstätten. Hier liegt der wesentliche Unterschied zur Terminplanung/Termindisposition[2]. Diese ist auf konkrete Aufträge ausgerichtet.

- Die Zeitplanung legt den Zeitaufwand bereits im Detail fest. Dies erleichtert wesentlich die anschließende Terminplanung/Termindisposition. Das gilt auch, wenn die theoretischen Werte den später tatsächlich benötigten Durchlaufzeiten nicht immer genau entsprechen.

- Die ermittelten Werte dienen u. a. der Lohnabrechnung und Kostenrechnung.

Die Durchlaufzeit ist die Zeitspanne, die zwischen dem Beginn des ersten Arbeitsvorganges und dem Ende des letzten Arbeitsvorganges verstreicht.

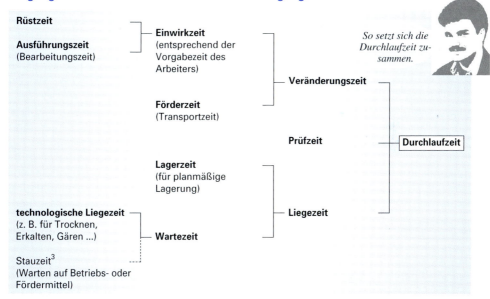

So setzt sich die Durchlaufzeit zusammen.

Die Durchlaufzeit kann für ein Stück, aber auch für jede beliebige andere Stückzahl ermittelt werden (z. B. für eine optimale Losgröße oder einen Fertigungsauftrag).

Zeitpläne (oder Fristenpläne) in Form von Balken-Diagrammen sind ein gebräuchliches – weil sehr anschauliches – Mittel zur Darstellung der Durchlaufzeiten von

---

[1] Vgl. S. 389 ff.

[2] Vgl. S. 169 ff. Die Terminfestlegung ist typisch für die Schwierigkeiten bei der Abgrenzung von Fertigungsplanung und Fertigungssteuerung: Bei Kundenfertigung ist sie eine Dispositionsaufgabe (Termin**disposition**) im Rahmen der Fertigungssteuerung. Bei Lagerfertigung werden die Fertigungstermine unabhängig von vorliegenden Kundenaufträgen im Voraus festgelegt. Daher ist die Terminfestlegung hier eine planerische Aufgabe (Termin**planung**) im Rahmen der Fertigungsplanung.

[3] Wird bei der Zeitplanung i. d. R. nicht berücksichtigt, sondern erst bei der Terminplanung.

Teilen, Gruppen und Produkten. Sie stellen jeden Vorgang durch einen Balken dar. Seine Länge entspricht der geplanten Zeit (Vorgabezeit, Sollzeit) des Vorgangs.

Beispiel: Fristenplan   ■ = Einwirkzeit   □ = Transport- und Liegezeit

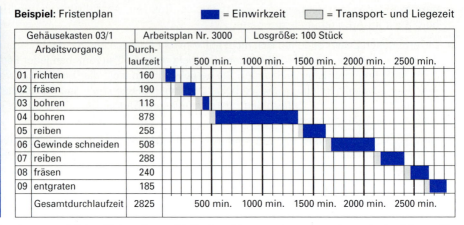

Gehäusekasten 03/1		Arbeitsplan Nr. 3000	Losgröße: 100 Stück	
Arbeitsvorgang		Durch-laufzeit	500 min. 1000 min. 1500 min. 2000 min. 2500 min.	
01	richten	160	
02	fräsen	190	
03	bohren	118	
04	bohren	878	
05	reiben	258	
06	Gewinde schneiden	508	
07	reiben	288	
08	fräsen	240	
09	entgraten	185	
	Gesamtdurchlaufzeit	2825	500 min. 1000 min. 1500 min. 2000 min. 2500 min.

Durch unproduktive Zeiten liegen Teile fest. Es entstehen organisatorische Läger. Sie verursachen Zins- und Lagerkosten. Eine Minimierung der Durchlaufzeiten bedeutet deshalb gleichzeitig die Minimierung der organisatorischen Läger. Dazu muss man versuchen, ein möglichst starkes Überlappen der Vorgänge zu erreichen.

Beispiel:

In dem abgebildeten Fristenplan wird mit Vorgang 05 erst begonnen, nachdem die vollständige Losgröße von 100 Stück in Vorgang 04 abgearbeitet wurde. Würde man bereits nach 50 Stück mit Vorgang 05 beginnen, so würden sämtliche folgenden Vorgänge um 409 Minuten nach vorn verschoben. Allerdings tritt dadurch ein zusätzlicher Transportvorgang hinzu.

Die Aufstellung von Fristenplänen ist besonders bei Mehrfachfertigung zu empfehlen. Vor allem bei Großserien-, Sorten- und Massenfertigung lohnt sich die sorgfältige Minimierung der Durchlaufzeiten. Die Zeitplanung geht hier bekanntlich bis zur Festlegung von Taktzeiten und bis zum Fließbandabgleich. Bei Einzelfertigung ist die generelle Ermittlung der Durchlaufzeit z. B. für Teilefamilien oder Baukastenteile sehr sinnvoll. Für das Gesamtprodukt steht hier jedoch mehr die genaue Terminplanung für den einzelnen Auftrag mit kalendermäßig festgelegten Terminen im Vordergrund.

Arbeitsaufträge

1. Der Arbeitsplan auf Seite 154 zeigt die Zeitvorgaben (Rüstzeit und Zeit je Einheit) für das Teil *Gehäusekasten* des Produkts *Schieberäder-Getriebe*. Die Förder- und Liegezeit betrage vor Vorgang 01 52 Minuten, ansonsten vor jedem Vorgang 60 Minuten.
Berechnen Sie die Durchlaufzeit für 1 Stück, 50 Stück und 100 Stück nach folgendem Schema:

Vorgang	Förder- und Liegezeit	Rüstzeit	Ausführungszeit		
			für 1 Stück	für 50 Stück	für 100 Stück
01					
02					
...					
Summe:					
Durchlaufzeit:					

(Benutzen Sie ein Tabellenkalkulationsprogramm.)

2. Die Motoren- und Getriebebau GmbH (MGG) fertigt fünf Getriebewellen. Die Teile durchlaufen zuerst die Dreherei, anschließend die Fräserei entsprechend dem folgenden Balkendiagramm.

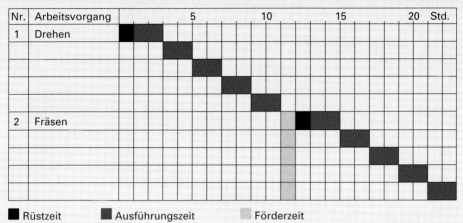

■ Rüstzeit   ■ Ausführungszeit   ▨ Förderzeit

a) Ermitteln Sie die Liegezeit in der Dreherei.
b) Ermitteln Sie die Gesamtdurchlaufzeit.
c) Beurteilen Sie, ob mit dem folgenden Vorschlag die Durchlaufzeit verkürzt werden kann: Jede Welle soll sofort nach ihrer Bearbeitung in der Dreherei in die Fräserei transportiert und dort so früh wie möglich bearbeitet werden.
   – Fertigen Sie hierfür einen neuen Fristenplan an.
   – Ermitteln Sie die neue Gesamtdurchlaufzeit.
   – Nennen Sie weitere Vorteile dieser überlappenden Fertigung.
   – Nennen Sie andererseits Nachteile.

3. Ein rascher Materialdurchlauf ist ein wesentliches Ziel der Zeitplanung. In bestimmten Fällen steht dieses Ziel jedoch in Konflikt mit dem ebenfalls wichtigen Ziel einer möglichst vollständigen Kapazitätsauslastung.
a) Begründen Sie beide Zielsetzungen.
b) Wann widersprechen sich die beiden Ziele?

4. Für die Bestimmung der Durchlaufzeit eines Auftrages liegen folgende Zeiten vor:

Rüstzeit	150 Sekunden	Prüfzeit	120 Sekunden
Ausführungszeit	350 Sekunden	Lagerzeit	120 Sekunden
Förderzeit	20 Sekunden	Wartezeit	60 Sekunden

a) Berechnen Sie die Liegezeit, die Veränderungszeit und Durchlaufzeit je Einheit.
b) Berechnen Sie die Durchlaufzeit für die Fertigung von 100 Einheiten.
c) Berechnen Sie die Durchlaufzeit für die 100 Einheiten, wenn der Auftrag aus innerbetrieblichen Gründen in vier gleiche Teileinheiten zerlegt wird.

8.2.4   Bedarfsplanung

Das Produkt Schieberäder-Getriebe wurde – wie schon an früherer Stelle gesagt – vor drei Jahren ins Produktionsprogramm der MGG aufgenommen. Es passte genau in das bisherige Produktfeld und wies keine wesentlichen konstruktiven Unterschiede zu drei anderen Produkten aus dem bestehenden Produktionsprogramm auf. So konnte es vom vorhandenen Personal auf den vorhandenen Maschinen gefertigt werden und bot vor allem die Möglichkeit, die bestehenden Produktionskapazitäten besser auszulasten. Nur einige Fertigungshilfsmittel mussten neu bereitgestellt werden.

Für die Fertigung besteht **Bedarf an Betriebsmitteln, Arbeitskräften und Materialien**. Er ist nach Art, Menge und Zeit zu planen.

Betriebsmittelbedarf

Betriebsmittel sind vor allem Maschinen und Fertigungssysteme.

Der notwendige Bestand an Maschinen und Fertigungssystemen wird langfristig geplant. Diese Betriebsmittel sind deshalb nur bei der Betriebsgründung, bei der Aufnahme neuartiger Produkte in das Produktionsprogramm, bei Kapazitätserweiterungen, bei Änderungen der Fertigungsorganisation oder Modernisierungs- und Rationalisierungsmaßnahmen neu zu beschaffen. Ansonsten muss sich die Produktionsplanung und -steuerung am bestehenden Betriebsmittelpark ausrichten und jeden Auftrag entsprechend einbauen.

Zu den Betriebsmitteln gehören weiterhin die Fertigungshilfsmittel.

Fertigungshilfsmittel
Werkzeuge
Gegenstände zur Bearbeitung von Werkstücken, entweder für manuelle Benutzung oder zum Einspannen in Maschinen (z. B. Bohrer, Fräser)
Vorrichtungen
Hilfsmittel für Maschinen und Werkzeuge, um Werkstücke vorteilhaft und/oder sicher bearbeiten zu können (z. B. Spann-, Bohr-, Fräs-, Messvorrichtungen)
Lehren
Prüfmittel, die das Maß und/oder die Form des zu prüfenden Werkstücks verkörpern
Förderzeuge
Gegenstände, die dem Transport der Materialien, Werkstücke, Werkzeuge und anderer Objekte dienen

Werkzeug: gerader Drehmeißel für Außengewinde

Schablone mit Gewindeprofil

M5

Vorrichtung: Spannfutter

Lehre: Gewindeschablone

Für industriell gefertigte Produkte lassen sich nur zum Teil Fertigungshilfsmittel in „normalen" – z. B. genormten – Ausführungen verwenden. Vielmehr sind sie oft erzeugnisgebunden und müssen folglich für jeden ersten Auftrag eigens konstruiert werden. Für ihre Fertigung können Fremdaufträge an andere Betriebe vergeben werden. Oft erstellen die Betriebe diese Gegenstände aber selbst.

Werkzeuge werden z. B. in eigenen Werkzeugmachereien erstellt.

Personalbedarf

Wie der Betriebsmittelbedarf, so wird auch der Personalbedarf grundsätzlich langfristig geplant. Insofern ist eine auf die Besetzung von Stellen gerichtete Personalplanung ebenfalls nur bei Fertigungsaufnahme, -erweiterung und -umstellung erforderlich. Dann ist Personal in der benötigten Menge (quantitativer Personalbedarf) und mit der benötigten Qualifikation (qualitativer Personalbedarf) bereitzustellen. Der Bedarf wird im Stellenplan festgehalten[1]. Er ist in der Regel auch an den Bestand und die Veränderungen von Betriebsmitteln gebunden. Betriebsmittel- und Personalbedarfsplanung werden darum meistens gemeinsam vorgenommen.

---

[1] Auf S. 328 ff. finden Sie weitere Einzelheiten zur Personalplanung.

Kurzfristig ist der Personalbestand hingegen eine feste Größe. Neue Aufträge müssen sich folglich hinsichtlich Fertigungsmenge und Lieferfristen an Personalbestand und verfügbare Arbeitszeit anpassen. Bei Überlastung ist ggf. ein Ausgleich durch Überstunden oder Vergabe von Lohnaufträgen an andere Betriebe möglich.

Materialbedarf

Der Bedarf an Materialien ergibt sich entweder aus dem Fertigungsprogramm (der Produktpalette) des Betriebes im betreffenden Planungszeitraum oder aus vorliegenden Kundenaufträgen.

Das Ergebnis der Konstruktion sind bekanntlich **Zeichnungen** des Produkts sowie **Stücklisten**. Die Stücklisten führen alle Baugruppen, Einzelteile und Materialien auf, aus denen das Produkt besteht.

*Übrigens: In **Chemiebetrieben** findet man an Stelle der Konstruktionsabteilung das **Betriebslabor** und an Stelle der Stücklisten **Rezepturen**.*

Dementsprechend sind folgende **Bedarfsarten** zu unterscheiden:

			Beispiele:
■ **Primärbedarf**	→	die verkaufsfähigen Produkte und Handelswaren	→ Drehbänke
■ **Sekundärbedarf**	→	– die Baugruppen des Produkts	→ Getriebe in der Drehbank
		– die Einzelteile der Baugruppen	→ Welle im Getriebe
		– die Werkstoffe, aus denen die Einzelteile gefertigt werden	→ Gussstahl
			→ Schmierfett
■ **Tertiärbedarf**	→	der Bedarf an Hilfs- und Betriebs-Stoffen	→ – Wellen als Ersatzteile für die Drehbänke
■ **Zusatzbedarf**	→	entsteht zusätzlich zum Sekundär-Bedarf	– Zusatzbedarf wegen Ausschuss, Schwund, Ungenauigkeiten

Die Bedarfsmengen an Materialien und Teilen werden entweder anhand von Verbrauchswerten der Vergangenheit **pauschal** ermittelt (sog. **verbrauchsgesteuerte Bedarfsermittlung**), oder sie werden für ein mengenmäßig bestimmtes Produktionsprogramm **exakt** festgelegt (sog. **plangesteuerte Bedarfsermittlung**).

Bei einem nach Art und Menge längerfristig festgelegten Fertigungsprogramm ist die Materialbedarfsplanung eher der Fertigungsplanung zuzurechnen, bei einem kurzfristigen Fertigungsprogramm und Auftragsfertigung eher der Fertigungssteuerung (Materialdisposition).

Arbeitsaufträge

1. Ein Betrieb soll drei Produkte A, B und C fertigen, die aus den folgenden Baugruppen (Buchstaben) und Teilen (Ziffern) zusammengesetzt sind. Produkte und Baugruppen setzen sich wie folgt zusammen:

   a) Erläutern Sie anhand dieses Beispiels die Begriffe Primärbedarf und Sekundärbedarf.
   b) Warum sind Tertiär- und Ergänzungsbedarf nicht in den Strukturbäumen zu finden?

2. Die MGG hat einen neuartigen Fahrrad-Hilfsmotor entwickelt, der die Tretleistung des Fahrers nicht ersetzen, sondern unterstützen soll. Es soll vor allem die Fahrgeschwindigkeit erhöht und das Fahren an Steigungen und bei Gegenwind erleichtert werden.

Die Konstruktionsarbeiten für den Motor sind abgeschlossen. Mit mehreren Fahrradherstellern wurden langfristige Verträge geschlossen, die einen Absatz von monatlich 900 Motoren sichern. Für eine Produktion von täglich etwa 40 Motoren müssen neue Kapazitäten bereitgestellt werden.

Geben Sie in Grundzügen die notwendigen Überlegungen wieder, die sich auf die Bedarfsplanung für Betriebsmittel, Personal und Material für den beschriebenen Fall beziehen.
(Bilden Sie ggf. drei arbeitsteilige Gruppen. Jede Gruppe erstellt einen Bericht für eine Bedarfsart und trägt ihn vor.)

8.3   Prozesse der Fertigungssteuerung

Die Bestellung der 200 Schieberäder-Getriebe ist von der MGG wie folgt auszuführen: 100 Stück sind sofort zu liefern (Sofortauftrag). Die Sofortlieferung ist möglich, weil auf Grund früherer Fertigungsaufträge noch 110 Stück auf Lager liegen. Für die restlichen 100 Stück wurde eine Lieferfrist von 4 Monaten vereinbart (Terminauftrag). Da die Erfahrung zeigt, dass mit weiteren Kundenbestellungen zu rechnen ist, müssen ein optimaler Fertigungsauftrag entwickelt und die nötigen Maßnahmen zur Steuerung der Fertigung ergriffen werden.

Die Fertigungssteuerung bereitet den Fertigungsprozess für konkrete Fertigungsaufträge vor, lenkt und überwacht ihn.

Sie ist in Betrieben mit lagerorientierter Produktion von untergeordneter Bedeutung und tritt hinter eine eingehende Fertigungsplanung zurück. In Betrieben mit kundenorientierter Produktion hingegen ist eine allgemeine Planung des Produktionsprozesses kaum möglich, da sich die Kundenaufträge nach Produktart und -qualität stark unterscheiden. Hier ist die Fertigungssteuerung sehr ausgeprägt. Sie erfolgt meist nach vorher festgelegten Prioritätsregeln. Diese legen die Reihenfolge der Aufgaben nach ihrer Dringlichkeit fest

Beispiele: Prioritätsregeln bei kundenorientierter Fertigung
- Auftragseingang: Aufträge, die zuerst eingehen, werden zuerst bearbeitet.
- Liefertermin: Aufträge, die zuerst ausgeliefert werden, werden zuerst bearbeitet.
- Kundenumsatz: Umsatzstarke Aufträge werden zuerst bearbeitet.

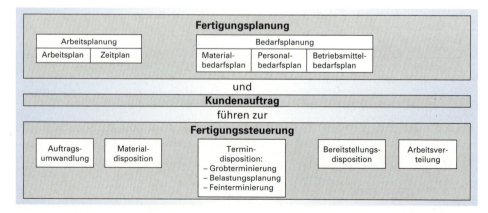

8.3.1 Auftragsumwandlung

Jeder eingegangene Kundenauftrag erhält im Verkauf eine Auftragsnummer und wird in einer Kundenauftragsmappe abgelegt[1]. Dann gelangt er zur Arbeitsvorbereitung. Dort wird die Stückliste überprüft, um festzustellen, welche Teile gefertigt und welche Materialien beschafft werden müssen. Für die Fertigungsteile sind Fertigungsaufträge abzuleiten. Dabei ist zu beachten:

- Es können weitere Kunden- oder Innenaufträge für das gleiche Produkt mit unterschiedlichen Lieferterminen vorliegen.

- Es können weiterhin Aufträge für andere Produkte vorliegen, die gleiche Fertigungsteile enthalten.

Für jeden dieser Aufträge könnte man die notwendigen Fertigungsaufträge getrennt ableiten. Stattdessen kann aber auch eine Zusammenfassung zu größeren Fertigungsaufträgen sinnvoll sein.

> **Beispiel:**
> Der oben angeführte Terminauftrag über 100 Getriebe verlangt die Fertigung von mindestens 90 Getrieben (10 Stück liegen noch auf Lager). Sie umfasst laut Konstruktionsstückliste die Herstellung eines Stirnrads 28 Z. Man könnte also hierfür ein Fertigungslos von 90 Stück bilden. Allerdings sind weitere Kundenbestellungen zu erwarten. Außerdem kommt das Teil auch in einem anderen Getriebe vor, von dem eine Bestellung über 200 Stück vorliegt. Insofern wäre auch ein größeres Fertigungslos, z. B. 290 Stück, vielleicht auch 500 Stück, sinnvoll.

Bei derartigen Zusammenfassungen spricht man von einer **Auftragsumwandlung**.

Vorteil: Reduzierung von Rüstkosten durch Zusammenfassung von Aufträgen.

Nachteil: Lagerkosten für nicht sofort benötigte Teile. Deshalb kann umgekehrt auch die Aufteilung eines Kundenauftrags in kleinere Teillose sinnvoll sein.

Um die Summe von Lager- und Rüstkosten zu minimieren, versucht man in der Praxis, **optimale Losgrößen** zu bilden[2].

Arbeitsaufträge

1. **Bei der Auftragsumwandlung ist das Problem der optimalen Losgröße zu lösen.**
   a) Was versteht man unter einem Fertigungslos?

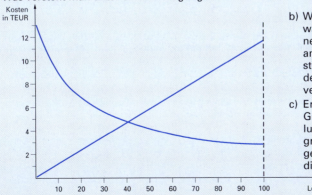

b) Wie entwickeln sich bei wachsenden Losgrößen einerseits die Rüstkosten und andererseits die Lagerkosten? Kennzeichnen Sie dementsprechend die Kurven in der Grafik.

c) Erläutern Sie anhand der Grafik die Kostenentwicklung bei wachsenden Losgrößen und geben Sie (ungefähr) die Stückzahlen für die optimale Losgröße an.

---

[1] Vgl. S. 487
[1] Vgl. S. 120 f.

2. Eine Industrieunternehmung mit verschiedenen Produkten führt die Optimierung der Losgröße gemäß unten stehender Tabelle durch.

a) Vervollständigen Sie unter Berücksichtigung der proportional verlaufenden Rüst- und Lagerhaltungskosten die Tabelle und ermitteln Sie die optimale Losgröße.

Anzahl der Lose	Losgröße (Stück)	Rüstkosten (EUR)	Lagerhaltungs- kosten (EUR)	Gesamtkosten (EUR)
10	24 000	10 000	60 000	
20	12 000			
40				

b) Nennen Sie zwei Gründe, die eine Industrieunternehmung veranlassen können, von der optimalen Losgröße abzuweichen.

3. Für Fertigungsteile nimmt die Arbeitsvorbereitung häufig eine Auftragsumwandlung vor.
Stellen Sie die Auftragsumwandlung mit Hilfe eines ereignisgesteuerten Prozesskettten-Diagramms dar. (Anfangsereignis: vorliegender Nettobedarf; Endereignis: gespeicherter Auftrag).

8.3.2 Materialdisposition

Plangesteuerte Bedarfsermittlung

Bei der plangesteuerten Bedarfsermittlung[1] stellt man den Bedarf nach Art, Menge und Termin für ein mengenmäßig bestimmtes Fertigungsprogramm oder vorliegende Kundenaufträge exakt fest. Ausgangsbasis sind die Konstruktionszeichnungen und Stücklisten.

■ **Bruttobedarfsrechnung**

Die Stücklisten sind im PPS-System gespeichert. Jede Stückliste führt die einzelnen Baugruppen und Teile eines Produktes auf. Gleiche Teile können an unterschiedlichen Stellen und in unterschiedlichen Baugruppen enthalten ein. Es ist festzustellen, wie oft jedes Teil insgesamt vorkommt. Dazu geht das PPS-System wie folgt vor:

Stücklistenauflösung: Die Stückliste wird in die Baugruppen und die darin enthaltenen Teile aufgelöst (zerlegt). Zweck. Feststellung des Sekundärbedarfs.
■ Gleiche Teile werden addiert und mit der Fertigungsmenge des Produkts multipliziert.
■ Das Vorgehen wird für alle Teile des Produkts wiederholt.
■ Ergebnis: Sekundärbedarf an allen Teilen für ein Produkt.
■ Der entsprechende Bedarf aller betroffenen Stücklisten wird addiert.
■ Ggf. wird ein notwendiger Zusatzbedarf hinzu addiert.
■ Ergebnis: der Gesamtbedarf **(Bruttobedarf)** an allen Teilen für alle Produkte.

Beispiel: Bruttobedarfsrechnung
Auszüge aus den Stücklisten zweier Produkte. Von Produkt 1 werden 100 Stück gefertigt, von Produkt 2 200 Stück. Wie viel Stück beträgt der Bedarf an dem Teil Sechskantschraube?

Pos.	Menge	Einh.	Benennung
1	2	Stck	Federring
2	2	Stck	Sechskant- schraube
3	1	Stck	Gehäuse- oberteil
4	1	Stck	Gehäuse- unterteil

Pos.	Menge	Einh.	Benennung
1	2	Stck	Stirnrad
2	2	Stck	Kugellager
3	6	Stck	Sechskant- schraube
4	3	Stck	Passfeder

$2 \cdot 100 = 200$
$6 \cdot 200 = \underline{1200}$
$\overline{1400}$

Insgesamt werden 1400 Stück benötigt.

---
[1] Man findet auch folgende Bezeichnungen: programmgesteuerte, bedarfsgesteuerte, deterministische (vorausbestimmende) Bedarfsermittlung.

Nettobedarfsrechnung

Der Bruttobedarf wird um Lagerreserven und um erwartete Zugänge (aus der Fertigung und aus ausstehenden Bestellungen) korrigiert. Das Ergebnis ist der **Nettobedarf**. Dieser ist auf die verschiedenen Perioden (z. B. Wochen) zu verteilen, in denen er nach dem Fertigungsprogramm anfällt.

Beispiel: Nettobedarfsrechnung

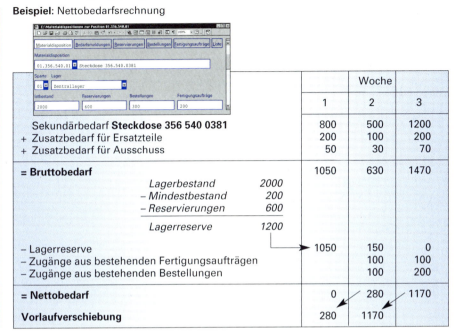

	Woche 1	Woche 2	Woche 3
Sekundärbedarf **Steckdose 356 540 0381**	800	500	1200
+ Zusatzbedarf für Ersatzteile	200	100	200
+ Zusatzbedarf für Ausschuss	50	30	70
= Bruttobedarf	1050	630	1470
– Lagerreserve	1050	150	0
– Zugänge aus bestehenden Fertigungsaufträgen		100	100
– Zugänge aus bestehenden Bestellungen		100	200
= Nettobedarf	0	280	1170
Vorlaufverschiebung	280	1170	

Lagerbestand 2000
– Mindestbestand 200
– Reservierungen 600
Lagerreserve 1200

Die Berechnung des Nettobedarfs setzt eine lückenlose Lagerbestandsführung durch das PPS-System voraus, die alle Lagerbewegungen erfasst.

Vorlaufverschiebung

Das obige Beispiel für eine Nettobedarfsberechnung enthält eine Vorlaufverschiebung um eine Woche. Dies hat folgenden Hintergrund:
Der Bedarf muss mengenmäßig und zeitlich festgelegt werden. Maßgebend ist der geplante Fertigstellungstermin des Produkts (Zeitpunkt des Primärbedarfs). Gehen Sekundärteile/-materialien in übergeordnete Teile oder Baugruppen ein, müssen sie früher zur Verfügung stehen: Ihr Bedarfszeitpunkt verschiebt sich um die sog. Vorlaufzeit in Richtung Gegenwart (Vorlaufverschiebung). Die Vorlaufzeit einer untergeordneten Einheit entspricht der Durchlaufzeit der jeweils übergeordneten Einheit.

Beispiel: Verschiebung um die Vorlaufzeit

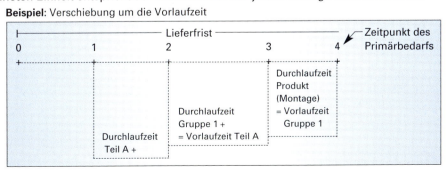

■ Dispositionsstufen-Verfahren

Bisher wurden die Grundzüge der Bedarfsberechnung erläutert. Jetzt sollen sie noch um das Dispositionsstufen-Verfahren ergänzt werden. Dies ist das in der Praxis gängigste Verfahren für die Bedarfsberechnung bei einer Fertigungsstruktur mit mehreren Fertigungsstufen.

Beispiel: Dispositionsstufen-Verfahren

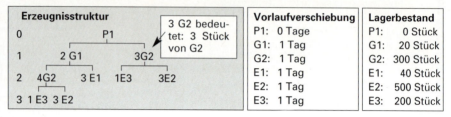

Vorlaufverschiebung		Lagerbestand	
P1:	0 Tage	P1:	0 Stück
G1:	1 Tag	G1:	20 Stück
G2:	1 Tag	G2:	300 Stück
E1:	1 Tag	E1:	40 Stück
E2:	1 Tag	E2:	500 Stück
E3:	1 Tag	E3:	200 Stück

Von Erzeugnis P1 sollen geliefert werden:
40 Stück in Periode 5,
55 Stück in Periode 6.

Bestehende Bestellungen: 1130 Stück von E3
Erwarteter Eingang in Periode 2
Bestehende Reservierungen: 40 Stück von E2

1. Bestimmung der Dispositionsstufen

Die Dispositionsstufe eines Teils ist die zahlenmäßig höchste Fertigungsstufe, auf der dieses Teil auftritt. Für das vorliegende Problem sollen die Dispositionsstufen wie folgt bestimmt sein:

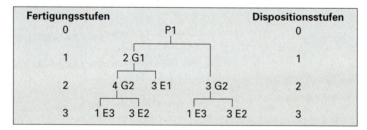

2. Bestimmung des Nettobedarfs unter Berücksichtigung der Vorlaufverschiebung:

Stufe 0: Produkt P1; Vorlauf 0 Tage

Periode	1	2	3	4	5	6
Bruttobedarf	0	0	0	0	40	55
– Lagerbestand	0	0	0	0	0	0
– besteh. Bestellungen	0	0	0	0	0	0
+ best. Reservierungen	0	0	0	0	0	0
= Nettobedarf	0	0	0	0	40	55
Vorlaufverschiebung	0	0	0	0	40	55

Stufe 1: Teil G1; Vorlauf 1 Tag

Periode	1	2	3	4	5	6						
Bruttobedarf	0	0	0	0	80	110						
– Lagerbestand	0	0	0	0	20	0						
– besteh. Bestellungen	0	0	0	0	0	0						
+ best. Reservierungen	0	0	0	0	0	0						
= Nettobedarf	0	0	0	0	60	110						
Vorlaufverschiebung	0	0	0	60	110	0	0	0	0	60	110	0

Stufe 2:

Periode	Teil G2; Vorlauf 1 Tag						Teil E1; Vorlauf 1 Tag					
	1	2	3	4	5	6	1	2	3	4	5	6
Bruttobedarf	0	0	0	240	560	165	0	0	0	180	330	0
– Lagerbestand	0	0	0	240	60	0	0	0	0	40	0	0
– besteh. Bestellungen	0	0	0	0	0	0	0	0	0	0	0	0
+ best. Reservierungen	0	0	0	0	0	0	0	0	0	0	0	0
= Nettobedarf	0	0	0	0	500	165	0	0	0	140	330	0
Vorlaufverschiebung	0	0	0	500	165	0	0	0	140	330	0	0

→ 0 0 0 500 165 0

Stufe 3:

Periode	Teil E3; Vorlauf 1 Tag						Teil E2; Vorlauf 1 Tag					
	1	2	3	4	5	6	1	2	3	4	5	6
Bruttobedarf	0	0	0	1000	330	0	0	0	03000	990	0	
– Lagerbestand	0	0	0	200	0	0	0	0	0	500	0	0
– besteh. Bestellungen	0	0	0	800	330	0	0	0	0	0	0	0
+ best. Reservierungen	0	0	0	0	0	0	0	0	0	40	0	0
= Nettobedarf	0	0	0	0	0	0	0	0	02540	990	0	
Vorlaufverschiebung	0	0	0	0	0	0	0	02540	990	0	0	

Verbrauchsgesteuerte Bedarfsermittlung

Bei der *verbrauchsgesteuerten Bedarfsermittlung*[1] legt man den zukünftigen Bedarf auf der Basis von Verbrauchswerten der Vergangenheit fest.

Das PPS-System entnimmt diese Werte den Absatz- und Verbrauchsstatistiken des Betriebes. Es berechnet den Bedarf aus dem Trend (Entwicklungs*tendenz*) der Werte. Auch Saisoneinflüsse (höherer oder niedrigerer Verbrauch zu bestimmten Jahreszeiten) können berücksichtigt werden.

Ein häufig angewandtes Verfahren ist die Ermittlung des Trends als **gleitender Durchschnitt** aus jeweils mehreren aufeinander folgenden Werten.

Beispiel: Verbrauchsgesteuerte Ermittlung des Bedarfs für den folgenden Monat

Die nebenstehende Verbrauchsstatistik zeigt den Monatsverbrauch eines Teils in den Monaten Januar bis Juni. Jeder zukünftige Monatsbedarf soll als Durchschnitt der jeweils letzten drei Monatsverbrauchswerte berechnet werden (gleitender Durchschnitt).

Machen Sie mal einen Bestellvorschlag für August, wenn der tatsächliche Juliverbrauch 191 Stück beträgt!

Verbrauchsstatistik Ölstutzen M16

Monat	tatsächlicher Verbrauch	berechneter Bedarf	
Januar	210		$\frac{210 + 189 + 190}{3}$
Februar	189		
März	190		
April	199	197	$\frac{189 + 180 + 199}{3}$
Mai	192	193	
Juni	200	197	
Juli		198	$\frac{199 + 192 + 200}{3}$
August			

Wahl zwischen plan- und verbrauchsgesteuerter Bedarfsermittlung

Die verbrauchsgesteuerte Bedarfsermittlung ist ein relativ einfaches, oberflächliches und deshalb kostengünstiges Verfahren. Sie führt zwangsläufig zu ungenauen Ergebnissen.

---

[1] Auch stochastische (zufallsabhängige) Bedarfsermittlung genannt.

Die plangesteuerte Bedarfsermittlung ist genau, aber aufwändig und relativ teuer. Sie erfordert die Brutto- und Nettobedarfsrechnung sowie die Ermittlung der Vorlaufverschiebung. Sämtliche Stücklisten, Durchlaufzeiten und Liefertermine müssen vorliegen; der Rechenaufwand ist hoch.

Die Wahl des Verfahrens richtet sich deshalb im Prinzip nach folgenden Überlegungen:

8.3.3 Auftragsverwaltung

Die entstandenen Fertigungsaufträge müssen permanent angepasst und verwaltet werden, da im Fertigungsablauf immer wieder neue Daten dazukommen. Die Auftragsverwaltung umfasst im Einzelnen:

- Speicherung der Auftragsdaten in das PPS-System,
- Bereitstellung aller Daten für verschiedene Zwecke der Fertigungssteuerung,
- Grundlage für die Erstellung aller Auftragspapiere,
- Fortschreibung der Auftragsfortschritte nach der Auftragsfreigabe,
- Auskunft über den Fertigungsstand eines bestimmten Auftrages am Fertigungsleitstand[1].

Daten des Fertigungsauftrages
- Auftragsnummer (zur Auftragsidentifizierung)
- Sachnummer (Kurzbezeichnung des zu fertigenden Erzeugnisses)
- Fertigstellungstermin des Produkts
- externe Priorität (kennzeichnet die Bedeutung oder Dringlichkeit des Auftrags)
- Abhängigkeitsdaten (vorhergehende und nachfolgende Aufträge, weitere Aufträge)
- Auftragsmenge (ggf. nach Bestimmung der optimalen Losgröße)

Arbeitsaufträge

1. **Betrachten Sie noch einmal die Erzeugnisbäume in Arbeitsauftrag 1 auf Seite 161. Von Produkt A und B sind je 50 Stück, von C 80 Stück zu fertigen.**
   a) Stellen Sie Mengenübersichtsstücklisten auf und ermitteln Sie den Bruttobedarf an Teil 4.
   b) Erläutern Sie anhand dieses Beispiels den Begriff *plangesteuerte Bedarfsermittlung*.

---

[1] Vgl. S. 180

2. In den Kalenderwochen 1, 2 und 3 besteht an dem Teil Verschraubung M2 ein Sekundärbedarf von 500, 600 und 700 Stück. Hinzu kommen 15 % Zusatzbedarf für Ersatzteile. Der Lagerbestand beträgt momentan 1 500 Stück. Davon sind 400 Stück reserviert und 150 Stück Mindestbestand. Aus Fertigungsaufträgen sind in Woche 2 und 3 jeweils 200 Stück, aus ausstehenden Bestellungen in Woche 1 und 2 jeweils 100 Stück zu erwarten. M2 wird in die Baugruppe G1 montiert, für deren Fertigung eine Durchlaufzeit von 1 Woche benötigt wird.

   Berechnen sie den Nettobedarf jeder Woche unter Berücksichtigung der Vorlaufverschiebung.

3. Ein Erzeugnis hat den folgenden Strukturbaum (Erzeugnisstruktur):

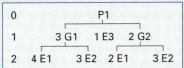

	Vorlaufverschiebung		Lagerbestand	
	P1:	0 Tage	P1:	20 Stück
	G1:	1 Tag	G1:	0 Stück
	G2:	1 Tag	G2:	30 Stück
	E1:	2 Tage	E1:	20 Stück
	E2:	1 Tag	E2:	0 Stück
	E3:	1 Tag	E3:	10 Stück

   Von Erzeugnis P1 sollen geliefert werden: 100 Stück in Periode 4, 200 Stück in Periode 6. Bestehende Bestellungen: 100 Stück von E3. Erwarteter Eingang in Periode 3.
   Bestehende Reservierungen: 50 Stück von E1.

   Stellen Sie den Brutto- und Nettobedarf an allen Teilen und Baugruppen fest.

4. **Lesen Sie schon jetzt den Abschnitt 2.2.4 ABC-Analyse auf Seite 224 ff. des Lehrbuchs und lösen Sie den Arbeitsauftrag 4 auf Seite 229. Lösen Sie anschließend folgende Aufgaben:**

   a) Die Stückzahlen der Produkte, für die die Materialien benötigt werden, seien genau festgelegt. Für welche Materialien schlagen Sie eine verbrauchsgesteuerte, für welche eine plangesteuerte Bedarfsermittlung vor?

   b) Die Monatsverbräuche von M13 betrugen im Jahr 20...: 80, 83, 78, 81, 87, 84, 85, 85, 88, 82, 81, 86 Stück. Der Bedarf soll verbrauchsgesteuert als gleitender Durchschnitt der jeweils letzten 6 Monate ermittelt werden. Berechnen Sie den voraussichtlichen Bedarf für den Januar des folgenden Jahres.

   c) Der tatsächliche Januarverbrauch beträgt 85 Stück. Berechnen Sie den Februarbedarf.

8.3.4 Terminindisposition

Die Terminindisposition ordnet die einzelnen Vorgänge der Auftragsbearbeitung kalendermäßig ein. Sie legt die Anfangstermine und Endtermine unter Berücksichtigung der Vorgangsdauer fest.

Lieferfristüberschreitungen können zu Schadenersatzforderungen und Konventionalstrafen führen!

Die Terminindisposition umfasst drei Bereiche:
- eine grobe und vorläufige Terminermittlung: **Grobterminierung**
- die Überprüfung der Werkstättenauslastung: **Belastungs-(Kapazitäts-)Planung**
- die endgültige Terminermittlung: **Feinterminierung, Maschinenbelegung**

Grobterminierung

Die Grobterminierung ist insbesondere nötig,
- um den frühestmöglichen Liefertermin zu berechnen,
- um bei einem feststehenden Liefertermin die spätestmöglichen Starttermine erkennen zu können.

Man unterscheidet Vorwärts- und Rückwärtsterminierung.

Vorwärtsterminierung (progressive Terminierung)	Rückwärtsterminierung (retrograde Terminierung)
Die Terminierung erfolgt „von links nach rechts", vom Starttermin zum Endtermin. Die Vorgänge werden dabei mit ihren frühestmöglichen Startterminen eingesetzt. Man erkennt den frühestmöglichen Endtermin jedes Vorgangs und des gesamten Auftrags.	Die Terminierung erfolgt „von rechts nach links", vom Endtermin zum Starttermin. Die Vorgänge werden dabei mit ihren spätestmöglichen Endterminen eingesetzt. Man erkennt den spätestmöglichen Starttermin jedes Vorgangs.
Vorteil: geringerer Zeitdruck, daher größere Sicherheit. Nachteil: höhere unwirtschaftliche Liegezeiten, daher höhere Kapitalbindung, höhere Zinskosten	Vorteil: Vermeidung von Liegezeiten, daher geringere Kapitalbindung, niedrigere Zinskosten Nachteil: hoher Termindruck, daher höhere Störanfälligkeit

Für die Grobterminierung benutzt man Balkendiagramme und Netzpläne.

■ Balkendiagramm

Beispiel: Terminplan

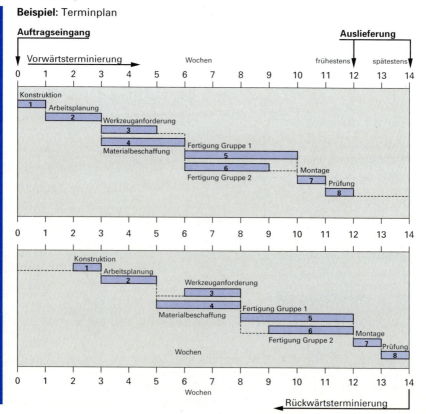

Die Vorwärtsterminierung zeigt die frühesten Anfangszeitpunkte (FAZ) und Endzeitpunkte (FEZ).

Die Rückwärtsterminierung zeigt die spätesten Anfangszeitpunkte (SAZ) und Endzeitpunkte (SEZ).

Die Gegenüberstellung lässt bei den einzelnen Vorgängen unterschiedliche Zeitreserven (Puffer) erkennen:

(1) Gesamter Puffer eines bestimmten Vorgangs:

Spätester Anfangszeitpunkt des Vorgangs minus frühester Anfangszeitpunkt. Oder:

Spätester Endzeitpunkt minus frühester Endzeitpunkt

> **Beispiel:**
> Der gesamte Puffer von Vorgang 8 beträgt 2 Wochen.
> Der gesamte Puffer von Vorgang 3 beträgt 3 Wochen.

(2) Freier Puffer eines bestimmten Vorgangs:

Frühester Anfangszeitpunkt eines folgenden Vorgangs minus frühester Endzeitpunkt des bestimmten Vorgangs.

> **Beispiel:**
> Der freie Puffer von Vorgang 3 beträgt z. B. eine Woche, der von Vorgang 4 beträgt 0 Wochen.

Im vorliegenden Beispiel hat auch der letzte Vorgang (8) einen Gesamtpuffer (2 Wochen). In einem solchen Fall haben alle anderen Vorgänge mindestens diesen gesamten Puffer. Hätte Vorgang 8 keinen Gesamtpuffer (keinen Auslieferungsspielraum), so hätten die Vorgänge 1, 2, 4, 5 und 7 auch keinen Gesamtpuffer mehr. Sie würden sog. **kritische Vorgänge**. Ihre Verzögerung würde eine unerlaubte Verzögerung des Gesamtprojekts bewirken.

Merke: Kritische Vorgänge erfordern besondere Sorgfalt!

■ Netzplan

Bei der Erstellung von Großprojekten sind Balkendiagramme ungeeignet. Sie lassen nicht einwandfrei erkennen, dass bestimmte Vorgänge von bestimmten anderen Vorgängen abhängig sind. Auch weckt das Balkendiagramm den Eindruck eines kontinuierlichen Ablaufs. In der Praxis kommt es aber auf die Einhaltung von Terminen – Anfangs- und Endterminen – an. Dem tragen Netzpläne besser Rechnung.

Der Netzplan verfolgt folgende **Ziele:**

- ■ Verschaffung eines strukturierten Überblicks über das zu planende Objekt,
- ■ Abbildung der aufeinander folgenden Vorgänge,
- ■ genaue Zeitangaben für alle Arbeitsteile,
- ■ Verschaffung eines Überblicks über die zeitlichen Abhängigkeiten,
- ■ Ermittlung des längsten, zeitaufwendigsten Weges,
- ■ Voraussehbarkeit von Störungen, die das Projekt zeitlich gefährden,
- ■ Möglichkeit rechtzeitiger Gegenmaßnahmen.

> **Beispiel** (Erstellung eines Netzplans nach MPM [Metra Potential Method]):
> Eine alte Fertigungsanlage soll durch eine neue ersetzt werden. Die hierfür nötigen Vorgänge werden in einer Vorgangsliste festgehalten. Die Dauer der Vorgänge wird notiert. Bei jedem Vorgang gibt man an, welche anderen Vorgänge ihm unmittelbar vorausgehen (von welchen Vorgängen er unmittelbar abhängig ist).

Bezeichnung	Art	Dauer (in Tagen)	vorausgehender Vorgang
A	Angebotseinholung, Vergleich Bestellung	25	–
B	Demontage der alten Anlage	8	–
C	Entfernung des alten Fundaments	5	B
D	Konstruktion des neuen Fundaments	9	A
E	Lieferzeit für die neue Anlage	21	A
F	Errichtung des neuen Fundaments	9	C, D
G	Installation der neuen Anlage	6	E, F
H	Personalausbildung	15	A
I	elektrische Anschlüsse	2	G
J	Probelauf	1	H, I
K	Abnahme, Inbetriebnahme	2	J

Erstellung des Netzplans:

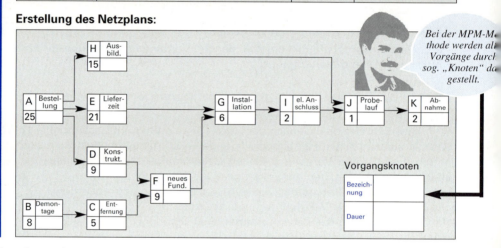

Bei der MPM-Me thode werden all Vorgänge durch sog. „Knoten" da gestellt.

Vorwärtsrechnung:

Für die Berechnung der **frühesten** Anfangszeitpunkte (FAZ) und Endzeitpunkte (FEZ) gilt:

FAZ + Dauer = FEZ

Beispiel:

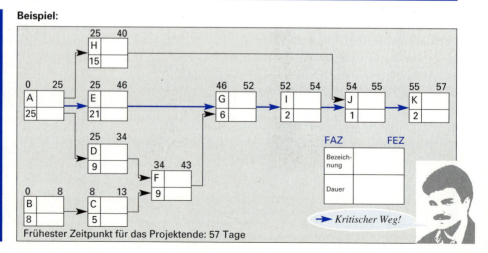

Frühester Zeitpunkt für das Projektende: 57 Tage

Kritischer Weg!

Als *kritischen* Weg bezeichnet man die Vorgänge, die dem längsten Weg vom ersten bis zum letzten Vorgangsknoten entsprechen.

Verzögert sich auch nur einer dieser Vorgänge, so verzögert sich damit der Endtermin des gesamtes Projektes. Man muss dann nach Problemlösungen suchen, etwa Überstunden oder Vergabe als Lohnauftrag. In der Praxis hat sich gezeigt, dass im Durchschnitt ungefähr ein Fünftel aller Vorgänge kritisch ist. Auf diese Schwachstellen ist besonders zu achten.

Rückwärtsrechnung:

Es müssen nicht alle Vorgänge schon am frühestmöglichen Termin begonnen werden. Vielmehr gilt dies nur für die Vorgänge auf dem kritischen Weg. Es ist deshalb interessant festzustellen, wann die nicht kritischen Vorgänge spätestens begonnen und wann sie spätestens beendet sein müssen, um das Projekt nicht zu gefährden.

Für die Berechnung der **spätesten** Anfangszeitpunkte (SAZ) und Endzeitpunkte (SEZ) gilt: Die spätesten Anfangstermine ergeben sich, wenn man von den spätesten Endterminen die jeweilige Vorgangsdauer abzieht.

$$\text{SAZ} = \text{SEZ} - \text{Dauer}$$

Beispiel:

Das Projekt soll zum Termin 57 fertig sein. Da der letzte Vorgang 2 Tage dauert, müssen alle vorausgehenden Vorgänge spätestens am Termin 55 erledigt sein, entsprechend alle dem Vorgang J vorausgehenden Vorgänge am Termin 54, alle vor I am Termin 52, alle vor G am Termin 46, alle vor F am Termin 37, alle vor C am Termin 32, alle vor D, E und H am Termin 25.

Der Netzplan ergibt nun folgendes Bild:

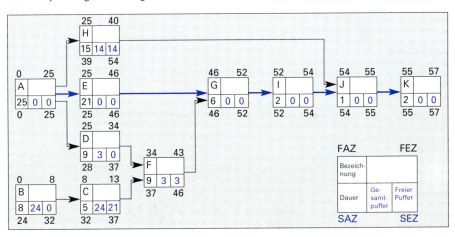

Bei den Vorgängen B, C, D, F und H stimmen die frühesten Anfangszeitpunkte mit dem spätesten Anfangszeitpunkten nicht überein. Diese Vorgänge müssen also nicht unbedingt an ihrem frühesten Termin begonnen werden. Der Netzplan enthält daher sog. **Pufferzeiten**. Betrachten wir den Vorgang B: Er kann auch am Termin 24 beginnen; dadurch ergibt sich ein Puffer von 24 Tagen. Wird der Vorgang B an seinem spätesten Anfangszeitpunkt begonnen, dann ist dieser Vorgang am Termin 32 erledigt. Der Beginn des Vorgangs C verzögert sich entsprechend; sein Puffer fällt damit weg. Das bedeutet, dass die Pufferzeit von 24 Tagen für die Vorgänge B und C ingesamt gilt.

Deshalb wird diese Zeitreserve als **Gesamtpuffer** bezeichnet.

Der Gesamtpuffer wird
wie folgt errechnet:

Gesamtpuffer = SAZ – FAZ oder SEZ – FEZ

Beispiel:
Wir vergleichen nun den frühesten Endzeitpunkt des Vorgangs C mit dem frühesten Anfangszeitpunkt des Vorgangs F: Der FEZ von C liegt um 21 Tage vor dem FAZ von F. Hierbei handelt es sich um einen **freien Puffer**.

Der freie Puffer wird
wie folgt berechnet:

Freier Puffer$_C$ = FAZ$_F$ – FEZ$_C$

Ein Vorgang hat folglich einen freien Puffer, wenn sein frühester Endzeitpunkt kleiner ist als der früheste Anfangszeitpunkt des Nachfolgers.

Belastungsplanung (Kapazitätsplanung)

Bei Annahme einer Bestellung kann nur geschätzt werden, welche Kapazitäten für die Erledigung zur Verfügung stehen. In dem Umfang, in dem sich mit fortschreitender Terminplanung verfeinerte Zeitdaten einstellen – die Arbeitsgänge und Vorgabezeiten werden ermittelt –, lässt sich genauer ermitteln, in welchem Maß die Maschinen und Arbeitsplätze durch die Aufträge belastet sind, ob noch leere Kapazitäten zur Verfügung stehen oder ob Überstunden notwendig werden. Kenntnis der Maschinenbelastung ist umgekehrt Voraussetzung für eine genaue Terminplanung.

Alle Aufträge, für die bereits Maschinenbelegungen erfolgt sind, sind in der PPS-Datenbank gespeichert. Aus diesen Daten sowie den Betriebsmitteldaten kann das PPS-System jederzeit die bestehende Belastung jedes Arbeitsplatzes ermitteln und anzeigen. So sind z. B. folgende wichtige Abfragen möglich:

- Wie sieht die Belastung eines bestimmten Arbeitsplatzes in einer gewünschten (frei wählbaren) Periode aus?
- Welche Arbeitsgänge werden für einen Produktionsvorgang benötigt?
- Welche Arbeitsgänge belasten einen bestimmten Arbeitsplatz?
- Welche freien Kapazitäten stehen zur Verfügung?

Beispiel:

Arbeitsvorbereitung			Belastungsübersicht				
Abteilung: Werkzeugbau					Woche: 6		Jahr: 20..
Stunden							
	Drehen	Hobeln	Bohren	Fräsen	Schleifen	Montage	Summe
Masch. plätze	7	6	10	10	10	12	
Personen	7	6	10	10	10	12	
Std./Woche	40	40	40	40	40	40	
Gesamtkapaz.	280	240	400	400	400	480	
Auftrags-Nr.							
24701	39	45	30	60	60	80	314
14812	29	30	20	20	40	20	159
24931	48	35	10	35	20	35	183
24936	60	40	10	40	40	75	265
25021	57	45	50	90	80	100	422
15011	34	25	50	30	30	30	199
25011	13	5	0	0	5	15	38
25012	0	0	0	0	5	30	35
25018	0	10	0	0	20	40	70
Summe/Platz	280	235	170	275	300	425	1685
Gesamtkapaz.	280	240	400	400	400	480	2200
freie Kapaz.	0	+5	+230	+125	+100	+75	+515

Es ergibt sich hier die ungünstige Situation, dass zwar insgesamt 515 Stunden an Kapazität frei sind, dass aber die einzelnen Arbeitsplätze sehr ungleichmäßig belastet werden. So ist die Bohrerei nur zu 42,5 % ausgelastet, während die Dreherei in der betrachteten Terminperiode durch die vorhandenen Aufträge voll ausgelastet ist. Ihre Belastungsschranke (Kapazitäts-obergrenze) ist erreicht. Sollten noch weitere Aufträge anfallen, so muss die Arbeits-vorbereitung geeignete Maßnahmen treffen, um zwingende Termine nicht zu gefährden.

Sollte bei einem einzubauenden Arbeitsgang die Auftragszeit die Belastungsschran-ke überschreiten, so bieten sich grundsätzlich folgende Lösungen an:

- Ausweichen auf eine geeignete andere Maschine,
- Vergabe des Auftrags als Lohnauftrag an einen anderen Betrieb,
- Einbau von Überstunden (sofern möglich),
- zeitliche Streckung des Auftrags (teilweise Über-nahme in die nächste Periode),
- Übernahme des gesamten Auftrags in die nächste Periode,
- Änderung der Maschinenbelegung und zeitliche Streckung eines anderen Auftrags,
- eine Kombination der genannten Maßnahmen.

Diese Möglichkeiten bestehen natürlich nur bei nicht kriti-schen Aufträgen.

Feinterminierung (Maschinenbelegung, Einlastung der Aufträge)

Feinterminierung bedeutet, die Arbeitsgänge eines Auftrages für einen bestimmten Ausführungstermin einer bestimmten Maschine/Anlage zuzuordnen. Dabei ist vor allem darauf zu achten, dass die Termine der kritischen Vorgänge streng eingehalten werden.

Die zum Zweck der Auftragsterminierung notwendigen Daten der Arbeitspläne und Fertigungsaufträge befinden sich in der **PPS-Datenbank**: Arbeitsgänge, Zeiten der Ar-beitsgänge und geplante Maschinenbelegung sowie Losgrößen. Mit Hilfe der EDV lässt sich der Zeitbedarf pro Arbeitsgang – die Vorgabezeit[1] – ermitteln:

> **Vorgabezeit = Rüstzeit + Zeit je Einheit · Stückzahl**

Beispiel: Arbeitsplan Gehäusekasten zum Schieberäder-Getriebe

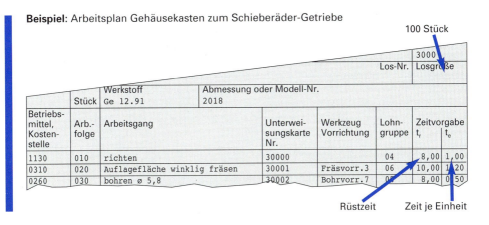

100 Stück

| | | | | | | | | | Los-Nr. | Losgröße |
| | | | | | | | | | | 3000 |

	Stück	Werkstoff Ge 12.91	Abmessung oder Modell-Nr. 2018						
Betriebs-mittel, Kosten-stelle	Arb.-folge	Arbeitsgang		Unterwei-sungskarte Nr.	Werkzeug Vorrichtung	Lohn-gruppe	Zeitvorgabe t_r	t_e
1130	010	richten		30000		04	8,00	1,00
0310	020	Auflagefläche winklig fräsen		30001	Fräsvorr.3	06	10,00	1,20
0260	030	bohren ø 5,8		30002	Bohrvorr.7	0?	8,00	0,50

Rüstzeit   Zeit je Einheit

---

[1] Vgl. S. 389

Für Arbeitsgang 010 ergibt sich:
Vorgabezeit = 8 Min. + 1 Min. • 100 Stück = 108 Min.

Arbeitsgang 010 betrifft Kostenstelle 1130. Das PPS-System sucht sie auf und zeigt unter anderem ihre Belastung auf:

Kostenstelle	Termin	Soll-Kapazität in Min.	Ist-Belastung in Min.	Freie Kapazität in Min.
1130	175/20.04.	480	210	270

Für Vorgang 01 werden 108 Min. in Kostenstelle 1130 benötigt. Der Disponent kann sie zum Termin 175 einlasten. Er kann aber auch einen anderen Auftrag eingeben. Auf diese Weise entscheidet er über die Maschinenbelegung.

Sie wissen: Die Dringlichkeit des Auftrags, die Minimierung der Rüstkosten, die Maximierung des Deckungsbeitrags sind wichtige Entscheidungskriterien.

Lastet der Disponent den Auftrag zum Termin 175 ein, so ist damit der Start für diesen Arbeitsgang festgelegt, aber auch sein Ende. Unter Berücksichtigung der Übergangszeit zum nächsten Arbeitsgang ergibt sich auch dessen Starttermin. So lassen sich nacheinander alle Termine für den Fertigungsauftrag einlasten. Das PPS-System ermittelt die Pufferzeit und schreibt sie in die Fertigungsauftrags-Datenbank.

Sollte bei einem Arbeitsgang die verfügbare Kapazität nicht ausreichen, so muss eine der im Abschnitt „Belastungsplanung" genannten Lösungsmöglichkeiten (oder eine Kombination) gewählt werden.

Zuletzt versieht der Disponent den Arbeitsplan mit den Daten des Fertigungsauftrags. Das sind vor allem die Auftragsnummer, die Losnummer, die Losgröße, die Start- und Endtermine (nach dem Betriebskalender). Der bisher auftragsunabhängige Arbeitsplan wird so zu einem **auftragsbezogenen Arbeitsplan**. Der Disponent speichert ihn in der PPS-Datenbank ab.

Auch die **Maschinenbelegung** wird in der Form von Balkendiagrammen übersichtlich dargestellt. Die Arbeitsvorgänge werden dabei als Balken den Maschinen zugeordnet. Die Länge der Balken entspricht der Vorgangsdauer. Start- und Endtermine, Terminüberschreitungen, Belegungszeit der Betriebsmittel, Engpässe und Leerkapazitäten sind rasch und genau erkennbar. Sie zeigen Ansatzpunkte auf für eine optimale Maschinenbelegung, die

■ die Maschinenleerkosten minimiert,

■ die Durchlaufzeiten minimiert,

■ dringende Aufträge bevorzugt,

■ deckungsbeitragsmaximale Aufträge bevorzugt,

■ die Rüstkosten minimiert.

Diese Aspekte wurden bereits auf Seite 129 f. behandelt!

Beispiel: Maschinenbelegung

C:\Maschinenbelegung Verzahnerei   [_] [□] [X]

	Oktober																															Nov											
	1	2	3	4	5	6	7	8	9	10	11	12	13	14	15	16	17	18	19	20	21	22	23	24	25	26	27	28	29	30	31	1	2	3	4	5	6	7	8	9	10	11	12

Abwälzfräs-maschine 10. 4711	Auftrag-Nr. 31 719 · Auftrag-Nr. 31 728 · Auftr.-Nr. 31 730 · Auftrag-Nr. 31 744 · Auftrag-Nr. 31 745
Abwälzfräs-maschine 10. 4712	Auftrag-Nr. 31 720 · Auftrag-Nr. 31 721 · Auftrag-Nr. 31 724
Abwälzfräs-maschine 10. 4713	Auftr.-Nr. 32 812 · Auftr.-Nr. 32 816 · Auftrag-Nr. 32 900 · Auftr.-Nr. 32 910
Abwälzfräs-maschine 10. 4714	Auftrag-Nr. 32 824 · Auftrag-Nr. 32 825 · Auftrag-Nr. 32 830 · Auftrag-Nr. 32 826
Horizontal-fräswerk 11.6050	Auftrag-Nr. 30 076 · Auftrag-Nr. 30 116
Horizontal-fräswerk 11.6051	Auftrag-Nr. 30 080 · Reparatur · Auftrag-Nr. 30 100 · Auftrag-Nr. 30 999
Kopierfräs-maschine 12.1391	Auftr.-Nr. 40 111 · Auftr.-Nr. 40 319 · Auftr.-Nr. 40 112 · Auftr.-Nr. 40 100 · Auftr.-Nr. 31 745

(Quelle: E. Hammer, Industriebetriebslehre)

Arbeitsaufträge

1. **Die beiden folgenden Skizzen zeigen zwei verschiedene Arten von Terminplänen.**

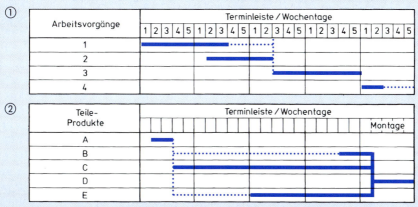

a) Fertigen Sie den jeweils fehlenden Terminplan für Vorwärts- bzw. Rückwärtsterminierung an.

b) Bestimmen Sie die FAZ, FEZ, SEZ und SAZ.

c) Bestimmen Sie die Pufferzeiten.

2. **Für das Produkt A liegen folgende Erzeugnisstruktur und Arbeitszeiten vor:**

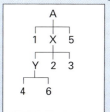

Elemente	Stunden
A	20
X	30
Y	30
1	10
2	20
3	60
4	30
5	40
6	50

a) Erstellen Sie zwei Terminpläne (Vorwärts- und Rückwärtsterminierung) in Form von Balkendiagrammen.

b) Bestimmen Sie FAZ, FEZ, SEZ, SAZ und die Pufferzeiten.

3. **Ein Erzeugnis wird nach dem folgendem Strukturbaum gefertigt. Die Einzelteile a, b, c und d werden mit den angegebenen Zeiten (Stunden) auf dem Maschinen M1 bis M4 in der dargestellten Reihenfolge erstellt. Endmontage: 1 Stunde.**

	M1	M2	M3	M4
a	0,8	1,2	0,4	1,2
b	0,4	1,2		0,4
c	0,4	0,6	1,2	1,6
d	1,2		1,6	

a) Ein Kunde bestellt 150 Stück. Ermitteln Sie die benötigte Stückzahl von a, b, c, d.

b) Ermitteln Sie mit Hilfe eines Balkendiagramms den frühestmöglichen Fertigstellungstermin.

4. **In der Praxis geht man bei der Grobterminierung oft wie folgt vor:**

■ **Man überprüft, ob ein Engpassbereich vorliegt.**

■ **Man legt die Termine für den Engpassbereich fest.**

■ **Anschließend plant man durch Rückwärtsterminierung die Termine für die vorgelagerten Produktionsstufen.**

■ **Schließlich plant man durch Vorwärtsterminierung die Termine der dem Engpass nachgelagerten Produktionsstufen.**

Begründen Sie diese Vorgehensweise.

5. **Nehmen wir an, Sie wären Angestellter in der Stabsabteilung „Planung" Ihrer Firma.**

Suchen Sie Argumente, um Ihren Vorgesetzten davon zu überzeugen, dass man bei der Durchführung größerer Projekte die Methoden der Netzplantechnik anwenden sollte.

6. **Ein Maschinenprojekt besteht aus den Baugruppen A und B.**

Baugruppe A setzt sich aus den Teilen A1, A2 und A3 zusammen.

Baugruppe B setzt sich aus den Teilen B1 und B2 zusammen.

Zunächst ist die Arbeitsplanung durchzuführen: 60 Tage. Anschließend erfolgt die Fertigung (Zeitangaben in Tagen):

A1: Fräsen 12, Bohren 10, Gewindeschneiden 12, Fräsen 8, Feinbohren 12, Schleifen 16

A2: Drehen 10, Fräsen 10, Wärmebehandlung 20, Schleifen 16

A3: Drehen 16, Fräsen 10, Schleifen 12

Montage Baugruppe A: 30

B1: Hobeln 20, Bohren 12, Gewindeschneiden 10, Schleifen 12

B2: Fräsen 16, Bohren 10, Härten 12

Montage Baugruppe B: 20

Endmontage beider Baugruppen: 30

a) Stellen Sie eine Vorgangsliste auf.

b) Zeichnen Sie den Netzplan.

c) Ermitteln Sie früheste und späteste Termine, kritischen Pfad und Pufferzeiten.

7. **Für die Fertigungsaufträge A1 bis A7 wurden die folgenden spätesten Anfangszeitpunkte (SAZ) berechnet:**

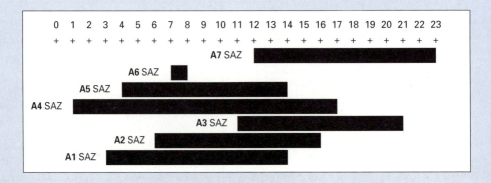

Die Aufträge müssen unter anderem auf den Maschinen B bis F bearbeitet werden. Die Reihenfolge der Bearbeitung und die Arbeitszeiten in Stunden liegen wie folgt fest:

Reihenfolge:	1.	→	2.	→	3.	→	4.	→	5.
A1	3B		10C		2D		7E		7F
A2	2F		4C		3E		4D		
A3	5B		2D		4F				
A4	6C		4D		8E		4B		
A5	6E		7F		5B		4C		3D
A6	1B								
A7	6C		7D		2F				

Die Maschinen B bis F sind bereits wie folgt belastet (in Stunden). Die eingelasteten Aufträge sind dringlich und folglich jeweils zuerst zu bearbeiten.

Maschine	Belastungsschranke (Kapazitätsgrenze)	bestehende Belastung
B	70	63
C	70	50
D	70	60
E	63	45
F	63	54

a) Nennen Sie in der Reihenfolge ihrer Dringlichkeit diejenigen Fertigungsaufträge, die in den ersten 10 Tagen begonnen werden müssen.

b) Zeichnen Sie einen Maschinenbelegungsplan. Tragen Sie die bestehende Belastung ein. Tragen Sie anschließend von den Aufträgen A1 bis A7 diejenigen ein, die unter Berücksichtigung ihrer Dringlichkeit *vollständig* bearbeitet werden können.

8. **Eine Textilunternehmung hat sich auf die Herstellung von hochwertigen Herrenabendanzügen spezialisiert, wobei über die einzelnen Modelle folgende Daten vorliegen:**

Modell	Preis (EUR)	Nach-frage (Stck.)	Zeit/Stck. d. Engpass-faktors (Min.)	Variable Kosten/ Stck. (EUR)	Absoluter Deckungs-beitrag (EUR)	Relativer Deckungs-beitrag (Min.)
A	350,00	700	150	125,00		
B	450,00	900	160	170,00		
C	540,00	600	150	240,00		
D	660,00	450	200	300,00		

Mit 4 800 Stunden ist die Kapazität des Engpassfaktors ausgelastet; die Fixkosten betragen insgesamt 350 000,00 EUR. Ermitteln Sie
a) die jeweiligen absoluten Deckungsbeiträge,
b) die jeweiligen relativen Deckungsbeiträge,
c) die Reihenfolge der Modelle,
d) die Stückzahlen der Modelle, die zum gewinnmaximalen Produktionsprogramm führen,
e) den maximalen Gewinn.

9. **Im Rahmen termingebundener Abstimmung der Produktion kann es kurzfristig zu Kapazitätsengpässen kommen.**
Erläutern Sie Möglichkeiten, Engpässe kurzfristig zu beseitigen.

8.3.5 Bereitstellungsdisposition

Durch Eingabe der Materialnummer und der Auftragsnummer gibt der Disponent be-stimmte Aufträge oder auch alle Aufträge, deren Anfangstermin in einer bestimmten Zeitspanne liegt, zur Fertigung frei. Daraufhin verfügt das PPS-System automatisch in der Materialdatenbank die Reservierung der für den Auftrag notwendigen Einsatzmengen. Diese Reservierungen werden dann bei den Bedarfsberechnungen und der Ermittlung des verfügbaren Bestandes berücksichtigt.

8.3.6 Arbeitsverteilung

Die Arbeitsverteilung ist die Weiterleitung der Arbeitsaufträge an die Arbeitsplätze. Dabei spielt der **Fertigungsleitstand** die bestimmende Rolle. Er legt die endgültige Maschinenbelegung fest und erstellt ver-

> **Fertigungsleitstand**
> Der Fertigungsleitstand ist ein PC, der mit dem PPS-System verbunden ist. Er gestattet es, die Fertigung unmittelbar vom Bildschirm aus zu steuern und zu überwachen. Dadurch werden Betriebsmittel- und Personaleinsatz und die Subprozesse der Fertigung weitestgehend optimiert. Am Bildschirm lassen sich unmittelbar ablesen:
> - die Kapazitätsauslastung von einzelnen Maschinen, Arbeitsgruppen und Fertigungsbereichen,
> - die Gesamtdurchlaufzeit der Aufträge,
> - der Auftragsstand der Arbeitsfolgen (Auftragsfortschritt),
> - die Verfügbarkeit von Material und Werkzeugen.
> Einzelaufgaben:
> - Erstellung von Alternativen zu bestehenden Arbeitsplänen,
> - Änderung der Maschinenbelegung bei Über- und Unterkapazitäten,
> - Feststellung des vorhandenen Auftragsvolumens („Auftragsbergs"),
> - Setzen von Prioritäten für kritische Aufträge,
> - Beseitigung von Fertigungsengpässen durch Vergabe von Lohnaufträgen,
> - Ausdruck der Arbeitspapiere und der Arbeitsverteilerliste.

schiedene Arbeitspapiere und eine Arbeitsverteilerliste, in der die einzelnen Arbeiten mit gewissen Terminspannen vorgegeben werden.

Die Arbeitspapiere dienen dazu, den Arbeitsprozess in Gang zu setzen, ihn zu begleiten und zu überwachen.

Wenn der Betrieb über ein Betriebsdatenerfassungs-System verfügt, können diese Papiere durch Computerinformationen ergänzt und zum Teil ersetzt werden. Der Leitstand des Fertigungssystems/der Werkstatt oder sogar die einzelnen Arbeitsplätze sind mit Bildschirmen ausgestattet. Der Werkstattleiter/die Mitarbeiter können alle benötigten Auftragsdaten unmittelbar abrufen und die Rückmeldungen hinsichtlich Materialverbrauch, Arbeitszeit, Start- und Fertigstellungsungsterminen, Belegungszeiten der Maschinen, Maschinenstörungen, produzierter Mengen und Produktfehler zwecks Weiterverarbeitung im PPS-System eingeben.

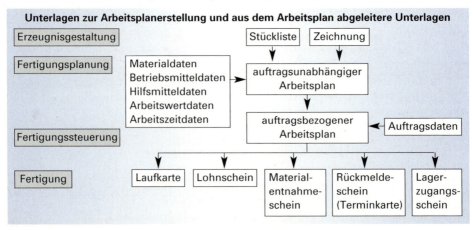

Unterlagen zur Arbeitsplanerstellung und aus dem Arbeitsplan abgeleitere Unterlagen

Laufkarte

Die Laufkarte ist der mit den Auftragsdaten versehene Arbeitsplan. Sie enthält alle Auftragsdaten. Deshalb begleitet sie das Werkstück durch seinen gesamten Fertigungsprozess, weist den Weg für den innerbetrieblichen Transport und lässt anhand von Erledigungs-, Prüf- und Ausschussvermerken immer den Bearbeitungsstand erkennen.

Materialentnahmeschein

Der Materialentnahmeschein weist das benötigte Material nach und dient zu seiner Entnahme. Er wird bei Gesamtentnahmen durch die **Entnahme-Stückliste** ersetzt.

Lohnschein

Der Lohnschein enthält den einzelnen Arbeitsgang. Er ist die Arbeitsanweisung für den Arbeiter. Außerdem enthält er Felder für die Lohnberechnung, in die der Arbeiter seine Eintragungen macht.

Rückmeldeschein (Terminkarte)

Der Rückmeldeschein wird nach Erledigung eines Arbeitsganges sofort an die Arbeitsvorbereitung zurückgegeben. Dann kann sofort der nächste Arbeitsgang veranlasst werden. Der Erledigungsvermerk wird in die PPS-Datenbank eingegeben. Die Arbeitsvorbereitung kann sich jederzeit am Bildschirm eine Auftragsfortschrittsübersicht zeigen lassen oder sich eine solche ausdrucken lassen.

Lagerzugangsschein

Nach Abschluss aller Arbeitsgänge geht das gefertigte Teil mit einem Lagerzugangsschein ins Lager. Damit gilt der Auftrag als ausgeführt.

Beispiel:

Laufkarte

Gegenstand Gehäusekasten 03				Auftrags-(Kommissions-) Nr. 12.243/127			Arbeitsplan Nr. 3000		
Zeichnungs-Nr. 3-4205/1		Baumuster-Type 6045-006.039	Teil-Nr. 3000			Los-Nr. 3	Losgröße 100		
Menge 1		Einh. Stück	Werkstoff Ge 12.91	Abmessung oder Modell-Nr. 2018	Ausstelltag 171		Starttermin 175		Endtermin 182

Betriebs-mittel, Kostenstelle	Arb.-folge	Arbeitsgang	Unter-weisungs-karte Nr.	Vorrichtung, Werkzeug	L.-Gr.-Fakt.	Zeitvorgabe t_r	t_e	Kontroll-Vermerk	Ausschuss Fabr.	Mat.	Gute Stücke
1130	010	richten	30000		04	8,00	1,00				
0310	020	Auflagefläche winklig fräsen	30001	Fräsvorr. 3	06	10,00	1,20				
0260	030	bohren Ø 5,8	30002	Bohrvorr. 7	05	8,00	0,50				
0260	040	bohren 4 x Ø 4,8; 2 x Ø 2,8;	30003	Bohrvorr. 9	05	8,00	8,10				
		2 x Ø 3,8; 9 x Ø 2,5;									
		Ø 4									
0260	050	reiben 2 x Ø 4; 2 x Ø 3	30004		06	8,00	1,90				
0280	060	Gewinde schneiden 10 x M3	30005	Gew. vorr. 7	05	8,00	4,40				

Materialentnahmeschein

Gegenstand Gehäusekasten 03			Auftrags-(Kommissions-) Nr. 12.243/127		Arbeitsplan Nr. 3000	
Zeichnungs-Nr. 3-4205/1		Baumuster-Type 6045-006.039	Teil-Nr. 3000	Los-Nr. 3	Losgröße 100	
Menge 1	Einh. Stück	Werkstoff Ge 12.91	Abmessung oder Modell-Nr. 2018	Ausstelltag 171	Termin 175	

ausgegeben am	Quittung des Empfängers Name	Datum	ausgegebene Kostenst.-Abt.	Einheitspreis Menge	Einh.	Gesamtpreis EUR	ct	EUR	ct
Lagerkartei gebucht									

Lohnschein

Gegenstand Gehäusekasten 03					Auftrags-(Kommissions-) Nr. 12.243/127			Arbeitsplan Nr. 3000	

Zeichnungs-Nr. 3-4205/1	Baumuster-Type 6045-006.039	Teil-Nr. 3000			Los-Nr. 3	Losgröße 100			

Menge 1	Einh. Stück	Werkstoff Ge 12.91	Abmessung oder Modell-Nr. 2018	Ausstelltag 171	Termin 175

Betriebs-mittel, Kosten-stelle	Arb.-folge	Arbeitsgang Nr.	Unter-weisungs-karte	Betriebsmittel Werkzeug-Vorr.	L.-Gr.-Fakt.	Zeitvorgabe t_r	t_e	Gesamt-minuten	Lohnbetrag EUR	ct
0260	030	bohren Ø 5,8	30002	Bohrvorr. 7	05	8,00	0,50			

Name des Arbeiters	Stamm-Kontroll-Nr.	Arbeitsbeginn	Kontrolle	Ausschuss Fabr.	Mat.	Gut-Stück	Abschlag Minuten	Gegenzeichnung Meister	Lohnbüro
		Arbeitsende							
		Arbeitsbeginn							
		Arbeitsende							

Rückmeldeschein

Gegenstand Gehäusekasten 03				Auftrags-(Kommissions-) Nr. 12.243/127			Arbeitsplan Nr. 3000

Zeichnungs-Nr. 3-4205/1	Baumuster-Type 6045-006.039	Teil-Nr. 3000			Los-Nr. 3	Losgröße 100	

Menge 1	Einh. Stück	Werkstoff Ge 12.91	Abmessung oder Modell-Nr. 2018	Ausstelltag 171	Termin 175

Betriebs-mittel, Kostenst.	Arb.-folge	Arbeitsgang	Unterwei-sungskarte Nr.	Vorrichtung, Werkzeug	L-Gr. Fakt.	Zeitvorgabe t_r	t_e	Arbeitsbeginn Soll	Ist	Arbeitsende Soll	Ist
0260	030	bohren Ø 5,8	30002	Bohrvorr.7	05	8,00	0,50	175		176	

Lagerzugangsschein

Gegenstand Gehäusekasten 03				Auftrags-(Kommissions-) Nr. 12.243/127		Arbeitsplan Nr. 3000

Zeichnungs-Nr. 3-4205/1	Baumuster-Type 6045-006.039	Teil-Nr. 3000		Los-Nr. 3	Losgröße 100	

Menge 1	Einh. Stück			Ausstelltag 171	Termin (Sol)l 182

Arbeitsaufträge

1. Das Produkt P wird aus den Gruppen A und B montiert. Jeder Fertigungsauftrag wird er-fasst, freigegeben, durchgeführt und fertig gemeldet (verbunden mit einem Lagerzugang). Jeder dieser Vorgänge hat Auswirkungen auf die Lagerbestände (Zunahme, Abnahme, keine Änderung).

Stellen Sie selbst eine Matrix wie die folgende auf. Tragen Sie die richtigen Auswirkungen ein.

	Erfassung	Freigabe	Durchführung	Fertigmeldung
Tatsächlicher Bestand von P				
Reservierter Bestand von A und B				
Verfügbarer Bestand von P				

2. **Auf Seite 181 und 182 sind Arbeitspapiere abgebildet.**
   a) Wer stellt die Arbeitspapiere aus und wer erhält sie?
   b) Welchem Zweck dient der Werkstattauftrag?
   c) Vergleichen Sie den Werkstattauftrag mit dem Arbeitsplan auf Seite 154. Erläutern Sie Gemeinsamkeiten und Unterschiede.
   d) Welchen Zwecken dienen die anderen Arbeitspapiere?
   e) Aus welcher Unterlage werden alle Arbeitspapiere abgeleitet?
   f) Welche Kontrollmöglichkeiten bieten die Arbeitsunterlagen?

3. **Wegen der Verschiedenartigkeit der Aufträge ist eine gut funktionierende Fertigungssteuerung von größter Bedeutung. Sie besteht aus einer geordneten Folge von Akivitäten.**
   a) Nennen Sie diese Aktivitäten in der Reihenfolge ihres Ablaufs.
   b) Stellen Sie den Geschäftsprozess der Fertigungssteuerung mit Hilfe eines ereignisgesteuerten Prozesskettendiagramms dar.

8.4 Prozesse der Fertigungsüberwachung

8.4.1 Aufgabe der Fertigungsüberwachung

Die Fertigungsüberwachung ist die mitlaufende Kontrolle des Fertigungsgeschehens. Sie erfolgt durch die Rückgabe der Arbeitsergebnisse an die Fertigungssteuerung. Sie soll es ermöglichen, fehlerhafte Prozesse unverzüglich zu korrigieren, um die mengen-, qualitäts- und termingerechte Erledigung des Auftrags nicht zu gefährden.

Sie erinnern sich:
Kontrollieren heißt
immer:
1. SOLLWERTE und ISTWERTE vergleichen;
2. die Abweichungen untersuchen.

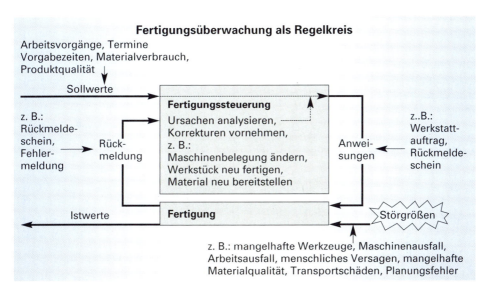

Fertigungsüberwachung als Regelkreis

Die Fertigungsüberwachung erstreckt sich auf

- die Überwachung der Maschinenauslastung,
- die Überwachung der Fertigungsmengen und -termine (Auftragsfortschrittskontrolle),
- die Überwachung der Qualität.

8.4.2 Auslastungskontrolle

CNC-Maschinen und andere Automaten können ihre Belastung aufzeichnen und über das Betriebsdatenerfassungs-System (BDE) an das PPS-System zurückmelden. Ansonsten vergleicht man in kürzeren Abständen die tatsächliche Maschinenbelegung mit den Belegungsplänen.

Neben der Auslastung der quantitativen (mengenmäßigen) Kapazität ist die Überwachung der qualitativen Kapazität (Leistungsfähigkeit) von Bedeutung. Sowie ein Ingenieur zu hohe Kosten verursacht, um zu Handlangertätigkeiten herangezogen zu werden, so soll z. B. ein teures Lehrenbohrwerk nicht für einfache Bohrarbeiten benutzt werden. Dies würde nur unnötigen Verschleiß, Terminschwierigkeiten und vermeidbare Kosten bringen.

8.4.3 Mengenkontrolle und Terminkontrolle

Laufkarten, Rückmeldescheine und Fehlermeldungen werden zurückgegeben. Verfügt der Betrieb über BDE, so können die Daten über Fertigungsmengen und Fertigstellungstermine am Leitstand oder auch direkt am Arbeitsplatz in das Terminal an das PPS-System weitergegeben werden. Bei Abweichungen von den Planungsdaten werden sofort die nötigen Korrekturen veranlasst.

Auf jeder Fertigungsstufe sind die geplanten Fertigungsmengen und die kritischen Termine unbedingt einzuhalten, damit das Gesamtprojekt nicht gefährdet wird. Es hat sich die Erkenntnis durchgesetzt, dass die Einhaltung von Mengen und Terminen ein **Qualitätsmerkmal der Auftragserfüllung darstellt**.

8.4.4 Qualitätskontrolle

Prüfplanung

DIN ISO 8402 definiert als Qualität *„die Gesamtheit von Merkmalen einer Einheit bezüglich ihrer Eignung, festgelegte und vorausgesetzte Erfordernisse zu erfüllen"*.

Die „Erfordernisse" werden dabei heute kundenorientiert interpretiert: Es sind die vom Kunden gewünschten Eigenschaften. Diese Merkmale muss ein Produkt aufweisen. In diesem Sinne soll es höchste Gebrauchstauglichkeit haben.

Die **Qualitätskontrolle** ist nur Teil eines umfassenden Qualitätssicherungs-Systems. Sie ist **der Prozess, der die Erfüllung der Qualitätsforderung nachweisen soll**. Sie umfasst drei Schwerpunkte[1]:

Prüfungsplanung	Prüfungsausführung	Prüfdatenerfassung

---

[1] Vgl. Greßler, Göppel: Qualitätsmanagement, Köln 1996

Der Prüfplan muss festlegen: Prüfmerkmale, Prüfumfang (z. B. Stichprobe), Prüfmittel, Prüfmethode, Prüfzeitpunkt, Prüfer, Prüfort, Dokumentation der Prüfdaten (z. B. Messprotokoll).

Beispiele: Prüfmerkmale

Allgemeine Beschaffenheit	– Entsprechung mit der Zeichnung – vorgegebene Werkstoffe – Oberflächenausführung
Maßhaltigkeit	Einhaltung der Toleranzen, z. B. bei Längen, Winkeln, Durchmessern
Eigenschaften	physikalische oder chemische
Tauglichkeit	Ausübung bestimmter Funktionen
Normen	Einhaltung der ISO-, DIN-, Betriebsnormen
Vorschriftsmäßigkeit	TÜV-, VDE-, Bauvorschriften usw.

Beispiel: Prüfplan

Prüfplan				Dok.-Nr.: Q-313895-2/95 Blatt: 1 von 1		
Ident-Nr.: 275				Zeichnungs-N 558200002		
Benennung: Gewindering				Prüfplan-Nr.: 99		
lfd. Nr.	Prüfmerkmal	Prüfmittel	Prüf-umfang	Prüf-methode	Prüf-zeitpunkt	Prüf-dokumentation
1	Länge L1	Messschieber	n = 2	1/V	5 h	Regelkarte
2	Länge L2	Messschieber	n = 2	1/V	5 h	Regelkarte
3	Durchmesser	Messschraube	n = 10	1/V	5 h	Regelkarte
4	Rundheit	Rundheitsmessgerät	n = 2	3/V	5 h	Regelkarte
5	Gewinde	Gewindelehrdorn	n = 5	1/V	3 h	Regelkarte
6	Oberflächengüte	Oberflächentaster	n = 5	3/V	3 h	Regelkarte
7	Materialhärte	Härteprüfgerät	n = 1	3/V	100 Stück	Messprotokoll
8						

Prüfmethode

1 = Werker-Selbstprüfung   V = variabel (quantitativ ermitteln)

2 = Prüfung durch Qualitäts-sicherung   A = attribut (qualitativ ermitteln)

3 = Prüfung durch Messraum   n = Anzahl der Teile aus dem Gesamtlos (Stichprobe)

4 = Prüfung durch Labor

Erstellt:	Greßler				
Datum:	14. Feb. 20..				
Freigabe:	Göppel				
Änderungsstand:					
Verteiler:	Greßler		Göppel	Schmid	Maier

Arten der Qualitätskontrolle

Man unterscheidet verschiedene Arten der Qualitätskontrolle:

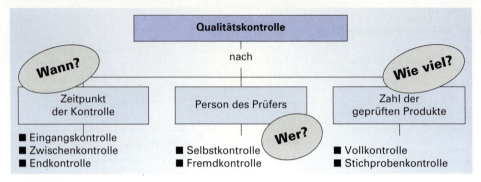

Eingangs-, Zwischen- und Endkontrolle

- **Eingangskontrollen** erfolgen bei Zulieferteilen.
- **Zwischenkontrollen** erfolgen bei Bauteilen und Baugruppen.
- Die **Endkontrolle** erfolgt bei der Endabnahme des Fertigfabrikats.

Je früher die Kontrolle einsetzt, desto wirkungsvoller und kostengünstiger ist sie. Für die Kosten gilt überschlägig die **Zehner-Regel:** Wird ein Fehler aus einer vorhergehenden Stufe erst in der folgenden Stufe entdeckt, so verursacht er das Zehnfache an Kosten. Auch können bestimmte Fehler bei einer ausschließlichen Endkontrolle gar nicht mehr aufgedeckt werden. Andererseits ist die Endkontrolle oft unerlässlich, um das fehlerfreie Zusammenwirken der Teile zu überprüfen.

Fremd- und Selbstkontrolle

- **Selbstkontrollen** erfolgen durch den Bearbeiter selbst. Viele Zwischenkontrollen können als Selbstkontrollen durchgeführt werden. Dazu muss der Bearbeiter eine Kontrollliste erhalten, anhand derer er alle Prüfungen in der richtigen Reihenfolge vornehmen kann.

Denken Sie z. B. an die mitlaufende Kontrolle bei Just in Time!

- **Fremdkontrollen** erfolgen durch das Qualitätswesen. Die Endkontrolle ist zwangsläufig eine Fremdkontrolle.

Voll- und Stichprobenkontrolle

- Bei der **Vollkontrolle** werden alle Produkte eines Loses an Hand der Qualitätsmerkmale überprüft (100-%-Kontrolle). Man nimmt sie meist bei Teilen vor, die für die Funktionstüchtigkeit technischer Geräte wesentlich sind, oder auch bei einer automatischen Kontrolle (z. B. bei der Flaschenproduktion). Bei sicherheitsempfindlichen Produkten nimmt man teilweise sogar eine mehrfache Vollkontrolle durch verschiedene Prüfgruppen vor (z. B. beim Flugzeug-, Raumfahrzeug-, Reaktorbau).
- Bei der **Stichprobenkontrolle** wählt man nach dem Zufallsverfahren[1] einen bestimmten Prozentsatz des Loses (eine Stichprobe) für die Kontrolle aus. Aus dem Fehleranteil in der Stichprobe schließt man dann auf den Fehleranteil im Gesamtlos. Zum Teil ist die Stichprobenkontrolle produktbedingt. So lässt sich z. B. die Kontrolle von Pralinen nicht lückenlos durchführen.

---

[1] Zufallsverfahren bedeutet, dass jedes Stück die gleiche Chance haben muss ausgewählt zu werden.

Manche Betriebe prüfen jeden Artikel durch, weil die Kunden bereit sind, die dadurch bedingten höheren Preise in Kauf zu nehmen, oder weil der Ausschuss bei der Weiterverarbeitung verringert wird. Wo es möglich ist, wird man allerdings in der Regel das billigere Stichprobenverfahren anwenden.

Eine besondere Form des Stichprobenverfahrens ist die Anwendung von **Kontrollkarten**. Sie eignen sich vor allem für die Überwachung der bei Großserien unvermeidlichen Qualitätsschwankungen. Man entnimmt dabei in festen Zeitabständen Stichproben aus der Serie, misst die Qualität und trägt den Durchschnitt der Messwerte in eine Kontrollkarte ein. Über- bzw. unterschreitet die Eintragung eine obere bzw. untere Warngrenze, die noch innerhalb der Toleranzgrenzen liegt, so schließt man auf Fehlerquellen im Produktionsprozess, die zu Qualitätsmängeln führen können. Man greift dann in den Prozess ein um die Fehlerquelle zu beseitigen.

Beispiel:

Stichprobe		Qualitätskontrolle		Entscheidung
Nr.	Uhrzeit	Einzelmesswerte	Mittelwert	
1	8.00	20 20 20 20 20 20	20	
2	8.30	20 20 20 20 20 21	20,17	
3	9.00	21 21 21 20 21 22	21	
4	9.30	21 22 22 22 23 23	22,17	
5	10.00	23 24 24 25 25 26	24,50	Eingriff
6	10.30	20 20 20 20 20 20	20	

Eintragung der Messmittelwerte in die Kontrollkarte:

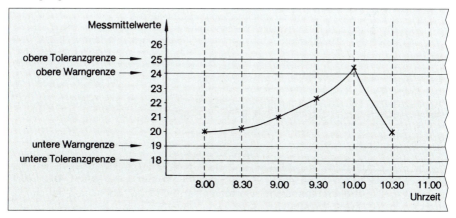

Qualitätssicherung

Die Qualitätssicherung umfasst alle Tätigkeiten, die die Erfüllung der Qualitätsanforderungen durch Ausschalten von Störgrößen gewährleisten sollen.

Bereiche der Qualitätssicherung: Qualitätsplanung, Qualitätskontrolle, Qualitätslenkung, Qualitätsförderung.

Qualität entsteht durch das Zusammenwirken von Faktoren, die man merkwirksam die „7 M" nennt. Ihr mangelhaftes Funktionieren macht sie zu Störgrößen (Fehlerquellen).

Die 7-M-Störgrößen[1]

Mensch	➤ Qualifikation, Verantwortungsgefühl, Kondition
Maschine	➤ Steifigkeit, Positionsgenauigkeit, Rundlauf, Geradheit, Verschleißzustand, Schneidengeometrie; Maß, Form oder Toleranz des Werkzeuges
Material	➤ Abmessungen, Formabweichungen, Festigkeit, Spannungen, Gefüge
Management	➤ falsche Qualitätspolitik, falsche Qualitätsziele
Methode	➤ Arbeitsfolge, Fertigungsverfahren, Prüfmethode
Mitwelt	➤ Temperatur, Feuchte, Licht, Gase, Schwingungen
Messbarkeit	➤ Messunsicherheit

Qualität

Qualitätssicherung

Qualitätsplanung

Qualitätsplanung umfasst alle planerischen Tätigkeiten vor Produktionsbeginn, durch die die Qualität eines Produktes gesichert wird. Dazu gehören vor allem:
- Feststellung aller Anforderungen an das Produkt;
- Festlegung aller Qualitätsmerkmale und Toleranzen;
- Systematische Suche nach möglichen Fehlerquellen bei konstruktiver Gestaltung, Material, Fertigungsverfahren (z. B. einwandfreie Einstelldaten der Maschinen). Wichtige Hilfsmittel: Fehler-Möglichkeits- und Einfluss-Analysen (FMEA);
- Maßnahmen zur Fehlervermeidung aufzeigen und festlegen;
- Verantwortlichkeiten für qualitätssichernde Maßnahmen festlegen;
- das Wissen über Qualitätssicherung systematisch speichern und bereitstellen.

Qualitätslenkung (Qualitätsregelung)

Die Qualitätslenkung umfasst die Arbeitstechniken und Tätigkeiten zur Überwachung des Arbeitsprozesses und Beseitigung von Fehlerquellen. Dazu werden die durch die Fertigungskontrolle festgestellten Fehler analysiert. Dann sind die maßgeblichen Fehlerquellen (Störgrößen) zu erfassen und zu beseitigen. Wird ihr Einfluss verringert, so wirkt sich dies positiv auf die künftige Produktqualität aus.

Qualitätsförderung

Untersuchungen zeigten: Betriebsprobleme haben zu 20 % technische und organisatorische, aber zu 80 % menschliche Ursachen!

Die Qualitätsförderung umfasst Maßnahmen, die die Mitarbeiter zu qualitätsförderndem Eigenhandeln motivieren. Sie ist Herausforderung zur stetigen Verbesserung. Vertrauen, Schulung, Beteiligung an Zielen und Entscheidungen sowie Teamarbeit sind wichtige Elemente der Motivationsförderung.

Sie wissen schon:

Qualitätssicherung gilt als Führungsaufgabe und findet ihren Niederschlag in einer qualitätsorientierten Unternehmensführung (Qualitätsmanagement).

---

[1] Greßler/Göppel, Qualitätsmanagement, Köln 1996

Qualitätskosten

Qualitätskosten entstehen als Fehlerverhütungskosten, Prüf- und Fehlerkosten.

Qualitätskosten
Fehlerverhütungskosten
entstehen für die vorbeugenden Maßnahmen der Qualitätsplanung, -regelung, -förderung
Prüfkosten
entstehen durch den Prüfvorgang (für Prüfgeräte, -werkzeuge, -materialien, -personal). Auch, wenn der Prüfvorgang Zerstörung erfordert (z. B. Prüfung von Sicherheitsgurten auf Festigkeit).
Fehlerkosten
entstehen durch die mangelhafte Qualität:
■ für **Ausfall** (nachbesserungsfähige Produkte. Folge: Nachbearbeitungskosten)
■ für **Ausschuss** (nicht nachbesserungsfähige Produkte. Folgen: unverkäufliches Produkt; Verlust von Material, Maschinennutzung, Arbeitseinsatz; ggf. teure Ausschussbeseitigung)
■ für **Gewährleistung und Garantie** (nach Produktauslieferung; Reparaturkosten, Preisnachlass, Rücknahme, Schadensersatz)
■ für **Haftung** (nach Produkthaftungsgesetz bei Folgeschäden an Personen oder Sachen aufgrund fehlerhafter Produkte)

Wie intensiv soll die Qualitätssicherung unter Kostengesichtspunkten erfolgen? Es gilt:

Sicherungs-intensität	Fehler-quote	Fehler-kosten	Sicherungs-kosten
stark	klein	niedrig	hoch
schwach	groß	hoch	niedrig

Fehler- und Sicherungskosten entwickeln sich bei variierender Sicherungsintensität gegenläufig.

Es ist die Sicherungsintensität zu wählen, bei der die Summe aus Fehlerkosten und Sicherungskosten am kleinsten ist.

Beispiel

Fehlerquote	Fehlerkosten	Sicherungskosten	Gesamtkosten
0 %	0,00	100,00	100,00
1 %	15,00	70,00	85,00
2 %	30,00	50,00	80,00
3 %	45,00	35,00	80,00
4 %	60,00	25,00	85,00
5 %	75,00	20,00	95,00

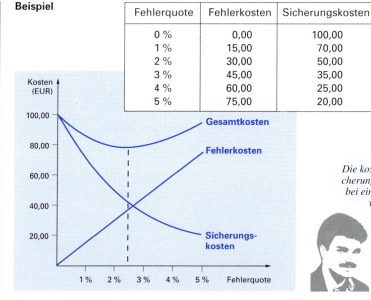

Die kostenminimale Sicherungsintensität liegt bei einer Fehlerquote von 2,5 %.

189

Allerdings hat dieses Modell zunehmend theoretischen Wert: Auf Grund zunehmender Qualitätsforderungen der Kunden und harter Konkurrenz sind die Betriebe gezwungen, maximale vorbeugende Qualitätssicherungsmaßnahmen durchzuführen. Das Streben nach der sog. Null-Fehler-Produktion wächst. Die Qualitätssicherungskosten steigen damit, aber Prüf- und Fehlerkosten sinken i.d.R. stärker. Insgesamt ergibt sich ein kostensenkender Effekt.

Arbeitsaufträge

1. **Die von der Arbeitsvorbereitung ausgegebenen Arbeitspapiere dienen unter anderem der Fertigungsüberwachung.**
   Erläutern Sie die unterschiedlichen Kontrollmöglichkeiten.

2. **Auch für Ihren Ausbildungsbetrieb gilt: Die Produkterstellung geht stets mit einer Qualitätskontrolle einher.**
   Erstellen Sie mit Hilfe einer Präsentationssoftware eine Präsentation, die folgende Probleme berücksichtigt:
   a) Gründe für das Interesse an der Qualitätskontrolle
   b) Merkmale der Produktkontrolle (Wählen Sie ein geeignetes Produkt aus)
   c) Prozess der Qualitätskontrolle (Planung, Ausführung, Datenerfassung)
   d) Ansätze zur Senkung der durch die Qualitätskontrolle entstehenden Kosten

3. **Fehlermeldung**

<table>
<tr><td rowspan="2">Fehlermeldung</td><td>Kennwort</td><td colspan="2">Fehlermeldung Nr.
410 - 116</td><td colspan="3">Q-Bereich
95001</td></tr>
<tr><td>Lieferant</td><td colspan="2">WBZ
2-972165-745-191</td><td colspan="3">FSL-Ziffer
22.8.31</td></tr>
<tr><td rowspan="2">Verteiler:
Q-Sicherung</td><td>Gegenstand
CA 59 6-31</td><td colspan="2">Gegenstands-Ident-Nr.
KL 59 8006 P1 R12</td><td colspan="3">Sonder-Nr./Kontierung
7-899 307 - 706</td></tr>
<tr><td>Ausgangsmaterial
Nabe</td><td colspan="2">Werkstoff
St. 44</td><td colspan="3">Stamm-Nr.</td></tr>
</table>

	KA	Geschätzte Fehlerkosten	FA	FU	FO	FG	FB	Verurs.Abt.	Prod. Gruppe	Geprüf. Menge
Betriebs-assistent Technik	3	180,00	0102	11	900	2	0	75700	762	20

Werkstatt	Herstellmenge 20	Mengeneinheit ST	
Verursacher Aussteller	Fehlerbeschreibung Bohrung Ø 75 - H7 Ausschuss, einseitig Istmaß 75,09 Sollmaß 75 - H7		
	Antrag zum Entscheid Ausbüchsen		
	Entscheid Ausbüchsen auf 70-H7, für nächst kleinere Type (CA 58.4.31 verwenden)		
	Dat.Aussteller 28.09.	Dat.Abteilungsmeister 28.09.	

a) Geben Sie alle Informationen wieder, die sich aus der Fehlermeldung ersehen lassen.
b) Begründen Sie die Entscheidung, die in der Fehlermeldung getroffen wurde.

4. **Unterschiedliche Sicherungsintensitäten sollen zu folgenden Fehlerquoten, Fehlerkosten und Sicherungskosten führen.**

Fehlerquote	Fehlerkosten (EUR)	Sicherungs-kosten (EUR)
0 %	0,00	400,00
1 %	25,00	300,00
2 %	50,00	225,00
3 %	75,00	169,00
4 %	100,00	127,00
5 %	125,00	95,00

a) Bei welcher Fehlerquote liegt die kosten-minimale Sicherungsintensität?

b) Stellen Sie Sicherungs-, Fehler- und Gesamtkosten grafisch dar (Koordinatenkreuz).

5. In der automatischen Montage kommt es darauf an, dass jedes Teil funktioniert. Fällt eine noch so kleine Komponente aus, kann das den Stillstand der gesamten Anlage bedeuten. Das hat dazu geführt, dass selbst die Hersteller von Kleinschrauben (bis Durchmesser 6 mm) gezwungen sind, dem Abnehmer eine 100 %-Qualität zu garantieren. Gemessen wird die Qualität dieser Produkte mit dem „Reinheitsgrad" (Verhältnis von Liefermenge zu den darin befindlichen unbrauchbaren Teilen). Damit konnten bestehende Automatisierungshemmnisse für Schraubverbindungen spürbar vermieden werden. Mit steigendem Automatisierungsgrad einer Montageanlage nimmt deren Sensibilität, d. h. die Störungsanfälligkeit, wie auch die Störungsdauer zu. Werden miteinander verkettete Schraubeinheiten oder Mehrspindelautomaten verwendet, so multiplizieren sich die Verfügbarkeiten der einzelnen Schraubeinheiten zu einer Gesamtverfügbarkeit. Verfügbarkeit ist das Verhältnis von effektiver Laufzeit zur Betriebszeit einer Montageanlage. Kennt man den Reinheitsgrad eines Lieferloses, so lassen sich die durch die unbrauchbaren Schrauben verursachten Störungen berechnen. Nun sind jedoch schlechte Schrauben nicht die einzige Störquelle bei Schraubautomaten. Störungen, verursacht durch ungünstige Produktgestaltung oder unzureichende Anpassung von Schraubstation und Schrauben, sind häufiger und meist auch schwer wiegender: Durch schlechte Reinheitsgrade verursachte Minderungen der Verfügbarkeit von Schraubautomaten sind aber meist augenfälliger und auch leichter zu beheben und darum fast immer der erste Ansatzpunkt für Verbesserungen.

Den Schraubenherstellern ist es demnach ein wichtiges Anliegen, bereits bei der Produktkonstruktion die Belange der automatisierten Montage mitzubedenken und gemeinsam mit dem Automatenhersteller oder der Betriebsmittelplanung des Schraubenanwenders beratend mitzuwirken.

Der Produktkonstrukteur, der Schraubenhersteller und der Automatenhersteller bzw. die Betriebsmittelplanung entwickeln zunächst gemeinsam ein Lastenheft, welches der Produktfunktion, aber auch der automatengerechten Montage gleichermaßen gerecht wird. Das Ergebnis des Dreiergespräches sollte möglichst eine applikationsbezogene Zeichnung sein.

Nach dieser Zeichnung wird der Schraubenhersteller in individuellen Fertigungen unter besonders wirksamen Qualitätssicherungsverfahren die Schrauben herstellen und am Ende des Produktionsprozesses eine automatische 100-%-Kontrolle der besonders sensiblen Merkmale durchführen.

Der Schraubenanwender verarbeitet das Lieferlos und stellt Menge und Art der eventuell noch vorhandenen fehlerhaften oder Fremdteile fest.

Die Fremd- und Fehlerteile stellt der Schraubenanwender dem Hersteller zu, damit dieser sich auf deren Vermeidung bei Folgeaufträgen einstellen kann. Der Schraubenhersteller wird dann die zur Verfügung gestellten Fehler- und Fremdteile nach vier verschiedenen Kategorien ordnen und daraus seine Schlüsse für die Vermeidung dieser Fehler ziehen. Die Zeichnung wird dann entsprechend ergänzt und der Schraubenanwender darüber informiert.

(Quelle: Handelsblatt)

a) Aus welchen Umständen ergibt sich in diesem Beispiel die Notwendigkeit der Qualitätskontrolle?

b) Zu welchem Zeitpunkt setzt die Qualitätssicherung (die auch die Qualitätskontrolle umfasst) bereits ein?

c) Die gelieferten Schrauben sind Markenartikel und teurer als vergleichbare Schrauben für manuelle Verarbeitung.
   – Wo liegt die Ursache für den höheren Preis?
   – Wie lassen sich die höheren Kosten für den Verwendungsbetrieb rechtfertigen?

6. Sie sehen hier einen Ausschnitt aus einer Fehler-Möglichkeits- und Einfluss-Analyse (FMEA)

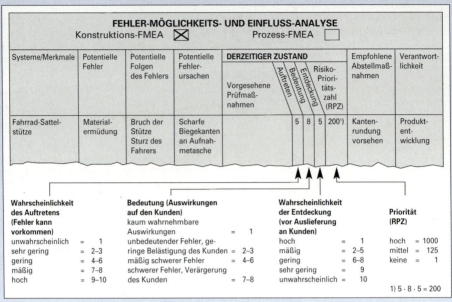

FEHLER-MÖGLICHKEITS- UND EINFLUSS-ANALYSE
Konstruktions-FMEA ☒   Prozess-FMEA ☐

Systeme/Merkmale	Potentielle Fehler	Potentielle Folgen des Fehlers	Potentielle Fehler-ursachen	DERZEITIGER ZUSTAND					Empfohlene Abstellmaß-nahmen	Verantwort-lichkeit
				Vorgesehene Prüfmaß-nahmen	Auftreten	Bedeutung	Entdeckung	Risiko-Priori-täts-zahl (RPZ)		
Fahrrad-Sattel-stütze	Material-ermüdung	Bruch der Stütze Sturz des Fahrers	Scharfe Biegekanten an Aufnah-metasche		5	8	5	200¹⁾	Kanten-rundung vorsehen	Produkt-ent-wicklung

Wahrscheinlichkeit des Auftretens (Fehler kann vorkommen)
unwahrscheinlich = 1
sehr gering = 2–3
gering = 4–6
mäßig = 7–8
hoch = 9–10

Bedeutung (Auswirkungen auf den Kunden)
kaum wahrnehmbare Auswirkungen = 1
unbedeutender Fehler, ge-ringe Belästigung des Kunden = 2–3
mäßig schwerer Fehler = 4–6
schwerer Fehler, Verärgerung des Kunden = 7–8

Wahrscheinlichkeit der Entdeckung (vor Auslieferung an Kunden)
hoch = 1
mäßig = 2–5
gering = 6–8
sehr gering = 9
unwahrscheinlich = 10

Priorität (RPZ)
hoch = 1000
mittel = 125
keine = 1

1) 5 · 8 · 5 = 200

Quelle: Koch u.a., Einführung in die Technologie, Köln 1995

a) Wozu dient eine FMEA?
b) Erläutern Sie den Inhalt der abgebildeten FMEA.
c) Erstellen Sie selbst eine kurze FMEA für die Konstruktion der Messerbefestigung eines Rasenmähers. Möglicher Fehler: Lösen des Messers während des Rasenmäherbetriebs

7. **Qualitätssicherung verlangt das Ausschalten aller Störgrößen, die die Erfüllung der Qualitätsanforderungen beeinträchtigen können. Der Papierhersteller Schoeller AG weiß, dass nicht ordnungsgemäß gewartete Betriebsmittel schnell zu solchen Störgrößen werden können. Schon bei den Kaufverhandlungen über eine neue Papiermaschine wird deshalb die Frage angesprochen, ob mit dem Hersteller ein Wartungsvertrag, ein Inspektionsvertrag oder ein Instandhaltungsvertrag geschlossen werden soll.**

a) In der Norm DIN 31501 werden die Begriffe Instandhaltung, Inspektion und Wartung definiert. Erläutern Sie die drei Arten.
b) Wichtig für die Instandhaltungsplanung ist der Verlauf der Ausfallrate (fallend, konstant, steigend). Für die Papiermaschine gelten folgende Erfahrungswerte:

Betriebszeit (Jahre)	1	2	3	4	5	6	7	8	9	10	11	12	13
Ausfallrate (Tage)	75	50	25	10	10	10	10	10	10	10	25	50	100

Zeichnen Sie die Ausfallratenkurve mit Hilfe eines Tabellenkalkulationsprogramms. Begründen Sie den Verlauf der Kurve in der Anlaufperiode (Phase 1), in der normalen Arbeitsperiode (Phase 2) und in der Abnutzungsperiode der Maschine (Phase 3).
c) Ein Ausfall der Papiermaschine kann verschiedene Gründe haben („7-M-Störgrößen"!). Erstellen Sie eine Mindmap für mögliche Störgrößen.

d) Bei der Instandhaltung unterscheidet man verschiedene Instandhaltungsstrategien. (Frage: Wann sind welche Maßnahmen erforderlich?) Die gebräuchlichsten Strategien:
- Operative Strategie: Betrieb bis zum Ausfall; dann ggf. Maßnahmen
- Periodische Strategie: Maßnahmen in festen Zeitabständen
- Inspektionsstrategie: Vorbeugende Maßnahmen in Abhängigkeit vom Abnutzungsgrad (festgestellt durch Inspektion oder Maschinendiagnose)
- Präventivstrategie: Vorbeugende Maßnahmen in festgelegten Leistungsintervallen
Diskutieren Sie darüber, welche dieser Strategien im vorliegenden Fall sinnvoll erscheinen.

e) Instandhaltung verursacht hohe Kosten. Kosteneinsparung wird z. B. durch Ferndiagnose, Videodiagnose oder Ferninstandhaltung möglich. Erklären Sie die drei Begriffe. Welche Vorteile haben die drei Verfahren neben der Kosteneinsparung?

f) Die Schoeller AG überlegt, ob die Instandhaltung der Maschine durch Eigen- oder Fremdpersonal durchgeführt werden soll. Diskutieren Sie die Vor- und Nachteile.

(Hinweis: Falls erforderlich, nutzen Sie die Internetrecherche zur Informationsgewinnung.)

9   Rationalisierungsprozesse

9.1   Begriff und Anlässe der Rationalisierung

Jeder Betrieb versucht, seine Leistungen mit bestmöglichen Mitteln und Methoden zu erstellen. Er gestaltet seine Organisation und die Arbeitsabläufe zielgerecht, setzt zweckmäßige Betriebsmittel und Fertigungsverfahren ein. Leider sind die gefundenen Lösungen immer nur eine gewisse Zeit optimal, denn die wirtschaftlichen, technischen und sozialen Bedingungen des Betriebes und seiner Umwelt ändern sich ständig. Anpassungsmaßnahmen werden nötig.

Beispiele:
- Die Technik schreitet voran (Entwicklung neuer Materialien, neuer Fertigungsverfahren, schnellerer, automatischer, flexiblerer, handlicherer, Energie sparenderer Maschinen) und eröffnet Möglichkeiten der Kosteneinsparung und der Leistungssteigerung.
- Gesetze schreiben zunehmend umweltschonende Produkte und Verfahren vor.
- Die Abnehmer verlangen eine Produktqualität, die mit den bestehenden Verfahren und Betriebsmitteln nicht erreicht werden kann.

- Die Arbeitnehmer sind unzufrieden wegen monotoner oder anstrengender Arbeit.
- Bestimmte Abteilungen entwickeln sich zunehmend zu Engpässen.
- Es stellt sich heraus, dass bei Konkurrenzbetrieben Produkte schneller entwickelt, Entscheidungen schneller getroffen werden, Informationen schneller ausgetauscht werden.

Reagiert der Betrieb auf derartige Gegebenheiten nicht, so kann er letztlich nicht mehr produktiv und wirtschaftlich arbeiten.

Rationalisierung ist die vernünftige, zweckmäßige Gestaltung der betrieblichen Verhältnisse unter sich ändernden Bedingungen mit dem Ziel, Produktivität und Wirtschaftlichkeit zu steigern.

Wo immer Rationalisierungsmaßnahmen ansetzen, streben sie eine Qualitätsverbesserung an: bei Materialien, Produkten, Betriebsmitteln, Geschäftsprozessen, Arbeitsabläufen, Sicherheit, menschengerechter Arbeitsgestaltung, Termineinhaltung, Service u. a. m. Damit wird **Rationalisierung im modernen Unternehmen letzlich Bestandteil eines umfassenden Qualitätsmanagements.**

In Deutschland hat der **REFA-Verband für Arbeitsstudien und Betriebsorganisation e.V.** wesentliche Untersuchungen zu Rationalisierungsproblemen vorgenommen.

Vor dem Weltkrieg: „Reichsausschuss für Arbeitszeitermittlung". Von daher die Abkürzung REFA.

9.2   Lösung von Rationalisierungsproblemen

REFA schlägt für Rationalisierungsvorhaben ein Vorgehen in 6 Stufen vor:

Ziele setzen	Aufgabe abgrenzen	Ideale Lösungen suchen	Daten sammeln; praktikable Lösungen entwicklen	Optimale Lösungen auswählen	Lösung einführen, Zielerreichung kontrollieren

Stufe 1: Ziele setzen   Aus dem Oberziel der Rationalisierung (Produktivität und Wirtschaftlichkeit steigern!) müssen realisierbare Unterziele abgeleitet werden. Wichtige Rationalisierungsziele sind: Kosten-, Organisations-, Humanisierungs-, Terminziele.

Beispiele:

Kostenziele	Organisatorische Ziele	Humane Ziele	Terminziele
– Selbstkostensenkung um 15 %! – Ausschussverringerung um 90 %! – Durchlaufzeitverkürzung um 30 %!	– Beseitigung der Minimumsektoren! – Erhöhung des Beschäftigungsgrades auf 80 %! – Sicherung eines stetigen Materialflusses!	– Verringerung der Arbeitsmonotonie! – Senkung der körperlichen Belastung! – Schaffung motivierender Kooperationsformen	– Festlegung des Realisierungstermins der Rationalisierungsmaßnahme

Dabei sind die Einflussgrößen des Sachverhalts zu untersuchen.

Beispiele:

- *Prozentanteil der einzelnen Kostenarten (Material-, Personal-, Betriebsmittel-, Verwaltungskosten).* Man wird dort ansetzen, wo die höchsten Einsparungen möglich sind.
- *Gegebener Rationalisierungsgrad und Stand der Technik*
 Dies erlaubt Rückschlüsse darauf, wo sich neue Verfahren einsetzen lassen.
- *Zukünftige Entwicklung des Absatz- und Beschaffungsmarktes*
 Diese Entwicklung erlaubt Rückschlüsse, bei welchen Erzeugnissen und Materialien sich Rationalisierungsmaßnahmen am ehesten lohnen.

Grobabgrenzung:

- **Benennung des Rationalisierungsgegenstands** (z. B. ein Arbeitsablauf, Arbeitsplatz, Produkt)

- **Festlegung eines Mindestziels** (z. B. Herstellungskostensenkung Baugruppe X um mindestens 15 %)

Feinabgrenzung:

- **Festlegung der Systemgröße** (Angabe, ob sich die Maßnahme auf einen bestimmten Arbeitsplatz, eine Arbeitsplatzgruppe oder den ganzen Betrieb erstreckt)

- **Festlegung der Rationalisierungsansätze**

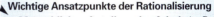

- **Festlegung der Minimalforderungen, die die Rationalisierungsmaßnahme unbedingt beachten muss** (z. B. bestimmte Fertigungsmengen, bestimmte Produktqualität, begrenzter Umfang an Finanzmitteln, Zwang zur Nutzung bestimmter Betriebsmittel, Eignung des Arbeitsplatzes auch für Frauen)

  Für die Feinabgrenzung werden zweckmäßigerweise **Projektteams** gebildet.

> **Wichtige Ansatzpunkte der Rationalisierung**
> - **Menschlicher Anteil an der Arbeit** (z. B. zweckmäßige Bewegungsabläufe – etwa Grifffolgen – und Arbeitsmethoden; Abstimmung mit der Arbeitsumgebung)
> - **Erzeugnisgestaltung** (z. B. konstruktive Vereinfachungen, Normung- und Typung, Spezialisierung, Qualitätsverbesserung)
> - **Automation** (z. B. CNC-Maschinen, Roboter, flexible Fertiggssysteme)
> - **Arbeitsorganisation** (z. B. Bildung von Aufgabenbereichen, Gestaltung nach dem Fließprinzip)
> - **Soziale Gestaltung** (z. B. Bildung von Arbeitsgruppen, Arbeitszeitgestaltung, Arbeitssicherheit)

Projektteams sind Arbeitsgruppen von Fachleuten aus unterschiedlichen Bereichen für befristete komplexe Aufgaben.

Stufe 3: Ideale Lösungen suchen Auch hierzu sind Projektgruppen geeignet. Sie sollen zunächst ohne Rücksicht auf die Beschränkungen der Stufe 2 ungehemmt Ideallösungsvorschläge einbringen. Ideale Arbeitsformen: Brainstorming, Synectic.

Stufe 4: Daten sammeln und praktikable Lösungen entwickeln Rationalisierungsansätze, zweckmäßige Systemgröße und Minimalforderungen werden wieder eingeführt (Stufe 2). Die Ergebnisse von Stufe 3 werden an diesen Bedingungen ausgerichtet. Dabei sollten mindestens zwei Lösungen genau ausgearbeitet werden.

Stufe 5: Optimale Lösung auswählen Es sollen nur Lösungen ausgewählt werden, die technisch sicher, wirtschaftlich, menschlich zumutbar und rechtlich zulässig sind.

Stufe 6: Lösung einführen und Zielerreichung kontrollieren Die Entscheidung wird von der Geschäftsleitung gefällt. Sie berücksichtigt technische und psychologische Aspekte:

Technische Aspekte	Psychologische Aspekte
■ Soll das neue System sofort voll oder soll es erst allmählich eingeführt werden? ■ Soll es durch eigene Mitarbeiter oder externe Spezialisten eingeführt werden? ■ Wie können Ausfälle in der laufenden Produktion vermieden werden? ■ Wie soll die Rationalisierungsmaßnahme zeitlich ablaufen? ■ Wie werden die nötigen Arbeitskräfte geschult/angelernt?	■ Sind die Mitarbeiter zu Änderungen bereit? ■ Sind die Mitarbeiter in die Entwicklung der Rationalisierungsmaßnahme mit einbezogen worden? ■ Sind die Mitarbeiter rechtzeitig informiert worden?

Die Einführungsphase muss laufend überwacht werden. Nur so lässt sich feststellen, ob die Rationalisierungsmaßnahmen konsequent und wie geplant angewendet wird. Anschließend ist die **Kontrolle** durchzuführen: Vergleich der Rationalisierungsergebnisse mit den Zielen. Werden die Ziele nicht wie planmäßig erreicht, sind die Ursachen zu suchen und Korrekturmaßnahmen einzuleiten.

Arbeitsaufträge

REFA schlägt vor, bei Rationalisierungen in 6 Stufen vorzugehen:
a) Nennen Sie diese Stufen und beschreiben Sie sie kurz in eigenen Worten.
b) Suchen Sie Möglichkeiten der Rationalisierung der betrieblichen Ausbildung. Gehen Sie dabei nach der REFA-Methode vor.
c) Entwickeln Sie Rationalisierungsmaßnahmen für Ihren derzeitigen Arbeitsplatz anhand der REFA-Methode.
d) Entwickeln Sie in Gruppenarbeit Rationalisierungsmaßnahmen für den Arbeitsplatz Ihres BWL-Lehrers.
e) Vergleichen Sie die REFA-Methode mit den Vorgehensweisen, die auf den Seiten 20, 45, 48 und 228 des Lehrbuchs dargestellt werden.

9.3 Einzelmaßnahmen der Rationalisierung

Einige Ergebnisse moderner Rationalisierungsmaßnahmen wurden schon behandelt:
■ vernetzte Informationssysteme (CIM, Management-Informationssystem),
■ Fertigungsorganisation (Fließfertigung, Gruppenfertigung, flexible Fertigungsinseln),
■ Fertigungsautomation (CNC, Roboter, flexible Fertigungssysteme).

Im Folgenden werden weitere wichtige Maßnahmen dargestellt.

9.3.1 Standardisierung

Standardisierung ist Vereinheitlichung. Sie umfasst Normung, Typung, Baukastensysteme, Teilefamilien.

Normung

Normung bedeutet eine allgemein anerkannte Vereinheitlichung von Einzelteilen, einfachen Erzeugnissen und immateriellen Gegenständen auf der Grundlage von Normen.

Sie kaufen ein Türschloss. Sie wissen: Es passt in jede Tür, zu jeder Zarge und Klinke. Denn die entsprechenden Elemente sind genormt.

Werknormen	Nationale Normen	Internationale Normen
gelten nur im Bereich eines Unternehmens	z. B. **DIN** (von **D**eutsches Institut für **N**ormung); **AFNOR** (von **A**gence-**F**rançaise de **N**ormalisation)	**ISO**-Norm (von **I**nternational **O**rganisation for **S**tandardization): **EN**-Normen (zuständig: CEN = Comite Européen de Normalisation)
z. B. einheitliche Vordrucke	z. B. einheitliche Papierformate (DIN A4 usw.)	z. B. genormte Containermaße (Norm: ISO 688)

DIN-Normen werden unter Mitwirkung der Öffentlichkeit vom Deutschen Institut für Normung (DIN) herausgegeben.

Grundnormen gelten für unterschiedlichste Bereiche (z. B. einheitliche Maßeinheiten, Normdurchmesser); **Fachnormen** gelten für bestimmte Branchen (z. B. Elektrotechnik, Bauwesen).

- Normung bewirkt vielseitige Verwendbarkeit der Teile;
- Normung erleichtert Konstruktion, Kalkulation und Bestellung;
- Normung bewirkt Kosten- und Preissenkungen;
- Normung ermöglicht die Massenfertigung;
- Normung vereinfacht und verbilligt die Lagerhaltung (Beschränkung auf wenige Arten); Normung verbessert die Qualität der Erzeugnisse (durch Spezialisierung) und des Kundendienstes (schnelle Ersatzlieferung, Austauschbarkeit der Teile).

Typung

Typung ist Vereinheitlichung von Endprodukten. Typen sind gleichartige Produkte, die sich in Einzelheiten unterscheiden können.

Beispiel:
Pkw-Typ VW Golf: vereinheitlichtes Endprodukt mit unterschiedlichen Teilen (Lackierung, Motorstärke, Ausstattung)

- **Baureihen** sind verschiedene Größen des Typs (z. B. aufgrund Motorstärken).
- **Varianten** sind unterschiedliche Ausführungen von Bauteilen (z. B. getönte Scheiben).

Normteile gehen i. d. R. als Einzelteile in das Enderzeugnis ein. Das der Typung unterworfene Erzeugnis spricht dagegen direkt den Verwender an.

Typung nutzt die Vorteile der Spezialisierung und trägt durch Baureihen und Varianten dennoch den individuellen Kundenwünschen Rechnung. Ziel: Durch möglichst wenige Typen möglichst viele **Kundenwünsche** zu befriedigen.

Baukastensystem

Beim Baukastensystem bestehen die Produkte aus Bausteinen. Das sind Teile, die nach Baumusterplänen zu verschiedenartigen Erzeugnissen zusammengebaut werden können.

Beispiel:
Motor VX kann eingebaut werden in die Modelle F1, F2, F3.

Bausteine übertragen den Gedanken der Normung auf kompliziertere Teile.

Vorteile des Baukastensystems:

- Nutzung der Vorteile der Fixkostendegression durch hohe Auflagen der Bausteine,
- erleichterte, kostengünstigere Wartung und Reparatur,
- schnellere Ersatzteilbeschaffung,
- Wiederverwendbarkeit der Bauteile,
- Möglichkeit von An- und Umbau oder Umstellung.

Denken Sie z. B. an die Kombinationsmöglichkeiten bei Möbelanbauprogrammen.

Teilefamilien

Fertigungstechnisch verwandte Teile von ähnlicher Form bilden eine Teilefamilie. Sie können auf den gleichen Maschinen mit dem gleichen Werkzeug produziert werden. Lediglich die Steuerung der Maschine wird verändert.

Beispiel:

Bei Drehteilen kann man nach der groben Form (wellen-, hülsen-, scheibenförmig) Teileklassen bilden. Innerhalb dieser differenziert man nach weiteren Formmerkmalen und nach Abmessungen.

Listen-Nr.	Teilefamilien bei Drehteilen
NN 33-050	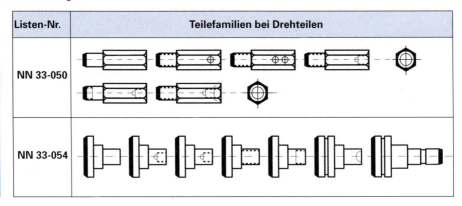
NN 33-054	

Die einzelnen Teilefamilien und ihre Objekte müssen klar durch *Teilefamilienschlüssel* gekennzeichnet sein. Das ist ein an der Form oder Fertigungstechnik orientiertes Zeichnungsnummernsystem.

9.3.2 Produktspezialisierung

Produktspezialisierung ist die Beschränkung des Fertigungsprogramms eines Unternehmens auf wenige Produktarten.

■ **Beispiel:** Eine Unternehmung stellt ausschließlich Zahnräder her.

Die **Vorteile** von Normung und Typung wirken sich bei Spezialisierung besonders aus:

- Steigerung von Erzeugnisqualität und Leistungsfähigkeit des Betriebs, da dem engen Produktkreis erhöhte Aufmerksamkeit gewidmet werden kann;
- Verringerung des Bedarfs an Werkzeugen, Maschinen, Vorrichtungen (stark wachsend mit der Zahl der Erzeugnisse);
- weniger Konkurrenz durch Absprachen mit Konkurrenzbetrieben.

Nachteil: Größeres Absatzrisiko; ein Ausweichen auf andere Artikel durch schnelle Umstellung der Produktion ist nicht möglich.

9.3.3 Arbeitsteilung und Arbeitszerlegung

Arbeitsteilung **bedeutet Verteilung der Arbeiten in einem Leistungsprozess auf verschiedene Träger. Sie ist Spezialisierung auf bestimmte Tätigkeiten.**

Die Arbeitsteilung innerhalb des Betriebes umfasst zwei Aspekte: die Aufgabengliederung und Arbeitszerlegung.

■ **Aufgabengliederung**

Die betriebliche Gesamtaufgabe wird in Teilaufgaben gegliedert. Diese werden Stellen zugeteilt. Die Aufgabengliederung spiegelt sich im Organigramm wider.

■ **Arbeitszerlegung**

Bei der Arbeitszerlegung wird die Arbeit in Teilarbeiten (Arbeitsvorgänge) zerlegt. Arten:

Mengenteilung	**Artteilung**
Mehrere Personen führen die gleiche Arbeit nebeneinander aus.	Mehrere Personen führen aufeinander folgende Arbeiten aus.

Beispiel:

In einer Glasschleiferei bearbeiten 5 Glasschleifer nebeneinander Gläser.	Am Fließband führen Arbeiter aufeinander folgende Arbeiten an gleichartigen Objekten aus.

Arbeitsgliederungspläne zerlegen einen Arbeitsvorgang nacheinander in Teilvorgänge, Vorgangsstufen und Vorgangselemente[1].

Arbeitsteilung	
Vorteile	**Nachteile**
Die Arbeitsteilung ermöglicht:	Die Arbeitsteilung bewirkt
– die Spezialisierung des Arbeiters. Durch Übung und Gewöhnung wird dessen Produktivität und/oder die Qualität seiner Leistung gesteigert.	– Arbeitsmonotonie, – einseitige Belastung des Arbeiters. Dies führt zu
– den wirtschaftlichen Betriebsmitteleinsatz. Am gleichen Arbeitsplatz fallen stets gleiche Arbeitsvorgänge an. Dadurch ist der Einsatz von Spezialmaschinen möglich.	– Unlust, – hoher Fluktuation, – willkürlichem Fernbleiben von der Arbeit,
– den Einsatz ungelernter bzw. angelernter Arbeitskräfte. Die sich immer wiederholenden Arbeitsvorgänge ermöglichen es, auf ungelernte Arbeitskräfte zurückzugreifen.	– höherem Krankenstand, – sogar Sabotage, – höheren Kosten.

9.3.4 Ergonomische Arbeitsgestaltung

Die Ergonomie ist die Wissenschaft von der Anpassung der Arbeit an den Menschen. Diese Anpassung bezieht sich zugleich auf

■ die körpergerechte Gestaltung der Arbeitsplätze,

■ die Gestaltung des Bewegungsablaufs,

■ die Gestaltung der Arbeitszeit,

■ die Gestaltung der Arbeitsumgebung.

---

[1] Vgl. S. 132 und 387

Bereiche der ergonomischen Arbeitsgestaltung

Arbeitsplatz

Die Arbeitsmittel und der Arbeitsraum müssen den Körpermaßen angepasst werden. So ist im Sitzen eine gewisse Beinfreiheit erforderlich. Hebel und Maschinen sollen körpergerecht konstruiert und angeordnet sein.

Bewegungsablauf

Die manuelle Arbeitstechnik soll einerseits rationalisiert werden, andererseits sollen einzelne Körperteile nicht einseitig belastet und eine gesunde Körperhaltung angestrebt werden. Leistungs- und Reaktionsfähigkeit, Muskelkräfte, Aufmerksamkeit und Konzentration sollen nicht überbeansprucht werden.

Arbeitszeit

Arbeitsbeginn, Arbeitsdauer und Pausen sollen so gelegt werden, dass die Ermüdung gering, die Erholung groß ist[1].

Arbeitsumgebung

Schädliche oder belästigende Umgebungseinflüsse (Gase, Staub, Dampf, Hitze, Lärm, Feuchtigkeit, Gerüche usw.) sollen gemindert oder ganz beseitigt werden.
Psychologische Gesichtspunkte (z. B. angenehme Farben, Formen, Materialien) und soziologische Gesichtspunkte (z. B. Repräsentationsfähigkeit usw.) sollen berücksichtigt werden und eine angenehme Arbeitsatmosphäre schaffen.

Beispiele: Ergonomisch gestaltete Arbeitsplätze

   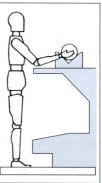

Das Blickfeld sowie der Arbeitsbereich für Arme und Beine sind je nach Körpergröße unterschiedlich; ein Arbeitsplatz soll angepasst werden.

An einem gut gestalteten Arbeitsplatz soll der Mitarbeiter abwechselnd im Stehen und im Sitzen arbeiten können.

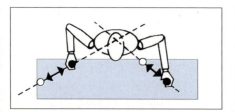 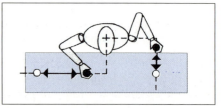

Hebel und ähnliche Bedienungselemente sollen so angeordnet sein, dass sie zur Körpermitte hin bewegt werden, weil dann die geringste Kraftanstrengung notwendig ist.
(Quelle: Presse- und Informationsamt der Bundesregierung [Hrsg.]: Tips für Arbeitnehmer)

---

[1] Vgl. S. 317

9.3.5 Humanisierung des Arbeitsinhalts

Konsequent durchgeführte Arbeitszerlegung entleert die Arbeit ihres Inhaltes, ihres Sinns: Die Arbeitskraft hat nur stets die gleiche minimale Verrichtung zu erledigen. Dies gilt insbesondere für die Fließbandarbeit. Die negativen Folgen für den Menschen wurden bereits genannt: Monotonie, körperliche Schäden, Unlust. Sie führen auch zu erhöhten Kosten für den Betrieb: Der Krankheitsstand ist hoch, bisweilen wird die Arbeit sabotiert, Produkte werden beschädigt, die Fluktuation der Arbeitskräfte ist groß. Eine humanere Gestaltung der Arbeitsbedingungen zielt deshalb auch darauf ab, den Arbeitsinhalt stärker an die Fähigkeiten und Bedürfnisse des Arbeitenden anzupassen.

Arbeitserweiterung (Jobenlargement)

Mehrere hintereinander geschaltete Arbeitsgänge mit gleicher oder ähnlicher Qualifikation werden zusammengefasst und einer Arbeitskraft zugewiesen. Der Beschäftigte führt die Arbeitsgänge nacheinander im Rahmen eines größeren Arbeitsablaufs aus.

Humanisierung nützt Arbeitnehmern und Betrieb!

> **Beispiel:** Einzelarbeitsplatz
> Der Mitarbeiter erledigt eine in sich abgeschlossene Arbeitsaufgabe. Er kann selbst Arbeitsleistung und -rhythmus bestimmen.

Arbeitsplatzwechsel (Jobrotation)

Die Beschäftigten nehmen innerhalb eines festgelegten Arbeitsabschnitts einen Tausch ihrer Arbeitsplätze vor. So werden eintönige Arbeiten durch Abwechslung – durch unterschiedliche physische und psychische Belastungen – aufgelockert.

> **Beispiel:** Umlauf-Prinzip
> Das Werkstück wird durch „Ring-Transport" immer wieder zum Ausgangspunkt zurückbefördert. In festgelegtem Rhythmus werden die Arbeitsplätze wie abgebildet getauscht.

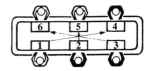

Arbeitsanreicherung (Jobenrichment)

Der Arbeitsinhalt wird mit Elementen angereichert, die der Initiative und dem Gestaltungsspielraum mehr Platz lassen. Der Spielraum kann umfassen: Planung und Verteilung der Arbeit, Materialhandhabung, Qualitätskontrolle, Koordination mit anderen Stellen. Dadurch entstehen höhere Freiheitsgrade und ein gewisses Maß an Selbstkontrolle in einem überschaubaren Verantwortungsbereich.

Gruppenarbeit (Teamarbeit, teilautonome Arbeitsgruppen)

Eine Gruppe von Arbeitern (5 bis 30 Personen) erhält eine gemeinsame mehrstufige Aufgabe zugewiesen, die sie in einer festen Zeit in eigener Regie erfüllen kann. Sie kann selbstständig und flexibel die Arbeit aufteilen, also die Arbeitsplätze anweisen. Sie kann Montageteile abrufen und das Arbeitstempo bestimmen. Jeder in der Gruppe muss alle Handgriffe beherrschen.

Gruppenarbeit umfasst Arbeitserweiterung, Arbeitsplatzwechsel und Arbeitsanreicherung. Darüber hinaus fördert sie die sozialen Kontakte.

1. **Normung, Typung und Bausteine sind wichtige Maßnahmen der Vereinheitlichung.**
   a) Worin unterscheiden sich Normung und Typung?
   b) Papierformate sind genormt. Welche Rationalisierungsvorteile entstehen daraus?
   c) Erläutern Sie die Typung anhand des Erzeugnisprogramms Ihres Betriebes.
   d) Zeigen Sie, wie sich die Einführung des Baukastensystems
      (1) in der Bauindustrie,
      (2) in der Möbelindustrie,
      (3) in der Elektroindustrie auswirkt.

2. **„Die Spezialisierung stellt auch eine Gefahr für die Wirtschaft dar."**
   Erklären Sie diese Behauptung anhand passender Beispiele.

3. **„Wir wollen die Identifizierung des Arbeiters mit seinem Produkt langsam wieder aufbauen."**
   Erläutern Sie, was mit diesem Satz gemeint sein könnte.

4. **„Und nun passen Sie mal auf, was passiert, wenn ich das Ding hier einstecke!"**

Was soll die abgebildete Karikatur aussagen?

9.4 Ganzheitliche Rationalisierungskonzepte

9.4.1 Schlankes Unternehmen

Das Massachusetts Institute of Technology (MIT) veröffentlichte eine Studie, in dem die japanische, amerikanische und europäische Automobilproduktion verglichen wurden. Der Vergleich fiel eindeutig zu Gunsten der Japaner aus. Hier einige Zahlen:

	Japan	Europa
■ Entwicklungszeit für ein neues Pkw-Modell in Monaten	46,2	57,3
■ Rückkehr zur normalen Fertigungsqualität nach Modellwechsel nach ... Monaten	1,4	12
■ Fertigungsstunden pro Fahrzeug	16,8	36,2
■ Montagefehler pro 100 Fahrzeuge	60,0	97,0

Die Japaner waren produktiver, kostengünstiger, erzielten von vornherein eine höhere Qualität. Die MIT-Studie wies nach, dass das Erfolgsgeheimnis letztlich auf einer „Unternehmensphilosophie" beruhte, die wesentliche Unterschiede zur europäischen Konzeption aufwies.

Europäische „Philosophie"	Japanische „Philosophie"
Die Unternehmung ist eine Zweckgemeinschaft der Produktionsfaktoren. Der dispositive Faktor „denkt und lenkt"; ausführende Arbeitskräfte arbeiten mit technisch möglichst perfekten, durchrationalisierten Fertigungsanlagen. So sollen Massenproduktion und größtmögliche Senkung der Stückkosten ermöglicht werden. Vollendete Form: Computer Integrated Manufacturing.	Die Unternehmung ist eine Sinngemeinschaft der darin arbeitenden Menschen. Die Menschen sollen sie so begreifen, sich mit ihr identifizieren und gemeinsam ihre Kräfte optimal für das Wohlergehen der Unternehmung einsetzen. Der arbeitende Mensch ist das kostbarste Gut der Unternehmung. Er muss seine Kräfte optimal entfalten können.

Mit der japanischen Philosophie verbindet sich ein wesentlicher Grundgedanke:

Jede Art von Verschwendung muss vermieden werden.

Verschwendung bedeutet hier nicht: hemmungsloses Geldausgeben.

Verschwendung äußert sich z. B. in:

- unnötigen Lagerbeständen,
- Ausschuss auf Grund mangelhafter Qualität,
- unausgenutzter quantitativer Kapazität,
- unausgenutzter qualitativer Kapazität,
- Fehlern auf Grund mangelnder Motivation und Identifikation mit den Unternehmenszielen.

Das Unternehmen muss diese Verschwendung „abspecken", es muss schlank (MIT nennt es „lean") werden. Das Ergebnis heißt für den Bereich der Fertigung z. B. **schlanke Produktion (Lean Production)**. Mit ihr wird das Unternehmen auch in hohem Maße wettbewerbsfähig.

Die Organisationsform der schlanken Produktion ist die Teamarbeit (Gruppenarbeit).

Es wurde erkannt, dass die Gruppe produktiver, flexibler und kreativer arbeiten kann als der Einzelne, weil sich die Kräfte der Teammitglieder gegenseitig ergänzen und fördern. Möglichst viele Beschäftigte (in japanischen Automobilwerken fast 70%) sind deshalb in Arbeitsgruppen integriert.

Teamarbeit (Gruppenarbeit)

Verantwortlichkeit der Gruppe

Die Gruppe übernimmt einen in sich abgerundeten Arbeitsprozess und ist dafür voll verantwortlich.

Vielseitige Qualifikation

Damit die Mitarbeiter ihre Kräfte optimal entfalten können, werden sie bestens ausgebildet und vielseitig qualifiziert. Sie sind deshalb dynamisch. Sie kennen alle Arbeiten der Gruppe. Arbeitsplatzwechsel, Arbeitserweiterung und Arbeitsanreicherung sind deshalb selbstverständlich und erhöhen die Motivation.

Total Productive Maintenance (TPM)

Auf Grund ihrer hohen Qualifikation sind die Mitarbeiter zur eigenverantwortlichen Instandhaltung der Betriebsmittel (TPM) befähigt. Sie können bei Maschinenstörungen selbst Analysen durchführen sowie Störungen und Defekte beseitigen. Maschinenleerkosten für Maschinenstillstand und Reparaturkosten sinken.

Abbau von Hierarchien

Auf die Gruppe werden Aufgaben und Kompetenzen übertragen, die vorher übergeordneten, vor- und nachgelagerten Stellen vorbehalten waren. Die Gruppen werden in die Planung und Kontrolle einbezogen. Deshalb können solche Abteilungen wie Arbeitsvorbereitung, Logistik und Qualitätsüberwachung ausgedünnt werden. Die Entscheidungswege werden kürzer, Zeiten werden eingespart, Hierarchien werden abgebaut, Kosten abgebaut. Das Management erhält eine neue Qualität: Es ist nicht – wie in der alten Organisation – Befehlserteiler, sondern soll die produzierenden Gruppen unterstützen.

Null-Fehler-Produktion

Die Verantwortlichkeit für den Gruppenarbeitsprozess beinhaltet auch, dass jede Gruppe voll verantwortlich für die Leistungen ist, die sie der folgenden Gruppe übergibt. Sie muss alles tun, um Fehler von Anfang an zu vermeiden. Es wird also die Null-Fehler-Produktion angestrebt. Die Folge: niedrige Kosten für Qualitätskontrolle und Fehlerbeseitigung. (Hier liegt ein wichtiger Grund dafür, dass die japanischen Automobile von vornherein eine höhere Qualität als die der europäischen und amerikanischen Konkurrenz hatten. Letztere kalkulierte eine bestimmte Fehlerquote ein und beseitigte dann die Fehler mit hohen Kosten.)

„Kaizen": kontinuierliches Verbessern

Um Fehlerfreiheit und eine ständige Qualitätssteigerung zu gewährleisten, soll die Gruppe kontinuierlich über Verbesserungen nachdenken und Verbesserungsvorschläge machen.

Alle genannten Merkmale fördern die **Identifikation** des Mitarbeiters mit seiner Arbeit und motivieren ihn. Die Gruppenleistung ist auch ein wichtiges Kriterium für die Lohnfindung.

Lean Production vernachlässigt keineswegs die **Technik**. Im Gegenteil: Automation und CIM werden gezielt integriert, um die Leistung und Qualität zu steigern.

Die Arbeitsgruppen stehen auch nicht konkurrierend und abgegrenzt nebeneinander, sondern sie überlappen sich und **kommunizieren** miteinander. Darüber hinaus wird das **Just-in-Time-System** streng angewendet und sorgt dafür, dass **Kunden und Lieferer** mit in die Struktur eingebunden werden. Man geht mit den Lieferern feste Bindungen ein und verpflichtet sie, ebenfalls die volle Verantwortung für rechtzeitige Lieferung und Qualität zu übernehmen. Die eigene Eingangskontrolle kann damit weitgehend entfallen.

Auf der anderen Seite sucht man ständigen Kontakt zu den Kunden, ja sogar die Zusammenarbeit mit ihnen.

Grundkurs Japanisch: KAI = Veränderung, ZEN = zur Verbesserung

Käufermärkte, schneller Wandel: Kundenkontakte bringen Impulse für die Produktentwicklung.

Als wesentlicher Schlüssel für den Erfolg von Lean Production wird **Kaizen** angesehen, das kontinuierliche Verbessern der Prozesse, zu dem alle Teammitarbeiter ständig aufgerufen sind. Wichtig ist, dass ein durch Kaizen verbesserter Zustand als verbindlicher Standard festgeschrieben wird, damit auf diesem Standard neue Verbesserungen aufgebaut werden können.

Kaizen führt zu einem nie endenden Optimierungsprozess.

Für das Kaizen-Konzept sind die Produktionsmitarbeiter am wichtigsten, da sie das aktuelle Produkt herstellen. Das Management kann Kaizen nur einführen, durchsetzen, fördern und überwachen.

Verbesserungen kommen grundsätzlich auf zweierlei Art zu Stande:

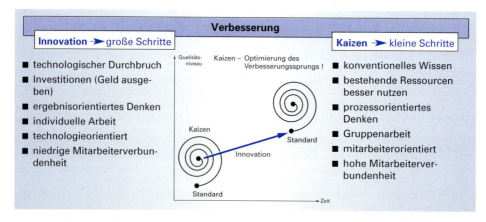

Eine Ausweitung der Gedanken der Lean Production führt zum **Lean Management**, zur schlanken Unternehmensführung. Sie beinhaltet unter anderem den Abbau von Instanzen in der Verwaltung, die Bildung dezentralisierter Unternehmenseinheiten mit eigenverantwortlichen Kompetenzen und die Bildung effizienter Teams.

9.4.2 Ganzheitliches Qualitätsmanagement (Total Quality Management, TQM)

„Betrachtet man nun einmal die Haupt-Antipoden der Diskussion TQM und Lean etwas näher, so entdeckt man rasch, dass sie – abgesehen davon, dass sie z. T. gleiche Elemente und Methoden einsetzen – auch sonst eine recht große Anzahl von Gemeinsamkeiten in der Zielsetzung, den Grundprinzipien und -annahmen sowie der Wirkungsweise aufweisen. So findet man in beiden Fällen

- die konsequente Delegation von Verantwortung,
- die Weckung des Kreativ- und Eigeninitiativpotentials der Mitarbeiter durch Erteilung von Eigenverantwortung,
- die Betonung der Motivation und Identifikation der Mitarbeiter,
- das Denken in Abläufen,
- den Einsatz der Gruppenarbeit.

Vor allem aber verfolgen beide Ansätze das gleiche Ziel, nämlich die Erreichung messbarer Ergebnisverbesserungen zur langfristigen Absicherung der Unternehmensexistenz."

Diesem Ziel nähert man sich z. T. jedoch auf verschiedenen Wegen. So ist TQM primär extern orientiert (Kundenbezug), qualitäts- und strategisch orientiert, Lean dagegen primär intern (Organisationsbezug), kosten- und effizienz- sowie operational orientiert."

Quelle: Handelsblatt, 6. Juni 1993

Die Norm DIN ISO 8402 bezeichnet TQM als eine Führungsmethode mit folgenden Merkmalen:

- **TQM stellt die Qualität in den Mittelpunkt.**
- **TQM will zufriedene Kunden durch Qualität.**
- **TQM basiert auf der qualitätsorientierten Mitwirkung aller Mitglieder.**
- **TQM strebt auf dieser Basis an:**
  - **langfristigen Geschäftserfolg,**
  - **Nutzen für die Mitglieder der Unternehmung,**
  - **Nutzen für die Mitglieder der Gesellschaft.**
- **TQM stellt Fehler jeglicher Art sofort an der Wurzel ab.**
- **TQM führt eine vorbeugende Fehlerverhütung durch.**

Der Kunde steht bei uns im Mittelpunkt. Er bestimmt täglich unser Handeln.

Wir wollen höchste Qualitätsansprüche erfüllen und streben beständig nach Verbesserung der Qualität.

Aus unserem Leitbild.

Die große Bedeutung von Qualität verlangt:

- Stetiges Streben nach Qualitätsverbesserung wird im **Leitbild** der Unternehmung (der Unternehmensphilosophie) verankert.
- Qualität wird zu einem übergeordneten **Unternehmensziel** erklärt.

TQM ist ein ganzheitlicher Ansatz für aller Bereiche der Unternehmung. Der Qualitätsbegriff ist kundenorientiert und ganzheitlich zu verstehen:

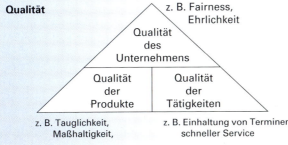

Qualität

z. B. Fairness, Ehrlichkeit

Qualität des Unternehmens

Qualität der Produkte

Qualität der Tätigkeiten

z. B. Tauglichkeit, Maßhaltigkeit,

z. B. Einhaltung von Terminen, schneller Service

Die Leistungen haben die richtige Qualität, wenn sie die Ansprüche, Bedürfnisse und Erwartungen der Kunden erfüllen.

Auch der Kundenbegriff ist ganzheitlich zu verstehen:

Externe Kunden sind ...	Interne Kunden sind ...
■ die (eventuellen) Käufer der Produkte ■ Verwender und Benutzer ■ staatliche und gesellschaftliche Einrichtungen, die Leistungen in Anspruch nehmen	■ alle Mitarbeiter, die Arbeitsergebnisse aus einer Vorstufe ünernehmen und weiterverarbeiten

So wird das gesamte Unternehmen zu einem Beziehungsgeflecht von Kunden und Lieferanten. Beide tragen Qualitätsverantwortung: Der Kunde formuliert eindeutig die Qualitätsanforderungen, der Lieferer liefert die verlangte Qualität. Dies bedingt eine intensive Kommunikation.

Das System ist weiterhin prozess-, mitarbeiter-, veränderungs- und gesellschaftsorientiert:

Prozessorientierung
Jede sich wiederholende Tätigkeit ist ein Prozess. Sie kann standardisiert und ständig verbessert werden. Der Prozess wird durch den Prozessverantwortlichen auf seine Wirksamkeit hin untersucht und optimiert.
Mitarbeiterorientierung
Jeder Mitarbeiter ist am Verbesserungsprozess beteiligt. Der Mitarbeiter ist das wertvollste Gut des Unternehmens. Er soll ganzheitlich denken und handeln und ständig besser qualifiziert werden.
Veränderungsorientierung
Traditionelle Abläufe werden auf ihren Nutzen für Kunden und Unternehmen hinterfragt und müssen ständig verbessert werden.
Gesellschaftsorientierung
Das Unternehmen steht in der Öffentlichkeit und muss sein Image pflegen. Seine Verantwortung umfasst auch das Umfeld, in dem es arbeitet. Gesellschaftliche Schwerpunkte können z. B. Umweltmanagement, Arbeitsplatzsicherheit oder Wohltätigkeit sein.

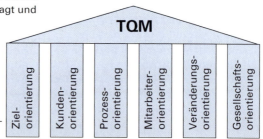

Teamarbeit, Kaizen, Null-Fehler-Produktion haben bei TQM das gleiche Gewicht wie bei Lean Production.

Für die Qualitätsanalyse existieren zahlreiche **TQM-Instrumente**. Hierzu gehören u. a.:
■ das CAQ-System,
■ Fehlersammellisten (zur Ermittlung von Fehlerhäufigkeiten für bestimmte Fehlerarten) und Säulendiagramme (Histogramme) (zur Darstellung der Fehlerhäufigkeit),
■ ereignisgesteuerte Prozesskettendiagramme,
■ Vorgangskettendiagramme,
■ Benchmarking,
■ Workflowanalysen,
■ Schwachstellenanalysen (z. B. in der Form von Fehlermöglichkeits- und Einfluss-Analysen und von Ursache-Wirkungs-Diagrammen).

Beispiel: Ursache-Wirkungs-Diagramm

Das Diagramm beschreibt mögliche Problem-Ursachen. Als Oberbegriffe können die 7-M-Störgrößen, aber auch individuell problembezogene Größen gewählt werden. Den Oberbegriffen ordnet man detaillierte Ursachen zu, die anschließend weiter analysiert werden können.

Das folgende Diagramm analysiert die Ursachen für häufige Liefertterminüberschreitungen[1].

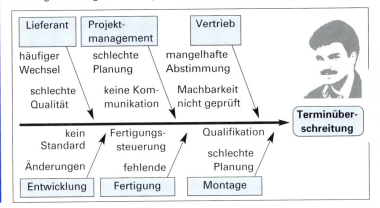

Wegen des Aussehens spricht man von einem Ishikawa-Diagramm (jap.: Fischgrät-Diagramm). Es kann auch benutzt werden, um Prozessschritte Oberbegriffen zuzuordnen und anschaulich in der zeitlichen Reihenfolge darzustellen.

Betriebe mit TQM haben oft zahlreiche Vorteile gegenüber Konkurrenten[1]:

- bessere Produkte und Dienstleistungen,
- bessere Kapazitätsauslastung,
- bessere Materialausnutzung,
- weniger Kosten für Ausschuss und Nacharbeit,
- bessere Vermeidung von Stillstandszeiten,
- geringere Umweltbelastung,
- weniger Betriebsunfälle,
- besseres Image,
- schnellere Kundengewinnung,
- höhere Marktanteile,
- niedrigere Garantie- und Kulanzkosten,
- bessere innerbetriebliche Kommunikation,
- höhere Mitarbeitermotivation,
- höhere Rate an Verbesserungsvorschlägen.

Der wirtschaftliche Erfolg aufgrund der Qualitätsverbesserung durch TQM ist das Endglied einer „Reaktionskette"[1].

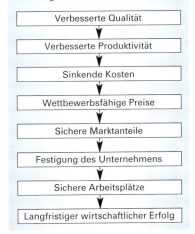

Regeln für Mitarbeiter in einem Unternehmen mit TQM[2]

- Jeder Mitarbeiter kennt seine Ziele und die Ziele der Unternehmung.
- Er prüft Auftragsformulare, Dokumente und Druckvorlagen bei allen Arbeiten; er veranlasst kontinuierlich ihre Aktualisierung.
- Er prüft sorgfältig Verträge jeder Art.
- Er behandelt Kundeneigentum sorgfältig.
- Er weiß, was er wo kontrollieren muss.

---

1 Quelle: B. Ebel, Qualitätsmanagement, Herne/Berlin 2001.
2 QM-Präsentation, Weiterbildungsunterlagen der Thomas Josef Heimbach GmbH, Düren

- Auch Prüfmittel überprüft er kontinuierlich, damit keine Fehlmessungen erfolgen.
- Er sammelt die Prüfergebnisse permanent. Dazu füllt er Prüfmittelüberwachungskarten aus.
- Er lagert Ausschuss sofort in einem Sperrlager zwischen.
- Aus Fehlern lernt er: Er erkennt Fehlerursachen und erarbeitet neue Lösungen.
- Er identifiziert neue Materialien und Produkte eindeutig durch eine Nummerierung.
- Er kauft nur die Materialien ein, die genau definierten Qualitätsanforderungen entsprechen. Liegen beim Einkauf Unklarheiten vor, so gibt er die beschafften Materialien an das eigene Labor zur Untersuchung.
- Er verpackt, lagert und versendet alle Produkte fachgerecht.
- Bei der Entwicklung von Produkten hält er klare Prozessanweisungen ein.
- Er prüft sich permanent selbst.
- Bei fehlendem Wissen ist er bereit sich weiterzubilden.
- Der Mitarbeiter weiß: Der Kunde ist König.

Arbeitsaufträge

1. **Fall 1:**

   Ein Bericht aus den siebziger Jahren:

   Nachmittagsschicht in einem deutschen Automobilwerk, Fertigungsstraße für ein 16 000-DM-Auto. Auf dem Band: Hinterachsen, die langsam vorwärtsgleiten. Ein Arbeiter, gelernter Mechaniker, öffnet eine Plastikklappe am Differentialgehäuse einer Achse, wirft eine Schraubenmutter zwischen die Zahnräder, schließt die Kappe wieder. Das Band zieht weiter, eine neue Hinterachse kommt, wieder wird eine Mutter ins Differential geworfen, ein Aggregat im Werte von 500 Mark unbrauchbar gemacht.

   Ein paar Mal geht das so, dann wird ein Vorarbeiter Zeuge des Geschehens, nimmt den Arbeiter zur Seite, stellt ihn zur Rede. „Ich hasse diese Arbeit", sagt der Arbeiter. – „Wenn du noch einmal ...", warnt ihn der Vorarbeiter. Kein Aufsehen, keine Meldung – der Vorfall wird vertuscht. Dem Vorarbeiter fehlen sowieso 3 Leute.

   (Quelle: ADAC-Motorwelt)

   Fall 2:

   Ein Bericht aus den neunziger Jahren:

   Seit Oktober 1990 bis zum Frühjahr 1992 produzierten hier 200 Mitarbeiter circa 10 000 Opel Vectra-Modelle im Jahr. In diesem kleinen Produktionswerk wurden von Anfang an viele Lean-Elemente umgesetzt. Jetzt bildet die alte Mannschaft den Mitarbeiterstamm des nach modernstem Fabrik-Layout konstruierten neuen Werks. 2 000 Beschäftigte sollen hier künftig 150 000 Autos im Jahr bauen. Im Mittelpunkt der schlanken Produktion in Eisenach steht nicht die Automation, sondern es sind die Mitarbeiter.

   (Quelle: WDR-Schulfunk)

   a) Mit welchen Schwierigkeiten hat das Automobilwerk in Fall 1 zu kämpfen?
   b) Nennen Sie Gründe für diese Schwierigkeiten.
   c) Beschreiben Sie Möglichkeiten, die in der Praxis versucht werden, um diese Schwierigkeiten zu beseitigen.
   d) Was versteht man unter der in Fall 2 genannten „schlanken Produktion"?
   e) Erläutern Sie die wichtigsten „Lean-Elemente".
   f) Die schlanke Produktion hat sich als produktiver und kostengünstiger als die europäische Produktionsweise erwiesen. Nennen Sie die Vorteile und begründen Sie sie.

2. Der Japaner Kano unterscheidet drei Arten von Kundenanforderungen:

■ **Basisanforderungen** sind vom Kunden unausgesprochene Anforderungen. Ihre Erfüllung sieht er als selbstverständlich an.

■ **Leistungsanforderungen** werden vom Kunden direkt genannt. Es sind Anforderungen, welche ihm besonders wichtig sind. Bei einem Wettbewerbsvergleich betrachtet der Kunde meist diese Leistungsanforderungen.

■ **Begeisterungsanforderungen** werden vom Kunden meist nicht genannt. Diese Begeisterungsanforderungen kennt der Kunde entweder nicht, weil sie technische Neuerungen betreffen, oder er erwartet die Erfüllung dieser Anforderungen in dem jeweiligen Produkt noch nicht.

a) Nennen Sie Beispiele aus dem Automobilbereich für die drei Anforderungsarten.

b) Wie wirkt sich gemäß dem nebenstehend abgebildeten „Kano-Modell" die Nichterfüllung und Erfüllung der Anforderungen auf die Kundenzufriedenheit aus?

c) Inwiefern können Erkenntnisse wie die des Kano-Modells Anlass für die Einführung von Total Quality Management sein?

d) Inwiefern ist es richtig, die Einführung von TQM (oder auch von Lean Production) als eine ganzheitliche Rationalisierungsmaßnahme zu bezeichnen?

3. **Die Fertigungskontrolle hat im Laufe eines Jahres je Schicht folgende Mengen Fehlerstücke festgestellt.**

Schicht:	1	2	3	4	5	6
Fehlerstücke:	43	45	23	32	46	34

a) Erstellen Sie ein Säulendiagramm/Histogramm für die Fehlerstücke je Schicht in einem Jahr.

b) Nennen Sie Maßnahmen, wie die einzelnen Schichten weniger Fehler machen können.

4. **Zahlreiche Kunden der Paul Gerhard GmbH beschweren sich über die schleppende Bearbeitung ihrer Reklamationen. Eine von der Geschäftsleitung in Auftrag gegebene Analyse bestätigt die lange Bearbeitungsdauer.**

Erstellen Sie ein Ursache-Wirkungs-Diagramm zur Feststellung der Ursachen dieses Problems.

9.5 Rationalisierungserfolg: Kennziffern als Controllinginstrumente

Nach der Durchführung der Rationalisierungsmaßnahme sind die Rationalisierungsergebnisse mit den Rationalisierungszielen zu vergleichen. Da Rationalisierungsmaßnahmen in der Regel Produktivität und Wirtschaftlichkeit steigern sollen, hat man speziell für diese beiden Ziele Kennziffern entwickelt. Als dritte Kennziffer wird auch gern die Rentabilität bezeichnet. Kennziffern sollen Rationalisierungserfolge zahlenmäßig messbar machen.

Kennziffern entstehen, wenn man Zahlen, die etwas über das Ergebnis des betrieblichen Handelns aussagen, rechnerisch auf andere Größen bezieht.

9.5.1 Produktivität

Man erhält die Kennziffer *Produktivität*, indem man das mengenmäßige Produktionsergebnis (die Ausbringungsmenge) auf den mengenmäßigen Einsatz an Produktionsfaktoren bezieht.

Als Einsatzmengen verwendet man normalerweise die geleistete Arbeit (in Arbeitsstunden) und die eingesetzten Betriebsmittel (in EUR). Im ersten Fall spricht man von Arbeitsproduktivität, im zweiten von Kapitalproduktivität.

$$\text{Arbeitsproduktivität} = \frac{\text{Ausbringungsmenge}}{\text{Arbeitsstunden}}$$

$$\text{Kapitalproduktivität} = \frac{\text{Ausbringungsmenge}}{\text{Kapitaleinsatz}}$$

Beispiel:

Vor einer Rationalisierungsmaßnahme werden mit einem monatlichen Kapitaleinsatz von 200 000,00 EUR in 160 Arbeitsstunden 800 Pumpen gefertigt. Durch die Rationalisierungsmaßnahme steigt der Kapitaleinsatz auf 240 000,00 EUR; die Ausbringung steigt auf 1 120 Stück.

Arbeitsproduktivität (A)

vor der Rationalisierung:	nach der Rationalisierung:
$A = \dfrac{800 \text{ Stück}}{160 \text{ Std.}} = 5 \text{ Stück/Std.}$	$A = \dfrac{1120 \text{ Stück}}{160 \text{ Std.}} = 7 \text{ Stück/Std.}$

Pro Arbeitsstunde werden nach Durchführung der Rationalisierungsmaßnahme zwei Stück zusätzlich erstellt.

Kapitalproduktivität (K)

vor der Rationalisierung:	nach der Rationalisierung:
$K = \dfrac{800 \text{ Stück}}{200\,000 \text{ EUR}} = 0,004 \text{ Stück/EUR}$	$K = \dfrac{1120 \text{ Stück}}{240\,000 \text{ EUR}} = 0,0047 \text{ Stück/EUR}$

Pro eingesetztem EUR Kapital werden nach der Rationalisierungsmaßnahme 0,0007 Stück zusätzlich erstellt.

Die Rationalisierungsmaßnahme könnte in der Anschaffung einer leistungsfähigeren Maschine bestanden haben. In diesem Fall würde trotzdem eine höhere Arbeitsproduktivität ausgewiesen, obwohl sich der Einsatz des Produktionsfaktors Arbeit nicht verändert hätte.

Produktivitätskennziffern stellen keinen Ursache-Wirkung-Zusammenhang her.

Die Produktivität stellt ein rein mengenmäßiges Verhältnis dar. Sie erklärt die **technische Ergiebigkeit** der Produktion, ohne zu berücksichtigen, ob das Ergebnis wirtschaftlich ist oder nicht. Es fehlt der Bezug zu den aufgewendeten Werten (Kosten) und den entstandenen Werten (Leistungen). So kann eine Produktivitätssteigerung durchaus unwirtschaftlich sein, wenn sie mit hohen Kosten verbunden ist oder wenn sie aus Absatzmangel nicht genutzt werden kann.

9.5.2 Wirtschaftlichkeit

Produktivitätskennziffern sind erst in Verbindung mit Wirtschaftlichkeits- und Rentabilitätsuntersuchungen aussagefähig.

Wirtschaftlichkeit ist Ausdruck eines Handelns nach dem **ökonomischen Prinzip**.

Das ökonomische Prinzip hat zwei Ausprägungen:

- **Maximalprinzip**

  Ein Betrieb handelt wirtschaftlich, wenn er mit gegebenen Kosten eine möglichst große (maximale) Leistung erstellt (Ergiebigkeitsgrad des Betriebes).

- **Minimalprinzip**

  Ein Betrieb handelt wirtschaftlich, wenn er eine gegebene Leistung mit geringst-möglichen (minimalen) Kosten erzielt (Sparsamkeitsgrad des Betriebes).

Man erhält eine Kennziffer für die *Wirtschaftlichkeit*, indem man die wertmäßige Leistung auf den Wert der eingesetzten Produktionsfaktoren (Kosten) bezieht.

$$\text{Wirtschaftlichkeit} = \frac{\text{Leistungen}}{\text{Kosten}}$$

Leistungen = Menge x Marktpreis

Beispiel:

Vor einer Rationalisierungsmaßnahme wurden pro Monat 10 000 Stück einer Ware produziert. Der Marktpreis betrug 30,00 EUR. Die monatlichen Produktionskosten beliefen sich auf 260 000,00 EUR. Nach einer Rationalisierungsmaßnahme konnten monatlich 11 000 Stück mit Kosten von 250 000,00 EUR produziert werden.

Wirtschaftlichkeit (W)

vor der Rationalisierung:	nach der Rationalisierung:
$W = \dfrac{10\,000 \cdot 30,00\ \text{EUR}}{260\,000,00\ \text{EUR}} = 1,154$	$W = \dfrac{11\,000 \cdot 30,00\ \text{EUR}}{250\,000,00\ \text{EUR}} = 1,32$

Vor der Rationalisierung erbringt jeder als Kosten eingesetzte Euro Leistungen in Höhe von 1,154 EUR, nach der Rationalisierung in Höhe von 1,32 EUR. Die Maßnahme ist insofern wirtschaftlich.

Durch die Bewertung der Leistungen mit Marktpreisen wird die Aussagekraft der Wirtschaftlichkeitskennziffern allerdings problematisch. Dies lässt sich leicht zeigen:

Beispiel:

Wir führen das obige Beispiel fort:
Man stelle sich vor, der Marktpreis sei während der Durchführung der Rationalisierungsmaßnahme auf 25,00 EUR gefallen. Dann gilt:

$$\text{Wirtschaftlichkeit} = \frac{11\,000 \cdot 25,00\ \text{EUR}}{250\,000,00\ \text{EUR}} = 1,1$$

Die Wirtschaftlichkeit scheint gesunken zu sein. Dies aber ist eindeutig falsch: Die Kosten sind gesunken, die Ausbringungsmenge ist gestiegen. Der Betrieb arbeitet zweifellos wirtschaftlicher. Auf Grund der gesunkenen Marktpreise macht sich lediglich der Kapitaleinsatz schlechter bezahlt; er „rentiert" sich weniger.

Die Kennziffer Wirtschaftlichkeit $= \dfrac{\text{Leistungen}}{\text{Kosten}}$ führt bei Preisschwankungen zu einer

Vermischung von Wirtschaftlichkeits- und Rentabilitätsvorstellungen. Deshalb hat man Wirtschaftlichkeitskennziffern gebildet, die den tatsächlichen Zustand (den Istwert) mit einem Vorgabewert (Sollwert) vergleichen. Von praktischer Bedeutung ist vor allem folgende Kennziffer:

$$\text{Wirtschaftlichkeit} = \frac{\text{Istkosten}}{\text{Sollkosten}}$$

Je kleiner der Wert dieses Verhältnisses ist, desto größer ist die Wirtschaftlichkeit.

Beispiel:
Fortführung des obigen Beispiels:
Eine Menge von 10 000 Stück soll mit monatlichen Kosten von 200 000,00 EUR erstellt werden. Zurzeit fallen Kosten von 260 000,00 EUR an. Nach Durchführung einer Rationalisierungsmaßnahme werden 11 000 Stück für 250 000,00 EUR produziert. Die Sollkosten für diese Menge betragen 210 000,00 EUR.

Wirtschaftlichkeit (W)

vor der Rationalisierung:	nach der Rationalisierung:
$W = \dfrac{260\,000,00 \text{ EUR}}{200\,000,00 \text{ EUR}} = 1,3$	$W = \dfrac{250\,000,00 \text{ EUR}}{210\,000,00 \text{ EUR}} = 1,19$

Die Wirtschaftlichkeit ist gestiegen: Vor der Rationalisierung betrugen die Istkosten das 1,3fache der Sollkosten, nach der Rationalisierung nur noch das 1,19fache.

9.5.3 Rentabilität

Wirtschaftlichkeit ist das Grundprinzip für betriebliches Handeln, sagt aber nichts darüber aus, ob sich der Kapitaleinsatz wirklich lohnt, ob das Kapital rentabel eingesetzt ist. Hierüber entscheidet vielmehr die Höhe des Gewinns.

So können Rationalisierungsmaßnahmen die Produktivität steigern und die Kosten senken, sodass die Wirtschaftlichkeit sich verbessert. Wenn bei den hergestellten Gütern jedoch ein Preisverfall eintritt oder höhere Zinsen, steigende Löhne usw. die Kostenersparnis beeinträchtigen, kann der Gewinn sinken. Umgekehrt ist es auch denkbar, dass bestimmte Maßnahmen höchst unwirtschaftlich sind, der Gewinn in Folge verbesserter Marktchancen aber trotzdem steigt.

Man erhält die Kennziffer *Rentabilität*, indem man den Gewinn prozentual auf das durchschnittlich eingesetzte Kapital bezieht.

$$\text{Rentabilität} = \frac{\text{Gewinn}}{\text{durchschnittlich eingesetztes Kapital}} \cdot 100$$

Beispiel:
Fortführung des obigen Beispiels:
Die Maschine, mit der vor der Rationalisierungsmaßnahme produziert wurde, wurde für 800 000,00 EUR gekauft. Die Rationalisierungsmaßnahme bewirkte weitere Ausgaben von 304 000,00 EUR. Alle erstellten Produkte konnten wegen des höheren Angebotes nur noch zu einem Preis von 29,00 EUR pro Stück abgesetzt werden.
Der Gewinn entwickelte sich wie folgt:

	Menge	Preis EUR	Erlöse EUR	Kosten EUR	Gewinn EUR
vor der Rationalisierung:	10 000	30,00	300 000,00	260 000,00	40 000,00
nach der Rationalisierung:	11 000	29,00	319 000,00	250 000,00	69 000,00

Rentabilität (R)

vor der Rationalisierung:	nach der Rationalisierung:
$R = \dfrac{40\,000,00\text{ EUR}}{400\,000,00\text{ EUR}} \cdot 100 = 10\ (\%)$	$R = \dfrac{69\,000,00\text{ EUR}}{552\,000,00\text{ EUR}} \cdot 100 = 12,5\ (\%)$

Trotz der schlechteren Preissituation wurde die Rentabilität um 2,5% verbessert. Auf je 100,00 EUR eingesetztes Kapital entfallen 2,50 EUR mehr an Gewinn.

9.5.4 Ergebnis

Die **Produktivität** betrifft die **mengenmäßige Ergiebigkeit** der Produktionsfaktoren. Sie ist ein **technisches Problem**. Höhere Produktivität bedeutet aber nur dann höhere Wirtschaftlichkeit, wenn die Produktionskosten nicht im gleichen Umfang wie die Ausbringungsmenge steigen.

Die **Wirtschaftlichkeit** betrifft die **wertmäßige Ergiebigkeit** oder **Sparsamkeit**. Sie ist ein **kaufmännisches Problem**. Höhere Wirtschaftlichkeit bedeutet aber nur dann höhere Rentabilität, wenn die Kosteneinsparungen nicht durch Preisverfall, Absatzeinbrüche, Zinssteigerungen, Lohnerhöhungen und andere gewinnmindernde Tatbestände kompensiert werden.

Die **Rentabilität** betrifft die **Verzinsung des eingesetzten Kapitals**. Sie ist ein **unternehmerisches Problem**.

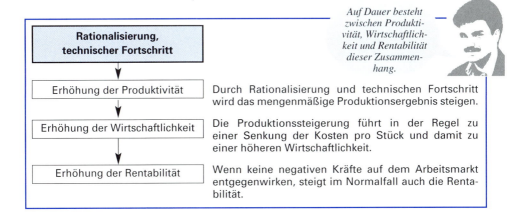

Auf Dauer besteht zwischen Produktivität, Wirtschaftlichkeit und Rentabilität dieser Zusammenhang.

Rationalisierung, technischer Fortschritt	
↓ Erhöhung der Produktivität	Durch Rationalisierung und technischen Fortschritt wird das mengenmäßige Produktionsergebnis steigen.
↓ Erhöhung der Wirtschaftlichkeit	Die Produktionssteigerung führt in der Regel zu einer Senkung der Kosten pro Stück und damit zu einer höheren Wirtschaftlichkeit.
↓ Erhöhung der Rentabilität	Wenn keine negativen Kräfte auf dem Arbeitsmarkt entgegenwirken, steigt im Normalfall auch die Rentabilität.

Arbeitsaufträge

1. Die Gummiwerke AG fertigte im Monat März mit 656 ihrer Beschäftigten 182 115 Reifen des Typs „Radiant Stahl", im April 185 090 Einheiten des gleichen Typs. Die geleisteten Arbeitsstunden beliefen sich im März auf 109 716, im April auf 104 796 Stunden. Der Einsatz aller anderen Betriebsmittel blieb unverändert (Wert 210 000,00 EUR).
   a) Wie entwickelten sich Arbeitsproduktivität und Kapitalproduktivität?
   b) Wie erklären Sie die Änderung der Kapitalproduktivität trotz gleichen Betriebsmitteleinsatzes?

2. Die Gummiwerke AG stellte im Februar 16 100 große LKW-Reifen der Marke „Steel 2" her, im März 17 200 und im April 19 000. 184 Arbeiter benötigten dafür im Februar insgesamt 31 832 Stunden, im März 32 488 und im April 31 280 Stunden. Die Arbeitsstunde pro Beschäftigten kostete im Februar und März 62,50 EUR, im April 65,20 EUR. Weiterhin waren monatlich feste Kosten von 1 150 000,00 EUR zu verrechnen.

Folgende Verkaufspreise wurden erzielt: Februar 195,00 EUR, März 190,50 EUR, April 180,35 EUR.

Die von der Ausbringungsmenge abhängigen Sollkosten (variable Kosten) betragen 123,57 EUR pro Stück. Die festen Kosten sind ebenfalls Sollkosten.

a) Berechnen Sie die Arbeitsproduktivität.

b) Berechnen Sie die Wirtschaftlichkeit für jeden Monat nach der Formel:

$$\text{Wirtschaftlichkeit} = \frac{\text{Leistungen}}{\text{Kosten}}$$

Welchen wesentlichen Nachteil hat die Anwendung dieser Formel im vorliegenden Fall?

c) Berechnen Sie die Wirtschaftlichkeit nach der Formel:

$$\text{Wirtschaftlichkeit} = \frac{\text{Istkosten}}{\text{Sollkosten}}$$

3. Eine Reifenaufbaumaschine der Gummiwerke AG, die für 325 000,00 EUR gekauft wurde, stellt bei 4 600 Arbeitsstunden 78 320 Werkstücke her. Es entstehen feste Kosten von 32 500,00 EUR jährlich. Die Lohnkosten einschließlich der Nebenkosten betragen 20,80 EUR/Std. Der Wert der gefertigten Stücke liegt bei 4,00 EUR je Werkstück. Bisher konnten mit einer Maschine herkömmlicher Bauart lediglich 53 840 Stücke hergestellt werden. Der Anschaffungswert der Maschine lag bei 25 0000,00 EUR. Die Lohnkosten waren die gleichen. Die festen Kosten beliefen sich auf 25 000,00 EUR jährlich.

a) Berechnen Sie den Anstieg der Arbeitsproduktivität.

b) Berechnen Sie den Anstieg der Kapitalproduktivität.

c) Berechnen Sie die Wirtschaftlichkeit nach einer hier anwendbaren Formel. Um wie viel ist sie gestiegen?

d) Berechnen Sie den Anstieg der Rentabilität.

Dritter Abschnitt
Materialmanagement

Intro → Geschäftsprozesse bei der Materialversorgung

Die Verbrauchsstellen müssen mit den benötigten Materialien versorgt werden. Diese
Aufgabe löst Beschaffungsprozesse aus. Beschaffungsprozesse sind Supportprozesse,
die den Kernprozess der Auftragsbearbeitung unterstützen. Sie sind in das Supply-
Chain-Management eingebunden. Der wichtigste Teilprozess ist der Einkaufsprozess.

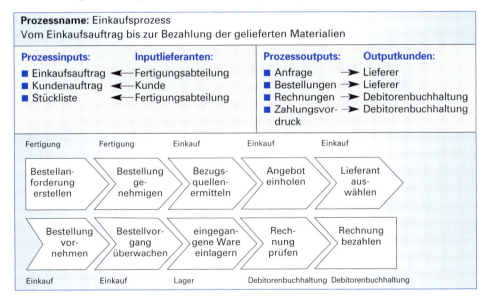

Der Online-Einkauf über das Internet ermöglicht eine beträchtliche Verkürzung des
Einkaufsprozesses.

Der Einkaufsprozess benötigt seinerseits Supportprozesse. Dazu gehören z. B. **Markt-
forschungs-, Analyse- und Controllingprozesse**.

Das Materialmanagement ist heutzutage nicht nur mit den **Versorgungs-**, sondern auch
mit den **Entsorgungsprozessen** befasst, die durch den Anfall von Rückständen notwendig werden. Die Güterflüsse bei Ver- und Entsorgung lösen **logistische Prozesse** aus.

1 Gegenstand des Materialmanagements

1.1 Aufgaben und Ziele

Der Industriebetrieb benötigt für seine Leistungserstellung die Produktionsfaktoren *ausführende* und l*eitende Arbeitskräfte, Betriebsmittel* und *Materialien*.

Die Besetzung hoher Führungsstellen ist Aufgabe der Geschäftsleitung. Für die Beschaffung der anderen Arbeitskräfte ist das Personalmanagement zuständig. Auch die Beschaffung von Betriebsmitteln ist wegen der damit verbundenen hohen Ausgaben der Geschäftsleitung vorbehalten. Diese nimmt zur Klärung der Finanzierungsprobleme das Finanzmanagement zu Hilfe.

Für alle Probleme, die die Bereitstellungsprozesse für die laufend benötigten Materialien und Handelswaren betreffen, ist das Materialmanagement zuständig.

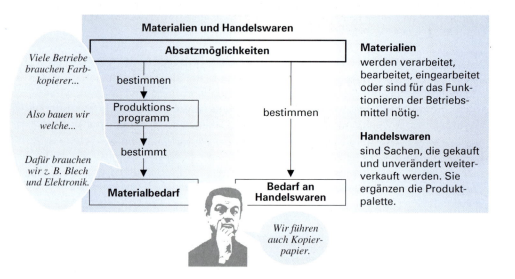

Die Aufgabe (das Sachziel) des Materialmanagements ist

- **die Versorgung der Verbrauchsstellen von Produktion und Absatz mit Materialien und Handelswaren in der benötigten Art, Qualität und Menge und zum Zeitpunkt des Bedarfs sowie**
- **die Zuführung der entstehenden Rückstände zu Verwertung und Entsorgung.**

Teilaufgaben sind:

- die **Beschaffung** der benötigen Materialien und Waren,
- die **Lagerung** der Materialien und Waren bis zur Verwertung,
- die Bewältigung der **logistischen Prozesse** bei Ver- und Entsorgung.

Diese Aufgaben umfassen Planungs-, Durchführungs- und Kontrollprozesse.

> **Merke: Beschaffung ist mehr als Einkauf!**
> Der Einkauf beinhaltet nur Durchführungsaufgaben und die damit verbundenen Kontrollen (Teilprozesse: Anfragen erstellen, Angebote einholen; Kaufvertrag schließen; Bestellung abwickeln; vertragsmäßige Lieferung überwachen).
> Die Beschaffung umfasst auch Planungsaufgaben (z. B. Planung des Materialbedarfs nach Art, Menge und Zeitpunkt), übergeordnete Kontrollaufgaben (z. B. Kontrolle der Verfahren zur Bedarfsermittlung) und die Beschaffungslogistik.

Formalziele des Materialmanagements sind:

■ **Kostenminimierung betreffend**

  – **Material- und Warenkosten: Beschaffungskosten, Lagerkosten,**
  – **Fehlmengenkosten (z. B. bei Produktionsstillstand wegen fehlenden Materials),**
  – **Abteilungskosten (z. B. für Einrichtungen und Verwaltung);**

■ **Minimierung der Kapitalbindung in Vorräten;** ◄——

■ **eine hohe Beschaffungsflexibilität (Anpassungsfähigkeit an Marktänderungen)**

Eingekaufte Vorräte „binden" Geldkapital: Es liegt bis zum Produktverkauf fest und kann nicht Gewinn bringend eingesetzt werden.

Beispiel: Zielkonflikte
Um die Lagerkosten zu minimieren, kauft man kleine Mengen. Dies ist auch vorteilhaft für die Kapitalbindung. Aber: Jetzt muss man häufiger bestellen, verliert ggf. Rabatte und zahlt höhere Frachtraten. Die Beschaffungskosten steigen also. Und sollte eine Lieferverzögerung eintreten, kann es zu Fehlmengenmengenkosten kommen, weil die Produktion stillsteht und/oder Kunden nicht beliefert werden können.

1.2   Logistische Prozesse

1.2.1   Beschaffungslogistik

Die Verwirklichung der Ziele des Materialmanagements vollzieht sich in hohem Maße über die Beschaffungslogistik. Diese plant, steuert und überwacht den Fluss von Material und Handelswaren von den Lieferanten bis zur Fertigung bzw. bis zum Absatz. Oft ist das Materialmanagement darüber hinaus mit der Gesamtheit der innerbetrieblichen Transporte befasst.

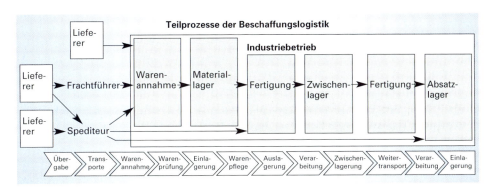

Die schon auf Seite 51 genannten Voraussetzungen und Ziele für Logistiksysteme gelten in vollem Umfang auch für die Beschaffungslogistik. Geeignete Maßnahmen sollen z. B. eine Verkürzung der Logistikkette bewirken (Wegfall unnötiger Transporte, Prüfungen, Lagerungen; Minimierung von Kosten und Kapitalbindung) und zugleich das Versorgungsrisiko minimieren. Ausschlaggebend dafür sind vor allem die Entscheidungen für ein bestimmtes Beschaffungsprinzip und für eine Lieferantenauswahlstrategie. Sie ziehen z. B. Entscheidungen über Bestellzeitpunkte und Bestellmengen sowie über feste Bindungen an Lieferer und Logistikdienstleister nach sich. Diese Problemkreise werden in den folgenden Kapiteln genauer behandelt.

1.2.2 Entsorgungslogistik

Die Entsorgungslogistik plant, steuert und überwacht alle Güterflüsse bei Entsorgung und Recycling von Rückständen vom Anfallort der Rückstände bis zum Wiedereinsatzort der aufbereiteten Güter. Sie ergänzt die Versorgungslogistik zu einer Kreislauflogistik.

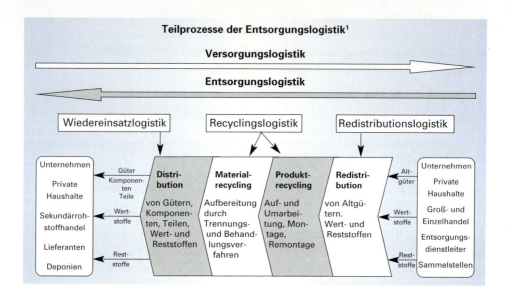

Wie bei der Versorgungslogistik geht der Industriebetrieb enge vertragliche Bindungen mit Logistikdienstleistern ein. Neben Spediteuren sind dies Entsorgungsunternehmen, die als Spezialisten oft eigene Verteilungssysteme und Recyclingbetriebe unterhalten. Die Vernetzung der Computersysteme ermöglicht den notwendigen Informationsfluss. In Zusammenarbeit mit dem Logistikdienstleister sind zu planen:

- die recyclinggerechte Optimierung der Produktionsprozesse und Produkte,

- die Planung logistischer Kreisläufe zur Sicherung der Weiterverwertung oder Wiederverwendung von Altprodukten, die Entwicklung und Planung von Demontageprozessen und dazugehörigen Distributionswegen,

- der Einsatz der Fördertechnik mit (ggf. automatischer) Sortierung und Demontage von Werkstoffen und Bauteilen,

- die umweltfreundliche Gestaltung aller Transport- und Lagervorgänge (einschließlich Auswahl umweltfreundlicher Transportmittel (Bahn) und Minimierung der Transporte).

Viele Unternehmen bieten ihre Rückstände auf örtlichen oder überregionalen **Abfall- und Recyclingbörsen** zum Weiterverkauf im Internet an. Zurzeit können ge- und verkauft werden: Altautos, Aktenvernichtung, Bauabfälle, Elektronikschrott, Gewerbeabfälle, Organikabfälle, Sonderabfälle, Wertstoffe.

---
[1] In Anlehnung an Gabler Lexikon Logistik, Wiesbaden 2000, S. 122

Beispiel: Abfallbörse, Recyclingbörse

„Sie beschreiben den Entsorgungsbedarf in unserem Ausschreibungsformular.
Wir veröffentlichen Ihre Ausschreibung in der Abfallbörse. Wir recherchieren die besten
Entsorgungswege und fordern alle geeigneten Entsorger zur Angebotsabgabe auf.
Die Entsorger geben ihre Angebote über die Abfallbörse ab.
Wir leiten alle Angebote über abfallshop.de direkt an Sie weiter. Dabei nennen wir sofort
den Namen des Anbieters.
Sie vergleichen die Angebote und entscheiden über Vergabe oder Nicht-Vergabe.
Sie schließen den Entsorgungsauftrag direkt mit dem Entsorger ab".

Diese Börse wird von der Entsorgung und Recycling GmbH, 76549 Hügelsheim, organisiert:

Arbeitsaufträge

1. **Untersuchen Sie Ihren Ausbildungsbetrieb und fertigen Sie einen Bericht an.**
   a) Welche Bereiche oder Abteilungen sind mit materialwirtschaftlichen Prozessen befasst?
   b) Welche untergeordneten Abteilungen bzw. welche Subprozesse finden Sie vor?
   c) Befragen Sie die Mitarbeiter, welche logistischen Aufgaben sie erledigen, mit wem sie dabei Informationen austauschen und um welche Informationen es sich handelt.

2. **Frau Mex will ihren Pkw *cabrio*, Baujahr 1991, bei der Werkstatt *cabrio* Meyer GmbH reparieren lassen. Nach einem selbst verschuldeten Auffahrunfall ist der Wagen an der Frontseite stark beschädigt. Frau Mex hat keine Kasko-Versicherung. *cabrio* führt nur Reparaturen mit Neuteilen durch. Eine Werkstattdiagnose ergibt, dass eine solche Reparatur den Zeitwert des Autos übersteigt. Frau Mex nimmt deshalb von der Reparatur Abstand. Resultat: Sie ist vorerst für die Werkstatt als Kunde verloren.**

   Aus Berichten der Werkstätten erfährt die Zentrale des Autobauers, dass derartige Fälle in letzter Zeit häufiger vorkommen. Ein Projektteam wird beauftragt, Lösungen zu entwickeln. Den Teammitgliedern ist bewusst, dass die zu erarbeitende Lösung die Vorschriften von Kreislaufwirtschaftsgesetz und Altautoverordnung berücksichtigen muss.
   a) Welchen Inhalt haben die angeführten Rechtsvorschriften?
   b) Informieren Sie sich im Internet, wie bestehende Automobilhersteller das oben angerissene Problem lösen.
   c) Entwerfen Sie (als Projektteam von ***cabrio***) die Grundzüge eines gesetzeskonformen Logistiksystems für Entsorgung und erneute Werkstattversorgung.

2 Beschaffungsmanagement

2.1 Einkaufsorganisation

2.1.1 Externe (äußere) Einkaufsorganisation

Der Einkauf kann zentralisiert oder dezentralisiert sein.

- Bei **zentralem Einkauf** existiert eine Einkaufsabteilung, die die Beschaffungsgegenstände für die gesamte Unternehmung einkauft. Diese Organisation ist günstig bei Klein- und Mittelbetrieben. Großbetriebe wenden sie für Stoffe an, die in großen Mengen mit gleich bleibender Qualität benötigt werden.

- Bei **dezentralem Einkauf** kaufen Zweig- oder Teilwerke selbstständig ein, z. B. wenn sie verschiedenartige Produkte aus verschiedenartigen Rohstoffen fertigen.

2.1.2 Interne (innere) Einkaufsorganisation

Die Teilaufgaben der Beschaffung werden verschiedenen Aufgabenträgern zugewiesen. Hier unterscheidet man grundsätzlich Verrichtungs- und Objektzentralisation.

- Bei der **Verrichtungszentralisation** sind gleichartige Verrichtungen für alle Materialien auf eine Stelle konzentriert. Sie trennt zusammengehörende Prozesse und kommt daher in der Praxis so gut wie nicht vor.

Beispiel: Verrichtungszentralisation
Stelle 1: Materialdisposition   für Materialien
Stelle 2: Lieferungsüberwachung   für Materialien
Stelle 3: Wareneingang und Warenprüfung   für Materialien
Stelle 4: Rechnungsprüfung   für Materialien

- Bei der **Objektzentralisation** ordnet man alle Einkaufstätigkeiten für eine Materialgruppe einer Stelle zu.

Beispiel: Objektzentralisation

Stelle 1:	Zuständig für Materialgruppe 1	hinsichtlich Materialdisposition, Bestellwesen, Wareneingang, Rechnungsprüfung usw.
Stelle 2:	Zuständig für Materialgruppe 2	hinsichtlich Materialdisposition, Bestellwesen, Wareneingang, Rechnungsprüfung usw.
...	...	...
Stelle n:	Zuständig für Materialgruppe n	hinsichtlich Materialdisposition, Bestellwesen, Wareneingang, Rechnungsprüfung usw.

Bestimmte Verrichtungen, die für alle Gruppen gleich sind, können ausgegliedert werden. So werden eng an den Einkauf gebundene Aufgaben, wie z. B. Angebotseinholung und Lieferungsüberwachung, oft von einem Einkaufsassistenten wahrgenommen, der für mehrere Einkäufer tätig ist.

1. **Ein Chemieunternehmen produziert Kunststoffe und Arzneimittel in zwei Werken (Bremen und Essen) sowie Farben und Chemiefasern in einem dritten Werk in Dortmund. Neben Werkstoffen müssen auch Maschinen sowie Büromaterialien eingekauft werden.**
   Entwerfen Sie eine zweckmäßige externe Beschaffungsorganisation.

2. **Die Einkaufsabteilung einer Maschinenfabrik ist wie folgt organisiert: Disposition (verantwortlich für Planung und Anordnung) und vier Einkaufsgruppen. Jede Einkaufsgruppe besteht aus 4 bis 5 Einkäufern, von denen jeder auf ein bestimmtes Einkaufsgebiet spezialisiert ist, z. B. Einkäufer 12: Schmiedestücke, Antriebselemente, Walzmaterial, Schweißkonstruktionen, Ölanlage, Hydraulikanlage, Kunststoffe.**
   a) Erläutern Sie die Zentralisationsformen dieser Organisation.
   b) Zeichnen Sie das Teilorganigramm.

3. **Die Einkaufsabteilung der ABZO Chemie AG ist wie folgt organisiert:**
   Leitung: Frau Haas. Einkaufsassistent: Herr Blau. Einkäufer: Frau Hufbauer, Herr Schmidt.
   Frau Haas koordiniert den Einkauf (national und international), hält die Kontakte zu den Profitcentern, ist zuständig für den Einkauf von A-Gütern[1], Investitionsgütern über 50000 EUR und Energien (Gas – Strom) und für Rahmenverträge des Einkaufs.
   Herr Blau ist dem Einkaufsleiter direkt unterstellt. Er erfüllt allgemeine Korrespondenzaufgaben, verarbeitet die „Post", organisiert Reisen und Veranstaltungen, führt Angebotsvergleiche durch. Außerdem kauft er Büroartikel, Bücher und Zeitschriften selbständig ein.
   Frau Hufbauer kauft Rohstoffe/Chemikalien (B- und C-Güter[1]) und das Labormaterial für die vier Betriebslabore ein.
   Herr Schmidt beschafft Investitionsgüter bis 50000 EUR und ist für den Einkauf von DV-Material und Dienstleistungen zuständig. Weitere Aufgaben: KFZ-Leasing und Logistik.
   a) Zeichnen Sie das Teilorganigramm der Abteilung.
   b) Nach welchen Gesichtspunkten sind die Aufgaben der Stelleninhaber zentralisiert?
   c) Ist dem Prinzip der Geschäftsprozessorientierung Rechnung getragen?

2.2 Informationsgeschäftsprozesse

2.2.1 Informationsbedarf des Einkaufs

Die Vidosonal AG, ein Hersteller von Fernsehgeräten und elektronischen Geräten, hat festgestellt, dass sie für die Fertigung ihrer Produkte rund 30.000 verschiedene Materialien benötigt. Im letzten Jahr traten in der Produktion Störungen auf, weil ein Serieneinbauteil im Wert von 0,30 EUR nicht rechtzeitig nachbestellt worden war. Gleichzeitig fiel ein weiterer Zulieferer wegen Anmeldung des Insolenzverfahrens aus. Es dauerte 2 Wochen, bis ein neuer Lieferer gefunden wurde. Die Organisationsabteilung nahm daraufhin eine Überprüfung der Arbeitsabläufe in der Einkaufsabteilung vor.

Bei der Untersuchung stellte sich heraus, dass bei dem einen Serieneinbauteil keine Anforderung des Lagers an den Einkauf vorgelegen hatte und dass im anderen Fall die Liefererdatenbank nicht ausreichend ergänzt worden war. Informationsmängel hatten also die Probleme verursacht.

Der Prozess der Materialbeschaffung umfasst sechs grundlegende Planungsbereiche:

❶ Ermittlung des Materialbedarfs	❹ Entscheidungen über den Einkaufspreis
❷ Entscheidung über die Einkaufsmenge	❺ Ermittlung von Bezugsquellen
❸ Entscheidung über den Einkaufszeitpunkt	❻ Liefererauswahl

---

[1] Siehe ABC-Analyse, Seite 224 f.

Dieser Prozess setzt (wie jeder Planungs- und Entscheidungsprozess) die Gewinnung und Verarbeitung von Informationen voraus. Es handelt sich im Wesentlichen im **Bedarfsinformationen** und **Angebotsinformationen**.

Vergleichen Sie Seite 20.

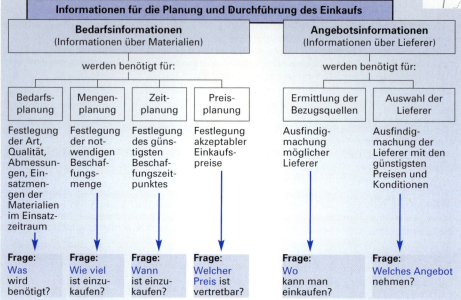

Informationen für die Planung und Durchführung des Einkaufs					
Bedarfsinformationen (Informationen über Materialien)				**Angebotsinformationen** (Informationen über Lieferer)	
werden benötigt für:				werden benötigt für:	
Bedarfs-planung	Mengen-planung	Zeit-planung	Preis-planung	Ermittlung der Bezugsquellen	Auswahl der Lieferer
Festlegung der Art, Qualität, Abmessungen, Einsatzmengen der Materialien im Einsatzzeitraum	Festlegung der notwendigen Beschaffungsmenge	Festlegung des günstigsten Beschaffungszeitpunktes	Festlegung akzeptabler Einkaufspreise	Ausfindigmachung möglicher Lieferer	Ausfindigmachung der Lieferer mit den günstigsten Preisen und Konditionen
Frage: Was wird benötigt?	**Frage:** Wie viel ist einzukaufen?	**Frage:** Wann ist einzukaufen?	**Frage:** Welcher Preis ist vertretbar?	**Frage:** Wo kann man einkaufen?	**Frage:** Welches Angebot nehmen?

Diese Informationen sucht man zu erhalten durch

- eine gezielte Erforschung der Beschaffungsmärkte,
- Entnahme der in den betrieblichen Datenbanken gespeicherten Daten,
- Auswertung und Verknüpfung von Daten in Material- und Lieferantenanalysen.

2.2.2 Beschaffungsmarktforschung

Marktforschung ist die systematische Beschaffung von Informationen über die Märkte des Betriebes. Im Beschaffungsbereich ist die Marktforschung wichtige Grundlage für Beschaffungsplanung, Beschaffungspolitik (Maßnahmen zur Marktgestaltung und -beeinflussung) und Kostensenkung.

Wichtige Erkundungsbereiche sind:

- **Marktverhältnisse:** z. B. Umfang und Entwicklung von Angebot, Nachfrage und Preis, Marktstörungen, mögliche Beschaffungswege

- **Lieferer:** z. B. Anzahl, Größe, Marktanteile, Image, Qualitätsniveau (des Unternehmens, der Produkte, der Tätigkeiten), Produktentwicklung, Preise und Konditionen, Absatzorganisation, Werbe- und Verkaufsförderungsmaßnahmen, Serviceleistungen

- **Beschaffungskonkurrenten:** z. B. Größe, Abnahmemengen, erzielte Preise und Konditionen

- **Materialien:** z. B. physikalische und chemische Eigenschaften, Gefahrstoffeigenschaften, Verwendungsmöglichkeiten, Qualität, Fertigungsverfahren, Lagereigenschaften, Entsorgungs- und Recyclingmöglichkeiten und -vorschriften

Vergleichen Sie hierzu: Absatzmarktforschung, Seite 424 ff.

Beschaffungsmarktforschung			
nach dem Untersuchungszeitraum		nach den Informationsquellen	
Markt-analyse	**Markt-beobachtung**	**Primär-forschung**	**Sekundär-forschung**
Marktunter-suchung zu einem bestimmten Zeitpunkt	Kette von Markt-analysen über einen längeren Zeitraum hinweg	Für bestimmte Zwecke werden besondere Erhebungen angestellt	Man wertet Material aus, das schon für andere Zwecke erstellt wurde

Informationsquellen bei Primärforschung	**Informationsquellen bei Sekundärforschung**	
	Interne Informationsquellen	**Externe Informationsquellen**
■ Befragungen (schriftliche oder telefonische Erhebungen/Anfragen bei Anbietern, Verbänden, Industrie- und Handelskammer, Verarbeitern…) ■ Erfahrungsaustausch unter Einkäufern in Einkäufer-Clubs ■ Tests (z. B. Probekäufe und anschließende innerbetriebliche Erprobung) ■ Internet-Datenbanken	■ Liefererdatenbank* Informationen ■ der Konstruktionsabteilung über Material- und Konstruktionsbeschreibungen, Ersatzprodukte ■ der Materialdisposition über Bedarfsmengen und Termine ■ der Produktion über die Verarbeitbarkeit von Materialien ■ des Verkaufs über Umsätze und Absatzplanung ■ des Rechnungswesens über Kalkulationen und erfassten Materialschwund	■ Handbücher, Fachbücher ■ Statistiken ■ Börsen- und Marktberichte ■ Preisnotierungen an Börsen und anderen Märkten ■ Verbandsveröffentlichungen ■ Wirtschaftszeitungen ■ Geschäftsberichte ■ Hauszeitschriften von Anbietern ■ Kataloge, Prospekte, Werbemittel, Anzeigen ■ Fachzeitschriften ■ Wirtschaftsforschungsinstitute ■ Adressbücher ■ Informationen der Industrie- und Handelskammern ■ Internet-Datenbanken

*Die Liefererdatenbank enthält alle Lieferer, deren Artikel und Verkaufskonditionen.

2.2.3 Die betriebliche Datenbank als Informationsbasis für den Einkauf

Das betriebliche Datenbank-System verwaltet bekanntlich alle Daten über Produkte, Fertigungsaufträge und Materialien. Für das Materialmanagement sind wichtig: Materialstammdaten, Erzeugnisstrukturdaten, Auftragsdaten.

Lesen Sie noch einmal auf Seite 21 nach!

■ Materialstammdaten (Teilestammdaten)

Die Materialstammdaten sind in der **Materialdatenbank** gespeichert. Der Materialstammsatz kann insgesamt folgende Daten enthalten:

Materialnummer, Materialgruppe, Materialbezeichnung, Mengeneinheit, Gewicht/Volumen, Verpackungsart, letzter Einkaufspreis pro Mengeneinheit, durchschnittlicher Einkaufspreis pro Mengeneinheit, Verrechnungspreis, Lagerbestand (fortgeschrieben), Lagerwert (fortgeschrieben), Mindestbestand, Bestellbestand (Meldebestand), Höchstbestand, reservierter Bestand, ausstehende Bestellungen, ABC-Zugehörigkeit), Wiederbeschaffungszeit, Lieferanten-Nummer, Bestellnummer, mengenabhängige Rabattsätze, artikelabhängige Preiszu- und abschläge (z. B. andere Rabatte, Mindermengen-, Veredelungs-, Legierungszuschlag), Zu- und Abgänge im laufenden Jahr, letzter Zu- und Abgang (Datum), Verbrauchsmenge, Verbrauchswert.

■ **Erzeugnisstrukturdaten**

Die Erzeugnisstrukturdaten betreffen die konstruktive Zusammensetzung der Produkte aus Baugruppen, Einzelteilen und Werkstoffen. Sie sind in der PPS-Datenbank gespeichert

Beispiel: Strukturbaum von Produkt P

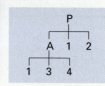

(A = Baugruppe,
1, 2, 3, 4 = Einzelteile)

■ **Auftragsdaten (Bewegungsdaten)**

Die Auftragsdaten betreffen Zugänge, Änderungen und Löschungen von Aufträgen sowie den Materialbedarf. Sie sind in der Liefererdatenbank gespeichert.

2.2.4 ABC-Analyse und XYZ-Analyse

Wie schon gesagt, benötigt die Vidosonal AG für die Produktion etwa 30 000 Materialien. Teure und billige, häufig und selten benötigte. Ein wichtiges Problem ist die Feststellung des mengenmäßigen Bedarfs an jedem einzelnen Material. Man kann bei der Bedarfsplanung sehr gründlich vorgehen. Eine gründliche Planung verursacht natürlich hohe Planungskosten (Zeitaufwand, Personaleinsatz, Rechnereinsatz, ...). Andererseits sind die Ergebnisse recht exakt. Eine oberflächliche Planung ist billig, aber auch ungenau. Es ist leicht einzusehen, dass eine teure Planung sich vor allem dann lohnt, wenn unexakte Ergebnisse noch teurer zu stehen kommen. Konkret gesprochen: Wird von Material E im Jahr für 1 Mio. EUR verbraucht, von Material F für 100 EUR, so macht ein Planungsfehler von 10 % bei E 100 000 EUR, bei F 10 EUR aus. Für E lohnt sich deshalb eine gründliche Bedarfsplanung, für F kaum. Man erkennt leicht: Es hilft, Kosten einzusparen, wenn man die Materialien nach ihrem Wert in Gruppen einteilt. Dazu bedient man sich der ABC-Analyse.

Die ABC-Analyse ist eine Methode zur Schwerpunktbildung bei Mengenproblemen. Sie teilt Elemente nach ihrer Bedeutung für einen gegebenen Sachverhalt in drei Gruppen (A,B,C) ein. A-Elemente gelten als wichtig, B-Elemente als weniger wichtig und C-Elemente als am wenigsten wichtig.

So lassen sich z. B. Materialien, Produkte, Profit-Center, Kostenbereiche, Absatzgebiete, Werbemedien, Lieferanten, Kunden, Mitarbeiter nach ihrer Bedeutung gruppieren.

Für Materialien z. B. sind die Verbrauchsmengen und Verbrauchswerte von Bedeutung. Entscheidend für die A-B-C-Eingruppierung ist der Verbrauchswert.

Arbeitsschritte:

❶ Verbrauchswert berechnen: Verbrauchswert = Verbrauchsmenge x Wert pro Einheit
❷ Materialien rangmäßig nach dem Verbrauchswert ordnen
❸ Prozentanteil jedes Materials an der Gesamtverbrauchsmenge bestimmen
❹ Prozentanteil jedes Materials am Gesamtverbrauchswert bestimmen
❺ Prozentanteile kumulieren (schrittweise aufaddieren)
❻ Gruppen bilden:
   Etwa 85 % kumulierter Verbrauchswert kennzeichnet die A-Materialien.
   Etwa 10 % weiterer kumulierter Verbrauchswert kennzeichnet die B-Materialien.
   Etwa 5 % restlicher kumulierter Verbrauchswert kennzeichnet die C-Materialien.

Beispiel: ABC-Analyse (Zur Vereinfachung wird eine Anzahl von nur 10 Materialien angenommen.) M = Materialart, V = Verbrauchsmenge, P = Stückpreis in EUR, W = Verbrauchswert

M	V (Stück)	P	W❶	M nach Rang❷	V (in %)❸ ❺	W (in %)❹ ❺	ABC-Teile❻
M1	6000	4	24000	M 2	3,89	37,73	
M2	1000	200	200000	M 8	+ 11,67	+ 28,30	A
M3	500	20	10000	M 6	+ 3,89 = 19,45	+ 18,87 = 84,9	
M4	2000	10	20000	M 1	23,35	4,53	
M5	3000	5	15000	M 4	+ 7,78	+ 3,77	B
M6	1000	100	100000	M 5	+ 11,67 = 42,80	+ 2,83 = 11,13	
M7	200	5	1000	M 3	1,95	1,89	
M8	3000	50	150000	M10	+ 31,13	+ 1,52	
M9	1000	2	2000	M 9	+ 3,89	+ 0,39	C
M10	8000	1	8000	M 7	+ 0,78 = 37,75	+ 0,20 = 4,00	

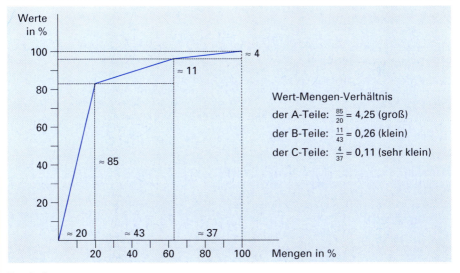

Wert-Mengen-Verhältnis

der A-Teile: $\frac{85}{20}$ = 4,25 (groß)

der B-Teile: $\frac{11}{43}$ = 0,26 (klein)

der C-Teile: $\frac{4}{37}$ = 0,11 (sehr klein)

Ergebnis:

Knapp 20 % der Materialien haben einen Verbrauchswert von bereits 85 %. Sie sind die wichtigsten Materialien: **A-Materialien**. Für sie kommt z. B. eine gründliche und exakte Planung des Bedarfs in Frage.

Die geringste Bedeutung haben die **C-Materialien**. Für sie kann der Bedarf oberflächlich ermittelt werden. Oft handelt es sich um Hilfs- und Betriebsstoffe.

Bei den **B-Materialien** ist zu prüfen, ob sie den A-Materialien oder den C-Materialien nahe stehen.

Weitere empfehlenswerte Maßnahmen für A-Materialien:

■ optimale Planung der Bestell- und Lagermengen;

■ Senkung der „eisernen Bestände" (Mindestlagerbestände, die jederzeitige Verfügbarkeit gewährleisten sollen);

■ stattdessen: langfristige Lieferverträge mit den Lieferern, wobei die benötigten Mengen bei Bedarf abgerufen werden; außerdem Auswahl zuverlässiger Lieferer;

■ genaue Kontrolle der Lagerbestände zur Vermeidung von Verlusten;

■ genaue Kontrolle von Materialentnahmen;

■ genaue Überwachung der Materialqualität.

Für C-Güter hingegen ist ein Abbau kostenintensiver Kontrollen denkbar, ggf. sogar Selbstbedienung bei der Materialentnahme.

Die Beurteilung von Materialien kann noch verbessert werden durch ein zusätzliches Einteilungsmerkmal: die Genauigkeit, mit der sich der künftige Materialbedarf vorhersagen lässt. Man leitet dieses Merkmal aus dem bisherigen Verbrauchsverlauf ab und teilt die Materialien nach der Vorhersagegenauigkeit in X-, Y- und Z-Materialien ein.

Verbrauchsverlauf		Vorhersagegenauigkeit		Güter
konstant	➤	hoch	➤	X-Güter
schwankend, aber				
trendmäßig	➤	mittel	➤	Y-Güter
völlig unregelmäßig	➤	niedrig	➤	Z-Güter

Mögliche Kombinationen:

	A	B	C
X	AX	BX	CX
Y	AY	BY	CY
Z	AZ	BZ	CZ

X-Materialien werden laufend und in gleicher Menge benötigt. Es ist folglich sicherzustellen, dass die Versorgung mit diesen Gütern auf keinen Fall stockt. Die größte Aufmerksamkeit ist den AX-Materialien zu schenken.

2.2.5 Wertanalyse

Die Almus Technologie GmbH besitzt ein Multifunktionsgerät der Extraklasse, das vielfältige Druck-, Kopier-, Scanner- und Faxaufgaben erfüllen kann. Zu seiner Entlastung sollen für die Büros 10 Kopiergeräte angeschafft werden, die zugleich als PC-Drucker verwendet werden sollen. Dem Betrieb werden vier Geräte angeboten:

Alternativen	I	II	III	IV
Produktnamen	Copy 2000	Copycentre 11470 cx	MFAAC 9650	Laserystem 1220
Druckformat	A4	A4	A4	A4
Auflösung	800 x 800	1200 x 1200	600 x 600	1200 x 1200
Kopieren	Tintenstrahl	Tintenstrahl	Laser	Laser
Auflösung	300 x 300	300 x 300	200 x 400	200 x 400
Drucken	–	Tintenstrahl	Laser	Laser
Druckgeschwind.	–	6 Seiten/Min.	12 Seiten/Min.	14 Seiten/Min.
Farbscanner	–	1200 X 1200	1200 x 1200	–
Faxen	–	–	Laserfax	–
Preis	220,00 EUR	400,00 EUR	800,00 EUR	550,00 EUR
Papierkapazität	500 Blatt	250 Blatt	1000 Blatt	500 Blatt

Welches Gerät sollte eingekauft werden?

Jedes Produkt, Teil, Material, Konzept (allgemein: jedes Verwendungsobjekt) muss die Funktionen (Aufgaben) erfüllen, die sein Abnehmer verlangt. Nur dann wird auch der gewünschte Nutzen erzielt.

Abnehmer, das kann z. B. der Konstrukteur, der Einkäufer, der Produktionsleiter oder der Kunde des Betriebes sein. Besonders schlimm wird es natürlich, wenn der Kunde nicht zufrieden ist.

Funktionen können unterschiedliches Gewicht haben:

- **Hauptfunktionen** sind unverzichtbar. Erfüllt das Objekt sie nicht, wird es auf jeden Fall zurückgewiesen.

- **Nebenfunktionen** unterstützen oder ergänzen die Hauptfunktionen. Sie erhöhen den Nutzen, aber jede zusätzliche Funktion bedeutet i. d. R. auch höhere Kosten. Der Abnehmer sollte sich deshalb fragen, welche Funktionen so wichtig für ihn sind, dass er diese Kosten akzeptieren kann.

- **Unnötige Funktionen** sind ohne Bedeutung für den gewünschten Zweck und bringen folglich keinen Nutzen.

Beispiel: Kauf von Kopiergeräten (Fortsetzung des Einführungsbeispiels)

Hauptfunktionen:	Kopieren, Drucken
Nebenfunktionen:	Scannerfunktion, Laserdruck, große Papierkapazität
Unnötige Funktion:	Faxfunktion

Ein wichtiges Ziel des Betriebes ist es, den Nutzen der von ihm gekauften, produzierten und angebotenen Objekte zu maximieren und dabei die Kosten zu minimieren.

Die **Wertanalyse** ist ein allgemeines Verfahren zur Planung, Gestaltung und Verbesserung des „Wertes" (Nutzens) eines untersuchten Objekts. Sie setzt bei den Funktionen an, die das Objekt erfüllen soll. Ihre Ziele sind:

- gewünschte Funktionen zu integrieren,
- unnötige Funktionen auszuschließen,
- für die gefundenen Funktionen möglichst kostengünstige Lösungen zu finden.

Wertanalysen sind in allen Betriebsbereichen anwendbar, also bei Konstruktion, Fertigung, Beschaffung und Absatz „funktionstüchtiger" Objekte. Dabei muss für jedes Objekt, abhängig von den verfolgten Zwecken, untersucht werden, welche Funktionen es erfüllen soll (ob es z. B. „windschnittig", „schlagfest", „schnell", „geräuscharm", „elastisch", „tragfähig", „formschön", „recycelbar" sein soll).

Beispiel: Kauf von Kopiergeräten (Fortsetzung des Einführungsbeispiels)

Folgende Schritte sind für die Entscheidung über den Kopierereinkauf sinnvoll:

1. Der Verwendungszweck der Geräte wird genau festgelegt.
2. Die Hauptfunktionen der Geräte werden ermittelt.
3. Die Nebenfunktionen der Geräte werden ermittelt und mit Bewertungszahlen versehen.
4. Die unnötigen Funktionen werden ermittelt und ausgeschlossen.
5. Die Bewertungszahlen werden addiert.
6. Die Kosten der Kopierer werden ermittelt.
7. Die alternativen Geräte werden unter Berücksichtigung von Bewertung und Kosten verglichen.

Alternative Geräte	I	II	III	IV
Hauptfunktionen:				
Drucken	nein	ja	ja	ja
Kopieren		ja	ja	ja
Nebenfunktionen:				
Scanner-Funktion		20	20	nein
Laser-Druck		0	10	10
Papierkapazität		0	5	3
Unnötige Funktionen:				
Fax-Funktion		nein	0	nein
Summe		20	35	13
Kosten (in EUR)	220,00	400,00	800,00	550,00

Entscheidung: II

Gerät II wird gewählt: Es erfüllt alle Hauptfunktionen. Die Punktzahl bei den Nebenfunktionen ist niedriger als bei Gerät III. Dieser Nachteil wird durch den günstigeren Anschaffungspreis mehr als ausgeglichen.

In der betrieblichen Praxis sind die Probleme in der Regel bedeutend komplexer und komplizierter. Wertanalysen sollten deshalb als gut vorbereitete Projekte durchgeführt werden.

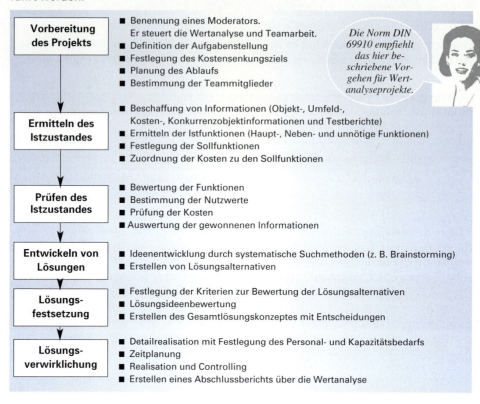

Vorbereitung des Projekts	■ Benennung eines Moderators. Er steuert die Wertanalyse und Teamarbeit. ■ Definition der Aufgabenstellung ■ Festlegung des Kostensenkungsziels ■ Planung des Ablaufs ■ Bestimmung der Teammitglieder	*Die Norm DIN 69910 empfiehlt das hier beschriebene Vorgehen für Wertanalyseprojekte.*
Ermitteln des Istzustandes	■ Beschaffung von Informationen (Objekt-, Umfeld-, Kosten-, Konkurrenzobjektinformationen und Testberichte) ■ Ermitteln der Istfunktionen (Haupt-, Neben- und unnötige Funktionen) ■ Festlegung der Sollfunktionen ■ Zuordnung der Kosten zu den Sollfunktionen	
Prüfen des Istzustandes	■ Bewertung der Funktionen ■ Bestimmung der Nutzwerte ■ Prüfung der Kosten ■ Auswertung der gewonnenen Informationen	
Entwickeln von Lösungen	■ Ideenentwicklung durch systematische Suchmethoden (z. B. Brainstorming) ■ Erstellen von Lösungsalternativen	
Lösungsfestsetzung	■ Festlegung der Kriterien zur Bewertung der Lösungsalternativen ■ Lösungsideenbewertung ■ Erstellen des Gesamtlösungskonzeptes mit Entscheidungen	
Lösungsverwirklichung	■ Detailrealisation mit Festlegung des Personal- und Kapazitätsbedarfs ■ Zeitplanung ■ Realisation und Controlling ■ Erstellen eines Abschlussberichts über die Wertanalyse	

Arbeitsaufträge

1. **Die Top-Dress GmbH sucht einen Lieferanten für Mischgewebe, mit dem sie langfristig feste Bindungen eingehen will. Deshalb muss der Lieferant nicht nur einwandfreie Produktqualität, sondern auch höchste Termin- und Servicequalität garantieren. Ein Team soll einen Fragebogen entwickeln. Dieser soll mehreren in Frage kommenden Interessenten zugesandt werden, um die notwendigen Informationen zu erhalten. Lieferer, die nicht bereit sind, die gestellten Fragen offen und wahrheitsgemäß zu beantworten, werden von vornherein nicht berücksichtigt.**

   a) Betreibt die Top Dress GmbH im vorliegenden Fall
      ■ Marktanalyse oder Marktbeobachtung,
      ■ Primärforschung oder Sekundärforschung?

   b) Entwickeln Sie in Gruppenarbeit je fünf wichtige Merkmale, die Termin- und Servicequalität beschreiben.

   c) Erstellen Sie einen Fragebogen mit mehreren Fragen zu jedem Merkmal. Die Fragen sollen so formuliert werden, dass überprüft werden kann, in welchem Umfang der Lieferant den Merkmalen gerecht wird.

2. **Die Geschäftsleitung der ABZO Chemie AG möchte einen Überblick über die Arten betrieblicher Daten gewinnen, die in Zusammenhang mit den Geschäftsprozessen anfallen. Im Einkauf wird der Einkaufsassistent, Herr Krämer, beauftragt, die Datenarten für den Subprozess „Einkauf von A-Materialien" zusammenzustellen. Als Methode wählt er das Mindmapping.** Erstellen Sie die Mindmap.

3. Im Rohstofflager wird ein neues Lagerverwaltungssystem eingerichtet. Dazu müssen Materialstammsätze erstellt werden. Unter anderem liegen folgende Daten vor:.

Materialnummer, Lieferantennummer, Mengeneinheit, Bestelldatum, Zeichnungsnummer, Stücklistennummer, Verpackungsart, Mindestbestand, Verrechnungspreis, Bankverbindung Lieferer X, Vertreternummer, ABC-Zugehörigkeit.

Welche der aufgeführten Daten gehören in den Materialstammsatz?

4. Ein Betrieb benötigt die folgenden Materialien. Es liegen die angegebenen Zahlen vor.

Material	Verbrauch (Stück)	Wert pro Stück (EUR)	Material	Verbrauch (Stück)	Wert pro Stück (EUR)
M1	10000	0,40	M11	4000	0,30
M2	6000	0,90	M12	1000	10,00
M3	2000	3,80	M13	1000	1,20
M4	8000	0,50	M14	1000	3,10
M5	3000	5,20	M15	9000	0,10
M6	7000	0,20	M16	5000	2,40
M7	1000	0,30	M17	5000	0,40
M8	500	0,20	M18	500	1,00
M9	500	4,00	M19	500	2,00
M10	5000	1,90	M20	6000	0,15

Ermitteln Sie anhand einer ABC-Analyse, für welche Materialien eine genaue Planung des Bedarfs ratsam ist. (Benutzen Sie, wenn möglich, ein Tabellenkalkulationsprogramm.)

5. Die Materialien in Auftrag 4 haben folgende Verbrauchsverläufe:

konstant: M1 M2 M5 M6 M10 M13 M16

trendmäßig: M3 M8 M7 M9 M12 M15

unregelmäßig: M4 M11 M14 M17 M18 M19 M20

a) Beurteilen Sie: Welchen Güterkombinationen ist nunmehr die größte Aufmerksamkeit zu schenken?

b) Gilt noch uneingeschränkt die Aussage: „A-Güter erfordern grundsätzlich höhere Aufmerksamkeit als B-Güter"?

c) Welcher Kombination sollte man mehr Aufmerksamkeit schenken: AZ oder BX?

6. Die Schneider & Wibbel OHG will ihre Lieferer nach ihrer jeweiligen Umsatzhöhe in A-, B- und C-Lieferer einteilen. Folgende Umsatzzahlen werden der Buchhaltung entnommen:

Lieferer	Umsatz
Müller GmbH	30000,00 EUR
Telekom AG	600000,00 EUR
Siemens AG	2800000,00 EUR
VEW AG	2000000,00 EUR
Schoeller Textil GmbH	300000,00 EUR
Meyer AG	70000,00 EUR
März AG	500000,00 EUR

a) Bestimmen Sie die A-, B- und C-Lieferer.

b) Welche Zwecke könnte der Betrieb mit der Einteilung der Lieferer nach der Umsatzhöhe verfolgen?

7. Ein Betrieb hat in seiner Liefererdatenbank 127 Lieferer verzeichnet. Er will diese Lieferer mit Hilfe einer ABC-Analyse in Gruppen einteilen.

a) Nennen Sie möglichst viele Zwecke, die der Betrieb mit der beabsichtigten Einteilung verfolgen könnte.

b) Versuchen Sie möglichst viele Merkmale aufzuzählen, die für die Beurteilung von Lieferern herangezogen werden können.

c) Wählen Sie einen Zweck und fünf Merkmale aus, die für dieses Ziel nach Ihrer Meinung am wichtigsten sind. Versuchen Sie nun eine Methode zu finden, die es erlaubt, alle fünf Merkmale zugleich für die Gruppenbildung heranzuziehen, und dabei das unterschiedliche Gewicht der Merkmale berücksichtigt. (Hinweis: Ähnliches Vorgehen wie bei Wertanalyse)

d) Welche Maßnahmen wären nach Ihrer Ansicht für A-Lieferanten sinnvoll?

8. Die Konstruktionsabteilung benötigt für die Konstruktion eines Produkts ein Material, das höchsten Ansprüchen genügen soll. Das Material muss deshalb die Funktionen A und B erfüllen. Weitere nützliche, aber nicht unverzichtbare Funktionen sind C, D und E. C wird viermal, D doppelt so wertvoll wie E eingeschätzt.

Nachforschungen ergeben, dass 6 Werkstoffe auf dem Markt erhältlich sind, die ggf. in Frage kommen. Sie erfüllen die folgenden Funktionen und kosten die angegebenen Beträge.

Werkstoff	erfüllte Funktionen								Anschaffungskosten (EUR)
I	A	B	C	D	E	F			40,00
II	A	B		D	E		G		35,00
III	A	B	C		E			H	20,00
IV	A	B	C	D		F			15,00
V	A	B	C	D	E	F	G		45,00
VI	A		C	D	E	F	G	H	17,00

a) Stellen Sie fest, ob sich mit Hilfe dieser Angaben eine vereinfachte Wertanalyse entsprechend dem Beispiel auf Seite 227 durchführen lässt. Wenn ja, welche Schritte sind dann aufgrund der obigen Angaben bereits durchgeführt?

b) Führen Sie die Wertanalyse vollständig durch und fällen Sie eine Entscheidung.

c) Welche Entscheidung treffen Sie, wenn das Material
   - nur gehobenen Ansprüchen genügen soll?
   - nur niedrigen Ansprüchen genügen soll?

2.3 Materialbeschaffungsplanung

2.3.1 Beschaffungsprinzipien

Die **NSB Werftbetriebe GmbH** baut Jachten. Ausschließlich im Kundenauftrag (sog. Auftragsfertigung) und nach den Wünschen des Kunden. Es liegt Einzelfertigung vor: Fast jedes Schiff ist ein Unikat. Viele der verwendeten Materialien und Teile werden nur für ein ganz bestimmtes Schiff benötigt. Sie werden jeweils eingekauft, wenn der entsprechende Bedarf vorliegt.

Die **Gadget GmbH & Co. KG** fertigt innovative Scherz-, Geschenk- und Spielartikel. Das Fertigungsprogramm muss stets von neuem in kurzen Abständen an den geänderten Kundenbedarf angepasst werden. Viele Materialien werden jedoch immer wieder benötigt und müssen oft sehr kurzfristig verfügbar sein. Man sichert den Bedarf durch den Einkauf größerer Mengen ab und versucht dabei die Einkaufs- und Lagerkosten zu minimieren.

Die **KlipperCamp AG** baut Wohnwagen und Wohnmobile. Sie hat für den Zeitraum eines Jahres ein festes Fertigungsprogramm geplant. Die Fertigungsabläufe und -zeitpunkte sind für Halbjahresperioden genau festgelegt. Die benötigten Materialien und Teile werden von festen, vertraglich langfristig gebundenen Lieferern jeweils genau zum Einsatztermin geliefert.

Nach der Ermittlung des Materialbedarfs muss das Materialmanagement die Deckung des Materialbedarfs sichern.

Wurde im Rahmen der Produktionsplanung und -steuerung behandelt!

Aufgaben der Beschaffungsplanung	Ziele der Beschaffungsplanung
- Festsetzung des Beschaffungszeitpunkts - Festsetzung der Beschaffungsmenge - Planung der Beschaffungsmenge - Ermittlung und Auswahl der Lieferer	- Kostenminimierung (Preise, Beschaffungs-, Lagerkosten) - Minimierung des Versorgungsrisikos - Qualitätssicherung

Entscheidenden Einfluss haben dabei drei grundlegende Beschaffungsprinzipien: **Einzelbeschaffung, Vorratsbeschaffung und fertigungssynchrone Beschaffung.**

Einzelbeschaffung:

Das Material wird fallweise für einen bestimmten vorliegenden Auftrag eingekauft, geliefert und bereit gestellt.

Typisch für die Einzelanfertigung von Produkten im Kundenauftrag, kommt aber auch sonst bei seltenem Bedarf vor.

Beschaffungsplanung: Beschaffungsmenge und -zeitpunkt werden unmittelbar durch die Fertigungsplanung bestimmt. Beschaffungsplanung beschränkt auf die Lieferantenauswahl.

Versorgungsrisiko: relativ hoch

Lagerkosten: keine Läger, keine Kosten.

Beschaffungskosten: hoch: keine Vorteile großer Bezugsmengen (z. B. Rabatte, niedrige Frachtraten).

Vorratsbeschaffung:

Ein Materialvorrat für einen Bedarf eingekauft und geliefert, der durch das festgelegte Fertigungsprogramm bestimmt ist. Aus dem Lagervorrat wird das Material für die Fertigung bereit gestellt.

Traditionell der Regelfall im Industriebetrieb: Der Vorrat sichert einerseits die Kontinuität der Fertigung und vergrößert andererseits den Handlungsspielraum auf den Beschaffungsmärkten. Aber starke Tendenz zur fertigungssynchronen Beschaffung, wenn die notwendigen Voraussetzungen vorliegen.

Beschaffungsplanung: Beschaffungsmenge und -zeitpunkt werden in kurzen Zeitabständen wiederkehrend geplant, denn der auftretende Bedarf und die vorhandenen Lagervorräte müssen zeitlich und mengenmäßig abgeglichen werden.

Versorgungsrisiko: minimiert durch Vorratshaltung.

Lagerkosten und Beschaffungskosten: Einkäufe sollen so erfolgen, dass Beschaffungs- und Lagerkosten in ihrer Summe minimiert werden.

Fertigungssynchrone Beschaffung:

Das Material genau zum Zeitpunkt seines Einsatzes in der Fertigung angeliefert und bereitgestellt.

Voraussetzung: Massen- oder Serienfertigung mit großen Stückzahlen (z. B. typisch für die Autoindustrie). Diese gestattet eine Fertigungsplanung, die den zeitlichen Fertigungsablauf und die Materialeinsatzmengen genau vorbestimmt. Eine Materialbeschaffungsplanung wie bei der Vorratsbeschaffung wird somit überflüssig.

Beschaffungsplanung: Beschaffungsmenge und -zeitpunkt werden unmittelbar durch die Fertigungsplanung bestimmt. Logistische Planung (termingenaue Anlieferung!) im Vordergrund.

Lagerkosten: sehr niedrig (nur geringe Sicherheitsbestände).

Versorgungsrisiko: hohes Risiko von Lieferungsverzögerungen und -ausfällen. Man sichert sich u. a. durch feste, langfristige vertragliche Bindungen mit seinen Lieferern ab.

Beschaffungskosten: Rahmen-Lieferverträge sichern den Lieferern große Absatzmengen und den Abnehmern hohe Preisnachlässe. Transportkostenminimierung erfordert intelligente logistische Lösungen.

Bei einem Lkw-Fahrer-Streik 1995 in Frankreich gingen bei Ford in Deutschland nach 2 Tagen die Teile aus!

1. „Vorratsbeschaffung und Einzelbeschaffung sind zwei entgegengesetzte Beschaffungsprinzipien, aber Materialbereitstellung ohne Vorratshaltung muss nicht gleichbedeutend mit Einzelbeschaffung sein."
Stimmt diese Behauptung? Erläutern Sie den Hintergrund!

2. Jeder Betrieb verfolgt bei seinen Einkaufsaktivitäten immer auch folgende Ziele:
   ■ Sicherung eines gleichmäßigen Fertigungsablaufs
   ■ Schnelle Belieferung von Kunden
   ■ Flexible Anpassung an Bedarfsanforderungen der Fertigung
   ■ Niedrige Lagerkosten
   ■ Geringe Kapitalbindung durch Vorräte
   ■ Günstige Einkaufspreise durch Einkauf großer Mengen
   ■ Erhaltung der Zahlungsmittelbestände (der Liquidität)
   ■ Niedriges Risiko aufgrund von Lagerbeständen
   ■ Niedrige Frachtkosten
   ■ Günstige Lieferungs- und Zahlungsbedingungen seitens der Lieferer

   a) Vergleichen Sie Vorratsbeschaffung und Einzelbeschaffung im Hinblick auf diese Ziele. Welche Ziele harmonieren besser mit dem einen, welche mit dem anderen Beschaffungsprinzip?
   b) Erläutern Sie anhand der genannten Ziele den typischen Zielkonflikt der Materialwirtschaft.
   c) Es wird behauptet, der angedeutete Zielkonflikt sei bei der fertigungssynchronen Beschaffung bedeutend besser gelöst. Begründen Sie dies und führen Sie möglichst viele Vorteile dieses Beschaffungsprinzips an. Nennen Sie andererseits mögliche Schwachstellen.

2.3.2   Zeitplanung bei Vorratsbeschaffung

Fehlen Materialien, Teile, Handelswaren zum Bedarfszeitpunkt, entstehen **Fehlmengenkosten**: Kosten für Produktionsstillstand, Vertragsstrafen für verspätete Lieferung an Kunden, Gewinnentgang durch Kundenabwanderung, ...

Deshalb werden aus Sicherheitsgründen **Mindestlagerbestände ("eiserne Bestände")** festgesetzt. Sie sollen unter normalen Umständen niemals angegriffen werden.

Logisch! Der eiserne Bestand soll schützen bei
■ Lieferverzögerungen,
■ Mehrverbrauch,
■ falscher Bedarfsberechnung.

Auch müssen Bestellungen unbedingt rechtzeitig erfolgen. Grundlegende Bestellverfahren sind das Bestellpunktverfahren und das Bestellrhythmusverfahren.

Bestellpunktverfahren

Beim Bestellpunktverfahren wird der Lagerbestand nach jeder Entnahme überprüft. Erreicht er einen festgelegten Meldebestand (Bestellpunkt), so erfolgt eine Bedarfsmeldung an den Einkauf.

Der Meldebestand ist so hoch anzusetzen, dass bei normalem Verbrauch innerhalb der Lieferfrist der eiserne Bestand nicht angegriffen wird.

Meldebestand = eiserner Bestand + (durchschnittliche Tagesentnahme x Lieferzeit)

Beispiel: Berechnung des Meldebestands

Tagesbedarf: 5 Ölsiebe. Mindestlagerbestand: 10 Stück (2-Tagesbedarf), Höchstbestand 55 Stück (vorher 65). Feste Bestellmenge: 45 Stück. Lieferzeit: 4 Tage.
In der Lieferzeit werden (5x4) Stück = 20 Stück verbraucht. Um diese Zahl muss folglich der Meldebestand über dem eisernen Bestand liegen.

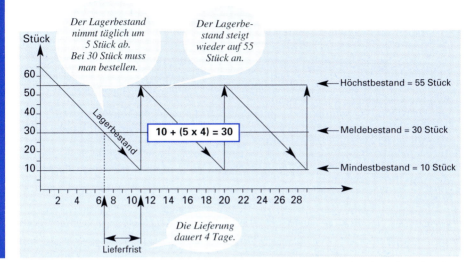

Der Einkaufszeitpunkt ist jedoch nicht stets an den Meldebestand gebunden. Bestimmend sind auch:

- **Vorliegendes Angebot** (z. B. Messen, Ernten, Saisonwechsel),
- **Preisentwicklung** (Einkauf vor erwarteter Preiserhöhung),
- **Lagerfähigkeit** von Materialien und Waren.

Bestellrhythmusverfahren

Beim Bestellrhythmusverfahren wird der Bestand nicht nach jeder Entnahme überprüft, sondern in festen Zeitabständen, z. B. monatlich.

In welchem Fall eine Bestellung erfolgt, kann unterschiedlich geregelt sein:

- Bestellung auf jeden Fall, wenn Lagerentnahmen festgestellt wurden;
- Bestellung nur wenn der Vorrat eine festgelegte Menge (Bestellpunkt) erreicht oder unterschritten hat;
- Bestellung, wenn unter Berücksichtigung der Vorlaufverschiebung ein Nettobedarf auftritt.

Vor- und Nachteile von Bestellpunkt- und Bestellrhythmusverfahren		
Vorteile	**Verfahren**	**Nachteile**
niedrigere Mindestbestände; möglich wegen ständiger Bestandskontrolle	**Bestellpunkt-verfahren**	nur Artikel mit Lagerbewegungen erfasst; Sammelbestellungen zur Ausnutzung von Rabatten nicht möglich
systematische Erfassung **aller** Werkstoffe (ermöglicht z. B. Vorschläge für den Umgang mit wenig bewegten Teilen und Lagerhütern)	**Bestellrhythmus-verfahren**	höhere Mindestbestände notwendig, da zur Lieferzeit die periodische Überprüfungszeitspanne hinzutritt

*Das **Bestellrhythmusverfahren** findet v.a. bei **plangesteuerter Bedarfsermittlung** Anwendung.*

*Das **Bestellpunktverfahren** findet hauptsächlich bei **verbrauchsgesteuerter Bedarfsermittlung** Anwendung.*

1. Berechnen Sie den Meldebestand:
   Tagesverbrauch 70 Stück, Lieferzeit 2 Wochen, Mindestbestand 210 Stück.

2. Ein Materialstammsatz enthält unter anderem folgende Daten:
   Lagerbestand: 23,   Meldebestand: 25,
   Reservierter Bestand: 20,   ausstehende Bestellungen: 60.
   Mindestbestand: 14,
   Der Einkäufer X. behauptet, dass unter diesen Bedingungen schon längst eine Bestellung
   hätte vorgenommen werden müssen. Nehmen Sie Stellung dazu und erläutern Sie Herrn
   X., wann eine Bestellung erfolgen muss.

3. Die Motoren- und Getriebebau GmbH hat laufenden Bedarf an Rillenkugellagern. Der Bedarf
   wird verbrauchsgesteuert ermittelt. Aus der EDV sind folgende Lagerbewegungen der letzten Tage zu entnehmen:

Rillenkugellager 16002 – DIN 625						
Lager-Nr.: 2. 13. 45 Meldebestand: 100 Höchstbestand: 500 Mindestbestand: 30						
Tag	Monat	Beleg	Zugang	Abgang	Bestand	Empfangende Kostenstelle
4.	März	Übertrag			120	
5.	März	ME 2043		6	114	120
6.	März	ME 2098		8	106	110
7.	März	ME 3060		5	101	120
8.	März	ME 3100		5	96	110
9.	März	ME 3109		3	93	112

a) An welchem Tag musste eine Bestellung vorgenommen werden? Geben Sie die Bestellmenge an. (Tagesbedarf durchschnittlich 5 Stück, Lieferzeit 14 Tage)

b) Der Tagesbedarf verringert sich um 10%. Der Meldebestand wird daraufhin angepasst.
Berechnen Sie die prozentuale Änderung des Meldebestands.

2.3.3   Mengenplanung bei Vorratsbeschaffung

Sowohl die Beschaffung als auch die Lagerung verursachen Kosten, deren Höhe von
der Einkaufsmenge abhängig ist. Um diese Kosten zu minimieren, kann eine genauere Planung der Einkaufsmenge angebracht sein.

Vorteile großer Einkaufsmengen	Nachteile großer Einkaufsmengen
■ Wer große Mengen kauft, erhält Rabatte. ■ Die Fracht- und Verpackungskosten sind für große Sendungen günstiger als für kleine. ■ Wenn man große Mengen kauft, muss man nicht so oft bestellen. Und jede Bestellung verursacht Kosten für Schreibarbeit, Papier, Porto, Ablage, Buchung, Materialkontrolle, Einlagerung,...	■ Wer große Mengen kauft, muss sie bis zum Verbrauch lagern. Auch die Lagerung verursacht hohe Kosten: für Lagerraum, Lagereinrichtung, Personal, Verwaltung, Materialpflege, Versicherung, Schwund, Zinsverluste,...

Kleine Mengen ➔ hohe Beschaffungskosten,
niedrige Lagerkosten.

Große Mengen ➔ niedrige Beschaffungskosten, hohe Lagerkosten.

Beschaffungskosten und Lagerkosten entwickeln sich gegenläufig. Die *optimale Bestellmenge* ist die Menge, bei der die Summe aus Beschaffungskosten und Lagerkosten ein Minimum erreicht.

Beispiel: Optimale Bestellmenge

Ein Metallwarenbetrieb benötigt jährlich 1800 Gussstücke mit einem Einkaufspreis von je 100,00 EUR. Die Lagerkosten pro Stück (l) betragen im Jahr 30,00 EUR. Dies entspricht einem Lagerkostensatz von 30% (vom Einstandspreis). Um jederzeitige Verfügbarkeit zu gewährleisten, wird ein eiserner Bestand (EB) von 10 Stück gehalten, der niemals angegriffen werden soll. Wir nehmen an, dass von den 1800 Stück täglich ziemlich gleichmäßig 5 Stück verbraucht werden. Bei jedem Kauf fallen feste Bestellkosten von 20,00 EUR an. Rabatte und Transportkosten sollen nicht berücksichtigt werden. Das Jahr wird mit 360 Tagen berechnet. In der folgenden Tabelle wird festgehalten, wie hoch die Kosten bei verschiedenen Bestellmengen sind:

Bestell-menge (B)	Zahl der Bestel-lungen pro Jahr	Kosten pro Be-stellung (in EUR)	gesamte Bestell-kosten (in EUR)	durch-schnitt-licher Lager-bestand (L)	durch-schnittliche Lager-kosten (in EUR)	Gesamt-kosten (in EUR)
				$\frac{B}{2} + EB$	$L \cdot l$	
1800	1	20,00	20,00	910	27 300,00	27 320,00
900	2	20,00	40,00	460	13 800,00	13 840,00
450	4	20,00	80,00	235	7 050,00	7 130,00
225	8	20,00	160,00	122,5	3 675,00	3 835,00
100	18	20,00	360,00	60	1 800,00	2 160,00
60	30	20,00	600,00	40	1 200,00	1 800,00
50	36	20,00	720,00	35	1 050,00	1 770,00
40	45	20,00	900,00	30	900,00	1 800,00
30	60	20,00	1 200,00	25	750,00	1 950,00

Bei 36 Bestellungen zu 50 Stück sind die Gesamtkosten am niedrigsten. Die optimale Bestellmenge beträgt deshalb 50 Stück.

Für die Berechnung existiert auch eine Formel: Beispiel:

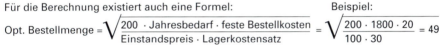

$$\text{Opt. Bestellmenge} = \sqrt{\frac{200 \cdot \text{Jahresbedarf} \cdot \text{feste Bestellkosten}}{\text{Einstandspreis} \cdot \text{Lagerkostensatz}}} = \sqrt{\frac{200 \cdot 1800 \cdot 20}{100 \cdot 30}} = 49$$

(Anmerkung: Das mathematische Ergebnis von 49 Stück ist praktisch nicht verwendbar: Es bewirkt eine nicht ganzzahlige Anzahl von 36,73469 Bestellungen.)

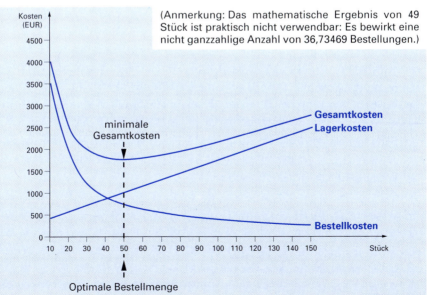

235

In der Praxis begegnet die Planung einer optimalen Bestellmenge großen Schwierigkeiten, da die zu verarbeitenden Informationsmengen weitaus größer als in unserem Modell und teilweise unsicher sind:

■ Rabatte und Transportkosten müssen einbezogen werden.

■ Die Lagerkosten sind nicht allein mengen-, sondern auch wertabhängig (z. B. die Versicherungskosten).

■ Meist liegt kein gleichmäßiger Lagerabgang vor.

■ Kostenansätze und Verkaufsmengen ändern sich im Zeitablauf.

Will man alle Möglichkeiten und Änderungen berücksichtigen, so wird bei einer großen Zahl von Materialien die Planung der optimalen Bestellmenge weitaus höhere Kosten verursachen, als sie einzusparen hilft.

Hinzu kommt, dass man in der Praxis die optimale Bestellmenge manchmal gar nicht realisieren kann, weil

■ der Lieferer eine Mindestmenge vorgibt,

■ die Ware nur in festen Verpackungseinheiten geliefert wird,

■ Artikel nur beschränkt lagerfähig sind,

■ es sich um Saisonartikel handelt.

Die Planung einer optimalen Bestellmenge lohnt sich deshalb nur bei AX-Gütern (hoher Verbrauchswert, konstanter Verbrauchsverlauf, hohe Vorhersagegenauigkeit für den Verbrauch), ggf. noch bei AY- und BX-Gütern, bei denen sich Kosteneinsparungen im Gesamtergebnis bemerkbar machen. Man ermittelt diese Güter bekanntlich durch ABC- und XYZ-Analyse). Bei anderen Gütern begnügt man sich mit Schätzungen. Häufig bestellt man diejenige Menge, durch die das Lager wieder bis zum festgelegten Höchstbestand aufgefüllt wird.

Arbeitsaufträge

1. Ein Fertigungsbetrieb verbraucht pro Tag etwa 50 Profileisen mit einem Einstandspreis von je 20,00 EUR. Die Lagerkosten pro Stück betragen im Jahr 1,00 EUR. Als eiserner Bestand wurden 300 Stück festgelegt. Bei jeder Bestellung fallen fixe Bestellkosten von 9,00 EUR an. Die Lieferzeit beträgt 5 Tage (Das Jahr wird mit 360 Tagen gerechnet.)
   a) Berechnen Sie den Meldebestand. Wann ist spätestens zu bestellen, wenn der eiserne Bestand bei normalem Lagerabgang am 28. März erreicht wird?
   b) Welche Stückzahl ist zu bestellen (optimale Bestellmenge)?
   Wie hoch ist folglich der Höchstbestand?
   (Ermitteln Sie die Lösung rechnerisch und zeichnerisch. Benutzen Sie auch ein Tabellenkalkulationsprogramm.)

2. Dem Einkauf der AKO GmbH liegt ein Angebot für Multifunktionspapier vor:
   Preis je Karton (5 Pakete à 500 Blatt) 12,00 EUR; ab 40 Kartons 10 % Mengenrabatt; Verpackungs- und Transportkostenpauschale 30,00 EUR.
   Weitere betriebliche Daten: Monatsbedarf 50000 Blatt, Mindestbestand 15000 Blatt, feste Bestellkosten 20,00 EUR, Lagerkostensatz 10 %.
   Beurteilen Sie, ob der Einkauf eines Monatsbedarfs oder eines Vierteljahresbedarfs vorzuziehen ist.

2.3.4 Logistische Planung bei fertigungssynchroner Beschaffung: Just-in-Time-System

Im Werk Saarlouis des Autobauers Ford sind die Systemlieferanten direkt nebenan in einem „Liefererpark" angesiedelt. Sechs Tage vor der Montage erhalten sie die geplanten Fertigungszahlen für die Produktion der Komponenten. Erst wenn die Karosserie aus dem Lackierwerk ins Montagewerk einläuft, werden die Komponenten endgültig abgerufen und vollautomatisch zum sofortigen Einbau ans Band geliefert. Der Informationsaustausch zwischen Ford und seinen Zulieferern wird durch die Vernetzung der Computersysteme gewährleistet.

Hintergrund: Der Wandel zum Käufermarkt

Die fertigungssynchrone Beschaffung erlangte durch den Marktwandel Bedeutung: Zur Zeit der **Verkäufermärkte** war der Absatz gesichert. Man konnte „drauflos produzieren", strebte maximale Maschinenauslastung an, fertigte große Serien und senkte so enorm die Stückkosten. Man fertigte auf Lager und verkaufte nach und nach. Die ständige Produktionsbereitschaft sicherte man durch große Materialläger.

Heute herrschen **Käufermärkte** vor: Die Nachfrage ändert sich schnell; der Käufer verlangt eine variantenreiche Auswahl und hohe Lieferbereitschaft. Die alte „Produktionsphilosophie" erzeugt so gleich doppelte Gefahr:

(1) In Teilbereichen kann man auf hohen Beständen „sitzenbleiben";

(2) gleichzeitig ist man in anderen Teilbereichen eventuell nicht lieferbereit.

Man muss deshalb viel flexibler als früher reagieren. Beim Festhalten am alten System würden die Lagerbestände und damit die Lagerkosten extrem wachsen. Darum verfolgt man das logistische Ziel, Produkte und Material bedarfssynchron bereitzustellen und die Lagerbestände abzubauen.

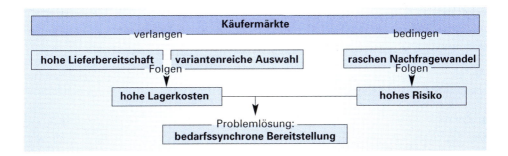

Just-in-Time (JIT)

Die Minimierung der Lagervorräte und Lagerkosten ist heute vielfach Bestandteil eines Logistiksystems, das unter dem Namen „Just-in-Time" bekannt wurde.

Just in Time bedeutet: genau zur rechten Zeit.

Gemeint ist: Alle Güter sollen genau zu dem Zeitpunkt bereitgestellt werden, wo Bedarf daran besteht.

Just-in-Time wurde unter der Bezeichnung **Kanban**[1] schon 1937 von dem japanischen Automobilhersteller Toyota entwickelt und wird seit Ende der 70er Jahre auch in Deutschland angewendet, vorwiegend in der Fahrzeug- und Elektroindustrie.

---

[1] japan.: Zettel, Karte (Das System wurde durch Abrufkarten gesteuert.)

Folglich wird der gesamte Betriebsprozess von seinem Ende her gesteuert: Vorgeschaltete Stufen dürfen immer nur das liefern, was von der jeweils folgenden Stufe benötigt und abgerufen wird. Dies gilt für Absatz, Fertigung und Beschaffung.

Logische Folge: Bei bedarfsgenauer Anlieferung entfällt die Lagerung.

Steuerung des Betriebsprozesses durch JIT

Absatz

Der Absatz richtet sich nach dem aktuellen Kundenbedarf (genauer: nach den Kundenbestellungen). Er „bestellt" deshalb seinerseits bei der Fertigung nur die benötigten Mengen und liefert sie kurzfristig ohne Zeitverzögerung (Just in Time) aus.

Folgen: Keine Produktion auf Vorrat; keine Kapitalbindung in Absatzlägern; keine Lagerkosten, kein Risiko unverkäuflicher Vorräte; hohe Termintreue.

Fertigung

Jede vorgeschaltete Produktionsstufe fertigt immer zeitpunktgenau (Just in Time) exakt die Mengen, die von der jeweils nachgeschalteten Stufe benötigt und abgerufen werden. Jede nachgeschaltete Stelle ruft immer genau den unmittelbaren Bedarf ab.

Folgen: Keine Kosten und Kapitalbindung für „organisatorische Läger" (Zwischenläger für Material, das nicht sofort weiterverarbeitet werden kann); kurze Durchlaufzeiten von Material und Produkten.

Beschaffung

Die Beschaffung bestellt beim Lieferer genau die Mengen, die unmittelbar von der Fertigung abgerufen werden, und sorgt für die fertigungssynchrone Anlieferung (Just in Time).

Folgen: Keine Kosten und Kapitalbindung für Beschaffungsläger.

Problemkreise bei Just-in-Time

Der Abbau der Lagervorräte bei JIT-Produktion erzeugt grundlegende Risiken:

■ **Qualitätrisiko:** Folgeschäden durch schadhafte Teile (kein Auswechseln vom Lager)
■ **Auslastungsrisiko:** Kapazitätsauslastung durch Nachfrageschwankungen
■ **Terminrisiko:** Nichteinhalten von Lieferterminen wegen fehlenden Materials
■ **Kostenrisiko:** steigende Bestell- und Transportkosten wegen häufiger Bestellungen
■ **Umweltrisiko:** Umweltschäden durch steigendes Verkehrsaufkommen

Die Lösung erfordert abgestimmte Maßnahmen von Materialwirtschaft, Qualitätsmanagement, Logistik, Fertigungsplanung und -steuerung, EDV und Telekommunikation.

■ Qualitätsrisiko

Das Qualitätsrisiko lässt sich nur durch höchste Qualität (Null-Fehler-Produktion!) beseitigen. Voraussetzungen: Betriebsmittel- und Werkzeugqualität, Mitarbeiterschulung und -motivation, Lieferantenqualität.

Sicherheit durch Qualität statt Sicherheit durch Bestände!

Jedem Mitarbeiter wird ein gesteigertes Verantwortungs- und Qualitätsbewusstsein vermittelt. Er weiß, dass die nachfolgende Fertigungsstufe von seiner rechtzeitigen und einwandfreien Lieferung abhängt. Er nimmt mitlaufend Qualitätskontrollen vor.

Die Lieferer werden durch langfristige Rahmenverträge gebunden. Sie entwickeln Materialien in enger Abstimmung mit dem Kunden und exakt nach seinen Wünschen[1]. Sie garantieren die Produktqualität und nehmen Qualitätskontrollen vor.

---

[1] Vgl. Aufgabe 5 auf S. 191.

■ Auslastungsrisiko

Der Gefahr der unzureichenden Auslastung kann man nur durch eine flexiblere Fertigungsstruktur begegnen. Anzustreben sind Anlagen, die jederzeit schnell auf die Fertigung anderer Produkte umgestellt werden können.

■ Terminrisiko

Die Vermeidung des Terminrisikos erfordert:

- einen extrem schnellen Datenfluss im Betrieb und mit Lieferern und Logistikdienstleistern (vernetzte Systeme). Er umfasst Steuerungsdaten (v.a. die geplanten Fertigungszahlen), Kontrolldaten und Prozessdaten (über den jeweiligen Stand von Lieferung und Produktion);

Sicherheit durch Schnelligkeit statt Sicherheit durch Bestände!

- langfristige vertragliche Bindung mit Logistikdienstleistern und Sicherung eines reibungslos funktionierenden Transport- und Lagersystems (Rahmenverträge);

- gegenseitige Abstimmung der Wirtschaftspläne mit den Lieferern; feste Reservierung von Kapazitäten der Lieferer.

  Die Absicherung kann bis zum Aufkauf des Zulieferunternehmens gehen. Auf jeden Fall aber wächst die gegenseitige Abhängigkeit: Der Betrieb dringt durch die Vernetzung der Computersysteme in die innerbetriebliche Organisation des Zulieferers ein. Er zwingt ihn ebenfalls zum JIT, weil der Lieferer ja zum spätestmöglichen Zeitpunkt liefern muss. Anderseits bestimmt der Lieferer durch seine Leistung die Wettbewerbsfähigkeit seines Abnehmers mit.

> Die Entwicklung geht in Richtung **Systemlieferant**: Dieser liefert, fertig montiert, ganze Baugruppen und Komponenten („Module" oder „Systeme" genannt). Module entsprechen i.d.R. den Anforderungen von JIT. Sie verkürzen beim Abnehmer die Durchlaufzeit und vereinfachen die Montage.
> Der Kleinwagen Smart z. B. wird aus zwölf Modulen montiert, die von ebenfalls zwölf Systemlieferanten geliefert werden. Diese produzieren auf dem Gelände des Montagebetriebs. Dies sichert optimale Kommunikation und Lieferpünktlichkeit, und es erspart Lager- und Transportkosten.

■ Kostenrisiko

Dem Kostenrisiko aufgrund häufiger Lieferungen kann man z. B. entgehen, indem ein Spediteur die Lieferungen aller Lieferer in einem **zentralen Auslieferungslager** bündelt. Er kann dann die täglich benötigten Güter zu kostengünstigen Ladungen zusammenstellen und schnell ausliefern. Durch sein eigenes EDV-System kann er die Fertigstellungstermine der Lieferer überwachen. Er sichert die Einhaltung der Liefertermine. Als Lagerfachmann übernimmt er alle notwendigen Lagerarbeiten (z. B. auch Materialpflege und Qualitätsprüfung). Im Rahmenvertrag mit dem Lieferer versucht der Betrieb durchzusetzen, dass der Lieferer bis zum Abruf des Materials vom Lager Wareneigentümer bleibt. Dann trägt der Lieferer die Kosten der Lagerung.

■ Umweltrisiko

Auf das Umweltrisiko reagieren die Betriebe unterschiedlich:

- teils durch Berücksichtigung umweltfreundlicherer Transporteure (Bahn),
- teils durch Wiedervergrößerung der Lagerhaltung (z. B. Abrücken von der punktgenauen Anlieferung und Öffnen eines „Zeitfensters" von 48 Stunden),
- teils durch Verpflichtung des Lieferers, sein Werk in der unmittelbaren Nachbarschaft des Abnehmers oder sogar auf dessen Gelände zu errichten.

Ergebnisse eines funktionierenden JIT-Systems

- Die Flexibilität der Unternehmung wird verbessert: raschere Einstellung auf den Kundenbedarf, verbesserte Leistungsfähigkeit am Markt, bessere Termintreue, besserer Lieferservice.
- Das Risiko nicht absetzbarer Produktbestände sinkt.
- Die Durchlaufzeiten werden verkürzt, daher wird weniger Kapital gebunden.
- Lager- und Transportkosten werden eingespart.

Arbeitsaufträge

1. Der Wandel von Verkäufermärkten zu Käufermärkten verlangte immer mehr den Einsatz einer wirksamen Logistik.
   Welche konkreten Gründe sprechen unter Berücksichtigung des Wandels vom Verkäufer- zum Käufermarkt für ein Logistiksystem?
2. Unternehmen müssen immer neue Wege der Kostenersparnis finden. So berichtet die Zeitschrift „Der Spediteur", dass eine asiatische Firma überlegt, ob sie den Montagevorgang aus der Produktion in das zum Transport bestimmte Schiff verlegen soll. Dies wäre eine kreative Umsetzung des Just-in-Time-Gedankens.
   a) Was versteht man unter Just-in-Time und welche Ziele hat es?
   b) Inwiefern kommt der Just-in-Time-Gedanke in dem obigen Text zum Ausdruck?
   c) Welche Voraussetzungen müssen für die Einführung des Logistiksystems Just-in-Time gegeben sein?
3. Ein funktionierendes Just-in-Time-System wirkt sich positiv auf die Produktivität und die Kostensituation einer Unternehmung aus. Beispielhaft dafür ist die Zusammenarbeit zwischen der Flugzeugbau AG Hamburg und der Spedition Hauer.
   In der Nähe Hamburgs liegt das von Hauer errichtete zentrale Auslieferungslager, in dem alle für die Flugzeugbau AG Hamburg benötigten Teile lagern.
   Für Sendungen von Zulieferern wird bei der Anlieferung im zentralen Auslieferungslager ein Warenbegleitschein ausgestellt. Dieser gibt in Form eines Strichcodes Warenart und Lagerplatz an. Die Spedition Hauer prüft die Menge. Prüffachleute der Flugzeugbau AG prüfen die Qualität der angelieferten Waren.
   Abgerufen werden die Teile per Computer von den anfordernden Stellen über eine Standleitung zu Hauer. Der Computer bei Hauer stellt dann die Lieferung zusammen und sorgt auch für die entsprechenden Transportmöglichkeiten. Per LKW werden die benötigten Teile zur Flugzeugbau AG gebracht und kommen sofort in die Produktion.
   Welche Vorteile ergeben sich
   a) für die Flugzeugbau AG Hamburg,
   b) für die Spedition Hauer,
   c) allgemein aus der Anwendung von Just in Time?
4. Bei den großen Automobilherstellern werden die Rohstoffe für die Produktion in den frühen Morgenstunden angeliefert und am gleichen Tag verarbeitet. Es werden vielfach nur eiserne Bestände als Lagerreserve gehalten.
   Für eine Tagesproduktion von 1000 PKW werden 5000 Reifen benötigt. Im Hochlager können 40 Reifen übereinander gelagert werden. Für einen Stapel werden einschließlich Verkehrsraum 1,5 m² benötigt. Bei einer Lagerhaltung für 5 Tage und Kosten von 100,00 EUR pro Quadratmeter und pro Monat errechnen sich die Lagerkosten wie folgt:

Anzahl der Reifen	5000 · ? Tage	= ? Reifen
Anzahl der Stapel	? : 4	= ? Stapel
Flächenbedarf	? · 1,5 m²	= ? m²
Lagerkosten	? m² · ? EUR · ? Monate =	? EUR

Wird nur ein Sicherheitslager für einen Tag eingerichtet und werden Lagerraum und Einrichtungen entsprechend verkleinert, so sinken die Lagerkosten auf ? EUR.
Berechnen Sie die fehlenden Zahlen in diesem Beispiel und stellen Sie fest, ob Just in Time wirklich zur Einsparung von Lagerkosten führt.

5. **Just in Time hat nicht nur Vorteile, sondern es weist auch Probleme auf. So hört man immer wieder folgende Aussagen:**

   (1) **Just in Time beseitigt die Lagerung nicht, es „verlagert" sie nur.**

   (2) **Just in Time führt zu Nachteilen für Verkehr und Umwelt.**

   (3) **Just in Time zwingt die Zulieferer zu Standortverlagerungen, oft in unmittelbarer Nachbarschaft zu ihrem Kunden.**

   (4) **Just in Time bewirkt große Abhängigkeiten.**

   (5) **Just in Time schafft „Hoflieferanten" und verringert den Preiswettbewerb.**

   Nehmen Sie Stellung zu diesen Aussagen.

2.3.5 Preisplanung

Material und Handelsware sollen möglichst preisgünstig eingekauft werden. Deshalb gilt:

- **Den günstigsten Einkaufszeitpunkt suchen! (Viele Preise sinken und steigen im Zeitablauf.)**

- **Optimale Bestellmengen kaufen! (Man erzielt Rabatte, spart Transport-, Verpackungs-, Bestell- und Lagerkosten.)**

- **Skonto ausnutzen! (Skonto ist ein Preisnachlass für vorzeitige Zahlung.)**

- **Auf günstige Konditionen (Liefer- und Zahlungsbedingungen) achten!**

Günstige Preise und Konditionen sind oft eine Machtfrage. Auf dem Verkäufermarkt ist der Verkäufer stark, auf dem Käufermarkt der Käufer.

Verkäufermarkt	Ausgeglichener Markt	Käufermarkt
Große Marktmacht haben v.a. Alleinanbieter. Sie können weitgehend ihre Preise und Konditionen durchsetzen. Auch wenn die Nachfrage das Angebot übersteigt, ist der Verkäufer stärker als der Käufer.	Anbieter und Nachfrager können auch in einer machtgleichen Position sein. Dann handeln sie die Preise aus. Jeder versucht gute Argumente vorzubringen, um seine Vorstellungen durchzusetzen.	Der Käufer ist stark als Großabnehmer und Alleinnachfrager und ganz allgemein auch, wenn das Angebot die Nachfrage übersteigt. Er hat dann die Auswahl, kann den preisgünstigsten Verkäufer auswählen.

Allerdings ist es nicht in jedem Fall ratsam, wegen kurzfristiger Preisvorteile den Lieferer zu wechseln. Dies gilt insbesondere bei langfristigen Beziehungen mit zuverlässigen Lieferern. Zu festen, vertraglich abgesicherten Beziehungen kommt es heute bekanntlich häufig aus Gründen der Qualitätssicherung[1]. Der Preis wird in solchen Fällen genau ausgehandelt und verbindlich vereinbart.

Meist plant man den Verkaufspreis schon bei der Produktentwicklung und -konstruktion. Damit er nicht überschritten wird, werden auch für die Materialien Preisobergrenzen festgelegt. Der Einkauf ist daran gebunden und versucht die gewünschten Preise bei den Lieferern durchzusetzen. Insbesondere A-Materialien erfordern eine möglichst exakte Preisplanung. Wenn möglich, versucht man durch Preisstrukturanalysen die Preiskalkulation[2] (Preisberechnung) des Lieferers nachzuvollziehen und festzustellen, ob Preissenkungsspielräume bestehen.

---

[1] Vgl. S. 187 ff.   [2] Vgl. S. 441

Der für den Einkauf maßgebliche Preis ist der Einstandspreis. Er wird durch eine Einkaufskalkulation ermittelt.

Beispiel:

①	**Listeneinkaufspreis**	100 %			4176,00 EUR
②	– Liefererrabatte	25 %			– 1044,00 EUR
③	= **Zieleinkaufspreis**	75 %	100 %		= 3132,00 EUR
④	– Liefererskonto		3 %		– 93,96 EUR
⑤	+ Einkaufskosten		2 %		+ 62,64 EUR
⑥	= **Bareinkaufspreis**		99 %		= 3100,68 EUR
⑦	+ Bezugskosten				+ 365,00 EUR
⑧	= **Einstandspreis**				= 3465,68 EUR

Nach diesem Kalkulationsschema erfolgt die Einkaufskalkulation.

Erläuterungen

① **Listeneinkaufspreis** = Preis laut Katalog oder Preisliste des Lieferers

② **Preisvorschläge**, z. B. einen Mengenrabatt bei Bezug größerer Mengen

③ Zahlbar innerhalb eines vereinbarten **Zahlungsziels** (Zahlungsfrist)

④ **Barzahlungsrabatt** für vorzeitige Zahlung (meist binnen 10 Tagen)

⑤ Vom Zieleinkaufspreis berechnete **Provision** für einen vom Käufer mit dem Einkauf beauftragten Einkaufskommissionär oder Makler. Es bleibt der...

⑥ ... **Bareinkaufspreis**.

⑦ Mangels anders lautender Vereinbarungen mit dem Verkäufer muss der Käufer alle Kosten der Abnahme tragen (BGB § 448). In der Kalkulation nennt man sie **Bezugskosten**. Sie umfassen v. a. Verpackungs-, Umschlags- und Transportkosten (einschl. Transportversicherung) sowie – beim Einkauf im Ausland – die Eingangsabgaben (Zoll, Verbrauchsteuern, Einfuhrumsatzsteuer).

⑧ Der **Einstandspreis (Bezugspreis)** enthält alle Kosten, die das Material/die Ware bis zum Eingang im Betrieb verursacht hat.

Arbeitsaufträge

1. **Listenpreis des Lieferers 225,00 EUR;**
   Rabattstaffel: 10 Stück 10 % Rabatt, 20 Stück 15 % Rabatt, 50 Stück 20 % Rabatt
   Lieferung frei Bestimmungsbahnhof[1] einschließlich Verpackung, Zahlung binnen 30 Tagen netto oder binnen 10 Tagen mit 3 % Skonto.
   Wie viel EUR beträgt der Einstandspreis pro Stück bei einer Bestellung
   – von   5 Stück (20,00 EUR Hausfracht),   – von 20 Stück (60,00 EUR Hausfracht),
   – von 10 Stück (36,00 EUR Hausfracht),   – von 50 Stück (100,00 EUR Hausfracht)?

2. **Ein Industriebetrieb erhält von einem seiner Lieferer, von dem er – über das Jahr verteilt – etwa 1000 Stück eines Teiles in 5 Teillieferungen bezieht, folgende Mitteilung:**
   – Die Listenpreise werden ab 1. Juni um 5% erhöht.
   – Bei Abnahmemengen ab 100 Stück wird der Rabatt von 10% auf 13% erhöht.
   a) Wie viel Prozent beträgt die tatsächliche Preissteigerung für den Käufer?
   b) Begründen Sie, ob im vorliegenden Fall ein Käufermarkt oder ein Verkäufermarkt vorliegt.
   c) Das Einkaufsteil wird für die Fertigung eines Niedrigpreisproduktes benötigt, dessen Absatzpreis äußerst scharf kalkuliert ist und wegen starker Konkurrenz keine Erhöhung erlaubt. Nennen Sie möglichst viele Maßnahmen, die der Kunde ergreifen könnte, um der Preiserhöhung zu entgehen.

---

[1] Der Lieferer übernimmt die Transportkosten bis zum Bestimmungsbahnhof.

3. Ein Lieferer hat sein Produkt bisher zu einem Stückpreis von 125,00 EUR angeboten. Er teilt einem Kunden mit, dass er aufgrund gestiegener Kosten vom folgenden Monat an 150,00 EUR berechnen muss, und führt Lohnerhöhungen von 8 % sowie Materialpreissteigerungen von 12 % an.

Dem Kunden liegt eine veröffentlichte Gewinn- und Verlustrechnung des Lieferers vor, der er folgende Daten entnimmt:

Umsatzerlöse 80000 EUR, Materialaufwand 50000 EUR, Personalaufwand 20000 EUR, sonstiger Aufwand 30000 EUR.

a) Wie viel Prozent beträgt die geforderte Preiserhöhung?

b) Ermitteln Sie den prozentualen Anteil von

■ Materialaufwand,

■ Personalaufwand

am Gesamtaufwand des Lieferers.

c) Überprüfen Sie, ob die Lohn- und Materialpreiserhöhungen eine Absatzpreiserhöhung im angeführten Ausmaß rechtfertigen.

2.3.6 Bezugsquellenplanung

Für die Bezugsquellenplanung empfiehlt es sich, in drei Schritten vorzugehen:
Auswahl des Materials → Lieferantenauswahlstrategie → Bezugsquellenermittlung.

Lieferantenauswahlstrategien

Der Lebensmittelhersteller Mars hatte mehr als 600 Lieferanten. 50 % aller Bestellungen entfielen auf 3 % der Lieferanten, die restlichen 50 % auf 97 % der Lieferanten. Bei Letzteren war das Verhältnis von Bestellwert und Bestellaufwand absolut unwirtschaftlich. Die Folgen:
■ zu hoher Zeitaufwand im Einkauf,
■ zu viel Arbeit in der Rechnungsprüfung,
■ zu hohe Prozesskosten im gesamten Wertschöpfungsprozess Einkauf.
Eine Untersuchung ergab: Die Firma kaufte geringwertige Artikel bei zu vielen Lieferanten, die Disposition war schlecht geregelt. Häufig waren nicht einmal Artikel zu Warengruppen zusammengefasst. Daraufhin wurde ein neues Konzept erarbeitet: Jetzt sind nur noch 10 Lieferer tätig, jeder für eine Warengruppe. Sie führen Bestandsführung und Bestellung selbst durch. Die Kosten in Einkauf, Logistik und Qualitätskontrolle sind enorm gesenkt. Zum Beispiel wird nur ein Mitarbeiter für das Überprüfen von Lieferungen und Rechnungen benötigt.
Quelle: www.alfons-gehlen.de/single.htm

■ **Einquellenbeschaffung – Single-Sourcing**

Um die Beschaffungskosten zu reduzieren, wird ein Objekt/eine Objektgruppe vielfach bei ausschließlich **einem** leistungsfähigen Lieferer gekauft. Die Zusammenarbeit kann auf weitere Bereiche ausgedehnt werden, z. B. auf Forschung und Entwicklung, Qualitätssicherung, Disposition. Vertrauen und Offenheit zwischen Lieferer und Kunde sind von größter Bedeutung.

■ **Modulare Beschaffung – Modular Sourcing**

Hier erfolgt die Komplettvergabe von Modulen an einen Zulieferer.
Diese Strategie kann v.a. bei technisch komplexen Produkten (z. B. Autos) gewählt werden. Das Know-how des Zulieferers wird optimal genutzt. Die Entwicklung geht

in Richtung Systemlieferant, der im Zuliefererpark auf dem Gelände des Autoherstellers angesiedelt ist[1] und just in time oder just in sequence (völlig fertigungssynchron) anliefert und sogar selbst die Module montiert.

> *Module sind austauschbare, komplexe Teile eines Produkts, die eine geschlossene Funktionseinheit bilden.*

■ Globale Beschaffung – Global Sourcing

Das Internet macht sie möglich: die weltweite Suche nach Lieferanten, die globale Beschaffung. Die Gründe sind meist: Kostenreduktion aufgrund niedrigerer Lohnkosten im Ausland und/oder nationale Lieferengpässe. Die mit Global Sourcing verbundenen Probleme sind ohne nähere Erläuterung einleuchtend: erhöhtes Qualitätsrisiko (besonders bei technologischen Produkten), erhöhtes Ausfallrisiko, erhöhtes logistisches Risiko, Währungsrisiko.

■ Verbundbeschaffung

Bei der Verbundbeschaffung gehen mehrere Hersteller vertraglich eine Einkaufskooperation[2] ein. Durch die Zusammenlegung ihrer Einkaufsvolumen erlangen sie mehr Marktmacht, Preiszugeständnisse und günstigere Einkaufskonditionen (Einkaufsbedingungen).

Prozesse der Bezugsquellenermittlung

Ein Einkaufssachbearbeiter der Vidosonal AG erhält von einer Bedarfsstelle – Lager, Arbeitsvorbereitung, Betriebsbüro usw. – eine Bestellanforderung über 10 000 m Kabel NYM 3 x 1,5. Liefertermin: 3 Wochen.

Der Einkauf muss geeignete und günstige Lieferer ermitteln. Dabei zeigt sich in der Praxis oft: Wenn der Bedarf feststeht, ist nicht mehr genügend Zeit, um gründliche Untersuchungen über mögliche Lieferquellen anzustellen. Deshalb sollte der Einkauf zumindest für die wichtigsten Beschaffungsgüter systematische Marktuntersuchungen durchführen (Beschaffungsmarktforschung). Diese Güter können durch eine ABC-Analyse ermittelt werden.

> *Der Rang des Gutes richte sich bei dieser ABC-Analyse nach dem Jahreseinkaufswert.*

---

[1] Vgl. S. 69 und S. 239.
[2] Kooperation ist jede freiwillige, vertraglich geregelte Zusammenarbeit zwischen Unternehmen.

Für die **Bezugsquellenermittlung** greift man auf die **internen und externen Informationsquellen** zurück, die auch bei der Beschaffungsmarktforschung ganz allgemein verwendet werden.

Beispiel: Ermittlung von Bezugsquellen für Kabel NYM 3 x 1,5

Zunächst nimmt man als **interne Informationsquelle** die **Liefererdatenbank** zu Hilfe. Sie ist grundsätzlich nach Lieferern geordnet und enthält deren Angebotssortiment und Konditionen. Man kann auf die gespeicherten Daten entweder nach dem Merkmal Material oder nach dem Merkmal Lieferer zugreifen.

Zugriff nach dem Merkmal *Material*:

Nach Eingabe des Materialnamens oder der Materialnummer werden alle gespeicherten Lieferer dieses Materials angezeigt.

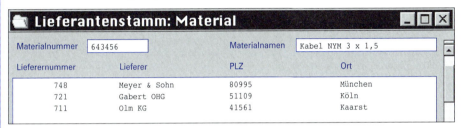

Lieferantenstamm: Material			
Materialnummer	643456	Materialnamen	Kabel NYM 3 x 1,5
Lieferernummer	Lieferer	PLZ	Ort
748	Meyer & Sohn	80995	München
721	Gabert OHG	51109	Köln
711	Olm KG	41561	Kaarst

Zugriff nach dem Merkmal *Lieferer*:

Nach Eingabe des Lieferernamens oder der Lieferernummer werden alle gespeicherten Artikel des Lieferers angezeigt.

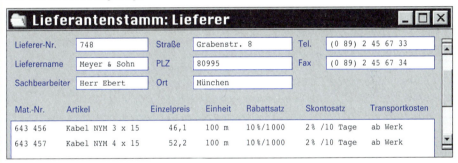

Lieferantenstamm: Lieferer

Lieferer-Nr.	748	Straße	Grabenstr. 8	Tel.	(0 89) 2 45 67 33
Lieferername	Meyer & Sohn	PLZ	80995	Fax	(0 89) 2 45 67 34
Sachbearbeiter	Herr Ebert	Ort	München		

Mat.-Nr.	Artikel	Einzelpreis	Einheit	Rabattsatz	Skontosatz	Transportkosten
643 456	Kabel NYM 3 x 15	46,1	100 m	10%/1000	2% /10 Tage	ab Werk
643 457	Kabel NYM 4 x 15	52,2	100 m	10%/1000	2% /10 Tage	ab Werk

Sind keine Informationen über mögliche Lieferer gespeichert, greift man auf *externe Informationsquellen* zurück. Dazu gehören v. a.:

- Branchenadressbücher wie
  „Das Deutsche Firmen-Alphabet",
  „ABC der Deutschen Wirtschaft",
  „Wer liefert was?",
  „Einkaufs-1x1 der Deutschen Industrie",
  „Gelbe Seiten" (Branchentelefonbuch),
- Datenbanksysteme der IHKs,
- Recherchensysteme (mit Suchmaschinen) im Internet

Durch Anfragen bei den Lieferern erhält man genauere Kenntnisse über die lieferbaren Materialien und über die Leistungsfähigkeit der Lieferer. Die erzielten Daten werden in die Liefererdatenbank aufgenommen.

Aus den „Gelben Seiten"

Kabel

● **Grevenbroich (0 21 81x)**
kabeltechnik-dietz-GmbH JosefThienen-43
. . . . (Ka) 12 96
● **Kaarst (0 21 31x)**
Rump-Folien GmbH Industrie-11 . . . 60 50 39
● **Meerbusch (0 21 32)**
Doelle EmmericherWeg 17 . . . (Os) 52 82 66
TLM Terboven Transfer-Leitungs-Montagen
GmbH Moerser-37b 1 00 14
● **Neuss (0 21 31x)**
Ernst + Engbring Kabelvertriebs GmbH
ImTaubental 9 . . . . 3 30 31
Höhn Kabel GmbH Normannen-6 . 9 15-0
MPO
Elektrik GmbH
Büttger Str. 48
41460 Neuss 27 60 01
Telefax (0 21 31) 27 89 34
Siemens AG Forum-12 . . . . . . 3 19-0
● **Rommerskirchen (0 21 83)**
S+S SPEZIALKABEL GmbH ZumStadion 12

1. **Ein Einkaufssachbearbeiter erhält von der Arbeitsvorbereitung eine Bestellanforderung betreffend Experimentiertrafos, Leistung 24 Watt VA, Spannungen 4, 6, 10, 14, 16, 20 Volt, für Wechselstrom, maximal 6 Amp., Lieferzeit 4 Wochen.**
Wie wird der Einkaufssachbearbeiter vorgehen, um geeignete Lieferer zu finden?

2. **Ein Einkaufssachbearbeiter der Motoren- und Getriebebau GmbH (MGG) sucht neue Lieferer für Präzisionsschrauben. Er schlägt in Branchenadressbüchern nach, z. B. in „Wer liefert was?" Dieses Verzeichnis enthält mehr als 105000 Lieferer und ihre Produkte/Leistungen. Es liegt in Buchform und auf CD vor und kann auch im Internet abgerufen werden (www.wlw-online.de).**
Suchen Sie mögliche Lieferer für Präzisionsschrauben mit Hilfe der genannten Quelle oder eines anderen Branchenadressbuches, das in Ihrem Ausbildungsbetrieb verfügbar ist, und referieren Sie über Ihr Vorgehen.

3. **Der Rohstoffeinkauf der Müller Textil GmbH kauft seine Baumwolle ausschließlich beim Bremer Kontor Menrad AG ein (Einquellenversorgung oder Single-Sourcing). Der Einkaufsleiter überlegt nun, die benötigte Baumwolle weltweit einzukaufen (Global-Sourcing).**
Diskutieren Sie die beiden Einkaufsmöglichkeiten in Form einer Debatte. (Debatte: Moderator; zwei Gruppen, die debattieren; Redner jeder Seite tragen Standpunkte vor; anschließend argumentative Auseinandersetzung mit den Standpunkten der Gegenseite)

2.4 Einkaufsprozesse

2.4.1 Kauf ohne vorheriges Angebot

Der Einkauf läuft in folgenden Schritten ab:

■ Der anfordernde Mitarbeiter erstellt eine **Bestellanforderung**[1].

*Wir nennen die **Bestellanforderung** im Betrieb kurz und bündig „BANF".*

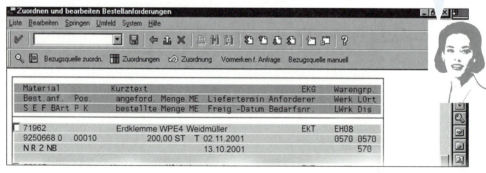

■ Die BANF erscheint auf dem Computer des Einkaufssachbearbeiters in einer BANF-Liste oder wird vom Einkäufer in den Computer eingegeben. Sie enthält alle benötigten Informationen über das zu bestellende Produkt, unter Umständen auch den Wunschlieferanten. Der Computer prüft die Richtigkeit der eingegebenen Daten, meldet Fehler und erlaubt die Korrektur der Eingabe.

---

[1] Die Abbildungen sind dem System R/3 der Firma SAP entnommen.

■ Der Einkäufer prüft die BANF. Er kann sie akzeptieren oder abändern (z. B. Menge, Termin). Dabei spielen Lieferfristen, Mindestbestellmengen, Rabatte und Sonderkonditionen eine Rolle. Dann beantragt er per Mausklick die Freigabe der BANF beim Vorgesetzten. Nach der Freigabe ruft er eine Liste mit Lieferantenvorschlägen ab und wählt den gewünschten Lieferanten aus. (Er hat jederzeit direkten Zugriff auf alle relevanten Daten, z. B. Materialstammdaten und Liefererdaten.)

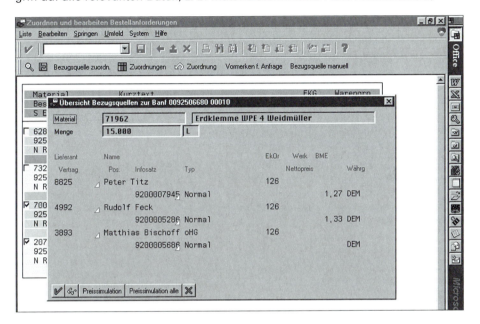

■ Die Einkaufssoftware erstellt automatisch eine Liste aller Artikel, die bei dem ausgewählten Lieferanten bestellt werden. Der Einkäufer wählt per Mausklick endgültig die zu bestellenden Artikel aus und speichert die Bestelldaten ab. Das System druckt die versandfertigen Bestellungen aus. Die Bestellung wird dem Empfänger per Brief, Telefax oder E-Mail zugesandt.

Der langsame und teure Brief wird immer mehr durch Telefax (Fernkopie) und E-Mail (elektronische Post) verdrängt. Beide können per Computer erstellt und übermittelt werden. Für den E-Mail-Versand müssen die Computer von Absender und Empfänger Zugang zum Internet haben.

Briefe müssen ausgedruckt, kuvertiert, frankiert, gesammelt und eigens zur Post gebracht werden!

Beispiel: Bestellung der Vidosonal AG

2001-10-23

Bestellung

Sehr geehrte Damen und Herren,

wir bestellen zur sofortigen Lieferung frei Haus einschließlich Verpackung an die auf der Rückseite angegebene Versandanschrift:

200 Stück Erdklemme WPE4 Weidmüller.

Preis 1,60 EUR je Stück, zahlbar binnen 30 Tagen netto Kasse oder binnen 10 Tagen mit 3% Skonto.

- Zum Zweck der Terminüberwachung speichert das System die Daten in eine Lieferantenauftragsdatenbank.

- Bei **Bestellungsannahme** durch den Lieferer gibt der Einkaufssachbearbeiter mit der Bestellnummer die bestätigte Menge und den bestätigten Termin ein. Die Lieferantenauftragsbank wird korrigiert.

- Das System erfasst die ausgehenden Bestellungen in der Materialdatenbank als „**ausstehende Bestellungen**". Damit können sie für die Lagerbestandsführung und -überwachung weiterverwendet werden[1].

- Die **Terminüberwachung** erfolgt automatisch: Die fälligen Lieferungen werden täglich auf dem Bildschirm des Einkäufers angezeigt und ausgedruckt. Geht eine bestellte Sendung nicht pünktlich ein, so kann noch am selben Tag eine Mahnung[2] ausgedruckt werden. Auch dies geschieht teilweise automatisch.

- Oft kündigt eine **Versandanzeige** des Lieferanten die Lieferung an. Größere Betriebe verfügen über eine Abteilung **Warenannahme** oder **Materialannahme**. Dort prüft man in Gegenwart des Überbringers Anschrift, Absender, Anzahl, Gewicht und Verpackung der Packstücke. Der Empfang der Sendung wird auf den Warenbegleitpapieren (z. B. Lieferschein, Frachtbrief) quittiert. Vom

Die sofortige äußere Prüfung ist wichtig!	
	Sie klärt sofort:
Anschrift:	Ist die Sendung für uns?
Absender:	Haben wir dort bestellt?
Verpackung:	Liegen äußere Schäden vor? Lassen sie evtl. auf Warenschäden schließen?
Anzahl, Gewicht:	Wird geliefert, was die Begleitpapiere behaupten?

Überbringer lässt man sich festgestellte Mängel (z. B. Verpackungsschäden) schriftlich bestätigen. Eine Kopie der Begleitpapiere verbleibt bei der Warenannahme.

- In einem **Materialeingangsschein** werden Material und Lieferer genau bezeichnet. Der Einkauf erhält eine Ausfertigung. Er kann nun feststellen, ob Material/Ware und Bestellung übereinstimmen (Vergleich von Materialeingangsschein und Bestellung).

- Grundsätzlich ist unverzüglich eine **Material-/ Warenprüfung** vorzunehmen[3]:
  - Je nach Art des Gutes wird gemessen, gezählt, gewogen;
  - Art, Beschaffenheit, Aufmachung und Qualität werden untersucht und ggf. mit Proben und Mustern sowie mit den Angaben in Angebot, Bestellung, Bestellungsannahme, Versandanzeige, Rechnung und in den Warenbegleitpapieren verglichen.
  - Bei größeren Mengen werden zumindest Stichproben entnommen.
  - **Mängel** werden unverzüglich gerügt.
  - Einwandfreie Güter werden ins Lager eingeordnet.

Unverzüglich bedeutet nicht sofort, sondern: ohne schuldhafte Verzögerung; also so, wie bei ordentlicher Organisation zügig zu verfahren ist. Zuerst eingegangene Güter sind z. B. auch zuerst zu prüfen.

---

[1] Vgl. S. 303
[2] Vgl. S. 281 f.
[3] Vgl. S. 287

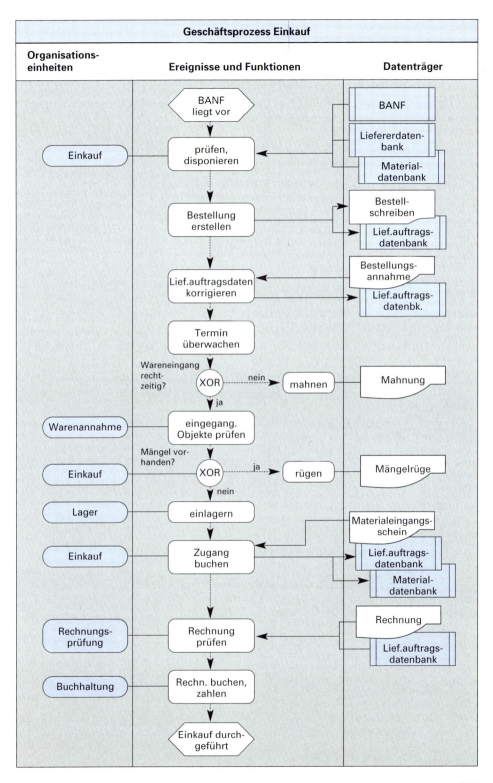

Geschäftsprozess Einkauf

Organisations-einheiten	Ereignisse und Funktionen	Datenträger

BANF liegt vor

BANF

Einkauf — prüfen, disponieren

Liefererdaten-bank

Material-datenbank

Bestellung erstellen

Bestell-schreiben

Lief.auftrags-datenbank

Lief.auftragsdaten korrigieren

Bestellungs-annahme

Lief.auftrags-datenbk.

Termin überwachen

Wareneingang recht-zeitig? — XOR — nein — mahnen — Mahnung

ja

Warenannahme — eingegang. Objekte prüfen

Mängel vor-handen? — XOR — ja — rügen — Mängelrüge

Einkauf

nein

Lager — einlagern

Materialeingangs-schein

Einkauf — Zugang buchen

Lief.auftrags-datenbank

Material-datenbank

Rechnungs-prüfung — Rechnung prüfen

Rechnung

Lief.auftrags-datenbank

Buchhaltung — Rechn. buchen, zahlen

Einkauf durch-geführt

- Den Eingang der Güter bucht man mengenmäßig in der Materialdatenbank (beim Festplatzsystem[1] auch auf Lagerfachkasten).
- Die eingehende Lieferantenrechnung erhält einen Eingangsstempel und gelangt in die Rechnungsprüfung. Dort erfolgt eine
  - **sachliche Prüfung** (Vergleich mit der Bestel-
    lung),
  - **rechnerische Prüfung** (Einzel- und Gesamtpreis,
    Rabatt, Fracht- und Verpackungskosten).
  Danach bucht man sie als Verbindlichkeit. Sie
  wird rechtzeitig zur Zahlung angewiesen und am
  Fälligkeitstermin bezahlt.

Materialprüfung ist teuer:
Sie verlangt den Einsatz von
Personal und Prüfgeräten und
kostet Zeit. Ein gutes Qualitätsmanagement erfordert heute
oft, dass der Betrieb mit seinen
Lieferern dauerhafte vertragliche Bindungen eingeht und
mit ihnen gemeinsam optimale Maßnahmen zur Sicherung
der Produkt- und Lieferqualität
entwickelt. Eine Qualitätsprüfung beim Material-/Wareinein-
gang kann dann entfallen.
(Vergleichen Sie hierzu Arbeitsauftrag 5 auf Seite 191.)

2.4.2 Kauf nach Einholung von Angeboten

Anfragen

Sind keine Lieferer in der Datenbank erfasst, so werden Lieferer über externe Informationsquellen ermittelt. Dann bittet man per Anfrage um die Abgabe von Angeboten.

Mögliche Zwecke einer Anfrage		
Ermittlung der günstigsten Bezugsmöglichkeit für einen vorliegenden Bedarfsfall	allgemeine Überprüfung der Bezugsmöglichkeiten als Teil der Beschaffungs-marktforschung	Anstellung eines Vergleichs mit bisher eingeschalteten Lieferern

Anfragen sind völlig unverbindlich. Sie verpflichten den Anfragenden zu nichts. Deshalb erfolgen sie – zumindest bei problemlosen Materialien – oft telefonisch. Dies
geht schnell und Probleme lassen sich ggf. sofort besprechen. Kommt es auf Präzision und Vermeidung von Missverständnissen an, wählt man die Schriftform.

Die **Zahl der Anfragen** – i.d.R. mindestens drei – richtet sich nach dem voraussichtlichen Wert der Bestellung. Ausnahmen bilden
- Materialien, die nur anhand von Preislisten mit gegebenen Rabatten beziehbar
  sind,
- Kleinaufträge,
- eiliger Bedarf,
- Material, das von weniger als drei zuverlässigen Lieferern angeboten wird.

Die Angebote sind kostenfrei und unter Setzung einer angemessenen Frist zu erbit-
ten. Ihre Überwachung wird durch Eingabe in die Liefererdatenbank ermöglicht.

---

[1] Vgl. S. 299

Beispiel: Anfrage

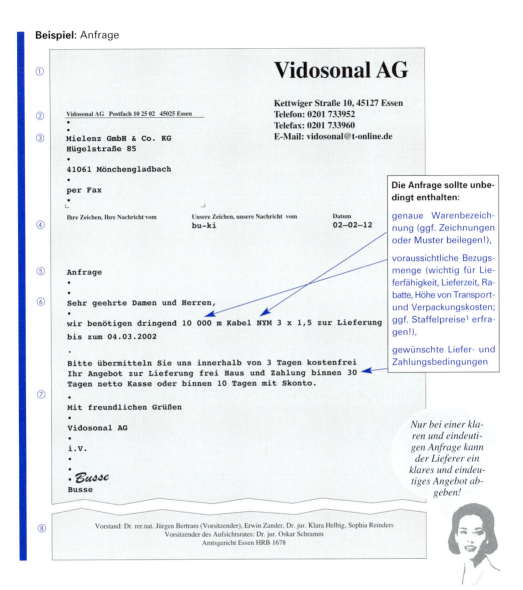

①

Vidosonal AG

Kettwiger Straße 10, 45127 Essen
Telefon: 0201 733952
Telefax: 0201 733960
E-Mail: vidosonal@t-online.de

② Vidosonal AG   Postfach 10 25 02   45025 Essen

③ **Mielenz GmbH & Co. KG**
Hügelstraße 85

41061 Mönchengladbach

per Fax

Ihre Zeichen, Ihre Nachricht vom	Unsere Zeichen, unsere Nachricht vom	Datum
④ | | **bu-ki** | **02—02—12** |

⑤ **Anfrage**

⑥ **Sehr geehrte Damen und Herren,**

wir benötigen dringend 10 000 m Kabel NYM 3 x 1,5 zur Lieferung
bis zum 04.03.2002

Bitte übermitteln Sie uns innerhalb von 3 Tagen kostenfrei
Ihr Angebot zur Lieferung frei Haus und Zahlung binnen 30
Tagen netto Kasse oder binnen 10 Tagen mit Skonto.

⑦ **Mit freundlichen Grüßen**

Vidosonal AG

i.V.

Busse
Busse

⑧ Vorstand: Dr. rer.nat. Jürgen Bertram (Vorsitzender), Erwin Zander, Dr. jur. Klara Helbig, Sophia Reinders
Vorsitzender des Aufsichtsrates: Dr. jur. Oskar Schramm
Amtsgericht Essen HRB 1678

> **Die Anfrage sollte unbedingt enthalten:**
>
> genaue Warenbezeichnung (ggf. Zeichnungen oder Muster beilegen!),
>
> voraussichtliche Bezugsmenge (wichtig für Lieferfähigkeit, Lieferzeit, Rabatte, Höhe von Transport- und Verpackungskosten; ggf. Staffelpreise[1] erfragen!),
>
> gewünschte Liefer- und Zahlungsbedingungen

Nur bei einer klaren und eindeutigen Anfrage kann der Lieferer ein klares und eindeutiges Angebot abgeben!

Eine besondere Form der Anfrage ist die **Ausschreibung**. Dabei beschreibt der nachfragende Betrieb seinen Bedarf in allen Einzelheiten und bittet öffentlich um Angebote (z. B. in Zeitungen oder im Internet).

Angebote

Die eingehenden Angebote binden die jeweiligen Anbieter, wenn sie nicht ausdrücklich „unverbindlich" abgegeben werden. Das bedeutet: Der Anbieter ist verpflichtet, bei ordnungsgemäßer Bestellung die im Angebot genannte Ware zu den aufgeführten Bedingungen zu liefern. Deshalb legt er in der Praxis – besonders bei hohen Warenwerten – folgende Punkt oft bis in alle Einzelheiten fest:

---

[1] Siehe Sachwortverzeichnis: Preisstaffelung.

- Art, Beschaffenheit, Qualität der Ware,
- Warenmenge,
- Warenpreis und Preisnachlässe,
- Erfüllungsort,
- Gerichtsstand,
- Beförderungskosten,
- Verpackungskosten,

- Lieferzeit,
- Zahlungstermin,
- Eigentumsübergang,
- Regelung für Liefer-, Annahme- und Zahlungsstörungen sowie mangelhafte Lieferung.

Lieber vorher alles genau klären als hinterher streiten!

Beispiel: Angebot

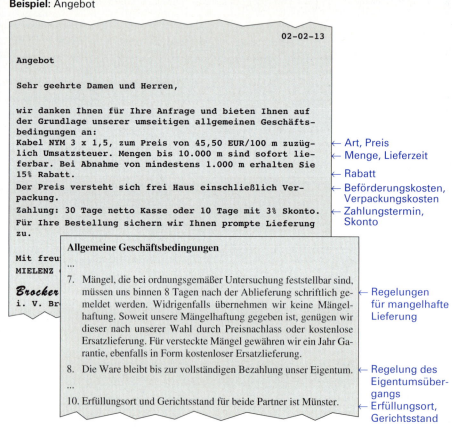

```
                                                    02-02-13


    Angebot


    Sehr geehrte Damen und Herren,


    wir danken Ihnen für Ihre Anfrage und bieten Ihnen auf
    der Grundlage unserer umseitigen allgemeinen Geschäfts-
    bedingungen an:
    Kabel NYM 3 x 1,5, zum Preis von 45,50 EUR/100 m zuzüg-
    lich Umsatzsteuer. Mengen bis 10.000 m sind sofort lie-
    ferbar. Bei Abnahme von mindestens 1.000 m erhalten Sie
    15% Rabatt.
    Der Preis versteht sich frei Haus einschließlich Ver-
    packung.
    Zahlung: 30 Tage netto Kasse oder 10 Tage mit 3% Skonto.
    Für Ihre Bestellung sichern wir Ihnen prompte Lieferung
    zu.

    Mit freu
    MIELENZ

    Brocker
    i. V. Br
```

← Art, Preis
← Menge, Lieferzeit
← Rabatt
← Beförderungskosten, Verpackungskosten
← Zahlungstermin, Skonto

Allgemeine Geschäftsbedingungen

...

7. Mängel, die bei ordnungsgemäßer Untersuchung feststellbar sind, müssen uns binnen 8 Tagen nach der Ablieferung schriftlich gemeldet werden. Widrigenfalls übernehmen wir keine Mängelhaftung. Soweit unsere Mängelhaftung gegeben ist, genügen wir dieser nach unserer Wahl durch Preisnachlass oder kostenlose Ersatzlieferung. Für versteckte Mängel gewähren wir ein Jahr Garantie, ebenfalls in Form kostenloser Ersatzlieferung.

← Regelungen für mangelhafte Lieferung

8. Die Ware bleibt bis zur vollständigen Bezahlung unser Eigentum.

← Regelung des Eigentumsübergangs

...

10. Erfüllungsort und Gerichtsstand für beide Partner ist Münster.

← Erfüllungsort, Gerichtsstand

Angebotsvergleich

Eingehende Angebote müssen verglichen werden, um das günstigste Angebot herauszufinden. Entscheidungskriterien beim Angebotsvergleich sind:

- Warenqualität
- Liefermenge
- Lieferzeit
- Zahlungsziel
- Einstandspreis

- Garantie
- Zuverlässigkeit des Lieferers: z. B. pünktliche Lieferung, konstante Qualität, Reklamationsverhalten, Servicequalität

- Kooperationsbereitschaft
- Warenrücknahme, Entsorgung
- Umweltfreundlichkeit

Vom Kunden als unerlässlich betrachtete Kriterien müssen erfüllt werden. Andernfalls scheidet der Anbieter von vornherein aus. Alle anderen Kriterien sind Zusatzkriterien. Um sie vergleichbar zu machen, versieht man sie gern mit einer Gewichtungszahl. Der Lieferer erhält Noten, die man mit der Gewichtungszahl multipliziert. Den Zuschlag erhält der Lieferer mit der höchsten gewichteten Notensumme. Wenn alle anderen Kriterien in gleichem Maß erfüllt werden oder vernachlässigt werden können, ist für den Zuschlag der Einstandspreis maßgebend.

Beispiel: Angebotsvergleich

Aufgrund der auf Seite 244 abgebildeten Bedarfsmeldung hat der Einkauf von drei Anbietern Angebote über Kabel NYM 3 x 1,5 eingeholt: von der Gabert OHG, der Mielenz GmbH & Co. KG und der Franz Weiler GmbH. Das Angebot der Gabert OHG scheidet aus, weil die Lieferzeit 6 Wochen beträgt. Das Angebot von Mielenz ist auf Seite 252 abgedruckt, das von Weiler lautet wie folgt:

```
Wir bieten Ihnen an:
Bezeichnung:          Kabel NYM 3 x 1,5
Preis:                44,20 EUR je 100 m
                      10% Rabatt für Längen ab 1000 m
Lieferungsbedingungen: Lieferung frei Haus 2 Wochen nach Bestellungseingang
                      Für die Verpackung berechnen wir 40,00 EUR
Zahlungsbedingungen:  30 Tage netto oder 10 Tage unter Abzug von 2% Skonto

Dieses Angebot erfolgt auf der Basis unserer umseitigen Allgemeinen Liefe-
rungsbedingungen.
```

Die AGB von Mielenz und Weiler stimmen inhaltlich überein; allerdings gibt Weiler für versteckte Mängel 2 Jahre Garantie.

Der Angebotsvergleich wird entsprechend dem folgenden Schema vorgenommen.

Angebotsvergleich						
Artikel: Kabel NYM 3 x 1,5 **Menge:** 10 000 m						
Lieferer Unterlage	Franz Weiler GmbH Angebot vom 16. Febr. 20..			Mielenz GmbH & Co. KG Angebot vom 16. Febr. 20..		
			EUR			EUR
Mindestabnahme Listenpreis Rabatt	—— 100 m 44,20 ab 1000 m 10%		4 420,00 442,00	—— 100 m 45,50 ab 1000 m 15%		4 555,00 682,50
Zieleinkaufspreis Skonto	10 Tg./2%		3 978,00 79,56	10 Tg./3%		3 867,50 116,03
Bareinkaufspreis Verpackungskosten Transportkosten			3 898,44 40,00			3 751,47 ——
Einstandspreis			3 938,44			3 751,47
Gewichtung		**Note**	**Wert**		**Note**	**Wert**
Einstandspreis 10 Qualität 10 Liefermenge 5	3 938,44 gleich keine Beschränkung	9 10	90 50	3 751,47 gleich keine Beschränkung	10 10	100 50
Lieferzeit 5 Zahlungsziel 2 Garantie 4 weitere qualitative Kriterien 3	2 Wochen 30 Tage 2 Jahre unbekannt	7 8 10	35 16 40	sofort 30 Tage 1 Jahr unbekannt	10 8 6	50 16 24
Summe			231			240

Der Einstandspreis bei Mielenz ist günstiger, aber auch die gewichtete Notensumme ist größer. Die Bestellung geht deshalb an Mielenz.

Der Text der Bestellung könnte z. B. dem Brief auf Seite 247 ähnlich sein.

Das weitere Vorgehen entspricht den Ausführungen auf Seite 247 bis Seite 250.

2.4.3 Prozesse beim Online-Einkauf

> Der Einkauf der Vidosonal AG hat bis vor einem halben Jahr alle Einkaufsgüter in traditioneller Form beschafft. Seitdem wickelt man einen Teil der Käufe im E-Commerce ab, dem „elektronischen Handel" im Internet: Die meisten C-Güter werden nun online eingekauft. Für A- und B-Güter bleibt es beim alten Verfahren.

Mit dem Internet hat das **E-Business** („elektronisches Geschäft") Einzug in die Betriebe gehalten. Dazu gehören **E-Commerce** (Handel) und **E-Procurement** (Einkauf) unter Einschaltung des Internets. Das Spektrum reicht von Online-Artikelinformation über Online-Artikelangebote bis zur vollständigen Abwicklung von Ein- und Verkauf.

Arten des E-Business sind:
E-Commerce (Ein- und Verkauf),
E-Procurement (Einkauf),
E-Payment (Zahlungsverkehr),
E-Logistic (Logistik),
E-Learning (Personalentwicklung),
E-Recruiting (Personalanwerbung)

Für das Angebot richtet der Verkäufer einen **Online-Shop** ein. Das ist ein virtueller (computersimulierter) Katalog, in dem die Artikel präsentiert und begutachtet und aus dem sie ausgewählt und online bestellt werden.

Grundlegende Elemente eines Online-Shops

Datenbank
Die Datenbank verwaltet alle Artikeldaten in Datensätzen. Ein Datensatz enthält z. B. Artikelnamen, Artikelnummer, Preis, Verfügbarkeit, Lieferungs- und Zahlungsbedingungen u.a.m.

Warenkorb
Der virtuelle Warenkorb hat die gleiche Aufgabe wie ein echter Warenkorb. Der Kunde kann Waren hineinlegen, wieder herausnehmen und mit dem Korb „zur Kasse gehen".

Zahlungssystem
Das Shop-System bietet i. d. R. mehrere Zahlungsmöglichkeiten an (vor allem Zahlung auf Rechnung, Zahlung per Nachnahme (d. h. Barzahlung an den Überbringer der Sendung), Zahlung per Kreditkarte. Günstig – aber von vielen Systemen nicht geboten – ist auch eine direkte Bonitätsprüfung[1].

Der Online-Einkauf wird für den Industriebetrieb interessant, wenn er zu Rationalisierungen und Kosteneinsparungen führt. Dies ist v.a. unter folgenden Voraussetzungen der Fall:

■ Mit dem Lieferer werden Rahmenlieferverträge geschlossen. Sie enthalten die Vertragsinhalte, auf deren Angabe man bei den laufenden Bestellungen verzichten kann.

---

[1] Bonität bezeichnet den Ruf, die Zahlungsfähigkeit und -willigkeit eines Kunden und begründet folglich seine Kreditwürdigkeit.

- Der Lieferer passt seinen Artikelkatalog den Anforderungen des Kunden an. Zielsetzung ist ein „Standardkatalog".
- Die Artikeldatenbank des Lieferers wird der Materialdatenbank des Kunden angepasst.
- Die Zahlung wird vereinfacht (z. B. monatliche Abrechnung und Zahlung; monatliche Auswertung von Reklamationen und Berücksichtigung bei der Zahlung).
- Die Budgetplaner legen für jeden Online-Einkaufssachbearbeiter zu Beginn des Jahres fest, welche Artikel er aus den Online-Katalogen bestellen oder wie viel Geld er pro Monat und im Jahr ausgeben darf.

Beispiel: Online-Einkauf

Bei der Vidosonal AG sind die C-Güter festgelegt, die online beschafft werden dürfen. Die oben angeführten Voraussetzungen sind erfüllt.

Der Einkaufssachbearbeiter bei Vidosonal öffnet per Mausklick am Computer den Online-Katalog des Büroartikelanbieters *büro-orga GmbH*. Auf dem Bildschirm erscheinen die Daten der angebotenen Artikel. Der gewünschte Artikel wird angeklickt; ggf. werden weitere notwendige Daten eingegeben. Ein Tastendruck - und schon ist die Bestellung online auf dem Weg zum Lieferer. Kein Vorgesetzter muss den Einkauf abzeichnen, kein Controller die Rechnung überprüfen. Ist der Artikel eingegangen, wird der Katalogpreis dem Lieferer am Monatsende gutgeschrieben (ggf. als Sammelgutschrift, wenn weitere Artikel eingekauft wurden).

Ergebnis: Die Bearbeitungsschritte beim Einkauf sind wesentlich reduziert.

Bearbeitungsschritte	
AB-Güter: traditioneller Einkauf	**C-Güter: Online-Einkauf**
Bedarfsfeststellung	Bedarfsfeststellung
Vorab-Marktsondierung	
Erstellen Bestellanforderung	Erstellen Bestellanforderung
Genehmigungsverfahren	Genehmigungsverfahren
Budgetkontrolle	
Freigabe der Bestellanforderung	
Angebotseinholung	
Angebotsvergleich	
Bestellschreiben	
Warenlieferung	Warenlieferung
Erstellen der Wareneingangsmeldung	Erstellen der Wareneingangsmeldung
Transport zum Besteller	Transport zum Besteller
Rechnungseingangsbuchung	
rechnerische Rechnungsprüfung	
preisliche Rechnungsprüfung	
technische Prüfung	
Zahlungsanweisung	Sammelanweisung

1. **Der Einkaufsprozess erfordert ggf. das Einholen von Angeboten.**
   Erstellen Sie ein Vorgangsketten-Diagramm für den Einkaufsprozess mit Einholung von Angeboten bis zur Bestellungserteilung.

2. **Die Qualität der gelieferten Materialien/Waren muss „stimmen".**
   a) Welche negativen Auswirkungen hat eine mangelhafte Materialqualität?

b) Erstellen Sie einen Bericht über die Material-/Warenprüfung anhand eines Beispiels aus Ihrem Ausbildungsbetrieb.

c) „Wenn wir mit unseren Lieferern gemeinsam Qualitätssicherungskonzepte entwickeln, so entstehen uns hohe Kosten. Aber die späteren Kostenvorteile sind viel größer. Letzten Endes haben wir beide – Lieferer und Abnehmer – Vorteile."

Erläutern Sie diese Aussage.

3. **Der Einkaufssachbearbeiter erhält eine Bedarfsmeldung über Rillenkugellager 16002 – DIN 625. Er findet in der Liefererdatenbank die folgenden Angaben:**

Rillenkugellager 16002 – DIN 625

Lieferer	Unterlagen	Preis EUR	je	Rabatt	Fracht- kosten	Ver- packung	Zahlungs- bedingun- gen	Liefer- zeit	Bemer- kungen
Krüger & Sohn, Mainz	Angebot 18. Okt. 20 ..	25,00	Stck.	100 Stck. 10%	frei Haus	einschl.	30 Tg. netto, 10 Tg. 2%	sofort	Garantie 2 Jahre
Rollkugel GmbH, Münster	Preisliste 01. Dez.- 20 ..	24,00	Stck.	200 Stck. 15%	ab Werk (98,00 EUR)	einschl.	60 Tg. netto, 8 Tg. 1%	sofort	Garantie 3 Jahre
Fritz Peters OHG, Frankfurt	Angebot 13. Jan. 20 ..	23,70	Stck.	200 Stck. 10%	ab Werk (96,00 EUR)	ausschl. (40,00 EUR)	30 Tg. netto, 10 Tg. 2%	sofort, ab 400 Stck. 14 Tg.	Garantie 4 Jahre

a) Entwerfen Sie ein geeignetes Formular für einen Angebotsvergleich der drei Lieferer und führen Sie den Vergleich durch.
Gewichtungszahlen: Einstandspreis 10, Zahlungsziel 2, Lieferzeit 5, Garantiedauer 5.
Gehen Sie bei der Benotung nach eigenem Ermessen vor.

b) Beschreiben Sie den weiteren Ablauf des Einkaufs. Nehmen Sie dazu ggf. das auf Seite 249 abgebildete Vorgangsketten-Diagramm „Geschäftsprozess Einkauf" zu Hilfe.

c) Schreiben Sie die Bestellung auf einen Briefbogen gemäß folgendem Formular. Benutzen Sie dafür auch Angaben und Ergebnis aus Aufgabe 3 auf Seite 234.

Bestellung

Unter Zugrundelegung der umstehenden Einkaufsbedingungen bestellen wir bei Ihnen für unser Werk

zur Lieferung an die auf der Rückseite angegebene Versandanschrift:

Diese Bestelldaten sind in allen Schriftstücken, auch auf Frachtbriefen, Paketscheinen, Lieferscheinen usw., anzugeben		Tag
Bestellung Nr. Auftragsnummer	Kostenstelle	
Lieferanten-Nr. Sachbearbeiter Durchwahl		Lieferzeit:

Gegenstand	Zeichnungs- bzw. Waren-Nr.	Mengen- einheit	Menge	EUR

d) Überprüfen Sie die folgende Eingangsrechnung auf ihre sachliche und rechnerische Richtigkeit.

Rollkugel GmbH · Postfach 33 00 33 · 48130 Münster

RECHNUNG

ER 3002
Rechnungsprüfung | sachlich | 11.3.
Buchhaltung | Pf. | rechnerisch
| S | hv
Anweisung zur | | H
Zahlung | 22.03. EC.

Motoren- und Getriebebau GmbH
Niersstr. 12—18

45128 Essen

Kunden-Nr.	Rechnungs-Nr.	Rechnungs-Datum
7238	8213/88	12. März 20..
BEI ZAHLUNG BITTE ANGEBEN		

Ihre Bestellung	Bestelldatum	Lieferschein-Nr.	Lieferdatum
3347	2. März 20..	L6712	10. März 20..

Artikel-Nr.	Artikel-Bezeichnung	Menge	Einzelpreis	Rabatt	Gesamtmenge
16002	Rillenkugellager DIN 625	470 Stck.	24,00	15%	11280,00 −1692,00 9588,00

Versandart	Nettopreis EUR	% MwSt	EUR MwSt	Bruttopreis EUR
ab Werk	9588,00	16	1534,08	11122,08

ÜBERWEISEN SIE BIS: 12. 04. 20..	EUR 11122,08	Netto
BIS: 22. 03. 20..	EUR 11010,86	Skonto 1%

Stadtsparkasse Münster
BLZ 400 501 50
Konto 1234765

Die Lieferung erfolgte auf der Grundlage unserer Lieferungs- und Zahlungsbedingungen.

Die Ware bleibt bis zur vollständigen Bezahlung unser Eigentum. Erfüllungsort und Gerichtsstand für beide Teile ist Düsseldorf.

4. **E-Commerce für die Materialwirtschaft wird in der letzten Zeit oft mit E-Procurement gleichgesetzt. E-Procurement bezeichnet die Neugestaltung des Beschaffungsprozesses durch den Einsatz internetbasierter Technologien. Es kann durch folgende Grafik beschrieben werden:**

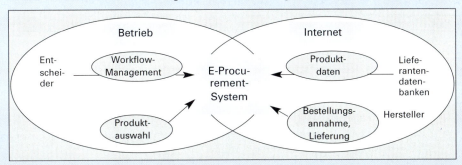

a) Erläutern Sie mit Hilfe einer Internetrecherche die Elemente Lieferantendatenbank, Produktdaten, Produktauswahl und Workflow-Management eines E-Procurement-Systems.

b) Welche Kosten-, Qualitäts- und Zeitvorteile können mit dem Einsatz des E-Procurement-Systems erreicht werden?

c) Mit dem E-Procurement-System werden hauptsächlich Güter im Bereich MRO (maintenance = Instandhaltungsmaterial, repair = Reparaturmaterial, operations = Bürobedarf, Hard- und Software) angeschafft. Nennen Sie Beispiele zu den drei Güterarten.

5. **Viele große Unternehmen sind dazu übergegangen, Teile ihres Einkaufsbedarfs über Einkaufsauktionen im Internet zu decken. Diese werden von Firmen organisiert, die ihre Website als Handelsplatz anbieten. Dort gibt der Käufer sein Beschaffungsobjekt bekannt (sog. Ausschreibung), und interessierte Verkäufer können dort in einer festgelegten Frist ihre Angebote abgeben und ggf. im Wettbewerb miteinander konkurrieren. So kann der Käufer den günstigsten Anbieter auswählen.**

Der Sportartikelhersteller Puma AG schrieb über den Handelsplatz econia.com seinen Bedarf an Kartons für Schuhware im Rahmen einer Einkaufsauktion aus. Sowohl Altlieferanten als auch neue Lieferanten nahmen an der auf 16 Tage befristeten Ausschreibung teil und gaben ihre Angebote für die Einkaufsauktion ab. In Absprache mit Puma griff man dabei auch auf den Lieferantenstamm von econia zurück. Puma selbst brachte noch fünf Altlieferanten in die Auktion ein. Für produktspezifische Anfragen hatte Puma Produktmuster zur Verfügung gestellt, die den Interessenten zur Ansicht geschickt wurden. Von 25 potentiellen Lieferanten nahmen schließlich elf an der Auktion teil. Der Erfolg konnte sich sehen lassen: Die abgegebenen Angebote reduzierten den Einkaufspreis um 30 Prozent. Das Gebot, das den Zuschlag bekam, lag um rund 78000 Euro unter dem Höchstgebot. Puma sparte über 15000 Euro an Kosten ein.

a) Einkaufsauktionen werden auch als „umgekehrte Versteigerungen" bezeichnet. Erläutern Sie, was damit ausgesagt werden soll.

b) Nennen Sie möglichst viele Vorteile, die eine Einkaufsauktion im Internet dem Käufer gegenüber einem traditionellen Einkauf bietet.

c) Sind Internetauktionen nach Ihrer Ansicht für die Beschaffung von A-, B- oder C-Gütern geeignet?

6. **In den letzten Jahren schossen „Internet-Marktplätze" bzw. „- Portale" wie Pilze aus dem Boden. Die Akteure der Internet-Wirtschaft scheinen traditionelle Geschäftsmodelle der „Old Economy" auf den Kopf zu stellen und drastisch zu verändern.**

Ein Online-Marktplatz/-Portal ist eine Internet-Plattform, die es ermöglicht, Geschäfte effizienter abzuwickeln. Die Internet-Technologie schafft die Voraussetzungen für einen direkten Zugang zu einem grenzüberschreitenden Netzwerk von Einkäufern und Anbietern. Die Teilnehmer am Online-Handel erlangen entscheidende Wettbewerbsvorteile gegenüber den Unternehmen, die ihre Geschäfte auf traditionelle Weise abwickeln.

Informations-Portale liefern jedem Informationen, die er für Entscheidungen benötigt. Sie ermöglichen den einfachen Austausch von Wissen und Informationen.

Transaktions-Portale ermöglichen die Abwicklung von Bestellungen und sonstigen Geschäftstransaktionen wie Ausschreibungen etc.

Ein Vorteil der Portale liegt in der großen Transparenz, die sie bringen können. Immer häufiger wird das Internet in der Pre-Sales-Phase genutzt, um für Kaufentscheidungen relevante Informationen zu recherchieren. Es gilt heute als gesicherte Erkenntnis, dass Kunden in ihren Kaufentscheidungen massiv von Informationen aus dem Internet beeinflusst werden. Informationsportale spielen in diesem Kontext eine bedeutende Rolle.

Auch bei der Abwicklung von Transaktionen hat sich das Internet etabliert. Der elektronische Austausch von Informationen hat die Abwicklung von Geschäften beschleunigt.

Ein starkes Portal kann sogar die Vereinheitlichung von Daten in einer Branche bewirken. In der Baubranche ist beispielsweise die Heinze GmbH dabei, die Artikel-Stammdaten unterschiedlicher Lieferanten der Bauindustrie zu vereinheitlichen und dem Bauhandel zur Verfügung zu stellen. Wenn diese Initiative erfolgreich ist, dann wird die vereinheitlichte Datenbasis zu erheblichen Effizienzsteigerungen im Austausch von Daten zwischen Unternehmen führen.

Quelle: www.webagency.de

Welche zusätzlichen Funktionen kann ein Online-Marktplatz gegenüber einem Online-Shop für den Einkauf eines Industriebetriebes erfüllen?

2.5   Rechtliche Grundlagen des Einkaufsprozesses

2.5.1   Abschluss des Kaufvertrags

Übereinstimmende Willenserklärungen

Der Kaufvertrag Ist ein zweiseitiges Rechtsgeschäft. Er beinhaltet die Veräußerung von beweglichen Sachen (Waren), unbeweglichen Sachen (Immobilien) oder Rechten (z. B. Lizenzen) gegen Entgelt (Gegensatz: Schenkung, d. h. unentgeltliche Veräußerung). Grundlegende Regelung: BGB §§ 433–480.

Jeder *Vertrag* kommt durch mindestens zwei übereinstimmende Willenserklärungen zustande. Sie heißen Antrag und Annahme.

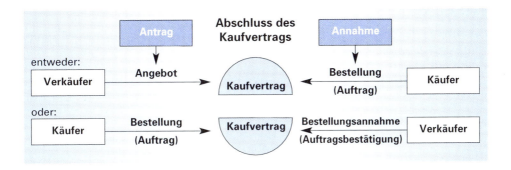

Bei Kaufverträgen über Waren sind diese Willenserklärungen nicht an eine bestimmte Form gebunden.

Antrag zum Kaufvertrag

Ein Angebot wird oft aufgrund einer **Anfrage** des Kunden abgegeben. Eine Anfrage ist kein Antrag zu einem Kaufvertrag, sondern eine völlig **unverbindliche Erkundigung** oder eine Aufforderung zur Abgabe eines Angebots.

Ein Antrag gilt nur als solcher, wenn er an eine bestimmte Person gerichtet ist.

Anpreisungen von Waren, die an die Allgemeinheit gerichtet sind, gelten deshalb nicht als Anträge (z. B. Werbebriefe, Schaufensterauslagen, Zeitungsanzeigen, Prospekte, Kataloge, Warenauslagen in Selbstbedienungsgeschäften). Sie stellen ebenfalls Aufforderungen zur Abgabe eines Antrags dar und verpflichten nicht.

Angebot, Bestellung und Bestellungsannahme hingegen sind *bindende Willenserklärungen (BGB § 145)*

Die Willenserklärungen sind **empfangsbedürftig**. Ein Angebot z. B. bindet den Verkäufer erst, wenn es beim Käufer eingeht. Es kann deshalb rechtzeitig widerrufen werden. Das ist der Fall, wenn der Widerruf spätestens mit dem Angebot selbst eintrifft. Mit dem Widerruf erlischt das Angebot. Das Gleiche gilt für Bestellung und Bestellungsannahme (BGB § 130).

Der Verkäufer kann sein Angebot (oder Teile davon) auch unverbindlich machen. Dazu fügt er so genannte **Freizeichnungsklauseln** ein.

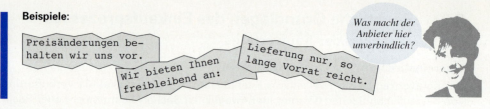

Preisänderungen be-
halten wir uns vor.

Wir bieten Ihnen
freibleibend an:

Lieferung nur, so
lange Vorrat reicht.

Was macht der Anbieter hier unverbindlich?

Ein Antrag ist auch die **Zusendung unbestellter Waren**. Wenn der Empfänger Verbraucher ist, stellt sie allerdings unlauteren Wettbewerb dar.

Annahme des Antrags

Ein *Antrag unter Anwesenden* **muss sofort angenommen werden. Sonst erlischt die Bindung des Antragstellers. Dies gilt auch für einen Antrag per Telefon (BGB § 147 Abs. 1).**

Ein *Antrag an einen Abwesenden* **kann nur bis zu dem Zeitpunkt angenommen werden, in welchem der Antragende den Eingang der Antwort unter regelmäßigen Umständen erwarten darf (BGB § 147 Abs. 2).**

„*Unter regelmäßigen Umständen*" bedeutet:

Der Antragende muss seinem Partner die Zeit für die Übermittlung des Antrages, eine angemessene Bearbeitungs- und Überlegungsfrist und die Zeit für die Übermittlung der Annahme zugestehen. Er kann dabei davon ausgehen, dass der Partner für seine Antwort ein mindestens gleich schnelles Kommunikationsmittel benutzt.

Beispiel:
Antrag: Telefax
Annahme: Telefon, Telefax, E-Mail

Im Hinblick auf die Bearbeitungszeit muss der Antragende gegebenenfalls saisonbedingten vermehrten Arbeitsanfall, Urlaub, Einholen notwendiger Auskünfte, Beschlussfassung durch das zuständige Organ im Betrieb des Empfängers berücksichtigen. Bei brieflichen Anträgen ist eine Frist von einer Woche angemessen.

Geht die Annahme des Antrags verspätet ein, so gilt diese als neuer Antrag (BGB § 150). Musste der Antragsteller erkennen, dass die Annahme rechtzeitig abgeschickt wurde und die Verspätung durch Transportverzögerung entstand (z. B. Fehlleitung durch die Post), so muss der Antragende seine Ablehnung dem Geschäftspartner unverzüglich nach Eingang der verspäteten Annahme mitteilen. Sonst gilt die Annahme als nicht verspätet (BGB § 149).

Bei einem **befristeten Antrag** ist der Antragsteller bis zum Ablauf der Frist gebunden. Danach erlischt der Antrag (BGB § 148).

Unser Angebot gilt bis zum 10. April.

Die **rechtzeitige Annahme** des Antrags ist Grundvoraussetzung für das Zustandekommen eines Vertrags. Außerdem muss der Antrag **unverändert angenommen** werden:

Eine *Annahme* **unter Erweiterungen, Einschränkungen oder sonstigen Änderungen gilt als Ablehnung, verbunden mit einem neuen Antrag (BGB § 150 Abs. 2).**

Wenn allerdings Käufer und Verkäufer in ihren Erklärungen jeweils auf ihre voneinander abweichenden Allgemeinen Einkaufs- bzw. Verkaufsbedingungen hinweisen, so bleibt der Vertrag wirksam und richtet sich in den sich widersprechenden Punkten nur nach dem Gesetz (BGB § 306).

Eine förmliche Annahme kann auch durch **schlüssige Handlung** ersetzt werden. (Der Kunde bestellt, der Verkäufer sendet die Ware zu.)

Schweigen auf einen Antrag bedeutet grundsätzlich Ablehnung des Antrags. Ein Sonderfall liegt vor, wenn eine Annahmeerklärung nach der Verkehrssitte nicht zu erwarten ist oder der Antragende auf sie verzichtet hat (BGB § 151). Dies kann z. B. der Fall sein, wenn in Vorverhandlungen bereits Einigkeit erzielt wurde. Dann bedeutet Schweigen Annahme.

Wer unbestellte Waren erhält und daraufhin schweigt (z. B. nicht zahlt), lehnt ebenfalls die Sendung ab. Er muss sie lediglich eine angemessene Zeit aufbewahren. Das Schweigen bedeutet nur dann Annahme, wenn der Empfänger Kaufmann ist und mit dem Absender in ständiger Geschäftsverbindung steht.

Eine **Bestellungsannahme** ist nur dann unerlässlich,
■ wenn der Kunde ohne vorausgehendes Angebot bestellt,
■ wenn das vorausgehende Angebot freibleibend war.

Sie kann jedoch durch sofortige Lieferung der Ware ersetzt werden. Trotzdem verwendet der Lieferer auch sonst gern die Bestellungsannahme, um
■ Missverständnissen vorzubeugen,
■ seinen Dank auszudrücken,
■ sie zugleich als Rechnung und/oder Versandanzeige zu verwenden,
■ seine allgemeinen Lieferungsbedingungen anzubringen.

Schiebt der Lieferer durch die Bestellungsannahme Vertragspunkte nach, die in Antrag und Annahme noch nicht geregelt waren, so muss der Käufer unverzüglich widersprechen, wenn er nicht einverstanden ist. Ohne Widerspruch besteht die Rechtsvermutung der Richtigkeit und Vollständigkeit.

Arbeitsaufträge

1. **Schneider & Co. erhalten von Nadeler & Söhne folgendes briefliches Angebot vom 16. Nov., welches am 18. Nov. eintrifft:**
   „Gabardine-Stoff gemäß beigefügtem Musterkatalog. Preis gemäß Preisliste. Angebot freibleibend."
   Schneider & Co. bestellen am 19. Nov. 20 Ballen gemäß Musterkatalog und Preisliste mit 15 % Rabatt. Der Brief geht am selben Tag zur Post und kommt am 21. Nov. an.
   a) Erläutern Sie die Bindung der Parteien an ihre Willenserklärungen.
   b) Erläutern Sie die Möglichkeit eines Widerrufs durch Schneider & Co.
   c) Begründen Sie, warum durch die beiden Willenserklärungen kein Kaufvertrag zustande kommt.
   d) Erläutern Sie ausführlich, wie Nadeler & Söhne vorgehen müssen, damit doch noch ein Kaufvertrag zustande kommt.

2. **Untersuchen Sie die Schriftstücke auf Seite 251 und 252.**
   a) Welche rechtliche Bedeutung hat die Anfrage?
   b) Schreiben Sie eine Bestellung, durch die ein rechtsgültiger Kaufvertrag geschlossen wird.
   c) Bis wann müsste das Angebot spätestens angenommen werden?
   d) Bis wann könnte das Angebot noch widerrufen werden?
   e) Enthält das Angebot Freizeichnungsklauseln?
   f) Begründen Sie, ob für das Zustandekommen eines Kaufvertrags noch eine Bestellungsannahme erforderlich ist.
   g) Auch wenn keine Bestellungsannahme erforderlich sein sollte, kann sie doch von Nutzen sein. Erläutern Sie dies und fertigen Sie ein entsprechendes Schreiben an. (Benutzen Sie ein Textverarbeitungsprogramm.)

2.5.2 Inhalt des Kaufvertrags

Die Rechte und Pflichten von Verkäufer und Käufer ergeben sich aus dem Inhalt des Kaufvertrags. Deshalb legt man in der Praxis – besonders bei hohen Warenwerten – folgende Punkte oft bis ins Einzelne in Angebot und Bestellung fest:

- Art, Beschaffenheit, Qualität der Ware,
- Warenmenge,
- Warenpreis und Preisnachlass
- Erfüllungsort,
- Gerichtsstand,
- Beförderungskosten,
- Verpackungskosten,

- Lieferzeit,
- Zahlungstermin,
- Eigentumsübergang,
- Regelung für Liefer-, Annahme- und Zahlungsstörungen sowie mangelhafte Lieferung.

Vergleichen Sie mit Seite 252!

Für Sachverhalte, die nicht in Angebot und Bestellung selbst aufgeführt sind, verweisen gewerbliche Vertragspartner in der Regel auf die Gültigkeit ihrer Allgemeinen Geschäftsbedingungen[1] (AGB). Wird ein Sachverhalt auch in den AGB nicht geregelt so gelten die gesetzlichen Bestimmungen. Für Punkte, in denen die AGB des Verkäufers und des Käufers einander widersprechen, gelten ebenfalls die gesetzlichen Bestimmungen.

Art, Beschaffenheit, Qualität der Ware

Die Art der Ware ergibt sich aus ihrem Namen. Beschaffenheit und Qualität können auf unterschiedliche Weise festgelegt werden: z. B. durch genaue Beschreibung, Abbildungen, Modelle, Muster, Proben, Marken, Güteklassen.

Was versteht man denn unter Marken und Güteklassen?

Marke: Elemente, die zur Identifikation eines Produkts oder einer Dienstleistung und zur Abhebung von Konkurrenten dienen: Markennamen, Markenzeichen, Markensymbol oder eine Kombination davon.

Güteklassen: Sammelbegriff für Handelsklassen, Typen und Standards. Sie werden von Handelsorganisationen (Fachverbänden, Börsen) oder vom Staat festgelegt.

- *Handelsklassen:* Güteklassen für Obst, Gemüse und andere landwirtschaftliche Produkte
- *Typen:* Güteklassen für Massenerzeugnisse der Industrie (z. B. Mehl)
- *Standards:* Einwandfrei festlegbare Durchschnittsqualitäten von bestimmten Metallen (Zinn, Kupfer, Blei, Zink) und landwirtschaftlichen Erzeugnissen (Baumwolle, Kaffee, Kakao, Kautschuk, Weizen, Hafer, Gerste, Mais, Zucker, Jute, Wolle, Ölsaaten, Sisal, Futtermitteln). Standards bewirken Fungibilität (gegenseitige Vertretbarkeit). Diese ermöglicht, dass die betreffenden Güter beim Kaufhandel nicht anwesend sein müssen und nach Zahl, Maß oder Gewicht gehandelt werden können. Dies geschieht auf eigens dafür geschaffenen Märkten, den Warenbörsen.

Es ist darauf zu achten, dass die Waren **genau bezeichnet werden.** Wenn nötig, sind Zeichnungen, Modelle, Muster, Qualitätsbezeichnungen, Fabrikate mit Bestellnummern anzugeben.

 Beispiel:
UV-Stablampe (Fabrikat Hanau), Bestell-Nr. 1770317.

---

[1] Vergleichen Sie hierzu S. 270.

Viele Teile und einfache Erzeugnisse sind genormt. Normen sind technische Beschreibungen als Grundlage für eine allgemein anerkannte Vereinheitlichung. Für die Normung sind zuständig: Deutsches Institut für Normung – DIN (für Deutschland), Comité Européen de Normalisation – CEN (für die Europäische Union), International Organization for Standardization – ISO (international). Für eine Bestellung genormter Güter genügt die festgelegte Norm-Bezeichnung.

Sie wissen:
Normen *sind auch ein wichtiger Begriff im Recht. Vergleichen Sie!*

■ **Beispiel:** Flachrundschraube M 8 x 65 DIN 603

Je nach Festlegung von Warenart und -beschaffenheit unterscheidet man auch verschiedene Arten des Kaufvertrags:

Arten des Kaufvertrags nach der Festlegung von Warenart und -beschaffenheit

Stückkauf (Spezieskauf)
Die Vertragspartner haben die Kaufsache konkret bestimmt (z. B. ein bestimmter Pkw Renault Twingo). Sie kann vertretbar[1] sein (bestimmter Neuwagen) oder nicht vertretbar (bestimmter Gebrauchtwagen).
Wichtig: Der Verkäufer wird ohne Haft- und Schadenersatzpflicht von der Lieferpflicht frei, wenn die Lieferung ohne sein Verschulden unmöglich wird (BGB § 275).

Gattungskauf (BGB § 243, HGB § 360)
Die Vertragspartner haben die Kaufsache nur der Gattung nach bestimmt (d. h. anhand von ihnen festgelegter Merkmale, z. B. Typ, Sorte, Qualität). Der Verkäufer kann jede Sache liefern, die diese Merkmale aufweist. Meist sind die Sachen vertretbar (z. B. alle Neuwagen Typ Renault Twingo Liberty), bisweilen auch nicht (z. B. alle Gebrauchtwagen Renault Twingo Liberty, Baujahr 1999). Wenn die Sachen nicht wegen industrieller Produktion ohnehin völlig gleichartig sind, sind Sachen mittlerer Art und Güte zu liefern. Wichtig:
Hat der Verkäufer die geschuldete Gattungssache bereitgestellt, so wird sie zur Stückschuld und er muss nur noch sie liefern.

Bestimmungskauf (Spezifikationskauf) (HGB § 375)
Gattungskauf, bei dem der Käufer das Recht hat, Einzelheiten der Kaufsache (z. B. Länge, Farbe) erst später zu bestimmen (zu spezifizieren). Versäumt er den Termin, so kann der Verkäufer eine angemessene Nachfrist setzen und nach ihrem Ablauf selbst die Spezifikation vornehmen.

Kauf nach Besicht
Der Käufer besichtigt/prüft die Kaufsache vor Vertragsabschluss, um etwaige Mängel festzustellen, und kauft sie dann „wie besehen". Der Verkäufer haftet nicht für später festgestellte Mängel.

Kauf zur Probe
Der Käufer kauft fest eine Probemenge. Bei Zufriedenheit stellt er ggf. weitere Käufe in Aussicht.

Kauf nach Probe (nach Muster)
Der Käufer kauft eine Sache, die einer Probe/einem Muster oder einer früheren Lieferung entsprechen muss.

Kauf auf Probe (zur Ansicht) (BGB § 454)
Kauf mit Rückgaberecht innerhalb einer vereinbarten Frist nach Lieferung.

Kauf in Bausch und Bogen (en bloc, tel quel; Ramschkauf)
Kauf einer Sache zu einem Pauschalpreis in „Bausch und Bogen". Eine besondere Qualitätszusicherung für einzelne Teile wird nicht gegeben.

---

[1] Vertretbare Sachen sind im Verkehr nach Zahl, Maß oder Gewicht bestimmt und deshalb nach allgemeiner Auffassung durch gleiche Sachen ersetzbar.

Warenmenge

Die Menge wird in der Regel in einer gebräuchlichen Maßeinheit (z. B. in Stück, m, m², m³, kg, l) angegeben. Ohne Mengenangabe im Angebot ist der Lieferer verpflichtet, jede handelsübliche Menge zu liefern.

Wird die Menge gewichtsmäßig angegeben, so sind folgende Größen zu unterscheiden: Bruttogewicht – Verpackungsgewicht (Tara) = Nettogewicht

Warenpreis

Der Preis ist in der vereinbarten Art und Menge zu zahlen. So kann z. B. die Zahlung in inländischer, aber auch in ausländischer Währung vereinbart werden (BGB § 244).

Die Angabe kann als Gesamtpreis oder als Preis pro Einheit (z. B. pro Stück, Paar, Dutzend, Liter, 100 kg) erfolgen.

Ist der Preis für das Gewicht angegeben, so bezieht er sich ohne *besondere Vereinbarung* auf das Nettogewicht, Bruttogewicht minus Verpackungsgewicht. Preisstellung: „Preis netto".

Der Vertrag oder der Handelsbrauch des Erfüllungsortes können bestimmen, dass der Kaufpreis sich auf das Bruttogewicht bezieht (HGB § 380). Die Preisstellung lautet: „Preis brutto".

Durch Preisnachlässe (Rabatte) und Preiszuschläge werden an sich einheitliche Angebotspreise gegenüber den Kunden differenziert. Einzelheiten dazu finden Sie auf Seite 442 f.

Ein Rabatt liegt auch vor, wenn der Lieferer Waren „drauf" (50 Stück bestellt, 60 geliefert) oder „drein" gibt (50 Stück bestellt, 40 berechnet): sog. Naturalrabatt.

Erfüllungsort (Leistungsort)

Der Erfüllungsort ist der Ort, an dem der Schuldner die geschuldete Leistung auf seine Kosten und Gefahr vertragsgemäß bereitstellen muss. Dadurch wird er von seiner Verpflichtung frei. Die späteren Kosten und Gefahren muss der Vertragspartner tragen. Warenschuldner ist der Verkäufer, Geldschuldner der Käufer.

Wir haben die Ware in Berlin für Sie bereitgestellt.

Was? Erfüllungsort ist laut Vertrag Köln!

An **Kosten** können z. B. auftreten: Verpackungs-, Wiege-, Prüf-, Versicherungs-, Transport-, Umschlagskosten.

Das Tragen der **Gefahr** wird auch als **Gefährdungshaftung**[1] bezeichnet: Der Schuldner muss bis zur Übergabe am Erfüllungsort für einen zufälligen (d. h. unverschuldeten) Untergang und eine zufällige Verschlechterung der Leistung einstehen. Übergibt er die Leistung an einem anderen Ort, so trägt er ebenfalls die Gefährdungshaftung bis zur Übergabe (BGB § 446).

---

[1] Haftung ist die Pflicht, für verursachte Schäden und Mängel einzustehen. Verschuldenshaftung setzt ein schuldhaftes Herbeiführen des Schadens voraus, Gefährdungshaftung nicht.

Für ein Verschulden haftet der Schuldner in jedem Fall (sog. **Verschuldenshaftung**). Ein Verschulden liegt vor, wenn er vorsätzlich handelt (d.h. den Schaden willentlich herbeiführt) oder fahrlässig handelt (d.h. die nötige Sorgfalt außer Acht lässt). Grobe Fahrlässigkeit bedeutet ein in besonderem Maße unsorgfältiges Verhalten.

Der Verkäufer muss z. B. sorgfältig sein in der Auswahl der Verpackung, des Spediteurs bzw. Frachtführers, des Transportweges und des Transportmittels. Er darf auch nicht ohne dringenden Grund von besonderen Anweisungen des Käufers über die Art der Versendung (z. B. Spezialverpackung, gewünschter Spediteur) abweichen (BGB § 446 Abs. 2).

Arten des Erfüllungsorts		
vertraglicher Erfüllungsort	**natürlicher Erfüllungsort**	**gesetzlicher Erfüllungsort**
Durch vertragliche Vereinbarung festgelegter Erfüllungsort. (Diese Vereinbarung kann auch stillschweigend erfolgen. So gilt bei den Zuschickungskäufen des täglichen Lebens oft die Wohnung des Käufers stillschweigend als Erfüllungsort für die Warenschuld vereinbart.)	Erfüllungsort, der sich aus den Umständen, insbesondere der Natur des Schuldverhältnisses ergibt. So gilt bei der Lieferung von Baumaterial die Baustelle, bei der Lieferung von Heizöl an den Endverbraucher der Ort des Heizkessels als natürlicher Erfüllungsort.	Für alle anderen Fälle ist in BGB §§ 269, 270 der Erfüllungsort gesetzlich festgelegt: Es ist der Wohnsitz (bei Gewerbetreibenden der Geschäftssitz) des jeweiligen Schuldners. Beim Platzgeschäft (Kauf mit Zusendung der Leistung innerhalb der politischen Gemeinde) ist es seine Adresse.

Ist einem Geschäft der gesetzliche Erfüllungsort zugrunde zu legen, so gilt Folgendes für Warenschuld und Geldschuld:

Warenschuld	Geldschuld
■ Erfüllungsort ist der Ort des Verkäufers. Der Käufer muss die hier vertragsgemäß bereitgestellte Ware auf seine Kosten und Gefahr abholen (sog. **Holschuld**) ■ Versendet der Verkäufer auf Verlangen des Käufers die Ware nach einem anderen Ort als dem Erfüllungsort (sog. **Versendungskauf**), so muss der Verkäufer die Ware zwar abschicken; Kosten und Gefahr des Versands liegen aber ab Übergabe der Ware an den Spediteur, Frachtführer oder sonstigen Beförderer beim Käufer (BGB § 446, sog. **Schickschuld**). Dies gilt auch, wenn der Verkäufer den Transport selbst ausführt oder durch eigenes Personal ausführen lässt. Jedoch haftet er dann nach herrschender Meinung für durch ihn oder sein Personal verschuldete Schäden[1].	■ Erfüllungsort ist der Ort des Käufers. Hier muss er das Geld am Fälligkeitstag abschicken, z. B. überweisen (sog. **Schickschuld**). Im Unterschied zur Warenschuld als Schickschuld beim Versendungskauf besteht allerdings eine Besonderheit: Der Käufer muss die Kosten der Übermittlung (z. B. Überweisungskosten) und die Verlustgefahr tragen. *Merke: Warenschulden sind grundsätzlich Holschulen; Geldschulden sind Schickschulden.* 

---

[1] Vgl. Palandt, Bürgerliches Gesetzbuch, 61. Auflage, S. 506 f.

Die stärkere Vertragspartei (z.B ein Alleinanbieter, ein Großabnehmer) kann oft ihre Allgemeinen Geschäftsbedingungen durchsetzen und ihren eigenen Sitz als Erfüllungsort für beide Parteien erzwingen. Die andere Partei muss ihre Leistung dann vertragsgemäß (kostenfrei, pünktlich, fehlerfrei) an diesen Ort bringen. Dafür haftet sie. Ihre Schuld wird zu einer sog. **Bringschuld**.

Beispiel (zum Erfüllungsort):

Verkäufer:	Elektro GmbH, Essen	Über den Erfüllungsort ist keine Vereinbarung getroffen. Der Käufer hat Versand durch die Spedition Erler, Essen und Nürnberg, vorgeschrieben.
Käufer:	Haushaltscenter, Nürnberg	
Ware:	40 Kühlschränke	
Preis:	7 600,00 EUR, zahlbar am 10. Aug. 20..	

Erfüllungsort des Verkäufers ist Essen. Er muss die Ware transportsicher verpacken und ordnungsgemäß dem Spediteur Erler übergeben. Handelt er fahrlässig, so dass die Ware z. B. auf dem Transport wegen mangelhafter Verpackung beschädigt wird, so haftet er dem Käufer. Das Risiko für zufälligen Verlust, Beschädigung oder Untergang auf dem Transport trägt dagegen das Haushaltscenter als Käufer. Es muss auch Ersatzansprüche gegen den Spediteur geltend machen, wenn dieser einen Schaden verursacht.

Erfüllungsort des Käufers ist Nürnberg. Von dort muss er pünktlich am 10. Aug.20.. den Kaufpreis überweisen. Verzögert sich die Überweisung, so haftet er nicht. Andererseits muss er die Überweisungskosten tragen. Geht der Überweisungsbetrag verloren, so muss der Käufer noch einmal zahlen. Wegen Schadenersatzes kann er sich gegebenenfalls an sein Kreditinstitut halten.

Gerichtsstand

Der Gerichtsstand ist der Ort des für Rechtsstreitigkeiten zuständigen Gerichts.

Für Streitigkeiten aus einem Vertragsverhältnis gilt: Der Gegner ist an dem Ort zu verklagen, an dem er die streitige Verpflichtung erfüllen muss. Das ist grundsätzlich der natürliche Erfüllungsort, in Ermangelung dessen der gesetzliche Erfüllungsort. Nur bei Kaufleuten ist ein vertraglicher Erfüllungsort auch zugleich Gerichtsstand (ZPO § 29).

Kaufleute können untereinander auch einen anderen Gerichtsstand vereinbaren, unabhängig vom Erfüllungsort (ZPO § 38). Dabei wird jeder versuchen, den eigenen Ort als Gerichtsstand durchzusetzen.

Ein fremder Gerichtsstand geht in die Kosten: Anfahrtswege, Zeitaufwand, fremde Anwälte...

Beförderungskosten

An Beförderungskosten treten im Wesentlichen auf: Rollgeld (Hausfracht) für An- und Abfuhr, Lade- und Entladegebühren, Fracht.

Der Verkäufer muss die Ware auf seine Kosten am Erfüllungsort bereitstellen. Alle weiteren Beförderungskosten trägt der Käufer. Im Kaufvertrag wird die Übernahme der Beförderungskosten aber häufig gesondert geregelt.

Man beachte: Eine solche Regelung für sich allein verändert keinesfalls den Erfüllungsort!

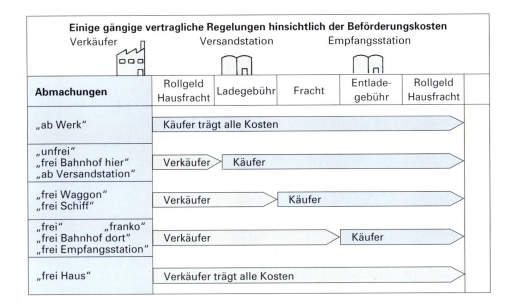

Einige gängige vertragliche Regelungen hinsichtlich der Beförderungskosten

	Verkäufer	Versandstation		Empfangsstation	
Abmachungen	Rollgeld Hausfracht	Ladegebühr	Fracht	Entladegebühr	Rollgeld Hausfracht
„ab Werk"	Käufer trägt alle Kosten				
„unfrei" „frei Bahnhof hier" „ab Versandstation"	Verkäufer	Käufer			
„frei Waggon" „frei Schiff"	Verkäufer		Käufer		
„frei" „franko" „frei Bahnhof dort" „frei Empfangsstation"	Verkäufer			Käufer	
„frei Haus"	Verkäufer trägt alle Kosten				

Großbetriebe, die ihre Kunden häufig von verschiedenen Werken aus beliefern, vereinbaren oft eine Frachtbasis, d. h. einen Ort, von dem aus die Fracht berechnet wird.

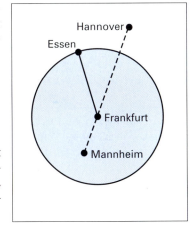

> **Beispiel:**
> Lieferung nach Frankfurt, „Frachtbasis Essen" bedeutet: Der Kunde zahlt Fracht für die Strecke Essen–Frankfurt, auch wenn er von Hannover oder Mannheim aus beliefert wird.

Wenn der Käufer aus bestimmten Gründen erst nach Vertragsabschluss den Empfangsort bestimmen will, so vereinbart man oft eine **Frachtparität,** d. h. einen Ort, bis zu dem der Verkäufer höchstens die Fracht übernimmt.

> **Beispiel:**
> Lieferung von Frankfurt aus „Frachtparität Essen" bedeutet: Bei Lieferung nach Hannover trägt der Verkäufer die Kosten bis Essen, bei Lieferung nach Mannheim bis Mannheim, auch wenn der Versand nicht über Essen erfolgt.

Es gibt darüber hinaus im Innen- und Außenhandel eine große Zahl weiterer möglicher Vereinbarungen.

Verpackungskosten

Der *Verkäufer trägt* nach BGB die Kosten der Aufmachungsverpackung (z. B. Papiertüten). Sie sind *Kosten der Übergabe*.

Der *Käufer* trägt die Kosten der Schutz- und Versandverpackung (z. B. Kartons, Kisten) nach einem anderen Ort als dem Erfüllungsort. Sie sind *Kosten der Abnahme* (BGB § 448 Abs.1). Die entsprechende Klausel heißt: „Preis ausschließlich Verpackung".

Übernimmt der Verkäufer vertraglich die Kosten der Versandverpackung, so lautet die Klausel: „Preis einschließlich Verpackung".

In der Praxis werden die Regelungen über die Verpackungskosten meist mit den Preisstellungen **„Preis netto"** bzw. **„Preis brutto"** verbunden. Man erhält dann folgende Möglichkeiten:

Vereinbarungen über Verpackungskosten		
Preis netto einschließlich Verpackung		
Der Käufer zahlt:	Nettogewicht	z. B.: 100 kg à 2,00 EUR = 200,00 EUR
Preis netto ausschließlich Verpackung		
Der Käufer zahlt:	Nettogewicht + Verpackungskosten	z. B.: 200,00 EUR 30,00 EUR 230,00 EUR
Preis brutto einschließlich Verpackung (kurz: bfn = brutto für netto)		
Der Käufer zahlt:	Nettogewicht + Tara (Verpackungs- gewicht)	z. B.: 100 kg à 2,00 EUR = 200,00 EUR 5 kg à 2,00 EUR = 10,00 EUR 105 kg à 2,00 EUR = 210,00 EUR
Preis brutto ausschließlich Verpackung		
Der Käufer zahlt:	Nettogewicht + Tara + Verpackungskosten	z. B.: 200,00 EUR 10,00 EUR 30,00 EUR 240,00 EUR

Bei den Preisstellungen „Preis brutto..." muss der Käufer das Gewicht der Verpackung genauso bezahlen wie die Ware selbst.

Häufig wird vereinbart, dass der Kunde teures Verpackungsmaterial frachtfrei gegen Gutschrift der Kosten oder eines Teils der Kosten zurücksenden kann.

Lieferzeit

Wenn nichts anderes vereinbart oder aus den Umständen zu entnehmen ist, kann der Gläubiger die Leistung sofort verlangen, der Schuldner sie sofort bewirken. Ist eine Zeit festgelegt, so darf im Zweifel[1] der Schuldner schon vorher leisten (BGB § 271).

Diese Vorschrift gilt sowohl für die Lieferung als auch für die Zahlung.
Ist sofort zu liefern, so liegt ein **Sofortkauf** vor, ist später zu liefern, ein **Terminkauf**. Werden bei einem Terminkauf z. B. die Ausdrücke „Lieferung Anfang Juni", „... Mitte Mai", „... Ende August" verwendet, so sind darunter der 1., 15. und Letzte des Monats zu verstehen (BGB § 192).

Neben dem Sofortkauf und dem Terminkauf sind folgende nach der Lieferzeit unterschiedene Kaufarten von besonderer Bedeutung.

---

[1] „Im Zweifel" bedeutet: wenn nichts anderes vereinbart oder aus den Umständen zu entnehmen ist.

Kaufarten (nach der Lieferzeit unterschieden)

Fixkauf

Es ist vereinbart, dass die Lieferung zu einem genau bestimmten Zeitpunkt oder innerhalb einer fest bestimmten Frist erfolgen muss (BGB § 323 (2) 2).

Der Kaufvertrag steht und fällt mit der Einhaltung des Termins bzw. der Frist. Dazu ist allerdings erforderlich, dass man den diesbezüglichen Willen der Vertragspartner an einer eindeutigen Fixklausel erkennen muss.

Beispiele:
- „Lieferung am 20. Oktober 20.. fest" („fix", „exakt", „genau", „präzis", „prompt", „spätestens")
- „Lieferung bis 20. Oktober 20.., spätestens bis 18 Uhr"

Kauf auf Abruf

Es wird eine Frist vereinbart, innerhalb derer der Käufer Teilmengen zu ihm genehmen Zeitpunkten abrufen kann.

Vorteil für den Kunden: Die Lagerung wird auf den Verkäufer abgewälzt.

Vorteil für den Verkäufer: Größere Aufträge werden gesichert, die Kapazität wird ausgelastet.

Teillieferungskauf

Die Lieferung erfolgt in Teilmengen:
- entweder **auf Abruf** (siehe oben)
- oder als **Fixkauf** („Lieferung fix Mitte jedes Monats")
- oder **gegen Andienung**: Der Verkäufer kann innerhalb einer bestimmten Frist die Lieferzeitpunkte wählen. Dies ist z. B. der Fall, wenn der Lieferer die Ware erst herstellen muss und fertig gestellte Teilmengen an den Kunden ausliefert.

Vorteil für den Lieferer: Lagerung beim Kunden

Vorteil für den Kunden: Zahlung erst nach vollständiger Lieferung

Zahlungstermin

Ohne anderweitige Vereinbarung kann der Lieferer sofortige Zahlung bei Übergabe der Ware verlangen (BGB § 271): Barkauf mit Zahlung „Zug um Zug". Gebräuchliche Formel: „Zahlung netto" oder „netto Kasse".

Häufige Zahlungsvereinbarungen

Vorauszahlung, Anzahlung

Üblich bei Großaufträgen (z. B.: „10% bei Produktionsaufnahme, 30% bei Montagebeginn, 40% bei Übergabe, 20% drei Monate nach Übergabe"). Der Käufer trägt einseitig das Risiko des Leistungsausfalls.

Vergleichen Sie zum Skontoabzug unbedingt Seite 565!

Zahlung mit festgelegter Frist nach der Lieferung (Zielkauf)

Hier trägt der Lieferer einseitig das Risiko des Leistungsausfalls. Er prüft deshalb die Kreditwürdigkeit des Kunden und sichert den Zahlungseingang, etwa durch Eigentumsvorbehalt. Den Zinsverlust durch die Kreditgewährung kalkuliert er in den Kaufpreis ein und gestattet bei vorzeitiger Zahlung den Abzug von Skonto.

Eine Sonderform des Zielkaufs ist der Ratenkauf. Der Käufer leistet dabei den Kaufpreis in mindestens zwei Raten (Teilzahlungen).

Beim Versendungskauf erfolgt die Barzahlung oft als Nachnahme: Der Überbringer (Post, Frachtführer, Spediteur) darf die Ware dem Käufer nur gegen Zahlung herausgeben.

Weitere Vertragsinhalte

Die Vertragspunkte Eigentumsübergang, Gewährleistung für Mängel sowie Regelungen für Liefer-, Annahme- und Zahlungsstörungen sind meist Bestandteile der **Allgemeinen Geschäftsbedingungen (AGB)**. Diese sind auf den Geschäftspapieren abgedruckt, gegebenenfalls auch in den Geschäftsräumen ausgehängt. Wenn der Vertragspartner den AGB nicht widerspricht, unterwirft er sich ihnen, und sie werden für das betreffende Geschäft gültig. Das BGB schreibt vor:

- Überraschende Klauseln werden nicht Vertragsbestandteil (§ 305 c (1)).
  Überraschende Klauseln sind so ungewöhnlich, dass man nicht damit rechnen muss (z. B.: Gebr. Müller kaufen eine Werkzeugmaschine und verpflichten sich aufgrund der AGB des Herstellers zur monatlichen Wartung der Maschine durch den Hersteller mindestens für 10 Jahre.)
- Individuelle Abreden gehen vor AGB (§ 305 b).
- Auslegungszweifel gehen zu Lasten des Verwenders der AGB (§ 205 c (2)).
- Widersprechen sich die AGB zweier Vertragspartner, so bleibt der Vertrag gültig und richtet sich in den widersprüchlichen Punkten nach dem Gesetz (§ 306 (2)).
- AGB-Bestimmungen sind unwirksam, wenn sie den Vertragspartner entgegen Treu und Glauben[1] unangemessen benachteiligen (wenn z. B. durch die Einschränkungen der Vertragszweck gefährdet wird oder wesentliche Grundgedanken der gesetzlichen Regelung nicht damit vereinbar sind) (§ 307).

Für Geschäfte mit Verbrauchern und zu deren Schutz enthält das BGB für AGB eine Anzahl weiterer Einschränkungen.

Arbeitsaufträge

1. Die Maschinenfabrik Klemm GmbH benötigt Scheren-Hubtische.

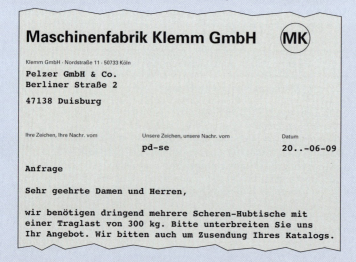

Maschinenfabrik Klemm GmbH (MK)

Klemm GmbH · Nordstraße 11 · 50733 Köln

Pelzer GmbH & Co.
Berliner Straße 2

47138 Duisburg

Ihre Zeichen, Ihre Nachr. vom	Unsere Zeichen, unsere Nachr. vom	Datum
	pd-se	20..-06-09

Anfrage

Sehr geehrte Damen und Herren,

wir benötigen dringend mehrere Scheren-Hubtische mit einer Traglast von 300 kg. Bitte unterbreiten Sie uns Ihr Angebot. Wir bitten auch um Zusendung Ihres Katalogs.

[1] Ausdruck, der so viel bedeutet wie: Ehrlichkeit, Rechtschaffenheit, Fairness

Pelzer GmbH & Co. | PB | Betriebseinrichtung

Pelzer GmbH & Co. · Berliner Straße 2 · 47138 Duisburg

```
Maschinenfabrik
Klemm GmbH
Nordstraße 11

50733 Köln
```

Ihre Zeichen/Ihre Nachr. vom	Unsere Zeichen/Unsere Nachr. vom	Datum
pd-se	pr-ge	12.Juni 20..

Angebot

Sehr geehrte Damen und Herren,

wir danken Ihnen für Ihre Anfrage und senden Ihnen unseren Katalog. Von dem auf Seite 110 abgebildeten Scheren-Hubtisch können wir Ihnen sofort bis zu 10 Stück liefern. Für größere Stückzahlen müssen wir einen Termin vereinbaren.

Für Bestellungen ab 15 000,00 EUR gewähren wir Ihnen 5 % Rabatt. Ansonsten gelten unsere umseitig abgedruckten Geschäftsbedingungen.

Wir würden uns freuen, bald von Ihnen zu hören.

Auszug aus dem Katalog:

Kleine Plattform, Doppel-Schere		fahrbar
Plattform-Länge x Breite		800 x 600 mm
Traglast		300 kg
Bauhöhe		350 mm
Nutzhub		800 mm
Hubzeit		24 sec.
Gewicht ca.		135 kg
Wechselstrom-motor 220 V	Bestell-Nr.	112928 H
	Preis EUR	3 495,00
Drehstrom-motor 380 V	Bestell-Nr.	112986 H
	Preis EUR	3 620,00

Geschäftsbedingungen (Auszug)

1. Für unsere Verkäufe gelten mangels abweichender schriftlicher Vereinbarung die nachstehenden Bedingungen.

...

3. Angaben über die Lieferzeit führen zum Fixkauf nur bei ausdrücklicher schriftlicher Bestätigung. Für Überschreitung der Lieferzeit haften wir darüber hinaus nicht.

...

5. Für alle Lieferungen, auch für solche innerhalb des Erfüllungsorts oder mit unseren Fahrzeugen oder den Fahrzeugen unserer Werke, richtet sich die Gefahrtragung nach den für Versendungsverkäufe maßgebenden gesetzlichen Bestimmungen.

6. Die Preise verstehen sich ab Werk oder Lager (sofern nicht anders vermerkt), ausschließlich Montage, zuzüglich der Verpackung, die nicht zurückgenommen wird. In den Preisen ist die Mehrwertsteuer nicht enthalten.

7. Unsere Rechnungen sind 10 Tage nach Rechnungsdatum unter Abzug von 2 % Skonto oder nach 30 Tagen netto zur Zahlung fällig. Ein Skontoabzug ist nur vom Warenwert möglich. Barvorlagen unsererseits für Montage und Fracht sind immer sofort ohne jeden Abzug zur Zahlung fällig. Hiervon abweichende Vereinbarungen sind schriftlich zu treffen.

...

9. Erfüllungsort und Gerichtsstand – soweit gesetzlich zulässig auch für Ansprüche aus Wechseln oder Schecks – ist Duisburg.

```
                                                          20..-06-15
Bestellung

Sehr geehrte Damen und Herren,

wir bestätigen Ihnen unsere telefonische Bestellung von heute Morgen,
betreffend 5 Scheren-Hubtische, Best.-Nr. 112928 H, zur sofortigen
Lieferung abzüglich 5 % Rabatt.
```

a) Wie nimmt Klemm mit Pelzer Kontakt auf?

b) Geht Klemm durch diese Kontaktaufnahme eine Verpflichtung gegenüber Pelzer ein (z. B. eine Kaufverpflichtung)?

c) ■ Wer gibt als erster eine Willenserklärung zum Abschluss eines Kaufvertrags ab, und in welcher Form erfolgt diese Willenserklärung?

   ■ Muss eine solche Willenserklärung unbedingt in dieser Form erfolgen? Nennen Sie ggf. weitere Möglichkeiten.

d) Ist die Unternehmung, die diese Willenserklärung abgibt, daran gebunden?

e) In welchem Augenblick ist im vorliegenden Fall der Kaufvertrag geschlossen?

f) ■ Ist im vorliegenden Fall eine Bestellungsannahme für den gültigen Vertragsabschluss erforderlich?

   ■ In der Praxis erfolgt oft auch dann eine schriftliche Bestellungsannahme, wenn sie nicht mehr für den Vertragsabschluss erforderlich ist. Begründen Sie dieses Vorgehen.

   ■ Fertigen Sie eine schriftliche Bestellungsannahme für den vorliegenden Fall an. Kündigen Sie darin zugleich den Warenversand mit den nach Ihrer Meinung notwendigen Angaben an (sog. Versandanzeige). Benutzen Sie ein Textverarbeitungsprogramm.

g) ■ Zählen Sie die wichtigsten Vertragsbedingungen auf, die in den Willenserklärungen von Käufer und Verkäufer enthalten sein sollten.

   ■ Warum werden diese Vertragsbedingungen im Text des vorliegenden Angebots und der nachfolgenden Bestellung nicht sämtlich erwähnt?

h) Wie sind die Art, die Beschaffenheit und die Menge der Ware festgelegt?

i) ■ Welchen Preis muss Klemm zahlen

   – 30 Tage nach Rechnungsdatum,

   – 10 Tage nach Rechnungsdatum?

   ■ Entsprechen die Vereinbarungen über den Zahlungstermin den gesetzlichen Bestimmungen?

So wird gerechnet:
Listenpreis	*... EUR*
– *Rabatt (...% vom Listenpreis)*	*... EUR*
– *Zielpreis*	*... EUR*
– *Skonto (...% vom Zielpreis)*	*... EUR*
= *Barpreis*	*... EUR*

j) Stellen Sie sich einmal vor, Klemm verfügte erst 30 Tage nach Rechnungsdatum über genügend Geld zur Bezahlung der Rechnung. Für Zahlung binnen 10 Tagen müsste das Bankkonto überzogen werden. Dies würde 15% Jahreszins kosten. Stellen Sie durch eine geeignete Rechnung fest, ob die Zahlung binnen 10 Tagen trotzdem günstiger wäre.

k) ■ Wo befindet sich der Erfüllungsort für die Warenschuld und für die Geldschuld?

   ■ Handelt es sich dabei um den gesetzlichen, natürlichen oder vertraglichen Erfüllungsort?

   ■ Liegen insofern Hol-, Schick- oder Bringschulden vor?

l) Gesetzt den Fall, die Hubtische würden auf dem Transport zum Kunden beschädigt. Wer trägt dann den Schaden, und müsste Klemm die Waren trotzdem bezahlen?

m) Wer trägt die Kosten für den Transport der Ware und für die Verpackung?

g) An welchem Ort müssten Klemm und Pelzer wegen ihrer Ansprüche gegen den Vertragspartner jeweils gerichtlich klagen?

2. **Gegeben sind folgende Kaufvertragsarten:**
   (1) Kauf auf Probe   **(3) Kauf zur Probe**   **(5) Fixkauf**   **(7) Stückkauf**
   (2) Kauf nach Probe **(4) Kauf auf Abruf**   **(6) Gattungskauf**   **(8) Spezifikationskauf**

Welche dieser Kaufvertragsarten werden durch die folgenden Aussagen beschrieben?

a) Der Vertragsgegenstand ist durch gemeinsame, von den Vertragspartnern festgelegte Merkmale bestimmt.

b) Mit der Einhaltung des Liefertermins steht und fällt der Kaufvertrag.

c) Der Lieferzeitpunkt kann vom Käufer bestimmt werden.

d) Der Vertragsgegenstand muss genau einem Muster entsprechen.

e) Es wird eine bestimmte Menge gekauft; der Käufer kann später noch Merkmale wie Maße, Formen, Farben selbst bestimmen.

f) Der Käufer kann den Kaufgegenstand zurückgeben, wenn er nicht seinen Erwartungen entspricht.

3. **Eine Unternehmung bestellt 10 Stück einer Ware. Der Lieferer gewährt 10 % Rabatt und 3 % Skonto**

a) Wie viel Prozent beträgt die gesamte Preisermäßigung?

b) Statt des Geldrabatts könnte der Käufer auch eine Drauf- oder Dreingabe von einem Stück nach seiner Wahl erhalten. Welcher der beiden Naturrabatte ist günstiger für ihn?

4. **Gegeben sind die folgenden Sachverhalte:**

   (1) Sitz des Verkäufers: Essen. Sitz des Käufers: Köln.
   Lieferung von Schränken von Essen nach Köln.
   Erfüllungsort für die Lieferung ist Essen.
   Erfüllungsort für die Zahlung ist Essen.

   (2) Sitz des Verkäufers: Essen. Sitz des Käufers: Köln.
   Lieferung von Baumaterial an eine Baustelle in Wuppertal.
   Erfüllungsort für die Lieferung ist Wuppertal.
   Erfüllungsort für die Zahlung ist Köln.

   (3) Sitz des Verkäufers: Bonn. Sitz des Käufers: Neuss.
   Lieferung von Lebensmitteln von Bonn nach Neuss.
   Erfüllungsort für die Lieferung ist Neuss.
   Erfüllungsort für die Zahlung ist Neuss.

   In welchen dieser Fälle handelt es sich um a) den vertraglichen, b) den natürlichen, c) den gesetzlichen Erfüllungsort?

5. **Schneider & Co. erhalten von Gebr. Faden das folgende briefliche Angebot vom 16. April: „Jeans-Stoff zu 6,50 EUR je Meter. Lieferung als Frachtgut ab Bahnhof hier."**
   Schneider & Co. bestellen am 19. April 20 Ballen zu 6,00 EUR je Meter bei Lieferung frei Haus fest bis spätestens zum 30. April im Werk eingehend. Gebr. Faden liefern daraufhin am 24. April ohne besondere Bestellungsannahme.

   a) Um was für einen Kauf handelt es sich hier hinsichtlich der Lieferzeit?

   b) Welcher Preis ist der Lieferung zugrunde zu legen?

   c) Wer muss die Transportkosten tragen?

   d) Wer muss die Kosten für die Versandverpackung tragen?

   e) Wann ist die Zahlung fällig?

6. **Auf eine Anfrage von Einzelhändler Willi Wolle, 20123 Hamburg, vom 4. Aug. schreibt die Klaus Krause KG, 40597 Düsseldorf, am 6. Aug. ein Angebot mit folgendem Inhalt: „Gartenstühle, Rohrgestell mit Tuchbespannung, zusammenklappbar, gemäß beiliegendem Prospekt. Abgabe nur in Packungen von jeweils 5 Stück. Stückpreis 10,00 EUR zuzüglich Mehrwertsteuer bei Abnahme von mindestens 30 Stück. Bei Abnahme von mindestens 50 Stück 5 % Rabatt. Lieferungsbedingungen: Bahnversand frei Bahnhof dort, Verpackungskosten pro Paket 2,00 EUR. Preis netto ausschließlich Verpackung. Lieferung 14 Tage nach Eingang der Bestellung. Zahlungsbedingungen: Zahlungen binnen 30 Tagen nach Rechnungsdatum netto Kasse oder binnen 10 Tagen mit 2 % Skonto."**
   Wolle nimmt durch Bestellung von 50 Stück am 8. Aug. das Angebot an. Versandtag der Ware und Rechnungsdatum sind der 24. Aug.

   a) Wer trägt das Risiko für Schäden wegen mangelhafter Verpackung?

   b) Wer trägt das Risiko für den Verlust des Zahlungsbetrages nach erfolgter Banküberweisung?

   c) Ab wo trägt der Käufer das Risiko für die zufällige Verschlechterung der Ware?

   d) Wie muss der Käufer vorgehen, um seiner Zahlungspflicht zu genügen?

   e) Welchen Betrag muss der Kunde binnen 10 Tagen nach Rechnungsdatum überweisen?

   f) Welche Transportkosten muss der Käufer übernehmen?

   g) Wo befindet sich der Gerichtsstand für eine Klage
   ■ des Verkäufers gegen den Käufer?
   ■ des Käufers gegen den Verkäufer?

   h) Schreiben Sie eine Bestellung über 60 Stück. (Benutzen Sie ein Textverarbeitungsprogramm.)

2.5.3 Erfüllung des Kaufvertrags

Erfüllungsgeschäft

Im Kaufvertrag legen Verkäufer und Käufer ihre Pflichten fest. Sie begründen auf diese Weise Schuldverhältnisse. Der Kaufvertrag ist folglich ein Verpflichtungsgeschäft. Die Vertragspartner verpflichten sich darin, ihre Leistungen entsprechend ihren Vereinbarungen zu erbringen.

Das BGB und das HGB enthalten hierzu eine Reihe von Vorschriften. Im Rahmen dieser Vorschriften gilt:

Der Schuldner ist verpflichtet, die Leistung so zu bewirken, wie Treu und Glauben mit Rücksicht auf die Verkehrssitte es erfordern (BGB § 242).

Die bedeutet so viel wie ein ehrbares, rechtschaffenes, faires Verhalten unter Berücksichtigung der herrschenden, gegebenenfalls örtlich unterschiedlichen Gepflogenheiten.

In der Erfüllung der eingegangenen Verpflichtungen besteht das Erfüllungsgeschäft. Es verändert die Rechte an den betroffenen Sachen und bringt das Schuldverhältnis zum Erlöschen (BGB § 362).

Verkäufer			Käufer
Ich muss dem Käufer **Eigentum** *und* **Besitz** *an der Sache ver-* **schaffen** *und den Kaufpreis annehmen.*			*Ich muss die Sache annehmen und den* **Kaufpreis** *zahlen.*

Das Erfüllungsgeschäft besteht aus den Schritten **Einigung** und **Übergabe**.

Bestandteile des Erfüllungsgeschäftes (BGB § 929)
Einigung
Käufer und Verkäufer müssen sich darüber einig sein, dass das Eigentum auf den Käufer übergehen soll. Der Käufer darf folglich eine gekaufte Sache auch nach Ablauf der Lieferfrist nicht eigenmächtig gegen den Willen des Verkäufers an sich nehmen! Dies wäre verbotene Eigenmacht. Er kann aber auf Herausgabe klagen.
Übergabe
Mit der Übergabe verschafft der Verkäufer dem Käufer das Eigentum, d. h. die rechtliche Verfügungsgewalt, und den Besitz, d. h. die tatsächliche Verfügungsgewalt.

Beispiel:
- **Verpflichtungsgeschäft:**
  Ein Kunde kauft in der Baustoffhandlung 50 m^2 Fliesen.
- **Erfüllungsgeschäft:**
  - **Einigung:** Der Verkäufer gibt dem Kunden einen Auslieferungsschein für das Lager.
  - **Übergabe:** Der Lagerarbeiter übergibt dem Kunden die Ware nach Vorzeigen des Auslieferungsscheins.

Wenn ein Dritter die Sache im Besitz hat, so kann die Übergabe dadurch ersetzt werden, dass der Eigentümer seinen Herausgabeanspruch an den Käufer abtritt (BGB § 931).

Der Großhändler Moser hat einen Posten Reis in einem Lagerhaus eingelagert und für die Einlagerung einen Lagerschein erhalten. Er verkauft den Reis an die Firma Speiser. Das Eigentum kann an Speiser übertragen werden, indem

– Moser den Reis abholt und Speiser zustellt,
– Moser den Lagerschein auf Speiser überträgt und damit seinen Herausgabeanspruch an Speiser abtritt.

Die Übergabe kann auch durch die Vereinbarung ersetzt werden, dass das Eigentum auf den Käufer übergeht, der Besitz aber beim Verkäufer bleiben soll (**Besitzkonstitut**; BGB § 930).

Grundstücke kann man einem Erwerber nicht wie bewegliche Güter übergeben. Deshalb wird die Übergabe durch die **Eintragung** in das Grundbuch durch den Grundbuchbeamten ersetzt. Die Einigung trägt hier die Bezeichnung **Auflassung**. Sie muss wegen der Bedeutung dieses Rechtsgeschäftes durch einen Notar beurkundet werden.

Das *Eigentum* an einer unbeweglichen Sache wird erworben durch Einigung (Auflassung) und Eintragung in das Grundbuch (BGB § 873).

Der Besitz an einer unbeweglichen Sache wird erworben, indem der alte Besitzer dem neuen die Sache zum Gebrauch überlässt (BGB § 854).

Eigentumsvorbehalt

Die Einigung über den Eigentumsübergang fehlt beim Eigentumsvorbehalt.

> Die Waren bleiben bis zur vollständigen Bezahlung Eigentum des Verkäufers.

Bei einem solchen Vermerk im Angebot oder in der Bestellungsannahme (nicht erst in der Rechnung!) wird der Käufer bei der Übergabe der Sache nur ihr Besitzer. Der Verkäufer bleibt Eigentümer! Der Eigentumsvorbehalt gibt ihm das Recht, dem mit der Zahlung säumigen Käufer eine angemessene Nachfrist zu setzen und nach deren Ablauf vom Vertrag zurückzutreten und die Rückgabe der Kaufsache zu verlangen (BGB § 449).

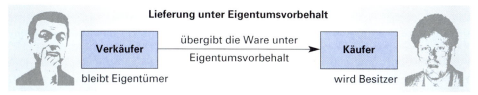

Lieferung unter Eigentumsvorbehalt

Verkäufer	übergibt die Ware unter Eigentumsvorbehalt →	Käufer
bleibt Eigentümer		wird Besitzer

Bei Pfändung der Sache durch Dritte kann der Verkäufer durch eine Widerspruchsklage ihre Freigabe erlangen. Im Insolvenzverfahren hat er das Aussonderungsrecht: Er kann sein Eigentum aus der Insolvenzmasse herausnehmen (Insolvenzordnung § 47).

Allerdings nützt der Eigentumsvorbehalt dem Verkäufer nicht immer:

Der Eigentumsvorbehalt erlischt, wenn die Sache ...	Beispiele
■ ...untergeht	→ Totalschaden eines Rades durch Unfall
■ ...mit einem Grundstück fest verbunden wird (BGB § 946)	→ Einbauschrank

■ ...mit beweglichen Sachen zu einer Einheit verbunden oder vermischt wird (BGB §§ 947, 948)	→	Einbau eines Sportlenkrads ins Auto
■ ...verarbeitet wird (BGB § 950)	→	Verarbeitung von Blech zu Kühlschränken
■ ...von einem gutgläubigen Dritten erworben wird (BGB § 932)	→	Kauf eines Fernsehers durch einen Kunden, dem die Lieferung an den Verkäufer unter Eigentumsvorbehalt nicht bekannt ist

Übrigens: Muss der Verkäufer erkennen, dass der Käufer eine Person ist, die die Sache zum Zweck des Weiterverkaufs erwirbt, so gibt der Verkäufer trotz Eigentumsvorbehalts die Einwilligung zum Verkauf. Die Einwilligung kann allerdings vertraglich ausgeschlossen oder auch widerrufen werden.

Der Verkäufer kann versuchen, sich besser abzusichern, indem er den Eigentumsvorbehalt erweitert. Die einzelnen Formen des erweiterten Eigentumsvorbehalts können auch miteinander kombiniert werden.

Erweiterter Eigentumsvorbehalt[1]

Weitergeleiteter Eigentumsvorbehalt
Der Käufer darf die Sache nur in der Weise weiterveräußern, dass der Verkäufer Vorbehaltseigentümer bleibt. (In der Praxis ungebräuchlich geworden).

Nachgeschalteter Eigentumsvorbehalt
Der Käufer darf die Sache nur unter seinem eigenen Eigentumsvorbehalt weiterveräußern. Dies ist im Zwischenhandel üblich.

Verlängerter Eigentumsvorbehalt
Der Käufer darf die Sache verarbeiten oder weiterverkaufen. Als Ersatz für den untergegangenen Eigentumsvorbehalt soll der Verkäufer sicherheitshalber das Eigentum an dem hergestellten Gegenstand oder an der Forderung aus dem Weiterverkauf erhalten.

Kontokorrentvorbehalt
Der Eigentumsvorbehalt erlischt erst, wenn der Käufer alle oder einen bestimmten Teil der Forderungen aus der Geschäftsverbindung beglichen hat.

Der so genannte **nachträgliche Eigentumsvorbehalt,** der erst im Lieferschein oder in der Rechnung angebracht wird, ist vertragswidrig. Er gilt trotzdem, wenn diese Papiere spätestens mit der Sache eintreffen, weil er die fehlende Einigung über die Eigentumsübertragung ausdrückt. Da er nicht Vertragsinhalt ist, kann der Käufer ihm widersprechen und Eigentumsübertragung verlangen.

Arbeitsaufträge

1. **Betrachten Sie die Bestellung auf Seite 247.**
   Erläutern Sie, wie die ordnungsgemäße Erfüllung des Kaufvertrags vonstatten gehen muss.

2. **Herr Berger hat Herrn Müller in einem schriftlichen Kaufvertrag die Lieferung eines Mopeds für den 5. Mai zugesagt, hält aber den Termin nicht ein und verweigert am 6. Mai die Herausgabe, als Herr Müller bitterböse bei ihm erscheint.**
   Beurteilen Sie, ob Herr Müller sich das Moped, das bei Herrn Berger im Hof steht, einfach wegnehmen darf.

---

[1] Begriffe und Einteilung nach Palandt, Bürgerliches Gesetzbuch, 61. Aufl., S. 511.

3. Herr Lochmann hat seine Bohrmaschine an Herrn Krummwerker verliehen und vereinbart, dass er sie bei Bedarf jederzeit zurückfordern kann. Herr Basteler kauft die Bohrmaschine von Herrn Lochmann.
Welche Möglichkeiten bestehen für Herrn Lochmann, Herrn Basteler Besitz und Eigentum am Kaufgegenstand zu verschaffen?

4. In den Allgemeinen Geschäftsbedingungen einer Aktiengesellschaft steht:
„Der Liefergegenstand bleibt bis zur Bezahlung unserer sämtlicher, auch der künftig entstehenden Forderungen gegen den Besteller unser Eigentum. Der Besteller tritt bereits jetzt seine Forderungen aus einem Weiterverkauf der Vorbehaltsware in Höhe des Lieferpreises zuzüglich 10 % Inkassozuschlag zur Sicherheit an uns ab, wenn er vor der Zahlung des Lieferpreises die Ware veräußert."
a) Welche Sicherung liegt hier vor?
b) Welche Rechte hat der Verkäufer bei ausbleibender Zahlung des Käufers?
c) Nennen Sie Fälle, in denen der Lieferer durch die obigen Klauseln nicht abgesichert ist.

2.6 Kreditorenmanagement

2.6.1 Kreditorenkonten

Die Kreditorenbuchführung betrifft folgende Vorgänge am Ende des störungsfreien Geschäftsprozesses Einkauf: Prüfung der Eingangsrechnung, Buchung als Verbindlichkeit und Bezahlung. Für die Buchführung ist wichtig: Die Buchung der Eingangsrechnung ausschließlich im Hauptbuch auf **dem Sachkonto 4400 Verbindlichkeiten aus Lieferungen und Leistungen** reicht nicht aus, denn dieses Konto weist nicht die Schulden gegenüber den **einzelnen** Kreditoren (Gläubiger) aus. (Entsprechendes gilt für die Forderungen an die Kunden, die Debitoren (Schuldner). Deshalb ist das Hauptbuch um ein Nebenbuch zu ergänzen: das **Kontokorrentbuch**[1]. Dieses enthält **Personenkonten**: für jeden Lieferer ein Kreditorenkonto (und entsprechend für jeden Kunden ein Debitorenkonto). Diese Konten präzisieren den Inhalt der Sachkonten des Hauptbuchs.

> **Beispiel:**
>
> **Hauptbuchhaltung:**   **Kreditorenbuchhaltung:**
>
> 4400 Verbindlichkeiten aus Lieferungen und Leistungen   44001 Kirch & Co. KG
>
>   44002 Berger GmbH
>
>   ...   ...

Die notwendigen Arbeiten werden mit Hilfe eines Kreditorenprogramms (bzw. Debitorenprogramms) erledigt. Das Kreditorenprogramm z. B. entnimmt die Daten für jedes Kreditorenkonto dem **Lieferantenstammsatz** in der Liefererdatenbank.

Relevante Daten des Lieferantenstammsatzes		
Kommunikationsdaten	**Zahlungsverkehrsdaten**	**Berechnungsdaten**
Lieferernummer	Bankverbindung (Bankleitzahl,	Passwort (für Personen,
Lieferernamen (Firma)	Bank, Kontonummer)	die Zugangsberechtigung
Liefereranschrift (auch: Land)	Zahlungsbedingungen	zum Konto haben)
Umsatzsteuer-Identifikationsnr.	Zahlungswege (z. B. Über-	
Telefon, Telefax, E-Mail-Adresse	weisung, Scheckzahlung)	

---

[1] ital: conto corrente = laufende Rechnung

Das System benutzt die Daten des Lieferantenstammsatzes

- **als Vorschlagswerte für die Buchung:**
  Es schlägt z. B. einen Buchungssatz unter Berücksichtigung der gespeicherten Skontoangaben vor,
- **für die Verarbeitung der Geschäftsfälle:**
  Es verarbeitet z. B. die Daten über die Zahlungswege und über die Bankverbindung für den maschinellen Zahlauf.

2.6.2 Rechnungsprüfung und Buchung

Der SAP AG liegen die abgebildeten Rechnungsdaten der Topas AG vor.

Rechnungsnummer: 860348		Datum: 05.09.2000
Artikel	Menge	Einzelpreis
WASSERSTOFFPEROXID 35	2 Einheiten	387,93 EUR
Zwischensumme netto	MwSt-Betrag	Rechnungsbetrag
775,86 EUR	124,14 EUR	900,00 EUR

Die Rechnung wird in folgenden Schritten geprüft und gebucht:

- Der Sachbearbeiter bestimmt den Lieferer durch Eingabe der Kreditorennummer.
- Er gibt die Rechnungsnummer (Referenznummer) und die Rechnungsdaten ein.
- Er gibt die Bestellnummer ein und ruft die Daten der Bestellung auf.

- Das System vergleicht die gespeicherten Bestelldaten mit den Rechnungsdaten. Bei Differenzen erscheint auf dem Bildschirm eine Warnmeldung. Die Differenzen sind zu untersuchen und zu genehmigen. Ggf. kann die Rechnung auch unter Angabe des Grundes für die Zahlung gesperrt werden. Die richtigen Daten werden gespeichert.
- Der Sachbearbeiter ruft eine „Simulation" der Buchung auf. Darin erstellt das System einen Buchungsvorschlag. Ist dieser in Ordnung, erfolgt die endgültige Buchung.

---

[1] Das Basisdatum ist das Ausgangsdatum für die Berechnung einer Zahlungsfrist.

Für **Lieferer mit maximal einem Einkaufsumsatz im Jahr** werden kein eigenes Kreditorenkonto und kein eigener Stammsatz angelegt. Stattdessen erfasst man sie auf einem **Sammelkonto (CPD-Konto = Conto pro Diverse)**. Die Lieferer- und Rechnungsdaten werden erst bei der Belegerfassung eingegeben.

2.6.3 Maschineller Zahllauf

Fällige Rechnungen werden nicht einzeln bezahlt, sondern man führt – z. B. einmal pro Woche – Kosten sparende Sammelüberweisungen aus. Das Programm erstellt anhand der gespeicherten Zahlungsbedingungen automatisch eine Zahlungsvorschlagsliste. Deshalb spricht man von einem „maschinellen Zahllauf". Der Sachbearbeiter prüft die Liste und klärt Probleme. Er kann z. B. Zahlungen zurückstellen oder Skonto ändern. Es wird eine neue Liste erstellt und ggf. wieder geändert. Fallen keine Korrekturen mehr an, gibt der Sachbearbeiter die Liste zur Kontrolle und Genehmigung an den Vorgesetzten. Nach der Genehmigung erfolgen der Echtlauf (Zahllauf), die Buchung der Zahlung (44010 TOPAS an 2800 Bank) und der Ausdruck der Liste.

SAP AG	Zahlungsvorschlagsliste (Zahllauf)					07.09.00 Uhrzeit 15:17:10		
								Seite 1
Buchungskreis: 001 Regulierungsdatum: 07.09.00								
K	Konto-Nr.	Anschrift					Bankanschrift	
Bu.Kr	Beleg-Nr.	Beleg-Dat.	Basis-Dat.	Zahl.bed.	Zahlweg	Währung	Brutto	Netto
K	100065	TOPAS AG					Kreissparkasse	
		Postfach 1265					61150020 001234555	
		73748 Ostfildern						
001	860348	07.09.00	07.09.00				EUR 900,00	900,00
					Überweisung EUR 900,00			
K	100090							

Die Daten werden auf Diskette überspielt und mit einem Begleitzettel bei der Hausbank eingereicht. Später wird die Datei noch einmal online zur Bank übertragen.

---

[1] Die Belegnummer ist eine interne Nummer, die vom System automatisch für den Rechnungsbeleg vergeben wird.

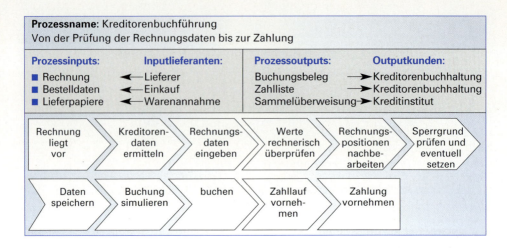

Prozessname: Kreditorenbuchführung
Von der Prüfung der Rechnungsdaten bis zur Zahlung

Prozessinputs:	Inputlieferanten:	Prozessoutputs:	Outputkunden:
■ Rechnung	◄—Lieferer	Buchungsbeleg	——►Kreditorenbuchhaltung
■ Bestelldaten	◄—Einkauf	Zahlliste	——►Kreditorenbuchhaltung
■ Lieferpapiere	◄—Warenannahme	Sammelüberweisung	►Kreditinstitut

Rechnung liegt vor ➤ Kreditoren-daten ermitteln ➤ Rechnungs-daten eingeben ➤ Werte rechnerisch überprüfen ➤ Rechnungs-positionen nachbe-arbeiten ➤ Sperrgrund prüfen und eventuell setzen

Daten speichern ➤ Buchung simulieren ➤ buchen ➤ Zahllauf vorneh-men ➤ Zahlung vornehmen

2.6.4 Zahlungsvorgang

Grundsätzlich kann man Schulden auf dreierlei Art bezahlen.

- **mit Bargeld:** Zahlung mit Banknoten und Münzen
- **halbbar:** entweder: Bargeldeinzahlung auf ein Konto des Empfängers
  oder Bargeldauszahlung vom Konto des Zahlers,
- **bargeldlos:** Umbuchung vom Zahlerkonto auf das Empfängerkonto.

Zahlungen von Industriebetrieben erfolgen heute fast ausschließlich bargeldlos in Form von Überweisungen. Überweisungen sind Umbuchungen von Geldbeträgen von einem Konto auf ein anderes aufgrund eines Überweisungsauftrags:

- **Einzelüberweisung:** Aufgrund des Auftrags erfolgt eine Überweisung.
- **Sammelüberweisung:** Aufgrund des Auftrags erfolgen mehrere Überweisungen.

Alle anderen Zahlungswege sind für Betriebe zu personal-, zeit- und kostenintensiv und deshalb nur für den privaten Zahlungsverkehr geeignet. Nur bei Zahlungen ins Ausland kommen noch Schecks vor.

Für den Zahlungsverkehr unterhält der Industriebetrieb **Girokonten** bei Kreditinstituten. Wie private Girokonten nehmen sie Geldbeträge auf, über die der Kontoinhaber jederzeit und ohne Einschränkung verfügen kann. Bei entsprechenden Vereinbarungen mit dem Kreditinstitut kann das Konto auch überzogen werden. Die Bank führt die Zahlung dann aus, ohne dass ein Guthaben besteht. Sie gewährt einen Kredit.

Die herkömmliche Form des Auftrags ist das gedruckte Überweisungsformular. Die Überweisungen der Industriebetriebe erfolgen heutzutage jedoch beleglos auf zwei Wegen.

Datenträgeraustausch (DTA)	Datenfernübertragung (DFÜ)
Der Auftraggeber reicht einen **elektronischen Datenträger** (Magnetband, Magnetbandkassette, Diskette) ein und fügt einen unterschriebenen **Begleitzettel** bei. Beide zusammen bilden den Überweisungsauftrag.	Der Auftrag wird ohne Datenträger online über das Leitungsnetz der Deutschen Telekom AG vom Betriebscomputer an den Bankcomputer übermittelt.
Der Absender muss den Inhalt der übermittelten Dateien für mindestens zehn Geschäftstage in der Form nachweisbar halten, so dass er auf Anforderung kurzfristig ein Duplikat liefern kann.	

Betrachten Sie noch einmal die Rechnung der Rollkugel GmbH auf Seite 257.

a) Sie haben diese Rechnung bereits auf ihre sachliche und rechnerische Richtigkeit überprüft. Für diese Prüfung und für die anschließende Buchung sind u. a. folgende Daten einzugeben:

- Belegnummer
- Referenznummer
- Rechnungsnummer
- Belegdatum
- Buchungsdatum
- Basisdatum

Lesen Sie – soweit möglich – diese Daten aus der Rechnung ab und ergänzen Sie sie pauschal um die fehlenden Daten.

b) Für die Zahlung erstellt das Programm die Vorschlagsliste. Erstellen Sie den Teilausdruck für die vorliegende Rechnung.

c) Formulieren Sie die vertragliche Zahlungsbedingung, die der Rechnung zugrunde liegt.

d) Ermitteln Sie durch eine geeignete Rechnung, ob es günstiger ist, die Zahlungsfrist voll auszunutzen oder vorzeitig unter Abzug von Skonto zu zahlen.

Informationen finden Sie auf Seite 565 f.

e) Formulieren Sie den Buchungssatz für die Bezahlung der Rechnung ohne und mit Ausnutzung von Skonto.

f) Erstellen Sie ein ereignisgesteuertes Prozesskettendiagramm für den Geschäftsprozess der Kreditorenbuchführung, welchem der Sachbearbeiter alle benötigten Informationen für die Prüfung, Buchung und Bezahlung der Rechnung entnehmen kann.

g) Erstellen Sie mit Hilfe eines Präsentationsprogramms eine Präsentation des Systems der Kreditorenbuchführung Ihres Ausbildungsbetriebes.

2.7 Handlungsprozesse bei Erfüllungsstörungen

Wenn ein Vertragspartner seine Leistungen nicht vertraglich erbringt, spricht man von einer Erfüllungsstörung. Vom Lieferer können zwei derartige Störungen ausgehen:

- Nichteinhaltung des Liefertermins;
- mangelhafte Lieferung.

2.7.1 Nichteinhaltung des Liefertermins

Wird bei Fälligkeit nicht geliefert, können dem Käufer Schäden entstehen: Produktionsausfall, teurer Ersatzkauf, Kundenverlust, Schadensersatzforderungen von Kunden. Deshalb sollte der Käufer den Verkäufer umgehend durch eine Mahnung zur Lieferung auffordern.

Durch die Mahnung kommt der Verkäufer in Lieferungsverzug (BGB § 286). Der Verzug beginnt mit dem Zustellungstag der Mahnung.

„Verzug" ist ein juristischer Begriff. Wer im Verzug ist, hat eine Reihe von Nachteilen zu tragen.

Auch ohne Mahnung kommt der Verkäufer in Verzug, wenn

„Lieferung der Spinde bis Ende Mai."

■ der Liefertermin nach dem Kalender bestimmt ist, ──────▶
■ der Verkäufer die Leistung ernsthaft und entgültig verweigert.

Der Verkäufer kommt allerdings nicht in Verzug, solange die Leistung infolge eines Umstandes unterbleibt, den er nicht verschuldet hat.

Die Haftung des Lieferers erweitert sich während des Verzugs auf den Zufall, d. h. unverschuldete Verschlechterung und unverschuldeter Untergang (Verlust) der Kaufsache (BGB § 287).

Bei rechtzeitiger Lieferung hätte der Zufall ja nicht wirksam werden können.

Rechte des Käufers bei Nichteinhaltung des Liefertermins	
bei Lieferungsverzug (Liefererverschulden vorausgesetzt)	**auch ohne Lieferungsverzug** (kein Liefererverschulden vorausgesetzt)

■ **Schadensersatz wegen Verzögerung der Lieferung verlangen** (BGB § 280), z. B. wegen Produktionsausfalls oder Schadensersatzforderungen eigener Kunden, und bis zur Lieferung die **Zahlung verweigern**.

oder:

■ **angemessene Nachfrist setzen. Nach erfolglosem Ablauf: Schadensersatz statt der Lieferung verlangen** (BGB § 281); z. B. wegen Produktionsausfalls. Mehrkosten für einen Ersatzkauf (sog. Deckungskauf), Gewinnentgangs-, Schadensersatzforderungen eigener Kunden.
Fristsetzung entbehrlich, wenn
– der Verkäufer die Lieferung ernsthaft und entgültig verweigert,
– besondere Umstände die sofortige Geltendmachung des Schadensersatzes rechtfertigen (auch dies ist v.a. beim Zweckkauf der Fall),
– ein Fixhandelskauf vorliegt (HGB ◀── § 376)

■ **angemessene Nachfrist setzen. Nach erfolglosem Ablauf:**
vom Vertrag zurücktreten (BGB § 233).

Fristsetzung entbehrlich, wenn
– der Verkäufer die Lieferung ernsthaft und entgültig verweigert,
– ein Fixkauf vorliegt,
– besondere Umstände den sofortigen Rücktritt rechtfertigen.

Eine Nachfrist ist angemessen, wenn der Verkäufer die Sache liefern kann, ohne sie erst zu beschaffen oder anzufertigen.

Beispiele:
1. **Zweckkauf** (Brautkleid nicht rechtzeitig zur Hochzeit, Osterartikel nicht rechtzeitig vor Ostern)
2. **Unmögliche Lieferung** (Als unfallfrei zugesicherter Gebrauchtwagen erleidet Unfall vor Lieferung)

Auf Erfüllung kann der Käufer hier nur bestehen, wenn er dies dem Verkäufer sofort nach Fristablauf anzeigt.

Hinsichtlich des Schadensersatzes spricht man von

■ „konkreter" Schadensberechnung, wenn die Höhe des Schadens genau nachgewiesen wird (z. B. als Preisunterschied beim Deckungskauf),
■ „abstrakter" Schadensberechnung, wenn ein genauer Nachweis nicht möglich ist (z. B. Ansatz eines entgangenen Gewinns auf Grund vermuteten Kundenausfalls).

Bei Geschäften zwischen Gewerbebetrieben kommen die gesetzlichen Bestimmungen oft nicht zur Anwendung. Die Geschäftspartner treffen eigene Regelungen, entweder durch AGB oder besondere vertragliche Vereinbarungen. Insbesondere gilt dies für Großeinkäufe und für Rahmenverträge. Eine solche Vereinbarung ist z. B. auch die **Konventionalstrafe (Vertragsstrafe)**. Sie soll Streitigkeiten bei der Berechnung des Schadensersatzes verhindern. Sie ist selbst dann zu zahlen, wenn gar kein Schaden eintritt.

Beispiel

„Erfolgt die Lieferung nicht spätestens am 20. Mai 20.., so ist für jeden Tag der Verspätung eine Vertragsstrafe von 500,00 EUR zu zahlen."

Arbeitsaufträge

1. **Am 18. Juni 20.. schreibt die Gebr. Reinhards OHG an ihren Lieferer:**

```
In Ihrer Auftragsbestätigung vom 16. Mai 20.. sagten sie uns verbindlich
zu, unsere Bestellung innerhalb eines Monats ab Datum der Bestellung aus-
zuführen. Die Ware ist bisher nicht bei uns eingetroffen. Anlässlich un-
serer telefonischen Anfrage vom 15. Juni 20.. teilten Sie uns mit, dass
Sie aufgrund unerwartet zahlreicher Auftragseingänge zurzeit generell
nicht in der Lage seien, pünktlich zu liefern.

Wir können diese Erklärung nicht akzeptieren und setzen Ihnen mit dieser
Mahnung eine Nachfrist bis spätestens zum 23. Juni 20.. Eine Aufstellung
über unseren Schaden aus der verspäteten Lieferung lassen wir Ihnen noch
zugehen.

Nach Ablauf der Nachfrist sind wir leider gezwungen, die Annahme der Ware
abzulehnen. Wir behalten uns für diesen Fall alle weiter gehenden Rechte
vor.
```

Beurteilen Sie, ob Gebr. Reinhards rechtlich einwandfrei vorgehen.

2. **Das Chemiewerk Elegius GmbH hat aufgrund eines Angebots der Peter Pfister OHG 32 Schutzanzüge bestellt.**

Ihr Angebot vom 20..-08-20	Ihr Zeichen We/k.	München 20..-08-22

Bestellung Nr.: 3245

Lfd. Nr.	Menge	Gegenstand	Größe	Einheit	Preis je Einheit	Zu liefern bis
1	je 4	Schutzanzüge Katalog-Nr. 36	44, 46 52, 54	Stück Stück	56,00 EUR 59,00 EUR	14 Tage nach Eingang der
2	je 8	„	48, 50	Stück	56,00 EUR	Bestellung

Zahlungsbedingungen:
10 % Rabatt; Zahlung 30 Tage nach Lieferung netto Kasse oder binnen
10 Tagen mit 2 % Skonto

Lieferungsbedingungen:
Unfrei einschließlich Verpackung

Am 15. September ist die Ware noch nicht eingetroffen.
a) Welche Schritte wird Elegius nun unternehmen?
b) Von welchem Tag an befindet sich der Lieferer in Lieferungsverzug?
c) Muss den Lieferer in diesem Fall ein Verschulden treffen, damit er in Lieferungsverzug gerät?
d) Schreiben Sie einen Brief von Elegius an den Lieferer sowie das Antwortschreiben auf diesen Brief. (Benutzen Sie ein Textverarbeitungsprogramm.)

e) Nachdem die Pfister OHG in Lieferungsverzug gesetzt wurde, schickt sie die bestellten Waren ab. Diese werden jedoch auf dem Bahntransport teilweise beschädigt.
   – Kann der Lieferer trotzdem den vollen Kaufpreis vom Käufer verlangen?
   – Wer muss Ersatzansprüche bei der Bahn geltend machen: der Verkäufer oder der Käufer?

3. **Stellen Sie sich vor, es handle sich bei dem Geschäft zwischen Elegius und der Pfister OHG um einen Fixkauf, bei dem „Lieferung fix am 13. September" vereinbart wurde.**
   In welchen Punkten unterscheiden sich nun die Rechte und Pflichten des Käufers gegenüber dem „normalen" Kauf?

2.7.2 Mangelhafte Lieferung

Mängelarten

Der Verkäufer muss dem Käufer die Kaufsache (Ware) frei von Mängel übergeben. Grundsätzlich lassen sich folgende Mängelarten unterscheiden:

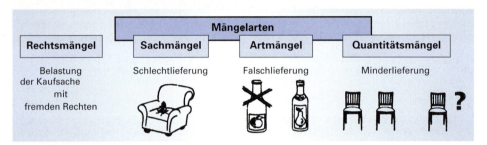

Rechtsmängel

Die Sache ist frei von Rechtsmängeln, wenn Dritte in Bezug auf die Sache keine Rechte gegen den Käufer geltend machen können, die nicht im Kaufvertrag vereinbart sind (BGB § 435).

Solche fremden Rechte sind z. B. fremdes Eigentum, fremde Besitzrechte, fremde Pfandrechte, fremde Nutzungsrechte.

> **Beispiele:**
> ■ Die verkaufte Sache ist verliehen. Der Besitzer gibt sie nicht heraus.
> ■ Die verkaufte Sache ist an einen Kreditgeber verpfändet. Dieser gibt sie nicht heraus.
> ■ Die verkaufte Sache ist zur Sicherheit an einen Kreditgeber übereignet. Dieser gibt sein Recht nicht auf.

Sachmängel

Verkäufer und Käufer können Vereinbarungen über die Beschaffenheit der Kaufsache treffen. Dann begründet jede Abweichung von diesen Vereinbarungen einen Mangel:

Die Sache ist frei von Sachmängeln, wenn sie bei Gefahrübergang die vereinbarte Beschaffenheit hat. (BGB § 434 (1)).

> **Beispiele:**
> Vereinbarungen über die Beschaffenheit:
> ■ Die Sache muss genau einer Probe oder einem Muster oder einer früheren Lieferung entsprechen (Kauf nach Probe/Muster).
> ■ Der gekaufte Gebrauchtwagen muss unfallfrei sein.
> ■ Der gekaufte Spritzlack ist schadstofffrei.

In der Praxis trifft man im Kaufvertrag oft keine Vereinbarungen über die Beschaffenheit der Kaufsache. Vielmehr werden die meisten Sachen so gekauft, wie der Hersteller oder Händler sie im Geschäft oder Katalog oder Internetshop anbietet. Dann gilt:

Die Sache ist frei von Sachmängeln,
- **wenn sie sich für die vertraglich vorausgesetzte Verwendung eignet, sonst**
- **wenn sie sich für die gewöhnliche Verwendung eignet und so beschaffen ist, wie dies bei gleichartigen Sachen üblich ist und der Käufer es nach Art der Sache erwarten kann. (BGB § 434 (1)).**

> **Beispiele:**
> - Neue Sachen dürfen keine Fehler haben, verdorben oder beschädigt sein.
> - Gebrauchte Sachen müssen die für derartige Sachen übliche Beschaffenheit haben. (Von einem Jahreswagen z. B. kann der Käufer erwarten, dass er so beschaffen ist, wie das bei Jahreswagen üblich ist.)

Als Sachmängel gelten auch eine unsachgemäß durchgeführte Montage durch den Hersteller und eine mangelhafte Montageanleitung.

Die Montage klappte trotz mangelhafter Anleitung. In diesem Fall liegt kein Mangel vor.

■ Artmängel und Quantitätsmängel

Artmängel liegen bei Falschlieferungen vor: Beim Stückkauf wird nicht das bestellte Stück, beim Gattungskauf eine andere Gattung geliefert.

> **Beispiele:**
> - **Stückkauf:** Statt der ausgesuchten antiken Uhr für das Chefzimmer wird eine andere Uhr geliefert.
> - **Gattungskauf:** Statt eines Beamers der Marke Sony wird ein Beamer der Marke Fujitsu geliefert.

Qualitätsmängel liegen bei Minderlieferungen vor: Eine Lieferung kann weniger Stücke oder eine geringere Menge als vereinbart enthalten. Eine Sache kann auch zu kleine Abmessungen haben.

> **Beispiele:**
> - Statt 40 bestellter Konferenzstühle werden 35 geliefert.
> - Statt eines Stahlstabs von 3,90 m Länge wird ein Stab von 3,81 m geliefert.

Das BGB stellt Art- und Quantitätsmängel den Sachmängeln gleich:
Einem Sachmangel steht es gleich, wenn der Verkäufer eine andere Sache oder eine zu geringe Menge liefert. (BGB § 434 (3))

■ Rechte des Käufers

Bisweilen – z. B. bei Stückkäufen – ist weder eine Reparatur noch eine Ersatzlieferung für die mangelhafte Kaufsache möglich (**Unmöglichkeit der Leistung**, BGB § 275). Dann kann der Verkäufer nicht liefern, und der Käufer hat die bekannten Rechte[1]: **Rücktritt vom Kaufvertrag** und ggf. – bei Verschulden des Verkäufers – Anspruch auf **Schadensersatz**.

Beispiel: ein beschädigter Kunstgegenstand.

Ansonsten – und das sind die weitaus meisten Fälle – hat der Verkäufer ein **Recht zur zweiten Andienung**: Der Käufer hat zunächst nur Anspruch auf **Nacherfüllung**. Erst nachrangig kommen in Frage: Vertragsrücktritt, Kaufpreisminderung, Schadensersatz. (BGB § 437)

---

[1] Vgl. S. 282

	§ 442: Die Rechte des Käufers sind ausgeschlossen, wenn er den Mangel bei Vertragsschluss kennt!
Rechte des Käufers bei Mängeln (laut BGB)	

Nacherfüllung (§ 439), wahlweise:

(1) Mängelbeseitigung
- Der Verkäufer muss die dazu notwendigen Aufwendungen tragen, insbesondere Transport-, Wege-, Arbeits-, Materialkosten.

(2) Ersatzlieferung
- Nur bei Gattungssachen möglich! Dabei kann der Verkäufer die Rückgabe der mangelhaften Sache verlangen.

Der Verkäufer kann eine unmögliche (§ 275 (1)) oder nur mit unverhältnismäßigen Kosten mögliche Nacherfüllungsart verweigern (§ 439 (3)) und den Käufer auf die andere Art verweisen.

Nach Setzung einer angemessenen Frist zur Nacherfüllung und deren erfolglosem Ablauf:

Die Nachfrist kann v.a. entfallen (§ 440), wenn
- der Verkäufer beide Arten der Nacherfüllung verweigert,
- wenn die dem Käufer zustehende Art der Nacherfüllung fehlgeschlagen ist – i. d. R. nach dem zweiten erfolglosen Versuch! – oder ihm unzumutbar ist.

(3) Vertragsrücktritt (§ 323)

Kein Rücktritt, wenn der Mangel unerheblich ist! (§ 323 (5))

oder

(4) Kaufpreisminderung (§ 441)

Herabsetzung des Kaufpreises gemäß dem Umfang der Wertminderung. Auch bei unerheblichen Mängeln möglich. Soweit erforderlich, ist die Wertminderung zu schätzen.

Zusätzlich:

(5) Schadensersatz bei Verschulden des Verkäufers nach (§ 280 und § 281)

Schadensersatz anstelle der Leistung und Schadensersatz für Folgeschäden (zusätzlich aufgewendete Kosten, Vermögensnachteile, Körperschäden).

Das Verschulden des Verkäufers wird vermutet. Es liegt an ihm, das Gegenteil zu beweisen.

ohne Verschulden Verkäufers nach (§276)

Wenn der Verkäufer eine Garantie übernommen hat. (Das ist u.a. eine feste Zusage hinsichtlich bestimmter Eigenschaften, z. B. Zusicherung der Unfallfreiheit eines Gebrauchtwagens).

Die gesetzlichen Käuferrechte können vertraglich abgeändert werden. Im Allgemeinen schränkt der gewerbliche Verkäufer die Rechte des Käufers durch seine **Allgemeinen Geschäftsbedingungen** stark ein.

Ausnahme: Beim Verbrauchsgüterkauf (Kauf beweglicher Sachen durch einen Verbraucher bei einem Unternehmer) sind vor einer Mängelmitteilung getroffene Vereinbarungen zum Nachteil des Verbrauchers unwirksam. (BGB § 475 (1))

Bei **arglistig verschwiegenen Mängeln** sind vertraglich vereinbarte Haftungsausschlüsse nichtig. (BGB § 444)

Für **zweiseitige Handelsgeschäfte** gilt weiterhin:
- Die mangelhafte Ware darf beim Platzkauf (Kauf mit Zusendung innerhalb desselben Ortes) zurückgeschickt werden. Ansonsten muss der Käufer für ihre einstweiligen Aufbewahrung sorgen, bis der Verkäufer Verfügungen trifft (HGB § 379). Dies soll dem Verkäufer unnötige Kosten ersparen. Verderbliche Waren darf der Käufer, wenn Gefahr im Verzug ist, unter den gleichen Bedingungen wie beim Annahmeverzug[1] versteigern lassen (HGB § 373, § 379).
- Ist nur der Käufer Kaufmann, so lässt sich aus dem Grundsatz von Treu und Glauben (BGB § 242) schließen, dass für ihn die gleichen Pflichten gelten.

---
[1] Vgl. S. 502

■ Unternehmerrückgriff

Der Unternehmer, der eine neu hergestellte mangelhafte Sache von einem Verbraucher zurücknehmen oder eine Preisminderung erfahren musste, kann die Rechte nach BGB § 437 gegen seinen eigenen Lieferer geltend machen. Dabei muss er keine Nachfrist setzen. Er kann auch Ersatz der Aufwendungen für eine Nacherfüllung verlangen (BGB § 478). Entsprechendes gilt für die anderen Lieferer in der Lieferkette.

Voraussetzung: Der Mangel muss schon bei Übergang der Gefahr auf den Unternehmer bestanden haben.

■ Verjährungsfristen

Wenn der Käufer Mängel vor dem Gefahrenübergang entdeckt, kann er die Lieferung ablehnen. Ansonsten muss er die Mängel dem Verkäufer innerhalb der Verjährungsfrist mitteilen und genau beschreiben (**Mängelrüge**). Allgemeine Angaben („Der Fernseher ist beschädigt") reichen nicht. Oft ruft man an und bestätigt anschließend zur Beweissicherung die Mängelrüge schriftlich.

Grundsätzlich muss nach erfolgter Lieferung der Käufer beweisen, dass ein Mangel schon bei Gefahrübergang vorhanden war:

Ausnahme: Umkehrung der Beweislast beim Verbrauchsgüterkauf: Es gilt die (widerlegbare) Vermutung, dass ein binnen sechs Monaten seit Gefahrübergang auftretender Sachmangel schon bei Gefahrübergang bestand. (BGB § 476)

Verjährungsfristen			
	bei offenen Mängeln (bei Prüfung erkennbar, z. B. Bruch) ↓	**bei versteckten Mängeln** (nicht ohne weiteres erkennbar, z. B. Materialfehler) ↓	**bei arglistig verschwiegenen Mängeln** (versteckte Mängel, die der Lieferer kannte und absichtlich verheimlichte) ↓
nach BGB § 438 (bürgerlicher Kauf; einseitiger Handelskauf)	Die Mängel sind binnen 2 Jahre nach Ablieferung der Sache zu rügen.		Die Mängel sind binnen 3 Jahren zu rügen.
nach HGB § 377 (zweiseitiger Handelskauf)	Die Mängel sind unverzüglich nach Prüfung der Ware zu rügen.	Die Mängel sind unverzüglich nach Entdeckung des Mangels, jedoch binnen 2 Jahren nach Ablieferung zu rügen.	Die Mängel sind binnen 3 Jahren nach Ablieferung zu rügen.
Für die Einhaltung der Fristen genügt die rechtzeitige Absendung der Mängelrüge. Die Fristen können vertraglich vereinbart werden. (BGB § 202). Da sich mit dem Zeitablauf die Schadensursache zunehmend schwerer ermitteln lässt, findet man in der Praxis häufig Verkürzungen. Eine Verkürzung auf weniger als 2 Jahre (bei gebrauchten Sachen 1 Jahr) ist beim Verbrauchsgüterkauf unwirksam (BGB § 475 (2)).			

Verjährung der Rückgriffsansprüche der Unternehmer:
■ Aufwendungsersatz: 2 Jahre nach Ablieferung der Sache.
■ Aufwendungsersatz und restliche Ansprüche:
  – frühestens 2 Monate nach Erfüllung der Verbraucheransprüche
  – spätestens 5 Jahre nach Ablieferung der Sache durch den Lieferer an den Unternehmer.			

287

Garantie und Kulanz

Die gesetzliche Mangelhaftung darf nicht mit der **Garantie** verwechselt werden, die ggf. der Hersteller (bisweilen auch der Händler) auf Waren gewährt. Die Garantie beruht auf freiwilliger Basis und beschränkt sich meist auf den kostenlosen Austausch von Teilen. Sofern die Garantieleistungen einen geringeren Umfang haben als die gesetzliche Mangelhaftung, sollte der Kunde sie erst nach dem Ablauf der Verjährungsfrist in Anspruch nehmen.

In der Praxis geht der Verkäufer oft auch ohne gesetzliche oder vertragliche Verpflichtung auf die Forderungen des Kunden ein. Dann liegt **Kulanz** vor. Sie ist v. a. angebracht, wenn die Forderung des Kunden gerechtfertigt erscheint, bisweilen sogar bei ungerechtfertigten Ansprüchen. So wird man einen Kunden mit hohem Umsatz wegen einer kleineren Reklamationsforderung nicht verärgern. Man könnte ihn verlieren!

Arbeitsaufträge

1. **Eine Druckerei hat der Spirituosenfabrik Walter Diekers KG Etiketten mit einem Druckfehler geliefert.**
   a) Um welche Mängel handelt es sich?
   b) Innerhalb welchen Zeitraums muss die Spirituosenfabrik rügen?
   c) Welche Rechte kann die Spirituosenfabrik geltend machen?
   d) Für welches Recht würden Sie sich entscheiden? Begründen Sie Ihre Entscheidung.
   e) Fertigen Sie eine unterschriftsreife Mängelrüge an.
   f) Schreiben Sie die Antwort des Lieferers.
      (Benutzen Sie ein Textverarbeitungsprogramm.)

2. **Die AGB eines Betriebes der Elektroindustrie enthalten hinsichtlich von Mängeln die folgenden Sätze. Weitere Bestimmungen sind nicht enthalten.**

   Beanstandungen und Gewährleistung

   Reklamationen irgendwelcher Art anerkennen wir nur innerhalb von 7 Tagen nach Erhalt der Ware.

   Für nachweisbar durch unser Verschulden entstandene Mängel infolge von Material- oder Fertigungsfehlern leisten wir Gewähr für die Dauer von 12 Monaten bei normalem Gebrauch innerhalb des Haushaltes, bzw. von 6 Monaten bei gewerblichem Einsatz zum Beispiel in Pensionen, Kantinen, Hotels u. Ä.

   Die Garantieleistung erstreckt sich auf eine kostenlose Instandsetzung bzw. nach unserer Wahl auf die Lieferung eines einwandfreien Austausch-Gerätes bei frachtfreier Rückgabe des fehlerhaften Stückes. Darüber hinausgehende Ansprüche können nicht gestellt werden.

   a) Nennen Sie die hier vorgenommenen Gewährleistungsbeschränkungen.
   b) Sind diese Beschränkungen
      ■ gegenüber anderen Unternehmen, ■ gegenüber Verbrauchern wirksam?

3. **Marion Mann erhält am 17.02.02 von der Autohandlung Brumm GmbH einen fabrikneuen Pkw Marke Bulli XL geliefert. Am 19.03.03 stellt sie fest, dass bei Regen Wasser in den Kofferraum eindringt.**
   a) Welche Mängelart liegt vor?
   b) Kann Frau Mann den Mangel so spät nach Lieferdatum noch rügen und Rechte geltend machen? Nennen Sie den äußersten Termin.
   c) Welche Rechte kann und wird Frau Mann geltend machen?
   d) Der Händler unternimmt die Reparatur des Schadens. Er weist darauf hin, dass er die Materialkosten, nicht aber die Arbeitskosten trägt. Nehmen Sie hierzu Stellung.
   e) Trotz Reparatur dringt weiter Wasser ein. Auch ein zusätzlicher Reparaturversuch bleibt erfolglos. Wie viele Reparaturversuche muss Frau Mann noch zugestehen? Raten Sie ihr, wie sie sinnvollerweise vorgehen sollte.
   f) Der Händler will nicht auf den entstandenen Kosten sitzen bleiben, denn er hat den fehlerhaften Wagen nicht produziert. Was kann er diesbezüglich unternehmen?

3 Lagerung: Bestandsmanagement und -logistik

Die Hochalp Käsefabriken im Allgäu sind auf die Produktion von Schmelzkäse spezialisiert. Über fünf Entladerampen werden täglich Rohkäsepartien und Verpackungsmaterial angeliefert. Beides wird an vorbestimmten Lagerplätzen eingelagert. Jede Käselieferung z. B. wird vollautomatisch gewogen und gelangt – elektronisch gesteuert – zu der Lagerstraße, in der sie eingelagert werden soll.

3 000 Tonnen Naturkäse fasst das Käselager. Der Rohkäse muss im Lager bis zu 4 Monaten reifen. Die Hauptsorten sind Emmentaler, Chester, Gouda und Tilsiter. 480-kW-Kältemaschinen sorgen für die Einhaltung der richtigen Temperatur. Der Käseprüfer entnimmt regelmäßig Proben für das Laboratorium, das Qualität und biologische Fakten der Rohware ständig kontrolliert.

Rohkäselager

Der Käseverbrauch ist im Sommer am größten. Deshalb ist das Lager zu dieser Zeit etwas lückenhaft. Vor dieser Hauptverbrauchszeit ist es wichtig, sich mit ausreichenden Vorräten einzudecken. Einen Einfluss auf die Lagermenge hat auch der Preis des Rohkäses, der weitgehend durch die Käsebörse in Neuwaden bestimmt wird.

Der Rohkäse wird in einem Arbeitsgang gemahlen, gemischt, geschmolzen und portioniert. Es gibt deshalb keine Zwischenlagerung von unfertigen Produkten, wie es bei anderen Industriebetrieben (z. B. in der Metallverarbeitung) der Fall ist.

Nach Verarbeitung, Abfüllung, Abpackung und Verpackung werden die versandfertigen Kolli zu Palettenladungen zusammengestellt; ein elektronisch gesteuertes Lagersystem bestimmt den genauen Lagerplatz jeder Palette in einer der neun Etagen eines Hochlagers. Auf dem Rückweg bringt der Stapelkran die Paletten mit, die an der Laderampe benötigt werden.

Unter einem *Lager* versteht man einmal eine Menge gelagerter Güter, zum andern den Ort oder Raum, an dem die Lagerung stattfindet.

3.1 Lagerarten, Lageraufgaben

Läger gibt es im Bereich von			
Beschaffung	**Produktion**	**Absatz**	**Verwaltung**
Läger für Roh-, Hilfs- und Betriebsstoffe: – Eingangslager[1] – Hauptlager[2] – selbstständige Nebenläger[3]	Läger für Materialbedarf: – Bereitstellungslager[4] – Handlager[5] – Zwischenlager[6] Läger für Investitionsbedarf: – Werkzeuglager – Vorrichtungslager[7] – Maschinenersatzteillager	Läger für: – Fertigerzeugnisse – Ersatzteile – Handelswaren	Läger für Büromaterialien

[1] vorübergehende Lagerung zur Eingangskontrolle
[2] zentrale oder dezentrale Lagerung der Materialien
[3] für Güter, die nur ein betrieblicher Bereich benötigt
[4] stellt die erforderlichen Materialien für die Fertigung bereit
[5] direkt am Arbeitsplatz, für häufig benötigte Materialien
[6] nimmt halbfertige Erzeugnisse bis zur Weiterverarbeitung auf
[7] für teure Vorrichtungen und Werkzeuge, die aufmerksamer Pflege bedürfen

Die Läger erfüllen wichtige Aufgaben (Funktionen).

<table>
<tr><td>

Aufgaben der Lagerung

Sicherung und Zeitüberbrückung

Außenpolitische Änderungen (z. B. Ausfuhrstopps) oder Witterungseinflüsse (z. B. verspätete Ernten), Liefererausfälle und Transportschwierigkeiten können die Materialversorgung gefährden; Störungen in einzelnen Produktionsstufen können den Produktionsfluss zum Stocken bringen; ein plötzlicher Nachfrageanstieg kann die Lieferbereitschaft beeinträchtigen.

- Materialläger (eiserner Bestand!), Zwischenläger, Fertigprodukte- und Warenläger sichern die Funktionsfähigkeit des Betriebes und überbrücken zugleich Lieferfristen und Wartezeiten.
- Bestellte Werkstoffe treffen erst nach Ablauf einer bestimmten Lieferfrist ein. Lagervorräte überbrücken diese Frist. Saisonartikel (z. B. Zuckerrüben, Getreide) fallen zu bestimmten Zeitpunkten in Massen an und können erst allmählich verarbeitet werden. Das Lager dient als Puffer.
- Der Betrieb soll möglichst gleichmäßig produzieren, um die Kapazität auszulasten. Die Kundennachfrage entwickelt sich dagegen oft ungleichmäßig. Das Lager an Fertigerzeugnissen gleicht die Schwankungen aus.

Preisausgleich

Rechnet man mit einem Preisanstieg bei Materialien, so kann man durch Anlegen eines Lagervorrats noch eine Zeitlang kostengünstig produzieren. Im Absatzbereich gestatten Lagerbestände es, bei Preiserhöhungen von Konkurrenten weiter zu unverändertem Preis anzubieten und so Kunden zu binden.

Kosteneinsparung

Vorratshaltung bedeutet Einsparung von Zeit, Weg und Arbeit durch das Zusammenfassen vieler kleiner Bestellungen zu einer Großbestellung. Bestell-, Verpackungs- und Transportkosten können gespart, Mengenrabatte ausgenutzt werden. So lassen sich die Beschaffungskosten senken.

Umformung

Mit der Lagerung ist manchmal ein gewisser Umformungsprozess verbunden (z. B. Trocknung, Kühlung, Härtung), der erst eine anschließende Verarbeitung ermöglicht.

In manchen Branchen führt die Lagerung zu einer Veredelung (z. B. Reifelagerung bei Käse oder Whisky, Aushärtung von Autoreifen).

</td></tr>
</table>

Lagervorräte können allerdings auch unfreiwillig entstehen.

- **Unfreiwillige Materialläger** entstehen, wenn der Fertigungsprozess verspätet einsetzt.

- **Unfreiwillige Zwischenläger** entstehen,
  - wenn eine Produktionsanlage schneller arbeitet als die nachfolgende Anlage;
  - wenn eine Anlage von mehreren Aufträgen beansprucht wird.

- **Unfreiwillige Fertigerzeugnisläger** entstehen, wenn die Erzeugnisse nicht wie geplant abgesetzt werden können.

Lagerung ist teuer. Darum müssen wir unfreiwillige Läger unbedingt vermeiden!

Arbeitsauftrag

Läger erfüllen wichtige Aufgaben.
- a) Erstellen Sie eine Präsentation über
  - die Läger in Ihrem Ausbildungsbetrieb,
  - die dort gelagerten Güter,
  - die Aufgaben dieser Läger.
- b) Wo befinden sich die genannten Läger? Begründen Sie die vorgefundene Ordnung.

3.2 Lagerorganisation

Die Organisation des Lagers, seine Größe und die Art der Lagerung sind von den Stoffen abhängig, die für die Produktion benötigt werden. Auch sind viele gesetzliche Vorschriften zu beachten, z. B. bei der Lagerung von Explosivstoffen, Chemikalien[1] oder Lebensmitteln.

Zur Verkürzung der innerbetrieblichen Transportwege, die gleichbedeutend mit einer Verringerung der Transportkosten ist, sollte das Lager nahe am Verbrauchsort eingerichtet werden. Dies gilt besonders für große und schwere Teile. Andererseits sind die Verbrauchsorte häufig räumlich getrennt, so dass mehrere Läger erforderlich werden (**dezentrale Lagerung**). Dadurch steigen wiederum die Kosten, weil jeweils Mindestbestände gehalten werden müssen. Dies spricht für eine **zentrale Lagerung**.

Weitere Probleme der Lagerorganisation betreffen die Lagereinrichtung und Transportsysteme, die Anordnung des Lagergutes im Lager sowie die Erfassung der Lagerbestände (Organisation des Lagerablaufs).

3.2.1 Zentrale Lagerung

Die zentrale Lagerung ist übersichtlicher und verursacht weniger Raum- und Verwaltungskosten als die dezentrale Lagerung. Die Mindestlagerbestände (eiserne Bestände) sind kleiner. Die Inventur (Bestandskontrolle) ist leichter durchzuführen. Ein zentrales Lager ist oft (nicht immer!) das Hauptlager, das alle für die normale Fertigung erforderlichen Werkstoffe aufnimmt. Dezentralisiert in den einzelnen Werkstätten befinden sich zusätzlich Nebenläger für wichtige und häufig in diesen Abteilungen benötigte Materialien. Letztlich richtet man an den einzelnen Arbeitsplätzen Handläger zur Bereithaltung von ständig benötigten Kleinmaterialien ein. Voraussetzung für die zentrale Lagerung ist eine klare Nummerierung der Lagerplätze. Nur sie ermöglicht die Auffindung des Lagerortes für jeden Lagergegenstand[2].

Die Pfeile zeigen den Fluss von Material, Waren, Halb- und Fertigprodukten durch Lager und Werkstätten.

Beispiel: Zentrales Lager

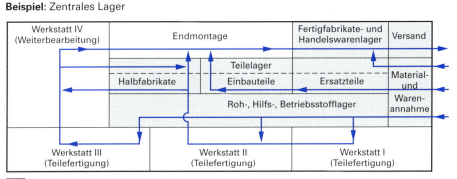

☐ = Lagerbereich

Die Abbildung zeigt eine Möglichkeit für die Anordnung eines zentralen Lagers. Die einzelnen Lagerarten sind in einem optimalen Kompromiss von Arbeitsfluss und organisatorischer Einheit räumlich zusammengefasst:

---

1 Vgl. S. 78 f.   2 Vgl. S. 298

Die Warenannahme verteilt die eingehenden Stoffe und Teile auf die Unterläger (Handelswarenlager; Roh-, Hilfs- und Betriebsstofflager; Lager für fertig bezogene Einbauteile). Roh-, Hilfs- und Betriebsstoffe gehen in die Teilefertigung. Die fertigen Teile (Halbfabrikate) und die Einbauteile werden ebenfalls in der Nähe ihrer Verbrauchsorte (Weiterverarbeitung, Montage) gelagert. Die Endmontage liefert unmittelbar an das Lager für Fertigfabrikate.

3.2.2 Dezentrale Lagerung

Eine dezentrale Lagerung kann durch die Gliederung des Betriebes in verschiedene, räumlich getrennte Werke unumgänglich sein. Sie erweist sich aber auch bei geschlossenen Betriebskomplexen aus technischen oder organisatorischen Gründen oft als notwendig oder zweckmäßig.

Die dezentrale Lagerung kann stofforientiert oder verbrauchsorientiert erfolgen.

Dezentrale Lagerung
Stofforientierung
Bestimmte Lagergüter werden für den gesamten Betrieb in getrennten Lägern bereitgestellt. Dies ist in vielen Fällen schon wegen der Beschaffenheit der Lagergüter oder wegen Sicherheitsvorschriften notwendig, z. B. für explosives Material, geruchsempfindliche Lebensmittel, wärmeempfindliche Stoffe.
Verbrauchsorientierung
Die verschiedenen Läger sind auf bestimmte Fertigungsstufen ausgerichtet. Alle Teile, die für eine bestimmte Fertigungsstufe benötigt werden, werden in einem eigenen Lager gelagert. Oft handelt es sich auch um Bereitstellungsläger.

Beispiel: Dezentrales Lager

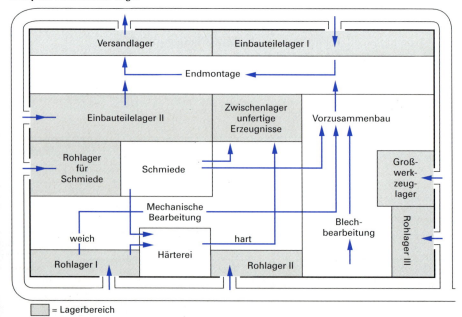

■ = Lagerbereich

Der Betrieb ist als rechteckiger Flachbau angelegt. Um das Gebäude herum führt eine Straße, sodass bei allen Teillägern eine Anlieferung erfolgen kann. Daher können die verschiedenen Läger dezentral nach fertigungsorientierten Gesichtspunkten angelegt werden. Die Fertigung zeigt eine Gliederung in Warm- und Kaltblechbearbeitung und Montage. Zwischen der Weich- und Hartbearbeitung liegen die Schmiede und die Härterei.

Lagerung kann zentral oder dezentral erfolgen.

a) ■ Die Zeichnung auf Seite 291 zeigt ein zentrales Lager. Allerdings sind die Materialien dort nicht kunterbunt durcheinander gelagert, sondern es lässt sich eine bestimmte Anordnung erkennen. Erläutern und begründen Sie diese Anordnung.

   ■ Welche Arten von Lägern konnten in der Zeichnung nicht berücksichtigt werden?

b) ■ Die dezentralen Läger in der Zeichnung auf Seite 292 hätten auch ohne große Schwierigkeit in einem zentralen Lagerblock zusammengefasst werden können. Der Fertigungsfluss würde sich dabei nicht einmal ändern. Fertigen Sie eine entsprechende Zeichnung an.

   ■ Welchen Vorteil bietet im vorliegenden Fall die dezentrale Lagerung?

c) Berichten Sie über die Lagerorganisation (zentral–dezentral) in Ihrem Ausbildungsbetrieb. Begründen Sie die gewählte Organisationsform.

3.2.3 Lagereinrichtung

Läger müssen zweckmäßig eingerichtet sein. Zugleich ist eine optimale Abstimmung mit den innerbetrieblichen Transportsystemen (Fördersystemen) notwendig. Nur so lässt sich eine sichere Versorgung von Produktion und Absatz gewährleisten. Die Auswahl der Lagereinrichtungen hängt ab

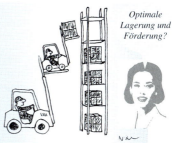

Optimale Lagerung und Förderung?

■ vom physikalischen Zustand der Güter, z. B.: fest, flüssig, gasförmig; glühend, erkaltet, gekühlt, gefroren;

■ von der äußeren Form der Güter, z. B.: Schüttgut, Stückgut (lose, verpackt); Größe, Gewicht;

■ von den sonstigen Eigenschaften der Güter, z. B.: Gefährlichkeit; Empfindlichkeit (gegen Kälte, Hitze, Feuchtigkeit, Gerüche, Staub, Schmutz, Stoß, Schlag, Berührung, ...);

■ von der Menge der Güter;

■ von der Gestaltung der Lagerung und des Materialflusses entsprechend dem Fertigungsverfahren (z. B. Werkstättenfertigung, Fließfertigung, Baustellenfertigung).

Aspekte der Lagereinrichtung

Räumlichkeit

Wichtig ist eine ausreichende Größe (je nach Güterart und -menge). Die Einsparung teurer Bodenfläche erfordert (bei Stapelfähigkeit) eine entsprechende Raumhöhe.

Lagervorrichtungen

■ Je nach Art des Gutes kommen z. B. in Frage: unterschiedliche Arten von Schränken, Vitrinen, Regalen, Schubladen, Ständern, Tanks, Silos, Stapelkästen, Gitterboxen, Transportbehältern, Paletten.

■ Die Lagervorrichtungen müssen auf die aufzunehmenden Verpackungseinheiten (z. B. Paletten) abgestimmt sein.

■ Die Lagervorrichtungen können auf die manuelle oder automatische (computergesteuerte) Einlagerung/Entnahme abgestellt sein.

■ Die Lagervorrichtungen sind so anzuordnen, dass ein schneller Zugriff auf die Lagergüter gewährleistet ist.

■ Zwischen den Lagervorrichtungen müssen ausreichend breite Verkehrswege für die Fördermittel bleiben.

Spezial-, Schutz-, Sicherungseinrichtungen

Je nach Gefährlichkeit, Empfindlichkeit, Wert des Gutes können z. B. erforderlich sein: Kühl-, Trocken-, Klimaanlagen, Heizungen, Ventilatoren, Dichtungen, Umwälzanlagen; Feuerlöschanlagen (Sprinklersysteme), Alarmanlagen, Stahltüren, Gitter, Sicherheitsschlösser.

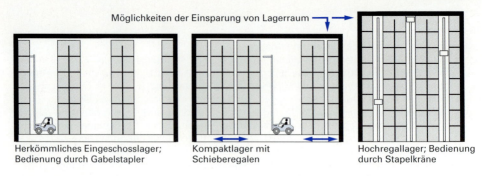

Möglichkeiten der Einsparung von Lagerraum

Herkömmliches Eingeschosslager; Bedienung durch Gabelstapler

Kompaktlager mit Schieberegalen

Hochregallager; Bedienung durch Stapelkräne

Eine wesentliche Rationalisierung und Kostenersparnis wird erreicht, wenn die **Verpackungseinheit** der Güter zugleich auch Lager- und Transporteinheit ist. Handhabung, Umschlag, Ein- und Ausladung und Stapeln werden dann wesentlich vereinfacht. Hier spielt insbesondere die Palette als Standardverpackung eine wesentliche Rolle.

Paletten sind genormte Ladeflächen aus Holz in den Abmessungen 1200 x 800 mm. Sie können von allen Seiten mit Gabelstaplern aufgenommen werden. Neben diesen Flachpaletten gibt es Gitterbox-Paletten aus Stahlrohr und -draht.

Holzpalette (800 mm breit, 1200 mm lang)

Gitterbox-Palette

Als Ideallösung wird angestrebt:

Verpackungseinheit = Lagereinheit = Fördereinheit = Fertigungseinheit (z. B. Charge)
= Verkaufseinheit   = Ladeeinheit = Versandeinheit

3.2.4 Transportsysteme (Fördersysteme)

Die logistische Bewältigung von Lagerung und Fertigung ist stets auch mit der Optimierung der innerbetrieblichen Transporte verbunden. Transporte erfolgen

- von der Entladerampe ins Lager oder direkt zum Fertigungsort,
- vom Lager zum Fertigungsort,
- zwischen Fertigungsorten,
- vom Fertigungsort ins Lager oder direkt zur Laderampe,
- vom Lager zur Laderampe.

Möglichst kurze Transportwege!
Vor allem für schwere und
häufig benötigte Güter.
Das bedeutet Kostenersparnisse.

Zu befördern sind Produktmaterial, Halb- und Fertigerzeugnisse sowie Handelswaren, Betriebsmaterial, Werkzeuge, Abfallstoffe, Vorrichtungen und ggf. sogar ortsveränderliche Betriebsmittel (z. B. Baumaschinen bei Baustellenfertigung[1]. Die Auswahl der Förderzeuge hängt von den gleichen Faktoren ab wie die der Lagereinrichtung.

Für alle Beförderungen, Verladungen, Ein- und Auslagerungen werden Förderzeuge benötigt. Sie bilden insgesamt das innerbetriebliche Transportsystem (Fördersystem).

Arten der Bereitstellung

Fallweise Bereitstellung

Die Güter werden unregelmäßig, je nach Bedarf, bereitgestellt. Geeignete Förderzeuge sind:
- manuelle Mittel: Handwagen, Hubwagen, Handkarre, Schubkarre, Hubkarre, Roller;
- maschinelle Mittel: Schlepper mit Anhänger(n), selbstfahrende Transportwagen (z. B. Elektrokarren), Gabelhubwagen (nicht zum Stapeln bestimmt), Gabelstapler, Laufkatzen, Kräne, Aufzüge.

Fließende Bereitstellung

Die Güter werden kontinuierlich bereitgestellt. Dies ist bei einem stetigen Fertigungsfluss nötig. Geeignete Fahrzeuge sind v.a. Hängebahnen, Transportgondeln, Gleitförderer, Stetigförderer, Transportbänder, Rollenbahnen, Röllchenbahnen, Rohrleitungen, Saug- und Druckförderer. Sie ermöglichen ggf. gleichzeitig auch technologische Abläufe wie Trocknen, Erkalten, Aushärten...

Bei automatischen Produktionsprozessen und bei Fertigungsvorgängen während des Transportes lässt sich oft keine genaue Grenze mehr zwischen Fördermittel und Fertigungsmittel ziehen. Das Fließband z. B. ist zugleich Fördermittel und Fertigungsmittel.

Das innerbetriebliche Transportsystem verursacht Kosten für Förderzeuge, Personal und Energien. Es sollte deshalb reibungslos funktionieren.

Ein funktionierendes Transportsystem bedeutet: termingerechte Ver- und Entsorgung der Produktionsmaschinen bei Fließen des Materials.

Fallweise Bereitstellung

Palettenhubwagen

Gabelstapler

---

[1] Vgl. S. 136

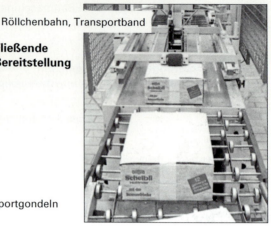

Röllchenbahn, Transportband

**Fließende
Bereitstellung**

Transportgondeln

In der Praxis treten jedoch Schwierigkeiten auf.

> **Beispiel:**
>
> In Betrieb X wird das benötigte Material von den Werkstattmeistern bestellt (Meisterdisposition). Die Meister von sechs verschiedenen Werkstätten fordern gleichzeitig die Zufuhr von Material an. Es steht nur ein geeignetes Fördermittel zur Verfügung. Die Werkstätten müssen nacheinander bedient werden. Für die zuletzt bedienten Werkstätten entstehen längere Wartezeiten. Sie bewirken Maschinenstillstand und eine Verlängerung der Durchlaufzeit, also unnötige Kosten.

Andere kostensteigernde Mängel könnten sein:

- Eine vorzeitige Versorgung von Maschinen mit Material. Folge: unfreiwillige Läger.
- Die optimale Reihenfolge für die Belieferung der Maschinen wird nicht eingehalten. Folge: unnötige Transportkosten.
- Transportmittel werden nicht ausgelastet, weil aus Sicherheitsgründen zu viele Förderzeuge beschafft wurden. Folge: unnötige Betriebsmittelkosten.
- Die Förderzeuge fahren auf dem Rückweg leer. Folge: unnötige Transportkosten.

Als Lösung bietet sich der Aufbau eines **EDV-gesteuerten Dispositionssystems** an. Dabei werden alle Transportaufträge in einer zentralen Leitstelle gesammelt und den Förderzeugen optimal zugeordnet. Folgen:

- größtmögliche Auslastung der Förderzeuge,
- Minimierung der Fahrten,
- Verkürzung der Transportwege,
- zeitgerechte Belieferung (Vermeidung unfreiwilliger Läger und verlängerter Durchlaufzeiten).

Arbeitsaufträge

1. **Für welche Lagereinrichtung ein Betrieb sich entscheidet, hängt von unterschiedlichen Einflussgrößen ab.**
   a) Nennen Sie wichtige Einflussgrößen.
   b) Berichten Sie über die Lagereinrichtungen in Ihrem Ausbildungsbetrieb. Erläutern Sie dabei die speziellen Einflussgrößen.

2. **Die bekannteste und verbreitetste Lagervorrichtung ist das Regal. Lagerregale gibt es in den verschiedensten Formen, z. B. Regale mit Regalböden, mit auskragenden Armen (für**

Langgut), mit unterschiedlichen Rahmen (für Paletten, Fässer, stehende Lagerung von Rohren, Leisten, ...) oder waagerechten Achsen (z. B. für Kabeltrommeln). Dabei kann es sich um herkömmliche eingeschossige Regale mit Gängen handeln, um Schieberegale oder Hochregale (vgl. Abb. S. 294). Die Regale können sich auch in einem Aufzug nach dem Paternoster-Prinzip befinden (vgl. S. 307).

a) Welche Vor- und Nachteile haben herkömmliche eingeschossige Regale?

b) Welche Gründe führen zur Installation von Schieberegalen, Hochregalen, Paternoster-Lägern?

c) Das Paternoster-Lager arbeitet nach dem Prinzip „Ware zum Mann". Was ist damit gemeint? Welche Vorteile hat das Prinzip?

3. **Paletten haben eine erhebliche Bedeutung für die Rationalisierung von Lager- und Transportvorgängen.**

a) Erläutern Sie den Aufbau einer Palette.

b) Welche Vorteile bietet die Palette bei Transport und Lagerung?

4. **Das innerbetriebliche Fördersystem versorgt und entsorgt die Läger und Produktionsanlagen.**

a) Welche Förderbewegungen sind erforderlich?

b) Was bedeutet „EDV-gestützte Disposition" für das betriebliche Fördersystem?

3.2.5 Anordnung des Lagergutes im Lager

Ordnungsmerkmale

Zur Bestimmung des optimalen Lagerortes müssen insbesondere berücksichtigt werden:

- Umschlagshäufigkeit[1],
- Größe, Volumen
- Wert,
- Bestellhäufigkeit,
- Gewicht,
- besondere Eigenschaften, z. B. Licht-, Geruchs-, Feuchtigkeitsempfindlichkeit, Gefährlichkeit (ggf. Zusammenlagerverbote).

Grundsätzlich sollten die Warenflussrichtungen einheitlich sein und die Transportwege insbesondere bei schweren Gütern verkürzt werden. Werden schwere Teile (z. B. Motorblöcke) weit entfernt vom Verbrauchsort verstaut, so sind An- und Abtransport teuer. Das Gleiche gilt für ständig benötigte Rohstoffe, bei denen sich die Transporte auf immer gleichen Transportwegen wiederholen.

Materialnummer/Artikelnummer

Jede Materialart besitzt ihre eigene Materialnummer. Dies kann eine fortlaufende Nummer (z. B. 1001, 1002, 1003, ...) oder eine **sprechende Nummer** sein. Sprechende Nummern enthalten genaue, systematische technische und/oder wirtschaftliche Informationen (z. B. häufig eine Verschlüsselung der Materialeigenschaften). Artikel (Fertigerzeugnisse und Handelswaren) haben eine entsprechende Artikelnummer.

Die Teile werden durch ihre Nummer eindeutig gekennzeichnet. Verwechslungen werden vermieden.

Beispiel: Materialnummer

$$3\ 1\ 1\ 2\ 4\ 3\ 0$$

Materialgruppe (Stahl)	3
Materialuntergruppe (Flussstahl)	1
Materialart (Profilstangen)	1
Querschnitt (rund)	2
Oberfläche (blank gezogen)	4
Abmessungen (Durchmesser)	3 0

297

Zusätzlich können Farbmarkierungen hinzutreten, um bei gleichem äußerem Aussehen Verwechslungen zu vermeiden, z. B. bei Treibstoff- und Ölfässern, Gasflaschen usw.

Organisations-Nummerierung

Auch jeder Lagerplatz wird durch eine Nummer gekennzeichnet. I. d. R. handelt es sich ebenfalls um eine sprechende Nummer, die die organisatorische Einteilung des Lagers widerspiegelt.

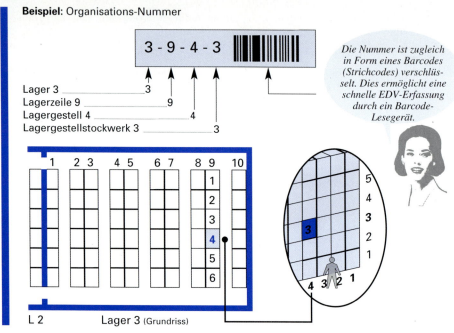

Beispiel: Organisations-Nummer

3 - 9 - 4 - 3

Lager 3 3
Lagerzeile 9 9
Lagergestell 4 4
Lagergestellstockwerk 3 3

Die Nummer ist zugleich in Form eines Barcodes (Strichcodes) verschlüsselt. Dies ermöglicht eine schnelle EDV-Erfassung durch ein Barcode-Lesegerät.

L 2   Lager 3 (Grundriss)

Die Organisations-Nummerierung sorgt dafür,

- dass man Material und Artikel unverwechselbar einlagern kann,
- dass man die Güter eindeutig und ohne Zeitverlust wieder auffinden und ausliefern kann.

Es ist zweckmäßig, die Lagervorrichtungen deutlich sichtbar durch Schilder mit den Organisations-Nummern zu kennzeichnen.

Ordnungshinweise – hier an der Regalstirnseite und an den Palettenfächern – sollen wissenschaftlichen Erkenntnissen entsprechen. Größe, Form, Farben, Kontrast und Oberfläche sind entscheidende Faktoren für das schnelle Erkennen der Schilder.

Foto: Wittek GmbH

Festplatzsystem

Beim Festplatzsystem wird jeder Material- oder Artikelnummer ein fester Stammplatz zugewiesen. Er darf nur mit dem entsprechenden Material/Artikel belegt werden.

Beispiel:
Dem oben angeführten Material mit der Materialnummer 3112430 soll eindeutig der Lagerplatz 35431 zugewiesen sein.

Das Festplatzsystem eignet sich vor allem für manuell bediente und verwaltete Läger.

Vorteile	Nachteile
■ Die Güter können am transportgünstigsten Platz gelagert werden. ■ Der Lagerist kennt das System. Suchzeiten werden verkürzt. Die Abgabebereitschaft des Lagers wird erhöht.	■ Bei geringer Material-/Warenmenge bleibt der Lagerplatz leer. ■ Bei großen Mengen kann umgekehrt Lagerplatz fehlen.

Beim Festplatzsystem ist es zweckmäßig, sog. **Lagerfachkarten** zu führen. Sie befinden sich direkt am Lagerort. Die Lagerbewegungen (Zugänge, Abgänge) und der jeweilige Bestand werden eingetragen.

Beispiel:

| Material/Teil: | Ölsieb | Mindestbestand: | 40 |
| Material-Nr./Teile-Nr.: | 463021 | Lager-Nr.: | 43654 |

Datum	Zugang	Abgang	Bestand
31.12.00			90
06.01.01		20	70
15.01.01		30	40
17.01.01	200		240
29.01.01		8	232

Lagerfachkarten ermöglichen jederzeit eine Bestandskontrolle direkt vor Ort.

In der Lagerverwaltung wird außerdem für jedes Material/jeden Artikel eine **Lagerkarte** geführt. Sie ist aufgebaut wie die Lagerfachkarte, enthält aber noch Angaben über Mindest-, Melde- und Höchstbestand. Bei EDV-mäßiger Verwaltung wird stattdessen ein Materialstammsatz geführt[1].

Freiplatzsystem (oder: chaotische Lagerung)

Beim Freiplatzsystem wird das Material/der Artikel dort eingelagert, wo gerade Platz im Lager ist. Zumindest bei einem großen manuell bedienten und verwalteten Lager wäre dabei tatsächlich ein Chaos vorprogrammiert: Es wäre kaum möglich, gelagerte Güter problemlos wieder aufzufinden.

Das Freiplatzsystem eignet sich folglich nur für **EDV-verwaltete Läger**. Dabei sind die Lagerplätze sowie ihre aktuelle Belegung mit einer Material-/Artikelart im Lagercomputer gespeichert. Die zuständigen Mitarbeiter müssen folglich auf die Daten der Materialstammdatei und der Artikelstammdatei zugreifen können.

EDV-verwaltete Läger sind oft automatisiert. Es bieten sich an:

■ **Hochregalläger** mit automatischem Stapelkran[2]. Der Kran nimmt die Ein- und Auslagerungen vor.

---

[1] Vgl. S. 223
[2] Vgl. S. 294

- **Paternosterläger**[1]. Die Lagerfächer/Regale sind wie bei einem Paternoster-Aufzug senkrecht beweglich. Das gewünschte Regal/Fach wird zum Bediener transportiert.
- **Karussellläger** (wie Paternosterläger, aber horizontal bewegt).

Prozess der Ein- und Auslagerung beim Freiplatzsystem

Einlagerung

- Der Einlagerungsauftrag (mit Material-/Artikelnummer, Menge/ Größe) wird eingegeben.
- Der Rechner schlägt am Bildschirm den zurzeit optimalen Lagerplatz vor.
  Dabei spielen Gutinformationen (z. B. Menge, Größe, Umschlagshäufigkeit) und Lagerinformationen (vorhandene Fläche, freie Plätze) eine Rolle.
- Der Mitarbeiter gibt i. d. R. eine Bestätigung des Lagerplatzes und der eingelagerten Menge ein.
- Der Computer druckt ein Barcode-Etikett.
- Der Mitarbeiter bringt das Barcode-Etikett am Material/Artikel an.
- Das Gut wird auf die Förderanlage (z. B. ein Transportband) gelegt, vom Förderfahrzeug (z. B. Stapelkran) erfasst und automatisch am vorbestimmten Ort eingelagert.
Sind mehrere Positionen einzulagern, so errechnet der Computer auch automatisch die transportwegoptimale Reihenfolge der Einlagerungen.

Auslagerung

- Der Auslagerungsauftrag (mit Material-/Artikelnummer und Menge) wird eingegeben und am Bildschirm angezeigt.
- Der Computer stellt den Lagerplatz fest und zeigt ihn an. Bestehen mehrere Lagerplätze, so schlägt der Computer vor, die am längsten eingelagerten Posten zuerst auszulagern (sog. FIFO-Prinzip: first in – first out[2]. Bei mehreren Positionen berechnet er die optimale Reihenfolge der Entnahmen, um Wege und Zeit zu sparen.
- Der Mitarbeiter bestätigt i. d. R. den Vorschlag des Computers.
- Das Förderfahrzeug entnimmt das Gut und liefert es ab.
- Die erforderliche Menge wird entnommen und am Bildschirm zurückgemeldet.
- Das Förderfahrzeug lagert die Restmenge wieder ein.

Nach jeder Lagerbewegung schreibt das System den neuen Bestand in die Material-datenbank/Artikeldatenbank.

EDV-verwaltetes Hochregallager mit voll-automatischem Förderfahrzeug

Foto: IBM

Der große Vorteil des Freiplatzsystems mit EDV-Verwaltung gegenüber dem Fest-platzsystem ist eine optimale Ausnutzung der Lagerfläche. In der Praxis ließ sich bis-weilen eine um 30 % größere Lagerkapazität feststellen. Auch die Auslagerung nach dem FIFO-Prinzip gilt als ein großer Vorteil.

---

[1] Vgl. S. 307
[2] engl.: Was zuerst hereinkommt, kommt auch wieder zuerst heraus.

Arbeitsaufträge

1. Auszug aus einem Artikel der Wirtschaftszeitung „Handelsblatt"

Wer an Lagerorganisation denkt, denkt an Computer ... Vergessen wird dabei aber oft genug, dass Organisation ohne Ordnung wenig wert ist ... Ordnung ist das entscheidende Moment, wenn es darum geht, teure Fehler zu vermeiden. Das klingt selbstverständlich und ist es sicher auch – bei Lageranlagen ab einer gewissen Investitionssumme, die grundlegende Planung sozusagen zwingend vorschreiben.

Aber bei all den anderen – und das ist die Mehrzahl der Lager in Deutschland – wird auch heute noch oft nach dem Prinzip Zufall gearbeitet ...

Das so entstehende, oft nur mühsam beherrschte Chaos kostet außerdem Zeit und Nerven der Mitarbeiter ...

Organisations-Spezialisten haben dieses Problem ... untersucht. Das Ergebnis: Rund 97% der „Chaos-Kosten" können durch Organisations-Nummerierung vermieden werden ...

a) Erläutern Sie,
- was mit dem „Prinzip Zufall" gemeint ist,
- welche negativen Auswirkungen das „mühsam beherrschte Chaos" hat,
- was eine Organisations-Nummerierung ist,
- wie der Nummernschlüssel einer Ordnungsnummer aufgebaut ist.

b) Ein Betrieb hat zwei Materialläger mit Schieberegalen. Lager 1 hat den in der Zeichnung dargestellten Aufbau. Lager 2 hat den gleichen Aufbau, besteht aber aus 14 Lagerzeilen.
- Wo befindet sich eine Palette mit der Materialnummer 21416829385, der der Lagerplatz 2-02-07-6 zugewiesen ist?

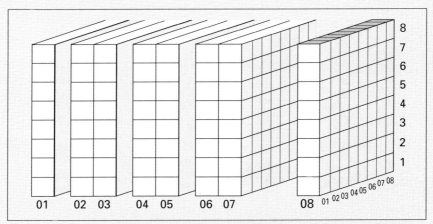

- Wäre es beim Festplatzsystem sinnvoll, einer anderen Palette mit der gleichen Materialnummer den Lagerplatz 2-08-01-1 zuzuweisen? Begründen Sie Ihre Aussage.
- Beurteilen Sie den gleichen Sachverhalt für das Freiplatzsystem.

c) Nehmen Sie Stellung dazu, ob sich eine Verlängerung von Lagergassen und eine Aufstockung von Regalen mit dem System der Organisations-Nummerierung verträgt.

2. Auf Seite 299 ist eine Lagerfachkarte abgebildet.
a) Erläutern Sie die Aufgabe der Lagerfachkarte und die Eintragungen auf der Karte.
b) Wo werden die Bewegungen und Bestände außerdem dokumentiert?
c) Bei welchem System (Fest-, Freiplatzsystem) sind Lagerfachkarten sinnvoll einsetzbar, bei welchem nicht?

3. Der Industriebetrieb Alt & Gut GmbH hat ein manuell verwaltetes Materiallager, der Betrieb Neu & Besser GmbH ein EDV-verwaltetes vollautomatisches Hochregallager.
a) Handelt es sich bei Alt & Gut nach Ihrer Ansicht um ein Fest- oder ein Freiplatzsystem?

b) Bei der Einlagerung einer Palette mit Verteilerkästen fallen bei Alt & Gut folgende Arbeiten an. Sie sind hier in einer falschen Reihenfolge aufgeführt.

(a) Zugang in die Lagerfachkarte eintragen
(b) Materialnummer feststellen
(c) Material einlagern
(d) Eingangsbelegskopie ablegen
(e) Materialeingangsbeleg lesen
(f) Bestand errechnen und in die Lagerkarte eintragen
(g) Zugang in die Lagerkarte eintragen
(h) Lagernummer für das Material feststellen
(i) Kopie des Eingangsbelegs an die Lagerverwaltung weitergeben
(j) Einlagerung auf dem Eingangsbeleg bestätigen
(k) Eingangsbeleg ablegen
(l) Bestand errechnen und in die Lagerfachkarte eintragen
(m) Anhand des Lagerplans den Lagerort feststellen

Bringen Sie die genannten Tätigkeiten in die richtige Reihenfolge.

c) Bei einer entsprechenden Einlagerung fallen bei Neu & Besser die folgenden, ebenfalls ungeordneten Tätigkeiten an.

(a) Palette zur Einlagerung an den Stapelkran übergeben
(b) Barcode-Etikett entnehmen
(c) Materialnummer feststellen
(d) Materialeingangsbeleg ablegen
(e) Materialeingangsbeleg lesen
(f) Materialnummer und Menge über Tastatur eingeben
(g) Lagerplatzvorschlag und Menge über Tastatur bestätigen
(h) Barcode-Etikett auf die Palette kleben
(i) Lagerplatzvorschlag des Computers prüfen

Bringen Sie auch diese Tätigkeiten in die richtige Reihenfolge.

d) Stellen die Geschäftsprozesse aus Auftrag b) und c) mit Hilfe ereignisgesteuerter Prozessketten dar.

e) Der Lagerdisponent erhält einen Materialentnahmeschein über 4 Verteilerkästen.
Nennen Sie für beide Firmen die erforderlichen Auslagerungstätigkeiten in der richtigen Reihenfolge.

3.2.6 Belegwesen

Lagerbewegungen sind geplant (von der Bedarfsplanung vorbestimmt) oder ungeplant. Für jede Bewegung ist ein Beleg notwendig. Für geplante Bewegungen werden die Belege im Zuge der Arbeitsvorbereitung durch die EDV erstellt.

Auf Seite 304 ist ein Materialentnahmeschein abgebildet.

Lagerbewegungen			
Lagerentnahmen		**Lagerzugänge**	
geplant	ungeplant	geplant	ungeplant
– Einzelentnahmen: Erfassung mit Materialentnahmescheinen – Gesamtentnahme aller Teile für einen Auftrag: Erfassung mit Entnahme-Stücklisten	Erfassung mit Materialentnahmescheinen	Gefertigte Teile: Erfassung mit Materialzugangsscheinen Gelieferte Einkaufsteile: Erfassung mit Wareneingangsbelegen	Materialrückgabe (nicht verbrauchte Teile): Erfassung mit Materialrückgabeschein

3.2.7 Prozess der Bestandsüberwachung

Für die Bedarfsdisposition ist die Kenntnis des **verfügbaren Lagerbestands** notwendig. Die EDV ermittelt den verfügbaren Lagerbestand nach jeder Lagerbewegung.

> **gegenwärtiger Lagerbestand**
> − **Reservierungen**
> + **ausstehende Einkaufsbestellungen**
> + **ausstehende Fertigungsaufträge**
>
> = **verfügbarer Lagerbestand**

Dispositionslisten geben über die jeweilige Situation Auskunft.

Beispiel:

```
                          Dispositionsliste                    27.Oktober 20..

Bezeichnung:  Kanne        Mat.-Nr.:  04636      Lager-Nr.:      436543
Lagerbestand: 685          Reserviert: 0         Mindestbestand: 3000

Reservierungen                   Verfügb.  Bestellungen
                                 Bestand
Auftr.-Nr.  Menge    Termin               Best.-Nr.  Menge   Termin
                                 6385      4638       5700    20.Juli
12411         863    24.August   5522
12962        1477    11.September 4045
12411         610    21.September 3435
12411         479    16.Oktober   2956                                <Min.!
                                 4956      4638       2000    22.Oktober
12692        2000    05.November  2956                                <Min.!
```

Sowohl der Ist-Bestand als auch der verfügbare Bestand werden mit kritischen Lagerwerten verglichen, z. B. mit dem Mindestbestand, dem Meldebestand (bei verbrauchsgesteuerter Disposition) und dem Höchstbestand. Bei Unter- bzw. Überschreitung sind gegebenenfalls Korrekturmaßnahmen zu ergreifen.

3.2.8 Inventurprozesse

Handelsgesetzbuch und Abgabenordnung schreiben für den Schluss jedes Geschäftsjahres eine **Bestandsaufnahme (Inventur)** aller betrieblichen Wirtschaftsgüter vor. Für Sachgüter wird eine körperliche Inventur verlangt: Der Bestand muss – je nach Art der Güter – durch Zählen, Messen, Wiegen und notfalls durch Schätzen ermittelt werden.

Schätzen wäre z. B. bei Schüttgütern erlaubt.

> **Vorgehen bei der Inventur**
> ■ Mengen erfassen und in Listen eintragen.
> ■ Soll- und Istbestand vergleichen, Korrekturen vornehmen.
> ■ Die erfassten Mengen bewerten.
> ■ Güter, Mengen und Werte geordnet in ein Bestandsverzeichnis (Inventar) eintragen.

Neben der **Stichtagsinventur** – sie findet binnen 10 Tagen vor oder nach dem Ende des Geschäftsjahres (dem „Bilanzstichtag") statt und erfordert wegen ihres Umfangs meist einen Betriebsstillstand – ist auch eine **permanente Inventur** erlaubt. Sie erfolgt für Teilbereiche über das ganze Jahr verteilt (möglichst bei niedrigem Bestand). Voraussetzung: Der Bestand zum Bilanzstichtag muss anhand einer ordnungsmäßigen Lagerbestandsführung genau zu ermitteln sein.

Man wählt über den Computer die zu erfassenden Teile aus und lässt eine **Inventur-erfassungsliste** ausdrucken. Man ermittelt die Ist-Mengen durch körperliche Bestandsaufnahme und trägt sie in die Liste ein. Nach Eingabe der Daten druckt der Computer eine **Abstimmliste** mit den festgestellten Differenzen aus.

Beispiel:

```
                              Abstimmliste

Lager-Nr.  Bezeichn.   Mat.-Nr.  ME     Soll-Best.   Ist-Best.   Diff.

436534     Kanne       04636     Stck.  2956         2950        - 6
436542     Ölsieb      04630     Stck.  2040         2041        + 1
```

Die Differenzen müssen mit der Lagerverwaltung abgeklärt werden. Eventuell ergeben sich noch Korrekturen. Die endgültige Differenz wird in den Computer eingegeben. Die **Inventarliste** wird über den Drucker ausgegeben.

Für betriebliche Zwecke werden die Bestände mit Verrechnungspreisen bewertet. Das Handels- und Steuerrecht verlangt dagegen den Ansatz höchstens mit dem Anschaffungs- bzw. Herstellungspreis, bei einem Wertverlust mit dem niedrigeren Wert. Eine Wertsteigerung darf nicht berücksichtigt werden **(Niederstwertprinzip)**. Gleichartige Gegenstände werden gewöhnlich nach dem Verfahren des gleitenden Durchschnitts bewertet.

Beispiel:

Tag	Einstandspreis je Stück (EUR)	Zugang	Abgang	Bestand
1.6.	3,00	1000		1000
20.6.			500	500
3.7.	3,45	1000		1500
15.7.			400	1100

Gleitender Durchschnitt:

Stück	Preis (EUR)	Gesamtpreis (EUR)
1000	3,00	3000,00
− 500	3,00	1500,00
= 500	3,00	1500,00
+ 1000	3,45	3450,00
= 1500	3,30	4950,00
− 400	3,30	1320,00
= 1100	3,30	3630,00

Arbeitsaufträge

1. **In einem Maschinenbaubetrieb wurde folgender Beleg verwendet.**

Materialentnahmeschein	Lager-Nr. 2	Empfangende Kostenstelle 4611 (Dreherei)			
Baumuster **T 121 008** Stückliste Verbrauchszweck	Auftrags-Nr. **365 461** belastete Kostenstelle ausstellende Kostenstelle **2322 (FVO)**				
Gegenstand	Abmessungen	Menge	Einzelpreis EUR ct	Gesamtpreis EUR ct	
Automatenstahl 9 S 20 DIN 1651	**10 mm Ø**	**160 kg**			

304

a) Für welche Vorgänge wurde der Beleg verwendet?

b) Die Verwendung des Beleges ist zwingend vorgeschrieben. Begründen Sie diese Vorschrift.

c) Erläutern Sie den Inhalt des Beleges im Einzelnen.

d) Was ist zu tun, wenn für den Auftrag Nr. 365461 tatsächlich nur 144 kg Stahl verbraucht werden?

2. **Betrachten Sie noch einmal die Lagerfachkarte auf Seite 299. Der jeweils angezeigte Bestand (Istbestand) darf nicht mit dem verfügbaren Bestand verwechselt werden.**

a) Erläutern Sie die Begriffe Istbestand und verfügbarer Bestand.

b) Wie errechnet sich der verfügbare Bestand?

c) Wofür ist die Kenntnis des verfügbaren Bestandes vonnöten?

3. **Die Dispositionsliste auf Seite 303 gibt über den verfügbaren Lagerbestand Auskunft. Als weitere Vorgänge folgen:**
Bestellung von 6.000 Stück am 27. Oktober, voraussichtlicher Eingang am 4. November,
Reservierung von 220 Stück für den 10. November am 3. November,
Eingang von 6.000 Stück am 4. November aus der Bestellung vom 27. Oktober,
Reservierung von 580 Stück für den 12. November am 6. November.

Erstellen Sie je eine Dispositionsliste

a) am 28. Oktober,

b) am 4. November,

c) am 6. November

und nennen Sie den jeweils ausgewiesenen verfügbaren Bestand.

4. **Vordruck für eine Inventurliste**

Lager:		Lagergasse:		Lagergestell:						
Teile-Nr.	Bezeichnung	Einheit	Soll-bestand	Ist-bestand	Beschaf-fenheit	Einstands-preis EUR	Wertminderung %	EUR	Inventur-wert EUR	

a) Wozu dient die Inventurliste?

b) Was versteht man unter Sollbestand und Istbestand?

c) Für jedes Teil/Material/Artikel ist der Inventurwert zu ermitteln. Dabei sind Wertminderungen zu berücksichtigen. Wie können Wertminderungen zu Stande kommen?

d) Übertragen Sie die Inventurliste in Ihr Heft und nehmen Sie die notwendigen Eintragungen für 5 Teile/Materialien/Artikel Ihres Betriebes vor.

5. **Der Lagerbestand an beschichteten Spanplatten, 16 mm dick, ergibt sich wie folgt:**

Datum	Einstandspreis	Zugang	Abgang	Bestand
6. März	100,00	30		30
15. März			10	20
15. April			15	5
18. April	95,00	30		35
1. Juni			20	15
1. Oktober			10	5
11. Dezember	105,00	30		35

Berechnen Sie den Wert des Bestandes zum 31. Dezember.

3.3 Kosten der Lagerhaltung

3.3.1 Lagerkostenarten

Lagerung ist teuer, und Lagerkosten entstehen in vielerlei Arten:

Lagerkosten
Kosten der Lagerkapazität (des Aufnahmevermögens) Kosten für Lagergebäude, -einrichtungen, -fördermittel (Mieten, Abschreibungen, Zinsen, Versicherung) und Lagerpersonal (Entlohnung, Sozialversicherung)
Kosten der Lagerverwaltung Kosten für Beleuchtung, Heizung, Kühlung, Instandhaltung, Reinigung
Kosten der Lagervor- und -nachbereitung Kosten für Ein-, Um-, Auslagern (z. B. Treibstoff), Ver- und Entpacken, Kommissionieren
Kosten der Lagervorräte Kosten für Warenpflege, Versicherung, Wertverluste (Diebstahl, Verderb, Schwund, Veralten), Bearbeitung (z. B. Mischen, Sägen); Verzinsung des in den Vorräten investierten Kapitals, Lagerbestandsführung, Inventur, eingetretene Risiken (Wertverluste durch Veralten und technischen Fortschritt, z. B. aufgrund von neuartigen Materialien; Wertverluste aufgrund von Nachfrageänderungen der Käufer; Wertverluste aufgrund von Preisverfall auf den Beschaffungsmärkten; Mengenverluste, z. B. durch Diebstahl, Bruch, Verderb, Schwund)

Fixe (feste) Kosten entstehen unabhängig von der Menge der Lagergüter. Die gilt im Wesentlichen für die Kosten der Lagerkapazität und der Lagerbereitschaft.

Variable (veränderliche) Kosten hingegen ändern sich mit der Menge der Lagergüter. Dies gilt für die Kosten der Lagervorräte und der Lagervor- und -nachbereitung.

Außerdem bewirkt die Lagerung Liquiditätsverluste: Die in Vorräten investierten Gelder sind bis zu ihrer Freisetzung durch Produktverkäufe „totes Kapital": Sie sind dem Betrieb für andere, eventuell Gewinn bringende Einkäufe und auch für die Bezahlung von Verbindlichkeiten entzogen. Dies hemmt die Liquidität, die ständige Zahlungsbereitschaft.

3.3.2 Minimierung der variablen Lagerkosten

Eine Minimierung der variablen Lagerkosten erfordert

- die Minimierung der Lagervorräte,
- den schnellstmöglichen Umschlag (Produktionseinsatz, Produktverkauf) der Vorräte.

Bekanntlich spielt in diesem Zusammenhang beim Industriebetrieb eine Reihe bekannter Probleme und Entscheidungen eine Rolle:

- die Entscheidung für Einzelbeschaffung, Vorratsbeschaffung oder JIT-Beschaffung,
- die Bedeutung eiserner Bestände zwecks Vermeidung von Fehlmengenkosten,
- die Festlegung optimaler Bestellmengen,
- der Zeitpunkt von Materialangeboten (z. B. Messen, Ernten, Saisonwechsel),
- die Preisentwicklung (Einkauf vor erwarteten Preiserhöhungen),
- die Lagerfähigkeit des Materials,
- Mindestabnahmemengen und feste Verpackungseinheiten.

3.3.3 Minimierung der fixen Lagerkosten

Die Minimierung der fixen Lagerkosten setzt v. a. eine sorgfältige Kapazitätsplanung voraus. Die Sollgröße des Lagers wird grundsätzlich durch die Entscheidung über die Höhe der Lagervorräte und den Lagerumschlag bestimmt. Flächen und Räume, die nicht ausgenutzt werden, sollten auch nicht vorgehalten werden.

> Liegen Lagervorrat und Lagerumschlag fest, wird die **Entscheidung über die Lagerkapazität** wesentlich beeinflusst durch
> - Art, Größe, Gewicht der Lagergüter,
> - Lagerart (Haupt-, Neben-, Handlager),
> - Lagerstandort (zentral, dezentral),
> - die geplanten Lagervorrichtungen,
> - die Beschaffungsdauer.

Von großer Bedeutung ist es, die benötigte Lagerkapazität mit möglichst geringer Grundfläche zu erzielen. Dies erfordert den Einsatz Raum sparender und den Transport erleichternder Lagervorrichtungen und Fördermittel, evtl. unter Ausnutzung der Möglichkeiten, die die Automation heute bietet. Ideal sind die schon erwähnten computergesteuerten Hochregal-, Paternoster- oder Karussellläger.

Beispiel:

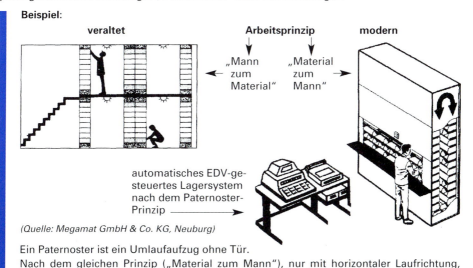

(Quelle: Megamat GmbH & Co. KG, Neuburg)

Ein Paternoster ist ein Umlaufaufzug ohne Tür.
Nach dem gleichen Prinzip („Material zum Mann"), nur mit horizontaler Laufrichtung, arbeiten *Karussellläger*.

4 Controlling im Materialmanagement

4.1 Beschaffungscontrolling

„Wenn wir die Einkaufskosten um 10 % senken könnten, würde unser Gewinn glatt um 100 % steigen!"

Man könnte auch sagen: „Das Geld, das der Geschäftsprozess Einkauf verdient, muss der Betrieb nicht erst in anderen Prozessen verdienen."

Erinnern Sie sich noch an diese Aussage in der Karikatur auf Seite 215?

Im Einkauf lassen sich enorme Kosten einsparen. Deshalb haben hier auch Controllingmaßnahmen[1] große Bedeutung. Wichtige Ziele des Beschaffungscontrollings sind:

- frühzeitige Erkennung von Schwachstellen des Bereichs,
- Überbrückung von Schnittstellen mit anderen Abteilungen und Betrieben,
- Senkung der Beschaffungskosten.

Verfahren wie die ABC-XYZ-Analyse, die Wertanalyse, die Preisstrukturanalyse, die Berechnung und Überprüfung von Meldebeständen und optimalen Bestellmengen gehören ebenso zum Beschaffungscontrolling wie Kennziffern, die monatlich aus den Controllingergebnissen zusammengetragen werden sollten.

Wichtige Kennziffern zur Kostenkontrolle im Beschaffungsbereich

Kennziffern zur Kontrolle der Anschaffungskosten (Einstandspreise)
- Am einfachsten können die aktuellen Anschaffungskosten anhand der Anschaffungskosten der Vergangenheit beurteilt werden. Letztere werden der Lieferantendatenbank entnommen.
- Die Anschaffungskosten werden auch anhand des mittleren Marktpreises beurteilt. Er ergibt sich aus dem arithmetischen Mittel aller Angebote, die für ein Beschaffungsteil eingeholt wurden. Kennziffer: Einkaufsergebnis.

$$\text{Einkaufsergebnis} = \begin{array}{c} \text{mengenmäßiges} \\ \text{Auftrags-} \\ \text{volumen} \end{array} \cdot \left(\frac{\text{Summe aller Angebotspreise}}{\text{Anzahl der Angebote}} - \text{effektiver Kaufpreis} \right)$$

Je größer der zahlenmäßige Wert der Kennziffer ist, desto besser ist das Einkaufsergebnis.

Kennziffern zur Kontrolle der Bestellabwicklungskosten
Bestellabwicklungskosten fallen bei Vorbereitung und Abwicklung einer Bestellung an. Sie schließen Aufgaben wie Beschaffungsmarktforschung, Wertanalyse, Aufbau eines Beschaffungsplans, Einholen und Bearbeiten von Angeboten, Bestellung und Bestellungsüberwachung ein. Folgende Kennziffern werden benutzt:

$$\text{Kosten einer Bestellung} = \frac{\text{monatliche Kosten der Einkaufsabteilung}}{\text{monatliche Anzahl der Bestellungen}}$$

$$\text{durchschnittlicher Bestellwert} = \frac{\text{Gesamtbestellwert pro Monat}}{\text{monatliche Anzahl der Bestellungen}}$$

$$\text{Bestellwert pro 1 EUR Kosten} = \frac{\text{Gesamtbestellwert pro Monat}}{\text{Kosten der Einkaufsabteilung pro Monat}}$$

---

[1] Vgl. S. 19

Arbeitsauftrag

Die Kufferath GmbH hat im März 20.. zwanzig alte PCs in einem Lichtwellenleiter-Netzwerk durch neue PCs ausgetauscht. Für den Kauf der zwanzig PCs wurden Ausschreibungen an verschiedene IT-Anbieter versandt. Vier Angebote gingen ein. Sie enthielten die nebenstehenden Endpreise.

Angebot	Endpreis
1	35 000,00 EUR
2	36 000,00 EUR
3	40 000,00 EUR
4	33 000,00 EUR

Der Einkaufssachbearbeiter ist zunächst geneigt, Anbieter 4 zu wählen. Für die Entscheidungsfindung wird die Controllingabteilung gebeten, Kennziffern bereitzustellen. Dies ist möglich, weil die Kufferath GmbH in der Vergangenheit Erfahrungen mit allen vier Anbietern gemacht hat. Folgende Zahlen liegen vor:

Lieferer	Lieferungen	Service anforderungen	Reklamation	verspätete Lieferungen	Korrekte Serviceleistungen
1	10	2	0	0	2
2	15	3	3	4	2
3	12	1	0	2	1
4	8	4	3	4	2

a) Berechnen Sie die Kennziffer Einkaufsergebnis für jedes Angebot und vergleichen Sie die Angebote. Welche zusätzliche Information liefert die Kennziffer gegenüber dem direkten Preisvergleich?

b) Berechnen Sie weitere Kennziffern, die für die Entscheidung relevant sind.

c) Entscheiden Sie sich für einen Anbieter und begründen Sie Ihre Entscheidung.

4.2   Lagercontrolling

Wie im Beschaffungsbereich sorgt auch im Lagerbereich das Controlling dafür, dass Kosten sparende Maßnahmen geplant, durchgeführt und auf ihre Wirksamkeit hin kontrolliert werden. Kennziffern geben Hinweise darauf, wie kostengünstig die Lagerhaltung ist. **Kapazitätsnutzungskennziffern** geben Hinweise daraus, ob Kosten für nicht genutzte Kapazitäten entstehen. Wichtige Kennziffern sind:

$$\text{Flächennutzungsgrad} = \frac{\text{genutzte Fläche (in m}^2)}{\text{Gesamtlagerfläche (in m}^2)} \cdot 100$$

$$\text{Raumnutzungsgrad} = \frac{\text{genutzte Fläche (in m}^3)}{\text{Gesamtlagerraum (in m}^3)} \cdot 100$$

$$\text{Fördermittelnutzungsgrad} = \frac{\text{Transportmenge (in kg oder t)}}{\text{Transportkapazität (in kg oder t)}} \cdot 100$$

Lagerkennziffern geben Hinweise auf Kosten und Kapitalbindung durch die Lagervorräte.

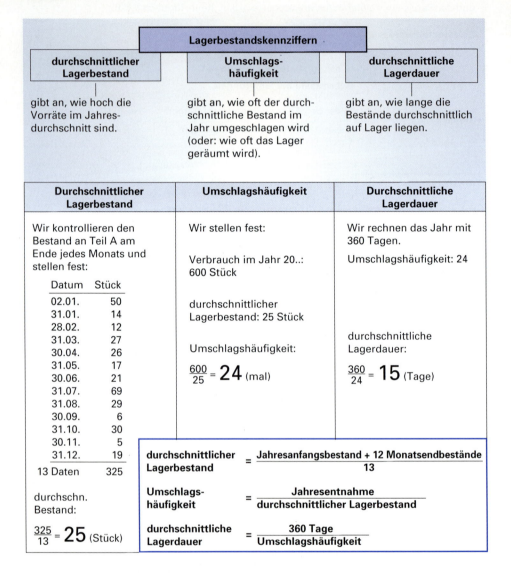

Lagerbestandskennziffern		
durchschnittlicher Lagerbestand	**Umschlagshäufigkeit**	**durchschnittliche Lagerdauer**
gibt an, wie hoch die Vorräte im Jahresdurchschnitt sind.	gibt an, wie oft der durchschnittliche Bestand im Jahr umgeschlagen wird (oder: wie oft das Lager geräumt wird).	gibt an, wie lange die Bestände durchschnittlich auf Lager liegen.

Durchschnittlicher Lagerbestand	Umschlagshäufigkeit	Durchschnittliche Lagerdauer
Wir kontrollieren den Bestand an Teil A am Ende jedes Monats und stellen fest:	Wir stellen fest: Verbrauch im Jahr 20..: 600 Stück	Wir rechnen das Jahr mit 360 Tagen. Umschlagshäufigkeit: 24

Datum	Stück
02.01.	50
31.01.	14
28.02.	12
31.03.	27
30.04.	26
31.05.	17
30.06.	21
31.07.	69
31.08.	29
30.09.	6
31.10.	30
30.11.	5
31.12.	19
13 Daten	**325**

durchschn. Bestand:

$\frac{325}{13} = \mathbf{25}$ (Stück)

durchschnittlicher Lagerbestand: 25 Stück

Umschlagshäufigkeit:

$\frac{600}{25} = \mathbf{24}$ (mal)

durchschnittliche Lagerdauer:

$\frac{360}{24} = \mathbf{15}$ (Tage)

$$\text{durchschnittlicher Lagerbestand} = \frac{\text{Jahresanfangsbestand} + 12 \text{ Monatsendbestände}}{13}$$

$$\text{Umschlagshäufigkeit} = \frac{\text{Jahresentnahme}}{\text{durchschnittlicher Lagerbestand}}$$

$$\text{durchschnittliche Lagerdauer} = \frac{360 \text{ Tage}}{\text{Umschlagshäufigkeit}}$$

Anmerkungen zur Berechnung des durchschnittlichen Lagerbestands:

(1) Die oben angegebene Formel beruht auf monatlichen Inventuren. Sie vernachlässigt Bestandsveränderungen zwischen den Aufnahmetagen. Genauer müsste gerechnet werden (B = Bestand; T = Lagerdauer; n = letzte Nummer):

$$\text{durchschnittlicher Lagerbestand} = \frac{B_1 \cdot T_1 + B_2 \cdot T_2 + B_3 \cdot T_3 + \dots + B_n \cdot T_n}{T_1 + T_2 + T_3 + \dots + T_n}$$

Beispiel:

	Tage	Bestand (Stück)	
01.01. – 14.02.	44	40	$40 \cdot 44 = 1760$
15.02. – 02.03.	18	20	$20 \cdot 18 = 360$
03.03. – 26.04.	54	10	$10 \cdot 54 = 540$
27.04. – 30.04.	4	5	$5 \cdot 4 = 20$
01.05. – 01.08.	91	100	$100 \cdot 91 = 9100$
02.08. – 19.09.	48	70	$70 \cdot 48 = 3360$
20.09. – 20.11.	61	40	$40 \cdot 61 = 2440$
21.11. – 31.12.	40	25	$25 \cdot 40 = 1000$
			$\overline{360 \qquad 18580}$

durchschnittlicher Lagerbestand $= \dfrac{18580}{360} = 51{,}61 \,(\text{Stück})$

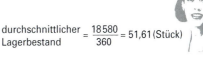

Bei einem EDV-verwalteten Lager werden Bestände und Lagerdauer automatisch gespeichert. Der durchschnittliche Lagerbestand wird ebenfalls automatisch und genau berechnet.

(2) Bei täglich gleichmäßigem Verbrauch und stets gleicher Bestellmenge kann folgende einfache Formel verwendet werden:

$$\text{durchschnittlicher Lagerbestand} = \frac{\text{Bestellmenge}}{2} + \text{eiserner Bestand}$$

Je niedriger bei gleich bleibendem Jahresverbrauch der durchschnittliche Lagerbestand ist, desto schneller wird das Lager geräumt und desto kürzer ist die Lagerdauer.

Beispiel:

Jahresverbrauch: 600 Stück

	durchschnittlicher Lagerbestand	Umschlagshäufigkeit	durchschnittliche Lagerdauer
①	25 Stück	$\dfrac{600 \text{ Stück}}{25 \text{ Stück}} = 24\text{mal}$	$\dfrac{360 \text{ Tage}}{24\text{mal}} = 15 \text{ Tage}$
②	10 Stück	$\dfrac{600 \text{ Stück}}{10 \text{ Stück}} = 60\text{mal}$	$\dfrac{360 \text{ Tage}}{60\text{mal}} = 6 \text{ Tage}$

Je niedriger der durchschnittliche Lagerbestand ist, desto niedriger sind natürlich auch die Lagerkosten und desto weniger Kapital ist in den Lagerbeständen gebunden.

durchschnittliche Lagerkosten = durchschnittlicher Bestand · Lagerkosten pro Stück
durchschnittliche Kapitalbindung = durchschnittlicher Bestand · Einstandspreis pro Stück

Beispiel:
Die Lagerkosten pro Stück sollen 40,00 EUR betragen, der Einstandspreis 100,00 EUR. Dann gilt für die Zahlen aus dem vorigen Beispiel:

	durchschnittliche Lagerkosten	durchschnittliche Kapitalbindung
①	$25 \cdot 40{,}00 \text{ EUR} = 1000{,}00 \text{ EUR}$	$25 \cdot 100{,}00 \text{ EUR} = 2500{,}00 \text{ EUR}$
②	$10 \cdot 40{,}00 \text{ EUR} = 400{,}00 \text{ EUR}$	$10 \cdot 100{,}00 \text{ EUR} = 1000{,}00 \text{ EUR}$

Kapital, das nicht gebunden ist, kann anderweitig Gewinn bringend eingesetzt werden. Und dass niedrigere Kosten höheren Gewinn bedeuten, ist ohnehin klar.

Ein kleinerer durchschnittlicher Bestand bedeutet einen schnelleren Umschlag, eine kürzere Lagerdauer und damit eine raschere Freisetzung des gebundenen Kapitals.

Der Lagerzinssatz gibt an, wie viel Prozent Zinsen das im durchschnittlichen Lagerbestand gebundene Kapital während der durchschnittlichen Lagerdauer kostet.

$$\text{Lagerzinssatz} = \frac{\text{Durchschnittliche Lagerdauer} \cdot \text{Marktzinssatz}}{360}$$

Wenn der Lagerzinssatz und somit auch die Lagerkosten niedrig gehalten werden können, so wirkt sich dies letztlich auch im Angebotspreis der Waren aus.

Beispiel: Wir führen das vorige Beispiel fort:

Durch das in den Lagerbeständen gebundene „tote Kapital" gehen Zinsen verloren, die man ansonsten z. B. durch Anlage des Geldes bei einer Bank erzielen könnte. Wenn z. B. der Marktzinssatz 8 % beträgt (er bezieht sich auf 1 Jahr = 360 Tage), so ergibt sich für eine Lagerdauer von 15 Tagen bzw. 6 Tagen folgende Berechnung des Lagerzinssatzes:

	Fall 1 (15 Tage)	Fall 2 (6 Tage)
Lagerzinssatz	$\frac{15 \cdot 8\%}{360} \approx 0,33\%$	$\frac{6 \cdot 8\%}{360} \approx 0,13\%$

In Fall 1 liegen also die in den Selbstkosten enthaltenen Lagerkosten um 0,2 Prozentpunkte (0,33 % – 0,13 %) höher als in Fall 2. Entsprechend höher muss auch der Angebotspreis liegen.

Arbeitsaufträge

1. **Das Betriebsergebniskonto der VMW AG weist folgende Positionen auf:**
   Materialkosten, Löhne, Gehälter, Sozialkosten, Instandhaltung, Steuern, Gebühren, Beiträge, Versicherungsprämien, Mieten, Verkehrs-, Büro-, Werbekosten, Abschreibungen, Sondereinzelkosten der Fertigung und des Vertriebs.
   Welche dieser Kosten können auch durch die Lagerung mitverursacht sein?

2. **Ein Fertigungsbetrieb brauchte im Jahr etwa 1000 Profileisen mit einem Einstandspreis von je 20,00 EUR. Die Lagerkosten betrugen im Jahr etwa 2,00 EUR pro Stück.**
   Es wurden folgende Bestände ermittelt
2. Januar: 58	31. März: 38	30. Juni: 41	30. September: 40	30. November: 49

   2. Januar: 58   31. März: 38   30. Juni: 41   30. September: 40   30. November: 49
   31. Januar: 16   30. April: 76   31. Juli: 31   31. Oktober: 70   31. Dezember: 22
   28. Februar: 34   31. Mai: 50   31. August: 47
   a) Wie hoch war der durchschnittliche Lagerbestand?
   b) Wie groß war die Umschlagshäufigkeit, wenn der Verbrauch 484 Stück betrug?
   c) Wie viele Tage betrug die durchschnittliche Lagerdauer?
   d) Wie viel EUR betrugen die durchschnittlichen Lagerkosten?
   e) Wie viel EUR Kapital waren durchschnittlich in den Lagerbeständen gebunden?
   f) Wie viel EUR betrugen die Kapitalbindungskosten bei einem Marktzins von 6 %?
   g) Wie hoch war der Lagerzinssatz bei einem Marktzins von 6 %?
   h) Mit welchen Maßnahmen könnte die Umschlagshäufigkeit erhöht werden?

3. **Betrachten Sie noch einmal die Aufgabenstellungen von Aufgabe 3 auf Seite 234.**
   a) Geben Sie an, wie groß unter den angegebenen Voraussetzungen der durchschnittliche Lagerbestand, die Umschlagshäufigkeit und die durchschnittliche Lagerdauer sind.
   b) Berechnen Sie: durchschnittliche Lagerkosten, durchschnittliche Kapitalbindung und Lagerzinssatz (Marktzinssatz = 5%, Einstandspreis 15,00 EUR, Lagerkosten/Stück 3,00 EUR).
   c) Erläutern Sie, was die berechneten Kennziffern aussagen.

4. **In einem Betrieb wird behauptet, es habe der durchschnittliche Lagerbestand gesenkt werden können, gleichzeitig sei aber auch die Umschlagshäufigkeit gesunken und die Lagerdauer gestiegen.**
   Nehmen Sie hierzu Stellung.

Vierter Abschnitt
Personalmanagement

Intro ➡ Geschäftsprozesse im Personalmanagement

Das Personalmanagement ist mit der Deckung des Personalbedarfs für die betriebliche Aufgabenerfüllung befasst. In seine Zuständigkeit fallen folglich wichtige personalbezogene Supportprozesse, u. a. der Prozess der **Personalbeschaffung**.

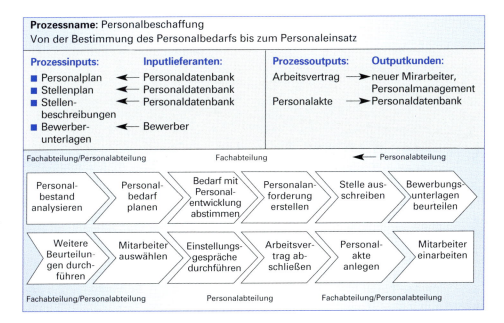

Eine wichtige Aufgabe ist die Fortbildung der Mitarbeiter für neue und veränderte Tätigkeiten. **Personalentwicklungsprozesse** sollen die erforderliche Anpassungen sichern und für die Mitarbeiter Aufstiegsmöglichkeiten eröffnen.

Aus unterschiedlichen Gründen kann die Kündigung des Arbeitsverhältnisses durch den Betrieb nötig werden. Dies setzt den **Prozess der Personalentlassung** in Gang. Bei umfangreichen Entlassungen spricht man von **Personalabbau** oder **-freisetzung.**

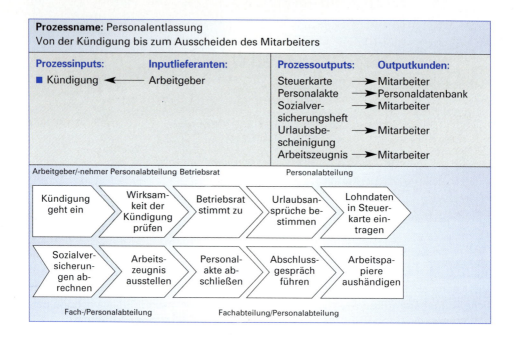

1 Aufgaben und Ziele des Personalmanagements

1.1 Aufgaben der Personalmanagements

Der Betrieb benötigt die Produktionsfaktoren Arbeitskräfte, Betriebsmittel und Material. Mit dem Faktor Arbeitskräfte ist insbesondere das Personalmanagement befasst.

Das Personalmanagement umfasst alle mitarbeiterbezogenen Gestaltungsmaßnahmen zur Verwirklichung der Unternehmensziele. Sein Aufgabenbereich umfasst alle Probleme der Führung und Behandlung, der Bereitstellung, des Einsatzes, der Entwicklung und des Abbaus von Arbeitskräften.

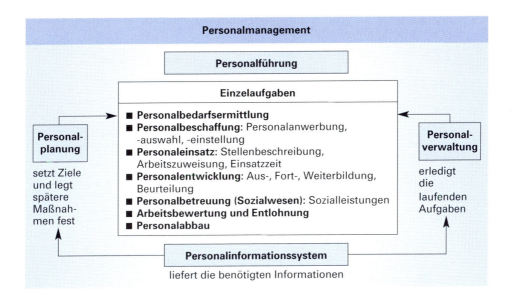

Personalmanagement

Personalführung

Einzelaufgaben

■ **Personalbedarfsermittlung**
■ **Personalbeschaffung:** Personalanwerbung, -auswahl, -einstellung
■ **Personaleinsatz:** Stellenbeschreibung, Arbeitszuweisung, Einsatzzeit
■ **Personalentwicklung:** Aus-, Fort-, Weiterbildung, Beurteilung
■ **Personalbetreuung (Sozialwesen):** Sozialleistungen
■ **Arbeitsbewertung und Entlohnung**
■ **Personalabbau**

Personal-planung
setzt Ziele und legt spätere Maßnah-men fest

Personal-verwaltung
erledigt die laufenden Aufgaben

Personalinformationssystem
liefert die benötigten Informationen

1.2 Ziele des Personalmanagements

1.2.1 Überblick

Die Aufgaben des Personalmanagements sind so zu lösen, dass
■ **der Personalbedarf gedeckt und** ■ **die Arbeitsleistung optimiert wird (Formalziele).**

Auf den ersten Blick erscheint die Deckung des Personalbedarfs als ein reines Men-genproblem. Aber sie umfasst auch Leistungsaspekte. Jede zu besetzende Stelle setzt ja ein bestimmtes Leistungsvermögen des Stelleninhabers voraus[1].

Die Optimierung der Arbeitsleistung erfordert die Kenntnis der Bestimmungsgrößen.

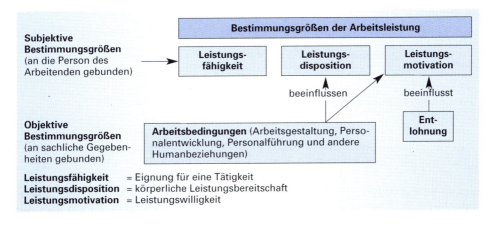

Bestimmungsgrößen der Arbeitsleistung

Subjektive Bestimmungsgrößen (an die Person des Arbeitenden gebunden)

Leistungs-fähigkeit   **Leistungs-disposition**   **Leistungs-motivation**

beeinflussen   beeinflusst

Objektive Bestimmungsgrößen (an sachliche Gegeben-heiten gebunden)

Arbeitsbedingungen (Arbeitsgestaltung, Perso-nalentwicklung, Personalführung und andere Humanbeziehungen)

Ent-lohnung

Leistungsfähigkeit = Eignung für eine Tätigkeit
Leistungsdisposition = körperliche Leistungsbereitschaft
Leistungsmotivation = Leistungswilligkeit

---

[1] Vgl. S. 30

Aus der Kenntnis dieser Bestimmungsgrößen lassen sich folgende Ziele ableiten:

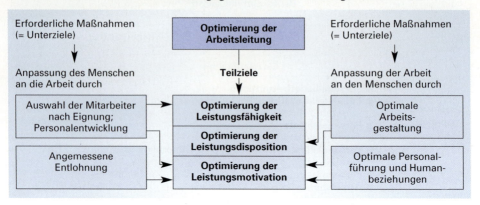

1.2.2   Leistungsfähigkeit

Leistungsfähigkeit **bedeutet Eignung (Qualifikation) für eine bestimmte Tätigkeit. Der Mitarbeiter ist um so geeigneter, je mehr er den Anforderungen entspricht, die die Tätigkeit stellt.**

■ **Qualitative Eignung** bedeutet:
  Der Mitarbeiter kann eine entsprechende **Tätigkeitsart** bewältigen.

■ **Quantitative Eignung** bedeutet:
  Der Mitarbeiter kann die geforderte **Arbeitsmenge** bewältigen.

Ich kann Briefe übersetzen. Und ich schaffe bis zu 20 Stück pro Tag.

Wichtige Bestimmungsgrößen der Leistungsfähigkeit
Begabung
Begabungen sind Leistungsanlagen, die im Wesentlichen vererbt werden. Man unterscheidet z. B. geistige Begabung (Intelligenz), praktisch-technische Begabung und künstlerische Begabung.
Körperliche Eignung
Für bestimmte Arbeiten sind bestimmte Körpergrößen, Körperkräfte, Reichweiten, Ausdauer usw. erforderlich. Männliche Jugendliche erreichen ihre volle Körperkraft erst mit 25 Jahren, weibliche mit 22. Dann nimmt die Körperkraft langsam wieder ab.
Ausbildung
Die meisten Tätigkeiten setzen ein bestimmtes Wissen und Können voraus, das durch Ausbildung vermittelt wird. Mitarbeiterschulung und Fortbildung erhöhen die Eignung.
Erfahrung
Die Ausübung von Tätigkeiten ist stets mit neuen Erkenntnissen verbunden. Sie erhöhen den Grad der Vertrautheit mit dem Aufgabeninhalt.
Übung
Geschwindigkeit und Geschicklichkeit nehmen bei repetitiven Tätigkeiten mit jeder Wiederholung zu. Sie führen zu Routine. Durch intensives Training kann die Wirkung verstärkt werden.

In einer Betriebswelt mit hohem Konkurrenzdruck, vernetzten Strukturen, schlanken Organisationsformen und ganzheitlichen Qualitätsanforderungen wird Leistungsfähigkeit als Fähigkeit zu **problemgerechtem Handeln (Handlungskompetenz)** verstanden. Sie umfasst vier Teilkompetenzen:

Fachkompetenz	Qualifiziert sein heißt:	Methodenkompetenz
Fähigkeit, sich fachlich selbstständig einzuarbeiten, systematisch und in Zusammenhängen zu denken	**Problemgerecht handeln können!** Notwendig ist: **Handlungskompetenz**	Fähigkeit zum Problemlösen bei sich ändernden Bedingungen
Sozialkompetenz	*Gewusst wie!*	**Lernkompetenz**
Fähigkeit, in vielfältiger Form mit anderen zusammenzuarbeiten (u.a. Teamfähigkeit)		Fähigkeit zur Anwendung von Lerntechniken und Erschließung von Informationen

Nur die Bereitschaft zu lebenslangem Lernen wird in der Zukunft zu dieser vierfachen Kompetenz führen. Nur sie verschafft dem Beschäftigten einen sicheren Arbeitsplatz und dem Unternehmen einen attraktiven Mitarbeiter.

Jeder Mitarbeiter trägt die Verantwortung für Erwerb und Entwicklung seiner Handlungskompetenz selbst. Der Betrieb kann und soll seinerseits die notwendigen Qualifizierungsmaßnahmen anbieten.

Bei der Personaleinstellung sollen Zeugnisse, eingeholte Auskünfte über den Bewerber, Eignungstests und Vorstellungsgespräche Hilfestellung bei der Eignungsbeurteilung leisten. Später werden regelmäßige Beurteilungen vorgenommen. Fortbildungsmaßnahmen dienen der Anpassung und Steigerung der Kompetenz.

Beurteilungen nehmen wir natürlich auch bei allen Versetzungen, Beförderungen und Fortbildungsmaßnahmen vor.

1.2.3 Leistungsdisposition

Die *Leistungsdisposition* ist die physiologische (von den Körperfunktionen abhängende) Leistungsbereitschaft. Sie schwankt mit den Änderungen des körperlichen Zustands. Von großem Einfluss sind körperliches Wohlbefinden, Ermüdungszustand, Alter und Tagesrhythmus.

Alter

Bei schwerer körperlicher Arbeit nimmt die Leistungsfähigkeit des Erwachsenen mit zunehmendem Alter ab. Bei geistiger Arbeit und leichter Fertigkeit verlangender körperlicher Arbeit steigt sie auf Grund von Erfahrung und Training eher. Der Betrieb sollte insofern bestrebt sein, seine Mitarbeiter an den geeigneten Arbeitsplatz zu stellen.

Tagesrhythmus

Der Mensch unterliegt im Lauf des Arbeitstages einem Rhythmus. Wird in einem Betrieb 24 Stunden täglich gearbeitet, sind die höchsten Leistungen zwischen 8 und 11 Uhr und zwischen 18 und 21 Uhr möglich, die niedrigsten zwischen 1 und 4 Uhr. Die Arbeitsorganisation sollte deshalb nicht zu Beginn und Ende der Arbeitszeit von der Arbeitskraft die höchsten Leistungen verlangen

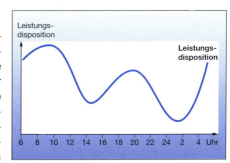

und die schwierigsten Verrichtungen – soweit möglich – auf den Vormittag legen.

Ermüdung

Im Hinblick auf die Ermüdung sind Beginn und Dauer der Arbeitszeit sowie die Pauseneinteilung von großer Bedeutung. Die Höchstdauer der Arbeitszeit ist durch das Arbeitszeitgesetz geregelt. Den modernen Lebensgewohnheiten (verlängerte Abende) tragen viele Betriebe bereits durch die Einführung der Gleitzeit Rechnung. Arbeitspausen dienen der Erholung bei Ermüdung. Sie sollten deshalb in Zeiten absteigender Leistung gelegt werden. Die Mittagspause sollte möglichst lang sein. Die vom Arbeitszeitgesetz vorgeschriebene Mindestpause von 30 Minuten (oder zwei Pausen von 15 Minuten) bei einem 8-Stunden-Tag ist nach arbeitsphysiologischen Erkenntnissen[1] zu kurz.

1.2.4   Leistungsmotivation

Die *Leistungsmotivation* ist die psychologische Leistungsbereitschaft (Leistungswilligkeit).

Sie besteht in Triebkräften, die den Menschen zur Abgabe von Arbeitsleistungen bewegen. Diese Triebkräfte sind Bedürfnisse, die er durch seine Arbeitsleistung zu befriedigen hofft. Der amerikanische Psychologe A.H. Maslow ordnet sie fünf Stufen zu:

Bedürfnisstufen

Selbstverwirklichungsbedürfnisse
z. B. Entfaltung individueller Fähigkeiten, Unabhängigkeit

Achtungsbedürfnisse
z. B. Stärke, Kompetenz, Können, Prestige, Ansehen,
    Einfluss, Beachtung

Zugehörigkeitsbedürfnisse
z. B. sozialer Kontakt, Anerkennung, Zuneigung,
    Einordnung

Sicherheitsbedürfnisse
z. B. persönliche und soziale Sicherheit,
    sicherer Arbeitsplatz, Freiheit von
    Furcht und Chaos

Physiologische Bedürfnisse
z. B. Sicherung von Nahrung
    und körperlicher Unversehrtheit

(Pyramide von unten nach oben:) Physiologische Bedürfnisse — Sicherheitsbedürfnisse — Zugehörigkeitsbedürfnisse — Achtungsbedürfnisse — Selbstverwirklichungsbedürfnisse

Beispiel:

Herr Pfitzinger will durch seine Arbeit zunächst seinen Lebensunterhalt bestreiten (physiologisches Bedürfnis). Seine Motivation steigt in dem Umfang, in dem die Arbeit ihm Sicherheit gibt (z. B. Alterssicherung, sicherer Arbeitsplatz, Unfallsicherung), in dem er sich unter seinen Kollegen wohlfühlt (z. B. gutes Arbeits- und Betriebsklima), in dem seine Leistung anerkannt wird (z. B. gerechte Entlohnung, gute Beurteilung) und in dem er sich selbst entfalten kann (z. B. abgegrenzter Aufgabenbereich, Entscheidungsbefugnisse, Arbeitszufriedenheit durch humane Arbeitsgestaltung, Fortbildungs- und Aufstiegsmöglichkeiten).

Die Motivation der Mitarbeiter steigt, wenn der Betrieb in der Lage ist, durch geeignete Maßnahmen die genannten Bedürfnisse zu befriedigen.

---

[1] Arbeitsphysiologie = Wissenschaft von der körperlichen Reaktion auf Art, Gegenstand, Dauer und Umgebung einer betrieblichen Tätigkeit

---

Arbeitsaufträge

1. „Was ein Mensch bei der Arbeit leistet, hängt teilweise von seiner eigenen Person ab, teilweise von äußeren Einflüssen."
   a) Erläutern Sie diese Aussage.
   b) Nennen Sie leistungsbeeinflussende Elemente der Arbeitsgestaltung, die bereits im Abschnitt „Produktionsmanagement" behandelt wurden.

2. „Der Mensch ist am ehesten bereit, Leistungen für den Betrieb zu erbringen, wenn seine eigenen Bedürfnisse durch seine Arbeit befriedigt werden."
   a) Welche Bedürfnisse sind mit diesem Satz angesprochen?
   b) Welche Möglichkeiten hat der Betrieb, den Bedürfnissen des Einzelnen entgegenzukommen?
   c) Von dem früheren österreichischen Bundeskanzler Bruno Kreisky stammt der Satz: „Sie glauben gar nicht, wie viel Lob ich ertragen kann." Inwiefern ist auch damit das Problem der Bedürfnisbefriedigung angesprochen?

3. Motivations-Faktoren

Motivations-Faktoren	
So viel Prozent der befragten Arbeitnehmer wären bereit, ihre beruflichen Anstrengungen zu steigern für … (Mehrfachnennungen)	
– höheres Einkommen	48
– bessere Aufstiegs- und Karrierechancen	25
– größere Selbstständigkeit und Unabhängigkeit	25
– mehr Möglichkeiten, eigene Ideen wirksam umzusetzen	23
– mehr Urlaub	22
– eine interessante Tätigkeit	22
– mehr Einfluss, Entscheidungskompetenzen	22
– freiere Gestaltungsmöglichkeiten bei der Arbeitszeit	21
– Verkürzung der Arbeitszeit	21
– mehr Möglichkeiten, sich durch Tüchtigkeit und Leistung auszuzeichnen	16
16 – So viel Prozent sind nicht bereit, ihre beruflichen Anstrengungen zu steigern	

(Quelle: Institut der deutschen Wirtschaft iwd)

   a) Ist nach Ihrer Ansicht die pessimistische These gerechtfertigt, dass die Unternehmen es bald nur noch mit einem „Heer freizeitlüsterner Mitarbeiter" zu tun haben werden?
   b) Ein Sechstel der Mitarbeiter ist nicht zu einer Leistungssteigerung bereit. Nennen Sie mögliche Gründe.
   c) Wie spiegeln sich die Bedürfnisstufen (vgl. S. 318) in der Statistik wider?

2 Personaldaten

Herr Maier, leider muss ich Ihnen mitteilen, dass wir uns für einen anderen Bewerber entschieden haben.

Data-Personenauskunft Franz Maier
Mai 2002: 6 Krankmeldungen
15000,00 EUR Schulden
Mai 2002: Flug nach Baden-Baden
Mit der Miete für Mai und Juni im Rückstand

Das kann doch nicht erlaubt sein!

Eine zielgerechte Planung des Personalbestands und ein optimaler Einsatz der Mitarbeiter setzen eine genaue Erfassung und Aufbereitung der Personaldaten voraus. Die Personalverwaltung führt deshalb Personalakten, unterhält ein Personalinformationssystem und erarbeitet Personalstatistiken.

2.1 Personalakte

Bei Einstellung, Beschäftigung und Ausscheiden eines Mitarbeiters fallen Dokumente an. Sie werden in der Personalakte aufbewahrt.

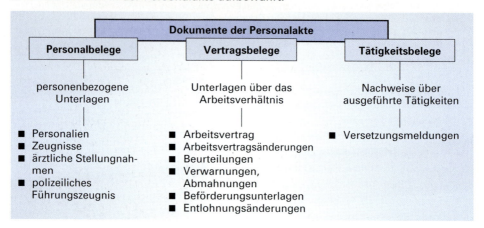

Der Inhalt der Personalakte wird auch elektronisch archiviert. Dies ermöglicht den dezentralen Zugriff auf zentral geführte Akten. Das elektronische Archiv ist Teil der Personalakte im rechtlichen Sinn. Der Zugriff darf nur über die Personalnummer oder den Namen möglich sein. Personenübergreifende Sortier- oder Selektionsmöglichkeiten müssen ausgeschlossen sein. Zugriffe auf die Personalakte müssen unter Angabe der zugreifenden Stelle elektronisch protokolliert werden.

■ Der Arbeitnehmer hat ein Recht auf Einsicht in seine Personalakte (BetrVG § 83). Hierzu kann er ein Mitglied des Betriebsrates hinzuziehen.

■ Sind Berichte in der Personalakte nicht sachgemäß gefasst, so kann er Berichtigung verlangen.

■ Sind Verwarnungen oder Abmahnungen ungerechtfertigt, so kann er Entfernung aus der Akte verlangen.

■ Er kann auch Erklärungen zum Inhalt der Personalakte abgeben und verlangen, dass sie der Akte beigefügt werden.

Ich habe z. B. eine Erklärung wegen einer ungünstigen Beurteilung abgegeben.

2.2 Personalinformationssystem

In der Motoren- und Getriebebau GmbH stehen zur Zeit folgende Personalentscheidungen an:
■ Kann Mitarbeiter X eine bestimmte Vollmacht erhalten?
■ Welche Mitarbeiter sollen auf einen Lehrgang geschickt werden?
■ Welche Mitarbeiter sind für selbstständige Aufgaben geeignet?
■ Soll Mitarbeiter Y befördert werden?

- Soll Mitarbeiter Z eine Leistungszulage erhalten?
- Muss das Leistungsverhalten von Mitarbeiter W beanstandet werden?
- Welche Mitarbeiter sollen nach Rationalisierungsmaßnahmen entlassen werden?
- Ist ein Bewerber aus einer innerbetrieblichen Stellenausschreibung einem externen Bewerber vorzuziehen?
- Zu welchem Zeitpunkt kann Mitarbeiter X Urlaub erhalten?
- Wie kann die Arbeitsleistung der Mitarbeiter kontrolliert werden?
- Wie viele Mitarbeiter scheiden im nächsten Jahr aus?
- Wie viele Mitarbeiter sind einzustellen?

Führungskräfte benötigen für personenbezogene Entscheidungen möglichst umfassende Informationen über alle Mitarbeiter und alle Gegenstände der Personalwirtschaft. Diese Informationen werden in größeren Unternehmen von Personalinformationssystemen bereitgestellt.

Moderne **Personalinformationssysteme** sind nicht ohne den Einsatz von **Computern** denkbar.

Das *computergestützte Personalinformationssystem* übernimmt neben den klassischen Aufgaben des Personalwesens (Gehalts- und Lohnabrechnung, Personalstatistik) zusätzlich Informationen psychologischer, medizinischer, sozialer und persönlicher Art.

Das Personalinformationssystem besteht aus mehreren Datenbanken, in denen die Daten der Mitarbeiter zu bestimmten Merkmalsgruppen zusammengefasst werden. Eine **Methodenbank** stellt dabei Auswertungsprogramme zur Verfügung und verknüpft die Datenbanken untereinander. Außerdem stellt sie die Verbindung mit den anderen betrieblichen Informationssystemen her.

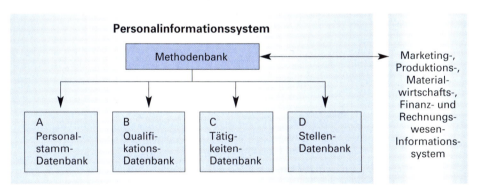

Die gespeicherten Informationen sind von Betrieb zu Betrieb unterschiedlich. Unter anderem können es sein:

Daten in Personalinformationssystemen
Personalstammdaten
z. B. Personalnummer, Name, Geschlecht, Geburtsdatum, Staatsangehörigkeit, Religionszugehörigkeit, Familienstand, Kinderzahl, Anschrift, Ein-/Austrittsdatum, Kündigungsgrund, Lohn-/Gehaltsgruppe, Gehalt, Bankleitzahl, Kontonummer, Lohnsteuerklasse, Lohnsteuerfreibetrag, Finanzamt, Rentenversicherungsnummer, Krankenkasse

Laufbahndaten

z. B. Schul-/Hochschulbesuch und Abschlüsse, Berufsausbildung, ausgeübte Berufe, Beförderungen, Fortbildung

Fähigkeitsdaten

z. B. Sprachkenntnisse, spezielle kaufmännische oder technische Kenntnisse

Arbeitszeitdaten

z. B. täglicher Arbeitsbeginn, Unterbrechungen, Arbeitsende, Fehlzeiten, Arbeitsdauer für Einzelaufgaben

Leistungsdaten

z. B. automatisch gemessene Leistungen, Ergebnisse von Beurteilungen

medizinische Daten

z. B. Routineuntersuchungen, Impfungen, Krankheiten, Krankheitsdauer

---

Durch Personalinformationssysteme soll die Arbeit im Personalbereich rationalisiert werden. Andererseits sollen die betrieblichen Arbeitsprozesse insgesamt rationell erfasst und kontrolliert werden. Einzelne **Teilaufgaben** sind:

- allgemeine Personalverwaltung,
- Personalaktenführung,
- Zeit- und Kostenkontrolle,
- Leistungsabrechnung,
- Urlaubsermittlung,
- Auswahl geeigneter Arbeitnehmer für den jeweiligen Arbeitsplatz,
- Erstellung von Anforderungs- und Leistungsprofilen,
- Leistungsbewertung und -beurteilung,
- Lohn- und Gehaltsfindung,
- Ermittlung des Personalbedarfs,
- Personalstatistiken,
- Förderungsprogramme.

Ein allgemein akzeptiertes Personalinformationssystem darf das Persönlichkeitsbild eines Mitarbeiters nicht so umfassend abbilden, dass dies als Eingriff in die Privatsphäre empfunden wird oder dass damit die **Gefahr einer missbräuchlichen Nutzung/Weitergabe** personenbezogener Daten entsteht.

Das Bundesdatenschutzgesetz (BDSG) gestattet die Speicherung personenbezogener Daten nur, soweit sie für das Arbeitsverhältnis von Bedeutung sind.

Den erfassten Personen sind im Wesentlichen vier Rechte zugesichert:

Persönliche Daten müssen dem Zugriff Unbefugter durch Sicherheitsvorkehrungen entzogen werden, z. B. durch Zugriff über Passwörter.

(1) Recht auf Auskunft – über die gespeicherten Daten,
– über den Zweck der Speicherung.

(2) Recht auf Berichtigung unrichtiger Daten.

(3) Recht auf Löschung – von unzulässig gespeicherten Daten,
– von Daten, an deren Speicherung kein Interesse mehr besteht.

(4) Recht auf Sperrung von Daten – wenn gesetzliche oder andere Aufbewahrungsfristen eine Löschung nicht zulassen,
– wenn eine Löschung die Interessen des Betroffenen beeinträchtigt.

2.3 Personalstatistik

Die Kupfer AG gibt der Belegschaft regelmäßig den monatlichen Krankenstand bekannt. Auch die Normallinie und Ideallinie des Krankenstandes sind ersichtlich.

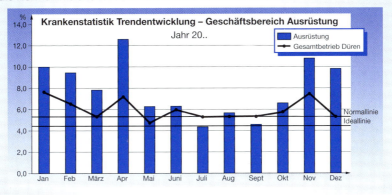

Die *Personalstatistik* erarbeitet zahlenmäßige Aussagen über die Gesamtheit des Personals und über Personalgruppen.

Bereiche der Personalstatistik

Personalstruktur

- Männer, Frauen
- Deutsche, Ausländer
- Angestellte, Arbeiter, Auszubildende, freie Mitarbeiter
- schwangere Frauen
- Wehr-/ Zivildienstleistende
- Alter und Betriebszugehörigkeit
- Familienstand
- Ungelernte, Angelernte, Gelernte, Hochqualifizierte
- Stammpersonal, Leihpersonal
- Vollzeit-, Teilzeitbeschäftigte
- Zuordnung zu Abteilungen
- Position wie Sachbearbeiter, Gruppenführer, Abteilungsleiter usw.

Personalereignisse

- **Personalbewegung**
  - Personalstand (Stichtag)
  - Zugänge
  - Abgänge
  - Abgangsgründe
- **Arbeitszeiten**
  - Gleitzeitverhalten
  - Schichten
  - Überstunden
- **Fehlzeiten**
  - Urlaub
  - Unfall
  - Mutterschutz
  - Ausbildung
  - Jubiläen
  - Krankheit
  - Kur
  - Freistellung
  - Fortbildung
  - Wehr-/Zivildienst
  - sonstige Fehlzeiten

Personalaufwand

- Grundlöhne
- Grundgehälter
- Zulagen
- Überstundenentgelte
- Erfolgsbeteiligungen

Sozialaufwand

- **gesetzliche Sozialleistungen**
- **tarifliche Sozialleistungen**
  - Gratifikationen
  - Vermögenswirksame Leistungen
- **freiwillige Sozialleistungen**
  - Betriebsrenten
  - Betriebsarzt
  - Betriebsveranstaltungen

Durch die Berechnung von Kennzahlen für jeden der vier Bereiche können diese Daten noch transparenter gemacht werden.

> **Beispiele:** Kennzahlen
>
> ■ **zur Personalstruktur:**
>
> $$\text{Gruppenanteil} = \frac{\text{Zahl der Gruppenmitglieder}}{\text{Gesamtbelegschaft}} \cdot 100;$$
>
> ■ **zu Personalereignissen:**
>
> $$\text{z. B. Fluktuationsquote} = \frac{\text{Personalabgänge}}{\text{durchschnittlicher Personalbestand}} \cdot 100;$$
>
> $$\text{z. B. Krankheitszeitquote} = \frac{\text{Krankheitsstunden}}{\text{Sollarbeitsstunden}} \cdot 100;$$
>
> $$\text{z. B. Überstundenquote} = \frac{\text{Überstunden}}{\text{Istarbeitsstunden}} \cdot 100;$$
>
> ■ **zum Personal- und Sozialaufwand:**
>
> $$\text{z. B. Leistungsquote} = \frac{\text{Personalaufwand}}{\text{Gesamtpersonalkosten}} \cdot 100;$$
>
> $$\text{z. B. Sozialquote} = \frac{\text{Sozialaufwand}}{\text{Gesamtpersonalkosten}} \cdot 100$$
>
> $$\text{z. B. Personalkosten je Mitarbeiter} = \frac{\text{Gesamtpersonalkosten}}{\text{Gesamtbelegschaft}}$$

*Die Berechnung solcher Kennzahlen gehört zu den Aufgaben des **Personalcontrollings**.*

2.4 Personalbestandsanalysen

Die Personalplanung setzt eine genaue Kenntnis des Personalbestands voraus. Deshalb sind Personalbestandsanalysen sinnvoll.

> Bei Personalbestandsanalysen geht man ähnlich wie bei der Marktforschung vor:
> ■ Vornahme von Zeitpunkt- und ZeitraumAnalysen;
> ■ Methoden: Primär- und Sekundärforschung

Der Gegenstand von Personalbestandsanalysen ist die systematische Untersuchung des Personalbestands unter quantitativen und qualitativen Aspekten.

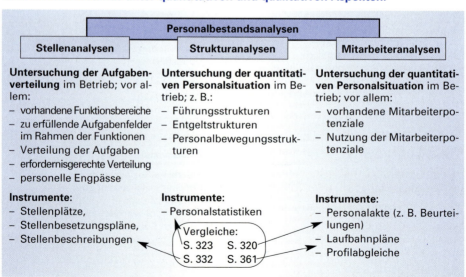

Personalbestandsanalysen		
Stellenanalysen	**Strukturanalysen**	**Mitarbeiteranalysen**
Untersuchung der Aufgabenverteilung im Betrieb; vor allem:	**Untersuchung der quantitativen Personalsituation** im Betrieb; z. B.:	**Untersuchung der quantitativen Personalsituation** im Betrieb; vor allem:
– vorhandene Funktionsbereiche – zu erfüllende Aufgabenfelder im Rahmen der Funktionen – Verteilung der Aufgaben – erfordernisgerechte Verteilung – personelle Engpässe	– Führungsstrukturen – Entgeltstrukturen – Personalbewegungsstrukturen	– vorhandene Mitarbeiterpotenziale – Nutzung der Mitarbeiterpotenziale
Instrumente: – Stellenplätze, – Stellenbesetzungspläne, – Stellenbeschreibungen	**Instrumente:** – Personalstatistiken Vergleiche: S. 323 S. 320 S. 332 S. 361	**Instrumente:** – Personalakte (z. B. Beurteilungen) – Laufbahnpläne – Profilabgleiche

- **Stellenpläne** sind Teilorganigramme, die alle Stellen einer Organisationseinheit enthalten. Stellenbesetzungspläne enthalten zusätzlich die Namen der Stelleninhaber.

- **Stellenbeschreibungen** sind systematische Gliederungen von Stellen. Sie enthalten:

  - das Instanzenbild: Über- und Unterstellung, Stellvertretung, Zusammenarbeit mit anderen Stellen, Befugnisse und Vollmachten
  - das Aufgabenbild: Stellenzweck, Fachaufgaben
  - das Leistungsbild: Stellenanforderungen (Ausbildung, Berufserfahrung, spezielle Kenntnisse, Verhaltensanforderungen)

- **Laufbahnpläne** geben an, welche Stufen/Stellen ein Mitarbeiter im Lauf seiner beruflichen Entwicklung einnehmen kann/soll und welche qualifizierenden Maßnahmen dafür nötig sind.

- **Profilabgleiche** stellen die Stellenanforderungen (**Anforderungsprofil**) und die gezeigten Fähigkeiten (**Fähigkeitsprofile, Qualifikationsprofile**) von Personen einander gegenüber.

  Als Grundlage für die Erstellung von Anforderungsmerkmalen gilt das sog. „Genfer Schema". Wegen der Verschiedenartigkeit von Arbeitsplätzen wurde es um zahlreiche Merkmale ergänzt.

*Das **Genfer Schema** wurde für Zwecke der Arbeitsbewertung entwickelt. (Vgl. S. 398)*

Wichtige Anforderungsmerkmale
Fachliche Anforderungen: Vorbildung, Ausbildung, Fachkenntnisse, Fertigkeit, Erfahrung
Geistige Anforderungen: Auffassungsvermögen, analytisches Denkvermögen, Gedächtnis, Urteilsfähigkeit, Kreativität, Ausdrucksvermögen, Lernbereitschaft, technisches Verständnis, rechnerisches Denken
Arbeitsverhalten: Konzentration, Arbeits- und Einsatzbereitschaft, Sorgfalt, Problembewusstsein, Entscheidungsvermögen, Vielseitigkeit, Zuverlässigkeit, Selbstständigkeit, Ergebnisverantwortung, Verhandlungsgeschick, Verantwortungsbereitschaft
Sozialverhalten: Anpassungs-, Durchsetzungsvermögen, Kontaktfähigkeit, Kooperations-, Hilfsbereitschaft, Teamorientierung, Toleranz
Führungsverhalten: Zielsetzungs-, Planungs-, Durchsetzungs-, Kontroll-, Organisations-, Motivations-, Delegationsfähigkeit

Ein **Anforderungsprofil** entsteht, indem man zusätzlich den gewünschten Ausprägungsgrad der Anforderungsarten hinzufügt.

Ein **Fähigkeitsprofil** entsteht, indem man nach dem gleichen Verfahren die Fähigkeiten von Stelleninhabern oder Bewerbern einschätzt.

Die Gegenüberstellung der Profile in einem Schema macht Über- und Unterqualifizierungen erkennbar und zeigt Ansatzpunkte für Maßnahmen (z. B. Fortbildung, Beförderung, Versetzung, Kündigung).

Neben dem dargestellten Kurvendiagramm werden auch andere Darstellungsarten (z. B. Balkendiagramme) verwendet.

Profilmerkmal	Ausprägungsgrad				
	1	2	3	4	5
1 Fachkenntnis					
2 Erfahrung					
3 Gedächtnis					
4 rechner. Denken					
5 Sorgfalt					
6 Teamfähigkeit					
7 Entscheidungs- fähigkeit			**Fähigkeit**	**Anforderung**	

Arbeitsaufträge

1. **Personalinformationssysteme dienen der Entscheidungsvorbereitung und Kontrolle.**
   a) Nennen sie sechs personenbezogene Entscheidungen im Personalbereich.
   b) Beschreiben Sie den Aufbau eines Personalinformationssystems.
   c) Welche Informationen können in den Datenbanken eines Personalinformationssystems gespeichert werden?
   d) Welche rechtlichen Grundlagen müssen zum Schutz der Mitarbeiter bei der Nutzung eines Personalinformationssystems berücksichtigt werden?
   e) Wodurch unterscheiden sich Personalinformationssysteme und Personalakte?

2. **In der Tönner GmbH ist die Stelle einer Chefsekretärin zu besetzen. Auf Grund einer innerbetrieblichen Stellenausschreibung hat sich Frau Bach beworben.**
   a) Nennen Sie unter Benutzung der nachstehenden Profilanalyse die vom Personalinformationssystem bereitgestellten Daten und werten Sie diese aus.

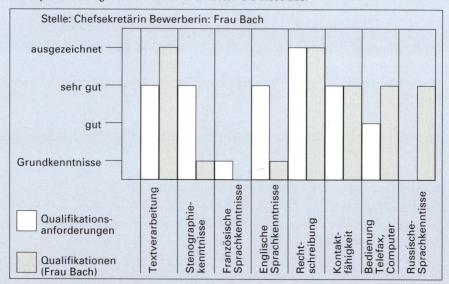

b) Welche Entscheidungen werden notwendig, wenn keine qualifiziertere Bewerberin zur Verfügung steht?

3. Im Personalbüro lesen der Personalleiter und sein Assistent erstaunt einen Computerauszug mit Informationen über einen im Flur wartenden Bewerber. Der Assistent wendet sich mit kritischem Blick dem Personalleiter zu und meint:
„Eigentlich genau der Mann, den wir brauchen; aber mit zwölf Jahren Diphterie, mit 17 Jahren an einer Demonstration teilgenommen, geschieden und noch dreimal falsch geparkt – naja, ich weiß nicht..."
Erläutern Sie, welche Probleme die geschilderte Situation anspricht.

4. Ihr Personalchef beauftragt Sie, eine gegliederte Aufstellung der Lohn- und Gehaltsdaten anzufertigen.
Fertigen Sie diese Aufstellung in Form einer Mindmap an.

5.
Der Brief des Betriebsratsvorsitzenden Paul Meyer an der Personalvorstand des IT-Beratungsunternehmen Poens & Muck war nett im Ton, aber hart im Anliegen. Meyer wies darauf hin, dass es im Unternehmen keine Aufzeichnung darüber gebe, in welche Beratungsprojekte die Mitarbeiter eingebunden seien. Meyer schlug eine zentrale Auslastungs-Datenbank vor, die auch für anderweitige Aufgaben zur Verfügung stehen könnte. Der Vorschlag wurde realisiert.

Der neue Informationspool wurde Teil einer „Employee-Profile-Datenbank". Darin sind die „Skills" – Qualifikationen, Erfahrungen und Eignungen – der Mitarbeiter zentral erfasst.

Steigende Mitarbeiterzahlen und Beratungsprojekte sorgen im Personalbereich für Unübersichtlichkeit. Deshalb ist eine zentrale Skill-Datenbank mit Namen und Standort der jeweiligen Fachleute hilfreich. Projektmanager erhalten ein Werkzeug, um ihre Mannschaft je nach Anforderung zusammenzustellen. Zudem ist die Datenbank in Zeiten des strategischen und personellen Umbaus ein wichtiges Hilfsmittel zur Personalplanung und -steuerung.

In Skill-Datenbanken sind Personalstammdaten verzeichnet, außerdem Informationen über Ausbildung, beruflichen Werdegang und Tätigkeit. Spezielle Erfahrungen und Kenntnisse sind zusätzlich bewertet.

Nach: Brigitta Palass, manager magazin, 12/2000

Die Geschäftsleitung Ihres Ausbildungsbetriebs hat im manager magazin von der Skill-Datenbank der Firma Poens & Muck erfahren. Sie beabsichtigt, eine eigene Skill-Datenbank in Microsoft Access anzulegen. Sie werden mit den folgenden Aufgaben betraut:
a) Bestimmen Sie die notwendigen Datenfelder für die Tabellen MITARBEITER und PROJEKT und die Beziehungstabelle MITARBEITER-PROJEKT.
b) Legen Sie die drei Tabellen an und speichern Sie die Tabellenentwürfe ab.
c) Erfassen Sie Daten nach Ihrer Wahl in den jeweiligen Tabellen.
d) Nehmen Sie die für eine Skill-Datenbank sinnvollen Tabellen-Verknüpfungen vor.
e) Entwerfen Sie drei Abfragesysteme:
   (1) Ausgabe aller Mitarbeiter und der Projekte, an denen die Mitarbeiter beteiligt sind.
   (2) Ausgabe aller Projekte und der beteiligten Mitarbeiter,
   (3) Ausgabe aller Mitarbeiter, die an keinem Projekt beteiligt sind.

6. Die Personalstatistiken von zwei Industriebetrieben enthalten folgende Zahlen:

	Adam Schwarze KG Kammgarnspinnerei	Sperner GmbH Werftbetriebe
Beschäftigte	345	296
davon: – Männer	62	245
– Frauen	283	51
– Arbeiter(innen)	293	255
– Angestellte	52	45
– Angelernte, Ungelernte	256	46
– Gelernte	84	230
– Akademisch Ausgebildete	5	20
gesamte Personalkosten	7 875 660,00 EUR	8 376 800,00 EUR

a) Berechnen Sie den Anteil jeder Gruppe an der Gesamtbelegschaft.
b) Vergleichen Sie die jeweiligen Gruppenzahlen mit Hilfe von Säulendiagrammen eines Tabellenkalkulationsprogramms.
c) Erläutern Sie Gemeinsamkeiten und Unterschiede in den Personalstrukturen der beiden Betriebe.
d) Geben Sie wahrscheinliche Gründe für die unterschiedlich hohen Personalkosten je Mitarbeiter an.

7. Bei der Motoren- und Getriebebau GmbH (MGG) werden in jeder Abteilung und für jeden Mitarbeiter Fehlzeitenkarten geführt. Diese werden wöchentlich der Personalabteilung übergeben, ins Personalinformationssystem übernommen und ausgewertet. Für die Abteilung Einkauf ergab sich für Februar 20..:

Mitarbeiterzahl:	22
Tarifliche Arbeitszeit Soll:	2536 Stunden (bei 8 Std./Tag und 5 Tagen/Woche)
Tarifliche Arbeitszeit Ist:	2164 Stunden
Mehrarbeitszeit:	305 Stunden
Gesamtarbeitszeit:	2469 Stunden
Fehlzeiten: 372 Stunden, davon Fortbildung	150 Stunden
Urlaub	102 Stunden
Krankheit	116 Stunden
Sonderurlaub unbezahlt	4 Stunden
unentschuldigt	0 Stunden
Sonstiges	0 Stunden

Aus diesem Zahlenmaterial werden Kennzahlen berechnet.

Berechnen Sie:
a) die durchschnittliche tägliche Istarbeitszeit,
b) die Fehlzeitenquote,
c) die Fortbildungsquote,
d) die Krankheitszeitquote,
e) die Urlaubsquote,
f) die Überstundenquote,
g) die Auslastungsquote (Gesamt-Istzeit in Prozent von der Sollzeit).

Die Kennzahlen werden in zeitlicher Hinsicht ausgewertet. Sie werden auch mit den entsprechenden Kennzahlen der anderen Abteilungen verglichen. Dabei ergibt sich folgendes Zahlenmaterial:

	Berichtsmonat		Vormonat		Jahresdurchschnitt	
	Ab-teilung	Betriebs-durchschnitt	Ab-teilung	Betriebs-durchschnitt	Ab-teilung	Betrieb
Fehlzeitenquote		9,72%	12,11%	10,43%	11,93%	10,85%
Fortbildungsquote		5,00%	5,60%	5,00%	5,43%	5,04%
Krankheitszeitquote		3,88%	3,67%	3,71%	3,16%	3,65%
Urlaubsquote		3,53%	3,22%	3,24%	9,54%	9,55%
Überstundenquote		8,77%	6,33%	4,26%	3,95%	3,15%
Auslastungsquote		97,36%	97,28%	97,01%	97,48%	97,50%

Beurteilen Sie die Kennzahlen der Abteilung im Zeitablauf und im Vergleich mit dem Betriebsdurchschnitt. Wo könnten sich Ansatzpunkte für personelle Maßnahmen ergeben?

3 Personalbeschaffungsmanagement

„Wir haben Herrn Müller als Urlaubsvertreter eingestellt. Da Sie so viel Arbeit haben, wird er Ihren restlichen Urlaub für Sie abfeiern."

Das könnte denen so passen!

Die Personalwirtschaft muss kompetente Arbeitskräfte für die Vielzahl der betrieblichen Aufgaben bereitstellen. Die dabei ablaufenden Geschäftsprozesse sind wichtige Supportprozesse für die Kernprozesse der Unternehmung. Gelingt die Bereitstellung nicht zufrieden stellend, so kann der gesamte Wertschöpfungsprozess des Betriebs stocken.

3.1 Personalbedarfsplanung

Die Motoren- und Getriebebau GmbH (MGG) hat zur Zeit genau 1014 Beschäftigte. Die Personalabteilung hat ermittelt, dass in den nächsten 5 Jahren jährlich etwa 17 bis 20 Mitarbeiter aus Altersgründen ausscheiden werden. Erfahrungsgemäß kündigen jährlich etwa 10 bis 20 Mitarbeiter. Deshalb werden seit langem jedes Jahr zwischen 25 und 30 Auszubildende eingestellt, die später zumindest einen Teil der Lücken füllen sollen. Sie werden allerdings kaum genau die frei werdenden Stellen besetzen. Diese werden nämlich zunächst innerbetrieblich ausgeschrieben. Jeder Mitarbeiter kann sich bewerben. Nur wenn sich intern keine geeigneten Bewerber finden, nimmt man eine externe Beschaffung vor. Die Personalabteilung wählt nach Eignung aus und stellt Maßnahmen zur Einarbeitung und Fortbildung bereit.

3.1.1 Personalbedarf

Der Personalbedarf muss geplant werden

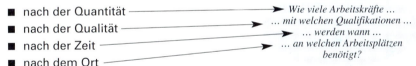

- ■ nach der Quantität   *Wie viele Arbeitskräfte ...*
- ■ nach der Qualität   *... mit welchen Qualifikationen ...*
- ■ nach der Zeit   *... werden wann ...*
- ■ nach dem Ort   *... an welchen Arbeitsplätzen benötigt?*

Er wird im Stellenplan des Betriebes festgeschrieben.

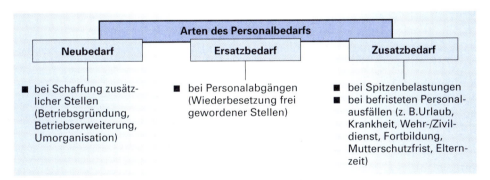

Arten des Personalbedarfs		
Neubedarf	**Ersatzbedarf**	**Zusatzbedarf**
■ bei Schaffung zusätzlicher Stellen (Betriebsgründung, Betriebserweiterung, Umorganisation)	■ bei Personalabgängen (Wiederbesetzung frei gewordener Stellen)	■ bei Spitzenbelastungen ■ bei befristeten Personalausfällen (z. B. Urlaub, Krankheit, Wehr-/Zivildienst, Fortbildung, Mutterschutzfrist, Elternzeit)

Betriebsverfassungsgesetz § 92 schreibt vor: Der Betriebsrat[1] ist über die Personalplanung, insbesondere über den Personalbedarf, rechtzeitig und umfassend zu informieren. Er hat ein Beratungsrecht und kann selbst Vorschläge machen.

---

[1] Der Betriebsrat ist das vom Betriebsverfassungsgesetz vorgesehene Organ der innerbetrieblichen Mitbestimmung zur Interessenvertretung der Arbeitnehmer gegenüber der Geschäftsleitung.

3.1.2 Quantitative Bedarfsplanung

Bruttobedarfsermittlung (Kennzahlenmethode)

Die Mitarbeiterzahl orientiert sich am geplanten Arbeitsanfall. Bei leitenden, planenden, kreativen Tätigkeiten muss man sich auf Schätzwerte stützen. Bei ausführenden Tätigkeiten lässt sich der Bruttobedarf wie folgt berechnen:

$$\text{Bruttopersonalbedarf} = \frac{\text{monatliche Bearbeitungsmenge} \cdot \text{Arbeitszeit/Stück}}{\text{durchschnittliche monatliche Arbeitszeit}} \cdot \text{Verteilzeitfaktor}^{1}$$

Beispiel: Betriebsgründung

Geplante monatliche Bearbeitungsmenge	= 1800 Stück
Arbeitszeit/Stück	= 3 Stunden
Durchschnittliche Arbeitszeit/Monat	= 160 Stunden
Verteilzeitzuschlag = 10 % ➔ Verteilzeitfaktor	= 1,1

$$\text{Bruttopersonalbedarf} = \frac{1800 \cdot 3}{160} \cdot 1,1 = 37,125 \ ➔ \ 38 \ \text{Mitarbeiter}$$

Nach einer bestimmten Zeit plant man eine Kapazitätsausweitung von 20 %. Man nimmt an, dass der Personalbedarf im gleichen Umfang steigt.

Neubedarf (Bruttobedarf)	= 37,125 · 0,2 = 7,425 (Mitarbeiter)
geplanter Bestand	= 37,125 + 7,425 = 44,55 (Mitarbeiter)

Der Personalbedarf wird hier auf Grund von Kennzahlen (Bearbeitungsmenge, Fertigungskapazität) ermittelt **(Kennzahlenmethode)**. Andere mögliche Kennzahlen sind z. B.:

- Fertigung: Ausbringungsmenge
- Absatz: Umsatz, Absatzmenge, Absatzgebiet
- Materialwirtschaft: Zahl der Material-/Teilearten, Lagerkapazität
- Verwaltung: Zahl der Bearbeitungsvorgänge

Bruttobedarfsermittlung (Stellenmethode)

Bei der **Stellenmethode** geht man vom aktuellen Personalbestand im Stellenplan der Abteilungen aus und untersucht, wie betriebliche Veränderungen den Personalbedarf beeinflussen.

Beispiel:

Abteilung: Einkauf				
	Abteilungs-leiter	Einkäufer	Einkaufs-assistent	Hilfskraft (Ablage)
aktueller Stellenbestand (1. Jan.)	1	11	2	1
Umorganisation (Einkaufsteams)		–2	–2	
Erzeugnisanlauf Biodieselmotor		+3		+1
Erzeugnisanlauf XA-Getriebe		+2		
geplanter Stellenbestand (1. Juni)	1	14	0	2
Bruttopersonalbedarf (Planstellen)		+3		+1

---

[1] Verteilzeiten sind unregelmäßige Zeiten, die durch einen prozentualen Zuschlag auf die regelmäßige Zeit (Grundzeit) berücksichtigt werden: sachliche Verteilzeiten (störungsbedingte Unterbrechungen) und persönliche Verteilzeiten (persönlich bedingte Unterbrechungen, z. B. Hände waschen). Vgl. S. 389.

Nettobedarfsermittlung

Unter Berücksichtigung etwaiger Personalbewegungen erhält man den Nettopersonalbedarf.

Beispiel: Einkäufer

geplanter Stellenbestand	14
– aktueller Stellenbestand	– 11
Bruttobedarf (Planstellen)	**3**
+ Ersatzbedarf:	
derzeit unbesetzte Stellen (Tod)	+ 1
+ erfolgte Kündigungen:	+ 2
+ Abgänge in Ruhestand	
– zu erwartende Zugänge:	
Übernahmen aus Ausbildungsverhältnis	– 2
– Rückkehr aus Elternzeit	– 1
– Rückkehr vom Wehr-/Zivildienst	– 1
Nettobedarf	**+ 2**

3.1.3 Qualitative Bedarfsplanung

Jede Stelle stellt bestimmte Anforderungen an den möglichen Stelleninhaber. In der Regel erfordert sie auch eine bestimmte Ausbildung.

Arbeit nach dem Ausbildungsniveau

Ungelernte Arbeit
erfordert keine Ausbildung, sondern nur eine Einweisung.

Angelernte Arbeit
setzt durch Sonderausbildung (Anlernvertrag!) erworbene Spezialkenntnisse/-fertigkeiten voraus. Entsprechende tarifliche Eingruppierung.

Gelernte Arbeit
setzt allseitige Ausbildung in staatlich anerkanntem Ausbildungsberuf (Berufsausbildungsvertrag!) voraus.

Hoch qualifizierte Arbeit
setzt oft Hochschulausbildung voraus. Einsatz für entsprechende Fachtätigkeiten und Führungsaufgaben.

Stellenbeschreibungen erfassen bekanntlich die Anforderungsarten, Anforderungsprofile den gewünschten Ausprägungsgrad der Anforderungen. Auf diese Weise lassen sich sofort die erforderlichen Qualifikationen ablesen. Die Unterlagen können bei der Stellenausschreibung verwendet werden.

Stellenbeschreibungen werden oft auch als Arbeitsplatzbeschreibungen, Jobdescriptions, Pflichtenvorgaben oder Tätigkeitsbeschreibungen bezeichnet.

331

Beispiel: Auszug aus einer Stellenbeschreibung

Positionsbezeichnung:
Sachbearbeiter(in) Einkauf Produktions-
material

Hauptaufgabe:
Führt alle Beschaffungsaufgaben für Pro-
duktionsmaterial durch, überwacht die
Lagerbestände, führt Preisverhandlungen
zusammen mit dem Abteilungsleiter,
beobachtet die Marktlage.

Einzelaufgaben:
1. Beobachtung der Bestände an Roh-,
   Hilfs- und Betriebsstoffen,
2. Prüfung der Bedarfsanforderungen
   und Ermittlung des Bedarfs,
3. Ermittlung von Bezugsquellen,
4. Prüfung und Bearbeitung der Angebote,
5. Empfang von Vertretern,
6. Führung von Verhandlungen mit
   Lieferanten über Preise und
   Bezugsbedingungen (gemeinsam mit
   dem Abteilungsleiter),
7. Aufgabe von Bestellungen,
8. Terminkontrolle der Lieferungen,
9. Wareneingangskontrolle und
   -prüfung,
10. Prüfung der Lieferantenrechnungen,
11. Anweisung der Lieferantenrechnungen,

12. Bearbeitung von Reklamationen und
    Gutschriften,
13. Bewertung von Beständen an Roh-,
    Hilfs- und Betriebsstoffen,
14. Kontrolle der Bestandsentwicklung
    der Produktionsmateriallläger.

Weitere Aufgaben:
Mitwirkung an der Beschaffungsplanung

Anforderungsprofil
a) Schulbildung:
   Mittlere Reife oder Abitur
b) Berufsausbildung:
   Abgeschlossene Ausbildung als Indus-
   triekaufmann
c) Berufserfahrung:
   3–5 Jahre kaufmännische Tätigkeit
   nach Ausbildungsabschluss, davon
   2 Jahre Einkaufstätigkeit
d) Spezialkenntnisse:
   – ein Jahr Branchenerfahrung
   – Grundkenntnisse der EDV
   – Lesen technischer Zeichnungen
e) Fertigkeiten/Eigenschaften:
   – Verhandlungsgeschick
   – Kontaktfähigkeit
   – gute Umgangsformen
   – analytisches Denkvermögen

3.1.4 Zeitpunkt des Personalbedarfs

Um Hektik bei der Personalbeschaffung zu vermeiden, sollte der Bedarfszeitpunkt
früh und genau geplant werden. Dies ermöglicht auch, durch eine gezielte Personalentwicklung Nachwuchs auf bestimmte Stellen hin innerbetrieblich aufzubauen.

Arbeitsaufträge

1. **Ein Unternehmen mit Fließfertigung plant eine Ausbringungsmenge von 10 000 Stück monatlich. Die Taktzeit beträgt 20 Minuten, die durchschnittliche monatliche Arbeitszeit 156
   Stunden, der Verteilzeitzuschlag 0,5%.**
   a) Berechnen Sie den Bruttopersonalbedarf für die Anlagen.
   b) Zu Beginn des Jahres 20.. ergibt sich aus der Personalstatistik eine Fluktuationsquote von
      12%. Zwei Mitarbeiter werden binnen kurzem zum Wehrdienst eingezogen. Berechnen
      Sie den Nettopersonalbedarf.

2. **Stellenbeschreibungen sind geeignete Hilfsmittel für die qualitative Personalplanung. Sie
   sollten folgende Elemente enthalten: Bereich, Abteilung, Arbeitsort, Sachgebiet, Stellenbe-
   zeichnung, Aufgaben, Verantwortung für..., Vollmachten, Überordnung, Unterordnung,
   aktive und passive Stellvertretung, Anforderungsprofil.**
   a) Welche dieser Elemente sind für die qualitative Personalplanung von Bedeutung?
   b) Fertigen Sie eine Stellenbeschreibung für einen Handlungsreisenden an.

3.2 Personalentwicklung

Der Bedarf an qualifizierten Mitarbeitern ist der Auslöser für Personalentwicklungsmaßnahmen: Die Personalentwicklung gibt dem Betrieb die Möglichkeit, ihren Personalbedarf aus den eigenen Reihen zu decken.

Für die Mitarbeiter ist die Personalentwicklung zugleich ein wichtiges Motivations-moment: Sie eröffnet ihnen die Chance auf einen qualifizierten Arbeitsplatz und auf beruflichen Aufstieg im eigenen Betrieb.

Unter Personalentwicklung versteht man alle betrieblichen Maßnahmen der Berufs-bildung. Sie dient der Vermittlung beruflicher Qualifikationen und umfasst Berufs-ausbildung, Fortbildung und Umschulung.

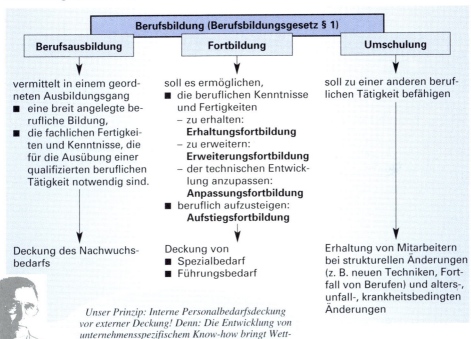

Berufsbildung (Berufsbildungsgesetz § 1)

Berufsausbildung	Fortbildung	Umschulung
vermittelt in einem geord-neten Ausbildungsgang ■ eine breit angelegte be-rufliche Bildung, ■ die fachlichen Fertigkei-ten und Kenntnisse, die für die Ausübung einer qualifizierten beruflichen Tätigkeit notwendig sind.	soll es ermöglichen, ■ die beruflichen Kenntnisse und Fertigkeiten – zu erhalten: **Erhaltungsfortbildung** – zu erweitern: **Erweiterungsfortbildung** – der technischen Entwick-lung anzupassen: **Anpassungsfortbildung** ■ beruflich aufzusteigen: **Aufstiegsfortbildung**	soll zu einer anderen beruf-lichen Tätigkeit befähigen
Deckung des Nachwuchs-bedarfs	Deckung von ■ Spezialbedarf ■ Führungsbedarf	Erhaltung von Mitarbeitern bei strukturellen Änderungen (z. B. neuen Techniken, Fort-fall von Berufen) und alters-, unfall-, krankheitsbedingten Änderungen

Unser Prinzip: Interne Personalbedarfsdeckung vor externer Deckung! Denn: Die Entwicklung von unternehmensspezifischem Know-how bringt Wett-bewerbsvorteile!

Der Betriebsrat hat bei der betrieblichen Berufsbildung Mitbestimmungsrechte (BetrVG § 96–98).

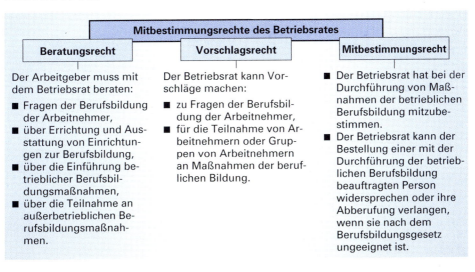

Mitbestimmungsrechte des Betriebsrates

Beratungsrecht	Vorschlagsrecht	Mitbestimmungsrecht
Der Arbeitgeber muss mit dem Betriebsrat beraten: ■ Fragen der Berufsbildung der Arbeitnehmer, ■ über Errichtung und Aus-stattung von Einrichtun-gen zur Berufsbildung, ■ über die Einführung be-trieblicher Berufsbil-dungsmaßnahmen, ■ über die Teilnahme an außerbetrieblichen Be-rufsbildungsmaßnah-men.	Der Betriebsrat kann Vor-schläge machen: ■ zu Fragen der Berufsbil-dung der Arbeitnehmer, ■ für die Teilnahme von Ar-beitnehmern oder Grup-pen von Arbeitnehmern an Maßnahmen der beruf-lichen Bildung.	■ Der Betriebsrat hat bei der Durchführung von Maß-nahmen der betrieblichen Berufsbildung mitzube-stimmen. ■ Der Betriebsrat kann der Bestellung einer mit der Durchführung der betrieb-lichen Berufsbildung beauftragten Person widersprechen oder ihre Abberufung verlangen, wenn sie nach dem Berufsbildungsgesetz ungeeignet ist.

3.3 Personalanwerbung

Personalbeschaffung wird heute unter dem Aspekt des Personalmarketings gesehen. Das heißt: Umsetzen des Marketinggedankens im Personalbereich. Das Unternehmen „verkauft" eine Stelle an einen Bewerber, betrachtet ihn als „Kunden", orientiert sich an seinen Bedürfnissen, denkt und handelt bewerberorientiert.

3.3.1 Mögliche Personalbeschaffungswege

Bei Personalbedarf wird der Leiter des anfordernden Bereichs tätig. Er richtet auf einem Formular eine Personalanforderung an die Personalabteilung.

Inhalt der Personalanforderung:
- anfordernde Abteilung
- Bezeichnung der Stelle
- Stellenanforderungen
- Lohn-/Gehaltsgruppe
- Arbeitsort
- Arbeitszeit
- Bedarfszeitpunkt

(Bei **Neubedarf** außerdem: Bedarf begründen, Stellenbeschreibung beifügen, Personalkosten und Dauer der Besetzung angeben!)

Bei Neubedarf und bei Stellen für leitende Angestellte ist grundsätzlich vorher die Geschäftsleitung einzuschalten.

Die Personalabteilung kann nun eine interne oder eine externe Personalbeschaffung vornehmen.

Personalbeschaffungswege	
interne Personalbeschaffung	**externe Personalbeschaffung**
Besetzung der Stelle mit einem Betriebsangehörigen	Besetzung der Stelle mit einem Betriebsfremden
■ auf Grund einer innerbetrieblichen Stellenausschreibung ■ auf Grund von Personalentwicklungsmaßnahmen ■ durch Versetzung auf die Stelle ■ durch Leistung von Mehrarbeit	■ auf Grund einer Stellenvermittlung durch das Arbeitsamt oder private Vermittler ■ auf Grund einer Stellenanzeige (Stellenangebot) ■ auf Grund einer Stellenanzeige (Stellengesuch) ■ auf Grund einer unverlangten Bewerbung ■ durch Personalleasing ■ auf Grund von E-Recycling

Vorteile

■ Förderung der Mitarbeitermotivation (nicht bei unfreiwilliger Versetzung) ■ Mitarbeiter kennt Betrieb/Sachverhalt ■ Betrieb konnte bisherige Leistungen beurteilen ■ keine Anwerbungskosten ■ oft kürzere Einarbeitszeit	■ stärkerer Wettbewerb für die eigenen Mitarbeiter ■ Bewerber bringt Kenntnisse aus anderen Betrieben mit ■ ggf. neues Ideenpotential ■ Bedarfsdeckung, wenn im Betrieb geeignete Mitarbeiter fehlen ■ ggf. schnelle Ersatzbeschaffung

Nachteile

■ ggf. „Betriebsblindheit" ■ ggf. Demotivation abgelehnter Bewerber ■ ggf. „Fortloben" durch Vorgesetzte	■ längere Einarbeitszeit ■ Anwerbungskosten ■ ggf. Demotivation eigener Mitarbeiter

3.3.2 Interne Personalbeschaffung

Interne Stellenausschreibung

Viele Betriebe schreiben freie Arbeitsplätze innerbetrieblich aus. Der Betriebsrat kann laut Betriebsverfassungsgesetz eine solche Ausschreibung sogar verlangen (BetrVG § 93. Ausnahme: Positionen für leitende Angestellte. Das Ausschreibungsverfahren wird oft in Betriebsvereinbarungen zwischen Arbeitgeber und Betriebsrat schriftlich festgelegt. Interne Bewerber haben jedoch keinen Vorrang vor externen Bewerbern.

> **Beispiel:**
>
> **MGG – Abt. Personal- und Sozialwesen**
>
> In unserem Zentrallager ist zum 1. März 20.. die Stelle
>
>

eines Lageristen/einer Lageristin
>
>
> zu besetzen. Die Stelle umfasst alle Tätigkeiten bei Ein- und Auslagerung, Materialpflege, Bestandsüberwachung und Inventur. Sie erfordert gute Materialkenntnisse sowie Kenntnisse der Lagerbestandsführung und Lagerlogistik. Bewerbungen sind an die Abteilung Personal- und Sozialwesen zu richten.

Der Betriebsrat hat noch weitere Mitbestimmungsrechte:

- Richtlinien über die personelle Auswahl bei Einstellungen, Versetzungen, Umgruppierungen und Kündigungen bedürfen seiner Zustimmung (BetrVG § 95).
- In Betrieben mit in der Regel mehr als zwanzig wahlberechtigten Arbeitnehmern muss der Arbeitgeber den Betriebsrat vor jeder Einstellung, Eingruppierung, Umgruppierung und Versetzung unterrichten und ihm Auskunft geben. Der Betriebsrat kann vor allem seine Zustimmung verweigern, wenn gesetzliche oder tarifliche Bestimmungen verletzt werden, beschäftigte Arbeitnehmer ungerechtfertigt gekündigt werden oder sonstige Nachteile erleiden, der betroffene Arbeitnehmer ungerechtfertigt benachteiligt wird oder die nach § 93 erforderliche Ausschreibung unterblieben ist (BetrVG § 99).

Personalentwicklungsmaßnahmen

Zum Bedarfszeitpunkt kann der Betrieb, der vorausschauend Maßnahmen der Ausbildung, Anpassungs- und Aufstiegsfortbildung sowie Umschulung ergriffen hat, ggf. auf das geschulte Personal zurückgreifen.

Versetzungen

Organisatorische Änderungen, Rationalisierungsmaßnahmen, Ausfälle von Kollegen, mangelnde Eignung, Streit mit Kollegen oder Vorgesetzten (z. B. Mobbing) können Versetzungen nötig machen.

Mobbing ist Drangsalierung am Arbeitsplatz. „Beliebteste" Methoden: hinter dem Rücken reden, Gerüchte verbreiten, jemanden wie Luft behandeln.

Bei der Versetzung wird ein **anderer Arbeitsbereich zugewiesen** (andere Aufgabe, Verantwortung, Tätigkeitsart, Gruppe). Sie kann ggf. mit einer Verbesserung oder Verschlechterung verbunden sein. Die Zuweisung ist nur möglich, wenn sie nicht im Gegensatz zu den Abmachungen des Arbeitsvertrags steht. Andernfalls ist eine **Änderungskündigung** erforderlich: Der Arbeitgeber kündigt das Arbeitsverhältnis, bietet aber gleichzeitig dessen Fortsetzung zu geänderten Bedingungen an. In diesem Fall greifen die Bestimmungen des Kündigungsschutzgesetzes[1].

---

[1] Vergleichen Sie hierzu die Ausführungen in Ihrer Allgemeinen Wirtschaftslehre.

Mehrarbeit

Mehrarbeit (Überstunden, höhere Arbeitsintensität) bietet sich bei kürzerfristigen Spitzenbelastungen an. Man vermeidet damit zusätzliche Bindungen durch Neueinstellungen, ist aber an die Bestimmungen von Arbeitszeitgesetz, Tarifverträgen und Betriebsvereinbarungen gebunden.

3.3.3 Externe Personalbeschaffung

Stellenvermittlung

Der Betrieb kann den Einrichtungen der Bundesanstalt für Arbeit (örtliches Arbeitsamt, Landesstellen und Zentralstelle für Arbeitsvermittlung, Fachvermittlungsstellen) offene Stellen melden. Beim Arbeitsamt als arbeitslos Gemeldete werden dann zur Bewerbung aufgefordert. Die Arbeitsämter vermitteln vor allem ausführende Arbeitskräfte, die anderen Stellen Führungskräfte.

Außer dem Arbeitsamt kann jedermann **gewerbliche Arbeitsvermittlung** betreiben. Er muss lediglich die Aufnahme einer solchen Tätigkeit dem Arbeitsamt schriftlich mitteilen.

Viele Stellen werden auch nicht gewerblich durch eigene Mitarbeiter der Betriebe an Arbeit suchende Bekannte vermittelt.

Unverlangte Bewerbung, Stellengesuch

Viele Arbeitssuchende verlassen sich nicht ausschließlich auf das Arbeitsamt, sondern bewerben sich unaufgefordert, oft bei mehreren Unternehmen gleichzeitig. Etwa ein Fünftel aller Arbeitsverträge kommt so zu Stande!

Betriebe finden neue Mitarbeiter über
- *Stellenanzeigen*   *37%*
- *unverlangte Bewerbungen*   *20%*
- *Arbeitsamt*   *19%*
- *eigene Mitarbeiter*   *17%*
- *sonstige Wege*   *7%*

Stellengesuche als Anzeigen in Zeitungen sind Erfolg versprechend, wenn in dem betreffenden Beruf Mangel an Arbeitskräften herrscht.

Stellenanzeige (Stellenangebot)

Stellenanzeigen sind teuer. Deshalb ist die Auswahl des Anzeigenträgers wichtig:

■ regionale Tageszeitungen	➤ für untere Hierarchieebenen
■ überregionale Tages- und Wochenzeitungen	➤ für höhere Hierarchieebenen (haben meist größere Mobilität)
■ Fachzeitschriften	➤ für Spezialarbeitskräfte

Beispiel:

KRONENBERG

Wir sind ein erfolgreiches mittelständisches Unternehmen aus dem Großraum Köln/Düsseldorf mit ca. 200 Mitarbeitern.
Wir sind einer der führenden Hersteller von Systemen aus kaltgeformten Spezialprofilen, Press-, Stanz- und Ziehteilen sowie Freileitungsarmaturen.
Unsere hochwertigen Produkte sind aus Aluminium, Stahl und NE-Metallen und auf Wunsch beschichtet bzw. oberflächenveredelt. Wir erweitern unsere Aktivitäten und suchen zum Aufbau, Überwachung und Betreuung eines Netzwerkes Sie als

Systemadministrator

Die Aufgabe	Die Anforderung	Das Angebot
– Hard- und Softwarebetreuung unseres neu zu erstellenden 100 MBit-NT-Netzwerkes sowie einer ISDN-TK-Anlage	– entsprechende technisch/elektronische Ausbildung	– leistungsgerechte Dotierung
– Schulung unserer Mitarbeiter (VPPS und MS-Office)	– analytisches Denkvermögen	– übliche Sozialleistungen
– Kleinere Programmierungen einer SQL-Datenbank.	– Freude am Schulen	– berufliche Weiterentwicklung in einem expandierenden Unternehmen
	– Bereitschaft zur Weiterbildung	– intensive Einarbeitung in die Software VPPS

Haben wir Ihr Interesse geweckt? Wir freuen uns über Ihre Bewerbung an:

Kronenberg GmbH & Co. KG, Hochstraße 2, 42799 Leichlingen z.Hd. Herrn Berger

Personalleasing

Bisweilen wird Personal sehr schnell und nur für eine kurze Zeitspanne benötigt.

Beispiele:
- Urlaub, Krankheit, Fortbildung oder sonstige Abwesenheit von Mitarbeitern
- kurzfristige Leistungsspitzen, dringende Aufträge

Personalleasing-Firmen beschäftigen Arbeitnehmer, die sie in solchen Fällen (laut AÜG für höchstens 24 Monate) anderen Firmen aufgrund eines Arbeitnehmerüberlassungsvertrags als Leiharbeitnehmer überlassen. Das Zeitpersonal kommt den Entleiher meist billiger als Überstunden oder Neueinstellungen.

Das Arbeitnehmerüberlassungsgesetz (AÜG) bestimmt:
- Der Verleiher benötigt eine Erlaubnis der Bundesanstalt für Arbeit.
- Der Arbeitsvertrag zwischen Arbeitnehmer und Verleiher ist auf unbestimmte Zeit zu schließen.
- Der Verleiher muss den Arbeitnehmer stets voll bezahlen, unabhängig vom tatsächlichen Arbeitseinsatz.
- Der Arbeitnehmer hat Anspruch auf die vollen Sozialleistungen.

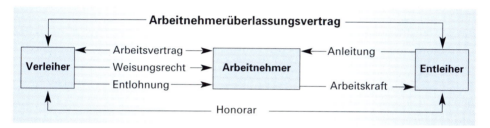

Der Entleiher meldet jeden überlassenen Arbeitnehmer der zuständigen Krankenkasse. Der Verleiher führt alle Lohnnebenkosten ab.

Grundsätzlich können nur Arbeitskräfte eingesetzt werden, die bereit sind, alle Arbeiten zu übernehmen, welche keine Einarbeitung benötigen. Oft handelt es sich um Arbeiten mit weniger hohen Anforderungen. Es sind aber auch qualifizierte, hochflexible Arbeitskräfte anzutreffen.

Sehr häufig sind Schreibkräfte, aber auch Monteure, Facharbeiter, technische Fachkräfte.

Vermittlung durch Personalberater

Führungspersonen werden meist über Personalberater gefunden. Im Mittelpunkt ihrer Bemühung steht nicht der Bewerber, sondern das beauftragende Unternehmen. Ihr Einsatz kommt insbesondere in Frage, wenn das suchende Unternehmen nicht genannt werden will. Eine besondere Form ist das Head-Hunting[1], das Abwerben von anderen Firmen. Geeignete Kandidaten werden dabei meist telefonisch vom Personalberater angesprochen.

---

[1] engl. „Kopfjagen"

3.3.4 Personalauswahl

Die Personalauswahl erfolgt oft auf der Grundlage einer schriftlichen Bewerbung. Jedoch wird bei weniger qualifizierten Tätigkeiten der Bewerber auch unmittelbar zur Vorstellung aufgefordert.

Die Bewerbung soll umfassen:	Zusätzlich können verlangt werden:
■ Bewerbungsschreiben	■ Personalfragebogen
■ Bewerberfoto	■ Referenzen (Angabe von Personen, die Auskünfte geben können)
■ Lebenslauf	
■ Schulzeugnisse	■ Arbeitsproben (z. B. Entwürfe, Texte, Bilder, Konstruktionen): bei gewerblichen Tätigkeiten üblich.
■ Arbeitszeugnisse	

Bei der Entscheidung über den geeignetsten Bewerber muss das Anforderungsprofil der Stelle den Qualifikationsprofilen der Bewerber gegenübergestellt werden. Am geeignetsten ist der Bewerber, der dem Anforderungsprofil am besten entspricht.

Vergleichen Sie hierzu Aufgabe 2 auf Seite 326.

Beispiel: Bewerbung mit Lebenslauf

```
Ralf Schneider              Essen, 2. Juni 20..
Bornstr. 11
45127 Essen
Tel.: 0201/123678


Ebert GmbH & Co.
Personalabteilung
Postfach 10 01 64

50441 Köln


Bewerbung um eine Stelle als Fertigungssteuerer

Sehr geehrte Damen und Herren,
ich habe Ihre Anzeige in der RP gelesen und bewerbe mich
um die ausgeschriebene Stelle. Ich bin seit drei Jahren
ungekündigt in einer entsprechenden Stellung bei der
Motoren- und Getriebebau GmbH, Essen, tätig. Aus familiären
Gründen möchte ich nach Köln umziehen und suche deshalb dort
eine neue Stelle.
Ich bearbeite Kunden- und Betriebsaufträge komplett von der
Erstellung bis zur Abrechnung. Die Arbeit mit modernen
PPS-Systemen ist mir bestens vertraut.
Meine Gehaltsvorstellung liegt bei 2 400,00 EUR. Zur Zeit
beziehe ich 2 340,00 EUR. Ich könnte meinen Arbeitsplatz zum
1. September 20.. wechseln.
Über einen Termin für ein Vorstellungsgespräch würde ich
mich sehr freuen.

Mit freundlichen Grüßen

R. Schneider

Anlagen
Lebenslauf mit Lichtbild
2 Zeugniskopien
2 Beurteilungen
```

◄ Bewerbung

◄ Arbeits-
verhältnis
◄ gekündigt/
ungekündigt
◄ Grund der
Bewerbung
◄ Tätigkeit,
Fähigkeiten

◄ Einkommen,
Einkommenser-
wartungen,
Verfügbarkeit

Wichtige inhaltliche Elemente!

```
                              Lebenslauf

     Persönliche Daten

     Vor- und Zuname:      Ralf Schneider
     Anschrift:            Bornstr. 11, 45127 Essen
     Telefon:              0201/123678
     Geburtstag und -ort:  24. Aug. 1975 in Bochum
     Staatsangehörigkeit:  deutsch
     Familienstand:        ledig

     Schulbildung
     1981—1985             Grundschule in Bochum
     1985—1991             Realschule in Bochum
     1991—1993             Höhere Handelsschule in Bochum
                           mit Abschluss

     Berufsausbildung
     1993—1996             Ausbildung zum Industriekaufmann bei
                           der Motoren- und Getriebebau GmbH
                           (MGG) in Essen

     Berufliche Tätigkeit
     1996—1997             Fertigungssteuerer bei der MGG
     1997—1998             Zivildienst
     ab 1998               Fertigungssteuerer bei der MGG

     Fortbildung
     2001                  Betriebliche Schulung in CAD und BDE

     Essen, 2. Juni 20..
```

Das Verfahren der Personalauswahl kann folgende Instrumente umfassen:

Achten Sie unbedingt auf vollständige und formgerechte Bewerbungsunterlagen!

Instrumente der Personalauswahl

Analyse der Bewerbungsunterlagen

■ Zwingende Anforderungen des Anforderungsprofils nicht erfüllt ➔ Bewerber ungeeignet; Absage
■ Unterlagen nicht formgerecht ➔ schwer wiegend: Absage
■ Unterlagen nicht vollständig ➔ Bitte um Vervollständigung
■ Unterlagen uneingeschränkt in Ordnung ➔ Einladung zum Vorstellungsgespräch

■ Analyse des Lebenslaufs:
  – Zeitfolgenanalyse: Ist der Lebenslauf inhaltlich vollständig?
  – Entwicklungsanalyse: Wurde der bisherige Berufsweg sinnvoll durchlaufen?
  – Branchenanalyse: Wie lange arbeitet der Mitarbeiter in der Branche?
■ Analyse der Zeugnisse:
  Schulzeugnisse verlieren mit zunehmender Länge des Berufslebens als Leistungsnachweise an Bedeutung. An ihre Stelle treten die Arbeitszeugnisse.

Vorstellungsgespräch

■ **freies Gespräch:** Inhalt nicht vorgegeben; Auswertung oft schwierig
■ **strukturiertes Gespräch:** Rahmen mit unbedingt zu klärenden Fragen vorgegeben
■ **standardisiertes Gespräch:** Inhalt und Ablauf genau vorgegeben; starr, aber Auswertung leicht

Auswertung bezieht sich auf
■ das Verhalten des Bewerbers: Aufschlüsse z. B. über sein Wesen, Mimik, Gestik, Sprechweise, Reaktionsfähigkeit, Verhandlungsgeschick, Ausdrucksfähigkeit
■ die Motive des Bewerbers: Begründung des schulischen, beruflichen, privaten Werdegangs
■ das äußere Erscheinungsbild des Bewerbers

Zweck des Vorstellungsgesprächs: Abklärung, ob die Erwartungen von Arbeitgeber und Bewerber übereinstimmen. Der Arbeitgeber sollte sich über den
Bewerber und seine Fähigkeiten informieren, der Bewerber über den Betrieb,
seine Eigenarten und Leistungen sowie über die zu besetzende Stelle (Stellenbeschreibung!). Der Inhalt des Arbeitsvertrags ist ebenfalls abzuklären.

| Tests und andere geeignete Überprüfungen | ■ **Eignungstests** |

- ■ **Eignungstests**
  - *Leistungstests* erfassen einzelne geistige Leistungsmerkmale, z. B. Kon-
    zentration, Willenseinsatz, Aufmerksamkeit, Reaktionsgeschwindigkeit.
  - *Intelligenztests* untersuchen die allgemeine Intelligenz (Urteils- und
    Denkvermögen) oder eine spezielle Intelligenz (z. B. Sprachbeherrschung,
    Rechengewandtheit, Kombinationsfähigkeit, räumliches Vorstellungsver-
    mögen).
  - *Spezielle Begabungstests* untersuchen spezielle Begabungen (z. B. Moto-
    rik, Fingerfertigkeit, Begabung für Technik, Zeichnen).
  - *Persönlichkeitstests* untersuchen persönliche Eigenschaften (z. B. Charak-
    ter, Sozialverhalten, Interessen, Neigungen, Einstellungen).
- ■ **Gruppendiskussionen** erfassen z. B. Ausdrucksvermögen, Reaktionsfähigkeit, Sachkompetenz, Sozialverhalten an Hand eines Diskussionsthemas und
  in einer Stresssituation.
- ■ **Assessment-Centers:** Ein- bis zweitägige Beurteilungsseminare; enthalten
  eine Vielzahl von Übungen in möglichst praxisgerechten Situationen, ggf.
  unter Stressbedingungen; Möglichkeit, Fachkompetenz, Problemlösungs-
  fähigkeit, Sozialverhalten, Teamfähigkeit zu testen.

| Ärztliche Untersuchung | Zweck: Feststellung, ob der Bewerber körperlich gesund ist und die Belastun-
gen des Berufs ertragen kann. Vorgeschrieben für Jugendliche unter 18 Jahren
(Jugendarbeitsschutzgesetz § 45). |

3.3.5   E-Recruiting

Das Jobkarussell dreht sich im Zuge von Globalisierung und Konzentration in einem irren
Tempo. Die Mitarbeiter wechseln immer öfter, die Personalabteilungen sind überlastet. Oft
sind sie viel mehr mit Verwaltung als mit Planung beschäftigt. Hier schlägt die Stunde der On-
line-Stellenbörsen.

E-Recruiting ist Personalbeschaffung über das Internet. Viele Betriebe versehen z. B. ihre Internetseiten mit Stellenanzeigen und sogar Bewerbungsbögen, auf denen Bewerber
direkt ihre Daten eingeben können. Besonders effektiv aber
sind Stellenbörsen. Für die Inanspruchnahme einer Stellenbörse
benötigt der Betrieb nur einen Internetanschluss und eine Lizenz
der Stellenbörse. Bewerber haben es noch einfacher: Sie müssen
nur Zugang zum Internet haben. Ihnen entstehen auch keine Kosten - im Gegensatz zu den Betrieben:

*Hier die Namen
einiger bekannter
Stellenbörsen:*

- ■ futurestep.de
- ■ hrgate.de
- ■ jobline.de
- ■ jobpilot.de
- ■ jobscout24.de
- ■ jobticket.de
- ■ jobware.de
- ■ monster.de
- ■ stepstone.de

Beispiele:

- ■ Bei der Stellenbörse Jobline kostet eine Anzeige pro Monat 750 EUR.
- ■ Für die Vermittlung von Top-Managern verlangen spezielle Job-
  börsen bis zu einem Drittel der Jahresgehaltssumme als Honorar.

Die Stellenbörsen speichern Stellenangebote vieler Firmen in Stellendatenbanken
und Bewerberdaten in Bewerberdatenbanken, gleichen sie ab und bringen Angebot
und Nachfrage zusammen.

Die von den Bewerbern einzugebenden Daten sind die Daten des **Lebenslaufs**. Einige Stellenbörsen ersetzen oder ergänzen diese Eingabe durch ein **Assessment-Center** in Form eines Online-Spiels. Andere führen mit den Bewerbern **interaktive Testverfahren** durch, um zusätzliche persönlichkeitsrelevante Eigenschaften (Motivation, Flexibilität, ...) zu ermitteln.

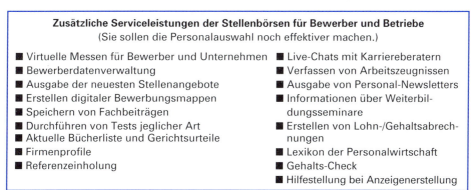

3.4　Einstellung/Stellenbesetzung

Die Stellenbesetzung erfolgt durch den Abschluss des Arbeitsvertrags. Dieser kennzeichnet – ggf. in Verbindung mit der Stellenbeschreibung – den genauen Einsatz des Mitarbeiters durch die Bezeichnung der Tätigkeit, die Angabe der Arbeits- und Pausenzeiten sowie die Dauer des Jahresurlaubs. Für den Fall, dass der neue Mitarbeiter seiner Aufgabe wider Erwarten nicht gerecht wird, sollte eine Probearbeitszeit – üblicherweise drei Monate – vereinbart werden.

- Nach der Einstellung werden Personalakte und Personalstammsatz angelegt.
- Lohnsteuerkarte und Sozialversicherungsnachweis-Heft werden abgelegt.
- Der Mitarbeiter ist vom Betrieb bei der Krankenkasse anzumelden.

3.5　Einarbeitung

Die Einführung und Einarbeitung des Mitarbeiters sollten gut geplant werden. Nur dann wird er rasch die Anforderungen des Arbeitsplatzes erfüllen können.

Wichtige Bestandteile des Einarbeitungsplans

- Bestellung eines Betreuers
- Vorstellung bei allen Kontaktpersonen
- Besichtigung der Betriebsräume
- Informationsgespräche, Aushändigung von Informations- und Schulungsmaterial
- Einweisung am Arbeitsplatz (Erklären, Vormachen, Selbermachen unter Aufsicht)
- Begleitende Schulungs- und Trainingsmaßnahmen
- Teilnahme an Besprechungen und Konferenzen

Beispiel:

Einarbeitungsplan für Herrn Ralf Schneider				
Datum Zeit		Ort	Partner	Vorgänge
30.8.		Bau 2, AV	Herr Bebber (Abteilungsleiter)	Information der Arbeitsgruppe über den neuen Mitarbeiter, Bestellung von Herrn Renner als Betreuer
1.9.	08:00 Uhr	Bau 1, Zi. 10	„	Begrüßung, Besichtigung der Betriebsräume, Aushändigung von Organisationsplan, Betriebsordnung, Produktionsprogramm, Schulungsprogramm Fertigungssteuerung
	nachmittags	Bau 2, AV	„	Vorstellung der Arbeitsgruppe
		„	Herr Renner (Fertigungssteuerer)	Einführung in den Arbeitsplatz
2.9.	ganztätig	„	Herr Renner (als Betreuer)	Bearbeitung des Schulungsprogramms
3.9.	„	„	„	gemeinsame Bearbeitung von Arbeitsaufgaben
5.9.	„	„	„	selbstständige Bearbeitung von Arbeitsaufgaben im Team
20.9.	Ende der Einarbeitungszeit			

3.6 Rechtliche Aspekte des Arbeitsverhältnisses

3.6.1 Arbeitsvertrag

Das Arbeitsverhältnis ist ein Dienstverhältnis zwischen Arbeitgeber und Arbeitnehmer. Es wird durch den Arbeitsvertrag geregelt.

Der Vertrag ist nicht an eine besondere Form gebunden, bei Minderjährigen muss der gesetzliche Vertreter zustimmen. Oft kommt der Vertrag zustande, indem der Arbeitnehmer dem Arbeitgeber seine Papiere – Lohnsteuerkarte und Versicherungsheft – aushändigt. Der Vertragsinhalt kann unter Einhaltung gültiger Bestimmungen (Gesetze, Tarifverträge, Betriebsvereinbarungen) frei vereinbart werden.

Der Arbeitgeber muss dem Arbeitnehmer binnen einem Monat nach dem vereinbarten Beginn des Arbeitsverhältnisses ein Schriftstück über den Inhalt des Arbeitsverhältnisses/Arbeitsvertrages aushändigen. Auch wer bereits in einem Arbeitsverhältnis steht, kann nachträglich ein solches Schriftstück binnen einem Monat fordern (Gesetz über den Nachweis der für ein Arbeitsverhältnis geltenden wesentlichen Bedingungen, kurz: Nachweisgesetz).

Mindestinhalt des Schriftstücks nach dem Nachweisgesetz

- Name und Anschrift von Arbeitgeber und Arbeitnehmer
- Beginn des Arbeitsverhältnisses; ggf. dessen Befristung
- Arbeitsort
- Bezeichnung/Beschreibung der Arbeit
- Dauer des Erholungsurlaubs . Kündigungsfristen
- Höhe und Zusammensetzung des Arbeitsentgelts – einschließlich Zuschläge, Zulagen, Prämien, Sonderzahlungen -, ferner deren Fälligkeit
- die regelmäßige wöchentliche (oder tägliche) Arbeitszeit
- die anzuwendenden Tarifverträge/Betriebsvereinbarungen

Bedenken Sie: Ohne schriftliche Unterlagen gerät man im Streitfall leicht in Beweisnot!

Da der Arbeitgeber mit dem Vertrag erheblich gebunden wird, hat er das Recht, sich über den Arbeitnehmer vor der Einstellung ausgiebig zu erkundigen. So muss dieser alle Fragen bezüglich seiner Ausbildung, früherer Arbeitsverhältnisse oder seiner Gesundheit und Fähigkeiten wahrheitsgetreu beantworten[1]. Als Gegenleistung erwartet der Arbeitnehmer volle Aufklärung über die auf ihn zukommenden Pflichten und Rechte.

Pflichten des Arbeitnehmers (= Rechte des Arbeitgebers) aus dem Arbeitsvertrag

Pflicht zur Arbeitsleistung (BGB § 611)

Der Arbeitnehmer muss die Arbeiten verrichten, die seinem Arbeitsvertrag entsprechen (ein Einkäufer darf z. B. nicht ständig als Buchhalter eingesetzt werden). Die Arbeit ist im Zweifelsfall persönlich und nach bestem Wissen und Gewissen zu leisten. Die Verletzung der Arbeitspflicht (Nichtleistung, Schlechtleistung) macht den Arbeitnehmer schadensersatzpflichtig, wenn er vorsätzlich oder grob fahrlässig gehandelt hat. Bei „normaler" Fahrlässigkeit ist der Schaden zwischen Arbeitgeber und Arbeitnehmer „quotal" zu verteilen.

Gehorsamspflicht

Der Arbeitnehmer muss bei seiner Tätigkeit die Weisungen des Arbeitgebers befolgen.

Treuepflicht, Verschwiegenheitspflicht, Schmiergeldverbot

Der Arbeitnehmer muss die Interessen von Arbeitgeber und Betrieb wahrnehmen. Er darf Geschäfts- und Betriebsgeheimnisse nicht weitergeben (z. B. Konstruktion, Kalkulationsgrundlagen) und keine Schmiergelder zum eigenen Vorteil annehmen. Pflichtverletzungen können zu Schadenersatzforderungen, fristloser Entlassung und strafrechtlicher Verfolgung führen.

Pflicht zur Unterlassung von Wettbewerb (HGB § 60, § 61; GewO § 133 f.)

Ohne Einwilligung des Arbeitgebers darf der Arbeitnehmer nicht im Geschäftszweig des Arbeitgebers Geschäfte für eigene oder fremde Rechnung machen. Kaufmännische Angestellte dürfen auch kein eigenes Geschäft in einem beliebigen Geschäftszweig betreiben. Das Wettbewerbsverbot kann durch eine „Konkurrenzklausel" im Arbeitsvertrag auch für eine gewisse Zeit nach dem Ausscheiden aus der Firma bestehen bleiben (bei kaufmännischen Angestellten z. B. maximal zwei Jahre). Der Arbeitgeber muss dem Arbeitnehmer eine Entschädigung zahlen (für jedes Jahr mindestens die Hälfte der zuletzt bezogenen vertraglichen Leistungen).
Pflichtverletzungen können ebenfalls zu Schadenersatzforderungen und fristloser Entlassung führen. Bei Geschäften auf eigene Rechnung hat der Arbeitgeber auch das „Selbsteintrittsrecht" (d. h. er kann das Geschäft selbst ausführen), bei Geschäften auf fremde Rechnung das Recht auf Herausgabe der Vergütung.

Pflichten des Arbeitgebers (= Rechte des Arbeitgebers) aus dem Arbeitsvertrag

Vergütungspflicht (BGB § 611, § 614, § 616)

Der Arbeitgeber muss pünktlich zahlen (bei Angestellten z. B. am Ende des Monats). Voraussetzung ist, dass die Arbeitsleistung auch tatsächlich erbracht wurde. Ausnahme: bei unverschuldetem Unglück (z. B. Lohnfortzahlung im Krankenhaus für 6 Wochen) oder relativ kurzer Verhinderung (z. B. Ladung als Zeuge vor Gericht).

Fürsorgepflicht (BGB § 618)

Der Arbeitgeber muss die Unfallverhütungs- und Arbeitsgesetze beachten und muss Sorge dafür tragen, dass Gesundheit und Anstandsgefühl des Arbeitnehmers nicht beeinträchtigt werden. Die Sozialversicherungsbeiträge sind ordnungsgemäß abzuführen.

Urlaub

Der Arbeitnehmer hat Anspruch auf bezahlten Urlaub. Jugendarbeitsschutzgesetz: bis 16 Jahre 30, bis 17 Jahre 27, bis 18 Jahre 25 Werktage. Bundesurlaubsgesetz: über 18 Jahre 24 Werktage, wenn der Arbeitnehmer dem Betrieb mindestens 6 Monate angehört.

---

[1] Sittenwidrige Fragen (z. B. nach einer bestehenden Schwangerschaft, nach Gewerkschaftszugehörigkeit, nach gefährlichen Sportarten) kann der Bewerber ohne negative Rechtsfolgen für sein Arbeitsverhältnis falsch beantworten!

Arbeitszeugnis (BGB § 630)

Der ausscheidende Arbeitnehmer hat Anspruch auf ein Zeugnis, Dieses muss Art und Dauer der Beschäftigung enthalten (einfaches Zeugnis), auf Wunsch des Arbeitnehmers auch Angaben über Führung und Leistung (qualifiziertes Zeugnis). Es muss wahrheitsgemäß abgefasst sein. Bei falschen Argaben haftet der alte Arbeitgeber dem neuen wegen vorsätzlicher sittenwidriger Schädigung (BGB § 826). Es muss aber wohlwollend sein: Gute Leistungen sind zu erwähnen, schlechte nur, wenn sie wesentlich und schwerwiegend sind. Für schuldhaft unrichtige Aussagen haftet der Arbeitgeber dem Arbeitnehmer wegen Verletzung des Arbeitsvertrags. Der Arbeitnehmer kann beim Arbeitsgericht auf Berichtigung klagen.

Ab sechs Monaten Betriebszugehörigkeit können Arbeitnehmer in Betrieben mit mehr als 15 Arbeitnehmern (ohne Auszubildende) Beschäftigung in Teilzeit verlangen.

3.6.2 Gesetzliche Regelungen

Der Arbeitsvertrag ist ein Dienstvertrag nach BGB § 611ff. Das HGB (§ 59 ff.) enthält weitere Bestimmungen für kaufmännische Arbeitnehmer, die Gewerbeordnung für gewerbliche (GewO § 105 ff.). Des Weiteren haben folgende Gesetze für die Gestaltung des Arbeitsvertrags Bedeutung:

- Nachweisgesetz
- Arbeitszeitgesetz
- Bundesurlaubsgesetz
- Tarifvertragsgesetz
- Schwerbehindertengesetz
- Kündigungsschutzgesetz
- Betriebsverfassungsgesetz

- Jugendarbeitsschutzgesetz
- Mutterschutzgesetz
- Arbeitsgerichtsgesetz
- Arbeitsplatzschutzgesetz
- Bundeserziehungs-
geldgesetz
- Teilzeit- und Befristungsgesetz

Meist zwingendes Recht! Denn: der unselbstständige, wirtschaftlich abhängige Arbeitnehmer bedarf besonderen Schutzes.

3.6.3 Tarifvertragliche Regelungen

Gewerkschaften schließen Tarifverträge mit Arbeitgeberverbänden (Flächentarifverträge) oder einzelnen Arbeitgebern (Haustarifverträge).

Die Verträge gelten nur für Arbeitnehmer, die der tarifschließenden Gewerkschaft angehören und bei einem tarifschließenden Arbeitgeber bzw. einem Arbeitgeber des tarifschließenden Verbands beschäftigt sind.

Entgelt-, Lohn-, Gehaltstarifverträge enthalten Regelungen über Vergütungen, Manteltarifverträge regeln sonstige arbeitsrechtliche Fragen (z. B. Urlaub, Arbeitszeit, Rationalisierungs- und Arbeitsschutz, vermögenswirksame Leistungen) und haben meist eine größeren Geltungsbereich und eine längere Geltungsdauer.

3.6.4 Betriebsvereinbarungen

Betriebsvereinbarungen sind Verträge zwischen Arbeitgeber und Betriebsrat.

Beispiele finden Sie auf Seite 345 und Seite 359.

Sie regeln Fragen der Arbeitsbedingungen (z. B. Urlaubsplan, Arbeitszeitbeginn und -ende, Betriebsordnung), der Mitbestimmung, der Unfallverhütung, des Gesundheitsschutzes, der Errichtung von Sozialeinrichtungen; der Förderung der Vermögensbildung. Tarifvertraglich schon geregelte Fragen können nur Gegenstand von Betriebsvereinbarungen werden, wenn der Tarifvertrag ausdrücklich ergänzende Vereinbarungen zulässt (BetrVG § 77, III). Betriebsvereinbarungen gelten unmittelbar und zwingend. Sie sind mit einer Frist von drei Monaten kündbar.

1. **Bei Personalbedarf werden vielfach Personalanforderungen auf einem Formular vom anfordernden Bereich an die Personalabteilung gerichtet.**
   Erstellen Sie eine Personalanforderung. Legen Sie dabei eine Ihnen bekannte Stelle in Ihrem Ausbildungsbetrieb zu Grunde.

2. **Bei der Techno GmbH ist die Stelle eines Betriebselektrikers zu besetzen. Die Personalabteilung setzt eine Anzeige in die Zeitung. Darauf erhebt der Betriebsrat Einspruch.**
   a) Worauf gründet sich der Einspruch des Betriebsrats höchstwahrscheinlich?
   b) Welche Rechte hat der Betriebsrat bei Personalplanung und Stellenbesetzung?
   c) Welche Vorteile haben innerbetriebliche Stellenausschreibungen für Betrieb und Mitarbeiter?

3. **Beispiel einer Betriebsvereinbarung über innerbetriebliche Stellenausschreibungen.**

Zwischen ... und ... wird folgende Betriebsvereinbarung abgeschlossen:

1. Allgemeines
Jeder Arbeitsplatz soll innerbetrieblich ausgeschrieben werden. Gleichzeitig oder später kann auch eine externe Ausschreibung erfolgen.
Die Stellenausschreibungen werden an den Anschlagbrettern für 2 Wochen ausgehängt. Beginn und Ende der Ausschreibung müssen ersichtlich sein.

2. Inhalt
Die Ausschreibungen müssen enthalten:
(1) Bezeichnung der Funktion,
(2) Beschreibung des Arbeitsplatzes bzw. der Aufgabenstellung,
(3) Einsatzort,
(4) Fachliche und sonstige Anforderungen,
(5) Tarifgruppe bzw. übertarifliche Vertragsgruppe,
(6) die Personaldienststelle, an die die Bewerbungen zu richten sind.

3. Bewerbung
Jeder Mitarbeiter, der seinen bisherigen Arbeitsplatz mindestens ein Jahr innehat, kann sich schriftlich bewerben. Bewerbungen werden vertraulich behandelt. Die Personalabteilung kann mit Zustimmung des Bewerbers Rücksprache mit der aufnehmenden und abgebenden Stelle nehmen.

4. Auswahl
Für die Auswahl unter mehreren Bewerbern gelten die Auswahlrichtlinien.

5. Durchführung
Soll der Bewerber die ausgeschriebene Stelle erhalten, so wird die Versetzung binnen 3 Monaten, in Ausnahmefällen nach Abschluss der noch auszuführenden Arbeiten durchgeführt.
Der Bewerber kann binnen 3 Monaten nach Stellenantritt zu den alten Bedingungen auf seinen bisherigen Arbeitsplatz zurückkehren. Ist dieser besetzt oder aufgelöst, ist er auf einen gleichwertigen Arbeitsplatz zu versetzen. Dies gilt auch, wenn sich der Mitarbeiter als ungeeignet für die neue Stelle erweist.

---

a) Zwischen welchen Parteien wird die Betriebsvereinbarung abgeschlossen?
b) Nennen Sie die gesetzliche Grundlage für die Vereinbarung.
c) Warum werden Bewerbungen vertraulich behandelt?
d) Dürfen interne Bewerber und externe Bewerber unterschiedlich behandelt werden?
e) Welche Vorteile haben innerbetriebliche Stellenausschreibungen für Betrieb und Mitarbeiter?
f) Kann die Bewerbung eines internen Bewerbers für diesen auch negative Folgen haben?
g) Kann der Betriebsrat die Einstellung eines externen Bewerbers verhindern, wenn dieser einem internen Bewerber vorgezogen wird?

4. Eine Stellenanzeige (Stellenangebot) enthält grundsätzlich die folgenden Punkte. (In der Praxis findet man natürlich vielfach Abweichungen.)
   Wir sind (Unternehmen): z. B. Firmenname, -zeichen, Branche, Standort, Unternehmensgröße, Mitarbeiterzahl, Führungsstil.
   Wir haben (freie Stelle): z. B. Ausschreibungsgrund, Aufgabenbeschreibung, Verantwortungsumfang, Vertetungsmacht, Entwicklungschancen.
   Wir suchen (Anforderungsmerkmale): z. B. Berufsbezeichnung, Vorbildung, Ausbildung, Kenntnisse, Fähigkeiten, Berufserfahrung, persönliche Eigenschaften, Alter.
   Wir bieten (Leistungen): z. B. Lohn-/Gehaltshöhe, Wohnungshilfe, Fahrgeld(zuschuss), Sozialleistungen, Gleitzeit.
   Wir bitten (Bewerbung): z. B. schriftliche Bewerbung, Anruf, persönliche Vorstellung, Kontaktperson/-abteilung.
   Auf Seite 338 f. finden Sie die Bewerbung des Herrn Schneider. Formulieren Sie eine Stellenanzeige, auf die Herr Schneider geantwortet hat.

5. In der Zeitung finden Sie die folgende Stellenanzeige (Stellenangebot)

Bezirksleiter/in gesucht
(Alter 25–35 Jahre)
Sind Sie bereit, sich im Direktverkauf und in der Anwerbung und Führung von Mitarbeitern zu bewähren, so werden Sie bei uns schnell Karriere machen. Wir bieten Festanstellung, hohe Erfolgsbeteiligung und Spesen.
Ihre Bewerbung richten Sie an:
Hakawerk
Waldenbuch
Telefon 07157/4031

---

a) Bewerben Sie sich schriftlich um die ausgeschriebene Stelle. (Alternative: Bewerben Sie sich um eine Stelle in Ihrem Ausbildungsberuf.)
   Hinweis: In die Bewerbungsmappe gehören (individuell gestaltet):
   ■ das Bewerbungsschreiben, kurz gefasst, ggf. mit Bitte um diskrete Behandlung der Bewerbung;
   ■ Lebenslauf, tabellarisch aufgebaut, mit Lichtbild oben rechts, mit allen Ausbildungs- und Tätigkeitsdaten und mit Beschreibung der jeweiligen Stelle und des Verantwortungs- und Erfahrungsbereichs in Stichworten;
   ■ Zeugniskopien in zeitlicher Reihenfolge;
   ■ ggf. Arbeitsproben;
   Referenzangaben und Referenzschreiben nur bei ausdrücklicher Aufforderung beilegen!
b) Beschreiben Sie das Verfahren der Personalauswahl, das üblicherweise auf die Bewerbung folgt.
c) Notieren Sie 5 Fragen, die Sie im Vorstellungsgespräch dem Bewerber stellen würden.
d) Notieren Sie 5 Fragen, die Sie Ihrerseits als Bewerber stellen würden.

6. Ihr Ausbildungsbetrieb hat vier Ausbildungsplätze für den Ausbildungsberuf Industriekaufmann/-frau ausgeschrieben. 120 Bewerbungen sind eingegangen. Ihr Personalleiter beauftragt Sie, ein Konzept für die Bewerberauswahl zu erstellen. Das Konzept soll auf jeden Fall einen Test enthalten. Auch bei der Umsetzung des Konzepts sollen Sie möglichst viele Aufgaben selbständig erfüllen.
a) Nennen Sie Kriterien zur Auswahl der Bewerber.
b) Welche Testarten kommen für die Bewerberauswahl in Frage?
c) Erstellen Sie einen geeigneten Auswahltest.
d) Das Konzept soll auch eine Selbstdarstellung des Betriebes einschließen. Zeigen Sie hierfür Möglichkeiten auf.
e) Erstellen Sie das verlangte Konzept.

7. Der Personalleiter Ihres Ausbildungsbetriebs beabsichtigt, für die Personalbeschaffung die Dienste einer Online-Stellenbörse heranzuziehen.
a) Suchen Sie im Internet nach Stellenbörsen, die die Aufgaben der Personalbeschaffung erledigen können. Erstellen Sie einen schriftlichen Vergleich der Börsen anhand der angebotenen Dienstleistungen.
b) Stellen Sie die Vorteile der traditionellen Personalbeschaffung und des E-Recruitings gegenüber.

8. Werner Schuhmacher hat sich bei der Nutzfahrzeugbau AG als Angestellter im Einkauf beworben. Im Vorstellungsgespräch wurde Einigung über das Arbeitsverhältnis erzielt. Die Stelle soll am 1. Juni angetreten werden. Besondere Vereinbarungen wurden weder münd-

lich noch schriftlich getroffen. Herr Schuhmacher gibt am 1. Juni in der Personalabteilung seine Arbeitspapiere ab.

a) Ist es zulässig, ein Arbeitsverhältnis ohne schriftlichen Vertrag einzugehen?

b) Nach welchen Rechtsvorschriften richtet sich das Arbeitsverhältnis von Herrn Schuhmacher?

c) Welche Arbeitspapiere übergibt Herr Schuhmacher?

d) Die Personalabteilung fordert Herrn Schuhmacher auf, seiner Krankenkasse die Arbeitsaufnahme zu melden, damit die Sozialversicherungsbeiträge ordnungsgemäß Überwiesen werden können. Verhält sich die Personalabteilung richtig?

e) Ist es Herrn Schuhmacher erlaubt, einer Nebentätigkeit als Versicherungsvertreter nachzugehen?

f) Darf Herr Schuhmacher während des Urlaubs eines Kollegen vertretungsweise auch mit Ablagetätigkeiten beauftragt werden?

g) Kann Herr Schuhmacher, wenn er wichtige Privatgelegenheiten zu besorgen hat, sich von seinem Freund Pitt Herberts vertreten lassen, der den gleichen Beruf hat?

h) Berichten Sie kurz über die Rechte und Pflichten, die Herr Schuhmacher aus dem Arbeitsvertrag hat.

i) 2 Monate nach Arbeitsaufnahme erhält Herr Schuhmacher die fristlose Kündigung. Begründung: In der Nutzfahrzeugbau AG sei eine dreimonatige Probezeit üblich, in der von beiden Seiten ohne Angabe von Gründen gekündigt werden könne. Ist das Vorgehen des Arbeitgebers zulässig?

9. In verschiedenen Arbeitsverträgen seien die folgenden Vereinbarungen zu finden.

a) Die Probezeit beträgt 3 Monate. Innerhalb der Probezeit ist jederzeit eine Kündigung ohne Angabe von Gründen möglich.

b) Als Arbeitslohn erhält der Arbeitnehmer jeden Monat 10 % der von ihm hergestellten Werkzeuge.

c) Der Arbeitnehmer darf nicht auf eigene Rechnung im Geschäftszweig des Arbeitgebers tätig werden. Bei Zuwiderhandlung kann der Arbeitgeber selbst in das Geschäft eintreten. Dieses Wettbewerbsverbot gilt noch bis zu 3 Jahren nach Ausscheiden des Arbeitnehmers.

d) Der Jahresurlaub beträgt im Jahr der Einstellung für jeden Monat Betriebszugehörigkeit einen Werktag, anschließend 16 Werktage jährlich.

e) Während des Jahresurlaubs erhält der Arbeitnehmer kein Arbeitsentgelt. Der Betrieb zahlt ihm freiwillig für jeden Werktag einen Betrag von 20,00 EUR. Sind diese Vereinbarungen zulässig? Begründen Sie Ihre Antwort.

3.7 Vollmachten

Die Kleiderfabrik Erich Körner OHG, Bocholt, verschickt folgendes Schreiben:

```
                                              20..-03-06

Rundschreiben an unsere Geschäftsfreunde

Wir haben unserem Verkaufsleiter, Herrn Franz Otten, Einzelprokura erteilt.
Außerdem dürfen wir Ihnen die neue Leiterin unseres Zweigbetriebs in Essen,
Frau Elly Rossmanith, vorstellen. Wir haben Frau Rossmanith Gesamtvollmacht
übertragen.


Mit freundlichen Grüßen

Erich Körner OHG

Körner

Es zeichnen:

Herr Otten: Erich Körner OHG        Frau Rossmanith: Erich Körner OH
ppa. Otten                          i.V. Rossmanith
```

Angestellte werden häufig mit Vollmachten ausgestattet.

Die *Vollmacht* ist eine Vertretungsbefugnis. Der Bevollmächtigte darf (im festgelegten Rahmen) für den Vollmachtgeber Rechtsgeschäfte tätigen (BGB § 166).

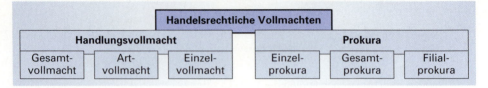

Handelsrechtliche Vollmachten					
Handlungsvollmacht			Prokura		
Gesamt-vollmacht	Art-vollmacht	Einzel-vollmacht	Einzel-prokura	Gesamt-prokura	Filial-prokura

3.7.1 Prokura

Die *Prokura* ermächtigt zu allen Arten von gerichtlichen und außergerichtlichen Geschäften und Rechtshandlungen, die der Betrieb eines Handelsgewerbes mit sich bringt (HGB § 49).

Dem **Prokuristen** ist **gesetzlich** lediglich **untersagt**,

- Inventare, Bilanzen und Steuererklärungen der Geschäftsinhaber zu unterschreiben,
- Prokura zu erteilen und zu entziehen bzw. die eigene Prokura zu übertragen,
- die Unternehmung zu verkaufen oder aufzulösen.
- das Insolvenzverfahren zu beantragen,
- Gesellschafter aufzunehmen (Ausnahme: stille Teilhaber) oder zu entlassen,
- für den/die Geschäftsinhaber einen Eid zu leisten,
- ohne besonders erteile Befugnis Grundstücke zu verkaufen oder zu belasten,
- Eintragungen ins Handelsregister zu beantragen,
- die Firma zu löschen oder zu ändern.

> **Beispiel:**
> Der Geschäftsinhaber kommt aus dem Urlaub zurück und stellt fest, dass der Prokurist inzwischen aus der Möbelgroßhandlung einen Tabakimport gemacht hat, ein Grundstück für 400 000,00 EUR und 20 Tonnen Käse gekauft sowie Wechsel für 500 000,00 EUR unterschrieben und einen Filialleiter eingestellt hat.

Alle diese Geschäfte sind rechtsgültig. Der Geschäftsinhaber muss sie gegen sich gelten lassen!

Beschränkungen zur Verhinderung solcher Handlungen („Der Prokurist darf keine Wechsel akzeptieren...") gelten nur im **Innenverhältnis**. Im **Außenverhältnis** gelten sie nicht einmal dann, wenn sie dem Geschäftspartner bekannt sind. Allerdings haftet der Prokurist dem Geschäftsinhaber für den Schaden durch Zuwiderhandeln.

Die Prokura kann nur von Kaufleuten erteilt werden. Zuständig sind:

- in der Einzelunternehmung der **Inhaber**;

- in der OHG und KG die **geschäftsführenden Gesellschafter** gemeinsam (den Widerruf kann schon ein einzelner Gesellschafter aussprechen),

- in der AG und der Genossenschaft der **Vorstand**;

- in der GmbH die **Mehrheit der Gesellschafter**.

Die Prokura muss ausdrücklich (mündlich oder schriftlich) erteilt werden. Sie beginnt mit dem Augenblick der Erteilung. Eine Annahmeerklärung seitens des Bevollmächtigten ist nicht erforderlich. Ebenso kann die Prokura jederzeit widerrufen werden. Außerdem endet sie bei Verkauf oder Auflösung der Unternehmung, bei Beendigung des zugrunde liegenden Rechtsverhältnisses (z. B. bei Ausscheiden des Prokuristen aus der Unternehmung), Insolvenzverfahren und Liquidation, nicht aber beim Tod des Geschäftsinhabers.

Arten der Prokura		
Einzelprokura	**Gesamtprokura**	**Filialprokura**
Der Prokurist ist allein vertretungsberechtigt	Mehrere Prokuristen (meist zwei) sind nur gemeinsam vertretungsberechtigt (Zweck: gegenseitige Kontrolle)	Die Prokura ist auf eine bestimmte Niederlassung beschränkt. (Die Niederlassungen müssen unter verschiedenen Firmen im Handelsregister eingetragen sein)
Einzelprokura Walter Diekers KG Spirituosenfabrik ppa. *Blume*	Gesamtprokura DAUSENAUER GLAS AG ppa. ppa. *Petersen* *Dietz*	Filialprokura DAUSENAUER GLAS AG Niederlassung Worms ppa. *Dietz*

Der Prokurist unterschreibt mit einem Zusatz, der die Prokura erkennen lässt: „per procura" oder (abgekürzt) „ppa." oder „pp."

Die Prokura ist ins Handelsregister einzutragen (und als Einzel-, Gesamt-, Filialprokura zu kennzeichnen), ebenso ihr Erlöschen. Beide Eintragungen haben jedoch nur deklaratorische Bedeutung, d. h. sie bekunden nur den ohnehin gültigen Sachverhalt. Der Prokurist kann also schon vor der Eintragung gültige Geschäfte abschließen. Andererseits kann sich ein Geschäftspartner auf eine eingetragene Prokura berufen, wenn ihm der Widerruf nicht bekannt ist (z. B. aufgrund eines Rundschreibens).

3.7.2 Handlungsvollmacht

Personen können ohne Prokuraerteilung Vollmacht (sog. Handlungsvollmacht) in einem Handelsgewerbe erhalten. Diese kann unterschiedlichen Umfang haben:

Arten der Handlungsvollmacht (HGB § 54)
Gesamtvollmacht (allgemeine Handlungsvollmacht)
Allgemeine Vollmacht; berechtigt zu allen Geschäften und Rechtsgeschäften, die der Betrieb eines solchen Handelsgewerbes gewöhnlich mit sich bringt. Geschäftsführer und Filialleiter haben z. B. Gesamtvollmacht.
Artvollmacht (Teilvollmacht)
Vollmacht zur Vornahme von Rechtshandlungen einer bestimmten Art, die der Betrieb eines solchen Handelsgewerbes gewöhnlich mit sich bringt. Einkäufer, Verkäufer, Kassierer haben z. B. Artvollmacht.
Einzelvollmacht (Spezialvollmacht)
Vollmacht zur Vornahme einer einzelnen Rechtshandlung. Ein Angestellter erhält z. B. den Auftrag, einen Rechnungsbetrag einzuziehen und zu quittieren.

Was dem Prokuristen verboten ist, dürfen auch Gesamt- und Artbevollmächtigte nicht. Sie dürfen ohne besonderen Auftrag auch keine Prozesse führen, Wechselverbindlichkeiten eingehen und Kredite aufnehmen. Kein Bevollmächtigter darf seine eigene Vollmacht auf andere übertragen. Gesamt- und Artbevollmächtigte können aber im Rahmen der eigenen Vollmacht Untervollmacht erteilen.

- Herr Müller (Gesamtvollmacht) erteilt dem Angestellten Eberle Artvollmacht zum Einkauf.
- Einkäufer Eberle erteilt dem Auszubildenden Schröder Einzelvollmacht zum Kauf von Mahnbescheidformularen.

Andere als die genannten Beschränkungen muss ein Dritter nur dann gegen sich gelten lassen, wenn er sie kennt oder kennen muss.

Handlungsbevollmächtigte unterschreiben mit einem Zusatz, der das Vollmachtverhältnis ausdrückt. Üblich sind folgende Formen:

„in Vollmacht"   **„im Auftrag"**

Robert Meurer i.V. *Klein*	Robert Meurer i.A. *Klein*	für Robert Meurer *Klein*	per Robert Meurer *Klein*

Gesamtvollmacht kann vom Geschäftsinhaber und Prokuristen erteilt werden. Dies kann formlos, entweder ausdrücklich (mündlich, schriftlich) oder auch durch stillschweigende Duldung erfolgen. Die Vollmacht wird nicht ins Handelsregister eingetragen.

Die Handlungsvollmacht endet wie die Prokura, bei Geschäftsverkauf aber nur bei Widerruf durch den neuen Inhaber. Überdies kann sie erlöschen, wenn ein Geschäft durchgeführt ist (Einzelvollmacht) oder eine vereinbarte Frist abgelaufen ist.

Arbeitsaufträge

1. **Der Schuhfabrikant Adler (Vollkaufmann) bestellt durch mündliche Erklärung seinen Angestellten Preiser zum Prokuristen. Am nächsten Tag, noch vor Eintragung ins Handelsregister, bestellt Preiser ein teures Computersystem für den Betrieb, und zwar ohne Wissen Adlers. Adler ist entrüstet. Der Verkäufer hat als vorsichtiger Geschäftsmann vorher das Handelsregister eingesehen, aber keine Prokura gefunden. Preiser hat allerdings seine Prokura erwähnt.**
   Wer haftet für die Bezahlung des Computersystems?

2. **Der Elektrogerätehersteller Schneider will seinem langjährigen Angestellten Emsel Gesamtprokura erteilen. Außerdem stellt er für eine neue Filiale einen Geschäftsführer ein.**
   a) Warum erteilt Schneider keine Einzel-, sondern Gesamtprokura?
   b) Welche Vollmacht erhält der Geschäftsführer?
   c) Wann werden die Vollmachten wirksam?
   d) Wie zeichnen die beiden Angestellten?
   e) Beschreiben Sie in beiden Fällen die Schritte, die Schneider unternehmen wird.

3. **In einem Betrieb sind die folgenden Handlungen vorzunehmen.**
   a) Kauf eines Grundstücks
   b) Verkauf eines Grundstücks
   c) Einkauf von Waren
   d) Verkauf von Waren
   e) Einstellung eines Arbeiters
   f) Entlassung eines Angestellten
   g) Prokura erteilen
   h) Gesamtvollmacht erteilen
   I) Einzelvollmacht (Untervollmacht) erteilen
   j) Aufnahme eines Bankdarlehens
   k) Belastung eines Grundstücks mit einer Hypothek
   l) Zahlung von Liefererschulden mit Scheck
   m) Annahme eines Wechsels von einem Kunden
   n) Akzeptierung eines Wechsels
   o) Unterschreiben der Bilanz
   p) Beantragung eines Mahnbescheides
   q) Aufnahme eines Gesellschafters in die Unternehmung

   Entscheiden Sie, ob (1) Prokurist, (2) ein Gesamtbevollmächtigter für die Unternehmung bindend diese Handlungen durchführen darf. (Eine entsprechende Einzelvollmacht ist in keinem Fall erteilt.)

4   Personaleinsatzmanagement

4.1   Aufgabe der Personaleinsatzplanung

Die betrieblichen Aufgaben müssen mit dem vorhandenen Personalbestand erfüllt werden. Jedem Mitarbeiter müssen folglich Aufgaben zugeordnet werden.

Die Zuordnung von Mitarbeitern und betrieblichen Aufgaben ist die Aufgabe der Personaleinsatzplanung.

Der Personaleinsatz soll gewährleisten, dass die betrieblichen Aufgaben in optimaler Qualität erfüllt werden. Dies ist nicht einfach.

Optimale Qualität heißt hier: Erteilung von Bestwerten bei Mengen, Zeiten (Terminen) und Güte.

- Je nach Betriebsart, Sparte (Produktgruppe) und Abteilung stellt sich die Planungsaufgabe anders.
- Gesetzliche Bestimmungen (z. B. Arbeitszeitgesetz) sind zu berücksichtigen.
- Die Mitarbeiter sollen zufrieden sein und motiviert werden.

4.2   Qualitativer Personaleinsatz

Die Arbeitsaufgaben sind auf Stellen und Geschäftsprozesse zu verteilen. Stellen müssen mit qualifiziertem Personal besetzt, Geschäftsprozesse von qualifiziertem Personal erledigt werden. Dies bedeutet: Der Mitarbeiter muss die geforderte Tätigkeitsart und die geforderte Arbeitsmenge bewältigen können. Anforderungs- und Qualifikationsprofil müssen gegenübergestellt werden und sich bestmöglich decken. Hier liegt die Hauptaufgabe der qualitativen Einsatzplanung. Die notwendigen Daten können den Stellenbeschreibungen und Prozessdarstellungen (z. B. Prozesskettendiagrammen) einerseits und dem Personalinformationssystem (Leistungs-, Fähigkeits-, Laufbahndaten) andererseits entnommen werden.

Qualitative Aspekte sind nicht nur bei der Stellenbesetzung, sondern auch bei der Arbeitszuweisung im Ablauf des Betriebsgeschehens zu berücksichtigen.

■ Während der Garantiezeit muss bei einem Kunden eine komplizierte Anlage repariert werden. Man wird dafür unter den vorhandenen Technikern denjenigen mit den besten Spezialkenntnissen auswählen.

■ Der Leiter des Projekts „Umweltbilanz" sucht Mitarbeiter. Er wird solche berücksichtigen, die außer der benötigten Qualifikation auch eine starke Motivation für Umweltfragen mitbringen.

4.3 Quantitativer Personaleinsatz

Probleme bei der Motoren- und Getriebebau GmbH:

„Das Arbeitszeitgesetz schreibt uns Höchstarbeitszeiten vor. Tarifverträge, Betriebsvereinbarungen und Einzelarbeitsverträge enthalten einschränkende Bestimmungen über Arbeitszeiten, Pausen, Überstunden, Urlaub. Arbeitskräfte können wegen Krankheit, Kuren, Wehrdienst, Schwangerschaft, Elternzeit, Wahl von Teilzeitarbeit und Fortbildungsmaßnahmen ausfallen. Die andere Seite: Für unsere Produkte haben wir feste Liefertermine. Die Auftragseingänge sind aber unregelmäßig, so dass wir sehr unterschiedlich ausgelastet sind. Sie können sich vorstellen, dass wir schon aus Kostengründen größten Wert auf eine optimale Planung des Personaleinsatzes legen müssen."

Die quantitative Personaleinsatzplanung soll gewährleisten, dass die benötigte Anzahl Mitarbeiter zur richtigen Einsatzzeit am Einsatzort verfügbar ist.

Vor allem müssen gesichert werden.

■ die **Betriebsbereitschaft** (der Fertigungsprozess),

■ die **Sicherheit des Betriebsablaufs** (z. B. nötige Kontroll- und Wartungsarbeiten).

Deshalb werden (mit einer speziellen Software) **Personaleinsatzpläne** erstellt. Insgesamt leistet diese Software folgende Aufgaben:

■ Ausgabe von Schichtplänen,

■ Ermitteln von Zeitsummen und Zuschlägen für Mitarbeiter,

■ Grafische Darstellung der Personalauslastung,

■ Freigabe von Personen (Springern) für andere Stellen,

■ Planung des Schichtbedarfs,

■ Ermittlung des Urlaubsanspruches,

■ Planung der Rufbereitschaft,

■ Ausgabe von Personaleinsatzauswertungen.

Beispiel: Schichtplan

Tag	1.	2.	3.	4.	5.	6.	7.	8.	9.
Frühschicht	Baum (Klein)	Baum (Klein)	Baum (Klein)	Baum (Klein)	Baum (Klein)	Alt (Sack)	Alt (Sack)	Alt (Sack)	Alt (Sack)
Spätschicht	Eger (Groß)	Eger (Groß)	Eger (Groß)	Eger (Groß)	Eger (Groß)	Groß (Klein)	Groß (Klein)	Baum (Diehl)	Baum (Diehl)
Nachtschicht	Alt (Jäger)	Alt (Jäger)	Alt (Jäger)	Jäger (Lars)	Jäger (Lars)	Jäger (Lars)	Jäger (Lars)	Eger (Klein)	Eger (Klein)

4.4 Arbeitszeitmodelle

4.4.1 Arbeitszeit

Die Arbeitszeit ist die Zeit vom Beginn bis zum Ende der Arbeit an einem Arbeitstag. Ruhepausen gehören nicht zur Arbeitszeit.

Die Arbeitszeit wird grundlegend durch das Arbeitszeitgesetz geregelt.

Das **Bundesurlaubsgesetz** schreibt einen bezahlten Erholungsurlaub von mindestens 24 Wochentagen pro Jahr vor. Spezielle Regelungen hinsichtlich der Arbeitszeit mit Bedeutung für die Industrie finden sich im **Jugendarbeitsschutzgesetz** (für Jugendliche unter 18 Jahren), im **Berufsbildungsgesetz** (für Auszubildende) und im **Mutterschutzgesetz** (für Frauen vor und nach der Geburt eines Kindes).

Da es sich in allen Fällen um Gesetze zum Schutz des Arbeitnehmers handelt, können Tarifverträge, Betriebsvereinbarungen und Einzelarbeitsverträge nur für den Arbeitnehmer günstigere Vereinbarungen vorsehen.

Soweit nicht schon eine Regelung in Tarifverträgen getroffen ist, hat der Betriebsrat ein Mitbestimmungsrecht:

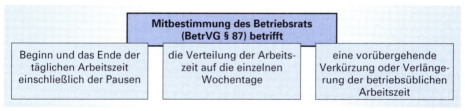

So werden Schichtpläne, Teilzeitarbeit, Überstunden und Kurzarbeit, Gleitzeiten und andere Arbeitszeitmodelle durch Betriebsvereinbarungen zwischen Unternehmer und Betriebsrat geregelt.

4.4.2 Arbeitszeitmanagement

In vielen Betrieben arbeiten noch heute alle Arbeitskräfte zur gleichen Zeit täglich acht Stunden. Mit dem Ende der Arbeitszeit werden die Maschinen abgestellt. Mit diesem Grundmodell *Arbeitszeit = Betriebszeit* kommen immer weniger Betriebe zurecht:

- Die Produktionsanlagen werden immer leistungsfähiger, aber auch immer teurer. Ihr Einsatz rechnet sich nur bei einer möglichst vollständigen zeitlichen Auslastung. Die Arbeitszeiten hingegen sind auf unter 40 Wochenstunden gesunken.

353

Eine bessere Maschinenauslastung ist durch Überstunden möglich, aber bei den hohen deutschen Lohnkosten im scharfen internationalen Wettbewerb zu teuer.

■ Andererseits gewinnt mit dem Bedürfnis qualifizierter Mitarbeiter nach Selbstverwirklichung und eigenverantwortlicher Arbeit auch der Wunsch nach flexibler Gestaltung der Arbeitszeit an Gewicht.

Es stellt sich deshalb das Problem, Arbeitszeit und Betriebszeit zu entkoppeln. **Arbeitszeitflexibilisierung** (Veränderungen der üblichen *Lage und Dauer der Arbeitszeiten*) ist gefragt. Es existiert bereits eine große Anzahl Arbeitszeitmodelle. Die schwierige Aufgabe, für die jeweiligen Betriebsverhältnisse passende Modelle zu finden oder selbst zu entwickeln, nennt man **Arbeitszeitmanagement**.

Zu berücksichtigen sind: die Betriebsbereiche, Mitarbeiterinteressen, Gesetze, Tarifverträge, Konkurrenzverhalten, Arbeitsmarktlage, Wettbewerbsposition.

Arbeitszeitmanagement ist die Gestaltung des betrieblichen Arbeitszeitsystems. Ziel ist der Ausgleich von Arbeitszeitbedarf und Arbeitszeitangebot. Die Lösung soll ökonomisch wirksam und sozial befriedigend sein und den Rahmen von Gesetz und Tarifvertrag einhalten.

4.4.3 Schichtarbeit

Bei Schichtarbeit übernehmen verschiedene Arbeitnehmer nacheinander einen Arbeitsplatz, weil die Betriebszeit ihre persönliche Arbeitszeit überschreitet.

Schichtarbeit		
Wechselschicht	Dauerschicht	Teilschicht
■ nicht kontinuierliches Zwei-Schicht-System: Frühschicht (z. B. von 6:00 bis 14:00 Uhr) und Spätschicht (z. B. von 14:00 bis 22:00 Uhr) ■ teilkontinuierliches Drei-Schicht-System: zusätzlich: Nachtschicht (z. B. von 22:00 bis 6:00 Uhr), aber ohne Wochenende ■ vollkontinuierliches Drei-Schicht-System: zusätzlich durchgehend am Wochenende Gemeinsames Merkmal: Jeder Mitarbeiter wechselt die Schichten: z. B. 5 Tage Früh-, 5 Tage Spät-, 3 Tage Nachtschicht	Der einzelne Mitarbeiter ist ausschließlich in der gleichen Schicht beschäftigt (z. B. Spätschicht).	System, bei dem die Arbeitszeit für mehrere Stunden unterbrochen wird (z. B. über Mittag).

Die Schichtarbeit ist eine der ältesten Formen flexibler Arbeitszeit. Sie ermöglicht

■ eine Ausweitung der Betriebszeit für teure Fertigungsanlagen (höherer Kapazitätsausnutzungsgrad),

■ technisch nicht abbrechbare Prozesse (Kraftwerk, Hochofen, ...),

■ durchgehende Dienste (Polizei, Krankenhaus, ...).

Wechselschichten bewirken häufig Probleme

■ für den Arbeitnehmer:
  – Gesundheitsgefährdung durch gestörten Biorhythmus (Schlafstörungen, Nervosität, Kreislauf-, Magenkrankheiten), insbesondere bei Nachtschicht

Die Arbeitsmedizin sagt:
– höchstens 4 Nachtschichten in Folge!
– dann mindestens 2 freie Tage!
– in 5 Wochen maximal 7 Arbeitstage in Folge!

- Beeinträchtigung der sozialen Beziehungen (Familie, Freundeskreis, Verein, Weiterbildung)
■ für den Arbeitgeber:
erhöhter Ausschuss, wenn die Arbeitnehmer im nächtlichen Tief der Kurve der Leistungsdisposition[1] arbeiten

Bei der Aufstellung der Schichtpläne hat der Betriebsrat volles Mitbestimmungsrecht.

4.4.4 Gleitende Arbeitszeit

Bei Gleitzeit muss der Arbeitnehmer eine für längere Perioden (Woche, Monat, Vierteljahr) festgelegte Stundenzahl leisten. Er kann jedoch in Grenzen jeden Tag Arbeitsbeginn und -ende festlegen. Innerhalb der festgelegten längeren Periode sind die entstehenden Differenzen auszugleichen. Folgende Begriffe sind zu unterscheiden:

Zeiten beim Gleitzeitmodell
Gesamtarbeitszeit maximale Zeitspanne, in der am Arbeitstag Arbeit geleistet werden darf
Kernzeit (Block-, Stammzeit) Zeit, in der Anwesenheitspflicht besteht; zugleich tägliche Mindestarbeitszeit
maximale tägliche Arbeitszeit Arbeitszeitgrenze, die nicht überschritten werden darf (nach dem Arbeitszeitgesetz 10 Stunden)
Gleitzeit Differenz aus Gesamtarbeitszeit und Kernzeit. Innerhalb dieser Zeit kann der Mitarbeiter unter Berücksichtigung der maximalen täglichen Arbeitszeit über seine Anwesenheit entscheiden
Pausenzeit Innerhalb der Kernzeit liegende Arbeitspause von festgelegter Dauer; kann meist innerhalb einer festgelegten Spanne gewählt werden

Beispiel:

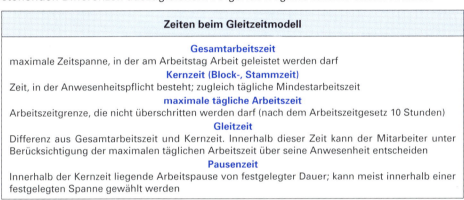

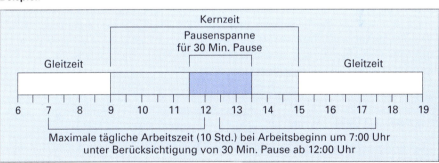

Maximale tägliche Arbeitszeit (10 Std.) bei Arbeitsbeginn um 7:00 Uhr unter Berücksichtigung von 30 Min. Pause ab 12:00 Uhr

Die tatsächlichen Arbeitszeiten können leicht auf persönlichen Zeitkarten erfasst werden. Der Mitarbeiter stempelt Arbeitsbeginn und -ende jeweils an einem Stempelautomaten ein. Erfahrungen mit dem Gleitzeitmodell zeigen eine hohe Eigenverantwortlichkeit der Mitarbeiter. Seltene Unregelmäßigkeiten werden durch Kontrolle der Zeitkarten meist entdeckt und im Gespräch mit dem Vorgesetzten abgeklärt.

Gleitzeitregelungen
■ erhöhen den persönlichen Gestaltungsspielraum beträchtlich,
■ entlasten die Spitzenverkehrszeiten,

---

[1] Vgl. S. 317

- verhindern Unpünktlichkeit,
- lassen Raum für dringende Arbeiten,
- erhöhen so die Motivation und
- steigern ggf. die Leistung.

Ich kann meine persönlichen Dinge gut erledigen, komme ohne Stress zur Arbeit und für Terminarbeiten habe ich ausreichend Zeit.

Gleitzeitregelungen sind andererseits nur möglich, wenn die Mitarbeiter zeitlich unabhängig voneinander arbeiten können. Dies gilt meist für Bürotätigkeiten, nicht für die Fertigung.

Bei der Einführung und Änderung von Gleitzeitmodellen hat der Betriebsrat volles Mitbestimmungsrecht.

4.4.5 Teilzeitmodelle

Teilzeitarbeitsverhältnisse haben eine gegenüber der tariflichen oder betriebsüblichen Arbeitszeit verkürzte Arbeitszeit. Meist handelt es sich um sog. Halbtagsarbeit mit vereinbarten Arbeitszeiten zwischen 3 und 6 Stunden. Es kann aber z. B. auch an vollen Arbeitstagen die halbe Wochenstundenzahl geleistet werden.

Die arbeitsrechtlichen Vorschriften gelten auch für Teilzeitarbeitsverhältnisse, insbesondere für die Lohnfortzahlung im Krankheitsfall und den gesetzlichen Mindesturlaub. Ohne sachliche Gründe dürfen Teilzeitbeschäftigte nicht anders als Vollzeitmitarbeiter behandelt werden.

Jobsharing (Arbeitsplatzteilung)

Jobsharing liegt vor, wenn zwei oder mehrere Arbeitnehmer sich laut ihrem Arbeitsvertrag die Arbeit an einem Vollzeitarbeitsplatz teilen (Beschäftigungsförderungsgesetz § 5).

Die Aufteilung kann sich auf die Arbeitszeit des Tages, der Woche oder des Monats beziehen und bleibt den Mitarbeitern meist selbst überlassen. Die Pflicht zur Vertretung bei einer vorübergehenden Verhinderung des Partners richtet sich nach den Vereinbarungen im Arbeitsvertrag.

Grundsätzlich sind die Jobsharer stark voneinander abhängig, wenn sich das Gesamtarbeitsgebiet nicht inhaltlich trennen lässt.

Beispiel:

Der Arbeitsplatz eines Unternehmensjuristen mit den Schwerpunkten Arbeitsrecht und Wettbewerbsrecht wird auf zwei Jobsharer aufgeteilt. Jeder übernimmt grundsätzlich ein Gebiet und betreut nur im Vertretungsfall das andere mit.

Jobsharing eignet sich grundsätzlich nur für Verwaltungs- und Dienstleistungstätigkeiten, nicht für die Produktion. Der Vorteil für den Arbeitgeber besteht darin, dass der Vollzeitarbeitsplatz stets besetzt ist.

Teilzeit im Schichtbetrieb

Auch bei Schichtarbeit lassen sich betriebsindividuell Teilzeitmodelle finden, die eine höhere Auslastung der Betriebsmittel ermöglichen. Ein Beispiel soll dies erläutern.

Beispiel[1]:

Ein Betrieb produziert in Serienfertigung spezielle Thermostate und Regelgeräte. Eine starke Zunahme des Arbeitsanfalls bei der Endmontage ist seit Jahren nur mit erheblichem Aufwand an Mehrarbeit, Aushilfen und einigen Neueinstellungen zu bewältigen. Hier sind

---

[1] Hegner/Kramer, Neue Erfahrungen mit beweglichen Arbeitszeiten, hrsg. von Gesamtmetall, Köln 1998

85 gewerbliche Arbeitnehmer beschäftigt, davon zirka 60 angelernte weibliche Teilzeitkräfte, die aus privaten Gründen nicht länger bereit sind, Mehrarbeit zu leisten. Eine tarifvertragliche Arbeitszeitverkürzung zwingt zur vorzeitigen Beschaffung einer neuen Anlage. Diese benötigt jedoch längere Laufzeiten, um die Stückkosten zu senken und den Kapitaldienst (Zinszahlung und Kredittilgung) zu verbessern. Es wird folgende Schichtlösung erarbeitet:

Dreierschicht für Teilzeitkräfte
Schichtzeit: 5 Stunden je Tag + 20 Minuten unbezahlte Pause
Betriebszeit: 15 Stunden (6:00 Uhr bis 22:00 Uhr abzüglich 3 x 20 Min. Pause)

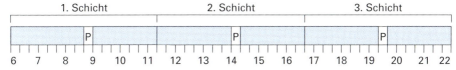

Interessanterweise handelte es sich nicht um Wechsel-, sondern Dauerschichten. Sie wurden von den Mitarbeiterinnen nach ihren persönlichen Bedürfnissen gewählt. Die dritte Schicht von 16:40 Uhr bis 22:00 Uhr war zunächst unbeliebt. Sie wurde mit 10 vorhandenen Arbeitskräften und 15 Neueinstellungen besetzt. Da diese vor der Einstellung über die Arbeitszeit informiert waren, gab es keine Probleme.

Folgen: Trotz Arbeitszeitverkürzung konnte die Betriebszeit von 40 auf 75 Stunden erhöht, die Kosten für Mehrarbeit und Aushilfe fast auf Null zurückgefahren werden. Bei Bedarf kann die 20-Minuten-Pause auch variabel gehandhabt werden, ohne dass die Bänder stillstehen. So steigt die Betriebszeit um eine weitere Stunde. Das Betriebsklima wurde verbessert. Dies wirkte sich positiv auf die Leistung aus.

Arbeit auf Abruf (KAPOVAZ)

Arbeit auf Abruf oder KAPOVAZ ist gesetzlich im Beschäftigungsförderungsgesetz Art. 4 geregelt.

KAPOVAZ bedeutet:
Kapazitätsorientierte
variable Arbeitszeit

Die **Dauer der Arbeitszeit** ist laut Gesetz vertraglich festzulegen (z. B. 20 Wochenstunden). Ohne Festlegung gelten gesetzlich 10 Stunden als vereinbart. Der Arbeitsvertrag kann auch die Pflicht zur Leistung von Mehrarbeit vorsehen.

Die **Lage der Arbeitszeit** am Tage (oder in der Woche oder im Monat) wird nach Bedarf angesetzt. Das bedeutet: Der Arbeitnehmer steht abrufbereit zur Verfügung. Wann er benötigt wird, wird ihm kurzfristig mitgeteilt. Das Gesetz sieht dafür eine viertägige Ankündigungsfrist vor. Diese Vorschrift könnte man elegant handhaben, indem man mittwochs mit den Mitarbeitern den Einsatz für die kommende Woche abspricht.

KAPOVAZ ermöglicht es, den Personaleinsatz stark dem voraussichtlichen Beschäftigungsgrad anzupassen, einerseits Personalleerlauf und andererseits teure Überstunden zu vermeiden. Einer gewissen Unzufriedenheit auf Grund der ständigen Abrufbereitschaft, verbunden mit Zwang zur Mehrarbeit, beugt man durch ausführliche Information vor Abschluss des Arbeitsvertrags und durch eine überdurchschnittliche Entlohnung vor.

4.4.6　Verteilung der Arbeitszeit

Alle Flexibilisierungsmaßnahmen laufen darauf hinaus, das Angebot an Arbeit den Kapazitätsschwankungen anzupassen. KAPOVAZ leistet dies z. B. im Teilzeitbereich. Doch auch im Vollzeitbereich liegen Modelle vor. Sie arbeiten mit „Arbeitszeitkonten", auf denen in Zeiten hoher Beschäftigung „Stundenguthaben" angesammelt werden, die in Zeiten niedriger Beschäftigung verbraucht werden. Dies soll anhand von drei Beispielen gezeigt werden.

Beispiel 1: Jahreskonto

Bei einem Hersteller von Elektrowärmegeräten liegt in den Wintermonaten von Oktober bis März ein Hochbedarf an Kundendienstleistungen vor. Diese Leistungen werden durch hochqualifizierte Service-Monteure erbracht. Über die Normalarbeitszeit von 37,5 Wochenstunden hinaus fallen viele teure Überstunden an. Im Sommer sind fast nur Wartungsarbeiten zu erledigen. Der Leerlauf wird durch Urlaub und Beschäftigung des hochqualifizierten Personals am Fließband überbrückt. Dies ist der Motivation sehr abträglich. Als Lösung ergibt sich in Zusammenarbeit mit dem Betriebsrat das folgende Modell:

Arbeitszeit von Oktober bis März: 43 Stunden/Woche
Arbeitszeit von April bis September: 32 Stunden/Woche

Mehrarbeit über 43 Stunden hinaus wird durch freie Tage im Sommer ausgeglichen.

Dabei werden über das ganze Jahr stetig 37,5 Wochenstunden bezahlt.

Beispiel 2: Langzeitkonto

Ein weltweit operierendes Unternehmen stellt Papiermaschinen und Strömungsmaschinen in reiner Auftragsfertigung her. Man produziert mit kostenintensiven flexiblen Fertigungssystemen. Die Auftragseingänge sind sehr unterschiedlich und bewirken eine entsprechende unterschiedliche Auslastung. Die Wettbewerbssituation führt dazu, dass immer kürzere Lieferzeiten verlangt werden. Die Phasen von Unter- und Überlastung wechseln immer schneller. Man sucht nach einem System, mit dem die Mehrarbeit bei Überlastung durch Freizeit bei Unterlastung ausgeglichen wird. Man findet folgende Lösung:

Die tarifliche Arbeitszeit beträgt 38 Stunden. Alle Mehrarbeit bei Überlastung fließt in ein Langzeitkonto. In Phasen der Unterbeschäftigung werden weniger als 38 Wochenstunden gearbeitet. Die angesammelten Guthaben werden abgebucht. Sie wirken sozusagen wie eine Kurzarbeitsversicherung.

Beispiel 3: Monatskonto

Ein Hersteller von Gelenkwellen stellt fest: In der Lohn- und Gehaltsabteilung und im Rechnungswesen ist der Arbeitsanfall in der ersten und vierten Woche des Monats niedrig; in der zweiten und dritten Woche fallen regelmäßig Überstunden an. Man will die teuren Überstunden abbauen.

In einer Betriebsvereinbarung wird festgelegt, dass die Arbeitszeit für die betroffenen Mitarbeiter in der zweiten und dritten Woche auf bis zu maximal 10 Stunden pro Tag erhöht, in den schwächeren Phasen gesenkt wird. Nach Gruppenabsprache sind auch freie Tage möglich. Die Überstunden werden so abgebaut, Aushilfskräfte entfallen, Leerzeiten werden überbrückt. Die gewonnene Freizeit wirkt in den Belastungsphasen motivierend.

Arbeitsaufträge

1. **Das Arbeitszeitgesetz will – neben anderen Zielsetzungen – eine flexible Gestaltung der Arbeitszeit ermöglichen.**
   a) Was ist unter flexibler Arbeitszeit zu verstehen?
   b) Warum werden flexible Arbeitszeiten heutzutage als enorm wichtig angesehen?
   c) Wie trägt das Arbeitszeitgesetz flexiblen Arbeitszeiten Rechnung?

2. **Ein Industrieschreiner erzählt, er arbeite sehr oft 12 Stunden am Tag.**
   Verstoßen er und sein Arbeitgeber damit gegen geltendes Recht?

3. **Laut Arbeitszeitgesetz können Industriezweige wie die Textilindustrie und die Automobilzulieferer auch an Sonn- und Feiertagen arbeiten.**
   Wie lässt sich diese Möglichkeit begründen?

4. „... Die Pirelli-Belegschaft in Breuberg im Odenwald hat die Belastung der Sieben-Tage-Woche geschluckt. Für 1 380 der gut 2 000 Beschäftigten laufen seit dem 4. Oktober die Maschinen nonstop an 340 Tagen im Jahr ...

   Lidia Pascoals vergangene Woche: Montag und Dienstag Frühschicht von 5.30 bis 13.30 Uhr; am Mittwoch und Donnerstag trat sie von 13.30 Uhr bis 21.30 Uhr an; dann drei

Nachtschichten hintereinander: Beginn 21.30 Uhr, Ende 5.30 Uhr. Heute und morgen hat die 46jährige zwei Tage Pause. Immer nach dem Nachtarbeits-Block stehen zwei oder drei zusammenhängende freie Tage auf dem Plan. Dann kommt das nächste Sieben-- Tage-Intervall mit verschobenen Schichten, diesmal im 2-3-2-Takt...

Nur noch ein paar Feiertage sind prinzipiell heilig. Komplett frei ist lediglich ein Wochenende im Monat... Das Strecken der 37,5-Stunden-Arbeitswoche über alle Tage, es war mehr als ein Zugeständnis der Belegschaft. Wie anders sollte sie auf den ausländischen Konkurrenzdruck reagieren? Ohnehin zog Breuberg mit den neuen Maschinenlaufzeiten (gleich sechs Millionen Reifen per anno) gegenüber den Pirelli-Schwesterfirmen in England, Spanien und der Türkei nur nach.

Zum Dank investiert Pirelli nach rasantem Stellenabbau (ein Drittel in vier Jahren) wieder im Odenwald und verspricht sichere Arbeitsplätze zumindest für die nächsten drei, vier Jahre. 235 neue Leute wurden seit vorigem Herbst eingestellt. Und die Arbeiter haben nun wegen der Schichtzulagen jeden Monat brutto 150 bis 200 Euro mehr als zuvor in der Lohntüte, dazu ein „Freischichtkonto" plus drei Tage mehr Sonderurlaub pro Jahr... Die frühere Sechs-Tage-Woche (abwechselnd eine Woche nur Früh-, eine Woche nur Spätschicht) war ‚schlimmer' und ‚härter', das sagen fast alle Pirelli-Beschäftigten..."

(Quelle: Frankfurter Rundschau

a) Schichtarbeit kann aus unterschiedlichen Gründen notwendig sein. Wodurch ist sie bei Pirelli begründet?
b) Welches Schicht-System hatte Pirelli bis 1995, welches hat das Unternehmen jetzt?
c) Berücksichtigt das jetzige Schicht-System moderne arbeitsmedizinische Erkenntnisse? Spiegelt sich dies auch in der subjektiven Einschätzung der Belegschaft wider?
d) Im Text ist von einem „Freischichtkonto" die Rede. Was ist damit gemeint und wie könnte es im vorliegenden Fall aufgefüllt werden?
e) Der obige Text ist nur ein Auszug. Im Original ist auch von unangenehmen sozialen Auswirkungen der Schichtarbeit bei Pirelli die Rede. Um welche Auswirkungen handelt es sich wahrscheinlich?

5. **Folgende Betriebsvereinbarung wurde geschlossen.**

Zwischen der **Maschinenbau GmbH,** vertreten durch den Geschäftsführer, Herrn Walter Riedl, und dem **Betriebsrat,** vertreten durch den Vorsitzenden, Herrn Peter Meixner, wird gemäß § 56 BetrVG folgende **Betriebsvereinbarung** geschlossen.
1. Mit Wirkung vom 1. Januar 20.. wird die gleitende Arbeitszeit eingeführt. Im Rahmen der Vereinbarung können die Arbeitnehmer Arbeitsbeginn und Arbeitsende frei wählen.
2. Die **Gesamtarbeitszeit** umfasst die Zeit von 7:00 bis 19:00 Uhr, die **Stammarbeitszeit** die Zeit von 9:00 bis 15:30 Uhr. Während der Stammarbeitszeit müssen die Arbeitnehmer an ihrem Arbeitsplatz sein. Während der **Gleitzeit** (7:00 bis 9:00 Uhr und 15:30 bis 19:00 Uhr) können sie die Arbeitszeit nach eigenen Bedürfnissen einrichten. **Normalarbeitszeit** ist die Zeit von 8:00 bis 16:30 Uhr. Eine Arbeitsleistung von mehr als 10 Stunden pro Tag ist nicht zulässig.
3. Im Monat ist die tarifvertragliche Arbeitszeit zu leisten. Über- oder Unterschreitungen bis zu 10 Stunden pro Monat sind möglich. Sie werden im folgenden Monat ausgeglichen.
4. Jeder Arbeitnehmer führt die vorgeschriebene Zeiterfassung durch.
5. (1) Überschreitungen der Soll-Arbeitszeit im vorhergehenden Abrechnungszeitraum sind auf der Zeiterfassungskarte vermerkt. Sie vermindern die Soll-Arbeitszeit.
   (2) Dienstliche Abwesenheit, Urlaub, Kuraufenthalte, Arbeitsunfähigkeit und Schonzeiten nach MuSchG vermindern die Soll-Arbeitszeit.
   (3) Dienstverhinderungen in Folge eines unverschuldeten Unglücks vermindern die Soll-Arbeitszeit und werden in der Zeiterfassungskarte nachträglich vermerkt.
   (4) Sonderurlaub nach Maßgabe des bestehenden Tarifvertrags vermindert die Soll-Arbeitszeit und wird in der Zeiterfassungskarte nachträglich vermerkt.
   (5) Unbezahlte Abwesenheit muss im Einzelfall vereinbart werden.
6. Arbeitsgruppen, bei denen die gemeinsame Anwesenheit der Arbeitnehmer wegen der Natur der Arbeit notwendig ist, stimmen über die gemeinsame Arbeitszeit ab. Die Mehrheitsentscheidung der Arbeitsgruppe ist für alle Arbeitnehmer dieser Gruppe verbindlich.

a) Was ist eine Betriebsvereinbarung?

b) Könnte die dargestellte Maßnahme auch ohne Betriebsvereinbarung einseitig durch den Arbeitgeber eingeführt werden?

c) Stellen Sie die vorliegende Gleitzeitregelung anschaulich durch eine Zeichnung dar.

d) Die gleitende Arbeitszeit ist geeignet, sowohl die Leistungsdisposition als auch die Leistungsmotivation positiv zu beeinflussen. Erläutern Sie dies anhand des vorliegenden Modells.

e) In welchen Betriebsbereichen trifft die Einführung der Gleitzeit auf Schwierigkeiten?

6. **Eine Unternehmung verfügt über drei gleichartige Maschinenarbeitsplätze.**

   Tarifvertraglich festgelegte Arbeitszeit: **37 Stunden pro Woche**

   Gesamtarbeitszeit in 4 Wochen: **148 Stunden**

   Gesamtarbeitszeit für 3 Arbeitsplätze: **444 Stunden**

   Um die Maschinenkapazitäten besser auszulasten, soll die Arbeitsmenge von 4 Wochen auf 3 Wochen verteilt werden. Die anfallende Mehrarbeit soll durch Freizeit ausgeglichen werden. Eine Arbeitskraft soll zusätzlich eingestellt werden.

   Entwickeln Sie ein Arbeitszeitmodell, das diesen Anforderungen entspricht.

7. **Teilzeitarbeit an sich kann bereits eine Flexibilisierungsmaßnahme darstellen.**

   a) Kommentieren Sie diesen Satz.

   b) Jobsharing und KAPOVAZ sind Methoden der Teilzeitflexibilisierung. Erläutern Sie Möglichkeiten, Grenzen, Vor- und Nachteile ihrer Anwendung.

5   Personalentwicklungsmanagement

Arbeitsplatz mit Aufstiegschancen.

BetrVG § 81(3)

„…Sobald feststeht, dass sich die Tätigkeit des Arbeitnehmers ändern wird und seine beruflichen Kenntnisse und Fähigkeiten zur Erfüllung seiner Aufgaben nicht ausreichen, hat der Arbeitgeber mit dem Arbeitnehmer zu erörtern, wie dessen berufliche Kenntnisse und Fähigkeiten im Rahmen der betrieblichen Möglichkeiten den künftigen Anforderungen angepasst werden können…"

BetrVG § 82(2)

„Der Arbeitnehmer kann verlangen, dass … mit ihm die Beurteilung seiner Leistungen sowie die Möglichkeiten seiner beruflichen Entwicklung im Betrieb erörtert werden…"

5.1   Instrumente der Personalentwicklung

Produkte, Technologien, Techniken, Verfahren ändern sich in immer schnellerem Rhythmus. Erhaltungs-, Erweiterungs-, Anpassungs- und Aufstiegsfortbildung sind deshalb für jeden Betrieb unerlässlich. Die Mitarbeiter ihrerseits sind an entsprechenden Maßnahmen interessiert, um ihre Aufgaben sachgerecht erfüllen und beruflich aufsteigen zu können. Das Betriebsverfassungsgesetz gibt ihnen sogar ein entsprechendes Informationsrecht (siehe oben)! Die Umsetzung sollte im Einklang mit der Corporate Identity erfolgen.

Wussten Sie, dass man im Lauf eines Arbeitslebens die doppelte bis dreifache Menge der Berufsausbildung lernen muss?

Beispiel: Personalentwicklungsgrundsätze und Handlungsrichtlinien

Im Unternehmensleitbild der MGG steht der Leitsatz: *Kreativität und Leistungswille unserer Mitarbeiter sind die Basis für unseren Unternehmenserfolg.* Daraus werden folgende Grundsätze und Handlungsrichtlinien abgeleitet:

Grundsätze der Personalentwicklung

- Die Vorgesetzten sind für die Förderung ihrer Mitarbeiter verantwortlich.
- Personalentwicklung setzt Eigeninitiative der Mitarbeiter voraus.
- Führungspositionen werden aus den eigenen Reihen besetzt.
- Dispositive und fachliche Laufbahn sind gleichwertig.
- Die Förderversetzung ist die zentrale Entwicklungsmaßnahme.

▼

Handlungsrichtlinien für die Personalentwicklung (Auszug)

- Jeder Mitarbeiter hat Anspruch auf die Entwicklungsmaßnahmen, die ihn zur Erfüllung der Aufgaben seines Arbeitsplatzes befähigen. Er ist über diese Maßnahmen zu informieren.
- Die Personalabteilung entwickelt in Zusammenarbeit mit den Fachabteilungen typische Führungs- und Fachlaufbahnen für unser Unternehmen.
- Jeder Mitarbeiter wird einmal im Jahr von seinem direkten Fachvorgesetzten beurteilt. Dieser führt mit ihm ein Beurteilungs- und Fördergespräch.
- Beurteilungs- und Fördergespräche sind wesentliche Grundlagen für alle individuellen Entwicklungsmaßnahmen, insbesondere auch für die Maßnahmen der Aufstiegsfortbildung.

Diese Richtlinien nehmen Bezug auf drei wichtige Personalentwicklungsinstrumente:

Personalentwicklungsinstrumente		
Laufbahnpläne (Karrierepläne)	Beurteilungen und Fördergespräche	Personalentwicklungsmaßnahmen

5.2 Laufbahnpläne

Laufbahnpläne zeigen die typischen Wege auf, auf denen bestimmte Positionen im Unternehmen erreicht werden können. Sie nennen auch die grundsätzlich notwendigen Ausgangsvoraussetzungen für die Laufbahn.

Beispiel: Laufbahnplan Konstruktionsbereich

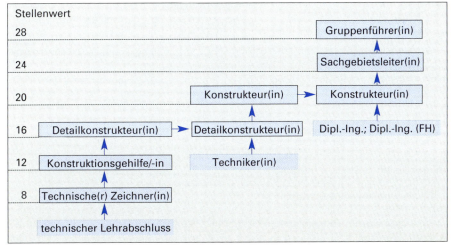

Voraussetzungen für das erfolgreiche Durchlaufen einer Laufbahn sind:
- Erwerb der notwendigen Erfahrungen auf den Laufbahnstufen,
- gute Beurteilungen,
- Teilnahme an den notwendigen Entwicklungsmaßnahmen,
- freie Beförderungsstellen.

Die Laufbahnplanung soll dafür sorgen, dass der künftige Bedarf an Führungskräften und Fachkräften rechtzeitig gesichert wird. Sie zeigt dem Personalmanagement, wo Entwicklungsmaßnahmen angesetzt werden können. Den Mitarbeitern zeigt sie Berufsziele auf und bewirkt so Motivation.

Arbeitsaufträge

1. **Laufbahnpläne zeigen Entwicklungswege im Unternehmen auf.**
   a) Erläutern Sie die möglichen Laufbahnen des oben dargestellten Plans.
   b) Unter welchen Voraussetzungen kann ein technischer Zeichner, dessen Ausbildungsniveau bedeutend unter dem eines Diplom-Ingenieurs liegt, die gleiche Endstufe erreichen wie dieser?
   c) Besorgen Sie Laufbahnpläne in Ihrem Betrieb und erläutern Sie sie.

2. **„Die Betriebe sollten Laufbahnpläne auf der Basis sorgfältiger Arbeitsanalysen und Laufbahnüberlegungen ausarbeiten, da ansonsten das Ergebnis nicht nur Motivation, sondern wesentliche Frustration sein kann."**
   Nehmen Sie zu dieser Aussage Stellung.

5.3 Beurteilung

5.3.1 Beurteilungsanlässe

Bei Mitarbeiterbeurteilungen schätzen Vorgesetzte die betrieblichen Leistungen und das betriebsrelevante Verhalten ihrer Mitarbeiter ein.

Beurteilungsanlässe
Entgeltermittlung
Entscheidung über Lohn- oder Gehaltserhöhung, Leistungszulagen, andere Zuwendungen
Personalentwicklungsmaßnahmen
Mitarbeiterauswahl, Entwicklungszielfestlegung, Beurteilung von Fortbildungsergebnissen
Stellenbesetzungen
Bewerberauswahl für die Besetzung frei werdender oder neu geschaffener Stellen
Personalbeförderungen
Bewerberauswahl; Beurteilung von Fachkompetenz und Führungskompetenz (Führungsstellen)
Personalversetzungen
aus sachlichen Anlässen (z. B. Bildung von Arbeitsgruppen); wegen Konflikten (zwischen Mitarbeitern, mit Vorgesetzten); als disziplinarische Maßnahme; zur Verbesserung des Betriebsklimas
Personalfreisetzungen
Entscheidung, welche Mitarbeiter bei Personalabbaumaßnahmen entlassen werden sollen
Leistungsmäßige Einordnung
Sinnvoll, um Leistungsvergleiche zu ermöglichen. Beurteilung Wird hier als wirksames Führungsinstrument mit Motivationscharakter angesehen.

Hierfür haben sich Beurteilungen alle 1 bis 2 Jahre bewährt.

Zusätzlicher Grund: Jeder Mitarbeiter hat beim Wechsel seines Arbeitsplatzes und beim Ausscheiden aus dem Betrieb ein Recht auf schriftliche Bewertung seiner Tätigkeit.

Notwendigkeit von Beurteilungen aus unterschiedlicher Sicht

Mitarbeiter(in)	

Mitarbeiter(in)

„Ich benötige die Personalbeurteilung ebenso, denn ich muss meine Mitarbeiter sachgerecht einsetzen, sie individuell fördern und motivieren und an den oben genannten Entscheidungen mitwirken."

„Ich benötige die Personalbeurteilung ebenso, denn ich muss meine Mitarbeiter sachgerecht einsetzen, sie individuell fördern und motivieren und an Entscheidungen wie den oben genannten mitwirken.

Vorgesetzte(r)

Personalwesen

„Wir benötigen Beurteilungen als Entscheidungsbasis für die oben genannten Maßnahmen. Durch Beurteilungen erhalten wir Daten über die Leistungsstruktur der Mitarbeiter und Grundlagen für die Planung des Personaleinsatzes und der Personalentwicklung."

5.3.2 Vorgehen bei der Beurteilung

Beurteilen darf nur, wer direkt und ständig mit dem zu Beurteilenden zusammengearbeitet hat (Vorgesetzter). Beurteilungen sollen objektiv sein, nur betrieblich Relevantes erfassen und vergleichbar sein. Deshalb kann die Personalabteilung **Beurteilungsrichtlinien** erlassen. Diese können einen Katalog von Beurteilungskriterien vorgeben. Er muss genau auf Tätigkeit, Arbeitsplatz und Ranghöhe abgestimmt sein. So spielt das Kriterium **Führungsverhalten** keine Rolle für ausführende Tätigkeiten. Die Kriterien werden entsprechend dem Anforderungsprofil[1] der Stelle ausgewählt.

In der Praxis erstellt man **Beurteilungsbögen** mit den maßgeblichen Beurteilungskriterien. Sie können sogar Vorgaben für die Formulierung enthalten. Der Vorteil ist: Die Aussagen sind direkt mit anderen Beurteilungen vergleichbar. Ohne Vorgaben sollte der Vorgesetzte durch möglichst viele Einzelbeobachtungen das natürliche Verhalten des Mitarbeiters bei der Aufgabenerfüllung schriftlich festhalten. Dem Gedächtnis sollte er nicht vertrauen. Der Beobachtete sollte keine Kenntnis vom Zeitpunkt der Beobachtung zum Zweck der Beurteilung haben.

5.3.3 Beurteilungsfehler

Vorurteile nennt man in der Praxis den „Nasenfaktor".

Vorurteile des Vorgesetzten können die Beurteilung färben. Bewusst falsche Beurteilungen liegen vor, wenn untüchtige Mitarbeiter weggelobt werden, während die Fähigen zu schlecht abschneiden. Dies führt zu Unzufriedenheit und Leistungsabfall. Der Vorgesetzte ist über sein Fehlverhalten aufzuklären. Der schwache Vorgesetzte will es allen recht machen. Seine Beurteilungen liegen immer in der Mitte, sind milde, unklar, nichtssagend und folglich wertlos. Er ist ebenfalls auf den Sinn von Beurteilungen aufmerksam zu machen.

Messbare Beurteilungskriterien, Beurteilungsbögen und Kontrollbeurteilungen sind deshalb sinnvoll. Probleme ergeben sich aber aus Auswahl, Gewichtung und Interpretation der Beurteilungskriterien.

Sind alle Kriterien gerechtfertigt?	Sind z. B. Vor- und Ausbildung überhaupt beurteilungsrelevant?
Welche Gewichtung haben die Kriterien?	Hat z. B. das Auftreten gleich große Bedeutung wie die Arbeitsqualität?
Wird der Sinn der Kriterien richtig verstanden?	Versteht z. B. jeder Beurteilende unter Kreativität das Gleiche?

---

[1] Vgl. S. 325 f.

Im folgenden Beurteilungsbogen haben z. B. alle aufgeführten Kriterien die gleiche Gewichtung.

Beispiel: Muster eines Beurteilungsbogens

	Punkteskala				
	Übertrifft die Anforderungen in besonderem Umfang	Übertrifft die Anforderungen	Genügt den Anforderungen in vollem Umfang	Genügt den Anforderungen fast immer	Genügt den Anforderungen nicht immer
A) Persönlichkeitswerte und fachliche Leistungen	5	4	3	2	1
Fachkenntnisse		4			
Auffassungsgabe, Denkvermögen		4			
Aktivität, Einsatzbereitschaft			3		
Kontaktfähigkeit, Verhandlungsgeschick			3		
Sprache, Stil			3		
äußere Erscheinung			3		
Zuverlässigkeit, Sorgfalt		4			
B) Führungsverhalten als Mitarbeiter und Vorgesetzter					
Selbstständigkeit in laufenden Entscheidungen	5				
Einhaltung des eigenen Delegationsbereichs	5				
Information und Beratung des Vorgesetzten		4			
Gewährleistung selbstständiger Entscheidungen der Mitarbeiter		4			
Einsatz der Mitarbeiter		4			
Information der Mitarbeiter		4			
Dienstaufsicht, Erfolgskontrolle			3		
Schulung und Förderung der Mitarbeiter	5				
C) Erreichte Punktzahl [58]	15	28	15		
Erreichbare Punktzahl 85					

5.3.4 Beurteilungs- und Fördergespräch

Der zu Beurteilende muss vor einer abschließenden schriftlichen Formulierung der Beurteilung die Möglichkeit zur kritischen Stellungnahme haben. Deshalb sollte zu jeder Beurteilung grundsätzlich ein Beurteilungsgespräch gehören, in dem eine Aussprache über das Beurteilungsverfahren und das Ergebnis der Beurteilung stattfindet. Der Mitarbeiter hat nach BetrVG § 82 (2) ein gesetzliches Anrecht auf eine solche Erörterung. Er kann ein Mitglied des Betriebsrats zu dem Gespräch hinzuziehen. Ist der Beurteilte nicht mit der Beurteilung einverstanden, kann er die Aufnahme einer Gegendarstellung verlangen.

Das Beurteilungsgespräch sollte zugleich ein Fördergespräch sein: Der Beurteilende sollte auf die Schwächen, aber auch auf die Stärken des Beurteilten eingehen, Ansatzpunkte für künftiges Handeln, insbesondere für Verbesserungen aufzeigen, ermutigen und motivieren. Insgesamt sollten folgende Regeln beachtet werden:

- Gespräch am besten unter vier Augen führen.
- Gespräch nicht auf Statussymbolen und Amtsautorität aufbauen.
- Gespräch der Persönlichkeitsstruktur des Beurteilten anpassen.
- Konkrete Hinweise zur Verbesserung von Fehlern geben und Vertrauen bekunden.
- Gemeinsam nach Möglichkeiten zur Förderung des Mitarbeiters suchen und neue Arbeitsziele festlegen.
- Merkmale der Leistung, nicht der Person besprechen.
- Positiven Kontakt aufbauen.
- Keine übertriebene und schematische Kritik.
- Stellungnahme des Beurteilten erfragen.

Beurteilungen können auch ohne Wissen des Beurteilten erfolgen und in der Personalakte festgehalten werden. Aufgrund seines Rechts auf Einsichtnahme in die Personalakte nach BetrVG § 83 kann der Beurteilte das Ergebnis in Erfahrung bringen.

Arbeitsaufträge

1. **Das folgende Formular dient speziell der Beurteilung von Auszubildenden.**

Beurteilung

Der Auszubildende _____

war in der Zeit vom _____ 20_____ bis _____ 20_____ in

Abteilung _____ zur Ausbildung

1. Führung Befolgung der Anordnungen, Zusammenarbeit	in allen Punkten der Führung vorbildlich	ordnet sich gut ein, sehr verträglich	verträglich und willig	im Allgemeinen verträglich und willig	vorlaut, befolgt Anordnungen nur unwillig, wenig verträglich	großschnäuzig, unwillig, unverträglich, unhöflich
2. Fleiß Arbeitsbereitschaft	sehr fleißig, hat an allen Arbeiten sehr großes Interesse	Interesse und Fleiß überdurchschnittlich	fleißig und interessiert	mit Ausnahmen fleißig und interessiert	Fleiß und Interesse lassen sehr zu wünschen übrig	faul, vollkommen ohne Interesse
3. Lernfähigkeit Auffassungsgabe, Merk- und Denkfähigkeit, Regsamkeit	begreift sehr schnell, hervorragende Auffassungsgabe	begreift schnell, überdurchschnittliche Auffassungsgabe	Auffassungsgabe befriedigend, guter Durchschnitt	etwas langsam in der Auffassung, doch noch ausreichend	begreift erst nach mehrmaligem Erklären	auch bei wiederholter Erklärung nicht fähig das Erklärte richtig zu erfassen
4. Ordnung	immer sehr ordentlich	aus eigenem Antrieb ordnungsliebend	ordentlich, auch ohne häufige Ermahnung	ordentlich, muss jedoch dazu angehalten werden	unordentlich, kein Ordnungswille	sehr unordentlich und liederlich
5. Arbeitsgeräte Sauberkeit, Sorgfalt, Maßhaltigkeit	macht Arbeiten immer fehlerfrei, maßhaltig und winkelgerecht	macht sehr selten Fehler, arbeitet sauber und maßhaltig	macht gelegentlich Fehler, sonst saubere Ausführung	macht noch zu viele Fehler, gibt sich aber Mühe	macht sehr viele Fehler, Sauberkeit unzureichend	großer Schmierer, hält nie Maße und Winkel ein
6. Arbeitstempo	sehr schnell	schnell	seine Zeit liegt schon über dem Durchschnitt	ausreichend, braucht jedoch manchmal noch zu viel Zeit	langsam	sehr langsam
7. Berichtsheft Ausführung Darstellung Sauberkeit	Führung des Berichtsheftes gibt nie zu Beanstandungen Anlass	richtige und saubere Führung des Berichtshefts	saubere Ausführung, nur selten Beanstandungen	im Allg. zufriedenstellend, jedoch nicht ohne Beanstandungen	Ausführung und Sauberkeit lassen zu wünschen übrig	Ausführung unvollständig, unsauber und sehr nachlässig
Note	1	2	3	4	5	6

Wertung der Leistungen: 1 = sehr gut, 2 = gut, 3 = befriedigend, 4 = ausreichend, 5 = mangelhaft, 6 = ungenügend

Bemerkungen _____

_____

_____

Datum _____   Unterschrift _____

a) Wann sollten Auszubildende nach Ihrer Ansicht beurteilt werden?
b) Wer sollte die Beurteilung vornehmen, wer nicht?
c) Erläutern Sie den Aufbau des Formulars.
d) Nennen Sie Vorteile eines solchen Formulars.
e) Wie ist zweckmäßigerweise vorzugehen, wenn keine Beurteilungsformulare benutzt werden?
f) Hat der Auszubildende das Recht, seine Beurteilung zu erfahren? Was kann er tun, wenn er anderer Ansicht als der Beurteilende ist?
g) Bei welchen Gelegenheiten werden Mitarbeiterbeurteilungen unerlässlich?

2. **Der Beurteilungsbogen auf Seite 364 zeigt für alle Beurteilungskriterien die gleiche Gewichtung.**
   a) Halten Sie die einheitliche Gewichtung für sinnvoll?
   b) Welche Probleme ergeben sich bei unterschiedlicher Gewichtung?
   c) Wie ändert sich das Beurteilungsergebnis, wenn folgende Gewichtungsfaktoren eingeführt werden?
   Fachkenntnisse 5, Auffassungsgabe, Denkvermögen 4, Aktivität, Einsatzbereitschaft 3, Kontaktfähigkeit, Verhandlungsgeschick 3, Sprache, Stil 1, äußere Erscheinung 1, Zuverlässigkeit, Sorgfalt 4, Selbstständigkeit in laufenden Entscheidungen 5, Einhaltung des eigenen Delegationsbereichs 3, Information und Beratung des Vorgesetzten 2, Gewährleistung selbstständiger Entscheidungen der Mitarbeiter 4, Einsatz der Mitarbeiter 4, Information der Mitarbeiter 4, Dienstaufsicht, Erfolgskontrolle 3, Schulung und Förderung der Mitarbeiter 4

5.4 Personalentwicklungsmaßnahmen

5.4.1 Überblick

Entwicklungsmaßnahmen können am Arbeitsplatz (on the job), in der Nähe des Arbeitsplatzes (near the job) oder außerhalb des Arbeitsplatzes (off the job) erfolgen. Die Artenvielfalt ist groß. Die folgende Tabelle zeigt deshalb die für die heutige Praxis wichtigsten Methoden.

Entwicklungsmaßnahmen		
am Arbeitsplatz (Training-on-the-job)	**in der Nähe des Arbeitsplatzes (Training-near-the-job)**	**außerhalb des Arbeitsplatzes (Training-off-the-job)**
■ planmäßige Unterweisung ■ Arbeitsplatzwechsel ■ Anleitung und Beratung durch den Vorgesetzten (Coaching) ■ Übertragung begrenzter Verantwortung an Assistenten oder Stellvertreter ■ Übertragung von Sonderaufgaben ■ Qualitätszirkel ■ Lernstatt	■ Fachzeitschriften, Fachliteratur ■ programmierte Unterweisung ■ computergestützte Unterweisung ■ praktischer Anschauungsunterricht	■ Lehrvortrag ■ Lehrgespräch/Lehrkonferenz/Seminarunterricht ■ Fallstudie ■ Sachverständigenbefragung ■ Planspiel ■ Rollenspiel ■ Podiumsdiskussion
unternehmensinterne Fortbildung	**unternehmensinterne Fortbildung**	**unternehmensinterne oder -externe Fortbildung**

Die Off-the-job-Maßnahmen können unternehmensintern oder unternehmensextern erfolgen. Im letzteren Fall bieten z. B. Schulen, Akademien, Hochschulen, Berufsseminare und Kammern (IHK, Handwerkskammer) ihre Dienste an. Die Kosten werden i. d. R. vom Unternehmen getragen.

Wenn die Firma zahlt, mache ich auch gern Abend- oder Fernkurse.

Unter nebenstehenden Voraussetzungen führen wir die Entwicklungsmaßnahmen selbst durch.

1. Der Lehrstoff/die Lernziele werden nicht unternehmensextern angeboten.
2. Die Qualität der externen Angebote ist schlecht.
3. Die Kosten sind bei eigener Schulung niedriger.
   Zu gleichen Kosten können wir mehr Mitarbeiter ausbilden.
4. An- und Rückreisezeit für die externe Maßnahme sind zu lang.
5. Wir müssen unternehmensbezogene Lernziele vermitteln.

5.4.2 Entwicklungsmaßnahmen am Arbeitsplatz

Die Schulung am Arbeitsplatz bietet die besten Lernbedingungen und Erfolgsaussichten: Der Mitarbeiter übt exakt die Probleme, die er später selbstständig bewältigen muss. Der Vorgesetzte trägt hier die Verantwortung für die optimale Förderung seiner Mitarbeiter.

Planmäßige Unterweisung

Jede Weitergabe vorhandener Fertigkeiten, Kenntnisse oder Erfahrungen durch den Vorgesetzten oder auf seine Veranlassung hin ist ein Unterweisungsvorgang.

Beispiel: Unterweisung, 4-Stufen-Methode"

1. Stufe: Vorbereitung
- … des Unterweisers
- … des Unterweisungsvorgangs
- … des Mitarbeiters

2. Stufe: Erklären und Vormachen
- … in geraffter Form
- … ausführlich mit Begründung
- … noch einmal, Kernpunkte wiederholen

3. Stufe: Nachmachen lassen
- … ohne Kommentar; grobe Fehler verbessern
- … mit detaillierter Erklärung/Begründung
- … und Kernpunkte wiederholen lassen

4. Stufe: Abschluss
- Mitarbeiter selbstständig üben lassen
- Erfahrene Mitarbeiter für Rückfragen benennen
- Übungsfortschritte beobachten; Erfolg anerkennen

Arbeitsplatzwechsel (Jobrotation)

Bekannt als Methode der Arbeitsgestaltung. Ermöglicht als Entwicklungsmaßnahme, Arbeitsplätze kennen zu lernen, Wissen und Erfahrung zu sammeln. Wird meist für den Führungsnachwuchs angewendet. Bei ausführenden Arbeiten meist bei Einarbeitungs- und Anlernprogrammen.

Coaching

= Anleitung und Beratung durch Vorgesetzten: Vorgesetzter plant, steuert, überwacht planmäßig die Tätigkeit des Mitarbeiters, födert, unterstützt, berät, hilft, regt an (Vorbildfunktion). Hineinwachsen in Aufgabe und Verantwortung wird erleichtert.

Assistententätigkeit

Einsatz von Assistenten dient Entlastung der Vorgesetzten. Bearbeitung unterschiedlicher Probleme in wechselnden Stellen (Jobrotation) zur Erlangung von Führungswissen. Übernahme von Teilaufgaben des Vorgesetzten, Beratung, Entscheidungsvorbereitung. Ziel: Vorbereitung auf eine Führungsposition.

Stellvertretertätigkeit

Stellvertreter handeln im Namen des Vertretenen, aber in eigener Verantwortung. Muss folglich eingearbeitet und bereit sein, Verantwortung zu übernehmen. Vorgesetzter muss ihnen Verantwortung überlassen.

Sonderaufgaben

z. B. Projekte (etwa: „Errichtung einer Verkaufsfiliale", „Vorbereitung einer Werbekampagne"). Für größere Projekte: Projektgruppen. Mitarbeiter müssen ihr Fachgebiet vertreten aber fachübergreifend denken. Müssen kooperieren können. Sind an Entscheidungsfindung beteiligt. Tätigkeiten erfordern Kreativität und bieten beste Profilierungschancen für aufstrebenden Führungsnachwuchs.

Informieren Sie sich über Projektgruppen genauer auf Seite 394.

Qualitätszirkel

Kleine Arbeitsgruppen. Mitglieder (3-10) gehören der gleichen Hierarchiestufe an und haben eine gemeinsame Erfahrungsgrundlage. Freiwillige Treffen (etwa vierzehntäglich), zu lösen. Dazu gehören auch persönliche Weiterbildung, gegenseitige Förderung, Kontrolle, Verbesserungen im Bereich. Qualitätszirkel sind hierarchielos, Leiter hat nur Moderatorenfunktion. **Ziele:** Problemlösungspotential von Mitarbeitern aktivieren, Qualitätsinteresse wecken, Qualitätsbewusstsein und -verantwortung im Sinne von Total Quality Management ausbauen.

Lernstatt

ist dem Qualitätszirkel ähnlich, aber Behandlung von Problemen aller Art. Im Vordergrund stehen gemeinsames Lernen und Erarbeiten von Lösungsvorschlägen. **Ziel:** Grundwissen erweitern, Erfahrungen auszutauschen, Kommunikation verbessern, zur Persönlichkeitsentfaltung beizutragen.

5.4.3 Entwicklungsmaßnahmen in der Nähe des Arbeitsplatzes

Moderne Lehrmethoden erlauben die Einsparung von Personal: Der Mitarbeiter erhält **Lernprogramme in Form von Büchern, Videos oder Computerprogrammen** (siehe Kasten E-Learning). Ihm steht wöchentlich ein bestimmtes Zeitpensum während seiner Arbeitszeit zur Verfügung, welches er entsprechend den Erfordernissen seines Arbeitsplatzes aufteilen kann. Zusätzlich kann **praktischer Anschauungsunterricht** am Arbeitsplatz erteilt werden. Er greift die vermittelten Lerninhalte auf, ergänzt und vertieft sie. Weiterhin können dem Mitarbeiter für sein Selbststudium **Fachzeitschriften und Fachliteratur** zur Verfügung gestellt werden.

E-Learning

Ein Blick auf die Personalausgaben zeigte deutlich: Die Reise- und Hotelkosten der Röster GmbH waren im letzten Jahr um 40 % gestiegen. Gleichzeitig fehlten wichtige Angestellte zu oft. Man suchte eine Lösung und fand E-Learning: Lehrgänge mit Hilfe elektronischer Medien.

E-Learning offline

Lehrgänge auf **CD-Rom** oder **DVD**. Nur eingeschränkter Einsatz interaktiver und multimedialer Elemente.

E-Learning online

Lehrgänge über das **Internet** mit **Web-Based-Training** (WBT), d. h. Zugang auf den Server des Tutors, auf dem der Lehrstoff zahlreicher Kurse gespeichert ist.

- Beim Online-Learning können Tutor und Lernender über das Internet kommunizieren.
- Zur Verbesserung der WBT-Ergebnisse werden die Programme um Extras erweitert: Mediaplayer, Notizblock, Lexikon, interaktive Landkarten, Mindmaps, ...
- Vor Kursbeginn erfolgen online Tests auf Vorkenntnisse (Wissensanalyse). Dem Lernenden werden zahlreiche Lernmethoden zur Auswahl angeboten (Lernstildiagnose).
- Der Lernstoff ist in kleinste Lerneinheiten gegliedert. Der Benutzer arbeitet sie selbstständig durch und kann sein Lerntempo selbst bestimmen. Er kann aufrufen: zusätzliche Beispiele, Tests, Unterstützung durch einen Fachmann (Chat) oder durch Kollegen-Chat, Zugriffe auf eine Bibliothek oder Datenbank. Das Programm wertet das Lernverhalten aus, schlägt Möglichkeiten zur Fortsetzung des Lernwegs vor und speichert während der Durcharbeit des Stoffes alle Daten des Lernenden.

5.4.4 Entwicklungsmaßnahmen außerhalb des Arbeitsplatzes

Lehrvortrag, Lehrgespräch

Klassische Seminarmethoden. Lehrgespräch: Wechsel von Frontalunterricht und Diskussion. Diskussion: Untersuchung und Beurteilung des Lehrstoffs.

Fallstudie

Teilnehmer erhalten konkreten Fall zur Bearbeitung und Lösung in festgelegter Zeit. **Ziele:** Umsetzung theoretischen Wissens in die Praxis; Lernen, im Team zu arbeiten, Entscheidungen zu fällen, sich zu entfalten.

Rollenspiel

Simulation betriebsrelevanter Vorgänge in einer Spielsituation. Mitarbeiter übernehmen Rollen (z. B. Verkäufer, Vorgesetzter) und handeln situationsgerecht. Übung sichern Handelns und zielgerechter Umgangs mit anderen.

Podiumsdiskussion

Teilgruppe diskutiert unter der Leitung eines Moderators ein Thema vor der Gesamtgruppe. Teilgruppe diskutiert anschließend mit der Gesamtgruppe. So Betrachtung und Darstellung von Sachverhalten aus unterschiedlichen Blickwinkeln. Teilnehmer müssen in ständiger Konfrontation mit Gesprächspartnern (Stresssituation!) ihre Ausführungen und ihr Verhalten verteidigen oder korrigieren.

Planspiele

simulieren die Unternehmung im Modell. Spiel über mehrere Perioden. Teilnehmerentscheidungen beeinflussen den Spielfortgang. Teilnehmer erkennen unmittelbar die Auswirkungen ihres Handelns. **Ziele:** Schulung ihres Denkens und Verhalten am Modell. Erkennen des Wesentlichen.

Sachverständigenbefragung

Qualifizierte Fachleute führen mit Kurzreferat in die Problematik ein, zeigen Lösungsalternativen auf. Teilnehmer befragen sie. Die Fachleute stellen zum Schluss die optimale Lösung dar.

5.5 Planung der Personalentwicklung

Zu planen sind die Entwicklungsmaßnahmen und die Teilnahme an Maßnahmen.

5.5.1 Planung der Entwicklungsmaßnahmen

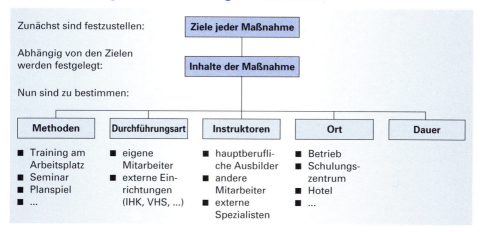

5.5.2 Planung der Teilnahme an Maßnahmen

Die Mitarbeiterentwicklung wird durch Entwicklungspläne (Bildungspläne) gesteuert.

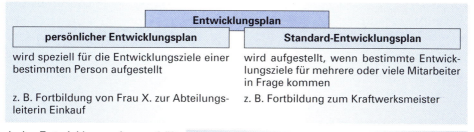

Jeder Entwicklungsplan enthält:

- Entwicklungsziele ⟶
- Entwicklungsmaßnahmen
- Termine

Kenntnisziele: Vorgabe der anzustrebenden Kenntnisse
Berufsziele: Angabe einer anzustrebenden Berufstätigkeit ohne Anspruch auf bestimmte Stelle (z. B. EDV-Koordinator)
Stellenziele: Angabe einer konkret zu besetzenden Stelle (z. B. Leiter der Arbeitsvorbereitung)

Beispiel: Persönlicher Entwicklungsplan

Entwicklungsplan für Herrn Grob – **Berufsziel:** EDV-Koordinator		
Kenntnisziele:	**Maßnahme**	**Termin**
Systemanalyse	Mitarbeiter der Abteilung Organisation.	01.04.–30.06.
	Seminar: „Moderne Systemplanungsmethoden"	13.04.–25.04.
	VHS-Kurs: EDV-Grundlagen	28.04.–15.07.
	Sonnabendseminar: Datenbanken	02.05.–20.12.
Programmierung	Mitarbeiter der Programmierabteilung	01.07.–30.09.
	Seminarbesuch: PL/1-Programmierung	01.07.–30.08.
	Testmethoden	04.09.–09.09.
	Praktikum	
	„Dialogarbeit" in Firma Sauer und Schwefel GmbH	21.09.–25.09.

Quelle: Olfert/Steinbuch, Personalwirtschaft, Ludwigshafen 1994

Arbeitsaufträge

1. **Auch Ihr Ausbildungsbetrieb kann auf Personalentwicklungsmaßnahmen nicht verzichten.**
   a) Nennen Sie mindestens drei Gründe für die Notwendigkeit von Personalentwicklungsmaßnahmen.
   b) Informieren Sie sich in Ihrer Personalabteilung, welche Entwicklungsmaßnahmen
      ■ für die Erweiterungs- und Anpassungsfortbildung,
      ■ für die Aufstiegsfortbildung
      Anwendung finden, und berichten Sie darüber.

2. **Für eine Fortbildungsmaßnahme besteht die Wahl zwischen unternehmensexterner und unternehmensinterner Fortbildung. Bei Fremdfortbildung entstehen für jeden Teilnehmer folgende Kosten: Kursgebühr 1500,00 EUR, Fahrtkosten 100,00 EUR, Spesen 80,00 EUR pro Tag, Übernachtungskosten pro Nacht 100,00 EUR. Es sind 5 Mitarbeiter für 5 Arbeitstage freizustellen.**
   Bei Eigenfortbildung fallen an: Dozentenhonorar für 4 Unterrichtstage à 1 200,00 EUR, Fahrtkosten Dozent 300,00 EUR, Tagesspesen und Übernachtungskosten Dozent wie oben.
   a) Entscheiden Sie sich für Fremd- oder Eigenfortbildung?
   b) Welche Vorteile bringt die Organisation als Eigenfortbildung, wenn man von den Kosten einmal absieht?

3. **Im oben behandelten Kapitel wird eine Reihe von Personalentwicklungsmaßnahmen angesprochen.**
   a) Welche dieser Maßnahmen sind besonders für den Erwerb von Fachwissen geeignet?
   b) Welche Maßnahmen finden in erster Linie bei der gezielten Entwicklung des Führungspersonals Anwendung?
   c) Welche Maßnahmen zielen besonders auf die Entwicklung von Teamfähigkeit?

4. **Die planmäßige Unterweisung ist eine wichtige Entwicklungsmaßnahme.**
   Simulieren Sie eine Unterweisung nach der Vier-Stufen-Methode. Die Lernaufgabe sei z. B. das Laden und erneute Speichern eines Dokumentes mit einem Textverarbeitungsprogramm.

5. **Die Inhalte der Berufsausbildung sind grundlegend und verbindlich in den staatlichen Ausbildungsrahmenplänen geregelt. Auf deren Basis erstellen die einzelnen Betriebe Ausbildungspläne. Der Gesamtausbildungsplan für *alle* Auszubildenden eines Ausbildungsberufs gibt die zu durchlaufenden Abteilungen und ggf. spezielle Veranstaltungen sowie die Verweildauer wieder. Hinzu kommen Einzelausbildungspläne für *jeden* Auszubildenden mit der speziell für ihn geltenden Reihenfolge und Verweildauer.**
   a) Begründen Sie, ob diese Pläne als Entwicklungspläne bezeichnet werden können.
   b) Erläutern Sie den Gesamtausbildungsplan Ihres Betriebes sowie Ihren Einzelausbildungsplan.

6 Personalabbaumanagement

Am 17. Januar 20.. schreibt die Miesner GmbH an das Arbeitsamt Dortmund:

Gemäß § 17 Kündigungsschutzgesetz teilen wir Ihnen mit, dass wir zum 31. März 20.. 60 Vollzeitkräfte von augenblicklich 410 Vollzeitbeschäftigten entlassen müssen. Ein Umsatzrückgang von 20 % und Veränderungen im Einzelhandel haben eine Neustrukturierung unserer Organisation erzwungen. Wegen der zunehmenden Konzentration im Handel können wir unsere Umsatzverluste auch nicht durch Preisänderungen ausgleichen. Wir können deshalb die Entlassungen nicht vermeiden. Als Anlage finden Sie eine Stellungnahme unseres Betriebsrates.

6.1 Notwendigkeit von Personalfreisetzungen

Die Freisetzung von Mitarbeitern kann in deren Person oder Verhalten begründet sein oder auf dringenden betrieblichen Erfordernissen beruhen. Dazu gehören vor allem

- Produktionseinschränkungen,
- Stilllegung einzelner Abteilungen,
- dauernder Auftragsmangel,
- Rationalisierungsmaßnahmen.

Solche Ereignisse benötigen eine längere Zeitspanne und haben große Bedeutung für den Betrieb. Sie bedingen deshalb eine eingehende Planung. Diese betrifft auch die damit verbundenen Personalfreisetzungen. Die Geschäftsleitung wird zunächst untersuchen, ob Belegschaftsreduzierungen vermieden werden können. Möglichkeiten sind:

- **Versetzung** zu anderen Konzernfirmen,
- **Kurzarbeit** (Das Arbeitsamt zahlt Kurzarbeitergeld als (Teil-)Ausgleich des Lohnausfalls,
- Abbau von Überstunden,
- Umwandlung von Vollzeitstellen in **Teilzeitstellen**.

Für notwendige Belegschaftsreduzierungen ohne Entlassungen bieten sich an:
- **Nichtersetzen von Mitarbeitern** (Erreichen des Rentenalters; eigene Kündigung),
- **vorzeitige Pensionierung**
- **Beendigung befristeter Arbeitsverhältnisse**
  Befristungen sind grundsätzlich nur aus **sachlichen Gründen** gestattet (z. B. momentaner Engpass, Saisonarbeit). Jedoch können zur Beschäftigungsförderung Arbeitsverträge bis zur Dauer von zwei Jahren ohne sachlichen Grund befristet und innerhalb dieser Frist bis zu dreimal verlängert werden. Voraussetzung: der Arbeitnehmer war nie vorher – außer zur Ausbildung – in dem betreffenden Unternehmen beschäftigt.
- **Aufhebungsverträge** (ggf. mit Ausgleichszahlungen)
  Auf unbestimmt Zeit eingegangene Arbeitsverhältnisse können auch durch Vertrag zu einem beliebigen Zeitpunkt gelöst werden.

Vorsicht! Liegt kein wichtiger Grund vor, so wird bei anschießender Arbeitslosigkeit das Arbeitslosengeld für mindestens ein Viertel der Gesamtanspruchsdauer gesperrt. (Ein wichtiger Grund könnte z. B. sein, dass bei drastischem Personalabbau die verbleibenden Arbeitsplätze gesichert werden sollen.) Gezahlte Abfindungen lassen die Arbeitslosengeldzahlung eine Zeitlang ruhen, weil zunächst die Abfindung für den Lebensunterhalt eingesetzt werden soll.

Reichen diese Maßnahmen nicht, werden fristgerechte Kündigungen nötig.

6.2 Kündigung

Die Kündigung ist die Erklärung eines Vertragspartners, dass er den Arbeitsvertrag lösen will. Sie wird mit Zugang wirksam. Sie muss schriftlich erfolgen und eigenhändig unterschrieben sein.

Die **ordentliche Kündigung** bedarf stets einer Kündigungsfrist gemäß BGB § 622.

Kündigungsfristen		
Frist während der Probezeit (bis 6 Monate)	2 Wochen	
Grundfrist	4 Wochen zum 15. des Monats oder zum Monatsende	
verlängerte Fristen (gültig bei Kündigung durch den Arbeitgeber)	Betriebszugehörigkeit	Frist
	2 Jahre	1 Monat
	5 Jahre	2 Monate
	8 Jahre	3 Monate
Bei der Berechnung der Betriebszugehörigkeit werden Zeiten vor der Vollendung des 25. Lebensjahres des Arbeitnehmers nicht mitgerechnet.	10 Jahre	4 Monate
	12 Jahre	5 Monate
	15 Jahre	6 Monate
	20 Jahre	7 Monate

jeweils zum Monatsende

Durch den Tarifvertrag können längere oder kürzere Fristen vereinbart werden. Diese gelten für nicht tarifgebundende Arbeitgeber und Arbeitnehmer nur, wenn ihre Anwendung einzelvertraglich vereinbart ist.

Einzelvertraglich ist eine Verkürzung der Grundkündigungsfrist nur zulässig

- bei Aushilfe bis zu 3 Monaten

- in Betrieben mit nicht mehr als 20 Arbeitnehmern (ohne Auszubildende), wenn die Kündigungsfrist 4 Wochen nicht unterschreitet.

Für die Kündigung durch den Arbeitnehmer darf keine längere Frist vereinbart werden als für die Kündigung durch den Arbeitgeber.

Der Arbeitnehmer hat das Recht, sich während der Arbeitszeit um einen neuen Arbeitsplatz zu bemühen (BGB § 629). Wenn im Arbeitsvertrag nichts anderes vereinbart ist, wird die Vergütung für die Fehlzeit weitergezahlt.

Die **außerordentliche Kündigung** (BGB § 626) ist stets eine fristlose Kündigung **aus wichtigem Grund**. Das bedeutet, dass die Fortsetzung des Arbeitsverhältnisses dem Arbeitnehmer bzw. dem Arbeitgeber nicht zugemutet werden kann (z. B. bei Straftaten im Betrieb, Tätlichkeiten, Arbeitsverweigerung, grober Beleidigung, Verletzung der Arbeitsschutzbestimmungen, Nichtzahlung der Vergütung). Wer eine fristlose Kündigung verursacht, schuldet dem Vertragspartner Schadensersatz. Die Kündigung muss binnen zwei Wochen ausgesprochen werden, nachdem der Kündigungsgrund bekannt wurde.

Sie haben mich heute morgen vor Zeugen einen „dreckigen Ausbeuter" genannt. Ich kündige Ihnen deshalb hiermit fristlos.

6.3 Kündigungsschutz

6.3.1 Sozial ungerechtfertigte Kündigungen

Eine fristgerechte Kündigung durch den Arbeitnehmer ist wirksam. Umgekehrt ist er selbst gegen eine **sozial ungerechtfertigte Kündigung** durch den Arbeitgeber geschützt. Voraussetzungen: Er ist mindestens 6 Monate ununterbrochen beschäftigt und der Betrieb hat über 5 Beschäftigte (ohne Auszubildende).

Gestern hab' ich die Kündigung gekriegt. Mein Chef will eine andere für weniger Geld einstellen. Muss ich das hinnehmen?

Eine Kündigung ist in folgenden Fällen sozial ungerechtfertigt	
■ Sie ist nicht in der Person des Arbeitnehmers begründet.	**Beispiele:** fehlende Eignung, ansteckende Krankheiten, fehlende Arbeitserlaubnis
■ Sie ist nicht im Verhalten des Arbeitnehmers begründet.	**Beispiele:** Pflichtverletzung, mangelnde Arbeitsleistung, dauernde Unpünktlichkeit
■ Sie beruht nicht auf dringenden betrieblichen Erfordernissen. (Auch wenn solche Erfordernisse vorliegen, muss der Arbeitgeber bei der Auswahl der zu Kündigenden ausreichend soziale Gesichtspunkte berücksichtigen. Dies wird nur ausgeschlossen, wenn die Weiterbeschäftigung eines Arbeitnehmers wegen seiner Kenntnisse, Fähigkeiten und Leistungen oder zur Sicherung einer ausgewogenen Personalstruktur im berechtigten betrieblichen Interesse liegt.)	**Beispiele:** Produktionseinschränkung, Stilllegung einzelner Abteilungen, dauernder Arbeitsmangel. Soziale Gesichtspunkte sind z. B.: ■ die Dauer der Betriebszugehörigkeit, ■ das Lebensalter, ■ die Unterhaltspflichten des Arbeitnehmers.

Der Arbeitgeber muss das Vorliegen eines Kündigungsgrundes nachweisen. Ausnahme: Bei Kündigung aus betrieblichen Erfordernissen muss der Arbeitnehmer die Nichtberücksichtigung sozialer Gesichtspunkte nachweisen. Hält er die Kündigung für sozial ungerechtfertigt, kann er binnen einer Woche nach der Kündigung Einspruch beim Betriebsrat einlegen. Hält der Betriebsrat den Einspruch für begründet, kann er versuchen, eine Verständigung mit dem Arbeitgeber herbeizuführen.

6.3.2 Mitbestimmung des Betriebsrats

Der Betriebsrat ist vor jeder Kündigung unter Angabe der Kündigungsgründe zu hören (BetrVG § 102). Andernfalls ist die Kündigung unwirksam. Der Betriebsrat kann dem Arbeitgeber nach Anhörung des Arbeitnehmers seine Bedenken schriftlich mitteilen:

■ bei einer außerordentlichen Kündigung unverzüglich, spätestens binnen 3 Tagen;

■ bei einer ordentlichen Kündigung innerhalb einer Woche.

Der ordentlichen Kündigung kann der Betriebsrat binnen Wochenfrist widersprechen.

Widerspruchsgründe (BetrVG § 103)
1. Der Arbeitgeber hat bei der Auswahl des Arbeitnehmers soziale Gesichtspunkte nicht oder nicht ausreichend berücksichtigt.
2. Die Kündigung verstößt gegen eine Richtlinie nach § 95 BetrVG.
3. Der Arbeitnehmer kann an einem anderen Arbeitsplatz weiter beschäftigt werden.
4. Weiterbeschäftigung ist nach zumutbaren Umschulungs-/Fortbildungsmaßnahmen möglich.
5. Weiterbeschäftigung unter geänderten Vertragsbedingungen ist möglich; der Arbeitnehmer hat sein Einverständnis hiermit erklärt.

Kündigt der Arbeitgeber trotz Widerspruchs des Betriebsrats nach BetrVG § 103 Absatz 3, muss er dem Arbeitnehmer mit der Kündigung eine Kopie der Stellungnahme des Betriebsrats zuzuleiten.

Der Arbeitnehmer kann beim Arbeitsgericht gegen die Kündigung klagen. Bei einer ordentliche Kündigung, der der Betriebsrat ordnungsgemäß widersprochen hat, kann er Weiterbeschäftigung zu veränderten Arbeitsbedingungen bis zum rechtskräftigen Anbschluss des Rechtsstreits verlangen.

Es kommt vor, dass der Arbeitgeber kündigt, dem Arbeitnehmer aber die Fortsetzung des Arbeitsverhältnisses zu geänderten Bedingungen anbietet (sog. **Änderungskündigung**). Der Arbeitnehmer kann ein solches Angebot unter dem Vorbehalt annehmen, dass die Änderung nicht sozial ungerechtfertigt ist. Er muss den Vorbehalt spätestens binnen 3 Wochen nach Zugang der Kündigung erklären. (KSchG § 2)

6.3.3   Klage vor dem Arbeitsgericht

Die Klage muss binnen 3 Wochen nach Zustellung der Kündigung beim Arbeitsgericht eingehen.

Die Kündigung ist wirksam,	**Die Kündigung ist unwirksam,**
■ wenn der Arbeitnehmer die Klagefrist versäumt ■ wenn das Gericht die Kündigung bestätigt.	■ wenn das Gericht feststellt, dass die Kündigung sozial ungerechtfertigt ist. Dann muss der Arbeitnehmer weiterbeschäftigt werden.

Ist bei unwirksamer Kündigung dem Arbeitnehmer eine Weiterbeschäftigung nicht zuzumuten, löst das Gericht auf seinen Antrag das Arbeitsverhältnis auf und verurteilt den Arbeitgeber zu einer Abfindung (höchstens 12 Monatsverdienste; ältere Arbeitnehmer 55 Jahre; 20 Beschäftigungsjahre – höchstens 18 Monatsverdienste). Das Gleiche geschieht auf Antrag des Arbeitgebers bei Gründen, die eine zweckdienliche weitere Zusammenarbeit nicht erwarten lassen.

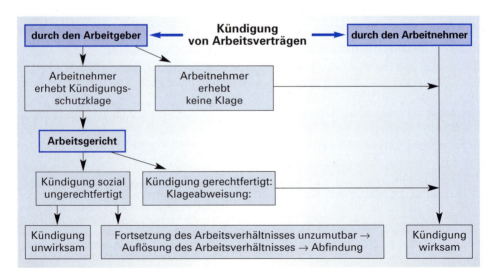

6.4   Vorgehen bei umfangreichen Personalfreisetzungen

Bei Betriebsänderungen und umfangreichen Entlassungen (oft „Massenentlassungen" genannt) hat der Betriebsrat weitgehende Rechte:

Solche Betriebsänderungen sind: Einschränkung, Stilllegung, Verlegung von Betrieb/Betriebsteilen; Betriebszusammenschlüsse/-spaltungen; grundlegende Änderungen von Organisation, Betriebszweck, Betriebsanlagen; grundlegend neue Arbeitsmethoden/Fertigungsverfahren.

- BetrVG § 111: Der Unternehmer muss den Betriebsrat über geplante Betriebsveränderungen mit wesentlichen Nachteilen für die Belegschaft unterrichten und sich mit ihm beraten.

- BetrVG § 112: Kommt ein Interessenausgleich mit dem Betriebsrat zu Stande, so ist er schriftlich niederzulegen. Das Gleiche gilt für einen Sozialplan.

- Kündigungsschutzgesetz § 17: Bei umfangreichen Entlassungen muss der Unternehmer den Betriebsrat u.a. schriftlich über die Entlassungsgründe, -zahlen, -gruppen, -zeitraum, Auswahlkriterien und Kriterien für eventuelle Abfindungen unterrichten und sich mit dem Betriebsrat beraten. Die Kündigungen sind außerdem beim Arbeitsamt anzumelden. Sie werden vor Ablauf eines Monats nach Zugang der Anzeige nur wirksam, wenn das Landesarbeitsamt zustimmt (§ 18). Umfangreiche Entlassungen liegen unter folgenden Bedingungen vor:

Gesamtzahl der Arbeitnehmer	Zahl der Entlassungen binnen 30 Tagen
mehr als 20 und weniger als 60	mehr als 5
60 bis 499	10 % oder mehr als 25
mindestens 500	mindestens 30

Unter Berücksichtigung der gesetzlichen Vorschriften ergibt sich für die Geschäftsleitung folgendes Vorgehen:

- Die **Geschäftsleitung plant** die notwendigen Umstrukturierungen und errechnet, wie viele Mitarbeiter freigesetzt werden.

- Es werden **Personallisten** erstellt, die bei Kündigungen als Grundlage für die soziale Auswahl nach dem Kündigungsschutzgesetz dienen. Wichtige soziale Gesichtspunkte sind vor allem Alter, Betriebszugehörigkeit, Familienstand, Unterhaltspflicht und Anzahl der Kinder, Einkommen des Ehegatten, Chancen auf dem Arbeitsmarkt, gesundheitliche Schäden durch einen Betriebsunfall.

- Der **Betriebsrat** wird über Ursachen und Folgen der Umstrukturierung informiert.

- Der **Wirtschaftsausschuss** wird informiert, berät mit der Geschäftsleitung und informiert seinerseits den Betriebsrat.

- Der **Betriebsrat** ruft eine **Betriebsversammlung** ein. Die Geschäftsleitung berichtet dort über die geplanten Maßnahmen. Der Betriebsrat nimmt dazu Stellung.

- Der **Betriebsrat verhandelt** mit der Geschäftsleitung und macht Vorschläge zur Abwendung von Entlassungen. Er verhandelt auch über einen Interessenausgleich und einen Sozialplan.

Der **Interessenausgleich** ist eine Einigung zwischen Arbeitgeber und Betriebsrat über

- die vorgesehenen wirtschaftlichen Maßnahmen,
- die Art und Weise ihrer Durchführung,
- die Zeitplanung.

Der **Sozialplan** ist eine Betriebsvereinbarung, in der den ausscheidenden Arbeitnehmern Abfindungen zugesagt werden. Diese sollen die wirtschaftlichen Nachteile der Entlassung ausgleichen oder mildern.

- Der Personalleiter verhandelt mit anderen Konzernunternehmen über die **Übernahme von Arbeitnehmern,** macht diesen Vorschläge und bereitet die Übernahme vor. Mit Personen, die entlassen werden sollen, führt er Gespräche über **Aufhebungsverträge** und sagt ihnen die Teilnahme am Sozialplan zu.
- Nach dem Ende der Verhandlungen mit dem Betriebsrat werden Interessensausgleich und Sozialplan veröffentlicht.
- Die Kündigungen werden fristgemäß ausgesprochen. Die Entlassungen werden dem zuständigen Arbeitsamt angezeigt.

Arbeitsaufträge

1. **Personalabbau kann aus zahlreichen Gründen notwendig werden.**
   a) Nennen Sie möglichst viele derartige Grünnde.
   b) Nennen Sie Möglichkeiten des Personalabbaus, durch die Entlassungen verhindert werden sollen.
   c) Welche Rechte hat der Betriebsrat bei Personalabbaumaßnahmen?
   d) Warum ist die Geschäftsleitung an Aufhebungsverträgen interessiert?

2. **Frau Klein, 46 Jahre, seit 2 Jahren (10 Jahren) im Betrieb beschäftigt, erhält am 2. Sept. die Kündigung zum 30. Sept.**
   Ist die Kündigungsfrist eingehalten?

3. **Herr Achternbosch arbeitet viel mit dem Junggesellen Kuhn zusammen, der ihm immer von den großen Ferienreisen erzählt, die er sich erlauben kann. Herr Achternbosch dagegen kann höchstens von seiner Familie erzählen. Eines Tages erhält er wegen dauernden Auftragsmangels die Kündigung.**
   a) Ist die Kündigung gerechtfertigt?
   b) Wie kann Herr Achternbosch die Kündigung abwehren?
   Erläutern Sie die befassten Institutionen, das notwendige Vorgehen und die einzuhaltenden Fristen.

4. **Widerspruch des Betriebsrats an die Personalabteilung.**

```
                    Körner GmbH, Betriebsrat
Herrn Dr. Bruchner                                        00-05-16
im Hause

Ordentliche Kündigung des AN Erich Koller

Sehr geehrter Herr Dr. Bruchner,

der Betriebsrat hat in seiner Sitzung am 15. Mai, 15:30 Uhr die Kündigung
des AN Erich Koller erörtert. Er hat beschlossen, der Kündigung zu widersprechen.
Wir sind der Ansicht, dass bei der Auswahl des zu kündigenden AN soziale
Gesichtspunkte nicht ausreichend berücksichtigt wurden. Herr Koller
ist Vater von vier minderjährigen Kindern, seine Ehefrau ist nicht
berufstätig.

Außerdem hat Herr Koller sich bereit erklärt, an Fortbildungs- und
Umschulungsmaßnahmen teilzunehmen. Er könnte dann an einer CNC-Maschine
weiterbeschäftigt werden. Er wäre auch bereit, in unserem Ratinger Werk
zu arbeiten.
```

   a) Prüfen Sie, ob die Ausführungen des Betriebsrats den gesetzlichen Bestimmungen entsprechen und einen Widerspruch rechtfertigen.
   b) Könnte der Betriebsrat auch einer außerordentlichen Kündigung widersprechen?
   c) Der Arbeitgeber hält an der Kündigung des Herrn Koller fest. Welche Rechte hat dieser und wie kann er weiter vorgehen?

5. Bei umfangreichen Personalfreisetzungen spielen Interessenausgleich und Sozialplan eine wichtige Rolle. Hier sehen Sie ein Beispiel:

Interessenausgleich (Auszug)

Zwischen Geschäftsleitung und Betriebsrat der MIESNER GmbH wird gemäß § 112 Betriebsverfassungsgesetz (BetrVG) folgender Interessenausgleich vereinbart: Die Unterrichtung und die Beratung über die durchzuführende Betriebsänderung gemäß § 111 BetrVG sind zwischen Geschäftsleitung und Betriebsrat erfolgt.

1. Durch Straffung und Veränderung der Organisation werden bis zum 31. März 20.. im Außendienst, in der Technik und im kommerziellen Bereich insgesamt ca. 651 Arbeitsplätze eingespart.
2. Die durch die organisatorische Maßnahme notwendige Verringerung der Mitarbeiterzahlerfolgt durch
   – Versetzung zu anderen Konzernfirmen,
   – Vorpensionierung,
   – Nichtersetzen von Mitarbeitern, die selbst kündigen oder in gegenseitigem Einvernehmen ausscheiden.
   Soweit diese Maßnahmen nicht ausreichen, werden zum 31. März 20.. fristgemäße Kündigungen durch die Firma ausgesprochen. (...)
5. Der Betriebsrat stimmt unter den gegebenen Umständen der Betriebsänderung und den dadurch verursachten personellen Maßnahmen zu. Diese Zustimmung erfolgt unter der Voraussetzung, dass die Verhandlungen über den Sozialplan zu einem positiven Ergebnis führen.

Sozialplan (Auszug)

5. **Abfindungen**
   5.1. Eine Abfindung wird gezahlt, wenn das Arbeitsverhältnis wegen der Betriebsänderung
      – durch MIESNER oder durch den Mitarbeiter fristgemäß gekündigt oder
      – im gegenseitigen Einvernehmen aufgehoben wird
      – und dem Mitarbeiter kein anderer zumutbarerArbeitsplatz bei einer Firma des Konzerns vermittelt werden konnte oder er einen angebotenen Arbeitsplatz abgelehnt hat, weil er nicht die Voraussetzungen der Zumutbarkeit erfüllt. (...)
   5.5 Die Abfindung beträgt für die ersten drei vollen Jahre der Betriebszugehörigkeit je 1 Bruttomonatsgehalt, für die über drei Jahre hinausgehende Betriebszugehörigkeit Bruttomonatsgehälter nach der Formel

$$\frac{\text{Lebensjahre} \cdot (\text{Dienstjahre} - 3)}{50}$$

   Die Abfindung beträgt höchstens 12 Monatsgehälter, ab 50 Lebens- und 15 Dienstjahren 15 Monatsgehälter, ab 55 Lebens- und 20 Dienstjahren 18 Monatsgehälter. (...)

6. **Sonderzuwendungen**
   Mitarbeiter, die beim Ausscheiden eine Betriebszugehörigkeit von mehr als 20 Jahren und Anspruch auf eine Abfindung haben, erhalten außerdem eine Sonderzuwendung von 1 000 EUR.

7. **Berechnungsgrundlagen und Auszahlungsmodalitäten**
   Für die Höhe der Abfindungund der Sonderzuwendung sind das Lebensalter, die anerkannte Dauer der Betriebszugehörigkeit und das Bruttomonatsgehalt am letzten Tag des Arbeitsverhältnisses maßgebend.

a) Nennen Sie die gesetzlichen Grundlagen für die beiden Abmachungen.
b) Welche Aufgaben haben der vorliegende Interessenausgleich und der Sozialplan?
c) Erläutern Sie, ob und wieweit tatsächlich soziale Gesichtspunkte Berücksichtigung finden.
d) Welchen Abfindungsbetrag erhält der Angestellte Schmunke, 41 Jahre, 11 Dienstjahre, Bruttomonatsgehalt 3 680 EUR?

3. Personalfreistellungen werden oft durch Fehler der Geschäftsleitung notwendig (z. B. wegen falscher Einschätzung der Marktlage, Vornahme von Fehlinvestitionen und Ähnlichem). Kann die Geschäftsleitung vom Betriebsrat oder von den Gerichten für solches „Verschulden" zur Rechenschaft gezogen werden?

7 Personalführung

7.1 Zielorientierte Menschenführung

Führungsaufgaben enthalten zwei Aspekte:

 Vergleichen Sie hierzu Seite 17.

Führung	
sachbezogener Aspekt der Führung	**personenbezogener Aspekt der Führung**
Der Führende muss optimale Entscheidungen hinsichtlich der betrieblichen Sachprobleme treffen. Aufgaben: ■ **Initiativaufgabe** ■ **Entscheidungsaufgabe** Notwendig: Wissen, Ideenreichtum, Entschlusskraft	Der Führende muss für die zielgerechte Umsetzung der Sachentscheidungen durch die Mitarbeiter sorgen. Aufgaben: ■ **Durchsetzungsaufgabe** ■ **Kontrollaufgabe** Notwendig: Beherrschung der Kunst der Menschenführung

Unter *Menschenführung* versteht man die absichtsvolle und zielgerichtete Einflussnahme auf das Verhalten anderer Menschen.

Personalführung ist Menschenführung im Betrieb. Sie verlangt vor allem die Fähigkeit, die Motive für das Handeln der Mitarbeiter zu erspüren und auf dieser Grundlage die Mitarbeiter zu zielgerichtetem Handeln zu motivieren.

7.2 Führungsstile

Die Motoren- und Getriebebau GmbH (MGG) hat in einer allgemeinen Führungsanweisung die Führungsgrundsätze für das Unternehmen festgelegt. Dort ist unter anderem zu lesen: „Delegieren bedeutet Übertragen, d.h. jeder Mitarbeiter oder jede Gruppe erhält einen Aufgabenbereich mit bestimmten Befugnissen, innerhalb dessen er/die Gruppe selbstständig handeln und entscheiden muss. Der Mitarbeiter/die Gruppe wird also nicht durch Einzelaufträge geführt ... Jeder Mitarbeiter/jede Gruppe ist für die ihm/ihr übertragenen Aufgaben und Befugnisse verantwortlich ... Ziel ist es, die übergeordneten Instanzen zu entlasten und Vorgesetzten wie Mitarbeitern auf allen Stufen die Möglichkeit zur Entfaltung ihrer Fähigkeiten innerhalb eines bestimmten Aufgabenbereiches zu geben."

7.2.1 Arten von Führungsstilen

Unter einem *Führungsstil* versteht man die Art der Führungsmittel, die eingesetzt werden, um die Mitarbeiter zu einem bestimmten Handeln und Verhalten zu veranlassen.

Zwei entgegengesetzte Stile sind der autoritäre und der kooperative Führungsstil.

autoritärer Führungsstil	kooperativer Führungsstil
Der Führende entscheidet alles allein. Die Geführten sind Befehlsempfänger. Mitsprache, Anregungen, Widerspruch der Geführten werden nicht zugelassen. Die Geführten sind direkt und vollständig vom Geführten abhängig.	Der Führende handelt gemeinsam mit den Geführten. Die Geführten haben in ihrem Bereich Entscheidungsspielraum. Mitsprache, Anregungen, Widerspruch der Geführten sind erwünscht. Die Geführten handeln weitgehend unabhängig.

In der Praxis findet man Mischformen. Sie tendieren zu dem einen oder anderen Stil. So unterscheidet der amerikanische Führungsforscher R. Tannenbaum 7 Führungsstile nach dem Anteil von Vorgesetzten und Mitarbeitern an der Willensbildung.

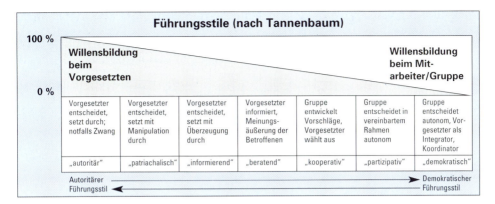

Führungsstile (nach Tannenbaum)

	Vorgesetzter entscheidet, setzt durch; notfalls Zwang	Vorgesetzter entscheidet, setzt mit Manipulation durch	Vorgesetzter entscheidet, setzt mit Überzeugung durch	Vorgesetzter informiert, Meinungs- äußerung der Betroffenen	Gruppe entwickelt Vorschläge, Vorgesetzter wählt aus	Gruppe entscheidet in vereinbartem Rahmen autonom	Gruppe entscheidet autonom, Vor- gesetzter als Integrator, Koordinator
	„autoritär"	„patriachalisch"	„informierend"	„beratend"	„kooperativ"	„partizipativ"	„demokratisch"

100 % Willensbildung beim Vorgesetzten

0 % Willensbildung beim Mit- arbeiter/Gruppe

Autoritärer Führungsstil ⟵⟶ Demokratischer Führungsstil

7.2.2 Beurteilung der Führungsstile

Die mehr **autoritären Führungsstile** sprechen primär die unteren Bedürfnisschichten des Mitarbeiters an. Die Motivation erfolgt nur über Lohnanreize, Gewährung von Sicherheit, Sozialleistungen.

Denken Sie an die Maslowsche Bedürfnispyramide!

Die mehr **kooperativen Führungsstile** sprechen die höheren Bedürfnisschichten an. Ausübung von Befehlsgewalt ist verpönt. Stattdessen soll der Vorgesetzte seine Mitarbeiter überzeugen und zielgerichtet motivieren. Deshalb werden notwendige Entscheidungen von den Mitarbeitern gefällt.

Der autoritäre Stil kann erfolgreich sein, führt aber bei schlechtem Führer zu Misserfolgen. Aus folgenden Gründen geht die **Entwicklung eindeutig in Richtung der kooperativen Führungsstile:**

- **Automation:** Ausführenden Arbeiten werden immer mehr durch automatische Maschinen erledigt. Schöpferische Leistung, Suchen und Finden von Problemlösungen gewinnen an Bedeutung. Dann lähmt ein autoritärer Stil Initiative und Selbstverantwortung.
- **Zunehmende Komplizierung der Vorgänge:** Sie macht die Unternehmensleitung durch eine Person/ wenige Personen illusorisch. Delegation von Entscheidungen ist notwendig.
- **Motivation:** Die niedrigen Bedürfnisebenen sind weitgehend abgedeckt. Eine möglichst vollständige Kräftemobilisierung der Mitarbeiter verlangt die Ansprache der höheren Ebenen.
- **Gruppen/Teams:** Die für TQM und Lean Production notwendigen Teams können ihre dynamischen Kräfte nur optimal entfalten, wenn sie selbstständig und verantwortlich handeln, wenn ihnen auch Planungs- und Kontrollaufgaben übertragen werden. Vorgesetzte sind nicht mehr Befehlserteiler, sondern Moderatoren.

> Vorgesetzte
> – initiieren Prozesse,
> – fördern die Ideenfindung,
> – fördern Kommunikation und Gruppenarbeit,
> – koordinieren und binden jedes Gruppenmitglied ein,
> – stellen die Kontrolltätigkeit der Gruppe sicher.

7.2.3 Einführung eines kooperativen Führungsstils

Bei der Einführung eines kooperativen Führungsstils sind zunächst die **Führungsgrundsätze** in einer **allgemeinen Führungsanweisung** festzulegen. Jeder hat sich danach zu richten.

Der Auszug aus einer allgemeinen Führungsanweisung auf Seite 378 zeigt, dass die Delegation von Verantwortung für einen kooperativen Führungsstil sehr wichtig ist. Deshalb erhält der Mitarbeiter/die Gruppe einen **Aufgabenbereich** und die notwendigen Entscheidungsbefugnisse übertragen (**Management by delegation – Führung durch Delegieren**).

Weiter ist wichtig, dass der Mitarbeiter **klare Zielvorgaben** erhält, die er im Rahmen seines Verantwortungsbereichs selbstständig zu erreichen sucht. Der Vorgesetzte entscheidet nur in Ausnahmefällen, die den Ermessensspielraum des Mitarbeiters überschreiten **(Management by exception – Führen durch Ausnahmeentscheidung)**. Teilweise geht man so weit, die Ziele mit dem Mitarbeiter zu vereinbaren **(Management by objectives – Führung durch Zielvereinbarung)**. Die Leistung des Mitarbeiters/einer Arbeitsgruppe wird an den gesetzten Zielen (Ausbringungsmengen, Qualitäten, Kostensummen, Umsätzen usw.) gemessen und entscheidet letzten Endes über Lohn/Gehalt, Fortbildung und Beförderung.

> Führungsgrundsätze
> ↓
> Aufgaben- und Entscheidungsdelegation
> ↓
> Zielvorgaben

Arbeitsaufträge

1. Führungsstil

> Der Vorgesetzte „von gestern" war ein Radfahrer: Nach oben buckeln und nach unten treten. Der Vorgesetzte von morgen, und zum Glück gibt es davon heute schon viele, ist seiner ganzen Struktur nach „andersherum". Er ist nach unten offen; er setzt seine größere berufliche Erfahrung dazu ein, die Ideen seiner jüngeren und meist weniger erfahrenen Untergebenen, die sich oft noch nicht so artikulieren können, zu erkennen. Er sieht einen wesentlichen Teil seiner Führungsaufgabe darin, beim Formulieren zu helfen und dann nach oben „zu treten", das heißt, nicht nur die Verantwortung, sondern auch dafür Sorge zu tragen, dass die Ideen nach oben durchgesetzt werden. Er agiert also wie ein „perverser Radfahrer" (lat. perversus = verdreht, verkehrt).

a) Beschreiben Sie den Führungsstil des oben stehenden Artikels.
b) Nennen Sie drei Voraussetzungen des beschriebenen Führungsstils.
c) Beschreiben Sie, auf welchem Wege der Vorgesetzte Motivation schaffen kann.
d) Kooperative Führungsstile sind durchaus keine „weichen" Führungsstile. Es wird behauptet, dass auch sie inhumane Merkmale haben. Versuchen Sie dies zu begründen.
e) Welche Bedürfnisstufen werden stärker von autoritären, welche stärker von kooperativen Führungsstilen angesprochen?

2. Die Amerikaner Blake und Mouton haben zur Darstellung von Führungsstilen ein Verhaltensgitter entwickelt. Sie gehen von folgenden Fragen aus:

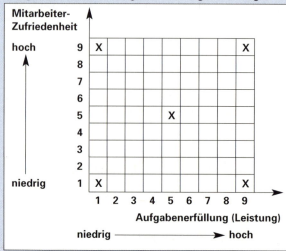

(1) Gelingt es dem Vorgesetzten, seine Mitarbeiter zur Aufgabenerfüllung zu bewegen?
(2) Gelingt es dem Vorgesetzten, die Bedürfnisse und Erwartungen seiner Mitarbeiter bei der Arbeit zu befriedigen?
Die Felder in diesem Gitter zeigen an, in welchem Ausmaß der Vorgesetzte diese Probleme löst.

a) Die fünf markierten Felder könnte man bezeichnen als
■ Middle of the Road Management – Schlecht- und-Recht-Führung,
■ Team Management – Team-Führung,

- Task Management – Leistungs-Führung,
- Impoverished Management – Null-Führung,
- Country Club Management – Club-Führung.

Ordnen Sie diese Bezeichnungen sinnvoll zu und erläutern Sie den jeweiligen Führungsstil.

b) Befragungen von Führungskräften ergaben, dass Letztere den Führungsstil mit den Koordinaten 9.9 für den zweckmäßigsten und erfolgreichsten halten. Es kann aber schwierig sein, ihn bei einem gegebenen Mitarbeiterstamm einzuführen. Versuchen Sie hierfür Gründe anzugeben, und benennen Sie Möglichkeiten zur Überwindung dieser Schwierigkeiten.

7.3 Unternehmensidentität (Corporate Identity)

Dass alle an einem Strang ziehen, ist der Traum jeder Firmenleitung. Bei der MGG hatte man in der Vergangenheit viel getan, um die Belegschaft in diesem Sinne zu motivieren: Leistungsgerechte Entlohnung, gute Sozialleistungen, Arbeitshumanisierung, Mitbestimmung, Delegation und vieles andere mehr. Und doch gab es eine Menge Probleme: Die meisten Mitarbeiter waren eifersüchtig auf ihre eigenen Vorteile bedacht, suchten sich gegenüber anderen abzugrenzen, gaben erworbene Kenntnisse ungern weiter („Wissen ist Macht"), interessierten sich höchstens für den Erfolg der eigenen Abteilung, nicht für den des Ganzen. Weitere Nachforschungen brachten zu Tage, dass viele ihre Arbeit als für den Broterwerb notwendiges Übel ansahen. Der Betrieb war für sie der Gegner, der ihnen die Freizeit stahl und aus dem man deshalb möglichst viel „herausholen" musste. Kurzum: Es fehlte offensichtlich die positive Identifikation des Einzelnen mit der Firma, ein „Wir-Bewusstsein", welches die Anliegen des Unternehmens zu denen seiner Mitarbeiter machte und Kräfte mobilisierte. Die Geschäftsleitung erkannte, dass hier Kräfte brachlagen, die in einer Zeit zunehmend schärferen Wettbewerbs dringend benötigt wurden. Diese Erkenntnis – aber nicht sie allein – veranlasste die Geschäftsführung, sich eingehend mit dem Problem der Unternehmenskultur zu befassen ...

7.3.1 Unternehmenskultur (Corporate Culture)

Jede andauernde menschliche Gemeinschaft entwickelt ein System[1] gemeinsamer Wertvorstellungen, Verhaltensregeln (Normen) und Kennzeichen (Symbole). Dieses System bildet die Kultur der Gemeinschaft. Auch Unternehmen haben eine Kultur.

„Fortschrittlichkeit", „hohe Qualität", „Kompetenz", „Zweckgemeinschaft", „Gerechtigkeit" könnten Beispiele für Wertvorstellungen sein.

> Die Unternehmenskultur „kommt dem neuen Mitarbeiter im Unternehmen auf vielerlei Weise entgegen als ‚...das ist bei uns nicht üblich', ‚...das handhaben wir im Allgemeinen so!' oder manchmal schlicht auch als ‚...das haben wir schon immer so gemacht'...
> Mitunter ist die Unternehmenskultur nur sehr schwach ausgeprägt. Dann orientieren sich die einzelnen Mitarbeiter vorrangig an den Verhaltensnormen des jeweiligen Vorgesetzten. Manchmal ist sie zwar durchaus vorhanden, aber sehr schwer zu beschreiben. In einigen Fällen aber prägt sie das ganze Unternehmen spürbar in allen seinen Teilen. Das ist häufig bei großen traditionsreichen Unternehmen der Fall. Hier haben in der Regel schon die Unternehmensgründer entscheidende Weichenstellungen vorgenommen. Ihr Wertsystem, ihre Denk- und Handlungsmuster haben das Unternehmen geprägt. Sie haben Mitarbeiter ausgewählt, die ihre Überzeugung weitergetragen und verstärkt haben."
>
> *Quelle: Schneider/Böcker, Wie funktioniert die Industrie? München 1995*

---

[1] Ein System ist eine Menge von Elementen in einem Ganzen, zwischen denen ein Netz geordneter Beziehungen (eine Struktur) besteht.

Die oben gegebene Definition deutet auf drei Ebenen der Unternehmenskultur hin: die Ebenen der Wertvorstellungen, der Verhaltensregeln und der Kennzeichen.

Ebenen der Unternehmenskultur

unsicht-bare Ebene	**Wertvorstellungen** Wertvorstellungen zeigen an, was für wünschenswert oder nicht wünschenswert gehalten wird.	*Wer bewertet, sieht etwas als „gut" oder „schlecht" an.*

Beispiel: Markt optimal mit Umwelttechnik beliefern

teilweise sichtbare Ebene	**Verhaltensregeln (Normen)** Verhaltensregeln sollen dafür sorgen, dass die Mitglieder sich entsprechend den Wertvorstellungen verhalten. Sie haben den Charakter von Grundsätzen, Leitsätzen, Richtlinien, Regeln, Befehlen, Geboten, Verboten, . . . Bei Erfolg verfestigen sich die Verhaltensregeln zu Denk- und Verhaltensmustern.

Beispiel: Faires Wettbewerbsverhalten zeigen!

sichtbare Ebene	**Netzwerk der Kennzeichen (Symbole)** Eine Kultur wird nach außen sichtbar durch ihre **Taten**, ihre **Worte** und ihre **Erscheinung**. Diese Elemente sind ihre Erkennungszeichen. Bei Unternehmen spricht man von Verhalten (behaviour), Kommunikation (communication) und Erscheinungsbild (design).

Beispiel:	Taten, Verhalten:	Es werden marktgerechte Preise gesetzt.
	Worte, Kommunikation:	Es wird sachliche Werbung betrieben.
	Erscheinungsbild:	Es wird ein einheitliches Markenzeichen verwendet.

7.3.2 Notwendigkeit einer Unternehmensphilosophie

Heutzutage sehen sich die Unternehmen insbesondere vor folgende Probleme gestellt:

Unternehmensprobleme

Verschärfter Wettbewerb

Die Produktlebenszyklen werden immer kürzer. Die Verbraucher sind mit Gütern gesättigt. Die Märkte öffnen sich, die Unternehmen treten weltweit in Konkurrenz miteinander (sog. Globalisierung der Märkte).
Folge: *wachsender Konkurrenzdruck*
Die Informationsflut wächst und führt bei den Verbrauchern zu „Werbefrust".
Folge: *Die Unternehmung kann sich zunehmend schlechter Gehör verschaffen.*

Von 100 angebotenen Informationen finden heute im Schnitt nur 2 Beachtung, 98 gehen unter!

Kritische Öffentlichkeit

Die Öffentlichkeit beobachtet die Unternehmen kritischer. Sie sieht sie nicht nur als Güterproduzenten, sondern als Machtgebilde, deren Handeln sich ökonomisch, ökologisch und sozial auswirkt.
Folge: *wachsende ethische (sittliche) Anforderungen. Verlangen, sich mit den Konsequenzen des Handelns auseinander zu setzen und Verantwortung zu übernehmen.*

Fehlender Zusammenhalt, Auseinanderdriften der Unternehmen

Die Unternehmen wachsen, diversifizieren, arbeiten weltweit. Spezialisierung, Komplexität, Unüberschaubarkeit, Anonymität nehmen zu. Echte integrierende Unternehmerpersönlichkeiten fehlen.
Folge: *wachsendes Eigenleben, Eigenprofilierung von Bereichen und Abteilungen (interne Macht- und Verteilungskämpfe).*

Emanzipierte Mitarbeiter

Die Mitarbeiter verfolgen verstärkt Ziele auf den höheren Ebenen der Bedürfnispyramide (Selbstverwirklichung) und streben nach Einsicht in den Sinn ihrer Tätigkeit. Die organisatorische Wirklichkeit entspricht dem vielfach nicht.
Folge: *sinkende Identifikation der Mitarbeiter mit ihrer Unternehmung.*

Man ist heute der Ansicht: Eine Unternehmung kann die oben dargestellten Probleme nur bewältigen, wenn es ihr – neben einer Optimierung der Geschäftsprozesse – gelingt, eine zeitgemäße Unternehmensphilosophie zu entwickeln.

Eine Unternehmensphilosophie ist eine bewusst angestrebte Unternehmenskultur, sozusagen eine Soll-Kultur.

Wirkungen der Unternehmensphilosophie:

- **Sie präzisiert die festgelegten Wertvorstellungen und Normen des Unternehmens, verdeutlicht den Mitarbeitern seine „Weltanschauung", sein Selbstverständnis.**
- **Sie ist die Grundlage für die Formulierung aller Ziele des Unternehmens.**
- **Sie hilft Zielkonflikte zu lösen.**
- **Sie kann den Mitarbeitern als Richtschnur für ihre Entscheidungen und Handlungen dienen.**
- **Sie präsentiert das Unternehmen durch die schlüssige Übereinstimmung von**
  - **Taten (Unternehmensverhalten, corporate behaviour),**
  - **Worten (Unternehmenskommunikation, corporate communication),**
  - **Erscheinung (Erscheinungsbild, corporate design)**
  nach außen als eine unverwechselbare Persönlichkeit (Unternehmensidentität, corporate identity).

Wichtig ist, dass dem Unternehmen nicht eine künstliche Identität von außen verpasst wird, z. B. durch Berater und Agenturen. Sie würde als unecht, als Uniform entlarvt werden. Das Unternehmen sollte vielmehr seinem Wesen treu bleiben und sich so entwickeln, dass es seiner wahren Identität näher kommt. Eine Lösung der oben angesprochenen Probleme ließe sich dann etwa wie folgt angehen:

Nur das wahre Wesen, der echte Geist kann begeist-ern!

■ Wettbewerb:	Die gesamte Unternehmenspersönlichkeit als Wettbewerbselement nutzen! Neue Wege der Werbung gehen, die das Unternehmen selbst mehr in den Vordergrund stellen!
■ Öffentlichkeit:	Vertrauenswürdige, gesellschaftlich akzeptierte Unternehmensidentität aufbauen!
■ Zusammenhalt:	Koordination durch Einschwören auf gemeinsame Idee, Vision.
■ Mitarbeiter:	Selbstverständnis finden! Dem Mitarbeiter klar machen, wofür man steht, welches die Aufgaben und Zwecke des Unternehmens und damit des einzelnen Arbeitsplatzes sind!

Beispiel: Unternehmensleitbild (Leitsätze der Unternehmensphilosophie)

Leitbild
der Motoren- und Getriebebau GmbH

Wir wollen auf dem Gebiet des Motoren- und Getriebebaus zu den wettbewerbsstärksten Unternehmen der Welt gehören und Schrittmacher des technischen Fortschritts sein.

Unser Ziel ist, unseren Kunden in aller Welt Produkte und Leistungen von höchstem Nutzen zu bieten.

Kreativität und Leistungswille unserer Mitarbeiter sind die Basis für unseren Unternehmenserfolg.

Wir wollen nachhaltig hohe Erträge als Voraussetzung für die Sicherung der Zukunft unseres Unternehmens erwirtschaften und den Wert des Investments unserer Gesellschafter erhöhen.

Mit unseren Partnern in aller Welt wollen wir konstruktive, langfristige und vertrauensvolle Beziehungen pflegen.

Wir sehen uns als integrierten Bestandteil der Volkswirtschaft und fühlen uns der Gesellschaft und der Umwelt verpflichtet.

7.3.3 Entwicklung und Umsetzung der Unternehmensphilosophie

Prozess eines Corporate-Identity-Programms

Phase 1:

Ist-Aufnahme der Kultur (Eigenbild)

Geschäftsleitung setzt den Prozess in Gang, sensibilisiert, liefert Hintergrundwissen, definiert die Probleme, veranlasst eine Bestandsaufnahme. Dazu gehören Fragen wie:
- Was sind wir, was wollen wir, warum wollen wir es?
- Wer sind unsere Partner, unsere Mitbewerber?
- Was können wir, welchen Nutzen bieten wir?
- Was können wir besser (Stärken) und schlechter (Schwächen)?
- Worauf können wir stolz sein, worin besteht unsere Einmaligkeit?
- Ist die Struktur des Unternehmens den aktuellen Herausforderungen angemessen?
- Sind geeignete Ressourcen vorhanden? Werden sie wirksam eingesetzt?

Phase 2:

Ist-Aufnahme des Images (Fremdbild)

- Interne Aufnahme:
Erfassung des Bildes, das die Mitarbeiter vom Unternehmen haben, sowie ihrer Einstellung zum Unternehmen (Identifikation).
- Externe Aufnahme:
Erfassung des Bildes, das Kunden, Lieferer, Kapitalgeber, Journalisten, Politiker, die allgemeine Öffentlichkeit vom Unternehmen haben.

> Taten, Worte, Erscheinungen werden von Mitarbeitern und Außenstehenden wahrgenommen und erzeugen bei ihnen ein mehr oder minder positives/negatives Bild: das Image (Fremdbild) der Unternehmung. Das Image zeugt davon, in welchem Maß die Unternehmung anerkannt wird. Es trägt wesentlich zu Erfolg und Misserfolg bei.

Phase 3:

Formulierung der Philosophie

- Bildung von Themengruppen, ausgehend von den erfassten Fragestellungen. Bearbeitung in Arbeitskreisen (möglichst Mitarbeiter verschiedener Bereiche und Hierarchiestufen).
- Geschäftsleitung: formuliert vorläufige Philosophie auf der Basis der Resultate, stellt sie zur Diskussion, formuliert Endfassung.
- Zur Klarstellung schriftliche Fixierung der wesentlichen Leitsätze in einem **Unternehmensleitbild**. Dieses ist sehr allgemein formuliert. Seine positiven Aussagen ermöglichen eine Identifizierung der Mitarbeiter mit ihrer Unternehmung.
- Ableitung von konkreteren Richtlinien (z. B. Allgemeine Führungsanweisung), auch bereichs- und aufgabenbezogen. Können den Mitarbeitern als Handlungsrichtschnur dienen.

Ein Beispiel für ein Unternehmensleitbild finden Sie auf Seite 383.

Phase 4

Maßnahmenkatalog

Erarbeitung von Maßnahmen, um Verhalten, Kommunikation und Erscheinungsbild entsprechend der Philosophie abzustimmen.
- **Verhalten:** Maßnahmen zur positiven Gestaltung aller gelebten Beziehungen innerhalb des Unternehmens (z. B. Führungs-, Arbeitsverhalten) und außerhalb (z. B. Verhandlungen, Abschlüsse, Vorgehen bei Beschwerden, Reklamationen ...)
- **Kommunikation:** Maßnahmen bezüglich der Sprache im Unternehmen (z. B. Information, Umgangston, benutzte Begriffe) und der Kommunikationsbeziehungen nach draußen, die geeignet sind, die Einstellung gegenüber dem Unternehmen positiv zu beeinflussen (Imagewerbung, Publicrelations, Sponsoring, Verkaufsförderung, ...)
- **Erscheinungsbild:** Maßnahmen zur Erzielung eines einheitlichen Erscheinungsbildes nach innen und außen: einheitliches Produktdesign; einheitliches Grafikdesign (Firmenzeichen/Logo, Markenzeichen, Hausfarbe, Hausschrift auf Papieren, Fahrzeugen, Gebäuden, Dienstkleidung ...); einheitliches Architekturdesign (bei Gebäuden, Messeständen ...)

Phase 5

Umsetzung, Erfolgskontrolle

Konsequente Durchführung der Maßnahmen über alle Hierarchieebenen im Geiste der Unternehmensphilosophie. Dabei ist die Vorbildhaltung der Geschäftsleitung sehr wichtig. Von Bedeutung ist auch eine permanente Erfolgskontrolle um festzustellen, ob die Maßnahmen wirklich greifen.

7.3.4 Wirkung einer Corporate-Identity-Strategie

Eine erfolgreiche Corporate-Identity-Strategie erzeugt intern und extern ein Unternehmensimage, das weitgehend mit Unternehmenswirklichkeit und -ideal übereinstimmt. Einem solchen Image werden positive Wirkungen zugesprochen.

Interne Wirkungen	Externe Wirkungen
Bei den Mitarbeitern wird ein ganzheitliches, geschlossenes, akzeptiertes Unternehmensbild erzeugt. Der Sinn ihrer Tätigkeit im Gesamtzusammenhang wird ihnen deutlich. Betriebliche Strukturen und Prozesse werden transparenter. Mögliche Folgen: ■ „Wir-Bewusstsein", Identifizierung mit dem Unternehmen ■ höhere Arbeitszufriedenheit, Motivation, Leistung ■ bessere Zielausrichtung ■ vergrößerte Entscheidungsspielräume und Leistungssteigerungen durch einheitliches Vorgehen und einheitliche Gestaltung	Nach außen eindeutiges, unverwechselbares, widerspruchsfreies und zuverlässiges Bild des Unternehmens. Mögliche Folgen: ■ Bessere Erkennbarkeit des Unternehmens in der Informationsflut, ■ Vertrauensbildung beim Partner ■ höhere Attraktivität des Güterangebots ■ bessere Unterscheidbarkeit von der Konkurrenz ■ ggf. stärkere Kundenbindung an Marke und Hersteller ■ ggf. günstigerer Konditionen bei Lieferern ■ höhere Erfolgserwartungen bei Kapitalgebern, ■ größere Popularität und Verständnisbereitschaft in der Öffentlichkeit.

Arbeitsaufträge

1. **Die folgende Skizze macht Aussagen über die Corporate Identity (CI).**

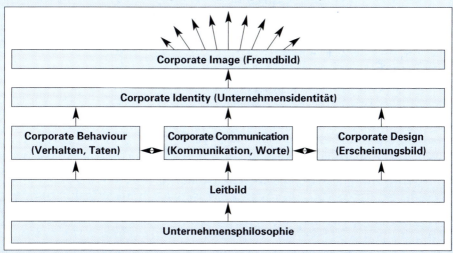

a) Erläutern Sie die dargestellte Entwicklung der CI.
b) In welcher Beziehung steht die CI zum Unternehmensimage?
c) Für welche Probleme bietet die CI-Strategie Lösungsansätze?
d) Inwiefern ist die CI auch ein wesentliches Element der Personalführung?
e) Welche Bedeutung hat in diesem Zusammenhang das Unternehmensleitbild?
f) Erläutern Sie den Zusammenhang zwischen Markenzeichen (z. B. dem Mercedes-Stern) und CI.

2. **Betrachten Sie den Arbeitsauftrag 1 auf Seite 458.**
Erläutern Sie, inwiefern die dort dargestellten Publicrelations-Maßnahmen Bestandteil einer CI-Strategie sind.

3. Die Aussagen in Unternehmensleitbildern sind sehr allgemein gehalten.
a) Warum sind detaillierte Aussagen für ein Leitbild ungeeignet?
b) Um Grundlagen für betriebliches Handeln zu erhalten, müssen die Leitbildaussagen in mehreren Stufen detailliert werden. Aus dem Satz „Wir engagieren uns für umweltverträglichen Fortschritt" lässt sich beispielsweise ableiten: „Bei unternehmerischen Entscheidungen berücksichtigen wir ökologisch relevante Gesichtspunkte.
Umweltbewusstes Handeln der Mitarbeiter unterstützen wir durch praktische Hilfestellung und gezielte Informationen.
Im Rahmen unserer Möglichkeiten fördern wir das Umweltbewusstsein bei unseren Geschäftspartnern und in der Bevölkerung."
- Leiten Sie aus dem Leitbild auf Seite 383 entsprechende Detaillierungen ab.
- Nehmen Sie für zwei beliebige Punkte auch bereichsbezogene Detaillierungen vor.

4. „Unternehmenskulturbegründete Verhaltensregeln für die tägliche Aufgabenerfüllung sind von großer Bedeutung".
a) Begründen Sie diese Aussage.
b) Wie sollte man bei der Formulierung solcher Regeln vorgehen, damit sie von den Mitarbeitern maximal akzeptiert werden?
c) Formulieren Sie Regeln für das Verhalten am Telefon.

8 Management der Arbeitsorganisation

8.1 Arbeitsstudien

8.1.1 Ziel von Arbeitsstudien

Arbeitsstudien sind erfahrungsmäßig praktisch oder arbeitswissenschaftlich begründete Methoden zur Untersuchung von Arbeitsvorgängen zum Zweck einer optimalen Arbeitsgestaltung.

Sie sind Voraussetzung für eine optimale Fertigungsplanung und Fertigungsorganisation und damit auch für eine sinnvolle Rationalisierung. Arbeitsstudien wurden von F. W. Taylor (1856–1915) in den USA begründet. Hauptträger in Deutschland war und ist der REFA-Verband, außerdem der „Ausschuss für wirtschaftliche Fertigung" (AWF).

Arten von Arbeitsstudien

Arbeitsablaufstudien
Sie untersuchen die Folge von Arbeitsvorgängen, d.h. das sinnvolle Ineinandergreifen von einzelnen Plätzen, Arbeitsstufen und -gruppen.
Mit Hilfe dieser Studien ist eine Beurteilung des Arbeitsvollzugs möglich; es lassen sich menschliche oder technische Störungen aufdecken.

Arbeitszeitstudien
Sie messen die für den einzelnen Arbeitsvorgang benötigte Zeit mit Stoppuhren, Registriergeräten und Filmen. Die ausgewerteten Ergebnisse bilden die Basis für die Einteilung der Arbeit in zeitlicher Hinsicht.

Arbeitswertstudien
Sie erfassen die Schwierigkeit von Arbeiten und bezwecken eine Einstufung der Tätigkeiten nach dem Schwierigkeitsgrad.

8.1.2 Arbeitsablaufstudien

Der Arbeitsablauf ist nach REFA eine Folge zusammenhängender **Arbeitsvorgänge** in **Raum** und **Zeit**. Demgemäß sind zu untersuchen:

- die Unterteilung des Arbeitsablaufs in einzelne Arbeitsvorgänge,
- die zeitliche Reihenfolge der Arbeitsvorgänge,
- die räumliche Anordnung der Arbeitsplätze,
- die Beförderungsmittel für die Werkstoffe.

Die Arbeitsabläufe werden auf verschiedene Art, je nach dem Zweck, festgehalten. Grundlage bei Arbeitsablaufstudien ist stets die Unterteilung des Arbeitsablaufs in Arbeitsvorgänge. Sie wird in einem **Arbeitsgliederungsplan** dargestellt.

Beispiel: Arbeitsgliederungsplan „Herstellung eines Drehstrommotors (Ausschnitt)"[1]

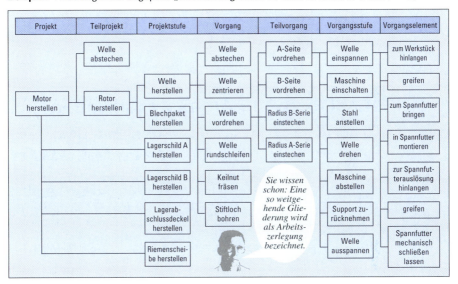

Grundrissdarstellungen zeigen die Länge der Verkehrswege auf und geben Hinweise darauf, wo sich die Verkehrswege verkürzen lassen.

Beispiel: Fertigungsfluss

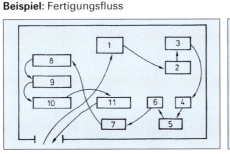
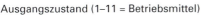
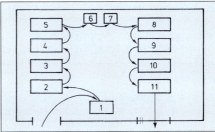

Ausgangszustand (1–11 = Betriebsmittel)   Zustand nach Optimierung

---

[1] REFA (Hrsg.): Methodenlehre des Arbeitsstudiums. Teil 1, Grundlagen

Als Grundlage für die Untersuchung von Teilvorgängen, Vorgangsstufen und Vorgangselementen sind **Arbeitsprozessdarstellungen** wie die Folgende gut geeignet. Sie können verschiedene Tatbestände gleichzeitig verdeutlichen:

- die berührten Stellen bzw. Abteilungen,

- die verschiedenen Ablaufstufen,

- die auf den jeweiligen Ablaufstufen vorgenommenen Verrichtungen,

- die Häufigkeit der Verrichtungen,

- die Länge der Wege,

- die Zeitdauer.

O = *Operation, Bearbeitung*
I = *Inspektion, Kontrolle*
T = *Transport*
S = *Stillstand, Verzögerung, Lagerung, Ablage*

Beispiel: Arbeitsablaufkarte

Arbeitsablaufkarte (Kundenauftragsbearbeitung)			Berührte Stellen						
Ablaufstufen		Verrichtung	Poststelle	Debitoren-buchhaltung	Verkaufsleiter	Verkauf	Produktlager	Packerei	Versand/Fuhrpark
1	Posteingang – Öffnen des Kundenauftrags	⊗ I T S	1						
2	Bonitätsprüfung	O ⊗ T S		2					
3	Sortiert und disponiert	⊗ I T S		3					
4	Entscheidet über Lieferfähigkeit	O ⊗ T S				4			
5	Adresse, Konditionen, Preise eingeben	O ⊗ T S				5			
6	Mengen eingeben	⊗ I T S				6			
7	Fakturieren	⊗ I T S				7			
8	Rechnungssatz trennen	⊗ I T S				8			
9	Fakturierte Aufträge weiterleiten	O I ⊗ S				9			
10	Auftrag kommissionieren	⊗ I T S					10		
11	Auftrag und Begleitpapiere	O I ⊗ S					11		
12	Auftrag versandfertig machen	⊗ I T S						12	
13	Versandzettel	O I ⊗ S							13
14	Originalrechnung aussortieren	⊗ I T S					14		
15	Originalrechnung und Duplikat	O I ⊗ S	15						
16	Originalrechnung und Duplikat an Kunden versenden	O I ⊗ S	16						

8.2 Arbeitszeitstudien

Aufgabe der *Arbeitszeitstudien* ist die Ermittlung der Vorgabezeit. Hierunter ist der Zeitverbrauch für die ordnungsgemäße Erledigung einer Aufgabe bei normaler Leistung der Arbeitskraft zu verstehen (Sollzeit).

Die Vorgabezeiten werden benötigt für

- die Lohnberechnung bei Akkordarbeit,
- die Ermittlung der Durchlaufzeit eines Produktes,
- die Terminplanung,
- den Personalbedarf.

Vorgabezeiten können für Menschen und Maschinen ermittelt werden. Sie setzen sich nach REFA aus Grundzeiten, Verteilzeiten und Erholungszeiten zusammen.

Zusammensetzung der Vorgabezeiten
Grundzeiten Regelmäßig auftretende Zeiten (Tätigkeits- und Wartezeiten), die sich durch Zeitaufnahme oder Berechnung ermitteln lassen.
Verteilzeiten Unregelmäßig auftretende Zeiten, die durch einen prozentualen Zuschlag auf die Grundzeit berücksichtigt werden müssen. Sie umfassen sachliche Verteilzeiten (störungsbedingte Unterbrechungen) und persönliche Verteilzeiten (persönlich bedingte Unterbrechungen).
Erholungszeiten Sie kommen nur bei Menschen vor und dienen dem Abbau von Ermüdung und der Wiederherstellung der Arbeitskraft.

Schema für die Berechnung der Vorgabezeit des Menschen für einen Auftrag:[1]

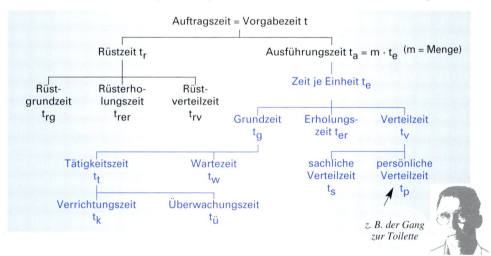

Ein entsprechendes Schema (ohne Erholungszeiten) wird auch für die Belegungszeit von Betriebsmitteln benutzt.

> **Beispiel:**
>
> Errechnung der Vorgabezeiten für „Verschlussdeckel, plandrehen, hinterstechen und Bohrung drehen". Fertigungsmenge: 100 Stück

---

[1] REFA (Hrsg.): Methodenlehre des Arbeitsstudiums, Teil 2, Datenermittlung

Nr.	Vorgangsstufen	Sollzeit in Minuten	Zeitart
1.	Auftrag und Zeichnung lesen	1,0	t_{rg}
2.	Werkzeug bereitlegen	1,0	
3.	Werkzeug einspannen	0,5	
4.	Maschine einstellen	1,0	
5.	Werkstück einspannen	0,5	t_g'
6.	Werkzeug anstellen, Maschine einschalten	0,2	
7.	Bohrung ausdrehen, 1. Span	1,1	
8.	Zurückfahren und Werkzeug anstellen	0,1	
9.	Bohrung ausdrehen, 2. Span	1,1	
10.	Zurückfahren und Werkzeug anstellen	0,2	
11.	Plandrehen	2,3	
12.	Werkzeugwechsel	0,2	
13.	Werkzeug anstellen	0,1	
14.	Hinterstechen	1,6	
15.	Freistechen innen	0,4	
16.	Werkzeugwechsel	0,2	
17.	Werkzeug anstellen	0,1	
18.	Anfasen 3 x	0,5	
19.	Messen	0,05	
20.	Werkzeug abspannen	0,2	
21.	Werkstück ablegen (Nr.5 bis 21 wird 99 mal wiederholt)	0,1	
22.	Werkzeug ausspannen und weglegen	0,8	t_{rg}

Verteilzeiten für Rüstzeit t_{rv} = 10 %

Verteilzeitzuschlag für Ausführungszeit t_v = 10 %

Rüstzeit: $\qquad t_r = t_{rg} + t_{rer} + t_{rv} \qquad t_r = 4{,}3 \text{ Min.} + 0 \text{ Min.} + 4{,}3 \text{ Min.} \cdot \dfrac{10}{100} = 4{,}73 \text{ Min.}$

Zeit je Einheit: $\quad t_e = t_g + t_{er} + t_v \qquad t_e = 8{,}95 \text{ Min.} + 0 \text{ Min.} + 8{,}95 \text{ Min.} \cdot \dfrac{10}{100} = 9{,}85 \text{ Min.}$

Vorgabezeit: $\qquad t = t_r + m \cdot t_e \qquad t = 4{,}73 \text{ Min.} + 100 \cdot 9{,}85 \text{ Min.} = 990 \text{ Min.}$

Die **Sollzeiten für die Vorgangsstufen** können auf verschiedene Weise ermittelt werden.

Ermittlung der Sollzeiten für die Vorgangsstufen

Messen

Stoppuhr, Stopprechner, Stoppband, Filmkamera, Impulsgeber, Zeitschreiber, Zählwerke u.a.m.

Multimomentaufnahmen

In zufällig ausgewählten Zeitpunkten werden auf Betriebsrundgängen die Tätigkeiten innerhalb einer Gruppe registriert. Von der Häufigkeit des Vorkommens einer bestimmten Tätigkeit schließt man auf ihren prozentualen Anteil an der Gesamtheit des Arbeitsablaufs.

Vergleichen

Vergleich mit ähnlichen, zeitmäßig bekannten Vorgängen

Schätzen

Der gesamte Vorgang oder Teilvorgänge können geschätzt werden.

Planzeiten

Aus Tabellen werden als Richtwerte ermittelte Planzeiten abgelesen, die für bestimmte Arbeitsabschnitte gelten, auf eine Tätigkeit angewendet und aufsummiert.

Berechnen

Zeiten, die vom Vorgang her unbeeinflussbar sind (mechanisch oder automatisch ablaufende Abschnitte) können formelmäßig errechnet werden.

Systeme vorbestimmter Zeiten

Man führt einen Vorgang auf kleine Vorgangselemente zurück, die wiederum bestimmten Grundbewegungstypen zugeordnet werden. So sind die sechs wesentlichen Bewegungselemente nach REFA:

Hinlangen	Bewegen der Hand zu einem Gegenstand
Bringen	Bewegen eines Gegenstandes mit der Hand
Greifen	Schließen der Finger zum Fassen eines Gegenstandes
Vorrichten	Drehen eines Gegenstandes in eine einbaugerechte Lage
Fügen	In- oder Aneinanderfügen von Gegenständen
Loslassen	Öffnen der Finger, die den Gegenstand halten

Es gibt mehrere Systeme vorbestimmter Zeiten, vor allem **MTM (Method-Time-Measurement)** und **WF (Work-Faktor)**, die sich vor allem durch eine unterschiedliche Zahl von Bewegungselementen und die Art der Zeitzuordnung unterscheiden. Allgemein lässt sich sagen, dass die Gesamtzeit für einen Vorgang synthetisch durch Aufsummieren der minimalen Zeiteinheiten erfolgt.

Arbeitsaufträge

1. **Eine rationale Arbeitsgestaltung setzt Arbeitsstudien voraus.**
   a) Was versteht man unter Arbeitsstudien?
   b) Welche Tatbestände werden an Hand von Arbeitsstudien untersucht?
   c) Beschreiben Sie die auf den Seiten 387 und 388 wiedergegebenen grafischen Darstellungen von Arbeitsprozessen. Versuchen Sie anzugeben, bei welchen Gelegenheiten derartige Arbeitsablaufstudien nötig werden könnten.
   d) Zeichnen Sie aus dem Gedächtnis das Schema zur Berechnung der Vorgabezeit des Menschen für einen Auftrag auf. Erläutern Sie dann Ihre Eintragungen in den einzelnen Kästchen.
   e) Nennen Sie Anlässe, bei denen Vorgabezeiten berechnet werden müssen.

2. **Folgender Auftrag liegt vor: „Welle A-Seite vordrehen"; Menge 15 Stück.**

Nr.	Vorgangsstufen	Sollzeit in Minuten	Zeitart
1.	Auftrag und Zeichnung lesen	1,0	
2.	Stahl bereitlegen	1,0	
3.	Stahl einspannen	0,5	
4.	Maschine einstellen	1,0	
5.	Welle einspannen	0,5	
6.	Stahl anstellen, Maschine einschalten	0,2	
7.	Welle drehen	10,0	
8.	Maschine ausstellen	0,1	
9.	Support zurücknehmen	0,2	
10.	Welle ausspannen	0,4	
11.	Welle ablegen	0,1	
	(Nr. 5-11 wird 14mal wiederholt)		
12.	Stahl ausspannen und weglegen	0,8	

Verteilzeitzuschlag für Rüstzeit 15%; Verteilzeitzuschlag für Ausführungszeit 10%.

a) Berechnen Sie die Rüstzeit, die Zeit je Einheit und die Vorgabezeit.
b) Der Dreher erhält Sollzeiten vorgegeben. Nennen Sie Methoden, diese Sollzeiten zu ermitteln.

3. **Ein modernes Verfahren für die Ermittlung von Sollzeiten ist das Modulverfahren:**

Seine kleinste Einheit, 1 MODUL, entspricht 1/7 sec (für schnelle Planung – exakt: 0,14285 sec). Alle Tätigkeitselemente sind ein Mehrfaches vom MODUL, z. B. bei Hinlang- und Bringbewegungen mit den Armgliedern:

Fingerbewegung	= 1 MOD
Handbewegung aus Handgelenk	= 2 MOD
Unterarmbewegung aus Ellbogengelenk	= 3 MOD
Oberarmbewegung aus Schultergelenk	= 4 MOD
gestreckte Armbewegung	= 5 MOD

Diese Definition aus der anatomischen Kinematik ist unterschiedlich zu den bisherigen Verfahren. Die physiologische Deutung ist empirisch und zeigt im Ergebnis Übereinstimmung mit anderen Verfahren.

Die weiteren Merkmale von MODUL betreffen die geringe Zahl von Ausführungselementen (21), wenig Anwendungsregeln sowie Symbole, die mit dem Zeitwert identisch sind; Übersetzungsroutinen mit der Tabelle entfallen also. Die Addition einstelliger Ziffern (MODULN) ergibt direkt den Zeitwert:

Beispiel:
Kugelschreiber aufnehmen aus Ständer (Hinlangen 45 cm):

Mit Oberarm hinlangen	MOD 4
Kugelschreiber ergreifen	MOD 1
Kugelschreiber herausziehen aus Ständerloch	MOD 2
Kugelschreiber zum Schreibpapier (20 cm): Unterarmbewegung mit Nachrichten des Kugelschreibers:	MOD 3
Kugelschreiber zum Schreiben ansetzen: Anfügen	MOD 2

a) Zu welchen der folgenden Verfahren gehört das Modulverfahren nach Ihrer Ansicht?
1. Messen, 2. Multimomentaufnahmen, 3. Vergleichen, 4. Schätzen, 5. Planzeiten, 6. Berechnen, 7. VVZ (Verfahren vorbestimmter Zeiten).
b) Berechnen Sie die Sollzeit für das angegebene Beispiel.

8.3 Moderne Arbeitsorganisation

8.3.1 Notwendigkeit neuer Formen der Arbeitsorganisation

Die gegenwärtigen tief greifenden Umgestaltungsprozesse in den Betrieben erzwingen auch neue Formen der Arbeitsorganisation:

Revolution in den Betrieben	
Traditionelle Unternehmen	**Moderne Unternehmen**
Veränderungen in der Hierarchie	
Starke Hierarchie, verteilt auf viele Ebenen	Kleine Managementebenen mit flachen Führungspyramiden
Veränderung bei der Delegation von Aufgaben	
Entscheidungen werden in zentralen Einheiten gefällt. Das System von Befehl und Ausführung ist sehr bürokratisch.	Entscheidungen werden weitgehend auf die Ebene delegiert, auf der sie anfallen. Jede Tätigkeit wird in Eigenverantwortung durchgeführt.
Veränderungen bei der Arbeitsteilung	
Klar abgegrenzte Aufgabengebiete und stark zergliederte Arbeitsteilung; z. B. einfachste Handgriffe bei der Fließbandfertigung	Aufgaben werden von Teams abteilungsübergreifend gelöst. Die Fertigung erfolgt in selbstständigen Arbeitsgruppen, die auch für Aufgaben wie Einkauf oder Wartung zuständig sind.

Veränderungen bei der Entwicklung	
Technikorientierte Produktentwicklung, die auf die jeweils dafür zuständige Abteilung beschränkt ist.	Kundenorientierte Produktentwicklung, die alle Abteilungen einschließlich der Zulieferer betrifft. Alle sind in einen simultanen Entwicklungsprozess eingebunden.

Veränderungen bei der Arbeitszeit	
Starre, feste Arbeitszeiten	Flexible Arbeitszeiten, die sowohl von den Mitarbeitern als auch vom Arbeitsumfang bestimmt werden

Auswirkungen auf die Arbeitsorganisation

- Bildung von flexiblen Arbeitsgruppen
- Übertragung von Verantwortung auf die Mitarbeiterschaft
- Übertragung von Kompetenzen auf die Arbeitsgruppe
- Mitspracherechte bei der Planung
- Selbstorganisation der Arbeitsprozesse
- Hohe Qualifizierung der Belegschaften
- Selbstkontrolle der Fertigungsqualität

8.3.2   Gruppenarbeit (Teamarbeit)

Bei der Gruppenarbeit werden die Aufgaben einzelner Mitarbeiter zu Gruppenaufgaben zusammengefasst. Die Gruppe erhält ihre Arbeitsaufträge von außen. Sie löst sie in gemeinsamer Absprache. Dabei übernimmt sie zunehmend ganze Produktionsabschnitte mit früher vor- und nachgelagerten Aufgaben. Dazu können gehören:

- Arbeitsverteilung
- Arbeitsplatzwechsel
- Qualitätssicherung
- Wartung und Instandhaltung der Betriebsmittel
- Disposition der Materialien
- Disposition der Arbeitszeiten
- Verbesserung des Produktionsprozesses
- Auswahl neuer Gruppenmitglieder

All dies erfordert natürlich intensive gemeinsame Trainingsveranstaltungen, z. B. über Methoden der Fehleranalyse und -beseitigung.

Die Gruppe hat keinen Vorgesetzten, sondern wählt aus ihrer Mitte in geheimer Wahl einen **Gruppensprecher**. Der Gruppensprecher erhält einen Entgeltzuschlag, solange er im Amt ist.

Einmal pro Woche hält die Gruppe eine **Gruppenbesprechung** ab. In offener Kommunikation werden Themen behandelt wie:

„Wodurch wird die Zusammenarbeit in der Gruppe behindert?"
„Warum erreichen wir unsere Ziele nicht im gewünschten Umfang?"
„Wie können wir mehr Material einsparen?"
„Warum haben wir höhere Fehlzeiten als andere Gruppen?"

Hier finden sich unter anderem die Ansatzpunkte für das **Kaizen**, den immer währenden Prozess der kleinen Verbesserungsschritte.

8.3.3   Fertigungsinseln

Die Gruppenstruktur kann zu einer Fertigungsinsel weiterentwickelt werden. Dazu werden bekanntlich die notwendigen Maschinen räumlich zu einer Fertigungsgruppe zusammengefasst und nach dem Fließprinzip organisiert.

Beispiele: Fertigungsinseln

1. Der Fertigungsprozess wird **kundenbezogen** zusammengefasst. Die Gruppe arbeitet z. B. nur für einen Abnehmer (etwa einen Automobilhersteller) und liefert Fertigteile zu.
2. Der Fertigungsprozess wird **produktorientiert** organisiert. Es werden z. B. die Fertigungsvorgänge für eine Baugruppe eines Endprodukts auf die Fertigungsinsel konzentriert.

In beiden Fällen werden den Fertigungsinseln alle notwendigen Funktionen – wie oben dargestellt – räumlich und organisatorisch zugeordnet.

Vorteile der Arbeitsorganisation in Fertigungsinseln	Nachteile der Arbeitsorganisation in Fertigungsinseln
■ vollständige Kunden- oder Produktorientierung der Arbeitsabläufe und Arbeitsergebnisse ■ kürzere Durchlaufzeiten der Materialien ■ geringerer Produktionsaufwand ■ höhere Qualität und Produktvielfalt ■ geringerer Bestände- und Flächenbedarf ■ hohe Eigenverantwortung der Mitarbeiter ■ geringerer Kontrollaufwand durch Dritte ■ kontinuierliche Verbesserung der Verfahren durch die Mitarbeiter	■ Die Fertigungsinseln können sich verselbstständigen und sind nur schwer von außen kontrollierbar. ■ Doppelarbeiten in unterschiedlichen Fertigungsinseln sind möglich (z. B. Einkauf gleicher Materialien). ■ hoher Schulungsaufwand bei der Einführung der neuen Arbeitsorganisation. ■ Die Gruppe steht unter einem erheblichen Leistungsdruck der ständigen Verbesserung und Kosteneinsparung.

8.3.4 Temporäre Arbeitsorganisation

Für befristete Aufgaben, größere Projekte (z. B. die Planung einer Anlage) ist die starre Aufbauorganisation des Betriebes oft hinderlich. Sie ist ja auf die betrieblichen Funktionen, nicht auf Prozesse ausgerichtet. Deshalb fasst man für derartige Aufgaben Fachleute aus den betroffenen Abteilungen unter einem Projektleiter zusammen.

Temporär heißt: zeitlich befristet.

Der Projektleiter ist für die Projektabwicklung verantwortlich. Er vertritt das Projektteam nach außen und ist mit weit reichenden Vollmachten ausgestattet. Dazu gehören die Mitwirkung bei der Auswahl der Mitarbeiter, ihre Anleitung, Beurteilung, ggf. auch Mitwirkung an ihrer Entlohnung.

Die Projektgruppe organisiert ihre Arbeit selbst. Sie beschafft sich die notwendigen Betriebsmittel im Rahmen eines festgesetzten Budgets.

„Projektgruppen organisieren erfahrungsgemäß ihre Arbeit weitgehend selbst entsprechend der Aufgabenstellung, den Anforderungen und der Verfügbarkeit der Gruppenmitglieder. Für die Mitglieder in Projektgruppen stellt diese interdisziplinäre Zusammenarbeit eine neue Herausforderung dar. Sie vertreten ihr Fachgebiet eigenverantwortlich, lernen fachübergreifend zu denken, erleben Kooperation und üben Entscheidungsfindung durch Konsens. Somit ist es nur folgerichtig, dass sich in solchen Projektgruppen auch künftige Führungskräfte entwickeln können."

N.H. Schusser, Mitarbeiter – Unternehmer im Unternehmen, Siemens-Zeitschrift, Heft 2, April 1993

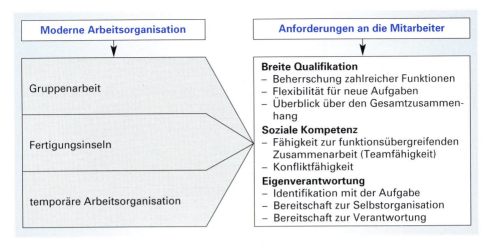

Moderne Arbeitsorganisation	Anforderungen an die Mitarbeiter
Gruppenarbeit	**Breite Qualifikation** – Beherrschung zahlreicher Funktionen – Flexibilität für neue Aufgaben – Überblick über den Gesamtzusammen- hang
Fertigungsinseln	**Soziale Kompetenz** – Fähigkeit zur funktionsübergreifenden Zusammenarbeit (Teamfähigkeit) – Konfliktfähigkeit
temporäre Arbeitsorganisation	**Eigenverantwortung** – Identifikation mit der Aufgabe – Bereitschaft zur Selbstorganisation – Bereitschaft zur Verantwortung

8.3.5   Telearbeit

Bei der Telearbeit hat der Mitarbeiter seinen Arbeitsplatz nicht mehr im Betrieb. Er arbeitet vielmehr an einem Computer, der an einem beliebigen Platz steht: in der Regel zu Haus, aber auch bei einem Kunden, auf einer Messe, sogar im Auto. Der Computer ist online mit dem Betriebscomputer verbunden und kommuniziert mit ihm. So wird der Arbeitsplatz durch die Telekommunikation ortsungebunden.

Wird ein Teil der Arbeitszeit auch im Betrieb verbracht, so spricht man von alternierender (abwechselnder) Telearbeit.

Vorteile der Telearbeit	Nachteile der Telearbeit
Bessere Vereinbarkeit von Beruf und Familie	Soziale Isolation des Mitarbeiters
Erhöhte Mitarbeitermotivation durch einen modernen, telekommunikativen Arbeitspatz	Problem der Mitarbeiterführung
Ersparnis von Arbeitsplatzkosten wie Büroräumen	Probleme mit dem Datenschutz
Entlastung der Verkehrswege	hoher organisatorischer Aufwand
Geringere Wegezeiten zum Arbeitsplatz	hoher technischer Aufwand
Neue Teilzeitarbeitsplätze	ungewohnte Kommunikationsmethode für die Beschäftigten
Flexible Gestaltung der Arbeitszeit	Fremdbestimmung des Mitarbeiters durch den PC

Arbeitsaufträge

1. Die Montage eines Telefonendgerätes setzt sich aus folgenden drei Arbeitsvorgängen zusammen:
   – **Montage des Handapparates,**
   – **Montage des Gehäuses,**
   – **Montage des Endgerätes.**
   Diese Arbeiten sind bisher je einem Mitarbeiter übertragen worden.
   a) Sie sollen die drei Mitarbeiter überzeugen, dass sie die Montage der Baugruppen innerhalb einer Gruppe gestalten sollen. Fertigen Sie ein Argumentationsschema an.
   b) Welche Maßnahmen müssen Sie durchführen, damit diese Mitarbeiter in der Lage sind, die Montage der Baugruppen in einer Fertigungsgruppe zu gestalten?

c) Beschreiben Sie mögliche Konflikte, die in dieser Arbeitsgruppe entstehen können.
d) Begründen Sie, warum es sich bei dieser Arbeitszusammenfassung noch nicht um eine Fertigungsinsel handeln kann.

2. **Bei modernen Formen der Arbeitsorganisation werden die Stufen der Unternehmenshierarchie abgebaut.**
Erläutern Sie dies am Beispiel der temporären Arbeitsorganisation.

3. **Telearbeit ist eine besonders moderne Arbeitsorganisation, die erheblich die Arbeitswelt verändern wird.**
a) Welche Tätigkeiten eines Fertigungsbetriebes sind besonders geeignet in dieser Organisationsform erledigt zu werden?
b) Welche Tätigkeiten sind auf keinen Fall geeignet in Form von Telearbeit erledigt zu werden?

9 Personalkostenmanagement

„Wenn Sie mir keine Gehaltserhöhung geben, Chef, dann erzähle ich überall herum, ich hätte eine gekriegt."

9.1 Personalkosten: Arten, Beeinflussbarkeit

Personalkosten sind alle Kosten für die Bereitstellung und den Einsatz der menschlichen Arbeitskraft.

Personalkosten	
Direkte Personalkosten	**Indirekte Personalkosten (Personalnebenkosten)**
= Entgelt für geleistete Arbeit	= Kosten, die nicht unmittelbar Entgelt für Arbeitsleistung sind
■ Bruttolöhne und -gehälter ■ Zuschläge (z. B. für Mehr-, Schicht-, Sonn- und Feiertagsarbeit, Erschwernis)	■ **gesetzlich festgelegte:** Arbeitgeberbeiträge zur Sozialversicherung, Beiträge zur Berufsgenossenschaft, Aufwand nach Schwerbehinderten- und Mutterschutzgesetz, bezahlte Abwesenheit bei Urlaub, Krankheit, Feiertagen, Aufwand nach Betriebsverfassungsgesetz ■ **freiwillige:** Aus- und Fortbildung, Altersversorgung, Werksverpflegung, Gratifikationen, Urlaubsgeld, Fahrtkosten-Erstattung, Treueprämien, Jubiläumsgeschenke, Sportangebote, vermögenswirksame Arbeitgeberleistungen u. a. m.

Freiwillige Arbeitgeberleistungen sind ein Ansatzpunkt für die Verbesserung von Arbeitsleistung und Betriebsklima. Sie verbessern das „soziale Ansehen" des Betriebs und werden vielfach am Jahresende in sog. Sozialberichten veröffentlicht.
Die Gewerkschaften sind bestrebt, derartige Sozialleistungen in Tarifverträgen festzuschreiben. Dann werden aus freiwilligen Sozialleistungen **tarifliche Sozialleistungen**. Da sie vertraglich begründet sind, können sie nicht mehr einseitig rückgängig gemacht werden. Zwei besonders bekannte Beispiele sind die tarifvertragliche Weihnachtsgratifikation und die tarifvertraglich festgelegte Arbeitgeberbeteiligung an der Vermögensbildung nach dem 5. Vermögensbildungsgesetz.

Nach ihrer Beeinflussbarkeit durch das Personalmanagement werden unterschieden:

■ Bestandskosten (Kosten für die Personalbereitstellung Sie sind mit der Mitarbeitereinstellung als Datum gegeben und kaum beeinflussbar).
■ Aktionskosten (Kosten für Personalbeschaffung, -entwicklung, -abbau)
■ Reaktionskosten (Fluktuations- und Fehlzeitenkosten)

Aktions- und Reaktionskosten lassen sich durch eine Optimierung der Prozesse gestalten und verringern. Deshalb bedarf es hier guter Planung und guten Controllings. Ein wichtiges Instrument dafür ist das Personalbudget.

Das Personalbudget ist ein Plan, der die Obergrenze der Personalkosten einer organisatorischen Einheit für einen Zeitraum (i. d. R ein Jahr) festlegt.

Das Personalbudget erleichtert die Überwachung der Personalkosten. Geplante und tatsächliche Personalkosten werden verglichen, die Abweichungen werden analysiert.

Arbeitsaufträge

1. **Durchgeführte Untersuchungen zeigen, dass die Personalnebenkosten pro Mitarbeiter bei großen Unternehmen weitaus höher als bei kleineren sind.**
   a) Vergleichen Sie die Sozialleistungen Ihrer Ausbildungsbetriebe. Finden Sie ggf. das genannte Untersuchungsergebnis bestätigt?
   b) Wo liegen nach Ihrer Ansicht die Gründe für derartige Unterschiede? Führen Sie zu diesem Thema eine Diskussion durch.

2. **In einer Großdruckerei ist die Stelle eines Offsetdruckers zu besetzen. Dafür bieten sich als Alternativen eine Festeinstellung oder die Besetzung durch Personalleasing an.**
   a) Fertigen Sie eine Aufstellung über die Kostenarten an, die bei diesen Personalbeschaffungsmaßnahmen anfallen.
   b) Erläutern Sie anhand dieses Falles Möglichkeiten, die Höhe von Aktionskosten zu beeinflussen.

9.2 Arbeitswertstudien

9.2.1 Anforderungen an Arbeitsplätzen

Die Höhe der Entlohnung hat großen Einfluss auf die Leistungsmotivation. Vielfach wird sie sogar als die entscheidende Einflussgröße angesehen.

Grundsätzlich muss gelten:
■ *Die schwierigere Arbeit ist höher zu entlohnen!*
■ *Bei gleicher Schwierigkeit ist die höhere Leistung höher zu entlohnen!*

Jeder Arbeitsplatz stellt ganz bestimmte Anforderungen an die dort Beschäftigten. Diese Anforderungen kennzeichnen den **Schwierigkeitsgrad** der Arbeit.

Arbeitswertstudien **sollen den Schwierigkeitsgrad der Arbeit ermitteln. Sie dienen damit der Arbeitsplatzbewertung und sind eine Grundlage für die Bestimmung der Lohnhöhe.**

Voraussetzungen für Arbeitswertstudien sind eine genaue Untersuchung und Beschreibung jedes Arbeitsplatzes.

Arbeitsplatz- **beschreibung**		**Arbeitsplatz-** **bewertung**
– organisatorische Daten – Ziel des Arbeitsplatzes – Tätigkeiten – Entscheidungsbefugnisse – Arbeitsablauf	Arbeitsplatzbeschreibung ———————————→ liefert Erkenntnisse zur Arbeitsplatzbewertung	Ermittlung des Schwierigkeits- grades durch Arbeits- wertstudien

Die Anforderungen der einzelnen Arbeitsplätze müssen miteinander verglichen werden, denn die Leistung der Mitarbeiter hängt auch davon ab, ob sie sich selbst im Rahmen des Betriebssystems als gerecht entlohnt beurteilen. Ihre Einstufung soll die unterschiedlichen Arbeitsschwierigkeiten berücksichtigen und den Arbeitenden das

Gefühl geben, dass ihr Lohn in angemessenem Verhältnis zum Lohn ihrer Arbeits-
kollegen steht, die schwierigere oder leichtere Arbeiten ausführen.

9.2.2 Anforderungsarten, -niveau, -struktur

Die einzelnen Anforderungsarten, die mit einer Tätigkeit verbunden sind, wurden
1950 grundlegend im sogenannten **Genfer Schema**[1] festgelegt. Dieses Schema unterscheidet verschiedene Anforderungsarten nach folgenden Hauptmerkmalen:

Genfer Schema		
Hauptmerkmale	**Anforderungsarten**	
	Fachkönnen	**Belastung**
Geistige Anforderungen	① Fachwissen, Berufserfahrung, Fertigkeit im fachlichen Denken (Denkfähigkeit)	③ Beanspruchung der Aufmerk-samkeit, der Betätigung der Sinne, Nerven, des Gehirns (aktive Denkfähigkeit)
Körperliche Anforderungen	② Geschicklichkeit, Handfertigkeit, körperliche Fertigkeit (Fähigkeiten der Muskeln)	④ Aktive Betätigung der Muskeln
Umgebungs-einflüsse		⑤ Beanspruchung durch passi-ves Ertragen von Temperatur, Nässe, Säure, Staub, Schmutz, Gas, Dämpfe, Lärm, Erschütte-rung, Blendung, Lichtmangel, Erkältungsgefahr, Arbeit im Freien, Unfallgefahr usw.
Moralische Anforderungen	⑥ Verantwortung für Erzeugnisse, Arbeitsablauf, Betriebsmittel, Sicherheit und Gesundheit anderer	

**Das Ausmaß der Beanspruchung durch eine bestimmte Anforderungsart bestimmt
das Anforderungsniveau.**

> **Beispiele**:
> – Ein Arbeiter an einer Schleifmaschine ist einer verhältnismäßig hohen Beanspruchung
>   durch Ertragen von Staub ausgesetzt.
> – Ein Ingenieur trägt eine besonders hohe Verantwortung für die Sicherheit der Mitarbeiter.

**Erfasst man alle Anforderungsarten an einem Arbeitsplatz sowie ihr jeweiliges
Anforderungsniveau, so erhält man ein Bild von der *Struktur* (der Zusammensetzung und Gewichtung) der Anforderungen.**

Der REFA-Verband hat einen **Anforderungskatalog** entwickelt, der die einzelnen
Anforderungsarten sowie die möglichen Anforderungsniveaus festhält, aufeinander
abstimmt und mit einer Bewertungszahl versieht.

Dieses Schema enthält gewisse **Wertvorstellungen**:

■ Bei den einzelnen Anforderungsarten wird eine unterschiedliche Zahl von Anforderungsniveaus gebildet.

■ Hohe Anforderungen bei den verschiedenen Anforderungsarten werden unterschiedlich bewertet.

> **Beispiel**:
> Eine sehr hohe Beanspruchung durch Lärm erhält die Bewertungszahl 3, eine dauernd sehr
> hohe körperliche Beanspruchung die Bewertungszahl 5.

---

[1] Vorschlag gegenüber 16 Teilnehmerstaaten an der vom Comité International de l'Organisation Scientifique
(CIOS) in Genf 1950 veranstalteten Tagung.

Anforderungskatalog nach REFA

Anforderungsarten und deren Abstimmung zueinander

Bewertungszahl	I Erforderliche Fachkenntnisse — Berufsausbildung Berufserfahrung	II Geschicklichkeit — Handfertigkeit	III Anstrengung — a Körperliche Beanspruchung	III — b Geistige Beanspruchung	IV Verantwortung — a für Werkstück und für Betriebsmittel	IV — b für die Arbeitsgüte	IV — c für Gesundheit anderer	V Umgebungseinflüsse — a Temperaturbeeinflussung	V — b Öl, Fett Schmutz, Staub …	V — c Gase …	V — d Unfallgefährdung	V — e Lärm, Blendung, Erkältungsgefahr …
0	kurze Anweisung	keine		gering	gering	gering	gering	gering		gering	gering	gering
1	Anweisung bis 6 Wochen	gering	gering	zeitweise mittel	mittel	mittel	mittel	mittel	gering	mittel	mittel	mittel
2	Anlernen bis 6 Monate	mittel	zeitweise mittel	dauernd mittel	hoch	hoch	hoch	hoch	mittel	hoch	hoch	hoch
3	Anlernen mindestens 6 Monate und zusätzliche Berufserfahrung	hoch	dauernd mittel	dauernd hoch	sehr hoch	sehr hoch	sehr hoch		hoch			sehr hoch
4	abgeschlossene Anlernausbildung und zusätzliche Berufserfahrung	höchste	dauernd hoch	dauernd sehr hoch		ganz außergewöhnlich			sehr hoch			
5	abgeschlossene Facharbeiterausbildung		dauernd sehr hoch	dauernd ganz außergewöhnlich								
6	abgeschlossene Facharbeiterausbildung mit besonderer Berufserfahrung		dauernd außergewöhnlich									
7	abgeschlossene Facharbeiterausbildung und höchstes fachliches Können											

Um betriebliche Konflikte zu vermeiden, muss ein solches Schema durch ausreichende Untersuchungen von Arbeitsplatzbedingungen und -belastungen abgesichert sein.

9.2.3 Methoden der Arbeitsbewertung

Wenn man die **Arbeitsschwierigkeit** ermitteln will, so kann man
- die Anforderungen global beurteilen: **summarische Arbeitsbewertung,**
- die Anforderungen für jede Anforderungsart getrennt beurteilen: **analytische Arbeitsbewertung.**

Rangfolgeverfahren

Man vergleicht Stellen paarweise im Hinblick auf ihre Anforderungen miteinander und bringt sie so in eine Rangfolge.

Beispiel:

Stelle	Vergleichs-stelle	1	2	3	4	5	Rangfolge
Sekretärin	1		−	+	+	−	2
Bilanzbuchhalter	2	+		+	+	+	4
Stenokontoristin	3	−	−		+	−	1
Bote	4	−	−	−		−	0
Verkäufer	5	+	−	+	+		3

Der Bilanzbuchhalter erhält den höchsten Rang, der Bote den untersten.

Nachteile des Rangfolgeverfahrens:

- Das Verfahren ist nur bei einer geringen Anzahl von Stellen möglich.
- Das Problem des Lohnabstandes zwischen den Stellen ist nicht gelöst.

Lohngruppenverfahren

Für Arbeiter, kaufmännische und technische Angestellte werden jeweils 6 bis 12 Lohngruppen gebildet. Jede Lohngruppe wird in allgemeiner Form nach Schwierigkeitsgraden abgestuft und mit Beispielen versehen.

Beispiel:

Lohngruppe 8	Facharbeiter mit meisterlichem Können	Vorarbeiter Gruppenleiter
Lohngruppe 6	Qualifizierter Facharbeiter mit langer Erfahrung	Maschinenrichter
Lohngruppe 4	Qualifizierter Angelernter	Berufsfremder mit Erfahrung
Lohngruppe 1	Hilfsarbeiter, Anlernung einfachster Art, Leichtlohngruppe	Berufsfremder ohne Erfahrung

Nachteil des Lohngruppenverfahrens:

Die unterschiedlichen Anforderungen einer Tätigkeit werden lediglich global berücksichtigt.

*Das Lohngruppenver-
fahren wird vor allem
in Tarifverträgen
bevorzugt.*

Rangreihenverfahren

Wie beim Rangfolgeverfahren nimmt man eine Einordnung von der einfachsten bis
zur schwierigsten Verrichtung vor, **jedoch für jede Anforderungsart getrennt.**
Man vergleicht also alle im Betrieb vorkommenden Tätigkeiten nacheinander auf
geistige und körperliche Beanspruchung, Verantwortung und Arbeitsbedingungen.
Bei 50 Arbeitsplätzen bekommt z. B. die Tätigkeit mit der höchsten Verantwortung
den Wert 50, die mit der niedrigsten den Wert 1 usw. Durch eine Gewichtungsziffer
wird die unterschiedliche Bedeutung der einzelnen Beanspruchungsarten berücksichtigt. Problematisch ist vor allem das subjektive Element, das in die Gewichtung
einfließt.

Beispiel:

	Kenn-ziffer	Ge-wicht	Anforderungsart	Rang	Gewichteter Rang	
Können	101	9	Arbeitskenntnisse, Ausbildung, Erfahrung, Denkfähigkeit	13	117	
	102	5	Geschicklichkeit, Handfertigkeit	15	75	192
Verant-wortung	201	7	eigene Arbeit, Betriebsmittel, Erzeugnisse	23	161	
	202	3	Arbeit anderer	11	33	
	203	3	Sicherheit anderer	11	33	227
Be-lastung	301	5	Sinne und Nerven, Aufmerksamkeit	16	90	
	302	3	Denkfähigkeit, Nachdenken	20	60	
	303	6	muskelmäßige Belastung	21	126	276
Um-gebung	401	3	Schmutz	30	90	
	402	2	Staub	40	80	
	403	1,5	Öl	17	26	
	404	3	Temperatur	24	72	
	405	2	Nässe	7	14	
	406	2	Gase, Dämpfe	8	16	
	407	2,5	Lärm	35	88	
	408	2	Erschütterung	9	18	
	409	1	Blendung, Lichtmangel	9	9	
	410	1,5	Erkältung	10	15	
	411	2	Schutzkleidung	30	60	
	412	3	Unfallgefahr	31	93	581
				Punktsumme:	**1276**	

Stufenwertzahlverfahren

Die Wertzahlen des Anforderungs-Katalogs werden je nach der Dauer der Belastung mit einem Stundenfaktor multipliziert. Man addiert die erhaltenen Punkte. Die Summe ist das Kriterium für die Einordnung in eine Lohngruppe.

Auch hier liegt der Hauptnachteil in dem subjektiven Moment, das in die Gewichtung eingeht.

Beispiel:

Bewertung der geistigen Beanspruchung							
Anforderungsstufen	Stufen-wertzahl	Stundenfaktor					
		1,0	1,1	1,2	1,3	1,4	1,5
gering	0	0	0	0	0	0	0
zeitweise mittel	1	1,0	1,1	1,2	1,3	1,4	1,5
dauernd mittel	2	2,0	2,2	2,4	2,6	2,8	3,0
dauernd hoch	3	3,0	3,3	3,6	3,9	4,2	4,5
dauernd sehr hoch	4	4,0	4,4	4,8	5,2	5,6	6,0
dauernd ganz außergewöhnlich	5	5,0	5,5	6,0	6,5	7,0	7,5

Anwendung auf „Brennschneiden":

Tätigkeiten	Stufenwertzahl	Stundenfaktor	Punkte
Zeichnung lesen	4	1,0	4,0
Arbeit vorbereiten	2	1,1	2,2
Brennschneiden	3	1,4	4,2
			10,4

Auf die gleiche Weise erhält man die notwendigen Punktzahlen für alle anderen Anforderungsarten.

Arbeitsaufträge

1. **Arbeitswertstudien beschäftigen sich unter anderem mit dem Vergleich von Arbeitsplätzen.**
   a) Warum müssen Arbeitsplatzvergleiche durchgeführt werden?
   b) Was ist die Voraussetzung dafür, dass Arbeitsplätze überhaupt verglichen werden können?

2. **In dem folgenden Schema werden mehrere betriebliche Stellen in ihrer Wertigkeit miteinander verglichen. + entspricht höherer Wertigkeit; – entspricht niedrigerer Wertigkeit.**

Stelle	Vergleichs-stelle	1	2	3	4	5	Rang
Betriebsschlosser	1		+	–			
Sachbearbeiter Betriebsbüro	2	–					
Produktionsleiter	3	+					
Aushilfskraft	4						
Betriebsingenieur	5						

a) Zeichnen Sie das Schema ab, vervollständigen Sie es und legen Sie durch Vergabe der Zahlen 1 (höchster Rang) bis 5 (niedrigster Rang) die Rangfolge der Stellen fest.
b) Welchen Namen hat dieses Verfahren und zu welchem Zweck erfolgt eine derartige Untersuchung?
c) Sie haben die vergleichenden Eintragungen gefühlsmäßig vorgenommen. Wie ist stattdessen in der betrieblichen Praxis vorzugehen?
d) Vergleichen Sie das Vorgehen bei diesem Verfahren mit denen der anderen Verfahren der Arbeitsbewertung und erläutern Sie die wesentlichen Unterschiede.

3. **Auszug aus einem Manteltarifvertrag der Eisen-, Metall- und Elektroindustrie.**
   Lohngruppe 1: Die Lohngruppe 1 entfällt.
   Lohngruppe 2: Einfache Arbeiten, die keine Arbeitskenntnisse, jedoch eine Zweckausbildung voraussetzen und nur eine geringe körperliche Belastung erfordern.
   Lohngruppe 3: Einfache Arbeiten, die unter körperlicher Belastung, die über die vorgenannten Lohngruppen hinausgeht, auszuführen sind, oder einfache Arbeiten, deren Ausführung gegenüber der vorgenannten Lohngruppe zusätzliche Erfahrungen voraussetzt.
   Lohngruppe 4: Arbeiten, zu deren Ausführung die erforderlichen Kenntnisse durch Anlernen erworben sind, oder Arbeiten der Lohngruppe 2 mit einer körperlichen Belastung, die über die der Lohngruppe 2 hinausgeht.
   Lohngruppe 5: Spezialarbeiten, die eine Ausbildung in einem Anlernberuf oder ein Anlernen mit zusätzlichen Erfahrungen erfordern.
   Lohngruppe 6: Arbeiten, deren Ausführung eine Lehre voraussetzen oder Fähigkeiten und Kenntnisse, die denen eines Facharbeiters gleichzusetzen sind.
   Lohngruppe 7: Schwirige Facharbeiten, deren Ausführung langjährige Berufserfahrung voraussetzt, die in Ausnahmefällen auch durch Anlernung erworben sein kann.
   Lohngruppe 8: Besonders schwierige Facharbeiten, die hohe Anforderungen an Können und Wissen stellen und selbstständiges Arbeiten voraussetzen.
   Lohngruppe 9: Hochwertigste Facharbeiten, die überragendes Können, große Selbstständigkeit, Dispositionsvermögen ... erfordern.

   Diesen Gruppen ordnen sich bestimmte Löhne zu:

Lohngruppen	%	Grundlöhne EUR	Lohngruppen	%	Grundlöhne EUR
2	81,0	9,72	6	100,00	12,00
3	84,0	10,08	7	110,00	13,20
4	88,5	10,62	8	120,00	14,40
5	93,5	11,22	9	133,00	15,96

   a) Wie lautet der Name dieses Verfahrens der Arbeitsbewertung und wie wird hier der Schwierigkeitsgrad einer Arbeit bestimmt?
   b) Überlegen Sie, aus welchen Gründen dieses Verfahren bei Tarifverträgen bevorzugt wird.
   c) Eine besondere Stelle nimmt der sog. Ecklohn ein. Dies ist der für einen über 21 Jahre alten Facharbeiter der untersten Tarifgruppe festgesetzte Normallohn. Die anderen Löhne können durch prozentuale Zu- oder Abschläge vom Ecklohn ermittelt werden. Welcher Lohngruppe ist in diesem Beispiel der Ecklohn zugeordnet?
   d) Welchem Zuschlag/Abschlag vom Ecklohn entspricht Lohngruppe 4?

9.3 Anforderungsgerechtigkeit und Leistungsgerechtigkeit

Jede Entlohnung sollte gerecht sein. Aber was bedeutet „gerecht"? Wenn man die Arbeitnehmer befragt, so meinen die meisten, sie schnitten im Vergleich mit anderen zu schlecht ab.

■ Herr Schwarz, Herr Appel und Herr Kuhn arbeiten in einer Montagekolonne im Gruppenakkord, d. h. sie werden nach der gemeinsamen Leistung bezahlt. Aber Herr Appel erhält bei gleicher Leistung einen Alterszuschlag von 5%. Herr Schwarz, der Kolonnenführer, meint, mit einem Leistungszuschlag von nur 10% sei er zu schlecht bedient. Schließlich trage er viel Verantwortung.

Der Lohn (das Arbeitsentgelt) ist der Preis für den Einsatz des Produktionsfaktors Arbeit.

Bekanntlich gilt:
- **Wer eine schwierigere Arbeit verrichtet, verdient eine höhere Entlohnung (Anforderungsgerechtigkeit).**
- **Bei gleicher Schwierigkeit muss die höhere Leistung besser entlohnt werden (Leistungsgerechtigkeit).**

Der **Schwierigkeitsgrad** von Tätigkeiten wird durch Arbeitswertstudien ermittelt.

Der **Leistungsgrad** lässt sich ermitteln, wenn bekannt ist, welche quantitative Leistung in einer bestimmten Zeit als „normal" anzusehen ist.

Die quantitative Arbeitsleistung (oder Arbeitsproduktivität) ist das Verhältnis von Ausbringungsmenge und Arbeitszeit.

$$\frac{\text{Quantitative Arbeitsleistung}}{\text{(Arbeitsproduktivität)}} = \frac{\text{Ausbringungsmenge}}{\text{Arbeitszeit}}$$

Beispiel:
$\frac{20}{2}$ Stück/Std. = 10 Stück/Std.

Für den Zweck der Entlohnung wird für die zu leistende Arbeit eine Vorgabezeit (Sollzeit) ermittelt. Sie ist der Zeitverbrauch für die ordnungsgemäße Erledigung einer Aufgabe bei Normalleistung. Sie wird durch Arbeitszeitstudien festgelegt.

Entscheidend für die Entlohnung ist der **Leistungsgrad**. Er drückt die tatsächliche Leistung in Prozent der Normalleistung aus:

$$\text{Leistungsgrad} = \frac{\text{Istleistung}}{\text{Normalleistung}} \cdot 100$$

Beispiel:
$\frac{9}{8} \cdot 100 = 112,5\%$

Die Istleistung des Arbeiters beträgt hier 112,5% gegenüber der Normalleistung von 100%.

Der Leistungsgrad kann auch in einen Zeitgrad umgerechnet werden:

$$\frac{\text{Istleistung}}{\text{Normalleistung}} = \frac{\dfrac{\text{Ausbringungsmenge}}{\text{Ist-Arbeitszeit}}}{\dfrac{\text{Ausbringungsmenge}}{\text{Soll-Arbeitszeit}}} = \frac{\text{Soll-Arbeitszeit}}{\text{Ist-Arbeitszeit}}$$

$$\text{Zeitgrad} = \frac{\text{Sollzeit}}{\text{Istzeit}} \cdot 100$$

Der **Zeitgrad** drückt die vorgegebene Sollzeit in Prozent der erzielten Istzeit aus:

Beispiel:
Normalleistung = 8 Stück/Std. Also: Sollzeit = 7 1/2 Min./Stück = 15/2 Min./Stück
Istleistung = 8 Stück/Std. Also: Istzeit = 6 2/3 Min./Stück = 20/3 Min./Stück

$$\text{Zeitgrad} = \frac{\dfrac{15}{2}}{\dfrac{20}{3}} \cdot 100 = \left(\frac{15}{2} \cdot \frac{3}{20} \right) \cdot 100 = \frac{45}{40} \cdot 100 = 112,5\ \%$$

Bei repetitiven Tätigkeiten lässt sich die quantitative Leistung verhältnismäßig gut durch die mengenmäßige Produktivität messen. Je weniger sich das Ergebnis einer Tätigkeit durch Stückzahlen oder Mengen ausdrücken lässt, je ungleichförmiger oder kreativer die übertragenen Aufgaben sind, desto eher muss man entweder auf eine direkte Leistungsmessung völlig verzichten oder aber einen anderen Leistungsmaßstab suchen, z. B. die vermittelten Umsätze (wertbezogener Leistungsmaßstab). Je nach der Art und Weise, wie die quantitative Leistung zur Berechnung des Arbeitsentgelts herangezogen wird, unterscheidet man verschiedene Formen des Entgelts:

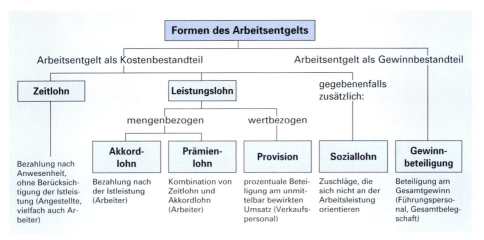

9.4 Zeitlohn

Der *Zeitlohn* entlohnt die Arbeitnehmer nach der Dauer der abgeleisteten Arbeitszeit. Messgröße ist bei Arbeitern der Stundenlohn, bei Angestellten das Monatsgehalt. Die Entlohnung erfolgt unabhängig davon, ob die Normalleistung unter- oder überschritten wird.

Der Begriff **Zeit**lohn bedeutet nicht, dass die Stückleistung unerheblich ist. Man geht vielmehr von einer bestimmten Normalleistung aus, die beim Einzelnen nur anhand der Zeitgröße zu ermitteln ist. Der Arbeitnehmer kann beim Zeitlohn von einem festen Einkommen ausgehen, vorausgesetzt, er leistet die erforderlichen Stunden. Der Arbeitgeber hat auf der anderen Seite feste Gesamtkosten, die aber auf das Stück bezogen veränderlich sind.

Beispiel:

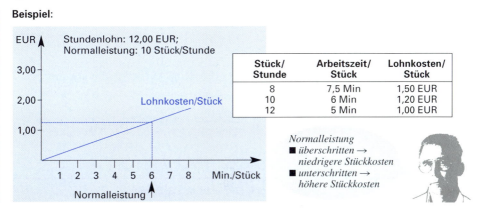

Der Zeitlohn ist überall dort zu verwenden, wo der Anreiz zu überhöhter Leistung unzweckmäßig ist oder die Arbeitnehmer selbst wenig Einfluss auf ihre eigene Leistung nehmen können, wie z. B. bei Fließbandarbeiten.

Vor- und Nachteile des Zeitlohnes		
Vorteile	**Anwendungsbeispiele des Zeitlohnes**	**Nachteile**
– Die freie Arbeitszeit verringert den Ausschuss.	**Präzisionsarbeiten**	– Es besteht kein Anreiz für höhere Stückzahlen.
– Das Tempo bestimmt allein die Maschine.	**Fließband, Maschinenbedienung**	– Sorgfältige Bedienung wird nicht belohnt.
– Leistungsmengen brauchen nicht ermittelt zu werden.	**Bürotätigkeiten**	– Leerlaufzeiten werden nicht immer sinnvoll genutzt.
– Es besteht genügend Zeit für eine gründliche Einarbeitung.	**Einarbeitungen**	– Zeitvorgaben werden nicht abgekürzt.

9.5 Akkordlohn

Beim *Akkordlohn* erfolgt die Entlohnung nach der mengenmäßigen Leistung.

Der Akkordlohn setzt messbare, gleichartige Leistungen voraus, bei denen der Arbeiter selbst das Tempo bestimmen kann. Bestandteile des Akkordlohns sind ein garantierter Mindestlohn und ein Akkordzuschlag. Sie ergeben zusammen den Akkordrichtsatz.

Beispiel:

garantierter Mindestlohn	8,00 EUR		Entspricht dem Zeitlohn; also Normalleistung, Leistungsgrad 100%
+ Akkordzuschlag 20%	1,60 EUR	+	Akkordzuschlag von meist 10–25 %
Akkordrichtsatz (Grundlohn)	9,60 EUR		Stundenverdienst des Akkordarbeiters bei Normalleistung

Der Akkordrichtsatz liegt von vornherein über dem Zeitlohn für vergleichbare Arbeit, weil eine größere Arbeitsintensität unterstellt wird.

Es sind Geldakkord, Zeitakkord und als Sonderform der Gruppenakkord zu unterscheiden.

9.5.1 Geldakkord

Beim *Geldakkord* wird ein fester Geldsatz pro Stück (Stückgeld) vergütet:

$$\text{Stückgeld} = \frac{\text{Akkordrichtsatz}}{\text{Normalleistung/Std.}}$$

Beispiel:

$$\frac{9,60 \text{ EUR}}{6 \text{ Stück}} = 1,60 \text{ EUR/Stück}$$

Das Arbeitsentgelt errechnet sich beim Geldakkord wie folgt:

Arbeitsentgelt = Istleistung · Stückgeld

Beispiel:

Der Arbeiter verdient an einem 8-Stunden-Tag
- bei einer Normalleistung von 48 Stück: 48 · 1,60 EUR = 76,80 EUR;
- bei einer Istleistung von   60 Stück: 60 · 1,60 EUR = 96,00 EUR;
- bei einer Istleistung von   30 Stück: 30 · 1,60 EUR = 48,00 EUR;

(Da aber der Mindestlohn 8,00 EUR/Std. beträgt, verdient er auch bei einer Istleistung von nur 30 Stück 64,00 EUR)[1].

Jede einzelne Tätigkeit hat ihr eigenes Stückgeld. Der Geldakkord hat deshalb den Nachteil, dass alle Stückgelder neu berechnet werden müssen, wenn sich die Tariflöhne (Mindestlöhne) ändern.

9.5.2   Zeitakkord

Beim *Zeitakkord* wird die Vorgabezeit pro Stück vorgegeben und mit dem Preis pro Minute (Minutenfaktor) vergütet.

$$\text{Stückgeld} = \frac{\text{Akkordrichtsatz}}{\text{Normalleistung/Std.}}$$

$$\text{Stückgeld} = \frac{\text{Akkordrichtsatz}}{60 \text{ Min.}} \cdot \frac{60 \text{ Min.}}{\text{Normalleistung/Std.}}$$

$$\text{Stückgeld} = \text{Minutenfaktor} \cdot \text{Vorgabezeit/Stück}$$

Arbeitsentgelt = Istleistung · Minutenfaktor · Vorgabezeit/Stück   (Zeitakkord)

Arbeitsentgelt = Istleistung ·   Stückgeld   (Geldakkord)

Beispiel:

Mindestlohn 8,00 EUR/Std.; Akkordzuschlag 20 %; Normalleistung 6 Stück/Std. Dann gilt:
Akkordrichtsatz = 8,00 EUR + 20 % = 8,00 EUR + 1,60 EUR = 9,60 EUR
Stückgeld = 9,60 EUR: 6 Stück/Std. = 1,60 EUR/Stück
Minutenfaktor = 9,60 EUR: 60 Min. = 0,16 EUR/Min.
Vorgabezeit/Stück = 60 Min.: 6 Stück = 10 Min./Stück

Arbeitsentgelt für 8 Stunden bei
- Normalleistung von 48 Stück: 48 · 0,16 EUR · 10 = 48 · 1,60 EUR = 76,80 EUR
- Istleistung von   60 Stück: 60 · 0,16 EUR · 10 = 60 · 1,60 EUR = 96,00 EUR
- Istleistung von   30 Stück: 30 · 0,16 EUR · 10 = 30 · 1,60 EUR = 48,00 EUR

Aber Mindestlohn = 8,00 EUR · 8 Std. = 64,00 EUR[1].

Jede einzelne Tätigkeit hat ihren eigenen Minutenfaktor. Bei Tariflohnänderungen bleiben die Vorgabezeiten unverändert; die Minutenfaktoren müssen neu berechnet werden. Beim Akkordlohn bleiben die Lohnkosten/Stück bei Abweichungen von der Normalleistung gleich. Sie steigen erst an, wenn gilt:

Istleistung · Vorgabezeit/Stück · Minutenfaktor < Mindestlohn

Beispiel:

$$x \cdot 10 \cdot 0,16 < 8 \qquad x < \frac{8}{1,6} \qquad x < 5$$

---

[1] Das Beispiel zeigt die grundsätzlichen Zusammenhänge. Die Gewerkschaften haben inzwischen tarifvertraglich durchgesetzt, dass auch bei einer Minderleistung der Akkordrichtsatz zu zahlen ist. Damit gehen Mehrleistungen voll zu Gunsten des Arbeitnehmers, Minderleistungen voll zu Lasten des Betriebes.

Bei einer Leistung von weniger als 5 Stück/Std., d.h. bei einer Bearbeitungszeit von mehr als 12 Min./Stück steigen die Lohnkosten/Stück an.

Min./Stück	Stück/Std.	Stundenverdienst	Lohnkosten/Stück
6	10	16,00 EUR	1,60 EUR
10	6	9,60 EUR	1,60 EUR
12	5	8,00 EUR	1,50 EUR
15	4	8,00 EUR	2,00 EUR

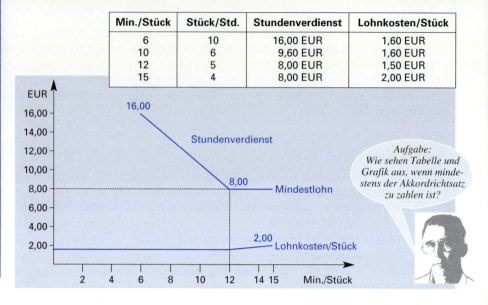

9.5.3 Gruppenakkord

Eine Sonderform des Akkordlohnes ist der **Gruppenakkord**. Hier gelten die Vorgabezeit und der Minutenfaktor für eine Gruppe von Arbeitnehmern, die an einem Werkstück gemeinsam arbeiten. Der Mehrverdienst der Gruppe wird auf die Mitglieder aufgeteilt.

Beispiel:

In einer Kolonne arbeiten drei Arbeiter. Der Mindestlohn beträgt 10,00 EUR, der Akkordzuschlag 20%. B erhält außerdem noch einen Alterszuschlag von 20%. C erhält als Kolonnenführer einen Leistungszuschlag von 10%. Es wird im Stückzeitakkord abgerechnet.

Vorgabezeit:　　10 Min./Stück

Minutenfaktor:　A　10,00 EUR + 20% .... 12,00 EUR
　　　　　　　　　B　10,00 EUR + 20% + 20% .... 14,40 EUR
　　　　　　　　　C　10,00 EUR + 20% + 10% .... 13,20 EUR

　　　　　　　　　　　　　　　　　　　　　39,60 EUR : 60 Min. = 0,66 EUR/Min.

Leistung:　　　　8 Stück je Stunde

Akkordlohn:　　 8 · 10 · 0,66 EUR = 52,80 EUR

Schlüssel:　　　$\dfrac{\text{Istverdienst}}{\text{Sollverdienst}}$　$\dfrac{52,80\ \text{EUR}}{39,60\ \text{EUR}} = 1,333$

A erhält 12,00 EUR · 1,33 = 16,00 EUR
B erhält 14,40 EUR · 1,33 = 19,20 EUR
C erhält 13,20 EUR · 1,33 = 17,60 EUR

Vor- und Nachteile von Akkordlohn und Gruppenakkord		
Vorteile		**Nachteile**
– Anreiz zur Leistungsstei-gerung – kein Risiko der Minder-leistung für den Betrieb – fixe Lohnkosten je Stück	**Akkordlohn**	– übersteigertes Tempo – erhöhter Verschleiß – Qualitätsminderung – Kontrolle notwendig – hoher Krankenstand
– stärkere Gruppengemein-schaft – gegenseitige Kontrolle der Gruppenmitglieder – vereinfachte Abrechnung	**Gruppenakkord**	– Überforderung der Gruppe durch den Stärksten

9.6 Prämienlohn

Der Prämienlohn ist eine Kombination aus Zeitlohn und Akkordlohn. Es wird grundsätzlich ein Zeitlohn gezahlt, aber für erhöhte Leistungen tritt eine Prämie hinzu.

Es sind verschiedene Prämien zu unterscheiden:

- **Mengenleistungsprämien:** Sie ersetzen den Akkordlohn, wenn exakte Vorgabezeiten nicht zu ermitteln sind.
- **Qualitätsprämien:** Sie sind für Ausschussminderungen zu zahlen.
- **Ersparnisprämien:** Sie sind für Materialeinsparungen oder sparsamen Energieverbrauch zu zahlen.
- **Nutzungsprämien:** Sie sind zahlbar bei kürzeren Wartezeiten und Reparaturzeiten.

Beispiel:
Prämienlohnsystem nach Rowan

Zeitlohn/ Std.	Vor-gabe-zeit (Std.)	Zeit-auf-wand (Std.)	Ersparte Zeit (in % der Grund-zeit)	Prämie (EUR)	Gesamtlohn in der auf-gewendeten Zeit (EUR)	Verdienst/ Std. (EUR)
10,00	10	9	10	9,00	99,00	11,00
		8	20	16,00	96,00	12,00
		7	30	21,00	91,00	13,00
		6	40	24,00	84,00	14,00

Die Prämienlohnsysteme sind in der Praxis so aufgebaut, dass die Vergütung für die Mehrleistung dem Arbeiter nicht in voller Höhe zu Gute kommt, sondern zwischen Betrieb und Arbeiter geteilt wird. Dadurch sinken die Lohnstückkosten für den Betrieb.

Das rechne ich sofort anhand des Beispiels nach!

Die Vor- und Nachteile des Prämienlohns entsprechen grundsätzlich denen des Akkordlohns.

9.7 Sozialgerechtigkeit: Soziallohn

Auch die sozialen Verhältnisse des Arbeitnehmers sollen angemessen im Arbeitsentgelt Berücksichtigung finden (Sozialgerechtigkeit).

Soziale Bestimmungsfaktoren des Entgelts
Lebensalter
Ältere Arbeitnehmer erhalten gegebenenfalls einen höheren Grundlohn als jüngere.
Familienstand
Verheiratete und Arbeitnehmer mit Kindern erhalten gegebenenfalls Familienzuschläge.
Betriebszugehörigkeit
Langjährige Arbeitnehmer erhalten gegebenenfalls längeren Urlaub, höhere Erfolgsprämien und Gratifikationen sowie Jubiläumsgeschenke oder Lohnzuschläge.

Diese Leistungen durchbrechen den Grundsatz „Gleicher Lohn für gleiche Arbeit". Sie können zu Spannungen führen, wenn sie regelmäßige Lohnbestandteile sind. Man zieht deshalb einmalige Zahlungen vor (Gratifikationen, Jubiläumsgeschenke und ähnliche Leistungen). Auch ist zu bedenken, dass Lebensalter und Familienstand bereits in einer unterschiedlichen Besteuerung der Bruttoeinkommen und in Kindergeldzahlungen durch den Staat berücksichtigt werden.

9.8 Provision

Die *Provision* ist eine prozentuale Beteiligung am Umsatz, der durch die Tätigkeit des Mitarbeiters bewirkt worden ist. Sie wird an das Verkaufspersonal, z. B. an Reisende, gezahlt und soll einen Leistungsanreiz bieten. Sie ist meist mit einem festen Grundgehalt gekoppelt.

Beispiel:

Ein Reisender erhält ein festes Grundgehalt von 1 000 EUR im Monat und eine umsatzabhängige Provision von 4%. Der Umsatz im Monat April beträgt 70 000 EUR. Verdienst = 1 000 EUR + 70 000 EUR · 4% = 3 800 EUR.

9.9 Gewinnbeteiligung

„...und dass ich in Zukunft nicht mehr solche antikapitalistischen Ausdrücke von euch höre!"

Die bisher behandelten Lohnformen beziehen sich auf den Arbeitseinsatz des einzelnen Arbeitnehmers bzw. einer Arbeitsgruppe. Darüber hinaus besteht die Möglichkeit, die Arbeitnehmer am Gewinn, also am Überschuss der Unternehmung, zu beteiligen.

Löhne und Gehälter sind Kosten. Sie beeinflussen die Gewinnerzielung. *Gewinnanteile* **sind** *Überschussbestandteile*. **Sie stellen Gewinnverwendung dar.**

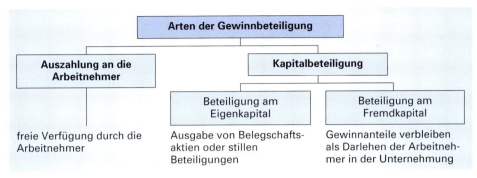

Beteiligungen am Eigenkapital geben dem Arbeitnehmer auch Eigentümerrechte, wie z. B. Stimmrecht in der Hauptversammlung und das Recht auf Dividende.

Beteiligungen am Fremdkapital schließen Eigentümerrechte aus, berechtigen aber zu Zinsforderungen.

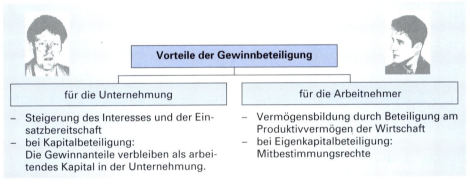

Die Gewinnbeteiligung wird damit begründet, dass der Anteil der Produktionsfaktoren Arbeit und Kapital am Ergebnis erst am Ende des Geschäftsjahres endgültig festgestellt werden kann und dann auf die Faktoren zu verteilen ist.

Bei der Gewinnbeteiligung ergeben sich folgende Probleme:

■ Zahlreiche Betriebe erzielen überhaupt keinen Gewinn, z. B. öffentliche Betriebe.

■ Die Höhe des Gewinns und damit auch die Höhe des Gewinnanteils der Arbeitnehmer schwankt von Betrieb zu Betrieb erheblich.

■ Zu klären ist die Frage, ob die Arbeitnehmer nur am Gewinn oder auch am Verlust beteiligt werden sollen.

Arbeitsaufträge

1. **Es lässt sich feststellen, dass die Lohnanreizsysteme immer mehr durch den Zeitlohn verdrängt werden. Die Gewerkschaften haben als Ziel, die Akkordlöhne abzubauen.**
   Nennen Sie Argumente, die gegen den Akkordlohn sprechen.

2. **Ein Akkordarbeiter erstellt 1200 Formstücke in 190 Stunden. Er erhält einen Mindestlohn je Stunde von 10 EUR zuzüglich 20 % Akkordzuschlag.**
   Wie hoch ist sein Lohn, wenn die Vorgabezeit 10 Minuten je Stück beträgt?

3. **Eine Gewerkschaft hat als erklärtes Ziel ihrer Tarifpolitik die**
   - **Beseitigung der Altersklassen,**
   - **Sicherung der Effektivverdienste,**
   - **Erhöhung der Anzahl von Gehaltsgruppen.**
   a) Prüfen Sie, welche Lohnformen durch diese Änderungen betroffen werden und welche Lohnbestandteile zu ändern sind.
   b) Entscheiden Sie, ob durch diese Forderungen der Leistungslohn verstärkt wird.

4. **Stückgeldakkord und Stückzeitakkord kommen zum gleichen Ergebnis!**
   Weisen Sie das an folgendem Beispiel nach:
   Mindestlohn 8,00 EUR   Normalleistung 5 Stück/Stunde
   Akkordzuschlag 25 %   Istleistung 50 Stück an einem 8-Std.-Tag
   Errechnen Sie den Akkordlohn nach beiden Verfahren.

5. **Gegeben sind:**
   Akkordrichtsatz 15,00 EUR, Normalleistung 20 Stück
   Ermitteln Sie die Vorgabezeit.

6. **Für einen Gruppenakkord liegen folgende Zahlen vor:**

	Akkordrichtsatz	Istverdienst
Brockbalz	7,80 EUR	
Straten	10,00 EUR	
Heinen	12,50 EUR	
		50,00 EUR

Errechnen Sie die Istverdienste.

7. **Für eine Arbeit mit Prämienlohn liegen folgende Zahlen vor:**
   Stundenlohn 10,00 EUR   Prämie für 1 Std. Zeitersparnis 10 % vom Stundenlohn
   Vorgabezeit 5 Stunden   2 Std. Zeitersparnis 20 % vom Stundenlohn
   Benötigte Zeit 4 Stunden
   Berechnen Sie den Lohn.

8. **Aussagen zur Entlohnung:**
   a) **Es ist nur gerecht, wenn jeder den gleichen Lohn erhält.**
   b) **Der Lohn soll entsprechend der Bedürftigkeit der Personen verteilt werden.**
   c) **Der Lohn muss leistungsbezogen sein.**
   Diskutieren Sie diese Aussagen.

9. **Eine Reihe von Unternehmen hat Modelle entwickelt, nach denen die eigenen Arbeitnehmer eine Gewinnbeteiligung erhalten. Die Gewinnanteile werden meist nicht ausgezahlt, sondern dienen der Beteiligung der Arbeitnehmer am Kapital des Unternehmens.**

Was ist das? **Beteiligungsmodelle**

Die betriebliche Vermögensbeteiligung in der Bundesrepublik Deutschland, seit 1950 auf freiwilliger Grundlage entwickelt, hat eine Vielfalt von Beteiligungsformen für Mitarbeiter hervorgebracht. Die häufigsten Typen:

- **Belegschaftsaktie.** Der Mitarbeiter erwirbt zu einem Vorzugskurs Aktienkapital an der Gesellschaft und erhält jährlich eine erfolgsabhängige Dividende. Dieses Modell – es gilt nur für Aktiengesellschaften – stellt 21,5 Prozent der praktizierten Beteiligungsmodelle.

- **Stille Beteiligung.** Die Mitarbeiter werden zu stillen Gesellschaftern mit Kapitalbeteiligung. Das eingesetzte Kapital wird dabei entweder am Unternehmensgewinn beteiligt oder nach Vereinbarung verzinst. Grundsätzlich sind Haftung und Verlustbeteiligung auf die Höhe der Kapitaleinlage beschränkt (32,5 Prozent der Modelle).

- **Mitarbeiterdarlehen.** Der Arbeitnehmer stellt dem Unternehmen Geld (in der Regel Gewinnbeteiligungsmittel) zur Verfügung und wird zum Gläubiger des Betriebes. Er erhält dafür eine Zinszusage und bekommt den Gesamtbetrag nach einer vereinbarten Laufzeit zurück (32,5 Prozent der Modelle).

---

   a) Welche Vorteile bringt die Beteiligung am Unternehmenskapital zum einen dem Unternehmen, zum anderen dem Arbeitnehmer?
   b) Die Gewerkschaften begrüßen ihrerseits solche Beteiligungsmodelle nicht gerade mit Enthusiasmus. Welche Gründe könnten dafür vorliegen?

Fünfter Abschnitt
Absatzmanagement

Intro ➤ Geschäftsprozesse im Absatz

Absatz setzt Kundengewinnung voraus. Das bedeutet: Interessenten für die Produkte finden, ihre Vorstellungen erforschen, sich mit ihnen abstimmen und ihnen Verhandlungen führen. Diese Aktivitäten sind Bestandteile **des Kundengewinnungsprozesses**. Wie der anschließende **Prozess der Auftragsabwicklung**, der mit dem Eingang des Kundenauftrags einsetzt, ist er ein wichtiger Kernprozess im Absatz.

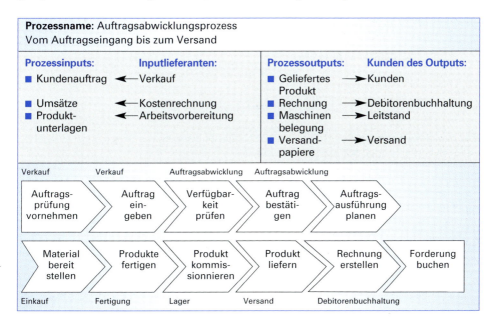

Nach dem Kauf (after sales) ist es oft unerlässlich, die Kunden weiter zu betreuen. Hier liegt die Aufgabe des **Serviceprozesses** (ebenfalls ein Kernprozess). Dieser soll den dauerhaften Einsatz des gekauften Produktes sichern. Er hat somit erheblichen Einfluss auf eine langfristige Kundenbindung und liefert anderen Geschäftsprozessen wertvolle Informationen. Typische Instrumente sind Hotlines und Call-Center.

1 Absatz und Marketing

1.1 Begriff des Absatzes

Unter *Absatz* versteht man alle Tätigkeiten, die auf die Veräußerung der betrieblichen Leistungen gegen Entgelt gerichtet sind.

Absatz			
Absatzplanung und -vorbereitung	**Absatzdurchführung (Verkauf)**	**Absatzkontrolle**	**Erhaltung der Absatzbeziehungen**
– Absatzmarktforschung – Produktfindung – Festlegung von Absatzbudgets – Festlegung absatzpolitischer Maßnahmen	– Kundengewinnung – Verkaufsanbahnung – Verkaufsabschluss – Verkaufsabwicklung – Rechnungserstellung – Kundenbuchhaltung und Mahnwesen	– Gegenüberstellung der Soll- und Istzahlen – Auswertung als Grundlage neuer Absatzentscheidungen	– Kundendienst – Kundenpflege

Der Absatz umfasst alle planenden, kontrollierenden und erhaltenden Tätigkeiten im Hinblick auf die Veräußerung der Leistungen. Er ist mehr als der bloße Verkauf.

1.2 Marketing als Unternehmenskonzept

Die Märkte für Strom und Gas waren bis 1999 in der Bundesrepublik Deutschland eindeutig Verkäufermärkte. Jedes Energieversorgungsunternehmen war für ein bestimmtes Gebiet Alleinanbieter. Es konnte deshalb z. B. ohne Rücksicht auf Konkurrenten seine Absatzpreise festsetzen. Die Abnehmer mussten diese Preise akzeptieren.

1999 wurde das Gesetz über die Elektrizitäts- und Gasversorgung erlassen. Seitdem kann jeder Abnehmer selbst bestimmen, von wem er seine Energie beziehen will. Deshalb sind die Netzbetreiber verpflichtet, ihr Versorgungsnetz anderen Anbietern gegen Entgelt für Durchleitungen zur Verfügung zu stellen.

Für die bisherigen Monopolisten sind damit die Zeiten des sorglosen Absatzes endgültig vorbei. Sie müssen um ihre Kunden kämpfen. Letzere rücken echt ins Zentrum aller unternehmerischen Überlegungen. Die Preise, aber auch alle anderen Leistungen, die den Kunden interessieren, erhalten ein viel stärkeres Gewicht als früher. Die Energieversorger reagierten auf die neue Situation vor allem mit

– verstärktem Kostenbewusstsein,
– Unternehmenszusammenschlüssen,
– Reorganisationsmaßnahmen,
– verbesserten Serviceangeboten,
– Kreation neuer „Strommarken",
– Einführung kundenfreundlicherer Tarife,
– aggressiverer Werbung.

> Gewiss haben Sie schon von den Strommarken **avanza** und **evivo** (von RWE) gehört. Auch e.on und Yello sind bekannte Marken.

Der Betrieb lebt vom Gewinn bringenden Absatz am Markt. Die Wandlung der Märkte von Verkäufer- zu Käufermärkten erfordert heute eine **konsequente Steuerung des Betriebes vom Absatz** her. Aus dem reinen Verkaufen ist ein systematisches Vermarkten der Leistungen geworden: **Marketing**.

- **Marketing bedeutet eine marktgesteuerte Unternehmensführung.**
- **Marketing soll Absatz schaffen, vergrößern und erhalten.**
- **Marketing will nicht nur vorhandenen Käuferwünschen gerecht werden, sondern auch Vorstellungen, Bedürfnisse und ein erwünschtes Kaufverhalten erzeugen.**

Bekanntlich lautet die grundlegende **Fragestellung**: „Wie kann man sich unentbehrlich machen und Kunden an sich binden?"

Und die Antwort: „Man muss das Leben des Kunden ‚mitleben', d.h. sich in seine Lage versetzen, seine Probleme erkennen und Lösungen dafür anbieten."

Ein erfolgreiches Marketing verlangt ein umfassendes **Marketing-Leitprogramm**. Dabei sind insbesondere folgende Elemente zu berücksichtigen:

- das Festlegen von Marketingzielen,
- grundlegende Absatzstrategien,
- Marketinginstrumente (Maßnahmen zur Umsetzung der Strategien).

1.3 Marketingziele

Marketingziele werden aus den Unternehmenszielen abgeleitet. Gängig ist eine Einteilung in zwei Gruppen von Marketingzielen. Die erste Gruppe richtet sich an den sog. Marketinginstrumenten aus, die zweite an dem Einfluss, der auf den Absatzmarkt ausgeübt werden soll.

An dieser Stelle müssen Sie ein wenig vorarbeiten und sich einen kurzen Überblick über die verschiedenen Marketinginstrumente verschaffen. Lesen Sie S. 421 f.!

Im Rahmen der produktpolitischen Ziele sind insbesondere zu berücksichtigen:

- **das einzelne Produkt**. Es muss in Art, Qualität, Aufmachung, Verpackung, Anwendung, Menge und Preis bestmöglich den Kundenwünschen entsprechen;
- das **Angebot von Systemen (Modulen)**;
- die **Präsentation des Produkts**. Sie muss den Käuferbedürfnissen entsprechen (z. B. je nach Art der Ware: Selbstbedienung oder Beratung, Möglichkeiten der Begutachtung, des Anprobierens, Ausprobierens u. a. m.);
- gute **Service-** und **Garantieleistungen**.

Marketingziele nach den Marketinginstrumenten			
preispolitische Ziele	**produktpolitische Ziele**	**kommunikations- politische Ziele**	**vertriebspolitische- Ziele**
z. B.	z. B.	z. B.	z. B.
■ Preisstabilisierung	■ Anbieten	■ Wecken von Aufmerksamkeit	■ Ausweiten der Absatzorganisation
■ Preisanhebung	■ Spitzenprodukten	■ Informieren des Kunden	■ Versandbe- schleunigung
■ Preiskontrolle	■ Massenprodukten	■ Aufbau einer positiven Kunden- einstellung	■ Senkung der Logistikkosten
■ Preissenkung	■ Standardprodukten		
■ Zahlungsbe- schleunigung	■ Spezialprodukten	■ Stärkung der Kaufabsicht	
	■ Systemprodukten		

marktbeeinflussende Marketingziele	
ökonomische Ziele	**psychografische Ziele**[1]
auf einen bestimmten ökonomischen Erfolg ausgerichtete Ziele.	auf das Verhalten der Käufer ausgerichtete Ziele.

Wichtige Ziele sind:

■ Erzwingung des Marktzugangs in einem bestimmten Gebiet oder bei bestimmten Käufergruppen;

■ Erreichen eines bestimmten Marktanteils;

■ Halten eines bestimmten Marktanteils;

■ Erreichen eines bestimmten Umsatzes.

Wichtige Ziele sind:

■ Erhöhung des Bekanntheitsgrades
– eines Artikels,
– des Sortiments,
– des Betriebes;

■ Verbesserung der Kundeninformation über die Artikel;

■ Verbesserung des Images[2] von Arti- keln, Sortiment und Betrieb;

■ Steigerung der Vorliebe der Kunden
– für einen Artikel,
– für das Sortiment,
– für den Betrieb.

Die ökonomischen Ziele sind zahlenmäßig zu formulieren. Bei den psychografischen Zielen ist dies nicht möglich.

Beispiele:

Ökonomische Ziele:
– Einführung der Marke XY bei 20% der Einzelhändler der Region Z,
– Steigerung des Marktanteils von Kaffee auf dem Teilmarkt A um 50%,
– Erzielung eines Umsatzes von 180 000,00 EUR bei Schreibwaren.

Psychografische Ziele:
– Steigerung des Bekanntheitsgrades der Marke Top-Dress bei den Endabnehmern im Raum B,
– Schaffung eines Markenbewusstseins und einer Markenidentifizierung der Endabnehmer im Raum B („Die elegante Frau trägt nur Top-Dress".)

---

[1] Psychografie (aus dem Griechischen) = Beschreibung seelischer Tatbestände
[2] angestrebtes Wirkungsbild (engl., frz.: image = Bild)

1.4 Absatzstrategien

Der Verkaufsdirektor der ELME Elektronische Medien GmbH äußerte sich in einem Interview:
„80 % unseres Umsatzes erzielen wir mit Produkten, die vor fünf Jahren noch nicht existierten."
„Werden diese Produkte auch nach fünf Jahren noch den Löwenanteil ausmachen?"
„Mit Sicherheit nicht! Unsere Konkurrenz schläft nicht. Wenn wir nicht in spätestens zwei Jahren grundlegende Innovationen anbieten, wird sie klar an uns vorbeiziehen. Aber wir sind zuversichtlich: Wir arbeiten zurzeit an acht innovativen Neuentwicklungen – unter anderem an neuen Nutzungsmöglichkeiten für die DVD. Diese werden uns völlig neue Marktchancen eröffnen."

Absatzstrategien legen den Weg fest, wie die Marketingziele erreicht werden sollen. Sie sind grundlegende und längerfristig angelegte Konzepte. Wichtige Strategien betreffen die Festlegung der Absatzmärkte und Vorgehensweisen für ihre Bearbeitung. Vor der Wahl einer Absatzstrategie sind gründliche Analysen des Absatzmarktes unerlässlich: Produktlebenszklusanalysen, Portfolioanalysen, Positionierungsanalysen und Marktsegmentanalysen.

1.4.1 Produktlebenszyklus- und Portfolioanalyse

Produktlebenszyklusanalysen geben bekanntlich Aufschluss darüber, in welcher Lebensphase ein bestimmtes Produkt sich befindet[1]. Sie ergeben aber kein Gesamtbild der Wettbewerbssituation **aller** Produkte einer Unternehmung zu einem bestimmten Zeitpunkt. Hier hilft die **Portfolioanalyse** weiter. Ihr Instrument ist die Portfolio-Matrix[2]. Diese teilt in einem Viererschema die Produkte ein in **„Fragezeichen/Hoffnungen"**, **„Stars"**, **„Milchkühe"** und **„arme Hunde"**. Diese Bezeichnungen kennzeichnen die jeweilige Wettbewerbssituation (ausgedrückt im relativen Marktanteil[3] und das jährliche Marktwachstum der Produkte (in %).

Ein Portfolio ist ursprünglich der Wertpapierbestand einer Person/Unternehmung. Es sollte so zusammengesetzt sein, dass ein optimaler Gesamtertrag erzielt wird.

Portfolio-Matrix	niedriger Marktanteil in %	hoher Marktanteil in %
hohes Marktwachstum in %	„Fragezeichen/Hoffnungen" Produkte mit (noch) niedrigem Marktanteil, aber hohen Wachstumsraten **Maßnahmen:** beobachten und ggf. fördern	„Stars" Produkte mit bereits hohen Marktanteilen und zugleich hohen Wachstumsraten **Maßnahmen:** fördern
niedriges Marktwachstum in %	„Arme Hunde" Produkte mit niedrigem Marktanteil und niedrigen Wachstumsraten **Maßnahmen:** aus dem Markt nehmen	„Milchkühe" Produkte mit hohem Marktanteil, aber bereits niedrigen Wachstumsraten **Maßnahmen:** Position halten; melken

---

[1] Vgl. S. 85
[2] Matrix = rechteckiges Schema
[3] relativer Marktanteil = (Umsatz des Produktes : Umsatz des Gesamtmarktes) · 100

Jede Unternehmung sollte dafür sorgen, dass sie zu jedem Zeitpunkt über ausreichende „Hoffnungen", „Stars" und „Milchkühe" verfügt. Nur dann kann sie die „armen Hunde" verkraften, zu denen auf Grund des Produktlebenszyklus zwangsläufig alle Produkte einmal werden. Vor allem ist stets für genügend Produktnachwuchs, also für „Hoffnungen", zu sorgen.

Beispiel: Produkt-Portfolio der Auto Union AG Mitte 2002

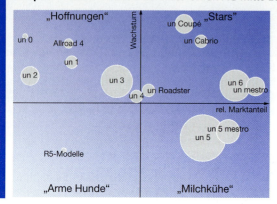

1.4.2   Positionierungsanalysen

Positionierungsanalysen veranschaulichen anhand von zwei Gegensatzpaaren, wie ein ausgewählter Personenkreis mehrere – v. a. konkurrierende – Produkte im Vergleich zueinander einschätzt. Die „Einschätzungsprofile" der Befragten werden in Koordinaten festgehalten und mit der Einschätzung der Unternehmung verglichen.

Derartige Analysen sind z. B. bei neuen Produkten aufschlussreich. Durch eine spätere Wiederholung lässt sich feststellen, ob und wie sich die Einschätzung der Befragten im Zeitablauf ändert.

Beispiel: Positionierung des Smart-Autos zum Zeitpunkt seiner Markteinführung
Ausgewählte Gegensatzpaare:
1. Das Interesse des Befragten am Smart ist wie folgt begründet: emotional – rational
2. Der Befragte schätzt den Smart wie folgt ein: wertvoll   – billig

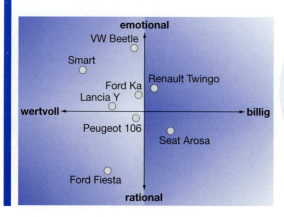

Den Smart kennzeichnen u.a. niedriger Benzinverbrauch, niedrige Steuern, wenig Parkraum. Wir von Daimler glaubten deshalb, das Interesse der Befragten wäre viel stärker rational begründet. Offensichtlich haben wir uns getäuscht.

1.4.3 Marktsegmentanalysen

Die Käufer sind hinsichtlich ihres Nachfrageverhaltens sehr heterogen (uneinheitlich). Man denke z. B. an ein scheinbar so einfaches Produkt wie das Brot: Ein Kunde verlangt Mehrkornbrot, der andere Vollkornbrot, der dritte Weißbrot, der nächste Knäckebrot usw. Der Gesamtmarkt für Brot besteht also in Wirklichkeit aus vielen Teilmärkten (auch Marktsegmente genannt). Jeden Teilmarkt kennzeichnet eine Käufergruppe, die sich viel homogener (einheitlicher) verhält als die Käufer auf dem Gesamtmarkt. Sie eignet sich deshalb viel besser als Zielgruppe spezieller Marketingmaßnahmen. Für die anbietenden Unternehmen ist es folglich wichtig, den Absatzmarkt auf mögliche Marktsegmente hin zu analysieren und Marktsegmentierung zu betreiben.

Marktsegmentierung ist die Aufteilung des Gesamtmarktes in möglichst einheitliche Teilmärkte.

Die Marktsegmentierung wird anhand von Segmentierungskriterien vorgenommen.

Segmentierungskriterien		
geografische Kriterien	**soziodemografische Kriterien**	**psychografische Kriterien**
z. B. ■ Einwohnerzahl ■ Bundesländer ■ Städte ■ Preissenkung ■ Wohngebiete	z. B. ■ Geschlecht ■ Alter ■ Familienstand ■ Kinderzahl ■ Ausbildung ■ Einkommen	z. B. ■ Persönlichkeit ■ Lebensstil ■ Einstellung zum Produkt

1.4.4 Grundlegende Strategien

Die genannten Analysen geben dem Anbieter Ansatzpunkte für die Entwicklung von Absatzstrategien. Man unterscheidet vier grundlegende Strategien:

Absatz- strategien	Beibehaltung der alten Produkte	Entwicklung/Aufnahme neuer Produkte

Weiterbearbeitung der bisherigen Märkte	**Strategie der Marktdurchdringung**
	– Neue Kunden gewinnen!
	– Marktanteil erhöhen!
	– Konkurrenten abwehren!
	– Markenimage entwickeln!
		Strategie der Produktentwicklung
		Innovationen entwickeln:
		a) Ersatzprodukte
		b) Systemlösungen
		  (aufeinander abgestimmte
		  Produkte, z. B. Bausätze,
		  Sets, Pakete, Kollektionen)

Erschließung neuer Märkte	**Strategie der Marktentwicklung** Neue Zielgruppen finden! (dabei ggf. die vorhandenen Produkte variieren!)	**Strategie der Diversifikation** Völlig neue, andersartige Leistungsbereiche erschließen!

Wesentliche Elemente dieser Strategien finden Eingang in die Produkt- und Sortimentspolitik des Betriebes[1].

---

[1] Vgl. S. 432 ff.

1.4.5 Customer Relationship Management (CRM)

> „Immer mehr Unternehmen setzen auf das Internet, um die Konsumgewohnheiten ihrer Kunden auszuforschen. Käufe, Alter und Hobbys – all diese Informationen wandern in Megadatenbanken und werden so miteinander verknüpft, dass ein genaues Kundenprofil entsteht. Wer alles über den Kunden weiß, so die Devise, macht die besseren, weil individuellen Angebote – und gewinnt im Wettbewerb." *(Wirtschaftswoche, 2.3.2000)*

Ein modernes Marketing setzt voraus, dass bei allen Marketingstrategien der Kunde im Zentrum der Marketing-Aktivitäten steht. Aber erst in jüngster Zeit erlaubt der Fortschritt in Telekommunikation und Datenverarbeitung die Verwirklichung dieses Gedankens. Im Customer Relationship Management erfährt er seine praktische Umsetzung.

Customer Relationship Management fasst alle kundenbezogenen Prozesse in allen Betriebsabteilungen zusammen und stimmt sie aufeinander ab. Alle Kundendaten werden dazu in einer Datenbank gespeichert. Auf der Grundlage dieser Daten kann jeder Kunde automatisch individuell angesprochen und „bearbeitet" werden.

CRM-System

Eingabedaten:
Kundendaten aus dem Call-Center
Daten der Kundenkorrespondenz
Daten der Außendienstmitarbeiter
Daten der Internet-Nutzung
und andere ↓

Customer Relationship Management bedeutet in etwa: Kundenbindungs- und Beziehungs-Management. Dahinter steht der Gedanke: Weg vom Massenmarketing hin zum Individualmarketing!

Kundendatenbank

Ergebnisse:
Sales Force Automation
Call-Center-Systeme
Online-Shops
Direktmarketingaktionen
Software zur Kundenbewertung

Sales Force Automation[1]
Dies sind Programme zur Unterstützung des Verkaufspersonals. Letzteres hat per Computer Zugang zu den Kundendaten der Datenbank und kann folglich die Kunden effektiver beraten.

Call-Center-Systeme
In einem Call-Center sitzen Sachbearbeiter, die Kundenanrufe entgegennehmen. Auch sie können über Computer direkt auf die Kunden-Datenbank zugreifen. Das Center besteht aus Front-Office und Back-Office. Im Front-Office werden die Anrufe angenommen und die Kunden beraten. Das Back-Office wickelt anschließend die Aufträge ab. Die gewonnenen Daten werden in der Datenbank gespeichert.

Online-Shops
Ein Online-Shop entsteht, wenn das Unternehmen seine Leistungen im Internet anbietet. Die gewünschten Leistungen können sofort bestellt werden. Auch hier werden die gewonnenen Einkaufsdaten in der Kundendatenbank gespeichert.

Direktmarketingaktionen
Die gespeicherten Daten ermöglichen es, den Kunden gezielt anzusprechen und ihn mit Produkt- und Werbeinformationen zu versorgen (Direktmarketing).

Software zur Kundenbewertung
Hierunter versteht man Statistikprogramme zur Auswertung von Kundendaten.

---

[1] engl. sales force = Verkäuferstab

1.5 Marketinginstrumente

Marketinginstrumente **sind alle Maßnahmen, die zur Verbesserung der Bedarfsdeckung und zur Marktgestaltung (Marktbeeinflussung) eingesetzt werden können.**

Möglichkeiten zur Verbesserung der Bedarfsdeckung lassen sich durch die **Absatzmarktforschung** herausfinden. Marktgestaltung erfolgt durch den gezielten Einsatz der **absatzpolitischen** Instrumente.

Die absatzpolitischen Instrumente lassen sich den Bereichen **Leistungspolitik, Kommunikationspolitik**[1] **und Distributionspolitik**[2] zuordnen.

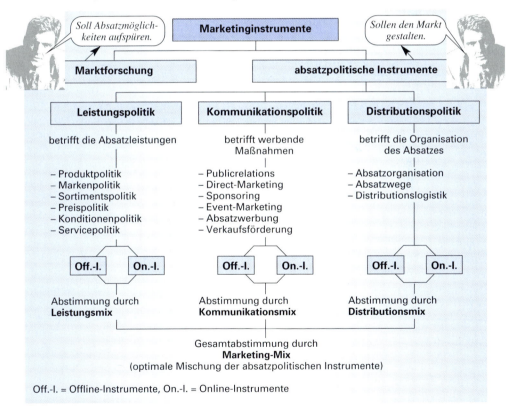

Die Verbreitung des Internets hat für die absatzpolitischen Instrumente völlig neue Einsatzmöglichkeiten eröffnet. Deshalb unterscheidet man heute **Offline-Instrumente** und **Online-Instrumente**. Letztere nutzen das Internet.

---

[1] lat.: communicatio = Mitteilung   [2] lat.: distributio = Verteilung

Offline-Instrumente sind in erster Linie Push-Instrumente[1]. Man könnte sagen, dass der Betrieb durch ihren Einsatz Druck erzeugt, um mögliche Kunden zu seinen Gunsten zu beeinflussen.

Online-Instrumente hingegen sind Pull-Instrumente[2]. Sie lösen sozusagen eine Sogwirkung aus: Der Internetnutzer wird seinerseits aktiv und sucht nach Informationen, Angeboten und Betriebsmaßnahmen, die ihn interessieren.

> **Beispiel:**
> Werbespots im Fernsehen gehören zu den typischen Offline-Instrumenten. Der Anbieter „pusht" die Werbebotschaft, der Zuschauer nimmt sie passiv auf.
> Beim Aufruf einer Internet-Seite hingegen wird der Internet-Nutzer aktiv: Er bestimmt selbst, welche Seiten er anschauen, wie lange er verweilen und welche Links er anklicken will.

Eine langweilige Website guck ich mir gar nicht erst an.

Das Netz bietet eine Reihe von Vorteilen:

- Die Betriebsinformationen sind unabhängig von den Geschäftszeiten nutzbar.
- Die Informationen können schnell aktualisiert werden.
- E-Mails ermöglichen eine schnelle Kommunikation.
- Das Netz kann den direkten Kontakt zum Betrieb herstellen (z. B. durch Beratungschats, Videokonferenzen).

Arbeitsaufträge

1. **Das Produkt A befindet sich in der Lebensphase der Marktsättigung. Der Hersteller arbeitet an der Neuentwicklung eines Nachfolgemodells, das in zwei Jahren auf den Markt kommen soll. Der Absatz von A ist stark gefährdet, da erste bessere Konkurrenzprodukte in Kürze herauskommen werden.**

   Welche Maßnahmen könnten ergriffen werden, um den Absatz von A bis zum Erscheinen des Nachfolgers bestmöglich zu stabilisieren?

2. **Produktlebenszyklus, Portfolioanalysen und Positionierungsanalysen sind Analyseinstrumente zur Einschätzung von Produkten.**

   Bilden Sie zwei Arbeitsteams.

   a) Team 1 erarbeitet Gemeinsamkeiten der Analyseinstrumente.
   b) Team 2 erarbeitet Unterschiede zwischen den Analyseinstrumenten.
   c) Wählen Sie Teamsprecher, die die Ergebnisse präsentieren.

3. **Eine Marktanalyse für die vier wichtigsten Produkte der Kufferath GmbH ergab folgende Daten (Beträge in EUR):**

Produkte	Umsatz Jahr 1	Branchenumsatz Jahr 1	Umsatz Jahr 2	Branchenumsatz Jahr 2
Drahtgewebe	300.000	4.500.000	330.000	4.800.000
Kunststoffgewebe	110.000	260.000	115.000	280.000
Mischgewebe	30.000	210.000	36.000	90.000
Architekturgewebe	120.000	2.400.000	168.000	5.400.000

   a) Berechnen Sie den relativen Marktanteil und das Marktwachstum in Jahr 2 für alle Produkte.
   b) Tragen Sie die berechneten Daten in eine Portfolio-Matrix ein. Der relative Marktanteil wird auf der x-Achse abgetragen. Die Grenze zwischen Quadrant 1 (Arme Hunde) und Quadrant 2 (Milchkühe) auf der x-Achse liegt bei 20 %. Das Marktwachstum wird auf der

---

[1] engl.: to push = drücken, stoßen   [2] engl.: to pull = ziehen

y-Achse abgetragen. Die Grenze zwischen Quadrant 1 (Arme Hunde) und Quadrant 3 (Fragezeichen) auf der y-Achse liegt bei 10 Prozent.

c) Ist das Portfolio der Kufferath GmbH optimal? Nehmen Sie dazu Stellung.

4. **Die Kambel AG will ein neues Waschmittel auf den Markt bringen. Deshalb lässt sie von einem Marktforschungsinstitut eine Positionierungsanalyse über die aktuellen Produkte am deutschen Markt erstellen. Zur Einschätzung werden die Gegensatzpaare „weiß – bunt" und „schonend – kraftvoll" ausgewählt. Ergebnis der Analyse:**

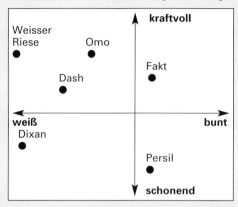

a) Aus einer Positionierungsanalyse können zahlreiche Anhaltspunkte für produktpolitische Maßnahmen abgeleitet werden. Nennen Sie Beispiele.

b) Die Kambel AG sucht geeignete Marktnischen für ihr neues Produkt. Finden Sie solche Nischen auf der Basis des Positionierungsanalyse-Ergebnisses und beschreiben Sie ihre Position.

5. **Viele Großunternehmen haben bereits das Customer Relationship Management in ihre Marketing-Aktivitäten integriert. Auch Ihr Ausbildungsbetrieb stellt entsprechende Überlegungen an. Das Thema ist u.a. Gegenstand des betrieblichen Unterrichts, und Sie werden mit einer Präsentation des CRM beauftragt. Als Teilthemen sollen auf jeden Fall berücksichtigt werden:**

■ **Der Begriff des CRM**
■ **Die Vorteile des Einsatzes des CRM**
■ **Die wichtigsten Typen des CRM**
■ **CRM-Instrumente**

Als Informationsgrundlage erhalten Sie den folgenden Artikel. Außerdem werden Sie auf die Informationsbeschaffung aus dem Internet verwiesen.

CRM für den Mundo

Im Markt für Mittelklassewagen herrscht starker Wettbewerb. Neukunden können hier nur schwer gewonnen werden. Darum rückt der Autohersteller Moyota seine Kundenstammdaten und damit das Customer Relationship Management für den neuen Moyota Mundo in den Vordergrund seiner Marketingbemühungen.

Moyota formuliert als Ziele:

■ Steigerung des Mundo-Absatzes durch Aktivierung von Moyota-Fahrern, die kurz- und mittelfristig einen Autokauf planen,

■ Unterstützung der Händler durch ein verkaufsförderndes Programm,

■ Aufbau einer umfangreichen, aktuellen Datenbank, um eine langfristige Bindung zwischen Moyota und Kunden zu schaffen.

Zusammen mit einer Agentur entwickelte Moyota ein Konzept:

Zuerst stellte die Agentur die Kaufinteressierten aus den Kundenstammdaten zusammen. Dafür bereitete die Agentur Listen vor, die an alle Moyota-Händler verschickt wurden. Die Händler sollten diese Listen aktualisieren, Neukunden darin aufnehmen und Nichtinteressierte streichen. Das Ergebnis:1400000 potenzielle Kunden.

Dann entwickelte die Agentur ein Mailing – einen Werbebrief –, das über die Einführung des neuen Mundo informierte. Eine Woche nach dem Versand wurden die Empfänger telephonisch kontaktiert. 1150000 potenzielle Kunden (91 Prozent) konnten so erreicht werden. Die Kunden, die einen geplanten Kauf zeitlich vorzogen, erhielten automatisch über ihren Händler ein Bonuszertifikat.

Alle Interviewergebnisse wurden in einer CRM-Datenbank erfasst. Die Kunden, die Interesse am Kleinwagen Merlino äußerten, wurden den Händlern gemeldet.

Führen Sie die Präsentation durch.

2 Marktforschung

Die Trienekens AG mit Sitz in Viersen ist ein bedeutendes Umwelt- und Entsorgungsunternehmen. Seit 10 Jahren ist sie auch im Kreis Düren tätig. Aus diesem Grund möchte sie ihr Image im Kreisgebiet testen und zugleich überprüfen, wie bekannt einerseits die Firma selbst, andererseits ihre Leistungen sind. Im Jahr 2001 wurde tatsächlich eine Industriefachklasse am Berufskolleg in Düren damit beauftragt, eine Marktanalyse für die Trienekens AG durchzuführen. Die Klasse erstellte einen Fragebogen und legte ihn 120 Personen vor.

2.1 Begriff und Aufgaben

Marktforschung ist die Beschaffung von Informationen über die Märkte der Unternehmung. Sie ist eine wichtige Grundlage für Absatzplanung und Absatzpolitik.

Oft grenzt man den Begriff Marktforschung enger ein und versteht darunter (im Gegensatz zur unsystematischen Markterkundung) eine systematisch durchgeführte Marktuntersuchung.

Markterkundung, Marktforschung, Marktprognose

Ziel

Beschaffung von Informationen über
– die tatsächlichen und möglichen Nachfrager (Bedarfsforschung);
– die Konkurrenz und die Entwicklung der Branche (Konkurrenzforschung);
– allgemeinwirtschaftliche Verhältnisse, also staatliche Maßnahmen und volkswirtschaftliche Entwicklungen (Konjunkturforschung);
– die eigene Stellung am Markt und die Wirkung der Absatzpolitik (Absatzforschung).

↓

Markterkundung	**Marktuntersuchungen**	**Marktforschung**
unsystematisches Sammeln von Informationen (Kundengespräche, Berichte des Verkaufspersonals, besonders von Reisenden und Vertretern, Marktberichte in Fachzeitschriften, Messebesuche).		systematisches Sammeln von Informationen (mit wissenschaftlichen Methoden vorbereitet und vom Betrieb selbst oder von Marktforschungsinstituten durchgeführt).

Marktanalyse: Untersuchung des Marktes zu einem bestimmten Zeitpunkt, etwa für die Einführung eines neuen Produktes (Zeitpunkt-Analyse).

Marktbeobachtung: Eine Kette von Marktanalysen über einen längeren Zeitraum hinweg, meist bei schon eingeführten Produkten (Zeitraum-Analyse).

↓

Verarbeitung der Ergebnisse zu einer
Marktprognose
Abschätzung und Vorausberechnung der zukünftigen Marktverhältnisse als Grundlage für den Einsatz der absatzpolitischen Instrumente.

Aufgaben der Marktforschung

Anregung	**Prognose**	**Bewertung**	**Kontrolle**	**Bestätigung**
Impulsgebung für Entscheidungsprozesse	Vorhersage zukünftiger Verhältnisse	Bewertung von Entscheidungsalternativen	Überprüfung der Wirksamkeit von Marketingentscheidungen	Erforschung der Ursachen von Erfolgen/Misserfogen

2.2 Forschungsgebiete

2.2.1 Bedarfsforschung

Die Bedarfsforschung sammelt Informationen über die tatsächlichen und möglichen Nachfrager. Sie umfasst Tatsachen-, Meinungs- und Motivforschung. Ziel ist es herauszufinden, welche Absatzchancen für Produkte, Sortimente, Dienstleistungen oder Bündel von Dienstleistungen bestehen.

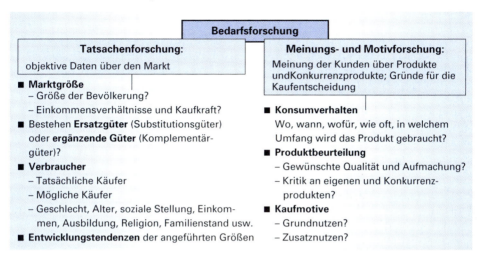

Bedarfsforschung

Tatsachenforschung:	**Meinungs- und Motivforschung:**
objektive Daten über den Markt	Meinung der Kunden über Produkte undKonkurrenzprodukte; Gründe für die Kaufentscheidung

Tatsachenforschung:

■ **Marktgröße**
– Größe der Bevölkerung?
– Einkommensverhältnisse und Kaufkraft?
■ Bestehen **Ersatzgüter** (Substitutionsgüter) oder **ergänzende Güter** (Komplementärgüter)?
■ **Verbraucher**
– Tatsächliche Käufer
– Mögliche Käufer
– Geschlecht, Alter, soziale Stellung, Einkommen, Ausbildung, Religion, Familienstand usw.
■ **Entwicklungstendenzen** der angeführten Größen

Meinungs- und Motivforschung:

■ **Konsumverhalten**
Wo, wann, wofür, wie oft, in welchem Umfang wird das Produkt gebraucht?
■ **Produktbeurteilung**
– Gewünschte Qualität und Aufmachung?
– Kritik an eigenen und Konkurrenzprodukten?
■ **Kaufmotive**
– Grundnutzen?
– Zusatznutzen?

Über den **Grundnutzen** (Auto: Fortbewegung) hinaus ist oft auch der **Zusatznutzen** (Sportwagen: Gefühl der Männlichkeit, Sportlichkeit, Exklusivität) wichtig, den ein Gut stiften kann. Die Motive für den Zusatznutzen liegen oft im Unterbewusstsein. Kann man sie herausfinden, so werden sie meist durch gezielte, oft raffinierte Werbung angesprochen.

Beispiel: Auszug aus einem Fragebogen

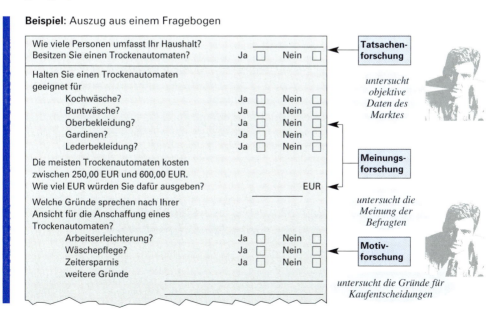

Wie viele Personen umfasst Ihr Haushalt?				
Besitzen Sie einen Trockenautomaten?	Ja ☐	Nein ☐		**Tatsachenforschung**
Halten Sie einen Trockenautomaten geeignet für				
Kochwäsche?	Ja ☐	Nein ☐		*untersucht objektive Daten des Marktes*
Buntwäsche?	Ja ☐	Nein ☐		
Oberbekleidung?	Ja ☐	Nein ☐		
Gardinen?	Ja ☐	Nein ☐		
Lederbekleidung?	Ja ☐	Nein ☐		
Die meisten Trockenautomaten kosten zwischen 250,00 EUR und 600,00 EUR.				**Meinungsforschung**
Wie viel EUR würden Sie dafür ausgeben?		EUR		
Welche Gründe sprechen nach Ihrer Ansicht für die Anschaffung eines Trockenautomaten?				*untersucht die Meinung der Befragten*
Arbeitserleichterung?	Ja ☐	Nein ☐		
Wäschepflege?	Ja ☐	Nein ☐		**Motivforschung**
Zeitersparnis	Ja ☐	Nein ☐		
weitere Gründe				*untersucht die Gründe für Kaufentscheidungen*

2.2.2 Konkurrenzforschung

Die Konkurrenzforschung sammelt Informationen über die tatsächlichen und möglichen Konkurrenten und die Branchenentwicklung.

2.2.3 Konjunkturforschung

Hier kommt es vor allem darauf an, Modeänderungen, Saisonschwankungen, Strukturveränderungen, Konjunkturschwankungen sowie rein zufällige Bewegungen, die sich langfristig nicht auswirken, und Trends (über lange Zeit wirksame Verschiebungen in einer bestimmten Richtung) zu erkennen und zu analysieren. Die Konjunkturforschung ist Sekundärforschung.

2.2.4 Absatzforschung

Die Absatzforschung sammelt Informationen über die eigene Stellung am Markt und über die Wirkung der eingesetzten absatzpolitischen Instrumente. Es ist herauszufinden,

- wie ein eingeführtes Produkt, eine Produktveränderung (etwa andere Aufmachung oder Fortfall eines Produktes) beim Kunden ankommen;

- wie der Kunde auf Änderungen der Preise, Rabatte, Lieferungs- und Zahlungsbedingungen reagiert (Elastizität der Nachfrage);

- in welchem Umfang Werbemaßnahmen den gewünschten Erfolg gebracht haben;

- ob die richtigen Absatzorgane eingesetzt wurden (Verkaufserfolg der Absatzabteilungen, Filialen, Reisenden, Vertreter usw. feststellen!) und ob die optimalen Absatzwege gewählt wurden.

2.3 Geschäftsprozess einer Marktanalyse

Eine Marktanalyse entsteht gewöhnlich in sechs Teilphasen:

Definitions-phase ▷ Design-phase ▷ Erhebungs-phase ▷ Analyse-phase ▷ Kommunika-tionsphase ▷ Entschei-dungsphase

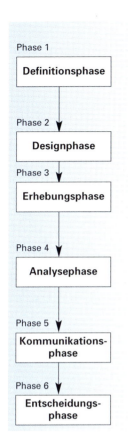

Phase 1 **Definitionsphase**	– Formulierung und Strukturierung des Marktforschungsproblems – Klärung des Informationsbedarfs nach Umfang und für einen zu bestimmenden Zeitraum – Festlegung der Ziele der Marktanalyse – Festlegung des Erhebungsrahmens

Phase 2
Designphase
– Festlegung auf Eigenforschung oder Fremdforschung (Letztere
  wird von einem Marktforschungsinstitut durchgeführt.)
– Festlegung der Analyse-Methoden: Primärforschung oder
  Sekundärforschung (Einzelheiten siehe unten!)
– Ausarbeitung des Analyseinstruments (z. B. Fragebogen)

Phase 3
Erhebungsphase
– Vortest des Analyseinstruments (Ausmerzen von Fehlern!)
– Erstellung von Praxisanweisungen (Untersuchungsrichtlinien)
– Durchführung der Analyse

Phase 4
Analysephase
– Überprüfung der rückläufigen Unterlagen (vollständig und richtig
  ausgefüllt? richtiger Personenkreis? Widersprüchlichkeiten?)
– Eingabe der Daten in den Computer
– Datenaufbereitung (z. B. Addition von Ja-Antworten/Nein-Antworten)
– Datenanalyse mittels statistischer Verfahren
– wenn erforderlich: Erstellung einer
  Marktprognose (Einzelheiten siehe unten!)

Der Nutzen der Analyse muss dem Auftraggeber permanent verdeutlicht werden!!!.

Phase 5
Kommunikations-phase
– Kontakte mit dem Auftraggeber der Analyse
– Präsentation der Zwischen- und Endergebnisse
– Diskussion der Ergebnisse mit dem Auftraggeber

Phase 6
Entscheidungs-phase
Treffen der notwendigen Entscheidungen (z. B. Beseitigung
von Produktmängeln, die in den rückläufigen Fragebögen
beanstandet wurden)

2.4 Methoden der Marktforschung

2.4.1 Sekundärforschung[1]

Die benötigten Informationen werden bei der Sekundärforschung an Hand von Quellenmaterial gewonnen, das schon für andere Zwecke erstellt wurde.

Innerbetriebliche Informationsquellen	**Außerbetriebliche Informationsquellen**

z. B.:
– Umsatzstatistik
– Verkaufsberichte
– Schriftwechsel mit Kunden
– Sammlung von Zeitschriftenartikeln
– Reparaturlisten
– Lagerbestandsmeldungen
– Reisendenaufzeichnungen
– Einkaufspreislisten
	z. B.:
	– Statistische Jahrbücher
	– Statistiken und Berichte von IHK,
	  Verbänden, Banken, Fachzeitschriften
	– Bilanzen und Geschäftsberichte
	  anderer Unternehmen
	– Prospekte und Kataloge
	– Preislisten von Konkurrenzfirmen
	– Veröffentlichungen wissenschaftlicher
	  Institute

[1] secundus = zweiter; Sekundärforschung verwendet sozusagen Material „aus zweiter Hand".

2.4.2 Primärforschung[1]

Bei der Primärforschung erhält man die benötigten Informationen durch eigens durchgeführte Erhebungen. Dies sind Befragungen, Beobachtungen und Tests (Experimente).

Arten von Erhebungen	
Vollerhebung	**Teilerhebung**
Erfassung der Gesamtmasse (z. B. Beobachtung aller bekannten Konkurrenten)	Erfassung einer Stichprobe

Alle Konkurrenten kann man vielleicht beobachten, aber doch nicht alle Verbraucher befragen!

Richtig! Genau deshalb arbeitet man mit Stichproben.

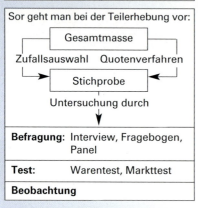

So geht man bei der Teilerhebung vor:

Gesamtmasse

Zufallsauswahl   Quotenverfahren

Stichprobe

Untersuchung durch

Befragung:	Interview, Fragebogen, Panel
Test:	Warentest, Markttest
Beobachtung	

Eine Stichprobe ist eine repräsentative Teilmasse, die aus einer Gesamtmasse ausgewählt wird (z. B. 2000 Verbraucher von 50 Millionen). Sie muss in ihrer Struktur mit der Gesamtmasse übereinstimmen. Dies erreicht man durch zwei Verfahren:

■ **Random-Verfahren (= Zufallsauswahl)**
Jedes Element der Gesamtmassen hat die gleiche Chance, ausgewählt zu werden. (Man wählt z. B. jeden 100. Namen im Telefonbuch).

■ **Quotenverfahren**
Man analysiert die Struktur der Gesamtmasse und stellt z. B. fest: 50,3% der Einwohner sind weiblich, 24 % leben in einer Großstadt, 23,2 % sind zwischen 20 und 30 Jahre alt, 55% verfügen über ein mittleres Einkommen. Die Stichprobe muss nun die gleiche Struktur aufweisen. Der Befrager erhält deshalb genaue Anweisungen, wie viele „weibliche Personen, wohnhaft in einer Großstadt, Alter zwischen 20 und 30, mit mittlerem Einkommen" er aufsuchen muss.

Die häufigste Untersuchungsmethode ist die **Befragung** durch **Fragebögen**. Um eine ausreichende Rücklaufquote zu erhalten, werden sie oft mit Anreizen (Preisausschreiben, Werbegeschenken) verbunden. Fragebögen haben ein festes Frage- und Antwortschema. Kontrollfragen sollen eine wahrheitsgemäße Beantwortung gewährleisten. Der Fragebogen ermöglicht die Erfassung großer Gruppen und eine schnelle Auswertung. Mündliche Befragungen – **Interviews** – haben diese Vorzüge nicht. Sie verlangen vom Interviewer große Fähigkeiten und sind zeitaufwendig, können aber andererseits genauere Aussagen bringen.

Die Befragung eines gleich bleibenden Personenkreises zu denselben Themen und in regelmäßigen Abständen über einen längeren Zeitraum heißt **Panel**. Es handelt sich um eine besondere Form der Marktbeobachtung. Je nach den untersuchten Gruppen unterscheidet man Handels- und Haushaltspanel.

> **Beispiel:**
> 5 000 repräsentativ ausgewählte Haushalte sollen auf einem Fragebogen fortlaufend alle ihre Einkäufe von Bohnenkaffee notieren. Erfasst werden: Einkaufsdatum, Menge der Packungen, Einzelgewicht, Warenart (z. B. mit oder ohne Koffein), Art der Verpackung, Zustand (gemahlen, ungemahlen), Sorte gemäß Packungsangabe, Marke/Hersteller, Verbrauchsmenge.

---

[1] lat.: primus = erster; Primärforschung verwendet sozusagen Material „aus erster Hand".

Unter bestimmten Umständen kann man das Verhalten der Marktteilnehmer durch **Beobachtung** ermitteln. So kann man z. B. durch Kameras die Kundenreaktion auf eine bestimmte Schaufenstergestaltung festhalten oder man kann zählen, wie viele Kunden ein bestimmtes Produkt in die Hand nehmen oder mitnehmen.

Letztlich sind **Tests** ein beliebtes Mittel, um die Einstellung von Käufern zu bestimmten Produkten, zu einem neuen Produktnamen, zur Gestaltung der Verpackung, zur Höhe des Preises usw. zu ermitteln oder um festzustellen, ob sich bestimmte Werbemaßnahmen lohnen. Um die Absatzfähigkeit neuer Produkte zu überprüfen, wendet man häufig den Warentest oder das Testmarktverfahren an.

Warentest	Testmarktverfahren
Man stellt den Auskunftspersonen in Verbindung mit einer Befragung eine Ware zur Begutachtung zur Verfügung. So testet man insbesondere die Marktfähigkeit bestimmter Produktgestaltungen.	Man führt das Produkt auf einem regional begrenzten Teilmarkt, der in seiner Struktur dem Gesamtmarkt ähnlich ist, in Verbindung mit sämtlichen wesentlichen absatzpolitischen Maßnahmen ein und kontrolliert die Wirkungen. Berlin und das Saarland sind beliebte Testmärkte.

2.5 Marktprognose

Die Ergebnisse der Marktforschung werden – wenn vom Auftraggeber gewünscht – zu Marktprognosen verarbeitet.

Marktprognosen **sind Vorhersagen über den Absatz bestimmter Waren oder Leistungen.**

Zum Zweck einer Marktprognose müssen die Ergebnisse der Marktforschung interpretiert (gedeutet) werden:

- So bestimmt man aus **Zahlenreihen der Vergangenheit** (z. B. monatlichen Umsatzstatistiken des eigenen Betriebes und der gesamten Branche) den Trend (die Entwicklungstendenz) und extrapoliert (überträgt) ihn auf die Zukunft.

- Aus **Querschnittsanalysen** (Untersuchungen, die den Marktzustand zu einem bestimmten Zeitpunkt wiedergeben, z. B. den Absatz eines Artikels im Fachhandel, in Kaufhäusern, in Verbrauchermärkten, im Versandhandel usw.) schließt man auf den Gewinn bringendsten Absatzweg.

- **Berichte von Außendienstmitarbeitern** werden ausgewertet. Die Berichte geben Aufschluss über die Absatzchancen von Waren und informieren über Stellungnahmen und Motive von Kunden. Auf diese Weise lassen sie Schlüsse auf die Zukunft zu.

- **Befragungen, Beobachtungen, Tests** gestatten ebenfalls Erkenntnisse über Meinungen und Motive der betreffenden Personen. Sie werden statistisch ausgewertet und geben z. B. Rückschlüsse über Durchschnitte oder Schwerpunkte.

Arbeitsaufträge

1. **Aus einem Reisebericht des Handlungsreisenden Ralf Petersen:**
   „...**Die besuchten Werkstätten halten zur Zeit generell mit der Anschaffung von Maschinen und Geräten zurück. Sie begründen dies mit dem konjunkturell bedingten Auftragsrückgang ihrer Kunden. Gegenüber dem letzten Vierteljahr ist mein Auftragsvolumen wertmäßig um etwa 25% von 815 000,00 EUR auf 607 000,00 EUR zurückgegangen. Andererseits konnte ich allgemein reges Interesse an unserer neuen Metallsäge MS-3 feststellen. Eine gezielte Informations- und Werbekampagne könnte sich hier lohnen.**

Der verstärkte Hang zum Hobbywerker führte zu einer leicht ansteigenden Umsatztendenz bei Bohrmaschinen in Fachgeschäften, Warenhäusern und Verbrauchermärkten. Der Kauf von Zusatzgeräten scheint sich langsam von Kreissägen stärker auf Stichsägen zu verlagern. Die Konkurrenz (vor allem Black & Bauer) engagiert sich im Verbrauchermarkt- und Warenhausbereich mit Rabatten, die 10% über den unsrigen liegen. Die Firma „Unipreis" ist nur bei einem Wiederverkäuferrabatt von 50% bereit, unser Sortiment einzuführen..."

a) Zu welchem Bereich der Markterkundung gehört das Sammeln von Informationen aus einem solchen Bericht?

b) Stellen Sie eine Übersicht über die Informationen und Rückschlüsse auf, die sich ergeben.

2. Absatzprognosen schätzen den Absatz eines Produktes voraus. Dazu werden z. B. folgende Kennziffern berechnet:

Marktpotenzial	= Gesamtheit möglicher Absatzmengen eines Marktes,
Absatzpotenzial	= Absatzmenge eines Produktes, die ein Unternehmen glaubt erreichen zu können,
Marktvolumen	= tatsächlich realisierte Absatzmenge der Branche,
Absatzvolumen	= tatsächliche Absatzmenge des Unternehmens,
relativer Marktanteil	= (Absatzvolumen : Marktvolumen) x 100 .

Das Absatzpotenzial eines Pkw-Typs setzt sich zusammen aus:

■ Erstkäufern,

■ Zusatzkäufern (Käufer, die diesen Typ als Zweitwagen anschaffen),

■ Ersatzkäufern; das sind:

– Modell-Loyale (Käufer, die bereits das Vormodell besitzen und nun das neue Modell kaufen wollen)

– Marken-Loyale (Käufer, die irgendeinen Pkw desselben Fahrzeugherstellers besitzen und nun das neue Modell kaufen)

– Fremdmarkenwechsler (Eroberungen von anderen Marken)

Hierzu ein konkreter Fall:

Die Auto Union will im Jahr 03 einen Nachfolger für ihren Kleinwagen Ancra herausbringen. Folgende Informationen liegen vor:

– Bisherige Ancra-Bestände:	1 500 000 Stück
– Insgesamt geschätzte Neukaufrate bisheriger Ancra-Besitzer:	10 %
davon: Abwanderungen zu Fremdmarken:	15 %
Abwanderungen zu anderen Modellen des Konzerns:	35 %
Modell-Loyale:	50 %
– Zuwanderungen von Fremdmarken:	40 000 Stück
– Zuwanderungen von anderen Modellen des Konzerns	15 000 Stück
– Erstkäufer:	10 000 Stück
– Zusatzkäufer:	2 500 Stück

Das Marktvolumen betrug in Jahr 01 5 800 000 Stück, das Absatzvolumen 203 000 Stück. Das Marktpotenzial für Jahr 03 wird auf 6 000 000 Stück geschätzt. Die Auto Union strebt für den Ancra eine Erhöhung des Marktanteils um 0,5 Prozentpunkte an.

a) Berechnen Sie den relativen Marktanteil des alten Modells im Jahr 01.

b) Berechnen Sie das Absatzpotential für den neuen Ancra.

c) Erscheint die angestrebte Erhöhung des Marktanteils aufgrund der vorliegenden Marktinformationen ein erreichbares Ziel?

d) Prognosen machen Aussagen über zukünftige Entwicklungen. Zeigen Sie Probleme auf, die damit zwangsläufig verbunden sind.

3. Die Haushaltselektro GmbH hat Pläne für ein neuartige Küchenmaschine entwickelt. Sie versucht nun, sich einen genauen Überblick über den Markt zu schaffen.
Welche Marktinformationen benötigt die Unternehmung? Erstellen Sie dazu eine Mindmap.

4. Die Chemische Werke Edelchrom GmbH will eine Analyse der potentiellen Kunden ihrer Autopolitur „Langglanz" durchführen. Nach einem Jahr kostspieliger Werbung erwartete man

einen Marktanteil von etwa 10 %. Der tatsächliche Marktanteil liegt jedoch bei nur 3 %. Deshalb werden vier Marktforschungsunternehmen beauftragt, einen Entwurf für eine Fragebogenaktion zu entwickeln. Außerdem sollen eine Käuferbeobachtung und ein Käufertest durchgeführt werden.

a) (1) Bilden Sie je Marktforschungsinstitut ein Marktforschungsteam. Jedes Team erstellt einen Fragebogen mit bis zu 15 Fragen. Er soll erkennen lassen, welche Segmente (Alter, Einkommen Geschlecht usw.) die Politur ablehnen und welche Gründe für die Ablehnung vorliegen.

   (2) Die Teamsprecher präsentieren der Geschäftsleitung (4 Personen) ihren Entwurf und den erstellten Fragebogen.

   (3) Die Geschäftsleitung diskutiert mit dem Teamsprecher den Gesamtentwurf.
   (Weitere Personen können in die Diskussion eingreifen. Für entsprechende Wortmeldungen wird ein leerer Stuhl bereitgestellt.)

   (4) Zum Schluss wird das Marktforschungsteam mit dem besten Entwurf ausgewählt.

b) Entwerfen Sie eine Anweisung für die Beobachtung von Kunden. Beobachtungsort sei ein Stand in einem Verbrauchermarkt, an dem eine Werbeaktion für Langglanz durchgeführt wird. Es soll das Verhalten der Kunden des Verbrauchermarktes festgehalten werden.

c) Denken Sie sich einen Test aus, mit dem die Einstellungen zum Produkt "Langglanz" erforscht werden können.

d) Mit den oben angeführten Maßnahmen werden Marktforschungsinstitute beauftragt. Alternativ könnte – zumindest bei einer Großunternehmung – auch die eigene Marketingabteilung diese Aufgaben erledigen. Welche Gründe sprechen dafür, welche dagegen? (Diskutieren Sie eventuell auch in zwei Gruppen.)

5. Folgende Zahlen (Absatzmengen in Stück) über den VW Golf IV liegen vor:

Golf IV	1997	1998	1999	2000
Limousine	150000	190000	210000	140000
Variant	70000	70000	40000	40000
Cabrio	58000	79000	100000	100000
Summe	**278000**	**339000**	**350000**	**270000**

a) Stellen Sie die Absatzentwicklung nach Jahren und nach Typen grafisch dar. Benutzen Sie dazu ein Tabellenkalkulationsprogramm.

b) Bilden Sie mehrere Teams für folgende Arbeiten:

   ■ Vergleichen Sie die Absatzentwicklung des Golf IV insgesamt und der einzelnen Typen.

   ■ Das Cabrio zeigt eine positivere Absatzentwicklung als die anderen Typen. Welche Gründe könnte dies haben?

   ■ Das Absatzverhalten der Cabrio-Käufer soll professionell untersucht werden. Formulieren Sie dazu einen ausführlichen Auftrag an ein Marktforschungsinstitut.
   Präsentieren Sie Ihre Ergebnisse mit Hilfe einer Präsentationssoftware.

6. Eine Gruppe von Hausfrauen (3000 Teilnehmerinnen) soll täglich auf einem Fragebogen ihre Einkäufe unter Eintragung von Produkt, Marke, Gewicht oder Menge und Preis festhalten. Der Fragebogen wird wöchentlich über eine längere Zeit hinweg an ein Marktforschungsinstitut geschickt.
   a) Handelt es sich hier um Primär- oder Sekundärforschung?
   b) Nennen Sie den genauen Namen dieser Marktforschungsmethode.
   c) Nach welchen Verfahren wurden die Hausfrauen ausgewählt?
   d) Handelt es sich um eine Marktanalyse oder um eine Marktbeobachtung?
   e) Versuchen Sie einige Informationen anzugeben, die mit Hilfe einer solchen Untersuchung gewonnen werden können.

7. Prognosen über zukünftige Marktentwicklungen sind immer etwas problematisch.
   Versuchen Sie einige Probleme anzugeben, die damit verbunden sind.

3 Leistungspolitik

3.1 Produktpolitik

In einer bedeutenden Automobilzeitschrift war unter der Schlagzeile **„Die Vereinigten Auto-werke produzieren am Markt vorbei"** Folgendes zu lesen:

„Seit über zehn Jahren produzieren die Vereinigten Autowerke den PKW vom Typ Traveller in fast unveränderter Form. Der Traveller war schon immer der Stützpfeiler im Absatzpro-gramm der Autowerke. Sein Erfolg beruhte auf Zuverlässigkeit, Sparsamkeit und Preiswür-digkeit. Dennoch ist man bei den Vereinigten Autowerken unzufrieden, da die Gewinnsituati-on sich drastisch verschlechterte. Es werden immer weniger Käufer für diesen Typ gefunden. Andere Automobilhersteller haben in der Zwischenzeit erheblich verbesserte PKW auf den Markt gebracht."

Die Produktpolitik betrifft Neuentwicklungen (Produktinnovationen, Produktvaria-tionen[1] (z. B. Verbesserungen), Produktgestaltung und schließlich Produktaufgabe (Produktelimination[2]).

3.1.1 Produktinnovation

Die ausgeklügeltste Werbung, die besten Verkäufer und die günstig-sten Preise können auf die Dauer aus schlechten Produkten keine Verkaufsschlager machen. Der Betrieb muss sich deshalb ständig um Neuentwicklungen, um Produktinnovationen bemühen. Je nach-dem, wie umfassend sie sind, unterscheidet man:

An dieser Stelle sollten Sie noch einmal auf S. 69 f. nachlesen.

- Komplett-Innovationen
- Teile-Innovationen
- Namens-Innovationen
- Verpackungs-Innovationen

Produktinnovationen einer Unternehmung können betreffen:

- völlig neue (bisher nicht existierende) Produkte/Teile/Verpackungen,
- existierende, aber von der Unternehmung bisher nicht erstellte Produkte/Teile/Ver-packungen:
  - komplette Übernahme von anderen Unternehmen (z. B. aufgrund von Lizenzen),
  - Nachahmung fremder Originale (sog. Me-Too-Produkte),
  - Veränderung fremder Produkte (z. B. Weiterentwicklung).

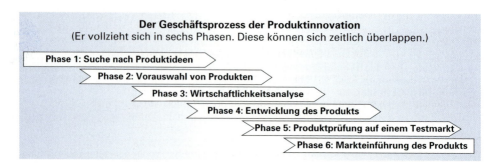

Der Geschäftsprozess der Produktinnovation
(Er vollzieht sich in sechs Phasen. Diese können sich zeitlich überlappen.)

Phase 1: Suche nach Produktideen
Phase 2: Vorauswahl von Produkten
Phase 3: Wirtschaftlichkeitsanalyse
Phase 4: Entwicklung des Produkts
Phase 5: Produktprüfung auf einem Testmarkt
Phase 6: Markteinführung des Produkts

---

[1] lat.: innovatio = Neuerung, variatio = Abänderung, Abweichung
[2] lat.: eliminatio = Abschaffung, Aufgabe

Neue Produkte sollen der Unternehmung einen Wettbewerbsvorsprung gegenüber der Konkurrenz verschaffen.

Logisch, dass deshalb strengste Geheimhaltung bei der Produktentwicklung nötig ist.

3.1.2 Produktvariation

Produktvariationen sind Änderungen von Produkteigenschaften. Sie werden in der Phase der Marktsättigung zur Abwehr von Konkurrenzprodukten nötig. Außerdem dienen sie bei der Strategie der Marktentwicklung der Ansprache neuer Zielgruppen (Teilmärkte, Marktsegmente). Ebenso wie Innovationen bedingen sie eine intensive Marktforschung und technische Forschung.

In manchen Branchen ist es kaum möglich, Güter mit neuem Grundnutzen auf den Markt zu bringen. So bleibt der Güternutzen in der Bekleidungsindustrie im Wesentlichen konstant. Hier kommt deshalb der Produktvariation um so größere Bedeutung zu. Sie hat die Aufgabe, den **Zusatznutzen** zu erfassen.

Eine Produktvariation kann erfolgen hinsichtlich

des verwendeten Materials,

z. B.: – Plastik statt Metall
– Leder statt Stoff
– Luxusausgaben statt Taschenbücher

der Qualität,

z. B.: – Klebstoffe für verschiedene Verwendungen
– Markenbezeichnung mit Zusätzen wie „extra gut"

des Aussehens,

z. B.: – abgerundet statt eckig
– verschieden gestaltete Gehäuse

der Kombination von Leistungen.

z. B.: – kostenlose Aufstellung von Geräten
– Schulung von Bedienungspersonal

3.1.3 Produktgestaltung

Durch die Produktgestaltung sollen sich die Produkte von denen der Konkurrenz deutlich und positiv abheben. Deshalb ist zu achten auf Qualität, Aufmachung, Markierung und Verpackung.

Produktgestaltung
Produktqualität
■ Ziel: Erfüllung der Ansprüche, Bedürfnisse und Erwartungen der Kunden im Sinne von TQM.
■ Betroffen: z. B. Fragen der Gebrauchstüchtigkeit, Langlebigkeit, Installations-, Bedienungs-, Wartungs- und Reparaturfreundlichkeit, Transportierbarkeit sowie Umweltfreundlichkeit (Rohstoff schonende Verwendung und Entsorgung).
Produktaufmachung
Festlegung der äußeren Erscheinung (Design, Farbe, Größe)
Produktmarkierung
■ Eindeutige Kennzeichnung des Produkts (durch einen Produktnamen, ein Markenzeichen, ein Markensymbol, ein charakteristisches Schriftbild).
■ Ziel: Signalwirkung am Markt.
Produktverpackung
■ Schutz des Produkts gegen äußere Einflüsse bei Lagerung, Transport, Verwendung.
■ Werbewirksame Gestaltung der Verpackung.
■ Umweltfreundlichkeit (Beschränkung auf das notwendige Mindestmaß, sonstige Anforderungen wie beim Produktmaterial).

3.1.4 Produktelimination

Das Erscheinen überlegener und neuartiger Konkurrenzerzeugnisse lässt die Gewinnkurve meist rasch sinken. Wirft das Produkt keinen Gewinn mehr ab, so stellt sich die Aufgabe, es im richtigen Augenblick aus dem Markt zu nehmen: **Produktelimination.**

Für eine Elimination kommen vor allem Produkte mit negativem Deckungsbeitrag in Frage.

Beispiel:

(Es zeigt, wie man mit einer Stufendeckungsbeitragsrechnung vorgehen kann.)
Ein Betrieb fertigt 3 Produkte. Folgende Situation liegt vor (Beträge in EUR):

	Produkte			Gesamt
	I	II	III	
Nettoerlös pro Stück	100,00	150,00	80,00	
– Einzelkosten	50,00	100,00	40,00	
= Deckungsbeitrag 1 pro Stück	50,00	50,00	40,00	
– variable Gemeinkosten	30,00	40,00	20,00	
= Deckungsbeitrag 2 pro Stück	20,00	10,00	20,00	
Absatzmenge pro Monat	4000,00	900,00	12000,00	
Deckungsbeitrag 2 gesamt	80000,00	9000,00	240000,00	329000,00
– Erzeugnisfixkosten (z. B. Lizenzkosten, Beratungskosten)	5000,00	10000,00	10000,00	25000,00
= Deckungsbeitrag 3 gesamt	75000,00	– 1000,00	230000,00	304000,00
– Unternehmenskosten				235000,00
= Gewinn pro Monat				75000,00

Produkt II erbringt einen negativen Deckungsbeitrag. Ohne das Produkt wäre der Monatsgewinn um 1000,00 EUR höher.

Vor einer Elimination von Produkt II sollte man untersuchen, ob sich der Deckungsbeitrag in Zukunft erhöhen lässt.

Viele Erzeugnisse sind unmittelbar mit dem Firmennamen verbunden (z. B. UHU). Eliminiert man sie, so können treue Kunden verloren gehen. Man muss auch die Auswirkungen auf andere Produkte mitbeachten: Es ist durchaus möglich, dass ein an sich Verlust bringendes Erzeugnis den Absatz anderer Leistungen, z. B. von Komplementärgütern, fördert.

3.2 Markenpolitik

„Hast du mal ein Tempo für mich?"

Diese Frage haben wir wohl alle schon einmal gestellt. Und was wollten wir wirklich? Einfach nur ein Papiertaschentuch...

Die Frage kennzeichnet doch wohl das Tollste, was mit einer Marke passieren kann: Der Markenname ist zum Gattungsbegriff geworden. Ein solcher Glücksfall für eine Marke – und damit für das produzierende Unternehmen – ist allerdings nur sehr selten anzutreffen. Können Sie selbst weitere Beispiele nennen?

Markenartikel sind Konsumgüter, die vom Hersteller oder vom Handel mit einer individuellen Kennzeichnung, Marke genannt, auf den Markt gebracht werden[1].

---

[1] Zu Begriff, Bedeutung und Schutz der Marke siehe S. 101.

Die Markenpolitik beschäftigt sich mit dem Aufbau und der Pflege von Produkten als Markenartikel.

Eine erfolgreiche Markenpolitik verschafft dem Unternehmen bedeutende Vorteile:

- Die Marke grenzt und hebt das eigene Produkt von Konkurrenzprodukten ab.
- Die Marke soll permanent gleich bleibende Qualität verbürgen. Der Verbraucher gewinnt Vertrauen und die Überzeugung, Fehlkäufe zu minimieren.
- Die Marke und die damit verbundene Qualitätsvorstellung hat Werbewirkung.
- Die Marke verhindert die Ausstrahlung von Werbemaßnahmen auf ähnliche Produkte der Konkurrenz.
- Der Handel ist – falls er nicht eigene Handelsmarken anbietet – an erfolgreichen Herstellermarken interessiert: Die intensive Herstellerwerbung für diese Marken schafft Nachfrage; die Produkte sind gewissermaßen „vorverkauft".

3.3 Sortimentspolitik

Der Energieversorger RWE hat seinem Absatzprogramm den Namen „Multi-Utility" gegeben. Englisch kommt ja immer an, auch wenn man's nicht versteht. Gemeint ist wohl: „Vielfältige Versorgung". Das Programm umfasst die vier Bereiche

- Energie,
- Umwelt,
- Informations-Technologie,
- Facility-Management

Jeder Bereich unterteilt sich wieder in eine Reihe von Teilbereichen, jeder Teilbereich in bestimmte Leistungen. So wird z. B. Strom unter der Marke „avanza" angeboten und umfasst mehrere auf den Kunden abgestellte Tarife.

Das Absatzsortiment (oder Absatzprogramm) ist die gesamte Palette der Leistungen, die ein Unternehmen anbietet. Es besteht aus selbsterstellten Absatzprodukten und fremdbezogenen Produkten (Handelswaren).

Die Sortimentspolitik umfasst alle Entscheidungen über die Gestaltung des Sortiments mit dem Ziel eines marktgerechten Sortimentsaufbaus.

Bekanntlich spaltet sich der Gesamtmarkt in der wirtschaftlichen Realität in Teilmärkte (Marktsegmente[1]) auf. Es ist eine wesentliche Aufgabe der Marktforschung, Marktlücken aufzuspüren, Absatzmöglichkeiten ausfindig zu machen und Gewinn bringende Marktsegmente zu eröffnen. In Kenntnis der Märkte und möglicher Marktsegmente betreibt die Unternehmung ihre Sortimentsbildung.

---

[1] Vgl. S. 419

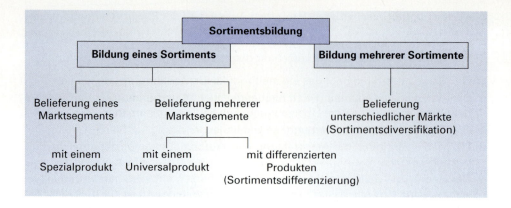

Hinter den unterschiedlichen Arten der Sortimentsbildung stehen unterschiedliche Strategien:

- Bei der **Belieferung eines speziellen Marktsegments mit einem Spezialprodukt** beschränkt der Anbieter sich von vornherein auf die Bedürfnisse einer kleineren homogenen Käufergruppe. Bei dieser Gruppe will er einen möglichst hohen Marktanteil erzielen.

- Bei der **Belieferung mehrerer Marktsegmente mit einem Universalprodukt** weiß der Anbieter, dass er nicht den Bedürfnissen aller Käufer entsprechen kann. Er rechnet aber damit, dass er insgesamt mehr Käufer erreicht als mit einem Spezialprodukt auf nur einem Segment.

- **Sortimentsdifferenzierung**: Die beiden genannten Strategien eignen sich für relativ kleine Unternehmen. Je finanzkräftiger der Anbieter ist und je mehr Fertigungskapazität er besitzt, desto mehr kann und wird er sein Sortiment differenzieren: Er beliefert dann mehrere Marktsegmente mit speziellen Produkten. Sein Ziel ist ein möglichst großer Marktanteil auf dem Gesamtmarkt.

Ein differenziertes Sortiment besitzt eine bestimmte **Sortimentsbreite** und **Sortimentstiefe** (siehe Kasten). Es ist einsichtig, dass ein breites und tiefes Sortiment die meisten Kunden erreicht. Meist scheitert es jedoch an zu hohen Kosten und begrenzten Fertigungskapazitäten. Deshalb wird oft ein breites Sortiment mit einem flachen oder ein enges Sortiment mit einem tiefen kombiniert.

Sortimentsbreite: Anzahl der Produkt-/Warengruppen innerhalb eines Sortiments

breites Sortiment: viele Produkt- und Warengruppen

enges Sortiment: wenige Produkt- und Warengruppen

Sortimentstiefe: Anzahl der Varianten innerhalb einer Produkt- und Warengruppe

tiefes Sortiment: viele Varianten

flaches Sortiment: wenige Varianten

Ggf. erfolgt eine Differenzierung, in dem man das Produktionsprogramm durch den Zukauf von Handelswaren erweitert.

■ **Sortimentsdiversifikation:**

Der Zwang, vom Erfolg eines begrenzten Sortiments unabhängig zu werden, kann auch zu einer Aufnahme ganz andersartiger Erzeugnisse führen. Man bildet sozusagen ein weiteres Sortiment. Dieser Vorgang heißt Diversifikation[1].

Oft gründet man zu diesem Zweck Tochtergesellschaften, kauft andere Unternehmen auf oder schließt sich mit ihnen zusammen. Man kann das Know-how der anderen Unternehmen ausnutzen und so eigene Kosten sparen. Diversifikation soll immer von lediglich einem Leistungsbereich unabhängig machen. Man will „auf mehreren Beinen stehen", um das Risiko zu verringern (Risikostreuung).

Eine Programmerweiterung auf der **gleichen Wirtschaftsstufe** heißt **horizontale Diversifikation**.

Eine Programmerweiterung auf **nachgelagerten Wirtschaftsstufen** heißt **vertikale Diversifikation**.

Diagonale (oder: laterale) Diversifikation ist Diversifikation über unterschiedliche, nicht zusammenhängende Branchen und Produktionsstufen hinweg.

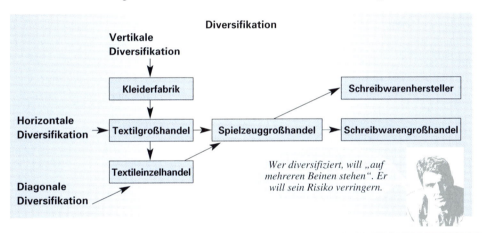

Wer diversifiziert, will „auf mehreren Beinen stehen". Er will sein Risiko verringern.

Arbeitsaufträge

1. **Die Portfolio-Matrix unterscheidet bei den Produkten zwischen „Fragezeichen", „Stars", „Milchkühen" und „armen Hunden".**
   a) Begründen Sie, bei welchen dieser Produkte wahrscheinlich eine Notwendigkeit für Produktvariationen besteht.
   b) In welchen Phasen des Produktlebenszyklusses befinden sich diese Produkte?
   c) Geben Sie am Beispiel eines PKW an, worin eine Produktvariation bestehen könnte.

2. **Produktvariationen sind besonders wichtig, wenn in einer Branche keine Güter mit neuem Grundnutzen entwickelt werden können. Die Produktvariation soll dann den Zusatznutzen erfassen.**
   a) Erläutern Sie den Unterschied zwischen Grundnutzen und Zusatznutzen.
   b) Nennen Sie Beispiele für derartige Branchen und ihre Produkte.

3. **Die Produktgestaltung soll die Produkte von Konkurrenzprodukten abheben und sie optimal an den Kundenbedarf anpassen.**
   Worauf ist nach Ihrer Meinung bei der Gestaltung folgender Produkte besonders zu achten? Schokolade, Waschmittel, Bohrmaschine, Waschmaschine, Oberbekleidung.

---

[1] lat.: diversus = entgegengesetzt, völlig verschieden

4. **Marktsegmentierung ist eine wesentliche Grundlage für die Bildung von Sortimenten.**
   Nennen Sie Gesichtspunkte, nach denen a) ein Seifenhersteller, b) ein Hersteller für Oberbekleidung Marktsegmentierung betreiben könnte.

5. **Den einzelnen Lebensphasen eines Produktes können typische produkt- und sortimentspolitische Maßnahmen zugeordnet werden.**
   a) Bilden sie Arbeitsteams für die einzelnen Lebensphasen.
   b) Ordnen Sie der Ihrem Team zugeordneten Lebensphase geeignete produkt- und sortimentspolitische Maßnahmen zu.
   c) Jedes Team präsentiert den gefundenen Maßnahmenkatalog.
   d) Diskutieren Sie die gefundenen Maßnahmen und nehmen Sie evtl. Korrekturen vor. Tragen Sie dann die Maßnahmen in eine Tabelle ein. (Spalten der Tabelle = Lebensphasen)

6. **Unternehmen verknüpfen ihr Sortiment heute oft mit einem anschaulichen Symbol. RWE wählte zum Beispiel eine Hand als Symbol für sein Sortiment.**
   a) Was könnte eine Hand als Sortimentssymbol ausdrücken?
   b) Suchen Sie weitere Beispiele für Sortimentssymbole.

7. **Sortimentdifferenzierung und Sortimentsdiversifikation sind zwei Prinzipen der Sortimentsbildung.**
   a) Erklären Sie die beiden Begriffe.
   b) Nennen und erläutern Sie sinnvolle Einsatzmöglichkeiten für beide Prinzipien.

8. **Der Fahrzeughersteller Moyota will für die drei Pkw-Typen Mundo, Merlino und Mardo eine neue Modellreihe einführen. Für ihre Entscheidungen werden dem Vorstand die folgende Zahlen vorgelegt.**

	Mundo	Merlino	Mardo
geplanter Verkaufspreis	30 000 EUR	☐	21 500 EUR
variable Kosten je Stück	20 000 EUR	5 000 EUR	☐
fixe Kosten je Periode	20 000 000 EUR	6 000 000 EUR	25 000 000 EUR
Kapazitätsgrenze	3 500 Stück	4 200 Stück	5 800 EUR
maximale Absatzmenge je Periode	3 000 Stück	5 000 Stück	5 800 EUR

   a) Welcher Gewinn ist auf der Basis dieser Zahlen für den Mundo maximal zu erzielen?
   b) Für den Merlino wird ein Gewinn in gleicher Höhe angestrebt. Welcher Verkaufspreis muss dafür erzielt werden?
   c) Das Gleiche gilt für den Mardo. Wie hoch dürfen dann die variablen Stückkosten sein?

9. **Der Moyota-Vorstand will das Sortiment bereinigen. Dazu soll speziell beim Merlino die Zahl der Varianten reduziert werden.**

Typ	Einzelkosten (EUR)	Preis (EUR)	Absatz (Stück)	variable Gemeinkosten (EUR)	Erzeugnisfixkosten (EUR)
Merlino Fließheck	10 000	22 000	120 000	5 000	3 000
Merlino Stufenheck	11 000	22 000	140 000	4 500	3 500
Merlino Combi	13 000	23 000	80 000	6 000	5 000

   Die Fixkosten für das Sortiment betragen 30 000 000 EUR
   a) Führen Sie eine Sortimentsanalyse im Hinblick auf eine mögliche Produktelimination durch. Verwenden Sie dazu den Deckungsbeitrag als alleiniges Entscheidungskriterium.
   b) Diskutieren Sie weitere Entscheidungskriterien für eine mögliche Produktelimination.

10. **Moyota will das Sondermodell „Merlino Cher„ herausbringen, das speziell auf Frauen im Alter von 30 – 50 Jahren zugeschnitten ist.**
   a) Welche Eigenschaften sollte das Sondermodell haben?
      (1. Sammeln Sie Vorschläge in einer Brainstorming-Sitzung. 2. Diskutieren Sie die Realisierbarkeit. 3. Treffen Sie eine Auswahl.)
   b) Welche Ziele verfolgt Moyota mit der Sondermodellpolitik?

3.4 Preis- und Konditionenpolitik

3.4.1 Aufgabe der Preis- und Konditionenpolitik

*Wenn die **Preise nicht stimmen**, werden die Kosten nicht gedeckt. Es entstehen **Verluste**.*

Für jede Unternehmung ist es wichtig, dass die Preise stimmen. Der Preis sollte so kalkuliert sein, dass über den Erlös nicht nur die Kosten abgedeckt werden, sondern darüber hinaus noch ein Gewinn erzielt wird.

- Der Betrieb muss deshalb genaue Informationen über seine Kosten besitzen. Die Kosten bestimmen den Preis, der mindestens gefordert werden muss (Preisuntergrenze).
- Der Betrieb muss weiterhin über die Marktverhältnisse informiert sein, denn diese bestimmen, welcher Preis am Markt überhaupt zu erzielen ist und gefordert werden kann.
- In Kenntnis seiner Kosten und der Marktverhältnisse setzt der Betrieb seine Preise und Verkaufskonditionen fest.

Langfristig wird die Unternehmung bestrebt sein, ihren Gewinn zu maximieren. Denn nur ausreichende Gewinne ermöglichen die notwendigen Investitionen und belohnen den Einsatz von Arbeit und Kapital.

Kurzfristig kann es aber notwendig sein, für neue Produkte zunächst einen ausreichenden Markt zu schaffen oder aggressive Konkurrenten abzuwehren.

Die *Preis- und Konditionenpolitik* muss darüber entscheiden, welche Preise und Konditionen (Verkaufsbedingungen) sinnvoll sind, um einen möglichst *hohen Gewinn* oder einen möglichst *großen Marktanteil* zu erzielen.

3.4.2 Auswirkungen des Preises auf Nachfrage und Umsatz

Niedrige Preise ziehen Käufer an, hohe Preise schrecken sie ab. Deshalb kann man grundsätzlich davon ausgehen, dass die Nachfrage bei Preiserhöhungen zurückgeht und dass sie bei Preissenkungen steigt.

- ***Elastische Nachfrage* liegt vor, wenn die prozentuale Mengenänderung größer als die prozentuale Preisänderung ist.**
- ***Unelastische Nachfrage* liegt vor, wenn die prozentuale Mengenänderung kleiner als die prozentuale Preisänderung ist.**

Beispiel:
Von zwei Waren werden bei einem Preis von jeweils 100,00 EUR in der Woche jeweils 200 Stück verkauft. Der Umsatz je Ware beträgt also 20000,00 EUR. Nach einer Preiserhöhung um 20% entwickeln sich Nachfrage (Absatzmenge) und Umsatz wie folgt:

	Preiserhöhung EUR	Preiserhöhung %	neuer Preis EUR	Absatzrückgang Stück	Absatzrückgang %	neue Absatzmenge Stück	neuer Umsatz EUR
Ware 1	20	20	120,00	20	10	180	21 600,00
Ware 2	20	20	120,00	60	30	140	16 800,00

Bei Ware 1 (unelastische Nachfrage) führt die Preiserhöhung zu einer Umsatzsteigerung, bei Ware 2 (elastische Nachfrage) zu einem Umsatzrückgang.

- **Bei *elastischer Nachfrage* bewirken *Preiserhöhungen* grundsätzlich einen Umsatzrückgang, Preissenkungen eine Umsatzsteigerung.**
- **Bei *unelastischer Nachfrage* bewirken *Preiserhöhungen* grundsätzlich eine Umsatzsteigerung, Preissenkungen einen Umsatzrückgang.**

> *Übrigens: Aus der VWL wissen Sie: Die Nachfrageelasti-*
> *zität (N) wird durch den Elastizitätskoeffizienten gemessen:*
>
> $$N = \frac{\text{- Mengenänderung in \%}}{\text{Preisänderung in \%}} \quad ; \quad \begin{array}{l} N>1 \text{ kennzeichnet eine} \\ \text{elastische, } N<1 \text{ eine un-} \\ \text{elastische Nachfrage} \end{array}$$

Verhältnismäßig unelastisch ist die Nachfrage bei existenznotwendigen Gütern, elastischer dagegen bei Gütern des gehobenen Bedarfs. Auch wenn sich Güter in ihren Eigenschaften stark von anderen Gütern unterscheiden (so genannte heterogene[1] Güter), (z. B. kunstgewerbliche Gegenstände), so ist die Nachfrage verhältnismäßig unelastisch. Bei homogenen[2] Gütern, die sich kaum unterscheiden (z. B. Heizöl), ist die Nachfrage stark elastisch. Jeder Anbieter sollte über die Preiselastizität der Nachfrage nach seinen Gütern hinreichend informiert sein, um Preismaßnahmen richtig treffen zu können.

3.4.3 Arten der Preissetzung

Kostenorientierte Preissetzung

Grundsätzlich versucht der Anbieter von seinen Kunden den Preis zu verlangen, den er auf Grund seiner Kosten kalkuliert hat. Dies gelingt ihm aber nur, wenn er gegenüber dem Käufer eine starke Stellung hat, z. B. wenn die Nachfrage groß und das Angebot knapp ist (Verkäufermarkt).

Auch ein **Alleinanbieter** kann gegebenenfalls seine Preise durchsetzen. Allerdings sind Alleinanbieter heutzutage selten.

Nachfrage- und konkurrenzorientierte Preissetzung

Die heutigen Märkte sind in der Regel **Käufermärkte**: Das Güterangebot ist groß, die Bedürfnisse sind weitgehend gesättigt. Je nach Angebot und Nachfrage lassen sich einmal höhere, einmal niedrigere Preise erzielen. Dementsprechend setzt der Unternehmer seinen Preis fest – **nachfrageorientierte Preissetzung**.

> *Wenn ich bei Preis-*
> *senkungen nicht mit-*
> *mache, gehen mir die*
> *Kunden verloren.*

Hinzu kommt oft noch eine starke Konkurrenz zwischen den Anbietern. Der Betrieb wird bei Preissenkungen der Konkurrenten mitziehen, nicht aber bei Preiserhöhungen. Manchmal richtet er sich auch nach den Preisen eines Konkurrenten mit besonders großem Marktanteil, des sog. **Marktführers**.

Diese **konkurrenzorientierte Preissetzung** hat zur Folge, dass die Unternehmung selbst den Preis nicht beeinflussen kann. Konkurrenz orientierte Preissetzung ist vor allem dann gegeben,

- wenn die Zahl der Anbieter klein ist (sog. **Oligopol**),
- die Güter verhältnismäßig gleichartig sind und
- die Nachfrager einen guten Marktüberblick haben.

Die Preiskalkulation ist bei nachfrage- und konkurrenzorientierter Preissetzung keineswegs überflüssig. Nur ist die Richtung anders: Man geht vom gegebenen Verkaufspreis aus und prüft, ob und wie weit er die Kosten deckt.

Kalkulation
Materialkosten
Fertigungskosten
Herstellkosten
Selbstkosten
Verkaufspreis

---

[1] griech.: heterogen = verschieden-, andersartig   [2] griech.: homogen = gleichartig

3.4.4 Preisuntergrenzen

■ **Vor der Neueinführung eines Produktes muss der Unternehmer sich fragen, welchen Preis er am Markt erzielen kann, und seine Produktionskosten danach ausrichten (kostengünstige Konstruktion, Auswahl preisgerechter Materialien, Anwendung preisgerechter Fertigungsverfahren).**

■ **Bei bestehenden Produkten muss er sich fragen, in welchem Umfang der erzielbare Preis seine Kosten deckt. Mit Hilfe der Deckungsbeitragsrechnung trifft er seine Entscheidungen über die Preisuntergrenze und gegebenenfalls über die Produktelimination.**

Dabei gilt grundsätzlich:

Die gesamten Stückkosten (Selbstkosten) bilden die *langfristige Preisuntergrenze*.

Begründung: Jeder Artikel sollte auf lange Sicht alle ihm zuzurechnenden Kosten decken. Dann entsteht zwar kein Gewinn, aber der Umsatz reicht aus, um den Betrieb weiterzuführen.

Beispiel: Kalkulation einer Kleindrehbank

Fertigungsmaterial: 1000 kg Stahl = 1500,00 EUR
20 Stunden Fertigungslöhne à 60,00 EUR = 1200,00 EUR.
Materialgemeinkosten = 25% vom Fertigungsmaterial; davon sind 50% fix und 50% variabel.
Fertigungsgemeinkosten = $83\frac{1}{3}$% von den Fertigungslöhnen; davon sind 50% fix und 50% variabel.
Verwaltungs- und Vertriebsgemeinkosten = 20% von den Herstellkosten; davon sind 100% fix.

	EUR	EUR	
Fertigungsmaterial	1 500,00		
+ Materialgemeinkosten (20%)	300,00		
= Materialkosten		1 800,00	
Fertigungslöhne	1 200,00		
+ Fertigungsgemeinkosten ($83\frac{1}{3}$%)	1 000,00		*langfristige Preisuntergrenze*
= Fertigungskosten		2 200,00	
Herstellkosten (Material + Fertigungskosten)		4 000,00	
+ Verwaltungs- und Vertriebskosten (20%)		800,00	
= Selbstkosten		**4 800,00**	
+ Gewinnzuschlag (25%)		1 200,00	
= Barverkaufspreis		6 000,00	$\dfrac{6\,000 \cdot 100}{96}$
+ Kundenskonto (4% vom Zielverkaufspreis)		250,00	
= Zielverkaufspreis		6 250,00	$\dfrac{6\,250 \cdot 100}{85}$
+ Kundenrabatt (15% vom Listenverkaufspreis)		1 102,94	
= Listenverkaufspreis		7 352,94	

Die Höhe der variablen Stückkosten ist die *kurzfristige (absolute)* Preisuntergrenze.

Begründung: Auch in wirtschaftlich schlechten Zeiten müssen wenigstens die variablen Kosten über den Preis erstattet werden. Der größte Teil der variablen Kosten ist nämlich mit laufenden Ausgaben verbunden (z. B. Lohn- und Materialkosten).

Die kurzfristige Preisuntergrenze muss die gesamten variablen Kosten pro Stück berücksichtigen. Demzufolge ergibt sich nachstehende Berechnung:

Fertigungsmaterial	1 500,00 EUR
+ variable Materialgemeinkosten	150,00 EUR
+ Fertigungslöhne	1 200,00 EUR
+ variable Fertigungsgemeinkosten	500,00 EUR
= variable Kosten	3 350,00 EUR

kurzfristige Preisuntergrenze

Bei jedem Verkauf zu einem Preis über den variablen Stückkosten entsteht ein positiver Deckungsbeitrag. Der Betrieb verbessert seine Lage. Bei negativem Deckungsbeitrag verschlechtert er sie.

Beispiel:

Marktpreis (Stückerlös)	4 500,00 EUR
– variable Stückkosten	3 350,00 EUR
Deckungsbeitrag je Stück	1 150,00 EUR

Dieses Produkt kann kurzfristig angeboten werden.

Der Marktpreis deckt nicht den kalkulierten Preis (6 000,00 EUR) und die Selbstkosten (4 800,00 EUR). Er deckt aber die variablen Stückkosten (3 350,00 EUR) und einen Teil der fixen Stückkosten in Höhe von 1 150,00 EUR.

Die über die Preisuntergrenzen gemachten Aussagen stimmen allerdings nur dann, wenn der Betrieb lediglich einen einzigen Artikel führt. Führt er mehrere Artikel, so kann er ggf. einen Preisnachteil bei einem Artikel durch einen Preisaufschlag bei einem anderen Artikel ausgleichen. Er betreibt eine **Mischkalkulation**.

3.4.5 Preisstellungssysteme

■ Der Textilhersteller Top-Dress GmbH gewährt seinen Kunden bei Einkaufspreisen ab 10 000,00 EUR 5%, ab 15 000,00 EUR 10%, ab 30 000,00 EUR 15% und ab 40 000,00 EUR 20% Rabatt. Kunden mit einem jährlichen Gesamtumsatz von mindestens 100 000,00 EUR erhalten außerdem einen Bonus von 3%.
■ Die Textil-Mode AG gewährt keine Rabatte, aber ihre Preise liegen durchschnittlich zwischen 10 und 20 Prozent niedriger als die Preise der Top-Dress GmbH.

Der Betrieb ist bestrebt, seine Preise möglichst individuell auf die Käufer abzustellen, um viele Kunden zu gewinnen. Hierzu dienen ihm grundsätzlich zwei Preisstellungssysteme:

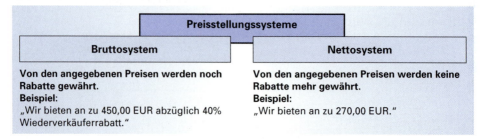

Preisstellungssysteme	
Bruttosystem	**Nettosystem**
Von den angegebenen Preisen werden noch Rabatte gewährt.	Von den angegebenen Preisen werden keine Rabatte mehr gewährt.
Beispiel:	Beispiel:
„Wir bieten an zu 450,00 EUR abzüglich 40% Wiederverkäuferrabatt."	„Wir bieten an zu 270,00 EUR."

Bruttosystem

Durch *Rabatte* wird ein formell einheitlicher Angebotspreis gegenüber verschiedenen Abnehmern auf Grund bestimmter Bedingungen differenziert.

Mengenrabatt soll zum Kauf großer Mengen anregen. Meist bestehen Rabattstaffeln (z. B.: 10 Stück 10 %, 30 Stück 15 %, 50 Stück 20 % Rabatt).

Treuerabatt wird langjährigen Kunden gewährt. Er soll die Kunden an das Unternehmen binden und das Eindringen von Konkurrenten verhindern.

Umsatzbonus: Gutschrift, wenn der Kunde bis zum Jahresende einen vereinbarten Gesamtumsatz erzielt hat. Je nach Vereinbarung wird er für alle getätigten Umsätze oder für die die Umsatzgrenze überschreitenden Käufe gewährt.

Skonto (Barzahlungsrabatt) wird bei Zielverkäufen gewährt, wenn der Kunde vorzeitig bezahlt.

Funktionsrabatt: Preisnachlass für den Kunden, der dem Verkäufer bestimmte Arbeiten abnimmt (z. B. Werbung, Abfüllen, Zuschneiden, Sortieren).

Wiederverkäuferrabatt: wird für Waren gewährt, die mit empfohlenem Endverkaufspreis ausgezeichnet sind. Er soll die Kosten des Händlers abdecken und einen angemessenen Gewinn sichern.

Sonderrabatte: *Personalrabatt* (für das eigene Personal), *Messerabatt* (für Messeaufträge), *Weiterverarbeitungsrabatt* (für Handwerker), *Jubiläumsrabatt* (bei Geschäftsjubiläen), *Behördenrabatt*.

Den Absatz von unrentablen Kleinmengen sucht der Betrieb zu unterbinden durch:

Mindestabnahmemengen, z. B.: „Mindestabnahmemenge 10 Stück"

Mindermengenzuschläge (Umkehrung des Rabatts) z. B.: „Bei Abnahme von weniger als 10 Stück berechnen wir einen Zuschlag von 15 % auf den Listenpreis."

Frankogrenzen (Übernahme von Fracht- oder Verpackungskosten ab einem bestimmten Wert oder einer bestimmten Menge), z. B.: „Bei Bezug ab 1 000,00 EUR erfolgt Lieferung frei Haus."

Nettosystem

Auch beim Nettosystem wird die Abnahme größerer Mengen berücksichtigt. Dies geschieht durch **Preisstaffelungen**.

Beispiel:

Bei Abnahme von	beträgt der Preis pro Stück
5–10 Stück	100,00 EUR
11–15 Stück	95,00 EUR
16–20 Stück	90,00 EUR
über 20 Stück	86,00 EUR

Auch Mindestabnahmemengen und Frankogrenzen kommen hier zur Anwendung.

3.4.6 Preisstrategien

Preisdifferenzierung

Preisdifferenzierung bedeutet:

Angebot des *gleichen Produktes* zu unterschiedlichen Preisen, um unterschiedliche Nachfragebedingungen auszunutzen und den Gewinn zu vergrößern.

Arten der Preisdifferenzierung	
Räumliche Preisdifferenzierung	Unterschiedliche Preise an verschiedenen Orten, z. B. unterschiedliche Preise in Filiale A und B; höhere Preise an Autobahntankstellen
Sachliche Preisdifferenzierung	Angebot desselben Produktes in unterschiedlicher Aufmachung zu unterschiedlichen Preisen, z. B. Angebot an Waschmitteln als Markenartikel als No-Name-Ware
Zeitliche Preisdifferenzierung	Unterschiedliche Preissetzung zu verschiedenen Zeitpunkten, z. B. Saisonrabatt, Jubiläumsrabatt, Sonderaktionen (etwa Sonderangebote)
Persönliche Preisdifferenzierung	Preisbildung nach Personengruppen, z. B. Behördenrabatt, Seniorenrabatt
Preisdifferenzierung nach dem Umsatz	Unterschiedliche Preise bei unterschiedlichen Einkaufsumsätzen, z. B. Mengenrabatt, Umsatzbonus, Mindermengenzuschlag, Preisstaffel

Dynamische Preisgestaltung

Maßnahmen der dynamischen Preisgestaltung sollen die Preise flexibel den Markt-verhältnissen anpassen.

Bei der Produkteinführung bieten sich zwei Strategien an:

■ **Hohe Einführungspreise (Abschöpfungspreise)**

Man setzt hohe Einführungspreise, um zunächst die kaufkräftigste Käuferschicht anzusprechen. Anschließend senkt man den Preis. Mit dieser Preissenkung geht manchmal eine Verschlechterung der Ausstattung einher.

Beispiel:

Einführung eines Romans in gebundener Leinenausgabe, später als Taschenbuch.

■ **Marktdurchdringungspreise**

Man setzt von vornherein einen niedrigen Preis, um möglichst große Käufer-schichten zu gewinnen. Wenn das Erzeugnis nach einer gewissen Zeit gut einge-führt ist, hebt man den Preis vorsichtig an.

Wenn ein Produkt allmählich aus dem Markt genommen werden soll, hält man meist die Preise stabil und verzichtet auf alle kostenträchtigen Maßnahmen (wie Werbung). Zum Schluss versucht man, das Lager durch starke Preissenkungen in Verbindung mit einer Sonderwerbeaktion zu räumen.

Preispositionierung

Preispositionierung liegt vor, wenn der Betrieb gezielt ein bestimmtes Preisniveau für ein Produkt durchzusetzen versucht. Dies kann z. B. ein aggressiver Niedrigpreis sein oder auch ein gehobener Preis. Letzterer gilt besonders für Markenartikel, mit denen der Käufer eine gleich bleibende Qualität und ein Markenimage verbinden soll.

3.4.7 Konditionenpolitik

Günstige Verkaufskonditionen stellen für den Kunden u.a. einen zusätzlichen Preis-vorteil dar. Sie können folglich die Kaufentscheidung beeinflussen.

Verkaufskonditionen	
Preisnachlässe	**Rückgaberecht**
Rabatte, Skonti, Boni	Kauf auf Probe
Zahlungsfristen	**Garantieleistungen**
– Der Lieferer gewährt ein Zahlungsziel – Der Lieferer vermittelt dem Kunden einen Kredit – Der Lieferer gewährt Abschlagszahlungen	Abgabe einer Garantie über die Gewährleis- tungsfrist hinaus (u.a. bei technischen Gerä- ten)
Übernahme der Verpackungskosten	**Übernahme der Transportkosten**
Lieferung „Preis netto einschließlich Verpackung"	– „Lieferung frei Haus" – „Lieferung frei Empfangsstation"

Die Übernahme der Verpackungs- und Transportkosten
wird oft von Frankogrenzen abhängig gemacht.

Ab 2 000,00 EUR
Warenbetrag liefern
wir frei Haus.

Preis- und Konditionenpolitik			
Preissetzung	**Preisstellung**	**Preisstrategien**	**Konditionen**
– kostenorientiert – konkurrenzorientiert – nachfrageorientiert **Besondere Probleme:** – Preisuntergrenze – Mischkalkulation – Lockvogelangebote	**Bruttosystem:** verschiedene Rabatte, ggf. Preiszuschläge **Nettosystem:** ggf. Preisstaffelung	– Preisdifferenzierung – dynamische Preisgestaltung – Preispositionierung	– Preisnachlässe – Zahlungsfristen – Verpackungskosten – Rückgaberecht – Garantieleistungen – Transportkosten

Arbeitsaufträge

1. **Die Preis- und Konditionenpolitik ist ein wichtiges absatzpolitisches Instrument. Wenn die
   Preise nicht stimmen, kann eine Unternehmung rasch in die Verlustzone geraten.**
   Erläutern Sie in wenigen Worten die verschiedenen Elemente der Preis- und Konditionenpolitik.

2. **Ein Betrieb bietet eine Ware bisher zu 80,00 EUR an. Er setzt monatlich etwa 150 Stück um.
   Nach einer Preissenkung um 20 % steigt der Absatz auf 230 Stück.**
   a) Handelt es sich um eine elastische oder unelastische Nachfrage?
   b) Begründen Sie, ob sich die Preissenkung für den Betrieb lohnt.
   c) Wie beurteilen Sie die Aussichten dafür, dass sich die beschriebenen Ergebnisse einstel-
      len, wenn ein Oligopol vorliegt und die Konkurrenten verhältnismäßig homogene Güter
      anbieten?

3. **Betriebe können zahlreiche Maßnahmen ergreifen, um sich bei ihren Kunden Präferenzen zu
   verschaffen.**
   a) Nennen Sie derartige Maßnahmen, die von Ihrem Ausbildungsbetrieb angewendet werden.
   b) Welche Vorteile bringen solche Präferenzen für den Betrieb?

4. Die Vereinigte Maschinen- und Werkzeugfabrik AG (VMW) kalkuliert den Angebotspreis für eine Kleindrehbank.
   a) Unter welchen Bedingungen könnte der Angebotspreis kostenorientiert festgelegt werden, unter welchen Bedingungen müsste er nachfrageorientiert festgelegt werden?
   b) Vom Listenverkaufspreis gewährt die VMW 20 % Rabatt und 2 % Skonto. Welches Preisstellungssystem wendet sie an?
   c) Welche Möglichkeiten der Preisdifferenzierung könnte der Anbieter nutzen?

5. Für die Fertigung eines Bohrautomaten entstehen folgende Kosten:
   Fertigungsmaterial: 5 000,00 EUR, Fertigungslöhne: 2 000,00 EUR.
   Die Materialgemeinkosten betragen 40 %, die Fertigungsgemeinkosten 120 %. Der Verwaltungs- und Vertriebsgemeinkostenzuschlagssatz beträgt 20 % . Von den Material- und Fertigungsgemeinkosten sind 40 % fix und 60 % variabel.
   Bestimmen Sie a) die langfristige und b) die kurzfristige Preisuntergrenze.
   Benutzen Sie ein Tabellenkalkulationsprogramm.

6. Unternehmungen differenzieren ihre Preise häufig. Ordnen Sie nachfolgende Beispiele den vier behandelten Arten für Preisdifferenzierung zu:
   a) Rentner bekommen Rabatt,
   b) Nachsaisonpreise sind günstiger,
   c) die gleichen Medikamente sind in England preiswerter als in Deutschland,
   d) Markenartikelhersteller verkaufen ihre Marke auch als „No-Name-Produkt" beim Billigpreisanbieter.

7. Die Konditionenpolitik steht in sehr engem Zusammenhang mit der Preispolitik.
   Erläutern Sie dies.

8. Ein Unternehmen bietet bisher ein Produkt zu 180 EUR je Stück an. Die variablen Kosten betragen 80 EUR je Stück. Die Nachfrageelastizität beträgt 0,75. Bisher konnten 160 Einheiten abgesetzt werden. Man will den Absatz nun auf 200 Stück erhöhen.
   a) Wie hoch muss der neue Preis gesetzt werden, um das Mengenziel zu erreichen?
   b) Berechnen Sie den alten und den neuen Deckungsbeitrag (DB pro Stück und Gesamt-DB).
   c) Beurteilen Sie, ob sich die preispolitische Maßnahme rechnet.

9. Die Haushaltselektro GmbH will eine neuartige Küchenmaschine auf den Markt bringen.
   a) Erläutern Sie mögliche Grundzüge der Preisgestaltung in den einzelnen Phasen des Produktlebenszyklus.
   b) Die Mega-Handelskette ist ein möglicher Großabnehmer des Produkts. Machen Sie Vorschläge für ein Konditionensystem gegenüber diesem Kunden.

3.5 Servicepolitik

Der Spielraum der Preispolitik nimmt ab mit zunehmender Güterhomogenität (Gleichartigkeit), Markttransparenz (Überschaubarkeit), Reaktionsfähigkeit der Käufer auf Änderungen, Preisunabhängigkeit der Konkurrenz sowie abnehmender Lieferantentreue (Präferenz) der Käufer (persönliche, räumliche, zeitliche Präferenzen).

z. B. wegen kurzer Wege und freundlicher Bedienung.

Deshalb verlagert der Anbieter den Wettbewerb auf Art und Qualität seiner Leistungen, die er individuell auf den Käufer abstellt. So verliert der Markt an Transparenz, der Kunde entwickelt Präferenzen für „seinen" Anbieter und akzeptiert auch Preisänderungen in begrenztem Umfang. Besondere Leistungen können z. B. sein: das Sortiment (besonders breit oder tief), komplette Problemlösungen (z. B. Hardware und abgestimmte Software), Garantieleistungen, günstige Konditionen und nicht zuletzt Serviceleistungen.

Der Kundenservice (Kundendienst) ist der Werbung verwandt. Er umfasst Nebenleistungen, die freiwillig und z.T. auch kostenlos erbracht werden. Er soll *Stammkunden gewinnen* und den guten Ruf des Unternehmens stützen. Die Servicepolitik legt die Art der Serviceleistungen fest.

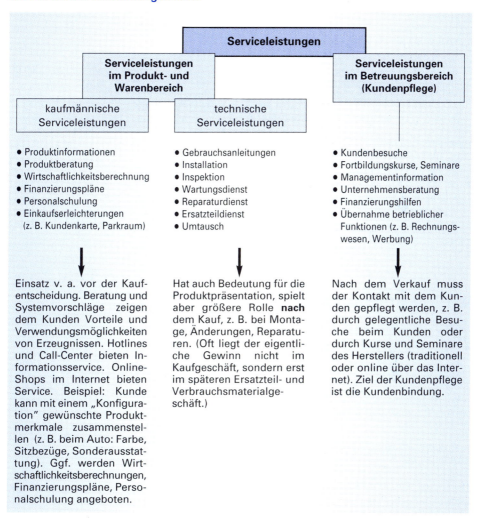

Die Durchführung der Serviceleistungen kann im Rahmen des Outsourcing auch auf andere Unternehmen übertragen werden. So wird insbesondere der technische Kundendienst häufig von den Handelsbetrieben durchgeführt, die die Produkte verkaufen. Ggf. werden auch andere Dienstleistungsunternehmen mit dem kompletten Service betraut.

Eine extreme Ausprägung von Serviceleistungen verkörpern die sog. **Betreibermodelle**, die manche Hersteller ihren Kunden in der jüngsten Vergangenheit anbieten. Hierbei übernimmt ein Anlagenhersteller nicht nur die Wartung der Anlagen bei seinem Kunden, sondern sogar die Fertigung von Produkten auf der Anlage. Der Kunde zahlt lediglich für die gefertigten Produkte.

1. **Sie haben die Absicht, a) eine Spülmaschine, b) einen PKW zu kaufen.**
   Welche Serviceleistungen erwarten Sie vom Verkäufer der Waren?

2. **Die Gerber GmbH ist ein mittelständisches Unternehmen, das Dachgepäckträger und anderes Autozubehör herstellt. Die Verwaltung und die Produktionsstätten sollen mit einer neuen Computeranlage ausgestattet werden.**
   Welche Serviceleistungen könnte die Gerber GmbH von den Computeranbietern erwarten?

3. **In dem Buch „Ausbruch aus der Servicewüste" von Stefan F. Gross wird die persönliche Dienstleistungskultur als <u>das</u> Instrument für den unternehmerischen Erfolg beschrieben:**

   „Persönliche Dienstleistungskultur ist der Wille und die Befähigung,
   - **die Persönlichkeit, die Werte und Ziele eines beruflichen Partners zu erfassen und zu verstehen,**
   - **sich in seine Lage zu versetzen und die Verhältnisse von seinem Standpunkt aus zu betrachten und zu beurteilen,**
   - **Verständnis und Wohlwollen für seine berechtigten Anliegen und Wünsche aufzubringen,**
   - **selbst die Initiative zu ergreifen und aus eigenem Antrieb heraus für ihn tätig zu werden,**
   - **den bestmöglichen Beitrag zum Erreichen seiner Ziele zu liefern,**
   - **die Verantwortung für die Erfüllung der dafür erforderlichen Aufgaben zu übernehmen**
   - **und ihm damit insgesamt ein Höchstmaß an individuellem Nutzen zu bieten."**

   Erstellen Sie eine Präsentation der Serviceleistungen Ihres Ausbildungsbetriebs und beurteilen Sie diese Leistungen vor dem Hintergrund der oben angeführten „Philosophie".

4 Kommunikationspolitik

4.1 Meinungswerbung (Publicrelations, Öffentlichkeitsarbeit)

Im Stadtgarten steht eine Bank, auf der deutlich lesbar eine Plakette angebracht ist: „Geschenk der Firma August Schwabe KG".
August Schwabe liebt die Fastnacht. Jedes Jahr stellt er für den Umzug einen Wagen. Dabei vergisst er auch das Geschäft nicht: Auf der Rückseite liest man: „Wagen der Firma August Schwabe KG".
Herrn Schwabes Sohn geht noch zur Schule. Beim letzten Schulfest gab es kostenlos Erbsensuppe mit Würstchen. Im Programmheft war zu lesen: „Gestiftet von der Firma August Schwabe KG".

Die angeführten Maßnahmen stellen Werbung für das Unternehmen dar. Sie sollen es in der Öffentlichkeit bekannt machen. Jeder soll mit dem Namen August Schwabe KG eine positive Vorstellung verbinden. Das Ziel ist die Imagepflege.

Alle Maßnahmen, die dem Ziel der Imagepflege dienen, fasst man unter dem Begriff _Publicrelations_, d.h. Öffentlichkeitsarbeit, Meinungswerbung, Vertrauenswerbung, zusammen. Publicrelations ist noch nicht direkt auf den Absatz ausgerichtet.

Andere Publicrelations-Maßnahmen, die besonders von Großunternehmen angewandt werden, sind z. B.:
- Werksbesichtigungen durch Schulklassen oder Clubs;
- Tage der offenen Tür;
- Kontakte zu Film, Presse, Funk, Fernsehen;
- Berichte in Tageszeitungen und Zeitschriften;
- Herausgabe von Broschüren, Werks- und Kundenzeitschriften;
- Förderung des Gemeinwohls, z. B. durch Spenden.

4.2 Sponsoring

Mit Publicrelations eng verwandt ist das Sponsoring:

Beim Sponsoring wird die Unternehmung als Förderer (Sponsor) von Personen, Vereinen und sonstigen Institutionen oder Organisationen tätig.

Sponsoring vollzieht sich vor allem im Bereich von Kultur, Sport, Sozialwesen, Umweltschutz und Fernsehen (TV-Programmsponsoring). Im Gegensatz zum Spendenwesen beruht es immer auf dem Prinzip von Leistung und Gegenleistung. Der Gesponserte übernimmt vor allem Werbeleistungen (z. B. Trikotwerbung). Das psychologische Ziel von Sponsoring ist: Der Empfänger der Werbebotschaft soll das positive Bild, das er vom Gesponsorten hat, auf den Sponsor übertragen.

Wichtige Sponsoringziele:

- Verbesserung der Unternehmens- und Markenbekanntschaft
- Verbesserung des Unternehmensimages (und letztlich des Unternehmenswertes)
- Schaffung attraktiver Möglichkeiten der Kontaktpflege mit Kunden und anderen Ansprechpartnern
- Dokumentation gesellschaftlicher Verantwortung
- Verbesserung der Mitarbeiteridentifikation und -motivation

4.3 Absatzwerbung

„Kommt Ihnen der folgende Werbetext bekannt vor? Nein?
Dann passen Sie mal auf, wenn Sie Radio hören!
Schon seit Jahren wird er immer wieder gesendet – unverändert."

Musik ist ein fester Bestandteil unseres täglichen Lebens. Sie dient dazu, Stimmungen in uns zu wecken, Stimmungen der Freude, der Anregung – aber auch der Besinnung und Ruhe. Wir haben für Sie eine wunderschöne musikalische Zusammenstellung mit dem Namen Moods geschaffen, um Ihnen diese Ruhe und Entspannung zu geben. Weltbekannte Melodien wurden deshalb so arrangiert, um diesem hohen Anspruch gerecht zu werden.

Moods, das sind vier CDs mit 64 meisterlichen Werken voller musikalischer Energie. Denn Moods soll Ihnen helfen, nach einem harten Tag den nötigen Ausgleich wieder zu finden. Deshalb können Sie dieses Set auch ganz bequem per Telefon bestellen. Die vier CDs erhalten Sie dann für nur 49 EUR oder als Musikkassetten für unterwegs auch für nur 44 EUR. Natürlich beides inklusive Versandkosten.

Wenn Sie jetzt sagen, Moods ist genau das, was ich suche, dann wählen Sie bitte 0130 43 43. Einfach nur entspannen! Sie haben ein Recht darauf! 0130 43 43

Tagtäglich hört jeder Bundesbürger zirka 273 Minuten Radio. Viel davon ist durch Werbung belegt. Dazu gehören auch sog. Direct-Response-Radiospots: Spots, bei denen der Hörer beworbene Produkte oder Dienstleistungen sofort telefonisch bestellen kann. Interessant: Der Sender wird nach Maßgabe der eingegangenen Bestellungen bezahlt. Er erhält jeweils 25 % vom Verkaufspreis.

4.3.1 Ziele und Aufgaben der Absatzwerbung

Anders als Publicrelations zielt die Absatzwerbung direkt auf Produkte und Leistungen.

Absatzwerbung soll neue Kunden gewinnen. Diese sollen durch ausgewählte Anbieterinformationen direkt zugunsten der umworbenen Güter beeinflusst werden.

Der Umworbene nimmt die Werbebotschaft auf. Soll sie eine Kaufhandlung auslösen, muss der Umworbene die Botschaft in **vier Wirkungsstufen** verarbeiten. Diese Stufen lassen sich zugleich als **psychologische Ziele der Werbung** ansehen.

Wirkungsstufen der Werbung (= psychologische Werbeziele)	
1. Stufe Bekanntmachung des Produktes	Die Bekanntmachung ist die Vorstellung, die Nennung des Produktes. Sie ist notwendig, weil ein Produkt nur dann gekauft werden kann, wenn der Käufer von seiner Existenz weiß.
2. Stufe Information über das Produkt	Der potenzielle Käufer muss Produktinformationen erhalten, die über die reine Bekanntheit hinausgehen. Sie beziehen sich in erster Linie auf den Nutzen, den das Produkt bringt.
3. Stufe Schaffung eines positiven Produktimages	Die Werbung soll bewirken, dass die gesamte Vorstellung von dem Produkt überwiegend positiv ausgeprägt ist. Dies setzt eine positive Bewertung der Produktinformationen voraus.
4. Stufe Schaffung einer Kaufdisposition bzw. Auslösung der Kaufhandlung	Das positive Produktimage soll dazu führen, dass das Produkt dem Umworbenen als wünschenswert erscheint. Die Folge soll eine Kaufdisposition (-neigung) sein (d.h. das Produkt soll bei Bedarf gekauft werden) oder das direkte Auslösen der Kaufhandlung (z. B. Bestellung aus einem Prospekt; Aufsuchen des Verkäufers).

Eine ähnliche Stufung findet sich in folgenden Zielen:

1. Aufmerksamkeit erregen   (Attention)   **A**
2. Interesse an der Ware wecken   (Interest)   **I**
3. Besitzwünsche wecken   (Desire)   **D**
4. Kaufhandlungen auslösen   (Action)   **A**

Diese Ziele sind unter dem Namen „AIDA-Formel" bekannt geworden.

Die Werbung wendet sich teils an den Verstand des Menschen, teils sucht sie durch feine psychologische Methoden im Unterbewusstsein versteckte Wünsche, Sehnsüchte, Ängste zu aktivieren. Letzteres ist vor allem bei der Werbung für Konsumgüter im Fernsehen und in Zeitschriften der Fall.

Indem die Werbung Präferenzen für die Unternehmung schafft, bewirkt sie:

- die Verkürzung der Einführungsphase bei neuen Produkten,
- die Verlängerung der Lebensdauer eines Produktes.

Aufgaben der Werbung im Lebenszyklus des Produktes
Einführungswerbung Sie soll neue Produkte bekannt machen und Verlangen danach wecken. Sehr häufig entstehen die Bedürfnisse erst durch die Werbung. Ein Mode- oder Geschmackswandel soll ausgelöst werden, neue Kunden sollen gewonnen, neue Märkte erschlossen werden.
Expansionswerbung Bei schon eingeführten Produkten will man den Marktanteil erhöhen und eventuell von den Konkurrenten Kunden abziehen. Der Bekanntheitsgrad des Produktes soll erhöht werden.
Stabilisierungswerbung Die Werbung soll aggressive Konkurrenten abwehren, die ihrerseits den Marktanteil vergrößern wollen, und die eigene Stellung am Markt stabilisieren.
Erinnerungswerbung Sie soll Leistungen des Unternehmens bei bestehenden und früheren Kunden in Erinnerung bringen. Frühere Kunden sollen zurückgewonnen werden.

4.3.2 Werbemittel und Werbeelemente

Die Werbung sucht ihre Ziele durch den Einsatz von Werbeelementen und Werbemitteln zu erreichen (siehe Übersicht).

Zum Einsatz der Werbemittel bedient man sich verschiedener Medien (Werbeträger, Streumedien): Briefpost; Tages-, Wochen- und Sonntagszeitungen; Zeitungsbeilagen; Publikums- und Fachzeitschriften; Adressbücher; Hörfunk, Fernsehen, Kino; Internet; CD, Videokassetten, DVD-Kassetten; Plakatwände, Litfaßsäulen, Gebäude, Fahrzeuge, Schaufenster, Geschäfts-, Messe-, Ausstellungsräume; Verpackungen u.a.m.

Eine raffinierte Nutzung der Werbeträger erfolgt u.a. durch das **Product-Placement** (Produktplatzierung). Dabei werden Produkte geschickt in die Handlung von Spielfilmen, Theaterstücken, Videos oder sogar Romanen eingebracht.

Beispiele: Produktplatzierung
- Aus einem Roman: „Er ging in den Keller und kam kurz darauf mit einer Flasche Dom Pérignon wieder ..."
- Im Film *Ananasfieber* zeigt die Kamera deutlich die Rolex am Arm des Hauptdarstellers Tim Henks.

Vorteile für den Werbetreibenden:
- Der Umworbene wird beeinflusst, ohne die Werbung bewusst wahrzunehmen.
- Er kann sich auch nicht aus der Werbung ausklinken („wegzappen").
- Werbeverbote (z. B. für Zigaretten, Alkohol) können umgangen werden.

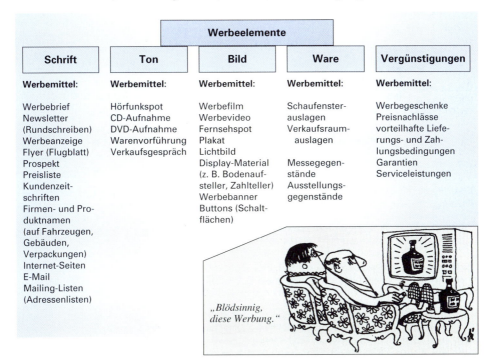

Werbeelemente				
Schrift	**Ton**	**Bild**	**Ware**	**Vergünstigungen**
Werbemittel:	Werbemittel:	Werbemittel:	Werbemittel:	Werbemittel:
Werbebrief Newsletter (Rundschreiben) Werbeanzeige Flyer (Flugblatt) Prospekt Preisliste Kundenzeitschriften Firmen- und Produktnamen (auf Fahrzeugen, Gebäuden, Verpackungen) Internet-Seiten E-Mail Mailing-Listen (Adressenlisten)	Hörfunkspot CD-Aufnahme DVD-Aufnahme Warenvorführung Verkaufsgespräch	Werbefilm Werbevideo Fernsehspot Plakat Lichtbild Display-Material (z. B. Bodenaufsteller, Zahlteller) Werbebanner Buttons (Schaltflächen)	Schaufensterauslagen Verkaufsraumauslagen Messegegenstände Ausstellungsgegenstände	Werbegeschenke Preisnachlässe vorteilhafte Lieferungs- und Zahlungsbedingungen Garantien Serviceleistungen

„Blödsinnig, diese Werbung."

4.3.3 Werbegrundsätze

Die Werbung soll wirksam, wirtschaftlich, wahr und klar sein.

Wirksamkeit

Wirksamkeit ist der oberste Werbegrundsatz. Er verlangt eine Beschaffenheit der Werbung, die zur Verwirklichung der Werbeziele führt. Aus diesem Grund muss die Werbung genau geplant werden.

Wirtschaftlichkeit

Werbeerfolg und eingesetzte Geldmittel sollen in einem möglichst günstigen Verhältnis zueinander stehen. Auch aus diesem Grund ist eine genaue Planung der Werbung unerlässlich.

Wahrheit

Die Erfahrung zeigt, dass falsche Werbeaussagen auf Dauer eine negative Wirkung erzielen, weil das Vertrauen der Umworbenen getäuscht wird. Deshalb sollen auch irreführende oder übertriebene Aussagen vermieden werden (z. B. „Das beste Waschmittel, das es je gab!"). Die Werbung muss dabei nicht nur die Gesetze der jeweiligen Länder beachten (z. B. Hinweis auf Gesundheitsgefährdung bei Zigaretten), sondern soll auch mit den moralischen und ästhetischen Empfindungen im Einklang stehen.

Klarheit

Zum einen müssen die Ziele der Werbung klar formuliert werden, damit keine ungeeigneten Werbemaßnahmen ergriffen werden. Zum anderen muss die Werbeaussage so klar formuliert bzw. dargestellt sein, dass keine Fehlinterpretationen möglich sind. Sie könnten zu verheerenden Umsatzeinbrüchen führen.

4.3.4 Elemente der Werbeplanung

Werbung ist enorm teuer. Eine gute Werbeplanung ist deshalb unerlässlich.

Wussten Sie, dass eine Werbeminute im Fernsehen über 40 000,00 EUR und eine Seite in einer überregionalen Zeitung über 75 000,00 EUR kosten kann?

Elemente der Werbeplanung	
Gegenstand	**Erläuterung, Beispiel**
Werbeziele (Festlegung des Werbezwecks)	Die Werbeziele müssen konkretisiert werden, z. B.: „Steigerung des Bekanntheitsgrads von Produkt A um 50 %"; „Erzielung eines positiven Images bei Männern bis 35 Jahren"; „Neutralisieren einer Werbemaßnahme von Konkurrent X".
Werbesubjekt (Festlegung des Werbenden)	**Einzelwerbung:** Werbung einer einzelnen Unternehmung **Gemeinschaftswerbung:** Gemeinsame Werbung mehrerer Unternehmen ohne Namensnennung **Sammelwerbung:** Ebenso, aber mit Namensnennung
Werbudget (Festlegung der Jahressumme für Werbeausgaben)	Manche Unternehmen setzen gleich bleibende oder leicht wachsende Beträge für Werbung ein. Andere werben gewinnabhängig: **Prozyklische Werbung** (abhängig von den vorhandenen Mitteln): Höhere (geringere) Werbeausgaben bei höherem (niedrigerem) Gewinn **Antizyklische Werbung:** Höhere Werbeausgaben bei sinkendem Gewinn, um den Absatz anzuregen. Voraussetzung: gutes Finanzpolster.
Zielgruppe (Festlegung der Umworbenen)	Grundsätzlich die möglichen Käufer, ggf. aber auch andere Personen, die den Absatz beeinflussen (z. B. bei Süßigkeiten: Kinder als „Bedarfsäußerer"; bei Medikamenten: Ärzte, da Patientenwerbung gesetzlich verboten ist) **Direktwerbung (fein gestreute Werbung):** Spricht nur die möglichen Käufer an. Wirksam, aber – auf den einzelnen Adressaten bezogen – teuer. Breitenwirkung fehlt. Sinnvoll bei bekanntem, begrenzten Abnehmerkreis (z. B. Anlagen, Maschinen) **Massenwerbung (grob gestreute Werbung):** Werbung in den Massenmedien Zeitungen, Zeitschriften, Rundfunk, Fernsehen; ermöglicht Breitenwirkung. Bietet sich bei Gütern des täglichen Bedarfs an, für die jedermann in Frage kommt. Auch immer nötig, wenn die möglichen Käufer nicht genau erfassbar sind.

BLITZOBLANKO macht blitzblank

TRINKT MILCH!

Werbeobjekte (Festlegung der Produkte)	Grundsatz: Zu bevorzugen sind die Produkte, bei denen die Werbung die Werbeziele am besten erfüllen kann. Häufig wird aber über die Firmenwerbung für die anderen Produkte indirekt mitgeworben.  *Das Gard-Haarstudio informiert:...*
Werbemittel und Werbemedien (Festlegung der Übermittlungsart)	Grundsatz: Es sind die wirksamsten Mittel zu wählen (sprechen die Zielgruppe möglichst exakt an und drücken den Werbeinhalt am überzeugendsten aus). Die Eignung der in Frage kommenden Medien ist zu prüfen (Inter-Media-Selektion). Wichtige Auswahlkriterien: Reichweite (Anzahl der Kontakte der Zielgruppe mit dem Medium), Kosten, Image des Mediums, Eignung zur Vermittlung der Werbebotschaft. Um die Kosten der Medien untereinander in etwa vergleichbar zu machen, berechnet man den Tausenderpreis. Dies ist der Preis für eine ganzseitige Anzeige oder einen 30-Sekunden-Spot, um tausend Leser (Zuschauer, Hörer) zu erreichen.
Streugebiet (Festlegung des Werbegebiets)	Einführungswerbung: Oft Werbung auf Testmarkt zur Erfolgstestung Konkurrenzorientierte Expansions- oder Stabilisierungswerbung: Werbung im Gebiet des Wettbewerbs Ansonsten hängt das Streugebiet oft von einer schon bestehenden Vertriebsorganisation, den Werbekosten, dem Sitz der Zielgruppe ab.
Werbesubjekt (Festlegung der Werbetermine)	Grundsatz: Erfolg soll zur gewünschten Zeit eintreten. Deshalb ist die Zeitspanne zwischen Werbemitteleinsatz und Erfolgseintritt zu beachten. Verfrühte Werbung wird vergessen, auf verspätete kann man nicht mehr reagieren. Bei saison- und konjunkturabhängigen Betrieben strebt man oft zur Stabilisierung von Kosten und Beschäftigung einen Ausgleich im Zeitverlauf an. Wichtig auch: Wahl der Wochen- oder Monatstage. Samstagwerbung z. B. ist teurer, aber oft wirksamer.

4.3.5 Werbekampagne

Im Zusammenspiel mit einer Werbeagentur läuft eine Werbekampagne wie folgt ab:

Ablauf einer Werbekampagne

Festlegung des Werbebudgets	Von der Höhe der verfügbaren Mittel hängen die Werbestrategien und die Einschaltung in den Medien ab.
Briefing an die Agentur	Man leitet der Agentur alle notwendigen Informationen in Form eines **schriftlichen Berichts** (Briefing) zu. Die Informationen betreffen: ■ Die **Werbeziele** (z. B. Steigerung des Bekanntheitsgrades um 50%), ■ eine besondere **Verkaufsidee** (z. B. hervorragende Waschkraft eines Waschmittels), ■ **Käufer, Konkurrenten, Produktpolitik** (Gestaltung, Vorzüge, Verpackung, Sortiment), ■ **Preise, Rabatte, Verkaufseinsätze, Publicrelations-Maßnahmen.**
Entwicklung der Werbestrategie	Die Agentur entwickelt die Strategie. Diese legt eine **Kernbotschaft** fest (z. B. „einzigartiger Nutzen" des Gutes) und formuliert eine Beweisführung. Außerdem wird das Produkt mit einem Image versehen.
Gestaltung der Werbemittel, Erstellung des Mediaplans	z. B. Herstellung von Werbefilmen oder Anzeigen. Prüfung der Eignung der in Frage kommenden Medien (Inter-Media-Selektion). Festlegung des Hauptwerbemediums, ggf. ergänzender Medien. Festlegung der Einschalttermine.
Einschaltung in den Medien	Dies ist die Durchführung der Werbemaßnahmen.

1.) Das Produkt hat einen „einzigartigen Nutzen": **hervorragende Waschkraft.**
2.) **Beweis:** Wir zeigen eine Hausfrau, die das Produkt auch nicht gegen die doppelte Menge eines anderen Produktes tauscht.
3.) Wir geben dem Produkt ein **Image:** Frische und Strahlen.

Unsere Strategie

4.3.6 Kontrolle des Werbeerfolgs

Ökonomischer Werbeerfolg

Zur Messung des ökonomischen Werbeerfolgs werden folgende Kennziffern genannt:

$$\text{Wirtschaftlichkeit der Werbung} = \frac{\text{Umsatzzuwachs}}{\text{Werbeaufwand}}$$

$$\text{Marktanteil} = \frac{\text{Umsatz}}{\text{Gesamtumsatz des Marktes}} \cdot 100$$

Die Messung des ökonomischen Werbeerfolgs ist wichtig, aber in der Praxis überaus problematisch. Denn eine Steigerung des Umsatzes oder eine Erhöhung des Marktanteils hängt vom Einsatz aller Marketinginstrumente und außerdem von der Konjunktur, der Wirtschaftspolitik, der Mode und weiteren Einflüssen ab. Auch kann eine Werbemaßnahme erfolgreich sein, obwohl Umsatz oder Marktanteil sogar zurückgehen. Dann hat die Werbung vielleicht eine noch schlechtere Entwicklung verhindert.

Einigermaßen zuverlässig lässt sich die ökonomische Werbeerfolgskontrolle nur auf einem **Testmarkt** durchführen, der in seiner Struktur mit dem Vergleichsmarkt möglichst übereinstimmen soll. Man wirbt auf dem Testmarkt und stellt fest, wie sich Marktanteil und/oder Umsatz im Vergleich zu den Nicht-Werbegebieten entwickeln.

Außerökonomischer Werbeerfolg

Wegen der Mängel der ökonomischen Erfolgskontrolle hat man Kennziffern entwickelt, die sich an den psychologischen Werbezielen orientieren. Sie zielen darauf, das Verhalten der Umworbenen auszuwerten und festzustellen, wie die Werbung auf sie einwirkt. Dementsprechend kann man die Wirksamkeit der Werbemaßnahmen überprüfen und die Werbemaßnahmen gegebenenfalls variieren.

Beispiele:

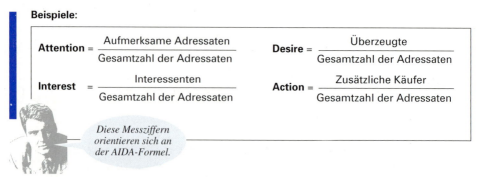

$$\text{Attention} = \frac{\text{Aufmerksame Adressaten}}{\text{Gesamtzahl der Adressaten}} \qquad \text{Desire} = \frac{\text{Überzeugte}}{\text{Gesamtzahl der Adressaten}}$$

$$\text{Interest} = \frac{\text{Interessenten}}{\text{Gesamtzahl der Adressaten}} \qquad \text{Action} = \frac{\text{Zusätzliche Käufer}}{\text{Gesamtzahl der Adressaten}}$$

Diese Messziffern orientieren sich an der AIDA-Formel.

Um solche Messziffern zu erhalten, nimmt man Beobachtungen (z. B. mit Blickbewegungs-Registriergeräten), Befragungen, Tests (z. B. Erinnerungstests, Tests über die Nachhaltigkeit von Werbemaßnahmen) vor. Fehler lassen sich dabei nicht vermeiden: Wer sich erinnert, muss deshalb nicht positiv berührt sein. Wer sich nicht erinnert, kann trotzdem positiv beeinflusst worden sein.

4.4 Verkaufsförderung (Salespromotion)

Die Haushaltselektro GmbH hat eine neuartige Küchenmaschine entwickelt. Demnächst erfolgt die Produkteinführung am Markt, begleitet von einer Werbekampagne im Fernsehen und in fünf Publikumszeitschriften. Zusätzlich sollen Verkaufspersonal, Absatzmittler und Handel durch Verkaufsförderungsmaßnahmen auf das neue Produkt eingestimmt werden:

■ Verkaufspersonal und Kundendienst werden in einem speziellen Training mit Gebrauchs-, Bedienungs- und Reparaturanleitungen vertraut gemacht.

■ Das Gerät wird auf der Haushaltswarenmesse vorgestellt. Es erfolgen Demonstrationen, und die Messebesucher (der Handel) erhalten umfangreiches Prospektmaterial.

■ Alle Außendienstmitarbeiter erhalten Vorführgeräte.

■ Werbewirksames Display-Material für die Warendemonstration in Fachgeschäften und Warenhäusern wird in Auftrag gegeben: Bodenaufsteller, Hinweisschilder, Vorführfilme (Video. DVD).

■ In einem Preisausschreiben können Verbraucher 100 Geräte gewinnen.

Unter Verkaufsförderung versteht man zeitlich begrenzte Maßnahmen, die einerseits die Werbung, andererseits die Arbeit der Absatzorgane und des Handels des koordinieren, ergänzen und unterstützen.

Die Verkaufsförderung kann sich wenden an

Zum Beispiel:
technische Unterlagen,
Kataloge,
Display-Material. Verkäufertraning,
Preisausschreiben,
Gratisproben, Verlosungen.

■ die eigenen Absatzorgane → **Verkaufspromotion**

■ den Handel → **Händlerpromotion** oder **Merchandising**

■ die Verbraucher → **Verbraucherpromotion**

Mittel der Verkaufsförderung

Sachliche Mittel (bereiten die Arbeit des Verkäufers vor, unterstützen, ergänzen sie)

Schriftliche Mittel: Verkaufs- und Werbebriefe; Prospekte, Kataloge, Listen; Produktbeschreibungen, Handbücher; Verfahrensbeschreibungen, Versuchs- und Laborberichte, wissenschaftliche Gutachten; Wirtschaftlichkeitsberechnungen und Vergleiche; Gebrauchs-, Bedienungs- und Montageanleitungen; technische Unterlagen (Diagramme, Zeichnungen, grafische Darstellungen); Sonderdrucke aus Veröffentlichungen und vervielfältigte Vortragsmanuskripte); Referenzlisten; Musterbriefe; kundenbezogene Angebots- und Korrespondenzgestaltung

Demonstrative Mittel: Messen und Ausstellungen; Produktvorführungen im Werk, beim Verwender oder Interessenten; Proben, Muster; Display-Material (Modelle, Attrappen, Bodenaufsteller, Hinweisschilder. Fotos, Filme); Gratisproben

Sonstige Mittel: Hauszeitschriften und Informationsdienste; Jubiläums- und sonstige Broschüren; redaktionelle Artikel; Betriebsbesichtigungen; Pressekonferenzen

Personelle Mittel (sind im Rahmen des Verkäufertrainings einsetzbar)

Schriftliche Mittel: Vertreterrundschreiben, Außendienstinformationen; verkaufsbezogene Druckschriften (Prospekte, Kataloge. Listen. Hauszeitschriften, Sonderdrucke, Referenzlisten usw.); technische Unterlagen (Zeichnungen, Leistungsdiagramme, Schaltpläne, Tabellen, Versuchsberichte usw.), Lehrbriefe, schriftliche Schulungskurse; Wettbewerbsvergleiche; Verkaufsargumentesammlungen; Einführungs- und Anmeldeschreiben für den Außendienst

Optische und akustische Mittel: Modelle, Muster; Zeichnungen, Fotos, Filme. Tonbildschauen; Fernsehaufzeichnungen

Verbale Mittel: Vorträge; persönliche Besprechnungen, Konferenzen, Tagungen; Arbeitsgemeinschaften; Diskussionen, Gruppenarbeit, Aussprachen; Rollenspiel; Falldiskussionen; Brainstorming

Persönliche Mitarbeit und unmittelbares Erleben: Übungen an Maschinen und Geräten; Werksbesichtigungen, Assistenz im Außendienst

Sonstige Mittel: Schulungskurse für Absatzmittler und Kunden; Beratung und persönliche Verkaufsunterstützung der Absatzmittler; Verkaufswettbewerbe und -prämien.

4.5 Direct-Marketing

Die Stadtwerke Düren GmbH – eine Tochter des Energiekonzerns RWE – will eine telefonische Kundenbefragung durchführen. In jeder Straße ihres Versorgungsgebiets sollen 10 % der Anwohner nach dem Random-Verfahren ausgewählt und befragt werden, wie sie mit der eingeführten Strommarke *evivo* zufrieden sind. Befragten, die noch nicht Kunde sind, soll ein Beratungsgespräch angeboten werden.

Direct-Marketing entstammt dem Gedankengut des Direktvertriebs. Er zählt heute zu den wichtigsten Bereichen des Marketings.

Das Direct-Marketing spricht den Kunden gezielt und individuell an. Damit will es die Grundlage für einen direkten Dialog schaffen.

Aha! Das ist doch der gleiche Gedanke wie beim Customer Relationship Management: weg vom Massenmarketing hin zum Individualmarketing!

Ziele des Direct-Marketings:

- zielgruppengerechte Informationsübermittlung,
- Minimierung von Streuverlusten beim Dialog.

4.6 Event-Marketing

Ein Event ist eine informierende oder unterhaltende Veranstaltung. Unternehmen führen Events durch, um sich dem Kunden in erlebnisorientierter Form zu präsentieren, ihm näher zu kommen und mehr über seine Ansichten, Wünsche und Erwartungen zu erfahren.

Beispiele:

- Kundenweihnachtsfeier bei BMW mit Thomas Gottschalk
- Produktpräsentation der Firma Miele für Handelsvertreter in einem nachgebauten Hofbräuhaus

Eventmarketing hat die Aufgabe, das Unternehmen, seine Produkte und Dienstleistungen im Rahmen von Events zu präsentieren. Eine Abstimmung mit dem Gesamtmarketing-Konzept ist unbedingt erforderlich.

Mit einem Event lassen sich wichtige Ziele erreichen:

- Erhöhung des Bekanntheitsgrads von Unternehmen und Leistungen,
- Schaffung eines positiven Images,
- Verbesserung des Dialogs mit Zielgruppen,
- Gewinnung neuer Kunden.

Eventarten	Zielgruppen	Veranstaltungen
Interne Events	Führungskräfte, Mitarbeiter	Außendienstmitarbeitertreffen, Händlerpräsentationen, Aktionärsversammlungen, Festakte
Externe Events	Schlüsselkunden	Pressekonferenzen, Messen, Kongresse, Sponsoring-Events: Sport-, Musik-, kulturelle Veranstaltungen
Sonstige Events	Konsumenten	Bühnenauftritte, Talkshows mit Prominenten, Kleinkunst regionaler Künstler, Gewinnspiele, Kinderbelustigung, Mitmachaktionen, Produktpräsentationen

4.7 Unzulässige Werbung

Werbung kann leicht zur Anwendung unfairer Methoden verlocken, die Konkurrenten schädigen. Das Gesetz gegen den unlauteren Wettbewerb (UWG) soll Handlungen verhindern, die gegen die guten Sitten um Wettbewerb verstoßen. Es verbietet u.a. irreführendes und sittenwidriges Verhalten.

Irreführendes und sittenwidriges Verhalten

Irreführendes Verhalten

■ Irreführend können Angaben über Beschaffenheit, Ursprung, Herstellungsart, Preisbemessung einzelner Waren oder des gesamten Angebots, Preislisten, Bezugsart, Bezugsquellen, Besitz von Auszeichnungen, Anlass oder Zweck des Verkaufs oder Menge der Vorräte sein.

Beispiele:
- Durch Herausstellen einzelner Niedrigpreisartikel (ohne Kennzeichnung als Sonderangebot) wird ein preisgünstiges Gesamtangebot vorgetäuscht (Lockvogelwerbung).
- Ein Kühlschrank ohne technische Spitzenausstattung wird als „Luxusausführung" gekennzeichnet.

■ Als irreführend sind auch verboten:
- der Hinweis auf die Eigenschaft als Hersteller oder Großhändler, wenn nicht deutlich angegeben wird, ob man an den Endverbraucher zu den gleichen Bedingungen wie an Wiederverkäufer verkauft;
- die mengenmäßige Beschränkung von werbend herausgestellten Waren („Abgabe nur in haushaltsüblichen Mengen", „Abgabe nur 5 Stück pro Person") und der Ausschluss von Wiederverkäufern vom Kauf solcher Waren.

Sittenwidriges Verhalten

■ Sittenwidrig ist z. B. das „Anreißen", die Belästigung durch aufdringliche Werbung. Es verhindert eine ruhige und sachliche Prüfung des Angebotes. Dazu gehören:
- unerbetene private Telefonanrufe, um Geschäftsabschlüsse anzubahnen;
- das Zusenden unbestellter Waren an Nichtgewerbetreibende: Der Empfänger lehnt durch Schweigen das Angebot des Verkäufers ab, er muss die Ware nur eine angemessene Zeit aufbewahren und darf sie nicht in Gebrauch nehmen;
- das Ansprechen von Kunden auf der Straße.

Ich gebe Ihnen privat 1 000,00 EUR, wenn ich den Auftrag kriege.

■ Sittenwidrig sind auch:
- Bestechung (z. B. um Aufträge zu erhalten);
- Anschwärzen und Verleumden von Mitbewerbern;
- die unerlaubte Benutzung anvertrauter Vorlagen, Vorschriften, Modelle usw. zu eigenen Zwecken;
- die Benutzung eines fremden Firmennamens, sofern eine Verwechslungsgefahr besteht;

- Vergleichende Werbung unter den im Gesetz genannten Bedingungen. (Vergleichende Werbung ist jede Werbung, die einen Mitbewerber oder die von ihm angebotenen Waren oder Dienstleistungen erkennbar macht.) Sie verstößt gegen die guten Sitten, wenn der Vergleich
  1. sich nicht auf Güter für den gleichen Bedarf oder Zweck bezieht;
  2. nicht objektiv auf wesentliche, nachprüfbare, typische Eigenschaften oder den Preis bezogen ist;
  3. im Geschäftsverkehr zu Verwechslungen zwischen Werbendem und Mitbewerber oder deren Waren oder Kennzeichen führt;
  4. die Wertschätzung eines Kennzeichens des Mitbewerbers in unlauterer Weise ausnutzt oder beeinträchtigt;
  5. die Waren, Dienstleistungen, Tätigkeiten oder persönlichen oder geschäftlichen Verhältnisse eines Mitbewerbers herabsetzt oder verunglimpft;
  6. eine fremde Ware oder Dienstleistung als Imitation oder Nachahmung einer eigenen unter einem geschützten Kennzeichen vertriebenen Ware oder Dienstleistung darstellt.

Arbeitsaufträge

1. **Publicrelations ist heute in enger Verbindung mit der Corporate Identity zu sehen. Hinter diesem Begriff verbirgt sich eine Philosophie, derzufolge der Erfolg der Unternehmung wesentlich davon abhängt, ob es ihr gelingt sich eine „Identität" zu geben, sich als ein geschlossenes, unverwechselbares Ganzes zu präsentieren. Jeder Mitarbeiter soll sich mit den Zielen der Unternehmung identifizieren, ein positives Gefühl der Verbundenheit zu ihr entwickeln und sich entsprechend für sie einsetzen. Darüber hinaus soll die Unternehmung als Einheit von der Außenwelt erkannt und – mehr noch – anerkannt werden. Die werbewirksame Anbringung des Logos (Firmenzeichens) auf Geschäftspapieren, Gebäuden, Fahrzeugen, Kleidung, Anzeigen, Kundenzeitschriften u.a.m. ist als grundlegende Publicrelations-Maßnahme zu sehen. Desgleichen dient eine einheitliche Berufskleidung für die Mitarbeiter von immer mehr Firmen dazu, das Image nach außen hin zu prägen und das Selbstverständnis der Mitarbeiter nach innen zu stärken ...**
   a) Erläutern Sie den Begriff „Publicrelations".
   b) Wodurch unterscheidet sich Publicrelations von der Absatzwerbung?
   c) Inwiefern können die oben genannten Maßnahmen als grundlegende Publicrelations-Maßnahmen bezeichnet werden?

2. **Der Verkaufsdirektor der Firma Rheinische Haushaltselektro GmbH äußert sich in einer Mitarbeiterbesprechung über die Absatzlage:**
   „Demnächst werden wir unsere neue Küchenmaschine „Super-Blitz" auf den Markt bringen, eine Neuentwicklung, die mixen, pressen, zerkleinern, schneiden, hacken, stampfen, sägen kann.
   Der Marktanteil unseres Trockenautomaten „Trocken-Blitz" liegt bei dem für uns niedrigen Wert von 6 %. Die Konkurrenz unterbietet unseren Preis bis zu 15 % mit Waren von geringer Qualität. Seit längerer Zeit ist der Absatz unseres seit 10 Jahren hergestellten Tauchsieders „Blitz-Koch" stark rückläufig."
   a) Man beschließt geeignete Werbemaßnahmen für die drei Produkte. Welche Aufgaben verfolgt die Werbung im jeweiligen Fall?
   b) Welche Werbemittel könnte man sinnvollerweise einsetzen?

3. **Die GERRING FERTIGBAU GmbH ist ein industrieller Hersteller von Fertighäusern in Massivbauweise (zweischalige hinterlüftete Betonwand mit Styroporisolierung).**
   Die in Dortmund ansässige Firma konnte wegen der hohen Transportkosten für die Betonelemente bisher nur einen Umkreis mit einem Radius von 150 km beliefern, ist jedoch im Begriff, ein Zweigwerk in Aschaffenburg zu eröffnen. Im letzten Jahr konnten 964 Häuser (durchschnittlicher Preis: 120 000,00 EUR), davon 453 mit Keller (durchschnittlicher Preis: 25 000,00 EUR) ausgeliefert werden. Weitere Präzisierungen nehmen Sie bitte selbst vor.
   Lösen Sie die folgenden Arbeitsaufträge in Gruppenarbeit:
   a) Arbeiten Sie einen Werbeplan für diese Unternehmung für das Jahr 20.. aus.

b) Die Unternehmung unterhält an mehreren Orten Musterhäuser. Wie kann mittels dieser Häuser wirksam Werbung betrieben werden?

c) An Bauwillige sendet die Fertighausfirma Werbebriefe mit dem notwendigen Informationsmaterial. Fassen Sie einen solchen Werbebrief ab. Beachten Sie: Die Werbegrundsätze müssen berücksichtigt werden. Hervorzuheben sind vor allem die technischen Eigenschaften und Wohneigenschaften des Bauprogramms sowie die Zuverlässigkeit des Lieferers. Der Briefstil soll anziehend sein, vielleicht auch den einen oder anderen Werbegag enthalten, aber nicht übertreiben.

d) Vor und nach der Durchführung des Werbefeldzugs wurden folgende Zahlen ermittelt:

EUR	vor der Werbung	nach der Werbung
Werbekosten		2 540 000,00
Umsatz	127 000 000,00	167 000 000,00
Gesamtumsatz des Marktes	1 905 000 000,00	2 438 000 000,00
Produktionskosten	80 000 000,00	106 000 000,00
Vertriebskosten	20 000 000,00	24 000 000,00

■ Errechnen Sie geeignete Kennzahlen zur Ermittlung des ökonomischen Werbeerfolgs.
■ Beurteilen Sie die Zuverlässigkeit der ermittelten Kennzahlen.

e) In der Zeitschrift Bausparrevue wurde ein Preisausschreiben veranstaltet. Das Preisausschreiben brachte folgende Zahlen und Resultate: Auflage der Zeitschrift: 10 000 Exemplare; Teilnehmer am Preisausschreiben: 6 000; Anfragen auf Grund des Preisausschreibens: 500; Haushalte mit positiven Stellungnahmen nach Vertreterbesuch: 100; Käufer von Häusern: 32.
Errechnen Sie geeignete Kennziffern zur Ermittlung des außerökonomischen Werbeerfolgs.

4. **Die Werbung wendet sich oft an das Unterbewusstsein und versucht dort z. B. Wünsche, Bedürfnisse oder Ängste zu aktivieren. Es werden Bereiche wie Ansehen, Prestige, Sex, Männlichkeit, Weiblichkeit, Mut, Jugend, Schönheit, Modern-Sein, Versagen u.a.m. angesprochen.**
Beispiele für entsprechende Werbeaussagen:

(1) „Weite, Einsamkeit, harte Männer auf wilden Pferden. Dazu gehört die Pamir-Extra, herb im Geschmack, stark im Aroma. Eine Zigarette für Männer. Selbstverständlich ohne Filter (Nikotinarm im Rauch)."

(2) „Warum schreit das Baby? Es hat doch alles, was es braucht! Frische Windeln und ein duftiges Bettchen! Halt, habe ich etwa Flora-Sanft im letzten Spülgang vergessen? Sollte ich wirklich eine so schlechte Mutter sein?"

(3) „Jugend, Frische, Schönheit! Auch Ihr Mund wird begehrenswerter mit dem Frische-Schock von Super-Weiß, der Zahncreme mit dem atemberaubenden Sexappeal. Nehmen Sie nicht zu viel davon. Ihr eigener Mann könnte Sie wieder küssen wollen."

(4) „Endlich ist er da, der Wagen mit den schwarzen Rallye-Streifen auf den Flanken, 150 PS stark, mit Rennfelgen, Gürtelreifen, Überrollbügel serienmäßig. Von diesem Wagen werden die meisten Autofahrer nur das Heck sehen."

a) Welche Bereiche werden durch diese Werbetexte angesprochen?
b) Formulieren Sie eine Kritik an dieser Art von Werbung.

5. **An der Werbung wird oft Kritik geübt. Dabei werden z. B. folgende Argumente vorgetragen:**
a) Der Kunde verlangt Waren, die er braucht. – Werbung kann zum Kauf von Waren führen, die man nicht braucht.
b) Der Kunde verlangt sachliche Informationen. – Die Werbung kann Unwahrheiten verbreiten.
c) Der Kunde verlangt preisgünstige Waren. – Werbung verteuert die Waren.
Erläutern Sie diese Argumente näher. Formulieren Sie andererseits Gegenargumente.

6. **Auch Maßnahmen der Verkaufsförderung haben werbenden Charakter. Ihre Zielrichtung ist jedoch verschieden.**
a) Erläutern Sie, wodurch sich Verkaufsförderung und Werbung unterscheiden.
b) Nennen Sie Maßnahmen der Verkaufsförderung, die über den Bereich der Werbung hinausgehen.

7. **Verschiedene Anbieter nehmen folgende Handlungen vor:**
a) Ein Lebensmittelhändler stellt im Schaufenster besten Wein zu sehr niedrigem Preis aus. Er erklärt aber einem Kunden, es handele sich um einen Irrtum in der Preisangabe. Nach einer Woche steht die Flasche immer noch mit dem alten Preis im Schaufenster.

b) „Im größten Teppichlager am Niederrhein führen wir Teppiche aller Preisklassen und Qualitäten!" – Das Teppichlager ist in Wirklichkeit mittelmäßig groß.

c) Ein Kaufmann behauptet einem Kunden gegenüber, sein Konkurrent X habe überhaupt keine kaufmännische Ausbildung und sei zur Führung eines Geschäftes nicht geeignet.

d) Ein Kaufmann wirbt mit dem Schild „Räumungsverkauf – Alle Artikel sind stark reduziert!" Ein Kunde bemerkt, dass nach einer gewissen Zeit die geschmolzenen Bestände wieder aufgefüllt werden.

e) Eine Waschmittelfirma wirbt für Ihr Produkt: „Nichts wäscht reiner!"

f) Ein Weinhändler bringt auf seinen Flaschen Medaillen für frei erfundene Qualtitätsprüfungen an.

g) Ein Einzelhändler gewährt einen Barzahlungsrabatt von 3% an alle seine Kunden.

h) Zu Fischdosen erhält der Kunde von diesem Einzelhändler gratis einen Dosenöffner.

i) Eine Hausfrau findet im Briefkasten unbestellte Rasierklingen zum Angebotspreis von 5,00 EUR.

Beurteilen Sie, ob diese Handlungen zulässig sind. Geben Sie an, gegen welche gesetzlichen Bestimmungen sie gegebenenfalls verstoßen.

8. **Seit Jahren stagniert der Markt für Schokolade. Als Innovation will nun die Firma Alfred Knappe GmbH eine Schokoladentafel in Dreiecksform auf den Markt bringen.**
   a) Erstellen Sie in Teamarbeit ein Briefing für die Werbeagentur Splendid, die mit der Durchführung der Werbekampagne beauftragt werden soll.
   b) Entwickeln Sie – ebenfalls in Teamarbeit – zwei alternative Werbestrategien.

9. **„Gespannt verfolgen 4000 Daimler-Vertriebsmitarbeiter in der Frankfurter Festhalle die Geburtsstunde der neuen C-Klasse. Eine faszinierende Inszenierung stimmt das Publikum emotional auf das neue Automobil ein. Wie aus einem Kokon lösen sich die Karossen langsam aus einer weißen Gaze ...".**
   Events gewinnen immer mehr an Bedeutung.
   a) Welche Ziele könnten mit dem beschriebenen Event angestrebt werden?
   b) Nennen Sie spontan weitere mögliche Anlässe für ein Event.
   c) Entwickeln Sie ein Event für „Fünzig Jahre Binox-Suppen".

10. **Kommunikationspolitische Instrumente im Internet werden für Unternehmen immer wichtiger. Beispiele: Bannerwerbung, Gewinnspiele, Produktchats, Produkt-Konfigurator.**
   a) Nennen Sie Gründe für die zunehmende Bedeutung dieser Instrumente.
   b) Vergleichen Sie Werbung im Fernsehen, Rundfunk und Internet. Diskutieren Sie über die Stärken und Schwächen dieser Medien.

5 Distributionspolitik

„ENTSCHULDIGEN SIE! HABE ICH SIE GEWECKT? DIE SCHLAFTABLETTEN VON DUSELAMED GARANTIEREN IHNEN DAS EINSCHLAFEN!"

Die besten Leistungen, die raffinierteste Werbung und die günstigsten Preise nützen nichts, wenn die Leistungen ihre Kunden und Verwender nicht erreichen.

Die Distributionspolitik[1] betrifft die betrieblichen Entscheidungen über die optionale Verteilungsorganisation für die Betriebsleistungen.

---

[1] lat.: distribuere = verteilen

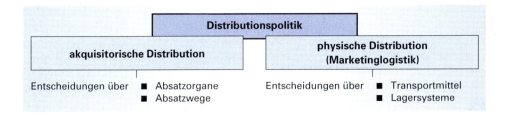

	Distributionspolitik	
akquisitorische Distribution		**physische Distribution (Marketinglogistik)**

Entscheidungen über ■ Absatzorgane
■ Absatzwege

Entscheidungen über ■ Transportmittel
■ Lagersysteme

5.1 Akquisitorische Distribution[1]

5.1.1 Überblick: Absatzorgane

Der Absatz (Vertrieb) erfolgt durch Absatzorgane. Diese können zentral oder dezentral tätig werden. Je nach ihrer Bindung an den Betrieb unterscheidet man das werkseigene, werksgebundene, ausgegliederte Absatzsystem (Vertriebs-, Distributionssystem).

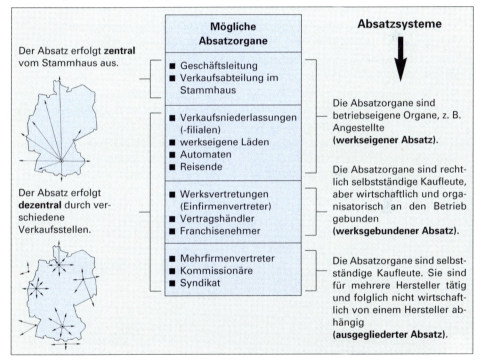

	Mögliche Absatzorgane	**Absatzsysteme**
Der Absatz erfolgt **zentral** vom Stammhaus aus.	■ Geschäftsleitung ■ Verkaufsabteilung im Stammhaus	Die Absatzorgane sind betriebseigene Organe, z. B. Angestellte **(werkseigener Absatz).**
	■ Verkaufsniederlassungen (-filialen) ■ werkseigene Läden ■ Automaten ■ Reisende	
Der Absatz erfolgt **dezentral** durch verschiedene Verkaufsstellen.	■ Werksvertretungen (Einfirmenvertreter) ■ Vertragshändler ■ Franchisenehmer	Die Absatzorgane sind rechtlich selbstständige Kaufleute, aber wirtschaftlich und organisatorisch an den Betrieb gebunden **(werksgebundener Absatz).**
	■ Mehrfirmenvertreter ■ Kommissionäre ■ Syndikat	Die Absatzorgane sind selbstständige Kaufleute. Sie sind für mehrere Hersteller tätig und folglich nicht wirtschaftlich von einem Hersteller abhängig **(ausgegliederter Absatz).**

5.1.2 Werkseigener Absatz

Zentraler und dezentraler Absatz

Der werkseigene Absatz erfolgt durch die Geschäftsleitung oder durch Angestellte. Im letzteren Fall kann eine zentrale Verkaufsabteilung tätig werden oder die Kunden werden dezentral (von verschiedenen Orten aus) durch Verkaufsniederlassungen, eigene Läden oder Reisende bedient. Auch Verkaufsautomaten sind möglich.

Die Geschäftsleitung verkauft in kleineren Betrieben; ansonsten bei Großaufträgen.

---

[1] lat.: acquirere = erwerben, akquisitorisch = die Kundenanwerbung betreffend

Beim **zentralen Absatz** benötigt man relativ wenig Personal. Deshalb sind die Kosten vergleichsweise niedrig. Auch Sach- und Raumkosten für Verkaufsstellen entfallen. Andererseits fehlt die Nähe zum Kunden. Dies erschwert eine intensive Bearbeitung des Marktes. Deshalb ist ein zentraler Absatz im Allgemeinen nur bei einem verhältnismäßig begrenzten Absatzgebiet angebracht. Auch eine umfangreiche Produktpalette, die eine besondere Behandlung der einzelnen Kundengruppen erforderlich macht, verhindert einen ausschließlich zentralen Absatz.

Beim **dezentralen Absatz** ist der Betrieb „näher am Kunden". Folglich ist auch der Kontakt enger. Besonders gilt dies, wenn Reisende die Kunden besuchen. Allerdings sind die Personal- und Sachkosten bei diesem System viel höher. Will man dies vermeiden, so muss man auf betriebsfremde Absatzorgane zurückgreifen.

Innere Organisation des Absatzes

Der Absatzbereich kann nach unterschiedlichen Gesichtspunkten gegliedert werden, z. B. funktionsorientiert, produktorientiert, kundenorientiert oder gebietsorientiert.

- **Funktionsorientierter Absatz (Vertrieb):** Die einzelnen Tätigkeiten werden so auf die Mitarbeiter aufgeteilt, dass jeder Mitarbeiter stets gleichartige Aufgaben erfüllt.
- **Produktorientierter Absatz (Vertrieb):** Bei einer großen Vielfalt von Erzeugnissen ist der Absatzbereich oft nach Erzeugnisgruppen gegliedert.
- **Kundenorientierter Absatz (Vertrieb):** Sind besondere Kenntnisse (z. B. Rechtskenntnisse) für bestimmte Abnehmergruppen notwendig, so empfiehlt sich oft eine Gliederung des Absatzbereichs nach diesen Gruppen.
- **Gebietsorientierter Absatz (Vertrieb):** Bei einem weit verzweigten Absatzgebiet und unterschiedlichen Handelsgewohnheiten in diesen Gebieten (z. B. Ländern) ist oft die Gliederung des Absatzbereichs nach solchen Gebieten zweckmäßig.

Beispiele:

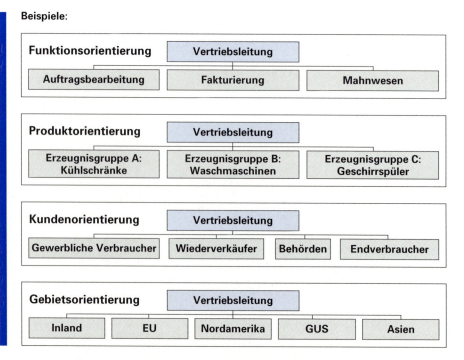

Funktionsorientierung — Vertriebsleitung — Auftragsbearbeitung — Fakturierung — Mahnwesen

Produktorientierung — Vertriebsleitung — Erzeugnisgruppe A: Kühlschränke — Erzeugnisgruppe B: Waschmaschinen — Erzeugnisgruppe C: Geschirrspüler

Kundenorientierung — Vertriebsleitung — Gewerbliche Verbraucher — Wiederverkäufer — Behörden — Endverbraucher

Gebietsorientierung — Vertriebsleitung — Inland — EU — Nordamerika — GUS — Asien

Handlungsreisender

Die in Duisburg ansässige Haushaltselektro GmbH setzt für den Verkauf ihrer Produkte im Umkreis von 200 km neben ihrer zentralen Verkaufsabteilung und ihren fünf Verkaufsfilialen Reisende ein. Die Reisenden haben die Aufgabe, den persönlichen Kontakt mit den Kunden zu pflegen, alte Kunden zu besuchen, neue zu werben, ihre Kreditwürdigkeit zu überwachen, die Konkurrenz zu beobachten, Geschäfte zu vermitteln und Kaufverträge abzuschließen.

Der *Reisende* ist ständig auf Grund seines Dienstvertrags damit beauftragt, für seinen Dienstherrn Geschäfte zu vermitteln oder abzuschließen (HGB § 55).

*Merke: Reisende sind Angestellte. Sie sind **nicht** selbstständig!*

Der Reisende hat die **Abschlussvollmacht**. Eine Bestätigung durch den Vertretenen ist nicht nötig. Die Vollmacht kann ihm allerdings durch ausdrückliche Erklärung der Geschäftsleitung genommen werden, etwa durch den Vermerk auf den Bestellformularen: „Die durch den Reisenden vermittelten Geschäfte bedürfen der Bestätigung durch die Geschäftsleitung".

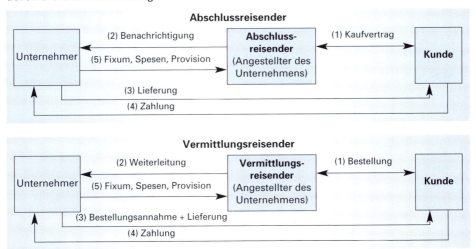

Die folgenden Beispiele zeigen weitere Einzelheiten.

Beispiele:

Reisender Klein unternimmt nach einem Kundenbesuch vier Wochen nichts mehr.	Vertragswidrig! Er hat die **Bemühungspflicht**: Er muss sich um Abschlüsse bemühen. Der Reiseplan wird ihm meist vorgeschrieben.
Die Haushaltselektro GmbH erfährt nichts von den abgeschlossenen Verträgen.	Vertragswidrig! Der Reisende hat die **Benachrichtigungspflicht**.
Klein teilt einem Reisenden einer anderen Firma beim Essen die genaue Kalkulation einer Küchenmaschine mit.	Vertragswidrig! Er hat die **Treue- und Verschwiegenheitspflicht**.
Klein arbeitet nebenbei noch für ein ähnliches Unternehmen.	Vertragswidrig! Er unterliegt wie jeder Angestellte dem **Wettbewerbsverbot**.

Ein Kunde erklärt, er wolle wegen eines Warenmangels einen Preisnachlass. Außerdem verlangt er eine längere Zahlungsfrist.	Der Reisende darf Mängelrügen und Erklärungen über die Zurverfügungstellung von Waren entgegennehmen. Er darf aber keine geschlossenen Verträge ändern, insbesondere keine Zahlungsfristen gewähren.
Herr Klein verlangt am Monatsende vom Arbeitgeber eine Provision und Ersatz seiner Auslagen.	Als Angestellter erhält der Reisende grundsätzlich ein Gehalt und Ersatz seiner Aufwendungen (Spesen). Oft wird das Gehalt (Fixum) niedrig angesetzt. Als Leistungsanreiz wird dann eine umsatzabhängige **Provision** gezahlt.
Ein Kunde will dem Reisenden eine fällige Rechnung bezahlen.	Zur Entgegennahme von Zahlungen benötigt der Reisende eine besondere **Inkassovollmacht**. Ihm steht dann eine zusätzliche Inkassoprovision zu.

Arbeitsaufträge

1. **Der Absatzbereich kann nach unterschiedlichen Gesichtspunkten gegliedert werden.**
   a) Nach welchen Gesichtspunkten sind die Absatzabteilungen in folgenden (Teil-)Organigrammen gegliedert? Welches könnten die Gründe für die jeweilige Gliederung sein?

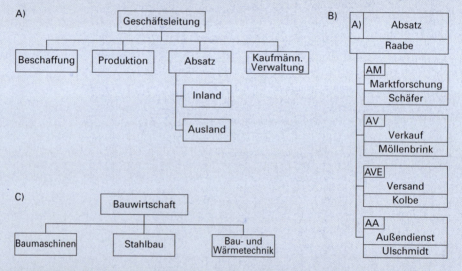

   b) Beschreiben Sie die Absatzorganisation in Ihrem Ausbildungsbetrieb und begründen Sie diese Organisation.

2. **Die Peter Oswald GmbH erzeugt und vertreibt elektronische Steueranlagen für den Werkzeug- und Gerätebau sowie für Großkühlanlagen. Der Vertrieb ist wie folgt gegliedert:**

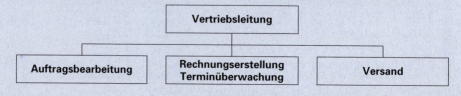

Neuerdings wird der ausländische Markt immer wichtiger. Dabei treten vor allem Probleme mit dem direkten Kontakt zum Kunden auf, ferner ergeben sich Schwierigkeiten mit der Abwicklung der Exporte. Die Vertriebsabteilung soll deshalb neu organisiert werden.

a) Wie würden Sie die Vertriebsabteilung bei zentralem Absatzprinzip neu organisieren?
b) Wie würden Sie eine dezentrale Vertriebsorganisation aufbauen?

3. **Ein großer Fahrzeughersteller hat bisher ein regional ausgerichtetes Vertriebssystem. Leider wird durch diese Vertriebsform die lukrative Zielgruppe der Top-Kunden nicht erreicht. Das soll durch Key-Account-Manager geändert werden.**

a) Was versteht man unter Key-Accounts?
a) Welche Anforderungen muss ein Key-Account Manager erfüllen)
(Ziehen Sie zur Informationsbeschaffung Wirtschaftslexika und Internet heran.)

4. **Ein Reisender soll neu eingestellt werden. Es meldet sich Herr Patt, dem man bezüglich seiner Bezüge folgende Vorschläge macht:**

(1) Ein Fixum von 1 000,00 EUR pro Monat zuzüglich 5% Provision vom jeweiligen Zielverkaufspreis.
(2) Ein Fixum von 500,00 EUR pro Monat zuzüglich 8% vom jeweiligen Zielverkaufspreis.

a) Von welchem Monatsumsatz an steht sich Herr Patt bei Vorschlag 2 günstiger?
b) Herr Patt bringt es im Laufe der Zeit auf einen Monatsumsatz von durchschnittlich 50 000,00 EUR. Da überlegt sein Arbeitgeber, ob es nicht kostengünstiger wäre, ihn durch einen selbstständigen Handelsvertreter zu ersetzen, dem man nur 11% Provision zahlen müsste.
(Beachten Sie, dass Herr Patt im Monat noch etwa 1 200,00 EUR Spesen erhält und Personalnebenkosten von 2 300,00 EUR verursacht.)
c) Zählen Sie Vorteile auf, die der Betrieb auf jeden Fall hat, wenn er keinen Handelsvertreter, sondern einen Reisenden einsetzt.

5.1.3   Werksgebundener Absatz

Um die hohen Kosten eines werkseigenen Vertriebssystems zu vermeiden, bedient man sich häufig selbstständiger Kaufleute, die als Werksvertretungen (Einfirmenvertreter), Vertragshändler oder Franchisenehmer tätig werden. Sie sind wirtschaftlich und organisatorisch eng gebunden. Der Hersteller kann ihnen nämlich je nach dem mit ihnen abgeschlossenen Vertrag auch weit gehende Vorschriften machen, etwa im Hinblick auf die Gewährung von Rabatten, Zahlungs- und Lieferungsbedingungen und auf die Preissetzung, in der Zusammensetzung des Sortiments und der Größe des Lagers, in der Unterhaltung eines Kunden- und Reparaturdienstes usw. Die Verkaufsorgane tragen als selbstständige Kaufleute ihre Geschäftskosten selbst, verursachen aber andererseits hohe umsatzabhängige Kosten in Form von Provisionen.

Vertragshändler

Der Vertragshändler ist ein selbstständiger Kaufmann, der in eigenem Namen und für eigene Rechnung ein- und verkauft. Er ist durch einen langfristigen Vertrag an den Hersteller gebunden und erhält von diesem in der Regel das Alleinvertriebsrecht für seinen Bezirk. Weitere Rechte können sein: Recht auf Überlassung von Mustern und Ausstellungsstücken, Übernahme von Werbemaßnahmen durch den Hersteller, weit gehender Kundendienst und Reparaturdienst durch den Hersteller.

Dafür unterliegt der Vertragshändler weit reichenden **Bindungen**:
- der Sortimentsbindung,
- der Vertriebsbindung,
- Bindungen im Hinblick auf die Verkaufsmenge (Mindestverkaufsmengen),
- Bindungen bei der Lagerhaltung (Mindestlagermengen).

- **Beispiel:** Opel-Vertragshändler (übernimmt jedoch Reparatur- und Kundendienst)

Die **Sortimentsbindung** schreibt dem Vertragshändler den Aufbau seines Sortiments vor.

Beispiele:
- Komplementärgüter anderer Hersteller sollen in das Sortiment aufgenommen werden. (Komplementärgüter sind solche, die sich gegenseitig ergänzen. Die Nachfrage nach einem Gut steigert folglich die Nachfrage nach dem anderen.) Komplementärgüter sind z. B. Gartenstühle und Sonnenschirm.
- Substitutionsgüter anderer Hersteller dürfen nicht aufgenommen werden. (Substitutionsgüter sind solche, die sich gegenseitig ersetzen können und folglich sich gegenseitig im Absatz behindern). Substitutionsgüter sind z. B. Handrasenmäher, Motorrasenmäher; Butter, Margarine.

Häufig dürfen nur die Waren des einen Herstellers geführt werden.

Die **Vertriebsbindung** schreibt dem Vertragshändler vor, welche Kunden er beliefern darf.

Beispiele:
- Vertrieb nur an Weiterverkäufer, nicht an Endverbraucher
- Vertrieb nur an Fachgeschäfte oder Warenhäuser mit Fachabteilungen
- Vertrieb nicht an Verbrauchermärkte, Discountgeschäfte, andere Billigpreisgeschäfte, Versandgeschäfte

Auf diese Weise betreibt der Hersteller Imagepflege seines Produktes. Dieses erscheint dem Kunden als Markenartikel mit einem bestimmten Qualitätsniveau. Dementsprechend kann der Hersteller auch bestimmte Preisvorstellungen durchsetzen.

Werksvertretung

Der Hersteller darf einem selbstständigen Händler nicht seinen Weiterverkaufspreis vorschreiben (Verbot der sog. „vertikalen Preisbindung" durch das Gesetz gegen Wettbewerbsbeschränkungen). Deswegen lassen viele Hersteller lieber selbstständige Handelsvertreter vertraglich für sich tätig werden. Wie der Name schon sagt, vertreten sie den Hersteller nur: Sie haben die Vollmacht, seine Waren für ihn zu verkaufen. Dafür erhalten sie eine Provision. Der Werksvertreter ist an die Weisungen des Herstellers gebunden. Von einer Werksvertretung spricht man, wenn im Vertretungsvertrag bestimmt ist, dass der Handelsvertreter keine andere Unternehmung vertreten darf (sog. Einfirmenvertreter).

Bei nur kleinen Umsätzen ist eine Einfirmenvertretung natürlich wirtschaftlich sinnlos.

- **Beispiel:** Daimler-Benz Werksvertretungen

Franchising[1]

Das Franchising beruht auf einem Vertrag zwischen einem Franchisegeber und einem Franchisenehmer.

Der **Franchisegeber**

- besitzt eine Firma, einen Handelsnamen, ein Wortzeichen oder ein Symbol (eventuell eine Marke) für einen Produktions-, Handels- oder Dienstleistungsbetrieb sowie Erfahrungswissen (Know-how);
- verfügt über eine Produktgruppe oder eine bestimmte Art von Dienstleistungen sowie eine originelle Geschäftskonzeption. Diese Konzeption beruht auf eigen-

---

[1] „Franchise" stammt aus dem Französischen und bedeutet ursprünglich ein hoheitliches Privileg, das Kaufleuten und Handwerkern gegen Zahlung von Gebühren das Recht einräumte, gewisse Tätigkeiten auszuüben (z. B. Messen zu veranstalten).

tümlichen und erprobten geschäftlichen Techniken, die laufend weiterentwickelt und auf ihre Wirksamkeit hin geprüft werden;

- erteilt dem Franchisenehmer die Lizenz, die genannten Produkte bzw. Dienstleistungen rechtlich selbstständig herzustellen und/oder zu vertreiben, die Symbole usw. zu benutzen sowie die Geschäftskonzeption und das Know-how zu übernehmen;

- unterstützt den Franchisenehmer durch ein Paket von Serviceleistungen. Dieses Paket kann z. B. umfassen: Übernahme von Investitionsplanung, Standortauswahl, Personalwerbung, -schulung und -fortbildung, Einkaufsvermittlung, Qualitätsüberwachung beim Einkauf, Produktentwicklung, Publicrelations, Marktforschung, Werbung und Verkaufsförderung (z. B. Lieferung von Verkaufshilfen und Werbemitteln), Buchhaltung und kurzfristiger Erfolgsrechnung;

- kann dem Franchisenehmer gegebenenfalls Gebietsschutz erteilen.

Der **Franchisenehmer** verpflichtet sich,

- die genannten Leistungen des Franchisegebers zu übernehmen, Geheimnisse zu wahren und vertraglich vereinbarte Anweisungen (z. B. bezüglich Geschäftseinrichtung und Fortbildung) zu befolgen;

- zur Zahlung
  - einer einmaligen Eintrittsgebühr,
  - einer laufenden Gebühr, die meist vom Umsatz berechnet wird,
  - von Werbegebühren;

- Kontrollen des Franchisegebers zuzulassen.

Franchising
– erteilt die Lizenz
– überlässt seine Zeichen-Rechte
– überlässt sein Know-how
– unterstützt durch Serviceleistungen
Franchise-geber
Franchise-nehmer
– wendet die Lizenz an
– zahlt die Gebühren
– lässt Kontrollen zu

5.1.4 Ausgegliederter Absatz

Ausgegliederter Vertrieb liegt vor, wenn der Hersteller den Absatz seiner Produkte auf rechtlich und wirtschaftlich selbstständige Unternehmen überträgt.

Syndikat

Ein Syndikat liegt vor, wenn mehrere Firmen eine gemeinsame Verkaufsgesellschaft gründen, die die Kundenaufträge entgegennimmt und nach einem vereinbarten Schlüssel an die Unternehmen weiterleitet. Auch die Zahlung erfolgt an das Syndikat. Auf diese Weise wird der Absatz kostengünstig zentralisiert. Die Produktionsbetriebe können sich ihrer ureigenen Aufgabe, der Herstellung, widmen. Hinzu kommt eine wichtige Finanzierungsfunktion. Das Syndikat kann die Bestellungen jeweils zwischenfinanzieren oder beschleunigt abwickeln.

Handelsvertreter

Die Haushaltselektro GmbH hat sich bisher auf Norddeutschland konzentriert. Sie will nun in Süddeutschland Fuß fassen. Die Einrichtung von Verkaufsbüros ist zunächst zu teuer; auch Reisende bringen fixe Kosten und sind außerdem nicht ortskundig. Man sucht ein Verkaufsbüro, das seine Kosten selbst trägt, ortsansässig und ortskundig ist und nur für zu Stande gekommene Verträge bezahlt wird. In einem solchen Fall kann man einen Handelsvertreter engagieren.

Der Handelsvertreter ist als selbstständiger Gewerbe-treibender ständig damit betraut, für einen anderen Unternehmer Geschäfte zu vermitteln oder in dessen Namen abzuschließen (HGB § 84).

Man sagt: Der HV arbeitet in fremdem Namen und für fremde Rechnung.

Der **Handelsvertreter** wird auf Grund eines Agenturvertrags (Vertretervertrags) tätig. Er kann als Selbstständiger seine Tätigkeit frei gestalten und seine Arbeitszeit selbst bestimmen. Je nach Abschluss- oder Vermittlungsvollmacht unterscheidet man Abschluss- und Vermittlungsvertreter.

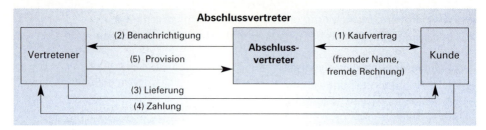

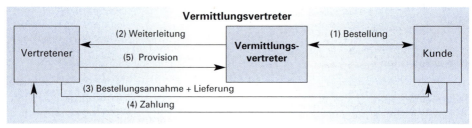

Der Handelsvertreter hat grundsätzlich die gleiche Tätigkeit wie der Reisende, mit den gleichen Rechten und Pflichten. Aus den folgenden Beispielen können Abweichungen und Zusätze erkannt werden.

Beispiele:

Der Vertreter möchte auch für andere Firmen tätig sein.	Das Wettbewerbsverbot gilt nur für den Fall, dass durch Vertretung von Konkurrenzfirmen das Interesse des Unternehmens leiden würde. Es gibt neben dem Einfirmenvertreter also auch **Mehrfirmenvertreter**.
Ein Kunde wünscht ein Muster von der zu bestellenden Ware.	Der Vertreter hat ein Recht auf **Überlassung von Unterlagen** für seine Tätigkeit.
Was erhält der Vertreter für seine Tätigkeit?	Er erhält lediglich eine **Provision**. Diese ist allerdings höher als beim Reisenden, weil sie alle Kosten decken muss.
Der Vertreter hat ein Geschäft abgeschlossen. Einen Monat später tätigt der Kunde eine Nachbestellung direkt bei der Firma.	Der Vertreter erhält auch hier die Provision. Er hat den Kunden geworben. Er hat auch ein **Recht auf Benachrichtigung** im Hinblick auf Annahme, Abänderung, Ablehnung aller vermittelten Geschäfte. Der **Bezirksvertreter** erhält sogar Provision für alle Geschäfte, die ohne sein Mitwirken in seinem Bezirk zu Stande gekommen sind.

Die Lieferfirma kennt viele der geworbenen Kunden nicht. Sie weiß nicht, ob sie kreditwürdig sind. Wenn sie aber kein Zahlungsziel einräumt, müsste sie auf manches Geschäft verzichten.	Der Vertreter erklärt sich bereit, die Haftung für den Zahlungseingang zu übernehmen. Als Entschädigung erhält er eine besondere **Haftungsprovision (Delkredereprovision)**.
Das Vertragsverhältnis zwischen dem Vertreter und seiner vertretenen Firma wird in beiderseitigem Einverständnis gelöst oder vom Unternehmer gekündigt. Die Firma hat jedoch durch die vom Vertreter geworbenen Kunden noch erhebliche Vorteile.	Der Vertreter erhält **nach dem Ausscheiden noch Provision** für alle Geschäfte, an deren Zustandekommen er nachhaltig mitgewirkt hat. Außerdem erhält er eine Abfindung (**Ausgleichsanspruch**) bis zur Höhe einer Jahresprovision aus dem Durchschnitt der letzten fünf Jahre.

Kommissionär

Die Haushaltselektro GmbH möchte auch im Ausland Fuß fassen. Niederlassungen und Reisende sind mit festen Kosten verbunden, ohne dass ein Erfolg sicher ist; Handelsvertreter arbeiten im Namen der Firma, die aber im Ausland unbekannt ist. Geschäfte mit Unbekannten, zumal mit Ausländern, schließt man – wegen der meist etwas anderen Rechtsbestimmungen im Ausland – nicht so leicht ab. Die Firma entschließt sich deshalb, einen Geschäftsfreund als Kommissionär einzusetzen.

Kommissionär ist, wer es gewerbsmäßig übernimmt, Waren oder Wertpapiere für Rechnung eines anderen (des Kommittenten) in eigenem Namen zu kaufen oder zu verkaufen (HGB § 383).

Es gibt also **Einkaufs- und Verkaufskommissionäre**. Sie können ständig oder von Fall zu Fall auf Grund ihres Kommissionsvertrags tätig werden.

Das folgende Schaubild zeigt den **Ablauf einer Verkaufskommission**:

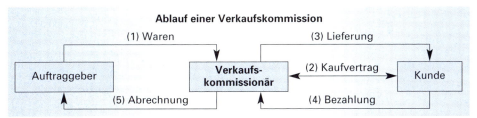

Ablauf einer Verkaufskommission

(1) Waren (3) Lieferung

Auftraggeber → **Verkaufskommissionär** ← (2) Kaufvertrag → Kunde

(5) Abrechnung (4) Bezahlung

(1) Der Auftraggeber (Kommittent) stellt dem Kommissionär Waren zur Verfügung. Diese bleiben Eigentum des Auftraggebers. (Erst mit der Eigentumsübertragung an einen Dritten verliert der Kommittent sein Eigentumsrecht.) Häufig richtet der Auftraggeber dem Kommissionär ein sogenanntes **Konsignationslager** ein. Er übernimmt die Kosten für die Lagerung und alle anderen Aufwendungen (Maklergebühren, Zölle, Fracht, Vergütung für die Benutzung der eigenen Lagerräume und Beförderungsmittel).

(2) Der Kommissionär schließt **im eigenen Namen** mit dem Kunden Geschäfte ab. Er hat Abschlussvollmacht. Aber er hat auch eine Gehorsamspflicht. Er muss Weisungen des Auftraggebers befolgen, insbesondere in Bezug auf die Preise. Preisvorteile bei Verkauf über dem vorgeschriebenen Preis stehen dem Kommittenten zu.

(3) Der Kommissionär beliefert den Kunden und erfüllt damit den Kaufvertrag. Er hat dabei die Sorgfaltspflicht eines ordentlichen Kaufmanns und muss die Interessen des Auftraggebers wahren. Er trägt auch die Verantwortung für Verlust und Beschädigung des Kommissionsgutes in seinem Besitz.

Gegenüber dem Kunden gilt der Kommissionär rechtlich als Verkäufer!!

(4) Der Kunde zahlt an den Kommissionär und erfüllt damit den Kaufvertrag.

(5) Der Kommissionär muss dem Kommittenten unverzüglich die Ausführung einer Kommissi-

on anzeigen. Sonst haftet er selbst für die Erfüllung der Geschäfte (Anzeigepflicht). Er muss dem Auftraggeber die **Kommissionsabrechnung** mit Belegen vorlegen und die eingegangenen Rechnungsbeträge überweisen. In der Praxis erfolgt dies bei ständiger Kommission oft halbjährlich. Die verdiente Provision und seine Kosten zieht der Kommissionär ab.

Wenn der Kommissionär die Haftung für den Zahlungseingang übernimmt, erhält auch er eine **Delkredereprovision**.

Der Verkaufskommissionär kann die Waren auch für sich selbst kaufen, der Einkaufskommissionär kann sie (wenn sie einen Börsen- oder Marktpreis haben) aus eigenen Beständen liefern. Er hat das **Selbsteintrittsrecht**.

Zur Sicherung seiner Forderungen hat der Kommissionär ein gesetzliches **Pfandrecht** am Kommissionsgut, solange er es noch im Besitz hat oder durch Lagerschein, Ladeschein oder Konnossement darüber verfügen kann.

Die **Vorteile** des Verkaufs durch Kommissionäre sind

- **für den Kommittenten:** Der Kommissionär kennt das Absatzgebiet, die Kaufgewohnheiten der Kunden und ihre wirtschaftlichen Verhältnisse. Er stellt dem Auftraggeber eine fertige Verkaufsorganisation zur Verfügung. Dafür verursacht er vergleichsweise niedrige Kosten.

- **für den Kommissionär:** Er kann sein Sortiment ohne Absatzrisiko vergrößern, da er nicht verkaufen *muss*. Die Kosten trägt der Kommittent. Da oft eine halbjährliche Abrechnung mit dem Auftraggeber stattfindet, verwaltet er in der Zwischenzeit große Summen, die ihm manchmal zinslos oder zinsgünstig zur Verfügung stehen.

Arbeitsaufträge

1. **Der Vertrieb von Waren kann erfolgen**
   - **durch werkseigene, werksgebundene oder ausgegliederte Vertriebssysteme;**
   - **zentral oder dezentral.**
   Bilden Sie Arbeitsteams zur Lösung der Aufgaben a) bis g) und präsentieren Sie die Ergebnisse.
   a) Erstellen Sie eine Mindnap, die eine Übersicht über alle Vertriebssysteme zeigt.
   b) Welchen dieser Vertriebsformen sind die folgenden Absatzorgane zuzuordnen?

(1) Verkaufsfiliale	(2) Kommissionär	(3) Werksvertretung
(4) Mehrfirmenvertreter	(5) Verkaufsabteilung	(6) Franchisenehmer
(7) Handlungsreisender	(8) Verkaufsniederlassung	(9) Vertragshändler

   c) Welche Vorteile und welche Nachteile hat ein zentraler Vertrieb?
   d) Welche Nachteile des zentralen Vertriebs werden durch ein dezentrales werkseigenes Vertriebssystem beseitigt? Welche Nachteile entstehen andererseits?
   e) Welche Vorteile bringt ein werksgebundenes Vertriebssystem?
   f) Wann ist ein ausgegliederter Vertrieb unumgänglich?
   g) Erläutern Sie wesentliche Unterschiede zwischen den beim werksgebundenen Vertriebssystem möglichen Absatzorganen (Werksvertretung, Vertragshändler, Franchisenehmer).

2. **Elektrogeräte werden in aller Regel von den Herstellern über den Groß- und Einzelhandel abgesetzt. Ein bekannter deutscher Staubsaugerhersteller allerdings vertreibt seine Geräte durch eigene Angestellte direkt an der Haustür.**
   a) Nennen Sie Argumente für die beiden entgegengesetzten Vertriebsformen.
   b) Welche Absatzorgane lassen sich beim Absatz an den Handel vorteilhaft einsetzen?
   c) Warum ist ein werksgebundenes Absatzsystem für die oben genannten Hersteller nicht empfehlenswert?

3. **Das Franchisesystem wird gern als eine optimale Möglichkeit für unternehmungsfreudige Personen angesehen, die sich selbstständig machen wollen und über das notwendige Mindeststartkapital verfügen.**

a) Welche Möglichkeiten bietet Franchising, sich selbständig zu machen?
b) Welche Nachteile bringt ein Gewerbe auf Franchisebasis zwangsläufig mit sich?
c) Durch welche Vorteile werden diese Nachteile für einen Nachwuchsunternehmer mehr als aufgewogen?

4. **Ein mittelständischer Hersteller von Wasserpumpen, ansässig in Bielefeld, vertreibt seine Produkte innerhalb Deutschlands durch seine Verkaufsabteilung. Im Radius von 300 km werden Reisende zur Förderung des Absatzes eingesetzt. Abnehmer sind der örtliche Großhandel, der die Geräte an Installateure weiterverkauft, und teilweise auch die Installateure selbst. Auf Grund von Marktuntersuchungen sieht die Unternehmung Chancen, den Absatz in Süddeutschland und in einigen EU-Ländern erheblich auszuweiten. Sie denkt dabei teils an den Einsatz von Handelsvertretern, teils an Kommissionäre.**
a) Warum lässt man die neuen Absatzgebiete nicht auch durch Reisende bearbeiten?
b) Für Süddeutschland denkt man an Handelsvertreter, für das Ausland an Kommissionäre. Begründen Sie diese Entscheidung.
c) Oft werden Großhändler als Handelsvertreter oder als Kommissionäre für Fertigungsbetriebe tätig. Welche Vorteile bieten diese Beziehungen den Vertragspartnern?
d) Durch den Einsatz von Handelsvertretern und Kommissionären verliert der Fertigungsbetrieb an Einfluss auf den Kunden. Erläutern Sie dies genauer und geben Sie verbleibende Einflussmöglichkeiten an.
e) Wer trägt den Schaden, wenn der Kunde beim Verkauf durch Handelsvertreter oder Kommissionäre seiner Zahlungspflicht nicht nachkommt? Kann er das Risiko abwälzen?

5. **Ein Betrieb hat die Wahl zwischen dem Einsatz eines Reisenden und eines Handelsvertreters. Die Kosten verhalten sich wie folgt:**
   Reisender: 800,00 EUR Gehalt, 6% Provision vom Umsatz
   Handelsvertreter: 8% Provision vom Umsatz
   Von welchem Umsatz an wird der Einsatz des Reisenden günstiger als der des Handelsvertreters?

5.1.5 Absatzwege

Ein Schuhhersteller bemüht sich um die Produktion qualitativ hochwertiger Markenartikel. Er hat grundsätzlich die Wahl, seine Schuhe durch ein weit verzweigtes Netz eigener Läden oder über den Schuhgroß- und -einzelhandel an den Verbraucher zu verkaufen.
a) Ein alteingesessenes, finanzstarkes Unternehmen könnte durchaus im Laufe der Zeit eine starke Filialkette aufbauen. Es nimmt damit bewusst hohe fixe Kosten für Personal, Lager, Transporteinrichtungen in Kauf. Diese Kosten könnten durch ein ausgeklügeltes Belieferungssystem und durch die Einsparung hoher Rabatte für Groß- und Einzelhändler mehr als ausgeglichen werden. Außerdem kann der Hersteller seinen Absatzorganen sämtliche Aktivitäten vorschreiben: die Art der Werbung, der Raumgestaltung, des Sortimentaufbaus, des Personaleinsatzes und der Preisgestaltung und Lieferungsbedingungen. Durch Marktforschung kann er die Kundenwünsche erspüren und seine Läden zu entsprechenden Maßnahmen veranlassen. So geht der direkte Kontakt zum Kunden nicht verloren. Der Kunde kann am leichtesten im Sinn der Betriebsziele beeinflusst werden. Durch ein im ganzen Land gleichartiges, gut sortiertes Warenangebot und gleiche Preise erhält der Kunde den Eindruck von immer gleich bleibender Qualität und Gediegenheit.
b) Ein anderer Hersteller von Qualitätsschuhwerk könnte den Verkauf durch Fachgeschäfte vorziehen. Er verliert damit die oben angeführten Einflussmöglichkeiten, muss aber auch nicht die hohen Kosten des direkten Vertriebs tragen. Ausgewählte Großhändler nehmen ihm diese Kosten ab. Durch langfristige Vorausbestellungen großer Mengen ermöglichen sie es ihm, seinen Produktionsplan langfristig aufzustellen und seine Kapazitäten gleichmäßig auszulasten. Auch die Lagerung übernimmt der Großhändler. Er leitet die Waren weiter, übernimmt teilweise Werbeaufgaben und gewährt den Einzelhändlern Kredite. Die Einzelhändler nehmen die Artikel in ihr Sortiment auf, runden das Sortiment nach allen Seiten mit den Artikeln anderer Hersteller ab, sodass eine größere Anziehungskraft entsteht.
c) Ein dritter Hersteller stellt billigere Schuhe von geringerer Qualität her. Er vertreibt sie über Discount- und Versandgeschäfte, Supermärkte und Warenhäuser, weil er hier den preisbewussten Durchschnittskäufer findet. Fachgeschäfte berücksichtigen ihn höchstens im Rahmen von Sonderangeboten.

Direkter Absatzweg bedeutet: Der Hersteller vertreibt Leistungen an den Verbrau-cher/Verwender, ohne selbstständige Absatzorgane und Handelsbetriebe einzu-schalten. – Indirekter Absatzweg bedeutet: Der Hersteller vertreibt seine Leistungen über selbstständige Absatzorgane und/oder Handelsbetriebe.

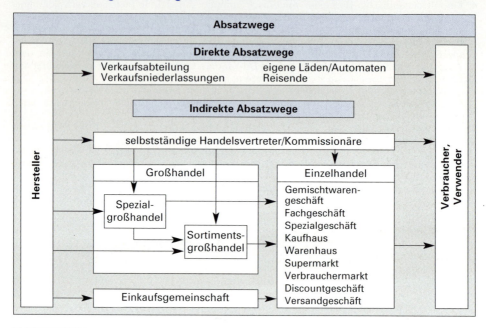

Vor- und Nachteile des direkten und indirekten Absatzes	
Vorteile des direkten Absatzes (= Nachteile des indirekten Absatzes)	**Nachteile des direkten Absatzes** (= Vorteile des indirekten Absatzes)
■ unmittelbarer Kundenkontakt = unmittel-bare Beeinflussung der Kunden ■ schnelle Reaktion auf Kundenwünsche ■ schnelle Belieferung der Kunden ■ schneller Kundendienst ■ Einsparung der Händlerkosten und -ge-winne ■ direkter Einfluss auf alle Aktivitäten der Absatzorgane (Sortimentsgestaltung, Kon-ditionen, Preise, Raumgestaltung, Wer-bung usw.)	■ gegliederte und kostenintensive Absatzor-ganisation ■ hohe Kosten für Lagerung und Transport (mit hoher Kapitalbindung) ■ mangelhafte Anpassung an Nachfrageän-derungen (Handel bildet auf Grund von Großbestellungen Puffer)

Der Hersteller wählt den optimalen Absatzweg unter Berücksichtigung der Kosten und der Absatzchancen aus. Die Eigenschaften des Produktes und die Besonderhei-ten des Absatzmarktes sind dabei zu berücksichtigen.

■ Hochwertige Investitionsgüter (maschinelle Anlagen, Schiffe usw.) werden stets direkt abgesetzt. In aller Regel werden sie überhaupt erst im Kundenauftrag ge-fertigt. Der direkte Kontakt zum Kunden ist unerlässlich.

■ Je mehr eine Ware den Charakter eines Konsumgutes hat, je weniger beratungs-bedürftig sie ist, je geringer ihr Wert ist, desto eher bietet sich der indirekte Absatz an. Eine eindeutige Regel lässt sich jedoch nicht aufstellen. So werden

Autos über werkseigene und werksgebundene Vertriebssysteme abgesetzt, teure Pelze über den Fachhandel. Betriebsgröße, Finanzkraft, Marktziele und die Größe des Absatzgebietes spielen eine bedeutende Rolle.

Typische Funktionen des Handels

- **Raumüberbrückung** (Bereitstellung in Verbraucher-/Verwendernähe)
- **Zeitüberbrückung** (ausreichende Lagerhaltung)
- **Sortimentsbildung:**
  - **Mengenaufgabe** (Bereitstellung abnehmergerechter Mengen)
  - **Qualitätsaufgabe** (Bereitstellung der gewünschten Art, Qualität, Größe, Form, Farbe usw.)
- **Werbeaufgabe** (Werbung für ein Produkt)
- **Kreditaufgabe** (Gewährung von Zahlungszielen an den Käufer)

Handelsbetriebe sind auf diese Funktionen spezialisiert und können sie oft besser erfüllen als der Industriebetrieb.

Hersteller mit starker Marktstellung können auch beim indirekten Absatz Einfluss nehmen, v.a. wenn der Artikel so bekannt ist, dass ohne ihn das Sortiment unvollständig wäre. Rabatte, Boni, Verträge mit den Händlern über die Größe der Verkaufsfläche, die Lagerhaltung, die Zusammensetzung des Sortiments (Sortimentsbindung) sowie Vertriebsbindung sind möglich.

Hinzu kommt **Rackjobbing** (Regalmiete): Der Hersteller mietet Regale/Verkaufsflächen im Geschäft an, füllt sie laufend mit seinen Waren auf, zeichnet sie mit Preisen aus, nimmt unverkaufte Ware zurück. Der Einzel- oder Großhändler verkauft die Ware für Rechnung und Gefahr des Herstellers und erhält eine Provision vom Umsatz.

Ein ähnliches System ist der **Hersteller-Verkaufsstand** („Shop in the Shop"; sozusagen ein kleiner Laden im großen): Der Hersteller erhält im Geschäft eine eigene Verkaufsfläche, wo er seine Ware auf eigene Rechnung durch eigenes Personal verkauft.

Entscheidend für die Stärke der Beeinflussung ist jedoch die Marktform. So können Großabnehmer den Produzenten oft ihre Bedingungen diktieren, weil sie sie gegeneinander ausspielen können. Solche Marktmacht haben z. B.

- Großversandhäuser (z. B. Quelle, Neckermann, Otto),
- Warenhäuser (z. B. Karstadt, Kaufhof),
- Verbrauchermärkte (z. B. Real),
- Einkaufsgenossenschaften (z. B. Rewe, Edeka),
- Großhändler, die mit einer Vielzahl von Einzelhändlern zu einer sog. „Kette" zusammengeschlossen sind (z. B. Spar).

Arbeitsaufträge

1. **Die meisten Konsumgüter werden nicht vom Hersteller selbst an den Endverbraucher abgesetzt, sondern auf einem indirekten Absatzweg vertrieben.**
   a) Nennen Sie typische indirekte Absatzwege.
   b) Beschreiben Sie verschiedene Absatzwege, auf denen Konserven vom Hersteller an den Endverbraucher gelangen.
   c) Welche Aufgaben übernehmen dabei die zwischengeschalteten Betriebe?
   d) Welche Vor- und Nachteile ergeben sich folglich für den Hersteller?
   e) Warum findet man in der Investitionsgüterindustrie häufiger den direkten Vertrieb?
   f) Nennen Sie bekannte Firmen, von denen Sie wissen, dass sie Konsumgüter direkt vertreiben.

2. **In Kaufhäusern und Warenhäusern finden Sie bei manchen Gebrauchsgütern (z. B. Nähma-schinen) nur eine Marke.**
   Geben Sie hierfür mögliche Gründe an.

3. **Großunternehmen des Einzelhandels fordern von Industriebetrieben, die als Lieferer Be-rücksichtigung finden wollen, oft ungewöhnliche Preisnachlässe und kostenlose Neben-leistungen, z. B. Preisauszeichnung der gelieferten Ware, Einräumen und Nachfüllen der Re-gale, Eintrittsgelder und Schaufenstermieten (obwohl vom Bundesgerichtshof verboten), Werbekostenzuschüsse, Gewinnausgleich, kostenpflichtige Warenrückgabe und Dutzende von Rabatten. In extremen Fällen werden für die gleiche Ware bis zu 17 verschiedene Ra-batte gewährt.**
   a) Aus welchen Gründen wählen die betroffenen Industrieunternehmen trotz der Nachteile den genannten Absatzweg?
   b) Welche Möglichkeiten müssen zwangsläufig in Anspruch genommen werden, um die Preis- und Kostennachteile auszugleichen?

4. **Sie sind Hersteller folgender Produkte und müssen sich für einen Absatzweg entscheiden.**

Hersteller	Produkt
(1) Fabrik für Hand- und Heimwerkermaschinen	elektrische Pressluftbohrmaschine
(2) Maschinenbauer	Klärschlammaufbereitungsanlage
(3) Gummiartikelhersteller	Pkw-Keilriemen

   Welchen Absatzweg wählen Sie?

5. **Das Medien- und Verlagshaus PolyRoM GmbH plant ein neues 20-bändiges Lexikon in Buch-form und auf DVD. Das Unternehmen vertreibt seine Produkte bisher im Direktvertrieb über angeschlossene Club-Buchhandlungen. Diese Vertriebsart soll auch für die neuen Produkte beibehalten, aber durch moderne Formen des Direktvertriebs ergänzt werden.**
   a) Machen Sie Vorschläge für Erfolg versprechende Vertriebsformen.
   b) Bilden Sie für jeden Vorschlag eine Arbeitsgruppe und erstellen Sie ein Vertriebskonzept.
   c) Die Marketing untersucht, ob im vorliegenden Fall der indirekte Vertrieb eine aussichts-reiche Alternative bzw. Ergänzung darstellt.
   Debatieren Sie über die Vor- und Nachteile von direktem und indirektem Vertrieb.

6. **Ein großer Kamerahersteller möchte seine Digitalkameras über den Groß- und Facheinzel-handel vertreiben.**
   Welche Marketingaktivitäten kann der Handel dem Kamerahersteller beim indirekten Ver-trieb abnehmen?

5.2   Physische Distribution (Distributionslogistik)

Ein großes deutsches Chemieunternehmen (unter anderem Hersteller von Waschmitteln) hat Produktionsstandorte in Düsseldorf und Genthin (Sachsen-Anhalt). Die nationale Verteilung der Produkte erfolgte noch vor wenigen Jahren ausschließlich durch LKW. Heute geht man nach folgendem Logistikkonzept vor:

Knapp 12 % der jährlichen Absatzmenge – etwa 40 000 t – werden Großkunden durch LKW-Spediteure direkt ab Werk zugestellt (Exline-Belieferung). Die Hauptmenge von 330 000 t aber wird im Wagenladungsverkehr der Deutschen Bahn AG zu neun dezentralen Regionallägern mit Bahnanschluss befördert. Diese befinden sich in unmittelbarer Nähe von Ballungszen-tren. Sie dienen einerseits als Puffer zwischen Produktion und Nachfrage, andererseits wer-den von hier aus die Abnehmer per LKW im Nahverkehr versorgt.

Das Konzept – speziell auf die Verhältnisse dieser Unternehmung zugeschnitten – zeigt fol-gende Merkmale und Vorteile:

- Die große Absatztonnage pro Jahr ermöglicht den Einsatz der Bahn-Waggons und macht ihn preiswert.
- Das Volumen-Gewichts-Verhältnis der transportierten Waren lässt eine wirtschaftliche Auslastung der Waggon-Kapazitäten zu.
- Die Absatzmengen auf den regionalen Märkten sind hinreichend vorherbestimmbar.
- Die Einlagerung bei Speditionsbetrieben erspart die fixen Kosten für eigene Läger.
- Die Spediteure können die Ware den Abnehmern zeitflexibel zustellen. Sie transportieren die Ware zusammen mit den Waren anderer Hersteller kostengünstig als Sammelladung.
- Der Sammelladungsverkehr reduziert die Zahl der Gesamttransporte.
- Das Konzept ersetzt etwa 6 600 000 LKW-Straßenkilometer (dispositionsbedingte Leerfahrten nicht mitgerechnet) durch Bahnkilometer. Es entlastet die bundesdeutschen Straßen und reduziert die Schadstoffemissionen um 7 600 t pro Jahr.

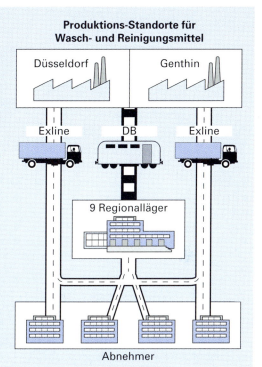

Produktions-Standorte für Wasch- und Reinigungsmittel

Düsseldorf — Genthin

Exline — DB — Exline

9 Regionalläger

Abnehmer

Die produzierten Waren müssen vom Ort der Fertigung in die Reichweite des Kunden gelangen. Die damit verbundenen Transport- und Lagerentscheidungen sind Gegenstand der physischen Distribution (Distributions-, Marketinglogistik). Was aus der Sicht des Abnehmers Beschaffungslogistik darstellt, ist aus der des Lieferers Distributionslogistik.

5.2.1 Lagersysteme

Zentrale oder dezentrale Lagerung

Industriebetriebe mit Kundenfertigung produzieren auf Bestellung und liefern anschließend unmittelbar an den Kunden aus. Anders bei Lagerfertigung. Eine solche liegt bei dem oben dargestellten Waschmittelhersteller vor, aber auch bei vielen anderen Betrieben der Konsumgüterindustrie. Die Produkte werden in größeren Mengen gefertigt. Sie werden zunächst auf Lager genommen und dann bei Bedarf an den Handel verteilt. Dabei kommen entweder ein Zentrallager oder regionale Auslieferungsläger in Frage. (Siehe Übersicht auf S. 476)

Man denke an: Nahrungs- und Genussmittel-, Kosmetik-, Bekleidungs-, Haushaltsgeräteindustrie, ...

Eigen- oder Fremdlager

Ist ein Eigenlager oder ein Fremdlager vorteilhafter? Diese Frage stellt sich in der Praxis vor allem für dezentrale Auslieferungsläger. Ein entscheidender Gesichtspunkt

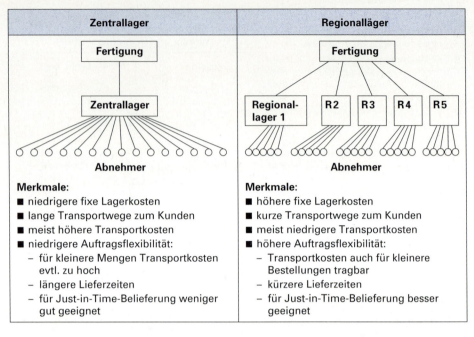

	Zentrallager	Regionalläger

Merkmale:
- niedrigere fixe Lagerkosten
- lange Transportwege zum Kunden
- meist höhere Transportkosten
- niedrigere Auftragsflexibilität:
  - für kleinere Mengen Transportkosten evtl. zu hoch
  - längere Lieferzeiten
  - für Just-in-Time-Belieferung weniger gut geeignet

Merkmale:
- höhere fixe Lagerkosten
- kurze Transportwege zum Kunden
- meist niedrigere Transportkosten
- höhere Auftragsflexibilität:
  - Transportkosten auch für kleinere Bestellungen tragbar
  - kürzere Lieferzeiten
  - für Just-in-Time-Belieferung besser geeignet

sind die Kosten: Ein Fremdlager verursacht für den Einlagerer keine fixen Kosten, dafür aber höhere variable Lagerkosten.

Beispiel:

	Eigenlagerkosten pro Jahr:	Fremdlagerkosten pro Jahr:
Fixe Lagerkosten	30 000,00 EUR	0,00 EUR
Variable Lagerkosten	12,00 EUR pro 100 kg	20,00 EUR pro 100 kg

Berechnung der kritischen Menge: $0{,}12\,x + 30\,000 = 0{,}2\,x$
$$x = 3\,750\,000$$

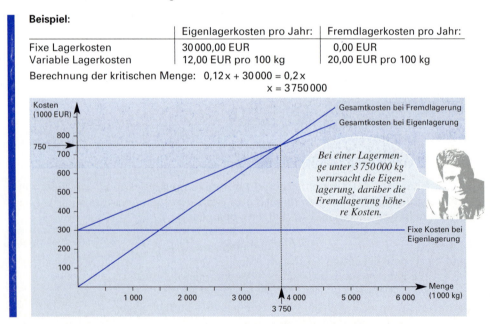

Bei einer Lagermenge unter 3 750 000 kg verursacht die Eigenlagerung, darüber die Fremdlagerung höhere Kosten.

Bei Fremdlagerung entfällt das Weisungsrecht gegenüber dem Lagerpersonal sowie dessen unmittelbare Kontrolle durch den Einlagerer. Ein detailliert ausgearbeiteter Vertrag mit dem Lagerhalter sollte deshalb die Probleme der Qualitätssicherung und Haftung eingehend regeln.

1. **Der im Eingangsbeispiel auf Seite 474 beschriebene Hersteller von Wasch- und Reinigungs-
mitteln belieferte in den 80er Jahren alle Abnehmer von seinem Zentrallager in Düsseldorf
aus. Seit den 90er Jahren ist die Verteilung neu organisiert.**
   a) Die meisten Kunden werden von Regionallägern aus bedient. Erläutern und begründen
      Sie die geografische Verteilung dieser Läger.
   b) Nennen Sie Gründe für den Übergang von der zentralen zur dezentralen Lagerung.
   c) Es handelt sich durchweg um Fremdläger, nicht um Eigenläger. Begründen Sie auch die-
      se Entscheidung.
   d) Die Läger befinden sich durchweg bei Speditionsunternehmen. Inwiefern eignen sich sol-
      che Betriebe im vorliegenden Fall bestens als Lagerhalter?
   e) Der Produktionsbetrieb hat – im Gegensatz zur Eigenlagerung – keinen direkten Einfluss
      auf das Lagerpersonal. Nennen Sie Möglichkeiten für ihn, seine Qualitätsanforderungen
      zu sichern.
   f) Die zentrale Belieferung wurde nicht vollständig aufgegeben. Für welche Fälle ist ihr der
      Vorzug zu geben?

2. **Ein Produzent steht vor der Entscheidung zwischen Eigen- und Fremdlagerung. Bei Eigenlagerung entstehen pro Jahr fixe Kosten von 240 000,00 EUR und variable Kosten von 1,00 EUR
pro Stück. Bei Fremdlagerung berechnet der Logistik-Dienstleister Lagergeld von 16,00 EUR
pro 100 Stück und pro Monat. Die Lagermenge beträgt durchschnittlich 280 000 Stück.**
   a) Benennen Sie Lagerkosten, die fixe Kosten darstellen, und solche, die variable Kosten
      darstellen.
   b) Berechnen Sie die kritische Lagermenge.
   c) Berechnen Sie die Höhe der Lagerkosten bei Eigen- und Fremdlagerung und fällen Sie die
      notwendige Entscheidung.
   d) Der Produzent entscheidet sich trotzdem für die alternative Lösung. Nennen Sie mögliche
      Gründe.

5.2.2   Transportentscheidungen

Wahl des Transportmittels

Bei Auftragsfertigung macht oft der Kunde dem Lieferer genaue Vorschriften über
das Transportmittel und den Transporteur. In allen anderen Fällen trifft der Lieferer
diese logistische Entscheidung. Er wird das Transportmittel auswählen, welches

- den Eigenschaften des Gutes (flüssiger, gasförmiger, fester Zustand, Schüttgut,
  Stückgut, Größe, Gewicht, Menge, Gefährlichkeit, Empfindlichkeit, Wert) am besten entspricht,
- im Hinblick auf Schnelligkeit, Sicherheit, Preis, Regelmäßigkeit, Pünktlichkeit und
  Umweltfreundlichkeit den Anforderungen in der vorliegenden Beförderungssituation am besten entspricht.

Beispiele:
- **Überseetransporte** sind mit dem **Seeschiff** oder dem **Flugzeug** möglich. Das Flugzeug
  eignet sich aber nicht für Massengüter, kennt Obergrenzen für Maße und Gewichte und
  darf bestimmte Gefahrstoffe nicht transportieren. Energieverbrauch und Abgasausstoß
  sind hoch. Die Frachten liegen deutlich über denen des Seeschiffs. Aber das Flugzeug ist
  schnell und als Transportmittel sehr sicher. Es erspart die teure seemäßige Verpackung
  und ist günstig hinsichtlich der Transportversicherung. Deshalb eignet das Flugzeug sich
  vor allem für eilbedürftige, hochwertige, empfindliche und schnell verderbliche Güter.
  Weiterhin gilt aber: Der Schiffstransport macht oft Anschlusstransporte ins Binnenland
  erforderlich. Dann kann die Summe der Frachten bisweilen höher sein als bei der Wahl
  des Flugzeugs.
  Das Schiff ist ideal für Massengut sowie schwere umfangreiche Stückgüter, insbesondere auch für den Transport von Containern.

■ **Binnentransporte** sind mit **Binnenschiff**, **Bahn** und **LKW** möglich. Das Schiff ist umweltfreundlich, eignet sich aber nur für Massengut. Hier ist es konkurrenzlos billig, denn es befördert große Mengen mit geringem Energieaufwand und muss Schifffahrtsabgaben nur für die Benutzung künstlicher Wasserstraßen zahlen. Es kann aber nur Orte an schiffbaren Wasserwegen anlaufen, ist langsam und von Vereisung, Hoch- und Niedrigwasser abhängig. Bei den meisten Kaufmannsgütern besteht deshalb die Wahl zwischen Bahn und LKW. Der Bahntransport ist umweltfreundlicher (weniger Energieverbrauch, weniger Umweltverschmutzung, keine Verstopfung der Straßen) und weniger witterungsabhängig (Wintertransporte!). Aber der LKW ist beweglicher: Er erreicht den kleinsten Ort ohne Umladen im Haus-Haus-Verkehr und ist deshalb in der Summe schneller (selbst wenn durch häufige Staus auf den Fernstraßen dieser Vorteil oft in Frage gestellt wird). Der Haus-Haus-Verkehr erspart oft Transport-, Verpackungs- und Umschlagskosten und ermöglicht eine individuellere Behandlung und Sonderwünsche. Nur zum Teil kann die Bahn diese Nachteile durch Anschlussgleise für Betriebe, durch große Containerumschlagbahnhöfe, durch die Möglichkeit des Huckepackverkehrs (Verladen von LKW und LKW-Aufbauten auf Züge) und durch garantierte Bereitstellungszeiten ausgleichen.

Die Entscheidung über die Transportmittelart ist oft grundsätzlich und längerfristig bindend; z. B. dann, wenn Regionalläger eingerichtet und ständig beliefert werden. Sie verlangt die genaue Kenntnis der Gütereigenschaften und der Beförderungssituation.

Eigenverkehr oder Fremdverkehr

Grundsätzlich kann der Industriebetrieb eigene Transportmittel einsetzen (Eigenverkehr) oder er beauftragt Transportunternehmen mit der Beförderung (Fremdverkehr). Es handelt sich dabei um

■ **Frachtführer:**
 – die Eisenbahnen (Deutsche Bahn AG und lokale Bahnen)
 – Güterkraftverkehrsunternehmen. Sie betreiben
   a) nationalen Güterverkehr (Voraussetzung ist eine behördliche Erlaubnis);
   b) grenzüberschreitenden Verkehr mit Staaten der EU (Die nationale Erlaubnis berechtigt auch zum Bezug einer für das EU-Gebiet erforderlichen „Gemeinschaftslizenz");
   c) grenzüberschreitenden Verkehr mit Staaten außerhalb der EU, sog. Drittländern (Voraussetzung: Transportgenehmigungen unterschiedlicher Art).
 – Unternehmen der Binnenschifffahrt
   a) Einzelschiffer (Partikuliere)
   b) Reedereien (Großunternehmen mit zum Teil vielen Schiffen)
 – Fluggesellschaften

■ **Verfrachter** (Transporteure in der Seeschifffahrt):
 – Reedereien (Schiffseigentümer)
 – Ausrüster (sie verwenden gecharterte Schiffe für Fremdtransporte)

Für Frachtführer, Verfrachter und die Post gelten unterschiedliche Rechtsvorschriften!

■ **die Post** (Deutsche Post AG)

Großunternehmen (z. B. Hüttenwerke, Mineralölkonzerne, Automobilkonzerne) besitzen oft eigene Schiffe für den Transport ihrer Rohstoffe und Produkte. Auf der Schiene findet man auch private Waggons (v.a. Spezialwagen, die von der Bahn nicht angeboten werden). In den meisten Fällen aber stellt sich die Frage nach dem eigenen Fuhrpark beim Straßengüterverkehr.

Die Straßen-Güterbeförderung für eigene Zwecke heißt **Werkverkehr**. Sie ist in folgenden Fällen gestattet:

- Das Unternehmen als Kunde holt Transportgut mit eigenem Fahrzeug ab.
- Das Unternehmen als Lieferer stellt Transportgut mit eigenem Fahrzeug zu.
- Das Unternehmen befördert Transportgut mit eigenem Fahrzeug zwischen seinen Niederlassungen.
- Der Fahrer muss zum Unternehmen gehören.
- Die Beförderung darf nur eine Hilfstätigkeit im Rahmen der Gesamttätigkeit des Unternehmens sein.

Der Werkverkehr bedarf keiner Erlaubnis.

Der Einsatz eigener Fahrzeuge als Alternative zum Fremdverkehr ist nur sinnvoll, wenn er – gleiche Leistung und Zuverlässigkeit vorausgesetzt – kostengünstiger ist.

Beispiel:

Der Druckerhersteller Compu GmbH muss im Laufe eines Monats verschiedene Kunden beliefern. Die Summe der Entfernungen beträgt etwa 4 000 km. Der Betrieb kann entweder einen Kleinlastwagen anschaffen oder einen Spediteur mit der Transportbesorgung beauftragen. Der Spediteur würde 3,10 EUR je km berechnen, also insgesamt 12 400,00 EUR.

Bei Eigenverkehr fallen jährlich folgende fixen Kosten an:
- Lineare Abschreibung über 5 Jahre bei einer Anschaffungsausgabe von 60 000,00 EUR,
- 10% Zinsen p.a. auf das durchschnittlich gebundene Kapital (halber Anschaffungswert),
- Steuer und Versicherung 3 500,00 EUR,
- Anteilige Lohnkosten für den Fahrer 45 600,00 EUR bei durchschnittlich 8 Stunden Einsatz täglich.

Die variablen Kosten (Treibstoff-, Öl-, Reifen-, Wartungs- und Reparaturkosten) sind mit 0,55 EUR pro km kalkuliert.

a) Welche Alternative ist günstiger?

Monatliche Kosten des Eigentransports:

1 000,00 EUR	Abschreibungen (60 000,00 EUR : 5 Jahre : 12 Monate)
250,00 EUR	Zinsen (30 000,00 EUR · 10% : 12 Monate)
291,66 EUR	Steuer und Versicherung (3 500,00 EUR : 12 Monate)
3 800,00 EUR	Lohnkosten (45 600,00 EUR : 12 Monate)
2 200,00 EUR	variable Kosten (0,55 EUR · 4 000 km)
7 541,66 EUR	

Der Eigentransport ist kostengünstiger.

b) Ab welcher Kilometerleistung ist der Fremdtransport kostengünstiger?

$3{,}1x = 0{,}55x + 5\,341{,}66$

$x = 2\,094{,}77$

Fertigen Sie selbst die zeichnerische Lösung für dieses Problem an!

Bis 2 094,77 km ist der Fremdtransport, ab 2 094,77 km der Eigentransport günstiger.

Arbeitsaufträge

1. **Die Wahl des Transportmittels ergibt sich aus den Eigenschaften der Sendung und den situationsbedingten Anforderungen an den Transport.**
   a) Erläutern Sie die Eigenschaften der folgenden Sendungen und geben Sie geeignete Transportmittel an.
   - 15 000 t kanadischer Weizen von Montreal nach Köln
   - 1 Dieselmotor, Bruttogewicht 5 520 kg, Maße 2,40 x 1,80 x 1,18 m, von Kehl/Rhein nach Sydney
   - 800 g Schmuck, Wert 23 000,00 EUR, von München nach Phoenix, Arizona
   - 400 kg hochexplosives Flüssiggasgemisch von Nürnberg nach Algier
   - 1 000 t Eisenerz von Kallak (Nordschweden) nach Duisburg
   - 40 kg Feinmessinstrumente (sehr empfindlich gegen Erschütterungen) von Hamburg nach Rom

b) Ein Kühlaggregat (2 000 kg) soll von München nach Bombay befördert werden. Grundsätzlich eignen sich alle Verkehrsmittel für einen solchen Transport.
- ■ Warum wird in diesem Fall jedoch der durchgehende Bahn- oder LKW-Transport höchstwahrscheinlich keine Berücksichtigung finden?
- ■ Nennen Sie wichtige Gesichtspunkte, die bei der Wahl zwischen Bahn/LKW/Schiff einerseits und Flugzeug andererseits zu berücksichtigen sind.

2. **Werkverkehr ist jede Beförderung von Gütern für eigene Zwecke mit eigenen Kraftfahrzeugen.**
   a) Welche Vorteile bietet der Werkverkehr gegenüber der Beförderung durch Transportunternehmen?
   b) Geben Sie Beispiele für Unternehmen an, die Güter im Eigenverkehr befördern:
      (1) mit dem LKW (2) mit Binnenschiffen (3) mit Seeschiffen (4) mit Flugzeugen
   c) Die meisten Beförderungen erfolgen nicht im Werkverkehr, sondern werden von Transportunternehmen gegen Entgelt durchgeführt. Die Gründe sind vor allem in niedrigen Kosten zu suchen. Erläutern Sie diesen Sachverhalt.

3. **Ein Fertigungsbetrieb verschickt in 52 Wochen im Jahr an 5 Tagen in der Woche etwa je 4 t Güter. Die Summe der Entfernungen beträgt täglich im Schnitt 200 km. Der Versand im Selbsteintritt durch einen Spediteur kostet pro Tonne und Kilometer durchschnittlich 0,30 EUR. Man denkt daran, künftig die Sendungen im Werkverkehr zuzustellen. Das betreffende Fahrzeug würde jährlich an fixen Kosten verursachen: Abschreibungen 12 500,00 EUR, Versicherung 1 000,00 EUR, Steuern 250,00 EUR, Fahrerkosten 41 000,00 EUR. Variable Kosten entstehen wie folgt: Kraftstoff 14 l/100 km zu 0,55 EUR/l; Ölwechsel alle 15 000 km, 6 l à 3,00 EUR/l, zusätzlich 0,5 l Öl je 1 000 km; 4 Reifen à 250,00 EUR alle 25 000 km; Inspektionen und Reparaturen auf je 10 000 km etwa 250,00 EUR. Im Werkverkehr sind wegen Leerfahrten pro Tag etwa 300 km zurückzulegen.**
   a) Ist die Einrichtung eines Werkverkehrs unter Kostengesichtspunkten sinnvoll?
   b) Ist Werkverkehr sinnvoll, wenn die Transportleistung um 25% gesteigert werden kann? Erläutern Sie ggf. die Gründe.
   c) Könnte es Gründe geben, die für den Werkverkehr sprechen, auch wenn er geringfügig teurer sein sollte?

6 Marketing-Mix

Die Absatzmärkte unterliegen ständigem Wandel. Deshalb müssen auch die Marketingziele im Zeitablauf immer neu festgesetzt werden. Das Gleiche gilt für die absatzpolitischen Instrumente. Von allen möglichen Instrumenten sind in einer Entscheidungssituation immer diejenigen auszuwählen, deren abgestimmter Einsatz eine optimale Zielerreichung verspricht.

Die zielgerecht abgestimmte Auswahl der absatzpolitischen Instrumente heißt Marketing-Mix.

Bereiche des Marketing-Mix[1]
Leistungsmix

Durch die abgestimmten Maßnahmen der Leistungspolitik wird das Angebot für den Markt festgelegt. Oft unterscheidet man zwei Teilbereiche:
- ■ Produktmix: Alle abgestimmten Maßnahmen, um bei den Kaufinteressenten eine bessere Beurteilung des Produkts zu erreichen (Produktinnovation und -variation; Produktgestaltung durch Qualität, Aufmachung, Marke, Verpackung; Sortimentsgestaltung; Servicemaßnahmen.)
- ■ Kontrahierungsmix: Alle abgestimmten Maßnahmen der Preis- und Konditionenpolitik (Preis- und Rabattgestaltung; Liefer- und Zahlungsbedingungen; Krediteinräumung). Sie dienen dazu, für die festgelegten Leistungen einen Kaufvertragsabschluss zu Stande zu bringen.

Kontrahieren bedeutet: einen Vertrag schließen.

---
[1] Vgl. auch S. 421

Bei der Auswahl ist darauf zu achten, dass hinsichtlich der beabsichtigten Wirkung die einzelnen Maßnahmen

- sich gegenseitig stören können (No-Name-Produkt – hoher Preis),
- austauschbar sein können (eigener Service – Service durch Handelsbetriebe),
- sich gegenseitig stützen können (Markenprodukt – hoher Preis),
- einander voraussetzen können (hohe Werbeintensität bedingt funktionierende Marketinglogistik),
- beziehungsfrei sein können (hohe Qualität – funktionierende Marketinglogistik).

Beispiel:

Produktmix:
Ein PC-Hersteller beschließt, ein kompliziertes CAD-Softwarepaket in einen PC zu installieren.

Distributionsmix:
Eine komplizierte und erklärungsbedürftige Software erfordert einen Absatzweg, der die Beratung des Kunden sicherstellt. Ein Verbrauchermarkt scheidet deshalb auf Grund der Selbstbedienung aus. Der Verkauf über den Fachhandel ist sinnvoll.

Kontrahierungsmix:
Der Verkauf über den Fachhandel bedingt i.d.R. einen höheren Preis als der Verkauf über den Verbrauchermarkt (unterschiedliche Verkaufsmengen, Beratungsdienste, Käufergruppen).

Kommunikationsmix:
Bei Vertrieb über den Fachhandel ist Massenwerbung (Rundfunk, TV) wirtschaftlich nicht zu vertreten. Der Streuverlust wäre zu groß. Es bieten sich vielmehr Promotion-Aktivitäten für den Handel an (z. B. Händlerschulung, Verkaufsraumgestaltung).

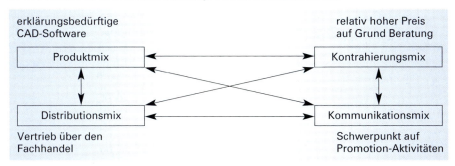

Die Marketingentscheidungen können auch nur in Abstimmung mit den anderen Betriebsabteilungen gefällt werden. So bedingt eine Absatzsteigerung ausreichende Produktionskapazitäten und Materiallieferungen.

1. **Die Hochalp Käsefabriken wurden an früherer Stelle[1] bereits als Produzent von Schmelzkäse vorgestellt. Darüber hinaus stellen sie aber auch alle anderen gängigen Käseprodukte her.**
Versuchen Sie darzustellen, welche Wirkungsbeziehungen zwischen dem Einsatz der folgenden Instrumente bei diesem Hersteller bestehen können.
   a) Sortimentspolitik und Absatzwerbung
   b) Preispolitik und Absatzwerbung
   c) Produktpolitik und Distributionspolitik
   d) Distributionspolitik und Absatzwerbung

2. **Die Koordination der produktbezogenen absatzpolitischen Instrumente eines Herstellers kann auch zu Abstimmungsproblemen mit den Handelsbetrieben führen.**
Zeigen Sie dies an Hand der Instrumente Sortimentspolitik, Absatzwerbung, Verkaufsförderung, Markenpolitik und Preispolitik auf.

7 Kundennahe Geschäftsprozesse

Auszüge aus Unternehmensleitbildern:

■ **OSRAM AG:** „Wir machen besseres Licht für mehr Lebensqualität.
Wir sind kundenorientiert. Bei allem, was wir tun, fragen wir uns, ob es unseren Kunden nützt und sie zufrieden stellt."

■ **HEITEC AG:** „Wir sind so gut, wie unsere Kunden mit uns zufrieden sind."

■ **SIEMENS AG:** „Der Kunde bestimmt unser Handeln. Herausragender Kundennutzen ist unser Ziel. Unser Erfolg hängt von der Zufriedenheit der Kunden ab. Mit unseren Lösungen erreichen sie ihre Ziele schneller, besser und einfacher."

7.1 Kundenmanagement

In der Welt der Käufermärkte dreht sich alles um den Kunden. Er ist das Objekt jeglichen betrieblichen Handels. Seine Wünsche sind zu finden und optimal zu befriedigen. Dabei ist es im harten Konkurrenzkampf von größter Bedeutung, Kunden zu gewinnen und dann zu binden, also aus Einmalkunden Dauerkunden zu machen. Dieses Ziel muss über zahlreiche kundenorientierte Funktionen in dem folgenden grob skizzierten Prozess erreicht werden.

Kunden identifizieren → Kunden akquirieren → Auftrag abwickeln → Kunden nachbetreuen → Kunden binden

Aufgabe des Kundenmanagements ist es, optimale Methoden zur Kundengewinnung und -bindung zu finden.

---
[1] Seite 289

Kundenmanagement ist...		
...vorteilhaft für die Unternehmung	**...notwendig wegen der Tendenzen im Wettbewerb**	**...notwendig wegen der Tendenzen im Kundenverhalten**
■ Stammkunden kaufen mehr ■ Zufriedene Kunden empfehlen weiter ■ Stammkunden sind toleranter ■ Langfristige Kunden verursachen weniger Kosten ■ Das Potenzial eines Kunden wird besser ausgenutzt ■ Stammkunden sind weniger preissensibel ■ Die Arbeit mit bekannten Kunden macht mehr Freude ■ Zufriedene Kunden kommen wieder	■ Die Konzentrationsprozesse verstärken sich ■ Neue Vertriebswege entstehen (Internet) ■ Marktnischen werden erforscht und genutzt ■ Die Globalisierung verändert die Angebots- und Nachfragestruktur ■ Innovationen werden schneller eingeführt und verschwinden schneller wieder ■ Branchengrenzen verschwinden (Beispiel: Tankstellen)	■ Die Kunden wechseln schneller ■ Die Kunden erwarten ein besseres Preis/Leistungsverhältnis ■ Die Kunden erwarten mehr Beratung/Service ■ Die Kunden erwarten zunehmend Modulangebote ■ Die Kunden bilden zunehmend Netzwerke

7.2 Kundentypen

Die Kunden, die der Anbieter auf dem Markt antrifft, sind in vieler Hinsicht hetrogen (z. B. bezüglich ihrer Bedürfnisse, ihrer Kaufkraft, ihres Verhalten). Sich auf den Kunden individuell einzustellen setzt die Kenntnis der unterschiedlichen Kundentypen voraus. Sie hilft vor allem bei der Frage, wer wirklich ein **wertiger (umsatzstarker) Kunde** für den Betrieb ist und welche Leistungen erbracht werden müssen, um ihn zufrieden zu stellen.

Unterscheidungsmerkmal	Kundenart	Erläuterungen
Rechtsstatus und Güterverwendung	■ Verbraucher ■ Unternehmen ■ Behörden	Privatkunden, Verwendung für privaten Konsum gewerbliche Kunden, Verwendung für Leistungserstellung staatliche Kunden, Verwendung für Leistungserstellung
Dauer der Kundenbeziehung	■ Stammkunden ■ Neukunden	langjährige Geschäftsbeziehung (Kunden pflegen!) neue Geschäftsbeziehung (Kunden speziell ansprechen! Soll Stammkunde werden!)
Kenntnis über nachgefragte Leistungen	■ Laien ■ Experten	ohne Produkt-/Marktkenntnisse (beratungsbedürftig!) gute Produkt-/Marktkenntnisse (oft hohe Ansprüche an Preis, Konditionen, Qualität, Service!)
Ertrag (Umsatz)	■ A-Kunden ■ B-Kunden ■ C-Kunden	hoher Umsatz (sehr wichtig für Geschäftserfolg! Individuelle Ansprache!) geringer Umsatz sehr geringer Umsatz (keine individuelle Ansprache!)
Kundentreue	■ X-Kunden ■ Y-Kunden ■ Z-Kunden	sehr treu, kein Liefererwechsel; regelmäßiger Kauf, hohe Vorhersagegenauigkeit weniger treu; schwankend, aber trendmäßig; mittlere Vorhersagegenauigkeit wechselfreudig, geringe Vorhersagegenauigkeit

Von großer Bedeutung sind **Schlüsselkunden** *(Key-account-Kunden: umsatzstark, einflussreich, hohe Kundenpotenziale. Oft global ausgerichtete Konzerne.*

Kundenpotenziale	■ Kunden mit Referenzpotenzial ■ Kunden mit Cross-selling-Potenzial ■ Kunden mit formationspotenzial ■ Kunden mit Synergiepotenzial	können andere Interessenten beeinfussen und weitere Kunden „bringen" haben die Möglichkeit, weitere Leistungen des gleichen Anbieters zu nutzen können Hinweise auf Produktverbesserungen geben und nutzvolle Beschwerden anbringen/weiterleiten eröffnen Möglichkeiten der Zusammenarbeit (z. B. in Forschung, Entwicklung, Fertigung, Logistik)
Kaufverhalten bei neuen Produkten	■ Innovatoren ■ Neuerer ■ Übernehmer ■ Nachzügler	fordern kompromisslos Neuerungen, setzen Trends sind für alle Neuerungen offen risikolose Kunden; kaufen, was alle haben/kaufen. hinken technischen Entwicklungen weit hinterher

Mehrfachpotenziale sind möglich. Wichtig sind v. a. Kunden mit hohen Potenzialen.

7.3 Kundengewinnung

7.3.1 Begriff, Instrumente

Die Kundengewinnung (-akquisition, -akquise) umfasst alle Maßnahmen, Prozesse und Instrumente, die den Kunden zum Erstkauf beim Anbieter veranlassen.

Diese Elemente werden in der Praxis höchst unterschiedlich eingesetzt. Güterart (z. B. Produktionsgüter, Konsumgüter; problemlose Güter, technische Güter) und Kunde (z. B. Verbraucher, Händler, Industriebetrieb; Groß-, Kleinabnehmer) sind hier maßgeblich. Ein aktives Vorgehen lohnt sich v.a. bei wirtschaftlich interessanten Nachfragen, die zu Schlüsselkunden oder A-Kunden werden können.

Instrumente der Kundengewinnung		
Traditionelle Instrumente		
■ Werbung	■ Telefongespräch	■ Verkaufsgespräch
■ Direct Mail/Direct Marketing	■ Verkaufsförderung	■ Tagung
■ Messe/Ausstellung	■ Präsentation	■ Preis, Rabatte
■ Konditionen	■ Persönliche Beziehungen	■ Zusatzleistungen
■ Pressemitteilungen	■ Supplements (Ergänzungen)	(z. B. Garantien, Service)
■ Geschenke	■ Kontaktsheets	
Internet-Instrumente		
■ Newsletter	■ Kataloge zum Downloaden	■ Web-Kataloge
■ E-Mail	■ Aufnahme in Presseverteiler	■ Bannerwerbung
■ Homepage	■ Suchmaschinen	■ Gewinnspiele
■ Web-Postkarten	■ Kostenlose Links	

Untersuchungen[1] haben ergeben, dass z. B. Hersteller von Industriegütern das persönliche Verkaufsgespräch als wichtiges Akquiseinstrument ansehen, solche von Konsumgütern hingegen die klassische Werbung.

7.3.2 Phasen der Kundengewinnung

Im Allgemeinen vollzieht sich die Kundengewinnung in vier Phasen:

Informations-phase → Kontakt-phase → Beurteilungs-phase → Auftrags-phase

---

[1] Quelle: T. Tomczak, M. Karg: Verkauf. In: www.verkauf-aktuell.de 2001, S. 6

Informationsphase

Der Betrieb sammelt durch Marktforschungsaktivitäten Informationen über potenzielle Kunden. Geeignetes Hilfsmittel ist u.a. das Customer Relationship Management (CRM)[1]. Es hilft, wertige Kunden zu ermitteln, ihre Kundenpotenziale aufzuspüren und die Kunden in Zielgruppen zu segmentieren.

Kontaktphase

Der Betrieb stellt den ersten Kontakt zum Kunden her. Er ermittelt seine Wünsche und Probleme, tätigt ggf. Kundenbesuche und präsentiert sein Leistungsprogramm, erarbeitet Problemlösungen und präsentiert sie. Bemusterungen, Vorführungen, Beratungen werden durchgeführt[2].

Beurteilungsphase (Evaluationsphase)

Der mögliche Kunde vergleicht und bewertet ihm vorliegende Alternativen. In dieser Phase muss es dem Anbieter gelingen, beim Interessenten ein positives Image und eine positive Einstellung aufzubauen.

Auftragsphase

Es kommt zum Verkaufsgespräch, zum Angebot der Problemlösung, ggf. zum Produkttest durch den Kunden, zu Verhandlungen über Preise und Konditionen und zur Festlegung von Serviceleistungen. Die Phase endet erfolgreich mit der Erteilung des Kundenauftrags.

Wichtig:

Die potenziellen Kunden können bisherige Nichtverwender oder Kunden der Konkurrenz sein.

Nichtverwender haben noch keine Produkterfahrung. Wichtig ist deshalb, dass der Verkäufer den Produktnutzen darstellt, Vertrauen aufbaut und positive Erwartungen weckt.

Konkurrenzkunden müssen vom Vorteil des Lieferantenwechsels überzeugt werden. Von der Konkurrenz aufgebaute Wechselbarrieren (Vertrauen, Zufriedenheit, „innere Verpflichtung", ...) müssen beseitigt werden. Ggf. Einstiegsangebot machen!

Prozessname: Kundengewinnungsprozess
Vom Kundenwunsch zum Kundenauftrag

Prozessinputs:	Inputlieferanten:	Prozessoutputs:	Outputkunden:
■ Marktforschungsergebnisse ◀—	Marketingabteilung	■ Kundenauftrag —▶	Auftragsabwicklung
■ Kundendaten ◀—	CRM-Datenbank		
■ Kundenwünsche ◀—	Außendienstreisende		

CRM-Datenbank ———————— Außendienst/Verkauf ————————

Kundeninformationen sammeln ⟩⟩ Kundenwünsche ermitteln ⟩⟩ Lösungen präsentieren ⟩⟩ Potenziellen Kunden beraten ⟩⟩ Gespräch vorbereiten ⟩⟩ Angebot machen

Produkte testen ⟩⟩ Preise verhandeln ⟩⟩ Konditionen verhandeln ⟩⟩ Service-Leistungen festlegen ⟩⟩ Vertrag schließen

———————— Außendienst/Verkauf ————————

---

[1] Vgl. S. 420
[2] Vgl. hierzu auch die Ausführungen zu den kaufmännischen Serviceleistungen auf Seite 447.

1. **Der Pkw-Hersteller Moyota will Kunden für das neue Mundo Cabrio gewinnen. Die Firma hat einen relevanten Datenbestand über Pkw-Besitzer gekauft. Sie beauftragt ein Call-Center, mögliche Interessenten anzurufen und eine Probefahrt mit dem neuen Modell beim nächsten Händler zu vereinbaren.**
   a) Entwickeln Sie einen Leitfaden für den inhaltlichen Aufbau des Telefongesprächs.
   b) Simulieren Sie mehrere Telefongespräche im Unterricht. Legen Sie dabei unterschiedliche Kundentypen zugrunde (Merkmale: Alter, Beruf, Einkommen, Verhalten bei neuen Produkten, bisher gefahrener Pkw (ggf. Konkurrenzfahrzeug), Dauer des Wagenbesitzes).
   c) Entwickeln Sie eine Argumentenliste für ein Verkaufsgespräch beim Pkw-Händler und simulieren Sie das Gespräch.

2. **Für die Kundengewinnung werden traditionelle Instrumente und Internet-Instrumente eingesetzt.**
   a) Informieren Sie sich, welche Instrumente in Ihrem Ausbildungsbetrieb eingesetzt werden. Erstellen Sie eine Rangliste der eingesetzten Instrumente.
   b) Entwickeln Sie im Unterricht aus den Einzellisten eine zusammenfassende Rangliste und erstellen Sie die Häufigkeitsverteilung in Form eines Balkendiagramms (Tabellenkalkulationsprogramm, Präsentationssoftware).

7.4 Prozess der Auftragsabwicklung

Die Sihl GmbH, Düren, produziert Medien für den großformatigen digitalen Farbdruck, Spezialprodukte für das technische Büro und flexible Datenträger. Am 16.11.20.. geht eine Bestellung der Walter Bürotechnik KG, 44429 Dortmund, per E-Mail ein.

Bestellung		Bitte bei allen Schreiben angeben		
Unser Zeichen: L4011/K8362		Lieferanten-Nr.	Dokument-Nr.	Datum
Ihr Zeichen:		80000001	4011	20..-11-14
Artikel-Nr. Bezeichnung			Einheit Menge	Einzelpreis
51-6691 PICOPHAN 80/36/80 TT			m^2 1200	2,28 EUR
zu verschneiden in 9 Rollen von 13 cm x 100 cm				

Für die Auftragsabwicklung benutzt die Verkaufsabteilung folgende Daten aus der Kundendatenbank:

■ **Auftragsdaten**
Auftragsnummer, Kundennummer, Artikelnummer, Bestellmenge, Bestelldatum, Liefertermin, spezielle Vereinbarungen über Preise, Preisnachlässe, Konditionen

■ **Artikeldaten**
Artikelnummer, Artikelbezeichnung, Mengeneinheit, Preis, artikelabhängige Preiszuschläge und –abschläge (z. B. Mindermengen-, Veredelungs-, Legierungszuschläge), Lagerort, Mindest-, Melde-, Höchstbestand, Lagerbestand (fortgeschrieben), Umsatz (mengen- und wertmäßig fortgeschrieben)

■ **Kundendaten**
Kundennummer, Name/Firma, Anschrift, Kreditlimit, Vereinbarungen über Versandart, Verpackungsart, Preisabzüge, Lieferungs- und Zahlungsbedingungen, Debitorensaldo (fortgeschrieben), Umsatz (fortgeschrieben), Vertreternummer

■ **Auftragsbestandsdaten**
Auftragsnummer, Kundennummer, Position, Artikelnummer, Termin, Menge

■ **Außendienstdaten**
Vertreternummer, Name, Provisionssatz, Umsatz (fortgeschrieben), Provision (fortgeschrieben)

Der Geschäftsprozess der Auftragsabwicklung berührt die Abteilungen Verkaufsinnendienst, Auftragsabwicklung, Einkauf, Lager, Versand und Buchhaltung.

Wir legen die oben abgebildete Bestellung zu Grunde. Die Sihl GmbH arbeitet mit dem System R/3 von SAP.

Prozess der Auftragsabwicklung

Verkaufsinnendienst

Auftragsprüfung

Plausibilitätsprüfung: Gibt es das gewünschte Produkt? Wenn ja: Hat es die gewünschten Eigenschaften?

Kreditprüfung: Auftragssumme errechnen, zum Debitorensaldo addieren und feststellen, ob das Kreditlimit überschritten wird. (Wenn ja: Soll trotzdem geliefert werden?) Umsatzhöhe errechnen (wichtig für Bonus).

Codierung

Der Verkaufssachbearbeiter notiert die Materialnummer, die Kundennummer, die Angebotsnummer zur Bestellung und den vereinbarten Einzelpreis EDV-gerecht auf einem Auftragsblatt. Der so entstandene Auftrag wird an die Abteilung Auftragsabwicklung weitergeleitet. Die Auftragsblätter werden in einer Kundenauftragsmappe („Opti-Plan-Mappe") gesammelt.

Bestellt der Kunde erstmalig, wird ein Kundenstammsatz eingerichtet. Ggf. Auskünfte einholen, insbesondere, wenn Zahlungsziel gewünscht. Bei schlechter Auskunft Auftrag ggf. zurückstellen.

Auftragsabwicklung

Auftragseingabe

Der Auftrag wird mit Kundennummer, Angebotsnummer, Materialnummer, Menge und Warenempfänger (falls abweichend vom Besteller) in das System eingegeben.

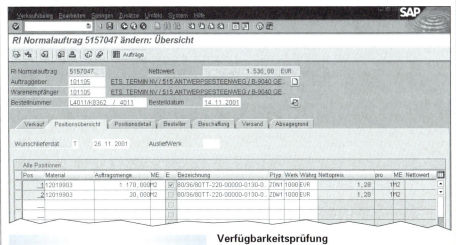

Verfügbarkeitsprüfung

Das System prüft, ob der Artikel als Fertigfabrikat verfügbar ist.

Ist kein Fertigfabrikat vorhanden bzw. in Produktion, prüft das System, ob ausreichend Halbfabrikate für die Endfertigung vorhanden sind. Ist dies der Fall, wird unter Berücksichtigung der hinterlegten Durchlaufzeiten und der freien Kapazität der Maschinen ein Liefertermin für das Fertigfabrikat ermittelt.

Lagerbestand
− Reservierung für andere Aufträge
+ erwartete Zugänge bis zum Liefertermin
= verfügbarer Bestand

Bestellte Menge reservieren, neuen verfügbaren Bestand errechnen!

Andernfalls prüft das System, ob genügend Rohstoffe zur Fertigung der Halbfabrikate vorhanden sind, und ermittelt wiederum den Liefertermin und führt zwecks Terminüberwachung die Auftragsbestandsdaten fort.

Sind keine Rohstoffe vorhanden, so ermittelt das System aufgrund der hinterlegten Wiederbeschaffungszeiten die Lieferzeit für die Rohstoffe. Der Sachbearbeiter prüft diesen Prozess kontinuierlich und greift eventuell steuernd ein.

Bestellungsannahme
Ergebnis des Prozesses „Verfügbarkeitsprüfung" ist ein Liefertermin und somit eine verbindliche Bestellungsannahme für den Kunden. Diese wird per Post, E-Mail oder Fax verschickt.

Materialwirtschaft/Disposition
Bestellung
Aufgrund des Bedarfs an Rohstoffen werden Bestellanforderungen an die Abteilung Einkauf gerichtet. Der Einkauf bestellt die gewünschten Rohstoffe beim „besten" Lieferanten (Kriterien: Preis, Termin, optimale Bestellmenge usw.).

Maschinenbelegung
Der Sachbearbeiter gibt anhand des Bedarfs Einzelaufträge oder Sammelaufträge (bei Auftragsumwandlung[1]) ins System ein. Aus dem Bedarf lässt sich der Arbeitsvorrat für jede Maschine bestimmen. Dieser ist im Fertigungsleitstand anhand des Betriebsdatenerfassungssystems jederzeit zu ersehen. Der Auftrag wird einer Maschine zugeordnet. Entsprechend der Verfügbarkeit der Rohstoffe/Halbfabrikate und des bestätigten Liefertermins wird im Einzel- oder Sammelauftrag ein Zeitfenster angegeben, in dem die jeweiligen Maschinen das Produkt herstellen sollen.

Auftragsabwicklung
Terminverfolgung
Drei Tage vor dem gewünschten Liefertermin nimmt sich der Sachbearbeiter der Auftragsabwicklung die jeweilige Kundenauftragsmappe und kontrolliert mit Hilfe des Systems, ob der Auftrag noch „im Termin" ist. Sollte sich der Auftrag „außerhalb des Zeitfensters" befinden, so veranlasst er, dass der Auftrag wieder auf Termin gebracht wird und der Artikel gefertigt wird.

Lager
Kommissionierung
Der gefertigte Artikel wird verpackt. Der neue Bestand wird automatisch gebucht. Die Bestandsbuchung löst automatisch die Erstellung eines „Liefersatzes" und der Kommissionierlisten aus. Diese Listen werden von den Mitarbeitern des Lagers „Fertigfabrikate" abgearbeitet. Die Kommissionierung wird auf dem Auftragsblatt bestätigt.

Versand
Erstellen der Versandpapiere und Warenausgangsbuchung
Nach der Kommissionierung werden die Versandpapiere erstellt (z. B. Speditionsauftrag, Frachtbrief, Beförderungspapier, Ausfuhrerklärung). Die Waren werden versandt. Der Warenausgang wird im Lager als Bestandsminderung gebucht. Die Auftragsbestandsdaten werden automatisch fortgeschrieben.

Auftragsabwicklung und Debitorenbuchhaltung
Rechnungserstellung und Buchung
In der Nacht nach der Warenausgangsbuchung wird die Rechnung gedruckt, als Forderung gebucht und am nächsten Morgen versandt. Auftragsbestätigung und Rechnung müssen nicht abgelegt werden, da sie jederzeit angezeigt und ausgedruckt werden können. Anhand der Rechnungsdaten werden die Vertreterumsätze und -provisionen berechnet und gebucht.

---

[1] Vgl. S. 163

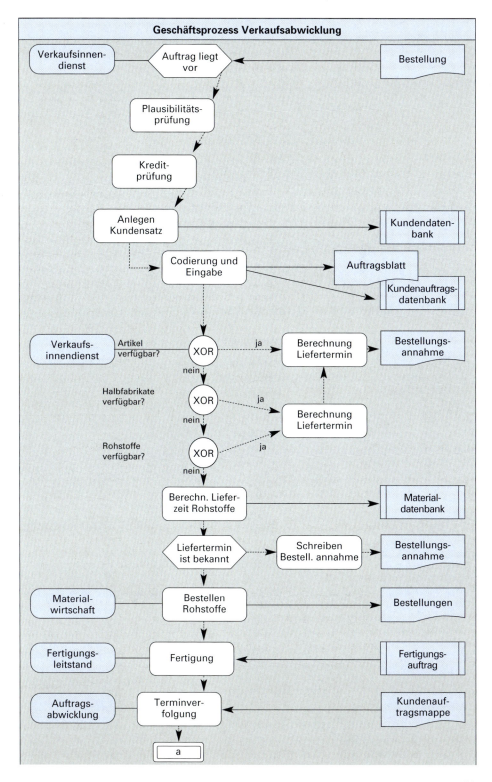

Geschäftsprozess Verkaufsabwicklung

Verkaufsinnen-
dienst → Auftrag liegt vor ← Bestellung

Plausibilitäts-
prüfung

Kredit-
prüfung

Anlegen
Kundensatz → Kundendaten-
bank

Codierung und
Eingabe → Auftragsblatt
→ Kundenauftrags-
datenbank

Verkaufs-
innendienst   Artikel
verfügbar? → XOR — ja → Berechnung
Liefertermin → Bestellungsannahme
nein

Halbfabrikate
verfügbar? → XOR — ja → Berechnung
Liefertermin
nein

Rohstoffe
verfügbar? → XOR   ja
nein

Berechn. Liefer-
zeit Rohstoffe → Materialdatenbank

Liefertermin
ist bekannt → Schreiben
Bestell. annahme → Bestellungsannahme

Material-
wirtschaft → Bestellen
Rohstoffe → Bestellungen

Fertigungs-
leitstand → Fertigung ← Fertigungsauftrag

Auftrags-
abwicklung → Terminver-
folgung ← Kundenauf-
tragsmappe

a

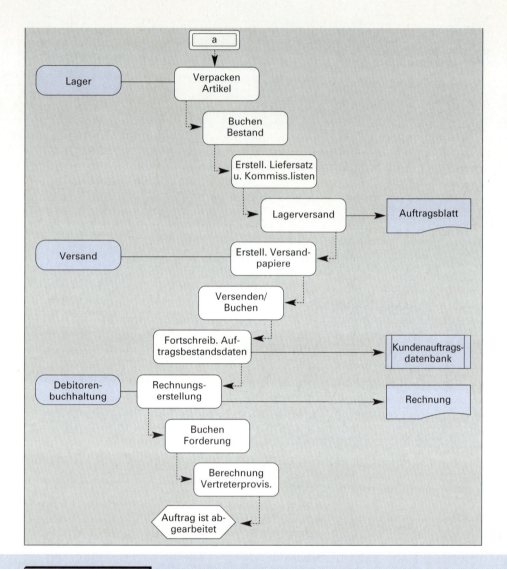

Arbeitsaufträge

1. **Der Haushaltswarenhersteller Franz Häuser KG erhält von einem Bezirksvertreter einen Bestellschein für den Einzelhändler Eduard Reisig über**
   100 elektrische Kaffeemühlen,   Best.-Nr. 187, Stückpreis 25,00 EUR
   100 Handmixer,   Best.-Nr. 96, Stückpreis 20,00 EUR
   100 Küchenmaschinen,   Best.-Nr. 37, Stückpreis 60,00 EUR
   Rabatt 10 %, Lieferung nach 20 Tagen als Stückfracht, ab Werk, Zahlung mit 3-Monats-Akzept.
   a) Beschreiben Sie die Tätigkeiten, die bei der Franz Häuser KG nach Eingang der Bestellung ablaufen.
   b) Schreiben Sie Versandanzeige und Rechnung.

2. **Nach einem Bestellungseingang können folgende Konstellationen vorliegen:**

	(1)	(2)	(3)	(4)
Erzeugnis ist verfügbar	ja	ja	nein	nein
Kunde ist kreditwürdig	ja	nein	ja	nein

Machen Sie der Einkaufsabteilung für jede Konstellation einen Vorschlag für die weitere Behandlung der Bestellung.

3. **Eine Rechnung an einen Kunden enthält folgende Angaben:**

– Empfänger:	Eduard Reisig		– Mengeneinheit:	Stück
– Kundennummer:	67 180		– Bestellmenge:	100
– Auftragsnummer:	06 712		– Liefermenge:	100
– Bestellnummer:	6 789		– Einzelpreis:	190,00 EUR
– Lieferung:	frei Haus einschl. Verpackung		– Rabatt:	40 %
– Artikelnummer:	034 567		– Skonto:	2 %
– Artikel-Bezeichnung:	Kettensäge			

Welchen Datensätzen entnimmt man diese Angaben?

4. **Auf den vorausgehenden Seiten ist der Geschäftsprozess der Auftragsabwicklung am Beispiel der Sihl GmbH dargestellt. In der Praxis läuft dieser Prozess in jedem Betrieb etwas anders ab.**
   a) Zeichnen Sie den Geschäftsprozess der Auftragsabwicklung Ihres Ausbildungsbetriebes als ereignisgesteuertes Prozesskettendiagramm.
   b) Präsentieren Sie diesen Geschäftsprozess anhand eines Geschäftsfalles mit den verwendeten Belegen (Benutzen Sie ggf. eine Präsentationssoftware).

7.5 Online-Verkauf

E-Commerce erweitert beträchtlich die Möglichkeiten, schnell und flexibel auf Kundenprobleme zu reagieren. Er enthält Instrumente für Anbahnung, Abschluss und Abwicklung von Geschäften.

Lesen Sie noch einmal „Online-Einkauf" auf S. 254 f.

Man findet Business-to-Consumer-Systeme[1] für den Verkauf an Verbraucher und Business-to-Business-Systeme[2] für den Verkauf an Firmen und Behörden.

E-Commerce-Instrumente für Business-to-Consumer-Systeme und Busines-to-Business-Systeme

Homepage

Durch Eingabe der Internet-Adresse des Produktanbieters gelangt der Interessent auf die Homepage. Hier findet er Daten über den Anbieter und seine Leistungen, ggf. auch aktuelle Informationen (z. B. Sonderaktionen, Produkterneuerungen, Spiele) und eine E-Mail-Adresse zur Kontaktaufnahme.

Online-Shop

Bekanntlich umfasst der Shop den virtuellen Katalog, die Datenbank, den Warenkorb und das Zahlungssystem. Je größer der Shop, desto mehr zusätzliche arbeitserleichternde Verkaufsfunktionen werden i. d. R. bereitgestellt: Anlage eines Standardwarenkorbs (auf den Kunden individuell zugeschnitten), Volltextsuche, Paketverfolgung (zeigt den Abwicklungsstand eines Auftrags), Kundenerkennung, Speicherung des Kundenprofils, Ermittlung der günstigsten Versandart, Unterstützung mehrerer zahlungsarten, Cross-Selling, Kalkulation des Endpreises, Kundenverwaltung, Artikelverwaltung, Verkaufswertungen.

Interaktive Anwendungen

Einsatz typischer Kundenbindungsinstrumente, z. B. persönliche Begrüßung der Stammkunden, kundenspezifische Angebote. Sinn dieser Instrumente: Möglichst viele individuelle Daten automatisch erzeugen und an die Kunden versenden, z. B. durch E-Mail.

---

[1] engl.: business to consumer = vom Geschäft zum Verbraucher
[2] engl.: business to business = von Geschäft zu Geschäft

Produktkonfigurator

Mit einem Produktkonfigurator lassen sich die Komponenten eines komplexen Produkts (z. B. Maschine, Fahrzeug) zusammenstellen. Der Konfigurator führt den Anwender im Computerdialog durch alle zulässigen Produktalternativen und -kombinationen und veranlasst einen Auswahlprozess. Bestellt der Käufer die ausgewählte Konfiguration, werden Angebot und Bestellung an die Vertriebssoftware weitergegeben. Zugleich werden für das Produkt automatisch Stücklisten, Fertigungs-, Arbeits- und Terminpläne in Verbindung mit dem PPS-System erstellt.

Beispiel für einen Car-Configurator:
www.bmw.de

E-Commerce-Instrumente ausschließlich für Busines-to-Business-Systeme

Virtuelle Marktplätze

Ein Shop präsentiert die Leistungen eines Anbieters, Marktplätze die Leistungen einer Vielzahl von Anbietern (z. B. einer Branche). So kann der Käufer schneller die Leistungen vergleichen. Sämtliche Verkaufsphasen (Informations-, Vereinbarungs-, Abwicklungsphase) können über den Marktplatz koordiniert werden. Auch unterschiedliche Marktorganisationsformen kommen zur Anwendung, z. B.

Beispiel für einen Marktplatz (Maschinenbau):
www.netbid.de

- Börsen (Zusammenführen von Anbietern und Nachfragen durch den Marktplatzbetreiber),
- Auktionen (zeitlich begrenzte Ausschreibungsverfahren),
- Online-Shops.

Virtuelle Messen

Themenbezogene Präsentation gleicher oder ähnlicher Leistungen mehrerer Anbieter.

Virtuelle Unternehmen

Auftritt mehrerer Unternehmen, die gemeinsam Komplementärgüter verkaufen.

Arbeitsaufträge

1. **Bei dem Automatenhersteller Automa AG wird jedem Aussendienstmitarbeiter für seine Kundengespräche ein Produktkonfigurator eingerichtet. Er soll dazu dienen, das Kundengespräch besser zu strukturieren.**
   a) Für welche Produkte bietet sich ein Konfigurator an?
   b) Erläutern Sie die Arbeit mit einem Konfigurator.
   c) Welche Vorteile bietet ein Konfigurator für Verkäufer und Käufer?
   d) Erstellen Sie für den Geschäftsprozess „Auftragsabwicklung mit Hilfe eines Konfigurators" ein ereignisgesteuertes Prozessketten-Diagramm.

2. **Verfügt Ihr Betrieb über Produktkonfiguratoren?**
   Wenn ja, präsentieren Sie die Arbeit mit dem Konfigurator im Unterricht.

7.6 Versandlogistik

Im Versandlager der MGG lagern zurzeit 400 Schieberäder-Getriebe, die aufgrund mehrerer Kundenaufträge gefertigt wurden. Nun sind die die Produkte termingemäß auszuliefern. Die Auftragsabwicklung hat die Liefertermine überwacht und gibt die Aufträge zum jeweiligen Liefertermin frei...

7.6.1 Versand als logistisches Problem

Am Liefertermin erfolgt der Versand Teilabläufe sind: **Kommissionierung, Verpackung, Nutzung von Lademitteln, Ausstellung der Versandpapiere, Transport.** Diese auf den ersten Blick einfachen Tätigkeiten sind bei einem größeren Betrieb ein kompliziertes logistisches Problem: Termine sind einzuhalten, Fehler auszuschließen, Kosten zu minimieren, Sicherheit ist zu gewährleisten, Rechtsvorschriften sind einzuhalten.

Wichtige Entscheidungen betreffen z. B.:

■ den Einsatz von Menschen, Maschinen und EDV bei der Kommissionierung;
■ die Festlegung kostenoptimaler Ladeeinheiten;
■ die Auswahl zweckmäßiger, sicherer, kostengünstiger Verpackungen;
■ die Auswahl des optimalen Transportmittels;
■ die Auswahl des optimalen Transporteurs;
■ das Problem des Outsourcings auf Logistikdienstleiter.

7.6.2 Kommissionierung

Kommissionieren ist das Zusammenstellen bestimmter Teilmengen (Artikel) aus einer bereitgestellten Gesamtmenge (Sortiment) auf Grund von Bedarfsinformationen (Auftrag).

Kommissioniersysteme		
Mann-zur-Ware-Systeme (statische Bereitstellung)	**Ware-zum-Mann-Systeme (dynamische Bereitstellung)**	**Vollautomatische Bereitstellung**
Der Kommissionierer ■ begibt sich zum Lagerort, ■ prüft dessen Richtigkeit, ■ entnimmt die angeforderte Menge. ↓	Der Artikel wird als Lagereinheit (z. B. Palette) entnommen und zum Kommissionierer gebracht. ■ Dieser entnimmt die angeforderte Teilmenge. ■ Die angebrochene Lagereinheit wird zurück zum Lager befördert. ↓	Der Artikel wird am Lagerort vollautomatisch in der angeforderten Menge entnommen. ↓
Läger ohne automatische/computergesteuerte Förderzeuge	Vor allem (aber nicht ausschließlich) Läger mit automatischen/computergesteuerten Förderzeugen (z. B. Hochregalläger mit automatischem Stapelkran, computergesteuerte Paternoster- und Karussellläger).	Läger mit Kommissionierautomaten oder -robotern **Beispiel:** Automatische Schachtkommissionierung
Vorteile: ■ verhältnismäßig geringer Investitionsaufwand, ■ Spitzenbelastungen können mit erhöhtem Personaleinsatz bewältigt werden.	**Vorteile:** ■ höhere Kommissionierleistung durch wegfallende Wege ■ bei automatischen Förderzeugen Optimierung der Wege durch die EDV ■ Optimale Gestaltung der Entnahmeplätze	**Vorteile:** ■ höchste Kommissionierleistung ■ sehr geringe Fehlerquote
Nachteile: ■ Lange Wartezeiten des Kommissionierers, ■ daher hohe Personalkosten.	**Nachteile:** ■ hohe Investitionsausgaben für Fördermittel und Steuerungsanlagen ■ geringe Flexibilität bei Spitzenbelastungen ■ Stillstand bei EDV- und Maschinenausfall	**Nachteile:** ■ sehr hohe Investitionsausgaben ■ einheitliche Verpackung und Größe des Kommissioniergutes erforderlich ■ Stillstand bei EDV- und Maschinenausfall

7.6.3 Verpackung

Güter können mehrfach verpackt sein:

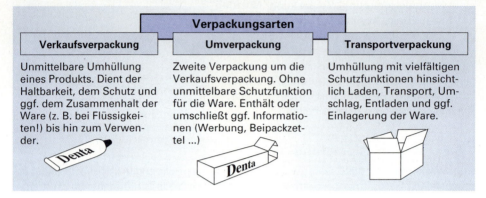

Verpackungsarten		
Verkaufsverpackung	**Umverpackung**	**Transportverpackung**
Unmittelbare Umhüllung eines Produkts. Dient der Haltbarkeit, dem Schutz und ggf. dem Zusammenhalt der Ware (z. B. bei Flüssigkeiten!) bis hin zum Verwender.	Zweite Verpackung um die Verkaufsverpackung. Ohne unmittelbare Schutzfunktion für die Ware. Enthält oder umschließt ggf. Informationen (Werbung, Beipackzettel ...)	Umhüllung mit vielfältigen Schutzfunktionen hinsichtlich Laden, Transport, Umschlag, Entladen und ggf. Einlagerung der Ware.

Bei festen Stückgütern ist eine **Verkaufsverpackung** oft nicht erforderlich. Andere Güter (flüssige, gasförmige, körnige, mehlige, ...) erhalten erst durch die Verkaufsverpackung die Eigenschaft von Stückgütern. Die Verkaufsverpackung wird Teil des Produkts, der Verpackungsvorgang ist Teil des Fertigungsprozesses.

Das Produkt ist z. B. nicht mehr „Sonnenblumenöl", sondern „eine Liter-Dose Sonnenblumenöl".

Durch die **Transportverpackung** entstehen Packstücke.

Bestandteile der Transportverpackung				
Packmittel	**Schutzmaterial**		**Packhilfsmittel**	
	gegen Feuchtigkeit	gegen Stoß u. Druck	**Füllstoffe**	**Verschlussmittel**
z. B. Karton, Kiste, Sack, Netz, Box, Palette, Behälter	z. B. Ölpapier, Teerpapier, Schrumpffolie	z. B. Wellpappe, Schaumfolie, Seidenpapier	z. B. Schaumstoffe, Holzwolle, Papierwolle, Kunststoffflocken	z. B. Kordel, Draht, Nylonschnur, Klebeband, Kunststoffband, Stahlband, Schrumpffolie, Vernagelung, Plomben

---

Logistische Anforderungen an die Verpackung

Die Verpackung soll schützen

- Schutz der Ware vor Beschädigung, Mengenverlusten (z. B. Auslaufen), Diebstahl.
- Schutz des Menschen (z. B. vor scharfen Kanten, Gift, Strahlung)
- Schutz des Transportmittels, anderen Packmitteln und Umwelt (z. B. vor auslaufende Flüssigkeit, Entzündung, Explosion, Geruch des Packguts).

Die Verpackung soll Lagerung, Laden und Transport rationalisieren

- Ermöglichung von raumsparender Lagerung und Transport (z. B. durch Stapelbarkeit)

Sie wissen: Optimal ist:
Verpackungseinheit
= Lagereinheit
= Fördereinheit
= Fertigungseinheit
= Verkaufseinheit
= Ladeeinheit
=Versandeinheit!

■ Bewegbarkeit durch mechanische oder automatische Umschlags- und Fördermittel. (Güter mit dieser Eigenschaft heißen Ladeeinheiten)

Die Verpackung soll kostengünstig sein

Wenig Personaleinsatz! Kurze Verpackungszeiten! Preiswertes Material! Geringes Gewicht (Einsparung von Lade-, Transport-, Umschlagkosten!)! Wiederverwendbarkeit!

Die Verpackung soll umweltfreundlich sein

Wie beim Produkt: Verwendung reichlich vorhandener Rohstoffe, von Recyclingstoffen für das Verpackungsmaterial. Material soll langlebig, wiederverwendbar, recycelbar sein und bei Gebrauch und Entsorgung keine Schäden verursachen.

Diesen Anforderungen lässt sich heute am besten durch den Einsatz von **Lademitteln** entsprechen. Sie fassen kleine Einheiten wie Kartons, Kisten, Schachteln zu größeren Ladeeinheiten zusammen.

Lademittel

Paletten

Genormte Flach- und Gitterboxpaletten

Pressholzpaletten

Beim Stapeln Raum sparender als Flachpaletten. Auf den Paletten können große Kartons aus Wellpappe befestigt werden.

Pliboxen

Zusammenlegbare Sperrholzkisten, die gefaltet geliefert werden und schnell auf der Palettenbasis montiert werden können. Stabil und für viele Gefahrgüter geeignet.

Collico-Kisten

Zusammenlegbare Aluminiumbehälter. Beim Bahnversand wird das Eigengewicht nicht berechnet und der Rückversand zusammengelegter Kisten erfolgt frachtfrei.

Kleinbehälter (Kleincontainer)

Rollbare, kranbare Behälter mit teilweise abnehmbaren Wänden; 1 m³, 2 m³ und 3 m³ Fassungsvermögen. Bei der Bahn wird das Eigengewicht bei der Frachtberechnung nicht berücksichtigt, wenn ein festgelegtes Mindestgewicht erreicht wird. Es existiert auch eine „Großbox" mit 4 m³ Fassungsvermögen.

Großcontainer

20, 30 und 40 engl. Fuß lange Großbehälter aus Metall in verschiedenen Ausführungen (z. B. Seitenwände mit Türen; Kühlcontainer). Container gestatten eine leichte Verpackung, schnelle Be- und Entladung, Haus-Haus-Verkehr der Ware in demselben Behälter, Verringerung der Umschlaggefahren.

Arbeitsauftrag

Die Produkte der MGG – viele verschiedene Arten von Motoren und Getrieben – sind sämtlich Einbauteile für die unterschiedlichsten Geräte und Fahrzeuge (für Nähmaschinen, Rasenmäher, feinmechanische Geräte, Aufzüge, Kräne, Gabelstapler, um nur wenige Beispiele zu nennen). Jedes Teil wird am Ende der Produktionskette automatisch in einen Karton verpackt. Leerräume werden mit Styroporformteilen ausgefüllt und stabilisiert. Die Kartons werden auf Pressholzpaletten gestapelt und mit Stahlbändern befestigt.
Etwa 75% der Produkte werden Just-in-Time geliefert. Diese Teile gehen täglich aus der Fertigung direkt an die Laderampe zur LKW-Verladung.
Die restlichen Produkte werden bis zum Abruf in einem Palettenhochregallager eingelagert, welches durch automatische Stapelkräne bedient wird.

a) Mit welchen Vor- und Nachteilen ist das EDV-verwaltete Hochregallager verbunden?
b) Beschreiben Sie den Auslagerungs- und Kommissioniervorgang in seinen Einzelheiten.
c) Erfolgt die Kommissionierung nach dem Prinzip „Mann zur Ware" oder „Ware zum Mann"?
d) Die Abnehmer der Produkte haben ihre Standorte sämtlich in Europa. Sie werden auf dem Landweg bedient. Gegen welche Gefahren müssen die Waren durch die Verpackung geschützt werden? Ist die gewählte Verpackung hierfür geeignet?
e) Beurteilen Sie die gewählte Verpackung unter den Gesichtspunkten der Rationalisierung und der Kostengünstigkeit.
f) Beurteilen Sie die gewählte Verpackung unter dem Aspekt der Umweltfreundlichkeit. Ziehen Sie dazu auch die Bestimmungen der Verpackungsverordnung heran.
g) Würde die gewählte Verpackung auch optimal für einen Überseetransport sein? Begründen Sie ausführlich, wie die Verpackung beschaffen sein müsste

7.6.4 Güterbeförderung

Gewerbliche Transportunternehmen befördern auf der Basis des geschlossenen Frachtvertrags Güter gegen Entgelt. Vereinbart und geschuldet wird der Beförderungserfolg.

Eisenbahngüterverkehr

Träger des **nationalen Bahngüterverkehrs** sind die Deutsche Bahn AG (DB AG) und regionale Bahngesellschaften. Die DB AG wickelt nur die Wagenladungsverkehre selbst als Frachtführer ab. Alle anderen Leistungsangebote erfolgen durch ausgegliederte, rechtlich selbstständige Unternehmen:

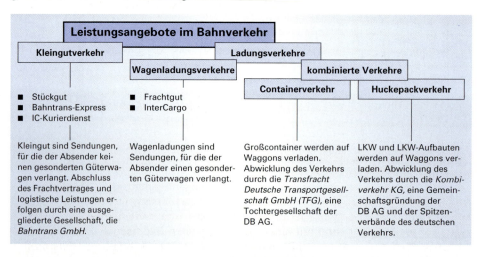

Güterverkehre der Bahn (Einzelheiten)

Stückgut

Ladeeinheiten in Form von Stückgütern (z. B. Kisten, Pakete, Säcke, Matten, Ballen, Flaschen, Kleinbehälter, Collico-Kisten, Paletten) können als Stückgut bei der Bahntrans aufgegeben oder von ihr abgeholt werden. Sie stellt die Sendung auch dem Empfänger zu. Berechnet wird die Schienenfracht sowie eine Hausfracht für Abholung und Zustellung. Es ist eine Zustellung binnen 48 Stunden (für ausgewählte Orte auch binnen 24 Stunden) garantiert. Beförderungspapier ist der 5-teilige Speditionsauftrag/Bahntrans.

Bahntrans-Express

Stückgüter können als Expressgut versandt werden. Sie werden beim Absender abgeholt oder bei der Bahntrans aufgegeben. Sie werden nachts befördert und dem Empfänger am folgenden Tag zugestellt. Selbstabholung ist möglich. Für die Abholung und Zustellung werden Zuschläge berechnet.

IC-Kurierdienst

Handliche Gegenstände bis zu 20 kg Gewicht können über Tag mit jedem Intercity- oder Eurocity-Zug befördert werden. Die Sendungen werden bis 30 Minuten vor Zugabfahrt am Gepäckschalter oder in eiligen Fällen auch am Zug aufgeliefert. Der Empfänger kann sie am Zug oder 15 Minuten nach Zugankunft am Gepäckschalter abholen. Beförderungspapier ist die IC-Kurierdienstkarte.

Wagenladungsverkehre

Frachtgut: Ganze Güterwagen müssen für die Beladung auf einem Freiladegleis des Güterbahnhofs oder auf einem betriebseigenen Anschlussgleis bestellt werden. Wagenladungen werden grundsätzlich als Frachtgut befördert.

InterCargo: Zwischen den 18 bedeutendsten deutschen Wirtschaftszentren hat die Bahn InterCargo als beschleunigten Wagenladungsverkehr eingerichtet. Es handelt sich um die Zentren München, Franken, Stuttgart, Rhein-Neckar-Saar, Rhein-Main, Rhein, westliche Ruhr, östliche Ruhr, Hannover/Braunschweig, Bremen, Hamburg, Rostock, Berlin, Magdeburg, Halle/Leipzig, Erfurt, Zwickau/Chemnitz und Dresden. Die Güterwagen werden im Bereich vieler Bahnhöfe zwischen 16 und 18 Uhr abgeholt und dem Empfänger garantiert am nächsten Morgen bis 9 Uhr zum Entladen bereitgestellt. Mehrkosten entstehen durch InterCargo nicht. Beförderungspapier für den Wagenladungsverkehr ist der Frachtbrief oder ein sog. „Beförderungspapier".

Die Transportverträge sind entweder sog. Leistungsverträge (schriftlich geschlossen, Laufzeit 12 Monate) oder Einzelverträge. Bei Einzelverträgen ist der Auftrag entweder der vom Kunden ausgefüllte Frachtbrief oder das Beförderungspapier. Letzeres kann auch per Telefax oder elektronisch an die Bahn geschickt werden.

Containerverkehr

Der Absender schließt mit der TFG den Frachtvertrag und übergibt ihr einen Formularsatz mit dem Übergabeschein und einem Container-Frachtbrief. Die TFG sorgt für die Zustellung von und zu den Containerumschlagbahnhöfen. Sie berechnet dem Absender einen Preis, der Containermiete und Fracht umfasst.

Huckepackverkehr

LKW-Unternehmer des Güterkraftverkehrs können ihre LKWs, Sattelauflieger oder Wechselaufbauten auf bestimmten Relationen auf Niederflurwagen der Bahn befördern lassen. Sie schließen mit der Kombiverkehr KG den Beförderungsvertrag für den Schienentransport.
Im Vertragsverhältnis zwischen dem LKW-Unternehmer und den Absendern der beförderten Güter gelten für den gesamten Transport die Geschäftsbedingungen des LKW-Unternehmers.

Im internationalen Bahngüterverkehr können ebenfalls Stückgüter und Wagenladungen befördert werden. Beförderungspapier ist der internationele Eisenbahnfrachtbrief. Eiliges Kleingut kann mit einem internationalen Expressgutschein als Eurail-Express nach Frankreich, Großbritannien, Luxemburg, Niederlande, Österreich, Schweiz aufgegeben werden.

Güterbeförderung mit dem Lastkraftwagen

Versandarten sind Stückgut und Ladung (Beladung eines LKWs oder Containers). Allerdings ist die Unterscheidung Theorie: Stückgut wird fast immer einem Spediteur übergeben. Dieser stellt die gesammelten Stückgüter zahlreicher Versender zu Lkw-Ladungen (sog. Sammelladungen) zusammen. Beförderungspapier ist i. d. R. ein Frachtbrief.

Weitere Verkehrsträger

Seeschiffe werden entweder gechartert oder verkehren nach festem Fahrplan (Linienschiffe). Sie befördern alle Arten Güter. Meist werden Spediteure eingeschaltet, die alle Probleme des An- und Abtransports, Umschlags und Aus- und Einfuhrverfahrens lösen. Beförderungspapier ist in der Linienschiffahrt das Konnossement. Dieses ist ein Wertpapier. Es verkörpert das Eigentum am Gut und wird dem Ablader (Anlieferer) übergeben. Der Kapitän darf das Gut nur gegen Rückgabe des Konnossements ausliefern.

Binnenschiffe befördern Massengut. Dafür wird das ganze Schiff oder ein Teil gechartert. Im Stückgutgeschäft (bis 300 t) werden v. a. Container befördert. Beförderungspapier ist i. d. R. der Ladeschein. Er hat die gleiche Bedeutung wie das Konnossement.

Flugzeuge werden ebenfalls gechartert oder fliegen im Linienverkehr. Beförderungspapier ist der Luftfrachtbrief. Auch hier werden meist Spediteure eingeschaltet.

Güterbeförderung durch die Deutsche Post AG

Versandarten (Post)	
Warensendung	**Höchstgewicht**
Verbilligter Versand von Proben, Mustern und kleinen Gegenständen mit der Briefpost. Einlieferung ohne Einlieferungsnachweis! Die Sendung darf nicht verschlossen werden. Besondere Versendungsformen sind nicht zugelassen.	500 g
Päckchen	
Warenversand mit Gebührenvorteilen gegenüber Brief und Paket. Beförderung mit der Paketpost. Einlieferung ohne Einlieferungsnachweis! Zwei Zustellversuche. Rücksendung bei Unzustellbarkeit.	2000 g
Paket	
Einlieferung freigemacht oder unfrei am Postschalter mit ausgefülltem Paketschein (zugleich Einlieferungsnachweis). Zwei Zustellungsversuche (Empfänger kann per Postkarte den zweiten Termin bestimmen). Rücksendung bei Unzustellbarkeit. Haftung der Post bis zum Höchstbetrag von 511,29 EUR.	20 kg
Express-Paket	
Zustellung am Tag nach der Einlieferung (gegen Aufpreis). Gegen weitere (hohe) Aufpreise sind auch Frühzustellung an Werktagen sowie Sonn- und Feiertagszustellung möglich.	

Besondere (gebührenpflichtige) Versendungsformen für Pakete	
Eigenhändig	Die Sendung wird nur dem Empfänger persönlich oder einem besonders Bevollmächtigten ausgehändigt.
Transportversicherung	Für Pakete mit Transportversicherung haftet die Post für den tatsächlichen Wert bis zur Höhe der Wertangabe (höchstens 25 654,59 EUR).
Rückschein	Der Rückschein ist eine Empfangsbestätigung des Empfängers, ohne die die Sendung nicht ausgeliefert wird. Die Post schickt den Rückschein an den Absender zurück.
Nachnahme	Nachnahmesendungen werden nur gegen Zahlung des auf dem Nachnahmepaketschein angegebenen Nachnahmebetrages an den Empfänger ausgeliefert. Der Betrag wird an den Absender überwiesen. Nachnahmehöchstbetrag: 3 579,04 EUR.

Unterstützung durch PPS

Die Versandart kann vom Kunden vorgeschrieben sein. Dann ist sie in der Kundenauftragsdatei gespeichert. Der Sachbearbeiter erfasst sie über das PPS-System. Dann greift er auf den Programmteil „Versandpapiere" zu. Er ermöglicht die Ausstellung und den formularmäßigen Ausdruck von Frachtbriefen, Paketscheinen, Konnossamenten und Lieferscheinen (bei Beförderung mit eigenen Fahrzeugen).

Hat der Kunde keine Versandart vorgegeben, so kann der Sachbearbeiter sich vom PPS-System eine solche vorschlagen lassen. Dazu muss er die wesentlichen Daten der Sendung eingeben, wie Gewicht, Stückzahl, Außenmaße, Entfernung zum Empfänger, Eilbedürftigkeit.

7.6.5 Aufgaben des Spediteurs

Traditionelle Aufgaben

Der Versand gestaltet sich schwierig, wenn mehrere Frachtführer eingeschaltet, die Güter umgeladen und vielleicht auch zwischengelagert werden müssen. Dann fehlt häufig der Überblick über die Fülle der Formalitäten, die günstigsten Transportwege und Umschlagmöglichkeiten. Hier hilft als Fachmann der Spediteur.

Spediteure besorgen für ihre Auftraggeber die Güterversendung (BGB § 453). Sie organisieren, die Beförderung, bestimmen insbesondere Beförderungsmittel und -weg, wählen die Transportunternehmer aus, schließen Fracht-, Lager- und Speditionsverträge und sichern Schadenersatzansprüche des Versenders (HGB § 454).

Nach diesen Bestimmungen befördert der Spediteur nicht selbst, sondern besorgt die Beförderung durch Transportunternehmer. Mit dem Auftraggeber schließt er einen Speditionsvertrag, mit Transportunternehmen in eigenem Namen Frachtverträge. Ihnen gegenüber gilt **er** also als Absender. Den Güterumschlag lässt er durch Zwischenspediteure besorgen.

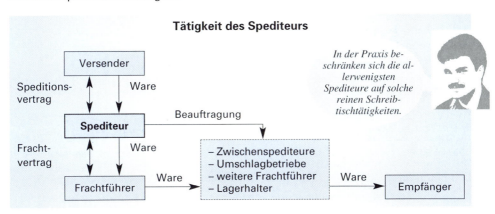

Tätigkeit des Spediteurs

Allerdings räumt das HGB dem Spediteur noch weitere Rechte ein:

Erweiterte Rechte des Spediteurs
Selbsteintritt (HGB § 458)
Der Spediteur darf die Güterbeförderung selbst ausführen.

Spedition zu festen Kosten (HGB § 459)

Der Spediteur kann mit dem Versender einen festen Preis für die gesamte Beförderung bis hin zum Empfänger vereinbaren. Dies geschieht besonders bei mehrstufigen Transporten (Transporte, bei denen die Sendung mehrmals von einem Verkehrsmittel auf ein anderes „umgeschlagen" wird).

Sammelladung (HGB § 460)

Der Spediteur kann die Versendung eines Gutes zusammen mit den Gütern anderer Versender bewirken.

Der Spediteur sammelt Stückgüter verschiedener Versender, die an denselben Empfangsort gerichtet sind, und gibt sie als Ladung auf oder befördert sie als Ladung im Selbsteintritt. Die Beförderung als Ladung ist bedeutend frachtgünstiger. Einen Teil seines Frachtvorteils gibt der Spediteur an den Versender weiter. Ein Empfangsspediteur verteilt die Sendungen an die Endempfänger.

Von diesen Rechten macht der Spediteur in der Praxis zum Vorteil seines Auftraggebers ausgiebig Gebrauch.

Logistische Aufgaben – Outsourcing

Der Spediteur übernimmt nicht nur die Besorgung von Einzelversendungen. Er wird vielmehr in das Logistiksystem seiner Auftraggeber eingebunden: Er geht langfristige vertragliche Bindungen mit dem Industriebetrieb ein und wird fest für ihn tätig. Für den Bereich der Materialwirtschaft wurden hierzu schon Ausführungen gemacht.

Im Versandbereich kann er ein **Auslieferungslager** unterhalten[1]. Entweder füllt er dieses Lager selbst auf, indem er die Produkte direkt aus der Fertigung abholt oder der Fertigungsbetrieb sorgt für die Auffüllung. Jetzt kann der Spediteur

- Lagerarbeiten übernehmen (z. B. Materialpflege und Qualitätsprüfungen),
- die Kommissionierung selbst vornehmen,
- Ladeeinheiten festlegen,
- die Ware verpacken,
- geeignete Lade- und Transportmittel bestimmen,
- die Versandpapiere ausstellen,
- alle Transport- und Umschlagsvorgänge besorgen oder die Ware im Selbsteintritt transportieren,
- alle erforderlichen Nebenleistungen erbringen,
- die Waren „Just-in-Time" ausliefern.

Der Industriebetrieb gliedert damit Tätigkeiten aus, die er früher selbst ausgeführt hat, und überträgt sie auf einen Dienstleister. Maßgeblich für dieses **Outsourcing** sind

- **Kostengesichtspunkte:** Einsparung von Personalkosten (bei Kommissionierung, Verpackung, Transport, ...), Investitionskosten (für Kommissioniersysteme, Förderzeuge, Lagerraum, Transportmittel, ...), Wartungskosten (für eigene Fahrzeuge),

- **Qualitätsgesichtspunkte:** Spezialisierte Logistikdienstleister mit großer Erfahrung können die Versandaufgaben oft schneller und fehlerfreier ausführen als der Industriebetrieb. Zufriedenere Kunden sind die erwünschte Folge.

---

[1] Vgl. S. 475 f.

Voraussetzung für das Funktionieren einer solchen Organisation ist ein störungsfreier Fluss der notwendigen Informationen zwischen Industriebetrieb und Spediteur (Fertigstellungs- und Abholtermine, Mengen, Kundendaten, Auftragsgrößen, ...). Dies bedingt eine weitgehende Vernetzung der beidseitigen Computersysteme.

Arbeitsaufträge

1. **Die Bahn hat in den letzten Jahrzehnten immer mehr Marktanteile an den schnelleren LKW verloren. Durch bestimmte Leistungsangebote will sie Marktanteile zurückgewinnen.**
   Um welche Leistungsangebote der Bahn handelt es sich? Nennen Sie Einzelheiten.

2. **Die kombinierten Verkehre der Bahn sind insbesondere unter Umweltgesichtspunkten begrüßenswert.**
   a) Welche kombinierten Verkehre sind zu unterscheiden?
   b) Erläutern Sie die Vorteile dieser kombinierten Verkehre für den Versender und für den Lkw-Frachtführer.

3. **Die Grünspan KG übergibt dem Güterkraftverkehrsunternehmer Hurtig in Essen eine Ladung Kupferrohre unfrei zur Beförderung an die August Tücke OHG in Erlangen.**
   a) Was ist unter „Güterkraftverkehr" zu verstehen?
   b) Darf jeder LKW-Besitzer gewerblichen Güterkraftverkehr betreiben?
   c) Welches Dokument kann Grünspan an Hurtig übergeben?

4. **Sie wollen als Absender folgende Sendungen möglichst schnell befördern lassen:**
   a) 10 kg Ersatzteile von Düsseldorf nach Stuttgart,
   b) 90 kg Ersatzteile von Düsseldorf nach Saloniki (Griechenland),
   c) 3 Kolli mit je 60 kg Damenkleidern von München nach Hamburg,
   d) 3 Kolli mit je 60 kg Damenkleidern von Kleinkleckersdorf (Lüneburger Heide) nach Oberwiesenthal (Erzgebirge). Beide Orte haben einen Personenbahnhof,
   e) 15 kg Medikamente von Erlangen nach Frankfurt/Oder,
   f) 20 t Lacke von Augsburg nach Potsdam.
   Für welche Transportmöglichkeiten entscheiden Sie sich?

5. **Eine Stückgutsendung mit Autoersatzteilen soll von Frankfurt/M. nach Kairo transportiert werden.**
   Beschreiben Sie alle Transportmöglichkeiten mit ihren Vor- und Nachteilen und entscheiden Sie sich für die nach Ihrer Meinung günstigste Alternative.

6. **Die Post kennt verschiedene besondere Versendungsformen.**
   Nennen Sie diese Versendungsformen und geben Sie an, unter welchen Bedingungen sie angezeigt sind.

7. **Sie wollen ein Paket mit Fräsern im Gewicht von 19 kg**
   (1) mit eigenem Lkw,   **(3) durch die Bahn,**
   (2) durch die Post,   **(4) durch Ihren Spediteur,**
   nach Hamburg versenden.
   Welche Versandpapiere müssen bzw. können Sie jeweils ausstellen?

8. **Angenommen, Sie sind als Akquisiteur (Reisender, Kundenwerber) bei einer bekannten Spedition beschäftigt. Der Geschäftsführer eines Betriebes äußert Ihnen gegenüber, er könne auf die Dienste eines Spediteurs gut verzichten.**
   Versuchen Sie, ihn vom Gegenteil zu überzeugen.

7.7 Nichtannahme der Kaufsache

Wenn der *Käufer* die tatsächlich angebotene und fällige Leistung des Verkäufers nicht annimmt, gerät er in *Annahmeverzug* (BGB §§ 293, 294).

Ein wörtliches Angebot genügt,

- wenn der Käufer erklärt hat, er werde die Leistung nicht annehmen (BGB § 295);
- bei Holschulden (BGB § 295).
  Ist der Abholtermin kalendermäßig bestimmt, ist ein Angebot überflüssig (BGB § 296).

Bei Zug-um-Zug-Geschäften gerät der Käufer auch in Annahmeverzug, wenn er zwar annahmebereit ist, aber die Zahlung ablehnt (BGB § 298).

Darf der Verkäufer nach BGB § 271 auch schon vor dem vertraglich festgelegten Leistungstermin leisten und nimmt der Käufer nicht an, so gerät er in Annahmeverzug. Allerdings muss er nicht ständig annahmebereit sein. Ist er vorübergehend an der Annahme verhindert, so gerät er nur in Verzug, wenn der Verkäufer die Leistung eine angemessene Zeit vorher angekündigt hat (BGB § 299).

Ein Verschulden des Käufers ist nicht erforderlich. Die Gefahr geht auf ihn über. Der Verkäufer haftet nur noch für Vorsatz und grobe Fahrlässigkeit (Nichtbeachten der Sorgfaltspflicht). Dies bewirkt, dass der Käufer auch dann den vollen Kaufpreis bezahlen muss, wenn er aufgrund eines Zufalls (nicht vom Lieferer zu vertreten) oder aufgrund leicht fahrlässigen Handelns des Lieferers die Sache nicht oder beschädigt erhält. Hätte er sich nicht in Annahmeverzug gebracht, so hätte der Zufall bzw. die Fahrlässigkeit des Lieferers ja nicht wirksam werden können (BGB § 300).

Rechte des Verkäufers bei Annahmeverzug	
entweder	**oder**
- Auf Erfüllung bestehen (BGB § 443) – ggf. durch Klage vor Gericht (vor allem dann, wenn er die Ware anderweitig nicht oder nur ungünstiger absetzen kann). - Ersatz aller Mehraufwendungen für das erfolglose Angebot (z. B. Transportkosten) und die Aufbewahrung (z. B. Lagergeld) und Erhaltung der Ware (z. B. Warenpflege) verlangen (BGB § 304). - Als Kaufmann kann er die Ware an jedem geeigneten Ort sicher auf Kosten und Gefahr des Käufers hinterlegen (einlagern) (HGB § 373).	- sich durch **Selbsthilfeverkauf** von der Lieferpflicht befreien (BGB § 383). Dazu lässt er die Ware am Erfüllungsort (als Kaufmann: an einem beliebigen Ort) auf Kosten des Käufers **durch den Gerichtsvollzieher öffentlich versteigern** (BGB § 383), verrechnet den Erlös mit der Forderung, wenn diese fällig ist (BGB § 387) und hinterlegt ggf. einen Rest beim Amtsgericht (BGB § 383). Die Versteigerung ist dem Käufer anzudrohen. Sie ist öffentlich bekannt zu machen. Der Termin ist dem Käufer unverzüglich mitzuteilen. (BGB §§ 383, 384) Ist bei verderblichen Gütern Gefahr im Verzug, so kann die Androhung unterbleiben (**Notverkauf**, BGB § 384). - Bei Waren mit einem Börsen- oder Marktpreis[1] kann der Verkäufer den Selbsthilfeverkauf „freihändig" durch einen öffentlich ermächtigten Handelsmakler durchführen lassen (BGB § 385).

---

[1] Börsen sind organisierte Märkte für vertretbare Güter, die nach Maß, Zahl oder Gewicht gehandelt werden und beim Verkauf nicht anwesend sein müssen. Man unterscheidet Wertpapier- (Effekten-), Devisen- und Warenbörsen. Ein Börsen- oder Marktpreis ist gegeben, wenn für Sachen der geschuldeten Art am Verkaufsort aus einer größeren Anzahl von Verkäufen ein Durchschnittspreis ermittelt werden kann. Der erzielte Erlös muss mindestens dem Durchschnittspreis entsprechen.

1. **Am 26. März schreibt die Gebr. Reinhards OHG an ihren Kunden (Fritz Müller Nachf., Haushaltswarengroßhandel, Postfach 26 02 16, 50973 Köln):**

Annahmeverzug

Wie uns die Spedition Schenkel & Co. mitteilte, haben Sie unsere
gestern angelieferten Waren — 50 Kartons emaillierte Töpfe, auf
Paletten verpackt und in Folien verschweißt — nicht angenommen.
Auf unsere telefonische Anfrage teilte uns Ihre Sekretärin, Frau
Klein, lediglich ohne Angabe von weiteren Gründen mit, es handele
sich um eine ausdrückliche Anweisung Ihres Einkaufsleiters, Herrn
Bungert.

Wir haben kein Verständnis für dieses unbegründete Vorgehen.
Leider können wir die Ware nicht zurücknehmen, da unser Lagerraum
voll beansprucht ist. Es ist uns auch nicht möglich, die Ware
kurzfristig an einen anderen Käufer zu veräußern.

Wir haben deshalb die Spedition Schenkel & Co. beauftragt, die
Waren vorerst in ihren Räumen in Köln, Oberstr. 126, einzulagern
und gegen Übernahme der entsprechenden Kosten für Sie zu Verfügung
zu halten.

Wir bitten Sie nunmehr um umgehende Vertragserfüllung und um Abholung der Paletten. Andernfalls würden wir einen Selbsthilfeverkauf
vornehmen und Ihnen rechtzeitig Ort und Zeit hierfür angeben.

---

a) Erläutern Sie den inhaltlichen Aufbau des Briefes.
b) Sind die Voraussetzungen für einen Annahmeverzug gegeben?
c) Verhält sich der Lieferer korrekt gegenüber dem Käufer?
d) Erläutern Sie, wie der angeführte Selbsthilfeverkauf abgewickelt würde.
e) Verfassen Sie ein Antwortschreiben des Käufers.
f) Könnte der Verkäufer vom Käufer auch dann den vollen Kaufpreis verlangen, wenn die Ware während der Einlagerung beim Spediteur beschädigt würde?
g) Welche anderen als die im Brief beschriebenen Maßnahmen könnte der Verkäufer auch ergreifen? Vergleichen Sie das Für und Wider der unterschiedlichen Vorgehensweisen.

2. **Die Firma Weber & Co. liefert aufgrund eines Kaufvertrages (Abmachung über den Lieferzeitpunkt: „Lieferung am 16. Juni per Lkw frei Haus") mit eigenem Lastzug 500 Sack Erbsen von Dortmund an die Konservenfabrik Gustav Reimer OHG in Berlin. Auf der Autobahn steht der Lastzug wegen eines Unfalls acht Stunden in einem Stau. Er kommt deshalb nicht schon am 16. Juni gegen Abend, sondern erst am Morgen des folgenden Tages beim Kunden an. Dort wird dem Fahrer ohne Angabe von Gründen die Annahme verweigert. Nach einem Anruf bei seiner Firma lagert er die Waren in einem Lagerhaus ein und nimmt Rückfracht mit. Im anschließenden Schriftwechsel stellt sich heraus, dass der Kunde die Lieferung mit der Begründung ablehnt, es handele sich um einen Fixkauf und der Lieferer habe sich im Liefererverzug befunden. (Was er nicht mitteilt, ist, dass er inzwischen eine preisgünstigere Einkaufsmöglichkeit herausgefunden hat.) Die Gustav Reimer OHG verweigert auch die Zahlung, die laut Abmachung „netto Kasse ohne Abzug" erfolgen müsste. Weber & Co. behaupten dagegen, der Kunde befinde sich im Annahme- und Zahlungsverzug.**
   a) Beurteilen Sie den Fall unter Darlegung der notwendigen Begründungen.
   b) Fertigen sie den angedeuteten Schriftwechsel an. (Benutzen Sie ein Textverarbeitungsprogramm.)

7.8 Zahlungsvorgänge

Gewerbliche Kunden zahlen i. d. R. bargeldlos durch Überweisung, selten durch Verrechnungsscheck. Die früher relativ häufige Zahlung durch Wechsel ist in Deutschland so gut wie verschwunden. Ausländische Kunden zahlen teils noch mit Wechsel.

Beim Direktverkauf an **Verbraucher** kommen zahlreiche Zahlungsarten in Frage, die v. a. von der Art des zugrunde liegenden Verkaufsgeschäftes abhängen:

Art des Ver-kaufsgeschäfts	Bargeld-zahlung	Halbbare Zahlung		Bargeldlose Zahlung			
		Nach-nahme	Zahl-schein	Über-weisung	Last-schrift	Kredit-karte	Bank-karte
Versandgeschäft		x	x	x			
Lieferungen von Versorgungsbe-trieben (z. B. Strom)	x		x	x	x		
Online-Verkauf		x			x	x	
Ladenverkauf (Factory Outlet)	x					x	x
Haustürgeschäft	x	x	x	x			

7 .8.1 Bargeldzahlung

Wer mit Bargeld (Banknoten, Münzen) zahlt, kann eine schriftliche **Quittung** (z. B. Quittungsvordruck, Kassenbon, quittierte Rechnung) verlangen (BGB § 368). Sie beweist die Zahlung, ist Buchungsbeleg und Nachweis für das Finanzamt. Der Kassenbon genügt den Anforderungen des Finanzamts nur, wenn der Kaufgegenstand und die Mehrwertsteuer aufgeführt sind.

7.8.2 Halbbare Zahlung

Zahlschein

Mit Zahlscheinformularen können am Bankschalter Bareinzahlungen auf ein Empfängerkonto bei einem beliebigen Kreditinstitut getätigt werden. Die Banken berechnen dem Einzahler verhältnismässig hohe Preise.

Nachnahme

Der Zahlschein ist auch beteiligt, wenn eine Ware per Nachnahme versandt wird. Der Überbringer (z. B. Post) darf die Sendung dem Empfänger nur **gegen Barzahlung des Nachnahmebetrags** (Kaufpreis, Beförderungs- und Zahlungskosten) ausiefern. Der Überbringer zahlt den vereinnahmten Betrag per beigefügtem Zahlschein auf das Konto des Versenders ein.

7.8.3 Bargeldlose Zahlung

Überweisung

Durch die Überweisung überträgt der Zahler durch Umbuchung einen Geldbetrag von seinem Konto auf das Empfängerkonto.

Der Kontoinhaber kann Überweisungen über Online-Dienste oder das Internet vom PC aus tätigen. Für den Kontozugang muss er sich durch Eingabe einer Geheimnummer (PIN = persönliche Identifikationsnummer)

Lesen Sie Einzelheiten noch einmal auf Seite 280 nach!

ausweisen. Für jede Überweisung ist zusätzlich eine besoondere Transaktionsnummer (TAN) als „elektronische Unterschrift" einzugeben. Der Kunde erhält meist 50 Nummern in verschlossenem Umschlag zugesandt.

Dauerüberweisung (Dauerauftrag): Mit ihr wird die Bank angewiesen, Zahlungen in gleich bleibender Höhe in regelmäßigen Zeitabständen auszuführen (z. B. am 15. jedes Monats). Vorteile: Arbeitserleichterung, kein Vergessen der Zahlung.

Lastschrifteinzug

Beim Lastschrifteinzug lässt der Zahlungsempfänger durch seine Bank den Schuldbetrag vom Konto des Schuldners abbuchen („umgekehrte Überweisung"). Dazu erhält er vom Schuldner eine schriftliche (widerrufliche) Einzugsermächtigung. Das Verfahren ist im Gegensatz zum Dauerauftrag auch bei variierenden Beträgen und Zahlungsterminen anwendbar.

Beachte:
Der Schuldner kann der Abbuchung ohne Begründung binnen 6 Wochen widersprechen. Der Zahlungsbetrag wird ihm dann zinsneutral wieder gutgeschrieben. Bestand gar keine Einzugsermächtigung, gilt die 6-Wochen-Frist nicht.

Kreditkarte

Kreditkarten werden von Kreditkartenorganisationen kreditwürdigen Personen gegen eine Jahresgebühr angeboten. Der Inhaber kann damit weltweit bargeldlos Zahlungen bei Vertragsunternehmen der Kreditkartenorganisation tätigen. Eurocard, Visa, American Express und Diners Club sind die bekanntesten Kreditkarten.

■ Der Karteninhaber legt dem Vertragsunternehmen die Kreditkarte vor und unterschreibt einen Leistungsbeleg.
■ Der Vertragsunternehmer reicht der Kreditkartenorganisation den Beleg ein und erhält eine Gutschrift auf seinem Konto. Eine Provision wird ihm einbehalten.
■ Die Kreditkartenorganisation schickt dem Karteninhaber monatlich eine detaillierte Sammelrechnung über die fälligen Zahlungen und bucht den Gesamtbetrag im Wege des Lastschrifteinzugsverfahrens von seinem Konto ab.

Die Kreditkarte wird auch beim Online-Kauf verwendet **(E-Payment):** Der Käufer gibt sie beim Online-Shop als Zahlungsmittel an. Er gibt die Kartendaten und die verlangten Geheimkennungen (z. B. PIN, Passwort) in das Bestellformular ein. Die Daten werden verschlüsselt an das System übertragen. Dieses prüft das Bankkonto des Kunden. Ist dieser zahlungsfähig, erhält der Verkäufer eine Zahlungsgarantie. Der Zahlungsbetrag wird wie bei Kreditkarten üblich vom Kundenkonto eingezogen.

Bankkarte

Der Kontoinnaber erhält von seiner Bank eine Bankkarte. Auf einem Magnetstreifen auf der Rückseite sind u. a. Kontonummer und Bankleitzahl gespeichert. Damit entsteht eine Multifunktionskarte. Sie ermöglicht:
■ am Automaten der Hausbank Kontoauszüge auszudrucken, Überweisungen zu tätigen und Daueraufträge einzurichten, zu ändern oder zu löschen,
■ am Bargeldautomaten bei jeder beliebtgen Bank Bargeld zu Lasten des Girokontos abzuheben.

Außerdem gestattet die Karte die Zahlung an ektronischen Datenkassen in Geschäften **(Electronic Cash).** Dazu gibt der Kunde seine PIN in ein Identifikations-Terminal ein. Die Kasse überprüft den Stand des Girokontos und bucht den Rechnungsbetrag ab. Alternativ bieten viele Geschäfte in Deutschland das **elektronische Lastschriftverfahren** an. Dabei wird auf dle Eingabe der PIN verzichtet. Stattdessen unterschreibt der Kunde einen Lastschriftbeleg. Der Zahlungsbetrag wird vom Kontoabgebucht.

Ist die Bankkarte mit einem Chip ausgestattet **(Geldkarte),** kann sie an einem Ladeterminal der Bank zu Lastern des Girokontos mit einer Geldsumme aufgeladen werden. An Geldkarten-Terminals in Geschäften kann der Karteninhaber damit zahlen. Das Terminal bucht den Betrag von der Karte ab und schreibt ihn dem Empfängerkonto gut.

Scheck

Der Kunde kann seinem Lieferer (mit dessen Einverständnis) zahlungshalber einen Scheck übergeben.

Mit dem Scheck weist der Kontoinhaber (Aussteller) seine Bank an, „bei Sicht" (= Vorlage) die angegebene Geldsumme auszuzahlen:

- bei **Orderschecks** (selten; gekennzeichnet durch Eindruck des Wortes „Orderscheck") nur an den eingetragenen Zahlungsempfänger),
- bei **Inhaberschecks** (gebräuchlich; gekennzeichnet, durch den Eindruck von „oder Überbringer") an jeden Einreicher des Schecks.

Ohne weiteren Vermerk wird der Scheck bar ausgezahlt **(Barscheck).** Durch die Eintragung „Nur zur Verrechnung" kann der Aussteller die Barauszahlung verhindern. Der Scheck wird dann nur dem Konto des Einreichers gutgeschrieben **(Verrechnungsscheck).** Umgekehrt bucht die Bank den Betrag vom Konto des Ausstellers ab.

> **Gesetzlich vorgeschriebene Bestandteile:**
>
> ❶ Wort „Scheck" im Text, ❷ Bezogene Bank, ❸ Zahlungsort, ❹ unbedingte Zahlungsanweisung, ❺ Ausstellungsort und -tag, ❻ Unterschrift

Der Einreicher kann den Scheck auch seiner eigenen Bank übergeben. Diese zieht ihn dann bei der Bank des Ausstellers (sog. „bezogene Bank") ein. Vorausssetzung für die Auszahlung ist eine vorhandene Deckung auf dem Konto.

> **Vorlegungsfristen für Schecks**
>
> | Frist | bei Ausstellung… |
> |---|---|
> | 8 Tage | … in Deutschland |
> | 20 Tage | … in Europa und Mittelmeeranrainerländern |
> | 70 Tage | … außerhalb Europas |
>
> Nach Fristablauf **kann** (nicht: muss) die Bank den Scheck noch einlösen, wenn der Aussteller ihn nicht widerrufen oder gesperrt hat.

Wechsel

Lieferer und Kunde können Zahlung durch Wechsel vereinbaren.

Mit dem Wechsel weist der Aussteller (Lieferer) den Bezogenen (Kunde, Schuldner) an, am festgesetzten Termin die eingetragene Summe an den eingetragenen Wechselnehmer (Zahlungsempfänger) zu zahlen.

Meist räumt der Aussteller dem Bezogenen eine Zahlungsfrist (und damit einen Kredit) von drei Monaten ein. Man geht davon aus, dass die gekauften Waren in dieser Frist weiterverkauft sind und der Kunde den Wechsel aus dem Erlös einlösen kann.

Als Zahlungsempfänger trägt der Aussteller meist sich selbst ein. Er kann aber auch eine andere Person eintragen (v. a einen eigenen Gläubiger).

Der Bezogene leistet das Akzept (d. h. er unterschreibt am linkern Rand} und akzeptiert damit verbindlich die Zahlungsanweisung.

Der Wechselnehmer kann durch einen Übertragungsvermerk (Indossament) auf der Rückseite das Eigentum am Wechsel – und damit das Recht aus dem Wechsel – weitergeben. Jeder Inhaber kann das Gleiche tun. In den meisten Fällen überträgt der Aussteller den Wechsel an seine Bank. Diese zahlt ihm dann den Wechselbetrag (abzüglich Zinsen – sog. Diskont – bis zum Zahlungstag) sofort aus. So kommt er trotz Kreditgewährung an seinen Kunden zu seinem Geld. Den Diskont belastet er dem Kunden.

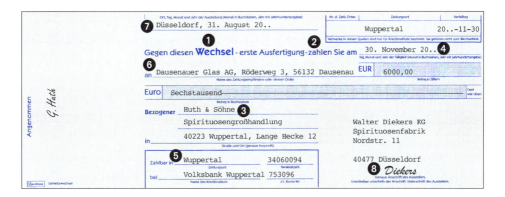

Gesetzlich vorgeschriebene Bestandteile:

❶ Bezeichnung als „Wechsel" im Text, ❷ Unbedingte Zahlungsanweisung, ❸ Bezogener, ❹ Verfallzeit, ❺ Zahlungsort, ❻ Wechselnehmer, ❼ Ausstellungsort und -tag, ❽ Unterschrift des Ausstellers

Bei Nichteinlösung am Zahlungstag haften der Bezogene, der Aussteller und jeder „Vormann" gegenüber seinen „Nachmännern", an die der Wechsel weitergegebenwurde, nach den besonders strengen Bestimmungen des Wechselgesetzes. Jeder Nachmann kann auf jeden beliebigen Vormann „Rückgriff nehmen", d. h. sofortige Zahlung verlangen. Auch für den Wechselmahnbescheid und die Wechselklage gelten strengere Vorschriften als für den Zivilprozess allgemein.

Arbeitsaufträge

1. **Bei der Bargeldzahlung werden – anders als bei der halbbaren oder der bargeldlosen Zahlung – oft Quittungen ausgestellt.**
   Wie lässt sich dieses unterschiedliche Vorgehen erklären?

2. **Die folgenden Zahlungen sollen getätigt werden. Der Zahler besitzt ein Girokonto bei der örtlichen Sparkasse und ein Postbankgirokonto.**
   (1) Monatliche Zahlung der Wohnungsmiete (stets 400,00 EUR)
   (2) Zahlung der monatlichen Telefonrechnung (unterschiedliche Beträge)

(3) Zahlung von 1 000,00 EUR auf ein Konto bei einem anderen Geldinstitut

(4) Zahlung von 50,00 EUR auf ein Konto bei demselben Geldinstitut

(5) Begleichung einer Liefererrechnung (Wareneinkäufe für 4 000,00 EUR)

(6) Bezahlung eines Mantels im Bekleidungsgeschäft (300,00 EUR)

(7) Bezahlung einer Tube Zahnpasta im Drogeriemarkt (1,30 EUR)

(8) Einzahlung von 4 000,00 EUR Tageseinnahmen von unterwegs auf das Bankkonto durch einen Reisenden mit Inkassovollmacht

(9) Bezahlung einer Liefererrechnung (900,00 EUR) an einen Reisenden mit Inkassovollmacht

(10) Abhebung vom eigenen Konto (500,00 DM)

(11) Rückvergütung von Versicherungsprämien an 120 Kunden, deren Kontoverbindungen nicht bekannt sind

(12) Inkasso des Rechnungsbetrages für eine Postsendung bei Übergabe der Sendung an den Empfänger.

a) Nennen Sie vorteilhafte Zahlungsformen ggf. mit Alternativen.

b) Beschaffen Sie sich die Formulare für die von Ihnen genannten Zahlungsformen und füllen Sie sie aus.

3. „Plastikgeld" – z. B. die Kreditkarte – wird immer beliebter.

a) Kann jeder Inhaber eines Kontos eine Kreditkarte erwerben?

b) Für welche Zahlungen eignet sich die Kreditkarte?

c) Wie wird eine Zahlung per Kreditkarte abgewickelt?

d) Erkundigen Sie sich bei einer Bank, welche Leistungen eine Kreditkarte insgesamt umfassen kann.

e) Der Baustoffgroßhandel Küppers GmbH akzeptiert Kreditkarten. Trotzdem würde es keinem seiner gewerblichen Kunden einfallen, mit der Karte zu bezahlen. Erklären Sie den Grund.

f) Im Einzelhandel „drohen" Kunden bisweilen dem Verkäufer, mit der Kreditkarte zu bezahlen, wenn sie keinen Preisnachlass erhalten. Erläutern Sie den Hintergrund.

4. Aus einem Brief der Erna Fink OHG an die August Sperber KG: „Zum Ausgleich Ihrer Rechnung Nr. 1112 / 93 senden wir ihnen als Anlage einen Scheck über 1 679,88 EUR auf die X-Bank Y-Hausen ..."

a) Um welche der folgenden Scheckarten wird es sich in diesem Fall wahrscheinlich handeln?
   (1) Orderscheck, Inhaberscheck
   (2) Barscheck, Verrechnungsscheck
   Erläutern Sie Ihre Ansicht und erklären Sie die wesentlichen Unterschiede zwischen den angeführten Scheckarten.

b) Besorgen Sie sich ein Scheckformular und stellen Sie den Scheck aus.

c) Welche Eintragungen müssen Sie unbedingt vornehmen?

d) Auf welchem Weg wird die August Sperber KG in den Besitz des Scheckbetrages gelangen?

e) Unter welchen Bedingungen wird die X-Bank den Scheck nicht einlösen?

7.9   Debitorenmanagement

7.9.1 Debitorenkonten

Das Debitorenmanagement betrifft folgende Vorgänge am Ende des Geschäftsprozesses Verkauf: Überwachung, Prüfung und Buchung des Zahlungseingangs sowie das Mahnwesen. Damit trägt es wesentlich dazu bei, die Liquidität der Unternehmung zu sichern.

In Ergänzung zum **Sachkonto 2400 Forderungen aus Lieferungen und Leistungen** im Hauptbuch im Kontokorrentbuch für jeden Kunden (Debitor, Schuldner) ein **Debitorenkonto** geführt.

Beispiele:

Hauptbuchhaltung:	Debitorenbuchhaltung:
2400 Forderungen aus Lieferungen und Leistungen	240001 Minster GmbH
	240002 Plisch & Plumm KG
	... ...

Das Debitorenprogramm entnimmt die Daten für das Debitorenkonto dem **Kundenstammsatz** in der Kundendatenbank.

Relevante Daten des Kundenstammsatzes			
Kommunikations-daten	**Zahlungsverkehrs-daten**	**Mahn-daten**	**Berechtigungs-daten**
Kundennummer, Kundenname (Firma), Anschrift (auch: Land), Telefon, Telefax, E-Mail-Adresse	Bankverbindung (Bankleitzahl, Bank, Kontonummer), Zahlungsbedingungen	Datum der letzten Mahnung, Mahnstufe	Passwort (für Personen, die Zugangsberechtigung zum Konto haben)

Kundenstammsätze können vom Vertrieb, von der Finanzbuchhaltung oder für Vertrieb und Buchhaltung von einer zentralen Stelle angelegt werden.

Das System benutzt die Debitorendaten des Kundenstammsatzes

- **als Vorschlagswerte für die Buchhaltung:**
  Es schlägt z. B. einen Buchungssatz unter Berücksichtigung der gespeicherten Skontoangaben vor;

- **für die Verarbeitung der Geschäftsfälle:**
  Es verarbeitet z. B. Mahndaten für den maschinellen Mahnlauf (Mahnlistenerstellung).

7.9.2 Prüfen und Buchen des Zahlungseingangs

Am 04.03.02 wurde bei der AKZO CHEMICALS GmbH auf dem Debitorenkonto der Herbert Meier GmbH & Co. KG eine Forderung über 2628,17 EUR gebucht:
240122 Meier an 5000 Umsatzerlöse und 4800 Umsatzsteuer.
Am 02.05.02. zeigt die Hausbank von AKZO den Eingang der Überweisung an:

Deutsche Bank	**ÜBERWEISUNGSEINGANG**	**Beleg-Datum:** 02.05.02
Empfänger:	AKZO CHEMICALS GmbH 45013 Essen	
	BLZ: 360 700 50; **Konto:** 816 668 800	
Auftraggeber:	Herbert Meier GmbH & Co. KG	
	BLZ: 342 500 00; **Konto:** 124 404	
Verwendungszweck:	**Re.Nr.** 7223002079 **vom** 04.03.02 **Kd.-Nr.:** 240122	
	Betrag EUR: 2628,17 **Sk. EUR** 0,00	

- Der Sachbearbeiter ruft durch Eingabe der Kundennummer den Debitor auf und lässt sich eine Liste der offenen Rechnungsposten (OP-Liste) zeigen.

- Der Sachbearbeiter vergleicht die Daten des Überweisungseingangs mit den gespeicherten Kundendaten. Wenn nötig, nimmt er Korrekturen vor.
- Zwecks Prüfung der Zahlungsbedingungen klickt er die Zeile des entsprechenden Rechnungspostens (❶) an. Nun werden alle Vertriebsdaten des Käufers angezeigt.
- Stimmen die Daten überein, kann die Buchung erfolgen. Dazu werden eingegeben: Datum des Überweisungseingangsbelegs, Buchungsdatum, eigenes Zahlungsmittelkonto (2800 Bank), Debitorenkonto (hier: 240122), Zahlungsbetrag. Dem Sachbearbeiter werden noch einmal alle nicht gebuchten Zahlungseingänge des Kunden gezeigt. Er klickt den zu buchenden Überweisungseingang an. Das System zeigt eine Buchungssimulation (Buchungsvorschlag) an. Ist sie in Ordnung, erfolgt die Buchung.

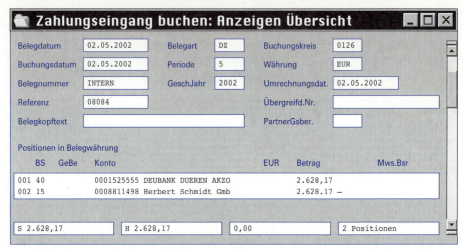

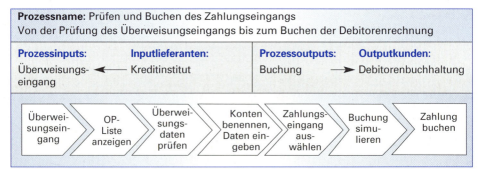

7.9.3 Mahnlauf

Das System erstellt Mahnlisten der fälligen und nicht bezahlten Rechnungen. Zusätzlich können weitere Analysen (z. B. Kontoanalysen, Alarmreports, Fälligkeitsraster zur Beurteilung nicht eingehaltener Zahlungstermine) erstellt und ausgegeben werden.

- Der Sachbearbeiter legt fest, für welche Debitoren und welchen Zeitraum die Mahnliste erstellt werden soll. Dazu gibt er die betreffenden Debitorennummern (von ... bis) und das Stichdatum ein.
- Das System erstellt automatisch einen ersten Mahnlistenvorschlag.
- Der Sachbearbeiter überprüft die vorgeschlagenen Mahnstufen. Ist er mit einer Mahnstufe nicht einverstanden, kann er sie durch eine andere ersetzen.

■ Nach Durchsicht aller Debitoren wird die endgültige Mahnliste erstellt.

AKZO CHEMICALS GmbH	**Mahnliste zum 03.07. …**		Zeit: 14:17:22	Datum: 03.07. …		Seite 1	
Konto	Beleg-Nummer	Referenz-nummer	Buchungs-datum	Fälligkeits-datum	Verzugs-tage	Betrag in EUR	Mahn-stufe
240090	EMTEC ELECTRONICS GmbH, 67001 Ludwigshafen						
	26079	6122038502	30.04. …	30.05. …	34	2 390,00	2
	14022	7235039000	02.05. …	22.06. …	11	1 000,00	1
						3 390,00	
240099							

■ Das System druckt die Mahnung aus.

In der ersten Mahnung wird der Schuldner höflich an die fällige Zahlung erinnert (Zwar will der Verkäufer sein Geld haben, nicht aber den Kunden verlieren!).

Mahn-Stufen	Vorgaben	
0	Keine Mahnung	
1	Erste Mahnung	(evtl. „Erinnerung")
2	Zweite Mahnung	(Zahlungsfrist angeben!)
3	Dritte Mahnung	(als Einschreiben!)
4	Einzug der Forderung	(Inkassoinstitut beauftragen!)

Spätestens in der dritten Mahnung droht man den Einzug der Forderung an. Gewerbliche Auskunfteien („Creditreform", „Schimmelpfeng", „Bürgel" usw.) unterhalten z. B. Inkassoinstitute.

Inkassoinstitute sind gefürchtet: Zwar können sie die Zahlung nicht erzwingen, aber die schlechte Zahlungsmoral des Schuldners bekannt machen.

Beispiele: Mahnungen

---

10. Juni 20..

Erinnerung

Sehr geehrte Damen und Herren,

über Ihren Auftrag haben wir uns sehr gefreut. Sicherlich waren Sie mit unserer Leistung zufrieden.

Dürfen wir Sie daran erinnern, nunmehr die fällige

Rechnung Nr. 6122038592 vom 30.04. über 2 390,00 EUR

zu begleichen?

Mit freundlicher Empfehlung

---

25. Juni 20..

Zweite Mahnung

Sehr geehrte Damen und Herren,

mit unserem Schreiben vom 10. Juni 20.. haben wir Sie an unsere offen stehende Rechnung Nt. 6122038592 erinnert. Bisher ist Ihre Zahlung jedoch nicht bei uns eingegangen.

Bitte bedenken Sie, dass auch wir unseren Verpflichtungen pünktlich nachkommen müssen.

Wir bitten Sie, den Betrag von 2 390,00 EUR bis zum 10. Juli 20.. überweisen

Mit freundlichen Grüßen

Dritte und letzte Mahnung   25. Juli 20..

Trotz Erinnerungsschreibens und zweiter Mahnung haben Sie unsere

Rechnung Nr. 6122038592 vom 30.04...

nicht beglichen.

Wir können nicht länger warten und bitten um Ihre Zahlung bis spätestens zum
05. August 20..

Rechnungsbetrag	2 390,00 EUR
Mahngebühr	30,00 EUR
11,5% Verzugszinsen vom 30.05. – 05.08.20..	49,63 EUR
2 469,63 EUR	

Nach Ablauf dieses Termins werden wir einen Mahnbescheid beantragen oder
Klage erheben.

Durch die Forderungsüberwachung und geeignete Maßnahmen zum Eintreiben der
Forderungen trägt das Debitorenmanagement wesentlich dazu bei, dass der Betrieb
zahlungsfähig bleibt, keine unnötigen Kredite aufnehmen muss und nicht durch For-
derungsverjährung oder Kundeninsolvenz Verluste erleidet.

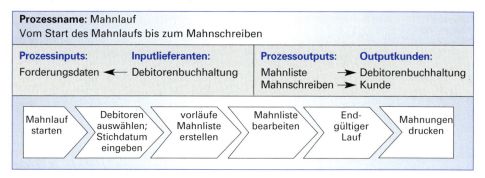

Prozessname: Mahnlauf
Vom Start des Mahnlaufs bis zum Mahnschreiben

Prozessinputs:	Inputlieferanten:	Prozessoutputs:	Outputkunden:
Forderungsdaten ◀—	Debitorenbuchhaltung	Mahnliste —▶	Debitorenbuchhaltung
		Mahnschreiben —▶	Kunde

Mahnlauf starten ▷ Debitoren auswählen; Stichdatum eingeben ▷ vorläufe Mahnliste erstellen ▷ Mahnliste bearbeiten ▷ End-gültiger Lauf ▷ Mahnungen drucken

7.9.4   Nichteinhaltung des Zahlungstermins

**Wenn die Zahlung fällig ist, der Kaufer nicht zahlt und der Verkäufer die Zahlung ange-
mahnt hat, gerät der Käufer mit dem Erhalt der Mahnung in Zahlungsverzug (BGB § 286).**

Der Verzug tritt auch ohne Mahnung ein, wenn

- der Zahlungstag nach dem Kalender bestimmt ist,
- der Käufer die Zahlung ernsthaft und endgültig verweigert,
- der Käufer eine Rechnung oder gleichwertige Zah-
  lungsaufstellung erhalten hat und dann nicht binnen 30
  Tagen nach Fälligkeit zahlt.

*Für Verbraucher
gilt dies nur, wenn
sie in der Rechnung
auf diese Folge hin-
gewiesen wurden.*

Ist der Zeitpunkt des Zugangs der Rechnung unsicher, tritt der Verzug bei Nicht-Ver-
brauchern 30 Tage nach Fälligkeit und Empfang der Gegenleistung (Kaufsache) ein.

Der Käufer kommt allerdings nicht in Verzug, solange die Zahlung infolge eines Umstandes unterbleibt, den er nicht verschuldet hat.

Rechte des Verkäufers bei Nichteinhaltung des Zahlungstermins	
bei Zahlungsverzug (Käuferschulden vorausgesetzt)	**auch ohne Zahlungsverzug** (kein Käuferschulden vorausgesetzt)

■ Schadensersatz wegen Verzögerung der Zahlung verlangen (BGB § 280); z. B. Mahnkosten, eigene Kreditzinsen, Verzugszinsen für die Dauer des Zahlungsverzugs, und (wenn Vorauszahlung vereinbart war) bis zur Zahlung die Lieferung der Kaufsache verweigern	■ angemessene Nachfrist setzen; nach erfolglosem Ablauf: vom Vertrag zurücktreten (BGB § 233) Fristsetzung entbehrlich, wenn
	  – der Käufer die Zahlung ernsthaft und endgültig verweigert,
	  – besondere Umstände den sofortigen Rücktritt rechtfertigen

Die Höhe der Verzugszinsen kann vereinbart werden. Ohne Vereinbarung beträgt sie 5 Prozentpunkte über dem Basiszinssatz (wenn kein Verbraucher am Geschäft beteiligt ist: 8 Prozentpunkte).

7.9.5 Gerichtliches Mahnverfahren

Zahlt der Käufer trotz Mahnungen nicht, so kann der Gläubiger den Schuldner gerichtlich mahnen lassen. Das Verfahren erfolgt mit einem **Mahnbescheid**. Der not-

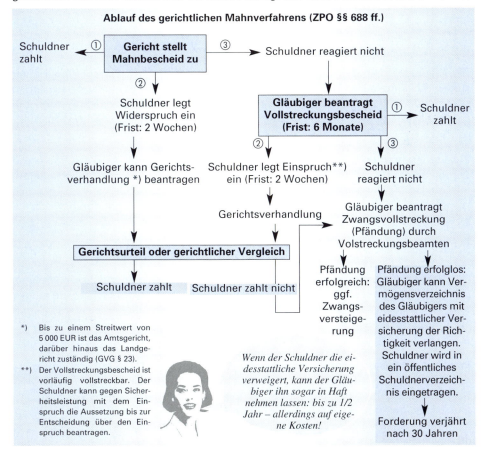

Ablauf des gerichtlichen Mahnverfahrens (ZPO §§ 688 ff.)

Schuldner zahlt ← ① — **Gericht stellt Mahnbescheid zu** — ③ → Schuldner reagiert nicht

② ↓

Schuldner legt Widerspruch ein (Frist: 2 Wochen)

↓

Gläubiger kann Gerichtsverhandlung *) beantragen

Gläubiger beantragt Vollstreckungsbescheid (Frist: 6 Monate) — ① → Schuldner zahlt

② ↓   ↓ ③

Schuldner legt Einspruch** ein (Frist: 2 Wochen)   Schuldner reagiert nicht

↓

Gerichtsverhandlung

Gläubiger beantragt Zwangsvollstreckung (Pfändung) durch Volstreckungsbeamten

Gerichtsurteil oder gerichtlicher Vergleich

Schuldner zahlt   Schuldner zahlt nicht

Pfändung erfolgreich: ggf. Zwangsversteigerung

Pfändung erfolglos: Gläubiger kann Vermögensverzeichnis des Gläubigers mit eidesstattlicher Versicherung der Richtigkeit verlangen. Schuldner wird in ein öffentliches Schuldnerverzeichnis eingetragen.

↓

Forderung verjährt nach 30 Jahren

*) Bis zu einem Streitwert von 5 000 EUR ist das Amtsgericht, darüber hinaus das Landgericht zuständig (GVG § 23).

**) Der Vollstreckungsbescheid ist vorläufig vollstreckbar. Der Schuldner kann gegen Sicherheitsleistung mit dem Einspruch die Aussetzung bis zur Entscheidung über den Einspruch beantragen.

Wenn der Schuldner die eidesstattliche Versicherung verweigert, kann der Gläubiger ihn sogar in Haft nehmen lassen: bis zu 1/2 Jahr – allerdings auf eigene Kosten!

wendige Formularsatz ist im Handel erhältlich. Der Gläubiger füllt ihn aus und richtet ihn an das im jeweiligen Bundesland für das Mahnverfahren zuständige Amtsgericht (in Nordrhein-Westfalen die Amtsgerichte Hagen und Euskirchen). Das Gericht stellt dem Schuldner den Mahnbescheid zu. Es prüft aber nicht den Sachverhalt!

Der Vollstreckungsbeamte nimmt bei der **Zwangsvollstreckung** (ZPO §§ 704 ff., 803 ff.) Geld, Schmuck und Kostbarkeiten als Faustpfand in Besitz. Andere Gegenstände beschlagnahmt er durch Aufkleben von Pfandsiegelmarken. (Persönliche und dem Haushalt und der Erwerbstätigkeit dienende Gegenstände sind nicht pfändbar, z. B. Kleidung, Betten, Küchengeräte, Handwerkszeug.) Die gepfändeten Gegenstände werden versteigert.

Auch Forderungen (z. B. Lohn-, Gehalts-, Mietforderungen) werden gepfändet. Sie dürfen dann nicht an den Schuldner ausgezahlt werden, sondern sind dem Gläubiger zu überweisen. Auch hier sind bestimmte Beträge unpfändbar.

Bei Grundstücken erfolgt die Zwangsvollstreckung durch Zwangsversteigerung, Zwangsverwaltung oder Eintragung einer Sicherungshypothek ins Grundbuch.

7.9.6 Klageverfahren

Der Gläubiger kann den säumigen Schuldner auch im Zivilprozess auf Zahlung verklagen. Bei Klagen bis 5 000,00 EUR ist das Amtsgericht, darüber hinaus das Landgericht zuständig (GVG § 23). Bis 767 EUR Streitwert muss vorher eine außergerichtliche Schlichtung durch einen gerichtlich vereidigten Schlichter versucht werden.

Zur vorbereitenden Klärung der Verhältnisse setzt der Richter einen frühen ersten Termin an oder veranlasst ein schriftliches **Vorverfahren**. In einer **Güteverhandlung** lotet er die Möglichkeit einer gütlichen Einigung aus. Ist dieser Versuch erfolglos, kommt es zur **Hauptverhandlung.** Diese soll den Sachverhalt kären durch
- Vortragen der Standpunkte,
- Beweismittel (Zeugenaussagen, Gutachten, Urkunden, Augenschein).

Die Parteien können einen **Vergleich** schließen oder der Richter spricht ein streitiges **Urteil.** Erscheint der Beklagte nicht zum Termin, so verurteilt das Gericht ihn auf Antrag des Klägers (Versäumnisurteil). Erscheint der Kläger nicht, so weist das Gericht auf Antrag des Beklagten die Klage ab.

Prozesse sind risikobehaftet und können sehr teuer werden. Die unterlegene Partei muss alle Kosten tragen (Prozess-, Beweisaufnahme-, Urteils-, Sachverständigen-, Anwaltsgebühren, Auslagen für Zeugen und Sachverständige). Kann der unterliegende Beklagte nicht zahlen, hält sich das Gericht an den Kläger. Deshalb ist oft eine außergerichtliche Einigung vernünftiger.

Ein magerer Vergleich ist besser als ein fetter Prozess!

1. **Die AKZO CHEMICALS GmbH erhält von ihrer Bank folgenden Überweisungseingang:**

Deutsche Bank	ÜBERWEISUNGSEINGANG	Beleg-Datum: 26.02.02
Empfänger:	AKZO CHEMICALS GmbH 45013 Essen BLZ: 360 700 50; **Konto:** 816 668 800	
Auftraggeber:	Hans Bauchgraf OHG BLZ: 548 500 10; **Konto:** 244 045	
Verwendungszweck:	**Re.-Nr.** 62716659 **vom** 14.02.02 **Kd.-Nr.:** 240037 **Betrag EUR:** 4 200,00 **Sk. EUR** 126,00	

   a) Welche Tätigkeiten löst der Überweisungseingang im Debitorenmanagement aus?
   b) Berechnen Sie den Skontoprozentsatz. Formulieren Sie eine Zahlungsbedingung, die dem Skontoabzug zugrunde liegen könnte.
   c) Bewirkt die Zahlung unter Anzug von Skonto eine Dateneingabe, die von der Zahlung ohne Skontoabzug abweicht?
   d) Formulieren Sie den Buchungssatz für die Buchung der Zahlung.

2. **Ihr Ausbildungsbetrieb verfügt über ein EDV-gestütztes Debitorenmanagement.**
   a) Erstellen Sie eine ereignisgesteuerte Prozesskette für das Prüfen und Buchen von Überweisungseingängen.
   b) Erstellen Sie mit Hilfe eines Präsentationsprogramms eine Benutzeranleitung für diesen Subprozess des Debitorenmanagemente. Die Anleitung soll die zur Veranschaulichung der Prozessschritte notwendigen Screenshots enthalten.

3. **Betrachten Sie den Geschäftsfall in Aufgabe 1 auf Seite 270 ff. Die Pelzer GmbH & Co. hat die bestellten Hubtische am 18. Juni an die Maschinenfabrik Klemm GmbH geliefert. Rechnungsdatum ist der 18. Juni. Am 25. Juli ist die Zahlung noch nicht bei Pelzer eingegangen.**
   a) Wann hätte die Zahlung eingehen müssen?
   b) Ist Klemm am 25. Juli bereits in Zahlungsverzug?
   c) Fertigen Sie eine unterschriftsreife 1. Mahnung („Erinnerung") an.
   d) Klemm zahlt trotz zweier Mahnungen nicht. Fertigen Sie eine unterschriftsreife „letzte Mahnung" an.
   e) Bei welchem Gericht muss Pelzer Klemm auf Zahlung verklagen?
   f) Wie wird Pelzer vor Gericht die Forderung beweisen?
   g) Schildern Sie den Ablauf des Klageverfahrens Pelzer GmbH & Co. gegen Maschinenfabrik Klemm GmbH.
   (Benutzen Sie ein Textverarbeitungsprogramm.)

4. **Betrachten Sie den auf der folgenden Seite abgebildeten Antrag auf Erlass eines Mahnbescheids.**
   a) Auf wessen Antrag ergeht der Mahnbescheid?
   b) Gegen wen ist der Mahnbescheid gerichtet?
   c) Welche Forderungen werden geltend gemacht?
   d) Welches Gericht ist für den Mahnbescheid zuständig?
   e) Auf welche Arten kann der Schuldner auf den Mahnbescheid reagieren? Erläutern Sie, wie das Verfahren dann jeweils fortgesetzt werden kann.
   f) Welches Gericht wäre bei einem Widerspruch auf den Mahnbescheid (bzw. bei einem Einspruch auf den Vollstreckungsbescheid) zuständig?
   g) Welche Möglichkeit verbleibt dem Gläubiger noch im Fall einer erfolglosen Pfändung des Schuldners?

   Betrachten Sie noch einmal die Bestellung der Elegius GmbH auf Seite 283. Elegius hat bis zum 15. Okt. noch nicht bezahlt. Er zahlt auch trotz mehrerer Mahnungen nicht.
   Besorgen Sie sich das Formular eines Mahnbescheides, und füllen Sie diesen aus.

Antrag auf Erlass eines Mahnbescheids

Nur für Gerichte, die die Mahnverfahren maschinell bearbeiten.

Wichtig: Bitte lesen Sie zunächst die Hinweise zu diesem Vordruck. Die Hauptforderung ist mit einer aus dem Hinweisblatt zu entnehmenden Katalog-Nr. zu bezeichnen.

Datum des Antrags: 00 - 42 - 29

Raum für Vermerke des Gerichts

Antragsteller

Bei mehreren Antragstellern: den weiteren ab der in Spalte 1 bezeichneten Person verschiedenartig mit je einer aus dem Hinweisblatt zu entnehmenden

□ Weiterer Antragsteller

Spalte 1
1 = Herr
2 = Frau

Vorname

Nachname

Straße, Hausnummer – bitte kein Postfach! –

Postleitzahl   Ort

Ausl. Kz.

Nur Firma, juristische Person u. dgl. als Antragsteller   soweit Rechtsform:
3 = nur Einzelfirma   4 = nur GmbH u. Co KG   Rechtsform, z. B. GmbH, AG, OHG, KG
Firmenname Vor- und Nachname, Firma (Kurzbezeichnung)

DAUENAUER GLAS AG   AG

GLASHÜTTE

RÖDERWEG 3

56432 DAUENAU

Gesetzlicher Vertreter   (auch weiterer)   Nr. der Spalte, in der der Vertretene bezeichnet ist
Stellung

VORSTAND

ALBERT HEIN

RÖMERSTR. 16

56432 DAUENAU

Antragsgegner

□ Antragsgegner sind Gesamtschuldner   □ Weiterer Antragsgegner

Spalte 1
1 = Herr
2 = Frau

Vorname

Nachname

Straße, Hausnummer – bitte kein Postfach! –

Postleitzahl   Ort

Ausl. Kz.

Nur Firma, juristische Person u. dgl. als Antragsgegner   soweit Rechtsform:
3 = nur Einzelfirma   4 = nur GmbH u. Co KG   Rechtsform, z. B. GmbH, AG, OHG, KG

WALTER DIEKERS KG   KG

SPIRITUOSENFABRIK

NORDSTR. 11

40477 DÜSSELDORF

Gesetzlicher Vertreter   (auch weiterer)   Nr. der Spalte, in der der Vertretene bezeichnet ist
Stellung
3

KOMPLEMENTÄR

WALTER DIEKERS

OBERSTR. 1

40442 DÜSSELDORF

Bezeichnung des Anspruchs

Zeilen-Nummer	Katalog-Nr.	Rechnung/Abteilung/Vertrag oder ähnliche Bezeichnung	Nr. der Rechnung, des Kontos u. dgl.	Datum bzw. Zeitraum vom	bis	Betrag DM
32	43	RECHNUNG	5756	00 - 08 - 13		2390,00

Hauptforderung

Sonstiger Anspruch – nur ausfüllen, wenn im Katalog nicht vorhanden –

Nur bei Abtretung oder Forderungsübergang:
Früherer Gläubiger – Vor- und Nachname, Firma (Kurzbezeichnung)

IIa Laufende Zinsen

Zahlen-Nr.	Zinssatz %	
40	32	8

IIb Abgeschlossene Zinsen

Gemäß dem Antragsgegner mitgeteilter Berechnung für die Zeit

IV Andere Nebenforderungen

Mahnkosten Betrag DM
60,00

III Anträge des Antragstellers für dieses Verfahren

Im Falle eines Widerspruchs beantrage ich die Durchführung des streitigen Verfahrens.

Der Antragsteller ist ☒ nicht / ☐ zum Vorsteuerabzug berechtigt.

Prozessbevollmächtigter des Antragstellers

Ordnungsgemäße Bevollmächtigung versichere ich.

PETER REICHEL

BACHSTR. 2

56432 DAUENAU

Bankleitzahl / Kontonr.
360 800 822 83-546   POSTBANK

Ich beantrage, einen Mahnbescheid zu erlassen und in diesem die Kosten des Verfahrens aufzunehmen. Ich erkläre, daß der Anspruch von einer Gegenleistung
☒ abhängig, diese aber bereits erbracht ist. / ☐ nicht abhängt.

Unterschrift des Antragstellers/Vertreters/Prozessbevollmächtigten

Peter Reichel

An das Amtsgericht
– Mahnabteilung –
Postfach

56727 MAYEN

7.9.7 Verjährung von Forderungen

Wer Forderungen hat, muss sich darum kümmern. Die Gerichte gewähren ihre Hilfe nur eine bestimmte Zeit. Danach verjährt die Forderung. Das bedeutet:

Die Forderung besteht weiter, jedoch hat der Schuldner ein Leistungsverweigerungsrecht (BGB § 214). Der Gläubiger kann den Schuldner nach Ablauf der Verjährungsfrist nicht gerichtlich zur Leistung zu zwingen. Trotz Verjährung erbrachte Leistungen kann der Schuldner aber nicht zurückfordern.

Besitzt der Gläubiger ein Pfand, so kann er dieses auch nach der Verjährung noch durch Versteigerung verwerten.

Vorteile der Verjährung:

- Quittungen müssen nur begrenzte Zeit aufbewahrt werden.
- Der Gläubiger wird zur Ordnung und Überwachung der Forderungen gezwungen.
- Die Rechtssicherheit wird erhöht.

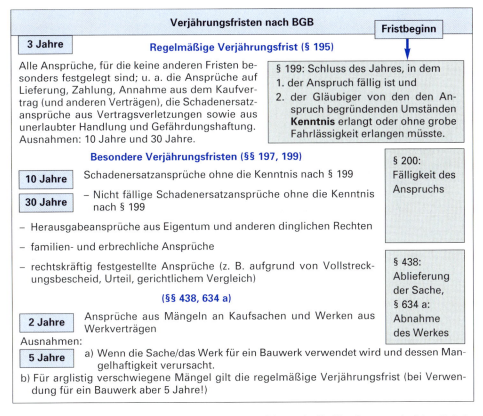

Daneben gibt es weitere spezielle Verjährungsfristen (z. B. für: Steuerschulden 5 Jahre, Steuerbetrug 10 Jahre).

Vertragspartner können die Verjährungsfristen auch vertraglich , aber nicht über 30 Jahre hinaus verlängern (BGB § 202).

Die Verjährung wird durch **Neubeginn** und **Hemmung** hinausgeschoben.

Neugebinn und Hemmung der Verjährung

Neubeginn der Verjährung (BGB § 212)

Die Verjährung beginnt erneut, wenn

1. der Schuldner den Anspruch durch Abschlagszahlung, Zinszahlung, Sicherheitsleistung oder in anderer Weise anerkannt oder
2. eine gerichtliche oder behördliche Vollstreckungshandlung vorgenommen oder beantragt wird.

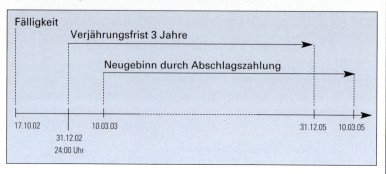

Neugebinn bedeutet: Die Verjährungsfrist beginnt erneut zu laufen.

Hemmung der Verjährung

1. solange wie Schuldner und Gläubiger über den Anspruch verhandeln, bis eine Partei die Verhandlungen verweigert. Die Verjährung tritt frühestens drei Monate nach dem Ende der Hemmung ein. (BGB § 203)
2. während der Zeit der Rechtsverfolgung, z. B. durch Klageerhebung, Zustellung des Mahnbescheids, Anspruchsanmeldung im Insolvenzverfahren (BGB § 204). Die Hemmung endet sechs Monate nach der rechtskräftigen Entscheidung oder – bei Stillstand des Verfahrens – der letzten Verfahrenshandlung.
3. solange der Schuldner aufgrund einer Vereinbarung mit dem Gläubiger vorübergehend die Leistung verweigern darf (BGB § 205)
4. solange der Gläubiger innerhalb der letzten sechs Monate der Verjährungsfrist durch höhere Gewalt an der Rechtsverfolgung gehindert ist. (BGB § 206)

Hemmung bedeutet: Die genannten Zeiten werden nicht in die Verjährungsfrist eingerechnet.

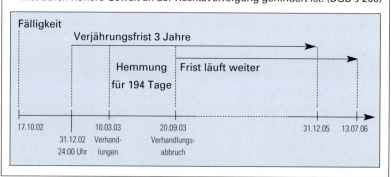

Arbeitsaufträge

1. Wann verjähren folgende Forderungen?

a) – Forderung auf Lieferung aus dem Kauf eines Neuwagens; vereinbarter Liefertermin 15.01.02.
   – Forderung auf Zahlung des Kaufpreises; verelnbarter Zahlungstermin = Liefertermin.
   – Schadensersatzforderung wegen Lieferungsverzugs; tatsächliche Lieferung am 30.03.02.

- Alternativ: Forderung auf den Ersatz von Mehraufwendungen wegen Annahmever-
  zugs (Dauer 30 Tage).
- Alternativ: Schadensersatzforderung wegen Zahlungsverzugs; tatsächlicher Zahlungstermin 07.00.02.
- Forderung auf Beseitigung von Mängeln am gelieferten Computer; Lieferung 30.00.02.
- Forderung auf Schadensersatz wegen dieser Mängel.
- Forderung auf Zahlung des Kaufpreises und Schadensersatz gemäß Gerichtsurteil,
  rechtkräftig am 18.02.03.
- Forderung auf Schadensersalz wegen Aufbruchs und Diebstahls des Wagens am
  18.06.02. Der Dieb wird am 25.00.02 gefasst. (Alternative: Der Dieb wird nicht gefasst.)
  b) Forderung auf Neulieferung und Schadensersalz für verzogene Fenster; Vertragsabschluss , 06.02.02. Lieferung 15.03.02
  c) Forderung auf Schadensersalz wegen eines vom Verkäufer verschwiegenen Unfallscha-
  dens eines Gebrauchtwagens; Vertragsabschluss 06.02.02, Lieferung 10.02.02.

2. **Die Peter Marx KG kaufte am 25.11.02 von Otto Zweck e.K. einen Bürocomputer. Die Zahlung sollte binnen 30 Tagen nach Lieferung (Liefertermin 29.11.) erfolgen; Sie wurde nicht
   geleistet.**
   a) Wann verjährt der Anspruch auf Zahlung?
   b) Nach der zweiten Mahnung bittet Marx am 04.03.03 um Stundung für zwei Monate.
   Zweck gewährt die Stundung am 10.03. Wann verjährt nun der Anspruch auf Zahlung?
   c) Die unerledigte Rechnung bleibt bei Zweck wegen Organisationsmängeln im Mahnwesen
   lange vergessen. Am 17.02.06 wird sie entdeckt. Marx verweigert die Zahlung. Zweck erhebt Klage. Am 25.07.06 wird Marx rechtskräftig zur Zahlung verurteilt. Wann verjährt
   nun der Anspruch auf Zahlung?

7.10 Kundenbindung und Serviceprozesse

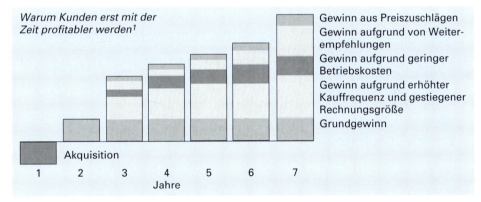

7.10.1 Kundenbindungsmaßnahmen

Hat der Betrieb neue Kunden gewonnen, so hat er anschließend die wichtige Aufgabe, sie an sich zu binden: Aus Neukunden sollen Stammkunden werden.

Die Kundenbindung umfasst alle Maßnahmen,
■ **die verhindern, dass Kunden abwandern;**
■ **die kontinuierliche oder vermehrte Wiederholungs- und Folgekäufe bewirken.**

Der Kunde soll dem Betrieb Umsätze bringen. Andererseits verursachen die Kundenbindungsmaßnahmen Kosten. Erfolgreich sind die Maßnahmen insbesondere, wenn
der Quotient Kundenbindungskosten : Kundenumsatz im Zeitablauf immer günstiger
(d. h. kleiner!) wird.

---

[1] Quelle: T. Tomczak, S. Dittrich: Verkauf. In: www.verkauf-aktuell.de 2001, S. 3

Wichtige Kundenbindungsmaßnahmen sind:

- **Innovative-Leistungssysteme**
  Leistungssysteme sind ganzheitliche Problemlösungen für den Kunden.
  Sie sind in Märkten mit zunehmender Auswechselbarkeit von Produkten, wachsenden Ansprüchen mächtiger Kunden und intensivem Preiswettbewerb von größter Bedeutung.

- **Integration in die Wertschöpfungskette**
  Betriebe, die ihre Kunden in Forschung- und Entwicklung integrieren, lösen eine vielfältige Kooperation aus. Auch die Vernetzung von Kunde und Lieferer durch das Internet errichtet Wechselbarrieren.

> Die Kunden sind **heterogen**[1], ihre Ansprüche differieren nach Art und Ausmaß und ändern sich im Zeitablauf. Wie die Produkte unterliegen auch die Kundenbeziehungen einem **Lebenszyklus:** Sie entstehen, wachsen, stagnieren, sterben. In jeder Phase sind die angemessenen Maßnahmen zu treffen mit demZiel; **Kundenzufriedenheit** zu erzielen und **Kundenvertrauen** aufzubauen und zu erhalten. Kundenbindungsmaßnahmen sind natürlich besonders wichtig für **„wertige", umsatzstarke Kunden** (Schlüsselkunden, A-Kunden).

Es gilt:
- *Der Kunde ist richtig zu binden!*
- *Der richtige Kunde ist zu binden!*

- **Bonusprogramme**
  Bonusprogramme sollen den Kunden für seine Treue belohnen. Für den Industriebetrieb bieten sich z. B. an: Treuerabatte; kostenlose Zusatzleistungen.

- **Kontaktpflege**
  Regelmäßige Kontakte sollen Vertrauen aufbauen und erhalten. Die Kommunikation muss unbedingt die idividuellen Belange berücksichtigen und ein Kundenfeedback ermöglichen. Unter den zahlreichen Instrumenten sind v. a. zunennen: Call-Center, Hotlines, Kundenbesuche, persönliche Mailings, Kundenbefragungen, E-Mails, personalisierte Web-Angebote, Anrufe, Kundenclubs, Download-Angebote, Kundenzeitschriften, Events, Chats, Newsletters, Workshops, Kurse, Seminare, Managementinformation, Unternehmensberatung.

- **Serviceleistungen**
  Die genannten Maßnahmen der Kontaktpflege gehören zu den Maßnahmen der Kundenpflege. Diese stellen bekanntlich Serviceleistungen im Betreuungsbereich dar. Kaufmännische und technische Serviceleistungen treten hinzu.

Lesen Sie hierzu noch einmal auf Seite 447 nach!

7.10.2 Serviceprozesse

Im Rahmen der Geschäftsprozesse gehört der Kundenserviceprozess zu den grundlegenden Kernprozessen[2].

Der Serviceprozess betreut die Kunden nach dem Kauf, soll sie bei Schwierigkeiten unterstützen, Produktmängel beseitigen und den dauerhaften Einsatz des Produkts absichern.

Der Serviceprozess unterteilt sich in drei grundlegende Teilprozesse[3]:

- Behebung aktueller Kundenprobleme (z. B. Produktmängel; Ersatzteilversorgung, Reparaturen),
- Durchführung laufender Servicearbeiten (v. a. Wartungsarbeiten),
- Bereitstellung ergänzender Serviceleistungen (z. B. Schulungen des Servicepersonals, Servicedokumentation).

---

[1] Vgl. S. 419
[2] Vgl. S. 40
[3] Vgl. H. J. Schmelzer, W. Sesselmann: Geschäftsprozessmanagement in der Praxis. München, Wien 2002, S. 133

Serviceprozesse werden ausgelöst durch Anforderungen wie Beanstandungen, Fehlermeldungen, Servicecalls, Änderungswünsche. Sie haben die Aufgabe, Lösungen für die zugrunde liegenden Probleme zu realisieren. In einer Clearingstelle werden die Anforderungen gesammelt, nach Priorität (Vorrangigkeit) geordnet, gebündelt. Dann wird die Bearbeitung veranlasst. Wir wollen dies am Beispiel des **Beschwerden-Managements** verdeutlichen.

Beschwerden wollen auf ein Verhalten des Anbieters aufmerksam machen, das als unangemessen angesehen wird. Sie sind auf eine entsprechende Verhaltensänderung und ggf. eine Entschädigung gerichtet. Ziele des Beschwerdenmanagements sind dementsprechend:

Was ist eine Beschwerde? Jede Äußerung von Unzufriedenheit mit dem Betrieb. Sie kann direkt an den Betrieb gerichtet sein, aber auch gegenüber Dritten, z. B. Medien oder Verbraucherorganisationen, geäußert werden.

- Wiederherstellen der Kundenzufriedenheit,
- Minimierung der Negativwirkungen der Kundenunzufriedenheit auf das Unternehmen,
- Nutzung der Beschwerdehinweise für Verbesserungen.

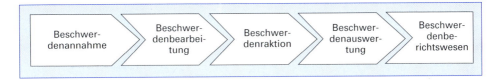

Arbeitsaufträge

1. **Nachfolgend ist ein typischer Kundenbeziehungs-Lebenszyklus abgebildet.**

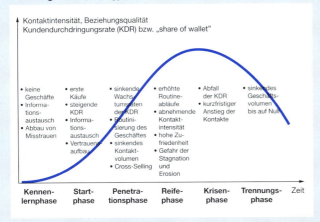

a) Erläutern Sie die Phasen des Lebenszyklus.

b) Geben Sie an, in welchen Phasen Kundenbindungsmaßnahmen angebracht sind und nennen Sie geeignete Maßnahmen.

2. **Die Werbeagentur Publiciti e.K. soll für ihren Auftraggeber im Rahmen des Direct-Marketings ein Mailing und einen Flyer über die neue Kundenkarte „Plus-Card" entwerfen und an 200 000 Haushalte versenden. Folgende Informationen über die Kundenkarte liegen vor:**

- *Punkte sammeln beim Einkaufen*
  Überall, wo man den Kundenkarten-Aufkleber sieht, bekommt der Karteninhaber mit der „Plus-Card" beim Einkaufen Rabatte in der Höhe, die der jeweilige Kundenkarten-Partner festgelegt hat. Diese Ersparnisse sammelt der Karteninhaber in Form von „Plus-Punkten" auf seiner Karte wie in einer Geldbörse.

- *Bezahlen mit Plus-Punkten*

  Die Karte ist wie bares Geld. Denn man kann jeden Plus-Punkt bei allen Kundenkarten-Partnern wieder ausgeben. Zudem erhält der Karteninhaber bei jedem Einkauf mit der „Plus-Card" eine Übersicht über seinen aktuellen Punktestand.

- *Vergünstigungen genießen in der Freizeit*

  Mit der „Plus-Card" profitiert der Karteninhaber nicht nur von „tollen Einkaufsvorteilen". Denn zusätzlich erhält er mit seiner „Plus-Card" auch in allen Freizeiteinrichtungen mit dem Kundenkarten-Aufkleber einen Preisnachlass.

  Entwerfen Sie das Mailing und den Flyer.

3. **Bei der Scharnamm GmbH wurden bisher Kundenreklamationen mehr oder weniger zufällig bearbeitet. Nun soll ein Beschwerdemanagement aufgebaut werden, das systematisch alle Kundenreklamationen erledigt.**

   Sie erhalten die Aufgabe, den Geschäftsprozess „Prüfung einer Kundenreklamation wegen mangelhafter Lieferung" mit Hilfe einer ereignisgesteuerten Prozesskette zu erstellen.

8   Marketingcontrolling

Vom Absatz lebt der Betrieb. Es ist deshalb einsichtig, dass gerade in diesem Bereich Controllingmaßnahmen von größter Bedeutung sind. **Marketingcontroller** arbeiten mit

Sehen Sie sich noch einmal die grundlegenden Ausführungen zum Controlling auf S. 19 an!

- bei der Entwicklung von Strategien und Festlegung von Plandaten,
- bei der Kontrolle der Plandaten im Soll-Ist-Vergleich,
- bei der Analyse der Abweichungen,
- beim Bereitstellen von Berichten und Kennziffern.

Controlling-Ebenen

Strategisches Marketingcontrolling

bezieht sich auf langfristige Marketing-Konzeptionen und Innovationsrahmenpläne. Hier gibt es keine messbaren und überprüfbaren Zahlen, sondern nur Eigenschaften, Chancen, Risiken, Stärken, Schwächen, Potentiale (Leistungsfähigkeiten) und grobe Strukturen. Es kann nur gefragt werden, ob diese Tatbestände logisch und plausibel sind und ob die Richtung stimmt.

Operatives Marketingcontrolling

bezieht sich auf das kurzfristige und laufende Geschehen wie z. B. auf Budgets (Voranschläge) von Umsätzen, Gewinnen, Werbe- und Distributionskosten, auf laufende Innovationsprojekte oder Markteinführungsschritte, auf Auftragseingänge und Verkaufsergebnisse von Produkten und in Verkaufsgebieten. Alle Soll-Größen sind hier zahlenmäßig in der EDV festgehalten und können mit den Ist-Werten verglichen werden.

Im Marketingcontrolling kommen zahlreiche rechnerische und nicht rechnerische Verfahren zur Anwendung. Einige davon wurden auch in diesem Buch bereits behandelt: z. B. die ABC-Analyse, die Deckungsbeitragsrechnung, die Break-Even-Analyse, die Portfolio-Analyse, die Produkt-Lebenszyklus-Analyse.

Aus den Controllingergebnissen sollten monatlich Marketing-Kennzahlen zusammengetragen werden. Im Wesentlichen umfassen sie drei Gruppen:

Marketing-Kennzahlen		
Marktdaten	**Umsatz- und Ertragsdaten**	**Interne Kenndaten**
z. B. Anzahl Kunden Anzahl Interessenten Marktanteil Marktentwicklung	z. B. Anzahl Angebote Angebotseffizienz[1] in % Auftragseingang in EUR Umsatz in EUR Auftragsbestand in EUR Lagerbestand in EUR Deckungsbeitrag in EUR	z. B. Vertriebskosten in % Umsatz pro Kunden- besuch Werbekosten Anzahl Marketing- mitarbeiter

Arbeitsaufträge

1. **Bei einem Getränkehersteller liegen die folgenden Verhältnisse vor.**

Sorte	variable Kosten pro Flasche	Preis	Füllmenge (Liter)	Maximale Absatzmenge (Flaschen)
A	10,00 EUR	12,00 EUR	0,5	30 000
B	8,00 EUR	9,50 EUR	0,3	20 000
C	9,00 EUR	10,40 EUR	0,7	20 000

   Gesamte Fixkosten: 14 000,00 EUR
   Die betriebliche Kapazität ist auf 12 000 Liter pro Planungsperiode beschränkt.
   a) Kann die Nachfrage voll befriedigt werden?
   b) Welche Mengen sollten von den einzelnen Sorten gefertigt werden?
   c) Berechnen Sie den maximalen Gewinn.
   Benutzen Sie für die nötigen Berechnungen ein Tabellenkalkulationsprogramm.

2. **Die Haushaltswaren GmbH stellt monatlich Umsatzstatistiken wie die Folgende auf:**

Umsatzstatistik Monat: Mai		Verkaufsgebiet Nr.: 5	
Artikelgruppe	IST (EUR)	SOLL (EUR)	Abweichung (%)
1	234 500,00	220 000,00	
2	160 600,00	200 000,00	
3	311 235,00	310 000,00	

   a) Berechnen Sie die fehlenden Zahlen.
   b) Beurteilen Sie den Verkaufs-erfolg jeder Produktgruppe.

   c) Welche weiteren Untersuchungen sind anzustellen und wozu dienen diese Untersuchungen?

3. **Die Haushaltswaren GmbH hat folgende Kennzahlen errechnet:**

	Kennzahlen	Laufendes Jahr	Vorjahr	Abweichung in %
Marktdaten	**Anzahl Kunden** **Anzahl Interessenten** **Marktanteil in %**	945 40 2,3	920 35 2,2	
Umsatz- und **Ertragsdaten**	**Angebotseffizienz in %** **Auftragseingang in EUR** **Umsatz in EUR**	34,4 6 509 000,00 6 447 000,00	34,9 6 567 000,00 6 501 300,00	
Interne Kenndaten	**Vertriebskosten in %** **Werbekosten in %** **Umsatz pro Vertriebs-** **mitarbeiter in EUR**	9,0 2,3 716 333,33	8,7 2,1 722 366,67	

   Berechnen Sie die fehlenden Zahlen und ziehen Sie Rückschlüsse auf
   a) die Situation des Betriebes am Markt,
   b) die Leistungen des Marketing,
   c) die Kostenstruktur.

---

[1] Angebote, die zu Bestellungen führten

Sechster Abschnitt
Finanzmanagement

Intro → ## Geschäftsprozesse im Finanzmanagement

Das Finanzmanagement ist mit der Finanzierung (Beschaffung von Finanzmitten, von Kapital) für Investitionen (Anlage der Mittel in Vermögensgegenstände) befasst. Investitionen fallen z. B. bei der Unternehmensgründung, bei Geschäftserweiterungen, Rationalsierungs- und Modernisierungsmaßnahmen sowie Ersatzbeschaffungen an. Es kann sich um die unterschiedlichsten Güter handeln (Anlagen, Vorrichtungen, Werkzeuge, Vorräte an Roh-, Hilfs- und Betriebsstoffen). Die Maßnahmen können einen großen oder kleinen Umfang haben. Dementsprechend gibt es zahlreiche unterschiedliche Finanzierungsprozesse. Als Beispiel sei hier der Finanzierungsprozess für einen Anlagegegenstand (Maschine) dargestellt.

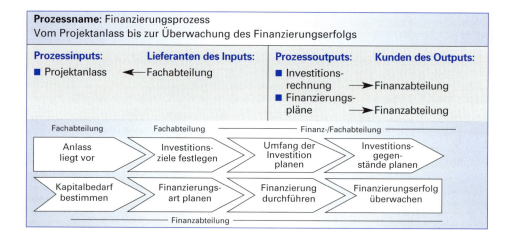

Prozessname: Finanzierungsprozess
Vom Projektanlass bis zur Überwachung des Finanzierungserfolgs

Prozessinputs:	**Lieferanten des Inputs:**	**Prozessoutputs:**	**Kunden des Outputs:**
■ Projektanlass	← Fachabteilung	■ Investitions-rechnung	→ Finanzabteilung
		■ Finanzierungs-pläne	→ Finanzabteilung

Fachabteilung — Fachabteilung — Finanz-/Fachabteilung

- Anlass liegt vor
- Investitions-ziele festlegen
- Umfang der Investition planen
- Investitions-gegen-stände planen

- Kapitalbedarf bestimmen
- Finanzierungs-art planen
- Finanzierung durchführen
- Finanzierungserfolg überwachen

Finanzabteilung

1   Finanzierung und Investition

1.1   Finanzierung und Investition im Unternehmenskreislauf

Herr Schramm ist gelernter Bauschlosser. Er hat die Meisterprüfung abgelegt. Seit langem schon träumt er vom eigenen Betrieb. Er hat bereits eine gewisse Summe angespart, als ihm der Zufall noch mit einem hohen Lottogewinn zu Hilfe kommt.
Nun wagt Herr Schramm den Sprung: Mit seinem Geld und einem Bankkredit kann er ein Grundstück, Baumaterial und Arbeitskräfte für einen Werkstattbau, Maschinen und Werkzeu-

ge finanzieren. So legt er das eigene und fremde Kapital in Betriebsvermögen an. Es verbleibt noch ein Betrag, mit dem Herr Schramm Werkstoffe beschaffen kann. Damit beginnt ein Kreislauf von Sachgütern und Geldwerten, der andauern wird, so lange die Unternehmung besteht: Die Werkstoffe werden verarbeitet, die Produkte verkauft. Auch abgenutzte Betriebsmittel werden veräußert. Durch die Verkäufe fließen Geldwerte in den Betrieb zurück. Einen Teil davon muss Herr Schramm dem Betrieb für seinen privaten Lebensunterhalt und für die Rückzahlung des Kredits entziehen, den anderen Teil kann er für den Einkauf neuer Werkstoffe, den Ersatz der abgenutzten Betriebsmittel und den Kauf zusätzlicher Betriebsmittel verwenden. Damit beginnt der Kreislauf von neuem. Reichen die betrieblichen Erlöse nicht zur Durchführung der geplanten Investitionen aus, so kann Herr Schramm dem Betrieb auch neues Kapital in Form von Einlagen oder neuer Kredite zuführen.

Um den Unternehmenskreislauf in Gang zu setzen und in Gang zu halten, muss Kapital bereitgestellt werden.

Kapital im betriebswirtschaftlichen Sinn sind Mittel – Geldmittel und Sachmittel – die für produktive Zwecke bereitgestellt werden. Kapitalbeschaffung bedeutet *Finanzierung*, Kapitalentzug *Entfinanzierung*.
Die Anlage von Kapital in Vermögensteilen für produktive Zwecke heißt *Investition*. Investition beinhaltet Kapitalbindung. Der umgekehrte Vorgang, die Kapitalfreisetzung, heißt *Desinvestition*.

Finanzierung und Investition	
Die Kapitalbeschaffung erfolgt zuerst durch Einlagen der Eigentümer (Eigenkapital) und Kredite (Fremdkapital). Die bereitgestellten Mittel können Geld- und Sachmittel (Betriebsmittel oder Werkstoffe) sein.	Kapital zuführende Einnahmen durch Eigen- oder Fremdkapital heißen **Außenfinanzierung.**
Die Beschaffung der Betriebsmittel und Werkstoffe bindet das Kapital in Sachwerten.	Kapitalbindung in Sachwerten bedeutet **Sach- oder Realinvestition.**
Durch die Produktion werden Werkstoffe zu Fertigprodukten. Dies bedeutet eine Umschichtung von Vermögenswerten.	Die Umschichtung von Vermögenswerten bedeutet **Uminvestitionen.**
Auch durch den Verkauf der Erzeugnisse und den gelegentlichen Verkauf abgenutzter Betriebsmittel werden die Vermögenswerte umgeschichtet: Es entstehen Forderungen.	Forderungen (ebenso die finanzielle Beteiligung an anderen Unternehmen) sind **Finanzinvestitionen.**
Der Eingang der Forderungen durch Bezahlung der fälligen Rechnungen setzt das gebundene Kapital wieder frei.	Kapitalfreisetzung bedeutet **Desinvestition.**
Die Kapitalfreisetzung ist eine Kapitalbeschaffung von innen her. Das freigesetzte Kapital kann im Betrieb erneut in Sachwerten gebunden oder für Beteiligungen verwendet werden.	Kapital freisetzende Einnahmen bedeuten **Innenfinanzierung.**
Von besonderer Bedeutung ist die Verwendung der freigesetzten Mittel für den Ersatz abgenutzter Betriebsmittel.	Dem Ersatz abgenutzer Betriebsmittel dienen **Ersatzinvestitionen.**
Kapital kann dem Betrieb auch durch Privatentnahmen, Gewinnausschüttung oder Kreditrückzahlung entzogen werden.	Kapitalentzug bedeutet **Entfinanzierung.**

Im Unternehmen vollzieht sich ein ständiger Kreislauf von Finanzierung (Kapitalbe-schaffung), Investition (Kapitalbindung) und Desinvestition (Kapitalfreisetzung). Mit der Kapitalbindung sind die Beschaffung, der Einkauf, die Produktion und die Lage-rung verbunden. Sie führen zu **Ausgaben und Kapital bindenden Zahlungsströmen**.

Beispiele:
– Bezahlung von Liefererrechnungen für bezogene Werkstoffe
– Bezahlung von Maschineneinkäufen
– Bezahlung von Löhnen

Mit der Kapitalfreisetzung sind der Absatz und der Verkauf verbunden. Sie führen zu Einnahmen und zu **Kapital freisetzenden Zahlungsströmen**.

Beispiele:
– Eingehende Kundenzahlungen für verkaufte Erzeugnisse
– Eingehende Zahlungen für den Verkauf gebrauchter Maschinen

Die Kapital bindenden Zahlungsströme liegen gewöhnlich im Zeitablauf vor den Kapital freisetzenden Zahlungsströmen.

Die *Bereitstellung von Kapital* (Finanzierung) überbrückt die Zeitspanne zwischen Kapital bindenden und Kapital freisetzenden Zahlungsströmen.

Finanzierung und Investition hängen eng zusammen. Ka-pitalverwendung setzt immer Kapitalbeschaffung voraus.

 Logisch! Zwischen Ein- und Verkauf liegt die Produktion. Und die braucht ihre Zeit.

Allerdings verlangt eine Kapital-beschaffung nicht in jedem Fall eine Investition. So kann ein Be-trieb einen Kredit aufnehmen, um fällige Verbindlichkeiten zu bezahlen. Dann erfolgt keine In-vestition, sondern eine Umfi-nanzierung. Umgekehrt kann ei-ne Finanzierung auch ohne Geldmittel erfolgen, wenn ein Teilhaber Sachgüter, z.B. Ma-schinen, einbringt.

1.2   Bilanz: Spiegel von Investition und Finanzierung

In der Bilanz der Unter-nehmung spiegeln sich die dargestellten Sach-verhalte wider.

Aktiva	**Bilanz**	Passiva
I. Anlagevermögen	I.	Eigenkapital
II. Umlaufvermögen	II.	Fremdkapital

Dieses Grund-schema der Bilanz ist Ihnen wohl bekannt.

1.2.1 Passivseite (Finanzierungsseite)

Die Passivseite zeigt die Herkunft der eingesetzten Finanzierungsmittel, die **Kapitalquellen**. Eigenkapital stammt von den Eigentümern, Fremdkapital von Gläubigern. Die Passivseite heißt deshalb auch **Kapital- oder Finanzie-rungsseite**. Die dort ausgewiesenen Mittel können von außen zugeführt worden sein (Einlagen, Kredite) oder von innen, aus dem Leistungsprozess rühren (Gewinne und Rückstellungen).

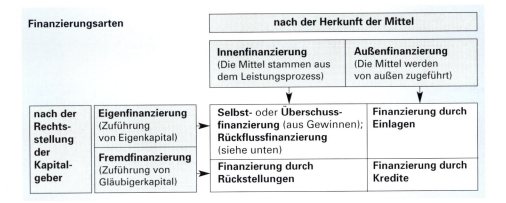

	nach der Herkunft der Mittel	
	Innenfinanzierung (Die Mittel stammen aus dem Leistungsprozess)	**Außenfinanzierung** (Die Mittel werden von außen zugeführt)
nach der Rechts- stellung der Kapital- geber	**Eigenfinanzierung** (Zuführung von Eigenkapital) ➤	**Selbst-** oder **Überschuss- finanzierung** (aus Gewinnen); **Rückflussfinanzierung** (siehe unten)	**Finanzierung durch Einlagen**
	Fremdfinanzierung (Zuführung von Gläubigerkapital) ➤	**Finanzierung durch Rückstellungen**	**Finanzierung durch Kredite**

1.2.2 Aktivseite (Investitionsseite)

Die Aktivseite zeigt die Verwendung (Investition) der Mittel für Vermögenswerte (Anlagevermögen und Umlaufvermögen). Sie heißt deshalb auch **Vermögens- oder Investitionsseite**.

Bei Anlage- und Umlaufvermögen unterscheidet man Sach- und Finanzinvestitionen.

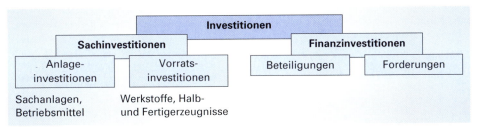

Außerdem enthält die Aktivseite die flüssigen Mittel (Kontoguthaben, Barmittel). Sie sind entweder noch nicht angelegt oder aber in Folge von Verkäufen wieder freigesetzt worden (Desinvestition). Sie stehen für Investitionen zur Verfügung. Dabei sind von besonderer Bedeutung die Abschreibungswerte der Anlagegegenstände. Sie sind – wie alle Kosten – in die Absatzpreise einkalkuliert und fließen so wieder in den Betrieb zurück.

Diese Rückflussfi- nanzierung ist der Innen- und Eigenfi- nanzierung zuzu- rechnen.

Mit jeder Investition werden bestimmte Zwecke oder Ziele verfolgt. Danach unterscheidet man folgende Investitionsarten:

Investitionsarten	Investionsziele
Gründungs- investitionen	Bereitstellung des notwendigen Anlage- und Umlaufvermögens bei der Unternehmensgründung
Ersatzinvestitionen (Reinvestitionen)	Ersatz verbrauchter Betriebsmittel durch neue Betriebsmittel (Kapitalerneuerung)
Erweiterungs- investitionen	Vergrößerung der Kapazität durch zusätzliche oder größere Betriebsmittel (Kapitalneubildung)
Rationalisierungs- investitionen	Verbesserung der Leistungsfähigkeit durch produktivere oder kostengünstigere Betriebsmittel (Kapitalverbesserung)

Modernisierungs-investitionen	Anpassung der Betriebsmittel an den technischen Fortschritt; meist verbunden mit Ersatz- oder Rationalisierungsinvestitionen
Umstellungs-investitionen	Schaffung der Produktionsgrundlagen bei neuen Unternehmens-zielen
Sicherungs-investitionen	Schaffung eines eisernen Bestandes zur Sicherung der laufenden Produktion; Anlage in Sicherheitsbeständen an Finanzmitteln
Sozialinvestitionen	Schaffung von Finanzanlagen zur Absicherung der Mitarbeiter (sie fördern das Gefühl der Zusammengehörigkeit)
Immaterielle Investitionen	Kapitalanlage für Forschung, Werbung, Ausbildung

Arbeitsaufträge

1. **Investition und Finanzierung bilden im Betrieb einen Kreislauf.**
   Erläutern Sie diesen Kreislauf anhand der Grafik auf Seite 526. Zeigen Sie dabei, dass die Finanzierung die Zeit zwischen Kapital bindenden und Kapital freisetzenden Zahlungsströmen überbrücken muss.

2. **Zu Beginn des Geschäftsjahres 08 weist die Eröffnungsbilanz der Schraubenfabrik Franz Bresser folgende Bestände auf:**

Aktiva	Bilanz (in EUR)		Passiva
I. Anlagevermögen		**I. Eigenkapital**	400 000,00
Maschinen	300 000,00		
Geschäftsausstattung	150 000,00	**II. Fremdkapital**	
		Darlehen	140 000,00
II. Umlaufvermögen		Verbindlichkeiten	150 000,00
Vorräte	90 000,00		
Forderungen	70 000,00		
Bankguthaben	80 000,00		
	690 000,00		690 000,00

Es vollziehen sich im Laufe des Jahres folgende Vorgänge:
 (1) Kauf von Maschinen für 80 000,00 EUR gegen Rechnung,
 (2) Kauf von Geschäftsausstattung für 30 000,00 EUR gegen Rechnung,
 (3) Einkauf von Vorräten für 220 000,00 EUR gegen Rechnung,
 (4) Verbrauch von Vorräten für die Produktion für 215 000,00 EUR,
 (5) Verkauf von erstellten Produkten für 350 000,00 EUR gegen Rechnung,
 (6) Eingang von Kundenzahlungen für 330 000,00 EUR,
 (7) Bezahlung von Verbindlichkeiten 210 000,00 EUR,
 (8) Darlehenstilgung 10 000,00 EUR,
 (9) Abschreibung von Maschinen 30 000,00 EUR,
 (10) Abschreibung von Geschäftsausstattung 15 000,00 EUR,
 (11) Entnahme von 50 000,00 EUR durch den Inhaber.
 a) Welche Finanzierungs- und Investitionsarten lassen sich anhand der Eröffnungsbilanz unterscheiden?
 b) Erläutern Sie die Finanzierungs- und Investitionstätigkeit im Ablauf des Geschäftsjahres anhand der Geschäftsfälle.
 c) Erstellen Sie das Gewinn- und Verlustkonto, das Privatkonto und das Schlussbilanzkonto. Vergleichen Sie die Anfangs- und Endbestände der Unternehmung, und ermitteln Sie:
   ■ den Gesamtumfang und die Änderungen an Anlage-, Vorrats- und Finanzinvestitionen,
   ■ den Umfang der im Geschäftsjahr getätigten Ersatz- und Erweiterungsinvestitionen,
   ■ die Finanzierungsquellen.

d) Bestimmte Investitionsarten lassen sich den Unterlagen nicht unmittelbar entnehmen. Nennen Sie sie und geben Sie an, an welchen Stellen sie ggf. versteckt sind.

3. **Alle Finanzierungsvorgänge lassen sich jeweils zwei der folgenden Finanzierungsarten zurechnen: Eigenfinanzierung, Fremdfinanzierung, Innenfinanzierung, Außenfinanzierung.**
   Welche Finanzierungsarten liegen bei folgenden Vorgängen vor?
   a) Kapitaleinlage der Gesellschafter
   b) Aufnahme eines Hypothekendarlehens
   c) Akzeptierung eines Wechsels für ein Importgeschäft
   d) Bildung einer Prozessrückstellung
   e) Verrechnung von Abschreibungen in den Verkaufspreis
   f) Einbehaltung von Gewinnanteilen
   g) Überziehung des Bankkontos
   h) Bildung stiller Reserven durch überhöhte Abschreibung der Geschäftsausstattung
   i) Ausnutzung eines Zahlungszieles von 60 Tagen
   j) Barverkauf von Fertigerzeugnissen
   k) Einreichung eines Wechsels zum Diskont

2 Investitionsmanagement

2.1 Einbettung der Investitionsplanung in die Gesamtplanung

Investitionen, insbesondere Anlageinvestitionen, binden über lange Zeit Kapital. Damit ist dieses Kapital einer anderen Gewinn bringenden Verwendung entzogen. Fehlinvestitionen, die nicht zum notwendigen Kapitalrückfluss führen, können sich katastrophal auf den Betrieb auswirken. Sie können ggf. sogar die Insolvenz nach sich ziehen. Folglich ist darauf zu achten, dass Investitionen Gewinne abwerfen. Sie müssen deshalb gründlich nach Art und Umfang geplant und im Investitionsplan festgehalten werden.

Sehen Sie sich zu diesem Abschnitt noch einmal das Schaubild auf Seite 27 an!

Der Investitionsplan ist eine Aufstellung der für einen bestimmten Zeitraum geplanten Investitionen in einem Betrieb.

Bekanntlich ist die Absatzplanung der grundlegende Ausgangspunkt aller betrieblichen Planungen. Sie liefert die Daten für die Planung von Erträgen und Einnahmen, und an ihr richtet sich die Produktionsplanung aus. Das Absatz- und das Produktionsprogramm sind bestimmend für die Art und Menge der benötigten Bauten, Anlagen, Förderzeuge, Büroausstattungen, Werkzeuge und Materialien, mit anderen Worten: für die Anlage- und Vorratsinvestitionen.

In einer konkreten Situation ist die Investitionsplanung jedoch von betrieblichen Engpassbereichen abhängig: Raum-, Personal- oder Kapitalmangel können gewünschte Investitionen verhindern oder begrenzen. Insbesondere eine gesicherte Finanzierung ist von größter Bedeutung. Deshalb gehen die geplanten Investitionsausgaben stets in die Finanzplanung ein.

Die Finanzplanung erfasst systematisch alle im Planungszeitraum erwarteten Einnahmen, Ausgaben und flüssigen Mittel. Sie ermittelt die Über- und Unterdeckung und plant einen Ausgleich zwischen Einnahmen und Ausgaben.

2.2 Planungsprozess

Bei der Investitionsplanung sind zunächst die **Investitionsziele** festzulegen. Sie sind möglichst weitgehend zu konkretisieren.

> **Beispiel:**
> Die Produktionsanlage XY soll durch eine neue Anlage ersetzt werden (Ersatzinvestition). Gleichzeitig soll eine Anpassung an den technischen Fortschritt erfolgen (Modernisierungsinvestition). Insbesondere soll die Geräuschentwicklung 30 Dezibel nicht überschreiten; die Verarbeitungsgenauigkeit muss mindestens 1/1000 mm betragen; die Anlage muss flexibel einsetzbar sein.
> Weiterhin soll der betreffende Produktionsbereich seine Engpasseigenschaft verlieren (Ausweitung des Minimumsektors, Erweiterungsinvestition).

Daneben sind alle Daten zu ermitteln, die die Investition begrenzen.

> **Beispiele:**
> – gesetzliche Vorschriften   – vorhandene Energieanschlüsse   – Umweltschutz
> – vorhandener Raum   – beschaffbare Arbeitsplätze

Anschließend sind **Investitionsgegenstände** (z. B. Anlagen, Maschinen, Transportmittel, Lagerräume) zu suchen, mit denen die Investitionsziele optimal erreicht werden können. Dazu muss eine Vielzahl von Daten über die möglichen Investitionsgegenstände beschafft werden. Es handelt sich einerseits um nicht quantifizierbare, andererseits um quantifizierbare[1] Daten. Einzelheiten zeigt die Übersicht auf Seite 531.

■ **Nicht quantifizierbare Daten** können nicht für Investitionsrechnungen benutzt werden. Es handelt sich um **technische und wirtschaftliche Eigenschaften** der Investitionsgegenstände. Sie werden mit den gesetzten Investitionszielen und den die Planung begrenzenden Daten verglichen. Dieser Vergleich führt dazu, dass von vornherein bestimmte Investitionsalternativen ausgeschaltet werden, weil ihnen unerlässliche Eigenschaften fehlen. Zusätzliche Eigenschaften werden mit Bewertungszahlen versehen. Die Bewertungszahlen werden addiert.

Mit anderen Worten: Man nimmt eine Wertanalyse vor. Vgl. S. 226.

■ **Quantifizierbare Daten** werden in **Investitionsrechnungen** verarbeitet. Es handelt sich entweder um Kosten und Erträge oder um Ausgaben und Einnahmen, die durch die Investition verursacht werden, sowie um die angestrebte Mindestrendite. Die Verarbeitung dieser Daten liefert Informationen darüber, in welchem Umfang die möglichen Investitionen Kosten einsparen oder Gewinn bzw. Rentabilität bewirken. Man wird sich unter Berücksichtigung der erwähnten Bewertungszahlen sinnvollerweise für die günstigste Alternative entscheiden.

---

[1] quantifizierbar = in Messgrößen oder Zahlengrößen umsetzbar

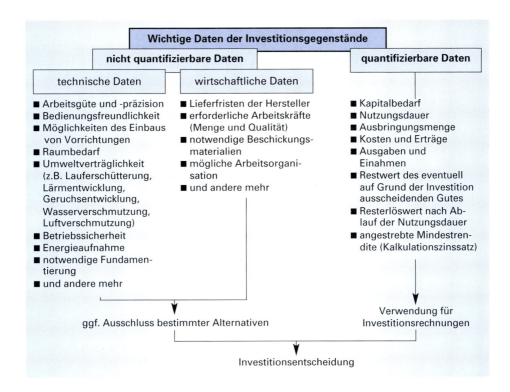

Wichtige Daten der Investitionsgegenstände		
nicht quantifizierbare Daten		**quantifizierbare Daten**
technische Daten	wirtschaftliche Daten	

technische Daten
- Arbeitsgüte und -präzision
- Bedienungsfreundlichkeit
- Möglichkeiten des Einbaus von Vorrichtungen
- Raumbedarf
- Umweltverträglichkeit (z.B. Lauferschütterung, Lärmentwicklung, Geruchsentwicklung, Wasserverschmutzung, Luftverschmutzung)
- Betriebssicherheit
- Energieaufnahme
- notwendige Fundamentierung
- und andere mehr

wirtschaftliche Daten
- Lieferfristen der Hersteller
- erforderliche Arbeitskräfte (Menge und Qualität)
- notwendige Beschickungsmaterialien
- mögliche Arbeitsorganisation
- und andere mehr

quantifizierbare Daten
- Kapitalbedarf
- Nutzungsdauer
- Ausbringungsmenge
- Kosten und Erträge
- Ausgaben und Einahmen
- Restwert des eventuell auf Grund der Investition ausscheidenden Gutes
- Resterlöswert nach Ablauf der Nutzungsdauer
- angestrebte Mindestrendite (Kalkulationszinssatz)

ggf. Ausschluss bestimmter Alternativen

Verwendung für Investitionsrechnungen

Investitionsentscheidung

Arbeitsaufträge

1. **Auf Seite 20 des Lehrbuchs sind die Phasen von Entscheidungsprozessen beschrieben.**
   a) Erläutern Sie das Zustandekommen von Investitionsentscheidungen anhand dieser Ausführungen.
   b) Erläutern Sie die verschiedenen Arten von Daten (Informationen), die für Investitionsentscheidungen benötigt werden.

2. **Wie alle Entscheidungen, so sind auch Investitionsentscheidungen mit Risiken behaftet.**
   a) Nennen Sie mögliche Risiken bei Investitionsentscheidungen und erläutern Sie ihre Ursachen.
   b) Erläutern Sie Möglichkeiten diese Risiken zu begrenzen.

2.3 Ermittlung des Kapitalbedarfs

Die Möbelfabrik Hans Lipfert GmbH will ihr Produktionsprogramm auf die Herstellung von Gartenmöbeln ausdehnen. Dazu soll eine Fertigungshalle auf dem bestehenden Betriebsgrundstück gebaut werden. Im Rahmen einer Investitionsplanung wird der Bedarf an Produktionsmitteln festgestellt. Man bezieht in die Investitionsplanung verschiedene Investitionsrechnungen ein um zu ermitteln, ob der Investitionsaufwand sich auch lohnen wird. Aus den anfallenden Zahlen ergibt sich der Kapitalbedarf für das notwendige Anlagevermögen. Außerdem wird der Kapitalbedarf für das Umlaufvermögen berücksichtigt. Dies ist notwendig, weil Werkstoffe, Zwischen- und Endprodukte bis zum Eingang der Kundenzahlungen vorfinanziert werden müssen.

2.3.1 Kapitalbedarf für das Anlagevermögen

Der Kapitalbedarf für das Anlagevermögen wird aus den Anschaffungskosten der langfristig benötigten Wirtschaftsgüter einschließlich aller Nebenkosten errechnet. Er heißt Grundfinanzierung.

Anschaffungskosten
Anschaffungspreis (Rechnungspreis)
– **Preisminderungen** (Rabatte, Skonti)
+ **Anschaffungsnebenkosten** (z. B. Begutachtung, Provisionen, Transport-, Verpackungs-, Versicherungs-, Montage-, Prüf-, Umbaukosten, Zölle und andere Einfuhrabgaben, bei Immobilien auch Notar- und Gerichtskosten, Grunderwerbsteuer)
+ **nachträgliche Anschaffungskosten** (z. B. Erschließungs- kosten, Kosten ergänzender Geräte)
= **Anschaffungskosten**

Berechnungs- grundlagen sind Angebote, Kosten- voranschläge, Preislisten.

Beispiel:

Die Möbelfabrik Lipfert ermittelt:

	EUR
Baukosten der Fertigungshalle (schlüsselfertig)	700 000,00
verschiedene Maschinen laut Einzelaufstellung	410 000,00
Transportmittel	60 000,00
Werkzeuge	40 000,00
Nebenkosten für Transport, Einbau usw.	30 000,00
Wert des eisernen Bestands (Mindestbestand)	10 000,00
Kapitalbedarf für das Anlagevermögen	1 250 000,00

Zur Grundfinanzierung rechnet man auch den eisernen Bestand an Werkstoffen, da dieser langfristig gebunden ist und nicht angegriffen werden soll.

Da erst nach der Produktionsaufnahme Kapital freisetzende Einnahmen entstehen, muss der Erstbedarf an Kapital voll durch Außenfinanzierung gedeckt werden.

In späteren Wirtschaftsjahren entsteht ein Folgebedarf für Ersatz-, Erweiterungs-, Rationalisierungs- und Modernisierungsinvestitionen. Er kann zumindest zum Teil mit Mitteln der Innenfinanzierung gedeckt werden.

2.3.2 Kapitalbedarf für das Umlaufvermögen

Um den Kapitalbedarf für das Umlaufvermögen zu ermitteln, müssen möglichst genaue Absatzprognosen vorliegen. Dann können Durchschnittswerte für die täglichen Produktionsmengen und Ausgaben berechnet werden. Die Ausgaben betreffen Material, Fertigungslöhne und die ausgabewirksamen Bestandteile der Gemeinkosten für Fertigung, Lagerung, Verwaltung und Vertrieb. Der Betrieb muss die Mittel dafür so lange bereitstellen, bis sie durch die Einnahmen aus dem Verkauf der Erzeugnisse gedeckt werden. Der zu überbrückende Zeitraum heißt **Kapitalbindungsdauer**. Zahlungsziele für Kunden verlängern, Lieferantenziele verkürzen ihn.

Beispiel:

Die Möbelfabrik Lipfert rechnet mit folgenden Zeiten:
- durchschnittliche Lagerdauer der Werkstoffe (LW) .... 15 Tage
- durchschnittliche Produktionsdauer (P) .... 3 Tage
- durchschnittliche Lagerdauer der Erzeugnisse (LE) .... 12 Tage
- durchschnittliches Lieferantenziel bei Skonto (LZ) .... 10 Tage
- durchschnittliches Kundenziel bei teilweisem Skonto (KZ) .... 15 Tage

Es ergeben sich folgende Zeiten für die Kapitalbindungsdauer.

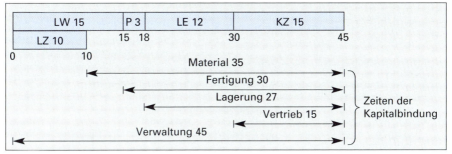

Geht man weiter davon aus, dass täglich 100 Stück produziert werden und dass pro Tag die in der folgenden Tabelle aufgeführten durchschnittlichen Ausgaben entstehen, so ergibt sich der Kapitalbedarf durch die Multiplikation dieser Ausgaben mit der jeweiligen Kapitalbindungsdauer:

	tägliche Ausgaben pro Stück (EUR)	Tages- bedarf (EUR)	Kapital- bindungs- dauer (Tage)	Kapital bedarf (EUR)
Material	20,00	2 000,00	35	70 000,00
Löhne	25,00	2 500,00	30	75 000,00
Gemeinkosten:				
Fertigung		1 500,00	30	45 000,00
Lagerung		100,00	27	2 700,00
Vertrieb		400,00	15	6 000,00
Verwaltung		300,00	45	13 500,00
Kapitalbedarf für das Umlaufvermögen:				212 200,00

Es gilt:

Kapitalbedarf für das Umlaufvermögen = Tagesbedarf · Kapitalbindungsdauer

Diese Berechnung kann allerdings nur als Anhaltspunkt dienen. In der Praxis können sehr leicht Abweichungen von den geplanten Werten und Terminen auftreten. Stehen dann die Mittel für fällige Rechnungen nicht zur Verfügung, kann der Betrieb rasch in unangenehme Zahlungsschwierigkeiten geraten. Eine flexible Finanzplanung soll die ständige Zahlungsfähigkeit sichern. Dazu ist es nötig Soll- und Istwerte häufig (z. B. monatlich) zu vergleichen und Abweichungen festzustellen.

Arbeitsaufträge

1. **Die Möbelfabrik Lipfert benötigt eine CNC-Bandsäge.**
   Angebotspreis 110 000,00 EUR frei Werk; 3 % Skonto bei Barzahlung; Montagekosten 5 000,00 EUR; Angebotspreis Absaugvorrichtung einschließlich Montage 25 000,00 EUR; Abnahmekosten der Anlage 1 000,00 EUR.
   Berechnen Sie den Kapitalbedarf für die Investition.

2. **Die Stahl GmbH & Co. KG will Staubsauger in ihr Produktionsprogramm aufnehmen. Dazu wären Anlageinvestitionen von 1,5 Mio. EUR nötig. Für das Umlaufvermögen wird mit folgenden Zielen gerechnet:**
   - durchschnittliche Lagerdauer der Werkstoffe: .... **10 Tage**
   - durchschnittliche Produktionsdauer: .... **3 Tage**
   - durchschnittliche Lagerdauer der Fertigerzeugnisse: .... **10 Tage**
   - Zahlungsziel der Kunden: .... **30 Tage**
   - Zahlungsziel gegenüber den Lieferern bei Skonto: .... **10 Tage**

Die voraussichtliche Produktionsmenge beträgt 100 Stück pro Tag.
Es wird mit folgenden Kosten gerechnet:
– Materialkosten: 60,00 EUR pro Stück
– Fertigungslöhne: 80,00 EUR pro Stück
– Gemeinkosten: Fertigung: 1 000,00 EUR pro Tag   Vertrieb: 300,00 EUR pro Tag
                  Lagerung: 80,00 EUR pro Tag   Verwaltung: 220,00 EUR pro Tag
Ermitteln Sie den Kapitalbedarf. (Benutzen Sie ein Tabellenkalkulationsprogramm.)

3. In einer Berufsabschlussprüfung werden folgende Aussagen gemacht.
   a) Mit zunehmender Breite des Produktionsprogramms nimmt der Kapitalbedarf zu, mit zunehmender Tiefe des Produktionsprogramms sinkt er.
   b) Die durchschnittliche Lagerdauer eines Betriebes sinkt von 45 Tagen auf 35 Tage. Damit steigt der Kapitalbedarf für das Anlagevermögen und sinkt der Kapitalbedarf für das Umlaufvermögen.
   c) Die Kunden der Block GmbH erhalten ein Zahlungsziel von 30 Tagen, sie zahlen jedoch durchweg binnen 10 Tagen unter Ausnutzung von 3 % Skonto. Der tatsächliche Kapitalbedarf der Block GmbH ist deshalb größer als der geplante Kapitalbedarf.
   Sind die Behauptungen richtig?

2.4 Investitionsrechnungen

Investitionsrechnungen sollen den wirtschaftlichen Erfolg einer Investition berechnen. Neben finanzmathematischen Verfahren benutzt man dazu in der Praxis gern folgende Rechnungen:

- Kostenvergleichsrechnung
- Gewinnvergleichsrechnung
- Rentabilitätsrechnung
- Amortisationsrechnung

2.4.1 Kostenvergleichsrechnung

Die **Kostenvergleichsrechnung** stellt die jährlichen Kosten einer alten Anlage den geschätzten jährlichen Kosten einer neuen Anlage gegenüber. Liegen die Kosten der neuen Anlage niedriger, so beeinflusst dies die Entscheidung für sie günstig. Da dieses Verfahren die Erlöse aus der Investition vernachlässigt, lässt sie sich nur für Ersatz- und Rationalisierungsinvestitionen sowie für einen Vergleich zwischen neu zu installierenden Anlagen anwenden.

Beispiel: Unterstellte Produktionsmenge: 1 000 Stück

	Alte Anlage	Neue Anlage
Betriebskosten (Material, Lohn, Reparaturen, Energie, Hilfsstoffe, Versicherung, Steuern)	435 000,00 EUR	389 000,00 EUR
Abschreibungen Restwert 60 000,00 EUR; Restnutzungsdauer 5 Jahre Beschaffungskosten 140 000,00 EUR; Nutzungsdauer 5 Jahre	12 000,00 EUR	28 000,00 EUR
Zinsen 8 % vom Durchschnittswert: 60 000,00 : 2 · 0,08 140 000,00 : 2 · 0,08	2 400,00 EUR	5 600,00 EUR
Summe der Kosten	449 400,00 EUR	422 600,00 EUR
Kostendifferenz		– 26 800,00 EUR

Die Kosten der neuen Anlage liegen unter den Kosten der alten Anlage. Unter Kostengesichtspunkten lohnt sich der Ersatz der alten Anlage.

Für die Investitionsentscheidung ist in der Praxis nicht nur die Ermittlung der Kosten für eine bestimmte Produktionsmenge wichtig, sondern auch die Ermittlung der **kritischen Menge**, bei der sich das Verhältnis der Vorteilhaftigkeit umkehrt.

Für die Ermittlung der kritischen Menge ist die **Kenntnis der fixen und der variablen Kosten** nötig. Die fixen Kosten sind im Wesentlichen die Abschreibungen (bei gemieteten Gegenständen die Miete), die Zinskosten, die Wartungs- und Raumkosten. Die variablen Kosten sind im Wesentlichen die Betriebskosten.

Beispiel:
Für das obige Beispiel gilt:

	Alte Anlage	Neue Anlage
Betriebskosten (variable Kosten) pro Einheit	435,00 EUR	389,00 EUR
Fixe Kosten	14 400,00 EUR	33 600,00 EUR

Die Gesamtkosten bei einer beliebigen Ausbringungsmenge x betragen:
Alte Anlage: $K_A = 435,00\ x + 14\,400,00$
Neue Anlage: $K_N = 389,00\ x + 33\,600,00$

Bei der kritischen Menge sind die Gesamtkosten gleich:

$$435,00\ x + 14\,400,00 = 389,00\ x + 33\,600,00$$

Die Auflösung nach x ergibt: $x \approx 417$

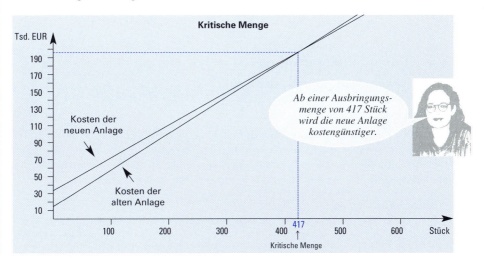

Kritische Menge

Ab einer Ausbringungsmenge von 417 Stück wird die neue Anlage kostengünstiger.

2.4.2   Gewinnvergleichsrechnung

Die *Gewinnvergleichsrechnung* stellt die bisherigen Gewinne den auf Grund einer Investition zu erwartenden Gewinnen gegenüber.

Höhere zu erwartende Gewinne begünstigen die Entscheidung für eine neue Anlage. Die Gewinnvergleichsrechnung lässt sich auch für Erweiterungs- und Modernisierungsinvestitionen anwenden.

Die Rechnung unterscheidet sich insofern von der Kostenvergleichsrechnung, als auch die Erlöse mit einbezogen werden. Im Wesentlichen gilt:
Gewinn = Erlöse – Kosten.

Die **Erlöse** können durch die geplante Investition unterschiedlich beeinflusst werden:

■ Wenn mit der neuen Anlage Produkte von höherer Qualität produziert werden, so können ggf. höhere Preise verlangt werden. Der Erlös steigt.

■ Wenn mit der neuen Anlage größere Mengen produziert werden, so können diese Mengen eventuell nur zu einem niedrigeren Preis abgesetzt werden. Der Erlös kann stärker, aber auch schwächer als die Kosten steigen, ja sogar sinken. Dementsprechend entwickelt sich auch der Gewinn.

Beispiel:

(Fortsetzung)

		Alte Anlage	Neue Anlage
Ausbringungsmenge (Stück)		1 000	1 500
Erlös pro Stück		462,00 EUR	422,00 EUR
Gesamterlös		462 000,00 EUR	633 000,00 EUR
variable Kosten	(1 000 · 435,00 EUR)	435 000,00 EUR	
	(1 500 · 389,00 EUR)		583 500,00 EUR
fixe Kosten		14 400,00 EUR	33 600,00 EUR
Gewinn		**12 600,00 EUR**	**15 900,00 EUR**

Die Investition ist Gewinn bringend. Dies spricht für eine Entscheidung zu ihren Gunsten.

2.4.3 Rentabilitätsrechnung

Die *Rentabilitätsrechnung* ermittelt die auf Grund einer Investition veränderte Rentabilität (R).

Wissen Sie es noch?
$$R = \frac{Gewinn}{durchschn.\ Kapitaleinsatz} \cdot 100$$

Sie ist aufschlussreicher als die Gewinnvergleichsrechnung: Die Rentabilitätskennzahl verwendet zwar auch den Gewinn, setzt ihn aber in Beziehung zum durchschnittlich eingesetzten Kapital. Sie berücksichtigt so die Kapitalverzinsung und macht die Investition vergleichbar mit jeder anderen Anlagealternative.

Beispiel (Fortsetzung):

Die Beschaffungskosten der alten Anlage beliefen sich auf 120 000,00 EUR, die der neuen Anlage auf 140 000,00 EUR. Dann beträgt das jeweils durchschnittlich eingesetzte Kapital 60 000,00 EUR bzw. 70 000,00 EUR. Die Rentabilität berechnet sich wie folgt:

$$R_A = \frac{12\ 600,00}{60\ 000,00} \cdot 100 = 21\ \% \qquad R_N = \frac{15\ 900,00}{70\ 000,00} \cdot 100 = 22,714\ \%$$

Die Investition erbringt eine höhere Rentabilität. Dies spricht für eine Entscheidung zu ihren Gunsten.

2.4.4 Amortisationsrechnung

Die *Amortisationsrechnung* ermittelt den Zeitraum, in dem das eingesetzte Kapital über den Gewinn und die jährlichen Abschreibungen zurückfließt (sich amortisiert). Man nennt diesen Zeitraum die Kapitalrückflusszeit (Wiedergewinnungszeit, pay off period).

$$\text{Kapitalrückflusszeit} = \frac{\text{Kapitaleinsatz}}{\text{durchschnittl. (Jahresgewinn + Abschreibung)}}$$

Der Unternehmer schätzt das mit der Investition verbundene Risiko und legt eine diesem Risiko entsprechende (Soll-) Rückflusszeit fest. Er sieht eine Kapitalanlage dann als günstig an, wenn die errechnete Kapitalrückflusszeit kürzer ist als die Sollrückflusszeit.

Beispiel:

Kapitaleinsatz: 100 000,00 EUR; durchschnittlicher Jahresgewinn 15 000,00 EUR; durchschnittliche Abschreibung 10 000,00 EUR; Soll-Rückflusszeit 5 Jahre.

$$\text{Kapitalrückflusszeit} = \frac{100\,000,00}{25\,000,00} = 4 \text{ Jahre} < 5 \text{ Jahre}$$

Die Investition ist als günstig anzusehen.

Die Amortisationsrechnung ist in der Praxis weitverbreitet, weil sie einem gewissen Sicherheitsbedürfnis Rechnung trägt. Sie gewichtet die Investition mit schnellem Gewinn schwerer als diejenige, die vielleicht erst nach Ablauf der Kapitalrückflusszeit eine starke Ertragsentwicklung aufweist. Auf jeden Fall sollten ergänzend Rentabilitätsgesichtspunkte herangezogen werden.

Arbeitsaufträge

1. Der Haushaltsgerätehersteller **Stahl GmbH & Co. KG** plant den Ersatz einer Produktionsanlage durch eine neue, leistungsfähigere Anlage. Es liegen ihm 2 Angebote vor. Eine Aufstellung über die Anschaffungskosten, die jährlichen laufenden Kosten und die geschätzten Jahreserträge ergibt folgendes Bild:

	alte Anlage	Angebot 1	Angebot 2
Anschaffungsausgabe (EUR)	600 000,00	800 000,00	950 000,00
jährliche Kosten (EUR)	700 000,00	650 000,00	630 000,00
jährliche Erträge (EUR)	800 000,00	850 000,00	850 000,00

Stellen Sie mit Hilfe unterschiedlicher Verfahren fest, ob sich eine Neuinvestition lohnt und welche Alternative vorzuziehen ist.

2. Gegeben sind die Investitionsalternativen A1 und A2.

	A1	A2
Anschaffungsausgabe	222 000,00 EUR	270 000,00 EUR
variable Stückkosten	35,00 EUR	30,00 EUR
fixe Kosten pro Jahr	20 000,00 EUR	25 000,00 EUR
Stückerlöse	70,00 EUR	70,00 EUR
Abschreibungen	10 %	10 %
Soll-Kapitalrückfluss	7 Jahre	7 Jahre
Produktionsmenge	1 500 Stück	2 000 Stück

Beurteilen Sie die Investitionsalternativen nach den unterschiedlichen Methoden der Investitionsrechnung.

(Entscheiden Sie, ob die Verwendung eines Tabellenkalkulationsprogramm sinnvoll ist.)

3   Finanzierungsmanagement: Finanzplanung

3.1   Ziele der Finanzplanung

Die *Finanzplanung* erfasst systematisch alle in Planungszeitraum erwarteten Einnahmen, Ausgaben sowie die flüssigen Mittel. Sie ermittelt die Über- und Unterdeckung und plant einen Ausgleich zwischen Einnahmen und Ausgaben.

Ziele der Finanzplanung:
- Hauptziel: Sicherung des finanziellen Gleichgewichts, der **Liquidität**;
- Weitere Ziele: – Förderung der **Rentabilität**;
                         – Förderung der finanziellen **Flexibilität** (d.h. der Fähigkeit, je nach der gegebener Situation die passenden Finanzierungsmittel einzusetzen).

Eine Unternehmung ist liquide (im finanziellen Gleichgewicht), wenn sie alle ihre Verbindlichkeiten jederzeit fristgerecht begleichen kann.

Vor allem zwischen dem Liquiditätsziel und dem Rentabilitätsziel besteht dabei ein ständiger Zielkonflikt: Das Streben nach Rentabilität verlangt die produktive Investition der flüssigen Mittel. Hierdurch jedoch werden die Mittel gebunden und können nicht mehr für fällige Zahlungen verwendet werden.

Beispiel:
Eine kleine Metallwarenfabrik will Personalcomputer beschaffen. Notwendige Ausgaben: 25 000,00 EUR. Vorhandene eigene Mittel 15 000,00 EUR. Der Spielraum für langfristige Darlehen ist ausgeschöpft. Die Finanzierung der restlichen 10 000,00 EUR ist gegenwärtig nur über den Kontokorrentkredit möglich. Die monatliche Zinsbelastung dafür beträgt 100,00 EUR. Die monatliche Kosteneinsparung wird auf 900,00 EUR geschätzt.
Bei Inanspruchnahme des Kontokorrentkredits wird der Liquiditätsspielraum um 10 000,00 EUR eingeschränkt. Andererseits steigt der Gewinn monatlich um 800,00 EUR. Damit steigt auch die Rentabilität. Die Investition würde sich in gut einem Jahr bezahlt machen (12 x 800,00 EUR = 9 600,00 EUR). Auf Grund der erhöhten Rentabilität ist also eine Abtragung der Schuld möglich. Anschließend wächst der monatliche Gewinn um 900,00 EUR.

3.2 Finanzierungsregeln (Finanzierungsgrundsätze)

Die Firma Dorn GmbH & Co. KG stellt Pumpen Art her. Man hat festgestellt, dass das Rohstofflager eine Umschlagshäufigkeit von 6 aufweist. Das Kapital ist also im Durchschnitt 2 Monate in den Werkstoffen gebunden. Man ist deshalb dazu übergegangen, mit den Lieferern Zahlungsfristen von 90 Tagen zu vereinbaren. Auf diese Weise muss kein Eigenkapital für den Einkauf eingesetzt werden. Die Werkstoffe sind mit hoher Wahrscheinlichkeit binnen 3 Monaten verarbeitet, verkauft und bezahlt. Mit dem Erlös können die eigenen Verbindlichkeiten fristgerecht beglichen werden.

Eine solche Finanzierung ist selbstverständlich beim Kauf von Maschinen nicht möglich. Wenn möglich, versucht man, sie mit Erlösüberschüssen zu finanzieren. Fehlbeträge werden mit Bankkrediten abgedeckt, deren Laufzeit der geschätzten Nutzungsdauer der Maschinen entspricht und die in jährlichen Teilbeträgen getilgt werden.

Man muss nicht nur wissen, in welcher Höhe Kapitalbedarf auftritt, um Finanzierungsmittel in gleicher Höhe zu beschaffen. Investition und Finanzierung müssen vielmehr auch zeitlich aufeinander abgestimmt werden.

Was hilft es z. B., wenn man in einem Jahr hohe Investitionsgewinne erwartet, die Löhne aber sofort bezahlen muss?

Finanzierungsregeln sind Grundregeln für die zeitlichen Abstimmung von Investition und Finanzierung. Sie sollen helfen, die Liquidität zu sichern.

Eigenkapital kann unbedenklich langfristig investiert werden, da es unbegrenzt zur Verfügung steht. Fremdkapital jedoch muss fristgerecht zurückgezahlt und deshalb rechtzeitig freigesetzt werden. Deshalb gilt:

Nur Vorräte mit kurzfristigem Fremdkapital finanzieren! Die gebundenen Mittel fließen durch den Verkauf rasch zurück.

Betriebsmitteln nicht mit kurzfristigem Fremdkapital finanzieren! Die gebundenen Mittel fließen erst im Lauf der Jahre über die Produkterlöse zurück. Ein kurzfristiger Kredit könnte nicht rechtzeitig zurückgezahlt werden.

Goldene Finanzierungs- (oder Bank-) Regel: Die Bindungsdauer von Kapital muss der Dauer der Kapitalüberlassung für den bestimmten Zweck entsprechen.
Goldene Bilanzregel: Anlagevermögen und eiserne Bestände sollen durch Eigenkapital und langfristiges Fremdkapital abgedeckt sein.

Auch eine Finanzierung über den Investitionsendpunkt hinaus ist problematisch. Sie bedeutet Tilgung- und Zinsbelastung, wenn die entsprechenden Anlagen bereits nicht mehr verwendet werden und dementsprechend keine Erlöse mehr hereinbringen.

Kritik an goldener Finanzierungs- und Bilanzregel	
Goldene Finanzierungsregel	**Goldene Bilanzregel**
Die Einhaltung der goldenen Finanzierungsregel sichert die Liquidität nicht, wenn – die getätigte Investition Verluste bringt, – die getätigte Investition zwar ihre Zinsen und Tilgungsleistungen, nicht aber die laufenden Zahlungen für Löhne, Werkstoffe, Steuern usw. erwirtschaftet.	Die Einhaltung der goldenen Bilanzregel sichert die Liquidität nicht, weil – die Bilanz nicht alle künftigen Ein- und Auszahlungen ausweist (Lohn- und Mietzahlungen, Steuern, Mieteinnahmen usw.), – die Zahlungstermine nicht aus der Bilanz zu ersehen sind, – die Bilanz keine Möglichkeiten der Kapitalbeschaffung zeigt (Einlagen, Kreditverlängerung usw.).

Die Einhaltung der Regeln kann die Liquidität nicht garantieren, aber zu ihrer Aufrechterhaltung beitragen.

3.3 Finanzierungskennziffern als Controllinginstrumente

3.3.1 Überblick

Aus dem Jahresabschluss des Betriebes lassen sich Kennziffern ermitteln. Diese ermöglichen Aussagen über die Liquidität, die Rentabilität und die finanzielle Flexibilität des Betriebes. Aufschlussreich ist vor allem die tendenzielle Entwicklung der Kennziffern im Zeitablauf.

Bilanzkennziffern entstehen, wenn man „waagerecht" und „senkrecht" Beziehungen zwischen den folgenden vier Gruppen herstellt:

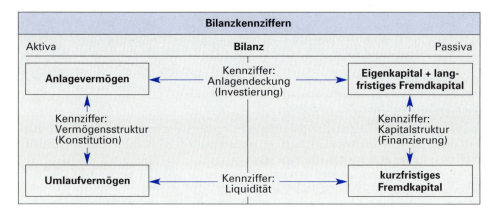

Weitere Kennziffern entstehen, wenn man Zahlen aus der Gewinn- und Verlustrechnung (z. B. Gewinn, Umsatzerlöse) entnimmt und untereinander oder zu Zahlen aus der Bilanz in Beziehung setzt. Es handelt sich vor allem um **Rentabilitätskennziffern** (Eigenkapital-, Gesamtkapital-, Umsatzrentabilität, Cashflow-Umsatzrentabilität).

Die Rentabilitätskennziffern werden im Kapitel „Finanzierungsarten" besprochen.

Der beispielhaften Berechnung der Kennziffern soll hier die folgende vereinfachte Bilanz zu Grunde gelegt werden.

Beispiel:

	Aktiva			Bilanz (in Mio. EUR)		Passiva
		Vorjahr	Berichtsjahr		Vorjahr	Berichtsjahr
Liquide Mittel 4. Ordnung:	Anlagevermögen	9	13	Eigenkapital	8	8
	Umlaufvermögen:			Fremdkapital:		
Liquide Mittel 3. Ordnung:	Materialien, Produkte	3	7	langfristige Darlehen	3	4
Liquide Mittel 2. Ordnung:	Forderungen	8	7	Liefererverbindlichkeiten	11	16
Liquide Mittel 1. Ordnung:	Zahlungsmittel	2	1			
		22	28		22	28

3.3.2 Anlagendeckung, Vermögensstruktur, Kapitalstruktur

$$\text{Anlagendeckung (Investierung)} = \frac{\text{Eigenkapital + langfristiges Fremdkapital}}{\text{Anlagevermögen}} \cdot 100$$

$$\text{Vermögensstruktur (Konstitution)} = \frac{\text{Anlagevermögen}}{\text{Umlaufvermögen}} \cdot 100$$

$$\text{Kapitalstruktur (Finanzierung)} = \frac{\text{Eigenkapital}}{\text{Fremdkapital}} \cdot 100$$

Die **Anlagendeckung** misst, in welchem Maß der goldenen Bilanzregel entsprochen wird. Ein Wert von 100 bedeutet volle Deckung des Anlagevermögens durch langfristiges Kapital. Er ist ein möglicher Anhaltspunkt für finanzielle Stabilität: Es ist keine Bedrohung der Liquidität dadurch zu befürchten, dass

- in Anlagevermögen gebundenes Kapital kurzfristig zur Rückzahlung fällig wird,
- ggf. zu höheren Zinsen neu beschafft werden muss.

Die **Vermögensstruktur** misst das Verhältnis Anlagevermögen zu Umlaufvermögen. Je größer der Wert ist,

- desto größer ist der Anteil des Anlagevermögens am Gesamtvermögen,
- desto stärker ist der Betrieb mit fixen Kosten belastet,
- desto weniger anpassungsfähig ist der Betrieb in Rezessionsphasen,
- desto schwieriger und langwieriger ist eine ggf. notwendige Freisetzung von Kapital.

Die **Kapitalstruktur** misst das Verhältnis Eigenkapital zu Fremdkapital. Grundsätzlich sollte es mindestens 1:1 betragen. Dieser Wert wird aber in Deutschland fast nirgends erreicht.

Der Eigenkapital-anteil am Gesamt-kapital liegt meist unter 30%!

Je größer die Kennzahl *Kapitalstruktur* ist,

- desto größer ist der Anteil des Eigenkapitals am Gesamtkapital,
- desto mehr sind die Investitionen durch Eigenkapital finanziert,
- desto größer ist die finanzielle Unabhängigkeit von Kreditgebern,
- desto niedriger ist die Belastung mit Zins- und Tilgungszahlungen,
- desto kreditwürdiger ist der Betrieb.

Beispiel:

	Vorjahr		Berichtsjahr	
Anlagen-deckung	$\frac{8+3}{9} \cdot 100 = 122{,}2\%$		Anlagen-deckung	$\frac{8+4}{13} \cdot 100 = 92{,}3\%$
Vermögens-struktur	$\frac{9}{13} \cdot 100 = 69{,}2\%$		Vermögens-aufbau	$\frac{13}{15} \cdot 100 = 86{,}7\%$
Kapital-struktur	$\frac{8}{14} \cdot 100 = 57{,}14\%$		Kapital-struktur	$\frac{8}{20} \cdot 100 = 40\%$

Die Situation hat sich im Berichtsjahr gegenüber dem Vorjahr verschlechtert: Eigenkapital und langfristiges Fremdkapital decken das Anlagevermögen nicht mehr; das Anlagevermögens ist teilweise mit kurzfristigem Fremdkapital finanziert. Dies widerspricht der goldenen Finanzierungsregel. Die Vermögensstruktur verschiebt sich zu Gunsten des Anlagevermögens (starke Investitionen im Anlagevermögen), die Kapitalstruktur zu Gunsten des Fremdkapitals (Finanzierung der Investitionen durch Fremdkapital).

Folgen: Abnehmende Liquidität, höhere Zins- und Tilgungsbelastung, geringerer Spielraum für weitere Kredite, wachsender Einfluss fremder Kapitalgeber.

3.3.3 Liquidität

Liquiditätskennziffern sollen darüber Aufschluss geben, in welchem Maß die liquiden Mittel erster, zweiter und dritter Ordnung zur Bezahlung der fälligen Verbindlichkeiten ausreichen.

Die **Barliquidität** (Liquidität 1. Grades) gibt den Deckungsgrad der kurzfristigen Verbindlichkeiten durch bare Mittel (Kassenbestand, Bankguthaben) an. Da nur ein Teil der Verbindlichkeiten sofort fällig ist, darf sie unter 100% liegen. Als Faustregel für die Untergrenze gelten 20%.

$$\text{Barliquidität} = \frac{\text{Liquide Mittel 1. Ordnung}}{\text{Kurzfristige Verbindlichkeiten}} \cdot 100$$

Die **Einzugsliquidität** (Liquidität 2. Grades) gibt den Deckungsgrad der kurzfristigen Verbindlichkeiten durch Mittel wieder, die binnen 3 Monaten verfügbar werden (Kundenforderungen, Besitzwechsel, Wertpapiere). Zweifelhafte Forderungen sollten nicht berücksichtigt werden. Die Einzugsliquidität sollte 100% betragen.

$$\text{Einzugsliquidität} = \frac{\text{Liquide Mittel 1. und 2. Ordnung}}{\text{Kurzfristige Verbindlichkeiten}} \cdot 100$$

Die **Umsatzliquidität** (Liquidität 3. Grades) gibt den Deckungsgrad der kurzfristigen Verbindlichkeiten durch Mittel wieder, die durch den künftigen Umsatzprozess flüssig gemacht werden können (Vorräte an Rohstoffen, Halb- und Fertigprodukte). Dabei ist zu beachten, dass Rohstoffe und Halbfabrikate erst noch verarbeitet werden müssen, also schwerer liquidierbar sind. Nach einer Faustregel sollte die Umsatzliquidität etwa 200% betragen.

$$\text{Umsatzliquidität} = \frac{\text{Liquide Mittel 1., 2. und 3. Ordnung}}{\text{Kurzfristige Verbindlichkeiten}} \cdot 100$$

Beispiel:

	Vorjahr		Berichtsjahr	
Bar- liquidität	$\frac{2}{11} \cdot 100$	$= 18{,}18\%$	$\frac{1}{16} \cdot 100$	$= 6{,}25\%$
Einzugs- liquidität	$\frac{2+8}{11} \cdot 100$	$= 90{,}9\%$	$\frac{1+7}{16} \cdot 100$	$= 50{,}0\%$
Umsatz- liquidität	$\frac{2+8+3}{11} \cdot 100$	$= 118{,}18\%$	$\frac{1+7+7}{16} \cdot 100$	$= 93{,}75\%$

Der ungünstige Eindruck, der sich schon bei Anlagendeckung, Vermögens- und Kapitalstruktur andeutete, verfestigt sich: Keine der drei Liquiditätskennziffern erzielt ausreichende Werte. Während Bar- und Einzugsliquidität im Vorjahr noch in die Nähe ausreichender Werte kamen, verschlechtern sie sich im Berichtsjahr enorm. Die Umsatzliquidität, die bereits im Vorjahr völlig unzureichend ist, verschlechtert sich im Berichtsjahr weiter und liegt jetzt sogar unter 100%. Es erscheint sehr fraglich, ob der Betrieb kurzfristig seine Verbindlichkeiten noch pünktlich bezahlen kann.

Die bedeutendste der drei aufgeführten Liquiditätskennziffern ist die Einzugsliquidität.
In absoluten Zahlen ausgedrückt, stellt die Einzugsliquidität das **Netto-Geldvermögen** dar.

Beispiel:

Liquide Mittel 1. und 2. Ordnung	Vorjahr	Berichtsjahr
– **kurzfristige Verbindlichkeiten**	10	8
	– 11	– 16
= **Netto-Geldvermögen**	– 1	– 8

Die unzureichende Deckung der kurzfristigen Verbindlichkeiten verstärkt sich im Berichtsjahr beträchtlich.

Die Aussagekraft der **Liquiditätskennziffern** ist begrenzt:

- Die Bilanz weist Forderungen und Verbindlichkeiten nicht aus, für die noch keine Rechnungen vorliegen oder für die keine Rechnungen anfallen (zu erwartende Ausgaben für Einkäufe, Lohnzahlungen, Mieten, Gebühren, Stromkosten, Steuern usw.; zu erwartende Einnahmen aus Vermietungen, Verkäufen usw.). Man spricht deshalb von einer **Stichtagsliquidität**.
- Die Bilanz weist keine Fälligkeitstermine für Forderungen und Verbindlichkeiten aus.
- Die Bilanz zeigt keine Möglichkeiten der Kapitalbeschaffung auf, die gegebenenfalls bestehen (z. B. zusätzliche Kredite oder Einlagen).
- Die Bilanz wird in der Regel erst Monate nach dem Bilanzstichtag erstellt. Die Verhältnisse können sich bis dahin bereits stark verändert haben.

Anhand der Liquiditätskennziffern lässt sich deshalb nicht beurteilen, ob eine Unternehmung zu einem gegebenen Zeitpunkt tatsächlich zahlungsfähig ist.

Die Liquiditätskennziffern geben jedoch im Zeitvergleich Aufschluss darüber, wie sich die Liquiditätslage der Unternehmung ändert, ob sie angespannter wird oder sich entspannt. Sie gestatten damit auch einen gewissen Einblick in die Liquiditätspolitik.

Werden weiter gehende Einsichten verlangt, so helfen die Bewegungsbilanz (Finanzierungsrechnung) und der Finanzplan weiter.

- Die **Bewegungsbilanz** zeigt die Ursachen für die Liquiditätsveränderungen auf.
- Der **Finanzplan** zeigt die geplanten Einnahmen und Ausgaben sowie die daraus entstehende Über-/Unterdeckung an flüssigen Mitteln.

3.4 Bewegungsbilanz

Die Bilanz zeigt die Bestände an Finanzierungsmitteln und Investitionen zum Bilanzstichtag. Will man die Finanzierungs- und Investitionsvorgänge erfassen, die im Jahresablauf zu diesen Beständen geführt haben, so muss man die Posten zweier Bilanzen vergleichen. In einer Bewegungsbilanz hält man dann Mittelherkunft und -verwendung in vier typischen Veränderungen fest:

Mittelverwendung	Bewegungsbilanz	Mittelherkunft
Mittel können verwendet werden für		**Mittel können zufließen durch**
■ **Zunahme von Aktivposten:** – Sach-Anlage-Investitionen (z. B. Maschinenkauf) – Sach-Vorrats-Investitionen (z. B. Materialeinkauf) – Finanz-Investitionen (Beteiligungen, Forderungen) – Desinvestitionen (Barmittel)		■ **Zunahme von Passivposten:** – Eigen-Außen-Finanzierung (Einlagen) – Eigen-Innen-Finanzierung (Gewinne) – Fremd-Außen-Finanzierung (Kredite) – Fremd-Innen-Finanzierung (Rückstellungen)
■ **Abnahme von Passivposten:** Entfinanzierung (z. B. Schuldentilgung, Gewinnentnahme, Kapitalentnahme)		■ **Abnahme von Aktivposten:** Kapitalfreisetzung (Rückfluss von Abschreibungen, Abbau von Anlagen, Vorräten, Forderungen)

Um die Veränderungen des Eigenkapitals genauer erfassen zu können, zieht man zusätzlich das Gewinn- und Verlustkonto heran, bei Einzelunternehmungen und Personengesellschaften auch das Privatkonto.

Die Bewegungsbilanz kann die Ursachen für Liquiditätsveränderungen aufzeigen, weil sie die Investitions- und Finanzierungstätigkeit während des Geschäftsjahres erfasst. Dies soll hier an dem begonnenen Beispiel verdeutlicht werden.

Beispiel:
Wir zeichnen noch einmal die Bilanz auf und fügen das Gewinn- und Verlustkonto hinzu. Private Kapitalbewegungen sollen nicht stattgefunden haben.

Aktiva	Bilanz (in Mio. EUR)				Passiva	
	Vorjahr	Berichtsjahr			Vorjahr	Berichtsjahr
Anlagevermögen	9	13	Eigenkapital		8	8
Umlaufvermögen:			Fremdkapital:			
Materialien, Produkte	3	7	langfristige Darlehen		3	4
Forderungen	8	7	Liefererverbindlichkeiten		11	16
Zahlungsmittel	2	1				
	22	28			22	28

mangelnder Absatz!

Soll	Gewinn- und Verlustkonto (in Mio. EUR)		Haben
Materialkosten	17	Verkaufserlöse	30
Lohnkosten	14	Bestandsveränderungen	2
Abschreibungen	1		
Gewinn	0		
	32		32

ausbleibender Gewinn

Mittelverwendung	Bewegungsbilanz (in Mio. EUR)		Mittelherkunft
Investitionen im Anlagevermögen:		Fremd-Außen-Finanzierung:	
Ersatzinvestitionen	1	Darlehensaufnahme	1
Erweiterungsinvestitionen	4	neue Verbindlichkeiten	5
Investitionen im Umlaufvermögen:		Kapitalfreisetzung:	
Vorratsinvestitionen	4	Abbau von Forderungen	1
		Rückflussfinanzierung durch	
		Freisetzung von Abschreibungswerten	1
		Abbau von Zahlungsmitteln	1
	9		9

davon 3 f Anlageinv titionen (falsche F nanzierun 2 für Vorrats investitio wegen m gelnden A satzes (a bleibend Erlöse)

Der Betrieb hat 5 Mio. EUR in Anlagen investiert, davon 1 Mio. EUR in Ersatzinvestitionen (durch Abschreibungen finanziert) und 4 Mio. EUR in Erweiterungsinvestitionen. Letztere wurden mit 1 Mio. EUR langfristigen Mitteln (Darlehen) und mit 3 Mio. EUR kurzfristigem Fremdkapital (Verbindlichkeiten) finanziert. Dies verstößt gegen die goldene Finanzierungsregel und die goldene Bankregel und bringt den Betrieb in Liquiditätsschwierigkeiten, wenn die kurzfristigen Mittel zur Rückzahlung fällig werden. Eine Umschuldung in ein Darlehen wäre sinnvoll, aber der Betrieb ist in der gegenwärtigen Lage wenig kreditwürdig:

Die Anlageinvestitionen erweisen sich – zumindest kurzfristig – als Fehlinvestitionen: Wegen der vergrößerten Produktionskapazität wurden die Bestände an Vorräten um 4 Mio. EUR vergrößert. Aus dem G+V-Konto geht hervor, dass davon 2 Mio. EUR Bestandserhöhungen an Produkten darstellen. Diese Produkte konnten nicht verkauft werden und brachten deshalb keine Zahlungsmittel in die Kasse. Sie konnten deshalb nur mit 2 Mio. EUR durch Zahlungen finanziert werden (Abbau von Zahlungsmitteln um 1 Mio. EUR und Forderungen von 1 Mio. EUR). Die restlichen 2 Mio. EUR wurden durch Verbindlichkeiten finanziert.

Die Liquiditätsklemme des Betriebes beruht also auf einer Finanzierung des Anlagevermögens mit kurzfristigem Fremdkapital und auf Zahlungsmittelknappheit wegen Absatzschwierigkeiten.

Auf Grund mangelnden Absatzes bleibt auch der notwendige Gewinn aus: Die Bestandserhöhungen sind mit ihren Kosten bewertet. Wären die Vorräte verkauft worden, so wären sie mit den höheren Verkaufspreisen bewertet. Die Differenz wäre Gewinn.

3.5 Aufstellung von Finanzplänen

Finanzpläne werden für einen kürzeren oder längeren Zeitraum erstellt. Für diese Periode werden die Einnahmen und Ausgaben festgelegt. Die Pläne weisen also stets eine **Periodenliquidität** aus. Diese kann von der **Momentanliquidität** zu einem bestimmten Zeitpunkt innerhalb der Perioden abweichen (z. B. von der Stichtagsliquidität, die sich aus der Bilanz ergibt). Sicherheitsbestände an liquiden Mitteln und Kontokorrentkredite sollen gegen solche Abweichungen in Richtung einer Unterdeckung sichern und die Zahlungsunfähigkeit erhalten.

Arten von Finanzplänen		
Kurzfristige Finanzpläne	**Mittelfristige Finanzpläne**	**Langfristige Finanzpläne**
bis zu 1 Jahr	bis zu 4 Jahren	über 4 Jahre

Am häufigsten ist der Jahresfinanzplan. Er wird je nach Bedarf in Quartale oder Monate unterteilt. Vielfach nimmt man auch eine überlappende Planung vor: Der Plan wird für ein Jahr aufgestellt. Ist der erste Monat (bzw. das erste Quartal) abgelaufen, so wird der 13. Monat (bzw. das fünfte Quartal) in die Planung einbezogen.

Die überlappende Planung sichert stets einen Gesamtzeitraum von 1 Jahr.

Der Finanzplan trennt zwischen ordentlichen und außerordentlichen Einnahmen und Ausgaben.

Einnahmen und Ausgaben im Finanzplan	
Ordentliche Einnahmen und Ausgaben	**Außerordentliche Einnahmen und Ausgaben**
Sie ergeben sich aus der Umsatztätigkeit der Unternehmung (Materialeinkauf, Lohnzahlung, Erlöse usw.)	Sie ergeben sich aus Finanzmaßnahmen (z. B. Kreditaufnahmen, Einnahmen aus Maschinenverkäufen, Kreditrückzahlung, Gewinnausschüttung, Anlagenkäufe)

Beispiel: Finanzplan (in Tsd. EUR)

	Jahr..			Januar			Februar		
	Soll	Ist	Abweichung	Soll	Ist	Abweichung	Soll	Ist	Abweichung
A Flüssige Mittel	120			10			10		
B Einnahmen									
Ordentliche Einnahmen:									
Verkaufserlöse									
– Produkt A	1080			90	95	+ 5	90	93	+ 3
– Produkt B	860			70	76	+ 6	70	68	– 2
Mieten, Pachten	48			4	4	0	4	4	0
Zinsen	24			2	2	0	2	2	0
Sonstige ordentliche Einnahmen	24			2	3	+ 1	2	2	0
Summe	2016			168	180	+ 12	168	169	+ 1
Außerordentliche Einnahmen:									
Kreditaufnahme	200			–	–	–	100	100	0
Anlagenverkäufe	80			–	–	–	40	35	– 5
Summe	280			–	–	–	140	135	– 5
C Ausgaben									
Ordentliche Ausgaben:									
Materialkäufe	720			60	64	+ 4	60	64	+ 4
Löhne, Gehälter	480			40	40	0	40	40	0
Zinsen	84			7	7	0	7	7	0
Mieten	96			8	8	0	8	8	0
Steuern, Versicherungen	120			10	9	– 1	10	10	0
Werbung	36			3	3	0	3	3	0
Reparaturen	60			5	2	– 3	5	1	– 4
Summe	1596			133	133	0	133	133	0
Außerordentliche Ausgaben:									
Anlagenkäufe	240			–	–	–	120	125	+ 5
Kredittilgung	60			5	5	0	5	5	0
Summe	300			5	5	0	125	130	+5
Über-/Unterdeckung	+ 400			+ 30	+42	+12	+50	+41	– 9

Arbeitsaufträge

1. **Die zeitliche Abstimmung von Investition und Finanzierung ist für die Erhaltung des finanziellen Gleichgewichts der Unternehmung unerlässlich.**
   a) Was ist unter finanziellem Gleichgewicht zu verstehen?
   b) Erläutern Sie die obige Aussage am Beispiel einer zu beschaffenden Produktionsanlage mit Anschaffungskosten von 400 000,00 EUR.
   c) In welchen der folgenden Fälle ist eine Unternehmung nicht im finanziellen Gleichgewicht?
      (1) Die kurzfristigen Verbindlichkeiten übersteigen die liquiden Mittel 1. und 2. Ordnung.
      (2) Die liquiden Mittel 1. und 2. Ordnung übersteigen die kurzfristigen Verbindlichkeiten.
      (3) Die liquiden Mittel 1. und 2. Ordnung entsprechen den kurzfristigen Verbindlichkeiten.

2. **Für eine Unternehmung ergebe sich folgende Bilanz:**

Aktiva	**Bilanz** (in Tsd. EUR)		Passiva
Anlagevermögen	400	Eigenkapital	300
Rohstoffe, Halbfabrikate	80	Langfristiges Fremdkapital	300
Fertigerzeugnisse	140	Kurzfristiges Fremdkapital	400
Forderungen	200		
Flüssige Mittel	180		
	1000		1000

Berechnen und beurteilen Sie:
a) die Anlagendeckung,
b) die Vermögensstruktur,
c) die Kapitalstruktur,
d) die 3 Liquiditätsgrade und das Netto-Geldvermögen.
Warum lässt sich die Zahlungsfähigkeit der Unternehmung anhand der Bilanz nicht endgültig beurteilen?

3. **Es liegen die folgende Eröffnungsbilanz und die Geschäftsfälle des Jahres vor.**

Aktiva	Bilanz (in Tsd. EUR)		Passiva
I. Anlagevermögen		**I. Eigenkapital**	420
Maschinen	400	**II. Fremdkapital**	
Geschäftsausstattung	100	Rückstellungen	50
II. Umlaufvermögen		Verbindlichkeiten	360
Vorräte	200		
Forderungen	90		
Zahlungsmittel	40		
	830		830

Geschäftsfälle	Tsd. EUR
1. Eingang von Kundenzahlungen	20
2. Maschinenkäufe auf Ziel	100
3. Kauf von Vorräten auf Ziel	270
4. Verbrauch an Vorräten	250
5. Verkäufe an Kunden auf Ziel (Abschreibungen in Höhe von 50 sind einkalkuliert)	400
6. Eingang von Kundenzahlungen	390
7. Bezahlung von Verbindlichkeiten	350
8. Abschreibung von Maschinen	50
9. Einstellung in Rückstellungen	20
10. Gewinnentnahme	10

a) Stellen Sie das Privatkonto, das G+V-Konto und die Schlussbilanz auf.
b) Stellen Sie die Entwicklung von Anlagendeckung, Vermögensstruktur, Kapitalstruktur und Liquidität fest und beurteilen Sie diese Entwicklung kritisch.
c) Zeigen Sie die Ursachen der Liquiditätsveränderungen anhand einer Bewegungsbilanz auf und erläutern Sie die Ursachen ausführlich.

4. **Auf Seite 546 ist ein Teil eines Finanzplans abgebildet.**
 a) Erläutern Sie, wie die Finanzplanung in die betriebliche Gesamtplanung eingebettet ist.
 b) Welche Ziele verfolgt der Betrieb mit der Aufstellung eines Finanzplans?
 c) Besteht zwischen den verfolgten Zielen Harmonie oder kommt es zu Zielkonflikten?
 d) Inwiefern unterscheidet sich die Liquidität, die sich aus dem Finanzplan ergibt, von der Liquidität, die als Kennziffer aus der Bilanz entwickelt wird?
 e) In dem dargestellten Finanzplan wird zwischen jeweils zwei Gruppen von Einnahmen und Ausgaben unterschieden. Um welche Gruppen handelt es sich und warum nimmt man eine derartige Unterscheidung vor?
 f) Der Finanzplan dient nicht nur zur Vorherbestimmung von Einnahmen und Ausgaben, sondern auch zu ihrer Kontrolle. Wie erfolgt diese Kontrolle?
 g) Was ist unter Über- bzw. Unterdeckung zu verstehen und wie wird sie im Finanzplan berechnet?
 h) Führen Sie den Finanzplan mit selbstgewählten Zahlen auf einem gesonderten Blatt fort.

4 Finanzierungsmanagement: Wahl der Finanzierungsart

4.1 Entscheidungskriterien

Eine grundlegende Entscheidung betrifft die Wahl zwischen Eigen-und Fremdfinanzierung. Hierzu einige wichtige Entscheidungskriterien vorweg:

Kriterium	Eigenfinanzierung	Fremdfinanzierung
Dauer der Verfügbarkeit	Eigenkapital ist unbegrenzt verfügbar; keine Tilgungslasten	Fremdkapital ist nur für die Zeit der Ausleihung verfügbar, Tilgungslasten schränken die Liquidität ein.

Kriterium	Eigenfinanzierung	Fremdfinanzierung
Zinsverpflichtungen	Keine Zinszahlungen	Feste Zinsverpflichtungen. Auch dies schränkt die Liquidität ein.
Weitere Kosten	Nur bei Kapitalgesellschaften	Zahlreiche Formen (z. B. Bankprovisionen, Notar-, Gerichtskosten, Kosten für die Bestellung von Sicherheiten)
Haftung	Eigenkapital haftet für die Schulden des Betriebes (Stärkung der Kreditwürdigkeit!).	Fremdkapital haftet nicht.
Sicherheiten	Nicht erforderlich	Kreditgeber verlangen Sicherheiten. Folge: eingeschränkte Verfügungsgewalt über die betroffenen Gegenstände.
Verlustbeteiligung	Eigenkapital ist am Verlust beteiligt (wichtig für Beteiligungen).	Fremdkapital ist nicht am Verlust beteiligt.
steuerliche Absetzbarkeit	Liegt nicht vor.	Aufwendungen für Fremdkapital wirken steuermindernd.
Entscheidungsfreiheit	Die Aufnahme von Gesellschaftern kann die Entscheidungsrechte der bisherigen Inhaber einschränken.	Keine Einschränkungen durch Fremdkapital.
Gewinnbeteiligung	Neue Gesellschafter haben Recht auf Gewinnanteile.	Fremdkapital ist nicht am Gewinn beteiligt.

4.2 Außenfinanzierung mit Eigenkapital

Bei der Außenfinanzierung mit Eigenkapital führen die Eigentümer der Unternehmung Einlagen zu. Auch spätere Beteiligungen von Gesellschaftern sind Einlagen.

Anlässe für die Zuführung von Einlagen können sein:

- Gründung,
- Geschäftserweiterung,
- Modernisierung,
- Rationalisierung,
- Fusion,
- Änderung der Rechtsform
- Sanierung (Ausgleich von Verlusten, Erreichen des Mindestkapitals).

4.2.1 Ausweis des Eigenkapitals in der Bilanz

Je nach Rechtsform wird das Eigenkapital in der Bilanz unterschiedlich ausgewiesen

Eigenkapital	
Einzelunternehmung und Personengesellschaften	**Kapitalgesellschaften**
Die Bilanz weist das Eigenkapital in einem einzelnen Posten aus. (Ausnahme: Kommanditeinlagen sind gesondert auszuweisen.)	Die Bilanz weist das Eigenkapital in getrennten Positionen aus: – Gezeichnetes Kapital – Rücklagen – Gewinn-/Verlustvortrag – Jahresüberschuss (oder Bilanzgewinn)

Die Aufgliederung des Eigenkapitals bei Kapitalgesellschaften ist durch die **Haftungsbeschränkung** der Gesellschafter bedingt. Der Gesetzgeber will

- verhindern, dass das gezeichnete Kapital/Geschäftsguthaben vermindert wird,
- eine saubere Trennung erreichen von
  - gezeichnetem Kapital/Geschäftsguthaben,
  - zugewachsenem Kapital (Rücklagen),
  - für Verwendung vorgesehenem Kapital (Jahresüberschuss, Gewinnvortrag) bzw. ausschüttbarem Kapital (Bilanzgewinn).

4.2.2 Mittelzuführung

Einzelunternehmung

Der Einzelunternehmer kann sein Vermögen durch **Kapitaleinlagen** (Geld- oder Sacheinlagen) von beliebiger Höhe vermehren. Die Grenzen werden durch den Umfang seines privaten Vermögens gesetzt. Auch die Höhe der **Kapitalentnahmen** bestimmt der Einzelunternehmer allein.

Offene Handelsgesellschaft

Die Gesellschafter legen im Gesellschaftsvertrag Art und Höhe der Einlagen fest. Ohne besondere Vereinbarung sind gleich hohe Einlagen zu erbringen. Kein Gesellschafter ist verpflichtet, seinen Kapitalanteil zu erhöhen, noch darf er ihn eigenmächtig erhöhen. Andererseits erhöht sein Gewinnanteil ihn automatisch und die gesetzlich erlaubten Privatentnahmen (jährlich bis 4% des Kapitalanteils) mindern ihn.

Der Gesellschaftsvertrag kann in allen genannten Punkten andere als die gesetzlichen Regelungen vorsehen.

Wir haben Privatentnahmen von monatlich bis zu 3 000,00 EUR vereinbart.

Er kann z. B. auch eine Nachschusspflicht festlegen. Werden neue Gesellschafter aufgenommen, müssen ihre Kapitalanteile neu festgelegt werden.

Kommanditgesellschaft

Für die Vollhafter der KG gelten die gleichen Bestimmungen wie für die Gesellschafter der OHG.

Die Änderung von Kommanditeinlagen erfordert eine Änderung des Gesellschaftsvertrags und der Eintragung im Handelsregister.

Gesellschaft mit beschränkter Haftung

Die Satzung der GmbH legt die Höhe des Stammkapitals (mindestens 25 000,00 EUR) und die Höhe der Geschäftsanteile der Gesellschafter (mindestens 100,00 EUR) fest. Die Zuführung der Mittel erfolgt durch die Einbringung der Geschäftsanteile. Die Satzung kann für den Fall späteren Kapitalbedarfs eine beschränkte oder unbeschränkte Nachschusspflicht vorsehen. Eine Erhöhung des Stammkapitals mittels Ausgabe von Geschäftsanteilen an die alten oder an neue Gesellschafter bedarf einer Satzungsänderung, die die Gesellschafterversammlung mit einer Mehrheit von drei Vierteln der Geschäftsanteile beschließen muss. Das jeweilige Stammkapital muss ins Handelsregister eingetragen werden.

Aktiengesellschaft

Die Satzung der AG legt die Höhe des Grundkapitals (mindestens 50 000,00 EUR) und des Nennwertes der Aktien (mindestens 1,00 EUR) fest. Die Kapitalzuführung erfolgt durch den Kauf der Aktien durch die Aktionäre. Diese sind im Verhältnis der Nennwerte ihrer Aktien Eigentümer der AG. Eine Ausgabe von Aktien unter dem Nennwert (Unterpari-Emission) ist nicht zulässig, eine Ausgabe über dem Nennwert (Überpari-Emission) ist häufig. Das Agio (Aufgeld) ist in die Kapitalrücklage einzustellen.

Eine Erhöhung des Grundkapitals mittels Ausgabe junger (neuer) Aktien bedarf einer Satzungsänderung, die die Hauptversammlung der Aktionäre mit einer Mehrheit von drei Vierteln der anwesenden Aktiennennwerte beschließen muss. Das jeweilige Grundkapital muss ins Handelsregister eingetragen werden.

Die Hauptversammlung der AG kann auch eine Kapitalherabsetzung beschließen, um z. B. Kapital an die Eigentümer zurückzuzahlen (Kapitalentzug).

4.2.3   Beurteilung der Außenfinanzierung mit Eigenkapital

Die Außenfinanzierung mit Eigenkapital stellt eine Möglichkeit dar, der Unternehmung Eigenkapital zuzuführen. Eigenkapital bietet gegenüber Fremdkapital folgende **Vorteile:**

- Eigenkapital steht unbegrenzt zur Verfügung. Es bestehen keine Rückzahlungspflicht und keine Rückzahlungsfristen.
- Eigenkapital belastet nicht mit festen Zahlungsverpflichtungen für Tilgung und Zinsen. So wird die ständige Zahlungsfähigkeit (Liquidität) nicht beeinträchtigt. Zwar muss auch Eigenkapital in Form von Gewinnausschüttung verzinst werden, aber die Höhe dieser Ausschüttungen wird von den Eigentümern selbst bestimmt. Bei der AG können die Satzung oder der Vorstand und der Aufsichtsrat bestimmen, dass Beträge bis zur Hälfte des Jahresüberschusses in die Gewinnrücklagen eingestellt werden. Beträge, die in die gesetzliche Rücklage eingestellt werden, sowie ein Verlustvortrag sind vorher vom Jahresüberschuss abzuziehen.
- Eigenkapital ist haftendes Kapital. Die Zuführung von Eigenkapital erhöht somit gleichzeitig die Kreditwürdigkeit und erleichtert die Beschaffung von Fremdkapital.

Die **Finanzierung mit voll haftendem Eigenkapital** (OHG) bedeutet gleichzeitig auch das Recht auf Geschäftsführung und Vertretung. Der Einzelunternehmer, der einen Gesellschafter aufnehmen will, aber auch die Gesellschafter einer bestehenden OHG werden es sich sehr gründlich überlegen, ob sie zu einer so weitreichenden Beeinträchtigung ihrer eigenen Rechte bereit sind. Gerade bei der OHG ist ein enges Vertrauensverhältnis der Gesellschafter unbedingt nötig.

Teilhafter (KG) haben nur beschränkte Mitsprache- und Kontrollrechte. Sie sind in der Regel nur dann „zu bekommen", wenn es der Unternehmung gut geht und eine höhere Verzinsung der Kapitalanlage als auf dem Kapitalmarkt erzielt wird. Fremdkapital ist folglich in diesem Fall kostengünstiger zu erhalten. Der Nachteil bei der Aufnahme von Fremdkapital besteht darin, dass es auch bei schlechterer Geschäftslage zu festen Zins- und Tilgungsleistungen verpflichtet.

Bei der GmbH sind neue Gesellschafter oft nur zu erhalten, wenn diese mehr als 50 % der Geschäftsanteile bekommen und auf diese Weise entscheidend Einfluss auf die Unternehmung nehmen können.

> **Beispiel:**
>
> Die Maschinenfabrik Hörner GmbH stellt Walzwerke her. Die Produktion muss auf Grund des zunehmenden Wettbewerbs immer mehr vorfinanziert werden. Da es sich oft um Beträge von 100 Millionen EUR und mehr handelt, reicht die Finanzkraft des mittelständischen Unternehmens nicht mehr aus. Ein Großkonzern beteiligt sich mit 51 % der Geschäftsanteile.

Die Möglichkeit der Beteiligungsfinanzierung ist also sehr stark von der Rechtsform der Unternehmung abhängig. Die größten Vorteile hat dabei die Aktiengesellschaft. Sie kann durch die Ausgabe junger Aktien leicht große Kapitalmengen erhalten. Kapitalanleger sind verhältnismäßig leicht zu finden, weil die Aktie beweglich ist und jederzeit an der Börse verkauft werden kann – ein Vorgang, von dem die AG selbst nicht berührt wird.:

Uneingeschränkt gilt dies natürlich nur für börsennotierte AGs.

Arbeitsaufträge

1. Aussagen über die Außenfinanzierung mit Eigenkapital:
   a) OHG und KG haben ein festes Grundkapital, das von den Gesellschaftern aufgebracht wird.
   b) Die Rücklagen weisen bei einer Kapitalgesellschaft das zugewachsene Kapital aus.
   c) Eine Kapitalerhöhung erfolgt bei einer GmbH durch Privateinlagen der Gesellschafter, die ihre Stammeinlage mehren.
   d) Die Höhe des gezeichneten Kapitals ist bei einer AG durch die Satzung festgelegt.
   e) Eine Kapitalerhöhung stellt eine Zuführung von Gewinnen zu den Rücklagen dar.
   f) Wenn Aktien unter pari ausgegeben werden, bedeutet dies eine Kapitalherabsetzung.
   g) Ein Agio bei der Ausgabe von Aktien wird in die Kapitalrücklage eingestellt.
   h) Kapitalerhöhungen werden vom Vorstand der AG beschlossen.
   Welche dieser Aussagen sind richtig, welche falsch?
2. Herr Mager ist Inhaber einer Textilfabrik. Er benötigt für eine Geschäftserweiterung dringend neues Kapital in Höhe von 600 000,00 EUR. Ein Kredit würde ihn zu sehr mit Zins- und Tilgungszahlungen belasten. Er sucht Gesellschafter und denkt
   a) an die Gründung einer OHG,   b) an die Gründung einer GmbH.
   Wie vollzieht sich in beiden Fällen die Kapitalbeschaffung und welche Vor- und Nachteile ergeben sich jeweils für Herrn Mager?
3. Auszug aus der Tagesordnung der Hauptversammlung einer AG:

> ...
> 3. Vorstand und Aufsichtsrat schlagen vor, das gezeichnete Kapital gegen Bareinzahlung wie folgt zu erhöhen:
>   Das Grundkapital von 1 189 086 000,00 EUR wird um 169 869 500,00 EUR auf 1 358 955 500,00 EUR durch Ausgabe neuer auf den Inhaber lautender Stammaktien gegen Bareinzahlung mit halber Dividendenberechtigung für 20.. zu pari erhöht.

a) Nennen Sie zwei Gründe für eine Kapitalerhöhung.
b) Wie viele alte Aktien muss ein Aktionär besitzen, um eine neue Aktie erwerben zu können?
c) Welche Möglichkeiten hat ein Aktionär, der nur 4 alte Aktien besitzt?
d) Wie erklärt es sich, dass eine Aktie mit 1,00 EUR Nennwert zu 10,00 EUR angeboten wird?
e) Welche Bilanzpositionen nehmen das neue Eigenkapital der AG auf?

4. Die Prüfer KG ist in Zahlungsschwierigkeiten. Sie inseriert in der Zeitung: „Kommanditeinlage gesucht …"
a) Wie beurteilen Sie die Chance, die gewünschte Einlage zu erhalten?
b) Welche anderen Finanzierungsmöglichkeiten stehen noch offen?

4.3 Außenfinanzierung mit Fremdkapital (Kreditfinanzierung)

Bei der Hauser OHG ist Zahltag. 178 000,00 EUR an Löhnen und Gehältern sind auszuzahlen. Einen solch hohen Betrag weist das Bankkonto zur Zeit nicht auf. Trotzdem überweist die Bank das Geld im Rahmen eines bestehenden Kontokorrentkredits. Auch für Wareneinkäufe wird das Konto häufig überzogen.

In den nächsten Tagen ist die Anschaffung eines Lkw im Wert von 50 000,00 EUR fällig. Hierfür stellt die Bank ein Darlehen in Höhe von 30 000,00 EUR zur Verfügung.

4.3.1 Kreditarten

Unter einem *Kredit* versteht man die Überlassung von Geld oder anderen vertretbaren Sachen mit der Vereinbarung, dass am Ende der vereinbarten Laufzeit Sachen gleicher Art, Menge und Güte zurückerstattet werden (BGB § 607).

Die wichtigste Kreditform ist der Geldkredit. Als Preis für die zeitliche Geldüberlassung wird in der Regel ein Zins vereinbart. Zinslose Kredite sind meist Gefälligkeitskredite.

Kreditarten
nach der Verwendung des Kredits
■ Betriebskredit (zur Deckung eines vorübergehenden Geldbedarfs)
■ Saisonkredit (zur Finanzierung von Saisongeschäften)
■ Investitionskredit (zur Finanzierung von Anlagegegenständen)
■ Zwischenkredit (zur Vorfinanzierung eines langfristigen Kredits)
nach der Fristigkeit des Kredits
■ Kurzfristiger Kredit (bis 3 Monate, teilweise 1 Jahr)
■ Mittelfristiger Kredit (bis 4 Jahre)
■ Langfristiger Kredit (über 4 Jahre)

- Bankkredit (z. B. Kontokorrentkredit, Darlehen, Diskontkredit, Lombardkredit, Kreditleihe)
- Kredit von Privatpersonen und Betrieben (z. B. Schuldscheindarlehen, Obligationen)
- Lieferantenkredit (Einräumung eines Zahlungsziels)
- Kundenkredit (z. B. Leistung einer Anzahlung)
- Kredite der öffentlichen Hand (z. B. auf Grund öffentlicher Förderprogramme)

nach der rechtlichen Sicherung des Kredits

- Personalkredit
  - Blankokredit (ohne besondere Sicherung)
  - Zessionskredit (durch Abtretung von Forderungen gesichert)
  - Bürgschaftskredit (durch Bürgschaft eines Dritten gesichert)
- Realkredit (dinglich gesicherter Kredit)
  - durch Sicherungsübereignung gesicherter Kredit
  - Lombardkredit (durch Verpfändung von Waren oder Wertpapieren gesicherter Kredit)
  - Grundschuld- und Hypothekarkredit (durch Grundpfandrechte gesicherter Kredit)
  - durch Eigentumsvorbehalt gesicherter Kredit

nach dem übertragenen Kreditgegenstand

- Sachkredit (Naturalkredit) (Dem Kreditnehmer fließt ein Sachwert zu.)
- Geldkredit (Dem Kreditnehmer fließt ein Geldwert zu.)
- Kreditleihe (Der Kreditnehmer erhält Sicherheiten, mit denen er Sach- und Geldkredite aufnehmen kann.)

4.3.2 Rechtliche Sicherung von Krediten

Der Kreditgeber wird vor der Kreditgewährung die Kreditwürdigkeit des Kreditnehmers überprüfen. Bei einem **Blankokredit** oder **einfachen Personalkredit** erfolgt keine weitergehende Absicherung. Er ist kurzfristig und nicht für Investitionszwecke geeignet.

Beim **verstärkten Personalkredit** (Sicherung durch Wechsel, Bürgschaft, Zession, Garantien) haften neben der Person des Kreditnehmers noch weitere Personen. Eine weiter gehende Sicherung wird durch den **Realkredit** erreicht. Er überträgt bestimmte Rechte an Sachen vom Kreditnehmer auf den Kreditgeber (sogenannte dingliche Sicherung).

Überprüfung der Kreditwürdigkeit

Bei größeren Kreditbeträgen wird der Kreditgeber Auskünfte über den Kreditnehmer bei öffentlichen Registern (Handels-, Genossenschafts-, Güterrechtsregister, Schuldnerverzeichnis, Grundbuch), Auskunfteien, Geschäftsfreunden und Bankverbindungen des Schuldners einholen. Banken geben allerdings nur sehr begrenzte Auskünfte, Geschäftsfreunde sind meist wenig geneigt, negative Sachverhalte bekannt zu geben.

Gewerbliche Auskunfteien geben verlässlichere Informationen. Da sie die Auskünfte (Beispiel siehe Seite 554) gegen Bezahlung liefern, sind sie an möglichst vielen Kunden interessiert. Dieses Ziel ist nur erreichbar, wenn die Auskünfte zutreffen. Wirtschaftsauskunfteien verwerten täglich Informationen

- von Industrie- und Handelskammern,
- von öffentlichen Registern,
- aus Zeitungsberichten, Geschäftsberichten,
- aus eigenen Recherchen (z. B. Befragungen),
- aus Protestlisten über Wechselproteste,
- aus Insolvenzverfahren,
- aus Bilanzveröffentlichungen.

In der Regel ist eine größere Unternehmung Abonnent bei einer Auskunftei. So erhält sie laufend Informationen über eine Branche, Einkaufsadressen, Messeveranstaltungen und besondere Kundenkreise. Folgende Auskunfteien bieten z. B. ihre Dienste an: Creditreform, Schimmelpfeng und Bürgel. Die Banken und die Kredit gebende gewerbliche Wirtschaft unterhalten eine eigene Auskunfteinrichtung: die Schufa (Schutzgemeinschaft für allgemeine Kreditsicherung e.V.).

Banken nehmen bei großen Krediten auch Betriebsprüfungen sowie Prüfungen der Geschäftsbücher vor (Bilanzen, Gewinn- und Verlustrechnungen, Debitorenlisten, Finanzierungs- und Investitionspläne).

Die Prüfung der Kreditwürdigkeit kann folgendes Ergebnis haben:

- Der Kreditnehmer gilt als zuverlässig, geschäftstüchtig, branchenkundig, fleißig (**persönliche Kreditwürdigkeit**).

- Die wirtschaftlichen Verhältnisse des Kreditnehmers sind geordnet, die Vermögenslage gilt als gut, der Betrieb hat eine ordentliche Führung und Verwaltung (**sachliche Kreditwürdigkeit**).

Merke: Sicherheiten können fehlende Kreditwürdigkeit nicht ersetzen.

Beispiel: Kreditauskunft

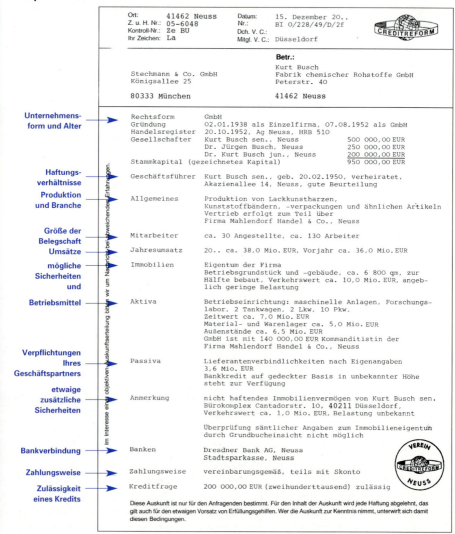

Ort:	41462 Neuss	Datum:	15. Dezember 20..
Z. u. H. Nr.:	05-6048	Nr.:	BI O/228/49/D/2f
Kontroll-Nr.:	Ze BU	Dch. V. C.:	
Ihr Zeichen:	La	Mitgl. V. C.:	Düsseldorf

CREDITREFORM

Betr.:
Kurt Busch
Fabrik chemischer Rohstoffe GmbH
Peterstr. 40

Stechmann & Co. GmbH
Königsallee 25

80333 München

41462 Neuss

Unternehmensform und Alter

Rechtsform   GmbH
Gründung   02.01.1938 als Einzelfirma, 07.08.1952 als GmbH
Handelsregister 20.10.1952, Ag Neuss, HRB 510
Gesellschafter   Kurt Busch sen., Neuss   500 000,00 EUR
                 Dr. Jürgen Busch, Neuss   250 000,00 EUR
                 Dr. Kurt Busch jun., Neuss   200 000,00 EUR
Stammkapital (gezeichnetes Kapital)   950 000,00 EUR

Haftungsverhältnisse

Geschäftsführer Kurt Busch sen., geb. 20.02.1950, verheiratet,
                 Akazienallee 14, Neuss, gute Beurteilung

Produktion und Branche

Allgemeines   Produktion von Lackkunstharzen,
                Kunststoffbändern, -verpackungen und ähnlichen Artikeln
                Vertrieb erfolgt zum Teil über
                Firma Mahlendorf Handel & Co., Neuss

Größe der Belegschaft

Mitarbeiter   ca. 30 Angestellte, ca. 130 Arbeiter

Umsätze

Jahresumsatz   20.. ca. 38,0 Mio. EUR, Vorjahr ca. 36,0 Mio. EUR

mögliche Sicherheiten und

Immobilien   Eigentum der Firma
                Betriebsgrundstück und -gebäude, ca. 6 800 qm, zur
                Hälfte bebaut, Verkehrswert ca. 10,0 Mio. EUR, angeblich geringe Belastung

Betriebsmittel

Aktiva   Betriebseinrichtung: maschinelle Anlagen, Forschungslabor, 2 Tankwagen, 2 Lkw, 10 Pkw,
                Zeitwert ca. 7,0 Mio. EUR
                Material- und Warenlager ca. 5,0 Mio. EUR
                Außenstände ca. 6,5 Mio. EUR
                GmbH ist mit 140 000,00 EUR Kommanditistin der
                Firma Mahlendorf Handel & Co., Neuss

Verpflichtungen Ihres Geschäftspartners

Passiva   Lieferantenverbindlichkeiten nach Eigenangaben
                3,6 Mio. EUR
                Bankkredit auf gedeckter Basis in unbekannter Höhe
                steht zur Verfügung

etwaige zusätzliche Sicherheiten

Anmerkung   nicht haftendes Immobilienvermögen von Kurt Busch sen.
                Bürokomplex Cantadorstr. 10, 40211 Düsseldorf,
                Verkehrswert ca. 1,0 Mio. EUR, Belastung unbekannt

                Überprüfung sämtlicher Angaben zum Immobilieneigentum
                durch Grundbucheinsicht nicht möglich

Bankverbindung

Banken   Dresdner Bank AG, Neuss
                Stadtsparkasse, Neuss

Zahlungsweise

Zahlungsweise   vereinbarungsgemäß, teils mit Skonto

Zulässigkeit eines Kredits

Kreditfrage   200 000,00 EUR (zweihunderttausend) zulässig

(vertikal:) Im Interesse einer objektiven Auskunfterteilung bitten wir um Nachricht bei abweichenden Erfahrungen.

VEREIN CREDITREFORM NEUSS

Diese Auskunft ist nur für den Anfragenden bestimmt. Für den Inhalt der Auskunft wird jede Haftung abgelehnt, das gilt auch für den etwaigen Vorsatz von Erfüllungsgehilfen. Wer die Auskunft zur Kenntnis nimmt, unterwirft sich damit diesen Bedingungen.

Bürgschaft

Eine *Bürgschaft* entsteht, wenn sich eine Person (der Bürge) gegenüber dem Gläubiger eines anderen vertraglich verpflichtet, für die Erfüllung der Verbindlichkeiten des anderen einzustehen (BGB § 765).

Die Bürgschaft ist ein einseitig verpflichtender Vertrag, für den die Schriftform vorgeschrieben ist. Vollkaufleute können sich auch mündlich verbürgen, wenn die Bürgschaft für sie ein Handelsgeschäft darstellt (HGB § 350).

Eine Bürgschaft kann für bestehende Schulden oder für künftige Schulden übernommen werden.

Bürgschaftsarten	
Ausfallbürgschaft	**Selbstschuldnerische Bürgschaft**
Der Bürge ist erst zur Leistung verpflichtet, wenn der Gläubiger den Ausfall des Hauptschuldners durch eine erfolglos betriebene Zwangvollstreckung nachweist (so genannte Einrede der **Vorausklage**) oder wenn für den Hauptschuldner das Insolvenzverfahren beantragt ist oder anzunehmen ist, dass die Zwangsvollstreckung erfolglos sein wird.	Der Bürge haftet wie der Hauptschuldner selbst; er hat nicht die Einrede der Vorausklage. Die Bürgschaft eines Kaufmanns ist, wenn sie ein Handelsgeschäft darstellt, stets eine selbstschuldnerische Bürgschaft (HGB § 349). Kreditinstitute verlangen stets selbstschuldnerische Bürgschaften.

Der Bürge haftet in Höhe der Hauptschuld, auch für die Zinsen, Provisionen, Spesen, Schadenersatzansprüche, Kosten (z. B. Prozesskosten), die der Hauptschuldner zu vertreten hat. Die Bürgschaftsverbindlichkeit steigt also mit der Hauptschuld, ggf. bis zu einem im Bürgschaftsvertrag festgesetzten Höchstbetrag. Andererseits fällt und erlischt die Bürgschaftsschuld auch mit der Hauptschuld (z. B. durch Erfüllung der Hauptschuld, Erlass, Aufrechnung mit einer Gegenforderung). Es gilt deshalb:

Wie? Ich dachte, ich bürge für 14 000,00 EUR!

Forderung: 38 500,00 EUR

Die *Bürgschaft* ist ein akzessorisches[1] Recht, d.h. ein Nebenrecht, welches nur in Abhängigkeit von einem Hauptrecht gilt.

Der Bürge hat alle Einreden, die auch der Hauptschuldner hat (z. B. die Einreden der Verjährung, der Schuldstundung, der Aufrechnung mit Gegenforderungen). Wird er in Anspruch genommen, so geht die Forderung vom Gläubiger auf ihn über und er hat ein Rückgriffsrecht auf den Hauptschuldner.

Zession

Eine Forderung kann von einem Gläubiger durch Vertrag auf eine andere Person übertragen werden (Abtretung, Zession). Dadurch tritt der neue Gläubiger an die Stelle des bisherigen (BGB § 398). Er hat die gleichen Rechte und muss deshalb auch alle Einreden des Schuldners gegen sich gelten lassen. Der Abtretende heißt auch Zedent, der neue Gläubiger Zessionar.

Beim *Zessionskredit* tritt der Schuldner eigene Forderungen zur Sicherung eines Kredits an den Kreditgeber ab.

---

[1] lat.: accedere = hinzutreten

Zession

| Kreditnehmer (Zedent) | → (2) Zessionsvertrag ← | Kreditgeber (Zessionar) |

(1) Forderung — (3) Übergang der Forderung → (4) Forderung

Drittschuldner

Durch eine **Sicherungsabrede** im Zessionsvertrag verpflichtet sich der Kreditgeber, über die abgetretenen Forderungen lediglich zur Sicherung seiner Forderung zu verfügen und mit eingehenden Beträgen die Kreditverbindlichkeiten des Kreditnehmers abzudecken.

Die Zession kann offen oder still erfolgen:

■ Bei der **offenen Zession** teilt der Zedent seinem Schuldner die Abtretung der Forderung mit. Der Schuldner kann dann mit befreiender Wirkung nur an den Zessionar zahlen. Dieser sollte sich sicherheitshalber vom Schuldner bestätigen lassen, dass er von der Abtretung Kenntnis hat, dass er die Forderung nicht bestreitet und dass er keine Gegenrechte hat.

■ Bei der **stillen Zession** teilt der Zedent seinem Schuldner die Abtretung der Forderung nicht mit. So soll eine Störung der Beziehung zwischen Zedent und Schuldner vermieden werden. Der Schuldner zahlt weiter an den Zedenten, der seinerseits die vertraglichen Zahlungen an den Zessionar leistet. Wenn der Zessionar seine Kreditforderung gefährdet sieht, kann er den Drittschuldner von der Zession in Kenntnis setzen (vertraglich nicht ausschließbares **Offenlegungsrecht**) und von ihm unmittelbare Zahlung verlangen.

Für den Zessionar liegt stets ein gewisses Risiko darin, dass er die Zahlungsfähigkeit des Drittschuldners nicht kennt.

Merke: Vor allem die stille Zession birgt Unsicherheiten.

> **Beispiele:**
> – Im Zessionsvertrag (stille Zession) wurde vereinbart, dass der Zedent die vom Drittschuldner erhaltenen Zahlungen an den Zessionar abführen soll. Der Zedent zahlt jedoch nicht, obwohl er vom Drittschuldner ordnungsgemäß Zahlung erhält.
> – Der Zedent tritt eine still abgetretene Forderung ein weiteres Mal, diesmal offen, ab. Der Drittschuldner zahlt an den zweiten Zessionar, da er von der ersten Abtretung nichts weiß. Der Zedent erfüllt seinerseits seine Zahlungsverpflichtungen gegenüber dem Erstzessionar nicht.

In beiden Fällen ist die Abtretung für den Zessionar wertlos: Der gutgläubige Drittschuldner hat in Unkenntnis der stillen Zession an den ersten Gläubiger bzw. an den Zweitzessionar gezahlt. Die Zahlung befreit ihn von seiner Verpflichtung (BGB § 407, § 408).

> **Weitere Beispiele:**
> – Der Zedent tritt nicht existierende oder mit einem gesetzlichen oder vertraglichen Abtretungsverbot belegte Forderungen ab.
> – Der Drittschuldner kann Forderungen des Zedenten mit eigenen Gegenforderungen aufrechnen.

Kann eine Unternehmung für einen längerfristigen Kredit nur kurzfristige Forderungen aus Lieferungen und Leistungen abtreten, so besteht die Möglichkeit einer Globalzession oder einer Mantelzession:

- Bei der **Globalzession** tritt der Kreditnehmer sämtliche Forderungen einer festgelegten Forderungsgruppe ab, z. B. Forderungen gegenüber Kunden aus Nordrhein-Westfalen, Forderungen gegenüber den Käufern des Produktes XY, Forderungen gegenüber Kunden mit den Anfangsbuchstaben G bis N. Der Zessionar wird mit dem Augenblick der Entstehung der Forderung ihr Eigentümer.

- Bei der **Mantelzession** verpflichtet sich der Zedent bezahlte Forderungen durch neue Forderungen zu ersetzen. Er muss deshalb dem Zessionar in festgelegten Zeiträumen (z. B. monatlich) Debitorenlisten (Schuldnerlisten) übergeben. Mit der Übergabe der Liste wird der Zessionar Eigentümer der darin aufgeführten Forderungen.

Merken Sie sich noch: Kindergeld, Urlaubsgeld, Unterhaltsansprüche dürfen nicht abgetreten werden.

Kreditleihe

Die *Kreditleihe* ist ein Kreditgeschäft, bei dem eine Bank ihrem Kunden keine Geldmittel zu Verfügung stellt sondern sich verpflichtet, für ihn zu zahlen, wenn er seinen Verpflichtungen gegenüber einem Gläubiger nicht nachkommt. Damit überträgt die Bank ihre Kreditwürdigkeit auf den Kunden.

Die Kreditleihe dient auf diese Weise als Sicherheit für einen anderen Kredit oder für bestimmte Vorausleistungen.

Man unterscheidet den Akzeptkredit und das Garantiegeschäft.

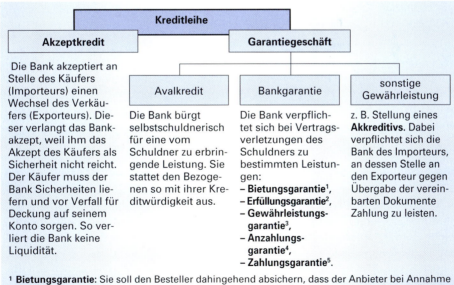

Kreditleihe			
Akzeptkredit	**Garantiegeschäft**		
Die Bank akzeptiert an Stelle des Käufers (Importeurs) einen Wechsel des Verkäufers (Exporteurs). Dieser verlangt das Bankakzept, weil ihm das Akzept des Käufers als Sicherheit nicht reicht. Der Käufer muss der Bank Sicherheiten liefern und vor Verfall für Deckung auf seinem Konto sorgen. So verliert die Bank keine Liquidität.	**Avalkredit**	**Bankgarantie**	**sonstige Gewährleistung**
	Die Bank bürgt selbstschuldnerisch für eine vom Schuldner zu erbringende Leistung. Sie stattet die Bezogenen so mit ihrer Kreditwürdigkeit aus.	Die Bank verpflichtet sich bei Vertragsverletzungen des Schuldners zu bestimmten Leistungen: – Bietungsgarantie[1], – Erfüllungsgarantie[2], – Gewährleistungsgarantie[3], – Anzahlungsgarantie[4], – Zahlungsgarantie[5].	z. B. Stellung eines **Akkreditivs**. Dabei verpflichtet sich die Bank des Importeurs, an dessen Stelle an den Exporteur gegen Übergabe der vereinbarten Dokumente Zahlung zu leisten.

[1] **Bietungsgarantie:** Sie soll den Besteller dahingehend absichern, dass der Anbieter bei Annahme des Angebots den Vertrag tatsächlich unterzeichnen wird. Garantiesumme: i.d.R. 1 bis 5% des Auftragswertes.

[2] **Erfüllungsgarantie:** Die Bank muss leisten, wenn der Schuldner seine Leistung nicht vertragsgerecht erbringt (z. B. Bau einer Halle). Garantiesumme: 5 bis 8% des Auftragswertes.

[3] **Gewährleistungsgarantie:** Die Bank muss bei Mängeln der gelieferten Sache oder bei Nichtbehebung der Mängel einstehen. Sie kann schon in der Erfüllungsgarantie enthalten sein. Summe: meist 5% des Auftragswertes.

[4] **Anzahlungsgarantie:** Sie soll die Rückerstattung von Anzahlungen sichern, wenn die geschuldete Leistung nicht vertragsgemäß erbracht wird.

[5] **Zahlungsgarantie:** Die Bank verpflichtet sich zur Zahlung oder Wechseleinlösung, wenn der Käufer seinen Zahlungsverpflichtungen nicht nach kommt.

Pfandrecht

Der Gläubiger kann eine Forderung sichern, indem er sich vom Schuldner eine bewegliche Sache als Pfand übergeben lässt. Hierzu eignen sich vor allem Warenbestände, Schmuck, Edelmetalle oder Wertpapiere. Das Pfand muss in den Besitz des Gläubigers übergehen (man nennt es deshalb „Faustpfand"), während der Schuldner Eigentümer bleibt. Zahlt der Schuldner fristgerecht, so erhält er das Pfand zurück. Im gegenteiligen Fall tritt die „Pfandreife" ein: Der Gläubiger kann den Verkauf des Pfandes androhen und es nach Ablauf einer Wartefrist von einem Monat verkaufen. Die Vorschriften über den Pfandverkauf entsprechen im Wesentlichen den Vorschriften über den Selbsthilfeverkauf bei Annahmeverzug des Käufers (BGB §§ 1204, 1220, 1221, 1228,1233 ff.).

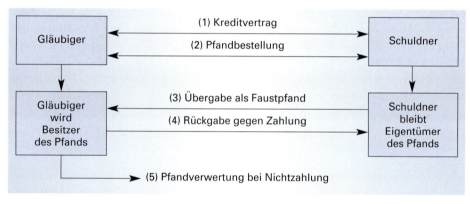

Voraussetzung für eine Pfandbestellung ist stets das Bestehen einer Forderung. Das Pfandrecht ist wie die Bürgschaft ein akzessorisches Recht. Im Insolvenzverfahren des Schuldners hat der Gläubiger das Recht auf Absonderung zwecks Pfandverwertung.

Sicherungsübereignung

Eine *Sicherungsübereignung* liegt vor, wenn ein Schuldner seinem Gläubiger zur Sicherung der Forderung das Eigentum an einer Sache überträgt.

Die Übertragung des Eigentums an beweglichen Gütern erfordert die Übergabe des betreffenden Gutes. Dies ist problematisch, wenn der Kreditnehmer die Sachen für seinen Betrieb benötigt (z. B. Maschinen, Kraftfahrzeuge). Auch müsste das Kreditinstitut die Gegenstände lagern. Man vereinbart deshalb, dass das Eigentum zwar auf den Kreditgeber übergehen, der Besitz aber beim Kreditnehmer bleiben soll (Besitzkonstitut, BGB § 930).

Gerät der Schuldner mit der Zahlung in Verzug, so kann der Gläubiger die Herausgabe der übereigneten Sache verlangen und diese verkaufen. Bei vertragsgerechter Leistung erhält der Schuldner das Eigentum nach der Tilgung des Kredits zurück.

Die Übertragung des Eigentumsrechtes an der Sache hat nur den Zweck, die Forderungen aus dem Kreditvertrag zu decken. Es handelt sich um ein **beschränktes Eigentumsrecht**, das der Kreditgeber nur geltend machen kann, wenn der Kreditnehmer seinen Verpflichtungen nicht nachkommt (sog. **Treuhandeigentum**).

Wichtig ist, dass die Sache in dem Vertrag genau bestimmt ist. Formulierungen wie „alle Maschinen gelten als sicherungsübereignet" sind ungeeignet. Bei Schüttgut oder einem mengenmäßig großen Warenbestand ist auch eine Raumsicherungsübereignung möglich. Hierbei gelten alle Waren in einem genau bestimmten Raum als sicherungsübereignet. Der Kreditnehmer muss entnommene Waren durch neue ersetzen.

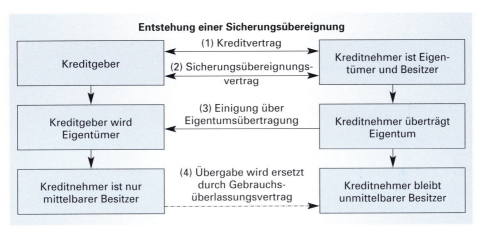

Der Kreditgeber muss bei der Sicherungsübereignung mehrere **Risiken** bedenken:

- Der Kreditnehmer könnte die **Sache** an einen gutgläubigen Dritten **verkaufen**.

  Beispiel:
  Unternehmer Trüger verkauft seinen sicherungsübereigneten PKW an einen gutgläubi-gen Dritten und übergibt ihm den Fahrzeugbrief.
  Der Kreditgeber hat das Nachsehen. Er hat außerdem grob fahrlässig gehandelt, da er sich nicht seinerseits durch Verwahrung des Fahrzeugbriefs abgesichert hat.

- Der **Kreditnehmer** ist vielleicht noch **nicht Eigentümer** der Sache, da sie noch dem Eigentumsvorbehalt unterliegt.
  Auch in diesem Fall handelt der Kreditgeber grob fahrlässig, wenn er sich nicht anhand von Quittungen, Überweisungen usw. vom Erlöschen des Eigentumsvorbehalts überzeugt.

- Die Sache ist **schon** einmal **sicherungsübereignet**.

- Die Sache ist **nicht exakt bestimmt**.

- Die Sache **unterliegt dem Vermieterpfandrecht**, da sie sich in gemieteten Räumen befindet. Der Kreditgeber wird in diesem Fall eine Erklärung des Vermieters über den Verzicht auf sein Pfandrecht verlangen.

- Die Sache **unterliegt starker Abnutzung** oder **starkem Preisverfall** oder ist so speziell, dass sie gar nicht verwertet werden kann.
  Eine solche Sache wird nicht oder zu einem sehr niedrigen Satz beliehen. Die Banken setzen die Beleihungssätze wegen des erhöhten Risikos ohnehin verhältnismäßig niedrig an.

Besonders geeignet für die Sicherungsübereignung sind Kraftfahrzeuge, Warenlager, Produktionsmittel (wie Maschinen). Im Insolvenzverfahren des Schuldners hat der Kreditgeber einen Anspruch auf Absonderung, damit er die übereignete Sache verwerten kann.

Eigentumsvorbehalt

Der Eigentumsvorbehalt, der in den Allgemeinen Geschäftsbedingungen erklärt wird, ist das übliche Mittel, durch das sich der Verkäufer von Waren beim Zielkauf vor Forderungsausfällen zu schützen sucht.

Einzelheiten siehe Seite 275 f.

Hypothek und Grundschuld

Immobilien (unbebaute und bebaute Grundstücke) sind wegen ihres im Zeitablauf erfahrungsgemäß stabilen Wertes besonders für die Absicherung langfristiger Kredite geeignet. Hierzu dienen die Hypothek und die Grundschuld als Grundpfandrechte.

Hypothek und *Grundschuld* **sind Pfandrechte an Grundstücken. Da das Grundstück dem Pfandnehmer nicht als Faustpfand übergeben werden kann, wird die Übergabe durch die Eintragung des Pfandrechts in das Grundbuch ersetzt.**

Das Grundbuch ist ein öffentliches Verzeichnis aller Grundstücke, das vom Amtsgericht geführt wird. Es enthält vor allem die Eigentumsverhältnisse sowie die auf dem Grundstück ruhenden Lasten, Beschränkungen und Grundpfandrechte. Die Reihenfolge der Eintragungen bestimmt ihren Rang. Dies bedeutet z. B., dass Forderungen auf Grund einer erstrangigen Eintragung voll befriedigt sein müssen, bevor die Rechte aus der zweitrangigen Eintragung zum Zuge kommen. Die Eintragungen im Grundbuch gelten als richtig. Damit genießt

Wie Sie sicher wissen, genießt das Handelsregister nur beschränkten öffentlichen Glauben.

das Grundbuch **vollen öffentlichen Glauben**. Dies ist ein Vorzug, den nicht alle öffentlichen Register haben.

Ein Grundpfandrecht kann durch die alleinige Eintragung ins Grundbuch bestellt werden **(Buchhypothek, Buchgrundschuld)** oder durch die zusätzliche Ausfertigung einer Urkunde, des Hypothekenbriefs bzw. Grundschuldbriefs, nach der erfolgten Eintragung **(Briefhypothek, Briefgrundschuld)**. Bei Briefhypothek und Briefgrundschuld erwirbt der Hypotheken- bzw. Grundschuldgläubiger die Hypothek/Grundschuld erst mit der Übergabe des Briefs. Durch den Brief wird auch eine Abtretung und Verpfändung des Rechtes ohne Änderung der Grundbucheintragungen ermöglicht.

Die *Hypothek* **ist ein Pfandrecht an einem Grundstück, das stets zur Sicherung einer Forderung eingetragen wird (BGB § 1113). Sie setzt also ein rechtsgültiges Schuldverhältnis voraus (akzessorisches Recht). Für die Hypothekenschuld haftet einerseits das Grundstück (dingliche Haftung) und andererseits der Schuldner selbst mit seinem gesamten Vermögen (persönliche Haftung).**

Ohne Forderung (der Kredit wird nicht ausgezahlt) oder bei erloschener Forderung steht die Hypothek dem Grundstückseigentümer zu und wird kraft Gesetzes zu einer Eigentümergrundschuld (siehe unten).

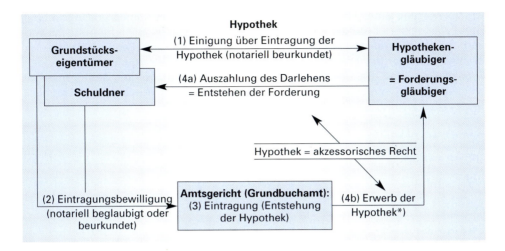

Hypothek

Die *Grundschuld* ist ein Grundpfandrecht, auf Grund dessen an den Begünstigten eine bestimmte Geldsumme aus dem Grundstück zu zahlen ist (BGB § 1191). Eine bestehende Forderung wird im Gegensatz zur Hypothek nicht vorausgesetzt (abstraktes Recht). Insofern haftet für die Grundschuld nur das Grundstück (dingliches Recht). Die Grundschuld wird, wenn nichts anderes vereinbart ist, nach Kündigung mit einer Frist von 6 Monaten fällig.

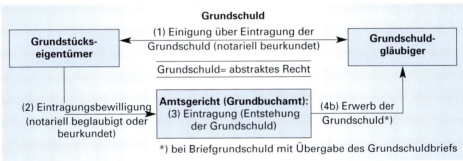

Grundschuld

*) bei Briefgrundschuld mit Übergabe des Grundschuldbriefs

In der Praxis wird eine Grundschuld fast ausschließlich zur Sicherung von Forderungen bewilligt (**Fremdgrundschuld**). Dabei sollte der Zweck der Grundschuld in einer Sicherungsvereinbarung festgelegt werden.

Beispiel:

„Die Grundschuld dient zur Sicherung aller Forderungen der Bank aus der Geschäftsverbindung." Im Gegensatz zur Hypothek erlischt **diese** Grundschuld nicht mit der Rückzahlung eines Kredits. Der Schuldner kann ihre Rückübertragung erst nach der Tilgung seiner sämtlichen Verbindlichkeiten gegenüber der Bank verlangen.

Das Fehlen des persönlichen Anspruchs aus der Grundschuld ist unerheblich. Dieser Anspruch ergibt sich bereits aus dem Kreditvertrag.

Von der Fremdgrundschuld ist die **Eigentümergrundschuld** zu unterscheiden. Dabei lässt der Grundstückseigentümer eine (möglichst erstrangige) Grundschuld auf seinen eigenen Namen eintragen. Bei Kreditbedarf kann er die Grundschuld verpfänden oder abtreten. Nach der Rückzahlung des Kredits steht sie ihm wieder für entsprechende Verwendung zur Verfügung.

Die **Verwertung eines Grundpfandrechts** erfolgt auf Grund eines vollstreckbaren Titels (Gerichtsurteil oder Zwangsvollstreckungsklausel im Grundpfandrechtsvertrag) durch **Zwangsvollstreckung**. Die Zwangsvollstreckung kann im Wege der **Zwangsversteigerung** und der **Zwangsverwaltung** durch einen gerichtlich bestellten Verwalter erfolgen. Bei der Versteigerung wird der Gläubiger aus dem Versteigerungserlös, bei der Verwaltung aus den laufenden Erträgen aus dem Grundstück befriedigt.

Arbeitsaufträge

1. **Sie erhalten von Gebr. Sailer die folgende Bitte um Auskunft.**

Sehr geehrte Damen und Herren,

die auf dem beiliegenden Blatt genannte Firma hat uns einen Auftrag über 6 000,00 EUR erteilt und bittet um ein Zahlungsziel von 30 Tagen.

Der Besteller hat Sie uns als Referenz angegeben. Da der Kunde uns bisher unbekannt ist, wären wir Ihnen für eine möglichst genaue Auskunft verbunden. Vor allem interessieren uns der Ruf und das Ansehen des Inhabers sowie die Größe, der Umsatz und die Zahlungsweise der Firma. Des Weiteren bitten wir Sie um ein Krediturteil.

Wir sichern Ihnen für Ihre Auskünfte absolute Verschwiegenheit zu und danken Ihnen im Voraus für Ihre Mühe.

Mit freundlichen Grüßen

a) Nennen Sie die wesentlichen Teile dieser Bitte um Auskunft.
b) Warum wird der Name des Kunden im Brief nicht genannt?
c) Schreiben Sie eine Antwort auf die Bitte um Auskunft. Sie soll nach Möglichkeit alle Punkte der Anfrage beantworten. Des Weiteren wird vertrauliche Behandlung der Angaben erbeten. Der Brief enthält den Hinweis auf Unverbindlichkeit der Auskunft.
d) Wir nehmen an, dass der Kunde bei Gebr. Sailer Waren auf Ziel kaufen will. Welches Kreditsicherungsmittel ist hierfür in der kaufmännischen Praxis gang und gäbe? Erläutern Sie die Absicherung, die durch dieses Mittel eintritt.
e) Gesetzt den Fall, die Zahlungsweise des Kunden würde als schleppend beurteilt. Welche Absicherung wäre für diesen Fall ratsam?

2. **Als Hersteller von Teppichböden haben Sie die folgende Auskunft über die Firma Heike Hünersen erhalten.**

Rechtsform: Einzelfirma
Gründung: 10. Oktober 1976
Eintragung ins Handelsregister: 15. Dezember 1976; Ag Ansbach unter HRA 740
Inhaber: Heike Hünersen, Kauffrau, Heilsbronn

Allgemeines:
Das Unternehmen wurde von Heike Hünersen in Heilsbronn gegründet. Gegenstand ist die Herstellung von Jalousien und Kehlleisten sowie der Großhandel mit Nadelfilz-Teppichböden. In Heilsbronn, Fürther Straße 9, befinden sich modern ausgestattete Betriebsräume. Auslieferungslager werden in Amberg/Opf., Königsallee 4, und Ansbach/Mfr., Steinweg 9, unterhalten. Zur Zeit liegt ein guter Auftragsbestand vor. Nach einigen Angaben wird mit 4 Angestellten und 16 Arbeitern ein Jahresumsatz von etwa 4 Mio. EUR erzielt. Die kaufmännische und technische Leitung liegt in den Händen des Ehemanns der Inhaberin, Kurt Hünersen, der auch Prokura zeichnet.

Persönliches:
Heike Hünersen, geborene Hecht, wurde am 14. November 1941 in Heilsbronn geboren. Sie ist mit Kurt Hünersen, geboren am 14. März 1938 in Erlangen, verheiratet. Die Ehe-

leute leben in Gütertrennung; sie haben ein Kind, das 1963 geboren wurde. In persönlicher Hinsicht liegt gegen Heike Hünersen Nachteiliges nicht vor.

Der Ehemann, der seit 1958 in der gleichen Branche selbstständig war, geriet in finanzielle Schwierigkeiten. Ein über sein Vermögen am 15. Januar 1974 eröffnetes Vergleichsverfahren wurde am 1. Dezember 1974 aufgehoben. Es gelangten 35% in drei Raten zur Verteilung.

Vermögenslage:
Haus- und Grundeigentum ist in Heilsbronn für Heike Hünersen nicht eingetragen. Die Miete für die Betriebsräume an obiger Anschrift beträgt monatlich etwa 4700,00 EUR, die für die Wohnung an gleicher Anschrift etwa 700,00 EUR. In der Betriebseinrichtung und den Kraftfahrzeugen sind etwa 140000,00 EUR investiert. Den Wert des Warenlagers schätzt man auf etwa 180000,00 EUR. Inwieweit hierauf noch Verpflichtungen ruhen ist nicht bekannt. Die Barmittel sind knapp, jedoch betragen die Außenstände 49000,00 EUR. Zum Betriebsvermögen gehören Wertpapiere mit einem Kurswert von ca. 17000,00 EUR.

Krediturteil:
Zahlungen erfolgen z.T. mit Zielüberschreitungen bis zu 90 Tagen. Ende 20.. hörten wir auch von gerichtlichen Maßnahmen. Zu einer ungedeckten Kreditgabe kann nicht geraten werden.

Bankverbindung:
Gewerbe- und Landwirtschaftsbank Ansbach eG, Zweigst. Heilsbronn.

a) Welche Einrichtungen sind in der Lage, derartige Auskünfte zu erteilen?
b) Wie wird der Kreditnehmer persönlich beurteilt?
c) Wie wird die sachliche Kreditwürdigkeit beurteilt?
d) Im Krediturteil werden „gerichtliche Maßnahmen" erwähnt. Was könnte damit gemeint sein?
e) Die Liquiditätslage des Kreditnehmers erscheint trotz guter Auftragslage angespannt. Auf welche Gründe könnte dies ggf. zurückzuführen sein?

3. Ein ausländischer Kunde wünscht als Zahlungsbedingung für eine Warenlieferung die Kondition „Dokumente gegen Akzept". Dies bedeutet, dass er gegen ein Wechselakzept vom Exporteur die Verschiffungspapiere und damit das Verfügungsrecht über die Sendung erhält. Der Exporteur verlangt jedoch das Akzept der Bank des Importeurs sowie ein zusätzliches Avalakzept seiner eigenen Bank.
Begründen Sie dieses Verlangen des Exporteurs.

4. Erika Muster hat eine Boutique eröffnet. Für ihre Wareneinkäufe und laufenden Geschäftsausgaben gewährt ihre Bank ihr einen Kontokorrentkredit; sie kann, je nach Bedarf, Kreditbeträge bis zum Betrag von 50000,00 EUR auf ihrem Geschäftsgirokonto jederzeit in Anspruch nehmen und tilgen. Als Sicherheit lässt sich die Bank eine Bürgschaft von Frau Musters Vater mit einem Höchstbetrag von 75000,00 EUR geben. Außerdem tritt Frau Muster alle Forderungen aus Warenverkäufen in Form einer stillen Zession an die Bank ab.
a) Welche Verpflichtung übernimmt der Vater durch seine Bürgschaft?
b) Welche Art der Bürgschaft wird die Bank verlangen? Erläutern Sie die Gründe.
c) Warum wird der Bürgschaftshöchstbetrag höher als der Kreditbetrag festgelegt?
d) Erläutern Sie an diesem Beispiel den Begriff des „akzessorischen Rechtes" und geben Sie zwei weitere Beispiele für akzessorische Rechte.
e) Auf welche Weise wird die Bank durch die stille Zession gesichert?
f) Mit welchen Vor- und Nachteilen ist die stille Zession – im Vergleich zur offenen Zession – für die Vertragspartner verbunden?

5. Kredite können dinglich gesichert werden.
In welchen Fällen liegt eine dingliche Sicherung vor?
a) Sicherungsübereignung einer Maschine,
b) Übernahme einer Ausfallbürgschaft,
c) Übernahme einer selbstschuldnerischen Bürgschaft,
d) Sicherung eines Darlehens durch eine Hypothek,
e) Sicherung eines Darlehens durch eine Grundschuld,
f) Sicherung eines Kredits durch einen Wechsel,
g) Übergabe eines Faustpfands,
h) Kreditsicherung durch Abtretung einer Forderung.

6. **Die Schmelzer GmbH, eine Marmeladen- und Konfitürenfabrik, benötigt zur Erweiterung der Fertigungskapazitäten ein Darlehen von 300000,00 EUR. Der Kredit soll dinglich gesichert werden.**
   a) Eine GmbH gilt wegen der beschränkten Haftung grundsätzlich als wenig kreditwürdig. Wie lässt sich dieses Hindernis in der Praxis jedoch leicht umgehen?
   b) Nennen Sie Gegenstände der GmbH oder der Gesellschafter, die sich jeweils für eine Verpfändung, für eine Sicherungsübereignung und für eine Hypothek bzw. Grundschuld besonders eignen. Begründen Sie die jeweils spezielle Eignung.
   c) Wer ist Eigentümer, wer Besitzer
      (1) beim Pfandrecht, (2) bei der Sicherungsübereignung?
   d) Im vorliegenden Fall wird unter anderem ein LKW sicherungsübereignet. Gleichzeitig wird aber ein Besitzkonstitut vereinbart. Welchen Vorteil erzielt dadurch der Kreditnehmer?
   e) Auf das Betriebsgrundstück der Schmelzer GmbH soll ein erstrangiges Grundpfandrecht mit Brief eingetragen werden.
      - Welche Bedeutung hat die „erstrangige Eintragung"?
      - Welche praktischen Vorteile bietet der Brief?
      - Man überlegt, ob die Absicherung durch eine Hypothek oder eine Grundschuld erfolgen soll. Bei der Prüfung dieser Frage erkennt man, dass diese beiden Grundpfandrechte zwar grundsätzlich recht unterschiedlich konzipiert sind, dass diese Unterschiede aber durch die praktische Vertragsgestaltung fast verschwinden. Erläutern Sie diesen Sachverhalt.

4.3.3 Kurzfristige Kreditfinanzierung

Zur kurzfristigen Kreditfinanzierung zählen vor allem

- die Kundenanzahlungen,
- der Kontokorrentkredit,
- der Lieferantenkredit,
- der Wechselkredit,
- der Diskontkredit,
- der Lombardkredit.

Kundenanzahlungen

Anzahlungen sind bei Großaufträgen (Schiffbau, Maschinenbau, Wohnungsbau usw.) üblich, da der Hersteller das gesamte Projekt – teilweise wegen langer Produktionsdauer – nicht allein finanzieren kann. Häufig wird ein Drittel des Kaufpreises bei Auftragserteilung, ein Drittel bei Lieferung und ein Drittel mit vereinbartem Ziel fällig. Um das Risiko abzuwenden, dass der Lieferer seinen Verpflichtungen nicht nachkommt, verlangt der Kunde häufig als Sicherheit eine Bankgarantie.

Kontokorrentkredit

Ein *Kontokorrentkredit* entsteht, wenn in einem festgelegten Abrechnungszeitraum auf einem Konto Kreditbeträge in schwankender Höhe bis zu einer Obergrenze (Kreditlimit) in Anspruch genommen, zurückgezahlt und wieder beansprucht werden können.

Beispiel:

Das Konto des Kaufmanns K. bei der Handelsbank weist im 1. Vierteljahr 20.. die folgenden Buchungen auf: Das Kreditlimit beträgt 5000,00 EUR.

Buchungs-datum	Vorgang	Wert	Soll	Haben
2. Jan.	Saldovortrag	31. Dez.		2 000,00 EUR
19. Jan.	Überweisung	20. Jan.	5 000,00 EUR	
21. Jan.	Barabhebung	21. Jan.	1 500,00 EUR	
28. Jan.	Scheckeinlösung	2. Feb.		3 000,00 EUR
15. Feb.	Überweisung	15. Feb.	4 500,00 EUR	
21. Feb.	Effektenkauf	21. Feb.	2 000,00 EUR	
3. März	Überweisung	5. März		6 000,00 EUR
19. März	Bareinzahlung	19. März		2 500,00 EUR
			13 000,00 EUR	13 500,00 EUR

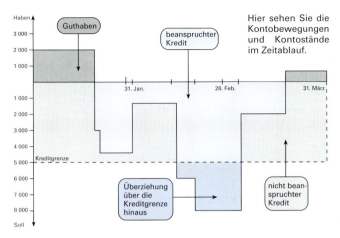

Hier sehen Sie die Kontobewegungen und Kontostände im Zeitablauf.

Kontokorrente kommen im Waren- und Dienstleistungsverkehr (Liefererkredite) wie im Bankverkehr vor. Die Banken richten sich bei der Einräumung des Kreditlimits nach dem Umsatz. Der Kontokorrentkredit dient in der Regel der Finanzierung des kurzfristigen Finanzbedarfs. Die vereinbarte Frist ist längstens 6 Monate, kann jedoch stillschweigend verlängert werden. Dadurch erhält der Kredit in der Praxis einen langfristigen Charakter. Wesentliche **Vorteile des Kontokorrentkredits** sind:

- stetige Anpassung an den jeweiligen Finanzbedarf,
- stetige Anpassung der Zinsbelastung an den Finanzbedarf,
- bequeme Inanspruchnahme durch Barabhebung, Überweisung, Scheck, Lastschrifteinzugsverfahren sowie entsprechend bequeme Tilgung.

Zur Sicherung des Kontokorrentkredits werden häufig Pfandrechte bestellt oder Sicherungsübereignungen vorgenommen.

Verwendungsmöglichkeiten des Kontokorrentkredits
Betriebskredit
Dient der Deckung eines vorübergehenden Geldbedarfs, z. B. dem Wareneinkauf oder der Entlohnung von Arbeitskräften.
Saisonkredit
Dient der Finanzierung von Saisongeschäften wie z. B. dem Einkauf der Herbstkollektion im Frühjahr bis zum Verkauf Ende des Jahres.
Zwischenkredit
Dient der Finanzierung eines Bauvorhabens bis zur Ablösung durch ein längerfristiges Darlehen in Form eines Hypothekarkredites.

Lieferantenkredit

Der *Lieferantenkredit* entsteht, indem der Lieferer seinem Kunden für gelieferte Waren ein Zahlungsziel einräumt.

Der Kredit ergibt sich sozusagen „nebenbei" aus dem Kaufvertrag, als Mittel der Absatzförderung. Er wird in der Regel ohne Formalitäten gewährt und nur durch den Eigentumsvorbehalt gesichert. Die Verzinsung ist im Kaufpreis bereits enthalten, weil bei vorzeitiger Zahlung (innerhalb von 8 bis 10 Tagen) meist bis zu 3% Skonto abgezogen werden dürfen. Dieser Skontoabzug macht den Lieferantenkredit zu einem der teuersten Kredite überhaupt. Wenn nicht genügend flüssige Mittel vorhanden sind, sollte der Kunde sein Bankkonto überziehen, um in den Genuss des Skontoabzugs zu gelangen.

Beispiel:

Zahlungsbedingungen für eine Warenlieferung: „30 Tage netto oder 10 Tage mit 3% Skonto" Kreditdauer: 20 Tage 3% / 20 Tage = 54% p.a.	Kosten des Bankkredits über den um das Skonto reduzierten Rechnungsbetrag: 11% p.a.

Gewinn bei Skontoabzugsnutzung: 54% p.a. – 11% p.a. = 43% p.a.

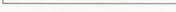

Sie rechnen:

$$\frac{x\,\%}{20\,Tage} \Big| \frac{360\,Tage}{3\,\%}$$

Wechselkredit

Der Handelswechsel dient der **Finanzierung von Wareneinkäufen.** Auch bei der Zahlung mit Wechsel entsteht folglich ein Lieferantenkredit: Der Warenverkäufer (Wechselaussteller) räumt dem Käufer (Bezogener) für die Laufzeit des Wechsels (gewöhnlich bis zu drei Monaten) ein Zahlungsziel ein. Man geht davon aus, dass der Bezogene in dieser Frist die gekauften Waren verarbeitet und Verkäufe getätigt hat, so dass er aus dem Erlös den Wechsel einlösen kann.

Nachteil: Der Käufer verliert die Vergünstigung des Skontoabzugs. Deshalb ist dieser Kredit vor allem für Betriebe von Bedeutung, deren Liquidität gering ist und die nicht genügend Sicherheiten besitzen, um Bankkredite beanspruchen zu können.

Diskontkredit

Beim *Diskontkredit* werden die Wechselforderungen eines Bankkunden gegenüber dem Bezogenen bis zum Zahlungstag des Wechsels vom Kreditinstitut vorfinanziert.

Von der Wechselsumme ziehen die Kreditinstitute Zinsen für die Restlaufzeit (= Diskont) ab. Der Wechseleinreicher stellt den Diskont seinem Wechselkunden in Rechnung. Die Kosten des Kredits trägt somit der Warenkäufer, der ja die Zahlung durch Wechsel gewünscht hat. Der Diskontkredit gestattet es dem Verkäufer in den Besitz von Geldmitteln zu gelangen, obwohl er seinem Käufer ein längeres Zahlungsziel einräumt. Aus Sicherheitsgründen kaufen die Banken nur Handelswechsel an.

Lombardkredit

Ein *Lombardkredit* liegt vor, wenn ein Kreditgeber (in der Regel ein Kreditinstitut) einen Kredit gegen die Verpfändung von wertbeständigen, leicht verkäuflichen beweglichen Sachen gewährt.

Der Zweck des Lombardkredits kann z. B. die Überbrückung vorübergehender Zahlungsengpässe oder die Überbrückung der Zeitspanne zwischen Einkauf und Verkauf sein. Um das Kreditrisiko zu verringern, beleihen die Banken die Sachen nur mit einem Teil Ihres Wertes:

Art des Lombards	Pfand	Beleihungsgrenze
Effektenlombard	Effekten	Festverzinsliche 80% Aktien 60 % des Kurswertes
Wechsellombard	Wechsel	90% der Wechselsumme
Warenlombard	Handelswaren	50% des Marktwerts
Edelmetalllombard	Gold, Silber	50% des Marktwerts

Der Zinssatz für Lombardkredite heißt Lombardsatz. Effekten, Wechsel, Edelmetalle werden der Bank übergeben. Dies ist bei Warenvorräten nicht möglich. Entweder bleiben die Waren deshalb an einem räumlich getrennten Ort im Warenlager des

Kreditnehmers unter Mitverschluss der Bank oder sie werden in einem Lagerhaus eingelagert. Die Bank erhält den Lagerschein. Nur gegen diesen Schein darf die Ware herausgegeben werden.

Auf die gleiche Weise lassen sich auch schwimmende Waren durch Übergabe des Konnossements bzw. des Ladescheins verpfänden.

4.3.4 Langfristige Kreditfinanzierung

Darlehen

Ein *Darlehen* ist ein Kredit, bei dem eine einmalige Auszahlung in festgelegter Höhe erfolgt.

Im Gegensatz zum Kontokorrent kann beim Darlehen über zurückgezahlte Beträge nicht erneut verfügt werden.

Darlehen dienen als längerfristige Kredite meist der Finanzierung des Anlagevermögens. Sie werden je nach Höhe und Laufzeit durch Bürgschaften, Lombardierungen, Sicherungsübereignungen oder Grundpfandrechte abgesichert.

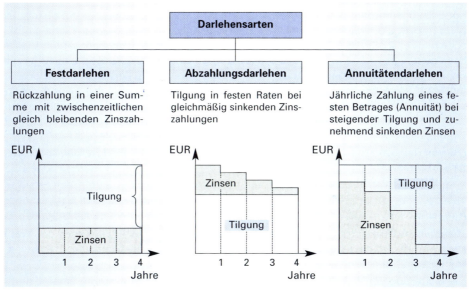

Die Zinsen für die einzelnen Jahre werden von der Restschuld am Ende des jeweiligen Jahres berechnet. Beim Annuitätendarlehen erzielt man eine gleich bleibende Annuität, indem man die durch die fortlaufende Tilgung ersparten Zinsen auf die jährlichen Tilgungsraten aufschlägt.

Beispiele:

1. Abzahlungsdarlehen
Darlehenssumme 10 000,00 EUR, 10 % Zins, Laufzeit 4 Jahre

Tilgungsplan			
Jahr	Restschuld zu Jahresbeginn EUR	Zinsen EUR	Tilgung EUR	Annuität EUR
---	---	---	---	---
1	10 000,00	1 000,00	2 500,00	3 500,00
2	7 500,00	750,00	2 500,00	3 250,00
3	5 000,00	500,00	2 500,00	3 000,00
4	2 500,00	250,00	2 500,00	2 750,00

2. Annuitätendarlehen
Darlehenssumme 10 000,00 EUR, 10% Zins,
20% Tilgung im 1. Jahr.

200,00 EUR Zinser-sparnis. Erhöhung der Tilgungsrate um diesen Betrag!

Tilgungsplan				
Jahr	Restschuld zu Jahresbeginn EUR	Zinsen EUR	Tilgung EUR	Annuität EUR
1	10 000,00	1 000,00	2 000,00	3 000,00
2	8 000,00	800,00	2 200,00	3 000,00
3	5 800,00	580,00	2 420,00	3 000,00
4	3 380,00	338,00	2 662,00	3 000,00
5	718,00	71,80	718,00	789,80

Die letzte Annuität ist wegen der minderen Restschuld kleiner.

Industrieobligationen und Wandelschuldverschreibungen

Der Staat, Banken und Großunternehmen benötigten für Anlagezwecke häufig sehr hohe Kreditsummen, die einzelne Banken nicht aufbringen können oder wollen. Es werden deshalb Obligationen (Anleihen) aufgelegt, die man in viele kleine Anteilscheine (Teilschuldverschreibungen) zu mindestens 100,00 EUR oder einem Vielfachen davon gestückelt. Über diese Stücke werden Urkunden ausgestellt, die über die Banken an Kapitalanleger verkauft werden. Sie beweisen die Forderung und verbriefen unter anderem das Recht auf Zinsen und Rückzahlung zum festgelegten Zeitpunkt. Eine Kündigung ist nicht möglich. Die Schuldverschreibungen sind jedoch Wertpapiere und können als solche jederzeit an der Börse zum Tageskurs verkauft werden.

Die von der gewerblichen Wirtschaft ausgegebenen Obligationen heißen *Industrieobligationen*.

Industrieobligationen sind nicht an eine bestimmte Rechtsform gebunden, werden aber fast nur von großen Aktiengesellschaften ausgegeben, da sie sich wegen hoher Ausgabekosten nur bei Anleihebeträgen von mehreren Millionen Euro rentieren.

***Wandelschuldverschreibungen* sind Obligationen, die dem Eigentümer die Wahl zwischen Rückzahlung des Anleihebetrags am Fälligkeitstag oder (unter festgelegten Bedingungen) Eintausch in Aktien einräumen.**

Die **Sicherung von Anleihen** erfolgt in der Regel durch die Eintragung eines Grundpfandrechts ins Grundbuch.

Schuldscheindarlehen

***Schuldscheine* sind Urkunden, mit denen der Schuldner eine bestimmte Leistung, z. B. eine Geldleistung, verspricht.**

Schuldscheine sind aber keine Wertpapiere, sondern lediglich Beweisurkunden über die bestehende Forderung. Die Forderung kann durch Zession des Schuldscheins übertragen werden.

Schuldscheindarlehen werden meist nicht von Banken, sondern von Versicherungen gegeben, die langfristiges Kapital anlegen wollen. Als Kreditnehmer kommen nur erstklassige große Unternehmen in Frage. Schuldscheindarlehen ersparen die hohen Ausgabekosten von Anleihen, ihr Zinssatz liegt aber meist 0,25 bis 0,5 Prozent höher. Die Absicherung erfolgt ebenfalls durch Grundpfandrechte.

4.3.5 Sonderformen der Außenfinanzierung

Factoring

Das Factoring soll Unternehmen mit hohen Außenständen Liquidität verschaffen.

Der Factor, in der Regel eine Factoring-Gesellschaft (Factoring-Bank), kauft die Forderung einer Unternehmung (Klient genannt) auf und bevorschusst sie. Er übernimmt die Eintreibung der Forderung beim Kunden.

Gekauft werden Forderungen mit offenen Zahlungszielen bis zu 90 Tagen (Export 120 Tage). Der Factor berechnet seinem Klienten Zinsen für die Vorschüsse sowie eine Umsatzgebühr.

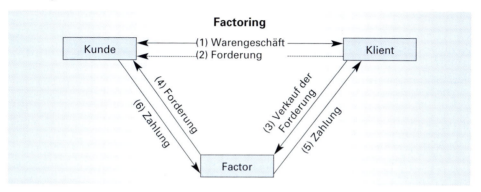

Aufgaben des Factors, je nach Vertragsgestaltung
Dienstleistungsfunktion   Rechnungsausstellung (Fakturierung), Mahnverfahren
Finanzierungsfunktion   sofortige Bevorschussung der Forderung gegen Factorgebühren an Stelle eines Zinses
Risikofunktion   Risikoübernahme für Forderungsverluste gegen Prämie (sog. echtes Factoring). Beim unechten Factoring werden die Forderungen nur erfüllungshalber angekauft.

Die Kosten des Factoring sind durch die Risikoprämie etwas höher als die üblichen Kreditkosten. Berücksichtigt man, dass Verwaltungsarbeiten wie Fakturierung oder Mahnverfahren mit übernommen werden, so kann die Kosteneinsparung erheblich größer sein als die zu zahlenden Gebühren. Banken kaufen Forderungen aber nur unter bestimmten Bedingungen an. Es muss ein bestimmter Mindestumsatz vorhanden sein (Factoring wird erst ab einem Jahresumsatz von 0,5 bis 1 Millionen EUR lohnend). Es darf sich nur um Forderungen gegen Wiederverkäufer handeln.

Forfaitierung

Die Forfaitierung hat große Ähnlichkeit mit dem Factoring:

- Ein Kreditinstitut kauft die Forderung eines Exporteurs.
- Das Kreditinstitut übernimmt voll das Risiko des Zahlungseingangs.
- Es werden nur Einzelforderungen gekauft.
- Das Kreditinstitut übernimmt keine Dienstleistungsfunktion.
- Es muss sich um eine erstklassige Forderung handeln.
- Die Forderung muss zusätzlich gesichert sein (etwa durch eine Ausfuhrkreditversicherung).

„à forfait" (frz.) = in Bausch und Bogen. Frei übersetzt: „pauschal" verkaufen!

Leasing als Finanzierungsalternative

Der Baustoffproduzent Küppers GmbH benötigt einen neuen Kran-Lkw. Zur Bezahlung des Preises von 90 000,00 EUR stehen zur Zeit 30 000,00 EUR an Eigenmitteln zur Verfügung, den Rest müsste die Bank finanzieren. Allerdings ist wegen hoher Kreditaufnahmen für Betriebserweiterungen der Kreditspielraum schon ausgeschöpft, ebenso wie die Möglichkeiten der Kreditsicherung. Darüber hinaus würde man das vorhandene Eigenkapital lieber für die Finanzierung von Materialeinkäufen einsetzen, um noch besser Skonti ausnutzen zu können. Der Kundenberater der Hausbank schlug letzte Woche vor, den Lkw nicht zu kaufen, sondern zu leasen ...

Leasing[1] ist die vertragliche Einräumung eines zeitlich begrenzten Nutzungsrechts an Gebäuden oder beweglichen Anlagegütern durch einen Leasing-Geber gegenüber einem Leasing-Nehmer. Rechtlich handelt es sich um einen Mietvertrag.

Arten von Leasing-Verträgen

	nach der Art des Leasing-Gegenstandes
Immobilien-Leasing:	Mieten von Gebäuden
Mobilien-Leasing:	Mieten von beweglichen Gütern (z. B. Maschinen, Fahrzeuge, EDV-Anlagen, Handtuchautomaten)
	nach dem Leasing-Geber
direktes Leasing:	Der Hersteller des Objektes ist Leasing-Geber.
indirektes Leasing:	Eine Leasing-Gesellschaft (meist Tochter-Gesellschaft einer Bankenorganisation) ist Leasing-Geber.
	nach der Kündigungsmöglichkeit
Operate-Leasing:	Vertrag kurzfristig kündbar (Leasing-Geber trägt das Risiko der Investition; setzt mehrmals verwertbare Güter voraus, z. B. Kfz, EDV-Anlage).
Finance-Leasing:	Vertrag während der Grundmietzeit nicht kündbar (Leasing-Nehmer trägt das Risiko der Investition).
	nach der Option bei Vertragsablauf
optionsloser Vertrag:	Rückgabe des Objekts nach Vertragsablauf.
Vertrag mit Kaufoption:	Leasing-Nehmer kann das Objekt auf der Basis des Restbuchwertes oder Verkehrswertes kaufen.
Vertrag mit Tauschoption:	Leasing-Nehmer kann das Objekt gegen ein neues eintauschen.
Vertrag mit Verlängerungsoption:	Leasing-Nehmer kann Verlängerung der Mietzeit auf der Basis des Restwertes oder Verkehrswertes verlangen.

Typische Leasing-Laufzeiten:
- Ausrüstungsgegenstände — 2–6 Jahre
- komplette Industrieanlagen — bis zu 14 Jahren
- Gebäude — bis zu 30 Jahren

Der Leasing-Nehmer zahlt dem Leasing-Geber während der Grundmietzeit eine monatliche Leasing-Rate. Diese enthält Kosten, die zum Teil auch beim Kauf des Objektes anfallen würden:

Zusammensetzung der Leasing-Rate

- **Abschreibungen**
- **Kapitalverzinsung** (meist mindestens 2% mehr als beim Kauf)
- **anteilige Verwaltungskosten**
- **Risikozuschlag für Ausfälle**
- **Wartungs- und Reparaturkosten** (wenn der Leasing-Geber laut Vertrag Wartung und Reparatur übernimmt)
- ggf. **Versicherungsprämie** (wenn der Leasing-Geber den Gegenstand nicht selbst versichert)
- **Gewinn** des Leasing-Gebers

---

[1] engl.: to lease = (ver-)mieten, (ver-)pachten

Der Leasing-Nehmer trägt regelmäßig die Risiken, die im Zusammenhang mit der Nutzung des Objektes stehen: die Verlustgefahr, die Gefahr des vorzeitigen Verschleißes und die Gefahr der Beschädigung. Er ist also so gestellt wie ein Käufer.

Insbesondere wegen der in der Leasing-Rate enthaltenen höheren Verzinsung und des Gewinnzuschlages sind die Kosten beim Leasing meist höher als beim Kauf. Leasing-Raten betragen bei 5-Jahresverträgen monatlich etwa 2%, bei 3-Jahresverträgen etwa 3% vom Anschaffungswert. Ob Leasing sich lohnt, muss daher in jedem Einzelfall genau geprüft werden. Trotz der höheren Kosten wiegt oft eine Reihe von Vorteilen schwerer:

- Beim Kauf wird Kapital in Höhe des Kaufpreises gebunden. Dem Betrieb fehlen diese bis dahin liquiden Mittel. Beim Leasing wird nur in Höhe der Leasing-Rate Kapital gebunden. Das frei bleibende Kapital kann zur Finanzierung des Umlaufvermögens (Waren, Materialien) eingesetzt werden; dieses wird schneller umgeschlagen und bringt rascher Gewinn.
- Der Kreditspielraum bleibt erhalten, da kein Kredit für das Investitionsobjekt aufgenommen werden muss.
- Der Leasing-Geber prüft zwar die Kreditwürdigkeit des Leasing-Nehmers; da er Eigentümer des Leasing-Objektes bleibt, müssen aber keine Sicherheiten gestellt werden.
- Auf Grund der günstigen Mietzeiten wird die Investitionstätigkeit des Betriebes flexibler: Die Anlagen befinden sich immer auf einem aktuellen Stand der Technik. Ggf. ist der Leasing-Vertrag sogar kurzfristig kündbar (Operate-Leasing).
- Die Leasing-Rate ist über die gesamte Grundmietzeit unveränderlich, unabhängig von Zinssatzänderungen. Der Betrieb hat folglich eine feste Kalkulationsgrundlage.
- Wenn die Grundmietzeit zwischen 40% und 90% der gewöhnlichen Nutzungsdauer liegt, so darf der Leasing-Nehmer die Leasing-Rate steuerlich voll als Aufwand verrechnen. Damit sinken die gewinnabhängigen Steuern. (Grundmietzeit < 40%: Der Leasing-Nehmer wird steuerlich wie ein Käufer auf Raten behandelt; Grundmietzeit > 90%: Der Leasing-Nehmer wird wie ein Käufer behandelt, der mit Bankdarlehen finanziert.)

Merke: Leasing lohnt sich oft für Gewerbetreibende, nicht für Verbraucher!

- Der Verwaltungsaufwand ist niedriger als bei gekauften Anlagen.
- Durch eventuelle Wartungs- und Beratungsverträge kann der Betrieb am Knowhow des Leasing-Gebers teilhaben.

Arbeitsaufträge

1. **Kontokorrentkredit und Darlehen sind unterschiedlich gestaltet und verfolgen unterschiedliche Zwecke.**
   Erläutern Sie diesen Satz anhand von zwei Beispielen aus Ihrem Betrieb.
2. **Der Kontokorrentkredit ist rechtlich gesehen ein kurzfristiger Kredit.**
   Zeigen Sie, dass der Kontokorrentkredit in der Praxis jedoch leicht langfristigen Charakter annehmen kann.
3. **Kredite verursachen unterschiedlich hohe Kosten.**
   Welche Kosten entstehen für die Inanspruchnahme
   a) eines Kontokorrentkredits, c) eines Diskontkredits,
   b) eines Darlehens, d) eines Lombardkredits?
   Erkundigen Sie sich bei der Bank nach der momentanen Höhe dieser Kosten. Welche dieser Kreditarten würden Sie dementsprechend vorziehen, wenn Sie einen Wareneinkauf für die Dauer von 3 Monaten finanzieren wollen?

4. Sie beziehen Waren im Wert von 6 000,00 EUR.
   Zahlungsbedingungen: 30 Tage netto Kasse oder binnen 10 Tagen mit 3 % Skonto. Sie haben den Betrag im Moment nicht zur Verfügung, können jedoch einen Kontokorrentkredit zu 12 % pro anno in Anspruch nehmen.
   Welche Zahlungsweise ziehen Sie vor? Begründen Sie Ihre Entscheidung durch eine Rechnung.

5. Die Banken beleihen Festverzinsliche mit 80 % des Kurswertes.
   Ein Kunde hat einen Kredit von 20 000,00 EUR aufgenommen und Festverzinsliche mit einem Kurswert von 25 000,00 EUR als Sicherheit gegeben. Der Kurswert fällt um 10 %.
   Für wie viel EUR Kurswert muss der Bankkunde Sicherheiten nachreichen?

6. Ein Pfand muss in den Besitz des Gläubigers übergehen. In einem bestimmten Fall sei der Kredit gebende Pfandnehmer eine Bank, die Warenvorräte nicht lagern kann und will.
   Nennen Sie Möglichkeiten, trotzdem Warenvorräte zwecks Erlangung eines Kredites an die Bank zu verpfänden.

7. Zwei Darlehen von 100 000,00 EUR werden zu folgenden Bedingungen vergeben:
   a) Abzahlungsdarlehen, Laufzeit 10 Jahre, 10 % Zins,
   b) Annuitätendarlehen, 8 % anfängliche Tilgung, 10 % Zins.
   Stellen Sie beide Tilgungspläne auf.
   (Benutzen Sie ein Tabellenkalkulationsprogramm.)

8. Die Kieser OHG ist in Zahlungsschwierigkeiten. Drei große Kunden haben ihre Außenstände nicht bezahlt: Männel KG 60 000,00 EUR, Gebr. Köhler KG 65 000,00 EUR, Schwier GmbH 45 000,00 EUR. Kiesers Kreditlimit bei der Bank ist fast voll ausgeschöpft, Männel und Köhler haben das Insolvenzverfahren angemeldet, Schwier wird wahrscheinlich in zwei Monaten wieder flüssig sein. Kieser selbst hat Einkäufe für 90 000,00 EUR bei der Kappes AG getätigt. Das Zahlungsziel beträgt 30 Tage, bei sofortiger Zahlung könnten 3 % Skonto abgezogen werden.
   a) Wie kann Kieser seinem Kunden Schwier helfen und sich dabei selbst Liquidität verschaffen?
   b) Kiesers Hausbank ist an einer Factoring-Bank beteiligt. Der Kundenberater rät Kieser für die Zukunft zum echten Factoring, um Zahlungsausfällen von Kunden vorzubeugen. Erläutern Sie dieses System.

9. Die Metalltuche GmbH möchte für einen Außendienstmitarbeiter einen Pkw Moyota Mundo beschaffen. Alternativen: Leasing oder Kauf. Folgende Angebote liegen vor:

Leasingangebot des Moyota-Händlers:	Kreditangebot der Sparkasse:
Mundo 1.6, 75 kw/102 PS, Drei-Wege-Kat Vertragszeit: 36 Monate Jährliche Fahrleistung: 25000 km Nettowerte (ohne MwSt): Fahrzeugpreis: 20900,00 EUR Monatl. Leasingrate: 3% vom Fahrzeugpreis Restwert nach 36 Monaten: 7747,41 EUR	Darlehen in Höhe von 90 Prozent des Fahrzeugpreises (ohne MwSt) Laufzeit: 36 Monate; Auszahlung: 100%, Zinsen: Durchgehend 15% vom Anfangskredit, Tilgung: Am Ende der beiden ersten Jahre jeweils 5% der Kreditsumme, Rest am Ende der Laufzeit

   a) Wie viel EUR betragen die Leasingausgaben insgesamt und durchschnittlich pro Jahr?
   b) Wie viel EUR betragen beim Kreditkauf die Kreditkosten?
   c) Wie viel EUR betragen beim Kreditkauf die Gesamtbelastung und die durchschnittliche jährliche Belastung? (Einrechnen: sämtliche Ausgaben und kalkulatorische Zinsen in Höhe von 4,25 % für den Eigenkapitaleinsatz abzüglich Restwert des Pkw).
   d) Welche Alternative (Leasing oder Kauf) ist teurer? Um wie viel Prozent ist sie teurer?
   e) Welche Gründe könnten die Metalltuche GmbH trotzdem zur Wahl der teureren Alternative bewegen? Diskutieren Sie über das Pro und Kontra. Ziehen Sie dabei ggf. weitere Unterlagen heran (z. B. Unterlagen zu den steuerlichen Auswirkungen).

4.3.6   Beurteilung der Kreditfinanzierung

Vor- und Nachteile der Kreditfinanzierung	
Vorteile	**Nachteile**
– keine Einschränkung der Verfügungs- und Leitungsrechte (wie bei Aufnahme von Gesellschaftern) – Fremdkapitalzinsen wirken als Aufwand steuermindernd	– befristete Verfügbarkeit – Einschränkung der Liquidität durch Tilgungs- und Zinszahlung – Notwendigkeit von Sicherheiten (beschränkte Verfügbarkeit von Vermögensteilen)

Wichtig ist eine wohl überlegte Wahl zwischen Darlehen und Kontokorrentkrediten. Letztere sind teurer und kurzfristig kündbar. Sie eignen sich deshalb für die Überbrückung eines Spitzenbedarfs, Darlehen dagegen für einen längerfristigen Kreditbedarf.

Kreditfinanzierung und Rechtsform

Kreditgewährung setzt stets Kreditwürdigkeit voraus. Unter sonst gleichen Verhältnissen ist die OHG wegen der unbeschränkten, unmittelbaren und solidarischen Haftung der Gesellschafter vergleichsweise kreditwürdig, die GmbH ist es wegen der beschränkten Haftung bedeutend weniger. Die AG ist trotz beschränkter Haftung wegen der strengen gesetzlichen Vorschriften über Rechnungslegung und Gewinnverwendung am kreditwürdigsten.

Kreditfinanzierung und Rentabilität

Eine Kreditaufnahme lohnt sich stets, wenn Rückzahlung und Zinszahlung gesichert sind und die Investition des Kredits einen zusätzlichen Gewinn bringt. Dann steigt die Rentabilität des eingesetzten Eigenkapitals.

Rentabilität ist die prozentuale Verzinsung des eingesetzten Kapitals:

$$\text{Rentabilität} = \frac{\text{Gewinn}}{\text{Eingesetztes Kapital}} \cdot 100$$

Mit der Rentabilitätskennziffer prüft man die Vorteilhaftigkeit von Investitionen[1]. Ebenso kann man mit ihrer Hilfe die Verzinsung des eingesetzten Eigenkapitals (Eigenkapital- oder Unternehmerrentabilität) und Gesamtkapitals (Gesamtkapital- oder Unternehmensrentabilität) angeben.

$$\text{Eigenkapital-rentabilität} = \frac{\text{bereinigter Gewinn}}{\text{Eigenkapital}} \cdot 100$$

Dabei gilt:

Gewinn (bei der AG der Jahresüberschuss)

+ Außerordentliche Aufwendungen

– Außerordentliche Erträge

– Kalkulatorischer Unternehmerlohn

Beträge mit einmaligem Charakter herausrechnen!

Nur bei Einzelunternehmen und Personengesellschaften!

= **Bereinigter Gewinn**

Der kalkulatorische Unternehmerlohn ist der Betrag, den die mitarbeitenden Geschäftsinhaber in der Einzelunternehmung und in den Personengesellschaften normalerweise als Gehalt beziehen würden. Er ist abzuziehen, denn er ist Entgelt für die Arbeitsleistung des Unternehmens und hat mit der Verzinsung des Kapitals nichts zu tun. Andernfalls wäre kein Rentabilitätsvergleich zwischen Personen- und Kapitalgesellschaften möglich, weil in den Kapitalgesellschaften die Geschäftsführer bzw. der Vorstand tatsächlich ein gewinnminderndes Gehalt beziehen.

Beispiel:
Das Gewinn- und Verlustkonto der Metzer OHG weist folgende Zahlen aus:

S	G. u. V. (in EUR)		H
A. o. Aufwendungen	200 000,00	A. o. Erträge	250 000,00
Andere Aufwendungen	1 000 000,00	Andere Erträge	1 270 000,00
Jahresüberschuss	320 000,00		
	1 520 000,00		1 520 000,00

---

[1] Vgl. S. 212

Die beiden Gesellschafter kalkulieren einen Unternehmerlohn von jeweils 80 000,00 EUR. Das durchschnittliche Eigenkapital betrug im Geschäftsjahr 1 280 000,00 EUR.

$$\text{Eigenkapitalrentabilität} = \frac{110\,000}{1\,280\,000} \cdot 100 = 8{,}59\ (\%)$$

Auf jeweils 100,00 EUR Eigenkapital entfallen 8,59 EUR Gewinn. Durch Vergleich mit der Rentabilität anderer Anlageformen lässt sich die Vorteilhaftigkeit der Kapitalanlage im eigenen Betrieb feststellen. Auch ein Vergleich der Rentabilität in verschiedenen Geschäftsjahren ist sinnvoll.

Die Gesamtkapitalrentabilität errechnet sich wie folgt:

$$\text{Gesamtkapitalrentabilität} = \frac{\text{bereinigter Gewinn + Fremdkapitalzinsen}}{\text{Gesamtkapital}} \cdot 100$$

Das Fremdkapital erwirtschaftet nicht nur einen Teil des Gewinns auf das Eigenkapital, sondern auch seine Zinsen. Diese sind deshalb in der Formel zu berücksichtigen. Man benutzt die Gesamtkapitalrentabilität, um zu ermitteln, ob die Aufnahme zusätzlichen Fremdkapitals lohnend ist. Dies ist der Fall, wenn die Eigenkapitalrentabilität steigt.

Die Eigenkapitalrentabilität wächst, solange der Zinssatz für Fremdkapital kleiner als die Gesamtkapitalrentabilität ist[1].

Beispiel:
Ein Unternehmen arbeitet mit 150 000,00 EUR Eigenkapital und 50 000,00 EUR Fremdkapital. Jeder Euro Kapital verursacht 0,20 EUR Kosten und 0,30 EUR Ertrag. Für das Fremdkapital sind außerdem 8% Zinsen zu zahlen. Lohnt sich die Aufnahme zusätzlichen Fremdkapitals von 50 000,00 EUR, wenn die damit vorzunehmende Investition die gleichen Kosten und Erträge wie vorher verursacht und wenn dieses Kapital a) 8%, b) 10%, c) 12% Zinsen kostet?

		a) p = 8 %	b) p = 10 %	c) p = 12 %
	EUR	EUR	EUR	EUR
+ Eigenkapital	150 000,00	150 000,00	150 000,00	150 000,00
+ Fremdkapital	50 000,00	100 000,00	100 000,00	100 000,00
= Gesamtkapital	200 000,00	250 000,00	250 000,00	250 000,00
Ertrag	60 000,00	75 000,00	75 000,00	75 000,00
− Kosten	40 000,00	50 000,00	50 000,00	50 000,00
− Altzins	4 000,00	4 000,00	4 000,00	4 000,00
− Neuzins		4 000,00	5 000,00	6 000,00
= Gewinn	16 000,00	17 000,00	16 000,00	15 000,00
Gesamt-kapital-rentabilität	$\frac{20\,000}{200\,000} \cdot 100$ = 10 %	$\frac{25\,000}{250\,000} \cdot 100$ = 10 % > p	$\frac{25\,000}{250\,000} \cdot 100$ = 10 % = p	$\frac{25\,000}{250\,000} \cdot 100$ = 10 % < p
Eigen-kapital-rentabilität	$\frac{16\,000}{150\,000}$ = 10 2/3 %	$\frac{17\,000}{150\,000}$ = 11 1/3 %	$\frac{16\,000}{150\,000}$ = 10 2/3 %	$\frac{15\,000}{150\,000}$ = 10 %
Die Eigenkapital-rentabilität		wächst	bleibt gleich	sinkt.

---

[1] Diese Erkenntnis wird in der Literatur als „Leverage-Effekt" („Hebelwirkung") der zunehmenden Verschuldung bezeichnet.

1. **Der Unternehmer Florian Geyer will seinen Betrieb beträchtlich erweitern. Da er nur einen geringen Teil des notwendigen Kapitals durch Gewinn und Einlagen selbst aufbringen kann, verbleiben zwei Möglichkeiten: Aufnahme eines Gesellschafters oder Kreditaufnahme.**
Stellen Sie die grundsätzlichen Vor- und Nachteile dieser beiden Finanzierungsformen einander gegenüber.

2. **Zum Jahresabschluss ergeben sich bei einer Unternehmung folgende Zahlen auf dem Gewinn- und Verlustkonto und in der Bilanz (zusammengefasst):**

S	G. u. V. (in EUR)		H
Zinsen	40 000,00	Erträge	200 000,00
Weitere Aufwendungen	110 000,00		
Gewinn	50 000,00		
	220 000,00		200 000,00

A	Bilanz (in EUR)		P
Anlagevermögen	270 000,00	Eigenkapital	300 000,00
Umlaufvermögen	430 000,00	Fremdkapital	400 000,00
	700 000,00		700 000,00

a) Lohnt sich die Aufnahme von 100 000,00 EUR zusätzlichem Fremdkapital, wenn für Erträge, Aufwendungen und Zinsen die gleichen Verhältnisse und Zinssätze weitergelten sollen?

b) Von welchem Zinssatz an steigt bei zusätzlicher Fremdkapitalaufnahme die Rentabilität des Eigenkapitals nicht mehr?

4.4 Innenfinanzierung

4.4.1 Innenfinanzierung mit Eigenkapital

Rückflussfinanzierung

Der Tiefbauunternehmer Carl Schneider hat einen Bagger für 180 000,00 EUR angeschafft. Die Nutzungsdauer wird auf 6 Jahre geschätzt, die jährliche Einsatzzeit auf 1500 Stunden. Der jährliche Abschreibungsbetrag beläuft sich bei linearer Abschreibung auf 30 000,00 EUR (180 000,00 EUR: 6).

Schneider kalkuliert seinen Angebotspreis für eine Arbeitsstunde:

Arbeitslohn (einschl. Lohnnebenkosten)	35,00 EUR
Kraftstoff (10 l à 1,30 EUR)	13,00 EUR
Abschreibungen (30000,00 EUR : 1500)	20,00 EUR
Weitere Geschäftskosten..	40,00 EUR
	108,00 EUR
Gewinnzuschlag 15%	16,20 EUR
Angebotspreis	124,20 EUR

In den Betriebsmitteln ist Kapital gebunden. Die einsatzbedingte Wertminderung der Betriebsmittel wird durch die Abschreibungen erfasst. Wie alle anderen Kosten müssen sie in die Absatzpreise einkalkuliert werden. Diese führen der Unternehmung die Abschreibungswerte wieder zu und bewirken eine Freisetzung des gebundenen Kapitals. Am Ende der Nutzungsdauer sollte so viel Kapital zurückgeflossen sein, dass das Anlagegut wiederbeschafft werden kann.

Rückflussfinanzierung ist Finanzierung aus Abschreibungswerten.

Sind mehrere Anlagegegenstände vorhanden, so können die eingehenden Abschreibungswerte bereits vor dem Ende der Nutzungsdauer der einzelnen Betriebsmittel zur Finanzierung von Erweiterungsinvestitionen benutzt werden (**Kapazitätserweiterungseffekt**).

Beispiel:
Ein Betrieb beschafft sich in vier aufeinander folgenden Jahren je eine Maschine im Wert von 1 000,00 EUR mit einer vierjährigen Nutzungsdauer. Die Abschreibung soll je Maschine jährlich 250,00 EUR betragen.

Maschinen	Jahr (Ende)				
	1	**2**	**3**	**4**	**5**
	EUR	EUR	EUR	EUR	EUR
1	250,00	250,00	250,00	250,00	250,00
2		250,00	250,00	250,00	250,00
3			250,00	250,00	250,00
4				250,00	250,00
Jährliche Abschreibung	250,00	500,00	750,00	1 000,00	1 000,00
Liquide Mittel	250,00	750,00	1 500,00	2 500,00	2 500,00
– Reinvestionen	–	–	–	1 000,00	1 000,00
Freigesetzte Mittel	250,00	750,00	1 500,00	1 500,00	1 500,00

Während der ersten vier Jahre beträgt der Kapitalbedarf jährlich 1 000,00 EUR. Ende des vierten Jahres muss die erste Maschine ersetzt werden, die zweite Ende des fünften Jahres usw. Ab dem vierten Jahr entspricht die Abschreibung der Reinvestition von 1 000,00 EUR. Die Abschreibungsbeträge der ersten drei Jahre stehen zur Neuinvestition zur Verfügung. Dieser **freigesetzte** Betrag könnte zur Erweiterung der **Kapazität** verwendet werden.

Selbstfinanzierung

■ Offene Selbstfinanzierung

Offene Selbstfinanzierung **liegt vor, wenn Teile des Gewinns einbehalten werden.**

Nicht entnommene Gewinne von Einzelunternehmer und Vollhaftern fließen den Kapitalkonten zu. Die Gewinnanteile von Kommanditisten stellen Verbindlichkeiten dar. Sie können ggf. als Fremdkapital in der Unternehmung verbleiben. Bei den Kapitalgesellschaften und Genossenschaften fließen nicht ausgeschüttete Gewinne den **Gewinnrücklagen** zu. Die Aktiengesellschaft ist sogar zur Bildung **gesetzlicher Rücklagen** verpflichtet. Darin ist einzustellen (AktG §150): der zwanzigste Teil des um einen Verlustvortrag aus dem Vorjahr geminderten Jahresüberschusses, bis die gesetzliche Rücklage und die Kapitalrücklagen zusammen den zehnten oder den in der Satzung bestimmten höheren Teil des Grundkapitals erreichen.

■ Stille Selbstfinanzierung

Die Möbelfabrik Herschel GmbH schreibt ihre Betriebsmittel innerbetrieblich für die Zwecke der Kostenrechnung nach der Leistung ab. In der Gewinn- und Verlustrechnung, die für das Finanzamt maßgeblich ist, wendet sie jedoch die Abschreibung vom Buchwert mit dem höchsten steuerlich zulässigen Abschreibungssatz an. Da der Maschinenpark sehr neu ist, ergeben sich bei der Abschreibung vom Buchwert höhere Abschreibungsbeträge.

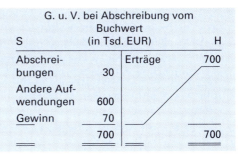

Innerbetriebliche Erfolgsermittlung bei Abschreibung nach der Leistung (in Tsd. EUR)				G. u. V. bei Abschreibung vom Buchwert (in Tsd. EUR)			
S			H	S			H
Abschreibungen	10	Erträge	700	Abschreibungen	30	Erträge	700
Andere Aufwendungen	600			Andere Aufwendungen	600		
Gewinn	90		700	Gewinn	70		700
	700		700		700		700

Bezogen auf den tatsächlichen Wertverlust der Betriebsmittel hat die Unternehmung in diesem Beispiel einen Gewinn von 90 000,00 EUR erwirtschaftet. Aufgrund der Abschreibung vom Buchwert beträgt der offiziell ausgewiesene Gewinn jedoch nur 70 000,00 EUR. 20 000,00 EUR werden als Aufwand ausgewiesen. Sie sind damit auch der Gewinnausschüttung entzogen und können zur Finanzierung von Investitionsvorhaben verwendet werden.

*Diese Mittel sind nicht in der Bilanz ausgewiesen. Daher: **stille Selbstfinanzierung**.*

Das Beispiel zeigt, dass die stille Selbstfinanzierung durch die Unterbewertung von Aktiva ermöglicht wird. Sie führt zur Bildung **stiller Rücklagen**. Die stillen Rücklagen werden zu einem späteren Zeitpunkt aufgelöst, z. B. wenn die Abschreibungsbeträge vom Buchwert niedriger werden als die kalkulatorischen Abschreibungsbeträge oder wenn die betreffenden Vermögensgegenstände verkauft werden.

Der **Vorteil der stillen Selbstfinanzierung** gegenüber der offenen Selbstfinanzierung liegt darin, dass die Bildung der offen ausgewiesenen Gewinnrücklagen aus dem versteuerten Gewinn erfolgt, während bei der stillen Form diese Beträge überhaupt nicht als Gewinn ausgewiesen und deshalb zunächst auch nicht versteuert werden. Die Steuern werden vielmehr bis zur Auflösung der stillen Rücklagen sozusagen gestundet. Dies bedeutet größere Finanzierungskraft, höhere Liquidität und Zinsvorteile. Ebenso wie die Unterbewertung von Aktivposten führt die Überbewertung von Passivposten zu stillen Rücklagen[1].

Stille Selbstfinanzierung **entsteht durch die Bildung stiller Rücklagen**

- **auf Grund der Unterbewertung von Aktiva,**
- **auf Grund der Überbewertung von Passiva.**

4.4.2 Innenfinanzierung mit Fremdkapital

Der Messgerätehersteller Paul Kühne hat einen Großauftrag über 1 200 000,00 EUR erhalten. Er hat sich dabei jedoch verpflichten müssen, 3 Jahre lang kostenlos anfallende Reparaturen zu übernehmen, die auf Herstellungsmängeln beruhen. Hierfür bildet er im Jahr des Vertragsabschlusses eine Garantierückstellung von 4 % (= 48 000,00 EUR).

Im selben Jahr stellt Herr Kühne einen neuen Produktionsleiter ein, dem er eine betriebliche Pensionszusage macht (monatlich 1000,00 EUR, zu zahlen ab dem 65. Lebensjahr). Hierfür wird jährlich eine Pensionsrückstellung gebildet.

Innenfinanzierung mit Fremdkapital erfolgt durch die Bildung von Rückstellungen.

Rückstellungen sind Verbindlichkeiten, die dem Grunde nach bereits feststehen und

---
[1] Vgl. S. 578

insofern als Aufwand in dem Geschäftsjahr zu buchen sind, in dem sie verursacht werden, aber deren Höhe und Fälligkeit am Bilanzstichtag noch nicht bekannt sind. Als Verbindlichkeiten stellen sie Fremdkapital dar.

Vorsicht! Rückstellungen (Fremdkapital) nicht mit Rücklagen (Eigenkapital) verwechseln!

Rückstellungen sind nach HGB § 249 zu bilden für:

- ungewisse Verbindlichkeiten (zu erwartende Gewerbesteuernachzahlungen, zu erwartende Inanspruchnahme aus Bürgschaften, Garantieverpflichtungen usw.);
- drohende Verluste aus schwebenden Geschäften (z. B. wegen laufender Prozesse);
- im Geschäftsjahr unterlassene Aufwendungen für Instandhaltung, die binnen 3 Monaten nach dem Bilanzstichtag nachgeholt werden, oder für Abraumbeseitigung, die im folgenden Geschäftsjahr nachgeholt werden;
- Gewährleistungen aus Kulanz.

Rückstellungen dürfen auch für genau umschriebene Aufwendungen gebildet werden, die diesem oder einem früheren Geschäftsjahr zuzuordnen sind und am Abschlusstag wahrscheinlich oder sicher, aber der Höhe oder dem Zeitpunkt nach unbestimmt sind. Dies gilt vor allem für laufende Pensionen und Pensionsanwartschaften.

Die jeweilige Rückstellung wird auf einem Aufwandskonto gegengebucht. Damit wird der ausgewiesene Gewinn gemindert. Der betreffende Betrag ist damit auch der Gewinnausschüttung entzogen, verbleibt in der Unternehmung und kann zur Finanzierung von Investitionen verwendet werden.

Von besonderer Bedeutung sind die **Pensionsrückstellungen**, da sie der Unternehmung sehr langfristig zur Verfügung stehen. Die Zahlung der Pensionen kann eventuell sogar aus erneut gebildeten Rückstellungen geleistet werden. Der Staat verlangt deshalb die Beachtung finanzmathematischer Regeln beim Ansatz von Pensionsrückstellungen.

Andere Rückstellungen sind in der Höhe anzusetzen, die bei vernünftiger kaufmännischer Beurteilung notwendig ist. Hier verbleibt dem Unternehmen ein Bewertungsspielraum. So können Prozessrückstellungen oder Gewährleistungsrückstellungen höher als notwendig angesetzt werden. Der Effekt ist der gleiche wie bei überhöhten Abschreibungen: Verminderung des ausgewiesenen Gewinns und Steuerstundung bis zur Auflösung der Rückstellung. Dies bedeutet auch hier größere Finanzierungskraft, höhere Liquidität und Zinsvorteile.

Die **überhöhte Rückstellung** (Überbewertung von Passiva) führt wie die Unterbewertung von Aktiva zu einer stillen Rücklage. Der überhöhte Teil der Rückstellung hat damit den Charakter von Eigenkapital. Er wäre eigentlich Gewinn. Somit ist er der Selbstfinanzierung zuzurechnen.

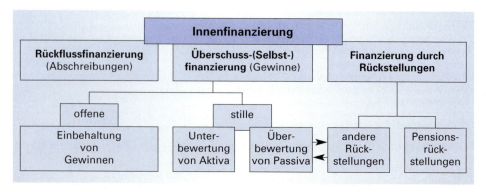

4.4.3 Beurteilung der Innenfinanzierung

Vorteile der Innenfinanzierung

Innenfinanzierung bedeutet für die Unternehmung Mittelzuführung aus eigener Kraft ohne Verpflichtung gegenüber Kapitalgebern. Sie gestattet den Ersatz verbrauchter Vermögensgegenstände und die Bildung zusätzlichen Vermögens von innen her. Damit schützt sie die Unternehmung vor Substanzverlusten und ermöglicht ihr Wachstum. Schulden können ohne Substanzverlust zurückgezahlt und der Anteil des Eigenkapitals am Gesamtvermögen erhöht werden. Dies bedeutet einerseits eine Stärkung der Finanzkraft, andererseits eine Erhöhung der Kreditwürdigkeit. Finanzierungskosten und irgendwelche lästige Formalitäten entstehen nicht.

Der Kapitalmarkt muss nicht in Anspruch genommen, das Privatvermögen der Eigentümer nicht angegriffen werden. Im Gegensatz zur Aufnahme neuer Gesellschafter verschieben sich die Entscheidungsbefugnisse nicht.

Eine ausreichende Innenfinanzierung kann die Unternehmung in ihren Investitionsentscheidungen weitgehend von der staatlichen Kreditpolitik unabhängig machen.

Für Klein- und Mittelbetriebe ist die Innenfinanzierung oft die einzige Möglichkeit, Kapital zu beschaffen. Leider wird der nötige Umfang dadurch eingeschränkt, dass Gewinne von den Eigentümern zur Deckung des privaten Lebensunterhalts entnommen werden müssen.

Die stille Selbstfinanzierung führt über den Weg der Steuerstundung zu höherer Finanzkraft und Liquidität. Sie eröffnet bei Aktiengesellschaften auch Möglichkeiten der Dividendenpolitik: In gewinnreichen Jahren werden stille Rücklagen gebildet, die in gewinnarmen Jahren zum Zwecke der Dividendenzahlung aufgelöst werden können.

Nachteile der Innenfinanzierung

Die Bildung erheblicher stiller Rücklagen führt dazu, dass die Bilanz als Instrument der Rechenschaftslegung erheblich an Aussagekraft verliert. Die Unternehmung stellt sich schlechter dar, als sie ist. Andererseits kann die Möglichkeit, stille Reserven aufzulösen, zu einer zu guten Selbstdarstellung führen und Fehler der Geschäftsleitung verschleiern.

Arbeitsaufträge

1. **Innenfinanzierung kommt in unterschiedlichen Formen vor.**
   Erläutern Sie die Unterschiede zwischen
   a) Außenfinanzierung und Innenfinanzierung,
   b) Rückflussfinanzierung und Selbstfinanzierung,
   c) stiller und offener Selbstfinanzierung,
   d) Innenfinanzierung durch Abschreibungen und durch Rückstellungen.

2. **Eine Unternehmung will in drei aufeinander folgenden Jahren je eine Maschine für 2 000,00 EUR kaufen. Die Maschinen haben jeweils eine vierjährige Nutzungsdauer. Die Abschreibung soll 500,00 EUR jährlich betragen.**
   a) Erläutern Sie anhand dieses Beispiels den Kapazitätserweiterungseffekt der Abschreibungen.
   b) Am Ende welchen Jahres kommt hier der Kapazitätserweiterungseffekt zum Tragen?

3. **Bewertungsspielräume können die Bildung stiller Rücklagen zulassen.**
   Geben Sie an, wie die folgenden Vermögenswerte und Verbindlichkeiten am Bilanzstichtag
   bewertet werden können und welche Möglichkeiten zur Bildung stiller Rücklagen bestehen.
   a) Rohstoffe
   b) unbebaute Grundstücke
   c) Maschinen
   d) ein Messgerät (Anschaffungswert 400,00 EUR zzg. MwSt)
   e) Pensionsrückstellungen
   f) Prozessrückstellungen

4. **„Stille Rücklagen verschaffen bei ihrer Bildung erhöhte Liquidität, führen aber später zu
   stärkeren Einschränkungen der Liquidität."**
   Erläutern Sie diesen Satz.

4.4.4 Kennziffern für die Finanzierungskraft der Unternehmung

Umsatzrentabilität (Umsatzverdienstrate)

Die Umsatzrentabilität ist eine wichtige Kennzahl für die Selbstfinanzierungskraft der
Unternehmung. Sie ist das prozentuale Verhältnis von bereinigtem Gewinn und
Umsatz. Sie gibt also an, über wie viel Prozent des Umsatzes die Unternehmung als
Gewinn für Investitionen, Schuldentilgungen und Gewinnausschüttungen verfügt:

$$\text{Umsatzrentabilität} = \frac{\text{Bereinigter Gewinn}}{\text{Umsatzerlöse}} \cdot 100$$

Die Umsatzrentabilität heißt auch Umsatzverdienstrate: Sie gibt an, wie viel EUR Verdienst (Gewinn) auf jeweils 100,00 EUR Umsatz entfallen.

> **Beispiel:**
> Umsatzerlöse: 800 000,00 EUR
> bereinigter Gewinn: 96 000,00 EUR
>
> $\text{Umsatzrentabilität} = \dfrac{96\,000,00}{800\,000,00} \cdot 100 = 12\%$

Eine zu niedrige Umsatzrentabilität signalisiert eine zu geringe Gewinnspanne. Dies ist z. B. der Fall, wenn das
Ziel der Umsatzmaximierung um jeden Preis verfolgt
wird.

*Viele deutsche
Großunternehmen
haben in den letzten
Jahrzehnten diesen
Fehler gemacht.*

Cashflow und Cashflow-Umsatzrentabilität

Der Gewinn kann durch die Abschreibungspolitik und durch die Bildung und Auflösung von Rückstellungen stark manipuliert werden. Er ist deshalb nur sehr bedingt für die Beurteilung der wirklichen Selbstfinanzierungskraft der Unternehmung
geeignet. Eine andere Kennziffer, der Cashflow (Kassenzufluss) erfasst den tatsächlichen Mittelzufluss aus dem Inneren der Unternehmung genauer:

Jahresüberschuss ◄──────	Bei Einzelunternehmungen und Personen-
+ **Abschreibungen auf Anlagen**	gesellschaften gekürzt um den Unternehmerlohn
+ **Zuführungen zu langfristigen Rückstellungen (Pensionsrückstellungen)**	
= **Cashflow**	

> **Beispiel:**

Aktiva		Bilanz (in Tsd. EUR)	Passiva
Anlagevermögen	5 000	Eigenkapital	4 200
Vorräte	500	Langfristiges Fremdkapital	2 000
Forderungen, Bankguthaben	350	Kurzfristiges Fremdkapital	2 800
	9 000		9 000

Gewinn- und Verlustrechnung (in Tsd. EUR):

Umsatzerlöse	4 000
Bestandsveränderungen an unfertigen und fertigen Erzeugnissen	200
Gesamtleistung	4 200
– Aufwand für Werkstoffe	1 000
– Löhne und Gehälter	900
– Soziale Aufwendungen	400
– Zuführung zu Pensionsrückstellungen	150
– Abschreibungen auf Anlagen	600
– Zinsen	400
– Steuern	250
= Jahresüberschuss	500

Jahresüberschuss	500
+ Abschreibungen auf Anlagen	600
+ Zuführung zu Pensionsrückstellungen	150
= **Cashflow**	1 250

Der Cashflow kann – wie der Gewinn – zu Eigen- und Gesamtkapital sowie zum Umsatz ins prozentuale Verhältnis gesetzt werden. So zieht man an Stelle der Umsatzrentabilität gern die sogenannte Cashflow-Umsatzrentabilität heran:

$$\text{Cashflow-Umsatzrentabilität} = \frac{\text{Cashflow}}{\text{Umsatzerlöse}} \cdot 100 \qquad \frac{1250}{4000} \cdot 100 = 31{,}25\,\%$$

Von jeweils 100,00 EUR Umsatzerlösen fließen 31,26 EUR flüssige Mittel zurück.

$$\text{Cashflow-Eigenkapitalrentabilität} = \frac{\text{Cashflow}}{\text{Eigenkapital}} \cdot 100 \qquad \frac{1250}{4200} \cdot 100 = 29{,}76\,\%$$

Auf jeweils 100,00 EUR eingesetztes Eigenkapital fließen 29,76 EUR an flüssigen Mitteln zurück.

$$\text{Cashflow-Gesamtkapitalrentabilität} = \frac{\text{Cashflow + Zinsen}}{\text{Gesamtkapital}} \cdot 100 \qquad \frac{1250 + 400}{9000} \cdot 100 = 18{,}33\,\%$$

Auf jeweils 100,00 EUR Gesamtkapital fließen 18,33 EUR an flüssigen Mitteln zurück.

Entschuldungsgrad

Der Entschuldungsgrad zeigt an, in welcher Zeit die Unternehmung bei unveränderter innerer Finanzierungskraft ihre Schulden abzahlen kann. Dazu setzt man die Schulden (effektive Verschuldung) und Finanzierungskraft (Cashflow) in Beziehung zueinander: Die effektive Verschuldung errechnet sich:

Langfristige Schulden	1 250
+ Kurzfristige Schulden	+ 2 800
– Monetäres Umlaufvermögen (Forderungen, flüssige Mittel)	– 3 500
= **Effektive Verschuldung**	= 4 450

$$\text{Entschuldungsgrad} = \frac{\text{Effektive Verschuldung}}{\text{Cashflow}} \qquad \frac{4450}{1250} = 3,56\,\%$$

Gleich bleibende Innenfinanzierungskraft vorausgesetzt, kann die Unternehmung ihre Schulden in gut 3 $\frac{1}{2}$ Jahren abtragen.

Arbeitsauftrag

Die Bilanzen und Gewinn- und Verlustkonten des Galvanisierungsbetriebes Franz Werter e.K. enthalten in zwei aufeinander folgenden Jahren (01 und 02) folgende Zahlen (in Tsd. EUR).

A			Bilanz		P
	01	**02**		**01**	**02**
Anlagevermögen	700	720	Eigenkapital	500	600
Rohstoffe, Halbfabrikate	400	450	Langfristiges Fremdkapital	400	300
Forderungen, Bank	100	130	Kurzfristiges Fremdkapital	300	350
	1200	1300		1200	1300

S			G. u. V.		H
	01	**02**		**01**	**02**
A. o. Aufwand	80	70	A. o. Ertrag	50	50
Pensionsrückstellung	10	10	Umsatzerlöse	1000	1050
Abschreibung auf Anlagen	60	60	Andere Erträge	90	100
Zinsen	50	45			
Andere Aufwendungen	740	800			
Gewinn	200	215			
	1140	1200		1140	1200

Der kalkulierte Unternehmerlohn beträgt 100 000,00 EUR.

Berechnen Sie für beide Geschäftsjahre folgende Kennziffern und beurteilen Sie deren Entwicklung:

a) Eigenkapitalrentabilität,

b) Gesamtkapitalrentabilität,

c) Umsatzrentabilität,

d) Cashflow-Eigenkapitalrentabilität,

e) Cashflow-Gesamtkapitalrentabilität,

f) Cashflow-Umsatzverdienstrate,

g) Entschuldungsgrad.

Abkürzungsverzeichnis

%	Prozent
&	et (und)
§	Paragraph
a.a.O	am angegebenen Ort
Abb.	Abbildung
Abs.	Absatz
ADSp	Allgemeine Deutsche Spediteurbedingungen
AFNOR	Agence Française de Normalisation (Französisches Institut für Normung)
AG	Aktiengesellschaft
Ag	Amtsgericht
AGB	Allgemeine Geschäftsbedingungen
AktG	Aktiengesetz
ALB	Allgemeine Leistungsbedingungen
Amp.	Ampère
AO	Abgabenordnung
a. o.	außerordentlich
Art.	Artikel
Aufl.	Auflage
AÜG	Arbeitnehmerüberlassungsgesetz
ausschl.	ausschließlich
AWB	Air Way Bill (Luftfrachtbrief)
BA	Bundesanstalt für Arbeit
BAB	Betriebsabrechnungsbogen
BANF	Bedarfsanforderung
BBiG	Berufsbildungsgesetz
BDA	Bundesvereinigung der Deutschen Arbeitgeberverbände
BDE	Betriebsdatenerfassungssystem
Best.-Nr.	Bestellnummer
BetrVG	Betriebsverfassungsgesetz
bfn	brutto für netto
BGB	Bürgerliches Gesetzbuch
BLZ	Bankleitzahl
BWL	Betriebswirtschaftslehre
bzw.	beziehungsweise
ca.	zirka
CAD	Computer Aided Design (computergestützte Konstruktion)
CAE	Computer Aided Engineering (computergestützte Ingenieurtätigkeiten)
CAM	Computer Aided Manufacturing (computergestützte Fertigung)
CAP	Computer Aided Planning (computergestützte Arbeitsplanung)
CAQ	Computer Aided Quality Insurance (computergestützte Qualitätssicherung und –kontrolle)
cbm	Kubikmeter
CD	Compact Disc
CEN	Comité Européen de Normalisation (Europäischer Ausschuss für Normung)
CIM	1. Computer Integrated Manufacturing (computerintegrierte Fertigung) 2. Convention Internationale concernant le transport de Marchandises par chemin de fer (Internationales Übereinkommen über den Eisenbahnfrachtverkehr)
cm	Zentimeter
CMR	Convention relative au Contrat de Transport International de Marchandises par Route (Übereinkommen über den Beförderungsvertrag im internationalen Straßengüterverkehr)
CNC	Computerized Numerical Control (rechnergesteuerte Maschine)
Co.	Kompanie
CRM	Customer Relationship Management (etwa: Kundenbindungs- und Beziehungsmanagement)
ct	Cent
d.h.	das heißt
DB AG	Deutsche Bahn AG
DFÜ	Datenfernübertrafung

DIN	Deutsches Institut für Normung
DNC	Direct Numerical Control (Anlage mit zentraler Computersteuerung)
Dr.	Doktor
DTA	Datenträgeraustausch
DV	Datenverarbeitung
DVD	Digital Versatile Disk (ein Massenspeicher)
E-	electronic (z.B. E-Commerce)
e.V.	eingetragener Verein
EDV	elektronische Datenverarbeitung
eG	eingetragene Genossenschaft
EG	Europäische Gemeinschaft
Einh.	Einheit
einschl.	einschließlich
e. K.	eingetragener Kaufmann
e. Kfm.	eingetragener Kaufmann
e. Kfr.	eingetragene Kauffrau
E-Mail	electronic mail (elektronische Post)
EN	Europäische Norm
engl.	englisch
EPA	Europäisches Patentamt
EPK	ereignisgesteuertes Prozessketten-Diagramm
ER	Eingangsrechnung
ER/CIM	Einheitliche Rechtsvorschriften für den Vertrag über die internationale Eisenbahnbeförderung von Gütern
ESt	Einkommensteuer
EStG	Einkommensteuergesetz
EU	Europäische Union
EUR	Euro
evtl.	eventuell
EWG	Europäische Wirtschaftsgemeinschaft
f.	und die folgende Seite/der folgende Paragraf
FAZ	frühester Anfangszeitpunkt
F&E	Forschung und Entwicklung
FEZ	frühester Endzeitpunkt
ff.	und die folgenden Seiten/Paragrafen
FIFO	first in –first out (als erstes rein – als erstes raus)
frz.	französisch
g	Gramm
GbR	Gesellschaft bürgerlichen Rechts
GenG	Genossenschaftsgesetz
GewO	Gewerbeordnung
ggf.	gegebenenfalls
GmbH	Gesellschaft mit beschränkter Haftung
GmbHG	GmbH-Gesetz
griech.	griechisch.
G. u. V.	Gewinn- und Verlustrechnung
G+V-Konto	Gewinn- und Verlustkonto
GVG	Gerichtsverfassungsgesetz
GWB	Gesetz gegen Wettbewerbsbeschränkungen
HGB	Handelsgesetzbuch
HRA	Handelsregister Abteilung A
HRB	Handelsregister Abteilung B
Hrsg.	Herausgeber
hrsg.	herausgegeben
http	hyper text transfer protocol (ein Internet-Übertragungsprotokoll)
HV	Hauptversammlung
i.d.R.	in der Regel
IATA	International Air Transport Association (Internationaler Luftverkehrsverband)
IHK	Industrie- und Handelskammer
Inh.	Inhaber
ISDN	Integrated Services Digital Network (digitales Netzwerk für integrierte Dienste)
ISO	International Organization for Standardization
ital.	Italienisch
i. V.	im Vorjahr
JAV	Jugend- und Auszubildendenvertretung
Jg.	Jahrgang
JIT	Just in Time

jun.	junior (der Jüngere)		SchwbG	Schwerbehindertengesetz
KAPOVAZ	kapazitätsorientierte variable Arbeitszeit		sec.	Sekunde(n)
Kd.-Nr.	Kundennummer		sen.	senior (der Ältere)
KFZ, Kfz	Kraftfahrzeug		SEZ	spätester Endzeitpunkt
kg	Kilogramm		SGB	Sozialgesetzbuch
KG	Kommanditgesellschaft		Sk	Skonto
km	Kilometer		sog.	so genannt
KSchG	Kündigungsschutzgesetz		SprAuG	Sprecherausschuss-Gesetz
kW	Kilowatt		Stck.	Stück
kWh	Kilowattstunde		StGB	Strafgesetzbuch
l	Liter		t	Tonne(n)
lat.	lateinisch		TAN	Transaktionsnummer
LKW, Lkw	Lastkraftwagen		TEUR	tausend Euro
lt.	laut		TFG	Transfracht Deutsche
LZB	Landeszentralbank			Transportgesellschaft GmbH
m	Meter		Tg.	Tag(e)
m^2	Quadratmeter		TPM	Total Productive Maintenance (eigenverantwort-
m^3	Kubikmeter			liche Instandhaltung)
ME	Mengeneinheit		TQM	Tatal Quality Management (ganzheitliches
Mio.	Million(en)			Qualitätsmanagement)
mm	Millimeter		Tsd.	Tausend
MPM	Metra Potential Method (Methode der		TÜV	Technischer Überwachungsverein
	Netzplantechnik)		TV	Television, Fernsehen
MTM	Method-Time-Measurement		u.a.	und andere; unter anderem
	(ein Zeitermittlungssystem)		u.a.m	und andere(s) mehr
MwSt	Mehrwertsteuer		usw.	und so weiter
Nachf.	Nachfolger		UWG	Gesetz gegen den unlauteren Wettbewerb
Nr.	Nummer		V	Volt
OHG	Offene Handelsgesellschaft		v.a.	vor allem
p.a.	pro anno (für ein Jahr)		VBGL/AGL	Vertragsbedingungen für Güterkraftverkehrs-
PC	Personalcomputer			und Logistikunternehmer; zugleich Allgemeine
PIN	persönliche Identifikationsnummer			Geschäftsbedingungen für den Güterkraftver-
PKW, Pkw	Personenkraftwagen			kehrs- und Logistikunternehmer
PPS	Produktionsplanung und –steuerung		vgl.	vergleiche
qm	Quadratmeter		VvaG	Versicherungsverein auf Gegenseitigkeit
QM	Qualitätsmanagement		WF	Work-Factor (ein Zeitermittlungssystem)
Re.Nr.	Rechnungsnummer		www	world wide web (multimediales Informations-
S.	Seite			netz im Internet)
s.	siehe		z.B,	zum Beispiel
SAZ	spätester Anfangszeitpunkt		ZPO	Zivilprozessordnung

584

Sachwortverzeichnis

594